Collins
Greek
Dictionary

HarperCollins Publishers
Westerhill Road
Bishopbriggs
Glasgow
G64 2QT
Great Britain

Second Edition 2004

Latest Reprint 2005

© HarperCollins Publishers
1987, 2004

ISBN 0-00-719626-1

www.collins.co.uk

A catalogue record for this book
is available from the British
Library

Express Publishing S.A.
9 MacMillan Street
Athens 111 44
Greece

Andrew Betsis ELT
31 Pyrgou
18542 Pireas
Greece

ISBN 0-00-770093-8

Typeset by Thomas Widmann

Printed in Italy by Legoprint
S.P.A.

Acknowledgements
We would like to thank those
authors and publishers who
kindly gave permission for
copyright material to be used in
the Collins Word Web. We
would also like to thank Times
Newspapers Ltd for providing
valuable data.

SERIES EDITOR
Lorna Sinclair Knight

EDITORIAL MANAGEMENT
Michela Clari
Jeremy Butterfield
Maree Airlie

CONTRIBUTORS
Sotirios Tsioris
Frances Illingworth
Susie Beattie
Pat Cook
Val McNulty
Bob Grossmith

INTRODUCTION

This new edition of the **Collins English-Greek Gem Dictionary** has been completely revised and updated to offer clear and detailed treatment of the most important words in English and in Greek. We hope that you will enjoy it and benefit from using it at home, at work or at your place of study.

ΕΙΣΑΓΩΓΗ

Αυτή η νέα έκδοση του **Αγγλοελληνικού Μικρού Λεξικού Collins** έχει ανανεωθεί και ενημερωθεί ριζικά ώστε να προσφέρει λεπτομερή μεταχείριση των πιο σημαντικών λέξεων στα Αγγλικά και τα Ελληνικά. Ελπίζουμε ότι θα το απολαύσετε και ότι θα επωφεληθείτε από τη χρήση του στο σπίτι, στη δουλειά ή τη μελέτη.

Note on trademarks

αεροπορία	*AEP*	aviation
αθλητισμός	*AΘN*	sports
αιτιατική	*αιτ.*	accusative
άκλιτος	*άκλ*	invariable
αμερικανική παραλλαγή	*Aμερ.*	American
ανατομία	*ANAT*	anatomy
ανεπίσημος	*ανεπ.*	informal
αντιθετικός	*αντιθ*	adversative
αντωνυμία	*αντων*	pronoun
αόριστος	*αόρ.*	past tense
αόριστος	*AOPIΣT*	indefinite
αποθετικό	*απ.*	deponent
απόλυτος	*απόλ.*	cardinal
απρόσωπο	*απρόσ*	impersonal
αργκό	*αργκ.*	slang
άρθρο	*αρθρ*	article
αριθμητικό	*αριθ*	numeral
αρνητικός	*αρν*	disapproving
αρχαιολογία	*APX*	archaeology
αρχαία ιστορία	*APX IΣT*	ancient history
αρχιτεκτονική	*APXIT*	architecture
αστρολογία	*AΣTPOΛ*	astrology
αστρονομία	*AΣTPON*	astronomy
αυτοκίνητο	*AYT*	automobile
βιολογία	*BIOΛ*	biology
βιοχημεία	*BIOXHM*	biochemistry
βοηθητικό	*βοηθ*	auxiliary
βοτανική	*BOT*	botany
βρετανικός τύπος	*Bρετ.*	British
γενική	*γεν.*	genitive
γενικότερα	*γενικότ.*	generally
γεωγραφία	*ΓEΩΓP*	geography
γεωλογία	*ΓEΩΝ*	geology
γεωμετρία	*ΓEΩM*	geometry
γεωργία	*ΓEΩPΓ*	agriculture
γλωσσολογία	*ΓΝΩΣΣ*	linguistics
γυμναστική	*ΓYM*	gymnastics
δεικτικός	*δεικτ*	demonstrative
διοίκηση	*ΔIOIK*	administration
ειρωνικά	*ειρ.*	ironical
ελλειπτικός	*EΛΛEIΠT*	defective
εμπόριο	*EMΠOP*	commerce
ενικός	*EN, εν.*	singular
ενεστώτας	*ενεστ.*	present tense
επίθετο	*επιθ*	adjective
επίρρημα	*επιρρ*	adverb
επίσημος	*επίσ.*	formal
επιστημονικός	*επιστ.*	specialist term

επιφώνημα	*επιφών*	exclamation
ερωτηματικός	*ερωτ*	interrogative
ευφημισμός	*ευφημ.*	euphemism
ζωολογία	*ΖΩΟΛ*	zoology
ουσ θηλ	*η*	feminine singular
ηλεκτρολογία	*ΗΛΕΚΤΡ*	electricity
θέατρο	*ΘΕΑΤΡ*	theatre
θρησκεία	*ΘΡΗΣΚ*	religion
ιατρική	*ΙΑΤΡ*	medicine
ιστορία	*ΙΣΤ*	history
καταχρηστικά	*κατ.*	misused
κατηγορηματικός	*κατηγορημ.*	predicative
κατηγορούμενο	*κατηγορ.*	predicate
κινηματογράφος	*ΚΙΝ*	cinema
και λοιπά	*κ.λπ*	et cetera
κλητική	*κλητ.*	vocative
κοινωνιολογία	*ΚΟΙΝ*	sociology
κοροϊδευτικά	*κορ*	derisive
κάποιον	*κπν*	somebody
κάποιου	*κποιου*	somebody's
κάποιος	*κπς*	somebody
κάτι	*κτ*	something
κτητικός	*κτητ*	possessive
κυρίως	*κυρ.*	mainly
κυριολεκτικά	*κυριολ.*	literal
λογοτεχνία	*ΛΟΓ*	literature
λογοτεχνικός	*λογοτ.*	literary
μαθηματικά	*ΜΑΘ*	mathematics
μαγειρική	*ΜΑΓΕΙΡ*	culinary
μέλλοντας	*μέλλ.*	future tense
μεσοπαθητικός	*μεσ*	middle-passive
μετεωρολογία	*ΜΕΤΕΩΡ*	meteorology
μετωνυμία	*μετων.*	metonymy
μειωτικός	*μειωτ.*	derogatory
μηχανολογία	*ΜΗΧ*	engineering
μεταφορικά	*μτφ.*	figurative
μετοχή	*μτχ.*	participle
μόριο	*μόρ*	particle
μουσική	*ΜΟΥΣ*	music
μυθολογία	*ΜΥΘΟΛ*	mythology
ναυτικό	*ΝΑΥΤ*	nautical
νομική	*ΝΟΜ*	law
ουσ αρσ	*ο*	masculine singular
οικείος	*οικ.*	familiar
οικονομία	*ΟΙΚ*	economics
ουσ αρσ/θηλ πληθ	*οι*	masculine or feminine plural
ονομαστική	*ον.*	nominative
οριστικός	*οριστ*	definite

παθητικός	**παθ.**	passive
παλαιότερα	**παλ.**	formerly
πανεπιστήμιο	**ΠΑΝ**	university
παρακείμενος	**παρακ.**	present perfect
παρατατικός	**παρατ.**	imperfect tense
παροιμία	**παροιμ.**	proverbial
πληθυντικός	**πλ.**	plural
πληροφορική	**ΠΛΗΡΟΘ**	computers/information technology
ποίηση	**ΠΟΙΗΣ**	poetry
πολιτική	**ΠΟΛ**	politics
πρόθεση	**πρόθ**	preposition
πρόθημα	**πρόθημ**	prefix
προσωπικός	**προσ**	personal
προστακτική	**προστ**	imperative
προφορικός	**προφορ.**	spoken
ρήμα	**ρ**	verb
ραδιόφωνο	**ΡΑΔΙΟΦ**	radio
ρήμα αμετάβατο	**ρ αμ**	intransitive verb
ρήμα μεταβατικό	**ρ μ**	transitive verb
σπάνιος	**οπάν.**	rare
στατιστική	**ΣΤΑΤ**	statistics
στρατιωτικός	**ΣΤΡ**	military
σύνδεσμος	**σύνδ**	conjunction
συνδετικό ρήμα	**συνδετ**	link verb
συνήθως	**συνήθ.**	usually
συντομογραφία	**συντομ**	abbreviation
σχολείο	**ΣΧΟΛ**	school
ουσ ουδ πληθ	**τα**	neuter plural
τακτικό αριθ	**τακτ**	ordinal
τέχνη	**ΤΕΧΝ**	art
τεχνολογία	**ΤΕΧΝΟΛ**	technology
τηλεόραση	**ΤΗΛΕΟΡ**	tv
ουσ ουδ	**το**	neuter singular
τριτοπρόσωπο	**τριτοπρόσ**	3rd person
τυπογραφία	**ΤΥΠ**	typography
υβριστικός,-ά	**υβρ.**	abusive
υποκοριστικός	**υποκ**	diminutive
φαρμακευτική	**ΦΑΡΜ**	pharmaceutics
φιλολογία	**ΦΙΛΟΛ**	philology
φιλοσοφία	**ΦΙΛΟΣ**	philosophy
φυσική	**ΦΥΣ**	physics
φυσιολογία	**ΦΥΣΙΟΛ**	physiology
φωτογραφία	**ΦΩΤ**	photography
χαϊδευτικά	**χαϊδ.**	affectionately
χημεία	**ΧΗΜ**	chemistry
χιουμοριστικός,-ά	**χιουμ.**	humorous
χυδαίος	**χυδ.**	vulgar
ψυχολογία	**ΨΥΧΟΛ**	psychology

ΣΥΝΤΟΜΟΓΡΑΦΙΕΣ   ABBREVIATIONS

συντομογραφία	**abbr**	abbreviation
αιτιατική	**acc**	accusative
επίθετο	**adj**	adjective
διοίκηση	**ADMIN**	administration
επίρρημα	**adv**	adverb
γεωργία	**AGR**	agriculture
ανατομία	**ANAT**	anatomy
αρχιτεκτονική	**ARCHIT**	architecture
αστρονομία	**ASTR**	astronomy
αυτοκίνητο	**AUT**	automobile
βοηθητικό ρήμα	**aux vb**	auxiliary verb
αεροπορία	**AVIAT**	aviation
βιολογία	**BIO**	biology
βοτανική	**BOT**	botany
Αγγλισμός	**BRIT**	British usage
χημεία	**CHEM**	chemistry
κινηματογράφος	**CINE**	cinema
εμπορικός	**COMM**	commercial
συγκριτικός	**compar**	comparative
ηλεκτρονικοί υπολογιστές	**COMPUT**	computers
σύνδεσμος	**conj**	conjunction
κατασκευές	**CONSTR**	construction
σύνθετος	**cpd**	compound
μαγειρικός	**CULIN**	culinary
οριστικό άρθρο	**def art**	definite article
υποκοριστικό	**dimin**	diminutive
οικονομία	**ECON**	economics
ηλεκτρισμός	**ELEC**	electricity
εμφατικός	**emph**	emphatic
ειδικά	**esp**	especially
και λοιπά	**etc**	et cetera
ευφημισμός	**euph**	euphemism
επιφώνημα	**excl**	exclamation
θηλυκό	**f**	feminine noun
μεταφορικός	**fig**	figuratively
οικονομία	**FIN**	finance
επίσημος	**fml**	formal
γενικός	**gen**	general
γενική	**GEN**	genitive
γεωγραφία/γεωλογία	**GEO**	geography/geology
γεωμετρία	**GEOM**	geometry
ιστορία	**HIST**	history
χιουμοριστικός	**hum**	humorous
απρόσωπο	**impers**	impersonal
αόριστο άρθρο	**indef art**	indefinite article
βιομηχανία	**INDUST**	industry
ανεπίσημος	**inf**	informal
χυδαίος	**inf!**	vulgar
ασφάλιση	**INSUR**	insurance

ΣΥΝΤΟΜΟΓΡΑΦΙΕΣ   ABBREVIATIONS

αμετάβλητος	inv	invariable
ανώμαλο	irreg	irregular
νομικός	JUR	law
γλωσσολογία	LING	linguistics
κυριολεκτικός	lit	literal
λογοτεχνία	LIT	literature
αρσενικό	m	masculine noun
μαθηματικά	MATH	mathematics
ιατρική	MED	medical
στρατιωτικός	MIL	military
μουσική	MUS	music
ουσιαστικό	n	noun
ναυτικός	NAUT	nautical, naval
ονομαστική	nom	nominative
ουδέτερο	nt	neuter
αριθμός	num	numeral
απαρχαιωμένος	old	old-fashioned
εαυτός	o.s.	oneself
υποτιμητικός	pej	pejorative
φωτογραφία	PHOT	photography
φυσική	PHYS	physics
φυσιολογία	PHYSIOL	physiology
πληθυντικός	pl	plural
πολιτική	POL	politics
μετοχή αορίστου	pp	past participle
πρόθεση	prep	preposition
αντωνυμία	pron	pronoun
ψυχολογία/ψυχιατρική	PSYCH	psychology/psychiatry
αόριστος, παρατατικός	pt	past tense
σήμα κατατεθέν	®	registered trademark
σιδηρόδρομος	RAIL	railways
θρησκεία	REL	religion
κάποιος	sb	somebody
σχολείο	SCOL	school
ενικός	sg	singular
κάτι	sth	something
υπερθετικός	superl	superlative
τεχνικός	TECH	technical
τηλεπικοινωνίες	TEL	telecommunications
θέατρο	THEAT	theatre
τηλεόραση	TV	television
τυπογραφία	TYP	printing
πανεπιστήμιο	UNIV	university
Αμερικανισμός	US	American usage
ρήμα	vb	verb
ρήμα αμετάβατο	vi	intransitive verb
ρήμα μεταβατικό	vt	transitive verb
ρήμα αχώριστο	vt fus	inseparable verb
ζωολογία	ZOOL	zoology

PRONUNCIATION OF MODERN GREEK

Each letter in Greek nearly always represents the same
sound. When you read out the pronunciation you should
sound the letters as if you were reading an English word.

GREEK LETTER		CLOSEST ENGLISH SOUND	EXAMPLE	PRONOUNCED
Α	α	hand	άνθρωπος	anthropos
Β	β	vine	βούτυρο	vooteero
Γ	γ		γάλα	gala
		yes	για	ya
Δ	δ	this	δάκτυλος	ðakteelos
Ε	ε	met	έτοιμος	eteemos
Ζ	ζ	zone	ζώνη	zonee
Η	η	meet	ήλιος	eeleeos
Θ	θ	thin	θέατρο	theatro
Ι	ι	meet	ίππος	eepos
Κ	κ	key	και	ke
Λ	λ	log	λάδι	laðee
Μ	μ	mat	μάτι	matee
Ν	ν	not	νύχτα	neehta
Ξ	ξ	rocks	ξένος	ksenos
Ο	ο	cot	όχι	ohee
Π	π	pat	πόλη	polee
Ρ	ρ	carrot	ρόδα	roða
Σ	σ, ς	sat	σήμα	seema
Τ	τ	top	τράπεζα	trapeza
Υ	υ	meet	ύπνος	eepnos
Φ	φ	fat	φούστα	foosta
Χ	χ		χάνω	hano
			χέρι	heree
Ψ	ψ	lapse	ψάρι	psaree
Ω	ω	cot	ώρα	ora

PRONUNCIATION OF MODERN GREEK

GREEK LETTER	CLOSEST ENGLISH SOUND	EXAMPLE	PRONOUNCED
ει	meet	είδος	*ee*δos
οι		οίκοι	*ee*kee
αι	met	αίμα	*e*ma
ου	food	που	*pou*
μπ	beer	μπύρα	*bee*ra
	or amber	κάμπος	*kamb*os
	or ample	σύμπαν	*seemp*an
ντ	door	ντομάτα	*domat*a
	or bent	συναντώ	*seenant*o
	or bend	πέντε	*pend*e
γκ, γγ	good	γκάζι	*gaze*e
	or angle	Αγγλία	*anglee*a
γξ	links	σφιγξ	*sfeenks*
τζ	friends	τζάμι	*dzame*e

The pairs of vowels shown above are pronounced separately if the first has an acute accent (´) or the second a dieresis (¨); e.g. Κάιρο *kaee*ro παϊδάκι *pa*ee*δ*akee.

Some Greek consonant sounds have no English equivalent. The υ of the groups αυ and ευ is pronounced v or f; e.g. αύριο *avree*o αυτί *af*tee.

GREEK LETTER	REMARKS	EXAMPLE	PRONOUNCED
Ρ, ρ	slightly trilled *r*	ρόδα	*ro*δa
Χ, χ	like *ch* in loch	χάνω	*hano*
	or like a rough *h*	χέρι	*here*e
Γ, γ	like a rough *g*	γάλα	*gala*
	or like *y*	για	*ya*

NB: All Greek words of two or more syllables have an acute accent which indicates where the stress falls. For instance, άγαλμα is pronounced *a*galma and αγάπη is pronounced a*ga*pee.

ΦΩΝΗΤΙΚΑ ΣΥΜΒΟΛΑ   PHONETIC SYMBOLS

Vowels/Diphthongs | Φωνήεντα/Δίφθογγοι

	[ɑː]	ca*l*m, pa*r*t
	[æ]	s*a*t
	[ãː]	cli*e*ntele
είναι, ένα	[ε]	*e*gg
	[ə]	*a*bove
	[əː]	b*ur*n, *ear*n
σπίτι	[ɪ]	p*i*t, awfu*ll*y
είναι	[iː]	p*ea*t
όχι	[ɔ]	c*o*t
	[ɔː]	b*or*n, j*aw*
	[ʌ]	h*u*t
κούκλα	[u]	p*u*t
	[uː]	p*oo*l
μαϊμού	[aɪ]	b*uy*, d*ie*, m*y*
φράουλα	[au]	h*ou*se, n*ow*
λέει	[eɪ]	p*ay*, m*a*te
	[εə]	p*ai*r, m*a*re
	[əu]	n*o*, b*oa*t
	[ɪə]	m*e*re, sh*ea*r
	[ɔɪ]	b*oy*, c*oi*n
τούρτα	[uə]	t*our*, p*oo*r

Consonants | Σύμφωνα

	[b]	*b*all
	[tʃ]	*ch*ild
αμπέλι	[f]	*f*ield
φέτα	[g]	*g*ood
αγκώνας	[h]	*h*and
	[j]	*y*et, mil*l*ion
για		

xi

ΦΩΝΗΤΙΚΑ ΣΥΜΒΟΛΑ   PHONETIC SYMBOLS

τζάμι	[dʒ]	*j*ust
κήπος	[k]	*k*ind, *c*atch
λάδι	[l]	*l*eft, *littl*e
μόνο	[m]	*m*at
νερό	[n]	*n*est
Αγγλία	[ŋ]	lo*ng*
παιδί	[p]	*p*ut
ρόδα	[r]	*r*un
σίδερο	[s]	*s*it
	[ʃ]	*sh*all
τέταρτο	[t]	*t*ab
θάμνος	[θ]	*th*ing
δάκτυλο	[ð]	*th*is
βούτυρο	[v]	*v*ery
	[w]	*w*et
χέρι	[x]	lo*ch*
ξένος	[ks]	bo*x*
ζώνη	[z]	po*d*s, *z*ip
	[ʒ]	mea*s*ure

Other signs   Άλλα σύμβολα

main stress	[']	κύριος τόνος
long vowel	[ː]	μακρό φωνήεν
	[ʳ]	το τελικό "r" δεν προφέρεται εκτός αν η επόμενη λέξη αρχίζει με φωνήεν

xii

GREEK–ENGLISH
ΕΛΛΗΝΙΚΟΑΓΓΛΟ

Α α

Α, α alpha, *first letter of the Greek alphabet*

αβάσταχτ|ος *επίθ* (*πόνος, στενοχώρια*) unbearable · (*επιθυμία*) irresistible

αβγό *το* egg · **μελάτο αυγό** soft-boiled egg

αβγοκόβ|ω *ρ μ* to add egg and lemon sauce to

αβγολέμον|ο *το* egg and lemon sauce

αβέβαι|ος *επίθ* (*μέλλον, επιτυχία*) uncertain · (*κατάσταση*) unclear

αβλαβής *επίθ* (= *που δεν έπαθε κακό*) unharmed · (= *που δεν προξενεί κακό/βλάβη*) harmless · **σώος και ~** safe and sound

αβοήθητος *επίθ* helpless

άβολος, -η, -ο (= *δύστροπος, απροσάρμοστος*) awkward · (*έπιπλο, ρούχο*) uncomfortable

άβραστ|ος (= *ωμός*) uncooked · (= *μισοβρασμένος*) undercooked

αγαθό *το* (= *καλό*) good · (= *καθετί που δίνει ευχαρίστηση*) commodity

▶ **αγαθά** *πλ* fortune *εν.*

αγαθ|ός *επίθ* (= *ενάρετος*) decent · (= *αφελής, απλοϊκός*) gullible · (*πρόθεση, διάθεση*) simple

αγαλλίαση *η* joy

άγαλμα *το* statue

άγαμ|ος *επίθ* unmarried

αγανάκτηση *η* anger

αγανακτ|ώ *ρ αμ* to be angry

αγάπ|η *η* love

αγαπημέν|ος *επίθ* (*μητέρα, κόρη*) dear · (*τραγούδι, φαγητό*) favourite (Βρετ.), favorite (Αμερ.) ♦ *ουσ* (= *εραστής*) boyfriend · (= *ερωμένη*) girlfriend

αγαπώ *επίθ* dear · **~έ μου!** my dear!

αγαπώ *ρ μ* to love

αγγείο *το* pot · **αιμοφόρα ~α** blood vessels

αγγελία *η* (*επίσ.:* = *αναγγελία*) announcement · (*κηδείας, διαγωνισμού*) notification · **μικρές ~ες** classified advertisements

άγγελος *ο* angel

άγγιγμα *το* touch

αγγίζ|ω *ρ μ* (*επίσης* **εγγίζω**: = *ακουμπώ*) to touch · (= *ψηλαφώ*) to feel · (*επίσης* **εγγίζω**: = *πλησιάζω*) to border on · (= *δοκιμάζω*) to touch · (= *συγκινώ: λόγια, πράξεις*) to touch

Αγγλία *η* England

Αγγλίδα *η* Englishwoman

αγγλικ|ός *επίθ* English

▶ **αγγλικά** *τα*, **Αγγλική** *η* English

αγγλομαθής *επίθ* English-speaking

Άγγλ|ος *ο* Englishman

αγγούρι *το* cucumber

αγελάδα *η* cow

αγελαδιν|ός *επίθ* cow's · **-ό κρέας** beef · **-ό γιαούρτι** cow's-milk yoghurt

αγένεια *η* rudeness

αγεν|ής *επίθ* (*άνθρωπος,*

συμπεριφορά) rude · (μέταλλο) base

αγέρ|ι το (λογοτ.) breeze

άγευστ|ος επίθ tasteless

Αγιοβασίλης ο (προφ.)

άγιος', -ία η · -α, -ο holy

άγιος² ο saint

αγκαζέ επίρρ (πιάνω) arm in arm · **το τραπέζι είναι ~** (σε εστιατόρια) the table is reserved

αγκάθ|ι το (φυτού) thorn · (ψαριού) bone

αγκαλιά' η (ανθρώπου) arms πληθ. · (= αγκάλιασμα) hug

αγκαλιά² επίρρ · **στην αγκαλιά: κρατάω, έχω** in one's arms · (= αγκαλιαστά: κοιμάμαι) in each other's arms · (περπατάω) arm in arm

αγκαλιάζ|ω ρ μ to hug

αγκίδ|α η, **αγκίθα** splinter

αγκινάρ|α η artichoke

αγκίστρ|ι το (fish) hook

αγκράφ|α η buckle

Άγκυρ|α η Ankara

άγκυρ|α η anchor · **ρίχνω/σηκώνω ~** to drop/to weigh anchor

αγκών|ας ο elbow

αγναντεύ|ω ρ μ to scan

άγνοι|α η ignorance · **εν αγνοία κποιου** (επίσ.) without sb's knowing

αγνοούμεν|η, αγνοούμενη η βλ. αγνοούμενος

αγνοούμεν|ος ο person missing in action

αγν|ός επίθ pure · (φιλία) chaste

αγνο|ώ ρ μ (= δεν γνωρίζω) not to know · (= αδιαφορώ) to ignore

αγνώμων, -ων, -ον ungrateful

άγνωστ|ο το the unknown

άγνωστ|ος επίθ an unknown quantity

▸ **άγνωστος** ο, **άγνωστη** η stranger

άγον|ος επίθ barren

αγορ|ά η (προϊόντων, αγαθών)

buying · (= αγοραπωλησιών) market

αγοράζ|ω ρ μ to buy

αγοράκ|ι το little boy

αγοραστ|ής ο buyer

αγοράστρια η βλ. αγοραστής

αγόρ|ι το (= αρσενικό παιδί) boy · (= αγαπημένος) boyfriend

άγουρ|ος επίθ unripe

αγράμματ|ος επίθ (= αναλφάβητος) illiterate · (= αμόρφωτος) ignorant

άγραφ|ος, άγραφος επίθ (κόλλα, χαρτί) blank · (κανόνας, κώδικας) unwritten

αγριεύ|ω ρ μ (= εξαγριώνω) to infuriate · (= φοβερίζω) to bully ♦ ρ αμ (= γίνομαι άγριος) to turn nasty · (καιρός, άνεμος) to become wild · (θάλασσα) to become rough · (πρόσωπο, φωνή) to become angry · (χέρια, επιδερμίδα) to become rough · (μαλλιά) to become coarse

▸ **αγριεύομαι** μεσ to be scared

άγρι|ος, -α, -ο (ζώο, φυτό) wild · (ματιά, φωνή) furious · (ύφη) wild · (χέρια, επιδερμίδα) rough · (μαλλιά) coarse · (ξυλοδαρμός, δολοφονία) savage · (φυλή) wild ♦ **ο** savages

αγριόχορτα τα weeds

αγρόκτη|μα το farm

αγρ|ός ο field

▸ **αγροί** πλ fields

αγρότ|ης ο farmer

αγροτικ|ός επίθ (εισόδημα, σύνταξη) farmer's · (μηχανήματα, προϊόντα) agricultural · (πληθυσμοί, κοινωνία) rural · (νόμος, μεταρρύθμιση) agricultural · (ζωή) rural · (εργασίες) farm

▸ **αγροτικό** το pick-up (truck)

αγρότισσα η, **αγρότης**

άγρυπν|ος επίθ awake

αγύμναστ|ος επίθ who hasn't taken any exercise

αγχόν|η η (= θηλιά για απαγχονισμό) noose · (= όργανο για απαγχονισμό) gallows

άγχ|ος ο anxiety

αγχών|ω ρ μ to put under stress
► **αγχώνομαι** μεσ to be under stress

αγωγ|ή η (= ανατροφή) education · (NOM) lawsuit · (IATP) treatment

αγωγ|ός ο (εξαερισμού, αποχέτευσης) pipe · (φυσικού αερίου) pipeline · (ηλεκτρισμού) wire

αγών|ας ο (= σύγκρουση) struggle · (= κοπιαστική προσπάθεια) struggle · (= εντατική προσπάθεια) efforts πληθ. · (ΑΘΛ) race · (ποδοσφαιρικός) game

αγωνί|α η (= ανυπομονησία) impatience · (= έντονη ανησυχία) anguish · **κρατώ κπν σε ~** to keep sb on tenterhooks

αγωνίζ|ομαι ρ αμ (= μάχομαι για την επίτευξη στόχου) to fight · (= καταβάλλω έντονη προσπάθεια) to strive · (ομάδα, παίκτης) to play

αγώνισ|μα το event

αγωνιώδης, -ης, -ες (ερώτημα, βλέμμα) anguished · (προσπάθεια) desperate

αδάμαστ|ος επίθ (άλογο) not broken in · (μτφ.: έρημος) untamed · (μτφ.: πνεύμα, θέληση) indomitable · (φρόνημα) steadfast · (θάρρος) invincible

αδασμολόγητ|ος επίθ duty-free

άδει|α η (= συγκατάθεση) permission · (= συναίνεση) consent · (εργαζομένου) time off · **~ εισόδου/εξόδου** pass

αδειάζ|ω ρ μ (αίθουσα, χώρο) to clear · (δοχείο) to empty · (κρασί, νερό) to pour out · (όπλο) to unload · (αίθουσα, δρόμο) to empty · (ματαιολή) to go flat · (μτφ.: μυαλό) to go blank · (= ευκαιρώ) to have time

αδειαν|ός επίθ = **άδειος**

άδει|ος, -α, -ο (πιάτο, μπουκάλι) empty · (όπλο) unloaded · (διαμέρισμα) vacant · (δωμάτιο) empty · (ταξί, θέση) free · **με ~α χέρια** empty-handed

αδέκαρ|ος επίθ penniless

αδελφάκ|ι το little brother

αδελφ|ή η (βαθμός συγγένειας) sister · (= καλόγρια) Sister · (= νοσοκόμα) sister · (μειωτ.: = ομοφυλόφιλος) sissy

αδελφικ|ός επίθ fraternal · **~ φίλος** very close friend

αδελφ|ός ο brother

αδερφούλα η, **αδερφούλα** η little sister

αδέν|ας ο gland

αδερφάκ|ι το = **αδελφάκι**

αδερφ|ή η = **αδελφή**

αδερφικ|ός επίθ = **αδελφικός**

αδερφ|ός ο = **αδελφός**

αδέσποτ|ο το stray

αδέσποτ|ος επίθ stray

αδημοσίευτ|ος επίθ unpublished

αδιάβαστ|ος επίθ who hasn't done his/her homework

αδιάβροχ|ο το raincoat

αδιάβροχ|ος επίθ waterproof

αδιαθεσί|α η indisposition

αδιάθετ|ος επίθ (= ελαφρά άρρωστος) unwell · (ανεπ.: για γυναίκες) menstruating

αδιάκοπ|ος επίθ (χουβέντες) endless · (πόλεμος) constant · (= αγώνας, χειροκρότημα) continuous · (προσπάθεια) unceasing · (μεταβολή) continual

αδιακρίτως επίρρ indiscriminately

αδιαμφισβήτητα επίρρ beyond doubt

αδιαμφισβήτητ|ος επίθ (κανότητα, γεγονός) indisputable · (στοιχεία) irrefutable

αδιανόητ|ος επίθ inconceivable

αδιάντροπ|ος επίθ (για πρόσ.,

συμπεριφορά) shameless · *(ψέμα)*
barefaced

αδιαφορί|α *η* indifference ·
δείχνω ~ to feign indifference ·

αδιάφορ|ος *επίθ* indifferent · **μου
είναι ~ο** it's all the same to me

αδιέξοδ|ο *το* dead end

αδιέξοδ|ος *επίθ* dead–end

αδιευκρίνιστ|ος *επίθ* obscure

άδικα *επίρρ* · *(= με άδικο τρόπο)*
unfairly · *(= χωρίς λόγο)* unjustly ·
(= μάταια) in vain

αδικαιολόγητ|ος *επίθ (για πράξ.)*
inexcusable · *(συμπεριφορά,
στάση)* indefensible ·
(αυστηρότητα) unjustifiable ·
(λάθος, καθυστέρηση)
inexcusable · *(αίτημα, φόβος)*
unreasonable · *(υποψία)*
unfounded

αδίκ|ημα *το* offence *(Βρετ.)*,
offense *(Αμερ.)* · **διαπράττω ~** to
commit an offence *(Βρετ.)* ή
offense *(Αμερ.)*

αδικί|α *η (= άδικη πράξη)* wrong ·
(= έλλειψη δικαιοσύνης) injustice

άδικ|ο *το* wrong · **έχω ~** to be
wrong

άδικ|ος *επίθ (άνθρωπος)* unfair ·
(υποψία) unfounded *(νόμος,
κανόνας)* unjust · *(πράξη)*
wrongful · **~ κόπος** wasted effort

αδίστακτ|ος *επίθ* unscrupulous

αδράνει|α *η* inactivity

αδρανής *επίθ* inactive

αδρανώ *ρ αμ* to be inactive ή idle

Αδριανούπολ|η *η* Andrianople

Αδριατικ|ή *η* Adriatic

αδυναμί|α *η (= ανικανότητα)*
inability · *(= σωματική εξάντληση)*
weakness · *(μτφ.: = υπερβολική
αγάπη)* soft spot *(as for)* ·
αισθάνομαι ή νιώθω μεγάλη ~ to
feel very weak

αδύναμ|ος *επίθ* weak · *(χρώμα)*
pale

αδυνατίζ|ω *ρ αμ (για πρόσ.)* to

lose weight · *(καρδιά, μάτια)* to
become weaker ◆ *ρ μ* – **κπν** to
make sb lose weight

αδυνάτισ|μα *το* weight loss
▷ **κέντρο αδυνατίσματος**
= slimming centre *(Βρετ.)* ή
center *(Αμερ.)*

αδύνατ|ος *επίθ (άνθρωπος,
πρόσωπο)* thin · *(μαθητής, παίκτης)*
weak
▸ **αδύνατο(ν)** *το* **το ~ο(ν)** the
impossible

αδυνατώ *ρ μ (επίσ.)* to be
incapable · **~ να κάνω κτ** to be
unable to do sth

αδυσώπητ|ος *επίθ (άνθρωπος,
ανάγκη)* harsh · *(εχθρός, μοίρα)*
implacable · *(κριτική, αγώνας)*
fierce · *(αισθήματα)* relentless

αεράκ|ι *το* breeze

αέρ|ας *ο (γενικότ.: είδ. = άνεμος)*
wind · *(= στυλ)* air · *(για τα
αυτοκίνητα)* choke · **σηκώνεται ή
πέφτει ~** the wind is picking up
▷ **κενό ~ος** air pocket

αερίζ|ω *ρ μ* to air

αέρι|ο *το* gas

αεριωθούμενο *το* jet

αεροβικός *επίθ* aerobic

αερογέφυρα *η (τροφίμων,
προσώπων)* airlift · *(= γέφυρα)*
viaduct

αερογραμμ|ές *οι* airways

αεροδρόμι|ο *το* airport

αεροδυναμικ|ός *επίθ* streamlined

αερολιμέν|ας *ο (επίσ.)* airport

αερόμπικ *το* aerobics *εν.*

αεροπειρατεί|α *η* hijacking

αεροπειρατής *ο* hijacker

αεροπλάν|ο *το* plane, aeroplane
(Βρετ.), airplane *(Αμερ.)*

αεροπορί|α *η* aviation · *(στρ)* air
force · **πολιτική ~** civil aviation
▷ **πολεμική ~** air force

αεροπορικ|ός *επίθ (άμυνα)* air ·
(επίδειξη) aerial · *(όργανα, στολή)*
flying · *(εταιρεία)* airline ·

αεροπορικώς (επιστολή) airmail

αεροπορικώς επίρρ by air

αεροσκάφος το aircraft εν.

αερόστατο το (hot–air) balloon

αεροσυνοδός ο flight attendant ♦ η flight attendant

αετός ο eagle

αζημίωτο το με το ~ for a fee

αηδία η disgust

▸ **αηδίες** πλ (= ανοησίες) nonsense εν. · (για φαγητό) junk food εν. · **λέω ~ες** (προφ.) to talk nonsense

αηδιάζω ~ αμ to be disgusted ♦ μ ~ κτν (τσιγάρο, μυρωδιά) to turn sb's stomach (άνθρωπος) · (μτφ.) to disgust sb · (μτφ.) to make sb sick · (φαγητό, θέαμα) to disgust

αηδιασμένος επίθ disgusted

αηδιαστικός επίθ (φαγητό, αστεία) disgusting · (άνθρωπος, εμφάνιση) repulsive · (οσμή) foul

αηδόνι το nightingale

αήττητος επίθ unbeaten

αθανασία η immortality

αθάνατος επίθ (ψυχή, Θεός) immortal · (αγάπη) undying

αθέατος επίθ (= αόρατος) unseen · (= κρυμμένος) hidden

άθελα επίρρ **άθελά μου** unintentionally

αθέμιτος επίθ illegal

άθεος επίθ godless

▸ **άθεος** ο, **άθεη** η atheist

αθεράπευτος επίθ (αρρώστια) incurable · (απελπισία) hopeless · (πεισματής) incurable · (περιέργεια) insatiable

αθερίνα η smelt

αθετώ ρ μ to break

Αθήνα η Athens

Αθηναία η βλ. **Αθηναίος**

αθηναϊκός επίθ Athenian

Αθηναίος ο Athenian

άθικτος επίθ (φαγητό) untouched · (= άφθαρτος) undamaged

άθλημα το sport

άθληση η sports πληθ.

αθλητής ο athlete

αθλητικός επίθ (πρόγραμμα, εγκαταστάσεις) sports · (σωματείο, ήθος) sporting · (είδη) sports · (σώμα, διάπλαση) athletic

αθλητισμός ο sports πληθ.

αθλήτρια η sportswoman

άθλιος, -α, -ο (άνθρωπος, κατάσταση) wretched · (ζωή) miserable · (συνθήκες) squalid · (άνθρωπος, συμπεριφορά) despicable

άθλος ο feat · **οι ~οι του Ηρακλή** the labours (Βρετ.) ή labors (Αμερ.) of Hercules

αθλούμαι ρ αμ απ to exercise

αθόρυβος επίθ (αριθμησία, χτύπημα) insidious · (βήματα, γέλιο) silent · (μτφ.: για πρόσ.) unobtrusive

άθραυστος επίθ (τζάμι) shatterproof · (υλικό) unbreakable

άθροισμα το sum

αθώος, -α, -ο innocent

αθωότητα η (ανθρώπου: νεότητας, αγάπης) innocence

αθώωση η acquittal

αϊ (οικ.) (= άντε) go · **~ στον διάβολο!** (υβρ.) go to hell! · **~ χάσου!** (υβρ.) get lost!

Αϊ-², **Άι-** Athens St

Αιγαίο το το ~ (Πέλαγος) the Aegean (Sea)

Αίγυπτος η Egypt

αιδώς η decency · **δημόσια ~** public decency

αίθουσα η (γενικότ.) room · (μεγάλη) hall · (σε σχολείο) classroom ▸ **~ αναμονής** waiting room ▸ **~ χορού** ballroom ▸ **κινηματογραφική ~** cinema (Βρετ.), movie theater (Αμερ.)

αίμα το blood · **χάνω ~** to lose blood · **τρέχει ~** to bleed ▸**εξέταση** η **ανάλυση ~τος** blood

αιματηρός test ▷**ομάδα ~τος** blood group

αιματηρός επίθ (επεισόδιο, συμπλοκή) bloody · (μτφ.: προσπάθειες) strenuous · (οικονομίες) stringent

αιματοχυσία η bloodshed

αιμοβόρος, -α, -ο (θηρία) carnivorous · (μτφ.) bloodthirsty

αιμοδοσία η blood donation

αιμοδότης ο blood donor

αιμοδότρια η βλ. **αιμοδότης**

αιμομιξία η incest

αιμορραγία η haemorrhage (Βρετ.), hemorrhage (Αμερ.)

αιμορραγώ ρ αμ to bleed

αιμορροΐδες οι haemorrhoids (Βρετ.), hemorrhoids (Αμερ.)

αιμοφόρος, -ος, -ο · **~α αγγεία** blood vessels

αίνιγμα το (κυριολ.) riddle · (μτφ.) mystery

αινιγματικός επίθ (άνθρωπος, προσωπικότητα) enigmatic · (σιωπή) cryptic · (υπόθεση, συμπεριφορά) puzzling

άιντε επιφων ► **άντε**

αισθάνομαι ρ μ απ (πόνο, χάδι) to feel · (σοβαρότητα της κατάστασης, συνέπειες) to be aware of · (κίνδυνο) to sense · (υποχρέωση, ευθύνη) to feel · (χαρά, ικανοποίηση) to feel ♦ ρ αμ to feel · ~ **ζαλάδα/κούραση/ευτυχία** to feel dizzy/tired/happy · **πώς ~εσαι;** how do you feel?

αίσθημα το feeling · (= έρωτας) love

αισθηματικός επίθ (δεσμός, σχέση) romantic · (ταινία, τραγούδι) sentimental

αίσθηση η sense · (= ζωηρή εντύπωση) sensation · **χάνω τις αισθήσεις μου** to pass out · **βρίσκω τις αισθήσεις μου** to come around

αισθησιακός επίθ (γυναίκα, χορός) sensual · (χείλη) sensuous

αισθητική η aesthetic (Βρετ.), esthetic (Αμερ.) ▷**ινστιτούτο ~ς** beauty salon

αισθητικός επίθ aesthetic (Βρετ.), esthetic (Αμερ.)

► **αισθητικός** ο/η beautician

αισθητός επίθ (διαφορά, μείωση) marked · (απουσία) noticeable · (= που γίνεται αντιληπτός με τις αισθήσεις) perceptible

αισιοδοξία η optimism

αισιόδοξος επίθ optimistic

αίσιος, -α, -ο (έκβαση) favourable (Βρετ.), favorable (Αμερ.) · (οιωνός) good · **~ο τέλος** happy ending

αίσχος το shame ♦ επιφων outrageous!

► **αίσχη** σου πλ sleaze εν.

αισχροκερδής επίθ mercenary

αισχρολογία η obscenity

αισχρολογίa τα obscenity

αισχρός επίθ (λέξεις) rude · (αστείο) dirty · (= αχρείος) despicable · (= ευτελής: ξενοδοχείο) seedy

αίτημα το demand

αίτηση η (αδείας, υποψηφιότητας) application · (= έντυπο) application form

αιτία η (διαζυγίου, απόλυσης) cause · **άνευ λόγου και ~ς** for no reason at all · **εξ ~ς** +γεν. because of · **χωρίς ~** for no reason

αίτιο το cause

αιτιολόγηση η justification

αιτιολογώ ρ μ to justify

αίτιος ο = **αετός**

αιτούσα η (επία.) βλ. **αιτών**

αιτώ **ρ μ** (επία.) to demand

► **αιτούμαι** μεσ to request · (δικαιοσύνη) to call for · (χάρη) to request · (έλεος) to beg for · (χρήματα) to claim

αιτών ο (επία.) applicant

αιφνιδιάζω ρ μ to surprise · (εχθρό, ληστές) to take by

αιφνιδιασμός surprise · (αντίπαλο) to catch off guard
▸ **αιφνιδιάζομαι** μεσ to be taken by surprise

αιφνιδιασμός o surprise · (στρ) surprise attack

αιφνιδιαστικά επίρρ by surprise

αιφνιδιαστικός επίθ surprise

αιχμαλωσία η (= κατάσταση τού αιχμαλώτων) captivity · (= σύλληψη) capture

αιχμαλωτίζω ρ μ (στρατιώτη) to capture · (μτφ.: βλέμμα, προσοχή) to captivate

αιχμάλωτος επίθ captured · πιάνω κπν ~ο to take sb prisoner ▷ ~ πολέμου prisoner of war
▸ **αιχμάλωτος** ο, **αιχμάλωτη** η prisoner · (μτφ.) slave

αιχμή η point ▷ ώρες ~ς rush hour εν.

αιχμηρός επίθ (ξύλο, εργαλείο) sharp · (βράχος) jagged

αιώνας ο (= εκατονταετία) century · (μτφ.: = πολύ μεγάλο χρονικό διάστημα) eternity χωρίς πληθ. · **χρυσός** ~ golden age

αιώνια, αιωνίως επίρρ forever

αιώνιος, -α ή -ία, -ο eternal

αιωνιότητα η eternity

αιώρα η hammock

ακαδημαϊκός επίθ academic

ακαδημαϊκός ο academic

Ακαδημία η (ανώτατο πνευματικό ίδρυμα) academy · (ΑΡΧ ΙΣΤ) the Academy

ακαθαρσία η (ζώων, ανθρώπων) excrement (επία.) · (= βρωμιά) filth

ακακία η acacia

άκακος επίθ harmless

ακάλυπτος επίθ (άνοιγμα, τρύπα) uncovered · (= ανοιχτό) open · (κεφάλι, πόδια) bare ▷ **~η επιταγή** bad cheque (Βρετ.), bad check (Αμερ.) ▷ ~ **χώρος** inner courtyard

άκαρδος επίθ heartless

ακαριαίος, -α, -ο (αποτέλεσμα, θάνατος) instantaneous · (επέμβαση) instant

άκαρπος επίθ (για φυτά) fruitless · (γη) barren · (για πρόσ.) sterile · (μτφ.: διαπραγματεύσεις, έρευνες) fruitless · (συζήτηση) pointless

ακαταλαβίστικος επίθ incomprehensible

ακατάλληλος επίθ (άνθρωπος) unfit · (περιοδικά, ταινία) unsuitable · (ώρα, στιγμή) inconvenient · ~**ο για παιδιά** unsuitable for children

ακαταμάχητος επίθ (έλξη, γοητεία) irresistible · (επιχείρημα) compelling

ακατανίκητος επίθ (στρατός) indomitable · (έλξη, γοητεία) irresistible

ακατανόητος επίθ (λόγια) unintelligible · (= ανεξήγητος) inexplicable

ακαταστασία η mess

ακατάστατος επίθ (άνθρωπος, δωμάτιο) untidy · (μαλλιά) messy · (ζωή) unusual · (καιρός) unsettled

ακατοίκητος επίθ (= που δεν κατοικείται) uninhabited · (= μη κατοικήσιμο) uninhabitable

ακατόρθωτος επίθ impossible
▸ **ακατόρθωτο** το **το** ~**ο** the impossible

ακέραιος επίθ (= ολόκληρος) whole · (επίσης **ακέριος:** = ανέπαφος) intact · (χαρακτήρας, δικαστής) honest

ακεραιότητα η integrity

ακέριος, -ια, -ιο βλ. **ακέραιος**

ακεφιά η low spirits πληθ. · **έχω** ~**ές** to be in low spirits

ακίδα η (βελόνας, βέλους) point · (ξύλου) splinter

ακίνδυνος επίθ harmless

ακίνητο το property

ακινητοποιώ ρ μ (άνθρωπο) to

overpower · (αυτοκίνητο, πλοίο) to immobilize · (μτφ.) to bring to a standstill

ακίνητ|ος επίθ (για πρόσ.) still · (περιουσία, ιδιοκτησία) immovable · ~! I don't move!

μένω/στέκομαι/κάθομαι ~ to stay/stand/sit still

ακλόνητ|ος επίθ (θεμέλιο) solid · (για πρόσ.) steadfast · (θάρρος) unflinching · (πίστη) unshakeable · (πεποίθηση, φιλία) firm · (άλλοθι, αποδείξεις) cast-iron · (στοιχείο, επιχείρημα) irrefutable

ακμάζω ρ αμ (για πρόσ.) to be at one's peak · (εμπόριο, τέχνη) to flourish

ακμαί|ος, -α, -ο (για πρόσ.) vigorous · (οικονομία, πολιτισμός) thriving · (ηθικό, φρόνημα) high

ακμή η (τέχνης, εμπορίου) prosperity · (ΙΑΤΡ) acne

ακοή η hearing

ακόλαστ|ος επίθ (ήθη) loose · (επιθυμία) lecherous · (ζωή) dissolute

ακολουθία η (= συνοδεία) retinue · (ΘΡΗΣΚ) service

ακόλουθος¹ ο/η (= συνοδός) attendant · (= διπλωματική υπηρεσία) attaché

ακόλουθ|ος² επίθ following

ακολουθ|ώ ρ αμ to follow ◆ ρ μ (= παρακολουθώ) to follow · (= διαδέχομαι) to come after · (= συνοδεύω) to go with · (τιμητικό άγημα) to escort · (= εμφανίζεται ως συνέπεια) to follow · (δρόμο, πορεία) to follow · (πολιτική) to pursue · (λογική) to follow · (αρχές) to adhere to · (τακτική) to use · (νόμο, έθιμο) to observe · (συμβουλή) to follow

ακόμα, ακόμη επίρρ (χρονικό) (σε αρνητικές προτάσεις) yet · (ποσοτικό: = επιπλέον) more ·

(επιτατικό: = περισσότερο) even · **για για μια** ~ **φορά** once again · **δεν έχω τελειώσει ακόμη** I haven't finished yet · ~ **και** even · **ακόμη και αν ή κι αν** even if · ~ **κι αν ακόμη** even if · ~ **καλύτερα** even better · **ποιος άλλος ακόμη** who else · **είναι νωρίς ακόμη** it's still early · **τι άλλο ακόμη** what else

ακόντι|ο το (= όπλο) spear · (ΑΘΛ) javelin

ακοντιστ|ής ο javelin thrower

ακοντίστρι|α η βλ. **ακοντιστής**

ακόπ|ος επίθ easy

ακορντεόν το accordion

ακουμπ|ώ ρ μ (= αγγίζω) to touch · (= τοποθετώ) to put · (σκάλα) to lean · (κεφάλι) to rest ◆ ρ αμ to lean (σε on ή against)

ακούραστ|ος επίθ tireless

ακούσι|ος, -α, -ο (χτύπημα, πράξη) unintentional · (θεατής, ήρωας) unwitting

ακουστά επίρρ **έχω** ~ **για κτ/πως** to have heard about sth/that

ακουστικ|ό το receiver · **κατεβάζω το** ~ to hang up · **περιμένετε στο** ~ **σας!** hold the line please! · **σηκώνω το** ~ to pick up the receiver ▷ **βαρηκοΐας** hearing aid

▶ **ακουστικά** πλ (στερεοφωνικού) headphones · (γουόκμαν) earphones

ακουστ|ός επίθ well-known

ακού|ω¹ ρ μ (= αντιλαμβάνομαι με την ακοή) ήχο, θόρυβο) to hear · (= παρακολουθώ με την ακοή: τραγούδι, μουσική) to listen to · (= πληροφορούμαι, μαθαίνω) to hear · (= υπακούω: γονείς, συμβουλή) to listen to ◆ ρ αμ (= έχω την αίσθηση της ακοής) to hear · (= αφουγκράζομαι) to listen · **άκου να δεις!** just listen to this! · ~ **στο όνομα** to go by the name of

▶ **ακούγομαι, ακούομαι** *μεσ* (= δίνω την εντύπωση) to sound · (= είμαι ξακουστός) to be talked about

ακραί|ος, -α, -ο (σημείο) end · (περιοχή) outlying · (άποψη, περίπτωση) extreme

άκρ|η η (σχοινιού, δρόμου) end · (πόλης, δάσους) edge · (μολυβιού, δαχτύλου) tip · **απ' τη μια ~ στην άλλη** from top to bottom · **δεν μπορώ να βγάλω ~** I can't make head or tail of it · **κάνω (στην) ~** to get out of the way · **κάνω κπν στην ~** to push sb aside

ακριβαίν|ω ρ μ (εισιτήριο, τρόφιμα) to go up in price · (ζωή) to get more expensive ♦ ρ μ to put up

ακρίβεια η (διατύπωσης) precision · (μετάφρασης) accuracy · (για ρολόι) accuracy · (= υψηλό κόστος) high prices πληθ.

ακριβ|ής επίθ (= αληθής: πληροφορία, πρόγνωση) accurate · (= σωστός: τιμή, αντίτιμο) exact · (αριθμός, θέση) precise · (έννοια) precise · (ημερομηνία) correct · (= πιστός: διάγνωση, αντίγραφο) accurate · (οδηγίες, ορισμός) precise · (απάντηση) true · (προσφορά, απάντηση) correct · (= συνεπής) consistent · **είμαι ~ στα ραντεβού μου** to be punctual

ακριβός επίθ expensive

ακριβώς επίρρ exactly · **η ώρα είναι δέκα ~** it's exactly ten o'clock · **στις δέκα η ώρα ~** at ten o'clock sharp

ακρινός επίθ (δωμάτιο) far · (τραπέζι) at the far end

άκρο το end

▶ **άκρα** πλ limbs · **φτάνω στα ~α** to go to extremes

ακροατήριο το audience

ακροατής ο listener

ακροάτρια η βλ. ακροατής

ακρόπολη η citadel · **η Ακρόπολη** the Acropolis

άκρως επίρρ (επίσ.) extremely

ακρωτήρι η = ακρωτήριο

ακρωτηριάζω ρ μ (ΙΑΤΡ) to amputate · (μτφ.: αυθορμητισμό) to break · (πίστη) to undermine · (αίσθημα) to deaden

ακρωτήριο το headland

ακτή η coast χωρίς πληθ.

▶ **ακτές** πλ coastline

ακτίνα η (ήλιου) ray · (κύκλου) radius · (ποδηλάτου) spoke · **σε ~ 200 χιλιομέτρων** within a radius of 200 kilometers (Βρετ.) ή kilometers (Αμερ.)

ακτινίδιο το kiwi

ακτινογραφία η X-ray · **βγάζω ~** to have an X-ray

ακτοφυλακή η coastguard

ακτύπητος επίθ = αχτύπητος

ακυβέρνητ|ος επίθ (πολιτεία, λαός) without a government · (μτφ.) ungovernable · (πλοίο) adrift · (αυτοκίνητο) runaway

άκυρ|ος επίθ invalid

ακυρών|ω ρ μ (διαγωνισμό, εκλογές) to render null and void · (διάταγμα) to revoke · (κατηγορίες) to quash · (ραντεβού) to cancel · (εισιτήριο) to punch

ακύρωση η (συμφωνίας, απόφασης) annulment · (ραντεβού) cancelling · (εισιτηρίου) punching

αλαζονεία η arrogance

αλαζονικός επίθ arrogant

αλάνθαστος επίθ (κείμενο) free of mistakes · (υπολογισμός, γραπτό) correct · (για ρόπο.) infallible · (μέθοδος, κριτήριο) foolproof

άλας το salt

▶ **άλατα** πλ back trouble εν.

αλάτι το (κυρίως.) salt · (μτφ.) spice ▶**μαγειρικό ~** cooking salt ▶**χοντρό ~** coarse salt ▶**ψιλό**

~ table salt

αλατιέρ|α *η* salt cellar *(Βρετ.)*, salt shaker *(Αμερ.)*

αλατίζ|ω *ρ μ* to salt

αλατισμέν|ος salted

αλατοπίπερ|ο *το (κυριολ.)* salt and pepper · *(μτφ.)* spice

Αλβανή| *η βλ.* **Αλβανός**

Αλβανί|α *η* Albania

Αλβανίδ|α *η βλ.* **Αλβανός**

αλβανικ|ός *επίθ* Albanian

▸ **Αλβανικά** *τα* Albanian

Αλβανό|ς *ο* Albanian

αλέθ|ω *ρ μ* to grind

αλείβ|ω *ρ μ =* **αλείφω**

αλείφ|ω *ρ μ* to spread · **~ μια φέτα ψωμί με μαρμελάδα** to spread marmelade on a piece of bread · **~ την πλάτη/το πρόσωπό μου με αντηλιακό** to put it/ rub sunscreen onto one's back/face

Αλεξάνδρει|α *η* Alexandria

αλεξικέραυν|ο *το* lightning conductor *ή* rod

αλεξίπτωτ|ο *το* parachute · **πηδάω** *ή* **πέφτω με ~** to do a parachute jump

αλεπ|ού *η* fox · **πονηρή ~** sly fox

άλεσ|η *η* grinding · **ολικής αλέσεως** whole wheat

αλεσμέν|ος *επίθ* ground

αλέτρ|ι *το* plough *(Βρετ.)*, plow *(Αμερ.)*

αλεύρ|ι *το* flour

αλήθει|α *η* truth · **είναι ~ ότι** it's true that · **λέω την ~** to tell the truth · **πες μου την ~** tell me the truth · **στ' ~** really

αλήθεια *επίρρ* really

▸ **αλήθειες** *πλ* truths

αληθεύ|ω *ρ αμ –ευσ/–ουν τριτ* *(πληροφορίες, φήμες)* to be true · *(υπόψίες)* to be well-founded · **αυτό ~ει** that's true

αληθιν|ός *επίθ* true

αληθιν|ός *επίθ* true · *(πατέρας,*

αδερφός) real

αλήτης *(υβρ.) ο*
(= περιπλανώμενος) vagrant ·
(= χούλιγκαν) hooligan ·

αλήτισσα *η βλ.* **αλήτης**

αλιγάτορ|ας *ο* alligator

αλιεί|α *η* fishing

αλιευτικό *το* fishing boat

αλιευτικ|ός *επίθ (σκάφος)* fishing · *(προϊόντα, παραγωγή)* fish

αλκοόλ *το,* **αλκοόλη** *η* alcohol

αλκοολικ|ός alcoholic

▸ **αλκοολικός** *ο,* **αλκοολική** *η* alcoholic

αλκοολισμ|ός *ο* alcoholism

αλκοολούχ|ος, –ος, –ο alcoholic

αλλά *σύνδ* but · **~ και** but also

αλλαγ|ή *η (κατάστασης, δουλειάς)* change · *(= αντικατάσταση: τροχού, εσώρουχων)* change · *(λάμπας, νερού)* changing · *(= τροποποίηση: συμβολαίων, σχεδίου)* alteration · *(σε τραύμα)* change of dressing · *(ΑΘΛ)* substitution · *(εμπορεύματος)* exchange · **~ τού καιρού** change in the weather · **~ προς το καλύτερο/το χειρότερο** a change for the better/worse ▸ **~ ταχυτήτων** gear change *(Βρετ.)*, gearshift *(Αμερ.)*

αλλάζ|ω *ρ μ (δουλειά, συμπεριφορά)* to change · *(ταχύτητα)* to change *(Βρετ.)*, to shift *(Αμερ.)* · *(σελίδα)* to turn · *(το μωρό)* to change · *(= τροποποιώ: σχέδιο)* to change · *(πρόταση)* to modify · *(λόγια)* to twist · *(= ανταλλάσσω: γραμματόσημα)* to exchange ◆ *ρ αμ* to change · **~ γνώμη** *ή* **ιδέα** to change one's mind · **~ δρόμο** to go in the other direction · **~ κουβέντα** to change the subject · **~ κτ με κτ άλλο** to exchange sth for sth else · **~ σπίτι** *ή* **κατοικία** to move (house) · **~ει το πράγμα** that changes everything · **το πράγμα**

~ει! that changes things!

αλλαντικά τα cooked meats

αλλαντοπωλείο το = delicatessen

αλλεργία η allergy

αλλεργικός επίθ allergic
▸ **αλλεργικός** ο, **αλλεργική** η allergic · **είμαι ~ σε κτ** to be allergic to sth

αλληλεγγύη η solidarity

αλληλογραφία η (= ανταλλαγή επιστολών) correspondence · (= σύνολο των επιστολών) mail, post (Βρετ.)

αλληλογραφ|ώ ρ αμ to correspond, to write (ρμ.)

αλλιώς επίρρ, **αλλοιώτικος** (= διαφορετικά) differently · (= ειδεμή) otherwise

αλλιώτικος επίθ (= διαφορετικός: σκέψη, νόημα) different · (= ιδιόρρυθμος) offbeat

αλλοδαπός επίθ foreign
▸ **αλλοδαπός** ο, **αλλοδαπή** η foreigner ▷ **Τμήμα Αλλοδαπών** Immigration Department

άλλοθι το (κατηγορουμένου) alibi · (μτφ.) excuse

αλλοιώνω ρ μ to spoil

αλλοίωση η (τροφίμων) spoiling · (= μεταβολή προς το χειρότερο) deterioration

---

ΛΕΞΗ-ΚΛΕΙΔΙ

άλλος αντων **(α)** (για διαχωρισμό) other
(β) οι άλλοι the rest
(γ) (= διαφορετικός) different
(δ) (για χρόνο) another
(ε) (= επόμενος) next · **άλλη μια φορά** one more time

άλλωστε επίρρ besides

άλ|μα το jump ▷ **~ εις μήκος** long jump ▷ **~ εις ύψος** high jump ▷ **~ επί κοντώ** pole vault ▷ **~ τριπλούν** triple jump

άλμπουμ το album

αλμύρα η (= άλμη) salt water · (= αλμυρότητα) salinity

αλμυρός επίθ (ραγητό, γεύση) salty · (μτφ.: τιμή) high

αλογάκι το (= πουλάρι) foal · (= βραχύσωμο άλογο) pony
▸ **αλογάκια** πλ merry-go-round

άλογο το (γενικότ.) horse · (= αρσενικό ζώο) stallion · (στο σκάκι) knight

αλοιφή η (ΦΑΡΜ) ointment · (για γυάλισμα) polish

Άλπεις οι οι ~ the Alps

άλσος ο grove

άλτης ο jumper ▷ **~ εις ύψος ή του ύψους** high jumper ▷ **~ επί κοντώ** pole vaulter ▷ **~ εις μήκος ή του μήκους** long jumper ▷ **~ τριπλούν** triple jumper

αλτήρα η βλ **άλτης**

αλύγιστος επίθ (= άκαμπτος) unbending · (μτφ.: = ακλόνητος) undaunted

αλυσίδα η chain
▷ **αντιολισθητικές ~ες** snow chains

αλυσοδεμένος επίθ (άνθρωπος) in chains · (χέρια) chained (together)

άλυτος επίθ (= δεμένος) in chains · (: δεσμός) unbreakable · (μτφ.: πρόβλημα) insoluble

άλφα το (γράμμα) alpha · (= αρχή) beginning · (ποιότητα) top · **~~ top** quality · **για τον ~ ή βήτα λόγο** for some reason or other

αλφαβήτα η alphabet

αλφαβητικός επίθ alphabetical · **με ή κατ' ~ η σειρά** in alphabetical order

αλφάβητο το, **αλφάβητος** η (επίσ.: = αλφαβήτα) alphabet

αλωνίζω ρ μ (σιτάρι) to thresh · (μτφ.: = περιπλανώμαι) to roam
♦ ρ αμ to do just as one likes

άμα σύνδ (= όταν) when · (= εάν)

if · κι ~ when

αμαγείρευτ|ος επίθ (φαγητό)
uncooked · (κρέας) raw

αμακιγιάριστ|ος επίθ (πρόσωπο)
not made–up · (γυναίκα) not
wearing ή without make–up

αμάν επιφών (= έλεος) for God's
sake! · (για φόβο) oh no! · (για
θαυμασμό) wow! (ανεπ.) · (για
έκπληξη) my God! · (για
αγανάκτηση) for God's sake! · (για
στενοχώρια) oh no!

άμαξα η carriage

αμάξ|ι το (= αυτοκίνητο) car ·
(= άμαξα) carriage

αμαξοστοιχία η (πία.) train

αμάξωμα το bodywork

αμαρτία η sin · (= σφάλμα)
mistake

αμαρτωλός επίθ sinful ·
(παρελθόν, πλευρά) debauched ·
▸ **αμαρτωλός** ο, **αμαρτωλή** η
sinner

άμαχος επίθ non–combatant ·
▸ **άμαχοι** οι civilians

άμβλωση η abortion · **κάνω ~** to
have an abortion

αμείβ|ω ρ μ (= πληρώνω) to pay ·
(μτφ.: = ανταμείβω) to reward

αμείλικτος, αμείλιχτος επίθ
ruthless

αμείωτος επίθ (περιουσία) intact ·
(ποσό) undiminished · (ουθμό)
constant · (ενδιαφέρον, ένταση)
unflagging · (ενδιαφέρον)
unfailing · (ένταση) sustained ·
(θυμός) unabated

αμέλεια η (= έλλειψη προσοχής)
negligence · (= έλλειψη
ενδιαφέροντος) indifference ·
(= έλλειψη φροντίδας)
carelessness · (= λάθος από
ολιγώρια) oversight

αμελ|ώ ρ μ (= παραμελώ) to
neglect · (= ξεχνώ) to forget (να
κάνω to do)

Αμερικάνα η βλ. **Αμερικάνος**

Αμερικανίδα η βλ. **Αμερικανός**

αμερικανικ|ός επίθ American

αμερικανικ|ός επίθ
(= αμερικανικός) American · (= των
Ελληνοαμερικανών) Greek
American

Αμερικανι|ός ο American

Αμερικάν|ος ο (= Αμερικανός)
American · (= Ελληνοαμερικανός)
Greek American

Αμερική η America

αμέριμνος επίθ carefree

αμερόληπτ|ος επίθ (γενικότ.: για
πρόσ.) fair–minded · (δικαστής)
impartial · (παρατήρηση)
impartial · (απόφαση) impartial ·
(κρίση, αναφορά) balanced ·
(γνώμη) unbiased

άμεσα επίρρ directly

άμεσ|ος επίθ (= αμεσολάβητος:
επικοινωνία, διάλογος) direct ·
(= γρήγορος) immediate ·
(= προσεχής: μέλλον, σχέδια)
immediate ·▸ **Άμεση** ή **Άμεσος
Δράση** ≈ the Flying Squad

αμέσως επίρρ immediately · **~!**
right away! · **τώρα, ~!** right now!

αμετάβλητ|ος επίθ (διάσταση,
ποσό) fixed · (ιδιότητα)
unchanging · (κατάσταση, θέση)
unchanged · (καιρός, κατάσταση)
stable · (θερμοκρασία, κατάσταση)
stable

αμετακίνητ|ος επίθ (άνθρωπος,
αντικείμενο) immovable · (μτφ.:
θέση, απόφαση) firm

αμετανόητ|ος επίθ unrepentant

αμεταχείριστ|ος επίθ (πετσέτα,
πηρούνι) unused · (αυτοκίνητο)
(brand–)new

αμέτοχος επίθ not involved

αμέτρητ|ος επίθ countless

αμήν επιφών amen

αμηχανία η awkwardness ·
αισθάνομαι ~ to feel awkward ή
embarrassed · **βρίσκομαι σε ~** to
be in ή to find oneself in an

awkward *ή* embarrassing position
αμήχαν|ος *επίθ* awkward
αμίλητος *επίθ* silent
αμιλλία *η* (friendly) rivalry
αμμόλουτρ|ο *το* sand bath
αμμόλοφ|ος *ο* (sand) dune
άμμ|ος *η* sand
αμμουδερ|ός *επίθ* sandy
αμμουδιά *η* sandy beach
αμμώδης *επίθ* sandy
αμμωνία *η* (αέριο) ammonia · (για έντομα) antihistamine
αμνησία *η* amnesia
αμοιβαί|ος, -α, -ο (γενικότ.) mutual · (υπόσχεση, συμφωνία) reciprocal
αμοιβή *η* (= πληρωμή) pay · (εργάτη) wages πληθ. · (μισθωτού) salary · (γιατρού, δικηγόρου) fee · (για εύρεση αντικειμένου, ζώου: για παροχή πληροφοριών) reward · (για σύλληψη δράστη) bounty · (= ηθική επιβράβευση) reward
αμόρφωτ|ος *επίθ* (= ακαλλιέργητος) uncultured · (= απαίδευτος) uneducated
αμπάρα *η* a bolt
αμπάρι *το* hold
αμπαρών|ω *ρ μ* to bolt
▸ **αμπαρώνομαι** *μεσ* to lock oneself in *ή* away
αμπέλι *το* (= αμπελώνας) vineyard · (φυτό) grapevine
αμπελόφυλλο *το* vine leaf
αμπελών|ας *ο* vineyard
άμπωτη *η* low *ή* ebb tide
άμυαλος *επίθ* foolish
αμύγδαλο *το* almond
αμυγδαλωτ|ός *επίθ* almond
▸ **αμυγδαλωτό** *το* almond cake
αμυδρ|ός *επίθ* (περίγραμμα) vague · (φως) dim · (λάμψη) faint · (χαμόγελο) feeble · (ελπίδες) slim
άμυν|α *η* (ΣΤΡ) defence (Βρετ.), defense (Αμερ.) · (= ικανότητα αντίστασης: οργανισμού)

resistance · (ΑΘΛ) defence (Βρετ.), defense (Αμερ.)
αμύν|ομαι *ρ αμ* (= υπερασπίζομαι: για στράτευμα) to put up a defence (Βρετ.) *ή* defense (Αμερ.) · (για άτομο) to defend oneself · (για παίκτη, ομάδα) to be on the defensive
αμυντικ|ός *επίθ* (όπλο, γραμμή) defensive · (πολιτική, δαπάνες) defence (Βρετ.), defense (Αμερ.) · (ΑΘΛ) defence (Βρετ.), defense (Αμερ.) · (λάβος) in defence (Βρετ.) *ή* defense (Αμερ.)
▸ **αμυντικός** *ο* defender
αμφιβάλλ|ω *ρ αμ* (για αόρ = υπεραβεβαιώνομαι: για άτομο) to have doubts (για about) · (= αισθάνομαι *ή* εκδηλώνω δυσπιστία) to doubt (ανότι whether/that)
αμφιβολία *η* doubt · **δεν υπάρχει ~** there's no doubt about it · **χωρίς** *ή* **δίχως ~** without (a) doubt
αμφίβολ|ος *επίθ* dubious
αμφιθέατρ|ο *το* (θεάτρου) amphitheatre (Βρετ.), amphitheater (Αμερ.) · (σχολής) lecture theatre (Βρετ.) *ή* theater (Αμερ.) · (= ακροατήριο) audience
αμφισβήτηση *η* (ισχυρισμού) disputing (ενέργειας, επιλογής) disapproval · (εγγράφου, απόφασης) contesting (αρχηγού, ηγέτη) challenging · (παραδοσιακών αξιών, κοινωνικών θεσμών) rejection
αμφισβητ|ώ *ρ μ* (γεγονός, λόγια) to dispute · (εγκυρότητα) to dispute · (αξία, πολιτική κυβέρνησης) to question · (απόψεις, δόγμα) to reject · (αρχηγεί κόμματος, πρόεδρο) to question the authority of
αμφισεξουαλικός, -ή, -ό *βλ.* **αμφιφυλόφιλος**
αμφιφυλόφιλος, -η, -ο bisexual

ουσ bisexual

αμφορέας *ο* amphora

αν *σύνδ* if · **ό, τι και ~** whatever ·
~ όχι/να if not/so

ανά *πρόθ* per · **~ λεπτό** per
minute · **~ δύο** in twos

αναβαθμίζω *ρ μ* (*περιοχή, πόλη*)
to improve · (*υπολογιστή*) to
upgrade

αναβάθμιση *η* (*υπαίθρου,
περιβάλλοντος*) improvement ·
(*υπολογιστή, προγράμματος*)
upgrade

αναβάλλω *ρ μ* to postpone

ανάβαση *η* climb

αναβάτης (*γενικ.*) rider ·
(= *επαγγελματίας ιππέας*) jockey

αναβάτρια *η* rider

αναβολή *η* (= *μετάθεση στο
μέλλον: έργου*) postponement ·
(*δίκης*) adjournment ·
(= *καθυστέρηση: έργου, υπόθεσης*)
delay

ανάβ|ω *ρ μ* (*τσιγάρο, φωτιά*) to
light · (*σπίρτο*) to strike · (*χόρτα,
ξύλα*) to light · (*φως*) to turn on ·
(*φούρνο, κουζίνα*) to put on ·
(*μηχανή αυτοκινήτου*) to switch
on · (*θερμάστρα υγραερίου*) ♦ *ρ μ*
(*φωτιά, ξύλα*) to light · (*φως,
λάμπα*) to come on · (*φωτιά*) to
burn · (*καλοριφέρ, θέρμανση*) to
come on · (*σίδερο, μάτι κουζίνας*)
to be on · (*μάτι κουζίνας*) to be
lit · (= *ζεσταίνομαι*) to be too hot ·
(*από πυρετό*) to be burning up ·
~ει η μηχανή the engine's
overheating · **~ω το κέφι/γλέντι**
to liven up

αναγγελί|α *η* (= *γνωστοποίηση:
θανάτου*) announcement ·
(= *ανακοίνωση: ανακήρυξης*)
notification · (*γάμου*) notice · (*για
καιρό*) warning

αναγγέλ|ω *ρ μ* (*είδηση, μέτρα*) to
announce · (*αναχώρηση πτήσης*) to
call · (= *επισημοποιώ*) to announce

formally

αναγέννηση *η* (*φύσης*) rebirth ·
(*μτφ.: έθνους, πόλης*) revival

► **Αναγέννηση** *η* Renaissance

αναγκάζ|ω *ρ μ* (= *ασκώ πίεση*) to
force (*κπν να κάνει κτ* sb to do
sth) · (= *εξωθώ*) to make (*κπν να
κάνει κτ* sb to do sth)

αναγκαί|ος, -α, -ο necessary ·
(= *βασικός*) essential

► **αναγκαία** *τα* (= *τα απαραίτητα*)
basic necessities · (= *απαραίτητες
ενέργειες*) whatever is necessary

αναγκαστικ|ός *επίθ* compulsory ·
(*εισφορά*) obligatory ▷ **~ή
προσγείωση** forced landing

ανάγκ|η *η* need · (= *επικίνδυνη και
κρίσιμη κατάσταση*) emergency ·
δεν ήταν ~! you shouldn't
have! · **εν ~, στην ~, σε
περίπτωση ~** if necessary · **είδη
πρώτης ~ς** basic commodities ·
έχω ~ από κπν/κτ to need sb/sth ·
ήταν ~; was that absolutely
necessary? · **κάνω την ~ μου, έχω
σωματική ~** (*ευφημ.*) to spend a
penny (*ανεπ.*) · **κατάσταση
έκτακτης ή εκτάκου ~ς** state of
emergency

ανάγλυφο *το* relief

αναγνωρίζ|ω *ρ μ* (*φωνή, άνθρωπο*)
to recognize · (*πτώμα*) to
identify · (*λάθος, ήττα*) to admit ·
(*υπογραφή*) to acknowledge ·
(*αξία*) to recognize · (*ποιότητα*) to
recognize

► **αναγνωρίζομαι** *μεσ* to be
recognized

αναγνώρισ|η *η* (*μορφής, ήχου*)
recognition · (*πτώματος, δράστη*)
identification · (*λάθους, ήττας*)
admission · (*προβλημάτων,
δυσκολιών*) acknowledgement ·
(*αξίας, ποιότητας*) recognition ·
(*ηθοποιού, τραγουδιστή*)
recognition

αναγνωρισμένος, -η, -ο
recognized

ανάγνωση η (βιβλίου, κειμένου) reading · (μάθημα) reading lesson

αναγνώστης ο reader
▸ **αναγνώστες** πλ readers

αναγνώστρια η βλ. **αναγνώστης**

αναγούλα η nausea

αναγράφω ο μ (σε προϊόν: τιμή) to mark · (ημερομηνία λήξης) to put on

αναδεικνύω ο μ (γραμμές, σώμα) to show off to advantage · (χαρακτηριστικά) to set off
▸ **αναδεικνύομαι** μεσο to distinguish oneself

ανάδειξη η advancement

αναδείχνω βλ. **αναδεικνύω**

αναδιοργάνωση η (υπηρεσίας, βιομηχανίας) reorganization · (πολιτικής) modification

αναδουλειά (ανεπ.) η unemployment
▸ **αναδουλειές** πλ **έχω** ~**ές** to have a slack period

ανάδοχος ο/η (= νονός) godfather · (= νονά) godmother
▷ ~**οι γονείς** foster parents

αναδύομαι ο αμ απ to surface

αναζήτηση η search

αναζητώ ο μ (τρόπο, στοιχεία) to look for · (αγάπη, ηρεμία) to long for

αναζωογόνηση η (οργανισμού, ανθρώπου) revitalization · (γης, οικονομίας) revival

αναζωογονώ ο μ (άνθρωπο) to revive · (δέρμα, πρόσωπο) to refresh · (εταιρεία, οικονομία) to revitalize

ανάθεμα το (= κατάρα) anathema · ~**!** (προφ.) damn!

αναθεματισμένος (ανεπ.) επίθ damn

αναθέτω ο μ to allocate · ~ **σε κπν να κάνει κτ** to put sb in charge of sth

αναθεώρηση η (Συντάγματος, νόμου) review · (άποψης, θεωρίας)

revision

αναθεωρώ ο μ (αξία, άποψη) to revise · (Σύνταγμα, νόμο) to review

αναθυμιάσεις οι fumes

αναιδής επίθ impudent

αναιμία η anaemia (Βρετ.), anemia (Αμερ.) ▸ **μεσογειακή** ~ Mediterranean anaemia (Βρετ.), ή anemia (Αμερ.)

αναιρώ ο μ (κατηγορίες, θεωρία) to refute · (υπόσχεση, λόγο) to go back on · (συμφωνία, όρο) to renege on

αναισθησία η (= απώλεια αισθήσεων) unconsciousness · (ΙΑΤΡ) anaesthetic (Βρετ.), anesthetic (Αμερ.)

αναισθητικό το anaesthetic (Βρετ.), anesthetic (Αμερ.)

αναίσθητος επίθ (= λιπόθυμος) unconscious · (μτφ.: = απαθής) insensitive · (= αδιάφορος) callous

ανακαινίζω ο μ (κτήριο) to renovate · (δωμάτιο) to redecorate

ανακαίνιση η renovation

ανακαλύπτω ο μ to discover

ανακάλυψη η discovery

ανακαλώ ο μ (πρόταση, προσφορά) to withdraw · (απόφαση) to go back on · (δηλώσεις, λόγια) to retract

ανακάτεμα το (λέξεων, χρωμάτων) mixture · (υλικών) mixing · (βιβλίων, ρούχων) mess · (φαγητού) stirring · (τράπουλας) shuffling

ανακατεύω ο μ (= αναμειγνύω) to mix · (καφέ, φαγητό) to stir · (βιβλία, ρούχα) to mess up · (μαλλιά) to ruffle · (= αναγουλιάζω) to make feel sick · (στομάχι) to turn · (χαρτιά) to shuffle
▸ **ανακατεύομαι, ανακατώνομαι** μεσο to get involved · (= αναμειγνύομαι) to mingle

ανακάτωμα το = **ανακάτεμα**

ανακατώνω το = **ανακατεύω**

ανακεφαλαίωσ|η _η_ (= συνόψιση) summing-up · (κεφαλαίου) summary · (βιβλίου) summary

ανακίνηση _η_ shaking

ανακιν|ώ _ρ μ_ to shake

ανακοινών|ω _ρ μ_ to announce

ανακοίνωσ|η _η_ announcement · **βγάζω ~** to make an announcement ▷**πίνακας ανακοινώσεων** notice board (_Βρετ._), bulletin board (_Αμερ._)

ανακοπή _η_ failure

ανακουφίζ|ω _ρ μ_ (πόνο) to relieve · (άρρωστο) to bring relief to · (μτφ.) to comfort
▸**ανακουφίζομαι** _μεσ_ (= ηρεμώ) to feel relieved · (ευφημ.: = αφοδεύω) to relieve oneself

ανακούφιση _η_ relief

ανακριβ|ής _επίθ_ incorrect

ανακρίν|ω _ρ μ_ to question

ανάκριση _η_ questioning · (κατασκόπου) interrogation

ανάκτορ|ο _το_ palace
▸**ανάκτορα** _πλ_ palace _εν._

ανακυκλών|ω _ρ μ_ to recycle

ανακύκλωση _η_ recycling

ανακωχ|ή _η_ ceasefire · **κάνω ~** to call a truce

αναλαμβάν|ω _ρ μ_ (ευθύνη, καθήκοντα) to take on · (πρωτοβουλία) to take on

ανάλατ|ος _επίθ_ (φαγητό) unsalted · (αστείο) feeble

ανάλαφρ|ος _επίθ_ light

αναληπτικ|ός _επίθ_ pain-killing
▸**αναληπτικό** _το_ painkiller

αναληθής _επίθ_ false

ανάληψ|η _η_ (χρημάτων) withdrawal · (υπόθεσης) acceptance · (έργου) award (καθηκόντων, ευθυνών) taking · **κάνω ~** to make a withdrawal

αναλίσκ|ω _ρ μ_ = **αναλώνω**

ανάλογα _επίρρ_ accordingly

αναλογί|α _η_ (= αντιστοιχία) ratio · (= μερίδιο) share

▸**αναλογίες** _πλ_ (μορφών, χώρου) proportions · (σώματος) vital statistics

ανάλογ|ος _επίθ_ (προσόντα, ενδιαφέρον) proportionate to · (περίπτωση) similar · (σεβασμός) proper

αναλόγως _επίρρ_ = **ανάλογα**

ανάλυσ|η _η_ analysis

αναλυτής _ο_ (στην πολιτική) analyst · (ΠΛΗΡΟΦ) (computer) analyst

αναλύτρι|α _η_ βλ. **αναλυτής**

αναλύ|ω _ρ μ_ (πρόταση, αίτια, λογαριασμό) to break down · (λόγους) to explain · (όνειρο) to interpret · (κείμενο, ποίημα) to examine
▸**αναλύομαι** _μεσ_ **~ομαι σε δάκρυα ή λυγμούς** to burst into tears

αναλφάβητ|ος _επίθ_ illiterate
▸**αναλφάβητος** _ο_, **αναλφάβητη** _η_ illiterate person

αναλών|ω _ρ μ_ (χρήματα, χρόνο) to spend · (δυνάμεις) to devote · (τρόφιμα, υλικά) to use
▸**αναλώνομαι** _μεσ_ **~ομαι σε** to devote oneself to

ανάλωσ|η _η_ consumption · **~ κατά προτίμηση πριν από** best-before date

αναμειγνύ|ω _ρ μ_ (χρώματα, ουσίες) to mix together · (= εμπλέκω) to involve
▸**αναμειγνύομαι** _μεσ_ (= εμπλέκομαι) to get involved · (= παρεμβαίνω) to interfere · (= συμμετέχω) to be involved

ανάμεικτ|ος _επίθ_ mixed

ανάμειξ|η _η_ mixture

αναμέν|ω (επία.) _ρ μ_ (= περιμένω) to await (επία.) · (= περιμένω και ενδιαφέρομαι) to anticipate · **παρακαλώ, αναμείνατε στο ακουστικό σας** please hold the line · **~εται να** it is anticipated that

ανάμεσα επίρρ between · (για διαφορετικές καταστάσεις ή έννοιες) compared to · (= από among · ~ μας/σας/τους among · (= σε between

αναμεταδίδω ρ μ (= μεταδίδω ξανά: εκπομπή) to broadcast again · (σήμα) to transmit again

αναμετάδοση η (εκπομπής) broadcast · (σήματος) transmission

αναμεταξύ επίρρ = μεταξύ

αναμέτρηση η showdown

αναμιγνύω ρ μ = αναμειγνύω

ανάμικτος επίθ = ανάμεικτος

ανάμιξη η = ανάμειξη

άναμμα το (τσιγάρου, φούρνου) lighting · (σόμπας, καλοριφέρ) turning on

αναμμένος επίθ (κερί, φωτιά) burning · (φως, φούρνος) on

ανάμνηση η (= ανάπλάση) recollection · (= θύμηση) memory · **κρατώ κτ για ~** to keep sth as a memento

αναμνηστικός επίθ commemorative
▶ **αναμνηστικό** το souvenir

αναμονή η (αποτελεσμάτων) wait · (άφιξης αεροπλάνου, πλοίου) expectation ▷ **αίθουσα ~ς** waiting room ▷ **λίστα ~ς** waiting list

ανανάς ο (φρούτο) pineapple · (φυτό) pineapple tree

άνανδρος επίθ cowardly

ανανεωμένος επίθ (εμφάνιση, συμβόλαιο) renewed · (έκδοση, επίπλωση) new

ανανεώνω ρ μ (= ανακαινίζω) to renew · (= εκσυγχρονίζω) to replace · (= αναφφώνω) to reform · (συμβόλαιο, συνδρομή) to renew

ανανέωση η renewal

αναντικατάστατος επίθ indispensable · **ουδείς ~** no one

is indispensable

αναξιόπιστος επίθ unreliable

αναξιοπρεπής επίθ (άνθρωπος) disreputable · (συμπεριφορά) undignified

ανάξιος, -ια, -ιο (υπάλληλος, επιστήμονας) incompetent · (γονείς) unfit · (= ανίκανος) worthless

αναπαλαιώνω ρ μ to restore

αναπαλαίωση η restoration

αναπάντεχος επίθ unexpected

αναπάντητος επίθ unanswered

αναπαράγω ρ μ to reproduce
▶ **αναπαράγομαι** μεσ (άνθρωποι) to have a child · (ζώα, οργανισμοί) to reproduce

αναπαραγωγή η (= παραγωγή όμοιων πραγμάτων) copying · (πνευματικής ιδιοκτησίας) reproduction · (εικόνας, ήχου) reproduction · (είδους, ανθρώπινου γένους) reproduction

αναπαριστάνω ρ μ to portray

αναπαριστώ ρ μ = αναπαριστάνω

ανάπαυλα η break

ανάπαυση η (= ξεκούραση) break · (= μεσημεριανός ύπνος) siesta

αναπαυτικός επίθ comfortable

αναπαύω ρ μ
▶ **αναπαύομαι** μεσ (= ξεκουράζομαι) to have a rest · (= είμαι ξαπλωμένος) to be having a siesta · (= πεθαίνω) to pass away · (= είμαι θαμμένος) to lie at rest

αναπηδώ ρ αμ (= πηδώ προς τα πάνω) to jump up · (μπάλα) to bounce · (νερό, αίμα) to spurt

αναπηρία η (σωματική) disability · (πνευματική ή ψυχική) invalidity

αναπηρικός επίθ invalid's ▷ **~ή καρέκλα, ~ό καροτσάκι** wheelchair

ανάπηρος επίθ disabled
▶ **ανάπηρος** ο, **ανάπηρη** η disabled person

αναπλάθω ρ μ = αναπλάσσω

αναπλάσσ|ω ρ μ (= αναμορφώνω) to regenerate · (= αναδημιουργώ) to recreate

αναπληρωματικ|ός επίθ (μέλος, παίκτης) reserve · (ΣΧΟΛ: καθηγητής) supply (Βρετ.), substitute (Αμερ.)

αναπληρών|ω ρ μ (πρωθυπουργό, αρχηγό) to take the place of · (έλλειψη, χρόνο) to make up for · (κενό) to fill

αναπνευστήρ|ας ο snorkel

αναπνέ|ω ρ αμ to breathe ♦ ρ μ to breathe in · **~ ακόμα** to be still breathing

αναπνο|ή η (= ανάσα) breath · **μου κόβεται η ~** to be out of breath · **παίρνω ~** (= αναπνέω) to take a breath · (= ξεκουράζομαι) to take a breather ▷ **τεχνητή ~** artificial respiration

ανάποδ|α επίρρ (περπατώ, πηγαίνω) backwards · (οδηγώ) the wrong way · (φορώ, βάζω) inside out

ανάποδ|η η (υφάσματος, ρούχου) wrong side · (= χαστούκι) whack

αναπόδι|α η setback

αναποδογυρίζ|ω ρ μ (τραπέζι, καρέκλα) to knock over · (βάρκα) to capsize ♦ ρ αμ to turn over

ανάποδ|ος επίθ (στροφές, κίνηση) backward · (για πρόσ.) bad-tempered · (τύχη, καιρός) bad

αναπόφευκτ|ος επίθ unavoidable

αναπτήρ|ας ο lighter

αναπτυγμέν|ος επίθ developed

ανάπτυξ|η η development · (θεωρίας, θέματος) exposition · (παραγράφων, έκθεσης) development

αναπτύσσ|ω ρ μ to develop · (= πραγματεύομαι) to expand on ▸ **αναπτύσσομαι** to develop

αναρριχ|ώμαι ρ αμ απ (= σκαρφαλώνω) to climb up · (= ανέρχομαι σε ιεραρχία) to work

one's way up ▷ **~ώμενο φυτό** climber

αναρρών|ω ρ αμ to recover

ανάρρωσ|η η recovery

αναρρωτήρι|ο το (ίδρυμα) hospital · (τμήμα νοσοκομείου) ward

ανάρτησ|η η (πανό) suspending · (πίνακα) hanging · (χάρτη) hanging up · (αποτελεσμάτων) posting

▸ **αναρτήσεις** πλ suspension εν.

αναρχί|α η anarchy

αναρχικ|ός επίθ anarchist

▸ **αναρχικός** ο, **αναρχική** η anarchist

αναρωτ|ιέμαι ρ αμ απ to wonder

ανάσ|α η breath

ανασαίν|ω ρ αμ (= αναπνέω) to breathe · (= ξεκουράζομαι) to have a rest · (= ανακουφίζομαι) to find relief

ανασηκών|ω ρ μ (φούστα, πέπλο) to raise · (καπάκι) to lift · (μανίκια) to roll up

▸ **ανασηκώνομαι** μεσ to sit up

ανασκαφ|ή η digging

▸ **ανασκαφές** πλ excavations

ανάσκελ|α επίρρ flat on one's back

ανασταίν|ω ρ μ (= επαναφέρω στη ζωή) to bring back to life · (= αναζωογονώ) to revitalize · (= ανατρέφω) to bring up · (παράδοση, έθιμο) to revive

▸ **ανασταίνομαι** μεσ (= ξαναζωντανεύω) to come back to life · (αγάπη) to revive · (= αναζωογονούμαι) to be refreshed

ανάστασ|η η (Χριστού, νεκρών) resurrection · (φύσης, έθνους) revival

αναστατών|ω ρ μ (κοινωνία, σύστημα) to disrupt · (σπίτι, δωμάτιο) to mess up · (= συγχίζω) to disturb · (= διεγείρω ερωτικά) to turn on *(ανεπ.)*

αναστάτωση *η* (= αναταραχή)
confusion · (= ανάστατεμα)
disorder · (= ψυχική αναταραχή)
disturbance

αναστέλλω *(επίσ.)* . ρ μ
(= διακόπτω προσωρινά) to
suspend · (= διακόπτω) to stop

αναστεναγμός *ο* sigh

ανάστημα *το* (= ύψος) height ·
(= παράστημα) bearing

αναστολή *η* (προσωρινή)
postponement · (επ' αόριστον)
suspension · (NOM) suspended
sentence

ανασύρ|ω . ρ μ (= τραβώ προς τα
πάνω) to pull up · (= τραβώ προς
τα έξω) to pull out · (ξίφος) to
draw · (μυστικά, παρασκήνιο) to
prize out *(Βρετ.)*, to pry out
(Αμερ.)

ανασφάλεια *η* insecurity

ανασφαλής *επίθ* insecure

αναταραχ|ή *η* (= αναστάτωση)
disturbance · (= σύγχυση)
confusion

ανάταση *η* boost

ανατέλλ|ω . ρ αμ (ήλιος, αστέρι) to
rise · (για νεαρό καλλιτέχνη) to
appear · (περίοδος, εποχή) to dawn

ανατινάζ|ω . ρ μ to blow up

▸ **ανατινάζομαι** *μεσ* to explode

ανατολ|ή *η* (ηλίου) sunrise ·
(= ξημέρωμα) dawn · (σημείου του
ορίζοντα) east

▸ **Ανατολή** *η* East

ανατολικά *επίρρ* (κοιτάζω,
πηγαίνω) east · (βρίσκομαι) in the
east

ανατολικ|ός *επίθ* (ακτή) eastern ·
(παράθυρο) east-facing · (άνεμος)
north · (ιδιοσυγκρασία,
χαρακτηριστικά) eastern

ανατολίτικος *επίθ* Oriental

ανατρεπτικός *επίθ* subversive

ανατρέπ|ω . ρ μ (όχημα) to
overturn · (βάρκα) to capsize ·

(παλιστή) to bring down ·
(πολίτευμα, κυβέρνηση) to
overthrow · (κατηγορία, θεωρία) to
refute · (σχέδια, επιχείρημα) to
thwart

ανατριχιαστικ|ός *επίθ* (θέαμα,
λεπτομέρειες) gruesome ·
(ατμόσφαιρα) creepy · (έγκλημα)
ghastly

ανατριχίλ|α *η* (από κρύο) shiver ·
(από τρόμο) shudder · (από χαρά,
ερωτικό πόθο) quivering

ανατροπή *η* (αυτοκινήτου)
overturning · (ποδοσφαιριστή)
knocking over · (κυβέρνησης,
εξουσίας) overthrow ·
(επιχειρήματος, άποψης)
refutation · (σχεδίων) thwarting

ανατροφή *η* (= μεγάλωμα,
raising · (= διαπαιδαγώγηση)
upbringing

άναυδος *επίθ* speechless

αναφέρ|ω . ρ μ (περιστατικό,
συμβάν) to mention ·
(παραδείγματα, χωρία) to cite ·
(θέμα) to present · (απόψεις) to
put forward · (θεωρία) to
expound · (σεισμό, ατύχημα) to
report

▸ **αναφέρομαι** *μεσ* **–ομαι σε** to
relate to

αναφιλητά *τα* sobs

αναφιλητά *τα* = **αναφιλητά**

ανάφλεξη *η* ignition

αναφορά *η* (= μνεία) reference ·
(= νύξη) allusion · (= επίσημη
έκθεση) report

αναχώρηση *η* departure

αναχωρ|ώ . ρ αμ to leave

αναψυκτήρι|ο *το* bar

αναψυκτικό *το* soft drink

αναψυχή *η* recreation

Άνδεις *οι* **οι** ~ the Andes

άνδρας *ο* (= σύζυγος) husband · (= ενήλικος)
(grown) man · (= ανδρείος) (true / (grown) man ·
real) man

▶ **άνδρες** πλ men
ανδρεία η bravery
ανδρεί|ος, -α, -ο brave
ανδριάντ|ας ο statue
ανδρικ|ός επίθ (ρούχα, τουαλέτες) men's · (φωνή, χαρακτηριστικά) male · (χορωδία) men's · (ομορφιά) masculine
ανδρισμ|ός ο (= ανδροπρέπεια) masculinity · (= ανδρεία) manliness
ανδρόγυν|ο το couple
ανεβάζ|ω ρ μ (ρούχα, ψώνια) to take up · (φερμουάρ) to do up · (τιμές, κόστος) to put up · (ρυθμούς) to increase · (ενδιαφέρον) to rouse · (επίπεδο) to raise · (ηθικό) to boost · (τόνο φωνής) to raise · (ένταση) to turn up · (= εξημνώ) to build up · (θεατρικό έργο) to put on
ανεβαίν|ω ρ αμ (= ανέρχομαι) to climb · (= επιβιβάζομαι) to get on · (σε αυτοκίνητο) to get in · (πυρετός, τιμές) to rise · (πίεση) to go up · (αγωνία) to mount · (κοινωνικά ή επαγγελματικά) to move up · (= καλυτερεύει η διάθεσή μου) to feel better · (ηθικό) to rise · (θεατρικό έργο, παράσταση) to be on ♦ ρ μ to climb
ανέβασ|μα το (= ανάβαση) climb · (τιμών, μισθών) rise · (ρυθμού) increase · (παράστασης, ηθικού) boost · (παράστασης, έργου) production
ανεβοκατεβάζ|ω ρ μ (χέρι, κεφάλι) to move up and down · (τιμές) to put up and down
ανέγγιχτ|ος επίθ (= άθικτος) untouched · (= αγνός) pure
ανειδίκευτ|ος επίθ unskilled
ανειλικρίνει|α η (ατόμου, προθέσεις) insincerity · (φορολογικής δήλωσης) fraud
ανειλικριν|ής επίθ (άνθρωπος,

προθέσεις) insincere · (φορολογική δήλωση) fraudulent
ανέκαθεν επίρρ always
ανέκδοτ|ο το (= αστείο) joke · (= σύντομη ιστορική αφήγηση) anecdote
ανεκπαίδευτ|ος επίθ (= που δεν εκπαιδεύτηκε) untrained · (= αμόρφωτος) uneducated
ανεκπλήρωτ|ος επίθ (επιθυμία, πόθος) unfulfilled · (όνειρο) unrealized · (ελπίδα) dashed
ανεκτικ|ός, -η, -ό tolerant
ανεκτίμητ|ος επίθ (κόσμημα, ενθύμια) priceless · (συνεργάτης, πληροφορία) invaluable
ανεκτ|ός επίθ (κρύο, κατάσταση) bearable · (επίπεδα) acceptable
ανελέητ|ος επίθ (κακοποιοί) ruthless · (σφαγή) merciless · (βομβαρδισμών, κυνήγι) relentless
ανελκυστήρ|ας (επία.) ο lift (Bρετ.), elevator (Aμερ.)
ανέμελ|ος επίθ carefree
ανεμίζ|ω ρ αμ (σημαία, κουρτίνα) to flap · (μαλλιά) to be ruffled ♦ ρ μ to wave
ανεμιστήρ|ας ο fan
ανεμοβρόχ|ι το = ανεμόβροχο
ανεμόβροχο το storm
ανεμοθύελλα η storm
ανεμόμυλ|ος ο windmill
ανεμόπτερ|ο το glider
άνεμ|ος ο wind
ανεμοστρόβιλ|ος ο whirlwind
ανένδοτ|ος επίθ inflexible
ανενόχλητ|ος επίθ (δουλεύω) undisturbed · (επιτίθεμαι, προελαύνω) unimpeded
ανέντιμ|ος επίθ dishonest
ανεξάντλητ|ος επίθ (πηγή, αποθέματα) inexhaustible · (φαντασία) boundless · (θέμα) inexhaustible
ανεξαρτησία η independence
ανεξάρτητα επίρρ (ενεργώ, δρω)

ανεξάρτητος
independently · (*εργάζομαι*) freelance

ανεξάρτητ|ος επίθ (*εφημερίδα, υπόψηφος*) independent · (*κράτος*) independent · (*δημοσιογράφος, φωτογράφος*) freelance · (*διαμερίσματα*) self-contained

ανεξαρτήτως επίρρ irrespective of

ανεξερεύνητ|ος επίθ (*τόπος*) unexplored · (*βυθός*) uncharted

ανεξήγητ|ος επίθ inexplicable

ανεξίτηλ|ος επίθ (*χρώματα*) fast · (*μελάνι*) indelible · (*ανάμνηση, σημάδι*) indelible

ανεπανάληπτ|ος επίθ (*εμπειρία*) unique · (*κατόρθωμα, νίκη*) unprecedented

ανεπάρκεια η (*τροφίμων, στελεχών*) scarcity · (*δυνάμεων, προσόντων*) lack · (*προσώπων*) inadequacy

ανεπαρκής επίθ (*μέσα, εφόδια*) insufficient · (*εκπαίδευση, μόρφωση*) inadequate · (*αιτιολογία*) lame · (*γονείς, δάσκαλοι*) inadequate · (*μέτρα*) ineffective · (*μέθοδος*) inefficient

ανέπαφ|ος επίθ intact

ανεπιβεβαίωτ|ος επίθ unconfirmed

ανεπιθύμητ|ος επίθ (*άνθρωπος*) undesirable · (*αλλαγή, επίσκεψη*) unwanted

ανεπίσημ|ος επίθ (*γεύμα, ρούχο*) informal · (*λόγος, διάβημα*) unofficial

ανεπίτρεπτ|ος επίθ unacceptable

ανεπιτυχής επίθ unsuccessful

ανεπιτυγμένος (*επίσ.*) επίθ = **αναπτυγμένος**

ανεργία η unemployment

άνεργος επίθ unemployed
♦ **άνεργοι** οι οι **-οι** the unemployed

ανέρωτ|ος επίθ (*κρασί*) undiluted · (*ούζο*) neat (*Βρετ.*),

straight (*Αμερ.*)

άνεσ|η η (*για παπούτσια, ρούχα*) comfort · (*για παιξίμο, χειρισμό αντικειμένου*) ease · (*για χειρισμό γλώσσας*) fluency · (*για χώρο*) room to move · (*για τρόπο ζωής*) comfort · (= *οικειότητα*) familiarity · (= *φυσικότητα*) naturalness
▸ **ανέσεις** πλ modern conveniences

άνετα επίρρ (*κάθομαι*) comfortably · (*χειρίζομαι, δουλεύω*) with ease · (*ζω*) comfortably · (*νικώ, κερδίζω*) easily · (*συμπεριφέρομαι*) naturally · (*κινούμαι*) easily

ανέτοιμ|ος επίθ unprepared

άνετ|ος επίθ (*μούχο, αναπέξ*) comfortable · (*μεταφορά*) convenient · (*χρήση γλώσσας*) fluent · (*χειρισμός εργαλείου*) confident · (*ζωή, επικοινωνία*) easy · (*νίκη*) easy · (*πλειοψηφία*) comfortable · (*κινήσεις*) relaxed · (*συμπεριφορά, ύφος*) relaxed

ανεύθυν|ος επίθ irresponsible

ανεφοδιάζω ρ μ to supply

ανεφοδιασμός ο supplying

ανέχομαι ρ μ to tolerate

ανεψιός ο = **ανιψιός**

ανήθικ|ος, -ή, -ό (*άνθρωπος, κέρδος*) immoral · (*κίνητρα*) base · (*πρόταση, πράξη*) obscene

ανηθικότητα η (*ανθρώπου*) immorality · (*κινήτρων*) baseness · (*χειρονομίας, προτάσεων*) obscenity

άνηθος ο dill

ανήκουστ|ος (*αρν.*) επίθ incredible

ανήκ|ω ρ αμ to belong

ανήλικ|ος επίθ underage ♦ ουσ minor

ανήμπορ|ος επίθ feeble

ανησυχητικ|ός επίθ alarming

ανησυχία η (= *αναταραχή*)

unease · (= *αναστάτωση*) concern ·
▸ **ανησυχίες** *πλ* leanings
ανήσυχ|ος *επίθ* (*γονείς, άνθρωπος*)
worried · (*βλέμμα*) anxious ·
(*ύπνος*) fitful · (*παιδί, μαθητής*)
rowdy
ανησυχ|ώ *ρ αμ* to worry ♦ *ρ μ* to
worry
ανηφόρ|α *η* hill
ανηφοριά *η* = **ανηφόρα**
ανηφορίζ|ω *ρ αμ* to go uphill ♦ *ρ*
μ to go up
ανηφορικ|ός *επίθ* steep
ανήφορ|ος *ο* hill
ανθεκτικ|ός *επίθ* (*υλικό*) durable ·
(*έπιπλα*) solid · (*παπούτσια*)
hard-wearing · (*για πόδα*) tough
ανθίζ|ω *ρ αμ* (*λουλούδια*) to
bloom · (*δέντρα*) to flower
ανθίστα|μαι (*επίσ.*) *ρ αμ απ* to
resist
ανθοδέσμ|η *η* bouquet
ανθοδοχείο *το* vase
ανθοπωλείο *το* flower shop
ανθοπώλης *ο* florist
ανθοπώλισσα *η βλ.* **ανθοπώλης**
άνθ|ος *το* (= *λουλούδι*) flower ·
(*δέντρου*) blossom · (= *αφρόκρεμα*)
cream
ανθότυρο, ανθοτύρι *το* cream
cheese
ανθρώπιν|ος *επίθ* human ·
(*στιγμές*) tender · (*συνθήκες*)
decent
άνθρωπ|ος *ο* (= *έμβιο λογικό ον*)
man · (= *κάθε άτομο*) person
(= *ενάρετο άτομο*) decent human
being
▸ **άνθρωποι** *πλ* people
ανθρωπότητα *η* mankind
ανθυγιειν|ός *επίθ* (*συνθήκες*)
insanitary · (*συνήθεια*)
unhealthy · (*χώρος*) unhealthy
ανθώ (*επίσ.*) *ρ αμ* (*φυτό*) to
flower · (*τέχνες, εμπόριο*) to
flourish
ανί|α *η* (= *πλήξη*) boredom ·

(= *μονοτονία*) tedium
ανιαρ|ός *επίθ* boring
ανίατ|ος *επίθ* incurable
ανίδε|ος *επίθ* ignorant
ανιδιοτελ|ής *επίθ* (*άνθρωπος*)
selfless · (*σκοπός, αγάπη*)
unselfish · (*προσφορά, βοήθεια*)
disinterested
ανικανοποίητ|ος *επίθ* (*άνθρωπος,*
ύπαρξη) unfulfilled · (*επιθυμία*)
unsatisfied · (*πόθος*) unrequited ·
(*ζωή, όνειρο*) unfulfilled
ανίκαν|ος *επίθ* (*υπάλληλος, γονέας*)
incompetent · (*ΣΤΡ*) unfit · (*για*
άνδρα) impotent
ανικανότητα *η* (*υπαλλήλων,*
γονέων) incompetence · (*ΣΤΡ*)
unfitness · (*άνδρα*) impotence
ανίκητ|ος *επίθ* (= *που δεν*
νικήθηκε) unbeaten · (= *που δεν*
μπορεί να νικηθεί: στρατός)
invincible · (*ομάδα, αντίπαλος*)
unbeatable · (*πάθος*)
unconquerable
άνισ|ος *επίθ* (*πλευρές, γωνίες*)
unequal · (*τρίγωνα*) not
congruent · (*αγώνας, αντίπαλος*)
unequal · (*μεταχείριση, όροι*)
unfair
ανίσχυρ|ος *επίθ* powerless
ανίχνευσ|η *η* (*ανωμαλιών,*
στοιχείων) detection · (*ταλέντων*)
scouting · (*ΣΤΡ*) scouting
ανιχνευτής *ο* (*μηχάνημα*)
detector · (*ΣΤΡ*) scout
ανιχνεύ|ω *ρ μ* (*ουσία,*
δυσλειτουργίες) to detect · (*εχθρική*
περιοχή, έδαφος) to scout
ανίψ|ι (*υποκ.*) *το* (*αγόρι*) nephew ·
(*κορίτσι*) niece
ανιψι|ά *η* niece
ανιψι|ός *ο* nephew
αν και *σύνδ* though
ανοδικ|ός *επίθ* (*δρόμος*) uphill ·
(*πορεία, τάση*) upward
άνοδ|ος *η* (= *ανάβαση*) climb ·
(= *ανήφορος*) hill · (*τιμών,*

θερμοκρασίας) rise · (εισοδήματος) increase · (μισθών) rise (Βρετ.), raise (Αμερ.) · (επιπέδου) rise · (στην εξουσία, ιεραρχία) rise · (στον θρόνο) accession

ανοησί|α η (ανθρώπου) stupidity · (για λόγο) nonsense χωρίς πληθ. · (για πράξη) stupid thing

ανόητ|ος επίθ (άνθρωπος, πράξη) stupid · (λόγια) inane · (δήλωση) fatuous · (έγγραφα) meaningless

ανόθευτ|ος επίθ (ποτά, βενζίνη) pure · (διαδικασία, εκλογές) honest · (παραδόσεις) unchanged

άνοιγμ|α το (πόρτας, παραθύρου) opening · (συννέφων) opening (up) · (σπηλιάς) entrance · (σε τοίχο, σε παράθυρο) gap · (ανάμεσα σε δέντρα) clearing · (θεμελίων, χαντακιού) digging · (μπλούζας, φορέματος) neckline · (= πλάτος) width · (γέφυρας) span · (δρόμου, ψαλίδας) widening · (καταστήματος, εκδήλωσης) opening · (αγοράς) opening (up) · (οικονομίας) opening up · (σε νέες τάσεις, ρεύμα) opening up · (λουλουδιών) blooming · (κεφαλιού) gash · (προϋπολογισμού) deficit · (στο σκάλι) opening · (φακού) aperture

ανοίγ|ω ρ μ (πόρτα, παράθυρο) to open · (= μεγαλώνω τις διαστάσεις: παντελόνι, φούστα) to let out · (= ξεκουμπώνω: πουκάμισο, παντελόνι) to undo · (= κατεβάζω το φερμουάρ) to unzip · (φερμουάρ) to open (ανεπ.: ασθενή) to cut open · (τρύπα: τοίχο) to make · (αυλάκι, τάφρο) to dig · (πηγάδι) to sink · (κατάστημα, γραφείο) to open · (συζήτηση) to start · (φως) to turn on · (τηλεόραση, ραδιόφωνο) to turn on · (χώρο) to widen · (χάρτη, εφημερίδα) to open up · (περιοδικό, εφημερίδα) to open · (χάρτη) to spread open · (διαθήκη, γράμμα) to open ·

(= παραβιάζω, κάνω διάρρηξη: μαγαζί, σπίτι) to break into · (χρώμα) to lighten · (κεφάλι) to cut open · (παρουσία) to stretch ♦ ρ αμ (πόρτα, παράθυρο) to open · (= ανθίζω: λουλούδια) to bloom · (πέταλο: στο φως) to open · (σχολεία, έκθεση) to open · (τοίχος, έδαφος) to be cracked · (πουκάμισο) to tear · (καιρός) to clear up · (παρούσα) to stretch

▶ **ανοίγομαι** μεσ (= επεκτείνομαι) to branch out · (= ξανοίγομαι) to take risks · (= σπαταλώ) to overspend · (= εμπιστεύομαι) to open up · (πλοίο) to head out to sea

ανοικτ|ά επίρρ **= ανοιχτά**
ανοικτ|ός επίθ **= ανοιχτός**
άνοιξη η spring
ανοιξιάτικ|ος επίθ spring
▶ **ανοιξιάτικα** τα spring clothes
ανοιχτ|ά επίθ (αφήνω) open · (μιλώ) openly · (= στα βαθιά) out at sea

ανοιχτήρ|ι το (κονσερβών) can ή tin (Βρετ.) opener · (μπουκαλιών) bottle opener

ανοιχτόμυαλ|ος επίθ
open-minded

ανοιχτ|ός επίθ open
▶ **ανοιχτά** τα **τα ~ά** the open sea

ανοξείδωτ|ος επίθ (σκεύη, νεροχύτης) stainless steel · (χάλυβας) stainless

ανόργαν|ος επίθ inorganic ▷ **~η γυμναστική** free gymnastics

ανοργάνωτ|ος επίθ disorganized · (εργαζόμενοι) unaffiliated

ανόρεχτ|ος επίθ (= που δεν έχει όρεξη) with no appetite · (= άκεφος) dispirited · (= απρόθυμος: βλέμμα) lifeless · (γέλια) half-hearted

ανορθόγραφ|ος επίθ (μαθητής, φοιτητής) poor at spelling · (έκθεση, κείμενο) full of spelling

mistakes
ανορθών|ω ρ μ *(σακί, κολόνα)* to
stand upright · *(οικονομία)* to
revive · *(αρχοντικό, τείχος)* to
restore
ανόρθωση η *(εκκλησίας, τείχους)*
restoration · *(οικονομίας, κράτος)*
recovery · *(παιδείας)* reform ·
(στήθους) reconstruction
ανοσί|α η immunity
άνοστ|ος επίθ *(φαγητό)* tasteless ·
(αστείο) lame · *(έργο, ηθοποιός)*
dull · *(γυναίκα, άντρας)* plain
ανοχή η tolerance
ανταγωνίζ|ομαι ρ μ απ ~ **κπν (σε**
κτ) to compete with η against sb
(for sth)
ανταγωνισμ|ός ο *(μαθητών,*
επαγγελμάτων) rivalry ·
(εμπορικός) competition
ανταγωνιστ|ής ο (= αντίπαλος)
rival · *(για εταιρείες)* competitor
ανταγωνιστικ|ός επίθ *(σχέση,*
παιχνίδια) competitive · *(εταιρεία,*
περιοδικό) rival · *(προϊόντα, τιμές)*
competitive
ανταγωνίστρι|α η βλ.
ανταγωνιστής
ανταλλαγή η exchange
ανταλλάγμα το exchange
ανταλλακτικό το spare part
ανταλλάσσ|ω ρ μ *(ιδέες, βίσιμές)* to
exchange · *(προϊόντα)* to trade ·
(γραμματόσημα, βιβλία) to swap
ανταμείβ|ω ρ μ to reward
ανταμοιβή η reward
ανταμών|ω ρ μ *(άνθρωπο)* to
meet · *(ζώα)* to come across ◆ ρ
αμ to meet
▸ **ανταμώνομαι** *μεσ* to meet
ανταμ|ωση η καλή ~! see you
again soon!
αντανάκλαση η reflection
αντανακλαστικά τα reflexes
αντάξι|ος, -α, -ο worthy
ανταποδίδ|ω ρ μ to return
ανταπόδοση η *(φιλοφρόνησης,*

χαιρετισμού) return · *(αγάπης)*
reciprocation · *(ζημιάς, κακού)*
repayment
ανταποκρίν|ομαι ρ μ απ ~ **σε**
(ερέθισμα, κάλεσμα) to respond
to · *(πραγματικότητα)* to reflect ·
(υποχρεώσεις, έξοδα) to meet ·
(καθήκοντα) to fulfil *(Βρετ.)*, to
fulfill *(Αμερ.)*
ανταπόκριση η (= απάντηση)
response · *(δημοσιογράφου)*
report · *(για μεταφορικά μέσα)*
connection
ανταποκρίτ|ης ο
correspondent
ανταποκρίτρι|α η βλ.
ανταποκρίτης
Ανταρκτική η η ~ Antarctica
ανταρκτικ|ός επίθ Antarctic
ανταύγεια η glow
▸ **ανταύγειες** πλ highlights
άντε *(ανεπ.)* επιφών ~ **να** go and
αντέν|α η *(τηλεόρασης,*
ραδιοφώνου) aerial *(Βρετ.)*,
antenna *(Αμερ.)* · *(ιστιοφόρου*
πλοίου) (sail)yard
άντερο το bowel
αντέχ|ω ρ αμ *(αμίαντος, ύφασμα)*
to be resistant · *(ρούχο)* to be
hard-wearing · *(στρατός)* to hold
out · *(αθλητής)* to take the pace ·
(άνθρωπος, γάλα) to last ◆ ρ μ
(άνθρωπο, φωνές) to tolerate ·
(κρύο, ζέστη) to stand · *(θεραπεία,*
φάρμακο) to withstand
αντηλιακ|ό ονο ονο sunscreen
αντηλιακ|ός, -ή, -ό *(κρέμα)*
suntan · *(προστασία)* sun
αντί, αντ', ανθ' πρόθ
(= ανταπόδοση) instead of ·
(= αντίτιμο) for
αντιβιοτικ|ό το antibiotic
αντιβίωση η antibiotics πληθ.
παίρνω ~ to be on antibiotics
αντιγραφή η *(χειρογράφου)*
copying (out) · *(ΠΛΗΡΟΦ)* copy ·
(ΤΕΧΝ) reproduction ·
(= λογοκλοπή) plagiarism · *(σε*

γραπτή εξέταση cheating ·
(προτύπων) copying

αντίγραφ|ο *το* (= *ομιλίας*)
transcript · *(εγγράφου,*
συμβολαίου) copy · (ΤΕΧΝ)
reproduction · *(βιβλίου, κασέτας)*
copy

αντιγράφ|ω *ρ μ* to copy · *(κασέτα,*
σιντί) to make a copy of ◆ *ρ αμ* to
cheat

αντίδοτ|ο *το* antidote

αντίδραση *η* reaction ·
(= *αρνητική στάση*) opposition
χωρίς πληθ.

αντιδρώ *ρ αμ* (= *εναντιώνομαι*) to
be opposed *(σε το)* · *(σε νέα,*
είδηση) to react *(σε το)* · (ΧΗΜ) to
react *(με* with) · *(οργανισμός)* to
react

αντιζηλ|ία *η* rivalry

αντίζηλ|ος *ο/η* rival

αντίθεση *η* opposition *(για* to) ·
(απόψεων) clash · *(χρωμάτων,*
φωτισμού) contrast · (ΦΙΛΟΣ)
antithesis

αντίθετα *επίρρ* on the contrary

αντίθετ|ος *επίθ* *(έννοια,*
αποτέλεσμα) opposite · *(πορεία*
reverse · *(κατεύθυνση)* opposite ·
(= *εναντίος*) opposed

αντίκ|α *η* antique

αντικαθιστ|ώ *ρ μ* *(μηχανή, υλικό)*
to replace · *(τιμές)* to substitute ·
(συνάδελφο, υπάλληλο) to stand in
for · *(σκοπό)* to relieve

αντικανονικός *επίθ* illegal

αντικατάσταση *η* *(λάμπας,*
μηχανής) replacement · *(σκοπών)*
changing

αντικαταστάτ|ης *ο* *(για γονείς,*
παίκτη) substitute · *(για υπάλληλο*
stand–in · *(για ηθοποιό)*
understudy

αντικαταστάτρια *η βλ.*
αντικαταστάτης

αντικατοπτρισμός *ο* (= *οπτική*
απάτη) mirage · (= *αντανάκλαση*

reflection

αντικείμεν|ο *το* (= *πράγμα*)
object · *(έρευνας, συζήτησης*)
subject

αντικοινωνικ|ός *επίθ*
(συμπεριφορά, ενέργεια)
antisocial · *(άνθρωπος)* unsociable

αντικρίζ|ω *ρ μ* (= *βλέπω*) to see ·
(= *βρίσκομαι απέναντι)* to be
opposite · *(= αντιμετωπίζω)* to face

αντικριστά *επίρρ* face to face

αντικρύ *επίρρ* = **αντίκρυ**

αντίκρυ *επίρρ* opposite

αντικρύ *επίρρ* opposite

αντιλαλ|ώ *ο* echo

αντιλαμβάν|ομαι *ρ μ απ*
(παρουσία, άνθρωπο) to notice ·
(νόημα) to understand ·
(προθέσεις) to see through ·
(κίνδυνο) to be aware of

αντιλέγ|ω *ρ αμ* to disagree ◆ *ρ μ*
to contradict

αντιληπτ|ός *επίθ* (= *αισθητός*)
felt · (= *κατανοητός*) understood

αντίληψ|η *η* *(χρωμάτων, χώρου*)
perception · (= *βαθμός ευφυΐας*)
understanding · (= *νοημοσύνη*)
intelligence · (= *άποψη*) outlook
(για on)

αντίλογ|ος *ο* objection

αντιλόπ|η *η* antelope

αντιμετωπίζ|ω *ρ μ* *(επίθεση)* to
resist · *(εχθρό)* to confront ·
(ομάδα) to play against · *(κίνδυνο,*
δυσκολίες) to face ·
(αντεπεξέρχομαι) to face

αντιμετώπιση *η* dealing with

αντιμέτωπ|ος *επίθ* facing

αντίξο|ος *επία.) επίθ*
unfavourable *(Βρετ.),* unfavorable
(Αμερ.)

αντιξοότητ|α *η* adversity

αντί|ο *επιφών (οικ.)* bye *(ανεπ.)*
▸ **αντίο** *το* goodbye

αντιπάθει|α *η* dislike

αντιπαθ|ής *επίθ* disagreeable

αντιπαθητικ|ός *επίθ* *(άνθρωπος,*
φωνή) disagreeable · *(εικόνα*

unpleasant
αντιπαθώ ρ μ to dislike
αντίπαλ|ος επίθ (στρατόπεδο, παράταξη) opposing · (δυνάμεις) rival
▸ **αντίπαλος** ο/η (ερωτικός, κρυφός) rival · (οικονομικός) competitor · (στρατιωτικός) adversary · (εκλογικός) opponent · (για παίκτη) opponent
αντιπερισπασμός ο (= απόσπαση προσοχής) distraction · (ΣΤΡ) diversion
αντιπολίτευση η opposition
αντιπροσωπεία η = αντιπροσωπία
αντιπροσωπευτικ|ός επίθ representative · (= χαρακτηριστικός) typical
αντιπροσωπεύω ρ μ (= εκπροσωπώ) to represent · (= εκφράζω: ιδανική γυναίκα) to exemplify · (αλήθεια, απόψεις) to reflect
αντιπροσωπία η (= σύνολο αντιπροσώπων) delegation · (ΕΜΠΟΡ) agency
αντιπρόσωπος ο/η (= πληρεξούσιος) representative · (= μέλος αντιπροσωπίας) delegate
αντίρρηση η objection
αντίσκηνο το tent
αντίσταση η resistance
▸ **Αντίσταση** η Αντίσταση the Resistance
αντιστέκ|ομαι ρ αμ απ to resist
αντίστοιχα επίρρ respectively
αντίστοιχ|ος επίθ corresponding
αντιστοίχως επίρρ = αντίστοιχα
αντίστροφ|ος επίθ reverse
αντισυλληπτικό το contraceptive pill
αντισυλληπτικ|ός επίθ contraceptive
αντισύλληψη η contraception
αντισφαίριση η (επίσ.) tennis
▸ **επιτραπέζια** ~ table tennis

αντιτετανικ|ός επίθ ~ ορός anti–tetanus serum
αντίτιμο το price
αντίτυπο το copy
αντίχειρας ο thumb
άντληση η (νερού, πετρελαίου) pumping · (πληροφοριών) finding · (κεφαλαίων, πόρων) drawing
αντλία η pump
αντλώ ρ μ (νερό, πετρέλαιο) to pump · (πληροφορία) to find · (συμπέρασμα, δύναμη) to draw
αντοχ|ή η (υλικών) durability · (πετρωμάτων) resistance · (= μυϊκή δύναμη) stamina · (= υπομονή) resilience
άντρ|ας ο = άνδρας
αντρείος, -α, -ο = ανδρείος
αντρικός, -ή, -ό (ανεπ.) = ανδρικός
αντρόγυνο (ανεπ.) το = ανδρόγυνο
αντωνυμία η (κλιτή λέξη) pronoun · (= αντίθεση στη σημασία) antonymy
ανυπακοή η disobedience
ανυπάκου|ος επίθ disobedient
ανύπαντρ|ος επίθ unmarried
ανύπαρκτ|ος επίθ nonexistent
ανυπεράσπιστος επίθ (άνθρωπος) defenceless (Βρετ.), defenseless (Αμερ.) · (πόλη) undefended
ανυπομονησία η impatience
ανυπόμον|ος επίθ impatient
ανύποπτ|ος επίθ (= ανυποψίαστος) unsuspecting · (στιγμή, φάση) unguarded
ανυπόφορ|ος επίθ (άνθρωπος, ζέστη) unbearable · (ζωή, κατάσταση) insufferable
ανυποψίαστ|ος επίθ (περαστικός, θύμα) unsuspecting · (= άσχετος) clueless
ανυψώνω ρ μ (βάρος, φορτίο) to lift · (ηθικό) to boost

ανύψωση η (καβωτίου, βάρους) lifting · (κεραίας) raising · (ηθικού) boosting · (στάθμης, θερμοκρασίας) rise

άνω (επίρ.) επίρρ (= επάνω) upper · (= περισσότερο από) over

ανώδυνος επίθ (= χωρίς πόνο) painless · (αγώνας) painless · (δήλωση) harmless · (ήττα, συνέπειες) minor

ανωμαλία η (για μηχανή, σε υπηρεσία) trouble χωρίς πληθ. · (= διαστροφή) deviation · (IATP) abnormality · (οδοστρώματος, επιφάνειας) bump · (ΓΛΩΣ) irregularity

ανώμαλος επίθ (κατάσταση, κλίμα) unstable · (ρυθμοί) irregular · (ουσιαστικά, ρήματα) irregular · (έδαφος) uneven · (δρόμος, μονοπάτι) bumpy · (επιφάνεια) rough
▸ **ανώμαλος** ο, **ανώμαλη** η pervert
▸ **ανώμαλος** ο cross-country (race)

ανωνυμία η anonymity · (= αφάνεια) obscurity

ανώνυμος επίθ (συγγραφέας, δωρητής) anonymous · (κατ.: = άγνωστος) unknown

ανώριμος επίθ (καρποί, φρούτα) not ripe · (άνθρωπος, συμπεριφορά) immature · (συνθήκες) unfavourable (Βρετ.), unfavorable (Αμερ.)

ανωριμότητα η (ατόμων, σκέψης) immaturity · (συνθηκών) unfavourable (Βρετ.) ή unfavorable (Αμερ.) nature

ανωτερότητα η superiority

ανώφελος επίθ wasted

άξαφνα επίρρ = ξαφνικά

άξαφνος επίθ = ξαφνικός

αξεπέραστος επίθ (εμπόδιο, δυσκολία) insurmountable · (ομορφιά) unrivalled (Βρετ.), unrivaled (Αμερ.) · (έργο, τέχνη) unequalled (Βρετ.), unequaled

(Αμερ.)

αξεσουάρ το accessory

άξεστος επίθ (άνθρωπος) crude · (συμπεριφορά) coarse

αξέχαστος επίθ unforgettable

αξία η (προϊόντος, ακινήτου) value · (παιδείας, τέχνης) value · (για εργαζόμενο) merit · (= σπουδαιότητα) importance
▸ **αξίες** πλ values

αξιαγάπητος επίθ lovable

αξιέπαινος επίθ commendable

αξίζω ρ αμ to be worth ◆ ρ μ (χιλιάδες, εκατομμύρια) to be worth · (νίκη, τιμωρία) to deserve
▸ **αξίζει** απρόσ it is worth (να κάνω doing)

αξίνα η hoe

αξιοζήλευτος επίθ enviable

αξιοθαύμαστος επίθ admirable

αξιοθέατα τα sights

αξιοθρήνητος επίθ (άνθρωπος, κατάσταση) pitiful · (ζωή, τέλος) wretched · (παράσταση, ταινία) pathetic

αξιολόγηση η assessment · (πράξεων, αποτελεσμάτων) evaluation

αξιόλογος επίθ (προσπάθεια, έργο) remarkable · (περιουσία, ποσό) considerable · (άνθρωπος) notable

αξιολογώ ρ μ to assess

αξιολύπητος επίθ pitiful

αξιοπιστία η (μάρτυρα, πολιτικού) credibility · (πηγών, κειμένων) reliability

αξιόπιστος, -η, -ο (μαρτυρίες, πηγή) reliable · (επιστήμονας) authoritative

αξιοποίηση η (πληροφοριών, μεθόδου) utilization · (κατ.: = εκμετάλλευση: περιοχής, χώρου) development · (γης, δασών) exploitation

αξιοποιώ ρ μ (ταλέντο, ικανότητες) to make the most of · (ελεύθερο χϱόνο) to use · (πηγές ενέϱγειας) to exploit

αξιοπρέπει|α η dignity

αξιοπρεπής επίθ (άνθϱωπος, συμπεϱιφοϱά) dignified · (βίος) respectable · (στάση) honourable (Βϱετ.), honorable (Αμεϱ.) · (ντύσιμο, τϱόπος) decent

αξιοπρόσεκτ|ος επίθ (έϱγο, χώϱος) remarkable · (παϱατήϱηση) noteworthy

αξιοπρόσεχτ|ος επίθ = **αξιοπρόσεκτος**

άξι|ος, -α, -ο επίθ (παλικάϱι, πολιτικός) able · (γαμπϱός) worthy · **~ $**+γεν. worthy of

αξιοσέβαστ|ος επίθ (άνθϱωπος) respectable · (ποσό, πεϱιουσία) considerable

αξιοσημείωτ|ος επίθ remarkable

αξιότιμ|ος επίθ honourable (Βϱετ.), honorable (Αμεϱ.)

αξίω|μα το (βουλευτή) office · (στϱατηγού) rank · (ΦΙΛΟΣ, ΜΑΘ) axiom

αξιωματικ|ός ο/η (στϱατού, αστυνομίας) officer · (στο σκάκι) bishop

άξον|ας ο (Γης) axis (αυτοκινήτου) axle

· **Άξονας** ο ο **Άξονας** the Axis

αξύριστ|ος επίθ unshaven

άοπλ|ος επίθ unarmed

αόρατ|ος επίθ (δυνάμεις, υπάϱξεις) invisible · (κίνδυνος) unseen · (έμποϱοι ναϱκωτικών, κύκλωμα εμποϱίας όπλων) covert

αόριστ|ος επίθ (λόγια, υποσχέσεις) vague · (άϱθϱο, αντωνυμίες) indefinite

άουτ το touch

απαγγέλλ|ω ϱ μ to recite

απαγορευμέν|ος επίθ forbidden · (λέξη) taboo · (τϱαγούδι, βιβλίο) banned

απαγόρευση η prohibition

απαγορευτικ|ός επίθ (πινακίδα)

warning · (διατάξεις) prohibitive

▸ **απαγορευτικό** το (επίσης **-ό σήμα**: για σχήματα) warning sign · (για πλοία) warning

απαγορεύ|ω ϱ μ (τϱαγούδι, βιβλίο) to ban · (για γιατϱό) to forbid · (για νόμο, συνείδηση) to prohibit

απαγωγή η abduction

απάθεια η indifference

απαθής επίθ indifferent

άπαικτ|ος επίθ (επίσης **άπαιχτος**: έϱγο: στον κινηματογϱάφο) not out · (στην τηλεόϱαση) not shown · (στο θέατϱο) not put on

απαισιοδοξία η pessimism

απαισιόδοξ|ος επίθ pessimistic

απαίσι|ος, -α, -ο awful

απαίτηση η demand

απαιτητικός επίθ demanding

απαιτούμεν|ος επίθ necessary

απαιτ|ώ ϱ μ (σεβασμό, πειθαϱχία) to demand · (παϱαίτηση) to call for · (μισθό, πληϱωμή) to demand · (πϱοσοχή, υπομονή) to require · (χϱόνο) to take

άπαιχτ|ος επίθ (αϱγκ.) επίθ (τύπος) in a class of his own · (αστείο) priceless · βλ. κ. **άπαικτος**

απαλ|ός επίθ (χέϱι, ϱούχο) soft · (μουσική, φωτισμός) soft · (χϱώμα) pastel · (αεϱάκι, χάδι) gentle

απαλότητα η softness

απάνθρωπ|ος επίθ inhuman

απάντηση η (= απόκϱιση) answer · (σε αίτηση, επιστολή) reply · (πϱοβλήματος, άσκησης) answer · (= αντίδϱαση) response

απαντ|ώ ϱ μ (= δίνω απάντηση) to answer · (σε γϱάμμα, επιστολή) to reply · (= αντιδϱώ) to respond ♦ ϱ μ (= αποκϱίνομαι) to answer · (= αντιστοιχώ) to match

απάνω επίϱϱ = **επάνω**

απαραβίαστ|ος επίθ (κλειδαϱιά) not tampered with · (πόϱτα) not broken into · (χϱηματοκιβώτιο) impregnable · (κανόνας)

inviolable · (δικαίωμα)
inalienable · (όρος) strict · (τόπος)
inviolate
απαράδεκτ|ος επίθ (συμπεριφορά,
στάση) unacceptable · (κατάσταση)
intolerable · (τρόπος)
objectionable · (φαγητό, κουζίνα)
abysmal
απαραίτητος επίθ (εφόδιο,
προϋπόθεση) essential · (χρόνος)
necessary
απαρατήρητος επίθ unnoticed
απαρνούμαι, απαρνιέμαι ρ μ απ
(θρησκεία) to renounce · (ιδέες) to
reject · (παιδιά, γονείς) to
abandon · (καριέρα) to give up ·
(πλούτη) to renounce
απασχολημέν|ος επίθ busy
απασχόληση η (= εργασία)
occupation · (κατ.) = ασχολία)
pastime
απασχολ|ώ ρ μ (= παρέχω εργασία)
to employ · (= προβληματίζω) to
concern · (= αποσπώ την προσοχή)
to distract · (= γεμίζω τον χρόνο)
to occupy
▸ **απασχολούμαι** μεσ to work
απατεών|ας ο crook
απατεών|ισσα η βλ **απατεώνας**
απάτη η (= κατεργαριά)
deception · (= απατεώνας) crook ·
(= ψέμα) lie
απατ|ώ ρ μ (= κάνω απάτη) to
cheat · (προαίσθηση) to let down ·
(σύζυγο) to deceive
άπαχ|ος επίθ (γάλα) fat-free ·
(τυρί) low-fat · (κρέας) not fatty
απείθαρχος, -η, -ο (στρατιώτης)
insubordinate · (μαθητής) unruly
απεικονίζ|ω ρ μ (= αποδίδω) to
depict · (= περιγράφω) to portray
απεικόνιση η (= αναπαράσταση)
portrayal · (= περιγραφή)
description
απειλή η threat
απειλητικ|ός επίθ threatening
απειλ|ώ ρ μ to threaten

▸ **απειλούμαι** μεσ ~**ούμαι με
εξαφάνιση** to be threatened with
extinction
απείραχτ|ος επίθ (= που δεν τον
έχουν ενοχλήσει) not bothered ·
(= άθικτος) untouched
απειρί|α η inexperience
άπειρο το infinity
άπειρ|ος επίθ inexperienced
απέλαση η expulsion
απελαύν|ω ρ μ (αορ **απέλασ|α**,
αορ παθ **απελάθ|ηκα**) to expel
απελευθερών|ω ρ μ (σκλάβο,
δούλο) to set free · (λαό) to set
free · (= ενέργεια) to release ·
(μτφ.) to deregulate · (ψυχή) to
release
απελευθέρωση η liberation
απελπίζ|ω ρ μ to discourage
▸ **απελπίζομαι** μεσ to despair
απελπισί|α η despair
απελπισμέν|ος επίθ desperate
απεντάρ|ος broke
απεργί|α η strike · ~ **πείνας**
hunger strike · **κάνω** ~ to be on
strike
απεργός ο/η striker
απεργ|ώ ρ αμ to strike
απεριόριστ|ος (εξουσία,
φιλοδοξία) limitless · (εμπιστοσύνη)
unconditional
απεριποίητ|ος (για πρόσ.)
unkempt · (κήπος) neglected ·
(σπίτι) untidy
απερίσκεπτ|ος (απόφαση) rash ·
(ενέργεια) thoughtless · (κίνηση)
thoughtless · (για πρόσ.: =
επιπόλαιος) foolhardy
απερισκεψί|α η rashness
απεσταλμέν|ος επίθ ~**ο μήνυμα**
sent message
▸ **απεσταλμένη** η, **απεσταλμένος** η
(χώρα, Ο.Η.Ε.) envoy · (καναλιού,
εφημερίδας) correspondent
απευθείας επίρρ (= άμεσα)
directly · (= αμέσως) immediately
απευθύν|ω ρ μ to deliver

▶ **απευθύνομαι** *μεσ* -**ομαι σε**
(*προφορικά*) to address •
(*εγγράφως*) to write to •
(*καλοσύνη, ευαισθησία*) to appeal
to • (*σε υπηρεσία*) to apply to

απέχ|ω ρ αμ (= βρίσκομαι μακριά)
to be far • **~ από** (*συνάντηση*) to
be absent from • (*προπονήσεις*) not
to take part in • (= *διαφέρω*) to be
far-removed from

απήχησ|η η (= *αποδοχή*)
reception • (= *αντίτυπος*) effect

άπιαστ|ος επίθ
(= *απραγματοποίητος*) unfulfilled •
(= *αξεπέραστος*) unbeatable

απίδ|ι το pear

απίθανος επίθ (= *εκπληκτικός*)
amazing • (= *μη πιθανός*)
incredible

απίστευτ|ος επίθ (= *εκπληκτικός*) incredible

απιστί|α η infidelity

άπιστ|ος επίθ (= *άθρησκος*)
unbelieving • (*σύζυγος*) unfaithful
◆ ουσ (ΘΡΗΣΚ) unbeliever • (*μειωτ.*)
infidel

απλά επίρρ simply

απλήρωτ|ος επίθ (*λογαριασμός,
υπάλληλος*) unpaid • (*σκεύος,
μηχάνημα*) not paid for

απληστί|α η (= *υπερβολική
επιθυμία*) ardent desire •
(= *πλεονεξία*) greed

άπληστ|ος επίθ (= *αχόρταγος*)
insatiable • (= *πλεονέκτης*) greedy

απλοϊκ|ός επίθ simple

απλοποι|ώ ρ μ to simplify

απλ|ός επίθ (= *μη πολύπλοκος*)
simple • (*γνωμικά, ματιά*) just •
(*για πρόσ.*: = *προσιτός*)
unaffected • (*πολίτης, άνθρωπος*)
ordinary • (= *απλοϊκός: άνθρωπος,
χαρακτήρας*) naive

απλότητ|α η simplicity

άπλυτ|ος επίθ unwashed
▶ **άπλυτα** τα dirty linen

άπλω|μα το (*ρούχων, χαλιών*)

hanging out • (*χεριών*) holding
out • (*ποδιών*) putting out
(= *ξεδίπλωμα*: *κουβέρτας,
σεντονιού*) spreading (out) •
(*αρρώστιας, ελονοσίας*) spreading •
(*αντιλήψεων, ιδεών*) spreading

απλώ|νω ρ μ (*ρούχα*) to hang out •
(*καπνό, αμύγδαλα*) to put out •
(= *ξεδιπλώνω*: *κουβέρτα,
τραπεζομάντιλο*) to spread (out) •
(*χέρι*) to hold out • (*πόδι*) to put
out • (*φτερά*) to spread • (*βούτυρο,
μαρμελάδα*) to spread • (*χρώμα,
βαφή*) to apply ◆ ρ αμ to spread

▶ **απλώνομαι** *μεσ* = *εκτείνομαι:
πεδιάδα, λουλούδια*) to spread •
(= *επεκτείνομαι: σκοτάδι, ομίχλη*) to
spread • (*επιχείρηση*) to expand •
(*έρεινα*) to widen • (*παρέα, κόμμα*)
to grow • (*στρατός, πλήθος*) to
spread out • (= *επεκτείνομαι
υπερβολικά: ομιλητής*) to ramble
on

απλώς επίρρ just

ΛΕΞΗ-ΚΛΕΙΔΙ

από, απ', αφ' *προθ* **(α)** (*για
αφετηρία, σημείο υπολογισμού*)
from

(β) (*για διέλευση ή το δια μέσου*)
via

(γ) (*για μέρος συνόλου*) of

(δ) (*για χρόνο*) from

(ε) (*σε συγκρίσεις με θετικό βαθμό*)
to, than

(στ) (*ποιητικό αίτιο*) by

(ζ) (*για υλη ή περιεχόμενο*) made
of

(η) +αριθμ. out of

(θ) (*για τρόπο ή μέσο*) from

(ι) (*για απαλλαγή*) from

(ια) (*για αφαίρεση*) minus

αποβάθρ|α η dock

αποβαίν|ω ρ αμ to prove

αποβάλλ|ω ρ μ (*φαγητό*) to
reject • (*φαγητό*) to bring up •
(*θερμότητα*) to give off • (*μτφ.:*

ιδέα, σκέψεις) to dismiss · (*για την κοινωνία*) to reject · (*μαθητή, φοιτητή*) to expel · (*παίκτη, ποδοσφαιριστή*) to send off ♦ *ρ αμ* to miscarry

απόβαση *η* landing · **κάνω ~** to land

αποβιβάζω *ρ μ* (*επιβάτη: από πλοίο*) to put ashore · (*από λεωφορείο*) to drop off
▸ **αποβιβάζομαι** *μεσ* (*από πλοίο*) to disembark · (*από λεωφορείο, τρένο*) to get off · (*στρ*) to land

αποβίβαση *η* disembarkation

απόβλητα *τα* (*εργοστασίων*) waste · (*υπονόμων, πόλης*) sewage

αποβολή *η* (*μοσχεύματος*) rejection · (*τροφής*) bringing up · (*μαθητή, φοιτητή*) exclusion · (*παίκτη, ποδοσφαιριστή*) sending off · (*για έγκυο*) miscarriage

αποβουτυρωμένος *επίθ* skimmed

απόβρασμα *το* scum

απόγειο *το* peak

απογειώνω *ρ μ* to get into the air
▸ **απογειώνομαι** *μεσ* (*αεροπλάνο*) to take off · (*μτφ.: κίνημα*) to take off · (*τιμές*) to go through the roof · (*πληθωρισμός*) to soar

απογείωση *η* takeoff

απόγευμα *το* (*προφ.*) = **απόγευμα**

απόγευμα *το* afternoon

απόγευμα *το* afternoon

απογευματινός *επίθ* (*εργασία*) afternoon · (*εφημερίδα, εκδήλωση*) evening
▸ **απογευματινή** *η* matinée

απόγνωση *η* despair

απογοητευμένος *επίθ* disappointed · **~ από** disappointed with · **ή in**

απογοήτευση *η* disappointment

απογοητευτικός *επίθ* disappointing

απογοητεύω *ρ μ* to let down
▸ **απογοητεύομαι** *μεσ* (= *αποκαρδιώνομαι*) to be discouraged · (= *διαψεύδονται οι*

ελπίδες μου) to be disappointed

απόγονος *ο* descendant

αποδεδειγμένος *επίθ* proven

αποδεικνύω *ρ μ* (*θεωρία, θάνατο*) to prove · (*αλήθεια*) to demonstrate
▸ **αποδεικνύομαι** *μεσ* to be proven to be

αποδεικτικό *το* proof

απόδειξη *η* (= *πειστήριο*) evidence · (*αγοράς, πώλησης*) receipt

αποδείχνω *ρ μ* = **αποδεικνύω**

αποδέκτης *ο* recipient

αποδεκτός *επίθ* (= *που γίνεται δεκτός*) accepted · (= *που θεωρείται ορθός*) acceptable

αποδέκτρια *η* βλ. **αποδέκτης**

αποδέχομαι *ρ μ* to accept

αποδημητικός *επίθ* migrant

αποδίδω *ρ μ* (= *καταλογίζω: ατύχημα, επιτυχία*) to attribute · (*έργο*) to ascribe · (*τιμή*) to pay · (*δικαιοσύνη*) to administer · (*φόρο*) to pay · (*οφειλόμενο*) to pay (off) · (= *μεταφράζω: κείμενο*) to render · (= *μεταφέρω κέρδος*: *επιχείρηση, δουλειά*) to yield · (*καρπό, αποτέλεσμα*) to produce ♦ *ρ αμ* (= *παράγω έργο*) to perform well · (= *έχω αποτέλεσμα*) to pay off

αποδιοπομπαίος, -α, -ο · **~ τράγος** scapegoat

αποδοκιμάζω *ρ μ* to disapprove of

αποδοκιμασία *η* disapproval

απόδοση *η* (*χρέους, φόρου*) reimbursement · (*ευθύνης*) attribution · (*παραγωγής*: *για άνθρωπο, επιχείρηση*) output · (*ομάδας, αθλητή*) performance · (= *μετάφραση*) translation · (= *ερμηνεία: τραγουδιού, κομματιού*) rendition · (*ηθοποιού*) performance

αποδοτικός *επίθ* (*εργασία*)

productive · (επένδυση)
profitable · (υπάλληλος) efficient

αποδοχή η acceptance

▸ **αποδοχές** πλ pay εν.

απόδραση η escape

αποδυναμώνω ρ μ to weaken · (προσπάθεια, θέση) to undermine

αποδυτήρια τα changing room

αποζημιώνω ρ μ to compensate for

αποζημίωση η (επανόρθωση ζημιάς) compensation · (υλική ή ηθική αμοιβή) reward

αποθαρρύνω ρ μ to discourage

απόθεμα το stock

▸ **αποθέματα** πλ (πετρελαίου, ενέργειας) reserves · (τροφίμων) supplies

αποθηκεύω ρ μ to store

αποθήκη η storeroom

αποικία η colony

άποικ|ος ο/η settler

αποκαθιστώ ρ μ (βλάβη) to repair · (κυκλοφορία) to restore to normal · (τάξη, τιμή) to establish · (= εξασφαλίζω οικονομικά) to provide for

αποκαλυπτικός επίθ revealing

αποκαλύπτω ρ μ (αλήθεια, μυστικό) to reveal · (απάτη, σκευωρία) to expose

αποκάλυψη η (= φανέρωμα: αλήθειας, στοιχείων) revelation · (= ξεσκέπασμα) exposure

αποκαλώ ρ μ to call

αποκατάσταση η (= πλήρης επανόρθωση: βλάβης, ζημιάς) compensation · (υγείας) restoration · (= επαναφορά σε προηγούμενη κατάσταση: δικτύου, ρεύματος) restoration · (= επαναφορά: δημοκρατίας, συμμαχίας) restoration · (= εξασφάλιση: ανθρώπου) establishment · (για γάμο) settling down · (προσφύγων, πληγέντων) reparation

αποκεφαλίζω ρ μ (= κόβω το κεφάλι) to behead · (μτφ.) to abolish

αποκλεισμέν|ος επίθ cut off

αποκλεισμός ο exclusion · (αθλητή, ομάδας) disqualification

αποκλειστικός sole

αποκλεί|ω ρ μ (δρόμο) to block off · (περιοχή) to seal (off) · (= εμποδίζω την επικοινωνία: άνθρωπο, νησί) to cut off · (ΑΘΛ: ομάδα) to eliminate

▸ **αποκλείεται** απρόσ it's out of the question

απόκομ|μα το cutting

αποκορύφωμα το (θριάμβου, ευτυχίας) height · (αγώνα) climax · (προσπάθειας) culmination

αποκορυφώνω ρ μ to rouse to a high pitch

▸ **αποκορυφώνομαι** μεσ to reach a peak

αποκορύφωση η βλ. αποκορύφωμα

απόκρημνος επίθ steep

Αποκριά η carnival

αποκριάτικ|ος επίθ carnival

Απόκριες οι = **Αποκριά**

απόκρουση η (= απώθηση επιτιθέμενου: στρατού, εχθρού) repulse · (μτφ.: επιχειρήματος, κατηγορίας) rebuttal (επία.) · (= ανασκευή, αναίρεση: καταγγελίας, αγωγής) dismissal · (ένστασης) overruling · (σουτ, μπάλας) save

αποκρουστικός repulsive

αποκρού|ω ρ μ (στρατό, εχθρό) to repulse · (μτφ.: επιχείρημα, ισχυρισμό) to reject · (κατηγορίες) to refute · (ΑΘΛ) to block

αποκρύβ|ω ρ μ = **αποκρύπτω**

αποκρύπτω ρ μ to hide · (έσοδα, χρήματα) not to declare · (πληροφορίες) to withhold

απόκτη|μα το acquisition

απόκτηση η (αγαθών,

αυτοκινήτου) acquisition

αποκτ|ώ ρ μ (*αορ* **αποκτ|ώμαι** (*περιουσία, αυτοκίνητο*) to acquire · (*γνώσεις, πείρα*) to acquire · (*εξουσία*) to gain · (*φίλο*) to make · (*αντίπαλο, εχθρό*) to make (oneself) · (*συνεργάτη*) to gain · (*παιδιά*) to have

απολαβ|ές *οι* salary *εν.*

απολαμβάν|ω ρ μ to enjoy

απόλαυση *η* enjoyment

▸ **απολαύσεις** *πλ* sensual pleasure

απολαυστικός enjoyable

απολογ|ία *η* defence (*Βρετ.*), defense (*Αμερ.*)

απολογ|ούμαι ρ αμ απ (*κατηγορούμενος*) to defend oneself · (= *δικαιολογούμαι*) to justify oneself

απολύμανση *η* disinfecting

απολυμαντικό *το* disinfectant

απόλυση *η* (*μισθωτού, υπαλλήλου*) dismissal · (*κρατουμένου*) release · (*στρατευσίμου*) discharge

απόλυτα *επίρρ* completely

απολυτήριο *το* (*λυκείου, γυμνασίου*) school certificate · (*στρατού*) discharge papers *πληθ.* · (*φυλακής*) release papers *πληθ.*

απόλυτ|ος *επίθ* (*ελευθερία, ανεξαρτησία*) complete · (*ερημιά, σκοτάδι*) complete · (*εξουσία, κυβέρνηση*) full · (*τάξη*) perfect · (*χυρίαρχος, κυβερνήτης*) absolute · (= *αμετάκλητος: θέση*) uncompromising · **είμαι ~ σε κτ** to be inflexible in sth · **έχω ~ η ανάγκη από κπν/κτ** to need sb/ sth desperately · **έχω ~ο δίκιο** to be quite *ή* absolutely right

απόλυτο *επίρρ* = **απόλυτα**

απολύ|ω ρ μ (*υπάλληλο, μισθωτό*) to dismiss · (*κρατούμενο, φυλακισμένο*) to release · (*στρατιώτη*) to discharge ♦ ρ αμ to be over *ή* at an end

απομάκρυνση *η* = ξεμάκρεμα

ανθρώπου, πλοίου) departure · (= *μεταφορά: νερού, σκουπιδιών*) removal · (*για πρόσ.*: = *εκτοπισμός*) removal

απομακρύν|ω ρ μ (= *διώχνω*) to move away · (= *εκτοπίζω*) to remove

▸ **απομακρύνομαι** *μεσ* (= *ξεμακραίνω*) to move away · (= *αποκόπτομαι*) to become estranged · (= *ξεφεύγω: από δεδομένες αρχές*) to move away · (*από το θέμα*) to stray

απομεινάρ|ι *το* = *υπόλοιπο: φαγητού* leftovers *πληθ.* · (*ειδώλιου, τάφου*) remains *πληθ.* · (*παράδοσης, τέχνης*) vestige

απομέν|ω ρ αμ to be left · **~ει να κάνω κτ** it remains for one to do sth · **δεν ~ει (ή άλλο τίποτα) παρά να** all that one can do now is to

απομίμηση *η* imitation

απομονωμέν|ος *επίθ* (= *αυτός που βρίσκεται μακριά από άλλους*) isolated · (*μτφ.: άνθρωπος, φυλή*) withdrawn

απομονών|ω ρ μ (*γεγονός, δεδομένα*) to isolate · (= *χωρίζω*) to separate · (*κατοίκους, περιοχή*) to cut off

▸ **απομονώνομαι** *μεσ* (*για πρόσ.*) to withdraw (*από* from) · (*χώρα*) to isolate itself

απομόνωση *η* (*για πρόσ., χώρα*) isolation · (*ιμανιού, χώρας*) cutting off · (*ως τιμωρία*) solitary confinement · (= *ειδικός χώρος φυλακής*) solitary confinement cell

απονέμ|ω ρ μ (*τίτλο, βραβείο*) to award · (*δικαιοσύνη*) to administer · (*τιμές*) to give

απονομή *η* (*βραβείου*) giving · (*δικαιοσύνης*) administration · (*χάριτος*) bestowal (*επίσ.*) · (*τίτλου, πτυχίου*) awarding · (= *η τελετή*) award ceremony

άπον|ος *επίθ* (*άνθρωπος*)

heartless · (ζωή, τύχη) cruel
αποξένωσ|η η (ανθρώπου)
estrangement · (χώρας) isolation ·
(= αλλοτρίωση) alienation
αποξηραίνω ρ μ (αορ
αποξήραν|α, αορ παθ
αποξηράνθ|ηκα, μτχ
αποξηραμέν|ος) (έκταση, βάλτο)
to drain · (λουλούδια, καρπούς) to
dry
αποξηραμέν|ος επίθ (φυτό,
λουλούδι) dried · (βάλτος, λίμνη)
drained
απόπειρ|α η attempt ·
~ αυτοκτονίας suicide attempt
αποπειρ|ώμαι ρ μ απ to attempt
αποπεράτωσ|η η (επίσ.)
completion
αποπλάνησ|η η seduction
αποπλαν|ώ ρ μ to seduce
αποπλέ|ω ρ αμ to sail
απόπλ|ους ο (αιτ εν **απόπλ|ου(ν)**)
sailing
αποπνικτικ|ός επίθ (καπνός)
suffocating · (μυρουδιά)
overwhelming · (ατμόσφαιρα)
stifling
αποπρημέν|ος επίθ confused
απορί|α η (= ερώτηση) question ·
(= έκπληξη που συνοδεύεται από
αμφιβολία) bewilderment · **Λύνω
~** to answer a question
άπορ|ος επίθ destitute ♦ ο pauper
απόρρητ|ος επίθ confidential
♦ το confidentiality ·
επαγγελματικό ~ professional
confidentiality ή secrecy
απορρίμματ|α τα refuse χωρίς
πληθ.
απορρίπτ|ω ρ μ (αορ **απέρριψ|α**)
(φοιτητή, μαθητή) to fail ·
(πρόταση, αίτηση) to reject ·
(πρόληψη, ιδέα) to reject
απόρριψ|η η (σκουπιδιών) tipping ·
(σχεδίου, πρότασης) rejection ·
(εφέσεως) rejection · (ένστασης)
overruling · (φοιτητή, υποψηφίου)

failing
απορροφημέν|ος μτχ είμαι **~ με
κτ** to be absorbed in sth
απορροφ|ώ ρ μ (σφουγγάρι:
υγρασία, νερό) to soak up · (μτφ.:
ενεργητικότητα, ενέργεια) to take
up
▸ **απορροφ|ώμαι** μεσ to become
absorbed ή engrossed
απορρυπαντικ|ό το detergent
απορ|ώ ρ αμι to be surprised
απόσβεσ|η η (χρέους, δανείου)
amortization · (ΟΙΚ: κεφαλαίου)
depreciation
αποσκευ|ές οι luggage χωρίς
πληθ. (κυρ. Βρετ.), baggage χωρίς
πληθ. (κυρ. Αμερ.)
αποσμητικ|ό το (σώματος)
deodorant · (χώρου) air freshener
απόσπασμ|α το (κειμένου,
μουσικού κομματιού) extract ·
(πυροβολικού, στρατού)
detachment
αποσπ|ώ ρ μ (= αποκολλώ) to
detach · (υπάλληλο) to second
(κυρ. Βρετ.), to put on temporary
assignment (Αμερ.) · (χρήματα) to
extort · (πληροφορίες, αλήθεια) to
extract · (προσοχή, σκέψη) to
distract · (βραβείο) to get ·
(θαύμασμό) to get · (εμπιστοσύνη)
to gain
▸ **αποσπ|ώμαι** μεσ **~μαι από κτ** to
be distracted from sth
απόστασ|η η distance · (στον
χρόνο) interval · (μτφ.: = διαφορά)
gap · **από ~** from a distance ·
~ ασφαλείας a safe distance
αποστείρωσ|η η (γάλακτος)
pasteurization · (χεριών)
sterilization
αποστολέ|ας ο sender
αποστολ|ή η (επίσ.: εμπορεύματος,
γραμμάτων) dispatch ·
(= σημαντικό έργο για εκτέλεση)
mission · (= αυτοί που συμμετέχουν
σε σημαντικό έργο) mission

(= *προορισμός, σκοπός*) mission ·
(= *αντιπροσωπεία*) delegation
αποστρατεύω ρ μ (*αξιωματικό*) to
discharge · (*στρατιώτη*) to
demobilize
▸ **αποστρατεύομαι** *μεσ*
(*αξιωματικός*) to be discharged ·
(*στρατιώτης*) to be demobilized
αποστρέφω ρ μ (*πρόσωπο*) to
turn away · (*βλέμμα, ματιά*) to
avert
αποστροφή η loathing
αποσύνθεση η (*πτώματος, ύλης*)
decomposition · (*κοινωνίας,
συζυγικών σχέσεων*) breakdown ·
(*κράτους, στρατού*) disintegration
απόσυρση η withdrawal
αποσύρω ρ μ (*διάταγμα, νόμο*) to
repeal · (*δήλωση*) to retract ·
(*χρήματα, χαρτονόμισμα*) to
withdraw · (*αντικείμενο*) to
withdraw (from circulation) ·
(*βιβλίο*) to withdraw
▸ **αποσύρομαι** *μεσ* (= *φεύγω από
την ενεργό δράση*) to retire ·
(= *αποχωρώ*) to withdraw
αποταμίευση η saving
▸ **αποταμιεύσεις** *πλ* savings
▸ **αποταμιεύω** ρ μ (*χρήματα*) to
save · (*μτφ.*) to save up
αποτελειώνω ρ μ (= *ολοκληρώνω*)
to finish · (= *δίνω το τελευταίο
χτύπημα*) to finish off
αποτέλεσμα το result ·
(= *συνέπεια*) consequence · **ως ή
σαν** ~ as a result · **χωρίς**
~ without result · **με ~ να...** with
the result that... · **το αντίθετο**
~ the opposite effect · **τελικό**
~ end result
▸ **αποτελέσματα** *πλ* results
αποτελεσματικός *επίθ* effective
αποτελεσματικότητα η
effectiveness
αποτελώ ρ μ (= *είμαι*) to be ·
(= *απαρτίζω*) to make up
απότομος (= *απόκρημνος*) steep ·

(= *ξαφνικός, αναπάντεχος*) abrupt ·
(= *βίαιος, προσβλητικός*) abrupt ·
(= *οργητικός*) raging
αποτοξίνωση η detoxification
κάνω ~ to go through
detoxification ή detox (*ανεπ.*)
αποτραβ|ιέμαι ρ αμ to withdraw
αποτρέπω ρ μ (*αορ* **απέτρεψα**,
αορ παθ **αποτράπηκα**)
(= *εμποδίζω: κίνδυνο, κακό*) to
avert · (*τραγωδία*) to prevent
αποτρίχωση η shaving
αποτρόπαιος, -α, -ο (*έγκλημα*)
heinous · (*θέαμα, όψη*) hideous
αποτσίγαρο το (*cigarette/cigar*)
butt ή stub
αποτυγχάνω ρ αμ (*αορ* **απέτυχα**)
to fail
αποτύπωμα το (*ποδιού*) print ·
(*μτφ.*) imprint
αποτυπώνω ρ μ to impress
▸ **αποτυπώνομαι** *μεσ* ~**εται στο
μυαλό μου** to be imprinted upon
one's mind
αποτυχαίνω = **αποτυγχάνω**
αποτυχημένος *επίθ* failed
αποτυχία η (*πειράματος,
προσπάθειας*) failure · (*υποψηφίου,
κόμματος*) defeat · (*συνομιλιών*)
breakdown
απούλητος *επίθ* unsold
απούσα *βλ.* **απών**
απουσία η absence
απουσιάζω ρ αμ to be absent
αποφάγια τα scraps
απόφαση η (*γενικότ.*) decision ·
(*δικαστού*) ruling · (*ενόρκων*)
verdict · **παίρνω (την)** ~ **να κάνω
κτ** to decide to do sth
αποφασίζω ρ μ to decide ♦ ρ αμ
to make a decision · (*ένορκοι*) to
reach a verdict · (*δικαστήριο*) to
reach a decision ή judg(e)ment ·
το αποφάσισα I've made up my
mind
αποφασισμέν|ος *μτχ*
determined · **είμαι** ~ **να κάνω κτ**

αποφασιστικός to be determined *ή* resolved (*επία.*) to do sth · **είναι ~ για όλα** to stop at nothing

αποφασιστικός *επίθ* (*παράγοντας, ρόλος*) decisive · (*άνθρωπος*) determined

αποφασιστικότητα *η* determination

αποφέρ|ω *ρ μ* (*αορ* **απέφερ|α**) (*κέρδη*) to yield · (*έσοδα*) to bring in · (*αποτελέσματα*) to produce

αποφεύγω *ρ μ* (*αορ* **απέφυγ|α**, *αορ παθ* **αποφεύχθηκα**) to avoid

αποφοίτηση *η* graduation

απόφοιτ|ος *ο/η* (*σχολείου*) school-leaver (*Βρετ.*), graduate (*Αμερ.*) · (*πανεπιστημίου, σχολής*) graduate

αποφοιτώ *ρ αμ* (*μαθητής*) to leave school · (*φοιτητής, σπουδαστής*) to graduate

απόφραξη *η* (= *βούλωμα: σωλήνα, αρτηρίας*) blocking · (= *ξεβούλωμα: βόθρων*) unblocking

αποφυγή *η* avoidance

αποφυλακίζω *ρ μ* to release

αποφυλάκιση *η* release

αποχαιρετισμ|ός *ο* farewell

αποχέτευση *η* sanitation

αποχετευτικ|ός *επίθ* drainage

αποχή *η* abstention, abstinence

απόχη *η* net

απόχρωση *η* (*για χρώμα*) shade · (*μτφ.*) tinge

απόχτημα *το* = **απόκτημα**

αποχτώ *ρ μ* = **αποκτώ**

αποχώρηση *η* (*στρατευμάτων*) withdrawal · (*βουλευτού, πολιτικού*) resignation

αποχωρητήριο *το* toilet

αποχωρίζω *ρ μ* to separate
 ▸ **αποχωρίζομαι** *μεσ ο* to leave

αποχωρισμός *ο* parting

αποχωρ|ώ *ρ αμ* to leave · (*στράτευμα*) to withdraw · (*διαδηλωτές*) to disperse (*μτφ.*) to retire

απόψε *επίρρ* (= *σήμερα το βράδυ*) tonight · (= *το προηγούμενο βράδυ*) last night

απόψη *η* (= *γνώμη*) view · (= *θέα από απόσταση*) view

αποψινός *επίθ* tonight's

άπρακτ|ος *επίθ* inactive

απραξία *η* (= *αδράνεια, αργία*) inactivity · (ΕΜΠ) slump

απρέπεια *η* improper behaviour (*Βρετ.*) *η* behavior (*Αμερ.*)

απρεπ|ής *επίθ* improper

Απρίλης *ο* = **Απρίλιος**

Απρίλιος *ο* April

απρόβλεπτ|ος *επίθ* unexpected

απροειδοποίητα *επίρρ* without warning

απροειδοποίητ|ος *επίθ* unannounced

απροετοίμαστ|ος *επίθ* unprepared

απροθυμία *η* reluctance

απρόθυμ|ος *επίθ* reluctant

απρόοπτ|ο *το* the unexpected *η* unforeseen

απρόοπτ|ος *επίθ* unexpected

απροσδόκητα *επίρρ* unexpectedly

απροσδόκητ|ος *επίθ* (*επίσκεψη, εξέλιξη*) unexpected · (*θάνατος*) sudden

απρόσεκτ|ος *επίθ*, **απρόσεχτος** careless

απροσεξία *η* carelessness

απρόσιτ|ος *επίθ* (= *απλησίαστος*) unapproachable · (*τιμές*) prohibitive · (*μέρος*) inaccessible

απρόσμεν|ος *επίθ* unexpected

απροσποίητ|ος *επίθ* (*χαρά*) unaffected · (*ευγένεια*) genuine · (*ενδιαφέρον*) genuine

απροστάτευτ|ος *επίθ* (*χήρα*) helpless · (*σύνορα*) unprotected

απρόσωπ|ος *επίθ* (= *χωρίς πρόσωπο*) faceless · (*μτφ.*) impersonal · (*ρήματα, εκφράσεις*) impersonal

απoχώρητος επίθ **φτάνω στo ~o** to reach its limits

άπταιστος επίθ fluent

απτόητος επίθ undaunted

άπω επίρρ **η ~ Ανατολή** the Far East

απωθημένα τα inhibitions · **βγάζω τα ~ μoυ** to get rid of one's inhibitions

απωθητικός επίθ objectionable

απωθώ ρ μ (= σπρώχνω) to push away · (μτφ.) to repel · (= απoκρoύω) to push ή drive back

απώλεια η loss
▸ **απώλειες** πλ losses · **υφίσταμαι ~ες** to suffer losses

απών, -oύσα, -όν absent · **είμαι ~** to be absent

άρα επίρρ βλ. **άραγε**

Άραβας o Arab

Αραβία η Arabia

αραβικός επίθ (γλώσσα) Arabic · (έθιμα, πoλιτική) Arab

αραβόσιτoς o (επ.) maize

άραγε επίρρ I wonder

αραγμένoς επίθ (πλoίo) anchored · (= βoλεμένoς· πρoφ.: για πρόσ.) taking it easy

αράζω ρ μ (αυτoκίνητo, μηχανάκι) to park · (πλoίo) to moor ◆ ρ αμ (αργκ.: πλoίo) to anchor · (αργκ.: = ξεκoυράζoμαι, βoλεύoμαι) to relax

αραιά επίρρ far apart

αραιός επίθ (υγρό, διάλυμα) diluted · (μτφ.) infrequent · (βλάστηση) sparse · (νεφώσεις) broken

αραιώνω ρ μ to dilute · (επαφές) to cut down · (τσιγάρo) to cut down on ◆ ρ αμ (επισκέψεις) to become rarer ή less frequent · (διαβάτες) to thin out · (μαλλιά) to become thin ή sparse

αρακάς o (fresh) peas πληθ.

αραπoσίτι τo sweet corn

αράχνη η (έντoμo) spider · (= ιστός) cobweb

αραχνoΰφαντoς επίθ (ύφασμα) fine-spun · (πέπλoς, νυχτικό) flimsy · (μτφ.) flimsy

αργά επίρρ (κoιμάμαι, σηκώνoμαι) late · (πίνω, περπατώ) slowly · **~ ή γρήγoρα** sooner or later · **~ ~** very late · **πoτέ δεν είναι ~** it's never too late · **κάλλιo ~ παρά πoτέ** better late than never

αργαλειός o loom

Αργεντινή η Argentina

αργία η holiday · (εθνικής επετείoυ) public holiday · (της Κυριακής) day off

αργκό η slang

αργoκίνητoς επίθ (τρένo, όχημα) slow-moving · (υπάλληλoς, άνθρωπoς) slow · **~o καράβι** slowcoach (Βρετ.) (ανεπ.), slowpoke (Αμερ.) (ανεπ.)

αργoπoρία η delay

αργoπoρώ ρ αμ to delay

αργός επίθ (βήμα) slow · (= νωθρός) slack · (πλoίo, καράβι) slow-moving · (= αργόσχoλoς) idle

αργoσβήνω ρ αμ (κερί) to slowly go out · (λάμπα, άστρo) to fade away · (μτφ.) to slowly die

αργότερα επίρρ later

αργυρά επίθ silver ◆**~oι γάμoι** silver wedding

αργώ ρ αμ to hold up ◆ ρ αμ (= έρχoμαι αργά) to be late · (= καθυστερώ) to be late · (μαγαζί, υπηρεσία) to be closed

Άρειoς Πάγoς o (AP IΣT) Areopagus, hill in ancient Athens where the highest judicial court held its sittings ≈ ανώτατo δικαστήριo (Βρετ.), ≈ Supreme Court of Judicature (Βρετ.), ≈ Supreme Court (Αμερ.)

αρένα η arena

αρέσκεια η (αι εν **αρέσκειε**, γεν εν **αρέσκειας**) (επία.) liking (για for) (για of) · **της αρεσκείας μου** to sb's liking

αρεστ|ός επίθ (κατάσταση) pleasant · (βιβλία, ιδέες) nice · (υπάλληλος, συνεργάτης) pleasant

αρέσ|ω ρ αμ (ποτ/αορ **άρεσα**)· **είτε μ' ~ει είτε όχι, μου ~ει δε μου ~ει** whether I/you/we like it or not · **αν σ' ~ει!** like it or lump it! (ανεπ.) · **όπως σου/σας ~ει!** please yourself! · **θα κάνω ό, τι μ' ~ει!** I'll do as I please!

▸ **αρέσει** τριτοπ to like

αρετή η virtue

αρθρίτιδ|α η (γεν εν **αρθρίτιδ|ος**) arthritis εν.

αρθριτικ|ά τα (προφ.) arthritis εν.

άρθρ|ο το article (=**κύριο ~** lead story (Βρετ.), leading article (Αμερ.)

αρίθμηση η counting · (σελίδων) numbering · (σελίδων, νόμων) numbering

αριθμητικ|ή η arithmetic

αριθμομηχανή η calculator

αριθμ|ός ο (γενικότ.) number · (εφημερίδας) edition · (τεύχους) number · (περιοδικού) issue · **αύξων ~** serial number ▷ ~ **κυκλοφορίας** registration (Βρετ.) ή license (Αμερ.) number

αριθμ|ώ ρ μ (θέση, εισιτήρια) to number · (= μετρώ) to count · (= απαριθμώ: αίτια, κίνητρα) to enumerate

άριστα το Α · **επίρρ** very well

αριστερά επίρρ left

αριστερ|ός επίθ (τροχός, καναπές) left-hand · (χέρι, μάτι) left · **ουσ** (πολ) left-winger · (= αριστερόχειρας) left-hander · **από (τα) ~ά** from the left

αριστεροχειρ|ας ο/η (γεν πληθ **αριστερόχειρ|ας**), **αριστερόχειρ** left-hander

αριστοκράτ|ης ο aristocrat

αριστοκρατί|α η aristocracy

αριστοκρατικ|ός επίθ (γενιά, καταγωγή) noble · (γείτονας, συνοικία) upper-class · (τάξη) upper · (μτφ.: άντρας, συμπεριφορά) gentlemanly · (γυναίκα, συμπεριφορά) gracious · (παρουσιαστικό, εμφάνιση) distinguished

άριστ|ος επίθ excellent · (γνώση) thorough · (υπάλληλος, ερευνητής) first-rate

αριστούργη|μα το masterpiece

αρκετά επίρρ enough · **~ πια!** enough is enough! · **~ καλά** reasonably ή quite well

αρκετ|ός επίθ enough · (ποσότητα) adequate · (άνθρωποι) several

αρκούδ|α η bear

αρκουδάκ|ι το bear cub, teddy (bear)

αρκ|ώ ρ αμ to be enough · **~εί!** that's enough!

άρ|μα το (= τανκ) tank · (ΜΥΘΟΛ) chariot

άρμεγ|μα το milking

Αρμενί|α η Armenia

αρμενίζ|ω ρ αμ (= ταξιδεύω με πλοίο) to sail · (μτφ.: = περιπλανιέμαι) to wander (around ή about (Βρετ.))

αρμόδιος, -α, -ο (θηλ **αρμοδί|α**) in charge

▸ **αρμόδιοι** οι competent, competent ◆ **ουσ** πλθ the authorities

αρμοδιότητα η (= δικαιοδοσία: φορέα, δικαστηρίου) jurisdiction · (= ευθύνη, δικαίωμα) responsibility

αρμονί|α η harmony

αρμονικ|ός επίθ (σχήμα) symmetrical · (συνδυασμός, σύνολο) harmonious · (συνεργασία, συμβίωση) harmonious

αρμύρα *η* = **αλμύρα**

αρμυρός *επίθ* = **αλμυρός**

άρνηση *η* denial

αρνητικ|ός *επίθ* negative

αρουραί|ος *ο* rat

άρπ|α *η* harp

αρπαγή *η* (= *κλοπή*) theft ·
(= *απαγωγή· για πρόσ.*) abduction

αρπάζ|ω *μ* (= *αφαιρώ με τη βία*)
to snatch (away) · (= *κλέβω*) to
steal · (= *πιάνω κπν ή κτ ξαφνικά*)
to grab · (= *προσβάλλομαι: συνάχι,
αρρώστια*) to catch ♦ *αμ* to
catch
▸ **αρπάζομαι** *μεσ* (= *συμπλέκομαι*) to
come to blows · (= *οργίζομαι*) to
lose one's temper

απακτικό *το* bird of prey

αρπακτικ|ός *επίθ* predatory

αρραβών|ας *ο* engagement

αρραβωνιάζ|ω *μ* to perform an
engagement ceremony for
▸ **αρραβωνιάζομαι** *μεσ* to get
engaged

αρραβωνιαστικι|ά *η* fiancée

αρραβωνιαστικ|ός *ο* fiancé

αρρενωπός *επίθ* manly

αρρωσταίν|ω *αμ* (*αορ*
αρρώστησ|α) to become *ή* fall ill ·
(= *μαραίνομαι*) to wilt ·
(= *στενοχωριέμαι*) to get upset ♦ *ρ*
μ to upset

αρρωστημέν|ος (*φαντασία*)
morbid · (*κατάσταση*) unhealthy ·
(= *υπερβολικός: αγάπη*) obsessive

αρρώστι|α, αρρώστεια *η* illness

άρρωστ|ος *επίθ* sick
▸ **άρρωστος** *ο*, **άρρωστη** *η* sick *ή* ill
person

αρσενικ|ός *επίθ* male

άρση *η* (= *κατάργηση: ασυλίας,
μονιμότητας*) lifting ▷ **~ βαρών**
(ΑΘΛ) weightlifting

αρτηρί|α *η* artery ▷ **οδική
~** arterial *ή* major road

άρτι|ος, -α, -ο (= *πλήρης*)

complete · (= *τέλειος: έργο,
παρουσίαση*) perfect

αρτοποιεί|ο *το* bakery

αρτοποιός *ο/η* baker

αρτοπωλεί|ο *το* bakery

αρχαί|α *τα* (= *μνημεία
προχριστιανικών χρόνων*)
antiquities · (ΕΚΠΑ) ancient Greek
lesson *ή* class

αρχαιοκαπηλί|α *η* illegal trade in
antiques

αρχαιοκάπηλ|ος *ο/η* illegal trader
in antiques

αρχαιολογί|α *η* arch(a)eology

αρχαιολογικ|ός *επίθ*
arch(a)eological ▷ **-ό μουσείο**
arch(a)eological museum
▷ **~ χώρος** arch(a)eological site

αρχαιολόγ|ος *ο/η* arch(a)eologist

αρχαί|ος (*χρόνοι, Έλληνες*)
ancient · (*άγαλμα*) antique
▸ **αρχαίοι** *οι* the ancients

αρχαιότητα *η* ancient times *πληθ*

αρχαιότητες *πλ* antiquities

αρχάρι|ος, -α, -ο inexperienced

αρχεί|ο *το* archive

αρχή *η* = (= *έναρξη: έργου, βιβλίου*)
beginning · (= *αιτία*) root ·
(= *επιστημονικός νόμος*) principle ·
(*έτος, μήνα*) beginning ·
(= *εξουσία*) authority · **άνθρωπος
με -ές** man of principle · **στην
~** in the beginning · **κάνω την
~** to set off

αρχηγ|ός *ο/η* (*κόμματος, κράτος*)
leader · (*αποστολής*) leader ·
(*ομάδας*) captain

αρχιεπίσκοπος *ο* archbishop

αρχίζ|ω *ρ μ* to start ♦ *ρ αμ* to start

αρχικά *επίρρ* initially, in the
beginning

αρχικ|ός *επίθ* initial · (*κατάσταση*)
original

αρχιπέλαγος *το* archipelago

αρχιτέκτον|ας *ο* architect

αρχιτεκτονικ|ή *η* architecture

αρχιφύλακ|ας *ο* (*σε φυλακή*) chief

warden · (στην αστυνομία) sergeant

αρχύτερα επίρρ **μια ώρα ~** as soon as possible

άρωμα το (λουλουδιού, μπαχαρικού) scent · (καλλυντικό) perfume · (κρασιού) bouquet · (τυριού, καφέ) aroma **· φοράω ~** to wear perfume

αρωματίζω ρ μ (ρούχα) to put η/ spray perfume on · (δωμάτιο) to spray perfume in · (στόμα, αναπνοή) to sweeten · (φαγητό, γλυκό) to flavour (Βρετ.), to flavor (Αμερ.) · (τρόφιμα) to add flavouring (Βρετ.) η flavoring (Αμερ.) to
▸ **αρωματίζομαι** μεσ (= φορώ άρωμα) to wear perfume · (= βάζω άρωμα) to put perfume on

αρωματικός επίθ (καφές, βότανα) aromatic · (σαπούνι) scented

αρωματοπωλείο το perfume shop η store (κυρ. Αμερ.)

ας μόρ (για προτροπή) let's · +παρατ. η υπερσ. should have · (συγκατάβαση) let · **~ φύγουμε τώρα!** so go now! · **~ πήγαινες νωρίτερα!** you should have gone earlier! · **~ έλθει κι αυτή!** let her come too!

ασαφής επίθ unclear

ασβέστιο το calcium

ασβός ο badger

ασέβεια η disrespect

ασέλγεια η lust

άσεμνος επίθ obscene

ασήκωτος επίθ (= πολύ βαρύς) heavy · (βάρος) dead · (φορτίο) overweight · (μτφ.: θλίψη, καημός) unbearable · (βάρος) heavy

ασήμαντος επίθ (λεπτομέρεια, υπόθεση) insignificant · (ποσό) trifling · (ζημιά) negligible · (άνθρωπος, υπάλληλος) unimportant

ασημένιος, -α, -ο silver · (σύννεφα, θάλασσα) silvery

ασημής, -ιά, -ί silvery
▸ **ασημί** το silver

ασήμι το silver

άσημος επίθ obscure

ασθένεια η illness

ασθενής (επίπ.: ήχος, αντίσταση) feeble · (βούληση) weak · (άνεμος) faint · (μνήμη, όραση) impaired · (χαρακτήρας) weak **◆** ουσ patient

ασθενοφόρο το ambulance

ασθενώ ρ αμ (επία.) to be ill η sick (Αμερ.)

άσθμα το asthma

Ασία η Asia

Ασιάτης ο Asian

ασιατικός επίθ Asian

Ασιάτισσα η βλ. **Ασιάτης**

ασιτία η (επία.) starvation

ασκέπαστος επίθ uncovered

άσκηση η (= εκγύμναση σώματος) (physical) exercise · (= εξάσκηση: μνήμης, απαγγελίας) practice (Βρετ.), practise (Αμερ.) · (= επιβολή: βίας, πίεσης) use

άσκοπος επίθ (= χωρίς σκοπό: περιπλάνηση) aimless · (δαπάνη) pointless · (= μάταιος: κινήσεις, ενέργειες) pointless

ασκώ ρ μ (σώμα, μνήμη) to exercise · (αθλητές) to train · (μαθητές, στρατιώτες) to drill · (επάγγελμα, χόμπι) to practise (Βρετ.), to practice (Αμερ.) · (δραστηριότητα) to engage in · (έλεγχο) to carry out · (επίδραση, επιρροή) to exert · (γοητεία) to use · (βία) to use · (μέθοδο, σύστημα) to implement · **~ κριτική** to criticize
▸ **ασκούμαι** μεσ (= γυμνάζομαι) to exercise · (= εξασκούμαι) to practise (Βρετ.), to practice (Αμερ.)

ασορτί matching · **είμαι** ή **πηγαίνω ~ με κτ** to go with sth

άσ|**ος** ο (αθύμας) one · (στα χαρτιά) ace · (στα ζάρια) one · (μτφ.: ποδοσφαίρου) ace

ασπίδα η shield

άσπιλ|**ος** επίθ · (δίχως κηλίδα) spotless · (μτφ.: = αγνός) pure · (μτφ.: = καθαρός: υπόληψη, όνομα) spotless · (παρελθόν) blameless

ασπιρίνη η aspirin

ασπλαχν|**ος** επίθ · (= ανελέητος) cruel · (μητριά) wicked (ανεπ.)

ασπράδι το (= λευκό στίγμα) white mark · (αβγού) (egg) white · (ματιού) white

ασπρίζ|**ω** ρ μ (επιδερμίδα) to whiten · (τοίχο, αυλή) to whitewash ◆ ρ αμ (μαλλιά, μουστάκι) to go ή turn white · (= ασπρίζουν τα μαλλιά μου: για πρόσ.) to go grey (Βρετ.) ή gray (Αμερ.) · (= χάνω το φυσικό μου χρώμα: πρόσωπο) to go ή turn white · (= φαίνομαι άσπρος) to be white

άσπρ|**ο** το white

ασπροπρόσωπ|**ος** επίθ **βγαίνω ~** to come out on top · **βγάζω κπν ~ο** to do sb credit

άσπρ|**ος** επίθ white

άσος ο = **άσος**

ασταθεια η (βαδίσματος, βήματος) unsteadiness, fickleness · (θερμοκρασίας) variability · (οικονομίας, αγοράς) volatility

ασταθής επίθ (βήμα) unsteady · (υλικό) unstable · (τραπέζι) shaky · (μτφ.: χαρακτήρας) fickle · (βάση) shaky · (χώρα) unstable

αστακ|**ός** ο lobster

ασταμάτητα επίρρ continuously

ασταμάτητ|**ος** επίθ constant

άστατ|**ος** επίθ (βήμα) unsteady · (χαρακτήρας) fickle · (καιρός) changeable · (ύπνος) troubled · (άντρας) unfaithful

άστεγ|**ος** επίθ homeless ◆ ους homeless person

αστειεύ|**ομαι** ρ αμ απ to joke · **δεν ~ to** mean business · **~ to** be joking ή kidding (ανεπ.) · **~εσαι;** you must be joking!

αστεί|**ο** το joke · **λέω ~α** to tell jokes · **(λέω/κάνω κτ) για ~** ή **στα ~α** (to say/do sth) as a joke ή for fun · **το ~ είναι ότι** the funny thing is that · **(δε) σηκώνω ~α, δεν καταλαβαίνω από ~α** he can't take a joke · **δεν είναι ~α αυτά!** it's no joke!

αστεί|**ος** επίθ (= διασκεδαστικός) amusing · (= γελοίος: κατέλα, γυαλιά) funny · (= ασήμαντος: κέρδος, δικαιολογία) paltry · (λόγω) trivial

αστέρι|**α** ο star · **ξενοδοχείο/κονιάκ τεσσάρων ~ων** four-star hotel/brandy

αστέρι το star

αστερισμός ο (ΑΣΤΡΟΝ) constellation · (ζώδιο: του Κριού, του Σκορπιού) (star) sign

αστεροσκοπείο το observatory

αστήρικτ|**ος** επίθ, **αστήρικτος** (συμπέρασμα) unjustified · (θεωρία, ισχυρισμός) unfounded · (κατηγορίες) groundless · (επιχείρημα) untenable · (τοίχος) unsupported

αστικ|**ό** το (city) bus

αστικ|**ός, -η, -ο** urban · (ιδεολογία) bourgeois · (συνείδηση) civic ▷ **-ή συγκοινωνία** public transport

αστοχία η (βολής, σκοπευτού) miss · (μτφ.) error

άστοχ|**ος** επίθ (βολή, σουτ) unsuccessful · (μτφ.: ερωτήσεις) that miss the point · (εκτίμηση, κρίσεις) misplaced · (παρατήρησεις) off the mark

αστοχ|**ώ** ρ αμ (σκοπευτής) to miss (one's target) · (σφαίρα, βόμβα) to miss (its target) · (ποδοσφαιριστής, *παίκτης*) to miss

αστράγαλος *ο* (*για πρόσ.*) ankle · (*για ζώα*) hock

αστραπή *η* (*φυσικό φαινόμενο*) flash of lightning · (*μτφ.*) flash ◆ *επίρ* like greased lightning

▸ **αστραπή** *επίρ* in a flash

αστραπιαί|ος, -α, -ο (*ταχύτητα, επέμβαση*) lightning · (*κίνηση*) swift

αστράφτω *ρ αμ* (*ουρανός*) to be lit up · (*πολύτιμα πετράδια*) to gleam · (*μτφ.*) to sparkle · (*χαρακτήρας, ήθος*) to shine through · ~ **από χαρά** *η* glowing with joy

▸ **αστράφτει** *απροσ* it's lightning

άστρ|ο *το* star

αστρολογία *η* astrology

αστροναύτης *ο* astronaut

αστυνομί|α *η* (= *αστυνομικοί*) police *πληθ.* · (= *αστυνομικό σώμα*) police force · (= *αστυνομικό τμήμα*) police station · **καλώ την** ~ to call the police

αστυνομικίν|α *η* police officer

αστυνομικ|ός[1] *ο/η* (*άνδρας*) policeman, police*woman*

αστυνομικ|ός[2] *επίθ* (*διεύθυνση, δυνάμεις*) police · (*έργο, ταινία*) detective

αστυνόμ|ος *ο/η* police captain

αστυφύλακ|ας *ο/η* (*police*) constable (*Βρετ.*), patrolman (*Αμερ.*)

ασυγκίνητ|ος *επίθ* unmoved

ασυγκράτητ|ος *επίθ* uncontrollable · (*γέλιο*) helpless · (*ενθουσιασμός*) irrepressible

ασύγκριτ|ος *επίθ* (*ομορφιά, χάρες*) unequalled (*Βρετ.*), unequaled (*Αμερ.*) · (*ποιότητα*) outstanding · (*επίτευγμα*) unparalleled

ασυλί|α *η* immunity

ασύλληπτ|ος *επίθ* (*δραπέτης, φονιάς*) not caught · (*μτφ.: πραγματικότητα, γεγονός*)

inconceivable · (*φόβος, αγωνία*) unimaginable · (*τιμές*) preposterous · (*μεγέθη*) incredible

άσυλ|ο *το* (= *φιλανθρωπικό ίδρυμα περίθαλψης*) home · (*μτφ.: = καταφύγιο*) sanctuary · **ζητώ** ~ (*γενικότ.*) to seek sanctuary

▸ **πολιτικό** ~ political asylum

ασυμβίβαστ|ος *επίθ* (= *αταίριαστος*) incompatible · (= *αυτός που δε συμβιβάζεται*) uncompromising

ασύμφορ|ος *επίθ* (*αγορά*) uneconomical · (*επένδυση*) unprofitable · (*επιχείρηση*) unprofitable

ασυναγώνιστ|ος *επίθ* (*τιμές*) unbeatable · (*ομορφιά, αισθητική*) unrivalled (*Βρετ.*), unrivaled (*Αμερ.*)

ασυναρτησί|α *η* incoherence · (= *ακατανόητες φράσεις*) raving · **λέω ~ες** to talk nonsense

ασυνάρτητ|ος *επίθ* incoherent

ασυνείδητ|ο *το* unconscious

ασυνείδητ|ος *επίθ* (*κίνητρο, επιθυμία*) unconscious · (*άνθρωπος*) unprincipled

ασυνεπ|ής *επίθ* inconsistent

ασυνήθης, -η, ασυνήθες (*ουδ* **ασύνηθ|ες**) (*επίσ.*) unusual

ασυνήθιστ|ος *επίθ* (= *ασυνήθης*) unusual · (*πολυτέλεια, ομορφιά*) uncommon · (= *ανεξοικείωτος*) unaccustomed · **είμαι ~ σε κτ** to be unaccustomed *η* unused to sth

ασύρματ|ο *το* cordless phone

ασύρματ|ος *επίθ* (*επικοινωνία, συσκευή*) wireless · (*τηλέφωνο*) cordless

▸ **ασύρματος** *ο* radio

ασφάλεια *η* (*γενικότ.*) safety · (*ζωής, πυρός*) insurance · (= *η ασφαλιστική εταιρεία*) insurance company · (*σε πόρτα σπιτιού, αυτοκινήτου*) safety catch · (*ΗΛΕΚ*) fuse (*Βρετ.*), fuze (*Αμερ.*) · **παρέχω** ~ to offer security · **μέτρα ασφαλείας** safety measures *πληθ.*

▸ Ασφάλεια ≈ CID

ασφαλής *επίθ* safe (*θεμέλια*) solid · (*πληροφορία, ένδειξη*) reliable

ασφαλίζ|ω ρ μ (= *προφυλάσσω από ενδεχόμενο κίνδυνο*) to secure · (*αυτοκίνητο*) to insure

ασφάλιση η insurance

ασφαλιστήρι|ος, -α, -ο insurance policy

▸ **ασφαλιστήριο** *το* insurance policy

ασφαλιστικ|ός *επίθ* (*εταιρεία, οργανισμός*) insurance · (*μέτρα*) safety

άσφαλτος *η* (*γενικότ.*) asphalt · (= *δρόμος*) asphalt road

ασφαλώς *επίρ* certainly

ασφράγιστ|ος *επίθ* (*επιστολή, γράμμα*) without a postmark · (*δόντι*) unfilled

ασφυκτικ|ός *επίθ* suffocating

ασφυξία η suffocation

άσχετα *επίρ* regardless (*από* of)

άσχετ|ος *επίθ* (*ερώτηση, θέμα*) irrelevant · (*για παιδί*) incompetent · **είσαι** (*μειωτ.*) you're useless! (*ανεπ.*) · **είναι ~ο** it's irrelevant

άσχημα *επίρ* badly · **νιώθω** ~ to feel bad

ασχημαίνω ρ μ (*αορ* ασχήμυνα) · ~ **κτ** to make sth look ugly ◆ *ρ αμ* to grow ugly

άσχημ|ος *επίθ* (*για πρόσ.*) ugly · (*ντύσιμο, χτένισμα*) not nice · (*συμπεριφορά*) bad · (*λόγος*) nasty · (*καιρός*) bad · (*ανάμνηση, κατάσταση*) bad

ασχολία η occupation

ασχολούμαι ρ αμ απόθ · ~ **με** to be busy with · (= *επαγγέλλομαι*) to be in · (= *καταπιάνομαι*) to deal with

αταίριαστ|ος *επίθ* (*ζευγάρι*)

ill-suited · (*διαγωγή*) inappropriate

ατάκα η line

ατακτοποίητ|ος *επίθ* (*δωμάτιο, σπίτι*) untidy · (*βιβλία*) not put away

άτακτ|ος *επίθ* (*φυγή*) disorderly · (*παιδί*) badly behaved

αταξία η (= *έλλειψη τάξης*) disorder · (= *παρεκτροπή*) misbehaviour *χωρίς πληθ.* (*Βρετ.*), misbehaviour *χωρίς πληθ.* (*Αμερ.*)

ατάραχ|ος *επίθ* calm

αταχτοποίητ|ος = ατακτοποίητος

άταχτ|ος = άτακτος

ατελείωτ|ος *επίθ*, **ατέλειωτος** endless · (= *ημιτελής*) unfinished

ατέχν|ος *επίθ* (*μετάφραση*) sloppy · (*απομίμηση, διασκευή*) crude

ατημέλητ|ος *επίθ* scruffy

ατίθασ|ος *επίθ* (*άλογο*) untamed · (*για πρόσ.*) unruly · (*ύφος, συμπεριφορά*) rebellious · (*μαλλιά*) unruly

ατιμία η (= *ανήθικη πράξη*) outrage · (= *ντροπή*) shame

άτιμ|ος, -η, -ο (= *ανήθικος: προδοσία, διαγωγή*) dishonourable (*Βρετ.*), dishonorable (*Αμερ.*) · (= *αννπόληπτος*) disreputable

Ατλαντικ|ός ο ο (Ωκεανός) the Atlantic (Ocean)

ατμός ο steam

ατμόσφαιρα η atmosphere

ατμοσφαιρικ|ός *επίθ* (*φαινόμενο*) atmospheric · (*ρύπανση*) air

άτοκ|ος *επίθ* interest-free

ατομικ|ός *επίθ* (*δικαιώματα*) individual · (*θέμα, φεούχ*) personal · (*αθλήματα, παιχνίδια*) individual · (*ΦΥΣ, ΧΗΜ*) atomic

▷ **~ή ενέργεια** atomic energy

άτομο το (ΧΗΜ) atom · (= *ο άνθρωπος ως μονάδα*) individual · (= *άνθρωπος*) person

ατόφι|ος, -α, -ο (= *ακέραιος*)

complete · (χρυσάφι) solid

ατρόμητος επίθ fearless

ατσαλένι|ος, -α, -ο (= από ατσάλι) steel · (καρδιά) steely · (κορμί) sinewy · **ατσάλινα νεύρα** nerves of steel

ατσάλι το steel

ατσάλιν|ος επίθ = **ατσαλένιος**

άτσαλ|ος (= που κάνει ατσαλιές) sloppy · (κίνηση) clumsy · (γραπτό) untidy

αττικ|ός επίθ Attic

ατύχημα το accident

ατυχής επίθ unhappy

ατυχί|α η (= κακή τύχη) bad luck · (= ατυχές γεγονός) misfortune

άτυχ|ος επίθ (γάμος) unhappy · (έρωτας) ill-fated · (ενέργεια, απόπειρα) unsuccessful · (για πρόβλ.) unfortunate · **στέκομαι ~** to fail

ατυχ|ώ ρ αμ to fail

αυγή η dawn

αυγ|ό το = **αβγό**

αυγοκόβ|ω ρ μ = **αβγοκόβω**

αυγολέμον|ο το = **αβγολέμονο**

αυγουστιάτικ|ος επίθ August

Αύγουστος ο August

αυθαίρετα επίρρ (= χωρίς άδεια) without permission · (= παράνομα) unlawfully

αυθαίρετ|ος επίθ (συμπέρασμα, ερμηνεία) arbitrary · (κατασκευή, δόμηση) construction of a building in breach of planning regulations

αυθεντικ|ός επίθ genuine

αυθημερόν επίρρ on the same day

αυθόρμητα επίρρ spontaneously

αυθόρμητ|ος επίθ spontaneous

αυλαί|α η curtain (Θεατρ.), (Αμερ.)

αυλάκ|ι το ditch

αυλ|ή η (σπιτιού) courtyard · (σχολείου) playground · (= αυλικοί) court

αυλόπορτ|α η gate

αυξάν|ω ρ μ to increase ◆ ρ αμ to increase

▸ **αυξάνομαι** μεσ to increase

αύξηση η increase (σε ιη) · (μισθού) rise (Βρετ.), raise (Αμερ.)

αϋπνί|α η insomnia χωρίς πληθ. · **υποφέρω από ~ες** to suffer from insomnia

άυπν|ος επίθ sleepless · **είμαι ~** I haven't had any sleep

αύρα η breeze · **θαλάσσια ή θαλασσινή ~** sea breeze

αυριαν|ός επίθ tomorrow's

αύριο επίρρ tomorrow · (= στο μέλλον) in the future · **~ -μεθ-, σήμερα-~** (= όπον να 'ναι) any day now · (= μια απ' αυτές τις μέρες) one of these days

▸ **αύριο** το future

αυστηρ|ός (τιμωρία, ποινές) harsh · (δάσκαλος, νόμος) strict · (καθορισμός, κριτήρια) strict · (ήθη, αρχές) strict · (οδηγίες, δίαιτα) strict · (μέτρα) stringent · (= σοβαρός) stern

Αυστραλέζ|α η βλ. **Αυστραλός**

αυστραλέζικ|ος επίθ = **αυστραλιανός**

Αυστραλέζ|ος ο = **Αυστραλός**

Αυστραλ|ή η βλ. **Αυστραλός**

Αυστραλί|α η Australia

αυστραλιαν|ός επίθ Australian

Αυστραλ|ός ο Australian

Αυστρί|α η Austria

Αυστριακ|ή η βλ. **Αυστριακός**

Αυστριακ|ός ο Austrian

αυστριακ|ός επίθ Austrian

αυταπάτ|η η self-deception · **τρέφω ~ες** to delude oneself

αυτάρκης, -ης, αύταρκες (ονδ αύταρκες) self-sufficient

αυταρχικ|ός επίθ (καθεστώς, ηγέτης) authoritarian · (γονείς) domineering · (συμπεριφορά, ύφος) high-handed · (χαρακτήρας) domineering

αυτί το = αφτί

αυτοάμυνα η self-defence (Βρετ.), self-defense (Αμερ.)

αυτοβιογραφία η autobiography

αυτόγραφο το autograph

αυτοδημιούργητος επίθ self-made

αυτοκινητάκι το small car
▶ **αυτοκινητάκια** πλ dodgems (Βρετ.), bumper cars (Αμερ.)

αυτοκινητιστικός επίθ motor

αυτοκίνητο το car ▷αγωνιστικό ~ racing car ▷ ~ αντίκα vintage car

αυτοκινητόδρομος ο motorway (Βρετ.), interstate (highway ή freeway) (Αμερ.)

αυτοκόλλητο το sticker

αυτοκόλλητος επίθ (self-)adhesive

αυτοκράτειρα η empress

αυτοκράτορας ο emperor

αυτοκρατορία η empire

αυτοκρατορικός επίθ imperial

αυτοκτονία η suicide

αυτοκτονώ ρ αμ to commit suicide

αυτόματα επίρρ = αυτομάτως

αυτόματο το automatic (weapon)

αυτόματος επίθ automatic · (ανάφλεξη) spontaneous ▷ ~ τηλεφωνητής answering machine

αυτομάτως επίρρ automatically

αυτονόητος επίθ self-evident · είναι -ο ότι it's self-evident

αυτονομία η autonomy · η μπαταρία έχει ~ δύο ωρών the battery life is two hours

αυτόνομος επίθ (κράτος, οργανισμός) autonomous · (θέληση) independent · (διαμέρισμα) self-contained

αυτοπεποίθηση η confidence

αυτοπροσώπως επίρρ in person

αυτόπτης ο/η ~ μάρτυς ή μάρτυρας eyewitness

ΛΕΞΗ-ΚΛΕΙΔΙ

αυτός αντων **(α)** (προσωπική) he/she/it · (στον πληθυντικό) they · (στην αιτιατική) him/her/it · (στον πληθυντικό) them
(β) (δεικτική) this · (στον πληθυντικό) these · (= εκείνος) that · (στον πληθυντικό) those · **αυτά** that's it! · **αυτά κι άλλα** this and more · **αυτά κι αυτά** things like that! · **αυτά θα 'ταν τύχη!** what a stroke of luck! · **αυτοί που ...** those who ... · **αυτά που σου λέω!** I'm telling you! · **αυτός καθαυτόν/αυτή καθαυτή(ν)/αυτό καθαυτό** himself/herself/itself · **αυτός κι όχι άλλος** he and nobody else · **αυτός ο ίδιος** he himself/the same · **δος μου το αυτό, πώς το λένε;** (προφ.) give me that thingummy (ανεπ.) · **κι αυτός ο ...!** that damned ...! · **μας μίλησε κι ο αυτός, πώς τον λένε;** (προφ.) what's his name talked to us (ανεπ.) · **μ' αυτά και μ' αυτά** with all that · **ποιος τον σκότωσε, αυτό να μου πεις** just tell me this: who killed him? · **το αυτό(ν)** the same

---

αυτοσεβασμός ο self-respect

αυτοσυγκεντρώνομαι ρ αμ to concentrate

αυτοσυγκέντρωση η concentration

αυτοσχεδιάζω ρ αμ to improvise

αυτοσχεδιασμός ο improvisation

αυτοσχέδιος, -α, -ο (βόμβα) home-made · (κατασκευή) improvised · (παράσταση, στίχος) impromptu

αυτοτελής επίθ (= ανεξάρτητος: μελέτη, υπηρεσία) independent ·

αυτοτραυματίζομαι
(= πλήρης: έργο) complete ·
(διαμέρισμα) self–contained ·
αυτοτραυματίζομαι ϱ αμ to
injure oneself

αυτουργ|ός, -ός, -ό perpetrator
▶ηθικός ~ accessory

αυτούσιος, -α, -ο (κείμενο,
έγγραφο) full · (λέξεις) unaltered

αυτόφωρο το police court ·
πιάνω κπν επ' αυτοφώρω to
catch sb red-handed

αυτόχειρας ο/η suicide

αυτόχθ|ων -ον (πληθυσμός,
κάτοικος) indigenous · (ομιλητής)
native

αυτοψία η personal inspection

αυχένας ο nape

αφαίρεση η (ζωής) taking ·
(οργάνου, όγκου) removal ·
(καλλύμματος, καλουπιού) taking
off · (φύλλου) tearing out ·
(δοντιών) extraction · (ναρκών)
clearing · (καθηκόντων, προνομίων)
suspension · (ΜΑΘ) subtraction

αφαιρώ ϱ μ (κάλυμμα, σκέπασμα)
to take off · (πόρτα) to take off its
hinges · (έδαφος, κτήσεις) to take ·
(όργανο, νεφρό) to take out ·
(δόντι) to take out · (λέξη, γραμμή)
to take out · (άδεια κυκλοφορίας)
to suspend · (πινακίδες) to take
away · (ΜΑΘ) to subtract · (μτφ.:
ελπίδα, τίτλο) to take away · **~ τη**
ζωή κποιου to take sb's life
▶ **αφαιρούμαι** μεσ to be distracted

αφαλός ο (ανεπ.) belly button
(ανεπ.)

αφάνεια η obscurity

αφανής επίθ (συμφέροντα,
δυνάμεις) invisible · (πολιτικός,
ποιητής) obscure · ~ **ήρωας**
unsung hero

αφανίζω ϱ μ (στρατό, χώρα) to
destroy · (λαό) to exterminate ·
(δάση) to destroy · (= εκμηδενίζω:
άνθρωπο) to ruin · (περιουσία) to
squander · (πολιτισμό, κράτος) to

destroy

άφαντ|ος επίθ (= που έχει
εξαφανιστεί) vanished · (ΝΟΜ)
missing, presumed dead · **γίνομαι**
~ to vanish

Αφγανιστάν το Afghanistan

αφέλεια η (= απλοϊκότητα)
innocence · (= ευπιστία)
gullibility · (= ανοησία) naivety
▶ **αφέλειες** πλ fringe εν. (Βρετ.),
bangs (Αμερ.)

αφελής (= εύπιστος) gullible ·
(= ανόητος) ingenuous · (= απλός)
innocent

αφεντικό η βλ. **αφεντικό**

αφεντικό το (= εργοδότης)
employer · (σπιτιού, σκύλου)
master · (μαγαζιού) owner

αφετηρία η (λεωφορείου)
terminal · (ΑΘΛ) starting line · (για
χρόνο, τόπο) starting point ·
(κρίσης, ταραχής) trigger

αφή η touch

αφήγηση η narration

αφηγητής ο narrator

αφηγήτρια η βλ. **αφηγητής**

αφηγούμαι ϱ μ και to relate

αφήνω ϱ μ = πάνω να κρατώ:
χειρολαβή, χέρι) to let go of ·
(πιάτο, δίσκο) to drop · (= βάζω,
τοποθετώ: βιβλίο) to leave ·
(κραυγή, αναστεναγμό) to let out ·
(= κληροδοτώ: περιουσία) to leave ·
(= εγκαταλείπω: άνθρωπο, δουλειά)
to leave · (σπουδές, θέμα) to drop ·
(= επιτρέπω) to let · (= πάνω να
σφίγγω) to let go of ·
(= ελευθερώνω: κρατούμενο,
αιχμάλωτο) to let go · (= δίνω,
παραχωρώ: περιθώρια, πιλοτές) to
give · (= κατεβάζω από όχημα) to
drop off · **ας τ' αφήσουμε** let's
leave it · ~ **ίχνη** to leave prints ·
~ **κπν ήσυχο ή στην ησυχία του**
to leave sb alone · ~ **κπν να κάνει**
κτ to let sb do sth · ~ **την πόρτα**
ανοιχτή/το παράθυρο ανοιχτό to

leave the door/the window open · ~ **κτ να πέσει** to drop sth
▸ **αφήνομαι** *μεσ* **~ομαι σε** to put oneself in · (*αγκαλιά*) to sink into · (= *χαλαρώνω*) to relax · **ασ' τα/ασ' τα να πάνε!** drop it/ let it be! · **άσ' τα αυτά** come off it · **άσε/ αφήστε τα αστεία!** stop joking!

αφηρημέν|ος *επίθ* (*άνθρωπος, ύφος*) absent–minded · (*σύνθεση, ζωγραφική*) abstract · (*έννοια, νόημα*) abstract

άφθαρτ|ος *επίθ* (*αιωνιότητα, ομορφιά*) everlasting · (*δόξα*) undying · (*ύλη*) indestructible · (*ρούχο, παπούτσια*) not worn

άφθαστ|ος *επίθ* = **άφταστος**

αφθονί|α *η* abundance · **σε** ~ in abundance · **υπάρχει** ~ **φαγητών και ποτών** there's plenty of food and drink

άφθον|ος *επίθ* (*αγαθά, δώρα*) abundant · (*δακρυά*) copious · (*αγάπη, φροντίδα*) ample

αφιέρω|μα *το* (*σε θεό, σε άγιο*) offering · (*για βιβλίο, εφημερίδα*) special edition · (*για εκπομπές*) special feature · (*για καλλιτεχνική εκδήλωση*) festival

αφιερώ|νω *ρ μ* (*εικόνα*) to offer · (*ναό*) to consecrate · (*χρόνο, χώρο*) to devote · (*τεύχος, βιβλίο*) to dedicate · (*ζωή*) to devote
▸ **αφιερώνομαι** *μεσ* **~ομαι σε κτ** to devote oneself to sth
αφιερωμένος σε dedicated to sth

αφιέρωσ|η *η* (*σε βιβλίο*) dedication · (*για τραγούδι*) request · (= *προσφορά: σε ναό, σε εικόνα*) offering

αφιλοκερδής *επίθ* disinterested

αφιλόξεν|ος *επίθ* (*άνθρωπος, χώρα*) inhospitable · (*γη, ακτή*) hostile

αφιλότιμος *επίθ* shameless

αφιξ|η *η* arrival
▸ **αφίξεις** *πλ* (*πίνακας*) arrivals

board *εν.* · (*χώρος*) arrivals hall *εν.*

αφίσ|α *η* poster

άφλεκτος *επίθ* incombustible

αφοπλίζ|ω *ρ μ* to disarm

αφοπλισμός *ο* disarmament

αφόρητος *επίθ* unbearable

αφορμή *η* (= *αιτία*) reason · (= *πρόφαση*) pretext · **δίνω** ~ **για κτ** to give rise to sth

αφορολόγητ|α *ταθη* duty free

αφορολόγητ|ος *επίθ* (*ποσό, εισόδημα*) tax–free · (*προϊόντα*) duty–free

αφορ|ώ *ρ μ* **~εί/~ούν** *τριτοπρόσ* to concern ♦ *ρ αμ* **σε ό, τι** ~ά regarding · **όσον** ~ά **σε κπν/κτ** regarding sb/sth

αφοσιωμέν|ος *επίθ* (*φίλος, σύζυγος*) devoted · (*οπαδός*) staunch · **είμαι** ~ **σε κτ** to be committed to sth

αφοσιώνομαι *ρ μ απ* **~ σε κπν/κτ** to devote oneself to sb/sth

αφοσίωσ|η *η* (*σε ιδέα, πίστη*) dedication · (= *αγάπη*) devotion

αφού *σύνδ* after

άφραγκος *επίθ* (*ανεπ.*) broke (*ανεπ.*)

αφράτ|ος *επίθ* (*πρόσωπο, δέρμα*) soft and white, plump · (*ψωμί, γλυκό*) fluffy · (*καρπός*) soft

Αφρικάν|α *η* (*προφ.*) *βλ.* **Αφρικανός**

Αφρικαν|ή *η* *βλ.* **Αφρικανός**

αφρικανικ|ός *επίθ* African

Αφρικάνικ|ος *επίθ* = **αφρικανικός**

Αφρικαν|ός *ο* African

Αφρικάν|ος *ο* (*προφ.*) = **Αφρικανός**

Αφρικ|ή *η* Africa

αφρόγαλα *το* cream

αφροδισιακ|ός *επίθ* (*νόσος*) venereal · (*τροφές, ποτό*) aphrodisiac

αφροδίσι|ος, -α, -ο sexual ▷ **~ο νόσημα** venereal disease

▸ **αφροδίσια** *τα* venereal diseases

αφρόκρεμα *η* cream

αφρόντιστ|ος *επίθ* (εμφάνιση) unkempt · (ντύσιμο) sloppy · (ζώα, σπίτι) neglected

αφρός *ο* (θάλασσας, νερού) foam · (μπίρας) head · (για σαπούνι) lather · (= η επιφάνεια της θάλασσας) surface of the sea · (= το καλύτερο πράγμα) pick of the bunch ▷ **∼ ξυρίσματος** shaving foam

άφταστ|ος *επίθ* (κορυφή, στόχος) unattainable · (μτφ.: για πρόσ.) second to none · (χάρη, ομορφιά) unequalled (Βρετ.), unequaled (Αμερ.) · (ποιότητα) outstanding · **είμαι ∼ στο κολύμπι** to be an exceptionally good swimmer

αφτ|ί *το* ear. **ανοίγω τ' ∼ιά μου** to listen carefully · **από ∼ σε ∼** by word of mouth · **δεν πιστεύω στ' ∼ιά μου** I can't believe my ears · **είμαι όλος ∼ιά** to be all ears · **λέω κτ στ' ∼ κπιου** to whisper sth in sb's ear · **οι τοίχοι έχουν ∼ιά** walls have ears · **στήνω ή βάζω ∼** to eavesdrop

αφυδάτωση *η* dehydration

αφυπνίζω *ρ μ* (= ξυπνώ) to wake up · (μτφ.: ενδιαφέρον) to arouse ▸ **αφυπνίζομαι** *μεσ* to wake up

αφύπνιση *η* awakening

αφύσικ|ος *επίθ* (μέγεθος, συμπεριφορά) unnatural · (στίχος, ερμηνεία) stilted · (κινήσεις) wooden

άφων|ος *επίθ* (= άλαλος) mute · (από έκπληξη) speechless · **αφήνω κπν ∼ο** to leave sb speechless · **μένω ∼ο** to be left speechless

αχαλίνωτ|ος *επίθ* (άλογο) unbridled · (μτφ.: πάθη, ερωτισμός) unbridled · (γλώσσα) loose · (= χωρίς ηθικούς περιορισμούς) wild

αχανής *επίθ* vast

αχάριστ|ος *επίθ* ungrateful

άχαρ|ος *επίθ* (κοπέλα) plain · (ηλικία) awkward · (ρούχο) drab · (ζωή) joyless · (δουλειά) tedious

αχθοφόρ|ος *ο* porter

αχινός *ο* sea urchin

αχλάδ|α *η* big pear

αχλάδ|ι *το* pear

αχνιστ|ός *επίθ* (σούπα, ρόφημα) steaming ή piping hot · (χορταριά, κρέας) steamed

αχόρταγ|ος *επίθ* greedy

αχρησιμοποίητος *επίθ* unused

αχρηστεύω *ρ μ* (= καταστρέφω) to make useless · (τοίχο) to take down · (μτφ.: νιάτα) to waste · (= θέτω σε αχρησία) to make obsolete ▸ **αχρηστεύομαι** *μεσ* to become useless

άχρηστ|ος *επίθ* useless

άχρωμ|ος *επίθ* (= χωρίς χρώμα) colourless (Βρετ.), colorless (Αμερ.) · (μτφ.: φωνή) flat · (λόγια, συμπεριφορά) lifeless · (ζωή) dull

αχτένιστ|ος *επίθ* (για πρόσ.) with one's hair uncombed · (μαλλιά, τρίχωμα) uncombed

αχτίδ|α *η* ray

αχτίν|α = ακτίνα

αχτύπητ|ος *επίθ* (αυτοκίνητο) undamaged · (κρέμα) unbeaten · (καφές) not stirred · (μτφ.: ομάδα, παίκτης) ace (ανεπ.)

αχυρένι|ος, -α, -ο (καπέλο, στρώμα) straw · (μαλλιά) flaxen

άχυρο *το* straw

αχώριστ|ος *επίθ* inseparable

αψητ|ος *επίθ* (κρέας) underdone · (ψωμί) underbaked · (πηλός, αγγείο) not baked · (κρασί, μπίρα) immature

αψηφώ *ρ μ* (νόμους, κινδύνους) to flout · (θάνατο) to risk · (συμβουλή) to brush aside

αψίδ|α *η* arch

άψογ|ος *επίθ* (εμφάνιση,

παρουσιαστικό), impeccable ·
(*μαθητής, φοιτητής*) perfect ·
(*ελληνικά*) impeccable · (*πρόσωπο*)
perfect · (*συμπεριφορά, τρόποι*)
irreproachable

άψυχ|ος επίθ (*κόσμος, ον*)
inanimate · (*σώμα, πτώμα*)
lifeless · (*μτφ.: παίξιμο ηθοποιού*)
lifeless · (*σουτ, κίνηση*) feeble ·
(*παρέλαση*) dull

B β

B, β beta, *second letter of the Greek
alphabet*

βαγόν|ι *το* (*επιβατών*) carriage
(*Βρετ.*), car (*Αμερ.*) ·
(*εμπορευμάτων*) goods wagon
(*Βρετ.*), freight car (*Αμερ.*) ·
▷ **~ καπνιστών** smoking
compartment (*Βρετ.*), smoking
car (*Αμερ.*) · ▷ **~ προϊσταμένου** *η*
υπεύθυνου αμαξοστοιχίας
guard's van

βαδίζω *ρ αμ* (= *περπατώ*) to walk ·
(= *κατευθύνομαι*) to move

βάδισμα *το* walk

βαζελίνη *η* Vaseline ®

βάζο *το* (*για λουλούδια*) vase · (*για
τρόφιμα*) jar

ΛΕΞΗ-ΚΛΕΙΔΙ

βάζω *ρ μ* (a) **βάζω κτ σε κτ** (*μέσα
σε*) to put sth in sth · (*πάνω σε*) to
put sth (down) on sth · **βάζω κπν
για ύπνο** to put sb to bed
(β) (*για φαγητά και ποτά*: =
προσθέτω) to put
(γ) (= *φορώ*: *φόρεμα, μέικ-απ*) to
wear
(δ) **βάζω κπν να κάνει κτ**
(= *παρακινώ*) to put sb up to sth ·
(= *αναθέτω*) to get sb to do sth
(ε) (= *ορίζω*: *κανόνες, προθεσμία*)
to set · (*όρο*) to lay down
(στ) (*για ηλεκτρική συσκευή*) =

ανάβω) to turn on
(ζ) (= *επενδύω*: *κεφάλαιο, χρήματα*)
to put
(η) (= *επιβάλλω*: *φόρους*) to
impose · **βάζω πρόστιμο/τιμωρία
σε κπν** to impose a fine/a
penalty on sb
(θ) (= *διορίζω*) to make
(ι) (*για δουλειά*: = *κάνω*) to do
(ια) (= *επιτυγχάνω*: *γκολ, καλάθι*)
to score
(ιβ) (*για παίκτη*: = *χρησιμοποιώ*) to
use
(ιγ) (= *βαθμολογώ*) to give
(ιδ) (*σε εξετάσεις*: *θέματα,
διαγώνισμα*) to set
(ιε) (= *εγκαθιστώ*: *ρεύμα,
τηλέφωνο*) to install
(ιστ) (*για παραγγελίες*: = *φέρνω*) to
bring
(ιζ) (= *συνεισφέρω*: *χρήματα*) to
give
(ιη) (*για αυτοκίνητα*: = *επιλέγω*:
ταχύτητα) to select
(ιθ) (*για την ώρα*: = *ρυθμίζω*) to
set
(κ) **βάζω για** (*βουλευτής, δήμαρχος*)
to run for

♦ **μεσ βάλθηκα ή έχω βαλθεί να
κάνω κτ** to be set on doing sth

βαθαίν|ω *ρ αμ* (*θάλασσα, λίμνη*) to
get deeper · (*μάγουλα*) to grow
hollow · (*φωνή*) to get deeper ·
(*χάσμα γενεών, κρίση*) to widen
♦ **ρ μ** to make deeper

βαθιά επίρρ (*κρύβω, σκάβω*) deep ·
(*προχωρώ*) deep down · (*αναπνέω,
αναστενάζω*) deeply · **κοιμάμαι
~** to be fast ή sound asleep

βαθμολογία *η* (= *βαθμός*) grades
πληθ. · (= *έντυπο*) detailed
breakdown of grades · (ΑΘΛ)
rankings πληθ. · (*στο ποδόσφαιρο,
μπάσκετ*) league table

βαθμός *ο* (*για θερμοκρασία,
φούρνο*) degree · (*για έγκαυμα*)
degree · (*μαθητή, μαθήματος*) mark

(Βρετ.), grade (Αμερ.) · (απολυτηρίου) grade · (διαγωνιζόμενου, αθλητή) point · (στρατιωτικού) rank · (υπαλλήλου) grade · (εμπιστοσύνης) degree · (γνώσης) extent · (ΓΛΩΣΣ, ΜΑΘ) degree · **σε** ή **ως κάποιο ~ό** to a certain extent · **σε μεγάλο ~ό** to a great extent · **ως έναν ~ό** to a certain extent
▷~ **συγγενείας** degree of relation
▸ **βαθμοί** πλ grades

βάθος το (= πάτος) bottom · (θάλασσας, λίμνης) depth · (χαράδρας, συρταριού) depth · (διαδρόμου) far end · (δρόμου) bottom · (δωματίου, αίθουσας) back · (πίνακα, ζωγραφιάς) background
▸ **βάθη** πλ bottom εν.

βάθρο το (αγάλματος) pedestal · (ΑΘΛ) podium · (μτφ.) basis

βαθύς, -ιά -ί, -εία, -ύ deep · (σκοτάδι) pitch · **παίρνω -ιά εισπνοή** to take a deep breath · **στα ~ιά** (σε θάλασσα) in the deep water · (σε πισίνα) at the deep end · (= στα δύσκολα) out of one's depth ▷ ~**ιά υπόκλιση** low bow
▷~**ύ κάθισμα** (ΓΥΜ) squat

βακαλάος ο = **μπακαλιάρος**

βακτηρίδι το bacterium

βαλανίδι το acorn

βαλανιδιά η oak (tree)

βαλβίδα η (επίσης: ΜΗΧ, ΑΝΑΤ) valve (Βρετ.), tube (Αμερ.) · (ΑΘΛ) starting-past

βαλίτσα η (suit)case · **ετοιμάζω** ή **φτιάχνω τη ~/τις ~ες μου** to pack (one's case/bags) ▷**ιατρική ~** medical bag

Βαλκάνια² τα τα ~ the Balkans

βαλκανικός επίθ Balkan ▷**οι ~οί πόλεμοι** the Balkan wars
▸ **Βαλκανική** η the Balkan Peninsula
▸ **Βαλκανικοί** οι the Balkan Games

βάλτος ο swamp

βαμβακερός επίθ cotton
▸ **βαμβακερά** τα cottons

βαμβάκι το (γενικότ.) cotton · (για επάλειψη ουσιών) cotton wool (Βρετ.), cotton (Αμερ.)

βαμμένος επίθ μαλλιά, ύφασμα, dyed · (πρόσωπο) made-up · (ξύλο) painted · (= φανατικός) die-hard

βάναυσος επίθ rough

βάνδαλος ο vandal

βανίλια η (φυτό, αρωματική σκόνη) vanilla · (γλυκό) sweet vanilla icing served on a spoon in chilled water

βαπόρι το steamship

βαπτίζω ρ μ = **βαφτίζω**

βάπτισμα το baptism · **~ του πυρός** baptism of fire

βαραίνω ρ μ (καταναλωτές, φορολογούμενους) to be a burden on · (στομάχι, οργανισμό) to lie heavy on · (συνείδηση) to burden · (για χρόνια, ηλικία) to tell on · (βλέφαρα) to make heavy · (ατμόσφαιρα) to make tense · (= γίνομαι βάρος) to trouble ◆ ρ αμ (= γίνομαι βαρύτερος) to put on weight · (= γίνομαι δυσκίνητος) to stiffen up · (φωνή) to get deeper · (νους) to become clouded · (λόγια, κουβέντες) to carry weight

βαράω (ανεπ.) ρ μ (πόρτα, τοίχο) to bang on · (πόδι, χέρι) to bang · (= δέρνω) to beat · (σουτ, μπάλα) to kick · (κεφαλιά) to do · (για ποτό) to give a drink head to · (κουδούνι, καμπάνα) to ring · (= τραυματίζω) to hit · (με πιστόλι) to shoot · (= σκοτώνω: λαγό, πέρδικα) to shoot ◆ ρ αμ (= τραυματίζομαι) to be hurt · (ούζο, βότκα) to be strong stuff · (καμπάνα, κουδούνι) to ring · (ρολόι) to go off · (= πυροβολώ) to fire

βάρβαρ|ος επίθ barbaric
▸ **βάρβαρος** ο, **βάρβαρη** η
barbarian

βαρέλι το (για κρασί, μπίρα)
barrel · (για πετρέλαιο, τοξικά
απόβλητα) drum

βαρετός επίθ boring

βαριέμαι ρ μ (δεξιώσεις,
εκδηλώσεις) to be bored with ·
(μονομουσία) to be fed up with
◆ ρ αμ to get bored · **να κάνω
κτ** (= δεν έχω διάθεση) I can't be
bothered to do sth · (= δεν αντέχω
πια) I'm fed up of doing sth

βαριεστημάρα η boredom

βαριεστημένος επίθ bored

βάρκ|α η boat ▸ **φουσκωτή
~ rubber dinghy

βαρκάδ|α η boating · **κάνω ~** to
go boating

Βαρκελώνη η Barcelona

βάρ|ος το (ανθρώπου, ζώου)
weight · (μτφ: εξελίξεων)
pressure · (παρουσίας) burden ·
(= υποχρέωση) obligation ·
(προσωπικότητας) strength · **εις ή
σε ~ κποιου** against sb (γελώ) at
sb's expense · **έχω ένα ~ στο
στομάχι/στο κεφάλι** my stomach/
head feels heavy · **παίρνω/χάνω
~** to put on ή gain/lose weight ·
πόσο ~ έχεις; how much do you
weigh? ▷ **ειδικό ~ relative density
▷ μικτό ~ gross weight
▷ οικογενειακά ~η family
obligations ▷ σωματικό ~ body
weight ▷ φορολογικά ~η tax
burden εν.
▸ **βάρη** πλ weights ▷ άρση βαρών
weightlifting

Βαρσοβία η Warsaw

βαρύς, -ιά ή εία-, -ύ (άνθρωπος,
αντικείμενο) heavy · (δουλειά)
hard · (φορολογία) heavy · (ποινή)
severe · (μυρωδιά, άρωμα) strong ·
(μελαγχολία, στενοχώρια) deep ·
(για φαγητό) stodgy · (με πολλά

μπαχαρικά) spicy · (για ρόφημα,
ποτό) strong · (κεφάλι, πόδια)
heavy · (στομάχι) bloated · (ύπνος)
deep · (φωνή) deep · (χρώ) bitter ·
(χειμώνας) harsh · (ρούχα,
κουβέρτα) heavy · (παράπτωμα,
συνέπειες) serious · (απώλειες,
κόστος) heavy · (ύφη) bad ·
(λόγος, κουβέντα) harsh ·
(χαρακτήρας, συμπεριφορά) stern ·
(ταινία, βιβλίο) obscure · (= ασαφές:
τραγούδι, μουσική) solemn ·
(= μελαγχολικός) gloomy ·
(= δυσκίνητος) heavy · **-ύ κλίμα**
unhealthy climate · (μτφ.) tense
atmosphere ▷ **-ιά βιομηχανία**
heavy industry · **-ύ πυροβολικό**
(κυρίολ., μτφ.) heavy artillery

βαρύτητα η (ΦΥΣ) gravity · (λόγου,
γνώμης) weight · (μαρτυρίας)
significance

βαρώ ρ μ = βαράω

βασανίζω ρ μ (κρατούμενο,
αιχμάλωτο) to torture · (γονείς) to
be a worry to · (υπόθεση, στοιχεία)
to scrutinize
▸ **βασανίζομαι** μεσ
(= ταλαιπωρούμαι) to struggle ·
(= ταλαιπωρούμαι ψυχικά) to
torture oneself

βασανιστήριο το torture

βάσανο το (= καημός) trial
(πείνας) torment · (φτώχειας,
ξενιτιάς) misery

βάση η (κολόνας, αγάλματος)
base · (κτηρίου) foundations
πληθ. · (υπόθεσης, θεωρίας) basis ·
(= αφετηρία, δεδομένο) basis ·
(εταιρείας, εργαζομένων) base ·
(τούρτας, χυμού) base · (βουνού,
λόφου) foot · (ΣΧΟΛ) pass · (ΣΤΡ)
base · **σε εικοσιτετράωρη ~, επί
εικοσιτετραώρου ~εως**
twenty-four hours a day
▸ **βάσεις** πλ (οικογένειας)
foundations · (κοινωνίας) bedrock
εν. · (για εισαγωγή σε πανεπιστήμιο)
grades · (ΣΤΡ) bases

βασίζω ρ μ to base
▶ **βασίζομαι** μεσ ~ομαι σε κτ to be based on sth · **~ομαι σε κπν/κτ** (= στηρίζομαι) to rely on sb/sth · (οικονομικά) to depend on sb/sth · **~ομαι σε κπν** (= εμπιστεύομαι) to trust sb
βασικά επίρρ basically
βασικ|ός επίθ (αρχή, προϋπόθεση) basic · (χαρακτήρας) basic · (παράγοντας, αιτία) chief · (χρώμα) primary · (εντεκάδα, παίκτης) main ▷ **~ή εκπαίδευση** primary (Βρετ.) ή elementary (Αμερ.) education · (στρ) basic training
βασίλει|ο το kingdom · (ύπνου) realms πληθ
βασιλιάς ο king · (πετρελαίου, διαμαντιών) tycoon
βασιλικός ο basil
βασιλικ|ός², -ή -ιά, -ό (στέμμα, εξουσία) royal · (υποδοχή) sumptuous ▷ **-ό γεύμα** a feast fit for a king ▷ **~ πολτός** royal jelly
▶ **βασιλικός** ο, **βασιλική** η -ιά η royalist
βασίλισσα η queen · **~ της ομορφιάς** beauty queen
βασιλόπιτα η New Year's cake
βάσιμ|ος επίθ valid · (φόβος) well-founded · (αποδείξεις) tangible
βαστ|ώ ρ μ (βιβλία, κιβώτιο) to hold · (γέλια, δάκρυα) to hold back · (θυμό) to contain · (αψίδα, κτήριο) to support · (λεφτά) to have on one · (λογιστικά βιβλία, σπίτι) to keep · (μυστικό, όρκο) to keep · (μίσος, κακία) to harbour (Βρετ.), to harbor (Αμερ.) · (πόνο, απογοώρησιό) to bear ♦ ρ αμ (= αντέχω) to stand it · (κλαδί, σχοινί) to hold · (= συγκρατούμαι) to hold on · (= διαρκώ: επανάσταση, καρναβάλι) to last · (δουλειά) to take · (ρούχο, φρούτο) to last · (άρωμα) to linger
▶ **βαστιέμαι** μεσ to control oneself

Βατικανό|ο το Vatican
βατόμουρο το blackberry
βάτ|ος ο/η bramble
βατράχ|ι το (= βάτραχος) frog · (αργκ.: = βατραχάνθρωπος) frogman
βατραχοπόδαρα τα frog's legs
βάτραχος ο frog
βαφ|ή η (= μπογιά: πόρτας) paint · (ξύλου) stain · (μαλλιών) dye · (= βάψιμο: πόρτας, σπιτιού) painting · (ξύλου) staining · (υφάσματος, μαλλιών) dyeing
βαφτίζ|ω ρ μ (παιδί) to baptize · (= δίνω όνομα) to name · (= αποκαλώ) to call
▶ **βαφτίζομαι** μεσ to be baptized
βάφτιση η (μυστήριο) baptism · (επίσης **Βαφτίσια**: τελετή) baptism · (πλοίου) christening · (ηπείρου) naming
βαφτισιμιά η goddaughter
βαφτισιμιός ο godson
βάφτισμα το = **βάπτισμα**
βάφ|ω ρ μ (τοίχο, κάγκελα) to paint · (αυτοκίνητο) to spray · (μαλλιά) to dye · (μάτια) to make up · (χείλη) to put lipstick on · (νύχια) to varnish · (παπούτσια) to polish · (μτφ.: τοπίο) to colour (Βρετ.), to color (Αμερ.)
▶ **βάφομαι** μεσ to put one's make-up on
βάψιμο το (τοίχου) painting · (ματιών, χειλιών) making up · (μαλλιών) dyeing · (νυχιών) varnishing · (παπουτσιών) polishing · (= μακιγιάζ) make-up

---

ΛΕΞΗ-ΚΛΕΙΔΙ

βγάζ|ω ρ μ (α) **βγάζω κτ από κάπου** to take sth out of somewhere
(β) **βγάζω κπν σε** to take sb to
(γ) (= αφαιρώ: ρούχα, παπούτσια) to take off
(δ) (= εξαφανίζω: λεκέ,

μουντζούρα) to get out ·
(ε) (= εξάγω: *δόντι*) to take out ·
(*φρύδια*) to pluck · (*καρφί,
κόκαλα*) to take out · (*λέπια*) to
remove

(στ) (= *κάνω εξαγωγή*) to take to

(ζ) (= *απομακρύνω: μαθητή, σκύλο*)
to get out · **βγάζω κπν από το
μυαλό μου** (= *παύω να σκέπτομαι*)
to get sb out of one's mind

(η) (= *κάνω αφαίρεση*) to take
away

(θ) (= *παίρνω από κάπου:
παιχνίδια, ρούχα*) to take out

(ι) **βγάζω κπν έξω** (*σύζυγο,
σύντροφο*) to take sb out

(ια) (= *εξαρθρώνω: ώμο, λεκάνη*) to
dislocate · (*καρπό, αστράγαλο*) to
sprain

(ιβ) (= *οδηγώ: μονοπάτι, δρόμος*) to
take · **βγάζω κπν μέχρι ή ως την
πόρτα** to show ή see sb to the
door · **όπου μας βγάλει η άκρη**
wherever it may lead us

(ιγ) (= *αφήνω: κραυγή, φωνή*) to
let out

(ιδ) (= *εμφανίζω*) **βγάζω άνθη** to
bud · **βγάζω δόντια** to be
teething · **βγάζω λουλούδια** to
flower · **βγάζω σπυριά** to have
spots · (*οικ.*) to get annoyed

(ιε) (= *παράγω: για δέντρα, φυτά*)
to produce

(ιστ) **βγάζω κτ από κτ άλλο** to
make ή extract sth from sth else

(ιζ) (= *κυκλοφορώ: δίσκο*) to bring
out · (*βιβλίο, εφημερίδα*) to bring
out

(ιη) (= *αναδεικνύω: επιστήμονες,
καλλιτέχνες*) to produce

(ιθ) (= *δημοσιοποιώ: αποτελέσματα*)
to publish

(κ) (= *εκλέγω: βουλευτή, πρόεδρο*)
to elect

(κα) (= *δίνω όνομα*) to name

(κβ) (= *καταλήγω: απόφαση*) to
make · (*συμπέρασμα*) to draw

(κγ) (= *διακρίνω: γράμματα*) to

(κδ) (= *κερδίζω*) to earn

(κε) (= *τελειώνω: δουλειά*) to do ·
(*λύκειο, πανεπιστήμιο*) to finish ·
βγάζω το σχολείο to finish
school

(κστ) (= *διανύω: μήνα, εβδομάδα*)
to get through · **πόσα έχεις για
να βγάλεις τον μήνα;** how much
have you got to get through the
month? · **(κζ)** (*για μύτη, πληγή*:
= *τρέχω*) to run · **(κη)** (= *παθαίνω:
ιλαρά, ανεμοβλογιά*) to have

(κθ) (*οικ.*: = *κάνω εμετό*) to throw
up (*ανεπ.*) · **(λ)** (= *αντλώ*) to pump ·
(*νερό από πηγάδι*) to draw

(λα) (= *αποβιβάζω: επιβάτες,
ταξιδιώτες*) to drop off

(λβ) (= *αναδίδω: μυρωδιά, άρωμα,*)
to give off · (*φως*) to give out

(λγ) (= *απολύω*) to sack ·
(= *αλλάζω καθήκοντα*) to relieve

(λδ) (= *κάνω: μπαλιά, σέντρα*) to
deliver · (*γκολ*) to score · **βγάζω
σε κπν το όνομα** to give sb a
reputation · **βγάζω την Παναγία
σε κπν** to tire sb · **πόσο βγάζεις;**
(*για υπολογισμό πράξης*) what do
you make it?

ΛΕΞΗ-ΚΛΕΙΔΙ

βγαίν|ω ρ *αμ* **(α)** (*από δωμάτιο,
αίθουσα*) to come out · (*έξω*) to
go out · (*ήλιος*) to rise · (*φεγγάρι,
αστέρια*) to come out · **βγαίνω
από τα όρια** to go too far

(β) (*καρφί, πάσσαλος*) to come
out · (*ταχούνι*) to come off ·
(*ώμος*) to be dislocated · (*καρπός*)
to be sprained

(γ) **μου βγήκαν τα μάτια**
(= *καταπονούμαι*) my eyes are
tired

(δ) **βγαίνω από** (*οργάνωση,
συμφωνία*) to pull out of ·
(*αφάνεια, αδράνεια*) to emerge
from · (*τέλμα*) to extricate oneself

from
(ε) (= απομακρύνομαι: παίκτης) to
be sent off · (μαθητής) to be sent
out
(στ) (= εξαφανίζομαι: λεκέδες,
μουντζούρα) to come off ή να ·
κραγιόν to come off
(ζ) (= πηγαίνω στα ανοιχτά: πλοίο,
βάρκα) to leave
(η) (= διασκεδάζω) to go out ·
βγαίνω μαζί με κπν (για ζευγάρι)
to date sb · **βγαίνω με κπν** (για
φίλους) to go out with sb
(θ) (= εμφανίζομαι) to get to
(ι) (= καταλήγω: δρόμος, μονοπάτι)
to lead · (ιστορία, υπόθεση) lead
(ια) (= πόνος, παράπονο) to come
out
(ιβ) (= προέρχομαι: λέξη, όνομα) to
come
(ιγ) (= αναδίδομαι: μυρωδιά,
άρωμα) to come
(ιδ) (= φυτρώνω: λουλούδια) to
come out · (σπυρί, εξάνθημα) to
appear · (τρίχες, γένια) to grow
(ιε) (= εμφανίζομαι) to appear ·
(ξαφνικά: αυτοκίνητο, πεζός) to
appear from nowhere
(ιστ) (= αναδεικνύομαι: μουσικοί,
καλλιτέχνες) to come from
(ιζ) (= παράγομαι: αυτοκίνητα,
υπολογιστές) to be made
(ιη) (= κυκλοφορώ: εφημερίδα,
βιβλίο) to come out · (δίσκος) to
come out
(ιθ) (= εκδίδομαι: νόμισμα,
διάταγμα) to be issued
(κ) (αποτελέσματα) to be out ·
(σκάνδαλο) to break out · **βγήκε
μια φήμη ότι...** there's a rumour
(Βρετ.) ή rumor (Αμερ.) that...
(κα) (για εκλογές: = εκλέγομαι) to
be elected · (= κερδίζω) to win
(κβ) (= αποδεικνύομαι: πρόσθεση,
εξίσωση) to work out
(κγ) (=πατηγορώ: όνειρο, προβλέψεις) to come true ·
βγαίνω λάθος/σωστός to be

proved wrong/right
(κδ) (= προκύπτω: κέρδος) to be
made · (συμπέρασμα) to derive
(κε) (= τελειώνω: δουλειά, διατριβή)
to finish · (= αποφοιτώ: φοιτητής,
σπουδαστής) to become
(κστ) (= φθάνω στο τέλος: χρόνος,
μήνας) to end **(κζ)** (= επαρκώ:
ύφασμα, μερίδες) to be enough ·
βγήκε (σε χαρτοπαίγνιο) out! ·
δεν βγαίνει τίποτα it's pointless
ή meaningless · **δεν μου (τη)
βγαίνει κανείς** (σε κτ) (αργκ.) to
be unbeatable (at sth) · **μου
βγαίνει το όνομα ότι** to have a
reputation for

βγαλμέν|ος, η, -ο (ώμος)
dislocated · (χέρι) sprained
βγάλσι|μο το (δοντιού) extraction ·
(ματιού) taking out · (ποδιού,
χεριού) spraining · (ώμου)
dislocating
βδομάδα η = εβδομάδα
βδομαδιάτικ|ος επίθ weekly
▸ βδομαδιάτικο το weekly wage
βέβαια επίρρ of course · **και ~!** of
course! · **όχι ~** of course not
βέβαι|ος, -η, -α ή -αία (= certain ·
είμαι ~ για κτ to be sure about
sth · **είμαι ~ ότι** to be sure that
βεβαιότητα η certainty
βεβαιών|ω ρ μ · (= επιβεβαιώνω) to
confirm · (= διαβεβαιώνω) to
assure
▸ βεβαιώνομαι μεσο to make sure
βεβαίως επίρρ = βέβαια
βεβαίωση η (αιτήματος, πολιτικής)
confirmation · (ιατρού, εγγραφής)
certificate
βεγγαλικ|ό το firework
βελανίδι το = βαλανίδι
βελανιδιά η = βαλανιδιά
Βέλγα, Βελγίδα η βλ. Βέλγος
βελγικός, -ή, -ό Belgian
βέλγικος, -η, -ο = βελγικός
Βέλγι|ο το Belgium

Βέλγος *ο* Belgian

βελόν|α *η* (γενικότ.) needle · (πικάπ) stylus · **μαγνητική ~** magnetic needle

βελόν|ι *το* (small) needle

βελονισμός *ο* acupuncture

βέλ|ος *το* arrow · (μτφ.) shaft

βελουδένι|ος, -ια, -ιο = **βελούδινος**

βελούδιν|ος *επίθ* (ύφασμα, παλτό) velvet · (φωνή, δέρμα) velvety

βελούδ|ο *το* velvet

βελτιών|ω *ρ μ* (ποιότητα, γνώσεις) to improve · (θέση) to better · (εμφάνιση, γεύση) to enhance

▸ **βελτιώνομαι** *μεσ* (καιρός) to get better · (υγεία, κατάσταση ασθενούς) to improve

βελτίωση *η* improvement · **~ της υγείας κπιοιου/του καιρού** improvement in sb's health/in the weather

▸ **βελτιώσεις** *πλ* improvements

βενζίν|α *η =* **βενζίνη**

βενζινάδικ|ο *η* petrol station (Βρετ.), gas station (Αμερ.)

βενζινάκατος *η* motorboat

βενζίν|η *η* petrol (Βρετ.), gasoline (Αμερ.), gas (Αμερ.)

βεντάλι|α *η* fan

βέρ|α *η* (γάμου) wedding ring · (αρραβώνα) engagement ring

βεράντ|α *η* verandah

βερίκοκ|ο *το* apricot

βερνίκ|ι *το* (επίπλων, ξύλων: προστατευτικό) varnish · (για γυάλισμα) polish · (παπουτσιών) polish ▷ **~ νυχιών** nail polish

Βερολίν|ο *το* Berlin

βέσπ|α *η* moped

βέτο *το* veto

βήμ|α *το* (= δρασκελιά) step · (μεγάλο) stride · (= ταχύτητα μετακίνησης ποδιών) pace · (= απόσταση ανοίγματι ποδιών) foot · (χορού) step · (= βάδισμα) walk · (= βάθρο) podium · **ανοίγω**

το ~ μου to lengthen one's stride · **με αργά ~τα** slowly

βηματίζ|ω *ρ αμ* to walk · **~ πάνω κάτω** to pace up and down

βηματισμός *ο* (= περπάτημα) walk · (= ήχος βημάτων) footstep

βήξιμο *το* (= το να βήχει κανείς) coughing · (= βήχας) cough

βήτα *το* beta, *second letter of the Greek alphabet* · **~ κατηγορίας** *ή* **διαλογής** second–rate

βήχ|ας *ο* cough · **με πιάνει ~** to get a cough

βήχ|ω *ρ αμ* to cough

βί|α *η* (= εξαναγκασμός) violence · (= πίεση) rush · **ασκώ** *ή* **χρησιμοποιώ ~** to use force · **δια (της) ~ς** by force

βιάζ|ω[1] *ρ μ* (= κακοποιώ σεξουαλικά) to rape · (μτφ.) to violate

βιάζ|ω[2] *ρ μ* to rush

▸ **βιάζομαι** *μεσ* (= επείγομαι) to be in a hurry · (= είμαι γοργός) to hurry (up) · (κατ.: = επισπεύδω) to rush · (= χρειάζομαι επειγόντως) to need urgently · **~ομαι να κάνω κτ** (= προτρέχω) to be in a hurry to do sth · (= ανυπομονώ) I can't wait to do sth

βίαι|ος *επίθ* violent

βιασμός *ο* rape

βιαστής *ο* rapist

βιαστικός *επίθ* (διαβάτης) in a hurry · (ματιά, βάδισμα) hasty · (επίσκεψη) flying · (καφές) quick · (απόφαση, συμπέρασμα) hasty

βιασύνη *η* haste

βιβλιάρι|ο *το* book ▷ **~ επιταγών** chequebook (Βρετ.), checkbook (Αμερ.) ▷ **~ καταθέσεων** pass book ▷ **εκλογείο ~** voting card

βιβλί|ο *το* book ▷ **~ ιστορίας/ γραμματικής** history/grammar book ▷ **~ επισκεπτών** visitors' book ▷ **~ τσέπης** paperback ▷ **παιδικό ~** children's book

▷**σχολικό ~** school book
βιβλιοθήκη η (έπιπλο) bookcase ·
(δήμου, Βουλής) library
▷**δανειστική ~** lending library
▷**Εθνική Βιβλιοθήκη** National
Library
βιβλιοπωλείο το book shop
(Βρετ.), bookstore (Αμερ.)
Βίβλος η Bible
βίδ|α η screw
▷**βίδες** πλ twists
Βιέν|η, Βιέννη η Vienna
βίζ|α η visa · **βγάζω ~** to get a visa
βίλ|α η villa
βίντεο το (συσκευή) video
(recorder) · (= βιντεοκασέτα) video
(tape)
βιντεοκάμερ|α η video camera
βιντεοκασέτ|α η video tape
βιογραφί|α η biography
βιολέτ|α η violet
βιολί το violin
βιολογικ|ός επίθ biological
βιολόγ|ος ο/η biologist
βιομηχανί|α η (καλλυντικών,
τροφίμων) industry ·
(= εργοστάσιο) factory
βιομηχανικ|ός επίθ (περιοχή,
μονάδα) industrial · (προϊόν)
manufactured · (παραγωγή) mass ·
(κλάδος) of industry · (χώρα)
industrialized · (έπιπλα, χαλιά)
mass-produced ▷**η Βιομηχανική
Επανάσταση** the Industrial
Revolution
βί|ος ο (= ζωή) life · (= τρόπος
ζωής) lifestyle · (= διάρκεια ζωής)
lifespan · (= βιογραφία) life ▷**~οι
παράλληλοι** parallel lives ▷**~ και
πολιτεία** (για περιπετειώδη ζωή)
exciting life
βιοτεχνί|α η (οικ) small industry ·
(κτήριο) workshop
βιοτεχνολογί|α η biotechnology
βιοτικ|ός επίθ living ▷**~ό επίπεδο**
standard of living
βιοχημεί|α η biochemistry

βιταμίν|η η vitamin
βιτρίν|α η (μαγαζιού,
ζαχαροπλαστείου) (shop) window ·
(μουσείου) showcase · (μτφ.)
shining example
βλαβερ|ός επίθ harmful ·
(συνήθεια) unhealthy
βλάβ|η η (γενικότ.) damage χωρίς
πληθ. · (αυτοκινήτου) breakdown ·
(ψυχείου, καλοριφέρ) failure ·
παθαίνω ~ to be damaged ·
(αυτοκίνητο) to break down ▷**~
σωματική** = physical harm
βλάκ|ας ο (ΙΑΤΡ) retarded person ·
(μειωτ.) idiot
βλακεί|α η (ΙΑΤΡ) retardation ·
(= χαζομάρα) stupidity · (= πράξη)
stupid thing to do · (= λόγος)
stupid thing to say
βλάπτω ρ μ (υγεία, καλλιέργειες)
to damage · (συμφέροντα,
υπόληψη) to harm · (δικαιώματα)
to prejudice · (ανάπτυξη, εξέλιξη)
to impair ◆ ρ αμ to be bad for
the health
βλαστήμι|α η swear word
βλάστημ|ος επίθ = **βλάσφημος**
βλάστηση η (φυτού)
germination · (περιοχής)
vegetation
βλασφημί|α η (= ύβρις)
blasphemy · (= αισχρολογία) oath
βλάσφημ|ος επίθ (= που βρίζει τα
θεία) blasphemous · (χειρονομία)
rude
βλασφημώ ρ μ to blaspheme
against ◆ ρ αμ to be
blasphemous
βλάχικ|ος επίθ (γάμος, έθιμα)
Vlach (μειωτ.: συμπεριφορά)
boorish · (προφορά, ντύσιμο) hick
(ανεπ.)
βλέμμα το (= ματιά) look ·
(επίμονο) stare · (μελαγχολίας,
ανησυχίας) look
βλέπ|ω ρ μ (άνθρωπο, πράγμα) to
see · (= παρακολουθώ: τηλεόραση,

παράσταση) to watch • (= κρίνω)
to see • (= διαπιστώνω: σφάλμα,
αδικίο) to see • (= κατανοώ: λόγους,
στάση) to see • (= εξετάζω:
κατάσταση, τα πράγματα) to see •
(γιατρός) to examine •
(= προβλέπω) to foresee •
(= αποφασίζω) to see • (= προσέχω)
to watch • (φαγητό) to keep an
eye on • (παιδί) to look after •
(= σκέπτομαι: συμφέρον, κέρδος) to
have an eye for • (= συναντώ:
γνωστό, προϊστάμενο) to see •
(= επισκέπτομαι: φίλο) to see •
(μουσείο) to visit ◆ ρ αμ to see •
για να δούμε let's see • **θα δούμε**
we'll see • **το δωμάτιό μου/το
παράθυρο ~ει στον κήπο** my
room/the window looks onto the
garden • **το σπίτι ~ει στη
θάλασσα** the house has a sea
view

▶ **βλέπομαι** μεσ (= συναντιέμαι) to
see each other • (ταινία, άνθρωπος)
to be seen

βλεφαρίδες οι eyelashes

βλέφαρο το eyelid

βλή|μα το (γενικότ.) missile •
(όλμου, πυροβόλου) shell •
(= σφαίρα) bullet • (υβρ.) idiot

βλητό το = **βλίτο**

βλίτο το (χορταρικό) dandelion
leaf • (υβρ.) idiot

βό|ας ο boa (constrictor)

βογγητό το (ανθρώπου) groan •
(θάλασσας, μηχανής) roar

βογκητό το = **βογγητό**

βόδι το ox

βοδινό επίθ ox

▶ **βοδινό** το beef

βοή η (βροντής) rumble •
(κυμάτων, αμαξιών) roar • (πλήθους,
μαγαζιού) hubbub

βοήθεια η (= υποστήριξη) help •
(στρατιωτική, ιατρική) aid •
(= βοήθημα) aid • ~! help!
▶ **πρώτες ~ες** first aid ▶ **σταθμός**

πρώτων βοηθειών first–aid
station η post

βοήθη|μα το (= υποστήριξη) aid •
(φοιτητή, μελετητή) study aid • (για
σχολικά μαθήματα) answer book

βοηθητικός επίθ (στοιχείο, μέσο)
helpful • (υπηρεσία) ancillary •
(προσωπικό, υπάλληλος) auxiliary •
(πηγή, σύγγραμμα) additional ▷ **-ό
ρήμα** auxiliary verb ▷ **~οί χώροι**
storage space εν.

βοηθός ο/η (= συμπαραστάτης)
helper • (λογιστή, δικηγόρου)
assistant • (= μαθητευόμενος)
apprentice

βοηθ|ώ ρ μ (γενικότ.) to help •
(φτωχό) to give relief to ◆ ρ αμ to
help

βολάν το steering wheel

βολβός ο (ΒΟΤ) bulb • (ματιού)
eyeball

βολεϊ, βόλεϊ-μπολ το volleyball

βολεύω ρ μ (έπιπλα) to put •
(αντικείμενα, βιβλία) to fit (σε in) •
(πόδια, χέρια) to fit in • (πελάτη,
φιλοξενούμενο) to make
comfortable

▶ **βολεύει, βολεύουν** τριτ to suit •
δεν με ~ει it doesn't suit me

▶ **βολεύομαι** μεσ (σε σπίτι) to settle
in • (σε κάθισμα) to settle •
(= εξυπηρετούμαι προσωρινά) to
make do (με with)

βολή η (δίσκου, λίθου) throw •
(στην καλαθοσφαίριση) shot •
(= πυροβολισμός) shot

βολικ|ός επίθ (έπιπλο)
comfortable • (χώρος, σημείο)
convenient • (παιδί, χαρακτήρας)
easy–going

βόλος ο (= σφαίρα) ball •
(χώματος) clod • (= γυάλινο
σφαιρίδιο) marble

▶ **βόλοι** πλ marbles

βόλτα η (= περίπατος) walk • (με
όχημα) drive • (βίδας) thread •

βγάζω ή πηγαίνω κπν ~ to take

sb for a walk · **κάνω (μια) · (με
το αυτοκίνητο/με τα πόδια)** to go
for a drive/walk *η* stroll · **πάω
~** to go for a walk · **πάω ~ στα
μαγαζιά** to go down to the shops
βόμβ|α *η* bomb
βομβαρδίζω *ρ μ* (ΣΤΡ) to bomb ·
(μτφ.) to bombard
βομβαρδισμός *ο* (ΣΤΡ) bombing ·
(μτφ.) bombardment
βομβητής *ο* pager
βόρεια *επίρρ* (κοιτάζω, πηγαίνω)
north · (βρίσκομαι) in the north
Βόρεια Αμερική *η* North
America
Βόρεια Αφρική *η* North Africa
βορειοανατολικά *επίρρ* (κοιτάζω,
πηγαίνω) north-east · (βρίσκομαι)
in the north-east
βορειοανατολικ|ός *επίθ*
(παράθυρο, δωμάτιο) north-east
facing · (άνεμος) north-east
βορειοδυτικά *επίρρ* (κοιτάζω,
πηγαίνω) north-west · (βρίσκομαι)
in the north-west
βορειοδυτικ|ός *επίθ* (πρόσοψη,
δωμάτιο) north-west facing ·
(άνεμος) north-west
βόρει|ος, -α, -ο *επίθ* (ακτή, ημισφαίριο)
northern · (παράθυρο)
north-facing · (άνεμος) north
▸ **Βόρειος** *ο*, **Βόρεια** *η* Northerner
Βόρειος Πόλος *ο* ~ the North
Pole
βοριάς *ο* (άνεμος) north wind ·
(= ψυχρός καιρός) cold weather ·
(= βορράς) north
βορράς *ο* north
▸ **Βορράς** *ο* North
βοσκ|ή *η* (= βοσκότοπος) pasture ·
(= χορτάρι) grass
βοσκός *ο* shepherd
βοτάν|ι *το* herb
βοτανικ|ός *επίθ* herbal ▸ **~ κήπος**
botanical garden
βόταν|ο *το* herb
βοτανολόγ|ος *ο/η* botanist

βότκ|α *η* vodka
βότσαλο *το* pebble
βουβάλ|ι *το* = **βούβαλος**
βούβαλος *ο* buffalo
βουβ|ός *επίθ* silent ▸ **~ ή βωβός
κινηματογράφος** silent films
πληθ.
Βουδαπέστη *η* Budapest
βουδιστής *ο* Buddhist
βου|ή *η* = **βοή**
βουΐζ|ω *ρ αμ* (μέλισσες) to buzz ·
(σφήκες) to buzz · (ποτάμι,
θάλασσα) to roar · **~ουν τα αφτιά
μου** my ears are ringing · **~ει το
κεφάλι μου** my head's buzzing ·
~ει (ακουστικό τηλεφώνου) it's
engaged (Βρετ.), the line's busy
(Αμερ.)
Βουλγαρία *η* βλ **Βούλγαρος**
Βουλγαρί|α *η* Bulgaria
βουλγαρικ|ός *επίθ* Bulgarian
▸ **Βουλγαρικά, Βουλγάρικα** *τα*
Bulgarian
βουλγάρικ|ος *επίθ* =
βουλγαρικός
Βούλγαρ|ος *ο* Bulgarian
βουλευτ|ής *ο/η* deputy · (στην M.
Βρετανία) member of parliament ·
(στις Η.Π.Α.) representative
βουλ|ή *η* (= κοινοβούλιο)
parliament · (= απόφαση) will
▸ **Άνω Βουλή** Lower House
▸ **Βουλή των Αντιπροσώπων**
House of Representatives
▸ **Βουλή των Ελλήνων** Hellenic
Parliament ▸ **Βουλή των
Κοινοτήτων** House of Commons
▸ **Κάτω Βουλή** Upper House
βουλιάζ|ω *ρ μ* (βάρκα, πλοίο) to
sink · (στέγη) to bring down ♦ *ρ
αμ* (καράβι) to sink · (δρόμος,
έδαφος) to subside · (πόρτα,
λαμαρίνα) to be dented
βουλιμί|α *η* (= λαιμαργία)
insatiable appetite · (ΙΑΤΡ) bulimia
βουλκανιζατέρ *το* vulcanizer
βούλωμα *το* (δοχείου) bung

(*μπουκαλιού*) cork · (= *σφράγιση*) sealing

βουλώνω *ρ μ* (*μπουκάλι*) to put the cork in · (*βαρέλι, δοχείο*) to put the bung in · (*χαράμια*) to seal · (*σωλήνες*) to block ♦ *ρ αμ* (*υπόνομοι, νιπτήρας*) to be blocked (or) clogged up · (*μύτη*) to be blocked

βουνό *το* mountain

βουνοκορφή *η* summit

βούρκος *ο* (= *λάσπες*) mud · (= *βάλτος*) swamp · (*μτφ.*) gutter

βουρκών|ω *ρ αμ* (*άνθρωπος*) to feel the tears welling up · (*μάτια*) to fill *η* mist with tears

βούρτσα *η* (*μαλλιών*) (hair)brush · (*ρούχων*) (clothes) brush · (*παπουτσιών*) brush · (*βαψίματος*) (paint)brush

βουρτσίζω *ρ μ* to brush

βουρτσισ|μα *το* brush

βουτήματα *τα* biscuits (*Βρετ.*), cookies (*Αμερ.*)

βουτιά *η* dive

βούτυρο *το* butter · **νωπό** *ή* **φρέσκο ~** fresh butter

βουτ|ώ *ρ μ* (*σε γάλα, νερό*) to dip · (*από τα μαλλιά, το χέρι*) to grab · (*οικ.: = συλλαμβάνω*) to collar (*ανεπ.*) · (*οικ.: = κλέβω*) to pinch (*ανεπ.*) ♦ *ρ αμ* (= *κάνω βουτιά*) to dive · (= *πηδάω*) to jump

▶ **βουτιέμαι** *μεσ* to fight

βραβεί|ο *το* prize · **~ Νόμπελ** Nobel prize · **~ Όσκαρ** Academy Award

βραβευμέν|ος *επίθ* prize-winning

▶ **βραβευμένοι** *οι* prize-winners

βράβευση *η* (= *επιβράβευση*) reward · (= *τελετή επιβράβευσης*) prize-giving

βραβεύ|ω *ρ μ* (= *απονέμω βραβείο*) to award a prize to · (= *επιβραβεύω*) to reward

βράγχια *τα* gills

βραδάκ|ι *το* early evening · (**κατά**) **το ~** in the early evening

βραδιά *η* (= *βράδυ*) evening · (*κινηματογράφων, όπερας*) night · (= *νύχτα*) night ▶**μουσική ~** musical evening

βραδιάζω *ρ αμ* to be overtaken by night

▶ **βραδιάζει** *απρόσ* it's getting dark

βραδιν|ός *επίθ* (*ύπνος*) night's · (*μάθημα, εκπομπή*) evening · **τις πρώτες ~ές ώρες** in the early evening

▶ **βραδινή** *η* evening performance

▶ **βραδινό** *το* evening meal

βράδ|υ *το* (= *βραδιά*) evening · (= *νύχτα*) night · **από το πρωί ως το ~** from dawn till dusk· **πρωί, μεσημέρι, ~** morning, noon and night · **φεύγω/ξεκινώ ~** to leave/ set off in the evening

Βραζιλί|α *η* Brazil

βράζ|ω *ρ μ* to boil ♦ *ρ αμ* to boil

βρακ|ί *το* (= *εσώρουχο: γυναικείο*) pants *πληθ.* (*Βρετ.*), panties *πληθ.* (*Αμερ.*) · (*ανδρικό*) (under)pants *πληθ.* (*Βρετ.*), shorts *πληθ.* (*Αμερ.*) · (= *παντελόνι*) trousers *πληθ.* (*Βρετ.*), pants *πληθ.* (*Αμερ.*)

βράσιμο *το* boiling

βραστήρας *ο* (*νερού*) kettle · (= *λέβητας*) boiler

βραστός *επίθ* (*κρέας, πατάτες*) boiled · (= *ζεματιστός*) boiling

▶ **βραστό** *το* boiled food

βράχια *τα* rocks · *βλ. κ.* **βράχος**

βραχιόλι *το* bracelet

βραχίον|ας *ο* (= *μπράτσο*) upper arm · (= *χέρι*) arm · (*γερανού, πικάπ*) arm

βραχνιάζ|ω *ρ αμ* to go hoarse

βραχν|ός *επίθ* (*φωνή: εκ φύσεως*) husky · (*από κρυολόγημα*) hoarse · (*για ποδιά*) hoarse

βράχ|ος *ο* (= *μεγάλη πέτρα*) rock · (*σε ακτή*) cliff · (*μτφ.*) rock

βραχυκύκλω|μα *το* short circuit ·

παθαίνω ~ (αρχκ.) to be confused

βραχύς, -εία, -ύ (επία.) short
▸ **βραχέα** τα short waves

βραχώδης επίθ rocky

βρε μόρ hey · (ως υποτιμητική έκφραση) hey you

βρεγμένος, βρεμένος επίθ (γη, χέρια) wet · (παξιμάδι, φέτα) soggy · (στρώμα) wet

Βρετανή η British woman

Βρετάνη η Brittany

Βρετανί|α η (= Μεγάλη Βρετανία) Britain · (κατ.: = Ηνωμένο Βασίλειο) United Kingdom

βρετανικός επίθ British ▷ **-ά Αγγλικά** British English

Βρεταν|ός ο British man · **οι ~οί** the British

βρεφικ|ός επίθ infantile ▷ **-ή ηλικία** infancy ▷ **-ή creche** η creche (Βρετ.), day nursery (Αμερ.) ▷ **-ές τροφές** baby food εν.

βρέφ|ος το baby

βρέχ|ω ρ αμ **-ει ο ουρανός** it's raining ◆ ρ μ (πρόσωπο, χέρια) to wet · (παξιμάδι, ψωμί) to dip · (ρούχα, σεντόνι) to dampen · (χείλη) to moisten · (αυλή, χορτάρι) to sprinkle · (ιδρώτας, αίμα: μέτωπο, πρόσωπο) to trickle down · (ευφημ.: = κατουρώ: σεντόνι) to wet · (για θάλασσα: ακτές) to wash
▸ **βρέχει** απρσ it's raining · **~ει καρεκλοπόδαρα** η **καταρρακτωδώς** it's pouring down · **~ει με το τουλούμι** it's bucketing η pelting down · **~ει συνέχεια εδώ** it rains all the time here
▸ **βρέχομαι** μεσ (θεατές, κοινό) to get wet · (ευφημ.: = κατουριέμαι) to wet oneself

βρίζ|ω ρ μ to insult ◆ ρ αμ to swear

βρισιά η (= ύβρις) insult ·

(= αισχρολογία) swearword

βρίσι|μο το abuse χωρίς πληθ.

βρίσκ|ομαι ρ αμ (χώρα, μνημείο) to be · (φάρμακο, εμβόλιο) to be found η discovered · (ληστής, δολοφόνος) to be found · (χρήματα, κεφάλαια) to be found · (= είμαι) to be · **~ με κπν** to meet sb
▸ **βρίσκεται, βρίσκονται** τριτοπρός **βρέθηκε κανείς για την αγγελία;** has anyone answered the ad?

βρίσκ|ω ρ μ to find · (περιουσία) to come into · (σχέδιο) to come up with · (κακό, συμφορά) to befall · (προβλήματα, δυσκολίες) to come up against · (εχθρό, αντίπαλο) to meet · (στόχο, κέντρο) to hit · (σφαίρα) to hit · (αίνιγμα, γρίφο) to solve ◆ ρ αμ (καρφί, γρανάζι) to be sticking · (αυτοκίνητο, ρόδα) to be dented · **απ' τον Θεό να το 'βρεις** let God be your judge · **καλώς σε/σας βρήκα!** I'm glad to see you! · **τα ~ με κπν** to make up with sb · **το βρήκα!** I've got it!

βρογχίτιδα η bronchitis

βρόμα η (ανεπ.) η (= δυσοσμία) stink · (= ρύπος) dirt · (υβρ.: για γυναίκα) slut (χυδ.)

βρομερ|ός επίθ = **βρόμικος**

βρομιά η (σπιτιού, ρούχων) dirt · (= ανομία) dirty trick · (= διαφθορά) sleaze

βρομιάρης, -α, -ικο (ρούχα, άνθρωπος) dirty · (μτφ.) vulgar
▸ **βρομιάρης** ο, **βρομιάρα** η (υβρ.) filthy person · (μτφ.) scum

βρόμικ|ος επίθ (χέρια, τοίχος) dirty · (ατμόσφαιρα, αέρας) polluted · (μτφ.: άνθρωπος) sleazy · (λόγια) foul (δουλειά, χρήμα) dirty

βρομόλογια τα foul language εν.

βρομ|ώ ρ αμ (ρούχα, άνθρωπος) to stink · (υπόθεση, ιστορία) to be fishy (ανεπ.) · (δουλειά) to be dodgy (ανεπ.) ◆ ε μ to stink of

βροντερ|ός επίθ booming

βροντή η thunder χωρίς πληθ.

βροντ|ώ ρ μ (πόρτα) to slam · (τραπέζι) to bang on · (ακουστικό) to slam down · (παλαμιστή, αντίπαλο) to slam down ◆ ρ αμ (κανόνια) to boom · (βουνό, αίθουσα) to ring (από with)

βροχερ|ός επίθ rainy

βροχή η (μετεωρολογικό φαινόμενο) rain · (προτάσεων, ερωτήσεων) flood · (μετεωριτών) shower

▸ **βροχές** πλ rains

βροχόπτωση η rainfall

Βρυξέλλες οι Brussels

βρύση η (μπάνιου, νεροχύτη) tap (Βρετ.), faucet (Αμερ.) · (πλατείας, χωριού) fountain · (βουνού, δάσους) spring · **η ~ στάζει** the tap is dripping · **η ~ τρέχει** the tap's on

βρώμα η = **βρόμα**

βρωμερός επίθ = **βρομερός**

βρωμιά η = **βρομιά**

βρωμιάρης, -α, -ικο = **βρομιάρης**

βρώμικος επίθ = **βρόμικος**

βρωμ|ώ ρ αμ = **βρομώ**

βυζαίνω ρ μ (γάλα) to suckle · (μωρό, μικρό) to breastfeed · (πιπίλα, δάχτυλο) to suck ◆ ρ αμ to suckle

βυζαντινός επίθ Byzantine

▸ **Βυζαντινή Αυτοκρατορία** Byzantine Empire

βυζί (ανεπ.) το (γυναίκας) boob (ανεπ.) · (ζώου) udder

βυθίζω ρ μ (πλοίο, βάρκα) to sink · (σώμα, κεφάλι) to immerse · (νύχια) to sink · (δάχτυλα, μαχαίρι) to stick

▸ **βυθίζομαι** μεσ ~ομαι στην **απαισιοδοξία** to be deeply pessimistic

βύθιση η (σώματος) submersion ·

(φρεγάτας, αντιτορπιλικού) sinking

βυθισμέν|ος επίθ sunken

βυθ|ός ο (θάλασσας) seabed · (ποταμού) riverbed · (λίμνης) bottom · (κατάπτωσης, παρακμής) depths πληθ. · (= βάθη) deep sea

βυσσινάδ|α η cherry juice

βύσσιν|ο το sour cherry

βυτί|ο το (υγρών) barrel · (αερίων) canister

βυτιοφόρ|ο το tanker

βωβ|ός επίθ = **βουβός**

βώλ|ος ο = **βόλος**

βωμ|ός ο altar

Γ γ

Γ, γ gamma, *third letter of the Greek alphabet*

γαβάθ|α η (σκεύος) (large) bowl · (= περιεχόμενο γαβάθας) bowl(ful)

γαβγίζ|ω ρ αμ (σκύλος) to bark · (ενοχλητικά) to yap · (από πόνο) to yelp · (μτφ.: άνθρωπος) to yell ◆ ρ μ to bark at · **σκύλος ή σκυλί που ~ει δεν δαγκώνει** his/her bark is worse than his/her bite (παροιμ.)

γάβγισ|μα το (σκύλου) bark · (ενοχλητικό) yap · (πόνου) yelp · (μτφ.: ανθρώπου) bark

γάβρ|ος ο = **γαύρος**

γάζα η gauze

γαζ|ώνω ρ μ to machine-stitch

γάιδαρ|ος ο (ζώο) donkey · (υβρ.: για πρόσ.) lout · **~ με περικεφαλαία ή σέλλα** (υβρ.) a real lout · **δένω ή έχω δεμένο τον ~ό μου** to be sitting pretty (ανεπ.) · **δυο ~οι μαλώναν σε ξένο αχυρώνα** (παροιμ.) they're squabbling over something that doesn't even belong to them · **είπε ο ~ τον πετεινό κεφάλα** (παροιμ.) it's the pot calling the kettle black · **ήταν(ε) στραβό το**

κλήμα, το 'φαγε κι ο ~ (παροιμ.) that was the last straw · **κάποιου του χάριζαν (ένα) ~ο, και (αυτός) τον κοίταζε στα δόντια** (παροιμ.) don't look a gift horse in the mouth (παροιμ.) · **πετάει ο ~;** · **πΠετάει!** (για αναγκαστική παραδοχή ή υποχώρηση) a man's got to do what a man's got to do · (για εύπιστο άνθρωπο) he'll/she'll believe anything you tell him/her · **σκάω ~ο** (ανεπ.) to try the patience of a saint

γαϊδούρα η (= θηλυκό γαϊδούρι) female donkey (υβρ.: για γυναίκα) cow (ανεπ.)

γαϊδούρι το (= γάιδαρος) donkey (υβρ.: = για πρόβα.) lout

γάλα το (γενικώ.) milk · (συκιάς) latex · **βγάζω ή κατεβάζω ~** to produce milk · **μου κόβεται το ~** (ανεπ.) to stop producing milk · **φτύνω της μάνας μου το ~** to wish one had never been born
▷**αρνάκι ~κτος** spring lamb
▷**~ άπαχο** low-fat milk
▷**~ αποβουτυρωμένο** skimmed milk (Βρετ.), skim milk (Αμερ.)
▷**~ εβαπορέ** evaporated milk
▷**~ μακράς διαρκείας** long-life milk ▷**~ ομογενοποιημένο** homogenized milk
▷**~ παστεριωμένο** pasteurized milk ▷**~ πλήρες** full-cream milk
▷**~ σκόνη** dried η powdered milk
▷**~ σοκολατούχο** chocolate milk
▷**~ συμπυκνωμένο** condensed milk ▷**~ του κουτιού** tinned milk
▷**~ φρέσκο** ή **νωπό** fresh milk
▷**~ χωρίς λιπαρά** non-fat milk
▷**γουρουνόπουλο ~νος** suckling pig ▷**μοσχαράκι ~κτος** milk-fed veal ▷**σοκολάτα ~κτος** milk chocolate

γαλάζι|ος, -α, -ο blue
▷**γαλάζιο** το blue

γαλακτοκομικ|ός επίθ dairy

γαλακτοπωλεί|ο το (για πώληση)

dairy · (για κατανάλωση) milk bar

γαλακτοπώλης ο (= ιδιοκτήτης γαλακτοπωλείου) owner of a dairy · (= διανομέας γάλακτος) milkman

γαλακτοπώλ|ισσα η = **γαλακτοπώλης**

γαλάκτωμα το (ΧΗΜ) emulsion · (προσώπου) cleansing lotion · (σώματος) moisturizer

γαλανός επίθ pale–blue
▷**γαλανό** το pale ή light blue

γαλαξία|ς ο galaxy
▷**ο Γαλαξίας** ο the Galaxy

γαλαρί|α η (θεάτρου, κινηματογράφου) gallery · (λεωφορείου) back seat · (ορυχείου) gallery · (σιδηροδρομικής γραμμής) tunnel

γαλατάδικ|ο το (= όχημα γαλατά) milk float · (= γαλακτοπωλείο: για πώληση) dairy · (για κατανάλωση) milk bar

γαλατ|άς ο (= ιδιοκτήτης γαλακτοπωλείου) dairyman · (= διανομέας γάλακτος) milkman

γαλατόπιτ|α, γαλακτόπιτα η milk pie

γαλέ|ος ο dogfish

γαλέτ|α η (= παξιμάδι) hardtack · (= τριμμένη φρυγανιά) breadcrumbs πληθ.

γαλήνη η (θάλασσας) calm · (νύχτας) quiet · (εξοχής) peace and quiet · (προσώπου, βλέμματος) serenity · (χώρας, κράτους) peace ▷**ψυχική ~** peace of mind

γαλήνι|ος, -α, -ο (θάλασσα) calm · (ουρανός) clear · (νύχτα) quiet · (φωνή, πρόσωπο) calm · (ζωή) quiet

Γαλλία η France

Γαλλίδα η Frenchwoman

γαλλικ|ός επίθ French · **την κάνω** ή **στρίβω** ή **το σκάω ή φεύγω αλά ~ά** to cut and run (ανεπ.) ▷**~ό κλειδί** wrench ▷**~ό φιλί** French kiss ▷**η Γαλλική Επανάσταση** the French Revolution

▶**Γαλλικά** τα French

Γάλλος ο Frenchman

γαλοπούλα η turkey (hen)

γάμα το gamma, *third letter of the Greek alphabet* · **σχηματίζω η κάνω (ένα) Γ** to be L-shaped

γαμήλι|ος, -α, -ο wedding ▷**-ο ταξίδι** honeymoon

γάμος ο (= *νόμιμη ένωση και συμβίωση*) marriage · (*τελετή*) wedding · (*μυστήριο*) matrimony · (*μτφ.: εταιρειών*) merger · **δίνω υπόσχεση ~ου** to become engaged · **ενώνομαι με τα δεσμά του ~ου** to unite in wedlock · **πάρ' τον στον ~ο σου, να σου πει "και του χρόνου"** (*παρομ.*) you can rely on him to say the wrong thing · **προτείνω ~ η κάνω πρόταση ~ου σε κπν** to propose to sb ▷**αδαμάντινοι ~οι** diamond wedding (*anniversary*) *εν.* ▷**άδεια ~ου** marriage licence (*Βρετ.*) η license (*Αμερ.*) ▷**άκυρος ~** annulment ▷**ανοικτός ~** big wedding ▷**αργυροί ~οι** silver wedding (*anniversary*) ▷**επέτειος του ~ου** wedding anniversary ▷**ημέρα του ~ου** wedding day ▷**θρησκευτικός ~** church wedding ▷**κλειστός ~** private wedding ▷**λευκός ~** white wedding ▷**πιστοποιητικό ~ου** marriage certificate ▷**πολιτικός ~** civil wedding ▷**χρυσοί ~οι** golden wedding (*anniversary*)

γάμπ|α η calf

γαμπρός ο (= *νεόνυμφος*) bridegroom · (= *μελλόνυμφος*) eligible bachelor · (= *ο σύζυγος της κόρης*) son-in-law · (= *ο σύζυγος της αδελφής*) brother-in-law · **~ πού ντυμένος σαν ~** to turn on one's Sunday best

γαμ|ώ ρ μ *επίθ* hooked

γαμ|ώ ρ μ (*χυδ.*) (= *συνουσιάζομαι*)

to fuck (*χυδ.*) · (*μτφ.*: = *νικώ ταπεινωτικά*) to wipe the floor with (*ανεπ.*) · **γάμα η γάμησέ τα** fuck it! (*χυδ.*) · **γάμα η (και) ~ (αργκ.**: = *πολύ καλός*) fucking (*χυδ.*) η bloody (*Βρετ.*) (*χυδ.*) great · (= *πολύ ωραίος*) fucking (*χυδ.*) η bloody (*Βρετ.*) (*χυδ.*) beautiful

▶**γαμιέμαι** *μεσ* (= *εξαντλούμαι*) to work one's arse (*Βρετ.*) (*χυδ.*) η ass (*Αμερ.*) (*χυδ.*) off · **άι η άντε η τράβα (και) ~ήσου!** (*υβρ.*) fuck off! (*χυδ.*) · **δεν ~ιέται!** (*υβρ.*) I don't give a fuck! (*χυδ.*) η damn! (*χυδ.*)

γαμώ το, γαμώ τη *επιφών* (*ανεπ.*) damn (it)! (*χυδ.*)

▶**γαμώτο** to self-respect

γάντζος ο hook

γαντζών|ω ρ μ (*αντικείμενο*) to hook · (*κρέας*) to hang (*on a hook*) · (*μτφ.*: = *αρπάζω*) to grab

▶**γαντζώνομαι** *μεσ*

γάντ|ι το glove · **με το ~** with kid gloves · **μου έρχεται η πάει ~** it fits me like a glove · **ρίχνω η πετώ το ~ σε κπν** to provoke sb

γαργαλητό το tickle

γαργαλίζω ρ μ = **γαργαλώ**

γαργαλ|ώ ρ μ (*μωρό, πατούσες*) to tickle · (*μτφ.*: *αισθήσεις*) to excite · **η μυρωδιά τού φαγητού μου ~άει το στομάχι** the smell of the food is making my mouth water · **με ~άει ο λαιμός μου** I've got a tickly throat

▶**γαργαλιέμαι** *μεσ* to be ticklish

γαργάρα η gargle · **κάνω ~ες (με κτ)** to gargle (with sth) · **κάνω κτ ~** to let sth lie

γαρδένι|α η gardenia

γαρίδ|α η prawn (*Βρετ.*), shrimp (*Αμερ.*) · **~ το μάτι του!** his eyes were out on stalks! · **έγινε το μάτι μου ~ να βρω ξενοδοχείο** I had to look long and hard to find a hotel

γαρίφαλ|ο το (= άνθος) carnation · (ΜΑΓΕΙΡ) clove

γαρνίρισμα το (φαγητού) garnish · (τούρτας) topping

γαρνίρ|ω ρ μ (φαγητό) to garnish · (γλυκό, τούρτα) to decorate

γαρνιτούρ|α η (φαγητού) garnish · (γλυκού, τούρτας) topping · (φορέματος) trimming · (κάγκελου, επίπλου) decorative work

γαρύφαλλο το = γαρίφαλο

γάστρ|α η (= μαγειρικό σκεύος) casserole dish · (= γλάστρα) flowerpot · (ΝΑΥΤ) bottom

γαστρίτιδ|α η gastritis

γαστρονομικός επίθ gastronomic

γάτ|α η (ζώο) cat · ~ με πέταλα crafty devil (ανεπ.) · όσο πατάει η ~ (αγγίζω, πατώ) very gently · (βρέχομαι, βουτώ) just a little bit · όταν λείπει η ~, χορεύουν τα ποντίκια (παροιμ.) when the cat's away, the mice will play (παροιμ.) · ούτε ~ ούτε ζημιά there's no harm done · σαν βρεγμένη ~ (= με ενοχές) with one's tail between one's legs · σκίζω τη ~ to wear the trousers (Βρετ.) ή pants (Αμερ.)

γατάκ|ι το (υποκ.: = μικρή γάτα) kitten · (χάιδ.) puss

γατί το (= γάτα) cat · (= μικρή γάτα) kitten

γάτ|ος ο tomcat
▷ **παπουτσωμένος** ~ Puss in Boots

γαυγίζω ρ αμ = γαβγίζω

γαύρ|ος ο anchovy

γδέρν|ω ρ μ (ζώο) to skin · (δέρμα, επιφάνεια) to scratch · (παπούτσια) to scuff · (λαιμό) to make raw · (μτφ.) to swindle

γδύν|ω ρ μ (= αποσπώ μεγάλο ποσό) to bleed sb dry · (= κλέβω) to rob sb · **οι ληστές μάς έγδυσαν τη νύχτα** the burglars

stripped the house bare in the night

▸ **γδύνομαι** μεσ to get undressed

γδύσιμ|ο το (= ξεντύσιμο) undressing · (= γύμνωμα) stripping

γδυτ|ός επίθ naked · **είμαι** ~ to have nothing on

γεγον|ός το (= συμβάν) event · (= περιστατικό) incident · (= δεδομένο) fact · **από το ότι, εκ του ~ότος ότι** (επίσ.) based on the fact that · **ζω τα ~ότα** to experience events at first hand · **κατά τη φυσική πορεία των ~ότων** in the normal course of events · **τα ~ότα μιλούν από μόνα τους** the facts speak for themselves

γεια η/το (χαιρετισμός) hello · (αποχαιρετισμός) goodbye · ~ **στα χέρια σου!** well done! · ~ **στο στόμα σου!** well said! · **με ~ (σου)!** wish made to someone who has just bought something · **με ~ σου (και) με χαρά σου** and good luck to you

γειρτ|ός επίθ (επιφάνεια) slanting · (πύργος) leaning · (δέντρο) bowed · (ώμος) rounded · (πλάτη) hunched · (πόρτα, παράθυρο) ajar

γείσο, γείσωμα το (στέγης) eaves πληθ. · (τζακιού) mantelpiece · (πηλήκιου) peak

γείτον|ας ο neighbour (Βρετ.), neighbor (Αμερ.)

γειτονεύ|ω ρ αμ (άνθρωποι) to be neighbours (Βρετ.) ή neighbors (Αμερ.) · (χώρες) to share a border

γειτονι|ά η (= τμήμα συνοικίας) neighbourhood (Βρετ.), neighborhood (Αμερ.) · (= γείτονες) neighbours (Βρετ.), neighbors (Αμερ.) · **της ~ς** local

γειτονικ|ός επίθ (δωμάτιο) next · (σπίτι, αυλή) adjacent · (λαός, χώρα) neighbouring (Βρετ.), neighboring (Αμερ.)

γειτόνισσα η βλ. **γείτονας**

γείτσες επιφων bless you!

γελάδ|α η = **αγελάδα**

γελαστ|ός επίθ (παιδί, πρόσωπο) smiling · (μτφ.: τύπος, άτομο) cheerful

γέλι|ο το laugh· **αφήνω ένα δυνατό ~** to laugh out loud · **~ μέχρι τ' αυτιά** big grin · **δεν κρατιέμαι απ' τα ~α** to be helpless with laughter · **δεν μπορώ να κρατήσω τα ~α μου** I can't stop laughing · **είναι για ~α** it's laughable · **είναι για ~α και για κλάματα** it's both funny and sad · **θα πέσει (πολύ) ~α** it'll be good fun! ή a good laugh (ανεπ.) · **κάνω πολλά ~α** to have a lot of fun · **κατουριέμαι απ' τα ~α** (ανεπ.) to be in stitches · (μτφ.) **με πιάνει νευρικό ~α** to get the giggles · **με πιάνουν ή βάζω τα ~α** to start laughing · **ξεσπώ σε δυνατά ή τραντακτά ~α** to burst out laughing · **πεθαίνω στα ~α** to laugh one's head off · **πιάνω την κοιλιά μου απ' τα ~α** to hold one's sides with laughter · **ρίχνω κάτι ~α** to roar with laughter · **σκάω στα ~α** (= ξεσπώ σε γέλιο) to burst out laughing · (= γελώ μέχρι δακρύων) to fall about laughing · **τα ~α μού βγαίνουν ξινά** to laugh on the other side of one's face

▸ **γέλια** πλ laughter εν.

γελοιογραφί|α η (σε εφημερίδα, περιοδικό) cartoon · (γνωστού προσώπου) caricature

γελοιοποι|ώ ρ μ (νόμο, θεσμούς) to make a mockery of · (ιδέες) to ridicule · (άτομο) to make a fool of · (οικογένεια) to show up

γελοί|ος, -α, -ο (= κωμικός προσώπησης) ridiculous · (= αξιος περιφρόνησης: αυτοκίνητο, κατασκευή) pathetic · (μαγαζί) awful · (ποσό) piffling · **γίνομαι ~** to look ridiculous · **μη**

γίνεσαι ~ don't be ridiculous

▸ **το γελοίον** το the funny side

γελ|ώ ρ αμ (= ξεσπώ σε γέλιο) to laugh · (μτφ.: μάτια) to twinkle with laughter · (πρόσωπο) to be all smiles ◆ ρ μ (τύχη) to smile on · (= ξεγελώ) to deceive · **ας μη ~ιόμαστε** let's not kid ourselves · **~άει καλύτερα, όποιος ~άει τελευταίος** (παροιμ.) he who laughs last, laughs longest (παροιμ.) · **~άει κι ο κάθε πικραμένος** it's completely laughable · **~άει το χειλάκι κποιου** to be all smiles · **~ούν και τα μουστάκια ή τα αφτιά μου** to grin from ear to ear · **~ με την καρδιά μου ή με την ψυχή μου** to laugh heartily · **~ μέχρι δακρύων** to laugh till it until one cries · **~ σε ή εις βάρος κποιου** to laugh at sb · **είναι να ~άει κανείς!** it's laughable! · **θα σε ~άσω** don't take my word for it · **μου γέλασε η τύχη** fortune smiled on me · **μου γέλασε κατάμουτρα** he laughed in my face · **~άσανε you're mistaken

▸ **γελιέμαι** μεσ (= απατώμαι) to be deceived · (= λαθεύω) to be mistaken

γεμάτ|ος επίθ (μπουκάλι, ποτήρι) full · (μπαταρία) fully charged · (όπλο) loaded · (μήνας, χρόνος) full · (μτφ.: αίματα, τρίχες) covered in · (ευτυχία, δυστυχία) full of · (δυσκολίες) fraught with · (ευφημ.) plump · **είμαι ~** to be full of questions · **ένα βλέμμα ~ο** ερωτηματικά a questioning look · **η ζωή μου είναι ~η** to have a full life · **~** αστέρια starry ▸ **~ζωή** ή **ζωντάνια** full of life ▸ **~ λακκούβες** bumpy ▸ **~ο φεγγάρι** full moon

γεμίζ|ω ρ μ (= πληρώ) to fill (με with) · (μαξιλάρι, πιπεριά) to stuff (με with) · (όπλο) to load ·

(μπαταρία) to charge ♦ ρ αμ to be full · ~ αισιοδοξία/μίσος to be filled with optimism/hatred · ~ κπν (με) δώρα to shower sb with gifts · τα παπούτσια (με) λάσπες to get one's shoes muddy · τα ρούχα μου αίμα to get blood on one's clothes · ~ το κεφάλι κπoιoυ (με) ιδέες to fill sb's head with ideas · το πιάτο μου με φαγητό to fill one's plate (with food) · ~ το τραπέζι νερά to spill water on the table · ~ το τραπέζι/το πάτωμα (με) ψίχουλα to get crumbs on the table/floor · γέμισα το πουκάμισό μου (με) λεκέδες I stained my shirt · ο αέρας γέμισε μυρωδιές the air was heavy with aromas · ο αέρας γέμιζε ισχύες/ζητωκραυγές the air filled with cries/cheers · τα μάτια μου γέμισαν δάκρυα my eyes filled with tears · το τραπέζι/ πάτωμα έχει γεμίσει νερά the table/floor is covered in water · το φεγγάρι θα γεμίσει/γεμίζει there's going to be/it's a full moon

γέμιση η stuffing ▷ ~ **του φεγγαριού** first quarter

γεμιστός επίθ stuffed
▸ **γεμιστά** τα stuffed vegetables

Γενάρης ο = Ιανουάριος

γενεά η (επίσ.) generation

γενεαλογία η (οικογένειας) genealogy · (πολιτικού) lineage · (κατάλογος) family tree · (μτφ.: κινήματος, ιδέας) development

γενέθλιος, -α, -ο (πόλη, χώρα) native · (πάρτι, δώρα) birthday
▷ ~**α ημέρα** birthday

▸ **γενέθλια** τα birthday εν. ▷ **πάρτι/ τούρτα γενεθλίων** birthday party/cake

γενέτειρα η (= χώρα καταγωγής) homeland · (= ιδιαίτερη πατρίδα) native town ή village · (μτφ.: δημοκρατίας, τέχνης) birthplace

Γενεύη η Geneva

γένι το beard · **ο παπάς πρώτα τα ~α του βλογάει** (παροιμ.) every man for himself (and God for us all ή the Devil take the hindmost) (παροιμ.) · **όποιος έχει τα ~α, έχει και τα χτένια** (παροιμ.) fame comes at a price ▸ **γένια** πλ beard εν.

γενιά η (ανθρώπων, ζώων) family · (Ελλήνων, Ιταλών) race · (του '60, του '70) generation

γενικά, γενικής επίρρ generally · (= σε γενικές γραμμές) in general

γενίκευση η (για παρατήρηση) generalization · (ταραχών, πολέμου) spread

γενικεύω ρ μ to generalize
▸ **γενικεύομαι** μεσ (καταστροφή, πόλεμος) to spread · (κατάσταση, χρήση) to become more widespread · (συζήτηση) to open up · (μόδα) to be popular · (τεχνολογία) to come into general use

γενικός επίθ general · **είναι στο ~ό συμφέρον** it's in the general interest · **η ~ή εικόνα** the general picture ▷ ~**ή άποψη** overview ▷ ~**ή διεύθυνση** general management ▷ ~**ή κατακραυγή** outcry ▷ ~**ή συνέλευση** general meeting

▸ **Γενικός** ο (επίσης ~ **διευθυντής**) general manager · (επίσης ~ **γραμματέας**) Secretary General
▸ **ο γενικός** ο (γκαζιού, νερού) the mains ρλθ. · (επίσης ~ **διακόπτης**) cutoff switch

▸ **γενική** η genitive

▸ **γενικό** το secondary school

γέννα η birth · **οι πόνοι της ~ς** labour (Βρετ.) ή labor (Αμερ.) pains

γενναιοδωρία η generosity

γενναιόδωρος επίθ generous

γενναίος, -α, -ο (στρατιώτης, λαός) brave · (αμοιβή, ποσό)

generous · *(αύξηση, μερίδα)*
substantial · *(μτφ.: γλέντι,
συμπόσιο)* sumptuous
γενναιότητα *η* bravery
γεννημέν|ος *επίθ* born · **είναι
~ απατεώνας!** he's an
out-and-out *ή* absolute crook!
γέννηση *η* birth
► **η Γέννηση** *η* the Nativity
γεννητικ|ός *επίθ* genital ▷ **~ά
όργανα** genitals
γεννήτρι|α *η* generator
γενν|ώ *ρ μ (παιδί)* to give birth
to · *(αβγό)* to lay · *(μτφ.: δυστυχία,
πόνο)* to cause · *(κρίνια)* to give
rise to · *(υπόψιες)* to arouse ·
(αμφιβολίες, ερωτηματικά) to raise ·
έχω ~ήσει κπν *(μτφ.)* to know sb
too well · **όπως τον/τη γέννησε η
μάνα του/της** as naked as the day
he/she was born
► **γεννιέμαι** *μεσ (= έρχομαι στη ζωή)*
to be born · *(μτφ.: κράτος, έθνος)*
to be born · *(προβλήματα)* to
arise · *(ελπίδες, αμφιβολίες)* to be
raised · **-ιέμαι έξυπνος/βλάκας**
to be born stupid/clever
γένιος *ο (= γενιά)* family ·
(= έθνος) nation · *(= πατρικό
όνομα μητέρας)* maiden name ·
(ΒΙΟΛ) genus · *(ΓΛΩΣΣ)* gender · **εν
~ει** overall ▷ **το ανθρώπινο
~** mankind ▷ **φυσικό ~** *(ΓΛΩΣΣ)*
natural gender
γερά *επίρρ (χρόνια)* tight(ly) ·
(χτυπώ) hard · *(φτιάχνω, χτίζω)*
solidly · *(πληρώνομαι)* very well ·
(οικονομάω) a lot
γεράκι *το* falcon
γεράμ|ατα *τα (ανεπ.)* old age *εν.*
καλά ~! *(ως ευχή)* may you live to
a ripe old age! · **με παίρνουν τα
~** old age is catching up with me
γεράνι *το* geranium
γερανός *ο (πτηνό)* crane ·
(μηχάνημα) crane · *(όχημα)* tow
truck

γερασμέν|ος *επίθ (άνθρωπος)*
aged · *(φωνή, όψη)* of an old
person · *(απόψεις, ιδέες)*
old-fashioned
γερατειά *τα* = **γηρατειά**
γέρικ|ος *επίθ (ζώο, δέντρο)* old ·
(μάτια, φωνή) of an old person ·
(δέρμα) wrinkled · *(πρόσωπο)*
age-worn
Γερμανία *η* Germany
Γερμανίδα *η βλ.* **Γερμανός**
γερμανικ|ός *επίθ* German
► **Γερμανικά** *το* German
Γερμανός *ο* German
γερμάς *ο* = **γιαρμάς**
γερν|ώ *ρ αμ* to age · *ρ μ* to age
γέρν|ω *ρ μ (βαρέλι, κανάτι)* to tip ·
(ώμο) to dip · *(πλάτη)* to bend ·
(πόρτα, παράθυρο) to push to ◆ *ρ
αμ (δέντρο, κλαδιά)* to bow ·
(βάρκα) to list · *(πλάτη)* to be
bent · *(άνθρωπος: προς τα κάτω)*
to stoop · *(προς τα πλάγια)* to turn
over · *(= πλαγιάζω)* to lie down ·
(ήλιος) to set · *(= ακουμπώ)* to lean
(σε on) · **~ το κεφάλι (μου)**
(= πλαγιάζω) to lie down ·
(= χαμηλώνω τα μάτια) to bow
one's head · *(μτφ.: = υποτάσσομαι)*
to bow down
γέροντ|ας *ο (= γέρος)* old man ·
(= μοναχός) father
γερόντισσα *η (= γριά)* old lady ·
(= μοναχή) mother superior
γεροντοκόρη *η (μειωτ.: = άγαμη)*
spinster · **είμαι ή κάνω σαν
~** *(μτφ.)* I'm like an old maid
γερός *επίθ (για πρόσ.: = υγιής)*
fit · *(κράση, νεύρα)* strong ·
(θεμέλια) solid · *(σπίτι)* well-built ·
(παπούτσια) sturdy · *(ποτήρι)*
unbroken · *(επιστήμονας, μαθητής)*
capable · *(μυαλό)* excellent ·
(μεσοκάματο) hefty · *(κομπόδεμα)*
substantial · *(καβγάς)* violent ·
(δεσμός, αέρας) strong · *(βροχή)*
heavy · *(γλέντι, απάτη)* big · *(φαί)*

big · **~ή μπάζα** tidy sum · **είναι ~ό σκαρί** (για πλοίο) it's a sturdy boat · (μτφ.: για άνθρωπο) he's as strong as an ox · **είμαι ~ό πιρούνι** ή **κουτάλι** to be a hearty eater · **είμαι ~ό ποτήρι** to be a heavy drinker · **έχω ~ές πλάτες** ή **~ό δόντι** ή **~ό μέσον** to have friends in high places · **ρίχνω ένα (~ό) χέρι ξύλο σε κπν** to give sb a good thrashing · **τρώω ένα (~ό) χέρι ξύλο** to get a good thrashing

γέρ|ος ο (= ηλικιωμένος) old man · **ο ~ μου** (αργκ.) my old man (ανεπ.) · **οι ~οι μου** (αργκ.) my folks (ανεπ.) · **ο ~ πατέρας μου** my old father

γερουσί|α η (= σύγκλητος) senate (μεωτ.) old folks (ανεπ.)
▶ **Γερουσία** η Senate

γεύ|μα το (= φαγητό) meal · (= μεσημεριανό φαγητό) lunch · (επίσ.) banquet · **~ εργασίας** working lunch · **επίσημο ~** formal dinner

γευματίζω ρ αμ (= τρώω) to eat · (= τρώω για μεσημέρι) to have lunch · (επίσ.) to dine

γεύ|ομαι ρ αμ απ to taste

γεύση η taste · **παίρνω μια πρώτη ~** +γεν. to have one's first taste ή experience of

γευστικ|ός επίθ (όργανα, κατηγορίες) taste · (φαγητό) tasty · (κρασί) palatable

γέφυρ|α η bridge

γεφύρι, γιοφύρι το bridge

γεωγραφί|α η (επιστήμη) geography · (μάθημα) geography (lesson) · (βιβλίο) geography book

γεωγραφικ|ός επίθ · **~ή θέση** geographical location · **~ό μήκος** longitude · **~ό πλάτος** latitude ▷ **~ές συντεταγμένες** geographic(al) coordinates

γεωλογί|α η geology

γεωλόγ|ος ο/η geologist

γεωμετρί|α η (επιστήμη) geometry · (μάθημα) geometry (lesson) · (βιβλίο) geometry book

γεωπονί|α η agriculture

γεωπόν|ος ο/η agriculturist

γεωργί|α η (= καλλιέργεια της γης) farming · (ζώας) agriculture ▷ **Υπουργείο Γεωργίας** Ministry of Agriculture

γεωργικ|ός επίθ agricultural

γεωργ|ός ο farmer

γεώτρηση η drilling

γη η (πλανήτης, επιφάνεια) earth · (= ανθρωπότητα, οικουμένη) world · (= έδαφος) ground · (= χώμα) earth · (= ξηρά, οικόπεδο) land χωρίς πληθ. · **άνοιξε η ~ και τον κατάπιε** he vanished into thin air · **~ς Μαδιάμ** havoc · **δεν πατάω στη ~** (από το χαρά μου) (I'm so happy) my feet haven't touched the ground · **κινώ ~ και ουρανό** to move heaven and earth · **να ανοίξει η ~ να με καταπιεί** I wanted the ground to open up and swallow me · **στην (άλλη) άκρη της ~ς** to the ends of the earth · **στον ουρανό σε γύρευα (και) στη ~ σε βρήκα!** you were heaven-sent! ▷ **Γη του Πυρός** Tierra del Fuego ▷ **Γη της Επαγγελίας** the Promised Land

γηγενής, -ής, -ές indigenous

γήιν|ος επίθ (ατμόσφαιρα) earth's · (μαγνητισμός, ακτινοβολία) terrestrial · (αγαθά) worldly · (κόσμος) earthly ▷ **~η σφαίρα** globe
▶ **γήινος** ο earthling

γήπεδ|ο το (ποδοσφαίρου) field · (καλαθοσφαίρισης, αντισφαίρισης) court · (γκολφ) course · (= θεατές) spectators πληθ.

γηπεδούχ|ος, -ος, -ο home

▸**γηπεδούχος** η, **γηπεδούχοι** οι home team

γηρατειά τα (= γεράματα) old age εν. • (= ηλικιωμένοι) elderly ή old people

γηροκομείο το old people's home

ΛΕΞΗ-ΚΛΕΙΔΙ

για, γι' πρόθ **(α)** (για τόπο) to
(β) (για σκοπό) for
(γ) (για χρόνο, καταλληλότητα) for • **για την ώρα** for the time being • **για σένα** for you
(δ) (για αναφορά) about
(ε) (για αντικατάσταση) instead of
◆ **μόρ (α)** (προτρεπτικά) **για να** let's
(β) +προστ. if • **για να ελάτε εδώ!** (you) come here! • **για στάσου!** wait a minute!
◆ σύνδ (= επειδή) because

γιαγιά η (παιδιού) grandmother • (υβρ.) granny (ανεπ.)

γιακάς ο collar

γιαλός ο seashore • **πηγαίνω ~ό-~ό** to go along the shoreline • **κάνε το καλό και ρίξ' το στον ~ό** cast your bread upon the waters

για να σύνδ **(α)** (= με τον σκοπό να) (in order) to • (= επειδή) because • (= ώστε να) to • (= μέχρι να) before

γιαούρτι το, **γιαούρτη** η yog(h)urt

Γιαπωνέζα η βλ. Ιάπωνας

γιαπωνέζικος επίθ = ιαπωνικός

Γιαπωνέζος ο = Ιάπωνας

γιαρμάς ο yellow cling peach

γιασεμί το jasmine

γιατί σύνδ (ερωτηματικός) why • (αιτιολογικός) because
▸**γιατί** το question

γιατρεύω ρ μ (άρρωστο, αρρώστια) to cure • (πληγή) to heal • (μτφ.: πόνο, ψυχή) to heal
▸**γιατρεύομαι** μεσ to be cured

γιατρικό το medicine

γιατρίνα η doctor

γιατρός ο/η (επάγγελμα) doctor • (μτφ.) healer • **ο χρόνος είναι ο καλύτερος ~** time is the best healer • **πήγαινε να σε δει κανένας ~!** you need your head examined!

γιαχνί το casserole (with onions and tomatoes) • **πατάτες ~** potatoes baked with onions and tomatoes

Γιβραλτάρ το Gibraltar ▸ο **Πορθμός του ~, τα Στενά του** the Straits of Gibraltar

γίγαντας ο (κυριολ., μτφ.) giant
▸**Γίγαντας** (ΜΥΘΟΛ) Giant
▸**γίγαντες** πλ butter beans in tomato sauce, ~baked beans

γιγαντιαίος, -α, -ο (κτήριο, κατασκευή) gigantic • (πόσοδος) enormous • (έργο, αναμέτρηση) colossal • **~ μορφή της τέχνης** a giant of the art world

γιγάντιος, -ια, -ιο (διαστάσεις) gigantic • (έργο, επιχείρηση) colossal

γίδα η goat

γίδι το (= κατσικάκι) kid • (υβρ.) lout
▸**γίδια** πλ flock of goats

γιδίσιος, -α, -ο goat's

γιλέκο το waistcoat (Βρετ.), vest (Αμερ.)

ΛΕΞΗ-ΚΛΕΙΔΙ

γίνομαι ρ συνδετ απ
(α) (= δημιουργούμαι: κόσμος) to be created • (προϊόντα) to be made • (φαγητό) to be ready • (κτήριο, μνημείο) to be built
(β) (= είμαι) to become
(γ) (= μετατρέπομαι) to turn into • (για κτήμα) to be turned into
(δ) (= πραγματοποιούμαι) to happen • (δίκη, διαπραγματεύσεις) to be held

(ε) (*αρχ.*: = *καταντώ*) to end up • **(στ)** (= *μεστώνω*) to become ripe • **αυτό γίνεται/δεν γίνεται** that's possible/impossible ▸ **γίνεται** *απρόσ* (= *αρμόζει*) it is right • (= *είναι δυνατόν*) it is possible

γιόγκα *η* yoga
γιορτάζω *ρμ/αμ* to celebrate
γιορταστικ|ός *επίθ* (*κάρτα*) greeting • (*ατμόσφαιρα, όψη*) festive
γιορτ|ή *η* (*επετείου, Χριστουγέννων*) holiday • (= *αργία*) public holiday • (= *ονομαστική εορτή*) name day • (= *τελετή*) celebration • **Κυριακή κοντή ~** (= *η Κυριακή μια σύντομη αργία*) Monday comes around all too quickly • (= *σύντομα θα ξέρω το αποτέλεσμα γεγονότος*) we'll soon find out
▸ **γιορτές** *πλ* holidays
γιορτιν|ός *επίθ* festive ▷ **~ή μέρα** holiday
▸ **γιορτινά** *τα* Sunday best
γιος *ο* son
γιοτ *το* yacht
γιουβαρλάκι|α, γιουβαρελάκια *τα* rice meatballs
γιουβέτσ|ι *το* lamb or beef casserole with pasta and tomatoes
Γιουγκοσλαβία *η* Yugoslavia
Γιουροβίζι|ον *η* (= *Ευρωπαϊκή Ραδιοτηλεοπτική Ένωση*) Eurovision • (= *διαγωνισμός τραγουδιού*) Eurovision song contest
γιρλάντ|α *η* garland
γιωτ *το* = **γιοτ**
γιώτα *το* iota, ninth letter of the Greek alphabet
γκαβ|ός *επίθ* (= *αλλήθωρος*) cross-eyed • (= *στραφός*) blind
▸ **γκαβά** *τα* (*υβρ.*) eyes
γκάζι *το* (= *φωταέριο*) gas • (*στα*

αυτοκίνητα) accelerator • **κόβω (το) ~** to take one's foot off the accelerator
▸ **γκάζια** *πλ* (*αργκ.*) full speed *εν.* • **με τέρμα τα ~** flat out (*ανεπ.*)
γκαζόζ|α *η* lemonade
γκαζόν *το* lawn
γκαλερί *η* gallery
γκάμ|α *η* range
γκαμήλα *η* = **καμήλα**
γκαράζ *το* garage
γκάρισ|μα *το* (*γαϊδάρου*) braying *χωρίς πληθ.* • (*μτφ.*) bellowing *χωρίς πληθ.*
γκαρνταρόμπ|α *η* (= *βεστιάριο*) cloakroom (*Βρετ.*), checkroom (*Αμερ.*) • (= *ρούχα*) wardrobe (*Βρετ.*), closet (*Αμερ.*)
γκαρσόν *το* waiter
γκαρσόν|α *η* waitress
γκαρσόνι *το* = **γκαρσόν**
γκαρσονιέρ|α *η* studio (flat (*Βρετ.*)) ή apartment (*Αμερ.*))
γκαστρών|ω *ρ μ* (= *καθιστώ έγκυο*) to get ή make pregnant • (= *αφήνω σε ανυπομονησία*) to keep waiting • (= *πρήζω*) to pester
γκάφ|α *η* blunder
γκέι *ο* gay
γκέμι|α *τα* reins • **κρατώ τα ~** to hold the reins
γκέτ|ο *το* ghetto
γκίνι|α *η* bad luck
γκισέ *το*, **γκισ|ές** *ο* counter
γκολ *το* (*στο ποδόσφαιρο*) goal • **γίνομαι/είμαι ~** (*αργκ.*) to get/be legless (*ανεπ.*)
γκοφρέτα *η* waffle
γκρέιπ-φρουτ *το* grapefruit
γκρεμίζ|ω *ρ μ* (*σπίτι, τοίχο*) to demolish • (= *ρίχνω κάτω*) to throw down • **~ κπν από τις σκάλες** to throw sb down the stairs • **γρεμίζω κπν στη χαράδρα** to throw sb off a cliff
▸ **γκρεμίζομαι** *μεσ* (*κόσμος, αυτοκρατορία*) to collapse •

γκρέμισμα (ιδανικά) to be destroyed ·

γρεμίζομαι από άλογο/σκαμπό to fall off a horse/a stool ·

γρεμίζομαι από ύψος to fall from a height · **γρεμίζομαι σε χαράδρα/γκρεμό** to fall into a ravine/off a cliff

γκρέμισμα το demolition

▸ **γκρεμίσματα** τα (= ερείπια) ruins · (= συντρίμμια) rubble εν.

γκρεμός ο cliff · **μπρος ~ και πίσω ρέμα** between the devil and the deep blue sea · **ρίχνω κπν στον ~ό** to throw sb off the edge of a cliff

γκρι grey (Βρετ.), gray (Αμερ.)

▸ **γκρι** το grey (Βρετ.), gray (Αμερ.)

γκρίζ|ος, -α, -ο (μαλλιά, ουρανός) grey (Βρετ.), gray (Αμερ.) · (καιρός) dull · (μτφ.) dull

▸ **γκρίζο** το grey (Βρετ.), gray (Αμερ.)

γκρίνι|α η (ανεπ.: = κλάψα) whining χωρίς πληθ. · (= μονομουνία) moaning χωρίς πληθ. · (μωρού) grizzling χωρίς πληθ.

γκρινιάζ|ω ρ αμ (σύζυγος, γυναίκα) to moan · (μωρό) to grizzle ♦ ρ μ (= μεμψιμοιρώ) to grumble ♦ ρ μ to nag

γκρουπ το group

γλάρος ο (sea)gull · **μη φας, (θα) έχουμε ~ο!** forget it!

Γλασκώβη η Glasgow

γλάστρα η flowerpot · (μειωτ.) bimbo (ανεπ.)

γλαφυρ|ός επίθ (ύφος) elegant · (περιγραφή) vivid · (ομιλητής, ποιητής) eloquent

γλειφιτζούρι το lollipop

γλείφ|ω ρ μ (δάχτυλα, γλειφιτζούρι) to lick · (φλόγες) to lick · (θάλασσα: βράχια) to lap against · (μειωτ.: καθηγητή, ανώτερο) to crawl to · **να ~εις τα δάχτυλά σου** mouth-watering

▸ **γλείφομαι** μεσο to lick one's lips

γλείψιμο το (παγωτού, γλειφιτζουριού) licking · (μειωτ.) bootlicking (ανεπ.) · (καθηγητή) sucking up to (ανεπ.)

γλεντ|ές ο fun–lover

γλέντι το party

γλεντώ ρ αμ to have fun ♦ ρ μ (ζωή, νιάτα) to enjoy · (νίκη) to celebrate · (λεφτά) to fritter away · **~ κπν** (= διασκεδάζω) to take sb out · (γυναίκα, άνδρα) to play around with sb

γλιστερ|ός, -ή, -ό slippery

γλιστρ|ώ ρ αμ (άνθρωπος, χέρι) to slip · (σκέφ, βάρκα) to glide · (ποτήρι) to slip · (φως, βροχή) to come in (από through) · (δρόμος, πάτωμα) to be slippery · (χέρι) to slip · **~ από το σπίτι/το δωμάτιο** to slip out of the house/the room · **από μια δύσκολη κατάσταση** to get out of a difficult situation · **έξερω να ~** to be able to wriggle out of things · **~άω σαν χέλι** to be as slippery as an eel · **~ μέσα από τα χέρια κποιου** to slip through sb's fingers · **φέξε μου και γλίστρησα** (ειρ.) better late than never

▸ **γλιστράει** απρόσ it's slippery · **το έδαφος ~άει κάτω από τα πόδια μου** the floor went from under my feet

γλιτών|ω ρ μ (άνθρωπο, χώρα) to save · (τιμωρία, πρόστιμο) to escape · (καταδίκη) to get off · (χρήματα, κόπο) to save ♦ ρ μ (= ξεφεύγω) to escape (από from) · (= σώζομαι) to survive · **~ από έκρηξη** to survive an explosion · **~ με κτ** to get off with sth · **~ παρά τρίχα** ή **στο παρα πέντε** ή **στο τσακ** to have a close shave · **τη ~** (= απαλλάσσομαι) to get away with it · (= σώζομαι) to make it

γλοιώδ|ης επίθ (υγρό, ψαρόκολλα)

γλόμπος slimy · (χηλίδα) sticky · (μτφ.: τύπος, άνθρωπος) unctuous (επία.)

γλόμπ|ος ο (= λάμπα) light bulb · (μτφ.: εωρ.) bald man

γλουτ|ός ο buttock

γλύκ|α η (φαγητού, γλυκού) sweetness · (καιρού) mildness · (φιλιού, ματιών) sweetness · (ζωής, έρωτα) joy · **βλέπω η καταλαβαίνω τη** ~ (ειρ.) to see what life is all about · ~ (μου)! sweetheart! · **είσαι σκέτη** ~ you're so sweet · **μένω με τη** ~ to be disappointed

▸ **γλύκες** πλ (ειρ.) billing and cooing χωρίς πληθ. · **είμαι όλο ~ες** to be all lovey-dovey (ανεπ.)

γλυκαίν|ω ρ μ (κρέμα, καφέ) to sweeten · (καρδιά, τόνο της φωνής) to soften · (πόνο) to ease ♦ ρ αμ (κραασί) to mellow · (σταφύλια) to become sweet · (καιρός) to become milder · (άνθρωπος) to mellow · (φωνή, μάτια) to soften · (πόνος) to ease · (πρόσωπο) to relax

▸ **γλυκαίνομαι** μεσ ~ομαι με κτ to get used to sth

γλυκάνισο το, **γλυκάνισος** ο (φυτό) anise · (αρωματικό συστατικό) aniseed

γλυκερίν|η η glycerine

γλύκισμα το sweet

γλυκό το sweet · **του γλυκού** dessert

γλυκολόγ|ια τα sweet nothings

γλυκομίλητ|ος επίθ softly-spoken

γλυκομιλ|ώ ρ αμ to speak tenderly

γλυκόξιν|ος επίθ sweet-and-sour

γλυκ|ός, -ιά, -ό (κρασί, φρούτο) sweet · (βλέμμα, φωνή) sweet · (νύχτα, καιρός) mild · (αεράκι, θαλπωρή) gentle · (χρώματα) soft · (λόγος) kind · **κάνω τα ~ά μάτια σε κπν** to make eyes at sb ·

όνειρα ~ά! sweet dreams! · **του ~ού νερού** (για ψάρια, φύκια) freshwater · (μειων.: για άνθρωπο) phoney (ανεπ.) ▷ **~ά νερά** fresh water εν.

γλύπτ|ης ο sculptor

γλυπτ|ός επίθ carved

▸ **γλυπτό** το sculpture

γλύπτρ|ια η βλ. **γλύπτης**

γλυτών|ω ρ μ/αμ = **γλιτώνω**

γλύφ|ω ρ μ (επία.) to sculpt

γλώσσα η (ANAT) (= κώδικας επικοινωνίας) language · (παποντσιού, φωτίας) tongue · (ψάρι) sole · **βγάζω** ~ to be cheeky (Βρετ.), to get fresh (Αμερ.) · **βγάζω τη** ~ **μου σε κπν** to stick one's tongue out at sb · **βγάζω τη** ~ **μου σε κτ** to thumb one's nose at sth · **δεν βάζω** ~ **μέσα στο** ή **στο στόμα μου** to talk non-stop · **δεν πάει η** ~ **μου να πω κτ** I can't bring myself to say sth · **έχω κτ στην άκρη της ~ς μου** to have sth on the tip of one's tongue · **έχω μακριά** ή **μεγάλη** ~ to be lippy (ανεπ.) · **η** ~ **κόκαλα δεν έχει και κόκαλα τσακίζει** (παροιμ.) sticks and stones may break my bones, but words will never hurt me (παροιμ.) · **η** ~ **του στάζει μέλι/ φαρμάκι** his words are dripping with honey/poison · **η** ~ **μου πάει ροδάνι** ή **ψαλίδι** to talk nineteen to the dozen (Βρετ.), to talk like crazy (Αμερ.) · **θα σου κόψω τη** ~! (ως απειλή σε παιδί) I'll wash your mouth out with soap! · **κόβει και ράβει η** ~ **μου** to have the gift of the gab · **μάζεψε** ή **κράτησε τη** ~ **σου!** watch your tongue! · **με τρώει η** ~ **μου** (μτφ.) to be dying to spit it out · **μιλάμε άλλη** ~ (μτφ.) we don't speak the same language · **μου βγαίνει η** ~ (= λαχανιάζω) to be out of breath · (μτφ. = ξεθεώνομαι) to be

γλωσσάριο, γλωσσάρι το glossary

γλωσσικός *η* linguistics *επ.*

γλωσσολόγ|ος *ο/η* linguist

γλωσσομαθής *επίθ* multilingual

γνέφω *ρ αμ* to signal ♦ *ρ μ* (*με το κεφάλι*) to nod to · (*με το χέρι*) to wave to · (*με τα μάτια*) to wink at

γνήσι|ος, -α, -ο (*υπογραφή, νόμισμα*) genuine · (*έγγραφο*) authentic · (*μετάξι, χρυσάφι*) pure · (*δέρμα*) genuine · (*έρωτας*) true · (*απόγονος, καλλιτέχνης*) true

γνησιότητα *η* authenticity

γνώμ|η *η* opinion · **εκφράζω ~** to express an opinion · **έχω το θάρρος της ~ς μου** to have the courage of one's convictions

γνωμικ|ό το saying

γνωρίζ|ω *ρ μ* (= ξέρω) to know · (= μαθαίνω) to learn about · (= κάνω γνωριμία) to meet · (*επιτυχία, απογοήτευση*) to meet with · (*χαρά, λύπη*) to know · (*πίκρα*) to feel · (*δόξα*) to know · (*ανάπτυξη*) to undergo · (= αναγνωρίζω) to recognize · (= αντιλαμβάνομαι) to realize · (*κατ.:* = πληροφορώ) to inform · (= συστήνω) to introduce · **~ άνθηση** to flourish

▸ **γνωρίζομαι** *μεσ* (= συστήνομαι) to meet (each other) · (= ξέρω) to know each other

γνωριμί|α *η* acquaintance · (*μτφ.*) familiarity · **μεγάλες ~ες** friends in high places

γνώσ|η *η* (*γενικότ.*) knowledge · **βάζω ~** to see sense · **βάζω ~ σε κπν** to make sb see sense · **είμαι εν τελώ εν ~ει** +*γεν.* to be aware of

εν ~ει +*γεν.* in full knowledge of · **προς ~ και συμμόρφωση, προς ~ιν και συμμόρφωσιν** (*επίσ.*) let that be a lesson to you

▸ **γνώσεις** *πλ* knowledge *εν.*

γνώστης *ο* +*γεν.* expert on

γνωστικός *επίθ* (*επίσ.*) cognitive · (*ανεπ.:* = συνετός) sensible · (= λογικός) rational

γνωστοποιώ *ρ μ* to announce

γνωστ|ός *επίθ* (*γεγονός*) known · (*βιομήχανος, διηγήρος*) noted · (*τραγουδιστής, καλλιτέχνης*) well-known · (*φωνή, φυσιογνωμία*) familiar · **ο ~ και μη εξαιρετέος** (*ειρ.*) the one and only · **είναι ~ό ότι** it is known that · **ως ~όν** (*επίσ.*) as is well known

▸ **γνωστός** *ο*, **γνωστή** *η* acquaintance

γόβα *η* court shoe · **~ες στιλέτο** stilettos (*Βρετ.*), spike heels (*Αμερ.*)

γογγύλι το, **γογγύλ|η** *η* turnip

γόης *ο* charmer

γοητεί|α *η* (*άντρα, γυναίκας*) charm · (*βιβλίου, μουσικής*) appeal · (*χρωμάτων*) attractiveness · (*εξουσίας*) lure · **η ~ των ματιών της** her attractive eyes

γοητευτικός *επίθ* (*άντρας, γυναίκα*) charming · (*μάτια, χρώματα*) attractive · (*πίνακας, βιβλίο*) enchanting

γοητεύω *ρ μ* (*άντρας, γυναίκα*) to charm · (*πίνακας, βιβλίο*) to enchant · (*μουσική, τραγούδι*) to appeal to

γόητρο το prestige

γόμ|α *η* (= γομολάστιχα) eraser · (= κόλλα) glue

γόμμα *η* = γόμα

γονατίζ|ω *ρ αμ* (*στο έδαφος, στο πάτωμα*) to kneel (down) · (*στο Θεό, στην ομορφιά*) to kneel · (*από την πείνα, τις κακουχίες*) to be brought to one's knees ◆ ϱ μ ~ **κπν** to force sb to their knees

γόνατ|ο *το* knee · **γραμμένο στο ~** written quickly · **μεγαλώνω κπν στα -ά μου** to bring sb up from a baby · **παίρνω κπν στα -ά μου** to sit sb on one's lap · **πέφτω στα ~α** to fall on ή το one's knees · **πήγε το γλέντι ή η φωνή ~** (*ανεπ.*) to have a whale of a time (*ανεπ.*)

γον|έας *o/η* parent
▶ **γονείς** *πλ* parents

γονιμοποίηση η (ΒΙΟΛ) fertilization · (ΒΟΤ) pollination
▷ **τεχνητή ~** artificial insemination

γονιμοποιώ ϱ μ (*ωάριο*) to fertilize · (*φυτά*) to pollinate

γόνιμ|ος *επίθ* (*χώμα, γη*) fertile · (*μτφ.: συζήτηση, συνεργασία*) fruitful · (*σταδιοδρομία*) prolific · (*κριτική*) constructive · (*για γυναίκα: μέρες*) fertile · **-ο έδαφος** (*μτφ.*) fertile ground

γονιμότητ|α η fertility

γονι|ός *o* = **γονέας**

γόν|ος *o* (*επίσ. = παιδί*) descendant · (= *σπέρμα*) seed · (= *αβγά ψαριών*) spawn *χωρίς πληθ.* · (= *νεογνά ψαριών*) fry *πληθ.*

γόπ|α η (*ψάρι*) bogue · (= *αποτσίγαρο*) cigarette end

γοργόν|α η mermaid

γοργ|ός *επίθ* (*βήματα, διασκελισμοί*) swift · (*πνεύμα, μυαλό*) nimble

γορίλ|ας *o* gorilla

γούβ|α η hollow

γουδ|ί *το* mortar · **το ~ το -οχέρι (και τον κόπανο στο χέρι)** the same old story

γουδοχέρ|ι *το* pestle

γουλ|ί *το* stalk · **είμαι κουρεμένος ~** to have one's head shaved

γουλιά η sip · **~ ~** a sip at a time

γούν|α η fur · **έχω ράμματα για τη**

~ κπιου to have the goods on sb · **καίω τη ~ κπιου** to show sb up

γουναράδικ|ο *το* furrier's shop

γούνιν|ος *επίθ* fur

γούρ|ι *το* (*ανεπ. = καλή τύχη*) (good) luck · (= *αντικείμενο πού φέρνει τύχη*) lucky charm · **γύρισε το ~** my/his/her luck turned · **φέρνω ~ σε κπν** to bring sb luck

γουρούν|α η (*ανεπ.: = θηλυκό γουρούνι*) sow · (*για ισχυρό: υβρ.*) cow (*ανεπ.*) · (*αργκ.: μοτοσυκλέτα*) trike (*ανεπ.*)

γουρούν|ι *το* (= *χοίρος*) pig (*υβρ.: = χυδαίος*) swine (*ανεπ.*) · (= *βρόμικος*) pig (*ανεπ.*) · **αγοράζω ή παίρνω ~ στο σακί** to buy a pig in a poke · **όλα τα ~ την ίδια μύτη ή μια μούρη έχουν** (*μειωτ.*) they're all the same

γουστάρ|ω ϱ μ (*αργκ.: = μου αρέσει*) to like · (= *θέλω*) to want(*ανεπ.*) ◆ ϱ αμ to like it

γούστ|ο *το* (= *αντίληψη*) taste · (= *ό,τι διασκεδάζει*) fun · **-μου και ~ σου** there's no accounting for tastes · **~ μου και καπέλο μου** that's how I like it and that's how it's going to be · **δεν είναι του ~υ μου** it's not to my taste · **είναι θέμα ~υ** it's a matter of taste · **έχει ~** (= *είναι ευχάριστος*) to be fun · **έχει ~ να με απολύσουν/με άκουσαν** I hope they don't fire me/didn't hear me · **κάνω κπν ~** to take a liking to sb · **κάνω το ~ μου** to do as one pleases · **είναι του ~υ μου** I like it · **ο καθένας με το ~ του** each to his own · **χάριν ~υ, για ~** (just) for fun

▶ **γούστα** *πλ* tastes · **βγάζω -α** to do what one wants

γοφ|ός *o* hip

γραβάτ|α η tie

γράμμ|α *το* letter · **άνθρωπος των γραμμάτων** a man of letters

διαβάζω βουλωμένο ~ to be very perceptive · **παίζω κτ κορώνα~~τα** to gamble with sth · **το** ~ **του νόμου** the letter of the law
▶**γράμματα** πλ (= φιλολογία) literature εν. · (= μόρφωση) education εν. · (= γραφικός χαρακτήρας) (hand)writing εν. · (= τίτλοι ταινίας) credits · (= υπότιτλοι ταινίας) subtitles · **μ' όποιον δάσκαλο καθίσεις, τέτοια ~τα θα μάθεις** (παροιμ.) like master like man · **ξέρω ~τα** to be able to read and write · **πιάνω τα ~τα** to be a quick learner
γραμμάρι|ο το gram
γραμματ|έας ο/η secretary
γραμματεί|α η (σχολής) secretary's office · (ιδρύματος) secretariat · (= λογοτεχνία) literature
γραμματεύς ο/η (επίσ.) = **γραμματέας**
γραμματική η (ΓΛΩΣ) grammar · (βιβλίο) grammar book
γραμμάτι|ο το promissory note
▷**τραπεζικό** ~ bank draft
▷ ~ **Δημοσίου** government bond
γραμματοκιβώτι|ο το letter box (Βρετ.), mailbox (Αμερ.)
γραμματόσημ|ο το stamp
γραμμέν|ος επίθ (λόγια) written · (τετράδιο, πίνακας) covered in writing · (για μαθητή) well-prepared · (σε κατάλογο) registered · **έχω κπν** ~ (χυδ.) to ignore sb
▶**γραμμένο** το, **γραμμένα** τα destiny · **της μοίρας τα ~α** it's written in the stars
γραμμή η line · (θερμομέτρου) degree · (οργάνου) mark · (πελατών) queue (Βρετ.), line (Αμερ.) · (δέντρων) row · (φορέματος, παντελονιού) cut · (δρομολόγιο) route · (σώματος, τοπίου) outline · **ανοιχτή** ~ (επικοινωνίας) (μτφ.)

communication · **διαβάζω μέσα ή κάτω από τις ~ές** to read between the lines · **είμαι στην πρώτη** ~ **της επικαιρότητας/ ενδιαφέροντος** to be highly topical/the focus of interest · **έχει ωραία** ~ she has a nice figure · **η πρώτη** ~ (μάχης) the front line · (αγώνα ή κινήματος) the forefront · **η πρώτη** ~ **της δημοσιογραφίας** the front page · **μπαίνω στη** ~ (= στοιχίζομαι: μαθητές) to queue (up) (Βρετ.), to stand in line (Αμερ.) · (στρατιώτες) to fall in line · (= παρατάσσομαι δίπλα σε άλλους) to get in line · (= παρεμβάλλομαι σε τηλεφωνική συνομιλία) to be on the line · **παίρνω ~τα μαγαζιά/σπίτια** to go to one shop/house after another · **πρώτης ~ς** first–rate · **σε γενικές ~ές** in broad outline · **τραβάω** ~ to draw a line (μτφ.) to turn the page · **φεύγω ή πηγαίνω ~ για το σπίτι** to go straight home
▷ ~ **του ορίζοντα** skyline
▷**σιδηροδρομική** ~ railway line (Βρετ.), railroad (Αμερ.)
▷**τηλεφωνική** ~ telephone line
▷ ~ **παραγωγής** production line
▶**γραμμές** πλ tracks
γραμμικ|ός επίθ linear ▷**Γραμμική (γραφή) Α** Linear A ▷**Γραμμική (γραφή) Β** Linear B ▷**ό σχέδιο** graphic design
γραμμόφων|ο το gramophone
γρανίτα η water ice
γρανίτης ο (πέτρωμα) granite · **είμαι/παραμένω** ~ (μτφ.) to be/ remain unbending
γραπτ|ός επίθ written
▶**γραπτό** το paper · βλ. κ. **γραφτός**
γραπτώς, γραπτά επίρρ in writing
γρασίδι το grass
γρατζουνιά η scratch
γρατζουνίζ|ω ρ μ to scratch
γρατζούνισ|μα το scratch

γρατσουνιά η = γρατζουνιά

γρατσουνίζ|ω ρ μ = γρατζουνίζω

γρατσούνισ|μα το = γρατζούνισμα

γραφεί|ο το (έπιπλο) desk • (= δωμάτιο σπιτιού) study • (επιχείρηση και χώρος εργασίας) office ▷**Γραφείο Ευρέσεως Εργασίας** job centre (Βρετ.), unemployment office (Αμερ.) ▷ **~ συνοικεσίων** dating agency ▷ **~ δασκάλων** ή **καθηγητών** staff room ▷ **διαφημιστικό ~** advertising agency ▷ **ταξιδιωτικό ~** travel agency ▷ **τουριστικό ~** tourist office ▷ **υπάλληλος ~ου** office worker • **γραφεία** πλ (κόμματος) central office • (υπηρεσίας, ιδρύματος) headquarters εν. ή πληθ. • (επιχείρησης) head office

γραφειοκράτης ο bureaucrat

γραφειοκρατία η bureaucracy

γραφειοκράτισσα η βλ. **γραφειοκράτης**

γραφή η (= αποτύπωση λόγου) writing • (μάθημα) writing lesson • (= γράψιμο) writing ▷**Αγία Γραφή** Holy Scripture • **Γραφές** πλ **οι Γραφές** the Scriptures

γραφικός επίθ (εργασίες, εξέταση) written • (κήπος, τόπιο) picturesque • (άνθρωπος, τύπος) colourful (Βρετ.), colorful (Αμερ.) • (καλλιτέχνης) eccentric • (ύφος, διήγηση) graphic ▷ **~ή ύλη** stationery • **γραφικά** πλ graphics

γραφίτης ο (ορυκτό) graphite • (χρώμα) dark grey (Βρετ.) ή gray (Αμερ.)

γραφομηχανή η typewriter

γραπτός επίθ (εξέταση) written • **γραπτό** το destiny • **είναι ~ό** it's meant to be • **είναι ~ό μου να**

κάνω κτ to be destined to do sth • **είναι ~ό από τη μοίρα** ή **της μοίρας** it's written in the stars

γράφ|ω ρ μ (έκθεση, γράμμα) to write • (= κρατώ σημείωση) to write (down) • (για ημερομίδα, βιβλίο) to say • (= σχεδιάζω: σχήμα, κύκλο) to draw • (= διαγράφω) to describe • (για μετρητή) to read • (για παράβαση) to book • (παιδί, μαθητή) to enrol (Βρετ.), to enroll (Αμερ.) • (έσοδα, έξοδα) to enter • (για ορθογραφία) to spell ▷ **α μι** (γεννιόμ.) to write • (= συμμετέχω σε εξετάσεις) to have exams • **αν με ξαναδείς, γράψε μου!** you'll never set eyes on me again! • **~ κπν/κτ** (στα παλιά μου τα παπούτσια) ή **κανονικά και με το νόμο** ή **εκεί που δεν πιάνει μελάνι** not to care two hoots about sb/sth • **~ κπν/κτ στ' αρχίδια μου** (χυδ.) not to give a fuck about sb/sth (χυδ.) • **~ κπν στα μαύρα τα κατάστιχα** ή **στη μαύρη λίστα** to blacklist sb • **~' τα** (στον λογαριασμό μου) put it on my account • **~' το καλά στο μυαλό σου** don't forget it • **~ την περιουσία/το σπίτι σε κπν** to leave one's fortune/the house to sb • **~ει τίποτε ενδιαφέρον η εφημερίδα;** is there anything interesting in the paper? • **(και) να μας ~εις** (= μη μας ξεχάσεις) keep in touch • (ειρ.) good riddance • **έγραψε!** (προφ.) right on! (ανεπ.) • **τι ~ουν για το θέμα οι εφημερίδες;** what do the papers say about the matter?

γράφομαι μεσ (= εγγράφομαι) to enrol (Βρετ.), to enroll (Αμερ.) • (βιβλίο, εφημερίδα) to write • **γράφει** απρόσ it says • **ό, τι ~ει δεν ξε~ει** (για το μέλλον) what will be, will be • (για το παρελθόν) what's done is done

γράψιμ|ο το (= γραφή) writing •

(= γραφικός χαρακτήρας) (hand)writing · **έχω κπν στο ~** (ανεπ.) not to give a damn about sb (ανεπ.)
▶ **γραψίματα** πλ written exams
γρήγορα επίρρ (= με μεγάλη ταχύτητα) quickly · (= σύντομα: καταλαβαίνω, τελειώνω) soon · **διαβάζω ~** to read quickly
γρήγορος επίθ (άλογο, καράβι) fast · (βήμα) quick · (ρυθμός) fast · (κοίταγμα, νεύμα) quick · (μυαλό) quick · (προαγωγή, αποφάσεις) quick · (ανάπτυξη, εξελίξεις) rapid · **είμαι ~ πιστόλι** to be a sharp shooter (μτφ.: ανεπ.) to be on the ball · **είμαι ~ σε κτ** to be fast ή quick at sth · **με ή σε ~ους ρυθμούς** at a rapid pace
γριά η old woman · **κότα/ φοράδα** old hen/mare
γρίλια η louvre (Βρετ.), louver (Αμερ.)
γρίπη η flu
γρίφος ο (= αίνιγμα) riddle · (μτφ.: για άνθρωπο) enigma · (για κατάσταση) puzzle
γροθιά η (= κλειστή παλάμη) fist · (= μπουνιά) punch
γρονθοκοπ|ώ ρ μ to punch
γρουσούζης, -α, -ικο jinxed
▶ **γρουσούζης** ο, **γρουσούζα** η unlucky person
γρουσουζιά η bad luck
γρυ το grunt · **δεν βγάζω ~** not to breathe a word · **δεν καταλαβαίνω ή σκαμπάζω ξέρω ~** to understand/to know nothing
γρύλ|ος ο (= τριζόνι) cricket · (εργαλείο) jack · (= σύρτης παραθύρου) latch
γυάλα ο (ψαριών) bowl · (ανεπ.: για μωρό) incubator
γυαλάδα η shine
γυαλί το (βιτρίνας) glass · (= τζάμι) pane · (μτφ.: μεωτ.: = τηλεόραση)

TV · **είμαι από ~** (ειρ.) to be fragile · **σπάει ή ραγίζει το** (μτφ.) it's all over between them · **τον/τη/το θέλει ή πάει το** ~ he/she looks good on TV · **το πάτωμα είναι** ~ the floor is sparkling clean
▶ **γυαλιά** πλ (για την όραση) glasses · (= κομμάτια) glass εν. · **βάζω ή φοράω (τα)** ~ **σε κπ** to get the better of sb · **τα κάνω ~ιά-καφρια** to smash everything up ▷ **~ά του ηλίου** sunglasses
γυαλίζ|ω ρ μ to polish ♦ ρ μ (κουμπιά, μάτια) to shine · **αυτά τα παπούτσια μου γυάλισαν το μάτι** those shoes caught my eye · **~ει το μάτι μου** to have a wild look in one's eye · **τον πάγκο** (Αθλ: αργκ.) to be sidelined · **μου ~ει κπς** to take a shine to sb
γυάλιν|ος επίθ glass
γυάλισμα το polishing
γυαλιστερ|ός επίθ shiny
γυαλοπωλείο το = **υαλοπωλείο**
γυμνάζ|ω ρ μ (σώμα, πόδια) to exercise · (παίχτη, άλογο) to train · (στρατιώτη) to drill · (μαθητή) to school
▶ **γυμνάζομαι** μεσ (στο τρέξιμο, στην πάλη) to train · (= κάνω γυμναστική) to exercise
γυμνάσι|ο το (ΣΧΟΛ) secondary school (Βρετ.), high school (Αμερ.) · (ΑΡΧ ΙΣΤ) gymnasium
▶ **γυμνάσια** πλ exercises · **κάνω ~α σε κπν** to put sb through the mill
γυμνασμένος, -η, -ο trained
γυμναστήρι|ο το (= χώρος άθλησης) gym · (= γήπεδο) stadium
γυμναστής ο (= αθλητής γυμναστικής) gymnast · (= προπονητής αθλητών) trainer · (= καθηγητής φυσικής αγωγής) PE teacher

γυμναστική η (= σωματική άσκηση) exercise · (άθλημα) gymnastics εν. · (μάθημα) PE lesson

γυμνάστρι|α η βλ. **γυμναστής**

γύμνι|α η (αρν.: σώματος) nudity · (μτφ.: πνεύματος, ψυχής) emptiness · (τοπίου, εικόνας) bareness

γυμνισμ|ός ο nudism

γυμνιστ|ής ο nudist

γυμνίστρια η βλ. **γυμνιστής**

γυμν|ός επίθ (ανθρώπου, σώμα) naked · (πλάτη, ώμος) bare · (σπαθί, ξίφος) drawn · (μτφ.: τοπίο, βράχος) bare · (δάσος) denuded · (μτφ.: = φτωχός) poor · (φωτογραφία, πόζα) nude · **δια ~ού οφθαλμού** (επίσ.) **με ~ό μάτι** (ανεπ.) with the naked eye · **είμαι ~ από κτ** (= ανεπαρκής) to be devoid of sth

▸ **γυμνά** τα (= φωτογραφίες) nude photographs · (= σκηνές) nude scenes

▸ **γυμνό** το (= γύμνια) nudity · (ΤΕΧΝ) nude

γυμνών|ω ο μ (άνθρωπο) to strip · (στήθη) to bare · (σπαθί) to draw · (μτφ.: σπίτι) to strip · **~ τα πόδια μου** to take one's shoes and socks off

▸ **γυμνώνομαι** μεσ to take one's clothes off

γυναίκ|α η (= θηλυκό πρόσωπο) woman · (ανεπ.: = σύζυγος) wife · **κάνω κποια ~ μου** to marry sb · **κλείνω ως ~** (= γερνώ) to grow old · (= σταματώ να ψάχνω για άνδρα) not to be looking for a husband any more

γυναικ|άς ο (ανεπ.) womanizer

γυναικεί|ος, -α, -ο (φύλο, σώμα) female · (διαίσθηση) feminine · (φύση) woman's · (σπουδές, θέματα) women's · (κίνηση)

feminist · (εσώρουχα, ρούχα) women's · (χτένισμα, δάχτυλα) feminine · (μειων.: ασχολίες) feminine · (δουλειές) woman's · (= θηλυπρεπής: περπάτημα, φωνή) effeminate · (πληθυσμός) female · (οργάνωση) women's · **~ες συζητήσεις** girl talk **ο~ο μοναστήρι** convent

γυναικολογί|α η gynaecology (Bρετ.), gynecology (Aμερ.)

γυναικολόγ|ος ο/η gynaecologist (Bρετ.), gynecologist (Aμερ.)

γύπ|ας ο vulture

γυρεύ|ω ο μ (δραπέτη, κλειδιά) to look for · (βοήθεια, χρήματα) to ask for · (δικαιοσύνη, το δίκιο μου) to want · (παντρειά) to want · (μπλεξίματα) to be looking for · **~ να κάνω κτ** to want to do sth **πάω ~οντας για κτ** to be asking for sth **πάει ~οντας να φάει το κεφάλι του** he's asking for trouble · **τρέχα γύρευε!** forget about it!

γυρίζ|ω ο μ (κλειδί, διακόπτη) to turn · (όπλο, κάμερα) to point (κατά πάνω ή προς at) · (κανάλι, σταθμό) to switch · (ανεπ.: φιλο, φιλοξενούμενο) to show around · (χώρα, κόσμο) to travel · (μαγαζιά, εταιρείες) to go around · (ανάποδα: παντελόνι, μπλούζα) to turn inside out · (μτφ.: παιχνίδι, αποτέλεσμα) to turn around · (λεφτά, βιβλίο) to give back · (συναλλαγματική) to endorse · (ταινία, σκηνή) to shoot ♦ ο αμ (πλανήτες, δίσκος) to spin · (ωροδείκτες) to turn · (μτφ.: κεφάλι) to spin · (= αλλάζω κατεύθυνση) to turn around · (στα μπαρ, κέντρα) to hang around · (άσκοπα) to wander about · (= επιστρέφω) to go back · (κόσμος, κοινή γνώμη) to turn (υπέρ/ εναντίον in favour of/against) · (κατάσταση, πράγματα) to change ·

~ει ο τροχός things change·
~ κτ στο αστείο to make a joke out of sth· **~ με κπν** (ανεπ.) to go out with sb· **~ μπροστά/πίσω** (ταινία, κασέτα) to forward/rewind· **~ όλο τον κόσμο** to travel all over the world· **~σαν (τη) σβούρα** (= είμαι υπερκινητικός) to run around· (= είμαι πολυάσχολος) to be in a flat spin· **~ στο σοβαρό** to turn serious· **το κεφάλι ή τα μυαλά κποιου** (= μεταπείθω) to change sb's mind· **την πλάτη (μου) σε κπν** (κυριολ., μτφ.) to turn one's back on sb· **φύλλο** to change one's tune· **να πας και να μη γυρίσεις!** (κατάρα) good riddance! **όταν εσύ πήγαινες, εγώ γύριζα** (μτφ.) don't teach your grandmother to suck eggs· **τα ~** to go back on one's word

γύρισ|μα το (σελίδας, διακόπτη) turn· (όπλου, κάμερας) pointing· (δρόμου) turn· (στην πατρίδα, στο χωριό) return· (χρημάτων, βιβλίων) return· (μπάλας) return· (φορέματος, παντελονιού) taking up· (ταινίας, σκηνής) shoot· (τύχης) reversal· **έχει ο καιρός γυρίσματα** life has its ups and downs· **του χρόνου τα γυρίσματα** things change

γυρισ|μός ο return· **παίρνω τον δρόμο του ~ού** to start back

γυρν|ώ ρ μ = **γυρίζω**

γύρ|ος ο (λιμανιού, χωραφιού) perimeter· (βαρελιού) hoop· (φούστας) hem· (καπέλου) brim· (ωροδείκτη) turn· (χώρας) tour· (συνομιλιών, εκλογών) round· (αγώνα δρόμου) lap· (ψαγητού) pork gyros· **ο ~ της Γαλλίας** (ποδηλατικό αγώνισμα) the Tour de France

γύρω επίρρ (= περιφερειακά) around· (= σχετικά με) about· **έχει ~ του/της ικανούς**

ανθρώπους he/she is surrounded by capable people· **τα ~** the outskirts ▷~~~ **όλοι** (παιδικό παιχνίδι) = ring a ring o'roses

γύψιν|ος επίθ plaster
 ▸ **γύψινα** τα mouldings (Βρετ.), moldings (Αμερ.)

γύψ|ος ο (ορυκτό) plaster of Paris· (= νάρθηκας) cast

γιαβ|ός ο = **κωβιός**

γωνι|ά η (= σπίτι) home· **κάθομαι στη ~ μου** (ανεπ.) to mind one's own business· βλ. κ. **γωνία**

γωνί|α η (τριγώνου) angle· (τραπεζιού, βιβλίου) corner· (μτφ.: = τοποθέτηση) angle· (ψωμιού, γλυκού) end· (= απομακρυσμένο τμήμα χώρας) out-of-the-way spot· (εργαλείο) set square· **βάζω κπν/κτ στη ~** to push sb/sth aside· **πήγαινε στη ~ να δεις αν έρχομαι** (αργκ.) tell me about it (ανεπ.) ▷ **μαγαζί** ~ corner shop ▷ **οπτική** ~ point of view
 ▸ **γωνίες** πλ angles

γωνιακ|ός επίθ corner· (σπίτι) on the corner

γώπ|α η = **γόπα**

Δ δ

Δ, δ delta, *fourth letter of the Greek alphabet*

δαγκανιά η = **δαγκωνιά**

δαγκάν|ω ρ μ/αμ = **δαγκώνω**

δάγκω|μα το bite

δαγκωματι|ά η bite

δαγκωνι|ά η (ζώου) bite· (= δάγκωμα) bite (mark)· (από φιλί) lovebite· (ψωμιού, μήλου) bite

δαγκών|ω ρ μ (πόδι, χέρι) to bite· (μήλο) to bite into· (ψωμί) to bite off a piece of ◆ ρ αμ to bite· **"προσοχή! Ο σκύλος ~ει"**

"beware of the dog!"

▸ **δαγκώνομαι** μεσ to bite one's lip · ή tongue

δαίδαλος ο maze

δαίμονίας ο (= διάβολος) devil · (ΜΥΘΟΛ) demon · **άι στον ~a!** go to hell! · **που να πάρει ο ~!** to hell with it!

▸ **δαίμονες** πλ demons

δαιμόνιο|ς, -α, -ο (= διαβολικός) demonic · (έμπορος, επιχειρηματίας) resourceful · (σχέδιο) cunning · (εφεύρεση) ingenious

δαιμονισμέν|ος επίθ (= που κατέχεται από δαίμονες) possessed · (= παράφρων) like one possessed · (= θόρυβος) deafening · (φασαρία) tremendous

δάκρυ| το tear

δακρύζω ρ μ (άνθρωπος) to cry · (μάτια) to water

δακρυσμένος επίθ (άνθρωπος) in tears · (μάτια) filled with tears · (πρόσωπο) tear-stained

δακτυλάκι το = δαχτυλάκι

δακτυλίδι| το = δαχτυλίδι

δακτυλικ|ός επίθ dactylic · **-ά αποτυπώματα** fingerprints · **παίρνω (τα) ~ά αποτυπώματα από κπν** to fingerprint sb

δακτύλι|ος (επία.) ring ▹(κυκλοφοριακός) ~ area in the centre of a town where traffic restrictions apply

δάκτυλο το = δάχτυλο

δακτυλογράφηση η (σε γραφομηχανή) typing · (σε ηλεκτρονικό υπολογιστή) keying

δακτυλογράφ|ος ο/η typist · (σε ηλεκτρονικό υπολογιστή) keyboarder

δακτυλογραφώ ρ μ (σε γραφομηχανή) to type · (σε ηλεκτρονικό υπολογιστή) to key

δαμάζω ρ μ (άλογο) to break in · (λιοντάρι, τίγρη) to tame · (παιδί, μαθητή) to discipline · (οχολική τάξη) to bring under control · (στρατιώτες, πλήθος) to bring under control

δαμάσκηνο το plum

Δανέζα η βλ. Δανός

δανέζικος, -η, -ο = δανικός

Δανέζος ο = Δανός

δανείζω ρ μ to lend · **- κτ σε κπν** to lend sth to sb

▸ **δανείζομαι** μεσ to borrow

δανεικός επίθ (βιβλίο) on loan · (ρούχο) borrowed

▸ **δανεικά** τα loan εν. · **ζητώ -ά** to ask for a loan

δάνειο το loan (word)

δάνει|ος, -α, -ο loan

δανειστής ο creditor

Δανή η βλ. Δανός

Δανί|α η Denmark

δανικ|ός επίθ Danish

▸ **Δανικά, Δανέζικα** τα Danish εν.

Δαν|ός ο Dane · **οι -οί** the Danes

δαντέλα η lace

δαντελένι|ος, -ια, -ιο lace

δαπάνη η (προϋπολογισμού, άμυνας) expenditure · (δικαστηρίου, διαδίκων) costs πληθ. · (μισθοδοσίας, ύδρευσης) expenses πληθ. · (χρημάτων) outlay · (χρόνου, ενέργειας) expenditure

δαπανηρός επίθ costly

δαπανώ ρ μ to spend

δάπεδο το (σπιτιού, εκκλησίας) floor · (= υλικό πατώματος) flooring

δασικ|ός επίθ forest ▹**-ή έκταση** forest ▹**-ή υπηρεσία** = forestry commission (Βρετ.), = forest service (Αμερ.) ▹**~ πλούτος** forest resources

δασικός ο forester

δασκάλα η teacher · βλ. κ. δάσκαλος

δάσκαλ|ος ο (Αγγλικών, μουσικής) teacher · (τένις, σκι) instructor · (= δεξιοτέχνης) master · (στις δικαιολογίες, στην απάτη) past master (σε at) ▷ ~ **δημοτικού σχολείου** primary (Βρετ.) ή elementary (Αμερ.) school teacher ▷ ~ **κατ' οίκον** private tutor

δασμ|ός ο duty

δάσ|ος το wood

δασοφύλακ|ας ο forest ranger

δασοφυλακή η (= κρατική δασική υπηρεσία) forestry commission (Βρετ.), forest service (Αμερ.) · (= σώμα δασοφυλάκων) forest rangers πληθ.

δασώδης επίθ wooded

δαυλ|ί το (= μικρός δαυλός) small torch · (= καυσόξυλο) firewood

δαυλ|ός ο torch

δάφνη η (= δέντρο) bay tree · (στη μαγειρική) bay leaf
▶ **δάφνες** πλ laurels

δαχτυλάκ|ι το (γενικότ. χεριού) finger · (ποδιού) toe · (= το πιο μικρό δάχτυλο: χεριού) little finger · (ποδιού) little toe

δαχτυλίδι το ring ▷ ~ **αρραβώνων** engagement ring

δαχτυλικ|ός επίθ = **δακτυλικός**

δάχτυλ|ο το (χεριού) finger · (ποδιού) toe · (ζώου) claw · (για ποτό) finger · (για ύψος) centimetre (Βρετ.), centimeter (Αμερ.)

δεδομέν|ο το (κατάστασης, υπόθεσης) fact · (προβλήματος, άσκησης) data ▷ **βάση ~ων** database ▷ **τράπεζα ~ων** databank

δεδομένο επίθ given

δέηση η supplication (επίσ)
▷ **επιμνημόσυνος** ~ memorial service

δείγμα το (κρασιού) sample · (υφάσματος) swatch · (χρωμάτων)

sampler · (αρώματος, κρέμας) tester · (ούρων, αίματος) specimen · (αδυναμίας, προόδου) sign · (εκτίμησης, καλής θέλησης) token · (αρχιτεκτονικής) example · (κατοίκων) cross-section

δειγματολόγι|ο το (γενικότ.) range of samples · (χρωμάτων) sampler · (αρωμάτων) selection · (χαλιών, κουρτινών) swatch book

δείκτης ο (ρολογιού) hand · (ζυγαριάς) pointer · (πυξίδας, γαλβανομέτρου) needle · (βαρομέτρου) gauge · (δάχτυλο) index finger · (ΠΛΗΡΟΦ) cursor
▷ **οδικός** ~ road sign ▷ ~ **ανεργίας/ εγκληματικότητας** unemployment/crime figures πληθ. ▷ ~ **ευφυΐας** ή **νοημοσύνης** intelligence quotient ▷ ~ **λαδιού** oil gauge ▷ ~ **προστασίας** protection factor ▷ ~ **τηλεθέασης** ratings πληθ.

δειλί|α η (στρατιώτη) cowardice · (νεαρού, εραστή) shyness · (παιδιού, μαθητή) timidity

δειλιάζω ρ αμ (= λιποψυχώ) to shrink back · (= διστάζω) to hesitate

δειλιν|ό το (επίσης **δείλι**: = σούρουπο) late afternoon · (επίσης **δείλι**: = δύση) sunset (Βρετ.), sundown (Αμερ.) · (= νυχτολούλουδο) night-flower

δειλ|ός επίθ (στρατιώτης) cowardly · (νεαρός, εραστής) shy · (παιδί, μαθητής) timid · (πράξη) cowardly · (φιλί, χαιρετισμός) timid

δειν|ός επίθ (κατάσταση) dire · (καταστροφή, δοκιμασία) terrible · (ήττα) crushing · (ομιλητής, χορευτής) accomplished
▶ **δεινά** τα suffering

δεινόσαυρος ο dinosaur

δείπν|ο το dinner ▷ **επίσημο** ~ official dinner ▷ **λιτό** ~ a light supper ▷ **φιλικό** ~ dinner with

friends
δεισιδαιμονί|α *η* superstition
δεισιδαίμ|ων, -ων, -ον
superstitious
▸**δεισιδαίμονας** *ο/η* superstitious
person
δείχν|ω *ρ μ* (= εντοπίζω: άνθρωπο,
αντικείμενο) to point to ·
(κατεύθυνση) to indicate ·
(= εμφανίζω: εισιτήριο, πρόσκληση)
to show · (= παρουσιάζω: συλλογή,
ρούχα) to show · (= επιδεικνύω) to
display · (= αποδεικνύω) to show ·
(χαρά, λύπη) to show · (καινούργιο
αυτοκίνητο) to show off ·
(= επεξηγώ) to show · (= εμφανίζω
ένδειξη: ρολόι, ζυγαριά) to say ·
(θερμόμετρο) to show · (ένδειξη:
σειρά) to indicate · (= σημαίνω) to
stand for ♦ *ρ μ* (= δείχνω με το
δάχτυλο) to point · (= φαίνομαι:
αδύνατος, νέος) to look ·
(= συμπεριφέρομαι συγκεκριμένα:
νευρικός, ανήσυχος) to look · **~ τον
δρόμο σε κπν** to show sb the
way · **~ υπομονή** to be patient · **τι
ώρα ~ει το ρολόι σου**; what time
do you make it? · **το θερμόμετρο
~ει δέκα βαθμούς κάτω από το
μηδέν** the thermometer reads
ten degrees below zero
▸**δείχνομαι** *μεσ* (*ανεπ.*) to show off
δείχτης *ο* = **δείκτης**
δέκα *αριθ απόλ* (*αριθμός*) ten ·
(ΣΧΟΛ) Α · (ΠΑΝ) first (*Βρετ.*),
first-class degree (*Βρετ.*), summa
cum laude (*Αμερ.*) ·
(τραπουλόχαρτο) ten
δεκάδ|α *η* ten
δεκαδικ|ός *επίθ* (*κλίμακα*) of ten
▸**~ αριθμός** decimal
number ▸**~ό μετρικό σύστημα**
(ΜΑΘ) metric system ▸**~ό
σύστημα** (ΜΑΘ) decimal system
δεκαεννέα, δεκαεννιά *αριθ
απόλ* nineteen
δεκαέξι *αριθ απόλ* sixteen
δεκαεπτά *αριθ απόλ* seventeen

δεκαετηρίδ|α *η* (= δεκαετία)
decade · (= εορτασμός) tenth
anniversary
δεκαετής *επίθ* ten-year
δεκαετί|α *η* decade
δεκαεφτά *αριθ απόλ* = **δεκαεπτά**
δεκαήμερο *το* ten days *πληθ*.
δεκαήμερ|ος *επίθ* ten-day
δέκαθλο *το* decathlon
δεκάλεπτ|ο *το* ten minutes *πληθ*.
δεκάλεπτ|ος *επίθ* ten-minute
δεκαν|έας *ο/η* corporal
δεκανίκι *το* crutch
δεκάξι *αριθ απόλ* = **δεκαέξι**
δεκαοκτώ, δεκαοχτώ *αριθ απόλ*
eighteen
δεκαπενθήμερ|ο *το* two weeks
πληθ., fortnight (*Βρετ.*)
δεκαπενθήμερ|ος *επίθ* (*άδεια,
προθεσμία*) two-week · (*περιοδικό,
επιθεώρηση*) fortnightly (*Βρετ.*),
biweekly (*Αμερ.*)
δεκαπενταριά *η καμιά* ~ about
fifteen
Δεκαπενταύγουστ|ος *ο*
Assumption, *feast celebrated on
15th August*
δεκαπέντε *αριθ απόλ* fifteen
δεκάρ|α *η* (*παλ.*) ten-lepta coin ·
(*ειρ.*: = *ασήμαντο ποσό*) penny,
cent (*Αμερ.*)
δεκαριά *η καμιά* ~ about ten
δεκατέσσερα *αριθ απόλ* fourteen
δεκατέσσερεις, -εις, -α *αριθ
απόλ πλ* fourteen
δεκατέσσερις, -ις, -α *αριθ απόλ
πλ* = **δεκατέσσερεις**
δέκατος, -η *ή* **-άτη, -ο** *αριθ τακτ*
tenth
▸**δέκατος** *ο* October
▸**δεκάτη** *η* tenth
▸**δέκατο** *το* tenth
δέκατος έβδομος, -η, -ο *αριθ
τακτ* seventeenth
δέκατος έκτος, -η, -ο *αριθ τακτ*
sixteenth

δέκατος ένατος, -η, -ο *αριθ τακτ* nineteenth

δέκατος όγδοος, -η, -ο *αριθ τακτ* eighteenth

δέκατος πέμπτος, -η, -ο *αριθ τακτ* fifteenth

δέκατος τέταρτος, -η, -ο *αριθ τακτ* fourteenth

δέκατος τρίτος, -η, -ο *αριθ τακτ* thirteenth

δεκατρ|είς, -είς, -ία *αριθ απόλ πλ* thirteen

δεκατρία *αριθ απόλ* thirteen

δεκάωρο *το* ten hours *πληθ.*

δεκάωρος *επίθ* ten-hour

Δεκέμβρης *ο* = Δεκέμβριος

Δεκέμβρι|ος *ο* December

δέκτης *ο* (= λήπτης) recipient· (ιδεών) receiver· (μηνυμάτων) recipient· (ΤΕΧΝΟΛ) receiver

δεκτικ|ός *επίθ* (άνθρωπος, νους) receptive· ~ +γεν. (νέων απόψεων, νέων τάσεων) receptive *ή* open to· (βελτιώσεως) open to

δεκτ|ός *επίθ* (πρόταση, άποψη) accepted· (για επίσημο, προσκεκλημένο) received

δελεάζ|ω *ρ μ* to entice· (υπόσχεση, θέλγητρα) to seduce

δελεαστικ|ός *επίθ* (ευκαιρία, υπόσχεση) tempting· (γυναίκα, χαρακτήρας) alluring

δέλτα *το* (γράμμα) delta, *fourth letter of the Greek alphabet*· (ποταμού) delta

δελτί|ο *το* (ενημέρωσης, πληροφόρησης) bulletin· (συλλόγου, σωματείου) newsletter· (ΠΡΟ-ΠΟ) coupon· (λόττο) ticket· (τράπεζας) exchange rate ·**αστυνομικό ~** crime news *πληθ.*
▷ ~ **αποστολής** consignment note ▷ ~ **(αστυνομικής) ταυτότητας** identity card
▷ ~ **ειδήσεων** news bulletin
▷ ~ **εισόδου/εξόδου** admission/release form ▷ ~ **καιρού** weather

forecast ▷ ~ **παραγγελίας** order form ▷ ~ **παράδοσης** delivery note ▷ ~ **παραλαβής** receipt
▷ ~ **παροχής υπηρεσιών** invoice
▷ ~ **πορείας νόσου** medical progress report ▷ ~ **Τύπου** press release

δελφίν|ι *το* dolphin

Δελφ|οί *οι* Delphi

Δελχί *το* Delhi

δέμα *το* parcel· **ένα ~ με βιβλία/ρούχα** a bundle of books/clothes

δεμάτ|ι *το* (ξύλα) bundle· (στάχυα) sheaf

δεμέν|ος *επίθ* (= παροπλισμένος) out of commission·
(= γεροδεμένος) stocky

δεν *αρνητ μόρ* not· **νόστιμο ~ είναι;** tasty, isn't it?·
~ κάθεστε να φάμε μαζί το μεσημέρι; (ανεπ.) why don't you stay *ή* why not stay and have lunch with me?· **Θα πάμε σινεμά, έτσι ~ είναι;** we're going to the cinema, aren't we?· **προλαβαίνουμε ~ προλαβαίνουμε το λεωφορείο** we only just caught the bus

δένδρο *το* = δέντρο

δέντρ|ο *το* (ΒΟΤ) tree·
(= σχηματική παράσταση) tree (diagram) ▷ **οικογενειακό ~** family tree
▷**χριστουγεννιάτικο ~** Christmas tree

δέν|ω *ρ μ* (άνθρωπο) to tie (up)· (άλογο) to tether· (σκύλο) to tie *ή* chain up· (κορδόνια, γραβάτα) to do up· (ζώνη) to fasten· (δέμα) to tie up· (μαλλιά) to tie back· (βάρκα) to moor· (μτφ.: χέρια) to clasp (together)· (= συσκευάζω: αντικείμενα) to package· (βιβλίο, τεύχη) to bind· (μηχανή) to assemble· (τραύμα, πληγή) to dress· (παιδί, χέρι) to bandage· (μαργαριτάρι, ρουμπίνι) to mount· (φιλία, παρελθόν) to bind· (με

όρκο, διαθήκη) to bind · (με συμβόλαιο) to bind ♦ ρ αμ (σιρόπι, σάλτσα) to thicken · (γλυκό) to set · (= ακινητοποιώ: πλοίο) to be laid up · (= αράζω) to moor · (φυτό, άνθος) to fruit · (= ωριμάζω σωματικά) to fill out · (χρώμα, μουσική) to go · (με with) · ~ ένα **ζώο σε κτ** to tether η/ to tie an animal to sth · ~ **κπν/κτ με αλυσίδες** to chain sb/sth · ~ **κπν/κτ με σκοινί** to tie sb/sth up with a rope · ~ **τα μάτια** κποιου to blindfold sb · **παρακαλώ δέστε τις ζώνες σας** please fasten your seat belts
▶ **δένομαι** μεσ to become attached (με to)

δεξαμεν|ή η (νερού) tank · (κτιστή) cistern · (επισκευής πλοίου) dock · (σε πλοίο: αποθήκευσης καυσίμων) tank · (αποθήκευσης αντικειμένων) container ▷ **καυσίμων** fuel tank ▷ **σκέψης** think tank

δεξαμενόπλοιο το tanker

δεξής, -ιά, -í = δεξιός

δεξιά¹ (επίρ.) η right hand

δεξιά² επίρ (πηγαίνω, στρίβω) right · (κάθομαι, οδηγώ) on the right · (πολ: κλίνω, κινούμαι) to the right · **από** ~ on the right · ~ **κι αριστερά** (κυριολ.) (on the) right and left · (μτφ.) left and right · **προς τα** ~ to the right

δεξιός, -ά, -ó (πλευρά right(-hand) · (πεζοδρόμιο) right-hand · (μάτι, όχθη) right · (πολ) right-winger
▶ **δεξιός** ο, **δεξιά** η right-hander
▶ **δεξί** το (= χέρι) right hand · (= πόδι) right foot

δεξιότητ|α η (= ικανότητα: συγγραφική) skill · (πνευματική, σωματική) ability

δεξιόχειρ|ας ο/η

δεξιόχειρας ο/η right-hander

δεξίωση η reception ▷ **γαμήλια** ~ wedding reception

δέ|ος το awe

δέρ|μα το (ανθρώπου, ζώου) skin · (αλόγου) hide · (λεοπάρδαλης) skin · (κάστορα) pelt · (για παπούτσια, ρούχα) leather · **από γνήσιο** ~ made of η from genuine η real buffalo leather

δερματικός επίθ skin

δερμάτινος επίθ leather
▶ **δερμάτινο** το leather jacket

δερματολόγ|ος ο/η dermatologist

δέρν|ω ρ μ (άνθρωπο) to beat · (ως τιμωρία) to thrash
▶ **δέρνομαι** μεσ to mourn

δέσι|μο το (ανθρώπου) tying (up) · (σκύλου) tying up · (αλόγου) tethering · (παπέτου, γραβάτας) tying up · (ζώνης) fastening · (μαλλιών) tying back · (δάρκας) mooring · (= συσκευασία) doing up · (βιβλίου) binding · (πληγής, τραύματος) dressing · (ποδιού, χεριού) bandaging · (σιροπιού, σάλτσας) thickening · (γλυκού) setting · (κοσμήματος, πολύτιμου λίθου) mounting · (συναισθηματικός, ψυχικός) bond · (για άνθη και φυτά) fruiting · (αρχιτεκτονικών ρυθμών, ήχων) blend

δεσμά τα βλ. **δεσμός**

δέσμευση η (= ανάληψη υποχρέωσης) commitment · (= περιορισμός) restriction

δεσμεύω ρ μ to bind
▶ **δεσμεύομαι** μεσ (= περιορίζομαι) to be bound · (απ' δουλειά) to be tied up

δέσμη η (λουλουδιών) bunch · (χαρτιών) pack · (εγγράφων) bundle

δεσμίδα η (χαρτονομισμάτων) bundle · (χαρτιού) ream · (εισιτηρίων) book · (φυσιγγίων) round

δέσμ|ιος, -α, -ο tied up

δεσμ|ός ο (φιλίας, γάμου) bond ·
(αίματος) tie · (= ερωτική σχέση)
relationship · (εξωσυζυγικός)
affair
▸ **δεσμά** τα (= αλυσίδες) chains ·
(= ζυγός) shackles · (= φυλάκιση)
imprisonment εν.

δεσμοφύλακ|ας ο/η (prison)
guard

δεσπόζω ρ μ to dominate

δεσποινίδ|α (ανεπ.) η = **δεσποινίς**

δεσποινίς η (= ανύπαντρη
γυναίκα) Miss · (παλ.: = κοπέλα)
young lady

δεσπότ|ης ο (ανεπ.: = επίσκοπος)
bishop · (= δυνάστης) despot
(μτφ.) tyrant

δετός επίθ (παπούτσια) lace–up ·
(μαλλιά) tied back

Δευτέρ|α η Monday · **τη ~ (το**
πρωί/το απόγευμα) on Monday
(morning/afternoon) · **την**
επόμενη/προηγούμενη ~ next/
last Monday ▷**Καθαρά** ή **Καθαρή**
~ Monday before Shrove Tuesday

δευτερεύ|ων, -ουσα, -ον
secondary

δευτεροβάθμι|ος, -α, -ο ▷**~α**
εκπαίδευση secondary education

δευτερόλεπτ|ο το second · **ανά** ή
το ~ a ή per second · **σε κλάσμα**
ή **κλάσματα δευτερολέπτου** in a
fraction of a second

δεύτερον επίρρ secondly

δεύτερ|ος, -η ή **-έρα, -ο** αριθ
τακτ (γύρος, βραβείο) second ·
(να ποιότητα) inferior · **έρχομαι ~** to
come second ▷**έρχομαι ~ -ο(ν)**
(ΜΑΘ) half ▷**συγγένεια δευτέρου**
βαθμού second–degree relatives
▷**~η (ε)ξαδέλφη** second cousin
▷**~ (ε)ξάδελφος** second cousin
▸ **δεύτερος** ο (= όροφος) second
floor (Βρετ.), first floor (Αμερ.) ·
(= Οκτώβριος) October
▸ **δευτέρα** η (= ταχύτητα) second
(gear) · (= σχολική τάξη) second

year · (ημέρα) second
▸ **δεύτερο** το second

δέχ|ομαι ρ μ απ (= παίρνω) to
receive · (= γίνομαι δέκτης) to
accept · (= υποδέχομαι: φίλη,
τιμώμενα πρόσωπα) to receive ·
(φίλους) to entertain · (= βλέπω:
ασθενείς, κοινό) to see ·
(= παραδέχομαι) to accept · (όρους,
σχέδιο) to accept · (= ανέχομαι:
σχόλια, κριτική) to take ·
(περιορισμούς) to tolerate ·
(στομάχι: υγρά, τροφή) to tolerate
♦ ρ αμ (γιατρός) to see patients ·
(διηγόρος) to see clients · **δεν**
~ κουβέντα! I don't want to hear
another word about it! · **~!** you're
on! · **~ να κάνω κτ** to agree to do
sth

δεχτός, -ή, -ό = δεκτός

δήθεν επίρρ (ειρ.) ostensibly ·
κάνω ~ πως ή **ότι δεν ακούω/**
βλέπω κτ to pretend not to
hear/see sb

δήθεν οι (μειωτ.) posers

δηλαδή σύνδ (επεξηγηματικός)
namely · (συμπερασματικός) then ·
(για έμφαση) then

δηλητηριάζ|ω ρ μ to poison ·
(άνθρωπο) to embitter

δηλητηρίασ|η η (ανθρώπου, ζώου)
poisoning · (σχέσης) poisoning ·
(ατόμου) embitterment ·
(νεολαίας) polluting

δηλητήρι|ο το (ψαριού, φυτού)
poison · (φιδιού, σκορπιού)
venom · **αυτό ο καφές είναι**
~ this coffee is really bitter

δηλητηριώδ|ης επίθ (ουσία, φυτό)
poisonous · (φίδι) venomous · **~ες**
αέριο poison gas · **~εις**
αναθυμιάσεις noxious fumes

δηλωμέν|ος, -η, -ο (οπαδός,
ομοφυλόφιλος) open · (δεξιός,
αριστερός) declared · (εχθρός)
avowed

δηλών|ω ρ μ (= φανερώνω:
πρόθεση) to declare · (προτίμηση,

γνώμη) to state · (αδιαφορία, ενχαρίστηση) to display · (απόφαση, μέτρα) to announce · (άγνοια, αδυναμία) to admit · (συμπαράσταση, μετάνοια) to express · (πίστη) to declare · (υποταγή) to pledge · (κλοπή, απαγωγή) to report · (εισόδημα, εισαγωγή προϊόντος) to declare · (γέννηση παιδιού) to register · (λέξη, παροιμία) to mean · (σύμβολο, γράμμα) to stand for
δήλωση η (αιτίας) statement · (προέδρου, υπουργού) statement · (υπουργού) announcement · (κλοπής, απαγωγής) report · (εισοδήματος, φόρου αχίνητ περιουσίας) declaration · (γεννήσεως, θανάτου) registration ▷~ **αποποιήσεως ή αγνοίας** (NOM) disclaimer ▷~ **παραιτήσεως** (NOM) waiver
δημαρχείο το city hall
δήμαρχος ο/η mayor
δημεύω ρ μ to confiscate
δημητριακά τα cereals
δήμιος ο (= εκτελεστής) (public) executioner · (για απαγχονισμό) hangman
δημιούργημα το creation · **~ της φαντασίας κποιου** a figment of sb's imagination
δημιουργημένος, -η, -ο (= κατασκευασμένος) created · (= καταξιωμένος) successful
δημιουργία η creation ▷ **Δημιουργία** η (the) Creation
δημιουργικός επίθ (καλλιτέχνης, πνεύμα) creative · (ημέρα) productive
δημιουργός ο/η (νόμου, θεωρίας) founder · (επανάσταση) instigator · (καλλιτεχνικού είδους) originator · (καλλιτεχνήματος) creator
δημιουργώ ρ μ (κόσμο, φυτά) to create · (κτήριο, πλατεία) to build ·

(επιχείρηση, εταιρεία) to generate · (κατ.: = προκαλώ: αναστάτωση, διαφορές) to create · (αρνητικές εντυπώσεις, ατμόσφαιρα) to create · (καταστροφές, αντιθέσεις) to cause · (προβλήματα, δυσκολίες) to make · (χρέος) to run up ◆ ρ αμ to create
δημοκράτης ο democrat
δημοκρατία η (= πολίτευμα) democracy · (= έθνος ή κράτος) republic ▷ **αβασίλευτη ~** republic ▷ **άμεση ~** direct ή pure democracy ▷ **Ελληνική Δημοκρατία** Hellenic Republic ▷ **έμμεση ή αντιπροσωπευτική ~** representative democracy ▷ **κοινοβουλευτική ~** parliamentary democracy ▷ **λαϊκή ~** people's republic ▷ **ομοσπονδιακή ~** federal republic
δημοκρατικός επίθ (= λαοκρατικός) democratic · (= φιλελεύθερος) liberal
δημοκράτισσα η βλ. **δημοκράτης**
δημοπρασία η auction · **βγάζω κτ σε ~** to put sth up for auction ▷ **οίκος δημοπρασιών** auction house
δήμος ο (= διοικητική περιφέρεια) municipality · (= σύνολο κατοίκων) local community
δημοσίευμα το publication
δημοσίευση η publication
δημοσιεύω ρ μ to publish · (αγγελία) το run
Δημόσιο το civil service
δημοσιογραφία η (= συγκέντρωση και διάδοση ειδήσεων) journalism · (= έντυπα και ηλεκτρονικά μέσα) media
δημοσιογράφος ο/η journalist
δημόσιος, -α ή -ία, -ο (σχολείο) state, public (Αμερ.) · (νοσοκομείο) public, NHS (Βρετ.) · (λειτουργός) civil ▷~ **άνδρας**

public figure ▷ **~α αρχή** the
public authorities ▷ **~α διοίκηση**
public administration ▷ **~α**
επιχείρηση public utility
▷ **~ οργανισμός** public
corporation ▷ **~α έργα** public
works ▷ **~ κίνδυνος** public
enemy *(ειδ.)* public enemy
number one ▷ **~ο πρόσωπο**
public figure ▷ **~ες σχέσεις** *(για
πρόσωπο, εταιρεία)* public
relations • *(υπηρεσία)* public
relations ή PR department •
(επιστήμη) public relations *(μτφ.)*
networking ▷ **~ τομέας** the
public sector ▷ **~α υγιεινή** public
health ▷ **~ υπάλληλος**
public-sector employee • *(σε
κρατική υπηρεσία)* civil servant
▷ **~α υπηρεσία** civil service

δημοσιότητ|α η publicity
δημοσκόπηση η (opinion) poll
δημότ|ης ο citizen
δημοτική η demotic (Greek)
δημοτικ|ός επίθ *(θέατρο, έργα)*
municipal • *(υπάλληλος, εκλογές)*
municipal • *(νοσοκομείο)* district •
(άρχοντας) civic • *(μουσική,
παράδοση)* folk ▷ **~ή αρχή** local ή
district authorities ▷ **~ή**
βιβλιοθήκη city library ▷ **~ή**
εκπαίδευση primary *(Βρετ.)* ή
elementary *(Αμερ.)* education
▷ **~ό συμβούλιο** town ή borough
council ▷ **~ σύμβουλος**
councillor *(Βρετ.)*, councilor
(Αμερ.) ▷ **~α τέλη, ~ φόροι**
municipal taxes, = council tax
(Βρετ.)
▸ **Δημοτικό** *το* primary *(Βρετ.)* ή
elementary *(Αμερ.)* education
▸ **δημοτικό** *το* folk song
δημοτικότητα η popularity
δημότ|ισσα, δημότ|ις η βλ.
δημότης
δημοφιλής επίθ *(ηθοποιός,
πολιτικός)* popular • *(κατ.: =
διάσημος)* well-known

δημοψήφισ|μα *το* referendum
δια, δι' *(επίδ.)* πρόθ *(= διέλευση)*
+γεν. by • *(= χρονική διάρκεια)*
+γεν. for • *(= όργανο, μέσο)* +γεν.
by • *(= για)* +αιτ. for *(ΜΑΘ)*
divided by

διαβάζω ρ μ *(εφημερίδα,
περιοδικό)* to read • *(μάθημα)* to
study • *(μαθητή)* to coach • ρ αμ
(= ξέρω ανάγνωση) to read •
(= μελετώ) to study • **~ δυνατά**
to read out • **~ κτ στα πεταχτά** to
skim through sth • **~ τα χείλη** to
lip-read

διαβάθμιση η *(δημοσίων
υπαλλήλων, αξιωματούχων)*
grading • *(χρωμάτων)* gradation
διαβαίν|ω ρ μ *(γέφυρα, γέφυρα)* to
cross • *(δάσος)* to go ή walk
through • *(μονοπάτι)* to walk
along ♦ ρ αμ *(= διέρχομαι)* to pass
by • *(καιρός, μέρες)* to pass • *(λύπες,
στενοχώριες)* to pass
διαβάλλ|ω ρ μ to slander
διάβαση η *(ποταμού, βουνού)*
crossing • *(= πέρασμα)* crossing •
(= γέφυρα) bridge • *(= σηχό σημείο
ποταμού)* ford • *(= μονοπάτι)* pass
▷ **~ ανισόπεδη ~** flyover *(Βρετ.)*,
overpass *(Αμερ.)* ▷ **~ ορεινή
~** mountain pass
▷ **~ σιδηροδρομική ~** level *(Βρετ.)* ή
grade *(Αμερ.)* ή railroad *(Αμερ.)*
crossing ▷ **~ υπόγεια ~** underpass
▷ **~ πεζών** zebra crossing *(Βρετ.)*,
pedestrian crossing *(Βρετ.)*,
crosswalk *(Αμερ.)*
διάβασμα *το* *(βιβλίων, εφημερίδων)*
reading • *(μαθημάτων)* study
διαβασμέν|ος επίθ *(γράμμα,
βιβλίο)* read • *(μαθητής)*
well-prepared
διαβατήριο *το* passport ▷ **έκδοση
διαβατηρίου** passport issue
▷ **έλεγχος διαβατηρίων** passport
control ▷ **θεώρηση διαβατηρίου**
visa
διαβάτ|ης ο passer-by

διαβεβαιών|ω, διαβεβαι|ώ (επίσ.) ρ μ to assure

διαβεβαίωσ|η η assurance

διάβημα το step

διαβήτης ο (ΓΕΩΜ) (pair of) compasses · (ΙΑΤΡ) diabetes εν.

διαβιβά|ζω (επίσ.) ρ μ (οδηγία, είδηση) to send · (αναφορά) to pass on · (επιστολή) to forward · (ευχές, χαιρετίσματα) to send

διαβίβασ|η η transmission

διαβίωσ|η η living

διαβολικ|ός επίθ (άνθρωπος) fiendish · (τέχνη) satanic · (σχέδιο, ενέργεια) fiendish · (χαμόγελο, έκφραση) malicious

διάβολ|ος ο (= δαίμονας) devil · (= κόλαση) hell · (= ζωηρό παιδί) little devil · **άει ή άντε ή πήγαινε ή τράβα) στον διά(β)ολο!** (υβρ.) go to hell! (ανεπ.) · (για έκφραση έκπληξης) I'll be damned! (ανεπ.) · **διά(β)ολε!** damn! (χυδ.)

διαβουλεύομαι ρ αμ απ to consult

διαβρών|ω ρ μ (πέτρωμα, έδαφος) to erode · (μέταλλο) to corrode

διάβρωσ|η η (εδάφους, πετρώματος) erosion · (μετάλλου) corrosion

διάγνωσ|η η diagnosis

διάγραμ|μα το (σπιτιού) plan · (μηχανήματος) diagram · (πυρετού, σεισμού) chart · (ΜΑΘ) diagram ▷~ **θερμοκρασίας** temperature chart ▷~ **ροής** flow chart

διαγράφ|ω ρ μ (λέξεις, φράσεις) to delete · (χρέη) to write off · (μέλος, βουλευτή) to expel · (κύκλο, σχήμα) to draw · (τροχιά) to describe

▶ **διαγράφομαι** μεσ (μτφ.: κίνδυνος) to loom · (βουνά) to stand out

διαγωγ|ή η behaviour (Βρετ.), behavior (Αμερ.)

διαγωνίζομαι ρ αμ απ (μαθητής, φοιτητής) to take an examination · (αθλητής) to compete

διαγωνιζόμεν|η η βλ. **διαγωνιζόμενος**

διαγωνιζόμεν|ος ο (σε εξετάσεις) candidate · (σε διαγωνισμό ομορφιάς) contestant

διαγώνι|ος η diagonal

διαγώνι|ος, -α ή **-ος** diagonal

διαγώνισ|μα το test

διαγωνισμ|ός ο (ομορφιάς, τραγουδιού) contest · (ζωγραφικής, φωτογραφίας) competition · (κατασκευής έργου) competition · (για μαθητές) exam

διαδεδομέν|ος επίθ (αντίληψη, ιδέα) prevalent · (άθλημα, είδος) popular · (ιστορία, μύθος) widespread

διαδέχ|ομαι ρ μ απ to succeed

διαδηλών|ω ρ αμ to demonstrate
♦ ρ μ (πίστη) to declare · (άποψη, συμπαράσταση) to express · (θέση) to state

διαδήλωσ|η η (φοιτητών, ανέργων) demonstration · (αγανάκτησης, οργής) expression · **κάνω ~** to demonstrate

διαδίδ|ω ρ μ to spread
▶ **διαδίδομαι** μεσ (ασθένεια, πυρκαγιά) to spread · (εμπόριο) to expand · (νέα, ειδήσεις) to spread · (μυστικό) to be divulged ή revealed

διαδικασί|α η (δίκης) proceedings πληθ. · (εκλογής προέδρου, χορήγησης αδειών) procedure · (πέψης, μεταβολισμού) process

διαδικτυακ|ός επίθ **-ή τοποθεσία, ~ τόπος** website

Διαδίκτυ|ο το Internet

διάδοσ|η η spreading · (ναρκωτικών) spread

διαδόσεις πλ rumours (Βρετ.), rumors (Αμερ.)

διαδοχή η succession · (γεγονότων, εικόνων) sequence

διαδοχικός επίθ successive

διάδοχ|ος ο/η (προέδρου, διευθυντού) successor · (θρόνου) heir

διαδραματίζ|ω ρ μ to play
▸ **διαδραματίζομαι**, διαδραματίζονται μεσ τριτ (γεγονότα, σκηνές) to take place · (εξελίξεις) to unfold

διαδρομή η (= δρόμος) route · (= απόστασn: με τα πόδια) walk · (με όχημα) trip · (ιστορίας, αιώνων) course · (ΠΛΗΡΟΦ) stroke · **η ~ είναι δύο ώρες με το αυτοκίνητο/με το τρένο** it's a two-hour drive/train journey

διάδρομος ο (σπιτιού, σχολείου) corridor (Βρετ.), hall (Αμερ.) · (θεάτρου) aisle · (αεροδρομίου) runway · (όργανο γυμναστικής) treadmill ▸ **απογείωσης/ προσγείωσης** take-off/landing runway

διάζευξη η (εννοιών, στοιχείων) separation · (= διαζύγιο) divorce

διαζύγι|ο το (ΝΟΜ) divorce · (= χωρισμός) separation

διάζωμα το (χρόνου, σταδίου) aisle · (ΑΡΧΙΤ, ΑΡΧ) frieze

διάθεση η (χρόνου, ώρας) use · (προϊόντων, περιοδικού) distribution · (= ψυχικά κατάσταση) mood · **καλή ~** good spirits πληθ · **δεν έχω ~ για κτ/ν' α κάνω κτ** not to feel like doing sth · **είμαι σε καλή/άσχημη ~** to be in a good/bad mood · **έχω κτ στη ~ ή μου** to have sth

▸ **διαθέσεις** πλ intentions

διαθέσιμ|ος επίθ (προϊόν, κεφάλαιο) available · (χρόνος) spare · **είμαι ~** to be available

διαθέτ|ω ρ μ (= έχω: περιουσία, αυτοκίνητο) to own · (χρόνο, πείρα) to have · (χώρος) to carry · (= χρησιμοποιώ: χρήματα, κονδύλια) to use · (= αφιερώνω: ζωή, χρόνο) to give · (δίνω: σπίτι, αυτοκίνητο) to give · (χρόνο, χώρο) to spare · (αίθουσα, χώρο) to allocate · (= πουλώ: εμπόρευμα, προϊόντα) to sell

διαθήκη η will

διάθλαση η diffraction

διαίρεση η division

διαιρώ ρ μ to divide

διαισθάνομαι ρ μ απ to sense

διαίσθηση η intuition

δίαιτ|α η diet · **κάνω ~** to be on a diet

διαιτητ|ής ο (ΝΟΜ) arbitrator · (ποδοσφαίρου, μπάσκετ) referee · (τένις, κρίκετ) umpire

διαιτήτρια η βλ. **διαιτητής**

διαιτολόγι|ο το diet · **ισορροπημένο ~** balanced diet

διακατέχ|ω ρ μ to grip
▸ **διακατέχομαι** μεσ **~ομαι από κτ** to be gripped by sth

διακεκομμέν|ος επίθ (γραμμή) dotted · (φωνή) staccato · (εργασία) interrupted

διακεκριμέν|ος επίθ (θέματα, ζητήματα) distinct · (επιστήμονας) eminent · (καλλιτέχνης, ομιλήτης) distinguished · (μέλος) prominent · (οικογένεια) of note

διακήρυξη η (ιδέας, πίστης) declaration · (πολιτικού, προέδρου) proclamation · (οργάνωσης, κινήματος) manifesto

διακινδυνεύ|ω ρ μ to risk · (ευτυχία) to jeopardize · (πρόβλεψη, σχόλιο) to hazard

διακίνηση η (αγαθών, προϊόντων) transport · (κεφαλαίων) movement · (αλληλογραφίας, εγγράφων) handling (ναρκωτικών) traffic · (όπλων) trafficking

διακινί|ώ ρ μ (προϊόντα, επιβάτες) to transport · (χρήματα) to move around · (μετοχές) to trade · (ναρκωτικά, όπλα) to traffic in · (ιδέες) to put across

διακλάδωση η (δέντρου) branch · (δρόμου) fork · (ποταμού) branch · (σιδηροδρομικής γραμμής) branch line

διακοπή η (κυκλοφορίας, κίνησης) disruption · (ταξιδιού) interruption · (αγώνα) stoppage · (διπλωματικών σχέσεων, διαπραγματεύσεων) breakdown · (δίκης) adjournment · (συμβολαίου, κνήσεως) termination · (= διάλειμμα) break · (δικτύου) shutdown · (νερού) cut ▷~ ρεύματος power cut ▷ η failure ▷ **διακοπές** πλ holiday εν. (Βρετ.), vacation εν. (Αμερ.) ▷ **είμαι σε ~ές** to be on holiday (Βρετ.), to be on vacation (Αμερ.) ▷ **κάνω ή πηγαίνω ~ές** to go on holiday (Βρετ.), to go on vacation (Αμερ.) ▷ **οι ~ές των Χριστουγέννων/τού Πάσχα** the Christmas/Easter holidays (Βρετ.) ή vacation (Αμερ.)

διακόπτης ο switch

διακόπτ|ω ρ μ (εργασία, πρόγραμμα) to disrupt · (σχέσεις) to sever · (αγώνα) to stop · (διαπραγματεύσεις) to break off · (ταξίδι) to break · (ηλεκτροδότηση) to cut off · (ομιλητή, συζήτηση) to interrupt

διακόσια αριθ από πλ two hundred

διακόσι|οι, -ες, -α αριθ από πλ two–hundred

διακόσμηση η (= εξωραϊσμός) decoration · (βιτρίνας) dressing · (= διάκοσμος) decor

διακοσμητής ο decorator

διακοσμήτρια η βλ **διακοσμητής**

διάκοσμος ο (= στολίδια) decor ·

(Χριστουγέννων, Αποκριάς) decoration

διακοσμ|ώ ρ μ to decorate

διακρίν|ω ρ μ (= ξεχωρίζω) to distinguish · (κάμψη, αλλαγή) to detect · (είδη) to identify · (πρόσωπα, αντικείμενα) to make out ▷ **διακρίνομαι** μεσ (πλοίο, σημάδι) to be visible · (= παίρνω διάκριση) to make a mark · (= ξεχωρίζω) to stand out

διάκριση η (θεωριών, επιστημών) distinction · (= τιμή) honour (Βρετ.), honor (Αμερ.) ▷ **τιμητική ~ honour** (Βρετ.), honor (Αμερ.) · **διακρίσεις** πλ discrimination εν. ▷ **κοινωνικές διακρίσεις** social discrimination εν. ▷ **φυλετικές διακρίσεις** racial discrimination εν.

διακριτικ|ός επίθ (γνώρισμα, χαρακτηριστικό) distinguishing · (ντύσιμο, βάψιμο) discreet · (ζωή) quiet · (χρώμα) muted · (ήχος) unobtrusive · (άρωμα) delicate · (άνθρωπος, συμπεριφορά) tactful ▷ **διακριτικά** τα stripe εν.

διακύμανση η (τιμής, κόστους) fluctuation · (εδάφους) undulation · (κατάστασης) variation

διακωμωδ|ώ ρ μ to make fun of

διαλεγμέν|ος επίθ selected

διαλέγ|ω ρ μ (φόρεμα, φίλους) to choose · (έργα, θέματα) to select · (χαρτούς, φρούτα) to sort

διάλειμ|μα το (διάλεξης, συνεδρίου) break · (χρόνων, ημερών) interval · (χαράς) period · (ενημερώσεις, ελευθερίας) period · (στο σχολείο) break · (έργου, ταινίας) interval (Βρετ.), intermission (Αμερ.) ▷ **διαφημιστικό ~** commercial break ▷ **μουσικό ~** musical interlude

διάλεκτ|ος η (Κρήτης, Θεσσαλίας) dialect · (ποδοσφαίρου, δημοσιογράφων) jargon

▷**δημοσιογραφική ~** journalese

διάλεξη η (σε πανεπιστήμιο)
lecture · (γενικότ.) talk · (ειρ.)
lecture

διαλεχτός επίθ (έπιπλα, σταφύλι)
choice · (αποσπάσματα) selected ·
(φίλος) special · (συνεργάτης)
outstanding

διαλλακτικός επίθ conciliatory

διαλογή η (δελτίον ΠΡΟ-ΠΟ)
drawing · (ψήφων) counting ·
(φρούτων, μεταλλεύματος) sorting ·
προϊόντα πρώτης/δεύτερης ~ς
top-quality/standard products

διαλογίζομαι ρ αμ απ to ponder
◆ ρ αμ to meditate

διαλογισμός ο (= στοχασμός)
reflection · (ΘΡΗΣΚ) meditation

διάλογος ο (γενικότ.) dialogue
(Βρετ.), dialog (Αμερ.) · (μεταξύ
φίλων) conversation ▷**πλατωνικοί
~οι** Platonic dialogue (Βρετ.) ή
dialog (Αμερ.)

διάλυμα το solution

διαλυμένος επίθ (μηχανή, καράβι)
dismantled · (καρέκλα, μύτη)
broken · (δωμάτιο, πρόσωπο) in a
mess · (παπούτσια, ρούχα) falling
apart · (μτφ.) shattered · (κράτος,
χώρα) in upheaval · (οικονομία)
wrecked · (εταιρεία, επιχείρηση)
liquidated · (σύνδεσμος)
dissolved · (γάμος, δεσμός)
broken · (ζάχαρη, αλάτι) dissolved

διάλυση η (μηχανής)
dismantling · (κράτους, κόμματος)
break–up · (οικονομίας) wrecking ·
(ομίχλης, συννεφιάς) dispersal ·
(επιχείρησης) liquidation ·
(Βουλής) dissolution · (συμφωνίας)
cancellation · (αρραβώνα)
breaking off · (αλατιού, ζάχαρης)
solution · (μπογιάς) dilution

διαλυτός επίθ soluble

διαλύω ρ μ (μηχανή, πλοίο) to
dismantle · (σπίτι, έπιπλο) to

wreck · (παπούτσια, ρούχα) to
wear out · (μτφ.: εχθρό, αντίπαλο)
to beat · (για κούραση) to wear
out · (κράτος, κόμμα) to break up ·
(οικονομία, φιλία) to wreck ·
(απεργούς, πλήθος) to disperse ·
(γάμο) to dissolve · (πάγο) to
break up · (ομίχλη, σύννεφα) to
clear · (εταιρεία, επιχείρηση) to
liquidate · (Βουλή) to dissolve ·
(συμφωνία, σύμβαση) to cancel ·
(αρραβώνα) to break off · (ζάχαρη,
αλάτι) to dissolve

διαμαντένιος, -ια, -ιο diamond

διαμάντι το (δαχτυλιδιού,
στέμματος) diamond · (μτφ.) gem

διαμαρτυρία η protest

διαμαρτύρομαι ρ αμ απ to
protest

διαμαρτυρόμενη η βλ.
διαμαρτυρόμενος

διαμαρτυρόμενος ο Protestant

διαμάχη η (καθηγητών, φοιτητών)
dispute · (κομμάτων, κρατών)
conflict · (διαδοχής) contention

διαμέρισμα το (πολυκατοικίας)
flat (Βρετ.), apartment (κυρ.
Αμερ.) · (χώρας) region · (πόλης)
district

διαμερισμός (επίσ.) ο sharing out

δια μέσου προθ +γεν. (για τόπο)
via · (για τρόπο) through · (για
χρόνο) over

διαμέτρημα το calibre (Βρετ.),
caliber (Αμερ.) · **άνθρωπος
μεγάλου διαμετρήματος** person
of high calibre (Βρετ.) ή caliber
(Αμερ.)

διάμετρος η diameter

διαμονή η stay · **έξοδα ~ς** living
expenses · **τόπος ~ς** place of
residence

διαμορφώνω ρ μ (χώρο) to
arrange · (δωμάτιο) to convert (σε
into) · (προσωπικότητα,
χαρακτήρα) to mould (Βρετ.), to
mold (Αμερ.) · (ήθος: γνώμη,

πολιτικής) to shape · (*κατάσταση, συνθήκες*) to influence · (*σκοπ*) to contribute to · (*τιμές, ενοίκια*) to set

διανέμω *ρ μ* to distribute · (*περιουσία, κληρονομιά*) to share out · (*αλληλογραφία*) to deliver

διανόηση *η* (= *διαλογισμός*) thought · (= *διανοούμενοι*) intelligentsia

διανοητικ|ός *επίθ* (*λειτουργίες, υγεία*) mental · (*τύπος*) intellectual

διάνοι|α *η* (= *πνεύμα*) intellect · (= *μυαλό*) mind · (= *μεγαλοφυΐα*) genius

διανοίγ|ω *ρ μ* to cut
▷ **διανοίγομαι** *μεσ* to open up

διανομέ|ας *ο/η* distributor
▷ **ταχυδρομικός** (*επίθ.*) postman (*Βρετ.*), mailman (*Αμερ.*)

διανομ|ή *η* (*βιβλίων, εισιτηρίων*) distribution · (*επιστολών, φαγητού*) delivery · (*ταχυδρομική υπηρεσία*) sorting office · ~ **κατ᾽ οίκον** home delivery ▷ **δίκτυο ~ς** distribution network

διανοούμεν|ος *ο* intellectual

διανυκτερεύω *ρ αμ* (= *καταλύω*) to stay overnight · (*φαρμακείο, νοσοκομείο*) to be open all night

διανυκτερεύων, -ουσα, -ον all-night

διανύ|ω *ρ μ* (*απόσταση, χιλιόμετρα*) to cover · (*χρόνο, περίοδο*) to be in

διαπασών *η/το* (*MOYΣ* = *ογδόη*) octave · **στη ~** (*για ραδιόφωνο, τηλεόραση*) at full blast
▷ **διαπασών** *το* tuning fork

διαπεραστικός *επίθ* (*ήχος*) biting · (*βλέμμα, ματιά*) piercing · (*φωνή, κραυγή*) shrill

διαπερν|ώ *ρ μ* (*ξίφος, βέλος*) to go through · (*φως*) to penetrate

διαπιστών|ω *ρ μ* to discover · (*άγνοια, προθυμία*) to note · ~ **ότι** to ascertain that

διαπίστωση *η* discovery

διάπλαση *η* moulding (*Βρετ.*), molding (*Αμερ.*) ▷ **σωματική ~** physique

διάπλατα *επίρρ* wide open · **ανοίγω ~ την πόρτα/την αγκαλιά μου** to open the door/one's arms wide

διαπλάτυνση *η* widening

διαπλέ|ω *ρ μ* (*ποταμό, ωκεανό*) to sail across · (*ακτές*) to ply ♦ *ρ αμ* to sail

διάπλ|ους *ο* crossing

διαπραγματεύ|ομαι *ρ μ απ* to negotiate ♦ *ρ αμ* to negotiate

διαπραγμάτευση *η* negotiation

διαπραγματευτής *ο* negotiator

διαπραγματεύτρι|α *η βλ.* διαπραγματευτής

διαπράττ|ω *ρ μ* to commit · ~ **σφάλμα** to commit an error

διαπρεπής *επίθ* (*επιστήμονας, πολιτικός*) eminent · (*επισκέπτης, προσκεκλημένος*) distinguished

διαπρέπ|ω *ρ αμ* to excel

διάρθρωση *η* structure

διάρκει|α *η* (*έργου, ταινίας*) length · (*τρύπας, πολέμου*) duration · **έχω μεγάλη ~** (*ταινία, έργο*) to be very long · (*σχέση*) to last a long time · **κατά τη ~** γεν. during ▷ **γάλα διαρκείας** long-life milk ▷ **εισιτήριο διαρκείας** season ticket

διαρκής *επίθ* (*πόλεμος*) constant · (*καβγάς, εργασία*) endless · (*ειρήνη*) lasting · (*απασχόληση, σχέση*) permanent

διαρκώ *ρ αμ* to last

διαρκώς *επίρρ* constantly

διαρρήκτης *ο* burglar

διαρρηκτρι|α *η βλ.* διαρρήκτης

διάρρηξη *η* (*γραφείου, τράπεζας*) break-in · (*πετρωμάτων, τοίχου*) fissure ▷ ~ **χρηματοκιβωτίου** safe-breaking

διαρρο|ή η leak

διάρρο|ια η diarrhoea (Βρετ.), diarrhea (Αμερ.)

διαρρυθμίζ|ω ρ μ to arrange

διαρρύθμισ|η η arrangement

Δίας ο (ΜΥΘΟΛ) Zeus · (ΑΣΤΡΟΝ) Jupiter

διασαφηνίζ|ω ρ μ to clarify

διάσεισ|η η concussion
▷ ~ εγκεφάλου, εγκεφαλική ~ concussion

διάσημ|ος επίθ famous

διασημότητ|α η (= καλή φήμη) fame · (= γνωστή προσωπικότητα) celebrity

διασκεδάζ|ω ρ μ (κοινό, φίλους) to entertain · (ρόβους, ανησυχίες) to dispel ♦ ρ αμ to have fun · **το** ~ to enjoy it

διασκέδασ|η η (= γλέντι) fun χωρίς πληθ. · (= ψυχαγωγία) pastime · **καλή ~!** have fun! ▷**κέντρο διασκεδάσεως** night club

διασκεδαστικ|ός επίθ (βιβλίο, ταινία) entertaining · (παιχνίδι, απασχόληση) fun · (ιστορίες, καταστάσεις) amusing · (άνθρωπος) funny

διασκευάζ|ω ρ μ (λογοτεχνικό έργο) to adapt · (μουσικό έργο) to arrange

διασκευ|ή η (έργου, μυθιστορήματος) adaptation · (τραγουδιού) arrangement

διάσκεψ|η η (πολιτικών αρχηγών) conference · (δικαστών) deliberation ▷ ~ κορυφής summit (conference η meeting)

διασκορπίζ|ω ρ μ (εγγραφα, βιβλία) to scatter · (διαδηλωτές) to disperse · (περιουσία, χρήματα) to squander
▶**διασκορπίζομαι** μεσ to scatter

διάσπασ|η η (κράτος, ενότητας) split · (μετώπου, αμυντικής γραμμής) breach · (προσοχής) distraction

▷ ~ **του ατόμου** (ΦΥΣ) splitting the atom

διασπορ|ά η (ναρκών) spread · (θραυσμάτων) scattering · (αρμοδιοτήτων, όπλων) deployment · (λαών) diaspora · (ψεμάτων, φημών) spreading

διασπ|ώ ρ μ (κράτος, κόμμα) to split · (μέτωπο, εχθρικές γραμμές) to break through

διάστασ|η η (κτηρίου, τοίχου) dimension · (ζητήματος) dimension · (απόψεων) difference · (ιδεών) divergence · (για ανδρόγυνα) separation
▷**διαστάσεις** πλ (= σωματικές αναλογίες) proportions · (= όρια θέματος) dimensions

διασταυρών|ω ρ μ (πληροφορίες, ειδήσεις) to crosscheck
▶**διασταυρώνομαι** μεσ (δρόμοι) to intersect · (γραμμές) to cross · (τρένα) to cross · (γνωστοί, φίλοι) to bump into each other · (βλέμματα, ματιές) to cross

διασταύρωσ|η η (πασσάλων, ξιφών) crossing · (φυτών, ζώων) cross · (οδών, δρόμων) crossing · (πληροφοριών, στοιχείων) crosschecking

διάστ|ημα το (= χρονική απόσταση) interval · (= τοπική απόσταση) distance · (= άπειρο) space

διαστημικ|ός επίθ space

διαστημόπλοι|ο το spacecraft

διαστολ|ή η (καρδιάς) diastole · (πνευμόνων) expansion · (αιμοφόρων αγγείων) dilation · (ΦΥΣ) expansion

διαστρεβλών|ω ρ μ to distort

διαστροφ|ή η (= αλλοίωση) distortion · (= διαφθορά) corruption

διασχίζ|ω ρ μ (δρόμο, χώρα) to cross · (ποταμό) to flow through

διασώζ|ω ρ μ (όμηρο, ναυαγό)

rescue · (αρχεία, χειρόγραφα) to preserve · (φορτία) to salvage

διάσωση η (πληρώματος, πλοίου) rescue · (αγαλμάτων, χειρογράφων) preservation · (πανίδας, χελώνας) conservation ▸ **ομάδα** η **συνεργείο** ~**ς** rescue party ή team

διαταγή η order

διάταγμα το (έγγραφη εντολή) order · (NOM) decree

διατάζω ρ μ to order ◆ ρ αμ to give orders

διάταξη η (επίπλων, εκθεμάτων) arrangement · (πλοίου, στρατιωτικών δυνάμεων) position · (ιδεών) order · (NOM) clause

διαταράσσω ρ μ (τάξη, κλίμα) to disturb · (ισορροπία) to upset · (όραση, ακοή) to affect

διαταραχή η (= αναταραχή) disturbance · (IATP) disorder

διατάσσω ρ μ (πίνακες, έπιπλα) to arrange · (στρατιώτες) to position · (επία.: = διατάζω) to order

διατεθειμένος επίθ ~**α** (= πρόθυμος) willing ·+επιρρ. = διακείμενος) disposed

διατηρημένος επίθ (κτήριο) preserved · (τρόφιμα) that must be refrigerated or frozen

διατήρηση η (τάξης, ηρεμίας) maintenance · (προσωπικού) keeping · (κρέατος, γάλακτος) preservation · (ενδιαφέροντος) retention · (περιβάλλοντος) conservation · (υγείας, παράδοσης) preservation

διατηρώ ρ μ (φόρμα, ισορροπίες) to keep · (τιμές, θερμοκρασία) to keep up · (ορθογραφία, ονομασία) to keep · (θέση, αξίωμα) to keep · (ηθικό) to keep up · (σχέσεις, φιλία) to keep up · (υπόνοιες, αμφιβολίες) to have · ▪ **επαφή με κπν** to keep in touch with sb ·

~ **την ψυχραιμία μου** to keep cool

▸ **διατηρούμαι** μεσ (τρόφιμα) to be kept η preserved · (θερμοκρασία) to hold · (κακοκαιρία, ηλιοφάνεια) to continue · (κτήριο) to preserve

διατίμηση η price control

διατιμώ ρ μ to fix

διατρέφω ρ μ to support

διατριβή η treatise ▸ **διδακτορική** ~ doctoral thesis

διατροφή η (= τροφή) diet · (= διαιτολόγια) diet · (NOM: συζύγου) alimony · (παιδιού) maintenance ▸ **πλήρης** ~ (σε ξενοδοχείο) full board

διατρυπώ ρ μ (τοίχο) to drill · (χαρτί) to punch · (πνεύμονα, σώμα) to perforate

διατυπώνω ρ μ (αντίρρηση, επιφύλαξη) to express · (θέση) to declare · (ερώτηση, απορία) to ask · (πρόταση, θεωρία) to formulate · (φράση) to word · (σχέδιο, αρχές) to set out

διατύπωση η (αντιρρήσεων, απόψεων) expression · (προτάσεων, θεωρίας) formulation · (αρχών) setting out · (αιτήματος, διεκδικήσης) statement · (ερώτησης) phrasing · (έκθεσης, ποιήματος) style ▸ **διατυπώσεις** πλ formalities

διαύγεια η clarity · (πνεύματος, νου) lucidity ▸ **πνευματική** ~ mental lucidity

διαφανής επίθ (ρούχο, ύφασμα) see-through · (γυαλί, πλαστικό) transparent · (νερά) clear

διάφαν|ος επίθ = **διαφανής**

διαφέρ|ω ρ αμ to be different

διαφεύγ|ω ρ μ to escape ◆ ρ αμ to escape · (βενζίνη) to leak

διαφημίζ|ω ρ μ (προϊόν, κατάστημα) to advertise · (ηθοποιό, τραγούδι) to promote

διαφήμιση η (προϊόντων, ταινίας)

advertisement · (= εμπορική δραστηριότητα) advertising · (προσώπου, ιδέας) publicity

διαφθείρ|ω ρ μ (χαρακτήρα, κοινωνία) to corrupt · (= αποπλανώ) to lead astray

διαφθορά η (αστυνομικού, δικαστή) corruption · (= ακολασία) immorality

διαφορ|ά η (ιδεών, απόψεων) difference · (προϊόντων) superiority · (ΜΑΘ) difference · (χρημάτων) balance · (ώρας, πόντων) difference · **ύψους/θερμοκρασίας** difference in height/in temperature
▸ **διαφορές** πλ differences

διαφορετικά επίρρ (= αλλιώς) differently · (= σε αντίθετη περίπτωση) otherwise · **δεν γίνεται** – there's no other way

διαφορετικός επίθ different (από από)

διαφορικός επίθ differential
▸ **διαφορικό** το differential (gear)

διαφοροποίηση η (πληθυσμού, κοινωνίας) diversification · (ΒΙΟΛ) differentiation

διάφορ|ος επίθ various
▸ **διάφορο** το (= όφελος) profit · (= τόκος) interest

διάφραγμα το (ΑΝΑΤ) diaphragm · (ΦΩΤ) shutter

διαφύλαξη η (έργων, κληρονομιάς) preservation · (ειρήνης) keeping · (δικαιωμάτων, συμφερόντων) safeguarding · (περιουσίας, βιβλίων) safekeeping · (επικοινωνίας, συχνοτήτων) securing

διαφωνία η (παιδιών) disagreement · (κομμάτων) dissent · (απόψεων, ιδεών) clash · (δικαστηρίων, διαδίκων) dispute

διαφωνώ ρ αμ to disagree

διαχειρίζομαι ρ μ απ (περιουσία, χρήματα) to manage · (θέμα,

υπόθεση) to handle · (οικονομικά, πολιτική) to administer

διαχείριση η management, handling · (κοινών, πολιτικής) administration

διαχειριστής ο (χρημάτων, περιουσίας) financial manager · (πολυκατοικίας) manager

διάχυση η diffusion
▸ **διαχύσεις** πλ outpourings

διάχυτ|ος επίθ (ζεστασιά, αγανάκτηση) general · (αίσθημα) pervasive

διαχωρίζ|ω ρ μ (δωμάτιο, οικόπεδο) to partition · (φορτία, μόρια) to split · (ψάρια, φρούτα) to sort out · (θέση, ευθύνες) to dissociate (από from) · (είδος, σημασία) to differentiate

διαψεύδ|ω ρ μ (καταγγελία, δήλωση) to deny · (αντίπαλο) to prove wrong · (όραμα) to give the lie to · (ελπίδες, προσδοκίες) to frustrate · (ανησυχίες) to prove unfounded · (πατέρα, υποστηρικτές) to disappoint
▸ **διαψεύδομαι** μεσ to prove wrong

διάψευση η (δήλωσης, λόγου) denial · (ελπίδων) frustration · (υπογνών, προβλέψεων) disproving · (εφημερίδας, επιστημόνων) disclaimer · (προσδοκιών, ελπίδων) disappointment

διγαμία η bigamy

δίγαμ|ος επίθ bigamous
▸ **δίγαμοι** οι bigamists

δίγλωσσος επίθ bilingual

δίδαγμα το (πείρας, ζωής) lesson · (Ευαγγελίου) teaching
▸ **διδάγματα** πλ teachings

διδακτικός επίθ (έργο) educational · (ώρα, στόχοι) teaching · (της) school · (μύθος, ιστορία) didactic · (ταινία) educational · (εμπειρία) learning
▸ **–ά βιβλία** schoolbooks

διδάκτορ|ας ο/η doctor
δίδακτρ|α τα tuition εν.
διδασκαλία η teaching
διδάσκ|ω ρ μ to teach · ρ αμ to teach
δίδυμ|ος επίθ twin
▸ **δίδυμο** το (ομάδας) pair · (κινηματογράφου) duo
▸ **δίδυμα** τα twins
▸ **Δίδυμοι** οι Gemini
▸ **δίδυμοι** οι, **δίδμες** οι twins
διεγείρ|ω ρ μ (ενδιαφέρον) to excite · (προσοχή) to catch · (ζήλο, αισθήσεις) to arouse · (φαντασία, νεύρα) to stimulate · (άνδρα, γυναίκα) to arouse · (γυναικά) to stimulate · (πλήθη, όχλο) to whip up
διέγερση η (νευρικού συστήματος) stimulation · (παθών, επιθυμίας) stirring · (φαντασίας) stimulation
διεθνής επίθ international
▷ **Διεθνής Αστυνομία** Interpol
▷ **Διεθνές Εμπορικό Επιμελητήριο** International Chamber of Commerce
▸ **διεθνής** ο/η international (player) (Βρετ.), player on the national team (Αμερ.).
διεθνώς επίρρ internationally
διείσδυση η (νερού) seepage · (ξένης κουλτούρας, πληροφορικής) penetration
διεισδύ|ω ρ αμ ~ **σε** (φως) to filter in · (μυρωδιά) to permeate · (νερό) to seep into · (σκόνη) to get into · (επιχείρηση, εταιρεία) to penetrate
διεκδίκηση η (ακινήτου, δικαιωμάτων) claim · (αξιώματος, βραβείου) contending
διεκδικ|ώ ρ μ (αίτηια) to make · (δικαίωμα, αποζημίωση) to claim · (θέση, έδρα) to contest
διεκπεραίωση η (υποθέσεως, εργασίας) completion · (εντολής) execution · (= εγγράφων, αλληλογραφίας) dispatching

διέλευση η (πεζών, οχημάτων) passage · (ηλεκτρισμού) passage · (συνόρων) crossing · (= διάβαση) crossing
διένεξη η dispute
διεξάγ|ω ρ μ (έλεγχο, εργασία) to carry out · (ανάκριση, έλεγχο) to hold · (δίκη) to conduct · (πόλεμο, εκστρατεία) to wage · (αγώνα) to put up
▸ **διεξάγομαι** μεσ to take place
διεξοδικ|ός επίθ (απάντηση, αναφορά) detailed · (ανάλυση, συζήτηση) detailed · (ανάπτυξη) extensive · (έρευνα) thorough · (εργασία) thorough · (διαδικασία) exhaustive
διέξοδ|ος η way out (από, σε of)
διερευνητικ|ός επίθ (βλέμμα, πνεύμα) enquiring · (διαπραγμάτευση) exploratory
διερευν|ώ ρ μ (αίτια, κίνητρα) to look into · (σκάνδαλο) to inquire into
διερμηνέας ο/η interpreter · **κάνω τον ~εα** to act as interpreter
διερμηνεύ|ω ρ μ to interpret
διεστραμμέν|ος επίθ perverse
διετής επίθ (= δύο χρόνων) two–year–old (συμβόλαιο, σύμβαση) two–year
διετία η two years πληθ.
διευθέτηση η settlement
διευθετ|ώ ρ μ (αντικείμενα, αίθουσα) to arrange · (θέμα, πρόβλημα) to settle
διεύθυνση η (= τόπος διαμονής) address · (= διοίκηση: επιχείρησης, γραφείου) management · (ορχήστρας) conducting · (ανέμου, πεδίου) direction ▷ **αστυνομική ~ police** headquarters ▷ **σύστημα διεύθυνσης** steering system ▷ **~ κατοικίας** home address
διευθυντής ο (εταιρείας, οργανισμού) manager · (σχολείου)

διευθύντρια *η βλ.* **διευθυντής**

διευθύνω *ρ μ* (εταιρεία, οργανισμό) to manage · (σχολείο) to be head of · (διαπραγματεύσεις, ενέργειες) to direct · (αγώνα) to referee · (ορχήστρα, χορωδία) to conduct · (βλέμμα, κινήσεις) to direct

διευκόλυνση *η* (πολιτών, εργαζομένων) facilitating · (κυκλοφορίας) easing
▸ **διευκολύνσεις** *πλ* facilities

διευκολύνω *ρ μ* (συναλλαγές, ενέργειες) to facilitate · (κυκλοφορία) to ease · (παράνομο) to abet · (= παρέχω οικονομική εξυπηρέτηση) to help out · ~ **κπν σε κτ** to make sth easy for sb

διευκρινίζω *ρ μ* to clarify

διευκρίνιση *η* clarification
▸ **διευκρινίσεις** *πλ* clarification *εν.*

διεύρυνση *η* (δρόμου, τάφου) widening · (δυνατοτήτων, ευκαιριών) increase · (δακτυλίου, εμπορίου) expansion · (έννοιας) widening

διευρύνω *ρ μ* (χώρο, δρόμο) to widen · (σύνορα, επιρροή) to extend · (ορίζοντες, όρια) to broaden · (ακροατήριο, πελατεία) to increase

διεφθαρμένος *επίθ* corrupt

δίζυγο *το* parallel bars *πληθ.*

διήγημα *το* short story

διήγηση *η* narrative

διηγούμαι *ρ μ απ* (ιστορία, μύθο) to tell · (γεγονότα) to relate

διήθηση *η* filtering

διήμερο *το* two days *πληθ.*

διήμερος *επίθ* two–day

διΐσταμαι (επία.) *ρ αμ απ* to diverge

δικάζω *ρ μ* (υπόθεση, έφεση) to hear · (διαφορές) to adjudicate · (κατηγορούμενο) to try
▸ **δικάζομαι** *μεσ* (= κρίνομαι) to stand trial · (κατ.: = καταδικάζομαι) to be condemned

δίκαια *επίρρ* (= σύμφωνα με το νόμο) justly · (= σωστά) rightly

δίκαιο *το* (χώρας, περιοχής) law · (= ορθό) right ▸**άγραφο ~** unwritten law ▸**γραπτό ~** statute law ▸**Διεθνές Δίκαιο** international law ▸**Οικογενειακό Δίκαιο** family law
▸ **Δίκαιο** *το* law

δικαιοδοσία *η* jurisdiction

δικαιολογημένος *επίθ* justifiable

δικαιολογητικός *επίθ* justifiable
▸ **δικαιολογητικά** *τα* documentation *εν.*

δικαιολογία *η* excuse
▸ **δικαιολογίες** *πλ* (ειρ.) excuses

δικαιολογώ *ρ μ* (= δικαιώνω) to excuse · (= υπερασπίζομαι) to justify
▸ **δικαιολογούμαι** *μεσ* to make excuses

δίκαιος *επίθ* fair · (νόμος) just

δικαιοσύνη *η* (= δίκαιο) justice · (κατ.: = ορθό) right
▸ **Δικαιοσύνη** *η* justice ▸**Υπουργείο Δικαιοσύνης** Ministry of Justice

δικαιούμαι *ρ μ* to be entitled to · ~ **να κάνω κτ** to be entitled to do sth

δικαίωμα *το* right
▸ **δικαιώματα** *πλ* (συγγραφέα) royalties · (μετάδοσης, διανομής) (exclusive) rights ▸**πνευματικά δικαιώματα** copyright *εν.* ▸**συγγραφικά δικαιώματα** royalties

δικαιώνω *ρ μ* (γεγονός, εξελίξεις)

to justify · (φήμη, όνομα) to live up to
▶ **δικαιώνομαι** μεσ to be vindicated
δικαίως επίρ = δίκαια
δίκαννιο το double-barrelled (Βρετ.) ή double-barreled (Αμερ.) shotgun
δικαστήριο το court · (= δίκη) trial ⊳ Διεθνές Δικαστήριο International Court of Justice
⊳ποινικό ~ criminal court
⊳πολιτικό ~ civil court
⊳στρατιωτικό ~ military court
δικαστής ο/η judge
δικαστικός επίθ (απόφαση, ενέργεια) judicial · (έξοδα) court
▶ ~ αγώνας legal battle ▶ ~ή εξουσία judicial power
▶ ~ επιμελητής bailiff ▶ ~ή πλάνη miscarriage of justice ▶ ~ό σώμα judiciary
▶ **δικαστικός** ο/η (= δικαστής) judge · (= εισαγγελέας) public prosecutor
δίκη η trial
δικηγόρος ο/η lawyer
δίκιο το right · **έχω** ~ to be right
δίκλινο το twin
▶ **δίκλινο** το twin room
δικογραφία η brief
δικός, -ή ή -ιά, -ό αντων κτητ ~ μου/σου/του/της/μας/σας/τους my/your/his/her/our/your/their · **οι ~οί μου** one's family · ~ **σου/σας** yours
δικτατορία η (πολ) dictatorship · (των Μ.Μ.Ε., του Τύπου) tyranny
δικτυακός επίθ (εγκατάσταση) network · (κατ.: = διαδικτυακός) Internet
δίκτυο το (πληροφοριών, μεταφορών) network · (= Διαδίκτυο) Internet · (αντίστασης, πρακτόρων) network · **είμαι στο ~** to be on the Internet · **μπαίνω στο ~** to go on the Internet · **συνδέομαι σε ~** to

connect to the Internet
δικτυωτός επίθ fishnet
▶ **δικτυωτό** το trellis
δικύκλιο το (= ποδήλατο) bicycle · (= μοτοσυκλέτα) (motor)bike
δίλημμα το dilemma
δίλιτρος επίθ (μπουκάλι) two-litre (Βρετ.), two-liter (Αμερ.) · (αυτοκίνητο) with a two-litre (Βρετ.) ή two-liter (Αμερ.) engine
δίμηνο το two months πληθ.
δίμηνος επίθ (ξενούρασση) two-month · (σκυλάκι) two-month-old
δίνη η eddy

ΛΕΞΗ-ΚΛΕΙΔΙ

δίνω ρ μ (α) **δίνω κτ σε κπν** to give sb sth · (στο τραπέζι) to pass sb sth · **δίνω πίσω** to give back
(β) = προσφέρω: ευκαιρία, άδεια to give
(γ) = πουλώ to sell
(δ) = πληρώνω: για εργοδότη to pay · (για αγοραστή) to give
(ε) = διοργανώνω: δεξίωση, δείπνο to give · (χορό) to hold
(στ) (χαρά, πόνο) to give
(ζ) = εκδίδω: διαταγές, οδηγίες to give · **δίνω κπν (στο τηλέφωνο)** to put sb through
▶ **δίνομαι** μεσ **δίνομαι σε κπν** to give oneself to sb

διογκώνω ρ μ (μπαλόνι) to inflate · (έλλειμα, ανάγκες) to increase · (προϋπολογισμό) to inflate · (περιστατικό, γεγονός) to exaggerate
▶ **διογκώνομαι** μεσ (κοιλιά, αδένες) to swell · (πρόβλημα, αριθμός) to grow · (εταιρεία) to expand
διόδια τα toll επ.
δίοδος η passage · **ανοίγω ~ο** to open a passage
διοίκηση η (κράτους)

administration · (επιχείρησης) management · (στρατού) command · (= αρχή) management · (= κράτους) government ▷~ επιχειρήσεων business management ή administration

διοικητ|ής ο (αστυνομίας) chief · (τράπεζας) manager ▷γενικός ~ general manager ▷στρατιωτικός ~ commanding officer

διοικητικ|ός επίθ (ικανότητες, έλεγχος) administrative · (καθήκοντα) executive · (τομέας) management ▷Διοικητικό Δίκαιο administrative law ▷-ό στέλεχος manager ▷-ό συμβούλιο board of directors
▷ **Διοικητική** η management

διοικ|ώ ρ μ (χώρα, τράπεζα) to manage · (οργανισμό, αστυνομία) to run · (στρατό) to command · (κράτος) to be at the head of

δίολου επίρρ not at all

διόραση η insight

διορατικ|ός επίθ perceptive

διοργανών|ω ρ μ to organize

διοργάνωση η (εκθέσεων, αγώνα) organization · (= εκδήλωση) event

διοργανωτ|ής ο organizer

διοργανώτρι|α η organizing

διορθών|ω ρ μ (παπούτσια) to mend · (ήχο, χρώματα) to readjust · (οικονομικά) to improve · (κατάσταση) to rectify · (κείμενο, λάθη) to correct · (κατ.: = βαθμολογία) to mark (Βρετ.) · to grade (Αμερ.) · ▷ **το λάθος** ή **το σφάλμα** to make amends

διόρθωση η (πορείας, σχεδίου) readjusting · (χαρακτήρα) reforming · (γραπτών, εκθέσεων) correction · (κειμένου) proof-reading
▷ **διορθώσεις** πλ corrections

διορθωτ|ής ο (γενικότ.) corrector ·

(ΤΥΠ) proofreader

διορία η βλ. **διωρία**

διορίζ|ω ρ μ to appoint

διορισμ|ός ο appointment

διότι σύνδ because

διοχετεύ|ω ρ μ (νερό) to channel · (αέριο) to conduct · (ρεύμα) to conduct · (πληροφορίες, ειδήσεις) to convey · (χρήμα, μετοχές) to channel

δίπλα¹ επίρρ ~ **σε** (= πλάι σε) next to · (= σε σχέση με) in comparison to · ~~~ side by side · **είχα πάει** ~ I was next door · **κάθησε** ~ **μου!** sit next to me!

δίπλα² η (= πτύχωση) fold · (γλυκό) turnover

διπλανός επίθ adjoining · **το ~ σπίτι** the house next door
▷ **διπλανός** ο, **διπλανή** η = (γείτονας) next-door neighbour (Βρετ.) ή neighbor (Αμερ.) · (στο σχολείο) neighbour (Βρετ.), neighbor (Αμερ.) · **ο ~ μου** one's fellow man

διπλασιάζ|ω ρ μ to double

διπλάσιος, -α, -ο double

διπλ|ός επίθ double · (λεωφορείο) double-decker · (προσωπικότητα) dual · (δρόμος) two-way · (χαρά, λύπη) twofold · (= διπλωμένος: κουβέρτα, σεντόνι) doubled up ▷-ο ποδήλατο tandem ▷δρόμος -ής κατευθύνσεως two-way road
▷ **διπλό** το two
▷ **διπλές** οι twos

δίπλωμα το (χαρτιού, εφημερίδας) folding · (τροφίμων, πακέτων) wrapping · (σχολής) diploma · (πανεπιστημίου) diploma ▷ **διδακτορικό** ~ doctorate ▷~ ευρεσιτεχνίας patent ▷~ οδήγησης driving licence (Βρετ.), driver's license (Αμερ.)

διπλωμάτης ο/η diplomat ·

διπλωματί|α η (ΠΟΛ) diplomacy ·

(μτφ.) tact

διπλών|ω ρ μ (εφημερίδα, ρούχα) to fold · (τρόφιμα, πακέτα) to wrap ♦ ρ αμ to double up

▸ **διπλώνομαι** μεσ to curl up

διπρόσωπ|ος επίθ two-faced

δισέγγον|ος ρ great-grandson

δισεκατομμύρι|ο το billion

δισεκατομμυριούχ|ος, -ος, -ο (= που έχει πάνω από ένα δις) billionaire · (= πάμπλουτος) multimillionaire

δίσεκτ|ος επίθ **~ο έτος** leap year · **~α χρόνια** (μτφ.) **καιροί** hard times

δισκέτ|α η diskette

δισκί|ο το tablet

δισκοβολία η discus

δισκοβόλ|ος ο/η discus thrower

δισκοθήκη η (για δίσκο βινυλίου) record sleeve · (για αυτή CD case = συλλογή δίσκων) record library

δισκοπωλεί|ο το music shop (Bρετ.) ή store (Aμερ.)

δίσκ|ος ο (σερβιρίσματος) tray · (πιάτα) record · (αυτί) CD · (αθλ) discus · (πληροφ) disk · (ρολογιού) face ▷ **σκληρός ~** (πληροφ) hard disk ▷**ψηφιακός ~** CD

δισταγμ|ός ο hesitation

διστάζ|ω ρ αμ to hesitate

διστακτικ|ός επίθ (άνθρωπος, τρόπος) hesitant · (στάση) ambivalent

δισύλλαβ|ος επίθ two-syllable

διυλίζ|ω ρ μ to refine

διύλιση η refinement

διυλιστήρι|ο το refinery

δίφθογγ|ος η diphthong

διφορούμεν|ος επίθ ambiguous

διχάζ|ω ρ μ (οπαδούς, πολιτικούς) to divide · (κοινότητα, κόμμα) to split

▸ **διχάζομαι** μεσ (κοινή γνώμη) to be divided ▷**διχασμένη προσωπικότητα** split personality

διχασμ|ός ο (απόψεων, κόμματος) division · (προσωπικότητας) split

διχόνοια η discord · **σπέρνω ~** to sow discord

διχοτομ|ώ ρ μ (γωνία) to bisect · (οικόπεδο) to split in two · (χώρα) to partition · (κόμμα) to split

δίχρωμ|ος επίθ in two colours (Bρετ.) ή colors (Aμερ.)

δίχτ|υ το (ψαρά, κυνηγού) net · (για τα μαλλιά) hairnet · (τέρματος) net · (παραθύρου) screen · (αράχνης) web

διχτυωτ|ός επίθ **= δικτυωτός**

δίχως πρόθ without

δίψα η thirst · (για δόξα, χρήμα) lust · **έχω ~** to be thirsty

διψασμέν|ος επίθ (άνθρωπος, ζώο) thirsty · (χώμα) dry · (για εκδίκηση, δόξα) eager · (για εξουσία) hungry

διψ|ώ ρ αμ (άνθρωπος, ζώο) to be thirsty · (χώμα, γη) to be dry ♦ ρ μ **~ για κτ** (χώμα, δόξα) to be hungry for sth · (δράση, εκδίκηση) to be eager for sth

διώκ|ω ρ μ (λαό, θρησκεία) to persecute · (δολοφόνο, ληστή) to seek · (έγκλημα, φοροδιαφυγή) to fight · (νομ) to prosecute

δίωξη η (= καταπολέμηση) fight · (αντιφρονούντων) persecution

▸ **Δίωξη** η crime squad ▷**Δίωξη Ναρκωτικών** Drug Squad

διωρία η (για προειδοποίηση) notice · (για αποπεράτωση έργου) deadline

δίωρ|ο το two hours πληθ

δίωρ|ος επίθ two-hour

διώροφ|ος επίθ two-storey (Bρετ.), two-story (Aμερ.)

▸ **διώροφο** το two-storey (Bρετ.) ή two-story (Aμερ.) building

διώρυγ|α η canal

διώχν|ω ρ μ (κόσμο, καλεσμένους) to send away · (αγελάδες, πρόβατα) to chase away ·

δόγμα

(υπάλληλο) to dismiss · (στρατιωτικό) to discharge · (σκέψη, φόβο) to dismiss · (πόνο) to get rid of · (ενοικιαστή) to evict · (μαθητή, ταραξίες) to expel · (ερωτικό σύντροφο) to finish with · (πιτυρίδα) to get rid of · (έντομα) to repel · **~ κπν από το δωμάτιο** to send sb out of the room

δόγμα|α το (ΦΙΛΟΣ) doctrine · (= αξίωμα) principle · (ΠΟΛ) doctrine · (ΣΤΡ) strategy · (ΘΡΗΣΚ) denomination

δογματικός επίθ (διαφορά) in belief · (ζήτημα) of belief · (άνθρωπος, στάση) dogmatic

δοκάρι το (πατώματος) joist · (στέγης) beam · (από μέταλλο, μπετόν) girder · (στο ποδόσφαιρο: οριζόντιο) crossbar · (κάθετο: goal)post

δοκιμάζω ρ μ (άρωμα, απορρυπαντικό) to try (out) · (ρύχτη, υπάλληλο) to try out · (φρένα, λάστιχα) to test · (φαγητό, κρασί) to taste · (ρούχα, παπούτσια) to try on · (ικανότητες, γνώσεις) to test · (υπομονή) to try · (στερήσεις, κακουχίες) to experience · (χαρά, θλίψη) to feel
♦ **ρ αμ** to try
▸ **δοκιμάζομαι** μεσ to suffer

δοκιμασία η (υποψηφίων, μαθητών) test · (= ζόρισμα) strain · (= δεινοπάθημα) ordeal

δοκιμασμένος επίθ (μέθοδος, σύστημα) tried and tested · (φίλος) staunch · (τεχνίτης, μάστορας) experienced

δοκιμαστικός επίθ (πρόγραμμα) test · (περίοδος) trial ▸ **ή εξέταση** mock exam ▸ **ή οδήγηση** test drive ▸ **ή πτήση** test flight ▸ **~ σωλήνας** test tube
▸ **δοκιμαστικά** επίρ on trial

δοκιμή η (όπλου) test · (έργου, συναυλίας) rehearsal

δοκ|ός (επίσ.) η (= δοκάρι: πατώματος) joist · (στέγης) beam · (GYM) balance beam

δόκτορας ο/η (= διδάκτορας) Doctor · (= τίτλος γιατρού) doctor

δολάριο το dollar

δόλιος¹, -α, -ο (άνθρωπος, τέχνασμα) deceitful

δόλι|ος², -α, -ο (= ταλαίπωρος) wretched

δόλος ο (= τέχνασμα) deceit · (NOM) intention

δολοφονία η (= ανθρωποκτονία) murder · (πολιτική) assassination

δολοφόνος ο/η murderer ▸ **μανιακός** ~ crazed killer ▸ **πληρωμένος** ~ hired killer ή assassin ▸ **φάλαινα** ~ killer whale ▸ **~ κατά συρροήν** serial killer

δολοφονώ ρ μ (άνθρωπο) to murder · (πολιτικό) to assassinate

δόλωμα το bait ▸ **ζωντανό ~** live bait

δομή η structure

δόνηση η (από σεισμό) tremor · (χορδής) vibration ▸ **σεισμική** ~ earth tremor

δόντι το (ανθρώπου, ζώου) tooth · (χτένας) tooth · (γρανάζιου) cog · (πριονιού) notch · **βγάζω ~α** (για μωρό) to teethe

δόξα η (συγγραφέα, ηθοποιού) fame · (= καύχημα) pride · (κινηματογράφου, τραγουδιού) star

δόρυ το pike

δορυφορικός επίθ (σύνδεση, εικόνα) satellite ▸ **ή κάλυψη** satellite coverage ▸ **ό κανάλι** satellite channel ▸ **ή κεραία**, **~ό πιάτο** (προφ.) satellite dish ▸ **ή λήψη** satellite reception ▸ **ό πρόγραμμα** programme (Βρετ.) ή program (Αμερ.) on satellite TV ▸ **ή τηλεόραση** satellite television η TV

δορυφόρος ο satellite

δόση η (φαρμάκου, ναρκωτικού)

dose· (δανείου, φόρου) instalment (Βρετ.), installment (Αμερ.)
▷ **υπερβολική** ~ overdose
▸ **δόσεις** πλ instalments (Βρετ.), installments (Αμερ.)· **αγοράζω με ~εις** to pay for sth in instalments (Βρετ.)· η) instalments (Αμερ.)· ▷**άτοκες ~εις** interest–free instalments (Βρετ.) ή installments (Αμερ.)

δοσοληψία η transaction
▸ **δοσοληψίες** πλ (αργ.) dealings

Δουβλίνο το Dublin

δούκ|ας ο duke

δουλει|ά η (= επάγγελμα) job· (= εργασία) work· (= έργο) work· (= τόπος εργασίας) workplace· (= κίνηση) business· **αναλαμβάνω μια** ~ to take on a job· **κάνει τη ~ του** it'll do the job· **κλείνω μια** ~ to close a deal· **πέφτει (πολλή)** ~ business is brisk· **πιάνω** ~ to start work· **πνίγομαι στη** ~ to be up to one's ears in work· **σκοτώνομαι στη** ~ to work one's fingers to the bone· **~ του σπιτιού** housework εν.
▸ **δουλειές** πλ business εν.· **πώς πάνε οι ~ές;** how's business?

δουλεί|α η (= σκλαβιά) slavery· (μτφ.) enslavement

δουλεύ|ω α αμ to work (μαγαζί, επιχείρηση) to do well ◆ α μ (υλικό, ζύμη) to work· (ιδέα, κείμενο) to work on· (σχέδιο) to work out· (μαγαζί) to run

δουλοπρεπής επίθ obsequious

δούλ|ος ο (= σκλάβος) slave· (παλ.: = υπηρέτης) servant

δοχεί|α η (υγρών, ρευστών) pot· (τροφίμων) container· (απορριμμάτων) bin (Βρετ.), can (Αμερ.)· (= γλάστρα: λουλουδιών) pot· (= βάζο) vase ▷**~ νυκτός** bedpan

δράκοντ|ας ο dragon

δράκ|ος ο (= ανθρωπόμορφος

δαίμονας) ogre· (= δράκοντας) dragon

δράμα το drama· (= τραγικό γεγονός) tragedy

δραματικ|ός επίθ (τέχνη, ύφος) dramatic· (ειρ.) melodramatic· (γεγονότα, καταστάσεις) tragic ▷**~ό έργο** drama ▷**~ή σχολή** drama school ▷**~ συγγραφέας** playwright ▷**~ή ταινία** drama

δραπέτευση η escape
δραπετεύ|ω ρ αμ to escape
δραπέτης ο fugitive
δραπέτισσα η ββλ **δραπέτης**
δράση η (πολιτικού, συνδικαλιστή) activity· (φαρμάκου, δηλητηρίου) action· (σε έργο, ταινία) action ▷**πεδίο ~ς** field of activity

δρασκελιά η (= διασκελισμός) stride· (= απόσταση που διανύει κανείς) foot

δραστηριοποι|ώ ρ μ to activate
▸ **δραστηριοποιούμαι** μεσο to take action

δραστήριος, -α, -ο (άνθρωπος, πολιτικός) active· (ενέργεια) strong· (παρέμβαση) forceful

δραστηριότητ|α η activity
▸ **δραστηριότητες** πλ activities

δράστης ο (φόνου, κλοπής) perpetrator· (ειρ.) culprit

δραστικ|ός επίθ (φάρμακο) potent· (θεραπεία) effective· (αποπρωπαντικό) powerful· (ενέργεια, μέτρα) drastic· (μείωση, περικοπές) drastic

δράστις, δράστρια (επία.) η ββλ **δράστης**

δραχμή η drachma
δρεπάν|ι το scythe
δριμύς, -εία, -ύ (κρύο, ψύχος) bitter· (χειμώνας) harsh· (πόνος) severe· (κριτική) harsh· (σχόλιο) caustic

δρομάκι το lane
δρομέ|ας ο/η (αθλητής) runner· (ΠΛΗΡΟΦ) cursor

δρομολόγιο *το* (λεωφορείων, σιδηροδρόμων) route • (= πρόγραμμα) timetable (*Βρετ.*), schedule (*Αμερ.*) • (ταχυδρόμου) route

δρόμος *ο* (= οδός) road • (= δρομολόγιο) way • (= διαδρομή) journey • (ΑΘΛ) race • **από το σταθμό ως το κέντρο της πόλης είναι ~ δέκα λεπτών** it's a ten-minute journey from the station to the town centre (*Βρετ.*) ή center (*Αμερ.*) • **είμαι στον ~ο (προς)** to be on one's way (to) • **κόβω ~ο** to take a shortcut • **μένω στον ~ο** (από βλάβη, καύσιμα) to break down • **ο ~ της επιστροφής** the way back • **ποιον ~ο παίρνεις για να πας στο σχολείο;** which way do you go to get to school? ▷ **ταινία ~ου** road movie

δροσερός *επίθ* cool

δροσιά *η* (= ήπια ψύχρα) coolness • (= υγρασία) dew • (ίσκιος) shade

δροσίζω *ρ μ* (πρόσωπο, χείλη) to cool • (φύλλα, έδαφος) to refresh
◆ *ρ αμ* to get cooler

δροσιστικός *επίθ* refreshing

δρυμός *ο* (= δάσος βαλανιδιών) oak forest • (= δάσος) forest ▷ **εθνικός ~** national park

δρω | *ρ αμ* (= αναπτύσσω δράση) to take action • (στρατιώτης, κακοποιός) to act • (φάρμακο) to take effect • (περιβάλλον) to have an effect (σε on)

δυάδα *η* pair

δυαδικός *επίθ* binary

δυάρι *το* (διαμέρισμα) two-roomed flat (*Βρετ.*) ή apartment (*Αμερ.*) • (τραπουλόχαρτο) two • (καλαθοσφαίριση) number two position

δύναμη *η* (σώματος, χεριών)

strength • (= ευφυΐα) mental powers *πληθ.* • (ψυχής, χαρακτήρα) strength • (γροθιάς, έκρηξης) force • (ανέμου) strength • (φαρμάκου) potency • (συνήθειας, τηλεόρασης) power • (= εξουσία) power • (= ισχυρό κράτος) power • **με ~** (πέφτω) heavily • (χτυπώ) hard • (σκάω, εκρήγνυμαι) violently • **χάνω τις δυνάμεις μου** my strength is failing
▶ **δυνάμεις** *πλ* forces

δυναμικό *το* resources *πληθ.*
▷ **έμψυχο ~** human resources *πληθ.* ▷ **εργατικό ~** workforce

δυναμικός *επίθ* (διευθυντής, επιχειρηματίας) dynamic • (πωλητής) forceful • (επέμβαση) forceful • (λύση) drastic

δυναμίτης *ο* dynamite

δυναμίτιδα *η* = δυναμίτης

δυναμό *το* dynamo

δυναμώνω *ρ μ* (ηθικό) to boost • (ραδιόφωνο, τηλεόραση) to turn up
◆ *ρ αμ* (= αποκτώ μυϊκή δύναμη) to get stronger • (ασθενής) to build oneself up • (αέρας) to get stronger • (κλάμα, φωνή) to get louder • **η βροχή ~ει** it's raining even harder

δυναστεία *η* (Ισαύρων, Φαραώ) dynasty • (= δεσποτισμός) tyranny

δυνατά *επίρρ* (πέφτω, χτυπώ) hard • (μιλώ) loudly

δυνατός *επίθ* (άνθρωπος, προσωπικότητα) strong • (μυαλό) good • (πολιτικός, βασιλιάς) powerful • (δικηγόρος, μαθητής) capable • (λαμψάντα) strong • (σκοινί) strong • (πόρτα) heavy • (μηχανή, κινητήρας) powerful • (φάρμακο) potent • (αέρας, φως) strong • (ήλιος) strong • (πυρετός) high • (φωτιά) fierce • (πόνος, πάθος) intense • (έρωτας) deep • (φωνή, θόρυβος) loud • (κρασί, μπίρα) strong • (λύση, περίπτωση) possible • **βάζω τα ~ά μου** to do one's best · **δεν είναι ~όν!** impossible! · **όσο το ~όν γρηγορότερα** as soon as possible

δυνατότητα η (συμφωνίας, επιλογής) possibility · (= μέσο) capability
▸ **δυνατότητες** πλ potential εν.

δύο, δυο αριθ από two · **ανά ~** in twos · **δύο-δύο** two by two · **δυο φορές** twice · **ένας-δυο, δυο-τρεις, κάνα δυο (τρεις)** one or two · **και οι δυο (μας)** both of us · **μπαίνω στα ~** to turn two · **στις ~ το μεσημέρι** at two in the afternoon

δυόμισι two and a half · **στις ~ το μεσημέρι/τη νύχτα** at two thirty η half past two in the afternoon/ at night

δύοσμ|ος ο mint

δυσανάγνωστ|ος επίθ illegible

δυσανάλογ|ος επίθ disproportionate

δυσανασχετώ ρ αμ to be indignant

δυσαρέσκει|α η displeasure

δυσάρεστ|ος επίθ unpleasant · (συντροφιά) bad

δυσαρεστ|ώ ρ μ to displease

δύσβατ|ος επίθ (δρόμο, τόπος) inaccessible · (δρόμος, περιοχή) rough

δυσεύρετ|ος επίθ rare

δύση η (ηλίου) sunset · (σημείο του ορίζοντα) west · (πολιτισμού, αυτοκρατορίας) decline · (ζωής, καριέρας) end
▸ **Δύση** η η **Δύση** the West

δυσκοιλιότητα η constipation

δυσκολεύ|ω ρ (ζωή, κατάσταση) to make difficult η hard · (υλοποίηση σχεδίου) to hamper
♦ ρ αμ to get harder
▸ **δυσκολεύομαι** μεσ (= ζορίζομαι) to have difficulties · **~ομαι να κάνω κτ** (= έχω δυσκολία) to have trouble η difficulty doing sth

(= διστάζω) to find it hard to do sth

δυσκολία η difficulty
▸ **δυσκολίες** πλ problems

δύσκολ|ος επίθ difficult · (αγώνας) tough · (δρόμος) rough · (αντίπαλος) tough · **είμαι/φέρνω κπν σε ~η θέση** to be/to put sb in a difficult position · **είμαι ~ στο φαγητό** to be a fussy eater
▸ **δύσκολα** τα problems

δυσκολοχώνευτ|ος επίθ (φαγητό) hard to digest · (άνθρωπος) unpalatable

δυσλειτουργί|α η (προγράμματος, υπηρεσίας) malfunction · (καρδιάς, πεπτικού συστήματος) dysfunction

δυσμενής επίθ (κρίση) unfavourable (Βρετ.), unfavorable (Αμερ.) · (σχόλια, καιρικές συνθήκες) adverse

δυσνόητ|ος επίθ (ομιλητής, συγγραφέας) abstruse · (ταινία) obscure

δυσοσμί|α η stench

δύσπεπτ|ος επίθ heavy

δυσπεψί|α η indigestion

δυσπιστί|α η incredulity

δύσπιστ|ος επίθ (πελάτης, ψηφοφόρος) wary · (βλέμμα) incredulous

δύσπνοι|α η difficulty breathing

δύστροπ|ος επίθ (χαρακτήρας, άνθρωπος) bad–tempered · (παιδί) wayward

δυστροπ|ώ ρ αμ (γέρος) to be cantankerous · (παιδί) to be wayward · (= αντιδρώ αρνητικά) to object

δυστύχημα το (= ατύχημα) accident · (= πλήγμα) tragedy
▸ **αυτοκινητιστικό ~** car accident
▸ **αεροπορικό ~** air crash

δυστυχής επίθ unhappy

δυστυχί|α η (οικογένειας, λαού) misfortune · (= στερημένη ζωή) unhappiness

δυστυχισμένος, -η, -ο
(= *δύσμοιρος*) unhappy ·
(= *καημένος*) unfortunate

δύστυχ|ος *επίθ* = **δυστυχής**
δυστυχ|ώ *ρ αμ* (*άνθρωπος*) to be
unhappy · (*χώρα, λαός*) to suffer ·
(= *στερούμαι*) to be destitute

δυστυχώς *επίρρ* (= *για κακή τύχη*)
unfortunately · (*ως μολεκτική
απάντηση*) I'm afraid not · (= *είναι
αλήθεια*) I'm afraid so

δυσφήμηση *η* defamation
δυσφημίζω *ρ μ* = **δυσφημώ**
δυσφήμιση *η* = **δυσφήμηση**
δυσφημώ *ρ μ* (*υπουργό*) to
defame · (*χώρα, εταιρεία*) to
discredit

δυσφορία *η* (= *δυσαρέσκεια,
displeasure* · (= *αδιαθεσία*) malaise
δυσφορώ *ρ αμ* (*γονείς, παρέα*) to
be displeased · (= *αδιαθετώ*) to
have a malaise

δυσχέρεια *η* (*στην ομιλία,
διενθέτηση προβλήματος,*
impediment · (= *δύσκολη
κατάσταση*) difficulty

δύσχρηστ|ος *επίθ* (*εργαλείο,
μηχάνημα*) hard to use · (*λέξη,
όρος*) rare

δύτης *ο* diver

δυτικός, -ή, -ό (*πτέρυγα, παραλίες*)
west · (*επαρχίες*) western · (*άνεμος*)
west · (*προέλευση*) western

δύτρια *η* βλ. **δύτης**

δύ|ω *ρ αμ* (*ήλιος, φεγγάρι*) to set ·
(*ζωή, δόξα*) to decline · (*ηθοποιός,
τραγουδιστής*) to be on the wane

δώδεκα *αριθ απόλ* twelve

δωδεκάδα *η* dozen

δωδεκάμηνο *το* twelve months
πληθ.

δωδεκάμηνος *επίθ*
twelve–month

δωδεκάρι|ος (*χιλά, γαλόνια*) twelve
and a half · (*για ώρα*) twelve
thirty

Δωδεκάνησα *τα* τα ~ the

Dodecanese

δωδεκάρι|α *η* καμιά ~ about a
dozen *η* twelve

δωδέκατος *αριθ τακτ* twelfth
▸ **δωδέκατος** *ο* December

▸ **δωδεκάτη** *η* (= *ημέρα*) twelfth ·
(= *μεσημέρι η μεσάνυχτα*) twelve o'
clock

▸ **δωδέκατο** *το* twelfth

δωμάτι|ο *το* room · **ενοικιαζόμενα
~α** rooms for rent *η* to let
(*Βρετ.*) · **κλείνω ~** (*Αμερ.*)/**κρατάω ένα
~ σε ξενοδοχείο** to book a room
in a hotel

δωρεά|ά (= *δώρο*) gift · (*ιδιώτη,
ενεργέτη*) donation

δωρεάν *επίρρ* free (of charge) ·
▸ **διακοπές/εισιτήρια/ταξίδι** free
holiday (*Βρετ.*) *η* vacation (*Αμερ.*)/
tickets/trip

δωρίζω *ρ μ* (= *κάνω δώρο*) to
give · (= *κάνω δωρεά*) to donate

δώρ|ο *το* (*γενικότ.*) present · (*γιa
εργαζόμενους*) bonus · (*ελευθερίας,
ζωής*) gift · **κάνω ~ σε κπν** to give
sb a present ▸ **γαμήλιο ~** wedding
present

δωροδοκί|α *η* bribery

Ε ε

Ε, ε epsilon, *fifth letter of the Greek
alphabet*

ε *επιφων* hey! · **θα έρθ~ις, ~;**
you're coming, aren't you?

εαυτ|ός *αντων* oneself · **αφ' ~ού
μου** by oneself · (= *μου/σου/του/
της/μας/σας/τους*) myself/
yourself/himself/herself/
ourselves/yourselves/themselves

εβδομάδα|η week · **Μεγάλη
Εβδομάδα, Εβδομάδα των
Παθών** Holy Week

εβδομαδιαί|ος, -α, -ο weekly

εβδομηκοστ|ός *αριθ τακτ*

seventieth
εβδομήντα *αριθ απόλ* seventy
εβδομ|ος, -η -ή -όμη, -ο seventh
▸**έβδομος** *ο* (= Ιουλίου) July •
(= όροφος) seventh floor (Βρετ.),
eighth floor (Αμερ.) •
▸**εβδόμη** *η* seventh
εβίβα *επιφων* cheers!
Εβραί|α *η βλ.* **Εβραίος**
εβραϊκ|ός *επίθ* (νόμος, γλώσσα)
Hebrew • (θρησκεία) Jewish
▸**Εβραϊκά** *τα* Hebrew
Εβραί|ος *ο* Jew
έγγαμ|ος, -ος, -ο (επίσ.) married
εγγεγραμμέν|ος *μτχ* (δικηγόρος)
registered • (μέλος) signed up •
(μαθητή, φοιτητή) enrolled
εγγίζ|ω *ρ μ βλ.* **αγγίζω**
Εγγλέζ|α *η* Englishwoman
εγγλέζικ|ος *επίθ* English
▸**Εγγλέζικα** *τα* English
Εγγλέζ|ος *ο* Englishman • **οι ~οι**
the English
εγγον|ή *η* granddaughter
εγγόν|ι *το* grandchild
εγγον|ός *ο* grandson
εγγραφ|ή *η* (μαθητή, φοιτητή)
enrolment (Βρετ.), enrollment
(Αμερ.) • (συνδρομητή)
subscription • (κασέτας) recording
έγγραφ|ο *το* document
▸**απόρρητο ~** confidential
document
εγγράφ|ω *ρ μ* (μαθητή) to enrol
(Βρετ.), to enroll (Αμερ.) • (σε in)
(κασέτα, δίσκο) to record
▸**εγγράφομαι** *μεσ* **-ομαι σε** to
subscribe to
εγγράφως *επίρρ* in writing
εγγύηση *η* guarantee •
(κατασκευαστή, προϊόντος)
warranty
εγγυητής *ο* guarantor
εγγυήτρια *η* guarantor
εγγυ|ώμαι *ρ μ απ* to guarantee
εγκαθίδρυση *η* (δημοκρατίας,
μεθόδου) establishing •

(επιχείρησης) setting up
εγκαθιστ|ώ *ρ μ* (ανσανσέρ,
καλοριφέρ) to install • (στρατιώτες,
φρουρά) to deploy • (κληρονόμο,
διευθυντή) to appoint
▸**εγκαθίσταμαι** *μεσ* to settle down
εγκαίνι|α *τα* (ιδρύματος)
inauguration *εν.* • (έκθεσης)
opening *εν.*
έγκαιρα *επίρρ* = **εγκαίρως**
έγκαιρ|ος *επίθ* timely
εγκαίρως *επίρρ* in (good) time
εγκάρδι|ος, -α, -ο (χαρακτήρας)
warm-hearted • (υποδοχή,
χαιρετισμός) warm • (ατμόσφαιρα)
friendly
εγκαταλείπ|ω *ρ μ* to abandon •
(χώρα, σπίτι) to leave •
(προσπάθεια, αγώνα) to give up
εγκατάλειψη *η* (παιδιών,
οικογένειας) abandonment •
(πλοίου) abandoning • (χώρας)
leaving • (προσπάθειας, σπουδών)
giving up
εγκατάσταση *η* (καλωδίου,
καλοριφέρ) installation •
(εργοστασίου) plant • (= μόνιμη
διαμονή) settlement • **αθλητικές
εγκαταστάσεις** sports facilities •
ξενοδοχειακές εγκαταστάσεις
hotel facilities • **υδραυλικές
εγκαταστάσεις** plumbing *εν.*
έγκαυμα *το* burn • ▸**πρώτου
βαθμού** first-degree burn
▸**~ δεύτερου βαθμού**
second-degree burn ▸**~ τρίτου
βαθμού** third-degree burn
εγκεκριμέν|ος *επίθ* approved
εγκέφαλ|ος *ο* (ΑΝΑΤ) brain •
(επιχείρησης, εξέγερσης)
mastermind • **πλύση εγκεφάλου**
brainwashing
έγκλημα *το* crime • **διαπράττω
~ το** commit a crime ▸**~ πολέμου**
war crime
εγκληματίας *ουσ αρσ/η* criminal
▸**~ πολέμου** war criminal

εγκληματικ|ός επίθ criminal

εγκληματικ|ότητα η criminality

εγκοπ|ή η notch

εγκράτει|α η abstinence

εγκρίν|ω ρ μ to approve of

έγκρισ|η η approval

εγκυκλοπαίδει|α η encyclopaedia (Βρετ.), encyclopedia (Αμερ.)

εγκυμοσύν|η η pregnancy

έγκυ|ος η pregnant · **είμαι ~** to be pregnant · **μένω ~** to get pregnant

έγκυρ|ος επίθ (έντυπο, πληροφορία) reliable · (ΝΟΜ: διαθήκη, συμβόλαιο) valid

εγκυρότητα η (πληροφοριών) reliability · (διαθήκης, συμβάσεως) validity

εγκωμιάζ|ω ρ μ to praise

εγκώμι|ο το praise

έγνοι|α η = **έννοια²**

εγχείρημα το (= προσπάθεια) venture · (= απόπειρα) attempt

εγχείρησ|η η (ΙΑΤΡ) operation · **κάνω ~** (ασθενής) to have an operation · (γιατρός) to operate

εγχειρίδι|ο το (= σπλέτο) dagger · (αστρονομίας, λογιστικής) manual ⊳ **διδακτικό ~** textbook

εγχείρισ|η η βλ. **εγχείρηση**

έγχορδ|ος επίθ (όργανο) stringed ▸ **έγχορδα** τα strings

έγχρωμ|ος επίθ (σελίδα) in colour (Βρετ.) · η color (Αμερ.) · (έκδοση, εκτύπωση) colour (Βρετ.), color (Αμερ.) · (εκτυπωτής, φιλμ) colour (Βρετ.), color (Αμερ.) · (για λαούς) coloured (Βρετ.), colored (Αμερ.)

εγχώρι|ος, -α, -ο domestic

εγώ αντων Ι · ~ ο ίδιος I myself · **~, ο Παύλος και ο Γιάννης** me, Pavlos and Giannis · **it's my fault · κι ~** me too · **όχι ~** not me · **ποιος θέλει ποτό; ~!** who wants a drink? - I do!

εγώ το ego

εγωισμ|ός ο (= φιλαυτία) egoism ·

(= αξιοπρέπεια) pride

εγωιστικ|ός επίθ selfish

εδαφικ|ός επίθ (μεταβολές, καθίζηση) land · (ακεραιότητα) territorial · **-ή έκταση** tract of land

έδαφ|ος το (γενικότ.) ground · (για χώρα, πόλη) territory · (για σύσταση) soil · (για μορφολογία) terrain · **αμμώδες/πετρώδες ~** sandy/stony soil · **ομαλό/ ανώμαλο ~** even/uneven ground · **χάνω/κερδίζω ~** to lose/gain ground

έδεσμα το (επίσ.: = φαγητό) food · (= λιχουδιά) delicacy

Εδιμβούργ|ο το Edinburgh

έδρ|α η (αίθουσας) podium · (δικαστηρίου) bench · (σε πανεπιστήμιο: φιλολογίας, φυσικής) chair · (επιχείρησης, εταιρείας) head office (Βρετ.) · (δήμου) central office (Βρετ.) seat · (Ο.Η.Ε.) headquarters εν. · (ΑΘΛ) home ground (Βρετ.), home field (Αμερ.)

εδραιών|ω ρ μ (κυριαρχία, κύρος) to consolidate · (πίστη) to confirm · (αξίες, πεποίθηση) to strengthen

εδραίωσ|η η (δημοκρατίας) establishing · (ελευθερίας) securing · (αξιών) strengthening · (κυβέρνησης, κινήματος) consolidation

εδράνι|ο το (Βουλής) bench · (αμφιθεάτρου) podium

εδρεύ|ω ρ αμ · **σε** (εταιρεία) to have its head office in · (κυβέρνηση) to have its seat in · (οργανισμός) to have its headquarters in

εδώ, δώ επίρρ here · **αυτός/αυτή/ αυτό ~** this · **από δώ** from here · **από δω η σύζυγός μου** this is my wife · **από δωκι από κει** εκεί here and there · **από δώκι εμπρός** from now on · **~ γύρω**

around here · **και εφτά χρόνια μένει στο Παρίσι** he has lived in Paris for seven years · **μετακόμισε ~ και πέντε χρόνια** he moved five years ago · **~ κάτω** down here · **~ πάνω** up here · **~ πέρα** over here · **ως ~** (*για τόπο*) up to here · (*για χρόνο*) up until *ή* to now · (*εμφατικά*) enough · **ως ~ και μη παρέκει!** that's the limit!

εδώδιμ|ος, -ος, -ο edible
 ▸ **εδώδιμα** *τα* victuals

εδώθε *επίρρ* here

εδώλιο *το* bench · **το ~ του κατηγορουμένου** the dock

Ε.Ε. *συντομ* EU

εθελοντής *ο* volunteer

εθελοντικός *επίθ* voluntary

εθελόντρια *η* βλ. **εθελοντής**

εθίζ|ω *ρ μ* ~ **κπν σε κτ** to accustom sb to sth
 ▸ **εθίζομαι** *μεσ* ~**ομαι σε κτ** to get used to sth

έθιμο *το* custom

εθνικισμός *ο* nationalism

εθνικιστής *ο* nationalist

εθνικίστρια *η* βλ. **εθνικιστής**

εθνικ|ός *επίθ* national · **Εθνικό Θέατρο** National Theatre (*Βρετ.*) *ή* Theater (*Αμερ.*) · **Εθνική Πινακοθήκη** National Gallery
 ▸ **Εθνική** *η* Greek national team

εθνικότητα *η* nationality

έθνος *το* nation

εθνότητα *η* nationality

εθνοφρουρά *η* militia

είδα *αόρ* βλ. **βλέπω**

ειδάλλως *επίρρ* otherwise

είδεμή *σύνδ* otherwise

ειδήμων *ουσ αρς/η* expert

είδηση *η* news *εν.* · **παίρνω ~ κπν-/κτ** to notice sb/sth
 ▸ **ειδήσεις** *πλ* news *εν.*

ειδικευμέν|ος *επίθ* (*συνεργείο, προσωπικό*) skilled · (*επιστήμονας*) specialized

ειδίκευσ|η *η* specialization · **~ σε κτ** specialization in sth

ειδικεύ|ω *ρ μ* to specify
 ▸ **ειδικεύομαι** *μεσ* ~**ομαι σε** to specialize in

ειδικ|ός *επίθ* (*σχεδιασμός, άδεια*) special · (*σύμβουλος*) expert (*επιστήμονας, προσωπικό*) · specialist · (*επιτροπή*) ad hoc (*θήκη, θηρίόα*) special · **παιδιά με ~ές ανάγκες** children with special needs · **Ολυμπιάδα για άτομα με ~ές ανάγκες** Special Olympics
 ▸ **ειδικός** *ο*, **ειδικός** *η* expert

ειδικότητ|α *η* speciality (*Βρετ.*), specialty (*Αμερ.*)

ειδοποίηση *η* (= *ενημέρωση*) notice · (*προφορική*) warning · (= *έγγραφο*) notification

ειδοποι|ώ *ρ μ* (*ενδιαφερόμενο, θεατή*) to inform · (*αρχές*) to notify

είδ|ος *το* (*φυτών, ζώων*) species · (*ανθρώπου, βιβλίου*) kind · (*διακινδύνευσης*) form · **κάθε ~ους** all kinds of · **όλων των ειδών** of all kinds · **πληρώνω σε ~** to pay in kind · **~η ταξιδίου/πολυτέλειας** travel/luxury goods
 ▸ **παιδικά/αθλητικά ~η** children's/ sports wear

είδωλο *το* idol

ειδωλολάτρης *ο* idolater

ειδωλολάτρισσα *η* βλ. **ειδωλολάτρης**

εικασία *η* conjecture

εικόν|α *η* picture · (*αποχωρισμού, συνάντησης*) scene · (*μτφ.: προσώπου, αντικειμένου*) image · (ΘΡΗΣΚ) icon · (ΑΡΧ) pictorial decoration · (*επιχείρησης, πολιτικού*) image · (*κατάστασης, κρίσης*) picture · **καθαρή ~** (*για τηλεόραση*) clear picture · **ρύθμιση ~ς** image *ή* picture control · **τρέμει η ~** (*για τηλεόραση*) the picture is flickering

εικονίδιο *το* icon

εικονικ|ός *επίθ* (δικαιούχος, αγοραστής) bogus· (γάμος) sham· (ενδιαφέρον) feigned· (αντίπαλος) fictitious· **-ή πραγματικότητα** (ΠΛΗΡΟΦ) virtual reality

εικόνισ|μα *το* icon

εικονογραφημέν|ος *επίθ* illustrated

εικονογράφησ|η *η* (βιβλίου, περιοδικού) illustration· (ναού) iconography· (χειρογράφου) illustration

εικοσαετί|α *η* twenty years *πληθ*

εικοσαήμερ|ο *το* twenty days *πληθ.*

εικοσάλεπτ|ο *το* twenty minutes

εικοσάλεπτ|ος *επίθ* twenty-minute

είκοσι *αριθ απόλ* twenty· **μπαίνω στα ~** to be in one's twenties

εικοσιτετράωρ|ο *το* twenty-four hours *πληθ.*

εικοσιτετράωρ|ος *επίθ* twenty-four-hour

εικοστός *αριθ τακτ* twentieth

ειλικρίνει|α *η* (φοιτητή, φίλου) sincerity· (προθέσεων, κινήτορων) sincerity· (λόγου) outspokenness· **με κάθε ~** in all sincerity

ειλικριν|ής *επίθ* (φίλος) sincere· (συνεργάτης) honest· (αισθήματα, ευχές) sincere· **για να είμαι (απόλυτα ή απολύτως)** to be (absolutely) frank with you

ειλικρινά, ειλικρινώς *επίρρ* (χαίρομαι) sincerely· (ντρέπομαι) truly

---

ΛΕΞΗ-ΚΛΕΙΔΙ

είμαι *ρ συνδετ* **(α)** (= υπάρχω) to be· **ποιος είναι; - εγώ (είμαι)!** who is it? – it's me!

(β) (= έχω ιδιότητα) to be

(γ) (βρίσκομαι σε κατάσταση) to

be· **είμαι μια χαρά!** I'm *ή* I feel fine!· **πώς είσαι; - καλά!** how are you? – fine!

(δ) (= βρίσκομαι) to be· **ποιος ήταν στο τηλέφωνο;** who was on the phone?

(ε) +γεν. (= σχετίζομαι) to be· (= ανήκω) to belong to· **είμαι από** to be *ή* come from· **είμαι 25 χρονών** I'm 25 years old· **τίνος είσαι;** who is your father?

(στ) +για (= προσφέρομαι) to be for· **είσαι για...** ; (οικ.) do you want *ή* feel like..?

(ζ) (= υποστηρίζω) to support

(η) (= αξίζω) **δεν είναι να κάνω κτ** it's not worth doing sth· **δεν είμαι για κτ** not to be up to sth· **είμαι για να 'μαι!** (ειρ.) look at the state of me!· **είσαι (μέσα);** (οικ.) are you in?· **τι είναι;** (οικ.) what is it?, what's up? (ανεπ.)· **τι είναι (πάλι);** (οικ.) what (now)?

είναι *το* +ουθ. being

είπα *ρ αόρ* βλ. **λέγω**

ειρήνη *η* peace· **παγκόσμια ~** world peace· **συνθήκη ~ς** peace treaty

Ειρηνικός *ο* the Pacific Ocean

ειρηνικ|ός *επίθ* peaceful· (άνθρωπος, πολίτης) peaceable

ειρωνεί|α *η* (ύφους, χαρακτήρα) irony· (= σχόλιο) sarcasm

ειρωνεύ|ομαι *ρ μ απ* to make fun of

ειρωνικ|ός *επίθ* (τόνος, ματιά) ironic· (σχόλιο, διάθεση) sarcastic

εισαγγελ|έας *ο/η* public prosecutor

εισαγόμεν|ος *επίθ* imported

εισάγ|ω *ρ μ* (προϊόν) to import· (μέτρο, αρχή) to introduce· ▸ **εισάγομαι** to be admitted

εισαγωγ|ή *η* (κειμένου, έργου) introduction· (προϊόντων) import

εισβάλλ|ω *ρ αμ* (για χώρα) to

invade · (μτφ.: = μπαίνω ορμητικά) to burst in · (τουρίστες, πλήθος) to pour in · (τηλεόραση) to invade

εισβολή η (εχθρών, στρατού) invasion · (= ορμητική είσοδος) incursion · (τουριστών, προσφύγων) inrush

εισέρχομαι ρ αμ απ to enter
▸ **εισερχόμενα** τα incoming documents

εισιτήριο το (μουσείου, λεωφορείου) ticket · **~ με επιστροφή** return (ticket) (Βρετ.), round-trip ticket (Αμερ.) · **~ χωρίς επιστροφή** single (ticket) (Βρετ.), one-way ticket (Αμερ.) · **έλεγχος εισιτηρίων** ticket inspection · **κόβω ~** (θεάτης, επιβάτης) to buy a ticket · (πράκτορας) to issue a ticket · **μειωμένο ~** reduced price ticket · (για λεωφορείο, τρένο) reduced fare · **μισό/ολόκληρο ~** half-price/full-price ticket · (για λεωφορείο, τρένο) half-fare/full-fare ticket · **φοιτητικό ~** student concession · (για λεωφορείο, τρένο) student fare

εισόδημα το (μετόχου, παραγωγού) income · (χώρας) revenue ▸ **φόρος εισοδήματος** income tax

είσοδος η (σπιτιού, σχολείου) entrance · (στρατού, κοινού) entry · (μαθητή) admission · (= εισιτήριο) ticket · **«απαγορεύεται η ~»** 'no entry' · **ελεύθερη ~** free admission · **κύρια** ή **κεντρική ~** main entrance

εισπνέω ρ μ to breathe in ◆ ρ αμ to breathe in

εισπνοή η (= ανάσα) breath · (οξυγόνου, αμμωνίας) inhalation

εισπράκτορ|ας ο/η (γενικότ. collector · (σε λεωφορείο, τρένο) conductor

είσπραξ|η η (τόκων, φόρων) collection · (επιταγών) cashing

▸ **εισπράξεις** πληθ. proceeds

εισπράττω ρ μ (γραμματίου, φόρο) to collect · (αποζημίωση) to receive

εισφορά η contribution

εισχωρώ ρ αμ **~ σε** to penetrate

είτε σύνδ **~... ~...** either... or...

είτζ ους το AIDS

εκάστοτε επίρρ (επίσ.) each ή every time

εκατό αριθμ απόλ hundred · **καλώ** ή **παίρνω το ~** to call 999 (Βρετ.) ή 911 (Αμερ.) · **τοις ~** per cent

εκατομμύριο το million

εκατομμυριούχ|ος ο/η millionaire

εκατοντάδ|α η hundred

εκατονταετί|α η century

εκατοστ|ό αριθμ τακτ hundredth
▸ **εκατοστό** το centimetre (Βρετ.), centimeter (Αμερ.)

έκβαση η outcome

εκβιάζω ρ μ to blackmail

εκβιασμός ο blackmail

εκβολή η estuary

εκδηλών|ω ρ μ (χαρά, ενδιαφέρον) to show · (επιθυμία) to express
▸ **εκδηλώνομαι** μεσ (νόσος, σύμπτωμα) to manifest itself · (για πρόσ.) to make one's feelings known

εκδήλωση η (χαράς, ενθουσιασμού) show χωρίς πληθ. · (διαμαρτυρίας) demonstration · (νόσου) onset · (επιδημίας) outbreak · (συμπτώματος) appearance · (δήμου, συλλόγου) event · **εορταστική ~** festival

εκδίδ|ω ρ μ (βιβλίο, σύγγραμμα) to publish · (βιβλιάριο, άδεια) to issue · (απόδειξη, τιμολόγιο) to make out
▸ **εκδίδομαι** μεσ to be a prostitute

εκδίκηση η revenge · **παίρνω ~** to take revenge

εκδικητικ|ός επίρρ (διάθεση)

vengeful· (*κίνητρο*) vindictive· (*μανία*) avenging· (*άνθρωπος, χαρακτήρας*) vindictive

εκδίκ|ούμαι ρ μ απ (*φονιά*) to avenge· (*εχθρό*) to take (one's) revenge on ◆ ρ αμ to take (one's) revenge

έκδοσ|η η (*βιβλίου, εφημερίδας*) publication· (*κατ.*: = *ανατύπωση*) edition· (*βιβλιαρίων, αδείας*) issue· **αναθεωρημένη ~** revised edition· **πρώτη/δεύτερη ~** first/ second edition

εκδότης ο (*βιβλίου, εφημερίδας*) publisher· (*εισιτηρίων, διαβατηρίων*) issuer

εκδότρια η βλ **εκδότης**

εκδοχή η version

εκδρομ|ή η τρip· **ημερήσια/ διήμερη ~** day/two-day trip

εκεί, κεί *επίρρ* there· **ακούς ~!** (*προφ.*: *για αποδοκιμασία*) what cheek! (*Βρετ.*)· **από ~ κει προς τα κει** that way· **~ που** (= *καθώς*) (just) when

εκείθε *επίρρ* (over) there

εκείν|ος *αντων* that· **~/-η που** the one who η/ that

εκθαμβωτικός *επίθ* (*φως*) dazzling· (*ομορφιά*) stunning

έκθεμα το exhibit

έκθεσ|η η (*αυτοκινήτων*) show· (*βιβλίων*) fair· (*ζωγραφικής, γλυπτικής*) exhibition· (ΣΧΟΛ) essay· (= *εκθετήριο*) showroom· (*στον ήλιο*) exposure· (= *αναφορά*) report

εκθέτ|ω ρ μ (*έργα, πίνακες*) to exhibit· (*αυτοκίνητα, βιβλία*) to display· (*ούμα, άνθρωπο*) to expose (*σε* το)· (*γεγονότα, ιδέες*) to set out· (*παράπονο*) to put· (*συνάδελφο, προϊστάμενο*) to expose· **~ κτ στον ήλιο** to expose sth to the sun

▪ **εκτίθεμαι** *μεσ* (*πίνακες, έργο τέχνης*) to be on show· (*βιβλία*) to

be on display· (*λόγοι, αιτίες*) to be set out· **εκτίθεμαι (απέναντι) σε κπν** to be exposed to sb· **εκτίθεμαι σε κτ** to be exposed to sth

εκκαθάρισ|η η (= *καθαρισμός*) cleaning· (*υπόθεσης*) clearing up

▪ **εκκαθαρίσεις** *πλ* purges

εκκεντρικ|ός *επίθ* eccentric

εκκεντρικότητ|α η eccentricity

εκκενών|ω ρ μ (*περιοχή, πόλη*) to evacuate· (*βόθρο*) to empty out

εκκένωσ|η η (*δωματίου, αίθουσας*) clearing· (*πόλης, περιοχής*) evacuation· (*βόθρου*) emptying

έκκλησ|η η appeal· **απευθύνω/ κάνω ~** to launch/make an appeal

εκκλησί|α η (= *ναός*) church· (= *ακολουθία*) Mass· (*Ελλάδος, Αμερικής*) Church· **Ορθόδοξη/ Καθολική/ Αγγλικανική Εκκλησία** Orthodox/Catholic/Anglican Church· **Εκκλησία του Δήμου** assembly of the city

εκκρεμές το pendulum

εκκρεμής, -ής, -ές pending

εκκρεμότητ|α η abeyance· **είμαι ή βρίσκομαι σε ~** to be pending

εκκρεμ|ώ ρ αμ to be pending

εκκωφαντικός *επίθ* deafening

εκλέγ|ω ρ μ to elect

▪ **εκλέγομαι** *μεσ* to be elected

έκλειψ|η η eclipse· **ολική/μερική ~** total/partial eclipse

εκλεκτικ|ός *επίθ* selective· **είμαι ~ σε κτ** to be particular about sth

εκλεκτ|ός *επίθ* (*επιστήμονας, συνεργάτης*) distinguished· (*πελατεία*) select· (*κρασί*) fine· (*μεζές, φαγητό*) choice

▪ **εκλεκτός** ο, **εκλεκτή** η chosen one· **οι ~οί** the elite· **οι ~οί του Θεού** God's chosen people· **ο ~/**

η ~ή της καρδίας μου my heart's desire

εκλεπτυσμέν|ος επίθ refined · **ο εκλιπών/η εκλιπούσα** the late

εκλογ|ή η (= επιλογή) choice · (καθηγητού, βουλευτού) election ▸ **εκλογές** πλ elections · **βουλευτικές/δημοτικές/ φοιτητικές ~ές** parliamentary/ local/student elections · **κερδίζω/ χάνω τις ~ές** to win/lose the elections

εκμάθηση η learning

εκμεταλλεύ|ομαι ρ μ (= αξιοποιώ) to exploit · (επιχείρηση) to operate · (αρν.: γονείς, αξίωμα) to take advantage of · (φοιτητή, υπάλληλο) to exploit · **~ μια ευκαιρία** to make the most of an opportunity

εκμετάλλευση η (= αξιοποίηση: γνώσεων, δυνατοτήτων) using · (ηλιακής ακτινοβολίας, ανέμητου) exploitation · (κτημάτων, αγρού) farming · (αρν.: υπαλλήλου) exploitation · (γονέα) taking advantage of · (= κατάχρηση: ευαισθησίας, συναισθημάτων) playing on

εκμυστηρεύ|ομαι ρ μ απ to confide

εκνευρίζ|ω ρ μ (θόρυβος, συμπεριφορά) to annoy · (καιρός) to put on edge · **~ κπν** to get on sb's nerves

εκνευρισμ|ός ο irritation

εκνευριστικ|ός επίθ irritating

εκούσι|ος, -α, -ο voluntary

εκπαιδεύομέν|η η βλ. **εκπαιδευομένη**

εκπαιδευόμεν|ος ο trainee

εκπαίδευση η (προσωπικού, υπαλλήλων) training · (ΣΧΟΛ, ΠΑΝ) education · **ανωτάτη ~** higher education · **ανωτέρα ~** further education · **δημόσια/ιδιωτική ~** public/private education

δωρεάν ~ free education

εκπαιδευτής ο (προσωπικού, οδηγών) instructor · (σκύλων) trainer

εκπαιδευτικ|ός επίθ educational ▷ **~ό σύστημα** educational system ▸ **εκπαιδευτικός** ο/η teacher

εκπαιδεύτρι|α η βλ. **εκπαιδευτής**

εκπαιδεύ|ω ρ μ (μαθητή, σπουδαστή) to educate · (στρατιώτη, σκύλο) to train

εκπέμπ|ω ρ μ to emit ♦ ρ αμ to transmit

εκπηγάζ|ω ρ αμ · **από ~** to come from

εκπληκτικ|ός επίθ amazing · (επιτυχία) astounding

έκπληκτ|ος επίθ surprised · **μένω ~** to be surprised

έκπληξ|η η surprise · **κάνω ~ σε κπν** to give sb a surprise

εκπληρών|ω ρ μ to fulfil (Βρετ.), to fulfill (Αμερ.) · (στρατιωτικές υποχρεώσεις) to do · (έργο) to accomplish

▸ **εκπληρώνομαι** μεσ (επιθυμία, όνειρο) to come true · (στόχος) to be achieved · (προφητεία) to be fulfiled (Βρετ.), to be fulfilled (Αμερ.)

εκπλήρωση η (καθήκοντος, υπόσχεσης) fulfilment (Βρετ.), fulfillment (Αμερ.) · (επιθυμίας, ονείρου) realization

εκπλήσσ|ω, εκπλήττω ρ μ to surprise

εκπνέ|ω ρ αμ (= βγάζω αναπνοή) to breathe out · (προθεσμία, τελεσίγραφο) to expire · (αιώνας, δεκαετία) to draw to an end · (χρόνος) to run out

εκπνο|ή η (για προσ.) exhalation · (προθεσμίας) expiry · (αιώνα, δεκαετίας) end

εκπομπ|ή η (σήματος, προγράμματος) transmission · (σταθμού, τηλεόρασης) programme

(Βρετ.), program (Αμερ.)·
(ραδιενέργειας, ακτινοβολίας)
emission · **ζωντανή** ~ live
broadcast · **μουσικό** ~ music
programme (Βρετ.) ή program
(Αμερ.)

εκπρόθεσμος επίθ late

εκπροσώπηση η representation

εκπρόσωπ|ος ο/η representative

εκπροσωπώ ρ μ to represent

έκπτωση η discount · **κάνω** ~ to
give a discount
▸ **εκπτώσεις** πληθ. sales ·
**χειμερινές/καλοκαιρινές
εκπτώσεις** winter/summer sales

εκρήγνυμαι ρ αμ απ (βόμβα,
πύραυλος) to explode · (ηφαίστειο)
to erupt · (πόλεμος, απεργία) to
break out · (για πρόσ.) to blow up

εκρηκτικ|ός επίθ (ύλη)
(γυναίκα) hot (ανεπ.)
▸ **εκρηκτικά** τα explosives

έκρηξη η (οβίδας, νάρκης)
explosion · (ηφαιστείου) eruption ·
(πολέμου, επανάστασης) outbreak ·
(βίας, χαράς) outburst · (τιμών)
explosion

εκσκαφή η excavation

έκσταση η ecstasy

έκστασι η ecstasy

εκστρατεία η campaign · **κατά**
campaign against

εκσυγχρονίζω ρ μ to modernize ·
(νομοθεσία) to update

εκσυγχρονισμ|ός ο (εργοστασίου,
συστήματος) modernization ·
(νομοθεσίας) updating

εκσφενδονίζω ρ μ to hurl
▸ **εκσφενδονίζομαι** μεσ to be
hurled ή flung

έκτακτα επίρρ **περνώ** ~ to have a
wonderful time · **ήταν** ~ **απόψε!**
it was wonderful tonight!

έκτακτ|ος επίθ (υπάλληλος,
καθηγητής) temporary · (έλεγχος)
emergency · (συνέλευση,
στρατοδικείο) extraordinary ·

(παράρτημα, εμφάνιση) special ·
(= υπέροχος) exceptional

εκτάκτως επίρρ as a change of
schedule

έκταση η (γης) tract · (οικοπέδου,
ακινήτου) size · (κειμένου, γραπτού)
length · (προβλήματος, ζημιών)
extent · **βραχώδης** ~ rocky area ·
δίνω ~ **σε κτ** to make much of
sth · **παίρνω** ~ to spread

εκτεθειμέν|ος επίθ (εμπορεύματα)
on display · (στο κρύο, στη βία)
exposed · **είμαι** ~ **σε κτ** to be
exposed to sth · **είμαι** ~ **σε κπν**
(για υπόληψη) to be compromised
in sb's eyes · (για υποχρέωση) to
be under an obligation to sb

εκτείνω ρ μ to stretch
▸ **εκτείνομαι** μεσ (για χώρο) to
extend · (για χρόνο) to last ·
(δραστηριότητες, συναλλαγές) to
extend

εκτέλεση η (καταδίκου, ομήρου)
execution · (εργασίας, έργου)
carrying out · (καθηκόντων)
fulfilment · (βολής, πέναλτι)
taking · (ΜΟΥΣ) performance

εκτελώ ρ μ (κατάδικο) to
execute · (εντολές, οδηγίες) to
carry out · (πτήση, δρομολόγιο) to
operate · (καθήκον) to carry out
(πέναλτι, βολή) to take · (μουσικό
κομμάτι) to perform

εκτεταμέν|ος επίθ (καταστροφές)
extensive · (δίκτυο) extended

εκτίθεμαι ρ μ αμ **εκθέτω**

εκτίμηση η (= σεβασμός) respect ·
(ζημιών, καταστροφών)
assessment · (οικοπέδου, έργου
τέχνης) valuation · (κατάσταση,
περίστασης) evaluation · **ανεβαίνω
στην** ~ **κποιου** to go up in sb's
estimation · **έχω κπν σε μεγάλη**
~ to have the utmost respect for
sb · **(ξε)πέφτω στην** ~ **κποιου** to
go down in sb's estimation ·
χάνω την ~ **κποιου** to lose sb's
respect

εκτιμ|ώ ρ μ (συνάδελφο, άνθρωπο) to respect · (αξία, ραπτική) to appreciate · (αντίκες) to evaluate · (αντίκες) to value

εκτονών|ω ρ μ (κρίση, ένταση) to defuse · (συναισθήματα) to vent
▸ **εκτονώνομαι** μεσ (= ψυχαγωγούμαι) to unwind · (= αποφορτίζομαι) to let off steam

εκτόνωση η (κρίσης, κατάστασης) defusing · (για προσ.) relaxation

εκτόξευση η (πυραύλων, φωτοβολίδας) launching · (βέλου, βλήματος) shooting · (κατηγοριών, απειλών) hurling

εκτοξεύ|ω ρ μ (βλήμα, βέλος) to shoot · (πύραυλο, διαστημόπλοιο) to launch · (απειλές, κατηγορίες) to hurl

εκτός πρόθ (για εξαίρεση) except · (= μακριά από) out of ◆ επίρ (είμαι, βρίσκομαι) out · ~ αν unless · ~ από apart from · ~ αυτού besides · ~ έδρας αγώνας away match · ~ θέματος beside the point · ~ κινδύνου out of danger · ~ τόπου out of place · ~ τόπου και χρόνου inopportune · ~ του ότι apart from the fact that · ~ υπηρεσίας off duty · ~ χρόνου untimely · ζω/ είμαι ~ πραγματικότητας to live/ be in a dream world · θέτω κπν ~ μάχης to put sb out of action · μένω ~ (για εκδήλωση, διαγωνισμό) not to pass

έκτ|ος αριθ τακτ sixth
▸ **έκτος** ο (= όροφος) sixth floor (Βρετ.), seventh floor (Αμερ.) · (= Ιούνιος) June
▸ **έκτη** η (= ημέρα) sixth · (= τάξη δημοτικού) sixth year ή grade (Αμερ.) · **εκτρέπομαι από την πορεία μου** to go off course

εκτροπή τα rioting

εκτροχιάζω ρ μ to derail
▸ **εκτροχιάζομαι** μεσ (τρένο, όχημα) to be derailed · (μτφ.: παρέα, νέος)

to run wild · (συζήτηση, ομιλία) to digress

εκτροχιασμός ο, **εκτροχίαση** η (τρένου) derailment · (μτφ.: νέου, παρέας) misconduct · (πολιτικής) derailment · (συζήτησης) digression

έκτρωση η abortion

εκτυλίσσ|ω ρ μ to tell
▸ **εκτυλίσσομαι** μεσ to unfold

εκτυπώνω ρ μ to print

εκτύπωση η printing

εκτυπωτής ο printer

εκτυφλωτικ|ός επίθ dazzling

εκφοβίζω ρ μ to intimidate

εκφοβισμ|ός ο intimidation

εκφράζ|ω ρ μ to express
▸ **εκφράζομαι** μεσ to express oneself · **-ομαι ανοιχτά** to speak openly

έκφραση η expression (ΓΛΩΣ) articulation · **έχω μια έκφαση αμηχανίας στο πρόσωπό μου** to have an embarrassed look on one's face · **ιδιωματική** ~ idiomatic expression · **στερεότυπη** ~ set phrase

εκφώνηση η (λόγου) delivery · (ειδήσεων) announcement · (ονομάτων) roll call · (θεμάτων) reading out

εκφωνητής ο newsreader (Βρετ.), newscaster (Αμερ.)

εκφωνήτρια η βλ. **εκφωνητής**

εκφων|ώ ρ μ (λόγο, ομιλία) to deliver · (ονόματα) to call out · (θέματα) to read out · (ειδήσεις) to read

εκχωρ|ώ ρ μ to transfer

έλα ρ βλ. **έρχομαι**

έλαιο το (γενικότ.) oil · (επίσ.: = ελαιόλαδο) olive oil · **αρωματικά έλαια** essential oils

ελαιόδεντρο το olive tree

ελαιόλαδο το olive oil · **παρθένο** ~ virgin olive oil

ελαιοχρωματιστής ο painter

and decorator

ελαιών|ας ο olive grove

ελαστικ|ός επίθ (ύφασμα, φούστα) stretch · (υλικό) elastic · (μτφ.) flexible

▸ **ελαστικό** το tyre (Βρετ.), tire (Αμερ.)

ελαστικότητα η (υφάσματος, υλικού) elasticity · (μτφ.: μεθόδου, προγράμματος) flexibility

ελατήρι|ο το spring

ελάτ|ο το, **ελάτ|ος** ο fir (tree)

ελάττ|ωμα το (προϊόντος) defect · (ρούχου) flaw · (ανθρώπου) fault · (σωματικό, διανοητικό) defect

ελαττωματικ|ός επίθ (προϊόν) defective · (ρούχο) with flaws · (λειτουργία, διάλπαση) imperfect

ελαττώνω ρ μ (έξοδα, φθόνγβο) to reduce · (έξοδα, φαγητό) to cut down on · (πόνο) to alleviate · (παραγωγή) to slow down

▸ **ελαττώνομαι** μεσ to diminish

ελάττωσ|η η (εξόδων, βάρους) reduction · (καπνίσματος) cutting down on · (πόνου) alleviation · (παραγωγής) slowdown

ελάφ|ι το deer

ελαφίνα η doe

ελαφραίν|ω ρ μ/αμ βλ. **ελαφρώνω**

ελαφρ|ός, -ιά, -ά, -ό (φαγητό, γεύμα, κιβώτιο) light · (φαγητό, γεύμα) light · (καφές, τσιγάρο) mild · (ύπνος) light · (αεράκι) light · (άρωμα, χτύπημα) light · (τιμωρία, φορολογία) light · (πυρετός, γρίπη) mild

ελαφρύν|ω ρ μ/αμ βλ. **ελαφρώνω**

ελαφρ|ύς, -ιά, -ύ (ποτό) weak · (κρασί) light · βλ. κ. **ελαφρός**

ελαφρών|ω ρ μ (βαλίτσα) to make lighter · (λύπη, πόνο) to alleviate

◆ ρ αμ to become lighter

ελάχιστα επίρ very little

ελαχιστοποι|ώ ρ μ to minimize

ελάχιστ|ο το minimum ·
περιορίζω κτ στο ~ to keep sth

to the minimum

ελάχιστ|ος επίθ minimum · **~η κατανάλωση** minimum consumption

Ελβετή η Swiss woman

Ελβετί|α η Switzerland

Ελβετίδα η Swiss woman

ελβετικ|ός επίθ Swiss

Ελβετ|ός ο Swiss man · **οι Ελβετοί** the Swiss

ελεγκτής ο (εισπηγίων) conductor · (διαβατηρίων) inspector · (σε τελωνείο) inspector ▸ **~ εναέριας κυκλοφορίας** air-traffic controller

ελέγκτρια η βλ. **ελεγκτής**

έλεγχ|ος ο (τροφίμων, υπαλλήλων) inspection · (τιμών) control · (κειμένου) checking · (βιβλίων) audit · (συναισθημάτων, κατάστασης) control · (σχολ.: μαθητή) report (Βρετ.), report card (Αμερ.) · **είμαι υπό ~ο** to be under control · **~ διαβατηρίων** passport control · **εξονυχιστικός ~** thorough inspection · **θέτω κπν υπό ~ο** to bring sb under control · **περνώ από ~ο** to be inspected · **ποιοτικός ~** quality control · **σωματικός ~** body search · **τελωνειακός ~** customs inspection · **χάνω τον ~ο** to lose control

ελέγχ|ω ρ μ (αποσκευές, διαβατήρια) to inspect · (κείμενο) to check · (αυτοκίνητο, κατάσταση) to be in control of · (βάρος) to watch · (φωτιά, πληθωρισμό) to bring under control

ελεεινός επίθ (αρν.: για πρόσ.) deplorable · (θέαμα) pitiful · (συνθήκες, θάνατος) wretched

ελεημοσύν|η η charity

έλε|ος το (= ευσπλαγχνία) mercy · (= συμπόνια) compassion · (= ελεημοσύνη) charity · **είμαι στο ~ κποιου** to be at sb's mercy

ελευθερί|α _η_ freedom · ~ **του λόγου** free speech

ελεύθερ|ος _επίθ_ free · (= άγαμος) single · (χώρος) open · (ώρα) spare ▷ **-η μετάφραση** (ΛΟΓ) free translation

ελευθερών|ω _ρ μ_ to free ▸ **ελευθερώνομαι** _μεσ_ to give birth

ελέφαντ|ας _ο_ elephant

ελεφαντένι|ος, -ια, -ιο = **ελεφάντινος**

ελεφάντιν|ος _επίθ_ ivory

ελεφαντόδοντ|ο _το_ (= ελεφαντοστό) tusk · (υλικό) ivory

ελεώ _ρ μ_ (ζητιάνο, άπορο) to give to · (θεός) to have mercy on

ελι|ά _η_ (ελαιόδεντρο) olive tree · (καρπός) olive · (= κηλίδα του δέρματος) mole

ελιγμός _ο_ (σκύψ) zig-zag · (πλοίου, αυτοκινήτου) manoeuvre (Βρετ.), maneuver (Αμερ.) · (μτφ.) manoeuvre (Βρετ.), maneuver (Αμερ.)

έλικ|ας _ο_ propeller

ελικόπτερ|ο _το_ helicopter

ελίτ _η_ **· κοινωνική/ πνευματική ~** social/intellectual elite

έλκηθρ|ο _το_ sledge (Βρετ.), sled (Αμερ.)

έλκ|ος _το_ ulcer

ελκυστικ|ός _επίθ_ (άντρας, γυναίκα) attractive · (χρώμα, ρούχο) fetching · (χαμόγελο) engaging

ελκύ|ω _ρ μ_ to attract

Ελλάδ|α _η_ Greece

ελλαδικ|ός _επίθ_ Greek

Ελλά|ς _η_ (επίσ.) Greece

έλλειμμ|α _το_ deficit

έλλειψη _η_ (σεβασμού, ενασχόλησης) lack · (νερού, προσωπικού) shortage · **έχω ~ από κτ** to be short of sth

Έλλην|ας _ο_ Greek man · **οι ~ες**

the Greeks

Ελληνίδ|α _η_ Greek woman

ελληνικ|ός _επίθ_ Greek

▸ **Ελληνικά** _τα_, **Ελληνική** _η_ Greek

ελληνισμ|ός _ο_ Greek nation

ελληνιστικ|ός _επίθ_ Hellenistic

ελληνοαγγλικ|ός _επίθ_ Greek-English

Ελληνοκύπρι|ος _ο_

ελλιπ|ής _επίθ_ (πληροφορίες, απάντηση) inadequate · (γνώση) imperfect · (αιτιολογία, κρίση) poor · (προστασία, βοήθεια) insufficient

έλξ|η _η_ attraction · **αισθάνομαι ~ για κπν** to be attracted to sb · **ασκώ ~ σε κπν** to attract sb · **ερωτική** _ή_ **σεξουαλική ~** sex appeal

▸ **έλξεις** _πλ_ pull-ups

ελονοσί|α _η_ malaria

έλ|ος _το_ marsh

ελπίδ|α _η_ hope · **δίνω ~ες σε κπν** to raise sb's hopes · **έχω την ~ ότι** _ή_ **πως** to hope that · **μοναδική ~** only hope · **υπάρχουν ~ες** there is hope · **χάνω κάθε ~** to lose all hope

ελπιδοφόρ|ος, -α _ή_ **-ος, -ο** promising

ελπίζ|ω _ρ μ_ to hope · **~ να** to hope that ♦ _ρ αμ_ to hope · **~ ότι** _ή_ **πως** to hope that · **~ σε κτ** to count on sth · **θέλω να ~ ότι** I would like to believe that · **μην ~εις!** don't get your hopes up! · **το ~!** I hope so!

Ελσίνκι _το_ Helsinki

εμάς _αντων_ us · **από ~** from us · **από όλους ~** from all of us · **~ τους δύο** the two of us · **με ή μαζί με ~** with us · **σαν (κι) ~** like us area

εμβέλει|α _η_ range

εμβολιάζ|ω _ρ μ_ to vaccinate

εμβολιασμ|ός _ο_ vaccination

εμβόλι|ο _το_ (ΙΑΤΡ) vaccine ·

(= *εμβολιασμός*) vaccination ·
κάνω ~ to get vaccinated
εμβρόντητ|ος *επίθ* **μένω** ~ to be
flabbergasted *η* dumbfounded
έμβρυ|ο *το* embryo
εμείς *αντων* we · **δεν φταίμε** ~ it's
not our fault · **οι δύο** the two
of us · ~ **κι** ~ just a few of us ·
~ us too
εμένα *αντων* me · **μ'** ~ with me ·
~ **μου αρέσει** I like it
εμετ|ός, εμετ|ος (*επία.*) *ο* vomit ·
κάνω ~**ό** to vomit · **μου έρχεται**
~ to feel sick (*Βρετ.*) *η* nauseous
(*Αμερ.*)
εμμέν|ω *ρ αμ* — **σε κτ** to persist in
sth
έμμεσα *επίρρ* (*προκαλώ*,
συνδέομαι) indirectly · (*μιλώ*) in a
roundabout way
έμμεσος *επίθ* indirect
εμμηνόπαυση *η* menopause
εμμηνόρροι|α *η* menstruation
εμμον|ή *η* persistence
έμμον|ος *επίθ* persistent
εμπαιγμ|ός *ο* (= *χλευασμός*)
ridicule · (= *εξαπάτηση*) deception
εμπαίζ|ω *ρ μ* (= *περιπαίζω*) to
ridicule · (= *εξαπατώ*) to deceive
εμπεδών|ω *ρ μ* (*μάθημα, ύλη*) to
assimilate (*γνώσεις*) to
consolidate
εμπέδωση *η* (*ύλης, μαθημάτων*)
assimilation · (*γνώσεων*)
consolidation
εμπειρία *η* experience · **διδακτική**
~ teaching experience ·
προσωπική ~ personal
experience · **τραυματική**
~ traumatic experience
εμπειρικ|ός *επίθ* empirical
εμπειρογνώμονας,
εμπειρογνώμων *ο/η* expert
έμπειρ|ος *επίθ* experienced
εμπιστεύ|ομαι *ρ μ απ* (*άνθρωπο*)
to trust · (*μυστικό*) to confide ·
(*αποστολή, υπόθεση*) to entrust ·

(*μνήμη, ένστικτο*) to trust
εμπιστευτικ|ός *επίθ* confidential
έμπιστ|ος *επίθ* trustworthy
εμπιστοσύν|η *η* trust · **αμοιβαία**
~ mutual trust · **ανάξιος** ~**ς**
untrustworthy · **αποκτώ την**
~ **κποιου** to gain sb's trust *η*
confidence · **κερδίζω/χάνω την**
~ **κποιου** to win/lose sb's trust
έμπνευση *η* inspiration
εμπνευσμέν|ος *επίθ* inspired
εμπνέ|ω *ρ μ* to inspire
εμποδίζ|ω *ρ μ* to prevent · **κπν**
να κάνει κτ to prevent sb from
doing sth · **οας** ~ am I in your
way?
εμπόδι|ο *το* (*γενικότ.*) obstacle ·
(ΑΘΛ) hurdle · **μετ εμποδίων**
(ΑΘΛ) hurdle race
εμπόρευ|μα *το* commodity
▸ **εμπορεύματα** *πληθ.* goods
εμπορεύ|ομαι *ρ μ* (*υφάσματα,*
αυτοκίνητα) to deal in · (*φήμη,*
όνομα) to prostitute ♦ *ρ αμ* to be
a trader
εμπορικ|ός *επίθ* (*σύλλογος,*
αντιπρόσωπος) commercial ·
(*σχολή*) business · (*ισοζύγιο,*
συμφωνία) trade · (*ναυτικό, πλοίο*)
merchant
▸ **εμπόρι|ο** *το* shop
εμπόρι|ο *το* (*καπνού, σιτηρών*)
trade · (*ναρκωτικών*) trafficking ·
ελεύθερο ~ free trade · **λιανικό/**
χονδρικό ~ retail/wholesale trade
έμπορ|ος *ο/η* (*μπακαλικών*)
merchant · (*χονδρικής, λειανικής*)
trader · (*όπλων, αυτοκινήτων*)
dealer · (*ναρκωτικών*) trafficker
έμπρακτ|ος *επίθ* real
εμπρησμός *ο* arson
εμπρόθεσμ|ος *επίθ* made in time
εμπρός *επίρρ* (= *μπροστά*)
forward · (*μτφ.: κοιτώ*) ahead · (*σε*
τηλεφωνική κλήση) hello!
(*προτρεπτικά*) come on · **από 'δω**
κι ~ from now on · **βάζω μπρος**

(για μηχανές) to start

εμφανής επίθ (λόγος, λόγοι) clear • (αντίθεση, αντιπάθεια) evident • (μέρος, βλάβη) visible • **είναι ~ές ότι** it is clear that

εμφανίζ|ω ρ μ (σύμπτωμα) to present • (ύφεση) to show • (φιλμ) to develop • (εισιτήριο, διαβατήριο) to show

▶ **εμφανίζομαι** μεσ (γενικότ.) to appear • (σε πάρτι, γιορτή) to show up • (ιδέες, δυσκολίες) to emerge • (πλοίο, τρένο) to come into view • (αρρώστια) to manifest itself • (επιδημία) to break out • **~ομαι στον ορίζοντα** to loom on the horizon

εμφάνιση η (γενικότ.) appearance • (βίας, νόσου) outbreak • (ιδεών) emergence • (φιλμ) developing • (παρουσιαστικού) appearance • **κάνω την ~ή μου** to make an appearance

εμφανίσιμ|ος επίθ (= ευπαρουσίαστος) presentable • (κυρίως για γυναίκα) pretty

έμφαση η emphasis • **δίνω ~ σε κτ** to emphasize sth

εμφιαλώνω ρ μ to bottle ▷ **εμφιαλωμένο νερό** bottled water

εμφιάλωση η bottling

έμφραγμα το heart attack • **παθαίνω ~** to have a heart attack

εμφύλι|ος, -α, -ο civil ▷ **εμφύλιος** ο civil war

έμφυτ|ος επίθ (κακία, θάρρος) innate • (χαρίσματα) natural

εμψυχώνω ρ μ to encourage

ένα αριθ απόλ one • **~ ~** one by one • **~ κι ~** the very thing • **και το αυτό** one and the same • **~ προς ~** one by one

εναέρι|ος, -α, -ο (κυκλοφορία, μεταφορέας) air • (καλώδιο) overhead • (τρένο) elevated

▷ **~ χώρος** airspace

εναλλαγή η (εποχών) succession • (φαινομένων) alternation

εναλλακτικ|ός επίθ alternative

εναλλάξ επίρρ alternatively

ενάμισης, μιάμιση, ενάμισι one and a half

έναντι επίρρ +γεν. (= απέναντι) opposite • (= συγκριτικά με) compared to • (= αντί) against

ενάντια πρόθ • **σε** against

εναντίον πρόθ +γεν. against • **στρέφομαι ~ κποιου** to turn against sb • **το ~ ή τουναντίον** on the contrary

εναντιών|ομαι ρ αμ απ • **σε** κπν/κτ to be opposed to sb/sth

εναντίωση η opposition

έναρξη η (αγώνα) beginning • (πολέμου) outbreak • (δίκης) initiation • (διαπραγματεύσεων) opening

---

ΛΕΞΗ-ΚΛΕΙΔΙ

έν|ας, μία, ένα αριθ απόλ

(α) (= μονάδα) one

(β) (για μοναδικότητα) one • **είναι μία και μοναδική** she's one of a kind • **ο ένας και μοναδικός** the one and only

(γ) (πριν από ονόματα) **μόνο ένας** Μπετόβεν θα μπορούσε να γράψει μουσική ενώ ήταν κουφός only Beethoven could have written music when he was deaf

(δ) (= ίδιος) the same

♦ αρθρ αόριστ (α) • **μια φορά κι** **έναν καιρό ...** once upon a time ...

(β) (= κάποιος) someone • **ένας κάποιος** someone person called • **έναν προς έναν** one by one • **ένας-ένας** one by one • **ένας ο** one in a class of their own • **ο ένας τον άλλον** each other • **ο ένας κι άλλος** everyone • **μια για**

πάντα, μια και καλή once and for all · μια φορά ... (προφ.: = πάντως) anyway...

έναστρ|ος επίθ starry

ένατ|ος, -η ή **-άτη, -ο** αριθ τακτ ninth
▸ **ένατος** ο September
▸ **ενάτη** η ninth

ενδεδειγμέν|ος επίθ appropriate

ένδειξ|η η (διαμαρτυρίας, αδυναμίας) sign · (ευγνωμοσύνης) token · (σε όργανο) reading
▸ **ενδείξεις** πλ signs

ένδεκα αριθ απόλ = **έντεκα**

ενδέκατ|ος, -η ή **-άτη, -ο** αριθ τακτ eleventh
▸ **ενδέκατος** ο November
▸ **ενδεκάτη** η eleventh

ενδέχομαι ρ αμ **ενδέχεται να** απρόσ it may

ενδεχόμεν|ος επίθ potential
▸ **ενδεχόμενο** το eventuality · **για κάθε ~ο** just in case

ενδιάμεσ|ος επίθ (για τόπο) in–between · (για χρόνο: θέση, στάδιο) intermediate · **~ σταθμός** way station

ενδιαφερόμεν|ος μτχ interested
◆ **ονα** interested party

ενδιαφέρ|ον το interest · **έχω ή παρουσιάζω ~** to be interesting

ενδιαφέρ|ω ρ μ to interest · **δεν με ~ει!** I don't care!
▸ **ενδιαφέρομαι** μεσ **~ομαι** to be interested in · **~ομαι προσωπικά** to take a personal interest

ενδιαφέρ|ων, -ουσα, -ον interesting · **είμαι σε ~ουσα** to be expecting ή pregnant

ενδίδ|ω ρ αμ to give in · **~ σε κτ** to give in to sth

ενδοιασμ|ός ο (= διστασμός) hesitation · (ηθικός) qualm

ένδοξ|ος επίθ glorious

ένδυ|μα το (επίσ.: = ρούχο)

garment · (χορού, γάμου) dress ·
βραδυνό/επίσημο ~ evening/ formal dress

ενδυμασ|ία η clothes πληθ ·
εθνική/παραδοσιακή ~ national/ traditional costume

ενέδρ|α η ambush · **στήνω ~ σε κπν** to set up an ambush for sb

ενενηκοστ|ός αριθ τακτ ninetieth

ενενήντα αριθ απόλ ninety

ενέργει|α η (γενικότ.) act ·
(= δραστηριότητα) action · (ΦΥΣ) energy · (για πρόσ, τρόφιμα) energy · **εν ενεργεία** active
▸**βομβιστική** ~ bombing
▸**εγκληματική** ~ criminal act
▸**τρομοκρατική** ~ act of terrorism

ενεργητικ|ός επίθ (άνθρωπος) dynamic · (ρόλος) active · (φάρμακο) laxative

ενεργητικότητ|α η (= ενέργεια) energy · (πολιτικού, υπαλλήλου) dynamism

ενεργοποίηση η (συναγερμού, μηχανισμού) activation · (εντάλματος, νόμου) using

ενεργοποι|ώ ρ μ (μηχανισμό) to activate · (συναγερμό, φοιτητές) to mobilize · (νόμο, κεφάλαιο) to use · (ένταλμα) to issue

ενεργ|ός, -ός ή **-ή, -ό** (μέλος, συμμετοχή) active · (πληθυσμός) working · **~ δράση** active duty · **~ό ηφαίστειο** active volcano · **~ό παράθυρο** active window

ενεργ|ώ ρ αμ (άνθρωπος, κυβέρνηση) to act · (φάρμακο, δηλητήριο) to work ◆ ρ μ to make · **~ για λογαριασμό κποιου** to act on behalf of sb
▸ **ενεργούμαι** μεσ to defecate

ένεσ|η η (ινσουλίνης, νοβοκαΐνης) injection · (= σύριγγα) syringe · (μτφ.) boost · **κάνω ~ σε κπν** to give sb an injection

ενέχυρ|ο *το* pawn · **βάζω κτ ~** to pawn sth

ενεχυροδανειστήρι|ο *το* pawnshop

ενήλικ|ας *ο/η (προφ.)* = **ενήλικος**

ενηλικίωση *η* maturity

ενήλικ|ος *επίθ* adult ◆ *ουσ* adult

ενήμερ|ος *επίθ* informed · **κρατώ κπν ~ο** to keep sb informed *ή* posted

ενημερωμένος *επίθ (για πρόσ.)* informed · *(βιβλιοθήκη, κατάλογος)* up-to-date

ενημερών|ω *ρ μ (γενικότ.)* to inform · *(βιβλία)* to bring up to date

ενημέρωση *η (πολίτη, κοινού)* informing · *(βιβλιοθήκης, καταλόγου)* updating

ενημερωτικ|ός *επίθ (δελτίο, έντυπο)* information · *(εκπομπή)* informative

ενθάρρυνσ|η *η* encouragement · *(οικονομίας)* stimulation

ενθαρρυντικ|ός *επίθ* encouraging

ενθαρρύν|ω *ρ μ* to encourage · *(επενδύσεις)* to stimulate

ένθερμ|ος *επίθ (ενθουσιασμό, υπερασπιστής)* fervent · *(συμπαράσταση)* loyal

ένθετ|ο *το* pull-out

ενθουσιάζω *ρ μ* to fill with enthusiasm

▸ **ενθουσιάζομαι** *μεσ* to be excited

ενθουσιασμ|ός *ο* enthusiasm · **νεανικός ~** youthful enthusiasm

ενθουσιώδ|ης *επίθ (νέοι, κοινό)* enthusiastic · *(χειροκροτήματα, υποδοχή)* rapturous · *(άρθρο, λόγος)* rousing · *(υποστηρικτής, οπαδός)* keen · *(χαρακτήρας)* enthusiastic

ενθύμι|ο *το* memento · **για ~** as a memento *ή* keepsake

ενιαί|ος, -α, -ο *(χώρος, συγκέντρωση)* united · *(γλώσσα)* unified · *(πολιτική, κόσμος)* uniform · **~ο μισθολόγιο** *(ΔΙΟΙΚ)* flat rate of pay · **~ο σύνολο** single unit ▷ **~ο νόμισμα** single currency

ενικ|ός *ο* singular · **μιλάω σε κπν στον ~ό** to address sb in the familiar form

ενίσχυση *η (οικονομική)* aid · *(από φίλο)* support · *(κατασκευής)* support · *(παντελονιού, μανικιού)* patch

▸ **ενισχύσεις** *πλ* reinforcements

ενισχύ|ω *ρ μ* = *(τονώνω)* to boost · *(ομάδα, οργανισμό)* to strengthen · *(αλλαγές)* to encourage · *(βάθρους)* to heighten · *(τοίχο)* to buttress · *(μπετόν, ανισότητα)* to reinforce · *(στρατεύματα)* to reinforce · *(οικονομικά)* to assist

εννέα *αριθ απόλ num* · **στις ~** at nine (o'clock)

εννιά *αριθ απόλ* = **εννέα**

εννιακόσι|α *αριθ απόλ* nine hundred

εννιακόσι|οι *αριθ απόλ πλ* nine hundred

έννοι|α[1] *η (ωραίου, Θεού)* concept · *(λέξης)* meaning · **έχω την ~ $** to aim at · **κατά** *ή* **υπό μία ~** in a sense · **με την ευρεία ~** *(της)* in the broad sense (of) · **με την καλή ~** in a good sense · **με** *ή* **υπό την ~ ότι...** in the sense that...

έννοι|α[2] *η (ενδιαφέρον)* concern · *(= ανησυχία)* worry · **βάζω κπν σε ~** *ή* **έννοια** *ή* **έννοιες** to make sb worry · **~ σου!** *(καθησυχαστικά)* don't worry! · *(απειλητικά)* just you wait! · **έχω την ~** *ή* **έννοια κποιου** to worry about sb · **με τρώει η ~** *ή* **έννοια για κτ** to be worried sick about sth

εννοώ *ρ μ (εννοίρω)* to mean · *(= καταλαβαίνω)* to understand · **~ να κάνω** = *(σκέπτομαι)* to intend to do · **δεν ~ να κάνω** not to intend ή mean to do · ~ **αυτά που λέω**! I mean what I say! · **με ~είς**; do you understand me? · **τι ~είς**; what do you mean? · **το ~**! I mean it!

▸ **εννοούμαι** *μεσ* to be perceived · **αφήνω να ~ηθεί** to insinuate

▸ **εννοείται**! *απρόσ* of course!

ενοικιάζω *ρ μ* (ενοικιαστής: δωμάτιο, μαγαζί) to rent · (ποδήλατο, αυτοκίνητο) to hire · (εκμισθωτής: σπίτι) to rent (out) · (αυτοκίνητα, στολές) to hire out · **~ονται δωμάτια** rooms to let ή rent

ενοικίαση η renting · **προς ή για ~** to let · **~ αυτοκινήτων** car hire ή rental

ενοικιαστήρι|ο το 'to let' notice

ενοικιαστ|ής ο tenant

ενοικιάστρι|α η *βλ* **ενοικιαστής**

ενοίκι|ο το rent · **χαμηλό/υψηλό ~** low/high rent

ένοικ|ος ο/η occupant

ένοπλ|ος *επίθ* armed ◆ *ουσ* armed person ▷ **~ες δυνάμεις** armed forces *πληθ*

ενοποίηση η (γενικότ.) unification · (εταιρειών, φορέων) merger

ενόργαν|ος *επίθ* organic ▷ **~η γυμναστική** apparatus gymnastics ▷ **~η μουσική** instrumental music

ενορία η parish

ένορκ|ος *επίθ* sworn ◆ *ουσ* member of the jury · **οι ~οι** the jury

ενότητα η (χρόνου, χώρας) unity · (βιβλίου) unit

ενοχή η guilt

▸ **ενοχές** *πλ* guilt *εν.* · **έχω ~ές** to feel guilty

ενόχληση η nuisance · **έχω ενοχλήσεις** to have trouble · **έχω ενοχλήσεις στο στομάχι** to have an upset stomach · **ζητώ**

συγγνώμη για την ~! I'm sorry to bother you!

ενοχλητικός *επίθ* (θόρυβος, παρουσία) annoying · (επίσκεψη) inconvenient · (αποτελέσματα, συνέπειες) worrying · **γίνομαι ~** to become annoying

ενοχλ|ώ *ρ μ* (δημοσιότητα, κάπνισμα) to bother · (θόρυβος) to annoy · (ασθενή, ηλικιωμένο) to disturb ◆ *ρ αμ* to be annoying · **~**; am I disturbing you? · **«μην ~είτε»** 'do not disturb'

ενοχοποιητικός *επίθ*

ενοχοποιώ *ρ μ* to incriminate · **~ κπν για κτ** to accuse sb of sth

ένοχ|ος *επίθ* guilty · (σχέσεις) unlawful · **αισθάνομαι ή νιώθω ~** to feel guilty · **είμαι ~** to be guilty · **κρίνομαι ~** to be found guilty

ένσταση η objection · **κάνω ~** to object

ένστικτ|ο το instinct · **από ~** by instinct · **το ~ό μου μού λέει...** my instinct tells me...

ενσωματώνω *ρ μ* (ιδεολογία, στοιχεία) to incorporate · (προσωπικό, μέλος) to integrate

▸ **ενσωματώνομαι** *μεσ* (άποικος, μετανάστες) to integrate · (μέλη 2) to be integrated

ένταλμα το warrant ▷ **~ συλλήψεως** arrest warrant

εντάξει *επίρρ* all right · **είμαι ~** to be all right · **είμαι ~ σε κτ** (οικ.) to be good at sth · **λέω ~** to say it's all right ή O.K. · **~/πολύ ~ τύπος** (οικ.) a decent/a great guy (ανεπ.) · **φέρομαι ~** to behave well

ένταξη η integration

ένταση η (ήχου, φωνής) volume · (ΦΥΣ) intensity · (κακοκαιρίας, μάχης) intensity · (ανέμων) force · (= αντιπολίτητα) tension · (συναισθηματική) stress ·

χαμηλώνω την ~ (ραδιοφώνου) to turn down the volume

εντάσσω ρ μ to place · **~ κπν/κτ κάπου** to place sb/sth somewhere

▸ **εντάσσομαι** μεσ **~ομαι σε** (περιβάλλον, κατηγορία) to fit into · (κόμμα) to be a member of

εντατικ|ός επίθ (ρυθμός, παρακολούθηση) intensive · (διαφήμιση, εκμετάλλευση) intensive · extensive · (εξάσκηση, προσπάθεια) strenuous · **~ά μαθήματα** intensive ή crash course εν.

▸ **εντατική** η intensive care

▸ **μονάδα ~ής θεραπείας** intensive care unit

εντείν|ω ρ μ (προσπάθειες) to step up · (προσοχή) to concentrate · (ανησυχίες) to heighten

▸ **εντείνομαι** μεσ (κακοκαιρία, προβλήματα) to get worse · (αισιοδοξία) to grow · (διαμάχη) to intensify

έντεκα αριθ απόλ eleven

εντέλεια η **στην ~** to perfection

εντελώς επίρρ completely

έντερ|ο το intestine

▸ **έντερα** πλ intestines

εντευκτήριο το (ξενοδοχείου) lounge · (νοσοκομείου, ιδρύματος) visitors' room · (για συναντήσεις) meeting place · (σχολής) hall

έντεχν|ος επίθ (επεξεργασία, μεθόδευση) skilful (Βρετ.), skillful (Αμερ.) · (αφίσα) artistic · (έκφραση, διατύπωση) sophisticated

έντιμ|ος επίθ (άνθρωπος, συνεργάτης) honest · (πολίτης) respectable · (επάγγελμα) reputable · (πράξη, απόφαση) honest

εντιμότητα η honesty

εντοιχισμέν|ος επίθ built-in

εντολ|ή η (= διαταγή) order · (= οδηγία) instruction · (ΠΛΗΡΟΦ) command · **δίνω σε κπν ~ να**

κάνει κτ to order ή instruct sb to do sth · **Δέκα Εντολές** (ΘΡΗΣΚ) the Ten Commandments

έντομο το insect

εντομοκτόνο το insecticide

έντον|ος επίθ (φόβος, συγκίνηση) intense · (πίεση, αγανάκτηση) intense · (ρυθμοί) intensive · (προσπάθεια) strenuous · (παρουσία) strong · (κίνηση) heavy · (πόνος, ζαλάδα) acute · (χρώμα) bright · (τρόπος, φωνή) sharp · (αντίθεση, αντίδραση) sharp · (συζήτηση, καβγάς) heated fierce

εντοπίζ|ω ρ μ (αιτία, μεταβολή) to pinpoint · (προέλευση) to trace · (φυγά, αγνοούμενο) to locate · (πυρκαϊά, ζημιά) to localize · (λάθη, βλάβη) to spot

εντός προθ +γεν. (επία.: για χρόνο) within · (για τόπο) inside ♦ (για τόπο) inside · **~ έδρας παιχνίδι** home game · **~ ολίγου** shortly

εντόσθι|α τα (ζώου, ανθρώπου) entrails · (ΜΑΓΕΙΡ) offal χωρίς πληθ.

εντριβή η massage · **κάνω ~** to massage

έντυπ|ο το (= περιοδικό) magazine · (= εφημερίδα) newspaper · (αιτήσεως, συμμετοχής) form

εντύπωση η impression · **αφήνω/ προκαλώ ~** to leave/make an impression · **δίνω την ~ ότι** to give the impression that · **έχω την ~ ότι** to have the feeling ή impression that · **κακή/καλή ~** bad/good impression · **κάνω ~ σε κπν** to impress sb

εντυπωσιάζω ρ μ to impress

εντυπωσιακ|ός επίθ (εμφάνιση, ομοιότητα) striking · (θέαμα, επιτεύγματα) impressive

ενυδατών|ω ρ μ (για κρέμες) to moisturize

ενυδρείο το aquarium

ενώ σύνδ (εναντιωματικός)

although · (χρονικός) while
ενωμέν|ος επίθ (έθνος, χώρα)
united · (οικογένεια) close-knit ·
(χέρια, κορμιά) entwined · (χείλη)
touching · **μένουμε ~οι** (για
πρόσ.) to stick together
ενών|ω ρ μ (άχθες) to join · (λέξεις)
to hyphenate · (σημεία) to join
up · (υλικά, τούβλα) to fit η put
together · (οικογένεια, πολίτες) to
unite · (στοιχεία, υγρά) to
combine · (δυνάμεις, αγώνα) to
join · (προσπάθειες) to pool ·
~ομαι με κπν to join with sb
ενώπιον προθ +γεν. before
ένωση η (καλωδίων) splicing ·
(συμφερόντων) union · (δυνάμεων)
joining · (προσπαθειών)
combining · (= συμβολή: ποταμών,
δρόμων) junction · (βιομηχάνων,
ελαιουργικών συνεταιρισμών)
union · (διηγηλάνων, αθλητών)
association · (κρατών, εθνών)
union · (= γάμος) union · (ΧΗΜ)
compound

εξαγγέλλ|ω ρ μ to announce
εξαγορά η (επιχείρησης) takeover ·
(μετοχών) buying up · (ποινής,
θητείας) buying one's way out of ·
(αιχμαλώτου, ομήρων) ransom ·
(αρν.: ψήφων, δικαστών) bribery ·
(συνειδήσεων) buying off
εξαγοράζ|ω ρ μ (μετοχές) to buy
up · (επιχείρηση, μερίδιο) to buy
out · (ποινή, θητεία) to buy one's
way out of · (αρν.: ψήφο, μάρτυρα)
to bribe · (συνειδήσεις) to buy off ·
(αιχμάλωτο) to ransom
εξαγριών|ω ρ μ (κοινό, λαό) to
outrage · (πλήθος, διαδηλωτές) to
incense
▸ **εξαγριώνομαι** μεσ to go wild
εξάγ|ω ρ μ (προϊόντα) to export ·
(συμπέρασμα, τεκμήριο) to draw ·
(συνάλλαγμα, ναρκωτικά) to
smuggle out · (δόντι, αλάτι) to
extract
εξαγωγή η (προϊόντων) export ·

(συναλλάγματος, κερδών)
smuggling out · (κουλτούρας)
exportation · (δοντιού)
extraction · (συμπεράσματος)
inference
εξάδια η half a dozen
εξαδέλφη η βλ. **εξάδελφος**
εξάδελφ|ος ο cousin
εξαερισμός ο airing
εξαεριστήρας ο ventilator
εξαετής επίθ (πρόγραμμα,
φοίτηση) six-year · (παιδί)
six-year-old
εξαετία η six years πληθ.
εξαήμερο το six days πληθ.
εξαήμερος επίθ six-day
εξαθλιωμέν|ος επίθ (πρόσφυγας,
κάτοικος) poverty-stricken ·
(εικόνα) wretched · (παιδεία,
οικονομία) in decline
εξαθλίωση η (κατοίκων,
εργαζομένων) impoverishment ·
(παιδείας, θεσμών) decline
εξαίρεση η (γενικότ.) exception ·
(από φορολογία) exemption ·
αποτελώ ~ to be an exception ·
κάνω ~ (για κπν) to make an
exception (for sb) · **με ~ with the
exception of · χωρίς ~** without
exception
εξαιρετικός επίθ (επιστήμονας)
eminent · (ερευνητής, μαθητής)
brilliant · (ποιότητα, ικανότητα)
outstanding · (περίπτωση,
περίσταση) exceptional
εξαίρετ|ος επίθ (άνθρωπος, φίλος)
excellent · (επιστήμονας) eminent
εξαιρ|ώ ρ μ (χώρα) to exclude ·
(από φόρο) to exempt · (ένορκο,
μάρτυρα) to challenge · **~ούμαι
από** (γενικότ.) to be excluded
from · (φορολογίας, υποχρεώσεις) to
be exempt from · **μηδενός
~ουμένου** without exception
εξαίρ|ω ρ μ (σημασία,
σπουδαιότητα) to stress ·
(εργατικότητα, θάρρος) to praise

εξαίσι|ος, -α, -ο beautiful

εξαιτίας *προθ* +γεν. because of

εξακολουθ|ώ ρ μ (παιχνίδι, απεργία) to continue · (πιέσεις, γκρίνια) to keep up ♦ ρ αμ (ζωή) to continue · **~ να κάνω κτ** to carry on ή continue doing sth

εξακόσια *αριθ απόλ* six hundred

εξακόσι|οι *αριθ απόλ πλ* six hundred

εξακριβωμέν|ος *μτχ* (μαρτυρία, στοιχείο) proven · (γεγονός) established

εξακριβών|ω ρ μ (πληροφορία, είδηση) to verify · (αλήθεια) to find out · **~ ότι** to ascertain that · **~ τι/πώς/πόσο** to find out what/how/how much

εξακρίβωση η verification

εξαλείφ|ω ρ μ (ίχνος) to obliterate · (επιδημία, δεισιδαιμονίες) to stamp out · (φόβους) to dispel

εξάλειψη η (ιχνών) obliteration · (επιδημίας, τρομοκρατίας) stamping out · (φόβων, διακρίσεων) doing away with · (φόβων) dispelling

εξάλλ|ος *επίθ* (για πρόσ.) beside oneself · (ενθουσιασμός, χαρά) wild · (οικ.: χτένισμα, ρούχα) way-out (*ανεπ.*) · **γίνομαι ~** to hit the roof · **είμαι σε ~η κατάσταση** to be beside oneself

εξάλλου *επίρ* besides

εξάμην|ο *το* = περίοδος 6 μηνών) six months *πληθ.* · (ΠΑΝ) term (*Βρετ.*), semester (*Αμερ.*)

εξάμην|ος *επίθ* six-month

εξαναγκάζ|ω ρ μ to force · **~ κπν να κάνει κτ** to force sb to do sth

εξάνθημ|α *το* rash

εξάντληση η (τροφίμων, χρημάτων) depletion · (σώματος, οργανισμού) exhaustion · (υπομονής) wearing out · (αντοχής) wearing down

εξαντλητικ|ός *επίθ* (προσπάθεια, έρευνα) exhaustive · (δουλειά, ταξίδι) exhausting · (δίαιτα) debilitating

εξαντλ|ώ ρ μ (τρόφιμα, κεφάλαια) to use up · (δυνατότητες, μέσα) to exhaust · (υπομονή) to wear out · (εργασία, πυρετός) to exhaust ▸ **εξαντλούμαι** *μεσ* to run out

εξαπάτηση η deceiving

εξαπατ|ώ ρ μ to deceive

εξαπλών|ω ρ μ to spread ▸ **εξαπλώνομαι** *μεσ* (επιδημία, φωτιά) to spread · (εμπόριο, κράτος) to expand

εξάπλωση η (ιδεών, φωτιάς) spreading · (εμπορίου, κράτους) expansion

εξαπολύ|ω ρ μ (επίθεση) to launch · (ύβρεις) to hurl

εξάπτ|ω ρ μ (πάθος) to excite · (φαντασία) to fire · (περιέργεια) to arouse ▸ **εξάπτομαι** *μεσ* to flare up

εξαργυρών|ω ρ μ to cash

εξαρθρών|ω ρ μ (πόδι) to twist · (σπείρα) to break up

εξάρθρωση η (ΙΑΤΡ. στο πόδι) sprain · (στον ώμο) dislocation · (σπείρας) breaking up

εξάρ|ι *το* (διαμέρισμα) six-roomed flat (*Βρετ.*), ή apartment (*Αμερ.*) · (τραπουλόχαρτο) six

εξάρση η (ακμής, επιδημίας) spread · (ανεργίας, αστυφιλίας) sharp rise · (περιέργειας, ενδιαφέροντος) arousal · **είμαι σε ~** (επιδημία) to be at its peak

εξάρτημ|α *το* (μηχανής, αυτοκινήτου) part · (εργοστασίου) equipment *χωρίς πληθ.* · (= αξεσουάρ) accessory

εξαρτημέν|ος *επίθ* (χώρα, παιδί) dependent · (να ναρκωτικά) addicted · **είμαι ~ από κπν** to be dependent on sb

εξάρτηση η (γένικοτ.)

dependence (από on) · (για ναρκομανείς) addiction

εξαρτώ ρ μ ~ **κτ από κτ** to make sth dependent on sth
▸ **εξαρτώμαι** μεσ ~**μαι από κτ** to depend on
▸ **εξαρτάται** απρόσ. it depends

εξαρχής επίρρ from the very beginning

εξασθένηση η (σώματος) weakening · (δύναμης) flagging · (μνήμης) fading · (οικονομίας) decline · (ανέμου) dying down

εξασθενίζω ρ αμ to weaken

εξασθενώ ρ αμ (άνθρωπος) to grow weak · (μνήμη) to fade · (δύναμη, δραστηριότητα) to flag · (άνεμος) to die down

εξάσκηση η (σώματος) exercise · (μνήμης) training · (γνώσεων) practice · **κάνω ~ σε κτ** to practise (Βρετ.) ή practice (Αμερ.) sth · **πρακτική ~** practice

εξασκώ ρ μ (μνήμη) to train · (σώμα) to exercise · (ιατρική, διηγορία) to practise (Βρετ.), to practice (Αμερ.)

εξασφαλίζω ρ μ (σύνταξη, διαμονή) to secure · (διατροφή) to provide · (επιτυχία) to ensure · (μέλλον) to provide for · (υποστήριξη, συμπαράσταση) to enlist

εξασφάλιση η (οικονομικών πόρων, καριέρας) securing · (διατροφής, στέγης) provision · (αξιοπιστίας, εμπιστοσύνης) ensuring

εξασφαλισμένος επίθ (επιτυχία) assured · (καριέρα, μέλλον) secure

εξατμίζω ρ μ to evaporate
▸ **εξατμίζομαι** μεσ (νερό) to evaporate · (γενναιοδωρία, καλοσύνη) to cease

εξάτμιση η (νερού, κολόνιας) vaporization · (αυτοκινήτου) exhaust (pipe) · **~ αέρια** exhaust

fumes πληθ.

εξαφανίζω ρ μ (ίχνος, σημάδι) to obliterate · (πιστόλι) to hide · (εχθρό) to wipe out · (λεκέδες, ρυτίδες) to get rid of · (χλωρίδα, πανίδα) to kill off
▸ **εξαφανίζομαι** μεσ (άνθρωπος, αγωνία) to disappear · (είδη ζώων) to become extinct · **εξαφανίσου!** (υβρ.) get lost! · (προειδοποιητικά) make yourself scarce!

εξαφάνιση η (ανθρώπου, πορτοφολιού) disappearance · (όπλου) concealing · (λαού, εχθρού) wiping out · (ρυτίδων, ακμής) getting rid of · (ζώου) extinction · (λεκέδων) vanishing

έξαψη η excitement

εξάωρο το six hours πληθ.

εξάωρος επίθ six-hour

εξεγείρω ρ μ to rouse
▸ **εξεγείρομαι** μεσ (πλήθος) to revolt · (αγανακτώ) to be indignant

εξέγερση η uprising

εξέδρα η (γηπέδου) grandstand · (για παρελάσεις, γιορτές) platform

εξειδίκευση η specialization

εξελιγμένος επίθ (κράτος, χώρα) developed · (για πρόσ.) up-to-date

εξέλιξη η (για πρόσ.) advancement · (πολιτισμού, κατάστασης) development · (γλώσσας) evolution · (βιομηχανίας, τεχνολογίας) progress χωρίς πληθ. · (νόσου) progression · (διαπραγματεύσεων) progress · **βρίσκομαι σε ~** to be in progress · **θεωρία της ~ς** theory of evolution
▸ **εξελίξεις** πλ developments

εξελίσσομαι ρ αμ (γλώσσα) to evolve · (γεγονότα, συζήτηση) to develop · (υγεία) to improve · (τεχνολογία, επιστήμες) to advance · (για πρόσ.:

επιχειρηματικά) to advance · **~ σε** to develop into

εξερεύνηση *η* exploration

εξερευνητής *ο* explorer

εξερευνήτρια *η βλ.* εξερευνητής

εξερευνώ *ρ μ* to explore

εξετάζω *ρ μ* (*μηχανή, συσκευή*) to overhaul · (*επιχείρηση*) to examine · (*κατάσταση*) to look into · (*ασθενή*) to examine · (*αίμα, μάτια*) to test · (*μάρτυρα*) to question · (*αιχμάλωτο*) to interrogate · (*μαθητές, φοιτητές*) to examine · **~ λεπτομερώς** to examine in detail

εξέταση *η* examination · (*ισχυρισμών*) questioning · (*μαρτύρων, κατηγορουμένου*) questioning · **γραπτή/προφορική ~** written/oral exam *ή* examination · **~ αίματος** blood test

▸ **εξετάσεις** *πλ* (*μαθητών, υποψηφίων*) exams · (*για δίπλωμα οδήγησης*) driving test *εν.* · **ιατρικές ~εις** medical tests

εξεταστής *ο* examiner

εξεταστικός *επίθ* (*βλέμμα*) inquiring · (*επιτροπή*) examining · (*περίοδος*) exam

εξεταστρια *η βλ.* εξεταστής

εξευτελίζω *ρ μ* (*όνομα, οικογένεια*) to bring shame on · (*άνθρωπο*) to humiliate

▸ **εξευτελίζομαι** *μεσ* to hit rock-bottom

εξευτελισμός *ο* humiliation

εξευτελιστικός *επίθ* (*ήττα*) humiliating · (*δουλειά*) degrading · (*τιμή*) knockdown

εξέχ|ων, -ουσα, -ον prominent

εξήγηση *η* (*συμπεριφοράς*) explanation · (*νόμου, ονείρου*) interpretation · (*κειμένου*) translation · **λογική ~** logical explanation · **τι ~ δίνεις;** how can you explain it?

▸ **εξηγήσεις** *πλ* explanation *εν.*

▸ **δίνω εξηγήσεις για** to explain · **ζητώ εξηγήσεις** to demand an explanation

εξηγώ *ρ μ* (*στάση, αντίδραση*) to explain · (*όνειρο, σύμβολο*) to interpret · (*φράση, κείμενο*) to translate

▸ **εξηγούμαι** *μεσ* to explain oneself · **~ούμαι με κπν** to have it out with sb

εξηκοστός *αριθ τακτ* sixtieth

εξημερώνω *ρ μ* (*γάτα*) to domesticate · (*άλογο*) to break in · (*λιοντάρι*) to tame · (*μτφ.: ήθη*) to civilize

εξημέρωσ|η *η* (*γάτας, σκύλου*) domestication · (*αλόγου*) breaking in · (*λιονταριού*) taming

εξήντα *αριθ απόλ* sixty

εξηντάρης *ο* sixty-year-old man

εξής *επίρρ* **και ~** onwards ◆*με άρθρο* the following · **στο ~** from now on · **ως ~** as follows

έξι *αριθ απόλ* six

εξισορροπ|ώ *ρ μ* (*σχέσεις*) to even out · (*συμφέροντα*) to balance · (*ζημιά, έλλειψη*) to counterbalance

εξίσου *επίρρ* equally

εξιστόρηση *η* recounting

εξίσωσ|η *η* (*μισθών, επιδομάτων*) equality · (*ΜΑΘ*) equation

εξιχνιάζω *ρ μ* (*αιτίες, λόγους*) to trace · (*έγκλημα*) to investigate · (*μυστήριο*) to solve

εξιχνίασ|η *η* (*εγκλήματος, φόνου*) investigation · (*αιτιών*) tracing · (*μυστηρίου*) solving

εξόγκωμα *το* (*στο πόδι, χέρι*) swelling · (*σε δρόμο*) bump

έξοδ|ο *το* expense · **βάζω κπν σε ~α** to put sb to a lot of expense · **έχω ~α** to have expenses · **καλύπτω τα ~ά μου** to cover one's expenses · **με ~ά μου** at my expense

έξοδ|ος η (κτηρίου, θεάτρου) exit · (σπηλιάς) opening · (= διασκέδαση) outing · (το βράδυ) night out · (κατοίκων, Αθηναίων) going away · (ΘΡΗΣΚ) Exodus · (στο αρχαίο θέατρο) exodus · **έχω ~ο** to go out

εξοικειώ|νω ρ μ · **~κπν με κτ** to familiarize sb with sth
▶ **εξοικειώνομαι** μεσο **~ομαι με κτ** to get used η accustomed to sth
εξοικείωσ|η η familiarization · **έχω ~ με κτ** to be familiar with sth

εξοικονόμησ|η η (ενέργειας) saving · (χρημάτων) finding · (αναγκαίων) covering
εξοικονομ|ώ ρ μ (ενέργεια, συναλλάγματα) to save · (δαπάνες, κόπο) to spare · (χονδύλια, χρήματα) to find · (αναγκαία) to cover

εξολοθρεύ|ω ρ μ to wipe out
εξομολόγησ|η η confession · **κάνω ~** to confess
εξομολογ|ώ ρ μ to hear the confession of
▶ **εξομολογούμαι** μεσο to confess

εξοντώ|νω ρ μ (λαό) to exterminate · (εχθρούς) to wipe out · (αντιπάλους) to get rid of · (εργαζόμενους, μαθητές) to exhaust
εξόντωσ|η η (λαού, έθνους) extermination · (αντιπάλων) dispatching · (= εξάντληση) exhaustion
εξοντωτικ|ός επίθ (πόλεμος, αγώνας) destructive · (δουλειά) exhausting · (μέτρα) fatal
εξονυχιστικ|ός επίθ thorough
εξοπλίζ|ω ρ μ (αντάρτες, στρατό) to arm · (εργαστήριο, νοσοκομείο) to equip · (γραφείο) to fit out
εξοπλισμ|ός ο (χώρας, κράτους) arming · (νοσοκομείου, γραφείου) equipment · (= σύνολο πολεμικού

υλικού) arsenal
▶ **εξοπλισμοί** πλ arms πληθ.

εξοργίζ|ω ρ μ to make angry
εξοργιστικ|ός επίθ infuriating
εξορία η exile
εξορίζ|ω ρ μ to exile
εξόριστ|ος επίθ exiled
εξουδετερών|ω ρ μ (δηλητήριο) to neutralize · (ω̄) to get rid of · (αντίπαλο, εχθρό) to overpower · (κίνδυνο) to overcome
εξουδετέρωσ|η η (εχθρού, αντιπάλου) overpowering · (νάρκης) disposal
εξουθενών|ω ρ μ (για αρρώστια, δουλειά) to exhaust · (για ζέστη) to drain · (για άγχος) to overwhelm
εξουθενωτικ|ός επίθ (ζέστη) overpowering · (δουλειά) exhausting · (ωράριο) punishing · (αγώνας, ανταγωνισμός) cut–throat

εξουσία η (= αρχή) power · (για πράξ.) authority · **ανώτατη ~** supreme authority · **δίνω την ~ σε κπν να κάνει κτ** to give sb the power to do sth
εξουσιάζ|ω ρ μ (πολίτη, χώρα) to rule · (πάθη, φόβους) to rule
♦ **εξ** αμτ to rule · **~ τον εαυτό μου** to be one's own master
εξουσιοδότησ|η η authorization · **έχω ~ να κάνω κτ** to be authorized to do sth
εξουσιοδοτ|ώ ρ μ to authorize · **~ κπν να κάνει κτ** to authorize sb to do sth

εξόφλησ|η η payment
εξοφλ|ώ ρ μ (δάνειο) to pay off · (χρέη) to pay off · (λογαριασμό) to settle · (μτφ.: χρέος) to repay
εξοχή η country(side)
εξοχικ|ός επίθ (σπίτι) country · (κέντρο) rural
▶ **εξοχικό** το (σπίτι) country house · (ΜΑΓΕΙΡ) lamb with vegetables

cooked in foil

έξοχ|ος επίθ (γιατρός, διηγόρος) excellent · (ιδέα, ταινία) superb

έξτρα, εξτρά επίθ (αμείβομαι, πληρώνω) extra · (ανεπ.: ελαιόλαδο) extra virgin · (ούίσκι) quality

▸ **έξτρα, εξτρά** τα extras

εξύβρισ|η η insulting · (ανωτέρων) disrespect · (αρχών, πλουργού) vilification

εξυπηρέτησ|η η (κοινού, επιχείρησης) service · (σκοπού) furtherance · (αναγκών) serving · (συναλλαγών, συμβίωσης) serving the interests of · **κάνω μια ~ σε κπν** to do sb a favour (Βρετ.) ή favor (Αμερ.)

εξυπηρετικ|ός επίθ (υπάλληλος) helpful · (εγγαλείο) useful · (μέσο συγκοινωνίας) convenient · (τακτική, πολιτική) accommodating

εξυπηρετώ ρ μ to serve · **μπορώ να σας ~ήσω (σε τίποτα)**; (σε κατάστημα) can I help you? · **σας ~ούν**; (σε κατάστημα) are you being served?

εξυπνάδ|α η (= ευφυΐα) intelligence · **~ες!** (ειρ.) very clever! · **άσε τις ~ες!** (προφ.) stop being such a smart aleck! (ανεπ.) · **κάνω ή πουλάω ~ες** (προφ.) to try to be smart

έξυπν|ος επίθ (άνθρωπος) intelligent · (διηγόρος) shrewd · (σάτιρα, αστείο) clever · **κάνω τον ~ο** to try to be clever

έξω επίρρ (= σε εξωτερικό χώρο) out · (= εκτός σπιτιού) out · (παίζω, κοιμάμαι) outside · (= στο εξωτερικό) abroad · **~ από** outside · (= εκτός) apart from · **~~~** on the edge · **μια κι ~** in one go · **μπορώ να πάω ~, κύριε;** may I be excused, sir? · **προς τα ~** outwards · **σπουδάζω ~** to study abroad ♦ **ο/η/το ~** the

outside

▸ **έξω** το **το ~** the outside

εξωγήιν|ος επίθ (πλάσμα) alien

▸ **εξωγήινος** ο, **εξωγήινη** η extraterrestrial

εξώπορτ|α η (σπιτιού) front door · (ναού) main door

εξωπραγματικ|ός επίθ unrealistic

έξωσ|η η eviction · **κάνω ~ σε κπν** to evict sb

εξώστης ο (ΑΡΧΙΤ: σπιτιού) balcony · (θεάτρου) circle

εξωστρεφής επίθ extrovert

εξωτερικά επίρρ externally

εξωτερικ|ό το (κτηρίου) exterior · (= αλλοδαπή) abroad · **στο ~** abroad

εξωτερικ|ός επίθ (χώρος, αγωγός) outside · (τοίχος) exterior · (εμφάνιση) outward · (ειδήσεις, εχθρός) foreign · (γυρίσματα, σκηνές) outdoor · **η ~ή πλευρά** the outside

εξωτικός επίθ exotic

εξωφρενικ|ός επίθ (τιμές) exorbitant · (διαστάσεις, κατάσταση) preposterous

εξώφυλλ|ο το cover

εορτάζω ρ μ/αμ = **γιορτάζω**

εορτασμός ο celebration

εορτ|ή η (επίσ.: γενεθλίων) birthday · (Πάσχα, απελευθέρωσης) holiday · (Αγίον) feast day · **εθνική ~** national holiday · βλ. κ. **γιορτή**

Ε.Ο.Τ. συντομ Greek Tourist Board

επαγγέλλ|ομαι ρ μ αν to practise (Βρετ.), to practice (Αμερ.)

επάγγελ|μα το profession · **εξ επαγγέλματος** (μτφ.) professional · **κατ ~** (για ακαδημαϊκούς) by profession · (για εργάτες) by trade

επαγγελματί|ας ο/η professional · **ελεύθερος ~** freelancer

επαγγελματικ|ός επίθ (πείρα, μυστικό) professional · (ταξίδι) business · (κατάρτιση) vocational · (στέγη, αυτοκινήτου) company · **~ή εκπαίδευση** vocational training

έπαθλ|ο *το* prize

επαινετικός *επίθ* flattering

έπαιν|ος *ο* (= εγκώμιο) praise · (= ηθική αμοιβή) commendation

επαιν|ώ *ρ μ* (= εγκωμιάζω) to praise · (θάρρος, πράξη) to commend

επακόλουθ|ος *επίθ* ensuing
▶ **επακόλουθο** *το* consequence · **έρχομαι ως ~ο** to result

επάκρο *το στο* ~ extremely

επάλειψη *η* (δέρματος, εγκαύματος) rubbing cream into · (επιφάνειας) coating

επαλήθευση *η* checking

επαληθεύ|ω *ρ μ* to check

έπαλξη *η συνήθ. πληθ.* (πύργου, φρουρίου) rampart · (μτφ.) bastion

επανάκτηση *η* recovery

επανακτ|ώ *ρ μ* to recover

επαναλαμβανόμεν|ος *επίθ* repeated

επαναλαμβάν|ω *ρ μ* (λόγια, πείραμα) to repeat · (μαθήματα) to revise

επαναληπτικός *επίθ* (όπλο) repeating · (ψηφοφορία) second · (διαγώνισμα) revision · **~ αγώνας** play-off

επανάληψη *η* (επεισοδίων, λάθος) repetition · (αγώνα) replay · (ψηφοφορίας) rerun · (μαθήματος) revision

επαναπαύ|ομαι *ρ αμ απ το* be complacent · **~ σε** to count ή rely on

επανάσταση *η* (= λαϊκή εξέγερση) revolution · (μτφ.) rebellion ▶**η Επανάσταση του 1821** (ιστ) the Greek War of Independence

επαναστάτης *ο* (= στασιαστής) revolutionary · (μτφ.) rebel

επαναστατικός *επίθ* revolutionary

επαναστάτρι|α *η βλ.* επαναστάτης

επαναστατ|ώ *ρ αμ* (λαός, χώρα) to revolt · (μτφ.) to rebel

επαναφέρ|ω *ρ μ* (θεσμό) to bring back · (θέμα) to bring up again · (αίτημα) to reiterate · (απολυμένους) to reinstate · **~ κπν στη ζωή** to resuscitate sb · **~ την τάξη** to restore order

επαναφορά *η* (μοναρχίας, ειρήνης) restoration · (αιτήματος) reiteration

επανδρών|ω *ρ μ* (πλοίο) to man · (νοσοκομείο, εργαστήριο) to staff

επάνδρωση *η* (πλοίου) manning · (νοσοκομείου, υπηρεσίας) staffing

επανειλημμένα *επίρρ* repeatedly

επανειλημμέν|ος *επίθ* repeated

επανειλημμένως *επίρρ* = επανειλημμένα

επανεκκίνηση *η* restart

επανεμφάνιση *η* (προβλήματος, φαινομένου) recurrence · (πολιτικού, καλλιτέχνη) reappearance · (φιλμ) redevelopment

επανεξετάζ|ω *ρ μ* (κατάσταση, υπόθεση) to reconsider · (μάρτυρα, μαθητή) to re-examine

επανέρχ|ομαι *ρ αμ απ ~ σε** (εργασία) to return to · (θέμα, συζήτηση) to come back to

επανιδείν *το εις το* ~ goodbye

επάνοδος *η* return

επανορθών|ω *ρ μ* (λάθος) to put right · (αδικία) to redress ♦ *ρ αμ* to put things right

επανόρθωση *η* (αδικίας) redress · (σφάλματος) rectification

επάνω *επίρρ* = πάνω

επάρκεια *η* adequate supply

επαρκής *επίθ* (τρόφιμα, καύσιμα) sufficient · (εκπαίδευση, γνώσεις) adequate

επαρκ|ώ *ρ αμ* to be sufficient

επαρχί|α *η* (νομού) province ·

(= ὑπαιθρος) countryside

επαρχιακ|ός επίθ (νοσοκομείο) provincial · (δρόμος) country

επαρχιώτ|ης ο (μειωτ.) provincial (μειωτ.)

επαρχιώτισσα| η βλ. **επαρχιώτης**

έπαυλη η villa

επαφ|ή η (γενικότ.) contact · (οπτική) contact · (= συνουσία) intercourse · **είμαι ή βρίσκομαι σε ~ (μαζί) με κπν** to be in touch with sb · **έρχομαι σε ~ (μαζί) με κπν** to get in touch with sb · **έρχομαι σε ~ με κτ** to come into contact with sth · **φέρνω κπν σε ~ με κπν** to put sb in touch with sb · **χάνω ~ (μαζί) με κπν** to lose touch ή contact with sb
  ▶ **επαφές** πλ contacts

επειγόντως επίρρ urgently · **μεταφέρομαι ~ στο νοσοκομείο** to be rushed to hospital

επείγ|ω ρ αμ ~**ει**, ~**ουν** τριτ to be urgent
  ▶ **επείγομαι** ρ μ μεσ ~**ομαι να κάνω κτ** to be in a hurry to do sth
  ▶ **επείγομαι** ρ αμ to be in a hurry

επείγ|ων, -ουσα, -ον urgent
  ▶ **επείγον** το (για δέμα) express · (για επιστολή, γράμμα) urgent

επειδή σύνδ because · **κι ~;** so what?

επεισοδιακ|ός επίθ (αναχώρηση, είσοδος) unexpected · (διαδήλωση, παιχνίδι) eventful

επεισόδι|ο το (= συμβάν) incident · (σίριαλ, βιβλίου) episode · **διπλωματικό ~** diplomatic incident · **εγκεφαλικό ~** stroke · **καρδιακό ~** heart attack
  ▶ **επεισόδια** πλ clashes · **προκαλώ ~α** to cause disturbances

έπειτα επίρρ (= ύστερα) then · (= άλλωστε) besides · **από κεϊ ~** after that · **από αυτό** after that · **από λίγο** after

a while · **κι ~;** (ειρωνικά ή με αδιαφορία) and?

επέκτασ|η η (πολέμου, βίας) spreading · (κτηρίου, οικοδομής) extension · (ορίων, συνόρων) expansion · (δραστηριοτήτων, ενεργειών) expansion

επεκτείν|ω ρ μ to extend · (δραστηριότητες, επιχείρηση) to expand

επεμβαίν|ω ρ αμ (κυβέρνηση, πολιτικός) to intervene · (σε υποθέσεις, διαμάχες) to interfere

επέμβασ|η η (= μεσολάβηση) intervention · (αυτόχκλητη) interference · **~ εγχείρηση** operation

επένδυσ|η η (πόρτας) coating · (τοίχου) facing · (χαλωδίων) casing · (σωλήνων) lagging · (μπουφάν, παλτού) lining · (OIK) investment · **μουσική ~** (ταινίας) score

επενδυτ|ής ο investor

επενδύτρι|α η βλ. **επενδυτής**

επενδύ|ω ρ μ (χρήματα, κεφάλαιο) to invest · (πόρτα) to coat · (τοίχο) to face · (σακάκι, παλτό) to line

επεξεργάζ|ομαι ρ μ απ to process · (σύγγραμμα, νομοσχέδιο) to work on

επεξεργασί|α η processing · (συγγράμματος, νομοσχεδίου) elaboration · **περνώ κτ από ~** to process sth · **ηλεκτρονική ~ κειμένου** word processing

επεξήγησ|η η explanation

επέτει|ος η anniversary · **εθνική ~** national holiday · **~ γάμου** wedding anniversary

επευφημί|α η cheer

επευφημ|ώ ρ μ to cheer

επηρεάζ|ω ρ μ (για προσ.) to influence · (στα συναισθήματα) to affect · (σύστημα, ζωή) to affect · (αποφάσεις) to influence · **είμαι επηρεασμένος (από κτ)** to be

influenced (by sth)·
(*συναισθηματικά*) to be affected
(by sth)· **~ομαι εύκολα** to be
susceptible

επί, επ, εφ *προθ+γεν. για τόπο*
on·*+γεν. για χρονική περίοδο*
during·(*για χρονικό σημείο*)
for·*+αιτ. για χρονικό διάστημα ή
διάρκεια* for·*+γεν. για αναφορά*
on·(*= με αφορμή*) on·(*ποσοστό*)
per·(*ΜΑΘ*) times·**~ σκοπού!**
aim!·**~ την ονομαστική σου
εορτή** on your name day·**~ τοις
εκατό** per cent·**~ του θέματος**
on the subject *ή* matter·**~ του
παρόντος** for the time being·
~ τρία χρόνια for three years·
~ των ημερών κποιου in sb's
day·**κλίνατε ~ δεξιά/αριστερά!**
turn right/left!

επιβαίνω *ρ αμ* **~ σε** (*αυτοκίνητο*)
to get in·(*λεωφορείο*) to get on

επιβάλλω *ρ μ* (*πρόστιμο,
περιορισμό*) to impose·(*μέτρα*) to
enforce·(*ποινή σε κπν* ΝΟΜ) to
penalize sb

▶ **επιβάλλομαι** *μεσ* to command
respect·**~ομαι** *+σε ή γεν.* to keep
under control·**~ομαι στον εαυτό
μου** to pull oneself together

▶ **επιβάλλεται** *απρόσ* **~εται να
κάνω κτ** I must do sth

επιβάρυνση *η* (*πελάτη*) extra
expense *ή* charge·(*υγείας*)
deterioration

επιβαρύνω *ρ μ* (*πολίτη,
φορολογούμενος*) to burden·
(*υγεία, περιβάλλον*) to damage
further·(*θέση, κατάσταση*) to
aggravate

επιβατηγ|ός, -ός, -ό passenger
▶ **επιβατηγό** *το* passenger ship

επιβάτης *ο* passenger

επιβάτιδα *η βλ.* **επιβάτης**

επιβατικός *επίθ* **~ό
κοινό** travelling (*Βρετ.*) *ή*
traveling (*Αμερ.*) public

επιβεβαιώνω *ρ μ* to confirm

▶ **επιβεβαιώνομαι** *μεσ* (*για πρόσ.: σε
προβλέψεις*) to be proved right·
~ομαι ως (*επιστήμονας,
πολιτικός*) to be recognized as

επιβεβαίωση *η* (*πληροφορίας,
υποψίας*) confirmation·
(*στοιχείων*) corroboration·
(*άποψης*) affirmation

επιβεβλημέν|ος *επίθ* imperative

επιβήτορας *ο* (*άλογο*) stallion·
(*ειρ.: για πρόσ.*) stud

επιβιβάζω *ρ μ* to take aboard

▶ **επιβιβάζομαι** *μεσ* **~ομαι σε** to
board

επιβίβαση *η* (*σε πλοίο*)
embarkation·(*σε αεροπλάνο,
τρένο*) boarding

επιβιώνω *ρ αμ* to survive

επιβίωση *η* survival

επιβλέπω *ρ μ* (*παιδί*) to keep an
eye on·(*μαθητή, εργάτη*) to
supervise·(*εργασίες, κατασκευή*)
to oversee

επιβλέπων, -ουσα, -ον
supervising ♦ *ουσ* supervisor

επίβλεψη *η* supervision·**υπό την
~** *+γεν.* under the supervision of

επιβλητικός *επίθ* imposing

επιβολή *η* (*φόρων, προστίμου*)
imposition·(*ποινής*) infliction·
(*τάξης*) enforcement·(*καθηγητή*)
imposing presence

επιβράβευση *η* reward

επιβραβεύω *ρ μ* to reward

επιβράδυνση *η* (*αυτοκινήτου*)
slowing down·(*= καθυστέρηση*)
delay

επιβραδύνω *ρ μ* (*αυτοκίνητο,
ρυθμό*) to slow down·
(*= καθυστερώ*) to delay

επίγνωση *η* (*θέσης, καθήκοντος*)
awareness·**έχω πλήρη ~** *+γεν.* to
be fully aware of

επιγραφή *η* (*ναού, τάφου*)
inscription·(*καταστήματος*) sign·
φωτεινή ~ illuminated sign

επιδεικνύ|ω *ρ μ* (*ικανότητα*) to

display · (πλούτη) to show off · (ομορφιά) to flaunt · (θάρρος, ζήλο) to show · (έγγραφα, δικαιολογητικά) to show
► **επιδεικνύομαι** μεσ to show off
επιδεινώνω ρ μ to make worse
► **επιδεινώνομαι** μεσ (καιρός) to get worse · (υγεία, καιρικές συνθήκες) to deteriorate
επιδείνωση η (καιρού, ασθένειας) worsening · (υγείας) deterioration
επίδειξη η (μόδας) show · (νέων προϊόντων) demonstration · (καλλυντικών) display · (ικανότητας) demonstration · (θάρρους) show · **κάνω ~** (αρν.) to show off
επιδέξι|ος, -α, -ο (πολιτικός, τεχνίτης) skilful (Βρετ.), skillful (Αμερ.) · (ελιγμός, κίνηση) deft
επιδεξιότητα η skill
επιδερμίδα η skin · **απαλή/λεπτή/ σκούρα ~** soft/thin/dark skin · **ευαίσθητη ~** sensitive skin · **ξηρή/ λιπαρή ~** dry/oily skin
επίδεση η dressing
επίδεσμος ο dressing
επιδημία η epidemic · **εκδήλωση/ έξαρση ~ς** outbreak/spread of an epidemic
επιδιορθών|ω ρ μ (σπίτι, αυτοκίνητο) to repair · (φούστα, καρέκλα) to mend
επιδιόρθωση η repair
επιδιώκ|ω ρ μ to seek
επιδίωξη η pursuit
► **επιδιώξεις** πλ plans
επιδοκιμασία η approval
► **επιδοκιμασίες** πλ cheers
επίδο|μα το allowance ·
  οικογενειακό ~ family allowance
  ▷ **~ ανθυγιεινής εργασίας** danger money
επιδόρπ|ιο το dessert
επίδοση η (μαθητή, φοιτητή) record · (αθλητή) performance ·
  παγκόσμια ~ (ΑΘΛ) world record

επίδραση η (για προσ.) influence · (κλίματος) effect · (πολέμου, βιβλίου) impact · **ασκώ ~ σε κπν** to influence sb · **δέχομαι ~ από κπν** to be influenced by sb ·
  θετική/αρνητική ~ positive/ negative influence ή impact · **υπό την ~ κποιου** under sb's influence
επιδρομή η invasion · (στο ψυγείο) raid
επιδρώ ρ αμ **~ σε** (μέτρα, αντιλήψεις) to affect · (φάρμακο) to act on
επιεικής επίθ (άνθρωπος) lenient · (αξιολόγηση, βαθμολογία) generous
επιζήμι|ος, -α, -ο harmful
επιζ|ώ ρ αμ+από ή γεν. (άνθρωπος) to survive · (μτφ.) to survive · (όνομα) to live on
επιζών, -ώσα, -ών surviving
  ◆ ουσ survivor
επίθεση η attack · **βίαιη ~** onslaught · **τρομοκρατική ~** terrorist attack
επιθετικ|ός επίθ (πόλεμος, ενέργεια) offensive · (ύφος, χαρακτήρας) aggressive · (ΑΘΛ: μέσος) attacking
  ► **επιθετικός** ο attacker
επιθετικότητ|α η aggression
επίθετ|ο το (= επώνυμο) surname · (ΓΛΩΣΣ) adjective
επιθεώρηση η (λογαριασμού, εργαστηρίων) inspection · (θεατρικό είδος) revue · (περιοδικό) review
επιθεωρητής ο (γενικότ.) inspector · (εργασίας) supervisor · **αστυνομικός ~** police inspector · **γενικός ~** inspector general
επιθεωρήτρια η βλ. **επιθεωρητής**
επιθεωρώ ρ μ to inspect
επιθυμητός επίθ (αποτέλεσμα) desired · (συμπεριφορά) desirable

(επισκέπτης) welcome ·
(διευθυντής) popular

επιθυμί|α η (= βούληση) wish ·
(= αντικείμενο απόλαυσης) desire ·
εκφράζω την ~ να κάνω κτ to
express the wish ή desire to do
sth · **ικανοποιώ την ~ κποιου** to
grant sb's wish · **με πιάνει η ~ να
κάνω κτ** to want to do sth

επιθυμ|ώ ρ μ (= θέλω πολύ) to
long for · (= θέλω) to want ·
(= νοσταλγώ) to miss · **πολύ να
κάνω κτ** to long to do sth

επίκαιρ|ος επίθ (θέμα, ερώτηση)
topical · (βοήθεια, επέμβαση)
timely · (σημείο, θέση) strategic
▸ **επίκαιρα** τα current affairs

επικαιρότητ|α η (είδησης,
προβλήματος) topicality ·
(= γεγονότα) news εν.

επίκεντρ|ο το (συζήτησης, δράσης)
focal point · (κοινωνίας, κόσμου)
centre (Βρετ.), center (Αμερ.) ·
~ της προσοχής centre (Βρετ.) ή
center (Αμερ.) of attention
▸**~ σεισμού** (ΓΕΩΛ) epicentre
(Βρετ.), epicenter (Αμερ.)

επικεντρών|ω ρ μ to focus (σε on)
▸ **επικεντρώνομαι** μεσ to be
focused (σε on)

επικερδής επίθ (συνεργασία,
επιχείρηση) profitable · (δουλειά)
lucrative

επι κεφαλής, επικεφαλής επίρρ
(βαδίζω) in front +γεν. at the
head of · **μπαίνω** to take the
lead ♦ **ο/η επικεφαλής** the head

επικεφαλίδ|α η title

επικήρυξ|η η (ληστή, δραπέτη)
putting a price on the head of ·
(= ποσό) reward

επικίνδυν|ος επίθ dangerous ·
είναι ~ο να κάνω κτ it is
dangerous to do sth

επικοινωνί|α η communication
▸ **επικοινωνίες** πλ **έχω** ή **κρατώ
~ με κπν** to keep in contact ή

touch with sb

επικοινων|ώ ρ α μ ~ **με** (γνωστοί,
φίλοι) to keep in touch with ·
(γονείς, παιδιά) to communicate
with · (δωμάτια, μέρος) to
be connected to · (μεταξύ τους) to
be connected by · **τηλεφωνικώς/
γραπτώς** to communicate by
phone/ by letter

επικόλλησ|η η (γραμματοσήμων,
χαρτοσήμων) sticking · (ΠΛΗΡΟΦ)
paste

επικολλ|ώ ρ μ (γραμματόσημο) to
stick on · (ΠΛΗΡΟΦ) to paste

επικ|ός επίθ epic

επικράτει|α η state

επικράτησ|η η (κινήματος,
θεωρίας) prevalence · (δικτατορίας)
dominance · (ομάδας, εχθρού)
victory · (τεχνολογίας, αντιλήψεων)
spread

επικρατ|ώ ρ α μ (θεωρία, έθιμο) to
be prevalent · (ησυχία) to reign ·
(στράτευμα, ομάδα) to win ♦ ρ μ
+γεν. to get the better of · **θα
~ήσει ηλιοφάνεια** there will be
sunshine everywhere · **~εί
πανικός/αναβρασμός** there is
widespread panic/unrest

επικρατ|ών, -ούσα, -ούν
prevailing

επικρίν|ω ρ μ (συνάδελφο,
πολιτικό) to criticize · (βιβλίο,
ταινία) to pan · **~ κπν/κτ για κτ** to
criticize sb/sth for sth

επίκρισ|η η criticism

επικριτ|ής ο critic · **αυστηρός
~** harsh critic

επικρίτρι|α η βλ. **επικριτής**

επικυρών|ω ρ μ (έγγραφο) to
validate · (αίτηση) to uphold ·
(αντίγραφο) to certify

επικύρωσ|η η certification

επιλέγ|ω ρ μ to choose · **~ μεταξύ**
to choose between

επίλεκτ|ος επίθ (ακροατήριο)
select · (συνεργάτες)

επιληψία hand-picked · (φρουρά, σώμα) crack

επιληψί|α η epilepsy

επιλογή η (= εκλογή) choice · **δεν έχω άλλη ~** to have no other choice · **κάνω την ~ ή τις ~ές μου** to make one's choice · **με ερωτήσεις πολλαπλής ~ς** (για εξέταση) multiple-choice

επίλογ|ος ο (έκθεσης) conclusion · (βιβλίου) epilogue (Βρετ.), epilog (Αμερ.) · (μτφ.) upshot

επίλυση η (διαφορών, διαφωνίας) resolution · (προβλήματος) solution

επιλύ|ω ρ μ (διαφορές, διαφωνία) to resolve · (πρόβλημα) to solve

επίμαχ|ος controversial

επιμέλεια η (μαθητή, φοιτητή) diligence · (βιβλίου, έργου) editing · (ΝΟΜ: παιδιών) custody

επιμελής επίθ hard-working

επιμελητής ο (εκδόσεων) editor · (τάξης) monitor

επιμελήτρια η βλ. **επιμελητής**

επιμελ|ούμαι ρ μ απ (υποθέσεις) to take care of · (υγεία) to look after · (έκδοση, εργασία) to be in charge of

επιμέν|ω ρ αμ to insist ♦ ρ μ ~ **να κάνω κτ** to insist on doing sth · **~!** I insist! · **~ ότι** to insist that · **~ σε κτ** to insist on sth, **-ης, επίμηκες** elongated

επιμηκύν|ω ρ μ (ράβδο, γραμμή) to lengthen · (διάρκειας ζωής, παραμονής) to prolong
  ▶ **επιμηκύνομαι** μεσ to be prolonged

επιμον|ή η (= εμμονή) insistence · (= σταθερότητα) perseverance · **υπομονή και ~** patience and perseverance

επίμον|ος επίθ (άνθρωπος, άτομο) obstinate · (αγώνας, προσπάθεια) persistent

επινόηση η (τροχού, γραφής)

invention · (ηθοποιού, ποιήτη) inspiration · (αρν.) fabrication · **~ της φαντασίας** figment of the imagination

επινοητικός επίθ inventive

επινο|ώ ρ μ (τεχνική, μηχάνημα) to invent · (ιστορία, μύθο) to make up · (δικαιολογία) to come up with

επίπεδ|ο το (ΓΕΩΜ) plane · (ετοιμότητας) level · (για πρόσ., υπηρεσίας) standard · **πνευματικό ή διανοητικό ~** mental ή intellectual level
  ▪ **επίπεδα** πλ levels

επίπεδ|ος επίθ (γη, έκταση) level · (δρόμος) smooth · (ΓΕΩΜ: σχήμα, επιφάνεια) plane · (οθόνη) flat

επιπλέον επίρρ besides ♦ extra

επιπλέ|ω ρ αμ (πάγος, ξύλο) to float · (μτφ.) to survive

επίπληξη η reprimand

έπιπλ|ο το furniture χωρίς πληθ.

επιπλοκή η complication

επιπλών|ω ρ μ to furnish
  επιπλωμένο διαμέρισμα furnished flat (Βρετ.) ή apartment (Αμερ.)

επίπλωση η (= έπιπλα) furniture · (= εφοδιασμός με έπιπλα) furnishing · **μοντέρνα/κλασική ~** modern/classic furniture

επιπόλαι|ος επίθ (άνθρωπος, συμπεριφορά) shallow · **παίρνω κτ ~α** not to take sth seriously

επίπον|ος επίθ (εργασία, προσπάθεια) strenuous · (έργο, έρευνα) laborious

επίπτωση η repercussions πληθ.

επιρρεπής επίθ **είμαι ~ σε κτ** (αρν.) to be given to sth

επίρρημα το adverb

επιρρο|ή η (οικογένειας, φίλων) influence · (= δύναμη) pull · **ασκώ ~ σε κπν** to influence sb

επισημαίν|ω ρ μ (λάθος) to point

out · (κίνδυνο) to stress ·
(πρόβλημα) to locate
επισήμανση|η (λαθών) pointing
out · (κινδύνου, παραγόντων) ·
stressing
επισημοποι|ώ ρ μ (σχέση) to make
official · (συμφωνία) to ratify
επίσημ|ος επίθ (συζητήσεις)
formal · (αντιπρόσωπος) official ·
(γλώσσα, νόμισμα) official ·
(ένδυμα, γεύμα) formal · (τελετή)
official · (ύφος, μορφή) formal ·
(ανακοίνωση, έγγραφο) official
επισημότητα η formality
επίσης επίρρ (= επιπλέον) also · ~!
(ως απάντηση) the same to you! ·
χαίρω πολύ – Επίσης! nice to
meet you! – (Nice to meet) you
too!
επισκεπτήρι|ο το visiting hours
πληθ.
επισκέπτης ο visitor
επισκέπτ|ομαι ρ μ απ to visit
επισκέπτρια η βλ. **επισκέπτης**
επισκευάζω ρ μ to repair
επισκευ|ή η repair · **-ές
αυτοκινήτων** car repairs
επίσκεψη η visit · **έχουμε/
περιμένουμε επισκέψεις** we
have/are expecting visitors ·
κάνω ~ σε κπν to visit sb
επίσκοπος ο bishop
επιστάτ|ης ο (έργου) supervisor ·
(σχολείου) caretaker
επιστάτρια η βλ. **επιστάτης**
επιστήθι|ος, -α, -ο bosom
επιστήμη η science · **έχω
αναγάγει κτ σε ~** (ειρ.) to have
sth down to a fine art
επιστήμονας ο/η (χυριολ.)
scientist · (μτφ.) past master
επιστημονικ|ός επίθ scientific
επιστήμων ο/η = **επιστήμονας**
επιστολ|ή η (THΣK) letter ·
(ΘΡΗΣΚ) epistle · **ερωτική ~** love
letter · **συστημένη ~** registered
letter

επιστράτευσ|η η mobilization
επιστρατεύ|ω ρ μ (ΣΤΡ) to
mobilize · (μτφ.: πονηριά,
κουράγιο) to summon up
επιστρέφ|ω ρ μ to return ·
(δανεικά, χρήματα) to pay back
♦ ρ αμ = **σε** to go back to ·
~ δριμύτερος to return with a
vengeance
επιστροφ|ή η return · (χρημάτων)
repayment · (μτφ.) comeback · (σε
θέμα) coming back to
► **επιστροφές** πλ rebates πληθ.
επισυνάπτ|ω ρ μ to attach
επισύναψη η attachment
επιταγ|ή το cheque (Βρετ.), check
(Αμερ.)
επιτακτικ|ός (ανάγκη) urgent ·
(ύφος, φωνή) commanding
επιτάφι|ος, -α, -ο funeral ► **-ο
επίγραμμα** epitaph ► **~ λόγος**
funeral oration ► **-α στήλη**
tombstone
► **επιτάφιος** ο representation of the
crucifixion of Christ
επιτάχυνσ|η η (ΦΥΣ) acceleration ·
(αλλαγών, ουνμού) speeding up
επιταχύν|ω ρ μ (διαδικασία,
ουνμούς) to speed up · (βήμα) to
quicken
επιτέλους επίρρ at last
επίτευγμα το achievement
επίτευξ|η η achievement
επιτήδει|ος, -α, -ο (δυσηγόρος)
shrewd · (αρν.) cunning
επίτηδες επίρρ deliberately
επιτήρηση η (σε εξετάσεις:
μαθητών) invigilation · (έργων,
προγράμματος) supervision · **υπό
~** under surveillance
επιτηρητ|ής ο (σε εξετάσεις)
invigilator · (έργων) supervisor
επιτηρήτρι|α η βλ. **επιτηρητής**
επιτηρ|ώ ρ μ (μαθητές) to
invigilate · (χτήμα, κτήριο) to keep
an eye on · (έργα; εργάτες) to
supervise

επιτίθε|μαι _ρ αμ απ_ (για στρατό, πρόσ.) to attack · (για ζώα) to charge · (για τύπο, _M.M.E._) to lash out (κατά at)

επίτιμ|ος (πρόεδρος, δημότης) honorary · (καθηγητής) emeritus

επιτόκι|ο _το_ interest rate · **υψηλό/ χαμηλό ~** high/low interest rate

επιτραπέζι|ος, -α, -ο table · **~ο παιχνίδι** board game

επιτρέπ|ω _ρ μ_ (γενικότ.) to allow · (= δίνω τη δυνατότητα) to enable · **αν μου ~ετε...** if I may... · **~ να κάνω** to allow to do · **επιτρέψτε μου να κάνω** allow me to do · **~ την είσοδο** to let in · **μου ~ετε να καθίσω;** may I sit down?

▸ **επιτρέπεται** _απρόσ_ to be allowed · **ή permitted · ~εται το κάπνισμα;** are you allowed to smoke?

επιτροπ|ή _η_ committee
▹ **Επιτροπή Ολυμπιακών Αγώνων** Olympic Games committee

επιτυγχάν|ω _ρ μ_ to achieve ♦ _ρ αμ_ to succeed

επιτυχημέν|ος _επίθ_ successful

επιτυχής _επίθ_ successful

επιτυχί|α _η_ (προσπαθειών, ταινίας) success · (για τραγούδι) hit · **έχω ~ σε κτ** to succeed in sth · **καλή ~!** good luck! · **σημειώνω ~** (ταινία, φεστιβάλ) to be a success

επιφάνει|α _η_ surface · **βγαίνω στην ~** to surface · **φέρνω κτ στην ~** to dredge sth up

επιφανειακ|ός _επίθ_ (καθίζομα, σεισμός) surface · (τραύμα) superficial · (μτφ.) superficial

επιφυλακ|ή _η_ (για στρατό, αστυνομία) standby · (για κράτος) state of alert · **είμαι σε ~/βρίσκομαι σε ~** to be on alert · **μπαίνω σ ~** to go on alert

επιφυλακτικ|ός _επίθ_ (άνθρωπος, χαρακτήρας) cautious · (ματιά) wary

επιφύλαξ|η _η_ reservation · **έχω τις επιφυλάξεις μου για κτ** to have reservations about sth · **με κάθε ~** for what it's worth

επιφυλάσσ|ω _ρ μ_ (προβλήματα, εκπλήξεις) to have in store · (υποδοχή) to reserve

▸ **επιφυλάσσομαι** _μεσ_ **~ομαι να κάνω κτ** to reserve the right to do sth

επιφώνη|μα _το_ exclamation

επιχείρη|μα _το_ argument · **ισχυρό ~** strong argument · **προβάλλω ~** to put forward an argument · **φέρνω ~** to present an argument

επιχειρηματί|ας _ο/η_ businessman/ woman

επιχειρηματικ|ός _επίθ_ entrepreneurial

επιχείρηση _η_ (οικ) enterprise · (= εταιρεία) firm · (διάσωσης, κατάσβεσης) operation · (στρ) operation · **διοίκηση επιχειρήσεων** business management · **δημόσια ~** public utility · **ελεύθερη/ιδιωτική ~** free/ private enterprise · **πολυεθνική ~** multinational (company)

επιχειρ|ώ _ρ μ_ (= επιδιώκω) to undertake · **~ να κάνω κτ** (= δοκιμάζω) to try to do sth

επίχρυσ|ος _επίθ_ (ρολόι, καρφίτσα) gold-plated · (κορνίζα) gilt

εποικοδομητικ|ός _επίθ_ constructive

έπ|ομαι _ρ μ+γεν._ to follow ♦ _ρ αμ_ to follow

▸ **έπεται ότι** _απρόσ_ it follows that

επομέν|η _η_ **η ~** the following day

επόμεν|ος _επίθ_ (μέρα, εβδομάδα) next · (άρθρο, διατάξεις) following ♦ **♦ ο ~!** next! · **είναι ~ο** it is natural

επομένως _επίρρ_ therefore

επόπτ|ης _ο_ supervisor
▹ **~ (γραμμών)** linesman

επόπτρια _η_ βλ. **επόπτης**

έπ|ος _το_ epic · **Ομηρικά Έπη**

επουλώνω ρ μ to heal
επουλώνομαι μεσ ο heal
επούλωση η healing (διαφορά, λεπτομέρεια) insignificant · (εργασία, τμήμα) unimportant · (λάθος) trifling
εποχή η (έτους) season · (ειρήνης, λιότητας) period · (βυζαντινή, κλασική) era · (= καιρός) time · (ΓΕΟΛ) age · **εκτός ~ς** out of season · (= έξω από τη μόδα) out of fashion · **κοστούμι ~ς** period costume · **λάθος ~** at the wrong time · **στην ~ μου** in my day ή time · **ταινία ~ς** costume drama · **της ~ς μου** of my day ή time
εποχικός, εποχιακός επίθ seasonal
επτά αριθ απόλ seven
επταετής επίθ (πόλεμος, ανάπτυξη) seven-year · (παιδί) seven-year-old
επταήμερο το seven days πληθ.
επταήμερος επίθ seven-day
επτακόσια αριθ απόλ seven hundred
επτακόσιοι αριθ απόλ πλ seven hundred
επτάμισι αριθ (κιλά, μήνες) seven and a half · (για ώρα) half past seven
Επτάνησα τα Ionian Islands
επώδυνος επίθ painful
επώνυμο το surname
επώνυμος επίθ (ρούχα) designer · (προϊόν) branded · (δημιουργικό) eponymous · (κατηγορία) signed · **επώνυμη** ο, **επώνυμη** η celebrity
έρανος ο collection · **αντικαρκινικός ~** collection for cancer research · **κάνω ~ο** to raise money
ερασιτέχνης ο amateur
ερασιτεχνικός επίθ (ραδιοσταθμός, παράσταση)

amateur · (αρν.) amateurish
ερασιτέχνις η βλ. **ερασιτέχνης**
εραστής ο (κηριολ.) lover · (κατ.: = γυναικάς) womanizer · **έχω ~ή** to have a lover
εργάζομαι ρ αμ απ to work · **~ ως** to work as
εργαζόμενος, -η ή -ένη, -ο working ♦ ουσ employee · **~η μητέρα** working mother · **~η γυναίκα** working woman
εργαλείο το tool
εργασία η work · **άδεια ~ς** work permit · **ομαδική ~** (γενικότ.) team work · (ΠΑΝ) group assignment
εργάσιμος επίθ working
εργαστήρι το = **εργαστήριο**
εργαστήριο το (βιολογίας, χημείας) laboratory · (εταιρείας, επιχείρησης) workshop · (καλλιτέχνη) studio · (μάθημα) practical
εργάτης ο (γενικότ.) worker · (μτφ.) creator · **ανειδίκευτος/ εξειδικευμένος ~** non-skilled/ skilled worker
εργατικός επίθ (σύλλογος, σωματείο) labour (Βρετ.), labor (Αμερ.) · (διεκδίκηση, απεργία) workers' · (ατύχημα) industrial · (μαθητής, υπάλληλος) hard-working
εργατικότητα η diligence
εργένης ο single man
εργένισσα η single woman
έργο το (= εργασία) work · (= καθήκον) task · (γλυπτικής, ζωγραφικής) work · (= ταινία) film (κυρ. Βρετ.), movie (Αμερ.) · **επί το ~ν!** get to work!
έργα πλ (= δράση) actions · (κατασκευής, μετρό) works · **~α και όχι λόγια** (it's time for) action, not words
εργοδότης ο employer
εργοδότρια η βλ. **εργοδότης**

εργολάβ|ος ο (οικοδομών, δημοσίων έργων) contractor · (ΜΑΓΕΙΡ) macaroon ▷ ~ **κηδειών** undertaker

εργοστάσι|ο το (γενικότ.) factory · (χαρτοποιίας, υφαντουργίας) mill

εργόχειρ|ο το handicraft

ερεθίζ|ω ρ μ (δέρμα/ψμίδα, μάτια) to irritate · (= εκνευρίζω) to annoy · (μτφ.: περιέργεια, φαντασία) to arouse · (άνδρα, γυναίκα) to arouse

ερέθισ|μα το (= διέγερση) stimulus · (= έναυσμα) spark · (= ερεθισμός) irritation · **δίνω το ~** to provide the stimulus

ερεθισμ|ός ο (δέρματος, ματιού) irritation · (οπτικού οργάνου) stimulation · (= εκνευρισμός) irritation · (= ερωτική διέγερση) arousal

ερείπι|ο το (για κτήρια) ruin · (μτφ.) wreck
▸ **ερείπια** πλ ruins

ερειπωμέν|ος μτχ (κάστρο, πόλη) ruined · (σπίτι) derelict

ερειπών|ω ρ μ to reduce to ruins

Ερέτρι|α η Eretria

έρευν|α η (αστυνομίας) investigation · (αρχείων, πηγών) inquiry · (διαστήματος) exploration · (επιστημονική) research · (για χρυσό, πετρέλαιο) prospecting · (για προσώπου) search · (κοινής γνώμης, οικονομικής κατάστασης) survey · **κάνω ή διεξάγω ~ ή ~ες** (αστυνομία) to investigate · **εξονυχιστικές ~ες** thorough search εν. · **σωματική ~** body search

ερευνητής ο researcher

ερευνήτρια η βλ. ερευνητής

ερευν|ώ ρ μ (βιβλία, αρχεία) to research · (αίτια, φαινόμενο) to investigate · (δωμάτιο, χώρο) to search · **~ για κτ** to search for

sth · **~ εις η σε βάθος κτ** to look into sth in detail

Ερέχθειο το Erechtheum

ερημιά η (= έρημος τόπος) wilderness · (= μοναξιά) isolation

ερημικ|ός επίθ (χωριό, τοποθεσία) isolated · (ζωή) solitary

έρημ|ος η desert

έρημ|ος, έρημος επίθ (νησί, τόπος) desert · (πόλη) deserted · (σπόνου) deserted · (για πρόσ.) alone

ερίδα η dispute · **το μήλο(ν) της Έριδος** the apple of discord

ερμηνεία η (γεγονότος, φαινομένου) interpretation · (τραγουδιού, ρόλου) performance · explanatory

ερμηνεύ|ω ρ μ (γεγονός, φαινόμενο) to interpret · (= ρόλο) to play · (= τραγούδι) to sing

Ερμής ο (ΜΥΘΟΛ) Hermes · (ΑΣΤΡΟΝ) Mercury

ερμητικά, ερμητικώς επίρρ hermetically · **είμαι κλεισμένος ~** to be hermetically sealed · **κλείνω κτ ~** to seal sth hermetically

έρμ|ος επίθ wretched · βλ. κ. έρημος

ερπετό το reptile

έρπης ο herpes

έρπω ρ αμ to crawl

Ερυθρά Θάλασσα η ~ the Red Sea

ερυθρ|ός, -ά ή ή -ό red

έρχομαι ρ αμ απ to come · (τρένο, αεροπλάνο) to arrive · (= επιστρέφω) to come ή get back · (ρούχο, δαχτυλίδι) to fit · **~ πάνω στην ώρα** to come on time · **~προς** to come towards (Βρετ.) ή toward (Αμερ.) · **~ σε** (χώρα) to come to · (συμφωνία) to come to · **μου ~εται να κάνω κτ** to feel like doing sth

ερχομός ο (για πρόσ.) arrival · (νύχτας, άνοιξης) coming

ερωμέν|η η lover

ερωμέν|ος ο βλ. **εραστής** η question and answer

έρωτ|ας ο (= πόθος) love · (= σχέση) love affair · (= σεξουαλική πράξη) sex · (μτφ.) love · **κάνω ~α με** κπν to make love with sb

ερωτευμέν|ος μτχ in love · **είμαι (τρελά) ~ με** κπν to be (madly) in love with sb

ερωτεύ|ομαι ρ μ απ to fall in love with ♦ ρ αμ to fall in love

ερώτη|μα το question · **θέτω το ~** to raise the question · **το ~ είναι...** the question is... · βλ. κ. **ρώτημα**

ερωτηματικ|ός επίθ (βλέμμα, ύφος) inquiring ▷ **-ή πρόταση** (ΓΛΩΣΣ) interrogative sentence

▸ **ερωτηματικό** το question mark · **προκύπτουν ~ά** questions are being asked

ερωτηματολόγι|ο το questionnaire

ερώτηση η question · **αδιάκριτη ~** indiscreet question · **κάνω μια ~** to ask a question · **προσωπική ~** personal question · **είμαι ερωτήρης** to find a question easily

ερωτικ|ός επίθ (επιστολή, δράμα) love · (κατ.: = σεξουαλικός) erotic · **-ή εξομολόγηση** declaration of love ο eroticism

ερωτώ ρ μ ρ βλ. κ. **ρωτώ**

εσάρπ|α η scarf

εσάς αντων you

εσείς αντων you · **δεν φταίτε ~** it's not your fault · **~ είστε;** is that you?

εσένα αντων you · **μ ~** with you · **~ σου αρέσει;** do you like it?

Εσθονία η Estonia

εσκεμμένα επίρρ deliberately

εσκεμμέν|ος επίθ deliberate

έσοδ|ο το (εργαζομένων) income · (συναλλαγές) receipts πληθ. η

(τοίχου) recess · (βράχου) niche

εοπεριδοειδ|ή τα (= δέντρα) citrus trees · (= φρούτα) citrus fruits

εοπρέσο ο/το espresso

εστί|α η (= τζάκι) fireplace · (= σπίτι) home · (πόνου, μόλυνσης) centre (Bρετ.), center (Aμερ.) · (κουζίνας) hotplate · (στο ποδόσφαιρο) goal · **οικογενειακή ~** family home · **φοιτητική ~** halls πληθ. of residence

εστιάζ|ω ρ μ to focus

εστιάτορ|ας ο/η restaurant owner

εστιατόρι|ο το restaurant

έστω ειρ. (= ας είναι) very well · (= τουλάχιστον) at least

εσύ αντων you · **προσπάθησε κι ~!** you try!

εσφαλμέν|ος επίθ (αντίληψη) mistaken · (υπολογισμός, συμπέρασμα) wrong

έσχατ|ος, -η ή **-άτη, -ο** (λύση, διέξοδος) last final (όριο, όρια) furthest · (ημέρα) last · (γήρας) extreme · (ταπείνωση) utter · **η εσχάτη των ποινών** (ΝΟΜ) death penalty · (στο ποδόσφαιρο) penalty · **μέχρις εσχάτων** until ή to the end

εσώρουχ|ο το underwear χωρίς πληθ.

εσωτερικ|ός επίθ (σκάλα) inside · (αυλή) inner · (οργάνωσης) internal · (χώρος) indoor · (πήγεις, εμπόριο) domestic · (κόσμος) inner · **για -ή χρήση** for internal use · **-ή (τηλεφωνική) γραμμή** extension

▸ **εσωτερικός** ο, **εσωτερική** η boarder

▸ **εσωτερικό** το interior
▷ **Υπουργείο Εσωτερικών** Ministry of the Interior

εταιρεί|α, εταιρία η company · **ασφαλιστική ~** insurance company

ετεροθαλ|ής *επίθ* ▪ **αδελφός**
.half-brother · ~ **αδελφή**
.half-sister

ετεροφυλόφιλ|ος *επίθ*
heterosexual ◆ *ουσ* heterosexual

ετήσι|ος, -α, -ο annual

ετικέτ|α *η* (*σε προϊόν*) label ·
(= *εθιμοτυπία*) etiquette ·
αυτοκόλλητη ~ adhesive label

ετοιμάζ|ω *ρ μ* (*φαγητό*) to
prepare · (*λογαριασμό*) to make
out · (*σχέδια*) to make · (*σπίτι*,
δωμάτιο) to tidy up · ▪ (**μια**)
έκπληξη to plan a surprise · ▪ **τα
πράγματά μου** to pack one's
things
▸ **ετοιμάζομαι** *μεσ* to get ready

ετοιμασί|α *η* (*εκδήλωσης, ομάδας*)
preparation · (*αποσκευών*)
packing · (*διατριβής*) writing ·
(*σπιτιού, δωματίου*) tidying up ·
▸ **ετοιμασίες** *πλ* preparations ·
κάνω ~ες to make preparations

ετοιμοθάνατ|ος *επίθ* dying

ετοιμόρροπ|ος *επίθ* dilapidated

έτοιμ|ος *επίθ* ready · **είμαι ~ για
όλα** to be ready for anything · ▪ **α
φαγητά** ready meals · ▪ **α
ενδύματα** ready-to-wear
(clothes)

ετοιμότητα *η* readiness · **είμαι ή
βρίσκομαι σε (πλήρη)** ~ to be
(fully) prepared

έτ|ος *το* year · **ημερολογιακό**
~ calendar year · **νέο** ~ new year

έτσι *επίρρ* ▪ (= *αυτόν τον τρόπο*)
like this · **αφήνω κπν** ~ to leave
sb in the lurch · **δίνω κτ** ~ to give
sth away (for free) · **είτε ~ είτε
αλλιώς** one way or another ·
~ **δεν είναι;** isn't that right? ·
~ **και... ή!** ▪ ~ **κι αλλιώς** anyway ·
~ **κι ~ so-so** · ~ **μου ρχεταινα...**
to have a good mind to... ·
~ **μπράβο!** that's the spirit! · ▪ **το
πα!**(*οικ*.) I was only joking! ·
~ **ώστε να** so that · **θα έρθεις,** ~;

you're coming, aren't you? · **μην
κάνεις** ~! (*οικ*.) don't get so
worked up! · **όχι κι** ~! that's
enough! · **ώστε** ~; is that so?

ευαγγέλι|ο *το* gospel

ευάερ|ος *επίθ* airy

ευαισθησί|α *η* sensitivity · **δεν
έχω την** ~ **να κάνω κτ** not to
have the sensitivity to do sth ·
έχω (μια) ~ **σε κτ** to be
susceptible to sth

ευαισθητοποι|ώ *ρ μ* to make
aware

ευαίσθητ|ος *επίθ* sensitive · **είμαι
~ σε** to be sensitive to · **είναι το
~ο σημείο μου** it's my weak spot

ευάλωτ|ος *επίθ* sensitive

ευανάγνωστ|ος *επίθ* legible

εύγε *επιφών* well done!

ευγένει|α *η* politeness
▸ **ευγένειες** *πλ* (*ειρ*.) formalities

ευγεν|ής *επίθ* (*άνθρωπος, νέος*)
polite · (*αγώνας, προσπάθεια*)
noble
▸ **ευγενής** *ο/η* nobleman

ευγενικ|ός *επίθ* (*άνθρωπος,
συμπεριφορά*) polite · ·
(*παρουσιαστικό, εμφάνιση*) noble

εύγευστ|ος *επίθ* tasty

ευγλωττί|α *η* eloquence

εύγλωττ|ος *επίθ* (*ομιλητής*)
eloquent · (*κείμενο*) lucid

ευγνωμον|ώ *ρ μ* to be grateful to

ευγνωμοσύνη *η* gratitude ·
χρωστώ ~ σε κπν to owe sb one's
thanks

ευγνώμ|ων, -ων, -ον grateful ·
είμαι ~ σε κπν to be grateful to
sb

ευδαιμονί|α *η* (= *ευμάρεια*)
prosperity · (= *ευτυχία*) happiness

ευδιάθετ|ος *επίθ* cheerful

ευδιάκριτ|ος *επίθ* distinct

ευέλικτ|ος *επίθ* (*αερόσκαφος*)
manoeuvrable (*Βρετ*.),
maneuvrable (*Αμερ*.) · (*παίκτης*)
agile · (*υπάλληλος*) flexible

(διπλωμάτης, ομιλητής) skilful (Βρετ.), skillful (Αμερ.)
ευελιξί|α η (αεροσκάφους) manoeuvrability (Βρετ.)(Αμερ.) · (παίχτη) agility · (διπλωμάτη) flexibility · (ομιλητή) skill
ευέξαπτ|ος επίθ quick-tempered
ευεργεσί|α η kindness
ευεργέτης ο benefactor · **εθνικός ~** national benefactor
ευεργετίδ|α η βλ. ευεργέτης
ευεργετ|ώ ρ μ to benefit
ευήλι|ος, -α, -ο sunny
ευημερί|α η prosperity
ευημερ|ώ ρ αμ to prosper
ευθεί|α¹ η line
ευθεί|α² επίρρ straight on
ευθέως επίρρ (= στα ίσια) straight · (= απερίφραστα) frankly
εύθραυστ|ος επίθ fragile
ευθυγράμμισ|η η alignment
ευθύγραμμ|ος, -η η ος -ο straight
ευθυμί|α η cheerfulness · **έρχομαι σε ~** to get merry
εύθυμ|ος επίθ (για πρόσ.) cheerful · (διάθεση) good
ευθύν|η η (= υποχρέωση) responsibility · (= ενοχή) blame · **αναλαμβάνω την ~ (για κτ)** to accept responsibility (for sth) · **δεν φέρω (καμιά) ~** not to be responsible · **με δική μου ~** on one's own head · **ρίχνω ~ες σε κπν** to lay the blame on sb
ευθύν|ομαι ρ αμ απ to be responsible (για for)
ευθύς¹, -εία, -ύ (γραμμή, δρόμος) straight · (χαρακτήρας, άτομο) straightforward · (συλλογισμός) straightforward · (απάντηση) straight
ευθύς² επίρρ straight away · **~ αμέσως** straight away · **~ εξαρχής** right from the beginning
ευκαιρί|α η (= ευνοϊκή περίσταση) opportunity · (= δυνατότητα) chance · (= ελεύθερος χρόνος) time · **αρπάζω την ~** to seize ή grasp the opportunity · **βρίσκω (την) ~ να κάνω κτ** to get a chance to do sth · **δίνω μια ~ σε κπν** to give sb a chance · **επί τη ~, επ ~, με την ~** by the way · **έχω την ~ να κάνω κτ** to have the chance to do sth · **μου δίνεται η ~ να κάνω κτ** to be given the chance to do sth · **σε κάθε ~** at every opportunity · **σε πρώτη ~** at the first opportunity · **χάνω την ~** to miss one's chance
εύκαιρ|ος επίθ free
ευκαιρ|ώ ρ αμ to have time ♦ ρ μ **~ να κάνω κτ** to be able to do sth
ευκάλυπτ|ος ο eucalyptus
ευκατάστατ|ος επίθ well–off
ευκινησί|α η agility
ευκίνητ|ος επίθ agile
ευκοίλι|ος, -α, -ο (για πρόσ.) with loose bowels · (φάρμακο) laxative · (φρούτο, τροφή) laxative
▸ **ευκοιλία** η diarrhoea (Βρετ.), diarrhea (Αμερ.)
ευκοιλιότητ|α η diarrhoea (Βρετ.), diarrhea (Αμερ.)
εύκολα επίρρ easily
ευκολί|α η ease · **για ~** for convenience · **~ες πληρωμής** easy terms · **με ~** with ease
▸ **ευκολίες** πλ comforts
ευκολονόητ|ος επίθ simple
εύκολ|ος επίθ (δουλειά, άσκηση) easy · (για πρόσ.) easy–going · (αρν.: γυναίκα) easy · **~η ζωή** easy life · **η ~η λύση** the easy solution
ευκολύν|ω ρ μ (= βοηθώ: φίλο) to help (out) · (κατάσταση, δουλειά) to make easier · (= βοηθώ οικονομικά) to help out
▸ **ευκολύνομαι** μεσ (για χρήματα) to be able to afford (για χρόνο) to be able to
εύκρατ|ος επίθ temperate

ευλογημέν|ος επίθ blessed

ευλογιά η smallpox

ευλογία η blessing · **με τις ~ες μου** with my blessing

ευλυγισί|α η (κορμού) suppleness · (κλαδιού) flexibility

ευλύγιστ|ος επίθ (άνθρωπος, μέση) supple · (βέργα, κλαδί) flexible

ευμενής επίθ favourable (Βρετ.), favorable (Αμερ.)

ευνόητ|ος επίθ (λόγος, συνέπεια) obvious · (αντίδραση) understandable · **είναι ~ο ότι** it is obvious that

εύνοι|α η (υπουργού, διευθυντή) favour (Βρετ.), favor (Αμερ.) · (agr.) favouritism (Βρετ.), favoritism (Αμερ.) · **αποκτώ/χάνω την ~** to find/lose favour (Βρετ.) ή favor (Αμερ.) · **κερδίζω την ~** to win favour (Βρετ.) ή favor (Αμερ.)

ευνοϊκ|ός επίθ favourable (Βρετ.), favorable (Αμερ.) · (καιρός) good

ευνοούμεν|ος επίθ favourite (Βρετ.), favorite (Αμερ.)

ευνο|ώ ρ μ (διαγωνιζόμενο, ομάδα) to favour (Βρετ.), to favor (Αμερ.) · (σχέδιο) to be in favour (Βρετ.) ή favor (Αμερ.) of

Εύξεινος Πόντος ο Black Sea

ευοίωνος επίθ (ενδείξεις) auspicious · (μέλλον) promising

ευπαρουσίαστ|ος επίθ (για προσ.) good-looking · (σπίτι) presentable

εύπιστ|ος επίθ gullible

εύπορ|ος επίθ (οικογένεια) wealthy · (τάξη) moneyed

ευπρέπεια η (= καλή εξωτερική εμφάνιση) smartness · (= καλοί τρόποι) propriety

ευπρεπής επίθ (άνθρωπος) decent · (εμφάνιση, παρουσία) smart · (συμπεριφορά) proper · (δωμάτιο) tidy · (σχολείο) respectable

ευπροσάρμοστ|ος επίθ adaptable

ευπρόσδεκτ|ος επίθ welcome

ευπρόσιτ|ος επίθ accessible

εύρεση η (εργασίας) finding · (φαρμάκου) discovery

ευρετήρι|ο το (μουσείων, έργων) catalogue (Βρετ.), catalog (Αμερ.) · (στο τέλος βιβλίου) index · (τηλεφώνου) directory

εύρετρα τα reward

ευρέως επίρρ widely επιφών

εύρηκα! eureka!

εύρημα το (= ό,τι βρίσκει κανείς) find · (= επινόηση) brainwave (Βρετ.), brainstorm (Αμερ.)

εύρ|ος το (ποταμού, δρόμου) width · (γνώσεων, εφαρμογών) breadth

ευρύνω ρ μ (γνώσεις, ορίζοντες) to broaden · (κύκλο, ρήγμα) to widen

ευρύς, -εία, -ύ (μέτωπο) wide · (περιφέρεια) vast · (έννοια, ορισμός) broad · (εφαρμογές) wide · (απήχηση) big · (κοινό) general · **σε ~εία κλίμακα** on a large scale

ευρύχωρ|ος επίθ spacious

ευρώ το euro

Ευρωβουλή η European Parliament

Ευρωκοινοβούλι|ο το = **Ευρωβουλή**

Ευρωπαία η βλ. **Ευρωπαίος**

ευρωπαϊκ|ός επίθ European ▷**Ευρωπαϊκή Ένωση** European Union

Ευρωπαίος ο European

Ευρώπη η Europe ▷**Ενωμένη ~** European Union

ευσεβής επίθ devout · **~πόθος** wishful thinking χωρίς πληθ.

ευστάθεια η stability

ευστοχία η (βολής) accuracy · (μτφ.) effectiveness

εύστοχ|ος επίθ (βολή, χτύπημα) well-aimed · (πυρά) accurate · (μτφ.: απάντηση) apt · (χειρισμός)

ευστοχώ *effective* · (*παρατήρηση*) *trenchant*

ευστοχ|ώ *ρ αμ* (*σκοπευτής*) *to hit the target* · (*παίκτης*) *to score*

ευσυνείδητ|ος *επίθ* *conscientious* · (*απόφαση, ενέργεια*) *responsible*

εύσωμ|ος *επίθ* *stout*

ευτυχ|ής *επίθ* *happy*

ευτυχί|α *η* *happiness* · **έχω την ~ να κάνω κτ** *to have the luck ή good fortune to do sth*

ευτυχισμέν|ος *επίθ* *happy*

ευτυχ|ώ *ρ αμ* (*ευημερώ*) *to prosper* · (*πετυχαίνω*) *to be successful* ♦ *ρ μ* · **να κάνω κτ** *to have the good fortune to do sth*

ευτυχώς *επίρρ* *luckily*

ευυπόληπτ|ος *επίθ* *respectable*

ευφημισμ|ός *ο* *euphemism* · **-όν** *euphemistically*

εύφλεκτ|ος *επίθ* (*υλικό, ύλη*) *inflammable* · (*μτφ.: περιοχή*) *combustible*

ευφορί|α *η* (*γης, εδάφους*) *fertility* · (*μτφ.: ψυχής*) *euphoria*

εύφορ|ος *επίθ* *fertile*

ευφράδει|α *η* *eloquence*

ευφυ|ής *επίθ* (*φοιτητής, πολιτικός*) *intelligent* · (*κίνηση, χειρισμός*) *clever*

ευφυΐ|α *η* (= *εξυπνάδα*) *intelligence* · (*για πρόσ.*) *genius* · το *quip*

ευχαριστημέν|ος *μτχ* *pleased*

ευχαρίστηση *η* *pleasure* · **αν έχετε την ~** (= *if) you please* · **βρίσκω ~ σε κτ** *to enjoy sth* · **-ίς μου!** *it's my pleasure!*

ευχαριστί|α *η* *thanks πληθ*

ευχάριστα *επίρρ* *happily* · **περνώ ~** *to have a good time*

ευχάριστ|ος *επίθ* (*για πρόσ.*) *pleasant* · (*ταινία, βιβλίο*) *enjoyable* · (*γεγονός, ανάμνηση*) *happy* · (*αποτέλεσμα, νέο*) *pleasing* · (*βραδιά*) *pleasant*

ευχαριστ|ώ *ρ μ* (= *ευγνωμονώ*) *to*

thank (*για for*) · (= *ικανοποιώ*) *to please* · **~ πολύ!** *thank you very much!* · (*σας*) **~!** *thank you!*

ευχαρίστως *επίρρ* *with pleasure*

ευχέρει|α *η* *fluency* · **οικονομική ~** *financial ease*

ευχετήρι|ος, -α, -ο *congratulatory* · **-α κάρτα** *greetings* (*Βρετ.*) *ή greeting* (*Αμερ.*) *card*

ευχ|ή *η* (= *έκφραση ελπίδας*) *wish* · (= *ευλογία*) *blessing* · **κάνω μια ~** *to make a wish* · **κατ ~ν** *like a dream* · **να πάρει η ~!** (*ευφημ.*) *damn!* (*ανεπ.*)

εύχ|ομαι *ρ αμ* · **σε κπν κτ** *to wish sb sth* · **~ να** *to hope that* ♦ *ρ αμ* *to give one's best wishes* · **~ κτ** *to wish sth*

εύχρηστ|ος *επίθ* (*λεξικό*) *user-friendly* · (*εργαλείο*) *easy to use* · (*λέξη*) *common*

ευωδί|α *η*, **ευωδιά** (*λουλουδιών, λιβαδιού*) *scent* · (*καφέ*) *aroma*

ευωδιαστ|ός *επίθ* *fragrant*

εφάμιλλ|ος *επίθ* +*γεν.* *ή με equal to*

εφαρμογ|ή *η* (*παντελονιού, φούστας*) *fit* · (*προγράμματος, σχεδίου*) *implementation* · (*μεθόδους, νέων τεχνολογιών*) *application* · (ΠΛΗΡΟΦ) *application*

▸ **εφαρμογές** *ουσ πλ* *applications*

εφαρμόζ|ω *ρ μ* (*πολιτική, πρόγραμμα*) *to implement* · (*δίκαιο, μέθοδο*) *to apply* · (*θεραπεία*) *to use* · (*επίδεσμο*) *to apply* ♦ *ρ αμ* *to fit*

εφέ το (ΚΙΝ) *effect* · **κάνω ~** *to make an impression* · (*μειωτ.*) *to show off*

εφεδρικ|ός *επίθ* (*δυνάμεις*) *reserve* · (*τροχός, λάστιχο*) *spare*

εφετινός *επίθ* = *φετινός*

εφέτ|ος *επίρρ* = **φέτος**

εφεύρεσ|η *η* *invention*

εφευρέτης *ο* inventor

εφευρετικός *επίθ* inventive

εφευρέτρια *η βλ.* **εφευρέτης**

εφευρίσκω *ρ μ* to invent

εφηβεία *η* puberty

έφηβη *η βλ.* **έφηβος**

εφηβικός *επίθ* (*σώμα*) adolescent · (*χρόνια, ρούχα*) teenage · (*είδωλα*) teen

έφηβος *ο* adolescent

εφημερεύω *ρ αμ* (*γιατρός*) to be on call · (*νοσοκομείο*) to be open round the clock · (*εκπαιδευτικός*) to be on duty

εφημερίδα *η* newspaper · **εβδομαδιαία/τοπική ~** weekly/local (news)paper · **κυριακάτικη/απογευματινή/καθημερινή ~** Sunday/evening/daily (news)paper · **πολιτική/αθλητική/οικονομική ~** political/sports/financial (news)paper

εφημεριδοπώλης *ο* newsagent (*Βρετ.*), news vendor (*Αμερ.*)

εφημέριος *επίθ* (*σχέση*) short-lived · (*ομορφιά*) ephemeral (*επισ.*) · (*ευτυχία*) fleeting

εφησυχάζω *ρ αμ* **~ με** to rely on

εφιάλτης *ο* nightmare

εφιαλτικός *επίθ* (*σκέψεις, σκηνή*) nightmarish · (*σενάριο*) nightmare · **~ό όνειρο** nightmare

εφικτός *επίθ* feasible · **είναι ~ό** it is feasible

έφιππος *επίθ* (*αστυνομία*) mounted · (*για πρόσ.*) on horseback

εφοδιάζω *ρ μ* (*στρατό, κατάστημα*) to supply · (*μαθητή*) to kit out

εφοδιασμός *ο* (*στρατού*) supplying · (*πλοίου*) fitting out

εφόδιο *το* supply · **απαραίτητα ~α** necessities

έφοδος *ο* (*στρατού*) charge · (*αστυνομίας*) raid · (*μτφ.*: *καθηγητή*) spot check · (*σε ψυγείο*) raid · **κάνω ~ο** to launch an

attack

εφορεία *η* **εφορία**

εφορία *η* (*υπηρεσία*) tax department · (*κτήριο*) tax office

έφορος *ο* (*βιβλιοθήκης*) chief librarian · (*μουσείου*) curator · (= *προϊστάμενος εφορίας*) tax inspector · **~ αρχαιοτήτων** curator of antiquities

οικονομικός ~ tax inspector

εφόσον *σύνδ* (= *υπό τον όρο να*) as long as · (= *αφού*) since

εφτά *αριθ απόλ* = **επτά**

εφταήμερο *το* = **επταήμερο**

εφταήμερος *επίθ* = **επταήμερος**

εφτακόσια *αριθ απόλ* = **επτακόσια**

εφτακόσιοι *αριθ απόλ πλ* = **επτακόσιοι**

εφτάρι *το* seven

εχεμύθεια *η* discretion · **απόλυτη ~** absolute discretion

εχέμυθος *επίθ* discrete

εχθές *επίρρ* = **χθες**

έχθρα *η* animosity · **τρέφω ~ για κπν** to hate sb

εχθρεύομαι *ρ μ απ* to hate

εχθρικός *επίθ* (*στράτευμα, πλοίο*) enemy · (*συμπεριφορά, βλέμμα*) hostile

εχθροπραξία *η* hostility
▸ **εχθροπραξίες** *πλ* hostilities

εχθρός *ο* enemy · **κάνω ~ούς** to make enemies

εχθρότητα *η βλ.* **έχθρα**

ΛΕΞΗ-ΚΛΕΙΔΙ

έχω *ρ μ* (α) (= *είμαι ιδιοκτήτης*: *σπίτι, αυτοκίνητο*) to have · (*εμπορικό, κομμωτήριο*) to own · **ό, τι έχω και δεν έχω** everything I own

(β) (= *κρατώ ή φέρω*: *στυλό, βιβλίο*) to have

(γ) (= *κρατώ σε ορισμένη θέση*) to have

(δ) (*για σχέσεις*) to have · **τα έχω**

καλά με κπν to get on well with sb · **τα έχω με** κπν (= έχω σχέση) to go out with sb · (= είμαι θυμωμένος) to be angry with sb

(ε) (για γνώρισμα, ιδιότητα: μνήμη, προφορά) to have

(στ) (για συναισθήματα: ελπίδες, φόβους) to have

(ζ) (= φέρω: γραμματόσημο, όνομα) to have

(η) (= πάσχω: πνευμονία, πυρετό) to have · **τι έχεις;** what's wrong?

(θ) (= περιέχω: νερό, λάδι) to contain

(ι) (για χρονικό σημείο) to be · **ο μήνας έχει 12** it's the 12th · **πόσο έχει ο μήνας;** what's the date today? · **έχουμε καλοκαίρι/ χειμώνα** it's summer/winter

(ια) (= θεωρώ) **έχω** κπν **σαν to treat sb like** · **δεν το έχω σε τίποτα να κάνω** to think nothing of doing · **έχω** κπν **για** to think sb is · **το έχω σε καλό/κακό να** to consider it good/bad luck when

(ιβ) +**πλάγια ερώτηση δεν έχω τι να κάνω** to have nothing to do

(ιγ) (= οφείλω) **έχω α κάνω** κτ to have to do sth

(ιδ) (= συνηθίζω) **έτσι το έχουμε στο σπίτι/στη χώρα μας** that's what we usually do at home/in our country

(ιε) (ως περίφραση ρήματος) **έχω γιορτή** to celebrate · **έχω εμπιστοσύνη** to trust · **έχω ευθύνη** to be responsible

◆ *ρ αμ* to cost

· *βοηθ* **έχουμε κουραστεί** we are ή we're tired · **έχει πάει στον κινηματογράφο** he has ή he's gone to the cinema · **έχω φάει** I have ή I've eaten · **θα έχω τελειώσει** I will ή I'll have finished

▸ **έχει** *απρόσ* there is · **έχει γάλα στο ψυγείο;** is there any milk in the fridge? · **έχει ήλιο/βροχή** it's sunny/raining · **έχει κρύο/ζέστη** it's cold/hot · **είχε δεν είχε** one way or the other · **έχουμε και λέμε** so · **ως έχει** as it is

έψιλον *το* epsilon, *fifth letter of the Greek alphabet*

έως *πρόθ*+*αιτ*./*επίρρ.* (για τόπο) to ·+*αιτ*./*επίρρ.* (για χρόνο) until · (για προθεσμία) by ·+*αριθ.* (για ποσό) up to · (για προσέγγιση) about · **έφτασαν (έως) το τέλος** they got to *ή* reached the end · **(έως) αύριο** by tomorrow · ~ **ότου** until · ~ **100 ευρώ** up to 100 euros · **περιμένουμε ~ 50 άτομα** we're expecting about 50 people · **πήγαμε (έως) εκεί** we went there · **πώς ήρθατε (έως) εδώ;** how did you get here?

Z ζ

Z, ζ zeta, *sixth letter of the Greek alphabet*

ζαβολι|ά *η* (= απάτη) cheating *εν*. · (= αταξία) mischief

ζακέτ|α *η* jacket ▷**μάλλινη ή πλεκτή** ~ cardigan

Ζάκυνθ|ος *η* Zakynthos

ζαλάδ|α *η* dizzy spell · **νιώθω ή με πιάνει** ~ to feel dizzy

▸ **ζαλάδες** *πλ* worries

ζάλη *η* (= ζαλάδα) dizzy spell (*μτφ.*) confusion · **φέρνω** ~ **σε** κπν to make sb dizzy · **μτφ.** to make sb's head spin

ζαλίζω *ρ μ* (= ιλίγγος, κραιπ) to make dizzy · (θάλασσα, πλοίο) to make seasick · (αυτοκίνητο) to make carsick · (= ενοχλώ) to bother · (φλυαρία, θόρυβος) to drive crazy

ζαλίζομαι *μεσ* (= έχω ζάλη) to feel dizzy · (σε πλοίο) to get seasick · (σε αυτοκίνητο) to get carsick ·

(= τα χάνω) to be taken aback

ζαλισμένος επίθ (από ύψος)
dizzy · (από ποτό) light-headed ·
(από έρωτα) light-headed · (από
φλυαρία, θόρυβο) dazed · (από
πλοίο, θάλασσα) seasick · (από
αυτοκίνητο) carsick · (από
αεροπλάνο) airsick

ζαμπόν το ham

ζαμπονοτυρόπιτα η ham and
cheese pie

ζάντ|α η (wheel) rim

ζάρ|α η (υφάσματος) crease ·
(προσώπου, δέρματος) wrinkle ·
(ματιού) crease

ζαρζαβατικά τα vegetables

ζάρ|ι το dice
▸ **ζάρια** πλ dice

ζαρκάδ|ι το roe deer

ζάρωμα το (ρούχων) crease ·
(φρυδιών) frown · (προσώπου,
μετώπου) wrinkles πληθ

ζαρώνω ρ μ (φούστα, πουκάμισο)
to crease · (πρόσωπο) to screw up ·
(χείλη) to purse ♦ ρ αμ
(πουκάμισο, παντελόνι) to crease ·
(πρόσωπο, μέτωπο) to wrinkle ·
(χείλη) to pucker · (άνθρωπος) to
crouch · (από φόβο) to cringe

ζαφείρ|ι το sapphire

ζάχαρ|η η sugar

ζαχαροπλαστεί|ο το cake shop
(Βρετ.), confectioner's (shop)
(Αμερ.)

ζαχαρώνω ρ μ (γλυκό: με ζάχαρη)
to sprinkle with sugar · (με σιρόπι)
to coat in syrup ♦ ρ αμ to
crystallize

ζαχαρωτ|ό το sweet (Βρετ.), candy
(Αμερ.)

ζέβρ|α η zebra

ζέβρ|ος ο βλ. **ζέβρα**

ζελατίν|η η (για βιβλία) plastic
book cover · (για περιτύλιγμα)
clingfilm (Βρετ.), plastic wrap
(Αμερ.)

ζελατίν|η η gelatin(e)

ζελέ το jelly (Βρετ.), Jell-O ®
(Αμερ.) · (καλλυντικό) gel

ζεματίζω ρ μ (ρούχα) to soak in
boiling water · (χόρτα) to blanch ·
(μακαρόνια) to pour hot butter/
oil over · (χέρι, γλώσσα) to burn

ζεματ|ώ ρ αμ (σούπα, καφές) to be
scalding hot · (ψωμί) to be piping
hot · (άνθρωπος) to be burning
up (with fever)

ζενίθ το (ΑΣΤΡΟΝ) zenith · (μτφ.)
peak

ζεσταίνω ρ μ (πόδια, χέρια) to
warm · (άνθρωπο, μικρό) to keep
warm · (παλτό, γάντια) to keep
warm · (ποτό) to warm up ·
(φασόλια, γάλα) to heat up ·
(μηχανή) to warm up ·
(ατμόσφαιρα, συζήτηση) to liven
up · (καρδιά, ψυχή) to warm
♦ ρ αμ to warm up

▸ **ζεσταίνομαι** μεσ (= αισθάνομαι
ζέστη) to feel hot · (= θερμαίνομαι)
to warm up · (= ζεσταίνομαι
ο ίδιος) to warm oneself up · (φαγητό) to
heat up · (αθλητής) to warm up ·
(μηχανή) to overheat · (μτφ.) to
feel better about things · (αγώνας,
παιχνίδι) to liven up

ζεστασιά η warmth · (κοινού,
ακροατηρίου) warm reception

ζέστ|η η heat · κάνει ή έχει ~ it's
warm

ζέστες πλ hot days

ζεστός επίθ hot · (μαγαζί)
welcoming

ζεστό το herbal tea

ζευγαράκ|ι το couple

ζευγάρ|ι το (για πράγματα) pair ·
(για πρόσωπα) couple · (μουσικών,
τραγουδιστών) duo ▸**νιόπαντρο**
~ newlyweds πληθ

ζεύγ|ος το (επίσ.: για πρόσωπα:
συζυγικό) couple · (επαγγελματικό)
(two-person) team · (για ζώα,
πράγματα) pair · **ανά κατά ~η** in
pairs

ζήλει|α η = **ζήλια**

ζηλεύ|ω ρ μ to envy · (σύζυγο, σύντροφο) to be jealous of ♦ ρ αμ to be envious to/of

ζήλια η (= φθόνος) envy · (= ζηλοτυπία) jealousy

▸ **ζήλιες** πλ jealous scenes

ζηλιάρ|ης, -α, -ικο (= ζηλόφθονος) envious · (= ζηλότυπος) jealous

ζηλοτυπία η jealousy · **σκηνή ~ς** jealous scene

ζηλόφθον|ος επίθ envious

ζημιά η (= φθορά) damage εν. · (= αταξία) mischief εν. · (= κόστος) cost of the damage · **πληρώνω τη ~** to pay for the damage · **πληρώνω τη ~** (μτφ.) to pay for it

ζημιών|ω ρ μ (εταιρεία, επιχείρηση) to cause losses to · (= βλάπτω) to damage

▸ **ζημιώνομαι** μεσ (επιχείρηση, επιχειρηματίας) to make a loss · (άνθρωπος) to be harmed

ζήτα το zeta, sixth letter in the Greek alphabet

ζήτη|μα το (= θέμα) matter · (= πρόβλημα) problem · **δημιουργώ ~** to make a fuss · **κάνω κτ ~** to make an issue of sth

ζήτηση η (= αναζήτηση) search · (προϊόντων, μετοχών) demand

ζητιανεύ|ω ρ μ to beg ♦ ρ αμ to beg for

ζητιάν|ος ο beggar

ζητ|ώ ρ μ (άνθρωπο, καταφύγιο) to look for · (συμμαχία, αφορμή) to look for · (φαγητό, χρήματα) to ask for · (άδεια) to ask (for) · (χάρη) to ask · (έλεος) to beg for · (δικαίωμα, αλήθεια) to demand · (επιτυχία, πλούτη) to be after ♦ ρ αμ · **θέλω κτ χωρίς κόπο** to take · (παιδιά) to have increasing needs · (= ζητιανεύω) to cadge · **~ κπν (στο τηλέφωνο)** to call for sb · **~ κτ από κπν** to ask sb for sth

▸ **ζητούμαι, ζητιέμαι** μεσ to be in demand

ζήτω επιφών long live!

▸ **ζήτω** το cheer

ζητωκραυγάζω ρ μ/αμ to cheer

ζητωκραυγή η cheer

ζιζάνι|ο το (χόρτο) weed · (= ταραξίας) pest (ανεπ.)

ζόρι το (ανεπ.: = βία) force · (= δυσκολία) toughness

ζορίζ|ω ρ μ (ανεπ.) to push · (ψυγείο) to overload ♦ ρ αμ to get tougher

▸ **ζορίζομαι** μεσ to struggle

ζόρικ|ος επίθ (παιδί, μαθητής) wild · (= σκληρός: διαπραγματευτής, αφεντικό) tough · (πελάτης) difficult · (= επιθετικός) aggressive · (δουλειά, υπόθεση) tough · (αργκ.: = πολύ καλός) wicked (χυδ.)

ζούγκλα η jungle · (= χαώδης κατάσταση) chaos

ζουζούνι το (ανεπ.) insect · (μτφ.) live wire (ανεπ.)

ζουμ το zoom (lens) · **κάνω ~ (σε)** to zoom in (on)

ζουμερ|ός επίθ (ανεπ.: πορτοκάλι, ροδάκινο) juicy

ζουμί το (φαγητού, φρούτου) juice · (υπόθεσης, κειμένου) meat

ζουμπούλι το hyacinth

ζυγαριά η (όργανο) scales πληθ. · (μτφ.) balance

ζυγίζ|ω ρ μ to weigh · (πράγματα) to weigh up · (επιπτώσεις, αφορμή) to size up · (στρατιώτες, μαθητές) to line up ♦ ρ αμ to weigh

▸ **ζυγίζομαι** μεσ to fall in rank

ζύγισμα το weighing · (ανθρώπου) sizing up

ζυγ|ός ο (επίσ.: = ζυγαριά) balance · (ΑΣΤΡΟΝ, ΑΣΤΡΟΛ) Libra · (στο αλέτρι) yoke ▸ **ασύμμετροι ~οί** (ΑΘΛ) asymmetric bars πληθ.

ζυγ|ός² επίθ (εξάτμιση, καμπυλωτέ) twin · (αριθμός) even

ζυθεστιατόρι|ο το (επίσ.) restaurant (where beer is served)

ζυθοπωλεί|ο το (επίσ.) beerhouse

ζύθ|ος ο (επίσ.) beer

ζυμάρ|ι το (ψωμιού, γλυκού) dough · (μτφ.) paste

ζυμαρικ|ά τα pasta εν.

ζύμ|η η (ζυμάρι) dough · (= προζύμι) yeast

ζυμών|ω ρ μ το knead ◆ ρ αμ το knead dough

▸ **ζυμώνομαι** μεσ to ferment

▸ **ζυμωμένη διάρκεια** ~ς lifespan

▸ **ζύμωση** η (ψωμιού) kneading · (ΧΗΜ) fermentation

ζυμωτός επίθ home–made

ζ|ω ρ αμ (= είμαι στη ζωή) to live · (= είμαι ακόμα ζωντανός) to be alive · (ανάμνηση, μορφή) to live on · (= κατοικώ) to live · (= συζώ) to live (με with) · (= περνώ) to live (από, με on) ◆ ρ μ (ρόλο) to live · (πόλεμο, πείνα) to live through · (δύσκολες ώρες) to go through · (φρίκη, έρωτα) to experience · (ζωή) to lead (ανεπ.: οικογένεια, αδέλφια) to support · **να –ήσεις!** (σε γενέθλια) happy birthday! · (σε ονομαστική εορτή) happy name day! · **να –ήσετε!** (σε νεονύμφους) congratulations! · **να (σας) –ήσει!** (σε βαφτίσια, γιορτή) congratulations!

ζωάκι το (= μικρό ζώο) little animal · (παιχνίδι) cuddly toy

ζωγραφιά η picture

ζωγραφίζ|ω ρ μ (τοπίο, μοντέλο) to paint · (τοίχο) to draw a picture on · (ναό) to decorate with paintings ◆ ρ αμ to paint

ζωγραφική η painting · (ναού) decorating with pictures

ζωγραφιστ|ός επίθ (= διακοσμημένος) decorated with pictures · (= ζωγραφισμένος)

painted

ζωγράφ|ος ο/η painter

ζωδιακ|ός επίθ (σημείο) of the zodiac · (αστερισμός, ημερολόγιο) zodiacal ▸ **–ή ζώνη, ~ κύκλος** zodiac ring

ζώδι|ο το (αστερισμός) zodiacal constellation · (σύμβολο) star sign

ζω|ή η life · **αυτή είναι ~!** that's really living! · **είμαι όλο ή γεμάτος ~** to be full of life · **έτσι είναι η ~!** that's life! · **κάνω τη ~ μου** to lead one's own life ▸ **γλυκιά** ~ life of luxury ▸ **μέγιστη διάρκεια** ~ς lifespan ▸ **μέσος όρος** ~ς average lifespan ▸ **πιθανή διάρκεια** ~ life expectancy

ζωηρεύ|ω ρ μ (πάρτι, συζήτηση) to liven up · (χέρι) to lift · (χρώμα) to brighten · (ενδιαφέρον) to arouse ◆ ρ αμ (άνθρωπος, φυτό) to perk up · (πάρτι, συζήτηση) to liven up · (ενδιαφέρον) to increase · (σφυγμός) to quicken · (παιδί) to become unruly

ζωηρ|ός επίθ (άνθρωπος) lively · (βήμα) brisk · (κίνηση) brisk · (βλέμμα) bright · (παιδί) naughty · (ενδιαφέρον) keen · (συζήτηση) animated · (χρώμα, φαντασία) vivid · (φως) bright · (διαμαρτυρίες) energetic · (φωνές, γέλια) exuberant

ζωμ|ός ο (βοδινού, κότας) stock ▸ **μέλας** ~ (ΑΡΧ ΙΣΤ) an extract of pork boiled in blood, eaten in ancient Sparta

ζώνη η (γενικότ.) belt · (από ύφασμα) sash · (καθίσματος) seat belt · (στις πολεμικές τέχνες) belt · (ΤΗΛΕΟΡ, ΡΑΔΙΟΦ) slot ▸ ~ **αγνότητας** chastity belt ▸ ~ **ασφαλείας** safety belt ▸ ~ **πρασίνου** green belt ▸ ~ **υψηλής ακροαματικότητας** (ΡΑΔΙΟΦ) prime time · ~ **υψηλής τηλεθέασης** (ΤΗΛΕΟΡ) prime time

ζωντανεύ|ω ρ μ (νεκρό) to bring back to life · (άνθρωπο) to revive · (αναμνήσεις, μνήμες) to bring back · (γιορτή, συγκέντρωση) to liven up · (έθιμο, παράδοση) to revive ♦ ρ αμ (= αναζωογονούμαι: άνθρωπος) to perk up · (φυτό) to revive · (= ζωηρεύω: άνθρωπος, συντροφιά) to perk up · (κέφι) to lift · (παιχνίδι, εμπόριο) to pick up · (ενδιαφέρον) to increase · (συζήτηση) to liven up · (έθιμο, παράδοση) to be revived

ζωντάνι|α η (ανθρώπου) liveliness · (περιγραφής) vividness

ζωντανός επίθ (= εν ζωή) alive · (= ζωηρός) lively · (χρώμα, ανάμνηση) vivid · (μάτια) evocative · (μύθος, γλώσσα) living · (εκπομπή, μετάδοση) live
▸ **ζωντανοί** οι οι **~οί** the living

ζωντοχήρος ο divorcee

ζώ|ο το (= έμβιο ον) animal · (επίσης **~**: = βλάκας) ass (ανεπ.) · (= άξεστος) lout

ζωολογί|α η zoology

ζωολογικ|ός επίθ zoological
▸**~ κήπος** zoo ▸**-ό πάρκο** wildlife park

ζώ|ον το = ζώο

ζωύφι|ο το insect

Η η

Η, η eta, *seventh letter of the Greek alphabet*

η άρθρ οριστ βλ. **ο, η, το**

ή σύνδ οτ · **~ το ένα ~ το άλλο** either one or the other

ηγεσί|α η (ΠΟΛ) leadership · (ΣΤΡ) command · (κόμματος) leadership · (αγώνα) leaders πληθ. · (Ενόπλων Δυνάμεων) commanders πληθ.

ηγέτ|ης ο leader

ηγούμεν|ος ο abbot

ήδη επίρ already

ηδον|ή η pleasure

ηθελημέν|ος επίθ deliberate

ηθικ|ή η (επιστήμη) ethics εν. · (= ηθικές αρχές) ethics πληθ.
▸**αστική** ~ civics εν. ▸**ιατρική** ~ medical ethics πληθ.

ηθικ|ό το morale

ηθικ|ός επίθ (αρχές, υποστήριξη) moral · (συμπεριφορά: για επαγγελματίας) ethical · (ικανοποίηση) spiritual
▸**~ αυτουργός** accessory · (χουμ.) culprit ▸ **~ δίδαγμα** moral

ηθοποιί|α η (τέχνη και επάγγελμα) acting · (μτφ.) play-acting

ηθοποι|ός ο/η (επάγγελμα) actor/ actress · (μτφ.) play-actor (ανεπ.)

ήθ|ος το (οργάνωσης, επανάστασης) ethos · (= ηθικό ανάστημα) morals πληθ. · (= χαρακτήρας) character ▸ **ήθη** πλ morals ▸**-η και έθιμα** manners and customs

ηλεκτρικ|ός επίθ (συσκευή, γεννήτρια) electric · (είδη, αντίσταση) electrical ▸**-ή ενέργεια** electric power
▸**~ θερμοσίφωνας** immersion heater ▸**-ή καρέκλα** electric chair ▸**~ πίνακας** fuse box ▸**-ό ρεύμα** electric current ▸**-ή σκούπα** vacuum cleaner
▸ **ηλεκτρικά** τα (ανεπ.) electrics εν. ▸**ηλεκτρικό** το electricity ▸**~** (= σύνδεση) electricity supply · (= λογαριασμός) electricity bill ▸**ηλεκτρικός** ο (επίσης ~ **σιδηρόδρομος**) electric railway · (= σταθμός) electric station

ηλεκτρισμέν|ος επίθ (σώμα) charged · (ατμόσφαιρα) electrified · (ατμόσφαιρα, κλίμα) electric

ηλεκτρισμ|ός ο (ΦΥΣ) electricity · (= παροχή ηλεκτρικού ρεύματος) electricity supply

ηλεκτροδότησ|η η (= σύνδεση)

connection to the power supply (= *παροχή*) power supply

ηλεκτροκίνητ|ος *επίθ* electric

ηλεκτρολόγ|ος *o/η (επιστήμονας) physicist specializing in the study of electricity · (τεχνίτης)* electrician

ηλεκτρονικ|ός *επίθ (σύστημα, ήχος)* electronic · *(στοιβάδα, δομή)* electron

▸ **ηλεκτρονικά** *τα (επίσης ~ά παιχνίδια)* computer games · *(επιστήμη)* electronics *εν.* · *(κατάστημα)* arcade

▸ **ηλεκτρονικός** *o/η* electronics scientist ▷ **~ές τραπεζικές συναλλαγές** online banking ▷ **~ή δημοσιογραφία** electronic media ▷ **~ή εφημερίδα** online *ή* electronic newspaper ▷ **~ό εμπόριο** e-commerce ▷ **~ό κατάστημα** online store, e-shop *(Βρετ.)* ▷ **~ό λεξικό** electronic dictionary ▷ **~ό ταχυδρομείο** e-mail ▷ **~ υπολογιστής** computer

ηλεκτροπληξί|α *η* electric shock

ηλεκτροφόρ|ος, -α *ή* **-ος, -ο** *o* live ▷ **~ο χέλι** electric eel

ηλιακ|ός *επίθ* solar ▷ **~ές ακτίνες** the sun's rays ▷ **~ή ακτίνα** sunbeam ▷ **~ό ημερολόγιο** solar calendar ▷ **~ό σύστημα** solar system ▷ **~ό φως** sunlight ▷ **~ συσσωρευτής** *ή* **συλλέκτης** solar panel

▸ **ηλιακός** *o* solar heater

ηλίασ|η *η* sunstroke

ηλίθι|ος, -α, -ο *(άνθρωπος, απάντηση)* stupid · *(παπούτσια, ρούχα)* silly ♦ *ουσ* idiot

ηλιθιότητ|α *η (= βλακεία)* stupidity · *(= ανοησία)* stupid thing

▸ **ηλιθιότητες** *πλ* nonsense *εν.*

ηλικί|α *η (ανθρώπου, φυτού)* age ▷ **βρεφική** *ή* **νηπιακή ~** infancy ▷ **εφηβική ~** teens *πληθ.* ▷ **μέση ~** *(ατόμου)* middle age · *(συνόλου)*

average age ▷ **νόμιμη ~** legal age ▷ **όριο ~ς** age limit ▷ **παιδική ~** childhood ▷ **τρίτη ~** old age

ηλικιωμέν|ος *επίθ* elderly

▸ **ηλικιωμένος** *o* senior citizen

▸ **ηλικιωμένη** *η* senior citizen

▸ **οι ηλικιωμένοι** *οι* the elderly

ηλιοβασίλε|μα *το* sunset

ηλιοθεραπεί|α *η* (= *έκθεση στον ήλιο*) sunbathing · *(ΙΑΤΡ)* heliotherapy · **κάνω ~** to sunbathe

ηλιοκαμέν|ος *επίθ* (sun)tanned

ηλιοροφ|ή *η (σε όχημα)* sunroof · *(σε κτήριο)* skylight

ήλι|ος *o (ΑΣΤΡΟΝ)* sun · *(ΒΟΤ)* sunflower · **έχει ~** it's sunny

ηλιοτρόπι|ο *το (ΒΟΤ)* heliotrope · *(ΧΗΜ)* litmus ▷ **δείκτης ηλιοτροπίου** litmus test

ηλιοφάνει|α *η (για καιρό)* sunshine · *(= διάρκεια ημέρας)* daylight

ημέρ|α *η (εβδομάδας, μήνα)* day · (= *φως*) daylight · *(ως επίρρημα)* early in the day · **από τη μια μέρα στην άλλη** overnight · **εντός των ημερών** *(επίσ.)* within days · **κάθε μέρα** every day · **μέρα με τη μέρα, ~ την ~,** **από μέρα σε μέρα** day by day · **μέρα-νύχτα** *ή* **νύχτα-μέρα** night and day · **μέρα παρά μέρα** every other day · **μια μέρα** one day · **προ ημερών** *(επίσ.)* a few days ago · **της ~ς** of the day ▷ **εργάσιμη ~** working day ▷ **~ λαϊκής** market day ▷ **~ πληρωμών** pay day ▷ **~ των Χριστουγέννων** Christmas Day

▸ **ημέρες** *η γεν.* fresh

▸ **ημέρες** *πλ* days

ημερήσι|ος, -α *ή* **-ία, -ο** daily · **σε ~α βάση** on a daily basis ▷ **~α διάταξη** *ή* **διάταξις** agenda ▷ **~α εκδρομή, ~ο ταξίδι** day trip ▷ **~ο Τύπος** the daily papers *πληθ.*

ημεροδείκτης *ο* block calendar
ημερολόγιο *το* (γενικότ.)
calendar · (= ημεροδείκτης) block
calendar · (βιβλίο) diary ·
(αεροπλάνου, πλοίου) log · **κρατώ
~** to keep a diary · **επιτραπέζιο
~** desk calendar ▷ ~ **τοίχου** wall
calendar

ημερομηνία *η* date
▷ ~ **γεννήσεως** date of birth
▷ ~ **έκδοσης** publication date
▷ ~ **θανάτου** date *ή* time of death
▷ ~ **λήξεως** *ή* **λήξης** (τροφίμων)
best-before date · (διαβατηρίου)
expiry date

ημερομίσθιος, -α, -ο day's
▷ ~ **εργάτης** day labourer (Βρετ.)
ή laborer (Αμερ.)
► **ημερομίσθιο** *το* wage

ημερονύκτιο *το* a day and a
night

ήμερος *επίθ* (ζώο) tame · (φυτό,
χόρτα) cultivated

ημερώνω *ρ μ* (τίγρη, λιοντάρι) to
tame · (άλογο) to break in · (είδος
ζώου) to domesticate · (φυτό) to
cultivate ♦ *ρ αμ* to calm down

ημιαργία *η* half day

ημικρανία *η* migraine

ημικύκλιο *το* semicircle

ημισέληνος *η* (επίσ.: =
μισοφέγγαρο) half moon ·
(σύμβολο) crescent · **Ερυθρά
Ημισέληνος** Red Crescent

ημισφαίριο *το* hemisphere
▷ **αριστερό/δεξί** ~ (ΑΝΑΤ) left/
right hemisphere ▷ **Βόρειο/νότιο**
~ (ΓΕΩΓΡ) northern/southern
hemisphere

ημιτελικός *επίθ* semifinal
► **ημιτελικά** *τα* semifinals
► **ημιτελικός** *ο* (= αγώνας)
semifinal · (= φάση) semifinals
πληθ.

ημιφορτηγό *το* van

ημίφως *το* (φυσικό) twilight ·
(τεχνητό) half light

ημίχρονο, ημιχρόνιο *το*
half-time

ημίωρο *επίθ* half-hour
► **ημίωρο** *το* half an hour

Ηνωμένες Πολιτείες Αμερικής
οι **οι Ηνωμένες Πολιτείες της
Αμερικής** the United States of
America

Ηνωμένο Βασίλειο *το* **το** ~ the
United Kingdom

ηνωμένος *επίθ* (επίσ.) united ▷ **τα
Ηνωμένα Έθνη** the United
Nations

Η.Π.Α. *συντομ* USA

ηπατίτιδα *η* hepatitis

Ήπειρος *η* Epirus

ήπειρος *η* (= στεριά) mainland ·
(= γεωγραφική περιοχή) continent
▷ **η γηραιά** ~ Europe

ηπειρωτικός *επίθ* continental
▷ ~ **ή Ελλάδα** mainland Greece
▷ ~ **ή Ευρώπη** continental Europe
▷ ~ **ό κλίμα** continental climate
▷ **ηπειρωτικά** *τα* mainland

ήπιος, -α, -ο (άνθρωπος,
χαρακτήρας) gentle · (χαιρός,
χειμώνας) mild · (αντίδραση,
κριτική) mild · (στάση) mild ·
(τόνος) calm ▷ ~ **ες μορφές
ενέργειας** alternative forms of
energy ▷ ~ **ο κλίμα** mild climate ·
(μτφ.) calm atmosphere
▷ ~ **τουρισμός** eco-tourism

ήρεμα *επίρρ* quietly · (πεθαίνω)
peacefully

ηρεμία *η* (θάλασσας, φύσης) calm ·
(εξοχής, σπιτιού) peace and quiet ·
(κατάστασης, εκλογών) calm ·
(έκφρασης, προσώπου) calmness
▷ **ψυχική** ~ peace of mind

ηρεμιστικός *επίθ* sedative
► **ηρεμιστικό** *το* sedative

ήρεμος *επίθ* (άνθρωπος, τόνος)
calm · (βλέμμα) serene ·
(ατμόσφαιρα, περιβάλλον) calm ·
(πέλαγος, ποτάμι) calm · (περίοδος,
εποχή) peaceful · (ζωή) peaceful ·

ηρεμώ *(μουσική)* sedate

ηρεμ|ώ ρ αμ (= ξεθυμαίνω) to calm down · (= χαλαρώνω) to unwind · *(θάλασσα, νερά)* to grow calm · *(ζωή, κατάσταση)* to calm down ◆ ρ μ (= ξεθυμαίνω) to calm (down) · (= χαλαρώνω) to relax

ήρω|ας ο hero

ηρωΐδ|α η heroine

ηρωϊκός επίθ heroic

ησυχάζ|ω ρ αμ (= ηρεμώ) to calm down · (= χαλαρώνω) to relax · (= κάνω ησυχία) to quieten down *(Βρετ.)*, to calm down *(Αμερ.)* · *(θάλασσα)* to grow calm · *(άνεμος)* to die down · (= αναπαύομαι) to rest ◆ ρ μ to calm down

ησυχί|α η (= γαλήνη) calm · (= ηρεμία) peace and quiet · (= σιωπή) quiet • **αφήνω κπν/κτ σε ~** to leave sb/sth alone · **τα λέω με την ~ μου** to have a quiet talk ▷**διαταράξη κοινής ~** breach of the peace ▷**ώρες κοινής ~** hours during which it is forbidden to make a lot of noise

ήσυχ|ος επίθ *(άνθρωπος, θάλασσα)* calm · *(ζωή, βραδιά)* quiet · *(μέρος)* quiet · (= σιωπηλός) quiet • **αφήνω κπν ~ο** to leave sb alone • **κάτσε ~!** (= μείνε ακίνητος) keep still! · (= σώπασε) be quiet! • **μένω ή μπορώ να είμαι ~** not to worry

ήτα το eta, seventh letter of the Greek alphabet

ήττ|α η defeat

ηττημέν|ος επίθ defeated ▷**ηττημένος** ο loser

ηφαιστειακ|ός επίθ volcanic

ηφαίστει|ο το volcano · *(μτφ.)* explosive situation

ηχεί|ο το *(συσκευή)* (loud)speaker · *(οργάνου)* soundbox

ηχογράφηση η recording

ηχογραφ|ώ ρ μ to record

ήχ|ος ο sound ▷**ένταση του ~ου** volume

ηχώ η *(γεν. εν. ηχούς)* echo

ηχ|ώ ρ αμ to sound

Θ ϑ

Θ, ϑ theta, *eighth letter of the Greek alphabet*

ΛΕΞΗ-ΚΛΕΙΔΙ

θα *μόρ* **(α)** *(για τον σχηματισμό μελλοντικών χρόνων)* will · **(β)** *(δυνητικό)* would · **(γ)** *(πιθανολογικό)* must ▷ **θα** promises

---

θάβ|ω ρ μ *(θησαυρό, κόκαλο)* to bury · *(σκάνδαλο, υπόθεση)* to cover up · *(ανεπ.:* = χαντακώνω*)* to ruin · *(ανεπ.:* = κακολογώ*)* to run down *(ανεπ.)*

▷ **θάβομαι** *μεσ* to stagnate

θαλαμηγός η yacht

θαλαμηπόλ|ος ο η *(χα άνδρα:* ξενοδοχείου*)* room attendant · *(πλοίου)* steward · *(χα γυναίκα:* ξενοδοχείου*)* chambermaid · *(πλοίου)* stewardess

θάλαμ|ος ο *(= δωμάτιο)* room · *(νοσοκομείου)* ward · *(στρατιώτη)* barracks εν. ή πληθ. · *(πλοίου)* cabin ▷ **δοκιμών** test chamber ▷**νεκρικός** = burial chamber ▷**νυφικός** = bridal suite ▷**σκοτεινός** *(φωτογραφικής μηχανής)* camera body · *(φωτογράφου, κινηματογραφιστή)* darkroom ▷**τηλεφωνικός** ~ *(tele)phone booth ▷**ψυκτικός** = freezer compartment *(Βρετ.)*, deep-freeze compartment *(Αμερ.)*

θάλασσ|α η sea · **έχει ~** the sea is rough · **τα κάνω ~** to make a mess of things

θαλασσινά τα seafood εν.

θαλασσιν|ός επίθ *(αέρας, νερό)* sea · *(μπάνιο)* in the sea · *(εμπόριο)*

at sea · (ιστορία, ζωή) marine
▷**θαλασσινός** ο, **θαλασσινή** η
  (= κάτοικος νησιού)· islander ·
  (= κάτοικος παραθαλάσσιου
  μέρους) resident of a seaside town
  or village · (= ναυτικός) sailor ·
  (= ψαράς) fisherman

θαλάσσι|ος, -α, -ο (ελέφαντας,
  ανεμώνη) sea · (περιβάλλον,
  πλούτος) marine

θάμν|ος ο bush

θαμνώδ|ης επίθ (επίσης
  θαμνοειδής: φυτό) bushy ·
  (έκταση, περιοχή) scrubby

θαμπός επίθ (καθρέφτης: από
  πολυκαιρία) tarnished · (τζάμι,
  καθρέφτης: απο υδρατμούς) misted
  up ή over · (φως) dim · (ουρανός)
  dull · (φιγούρα, εικόνα) blurred ·
  (μαλλιά, χρώμα) dull

θαμπών|ω ρ μ (τζάμι) to mist (up
  ή over) · (ομορφιά, πλούτη) to
  dazzle ✦ ρ αμ (καθρέφτης: από
  πολυκαιρία) to become tarnished ·
  (καθρέφτης, τζάμια: από
  υδρατμούς) to mist up ή over ·
  (μαλλιά) to become dull · (μάτια)
  to blur

θαμών|ας ο/η patron

θανάσιμ|ος επίθ (τραύμα, ενέδρα)
  fatal · (εχθρός, αντίπαλος) deadly ·
  (κίνδυνος) mortal

θανατηφόρ|ος, -α, -ο (ατύχημα)
  fatal · (δηλητήριο, ιός) deadly

θάνατ|ος ο (γενικότ.) death ·
  (= καταστροφή) ruin
  ▷**"κίνδυνος~~"** "danger of death"

θανατών|ω ρ μ to kill

θαρραλέ|ος, -α, -ο brave

θάρρ|ος το (= τόλμη) courage ·
  (= οικειότητα) boldness · **δίνω**
  ~ σε κπν to encourage sb

θαρρ|ώ ρ μ to think

θαύμ|α το miracle · (= επίτευγμα)
  wonder · ▷**παράσταση/φαγητό**
  wonderful show/food · **τα επτά**
  ~τα του κόσμου the seven

wonders of the world
▷**παιδί-~** child prodigy

θαυμάζ|ω ρ μ (= απολαμβάνω) to
  marvel at · (= εκτιμώ) to admire

θαυμάσι|ος, -α, -ο wonderful

θαυμασμ|ός ο (= έντονη
  εντύπωση) wonder · (= εκτίμηση)
  admiration

θαυμαστ|ής ο (τέχνης, πολιτισμού)
  admirer · (ηθοποιού, τραγουδιστή)
  fan

θαυμαστικ|ό το exclamation
  mark (Βρετ.), exclamation point
  (Αμερ.)

θαυμαστ|ός επίθ wonderful

θαυμάστρι|α η βλ. **θαυμαστής**

θεά η (= άποψη) view ·
  (= κοίταγμα) sight · **έχω ~ σε** κτ
  to have a view of sth

θέ|α η (κυριολ.) goddess · (μτφ.)
  beauty

θέα|μα το (γενικότ.) sight · (για
  τοπίο, εικόνα) scene · (για
  τηλεόραση, θέατρο) show

θεαματικ|ός επίθ spectacular

θεατ|ής ο (αγώνα, παράστασης)
  spectator · (ταινίας) viewer ·
  (φόνου, κλοπής) witness

θεατρικ|ός επίθ (παράσταση,
  κοστούμι) theatrical · (μονόλογος,
  τέχνη) dramatic · (χορό)
  theatre-going (Βρετ.),
  theater-going (Αμερ.) · (στάση,
  χειρονομία) dramatic · ▷**ό έργο** ή
  κείμενο play · ▷**συγγραφέας**
  playwright · ▷**ή σχολή** drama
  school

θέατρ|ο το (τέχνη, κτήριο) theatre
  (Βρετ.), theater (Αμερ.) ·
  (λογοτεχνικό είδος) plays πληθ.
  (= θεατές) audience · (= επίκεντρο
  σημαντικών γεγονότων) stage ·
  (πολεμικών επιχειρήσεων) theatre
  (Βρετ.), theater (Αμερ.) · ▷**~ σκιών**
  shadow theatre ή theater
  (Αμερ.)

θεία η = **θεία**

Θεία¹ η (= συγγενής) aunt · (ειρ.) old girl (ανεπ.)

Θεῖα² τα τα = all that is holy

θειάφι το sulphur (Βρετ.), sulfur (Αμερ.)

θεϊκός επίθ (πρόνοια, δύναμη) divine · (ομορφιά, κορμί) sublime

θεῖος ο = θεῖος¹

θεῖος¹ ο (= συγγενής) uncle · (ειρ.) old boy (ανεπ.)

θεῖος² -α, -ο (θέλημα, διδασκαλία) divine · (άνθρωπος, τόπος) holy · (φωνή, ομορφιά) sublime ▷ **Θεία Κοινωνία** Holy Communion ▷ **Θεία Λειτουργία** service

θέλημα το will
► **θελήματα** πλ errands

θέληση η (= επιθυμία) wish · (= απαίτηση) demand · (= επιμονή) willpower · **εναντία στη η αντίθετα από τη ~ μου, χωρίς η δίχως ή παρά τη ~ μου** against one's will · **με τη θέληση μου** of one's own free will

---
ΛΕΞΗ-ΚΛΕΙΔΙ

θέλω ρ μ (α) (= επιθυμώ) to want
(β) (= δέχομαι) to want
(γ) (= επιχειρώ) to try
(δ) (= απαιτώ: ενοίκια, χρήματα) to ask for · (σεβασμό, ησυχία) to demand · (εκδίκηση, ικανοποίηση) to seek
(ε) (= ζητώ) to look for
(στ) (= περιμένω) to expect
(ζ) (= χρειάζομαι: ξύρισμα, κούρεμα) to need
(η) (= αξίζω: τιμωρία, μάθημα) to need
(θ) (προφ.: = οφείλω) to owe
(ι) (= υπολείπομαι) to need
(ια) (= εννοώ) to be on one's side

θέμα το (= ζήτημα) matter · (ομιλίας, συζήτησης) subject · (ημερησίας διάταξης) item · (εξετάσεων) paper · (έκθεσης)

subject · (διατριβής, εργασίας) subject · (διήγηματος, μυθιστορήματος) theme · (μουσ) theme · **δεν είναι δικό σου ~** it's none of your business · **δήμιουργώ ~** to make a fuss · **κάνω κτ ~** to make an issue of sth · **το ~ είναι** the point is

θεμέλιο το foundation

θεμελιώδης επίθ fundamental

θεμελιώνω ρ μ (ναό, κτήριο) to lay the foundations of · (επιστήμη, έρευνα) to found · (άποψη) to back up

θεμιτός επίθ (σύμβαση) legal · (μίσθωμα, ανταγωνισμός) fair · (φιλοδοξία, σκοπός) legitimate

θεολογία η theology

θεολόγος ο/η (επιστήμονας) theologian · (σχολ) RE teacher · (παν) theology professor

θεοπάλαβος επίθ raving mad
♦ ουσ lunatic

θεόρατος επίθ enormous

θεός ο (θρησκ) god · (= ινδαλμα) god · (μτφ.: για άνδρα) Greek god
► **Θεός** ο ο Θεός God · **για όνομα του η προς Θεού** for God's sake

θεοσκότεινος επίθ pitch-dark

θεότητα η deity

Θεοτόκος η Virgin Mary

θεραπεία η (ασθένειας, ασθένειας) treatment · (για ψυχικές ασθένειες) therapy · (κακού, δεινών) remedy

θεραπευτήριο το hospital

θεραπευτικός επίθ therapeutic

θεραπεύω ρ μ (ασθενή, ασθένειας) = γιατρεύω) to cure · (= νοσηλεύω) to treat · (τραύματα) to treat · (ζημιά, κακό) to remedy

θέρετρο το (= περιοχή) resort · (= εξοχικό σπίτι) cottage

θερίζω ρ μ (στάρι, καλαμπόκι) to reap · (πληθυσμό, ζώα) to decimate

θερινός επίθ (ωράριο, διακοπές) summer · (κινηματογράφος) open–air ▷ **∙ή ώρα** summer time (*βρετ.*), daylight saving time (*Αμερ.*)

θερισμός *ο* (= *συγκομιδή*) harvest ∙ (= *περίοδος*) harvest (time)

θερμαίνω *ρ μ* (*σπίτι, δωμάτιο*) to heat ∙ (*φαγητό*) to heat (up)

θέρμανση *η* heating ▷**κεντρική** ∙ central heating

θερμάστρα *η* heater

θερμίδα *η* calorie

θερμοκήπιο *το* greenhouse ∙ **το φαινόμενο του θερμοκηπίου** greenhouse effect

θερμοκρασία *η* temperature ▷∙ **δωμάτιου** room temperature

θερμόμετρο *το* thermometer ∙ (*ιατρ.*) barometer ∙ **ανεβαίνει το ~** (*μτφ.*) tension is rising ∙ **βάζω το ~** to take one's temperature

θερμοπηγή *η* thermal ή hot spring

θερμός¹ *το* Thermos ®

θερμός² *επίθ* (*κλίμα, χώρα*) warm ∙ (*υποδοχή, χαιρετισμός*) warm ∙ (*χειροκρότημα*) heartfelt ∙ (*ενδιαφέρον*) keen ∙ (*συζήτηση*) intense ∙ (*υποστηρικτής*) ardent ∙ (*γυναίκα, άνδρας*) passionate **εᾰπἰ ὀςᾰb**

θερμοσίφωνας *ο* immersion heater

θερμοσίφωνο *το* (*προφ.*) = **θερμοσίφωνας**

θερμοστάτης *ο* thermostat

θερμότητα *η* (*επίσης:* ΦΥΣ) heat ∙ (*χαμόγελου, φωνής*) warmth

θερμοφόρα *η* (*με νερό*) hot-water bottle ∙ (*με ρεύμα*) electric warmer

θέση *η* (= *μέρος: καναπέ, τραπεζιού*) place ∙ (= *θήκη*: *ντουλάπας*) part ∙ (= *κάθισμα*: *σε εκδρομή, κρουαζιέρα*) ticket ∙ (*χώρας, πόλης*) position ∙ (*στο Δημόσιο, σε εταιρεία*) post

(= *χώρος: σε αυτοκίνητο, ασανσέρ*) room ∙ (*στην κοινωνία, σε βαθμολογία*) position ∙ (= *πρόταση*) stand ∙ (= *άποψη*) view ∙ (ΠΑΝ, ΦΙΛΟΣ) thesis ∙ (ΑΘΛ, ΣΤΡ) position ∙ **(αν ήμουν) στη ~ σου** if I were you ∙ **βάζω κτ στη ~ του** to put sth back where it belongs ∙ **κρατάω ή φυλάω τη ~ κποιου** to keep sb's place ∙ **μείνε στη ~ σου!** stay where you are! ∙ **πρώτη/ τουριστική ~** first/tourist class

θεσμός *ο* (= *κανόνας*) rule ∙ (*Συντάγματος, γάμου*) institution

Θεσσαλία *η* Thessaly

Θεσσαλονίκη *η* Salonica

θετικός *επίθ* (= *οριστικός*) definite ∙ (= *σταθερός*) reliable ∙ (= *επιβεβαιωτικός*) affirmative ∙ (ΜΑΘ, ΦΥΣ) positive ▷**-ές επιστήμες** exact sciences ▷**-ή εικόνα** (ΦΩΤ) positive
▶ **θετικό** *το* positive result
▶ **θετικός** *ο* positive

θετός *επίθ* (*παιδί*) adopted ∙ (*γονείς*) adoptive

θέτω *ρ μ* (*επίσ.*: = *βάζω*) to put ∙ (*ερώτημα, θέμα*) to raise ∙ (*όρο*) to set ∙ *βλ. κ.* **τίθεμαι**

θεωρείο *το* (*θεάτρου*) box ∙ (*Βουλής*) gallery

θεώρημα *το* theorem

θεωρημένος *επίθ* stamped

θεώρηση *η* (*εργασίας, εντύπου*) inspection ∙ (*ζωής*) outlook ∙ (*κόσμου*) view ∙ (*διαβατηρίου*) visa ∙ (*υπογραφής*) attestation

θεωρητικός *επίθ* (*θέμα, μάθημα*) theoretical ∙ (*κέρδη, κατάσταση*) hypothetical ∙ (*για πρόσ.*) idealistic ▷**-ές επιστήμες** pure sciences

θεωρία *η* theory

θεωρώ *ρ μ* (= *νομίζω, εξετάζω*) to consider ∙ (*διαβατήριο, απόδειξη*) to stamp ∙ (*δίπλωμα, έγγραφο*) to authenticate ∙ **~ πως** ή **ότι**

think that

θήκη η (γυαλιών, οργάνων) case · (κασέτας, πούρων) box · (όπλου) holster · (σπαθιού, μαχαιριού) sheath · (= κάλυμμα δοντιού) crown

θηλάζω ρ μ (μωρό) to breast-feed · (μικρά) to suckle ♦ ρ αμ (μωρό, ζωάκια) to suckle · (για γυναίκα) to breast-feed

θήλασμα το = **θηλασμός**

θηλασμός ο (μωρού) breast-feeding · (νεογέννητου ζώου) suckling

θηλαστικό το mammal

θηλ|ή η nipple

θηλι|ά η (κρεμάλας) noose · (σχοινιού) noose · (κλειδιών) ring · (= παγίδα πουλιών) snare · (πλεχτού) stitch · (πλεξίματος, μπλούζας) eyelet · (δικτυού) mesh

θηλυκ|ός επίθ (παιδί, ζώο) female · (ντύσιμο, βλέμμα) feminine · (ΓΛΩΣΣ) feminine

θηλυκότητα η femininity

θήραμα το quarry

θηρίο το (= άγριο ζώο) wild animal · (μυθικό τέρας) monster · (για πράδα) giant · (για πράγμα) whopper (ανεπ.)

θησαυρ|ός ο (= πλούτος) treasure · (= αφθονία) wealth · (ΦΙΛΟΛ) thesaurus · (ΑΡΧ) treasury

θησαυροφυλάκι|ο το (τράπεζας) vault · (στη Μ. Βρετανία) Treasury

θήτα το theta, eighth letter of the Greek alphabet

θητεί|α η (ΣΤΡ) military service · (Βουλής, υπουργού) term of office

θίασ|ος ο theatre (Βρετ.) ή theater (Αμερ.) company

θίγω ρ μ (συμφέροντα, πολίτευμα) to damage · (δικαιώματα) to erode · (αισθήματα, άνθρωπο) to hurt · (αξιοπρέπεια) to offend · (εγωισμό) to damage · (θέμα, πρόβλημα) to touch on

θλιβερ|ός επίθ (χρόνια, τραγούδι) sad · (επεισόδια, εμπειρία) distressing · (άνθρωπος, χαρακτήρας) wretched · (κτήριο) dilapidated · (απομίμηση) pitiful · (γαλλικά) deplorable

θλιμμένος επίθ (χαμόγελο, τραγούδι) sad · (βλέμμα, έκφραση) sorrowful

θλίψη η sorrow

θνητ|ός επίθ mortal

▶**θνητός** ο, **θνητή** η mortal

θολ|ός επίθ (νερό, κρασί) cloudy · (ατμόσφαιρα) hazy · (ποτάμι) muddy · (ημέρα, πρωινό) hazy

θόλ|ος ο dome

θολούρα η (ποταμού) muddiness · (νερών) cloudiness · (ατμόσφαιρας) haze · (ματιών) blurring

θολώνω ρ μ (νερό, κρασί) to make cloudy · (τζάμι) to mist (up ή over) · (μάτια) to blur · (κρίση, αντίληψη) to cloud · (μυαλό) to confuse ♦ ρ αμ (νερό) to become cloudy · (τζάμι) to mist up ή over · (μάτια) to become blurred · (= συγγύζομαι) to see red

θολωτός επίθ vaulted

θόρυβ|ος ο (= φασαρία) noise · (μτφ.: = ντόρος) stir · **κάνω ~ο** to make a noise

Θράκη η Thrace

θρανί|ο το desk

θράσ|ος το audacity · **έχω το ~ να κάνω κτ** to have the audacity to do sth

θρασύς, -εία, -ύ impudent

θρεπτικ|ός επίθ (τροφή) nutritious · (αξία) nutritional

θρέφ|ω ρ μ (= τρέφω) to feed · (= συντηρώ: οικογένεια, ζώα) to feed · (ζώα) to fatten up ♦ ρ αμ to heal over

θρήν|ος ο lament

θρηνώ ρ μ to mourn ♦ ρ αμ to mourn

Θρησκεία *η* religion

Θρήσκευμα *το* denomination

θρησκευτικός *επίθ* religious

Θρήσκος, -α, -ο devout

θριαμβευτικός *επίθ* triumphant

θριαμβεύω *ρ αμ* (στρατηγός, πολιτικός) to triumph · (ιδέες, πολιτική) to prevail

θρίαμβος *ο* triumph

θρίλερ *το* (κινημ.) thriller · (μτφ.) cliff-hanger

θρόμβωση *η* thrombosis

θρόνος *ο* throne

θρυλικός *επίθ* legendary

θρύλος *ο* legend

θρύψαλο *το* fragment · **γίνομαι ~α** to be smashed to pieces *η* smithereens

θυγατέρα *η* (λογοτ.) daughter

θύελλα *η* storm ▷ **δελτίο θυέλλης** storm warning

θυελλώδης *επίθ* stormy ▷ **~ άνεμος** gale

θύμα *το* (ληστείας, ατυχήματος) victim · (= κορόιδο) dupe · **πέφτω ~γεν.** to fall prey to

θυμάμαι *ρ μ απ* to remember ♦ *ρ αμ* to remember · **αν ~ καλά** if (my) memory serves me correctly · **απ' ό, τι η απ' όσο ~** as far as I can remember

θυμάρι *το* thyme

θυμιατό *το* (ΘΡΗΣ.) censer · (στο σπίτι) incense burner

θυμίζω *ρ μ* · **κτ σε κπν** to remind sb of sth · **κάτι μου ~ει αυτό το όνομα** that name rings a bell

θυμός *ο* anger

θυμούμαι *ρ μ/αμ απ* = **θυμάμαι**

θυμωμένος *επίθ* angry · **είμαι ~ μαζί σου/του** I'm angry *η* cross with you/him

θυμώνω *ρ μ* to make angry ♦ *ρ αμ* (= εκνευρίζομαι) to get angry · (= είμαι θυμωμένος) to be angry *η* cross

θύρα *η* (επίσ.: σπιτιού, ναού) door · (σταδίου) gate · (ΠΛΗΡΟΦ) port ▷ **~ εισόδου/εξόδου** input/output port

θυρίδα *η* (= μικρή πόρτα) opening · (σε ταχυδρομείο, γραφείο) window · (σε κινηματογράφο, θέατρο) box office · (επίσης **τραπεζική** ~) safe-deposit box · **ταχυδρομική** ~ PO box ▷ **~ εισερχομένων μηνυμάτων** (ΠΛΗΡΟΦ) inbox ▷ **~ (πλαίσιο) διαλόγου** (ΠΛΗΡΟΦ) dialogue (Βρετ.) *η* dialog (Αμερ.) box

θυροτηλέφωνο *το* entry-phone

θυρωρείο *το* (πολυκατοικίας) caretaker's lodge · (υπηρεσίας, εργοστασίου) porter's lodge

θυρωρός *ο/η* (πολυκατοικίας) caretaker · (εταιρείας, εργοστασίου) porter · (κέντρου, ξενοδοχείου) doorman

θυσία *η* sacrifice

θυσιάζω *ρ μ* to sacrifice ▷ **θυσιάζομαι** *μεσ* (= στερούμαι χάριν σκοπού) to make sacrifices · (= δίνω τη ζωή μου) to sacrifice oneself

θώρακας *ο* (πολεμιστή) breastplate · (αλυσιδωτός) chain mail · (ΑΝΑΤ) thorax

θωράκιση *η* equipping with armour (Βρετ.) *η* armor (Αμερ.) plate

θωρακισμένος *επίθ* (όχημα, μονάδα) armoured (Βρετ.), armored (Αμερ.) · (με θάρρος, υπομονή) armed

θωρηκτό *το* battleship

I ι

I, ι iota, *ninth letter of the Greek alphabet*

ιαματικ|ός επίθ (πηγή) mineral ·
(ιδιότητα, νερό) healing ▷ **~ά**
λουτρά spa

Ιανουάρι|ος ο January

Ιάπων|ας ο Japanese
▸ **οι Ιάπωνες** πλ the Japanese

Ιαπωνία η Japan

Ιαπων|ίδα η βλ. **Ιάπωνας**

ιαπωνικ|ός επίθ Japanese
▸ **ιαπωνικά** τα Japanese

ιατρείο το surgery (Βρετ.), office
(Αμερ.) ▷ **εξωτερικά ~α**
outpatient clinic ▷ **ιδιωτικό ~** private
practice

ιατρικ|ή η (επιστήμη, σπουδές)
medicine · (σχολή) medical school

ιατρικ|ός επίθ medical
▸ **ιατρικό** το (επία.) medicine

ιατρός ο = **γιατρός**

ιδανικ|ός επίθ ideal
▸ **ιδανικό** το ideal

ιδέ|α η (γενικότ.) idea · (= γνώμη)
opinion · (δημοκρατίας,
ελευθερίας) notion ▷ **έμμονη
~** fixed idea

ιδεαλιστ|ής ο idealist

ιδεολογί|α η (γενικότ.) ideology ·
(= ηθικές αρχές) principles πληθ

ιδιαίτερα επίρρ (επικίνδυνος,
δημιουργικός) highly · (έξυπνος)
exceptionally · (= κυρίως)
especially

ιδιαίτερ|ος, -η ή **-έρα, -ο**
(χαρακτηριστικό, γνώρισμα)
particular · (προφορά) peculiar ·
(προσοχή) special · (λόγος, μέρα)
special · (συζήτηση) private ·
(πρόσκληση) personal ▷ **-η
πατρίδα** home town
▸ **ιδιαίτερα** τα private ή personal
affairs
▸ **ιδιαίτερο** το private lesson
▸ **ιδιαίτερος** ο, **ιδιαίτερα** η (επίσης
ιδιαίτερος γραμματέας) personal
assistant · (πολιτικού) private
secretary

ιδιαιτέρως επίρρ (= κατ' ιδίαν) in

private · (= κυρίως) especially

ιδιοκτησί|α η (= κυριότητα
περιουσίας) ownership ·
(= περιουσία) property
▷ **πνευματική ~** intellectual
property

ιδιοκτήτ|ης ο owner

ιδιοκτήτ|ρια η βλ. **ιδιοκτήτης**

ιδιόρρυθμ|ος επίθ (σχέση,
στοιχείο) particular · (άτομο,
συμπεριφορά) eccentric · (ντύσιμο,
ομιλία) unique

ίδι|ος¹, ιδία, ίδιο (= προσωπικός:
συμφέρον, άποψη) personal ·
(= ιδιαίτερος) unique

ΛΕΞΗ-ΚΛΕΙΔΙ

ίδι|ος², -ια, -ιο με άρθρο (α) (= ο
αυτός) the same
(β) (για έμφαση) own · (σε
τηλεγράφημα συνομιλία) speaking
(γ) (= όμοιος) the same · (= ίσος)
equal

ιδιοσυγκρασί|α η (ανθρώπου)
disposition · (λαού) character

ιδιοτέλει|α η self-interest

ιδιοτελ|ής επίθ selfish

ιδιότητ|α η (σώματος, υλικού)
property · (ανθρώπου)
characteristic · (βουλευτή, γιατρού)
status

ιδιοτροπί|α η (ανθρώπου)
eccentricity · (ντυσίματος,
συμπεριφοράς) eccentricity ·
(= δυστροπία) grumpiness ·
(= καπρίτσιο) whim

ιδιότροπ|ος επίθ (άνθρωπος,
συμπεριφορά) eccentric · (ντύσιμο,
χτένισμα) odd · (= δύστροπος)
bad-tempered · (= καπριτσιόζος)
capricious

ιδιοφυ|ής επίθ (θεωρία, σχέδιο)
ingenious · (άνθρωπος) gifted

ιδιοφυΐ|α η genius

ιδιωματισμ|ός ο idiom

ιδίως επίρρ especially

ιδιώτης *o* private individual

ιδιωτικοποίηση *η* privatization

ιδιωτικός επίθ (εκπαίδευση, επιχείρηση) private · (σταθμός, τηλεόραση) independent · (ζωή) private · (θέματα) personal **▷o ~ τομέας** the private sector

ιδού επίρρ (επίσ.) here is · **~ η Ρόδος ~ και το πήδημα** put your money where your mouth is (ανεπ.) · **~ πώς/τι/γιατί** this is how/ what/why

ίδρυμα το (= οργανισμός) institute · (= ορφανοτροφείο) institution

ίδρυση η (οργανισμού, σχολής) foundation · (εταιρείας) creation

ιδρυτής *o* founder

ιδρύτρια η βλ. **ιδρυτής**

ιδρύω ρ μ (επιχείρηση, σταθμό) to set up · (οργανισμό) to found

ίδρωμα το sweating

ιδρώνω ρ αμ (άνθρωπος, χέρια) to sweat · (= κοπιάζω) to sweat (blood) (ανεπ.)

ιδρώτας *o* sweat

ιεραρχία η (επίσης: ΘΡΗΣΚ) hierarchy · (αξιών) scale · (κριτηρίων) hierarchy

ιερέας *o* priest

ιέρεια η (θρησκείας) priestess · (Τέχνης) high priestess

ιερό το (στην αρχαιότητα) shrine · (ΘΡΗΣΚ) sanctuary

ιερός, -ή ή -ά, -ό (κανόνας, κειμήλιο) holy · (βιβλίο, άμφια) sacred · (πατρίδα, ναός) sacred **▷η Ιερά Εξέταση** the Inquisition **▷Ιερός Λόχος** (ΑΡΧ ΙΣΤ) Sacred Band, *elite corps of 300 soldiers in the Theban army*

Ιεροσόλυμα τα Jerusalem

ιεροσυλία η (γενικότ.) sacrilege · (ναού, τάφων) desecration · (μτφ.) sacrilege

Ιερουσαλήμ η = **Ιεροσόλυμα**

Ιησούς *o* Jesus **▷~ Χριστός** Jesus

Christ **▷~ Χριστός** Jesus Christ

ιθαγένεια η citizenship

ιθαγενής επίθ (πολιτισμός, πληθυσμός) indigenous · (ζώο, φυτό) native · (της Αυστραλίας) Aboriginal **▶ ιθαγενής** ο/η (επίσης: **~ κάτοικος**) native · (της Αυστραλίας) Aborigine

ικανοποιημένος επίθ (άνθρωπος) satisfied · (βλέμμα, πρόσωπο) contented

ικανοποίηση η satisfaction · (φιλοδοξίας, επιθυμίας) fulfilment (Βρετ.), fulfillment (Αμερ.)

ικανοποιητικός επίθ (αποτελέσματα, λύση) satisfactory · (μισθός, στοιχεία) adequate

ικανοποιώ ρ μ (άνθρωπο) to satisfy · (αίτημα, ανάγκες) to meet · (γούστο) to cater for · (επιθυμία) to fulfil (Βρετ.), to fulfill (Αμερ.)

ικανός επίθ (γενικότ.) capable · (επαγγελματίας, επιχειρηματίας) competent · (τεχνίτης) skilled

ικανότητα η (= επιδεξιότητα) ability · (επαγγελματία) competence · (τεχνίτη) skill · (= δυναπότητα) power **▷αποθηκευτική ~** storage capacity **▶ ικανότητες** οι abilities

ικετεύω ρ μ (Θεό) to supplicate (επίσ.) · (άνθρωπο) to beg

ίκτερος *o* jaundice

ιλαρά η measles (εν.)

ιλιγγιώδης επίθ (ύψος) dizzy · (φαντασία) vivid · (ανάπτυξη) spectacular · (ντελικότέ, μίνι) revealing · **~εις ρυθμοί** dizzy pace · **~ ποσό** vast amount (of money) · **~ ταχύτητα** breakneck speed

ίλιγγος *o* vertigo · **με πιάνει ή μου 'ρχεται ~** to feel dizzy · **παθαίνω ~o** to get vertigo

Ιμαλάι|α τα τα ~ the Himalayas

ιμάμ μπαϊλντί το baked aubergines with tomatoes, onions and garlic

ιμάντ|ας ο (= λουρί) strap · (ΜΗΧ) belt · **οι ~ες εξουσίας** the levers of power

ιμιτασιόν η imitation

ίν|α η (επίσ.) fibre (Βρετ.), fiber (Αμερ.)

ίνδαλ|μα το idol

Ινδή η βλ. **Ινδός**

Ινδία η India

Ινδιάν|α η βλ. **Ινδιάνος**

Ινδιάν|ος ο (American) Indian

Ινδικός ο the Indian Ocean

ινδικ|ός επίθ Indian ▷ **~ή κάνναβη** ή **κάνναβις** Indian hemp ▷ **~ό χοιρίδιο** guinea pig

Ινδονησί|α η Indonesia

Ινδ|ός ο Indian

ινσουλίν|η η insulin

ινστιτούτ|ο το institute ▷ **~ αισθητικής** beauty salon

Ιντερνέτ, Ίντερνετ το Internet

ίντσα η inch

Ιόνιο το the Ionian Sea

ιός ο virus

Ιούλ|ης ο = **Ιούλιος**

Ιούλι|ος ο July

Ιούν|ης ο = **Ιούνιος**

Ιούνι|ος ο June

ιππασί|α η (γενικότ.) (horse) riding · (ΑΘΛ) horse–riding competition · (μετ' εμποδίων) showjumping · **κάνω ~** to go (horse) riding · (επαγγελματικά) to be a professional rider

ιππ|έας ο (επίσ.) rider · (ΣΤΡ) horseman

▸ **ιππείς** πλ knights, citizens of the second class in ancient Athens

ιππεύ|ω ρ μ (επίσ.: = καβαλικεύω) to get on · (= πηγαίνω καβάλα) to ride ◆ ρ αμ (= καβαλικεύω) to get on · (= πηγαίνω καβάλα) to ride

ιπποδρομί|α η (horse) race

▷ **άλογο ιπποδρομιών** racehorse

ιππόδρομ|ος ο (= ιππόδρομο) racecourse (Βρετ.), racetrack (Αμερ.) · (= στοιχήματα) the horses

ιπποδύναμ|η η horsepower

ιππόκαμπ|ος ο sea horse

ιπποπόταμ|ος ο hippopotamus

ίππ|ος ο (επίσ.: ΖΩΟΛ) horse · (στο σκάκι) knight · (ΜΗΧ) horsepower

▷ **δούρειος ~** Trojan horse

▷ **θαλάσσιος ~** walrus

▷ **~ άλματος** (ΑΘΛ) vaulting horse

▷ **πλάγιος ~** (ΑΘΛ) beam (Βρετ.), balance beam (Αμερ.)

ιππότης ο knight ▷ **πλανόδιος** ή **περιπλανώμενος ~** knight errant

ιπτάμεν|ος επίθ flying ▷ **~ο δελφίνι** hydrofoil ▷ **~ο χαλί** flying carpet ▷ **~ δίσκος** flying saucer ▷ **~ συνοδός** air steward

▸ **ιπταμένη** η air hostess

▸ **ιπτάμενος** ο pilot

Ιράκ το Iraq

Ιράν το Iran

ίριδ|α η (ΜΕΤΕΩΡ) rainbow · (ΑΝΑΤ, ΒΟΤ) iris

Ιρλανδ|έζα η = **Ιρλανδή**

ιρλανδέζικ|ος, -η ή **-ια, -ο** = **ιρλανδικός**

Ιρλανδέζ|ος ο = **Ιρλανδός**

Ιρλανδή η Irishwoman

Ιρλανδί|α η Ireland

ιρλανδικ|ός επίθ Irish

▸ **Ιρλανδικά, Ιρλανδέζικα** τα Irish (Gaelic)

Ιρλανδ|ός ο Irishman · **οι ~οί** the Irish

ίσα[1] επίρρ (= ισομερώς) equally · (επίσ.) **ίσα:** = ευθεία straight on · (επίσ.) **ίσα:** = όρθια straight · (επίσ.) **ίσα:** = αμέσως straight (away) · **~ ή ίσα πάνω** straight into · **~ που** (= μόλις που) only just · (= ελάχιστα) hardly · **τα ίσα σε κπν στα ~ ή ίσα** to tell sb straight out

ίσα[2] επιφών (ως προτροπή) come

on!· (προφ.: ως απειλή) hang on!

ίσα-ίσα επίρρ (= ακριβώς) just · (για ποσότητα, μέγεθος) just enough · (= τέλεια) perfectly · (= απεναντίας) on the contrary

ίσαμε πρόθ (προφ.: = έως) till · (= μέχρι) by · (για τόπο) as far as · (για ποσό) about

ισάξι|ος, -α, -ο (= εφάμιλλος) equal · (αθλητές, αντίπαλοι) evenly matched · (μόρφωση, ιδανικά) same · (= ανταξίος) worthy

ισάριθμ|ος επίθ equal in number

ισημερί|α η equinox ▸ **εαρινή/ φθινοπωρινή** ~ vernal ή spring/ autumnal equinox

ισημερινός επίθ (χλωρίδα) equatorial · (έτος, ημέρα) equinoctial ▸ **-ή εποχή** η equinox

ισθμ|ός ο isthmus

ίσια επίρρ βλ. **ίσα**

ίσι|ος, -ια, -ιο (γραμμή, δρόμος) straight · (άνθρωπος, χαρακτήρας) straightforward · βλ. κ. **ίσα, ίσος**

ίσιω|μα το (= επίπεδη έκταση γης) plain · (= δρόμος) metalled (Βρετ.) ή metaled (Αμερ.) road

ίσκι|ος ο (= σκιασμένη επιφάνεια) shadow · (= σκιασμένος χώρος) shade · (μτφ.) shadow

ισλαμικός επίθ Islamic

ισλαμισμ|ός ο Islam

Ισλανδί|α η Iceland

ισόβι|ος, -α, -ο (κάθειρξη, ποινή) life · (αποκλεισμός) for life · (δημόσιος λειτουργός) for life ▸ **ισόβια** τα a life imprisonment

ισόγει|ος, -α, -ο on the ground floor (Βρετ.) ή first floor (Αμερ.) ▸ **ισόγειο** το ground floor (Βρετ.), first floor (Αμερ.)

ισοδύναμ|ος επίθ (νομίσματα, μεγέθη) equivalent · (ομάδες, αντίπαλοι) evenly matched

ίσον επίρρ equals ▸ **το ~** the equals sign

ισοπαλί|α η tie, draw (Βρετ.)

ισόπαλ|ος επίθ level

ισόπεδ|ος επίθ flat ▸ **-η διάβαση** (δρόμου) intersection · (δρόμου και σιδηροδρομικής γραμμής) level crossing (Βρετ.), grade crossing (Αμερ.)

ισοπεδών|ω ρ μ (κτίσμα) to raze (to the ground) · (επιφάνεια) to level · (αξίες, ιδανικά) to destroy · (μαθητές, φοιτητές) to bring down to the same level

ισορροπημέν|ος επίθ (δίαιτα, γεύση) balanced · (πολιτική, ζωή) well-balanced

ισορροπί|α η (γενικότ.) balance · (ΦΥΣ) equilibrium · (ψυχική) equilibrium · (κοινωνική) stability

ισορροπώ ρ μ (αντικείμενα) to balance · (συναισθήματα) to control · (οικονομία, κατάσταση) to sort out ♦ ρ αμ (άνθρωπος) to balance · (μτφ.) to strike a balance (μεταξύ between)

ίσ|ος επίθ (πολίτες, μερίδια) equal · (άνθρωπος) straightforward · (λαϊκ.: δρόμος, τοίχος) straight · (λαϊκ.: δάπεδο, κτήμα) level · **μιλώ σε κπν στα ~α** ή **~ια** to be straight with sb · **στα ~α** equally ▸ **-ες ευκαιρίες** equal opportunities · βλ. κ. **ίσα**

ισότητ|α η equality

ισοτιμί|α η (= ισότητα) equality · (πτυχίων) equivalence · (οικ) parity (με, ως προς with) ▸ **συναλλαγματική** ~ par (of exchange)

ισοφαρίζ|ω ρ μ to recoup ♦ ρ αμ to equalize

ισοφάρισ|η η (εξόδων, ζημίας) recouping · **πετυχαίνω την** ~ (ΑΘΛ) to equalize · **το γκολ της** ~ς (ΑΘΛ) the equalizer

Ισπανί|α η Spain

Ισπανί|α η βλ. **Ισπανός**

Ισπανίδ|α η βλ. **Ισπανός**

ισπανικ|ός επίθ Spanish

► **Ισπανικά** τα Spanish
Ισπαν|ός ο Spaniard
► **οι Ισπανοί** πλ the Spanish
Ισραήλ το Israel
ιστί|ο το (επία.) sail
ιστιοπλοΐα η sailing
ιστιοπλοϊκ|ός επίθ yacht
ιστιοφόρο το yacht
ιστορί|α η (επιστήμη) history ·
(μάθημα) history (lesson) · (βιβλίο)
history book · (= αφήγηση) story ·
(= ερωτική περιπέτεια) love affair ·
(σύντομη) fling · **περνώ ή μένω
στην ~ (ως/για)** to go down in
history (as/for)
► **ιστορίες** οι trouble εν.
ιστορικ|ός επίθ (μελέτη, γεγονός)
historical · (έργο, νίκη) historic
▷ **~οί χρόνοι** (ΓΛΩΣΣ) historic
tenses
► **ιστορικό** το (ασθένειας) medical ή
case history · (γεγονότων) record
► **ιστορικ|ός** ο/η (επιστήμονας)
historian · (ΣΧΟΛ) history teacher ·
(ΠΑΝ) history professor
ιστ|ός ο (πλοίου, κεραίας) mast ·
(σημαίας) flagpole · (αράχνης)
web · (ΒΙΟΛ) tissue · (έργου)
structure · (κοινωνίας) fabric · ὁ
(Παγκόσμιος) Ιστός (ΠΛΗΡΟΦ) the
(World Wide) Web
ιστοσελίδα η web page
ισχιαλγία η sciatica
ισχυρίζ|ομαι ρ μ (= υποστηρίζω) to
maintain · (για επιχειρήματα,
θεωρία) to contend
ισχυρισμ|ός ο claim
ισχυρογνώμ|ων, -ων, -ον
obstinate
► **ισχυρογνώμονας** ο/η obstinate ή
pig-headed person
ισχυρ|ός επίθ (τάση, θέληση)
strong · (αντίσταση) spirited ·
(όπλο) powerful · (άμυνα) robust ·
(στράτευμα, κίνηα) strong ·
(απόδειξη, επιχείρημα) strong ·
(άνεμος) strong · (σεισμός, δόνηση)

powerful · (πυρετός) high ·
(βασίλειο, κράτος) powerful ·
(φάρμακο) potent · (οικονομική
βοήθεια) effective · (διαθήκη,
γάμος) valid
► **ισχυροί** οι leaders
ισχ|ύς η (χώρας, κράτους) power ·
(ανθρώπου, τηλεόρασης)
influence · (νομική) validity ·
(πρακτική) force
ισχύ|ω ρ αμ (διαβατήριο,
συμβόλαιο) to be valid · (νόμος,
μέτρα) to be in force ή effect ·
(= τίθεμαι σε ισχύ) to come into
force ή effect · (λόγια, συμβουλή)
to apply
ισχύ|ων, -ουσα, -ον (νομικά)
valid · (πρακτικά) in force
► **ισχύοντα** τα regulations
ίσω|μα το = **ίσιωμα**
ίσως επίρρ perhaps
Ιταλία η Italy
Ιταλίδα η ἢ **βλ. Ιταλός**
ιταλικ|ός επίθ Italian
► **Ιταλικά** τα Italian
Ιταλ|ός ο Italian
► **οι Ιταλοί** πλ the Italians
ιτιά η willow (tree)
ιχθυοπωλείο το (επία.)
fishmonger's (shop) (Βρετ.), fish
dealer's (Αμερ.)
ιχθύς ο (επία.) fish · (ΑΣΤΡΟΝ.
ΑΣΤΡΟΛ) Pisces
ιχνογραφία η (= σκίτσο) sketch ·
(= ζωγραφιά) drawing · (ΣΧΟΛ:
μάθημα) drawing lesson · (βιβλίο ή
τετράδιο) sketchbook
ίχνος το (ανθρώπου, ζώου) trail ·
(ποδιού) (foot)print · (σε σώμα)
mark · (παρουσίας) trace ·
(πολιτισμού) vestige · (λύπης)
tinge · (υπόνοιας, αμφιβολίας)
trace · (προσφοράς, δυσαρέσκειας)
trace · **ακολουθώ τα ~η κποιου** to
track sb · **χάνω τα ~η κποιου**
(δραπέτη, κακοποιού) to lose sb's
trail · (φίλου, γνωστού) to lose

track of sb

ιώδ|ιο *το* (ΧΗΜ, ΦΑΡΜ) iodine ·
(= *θαλασσινός αέρας*) ozone
▷**βάμμα ιωδίου** tincture of iodine

ιωνικός *επίθ* Ionic · **~ή**
φιλοσοφία Ionic school of
philosophy

ίωση *η* virus

ιώτα *το* = **γιώτα**

Κ κ

Κ, κ kappa, tenth letter of the Greek
alphabet

κ.ά. *συντομ* et al.

κα (*επία.*) *συντομ* Mrs

κάβ|α *η* (= *κελάρι, συλλογή*) (wine)
cellar · (= *κατάστημα*
οινοπνευματωδών) off-licence
(Βρετ.), package store (Αμερ.) · (*σε*
τυχερά παιχνίδια) kitty

καβάλα *επίρρ* (*πηγαίνω, μπαίνω*)
on horseback · (*κάθομαι*) astride

καβαλάρης *ο* rider

καβαλάω *ρ μ* (= *καβαλκεύω*) to
mount · (*ποδήλατο, μηχανάκι*) to
ride · (*φράχτη*) to sit astride

καβαλιέρος *ο* (= *συνοδός*) escort ·
(*σε χορό*) partner

καβαλικεύω *ρ μ* to mount

καβάλος *ο* crotch

καβαλ|ώ *ρ μ* = **καβαλάω**

καβγαδίζω *αμ* to quarrel

καβγάς *ο* quarrel

κάβ|ος¹ *ο* (= *ακρωτήριο*) cape

κάβ|ος² *ο* (= *παλαμάρι*) cable

καβούκι *το* shell

κάβουρας *ο* (ZΩΟΛ) crab ·
(*εργαλείο*) monkey wrench

καβούρι *το* crab

καγιανάς *ο* fried egg and tomato

καγκελάρι|ος *ο* chancellor

κάγκελο *το* rail
▸ **κάγκελα** *πλ* railings

καγκουρό *το* kangaroo

καδέν|α *η* chain

κάδ|ος *ο* bin ▷**~ πλυντηρίου**
drum (*of a washing machine*)

κάδρο *το* (= *κορνίζα*) frame ·
(= *πίνακας ή εικόνα*) picture

καδρόνι *το* beam

Κ.Α.Ε. *συντομ* (= *Κατάστημα*
Αφορολογήτων Ειδών) duty-free
shop

καζάκ|α *η* jacket

καζίνο *το* casino

καημέν|ος *ο* (= *λύπη*) sadness ·
(= *πόθος*) greatest wish

καθαιρώ *ρ μ* (*αστυνομικό*) to
dismiss · (*στρατιωτικό*) to cashier

καθαρίζω *ρ μ* (*σπίτι, φακούς*) to
clean · (*φακές*) to sort · (*ψάρια*) to
scale · (*χόρταρία*) to wash · (*μήλο,*
πορτοκάλι) to peel · (*σκοτάδια,*
γραφείο) to clear out · (*σκέψη*) to
clear ♦ *αμ* (*παντελόνι,*
χαλί) to be cleaned · (*ουρανός,*
μυαλό) to clear · (*κατάσταση*) to
clear up · (*αργκ.*: = *ξεκαθαρίζω*) to
sort things out

καθαριότητα *η* cleanliness

καθάρισμα *το* cleaning

καθαρισμός *ο* cleaning up
▷**σκόνη ~ού** washing powder
▷**~ προσώπου** facial

καθαριστήριο *το* cleaner's

καθαριστής *ο* cleaner

καθαρίστρια *η βλ.* **καθαριστής**

κάθαρμα (*υβρ.*) *το* creep (*ανεπ.*)

καθαρόαιμος *επίθ* (*ζώο*)
thoroughbred · (*επιθετικός,*
κομουνιστής) full-blooded

καθαρός *επίθ* (*σεντόνι, δωμάτιο*)
clean · (*αναπνοή*) fresh ·
(*άνθρωπος, ζώο*) clean · (*αλκοόλ,*
χρυσάφι) pure · (*πετρέλαιο*)
refined · (*φωλιά, έθνος*)
pure-blooded · (*ουρανός,*
ορίζοντας) clear · (*χρώμα*) bright ·
(*προφορά*) distinct · (*περίγραμμα,*

άρθρωση) distinct · (εικόνα) clear · (γράμματα) clear · (απάντηση, κουβέντες) straight · (υπαινιγμός) clear · (ειρωνεία, τέχνη) pure · (αισθησία, τρέλα) pure · (αντιγραφή) blatant · (νίκη) clear-cut · **είναι ~ή ληστεία!** it's daylight robbery! · ▷ **ό βάρος** net weight · ▶ **Καθαρή ή Καθαρά Δευτέρα** first day of Lent, ≈ Ash Wednesday

κάθαρσ|η η (ΘΡΗΣΚ) expiation · (δημόσιου βίου, κοινωνίας) purging · (ΨΥΧΟΛ, ΦΙΛΟΛ) catharsis

καθαρτικό το laxative

κάθε αντων **(α)** (= καθένας) each · **(β)** (για επανάληψη) every · **κάθε πότε;** how often? · **κάθε που** (= όποτε) when · **κάθε τόσο** fairly often · **κάθε φορά** every time · **(γ)** (= οποιοσδήποτε) any · **με κάθε τίμημα** at any price · **(δ)** (μειωτ.) every

---

καθεδρικ|ός επίθ ▶ **ναός** cathedral

καθ/ένας, -μία ή **-μια, -ένα** αντων (= ένας-ένας) each · (= οποιοσδήποτε) anybody · (μειωτ.: = τυχαίος) just anybody · **ο ~ μας** each of us · **ο ~ με τη σειρά του** each one in turn

καθεστώς το (= πολίτευμα) regime · (= επικρατούσα κατάσταση) established order

καθετί αντων everything

κάθετ|ος, -η ή **-ος, -ο** (τοίχος, άξονας) vertical · (βράχος) sheer · (πλευρές, τομή) vertical · (δρόμος) perpendicular (σε) (κατ.: = κατακόρυφος: αύξηση) steep · (πτώση) sharp · **ο δρόμος που μένω είναι ~ στην Οδό Σταδίου** the road I live on is off Stadiou Street · ▶ **κάθετη, κάθετος** η (ΓΕΩΜ) perpendicular · (ΤΥΠ) forward

slash

καθηγητής ο (γυμνασίου, λυκείου) teacher · (Αγγλικών, Ελληνικών) teacher · (κατ' οίκον) tutor · (πανεπιστημίου) professor

καθηγήτρια η βλ. **καθηγητής**

καθήκ|ον το duty · ▶ **καθήκοντα** πλ duties · ▷**παράβαση ~τος** breach of duty

καθηλών|ω ρ μ (ασθενή, τραυματία) to immobilize · (μισθούς, τιμές) to freeze · (αεροσκάφος) to ground · (εχθρό) to pin down · (τηλεθεατές, ακροατές) to captivate

καθημερινά επίρρ every day

καθημεριν|ός επίθ daily · **η = ή** ζωή everyday life · **καθημερινά** τα everyday clothes · **καθημερινή** τα workday

καθημερινώς επίρρ = **καθημερινά**

καθησυχάζω ρ μ (επιβάτες, γονείς) to reassure · (μωρό, παιδί) to calm · (φόβους, υποψίες) to allay · (αμφιβολίες) to dispel

καθιερωμέν|ος επίθ (θεσμός) established · (δικαίωμα) institutional · (εορτασμός) official · (συνήθεια, έθιμο) established · (πρότυπο, έκφραση) standard · (ηθοποιός, επιστήμονας) recognized

καθιερών|ω ρ μ to establish

καθίζησ|η η (εδάφους, θεμελίων) subsidence · (ΧΗΜ) settling

κάθισ|μα το seat

καθιστικ|ός επίθ sedentary · ▶ **καθιστικό** το living room

καθιστός επίθ sitting

καθιστ|ώ (επίσ.) ρ μ (για πρόσ.) to appoint · (για συμφωνία, κατάσταση) to make · ▶ **καθίσταμαι** ρ μ to become

καθοδηγ|ώ ρ μ (στρατιώτες) to lead · (παιδιά, νέους) to guide · (σχέση) to control · (κίνημα) to

κάθοδ|ος η (επιβατών) descent · (φορτίου) unloading · (για οδό) road going to the centre (Βρετ.) ή center (Αμερ.) of town

καθολικ|ός, -ή, -ό (συμμετοχή, ενδιαφέρον) general · (κίνημα, θεωρία) all-embracing · (ισχύς, χαρακτηριστικά) all-embracing · (ΘΡΗΣΚ) Catholic ▷ **Καθολική Εκκλησία** Catholic Church

▸ **καθολικός** ο, **καθολική** η Catholic

καθόλου επίρρ at all · **δεν έχω ~ χρήματα** I haven't got any money at all · **δεν είμαι ~ κουρασμένος** I'm not at all tired · **δεν θέλω ~ θορύβους** I don't want to hear a sound

κάθ|ομαι ρ αμ αμ (= είμαι καθιστός) to be sitting · (= τοποθετούμαι σε κάθισμα) to sit down · (κατ.: = στέκομαι) to stand · (= κατοικώ) to live · (= παραμένω) to stay · (σκόνη, φαγητό) to settle · **~ φρόνιμα** to behave oneself · **κάτσε λίγο να τα πούμε** stay · talk a while · **κάτσε καλά!** be careful! · **κάτσε!** (= περίμενε) hold on!

καθομιλουμένη η vernacular

καθορίζω ρ μ (ποινή) to specify · (στάση) to define · (ποσό) to determine · (πορεία) to set

καθορισμέν|ος επίθ (συνάντηση) fixed · (στάση) defined · (ποινή) set · (ποσότητα) prescribed · **-η ώρα** appointed time

καθοριστικός επίθ (παράγοντας, ρόλος) decisive · (απόφαση) formative

καθρέπτης ο = **καθρέφτης**

καθρεπτίζω ρ μ = **καθρεφτίζω**

καθρέφτ|ης ο · (κάτοπτρο) mirror · (κοινής γνώμης) reflection

καθρεφτίζω ρ μπ to reflect

▸ **καθρεφτίζομαι** μεσ to be reflected

καθυστερημέν|ος επίθ (= αργοπορημένος) late · (= υπανάπτυκτος) backward · (= με ανεπαρκή νοητική ανάπτυξη) backward

καθυστέρηση η (απόφασης, πληρωμής) delay · (τρένου, πλοίου) delay · (στο ποδόσφαιρο) extra time χωρίς πληθ. (Βρετ.), overtime χωρίς πληθ. (Αμερ.) · (= ανεπαρκής νοητική ανάπτυξη) backwardness · **δίχως ή χωρίς ~** without delay

καθυστερώ ρ μ (οδηγό, μαθητή) to hold up · (απόφαση, πληρωμή) to delay · (ενοίκιο, μισθούς) to be late with ♦ ρ αμ to be late

καθώς σύνδ ♦ (+μέλλ.) when · **~ έβγαινα απ' το σπίτι...** (just) as I was going out of the house...

ΛΕΞΗ-ΚΛΕΙΔΙ

και, κι σύνδ (α) (συμπλεκτικός) and
(β) (= επίσης) also
(γ) (για συμπέρασμα) and
(δ) (= ενώ) while
(ε) (για έμφαση) even
(στ) (= όταν) when
(ζ) (= γιατί) because
(η) (για εισαγωγή τελικής πρότασης) to
(θ) (αντί του "ότι") **βλέπω και** I see that · **και ... και** both ... and · **και να ... και να** (= είτε ... είτε) whether ... or · **και οι δύο** both · **και οι τρεις** all three · **ακόμη και αν ή και ακόμη και** even if · **ε, και;** so what? · **λες ή θαρρείς και** as though · **σαν ή όπως και** (just) like

---

και αν, κι αν σύνδ **όποιος ~** no matter who · **όσο ~** no matter how much · **και ή κι αν ακόμη, ακόμη και ή κι αν** even if · **ό, τι και ή κι αν** no matter what **και ας, κι ας** σύνδ even if

καίγο|μαι ρ αμ βλ. **καίω**

καΐκι το caique

καϊμάκι το (γάλακτος) cream · (καφέ) froth ▷ **παγωτό ~** ice-cream flavoured with Chios gum mastic

και να συνδ **όποιος ~** no matter who · **όσο ~** no matter how much · **ό, τι ~** no matter what

καινοτομία η innovation

καινούργιος, καινούριος, -ια, -ιο new

καιρικός επίθ weather

καίριος, -α, -ο (επέμβαση, παρέμβαση) timely · (θέση, θέμα) key · (σημασία, πρόβλημα) crucial · (χτύπημα, πλήγμα) fatal

καιρός ο (= μετεωρολογικές συνθήκες) weather · (= δελτίο καιρού) weather report (προφ.: = κακοκαιρία) bad weather · (= ευκαιρία) time · (= χρόνος) time · (= εποχή) times πληθ. · (= ορισμένο χρονικό διάστημα) a long time · (= διαθέσιμος χρόνος) time · **από ~ό σε ~ό, κατά ~ούς** from time to time · **δεν έχω ~ό για χάσιμο** to have no time to lose · **έχουμε ~ό (ακόμα)** we've got plenty of time · **είχαμε να μιλήσουμε ~ό** we hadn't spoken for a long time · **κάνει καλό/κακό ~ό** the weather is fine/bad · **με τον ~ό** in η with time · **μένω εδώ/ το ξέρω από ~ό** I've known/I've lived here for a long time · **μετακόμισα στο Παρίσι/έκλεισα θέση από ~ό** I moved to Paris/ booked a seat a long time ago/ **μια φορά κι έναν ~ό** once upon a time · **ο ~ περνάει γρήγορα** time flies · **χάνω τον ~ό μου** to waste one's time

▷ **καιροί** επίθ times

καισαρική η Caesarean (Βρετ.) ή Cesarian (Αμερ.) · (section)

καίω ρ μ (ξύλο, φωτογραφίες) to burn · (δάσος, σπίτι) to burn down · (ρεύμα, βενζίνη) to use

(θερμίδες, λίπη) to burn up · (πουπάμισο, πανετλόνι) to singe · (φαγητό) to burn · (πάγος· ελιές, σπαρτά) to damage · (μπαταρίες) to use up · (άνθρωπο, πλάτη) to burn · (ονόπνευμα) to sting · (νεκρό) to cremate ♦ **ε αμ** (φωτιά) to burn · (ήλιος, πιπεριές) to be hot · (τσάι, σούπα) to be scalding · (μηχανή, καλοριφέρ) to be on · (σώμα, καντήλι) to be lit · (= έχω πυρετό) to be burning up · (λαιμός, χέρι) to be sore · (μάτια) to sting

▶ **καίγομαι** μεσ (ξύλα) to burn up · (δάσος, σπίτι) to burn down · (ασφάλεια, λάμπα) to blow · (χέρι, γλώσσα) to be burnt

κακαβιά η = **κακκαβιά**

κακάο το (= σκόνη σπόρων κακαόδεντρου) cocoa · (= ρόφημα) chocolate

κακία η (= μοχθηρία) malice · (= κακεντρεχής λόγος) malicious ή spiteful words πληθ.

κακκαβιά η fish soup

κακό το (= στοιχείο αντίθετο στον ηθικό νόμο) evil · (= ζημιά) harm · (= δυσάρεστη κατάσταση) evil · (= συμφορά) trouble · (= μειονέκτημα) bad point · **βροχή ~** torrential rain · **φασαρία και ~** almighty fuss ή din

κακόβουλος επίθ malicious

κακόγουστος επίθ (αστείο, ντύσιμο) tasteless · (άνθρωπος) vulgar

κακοήθεια η (= αθλιότητα) wickedness · (= άθλια πράξη) malicious thing to do · (= άθλιος λόγος) malicious thing to say

κακοήθ[ης] επίθ (άνθρωπος, συμπεριφορά) malicious · (όγκος, πάθηση) malignant

κακοκαιρία η bad weather

κακοκεφιά η bad mood

κακόκεφος επίθ moody

κακολογώ ρ μ (= διαβάλλω) to speak ill of · (= κατηγορώ) to criticize

κακομαθαίνω ρ μ to spoil ◆ ρ αμ to be spoiled

κακομαθημέν|ος επίθ (= που έχει κακές συνήθειες) spoiled, spoilt (Βρετ.) · (= αγενής) rude

κακομεταχειρίζ|ομαι ρ μ απ to mistreat

κακομοίρ|ης, -α, -ικο (ανεπ.: = καημένος) poor · (μειωτ.: = αξιολύπητος) wretched
➤ **κακομοίρης** (ανεπ.) επίθ =
➤ **κακομοίρης**

κακοποίηση η (παιδιού) abuse · (κρατουμένων) ill–treatment · (= βιασμός: γυναικών) rape · (αντήλαση) abuse · (λόγου, αλήθειας) distortion

κακοποι|ός, -ός, -ό επίθ criminal
➤ **κακοποιός** ο criminal

κακοποι|ώ ρ μ (αιχμαλώτους) to assault · (γυναίκα) to rape · (αντήλικο) to molest · (αλήθεια) to distort · (γλώσσα) to abuse

κακ|ός, -ή ή -ιά, -ό (παιδί, παρέα) bad · (λέξεις, ιδέα) dirty · (εία, ειδήσεις) bad · (σχέψεις) unpleasant · (προαίσθημα) bad · (σχέσεις) poor · (πνεύματα) evil · (άνθρωπος, κριτική) malicious · (τύχη, μοίρα) bad · (υγεία) ill · (δίαιτα, διατροφή) poor · (γνώμη) poor · (χειρισμός) clumsy · (επιλογή, ταχτική) wrong · (γιατρός, κυβερνήτης) bad · (μνήμη, ποιότητα) bad · (ενημέρωση, λειτουργία) poor · (γράψιμο, ντύσιμο) awful · **~οί τρόποι** rudeness εν.
➤ **κακός** ο baddie (Βρετ.), bad guy (Αμερ.)

κακοσμία η bad smell

κακότροπ|ος επίθ stroppy

κακοτυχί|α η misfortune

κακούργ|ος ο criminal

κακουχί|α η hardship

κακόφων|ος επίθ (τραγούδι, νότα) discordant · (για πρόσ.) who can't sing

κάκτ|ος ο cactus

κακώς επίρ mistakenly

καλά επίρ (= σωστά: φέρομαι, παίζω) well · (μιλώ) clearly · (λέω) right · (σχέψτομαι) carefully · (= φιλικά: μιλώ, υποδέχομαι) nicely · (σε καλή κατάσταση: νιώθω, αισθάνομαι) well · (εντελώς: χτίζω) solidly · (φράζω, βουλώνω) thoroughly · (καρφώνω) properly · (= επαρκώς: γνωρίζω, διαβάζω) properly · (μαθαίνω) properly · (καταλαβαίνω) really · (ντύνομαι) properly · (= αποτελεσματικά: συνεργάζομαι) well · (λειτουργώ, δουλεύω) properly · (αναγνωρισκά) all right · (απειλητικά) right · (προφ.: για έκπληξη) what? · (για έμφαση) my word · **γίνομαι ~** to get well · **δεν αισθάνομαι και πολύ ~** I don't feel very well · **είμαι ~** to be well · **είστε ~, κύριε;** are you all right, madam? · **να είσαι ή να 'στε ~!** (προφ.) you're welcome! · **όλα ~;** is everything all right ή OK? · **όλα ~** all's well · **περνώ ~** to have a good ή nice time

καλάθ|ι το basket · **~ των αχρήστων** wastepaper basket

καλαθοσφαίριση (επίσ.) η basketball

καλαισθησί|α η good taste

καλαμάκ|ι το (= μικρό καλάμι) small rod · (για σουβλάκι) skewer · (= κρέας) kebab · (για ποτά, αναψυκτικά) straw

καλαμαράκ|ι το squid χωρίς πληθ.
▷ **~α τηγανητά** fried squid

καλαμάρ|ι το (κεφαλόποδο μαλάκιο) squid χωρίς πληθ. · (παλ.: = μελανοδοχείο) inkwell

καλάμ|ι το (φυτό) reed · (για κατασκευές) cane · (ψαρέματος) rod · (ανατ.: = κόκαλο κνήμης) shin

καλαμπόκ|ι το (= καλαμποκιά) maize (Βρετ.), corn (Αμερ.) · (= καρπός καλαμποκιάς) sweet corn · (= καλαμποκάλευρο) cornflour (Βρετ.), cornstarch (Αμερ.)

καλαμποκι|ά η maize (Βρετ.), corn (Αμερ.)

καλαμπούρ|ι (ανεπ.) το joke

κάλαντ|α τα carols

κάλεσ|μα το (= πρόσκληση) invitation · (= κλήση) call

καλεσμέν|ος επίθ invited · **το μεσημέρι είσαι ~η μου για φαγητό** I'll treat you to lunch
▸ **καλεσμέν|ος** ο, **καλεσμέν|η** η guest · **έχω ~ους** to have guests

καλημέρα επιφών good morning · **~ σας!** good morning!
▸ **καλημέρα** η good morning · **λέω ~** to say good morning

καλημερίζω ρ μ to say good morning to

καλησπέρ|α επιφών good evening · **~ σας!** good evening!
▸ **καλησπέρα** η good evening · **λέω ~** to say good evening

καληνύχτ|α επιφών goodnight · **~ σας!** goodnight!
▸ **καληνύχτα** η goodnight · **λέω ~** to say goodnight

καληνυχτίζ|ω ρ μ to say goodnight to

καλησπερίζω ρ μ to say good evening to

καλλιέργει|α η (γης, χωραφιού) cultivation · (καπνού, ελιάς) growing · (γραμμάτων, τεχνών) development · (= μόρφωση) culture
▸ **καλλιέργειες** πλ crops

καλλιεργημέν|ος επίθ (εδάφη) cultivated · (περιοχή) farming · (για πρόσ.) cultured

καλλιεργ|ώ ρ μ (γη, εκτάσεις) to farm · (ντομάτα, καρπούζι) to grow · (γράμματα, τέχνες) to

develop

καλλιτέχνη|μα η work of art

καλλιτέχνη|ς ο artist

καλλιτέχνι|δα η βλ. **καλλιτέχνης**

καλλιτεχνικ|ός επίθ (φύση) artistic · (γεγονός, εκδηλώσεις) art

καλλιτέχνι|ς (επίσ.) η βλ. **καλλιτέχνης**

καλλον|ή η beauty

καλλυντικ|ό επίθ cosmetic
▸ **καλλυντικό** το cosmetic

καλλωπίζ|ω ρ μ (άνθρωπο, πρόσωπο) to make more attractive (σπίτι, κήπο) to do up
▸ **καλλωπίζομαι** μεσ to do oneself up

καλλωπιστικ|ός επίθ ornamental
▸ **~ά φυτά** ornamental plants

καλμάρ|ω ρ μ to calm down ♦ ρ αμ (θυμός, οργή) to wear off · (άνεμος) to drop · (θάλασσα) to become calm

καλντερίμ|ι το cobbles πληθ

καλ|ό το (= αγαθό) good · (= ενεργεσία) good deed · (= συμφέρον) good · (= πλεονέκτημα) good point · (= ωφέλεια) good thing · (= αστείο) good joke · **για ~ και για κακό, ~ού κακού** for better or (for) worse · **στο ~!** so long!
▸ **καλά** πλ (= αγαθά) goods · (επίσης ~ά ρούχα) best clothes

καλόβολ|ος επίθ easy-going

καλόγερ|ος, καλόγηρος ο (= μοναχός) monk · (χορ.) monk · (= κρεμάστρα) hat stand (Βρετ.), hat tree (Αμερ.) · (ανεπ.: αστότημα) boil

καλόγουστ|ος επίθ tasteful

καλοήθη|ς επίθ benign

καλοκαιράκ|ι (υποκ.) το summer

καλοκαίρ|ι το summer

καλοκαιρι|α η fine ή good weather

καλοκαιριάζ|ω ρ αμ (ανεπ.) to spend the summer

▶ **καλοκαιριάζει** απρόσ the summer is here

καλοκαιριάτικ|ος επίθ = **καλοκαιρινός**

καλοκαιριν|ός επίθ summer

▶ **καλοκαιρινά** τα summer clothes

καλόκαρδ|ος επίθ (άνθρωπος) kind-hearted · (χαμόγελο) good-natured

καλομαθημέν|ος επίθ (= καλοαναθρεμμένος) well-brought-up · (αρν.) spoiled, spoilt (Βρετ.)

καλοντυμένος επίθ well-dressed

καλοπέρασ|η η (= καλοζωία) good life · (= ζωή με απολαύσεις) high life

καλοπερν|ώ ρ αμ (= καλοζώ) to live well · (= διασκεδάζω) to have a good time

καλοπιάν|ω ρ μ to cajole

καλοριφέρ το (= κεντρικό σύστημα θέρμανσης) central heating · (μεταλλικό σώμα θέρμανσης) radiator · (συσκευή θερμάνσεως) heater · (αυτοκινήτου) radiator

καλ|ός επίθ good · (ευγενικός) kind · (γεράματα) pleasant · (= κερδοφόρος) συμφέρων, εμπόρευμα) profitable · (= ευχάριστος: γραμμή, παρουσιαστικό) nice · (λόγια) kind · (μερίδα) big · (= βολικός: παπούτσια, ρούχα) comfortable · **είμαι ~ με κπν** to be kind to sb · **~ό ταξίδι!** have a good journey! · **~ή διασκέδαση!** have fun! · **~ή ανάρρωση!** get well soon! ▷ **~ή θέληση** goodwill

▶ **καλός** ο (= ηθικός άνθρωπος) goodie (Βρετ.), good guy (Αμερ.) · (= αγαπημένος) sweetheart

▶ **καλή** η (= ηθικός άνθρωπος) goodie (Βρετ.), good guy (Αμερ.) · (= αγαπημένη) sweetheart · (νυφάσματος, ρούχου) right side

κάλ|ος ο corn

καλοσύν|η η kindness · **έχω την ~ να κάνω κτ** to be kind enough to do sth · **~ σας που ή να μας βοηθήσετε** it's very kind of you to help us

καλούπ|ι το (= μήτρα) mould (Βρετ.), mold (Αμερ.) · (σε οικοδομή) form

καλοψημέν|ος επίθ (ψάρι, φαγητό) well-cooked · (κρέας) well-done · (ψωμί) well-baked

καλπασμ|ός ο canter

κάλπη η ballot box

▶ **κάλπες** πλ polls

κάλπικ|ος επίθ counterfeit

καλσόν το tights (πληθ. (Βρετ.), pantyhose sing (Αμερ.)

κάλτσ|α η sock

καλτσόν το = **καλσόν**

καλύβ|α η hut

κάλυμμα το (καναπέ, αυτοκινήτου) cover · (βιβλίου) (dust) jacket · ▶ **κρεβατιού** bedspread

καλυμμέν|ος επίθ covered ▷ **-η επιταγή** good cheque (Βρετ.) ή check (Αμερ.)

καλύπτ|ω ρ μ (πρόσωπο, φαγητό) to cover · (ρήγμα, παίκτη) to cover · (ατέλειες, υπόθεση) to cover up · (υπενθύνους, δράσεις) to conceal · (συνάδελφο) to cover for · (σώμα, επιφάνεια) to cover · (ανάγκες, όρο) to meet · (διαμονή, διατροφή) to cover · (θέση) to fill · (κενό) to fill in · (έλλειψη) to make up · (θόρυβο, φωνές) to drown out · (απόσταση, χιλιόμετρα) to cover · (δημοσιογράφος, Μ.Μ.Ε.: γεγονός, αγώνα) to cover · (ραδιοσταθμός: πόλη, επικράτεια) to broadcast in · (επιταγή) to cover

καλύτερα επίρρ better

καλύτερευσ|η η improvement

καλυτερεύ|ω ρ μ to improve ♦ ρ αμ to improve

καλύτερ|ος επίθ better · **(είμαι)** ο ~ (to be) the best · **είναι ~ο να**

κάνω κτ it's better to do sth · **ό, τι ~ο** the best · **στην ~η περίπτωση** at best · **το ~ο δυνατό** the best possible

κάλυψ|η η (προσώπου, πληγής) covering · (= κάλυμμα) cover · (παρανομιών, αταοθαλιών) covering up · (συναδέλφων, ανωτέρου) covering for · (αναγκών, απαιτήσεων) meeting · (έλλειψης) making up · (φαρμακευτικών προϊόντων) supply · (δαπανών, εξόδων) covering · (αγώνα, ειδησης) coverage · (απόστασης) covering · (επιταγής) covering

καλ|ώ ρ μ (= προσκαλώ) to invite · (γιατρό, υδραυλικό) to call · (ταξί) to call · (= τηλεφωνώ) to call · (αριθμό) to dial ♦ ρ αμ to ring · **~ (κτν) σε βοήθεια** to call η shout (to sb) for help
▸ **καλούμαι** μεσ to be called

καλωδιακ|ός επίθ cable ▷ **~ό κανάλι** cable TV channel ▷ **~ή τηλεόραση** cable TV η television

καλώδι|ο το cable

καλώς επίρρ (= σωστά, εννοικά) well · (= εντάξει) all right

καλωσόρισ|α ρ μ to welcome · **καλωσόρισες/καλωσορίσατε!** welcome!

καλωσόρισ|μα το welcome

καμάκ|ι το (αλιευτικό εργαλείο) harpoon · (οικ.: = φλερτ) flirting · (= αυτός που φλερτάρει) gigolo

καμάρ|α η arch

κάμαρ|α η (= δωμάτιο) room · (= υπνοδωμάτιο) bedroom

καμαριέρ|α η (chamber)maid

καμαριέρ|ης ο valet

καμαρίν|ι το dressing room

καμαρότος ο steward

καμαρών|ω ρ μ (γιο, κόρη) to be proud of · (περιουσία, αυτοκίνητο) to show off ♦ ρ αμ to be proud (για of)

καμέλι|α η camelia

κάμερ|α η camera

κάμερα-μαν ο cameraman

καμήλ|α η (ζωολ) camel · (μειωτ.) old cow (ανεπ.)

καμηλοπάρδαλ|η η giraffe

καμινάδ|α η chimney

καμουφλάζ το camouflage

καμουφλάρ|ω ρ μ to camouflage

καμπάν|α¹ η (εκκλησίας) bell · (αργκ.: = τιμωρία) punishment
▸ **παντελόνι ~** flares πληθ.

καμπάν|α² η bungalow

καμπαναρι|ό το belfry

καμπανίτης ο Champagne

καμπαρέ το cabaret

κάμπι|α η caterpillar

καμπίν|α η (πλοίου, τρένου) cabin · (παραλίας) beach hut · (λουτρών) cubicle · **~ πιλότου** flight deck

κάμπινγκ το camping

καμπινές (ανεπ.) ο toilet, bathroom (Αμερ.)

κάμπ|ος ο plain

καμπούρ|α η (ανθρώπου) hunchback · (καμήλας) hump · (μτφ.) bulk

καμπούρης, -α, -ικο hunchbacked

καμπουριάζ|ω ρ αμ (= έχω καμπούρα) to be hunchbacked · (= λυγίζω τη πλάτη) to stoop

καμπριό, καμπριολέ το convertible

κάμπτ|ω ρ μ (σίδερο, βέργα) to bend · (γόνατα) to bend · (αντίσταση, αδιαλλαξία) to overcome · (ηθικό) to sap
▸ **κάμπτομαι** μεσ to give in

καμπύλη η curve
▸ **καμπύλες** πλ curves

καμπύλ|ος επίθ curved

κάμψη η (μετάλλου, ξύλου) bending · (τιμών) fall · (πληθωρισμού) decline · (εξαγωγών) decline · (κακοκαιρίας) let–up

▸ **κάμψεις** πλ press–ups (Βρετ.),
push–ups (Αμερ.)

κάν επίρρ even

Καναδ|άς ο Canada

Καναδέζ|α η βλ. **Καναδός**

καναδέζικ|ος επίθ = **καναδικός**

Καναδέζ|ος ο = **Καναδός**

Καναδ|ή η βλ. **Καναδός**

καναδικ|ός επίθ Canadian

Καναδ|ός ο Canadian

κανάλ|ι το channel ·
(= ραδιοφωνικός σταθμός) station ·
(Βενετίας, Μπέργκνγκαμ)
αλλάζω ~ to turn over · **παίζω με
τα ~α** to channel-hop (Βρετ.), to
channel-surf (Αμερ.) · **το ~ τού
Σουέζ** the Suez Canal

καναπές ο sofa ▷ ~ **κρεβάτι** sofa
bed

καναρίν|ι το canary

κάνας, καμιά, κάνα (προφ.)
αντων (= κανένας) some · (σε
αρνητικές ή ερωτηματικές
προτάσεις) any

κανάτ|α η jug

κανάτ|ι το jug

ΛΕΞΗ-ΚΛΕΙΔΙ

κανείς, καμιά ή **-μιά, κανένα**
αντων αόριστ **(α)** (= ούτε ένας: για
πρόσ.) nobody
(β) (= κάποιος: για πρόσ.) anybody
(γ) (= οποιοσδήποτε) you
(δ) (= περίπου) about · **με
κανέναν τρόπο!** no way! · **καμιά
φορά** sometimes

κανέλα η cinnamon

κανέν|ας, καμιά ή **-μιά, κανένα**
αντων αόριστ = **κανείς**

κανίβαλ|ος ο/η cannibal

κάνναβ|η η hemp

κάνναβ|ις (επίσ.) η = **κάνναβη**

κάνν|η η barrel

κανό το (= βάρκα) canoe ·
(άθλημα) canoeing

κανόν|ας ο (= υπόδειγμα) model ·
(ορθογραφικός, γραμματικός) rule ·
(μαθηματικός) principle · (φυσικός)
law · (= νόμος) rule · **τηρώ/
παραβιάζω τους ~ες** to obey/
break the rules

κανόν|ι το cannon

κανονίζ|ω ρ μ (ζωή) to sort out ·
(σχέσεις, δικαιώματα) to
determine · (κυκλοφορία) to
regulate · (έξοδα, συμπεριφορά) to
adjust · (ταξίδι, πάρτι) to
organize · (γάμο) to set a date
for · (ραντεβού) to arrange ·
(υπόθεση, πληρωμή) to settle

κανονικά επίρρ (πληρώνομαι,
ενεργώ) regularly · (κοιμάμαι,
τρώω) as normal · (παρκάρω)
legally · (μιλώ) properly ·
(αναπνέω) properly · (χτυπά,
αυξάνομαι) regularly

κανονικ|ός επίθ (άδεια, αποδοχές)
regular · (διακοπή) routine ·
(δρομολόγιο) regular · (άνθρωπος,
ζωή) normal · (θερμοκρασία, ρυθμός)
normal · (αναπνοή, σφυγμός)
even · (λειτουργία) normal ·
(παρκάρισμα) legal · (προετοιμασία)
standard

κανονισμός ο (νοσοκομείου,
κυκλοφορίας) regulation ·
(σχολείου, πολυκατοικίας) rule ·
(Βουλής) ruling [= βιβλίο
κανόνων] regulations πληθ

κάνουλ|α η tap

καντάδα η serenade

κανταΐφ|ι το kataifi

καντήλ|ι το oil lamp

καντίν|α η (= κυλικείο) canteen ·
(= κινητό αναψυκτήριο) snack
van · (με σουβλάκια) kebab van ·
(με παγωτά) ice-cream van

ΛΕΞΗ-ΚΛΕΙΔΙ

κάν|ω ρ μ **(α)** (= πράττω) to do ·
(β) (= φτιάχνω: καφέ, έπιπλο) to

make · **ο Θεός έκανε τον κόσμο** God created the world
(γ) (= διαπράττω: φόνο, έγκλημα) to commit ·
(δ) (= διενεργώ: εκλογές, συγκέντρωση) to hold · **κάνω διαδήλωση** to hold a demonstration ·
(ε) (ως περίφραση ρήματος) to make · **κάνω επίσκεψη** to make ή pay a visit · **κάνω περίπατο** to go for a walk · **κάνω προσπάθεια** to make an effort · **κάνω ταξίδι** to make a journey · **κάνω γυμναστική** to take exercise · **κάνω μάθημα/Αγγλικά** (για μαθητή) to have a lesson/(to study English) · (για δάσκαλο) to give a lesson/to teach English · **κάνω εντύπωση σε κπν** to make an impression on sb ·
(στ) κάνω παιδί to give birth to · **κάνω αβγό** to lay (an egg) · **κάνω μήλα** to produce apples ·
(ζ) (= μεταπoιώ) **έκανε το ισόγειο μαγαζί** he turned the ground floor into a shop · **έκανε τον λαγό στιφάδο** he made a stew with ή out of the hare ·
(η) (= διορίζω) to appoint ·
(θ) (= υποκρίνομαι) to pretend · **κάνει τον άρρωστο/τον κουφό** he's pretending to be ill/deaf · **κάνω τον βλάκα** to act stupid · **κάνω πως** ή **ότι** to pretend ·
(ι) (= μένω σε έναν τόπο) to live ·
(ια) (= διατελώ) ◆ **τα κάνω πάνω μου** (ανεπ.) to shit oneself (χυδ.) · (μτφ.) to become shitless (χυδ.) · **το κάνω με κπν** (οικ.) to have it off with sb (ανεπ.) · **την κάνω** (οικ.) to sneak off · **κάνω κπν να κάνει** to make sb do sth · **κάνω να** (= επιχειρώ) to try · **κάνω λεφτά** to make money · **κάνω φίλους** to make friends · **κάνω καλό/κακό** to benefit/ harm · **κάνω σαν τρελός/σαν**

παιδί to behave ή act like a madman/a child · **κάνω φυλακή** to do time · **δεν κάνω χωρίς κπν/κτ** not to be able to do without sb/sth · **κάνω τον δάσκαλο** to work as a teacher/as an assistant · **δεν κάνω με κπν** not to get on with sb · **έχω να κάνω με κπν/κτ** to deal with sb · **δεν έχει να κάνει τίποτα με σένα** this has nothing to do with you · **δεν μου κάνει η φούστα** the skirt doesn't fit me · **μας κάνει αυτό το εργαλείο** this tool is suitable · **πόσο κάνει;** how much does it cost? · **τι κάνεις;/κάνετε;** how are you? · **το ίδιο κάνει** it doesn't make any difference · **το ίδιο μου κάνει** it's all the same to me

◆ **απρόσ δεν κάνει να** it's not good to · **κάνει καλό/κακό καιρό** the weather is good/bad · **κάνει κρύο/ζέστη** it's cold/hot

κάπα¹ το kappa, *tenth letter of the Greek alphabet*

κάπα² η (βοσκού) cloak · (= μπέρτα) cape

καπάκ|ι το (κατσαρόλας, δοχείου) lid · (μπουκαλιού) top

καπαμάς ο *lamb or veal cooked with tomatoes and spices*

καπέλο το (= κάλυμμα κεφαλής) hat · (= αθέμιτη αύξηση τιμής) overcharging

καπετάνιος ο captain

καπνίζω ρ μ to smoke ◆ ρ αμ to smoke

κάπνισμα το smoking · "απαγορεύεται το ~" "no smoking"

καπνιστής ο smoker

καπνιστός επίθ smoked · **καπνιστό** το smoked meat

καπνίστρια η βλ. **καπνιστής**

καπνοδόχ|ος η chimney

καπνοπωλεί|ο *το* tobacconist's
καπνοπώλης *ο* tobacconist
καπνοπωλίσσα *η* βλ.
  καπνοπώλης
καπν|ός *ο* (*φωτιάς, τσιγάρου*)
smoke · (*φυτό*) tobacco · (*πίπας,
πούρου*) tobacco ▷ **προπέτασμα
~ού** smokescreen

ΛΕΞΗ-ΚΛΕΙΔΙ

κάποι|ος, -οια, -οιο *αντων*
(α) (= *ένας*) some · (*αόριστα* a)
(β) (*μετά από αόριστο άρθρο*) some
(γ) (= *σημαντικός*) someone
(δ) (= *λίγος: μόρφωσης, γνώσεις*)
  some · (*χρήματα*) a little · **κάποιοι**
  some

καπότ|α *η* (χυδ.: = *προφυλακτικό*)
condom · (*παλ.*: = *κάπα*) cloak
κάποτε *επίρρ* (*στο παρελθόν*)
once · (*στο μέλλον*) sometime · (*ως
διαζευκτικό*) sometimes ·
~~ once in a while
κάπου *επίρρ* (= *σε κάποιο μέρος*)
somewhere · (= *περίπου*) some ·
(= *σε κάποιον βαθμό*) somehow ·
~ τον ξέρω I know him from
somewhere · **~~** occasionally
καπουτσίνο *o/το* cappuccino
καπρίτσι|ο *το* (*ανθρώπου*) whim ·
(*έρωτα, τύχης*) vagary
κάπως *επίρρ* (= *με κάποιον τρόπο*)
somehow · (= *λίγο*) rather ·
(= *περίπου*) about · **αλλιώς**
somewhat differently
καράβι *το* (*γενικότ.*) boat ·
(= *ιστιοφόρο*) sailing ship
καραβίδ|α *η* crayfish (*Βρετ.*),
crawfish (*Αμερ.*)
καραμέλ|α *η* (*βουτύρου*) toffee ·
(*λεμονιού*) sweet (*Βρετ.*), candy
(*Αμερ.*) · (*λαιμού*) pastille (*σιρόπι*)
caramel
καραμελέ · κρέμα ~ crème

caramel
καραμπίν|α *η* shotgun
καραμπόλα *η* (*σχημάτων*)
pile-up · (*στο μπιλιάρδο*) cannon
καραντίνα *η* quarantine
καράτε *το* karate
καράτ|ι *το* carat
καράφα *η* carafe
καραφάκι *το* small carafe
καραφλιάζω ρ.αμ. (= *μένω
φαλάκρα*) to go bald · (*αργκ.*: =
μένω άναυδος) to be struck dumb
♦ ρ.μ (*αργκ.*) to leave speechless
καραφλ|ός *επίθ* = **φαλακρός**
καρβέλι *το* loaf
κάρβουν|ο *το* coal
καρδιά *η* (*μυϊκό όργανο*) heart ·
(*σχήμα*) heart · (= *κουράγιο*)
courage · (*πόλης, χωριού*) heart ·
(*καλοκαιριού, μήνα*) middle ·
(*χειμώνα*) depths πληθ. ·
(*προβλήματος*) heart · (*μαρουλιού*)
heart · (*χαρπουζιού*) middle ·
▷ **ανακοπή ή συγκοπή ~ς** heart
failure ▷ **εγχείρηση ανοιχτής ~ς**
open heart surgery
καρδιοκατακτητ|ής *ο*
heart-throb
καρδιολόγ|ος *o/η* heart specialist
καρέκλ|α *η* chair
καρεκλάκι *το* stool
κάρι *το* curry
καριέρ|α *η* career · **κάνω ~** to
make a career
καρίνα *η* keel
καρκίν|ος *ο* (*ΙΑΤΡ*) cancer · (*ΖΩΟΛ*)
crab · (*ΑΣΤΡΟΝ, ΑΣΤΡΟΛ*) Cancer
καρμπόν *το* carbon paper
καρναβάλι *το* carnival
Κάρντιφ *το* Cardiff
καρό *το* (= *τετράγωνο*) check ·
(*στην τράπουλα*) diamond · **δέκα/
ντάμα ~** ten/queen of diamonds ·
~ φούστα/πουκάμισο check skirt/
shirt
κάρ|ο *το* (*όχημα*) cart · (*προφ.*: =

σαράβαλο: (για άτομο) old crock (ανεπ.) · (για αυτοκίνητο) old banger (ανεπ.)

καρότο το carrot

καρότσα η back

καροτσάκι το (= μικρό καρότσι) barrow · (μωρού) pushchair (Βρετ.), (baby) stroller (Αμερ.) · (νηπίου) pram (Βρετ.), baby carriage (Αμερ.) · (αναπήρων) wheelchair

καρότσι το (γενικότ.) (wheel)barrow · (για αποσκευές, ψώνια) trolley · (μωρού) pushchair (Βρετ.), (baby) stroller (Αμερ.) · (νηπίου) pram (Βρετ.), baby carriage (Αμερ.) · (αναπήρων) wheelchair

καρούμπαλο το lump

καρπαζιά (ανεπ.) η slap

καρπός ο (φυτού) fruit · (= σπόρος σιτηρών) grain · (μτφ.) fruit · (ΑΝΑΤ) wrist

καρπούζι το watermelon

κάρτα η (γενικότ.) card · (= ταχυδρομικό δελτάριο) (post)card · (επαγγελματία) business card · (χαρτοτηλεφώνου) phonecard · (κινητού τηλεφώνου) top-up card ▷ **ευχετήρια ~** greetings card ▷ **~ βίντεο** (ΠΛΗΡΟΦ) video card ▷ **~ εισόδου/ εξόδου** entry/exit card ▷ **~ ήχου** (ΠΛΗΡΟΦ) sound card ▷ **~ μέλους** membership card ▷ **~ νέων/ young person's card** ▷ **κίτρινη/ κόκκινη ~** (ΑΘΛ) yellow/red card ▷ **πιστωτική ~** credit card ▷ **πράσινη ~** green card ▷ **(χρονική) ~ απεριορίστων διαδρομών** travel card

καρτέλα η (πελάτη) data card · (ασθενούς) chart

καρτοκινητό το pay-as-you-go mobile phone

καρτοτηλέφωνο το card phone

καρτούν το cartoon

καρτ ποστάλ η postcard

καρύδα η coconut

καρύδι το (= καρπός καρυδιάς) walnut · (ανεπ.) Adam's apple

καρύκευμα το spice

καρφί το (= πρόκα) nail · (ανεπ.: = προδότης) informer · (= έξυπνο και καυστικό σχόλιο) barb · (στο βόλεϊ) spike · (στο τένις, πινγκ-πονγκ) smash
▷ **καρφιά** πλ (παπουτσιών ποδοσφαιριστή) studs · (παπουτσιών σπρίντερ) spikes

καρφίτσα η (= μεταλλική βελόνα) pin · (κόσμημα) brooch ▷ **~ ασφαλείας** safety pin

καρφιτσώνω ρ μ to pin

καρφώνω ρ μ (σανίδα, κάδρο) to nail · (μαχαίρι, σπαθί) to plunge · (τυρί) to stab · (= καταδίδω) to inform against · (= κοιτάζω επίμονα) to stare at · (στο μπάσκετ) to dunk · (στο βόλεϊ) to hit ▷ **καρφώνομαι** μεσ to stick

καρχαρίας ο shark

κασέλα η chest

κασέρι το kasseri cheese, semi-hard yellow cheese made from sheep's and cow's milk

κασερόπιτα η kasseri cheese pie

κασέτα η cassette

κασετίνα η (κοσμημάτων) jewellery (Βρετ.) ή jewelry (Αμερ.) box · (μαθητή) pencil case

κασετόφωνο το cassette ή tape player

κασκόλ το scarf

κασμίρι το cashmere

κάστανο το chestnut

καστανός επίθ brown

κάστορας ο beaver

καστόρι το (= δέρμα κάστορα) beaver skin · (για παπούτσια, γάντια) suede

καστορίνος επίθ suede

κάστρο το (= φρούριο) castle · (= τείχος) city wall

ΛΕΞΗ-ΚΛΕΙΔΙ

κατά, κατ', καθ' *πρόθ* **(α)** (*για κίνηση σε τόπο*) towards · **(β)** (*για τοπική προσέγγιση*) close to · **(γ)** (*για μέρος που γίνεται κάτι*) along · **(δ)** (*για χρόνο*) during · **(ε)** (*για χρονική προσέγγιση*) around · **(στ)** (*για τρόπο*) by · **(ζ)** +*γεν.* (= *εναντίον*) against · **είμαι κατά κποιου** to be against sb/sth · **(η)** (*για αναφορά*) in · **κατά τα άλλα** otherwise · **(θ)** (= *σύμφωνα με*) according to · **κατά τη γνώμη μου** in my opinion · **(ι)** (*για επιμερισμό*) in · **(ια)** (*για κριτήριο μερισμού*) by · **(ιβ)** (*για ποσότητα διαφοράς*) by · **τα υπέρ και τα κατά** the pros and cons

καταβάλλ|ω *ρ μ* (= *νικώ*) to beat · (= *εξαντλώ*) to wear down · (= *πληρώνω*) to pay
κατάβαση *η* descent
καταβολ|ή *η* (*κόπων*) going to · (*προσπαθειών*) making · (= *εξάντληση*) exhaustion · (*φόρου, δόσης*) payment
▶ **καταβολές** *πλ* nature *εν.*
καταβρέχ|ω *ρ μ* (*ρούχα*) to spray · (*αυλή*) to sprinkle · (*περαστικό*) to drench
καταγγελί|α *η* (= *μήνυση*) charge · (= *γνωστοποίηση παρανομίας*) denunciation
καταγγέλλ|ω *ρ μ* (= *κάνω μήνυση*) to charge · (= *γνωστοποιώ παρανομία*) to denounce
κάταγμα *το* fracture
κατάγ|ομαι *ρ αμ απ* **~ από** to come from

καταγωγ|ή *η* (= *γενιά*) descent ·

(= *τόπος ή έθνος καταγωγής*) origins *πληθ.* · (*σκέψης, λέξης*) origin · **είμαι Έλληνας/Βρετανός στην ~** to come from Greece/Britain
καταδεκτικ|ός *επίθ* (= *προσηνής*) friendly · (= *συγκαταβατικός*) condescending
καταδέχ|ομαι *ρ μ απ* (= *είμαι καταδεκτικός*) to be friendly to · (= *είμαι συγκαταβατικός*) to condescend to
καταδεχτικ|ός *επίθ* = **καταδεκτικός**
καταδικάζ|ω *ρ μ* (*για δικαστήριο*) to sentence · (= *κατακρίνω: επίβαση*) to censure · (*έργο*) to slate · (*άτομο*) to condemn · (*μτφ.: προσπάθεια, εγχείρημα*) to condemn
καταδίκ|η *η* (= *ποινή*) sentence · (= *αποδοκιμασία*) censure
κατάδικ|ος *ο/η* convict
καταδιώκ|ω *ρ μ* (*κακοποιούς*) to look for · (*εχθρό*) to hunt down · (= *κατατρέχω*) to persecute
καταδίωξ|η *η* (*ληστών*) chase · (*εχθρού*) pursuit · (*αίρεσης, εργαζομένων*) persecution
καταδότ|ης *ο* informer
καταδότρι|α *η βλ.* **καταδότης**
καταδύομαι *ρ αμ απ* to dive
κατάδυση *η* (*υποβρυχίου*) dive · (ΑΘΛ) diving
καταζητούμεν|ος *επίθ* wanted
▶ **καταζητούμενος** *ο* wanted man
καταζητ|ώ *ρ μ* to search for
κατάθεσ|η *η* (*στεφάνου*) laying · (*χρημάτων*) deposit · (ΝΟΜ) testimony · **κάνω ~** to make a deposit
καταθέτ|ω *ρ μ* (*στεφάνι*) to lay · (*ένσταση, έφεση*) to lodge · (*χρήματα, ποσό*) to deposit · (= *δίνω κατάθεση*) to testify
κατάθλιψη *η* depression
καταιγίδα *η* (*κυριολ.*)

(thunder)storm · (μτφ.) storm

κατάιφ|ι το = **κανταΐφι**

κατακλυσμ|ός ο (ιστ) flood · (= νεροποντή) deluge

κατακόκκιν|ος επίθ (χρώμα, φόρεμα) bright red · (μάτια) bloodshot

κατάκοπ|ος επίθ exhausted

κατακόρυφ|ος επίθ (πτώση, άνοδος) vertical · (αύξηση, μείωση) sharp

▸ **κατακόρυφο** το **φτάνω στο ~ο** to reach a peak

▸ **κατακόρυφος** η vertical (line)

κατακρατ|ώ ρ μ (ύποπτο, μάρτυρα) to detain illegally · (όμηρο) to hold · (έγγραφα) to withhold · (ούρα, υγρά) to retain

κατακρίν|ω ρ μ to criticize

κατάκτηση η (εξουσίας, πλούτου) acquisition · (νίκης, χρυσού μεταλλίου) winning · (= επίτευγμα) achievement · (χώρας, εδαφών) conquest · (= ερωτική επιτυχία) conquest

▸ **κατακτήσεις** πλ colonies

κατακτητ|ής ο (χώρας, εδαφών) conqueror · (τροπαίων) winner

κατακτήτρια η βλ **κατακτητής**

κατακτ|ώ ρ μ (χρυσό μετάλλιο) to win · (ελευθερία) to gain · (πλούτο) to acquire · (χώρα, εδάφη) to conquer · (άνδρα, γυναίκα) to conquer

καταλαβαίν|ω ρ μ (πρόταση, Αγγλικά) to understand · (λάθος) to realize · (= αντιλαμβάνομαι με αισθήσεις) to realize · (για πρόσ.: = νιώθω) to understand · **δίνω σε κπν να καταλάβει** (= εξηγώ) to get sb to understand · (= δίνω εντύπωση) to give sb to understand · **~εις τίποτα από Αγγλικά;** do you know any English? · **~ κπν** (= επικοινωνώ) to understand sb ·

sb · **καταλαβες;** do you understand?

καταλαμβάν|ω (επία.) ρ μ (χώρα) to occupy · (κάστρο, πλοίο) to take · (αεροπλάνο) to hijack · (= κάνω κατάληψη: σπίτι) to squat · (σχολείο, γραφεία) to occupy · (για εκτάσεις ή αντικείμενα: δέκα στρέμματα, όροφο) to take up · (για βιβλίο, άρθρο: σελίδες) to comprise · (θέση, κάθισμα) to take · (εξουσία, αρχή) to seize

καταλήγ|ω ρ αμ (δρόμος, ποταμός) to lead (σε to) · (επιστολή, κείμενο) to end · (= φτάνω σε συμπέρασμα: συμβούλιο) to conclude · (για πρόσ.: = καταντώ) to end up · (ΓΛΩΣΣ: ρήμα) to end (σε in) · **πού θέλεις να καταλήξεις;** what are you driving at?

κατάληξ|η η (ομιλίας) conclusion · (βιβλίου, έργου) ending · (σύσκεψης, διαβουλεύσεων) outcome · (ρήματος, επιθέτου) ending

κατάληψ|η η (πόλης, οχυρού) capture · (εξουσίας) takeover · (σχολής, εργοστασίου) occupation

κατάλληλ|ος επίθ (ρούχα, ενδυμασία) suitable · (άνθρωπος, άτομο) right · (μέτρα, ώρα) appropriate · **~ για κατανάλωση** fit for consumption

κατάλογ|ος ο (θυμάτων, αγνοουμένων) list · (βιβλίων) catalogue (Βρετ.), catalog (Αμερ.) · (= μενού) menu · (μοναείου, πινακοθήκης) catalogue (Βρετ.), catalog (Αμερ.) · (καθηγητή) register · (πληρφο) menu · **~ για ψώνια** shopping list ▸ **~ κρασιών** wine list ▸ **τηλεφωνικός ~** telephone directory

κατάλυ|μα το lodging · **βρίσκω ~** to find lodgings

καταλύ|ω ρ μ (κράτος) to overthrow · (δημοκρατία, τάξη) to break down ♦ ρ αμ (ταξιδιώτες, *εκδομεείς*) to stay · (*στρατιώτες*) to be quartered

κατάμαυρ|ος επίθ (*μαλλιά, δέρμα*) jet black · (*σύννεφα*) dark black · (*αυτοκίνητο, ρούχα*) deep dark · (*δόντια*) blackened

καταναλών|ω ρ μ (*ενέργεια, ηλεκτρικό*) to consume · (*βενζίνη*) to use · (*θερμίδες*) to burn · (*τρόφιμα, νερό*) to consume · (*φάρμακα*) to take · (*χρόνο, χρήματα*) to spend

κατανάλωση η (*ηλεκτρισμού, καυσίμων*) consumption · (*θερμίδων*) burning · (*δυνάμεων*) using · (*φαρμάκων*) taking · (*χρόνου, διακοπών*) spending

καταναλωτής ο consumer

καταναλώτρι|α η βλ. **καταναλωτής**

κατανέμ|ω ρ μ (*χρέος, λεία*) to divide · (*πιστώσεις, κεφάλαια*) to distribute · (*καθήκοντα, εργασία*) to allocate

κατανόηση η (*μαθήματος, κειμένου*) comprehension · (*κατάστασης*) understanding

κατανοητ|ός επίθ (*κείμενο, γλώσσα*) intelligible · (*αντίδραση, δισταγμός*) understandable · **γίνομαι ~** to make oneself understood

κατανοώ ρ μ to understand

καταντ|ώ ρ αμ to end up · (= *γίνομαι*) to become ♦ ρ μ to make

καταξιωμέν|ος επίθ (*καλλιτέχνης, πολιτικός*) accomplished · (*επιχειρηματίας, ιστορικός*) prominent · (*προϊόν, επιχείρηση*) successful

καταξίωση η accomplishment

καταπακτή η trap door

καταπάνω επίρρ (*ορμώ, ρίχνω*) at · (*πέφτω*) on · (*έρχομαι*) at

καταπατ|ώ ρ μ (*οικόπεδο, καμένη περιοχή*) to encroach on · (*νόμους,*

ελευθερίες) to infringe · (*συμφωνίες*) to violate · (*αξιοπρέπεια, ιδανικά*) to trample on · (*όρκο, υπόσχεση*) to break

καταπιέζ|ω ρ μ (*παιδιά, σύζυγο*) to tyrannize · (*εργαζόμενους, λαό*) to oppress · (*αισθήματα, επιθυμίες*) to repress

καταπίεση η (*παιδιών, συζύγου*) tyranny · (*υπαλλήλων, πολιτών*) oppression · (*επιθυμιών, αισθημάτων*) repression

καταπίν|ω ρ αμ to swallow ♦ ρ μ to swallow

καταπληκτικ|ός επίθ (*εμφάνιση, σπίτι*) fantastic · (*εγχείρημα, λόγια*) brilliant · (*ταλέντο*) extraordinary · (*άνθρωπος*) extraordinary

κατάπληκτ|ος επίθ amazed

κατάπληξη η amazement

καταπολεμ|ώ ρ μ (*πληθωρισμό, φοροδιαφυγή*) to fight · (*ασθένεια, πυρκαγιά*) to fight · (*ναρκωτικών*) to fight against · (*άγχος*) to combat

καταπραΰν|ω ρ μ (*πόνο*) to relieve · (*θυμό*) to control

κατάπτωση η (= *εξάντληση*) exhaustion · (= *κατάθλιψη*) depression · (= *παρακμή*) decline

κατάρ|α η (= *ανάθεμα*) curse · (= *δυστυχία*) disaster

καταραμέν|ος επίθ (*αναθεματισμένος*) cursed · (*κλειδιά, ψυγείο*) damned

κατάργηση η (*νόμου*) abolition · (*απόφασης*) quashing · (*διακρίσεων*) end · (*εξετάσεων, ελέγχων*) invalidation

καταργώ ρ μ (*νόμο*) to abolish · (*απόφαση*) to quash · (*υπηρεσία*) to end · (*εξετάσεις*) to invalidate · (*τυπικότητες*) to do away with

καταρράκτ|ης ο (*κυριολ.*) waterfall · (ΙΑΤΡ) cataract ▸ **οι ~ες του Νιαγάρα** Niagara Falls

καταρρακτώδης επίθ torrential

καταρράχτης ο = καταρράκτης

κατάρρευση η collapse

καταρρέω ρ αμ to collapse

καταρρίπτω ρ μ (αεροπλάνο, ελικόπτερο) to shoot down · (επιχειρήματα, θεωρία) to shoot down · (ρεκόρ) to break

κατάρριψη η shooting down · (ρεκόρ) breaking

κατάρτι το mast

καταρτίζω ρ μ (σύμβαση, συμβόλαιο) to draw up · (χρονοδιάγραμμα, πρόγραμμα) to work out · (νομοσχέδιο) to draft · (εργαζομένους, υπαλλήλους) to train · (κατ.: συγκροτώ: επιτροπή, ομάδα) to form

κατασκευάζω ρ μ (κτήριο, αεροσκάφος) to build · (προϊόντα) to manufacture · (αργ.: ιστορίες, κατηγορίες) to make up

κατασκευαστής ο manufacturer

κατασκευάστρια η manufacturer · ~ εταιρεία/χώρα manufacturing company/country

κατασκευή ή (πλοίου, δρόμου) construction · (= δημιουργία) structure · (αντικειμένου) design · (σώματος) physique · (κατηγορίας, ψευδών ειδήσεων) fabrication · **υπό ~** under construction

κατασκήνωση η (= κάμπινγκ) camping · (= εγκαταστάσεις) camp site · (= κατασκηνωτές) camp
▶ **κατασκηνώσεις** πλ camp εν.

κατασκοπεία η = κατασκοπία

κατασκοπία η espionage

κατάσκοπ|ος ο/η spy

κάτασπρ|ος επίθ (σεντόνι, πουκάμισο) pure white · (επιδερμίδα) snow white · (δόντια) sparkling white

κατάσταση η (τραυματία, ασθενούς) condition · (απελπισίας, ετοιμότητας) state · (χώρας, ατόμων) situation · (εισόδων, εξόδων) record · (μισθοδοσίας)

payroll · **είμαι σε καλή/κακή ~** to be in good/bad condition

κατάστημα το (= μαγαζί) shop, store (κυρ. Αμερ.) · (τράπεζας, ταχυδρομείου) office · **κεντρικό ~** head office

καταστηματάρχης ο shopkeeper (Βρετ.), store owner (Αμερ.)

καταστηματάρχισσα η βλ. **καταστηματάρχης**

καταστρεπτικός επίθ (συνέπειες, επιπτώσεις) disastrous · (σεισμός, πυρκαγιά) devastating

καταστρέφω ρ μ (πόλη, πολιτισμό) to destroy · (υγεία, μάτια) to damage · (υπόληψη, μέλλον) to ruin · (επιχείρηση, οικονομία) to wreck
▶ **καταστρέφομαι** μεσ to be ruined

καταστροφή η (δάσους) destruction · (οικονομίας) collapse · (= συμφορά) disaster
▶ **καταστροφές** πλ damage εν.

καταστροφικός επίθ = **καταστρεπτικός**

κατάστρω|μα το deck

καταστρώνω ρ μ to formulate

κατάσχεση η confiscation

κατάταξη η (βιβλίων, εγγράφων) classification · (μαθητών, υπαλλήλων) grading · (= στράτευση) enlistment · (ΑΘΛ) rankings πληθ.

κατατάσσω ρ μ (= ταξινομώ: βιβλία, έγγραφα) to classify · (μαθητές, υπαλλήλους) to grade · (= συγκαταλέγω) to rank
▶ **κατατάσσομαι** μεσ (ΣΤΡ) to enlist · (ΑΘΛ) to be ranked

κατατεθέν μτχ βλ. **σήμα**

κατατοπίζω ρ μ to brief

κατατοπιστικός επίθ (σημείωμα, εισήγηση) explanatory · (απάντηση, ανάλυση) informative · (χάρτης) detailed · (οδηγίες) clear

κατατρομάζω ρ μ to terrify ◆ ρ αμ to be terrified

καταυλισμ|ός *o* (= κατασκήνωση) camping · (προσφύγων, σεισμοπλήκτων) camp

καταφατικ|ός *επίθ* (απάντηση) affirmative · (στάση) positive

καταφέρν|ω *ρ μ* (= κατορθώνω: σπουδαία πράγματα) to accomplish · (= χειρίζομαι επιτυχώς) to manage · (= πείθω) to persuade · (ερωτικά) to win over · (= καταβάλλω) to beat · (για φαγητό) to manage to eat · **τα ~** to manage

καταφέρ|ω *ρ μ* (χτύπημα, γροθιά) to land · (πληγμα) to inflict

▸ **καταφέρομαι** *μεσ* (= ομιλώ εναντίον ή κατά κποιου) to strike ή lash out at sb

καταφεύγ|ω *ρ αμ* (= βρίσκω καταφύγιο) to take refuge · (= προσφεύγω) to have recourse (σε to) · (= χρησιμοποιώ) to resort (σε to)

καταφθάν|ω *ρ αμ* to turn up

καταφτάν|ω *ρ αμ* = **καταφθάνω**

καταφύγι|ο *το* (= τόπος προστασίας) shelter · (προσφύγων) refuge · (= υπόγειος χώρος) bunker · (μτφ.) refuge
▸**αντιαεροπορικό ~** air-raid shelter ▸**πυρηνικό ~** nuclear bunker ή shelter

κατάχρηση *η* (αλκοόλ, φαρμάκων) abuse · (δημοσίου χρήματος) misappropriation · **~ εξουσίας** abuse of power

▸ **καταχρήσεις** *πλ* excess *εν.*

καταψυγμέν|ος *επίθ* = **κατεψυγμένος**

καταψύκτης *o* freezer (Βρετ.), deep freezer (Αμερ.)

κατάψυξη *η* (προϊόντος, φαγητών) freezing · (ψυγείου) freezer (Βρετ.), deep freezer (Αμερ.) · (= ειδικός θάλαμος) freezer compartment

κατεβάζω *ρ μ* (κιβώτιο) to get down · (φορτίο, χέρι) to lower · (κανάπε) to pull out · (φούστα, παντελόνι) to pull down · (γιακά, διακόπτη) to put down · (περσίδες, σημαία) to lower · (τέντα, κάδρο) to take down · (γλώσσα, τόνο) to lower · (τιμή, ενοίκιο) to put down · (επίβατη) to drop (off) · (ιδέες) to come up with · (ανεπ.: φαγητό, νερό) to knock back · (ποτό) to knock back (ανεπ.) · (επίπεδο, ποιότητα) to lower · (ΠΛΗΡΟΦ: αρχείο, πληροφορίες) to download · (θεατρικό έργο, παράσταση) to take off

κατεβαίν|ω *ρ μ* (σκάλες) to go down · (ρεματιά, χρήμα) to hand over ◆ *ρ αμ* (= κατέρχομαι) to come down · (στο κέντρο, στην πόλη) to go down · (από αυτοκίνητο) to get out · (από τρένο, πλοίο) to get off · (τιμές) to come down · (ήλιος, νερό) to go down · (πληθυσμός) to fall · (ομίχλη) to come down

κατέβασ|μα *το* (κιβωτίου) getting down · (κανάπε) pulling out · (φορτίου, κεφαλιού) lowering · (φούστας, παντελονιού) taking down · (γιακά) putting down · (τέντας) taking down · (διακόπτη) switching off · (φωνής, τόνου) lowering · (τιμών, ενοικίου) putting down · (επιβατών) dropping (off) · (ανεπ.: φαγητού, νερού) gulping down · (ποτού) knocking back (ανεπ.) · (επιπέδου, ποιότητας) lowering · (ΠΛΗΡΟΦ: αρχείου, πληροφοριών) downloading

κατεδαφίζω *ρ μ* to pull down

κατεδάφιση *η* (σπιτιού, τοίχου) demolition · (αξιών) tearing down

κατειλημμέν|ος *επίθ* (θέση, τουαλέτα) occupied · (τηλεφωνική γραμμή) engaged (Βρετ.), busy (Αμερ.)

κατεπείγ|ων, -ουσα, -ον (κλήση,

γράμμα) urgent · (ζήτημα) pressing

κατεργάρ|ης, -α, -ικο crafty
▸ **κατεργάρης** ο, **κατεργάρα** η crafty devil · (χαϊδ.) rascal

κατεστημένο το establishment

κατεστραμμέν|ος επίθ (πόλη) flattened · (σπίτι) demolished · (υγεία) damaged · (μέλλον, καριέρα) ruined · (οικονομία) ailing · (επιχείρηση) bankrupt

κατευθείαν, κατ' ευθείαν επίρρ (= ίσια) direct(ly) · (= αμέσως: ξεκινώ) straightaway · (= απευθείας) directly · **πάω → στο σπίτι** to go straight home

κατεύθυνση η (= φορά) direction · (δραστηριότητας, ενεργειών) area · (ερευνών) avenue · (επιστήμης, ιατρικής) aim

κατευθύν|ω ρ μ (αυτοκίνητο) to drive · (πλοίο) to steer · (αεροπλάνο) to fly · (στρατό, λαό) to lead · (άνθρωπο, εξελίξεις) to guide · (κράτος) to steer · (δράση, σκέψη) to direct
▸ **κατευθύνομαι** μεσ —ομαι προς (άνθρωπος, στρατός) to head for · (πλοίο) to be bound for

κατέχ|ω ρ μ (περιουσία, μετοχές) to have · (πόλη, χώρα) to occupy · (θέση, αξίωμα) to hold · (τέχνη, γλώσσα) to master

κατεψυγμέν|ος επίθ frozen

κατηγορηματικ|ός επίθ (απάντηση, τόνος) categorical · (άρνηση) flat · (διάψευση) vehement · (απόφαση, βεβαίωση) firm · (για πρόθ.) categorical · (ΓΛΩΣΣ) predicative

κατηγορία η (επίσης **κατηγόρια**: χρηματισμού, δωροδοκίας) charge · (επίσης **κατηγόρια**: = επίκριση) accusation · (ΝΟΜ) charge · (εγκληματιών, ανθρώπων) category · (ανθρώπων) class · (για πράγματα) grade · (ΑΘΛ) division

κατηγορουμένη η βλ.

κατηγορούμενος

κατηγορούμενο το predicative

κατηγορούμεν|ος ο (γενικότ.) accused · (= εναγόμενος) defendant

κατηγορ|ώ ρ μ (αντίπαλο, εχθρό) to accuse · (κοινωνία, τηλεόραση) to blame · (ΝΟΜ) to charge

κατηφόρα η (= κατωφέρεια) slope · (= κατήφορος) downhill slope · (μτφ.) dive

κατηφορίζ|ω ρ μ to go down ◆ ρ αμ to go down

κατηφορικ|ός επίθ sloping

κατήφορ|ος ο (= κατηφόρα) downhill slope · (μτφ.) decline

─────────────────
ΛΕΞΗ-ΚΛΕΙΔΙ
─────────────────

κάτι αντων αόριστ (α) (= κάποιο πράγμα) something · **κάτι σαν ...** something like ... (β) **κάτι τέτοιο/τέτοιες** like that · **κάτι τέτοια** things like that · **ή κάτι τέτοιο** or something · **κάτι τέτοιο** something like that (γ) (= λίγο) **και κάτι** just over · **παρά κάτι** almost (δ) (= κάποιος) some (ε) (ειρ.: για πρόσ.) really somebody · (για πράγματα) something clever (στ) (για θαυμασμό, απορία) such

κατοικημέν|ος επίθ inhabited

κατοικία η residence (επίσ.)
▸**εργατικές** — workers' residence
▸**μόνιμη** — permanent residence
▸**τόπος ~ς** place of residence

κατοικίδι|ος, -α, -ο domestic

κάτοικ|ος ο/η inhabitant

κατοικ|ώ ρ αμ to live
▸ **κατοικούμαι** μεσ to be inhabited

κατολίσθηση η landslide

κατονομάζ|ω ρ μ (υπερπηγερό) to name · (δημιουργό, στοιχείο) to mention · (ένοχο, υπαίτιο) to name

κατόπιν _πρόθ_ +_γεν_. after

κατόρθω|μα _το_ (= _επίτευγμα_) achievement · (= _ανδραγάθημα_) deed · (_ευφ_.) exploit

κατορθώνω _ρ μ_ το achieve

κατούρη|μα (_οικ_.) _το_ to pee (_ανεπ_.) · **πάω για ~** to go for a pee (_ανεπ_.) · _ή_ leak (_ανεπ_.)

κάτουρ|ο (_ανεπ_.) _το_ (= _ούρα_) pee (_ανεπ_.) · (_για ποτά_) cat's pee (_ανεπ_.) _ή_ piss (_χυδ_.)

κατουρώ (_ανεπ_.) _ρ αμ_ το pee (_ανεπ_.) ♦ _ρ μ_ to pee on (_ανεπ_.)

▸ **κατουρ|ιέμαι** _μεσ_ (= _τα κάνω πάνω μου_) to wet oneself · (= _επείγομαι για ούρηση_) to need a pee (_ανεπ_.) _ή_ the toilet

κατοχή _η_ (_τίτλου, ναρκωτικών_) possession · (_χώρας, περιοχής_) occupation

κάτοχ|ος _ο/η_ (_πτυχίου, τίτλου_) holder · (_περιουσίας_) owner · (_βραβείου, κυπέλλου_) winner · **είμαι ~ ξένης γλώσσας** to be proficient in a foreign language

κατρακυλ|ώ _ρ αμ_ (_άνθρωπος, βράχος_) to fall · (_οικονομία_) to collapse · (_ήθη_) to decline · (_δείκτης τιμών_) to fall ♦ _ρ μ_ to roll

κατσαβίδ|ι _το_ screwdriver

κατσαρίδ|α _η_ cockroach

κατσαρόλ|α _η_ (_μαγειρικό σκεύος_) (sauce)pan · (= _περιεχόμενο σκεύους_) pan(ful)

κατσαρόλ|ι _το_ (sauce)pan

κατσαρ|ός _επίθ_ curly

κατσίκ|α _η_ (= _γίδα_) (nanny) goat · (_υβρ_.: _για γυναίκα_) cow (_ανεπ_.)

κατσικάκ|ι _το_ (= _μικρό κατσίκι_) kid · (_φαγητό_) goat's meat

κατσίκ|ι _το_ goat

κατσικίσι|ος, -ια, -ιο goat's

κατσούφης, -α _ή_ **-ισσα, -ικο** sullen

κατσουφιασμέν|ος _επίθ_ sullen

κάτω _επίρρ_ (= _χάμω_: _κάθομαι, ρίχνω_) down · (_κοιμάμαι_) on the floor · (_σε χαμηλό ή χαμηλότερο επίπεδο: κοιτάζω_) down · (_σε νότιο σημείο_) down · (_σε λιγότερο_) under · (_για θερμοκρασία_) below · **από ~** down below · **από τη μέση και ~** from the waist down · **εκεί ~** down there · **έλα ~!** come down! · **από τα γόνατα** below the knee · **από το μηδέν** below zero · **από το παράθυρο** beneath the window · **από το τραπέζι/τα βιβλία** under the table/the books · **από τρία εκατομμύρια** less than three million · **μένω (από) ~** (_σε πολυκατοικία_) to live downstairs _ή_ on the floor below · **ο από ~** (= _ένοικος κάτω ορόφου_) the person who lives on the floor below · **παιδιά ~ των δέκα ετών** children under ten (years old) · **πέφτω ~** (= _σωριάζομαι_) to fall down · (= _αρρωσταίνω_) to fall ill · **πιο ~** (= _πιο πέρα_) a bit _ή_ little further · (= _κείμενο ή ύπνηση_) below... · **όροφος** floor below · **Κάτω...** (_σε τοπωνύμια_) Lower...

κατώτερ|ος, -η _ή_ **-έρα, -ο** (_σημείο, επίπεδο_) lower · (_υλικό, ποιότητα_) inferior · (_απόδοση, βαθμίδα_) lower · (_ένστικτα, άνθρωπος_) baser · (_μοίρα_) worse · (_υπάλληλος, αξιωματικός_) junior · (_όντα, μορφές ζωής_) lower

κατώφλ|ι _το_ threshold

Κάτω Χώρες _οι_ **οι ~** the Netherlands · _βλ. κ._ Ολλανδία

καυγαδίζ|ω _ρ αμ_ = **καβγαδίζω**

καυγάς _ο_ = **καβγάς**

καυσαέρι|ο _το_ fumes _πληθ_.

καύσ|η _η_ (_ξύλου, άνθρακα_) burning · (_χημ_.) combustion
 ▷ **~ νεκρών** cremation

καύσιμ|ος _επίθ_ combustible
 ▸ **καύσιμο** _το_ fuel

καυσόξυλ|ο _το_ firewood _χωρίς πληθ_.

καυστικ|ός _επίθ_ (_νάτριο, ποτάσα_)

caustic · (λόγια, κριτική) scathing · (χιούμορ) caustic

καύσων|ας ο heat wave

καυτερ|ός επίθ (σάλτσα, λουκάνικο) spicy · (πιπεριά) hot ▶ **καυτερά** τα spicy food εν.

καυτ|ός επίθ (νερό) boiling hot · (σούπα, τσάι) scalding (hot) · (ήλιος, άμμος) scorching (hot) · (σίδερο, κάρβουνα) red hot · (δάκρυα) scalding · (φιλί, βλέμμα) passionate · (ερωτήματα, προβλήματα) burning · (είδηση) hot off the press · (φωτογραφίες, κορμιά) provocative

καυχ|ιέμαι, καυχ|ώμαι ρ αμ απ το βλ. **καυχώμαι** to boast (για about)

καφάσ|ι το crate

καφάσ|ι² (ανεπ.) το skull · **μου φεύγει το ~** (οικ.) to lose one's mind

καφέ¹ το café

καφέ² brown ▶ **καφέ** το brown

καφέ μπαρ το café bar

καφενεδάκ|ι το βλ. **καφενείο**

καφενεί|ο το (= καφέ) café · (= χώρος χωρίς τάξη) madhouse (ανεπ.)

καφές ο coffee ▶**ελληνικός/ γαλλικός ~** Greek/French coffee ▷ **~ σκέτος** black coffee without sugar ▷ **~ μέτριος/γλυκός** semi-sweet/sweet black coffee ▷ **~ φίλτρου** filter coffee ▶**κόκκοι ~έ** coffee beans ▶**μύλος του ~έ** coffee grinder

καφετέρια η = **καφετερία**

καφετερί|α η coffee bar

καφετζής ο (= ιδιοκτήτης καφενείου) café owner · (= υπάλληλος καφενείου) waiter

καφετζ|ού η (= ιδιοκτήτρια καφενείου) café owner · (= υπάλληλος καφενείου) waitress · (= μάντισσα του καφέ) fortune teller

καφετιέρ|α η (συσκευή) coffee machine · (σκεύος) coffee pot

καχεκτικ|ός επίθ (άνθρωπος) frail · (παιδί) frail · (δέντρο) stunted (οικονομία) ailing

καχύποπτ|ος επίθ suspicious

κάψιμ|ο το (= καύση) burning · (= έγκαυμα) burn · (= σημάδι εγκαύματος) burn mark · (= καούρα) heartburn · (στον λαιμό, λάρυγγα) burning sensation

κάψουλ|α η capsule

κέδρ|ος ο cedar (tree)

κέικ το cake

κειμενικ|ός επίθ textual ▷ **αποστολή ~ού μηνύματος** text messaging ▷ **~ό μήνυμα** text message

κείμεν|ο το text

κειμήλι|ο το (γενικότ.) souvenir · (οικογενειακό) heirloom · (ιστορικό, ιερό) relic

κείνος, -η, -ο αντων = **εκείνος**

κελαηδ|ώ ρ αμ = **κελαϊδώ**

κελάιδη|μα, κελάιδισμα το singing

κελαϊδ|ώ ρ αμ (= τραγουδώ) to sing · (= φλυαρώ) to chatter · (ειρ.: = αποκαλύπτω) to talk

κελάρ|ι το cellar

κελ|ί το cell

κέλυφ|ος το shell

κεν|ό το (= χάσμα) (empty) space · (στο στομάχι) emptiness · (γνώσεων, κατάθεσης) gap · (χρόνου) gap · **πέφτω στο ~** to fall through the air · (= αποτυγχάνω) to come to nothing ▷ **~ αέρος** (= διαφορά ατμοσφαιρικής πίεσης) air pocket ▷**συσκευασία ~ού** vacuum packaging

κεν|ός επίθ (μπουκάλι, κιβώτιο) empty · (δωμάτιο ξενοδοχείου, αίθουσα) vacant · (ώρες) free · (υποσχέσεις, λόγια) empty · (ελπίδες) vain · (άνθρωπος) vacuous ▷ **~ή εστία** (στο ποδόσφαιρο) open goal ▷ **~ή θέση** vacancy

κέντημα το (τέχνη) needlework • (= εργόχειρο) embroidery • (μέλισσας) sting • (αλόγου) kick (with spurs)

κεντητ|ός επίθ embroidered

κεντρί το sting

κεντρικ|ός επίθ (Ασία, Ευρώπη) central • (κατάστημα, πλατεία) main • (ιδέα, νόημα) main • (ρόλος) central • (χεραία) main ▷ **~ αγωγός** mains πληθ. ▷ **~ό δελτίο ειδήσεων** main news πληθ. ▷ **~ δρόμος** main road, high (Βρετ.) ή main (Βρετ.) ή street ▷ **~ή θέρμανση** central heating ▸ **κεντρικά** τα head office εν.

κέντρο το centre (Βρετ.), center (Αμερ.) • (ενδιαφέροντος) focus • (εταιρείας) head office • (οργανισμού) central office • (διασκέδασης) club • (εμπορίου, πολιτισμού) hub • (ΑΘΛ: ομάδας) midfield ▷ **εμπορικό ~** shopping centre (Βρετ.) ή center (Αμερ.) ▷ **~ βάρους** (ΦΥΣ) centre (Βρετ.) ή center (Αμερ.) of gravity • (μτφ.) focal point

κεντώ ρ μ (τραπεζομάντηλο, σχέδια) to embroider • (για μέλισσα) to sting • (άλογο: με σπιρούνια) to kick • (ενδιαφέρον, περιέργεια) to arouse • (φαντασία) to stir

κεραία η (ραδιοφώνου, τηλεόρασης) aerial (Βρετ.), antenna (Αμερ.) • (εντόμων) antenna

κεραμίδ|ι το (= πλάκα για κάλυψη στέγης) tile • (= στέγη) roof

κεράσ|ι το cherry

κερασ|ιά η cherry tree

κέρασμα το (χαλεσμένων, φίλων) treat • (= ό,τι προσφέρεται) round • **για το ~** as a treat • **είναι ~ του**

καταστήματος it's on the house

κερατ|άς (υβρ.) ο (= απατημένος σύζυγος) cuckold • (προσφώνηση ή χαρακτηρισμός) bastard (Βρετ.) (χυδ.), son of a bitch (Αμερ.) (χυδ.)

κέρατ|ο το (ταύρου, ρινόκερου) horn • (ελαφιού) antler • (= κεράτωμα) cheating (ανεπ.)

κεράτωμα το (οικ.) το cheating (ανεπ.)

κεραυνοβόλ|ος, -ος ή -α, -ο (αντίδραση, ενέργεια) lightning • (ασθένεια) acute • (βλέμμα) fierce ▷ **~ έρωτας** love at first sight

κεραυν|ός ο thunderbolt

κερδίζω ρ μ (δόξα, φήμη) to win • (αναγνώριση) to gain • (χρήματα) to earn • (λαχείο, πέναλτι) to win • (αγώνα, δίκη) to win • (εμπιστοσύνη, εκτίμηση) to earn • (οπαδούς, κοινό) to gain • (άνθρωπο) to win over ♦ ρ αμ (= ωφελούμαι) to benefit • (= νικώ) to win • (= κάνω καλή εντύπωση) to look good

κερδισμέν|ος επίθ **βγαίνω ~ από κτ** to gain from sth • **είμαι ο ~ της υπόθεσης** to be the one that stands to gain

κέρδ|ος το (= όφελος) profit • (λαχείου) winnings πληθ. • (μτφ.) benefit ▷ **βγάζω ~** to make a profit ▷ **καθαρό/μικτό ~** net/gross profit

κερδοσκοπ|ία η speculation

κερδοφόρ|ος, -α ή -ος profitable

κερήθρα η **= κηρήθρα**

κερ|ί το (μελισσών) wax • (= λαμπάδα) candle • (= έκχυμα αφτιού) earwax • (για αποτρίχωση) wax

κέριν|ος επίθ (κούκλα, ομοίωμα) wax • (πρόσωπο) ashen

κερκίδ|α η (σταδίου) stand • (θεάτρου) tier • (= θεατές) crowd

Κέρκυρα η (νησί) Corfu • (πόλη)

Corfu (town)
κέρμα το coin
κέρμα το coin
κερματοδέκτης ο coin slot ·
τηλεφώνο με ~η pay phone
κερν</ώ ρ μ (επισκέπτες,
καλεσμένους) to offer · (παρέα,
φίλους) to treat
κέρσορας ο cursor
κεσεδάκι το pot
κέτσαπ το ketchup (Βρετ.), catsup
(Αμερ.)
κεφαλαίο το capital (letter) · **με
~α** in block capitals
κεφάλαιο το (κατάστηματάρχη,
ιδιώτη) capital ·
(= κεφαλαιοκράτες) capitalists
πληθ. · (βιβλίου) chapter ·
(ιστορίας) chapter
κεφάλι το (ανθρώπου, ζώου)
head · (χαφτέισας, καφριού) head ·
(για τυρί) ball · (για σκόρδο) bulb ·
γυρίζει το ~ μου my head's
spinning · **(με) πονάει το ~ μου**
to have a headache
κεφαλιά η (στο ποδόσφαιρο)
header · (= κουτουλιά) head butt
Κεφαλληνία η = **Κεφαλλονιά**
Κεφαλλονιά η Cephalonia
κεφαλόπονος ο headache
κέφαλος ο grey (Βρετ.) ή gray
(Αμερ.) mullet
κεφαλοτύρι το kefalotiri, hard
cheese made from sheep's milk
κεφάτος επίθ cheerful (ιστορία,
τραγούδι) jolly · (πείραγμα)
playful
κέφι το (= διασκέδαση) good
mood · (= διάθεση) good humour
(Βρετ.) ή humor (Αμερ.) · **έχω/δεν
έχω ~α** to be in a good/bad
mood
κεφτές ο meatball
κεχριμπάρι το (= ήλεκτρο)
amber · (για κρασί) nectar
κηδεία η (= εκφορά) funeral ·
(= νεκρική πομπή) funeral
procession

κηδεμόνας ο/η (ανήλικου)
guardian · (περιουσίας) trustee
κηδεύω ρ μ to bury
κηλίδα η stain · (χρώματος) spot ·
(μτφ.) stain · **~ πετρελαίου** oil
slick
κήπος ο garden **> εθνικός ~** park
κηπουρός ο/η gardener
κηρήθρα η honeycomb
κηροπήγιο το candlestick
κήρυγμα το (ΘΡΗΣΚ) sermon ·
(αργ.) lecture
κήρυκας ο (ΘΡΗΣΚ) preacher ·
(αδελφοσύνης, ιδεών) advocate ·
(μίσους) messenger
κηρύσσω, **κηρύττ**ω ρ μ
(Ευαγγέλιο, ιδέες) to preach ·
(πόλεμο, πτώχευση) to declare ·
(απεργία) to call ◆ ρ αμ to preach
a sermon
κι σύνδ = **και**
κιάλια τα binoculars
κίβδηλος (επίθ.) επίθ counterfeit
κιβώτιο το box **> ~ ταχυτήτων**
gearbox
κιγκλίδωμα το (σκάλας, σταδίου)
railings πληθ. · (τζανιού) fireguard
κιθάρα η guitar · **μαθαίνω ~** to
learn to play the guitar · **παίζω
~** to play the guitar
κιλό το kilo · **αγοράζω/πουλώ κτ
με το ~** to buy/sell sth by the
kilo · **έχω παραπάνω ή περιττά
~α** to be overweight · **παίρνω/
χάνω ~α** to put on/lose weight
κιλότα (οικ.) η pants πληθ. (Βρετ.),
panties πληθ. (Αμερ.)
κιλοτάκι (υποκ., οικ.) η briefs
πληθ.
κιλότο το rump
κιμάς ο mince(meat) (Βρετ.),
ground beef (Αμερ.)
κιμωλία η chalk
Κίνα η China
κινδυνεύω ρ αμ (χώρα, πόλη) to
be threatened · (εταιρεία) to be at
risk · (εργάτης, ασθενείς) to be in

κίνδυνος
danger ♦ *ρ μ* to risk
κίνδυν|ος *ο* (πολέμου, πνιγμού)
danger · (καταστροφής, αποτυχίας)
risk · (ναρκωτικών) danger ·
(διαδρομής) hazard · (θάλασσα)
peril · (= ρίσκο) risk · **διατρέχω ~ο**
to be in danger · (υγεία) to be at
risk · **~ για την υγεία** health
hazard ⊳ **έξοδος κινδύνου**
emergency exit ⊳ **προσοχή~~!**
danger, beware!
Κινεζία *η βλ.* **Κινέζος**
κινεζικ|ός *επίθ* Chinese
► **Κινεζικά, Κινέζικα** *τα* Chinese
εν. · **αυτά μου φαίνονται**
Κινέζικα! it's all Greek to me!
► **κινέζικο** *το* (εστιατόριο) Chinese
restaurant · (φαγητό) Chinese
food
κινεζικός|ος *επίθ* = κινεζικός
Κινέζ|ος *ο* Chinese · **οι –οι** the
Chinese
κίνη|μα *το* (συνταγματαρχών)
coup · (ειρήνης, ισότητας)
movement · (υπερρεαλισμού,
Διαφωτισμού) movement
κινηματογράφ|ος *ο* (= σινεμά)
cinema *(κυρ. Βρετ.)*, movies
(Αμερ.) · (= κινηματοθέατρο)
cinema *(κυρ. Βρετ.)*, movie
theater *(κυρ. Αμερ.)*
κίνηση *η* (σώματος, αυτοκινήτου)
movement · (νερού, αίματος)
flow · (κεφαλιού) nod · (κορμιού,
ανθρώπων) gesture · (ματιών)
blink · (τουριστών, εκδρομέων)
traffic · (προϊόντων, αγαθών)
traffic · (= κυκλοφορία οχημάτων)
traffic · (= κυκλοφορία πεζών)
bustle · (= κινητικότητα) activity ·
(οικολόγων, δημοκρατών)
movement · (αγοράς,
χρηματιστηρίου) trade · (βιβλίου,
εφημερίδας) circulation · (στο
σκάκι) move · **μην κάνεις**
απότομες κινήσεις don't make
any sudden moves ⊳ **~ στους**
τέσσερεις τροχούς four-wheel

drive ⊳ **μπροστινή ~** front-wheel
drive
► **κινήσεις** *πλ* movements
κινητήρ|ας *ο* engine ⊳ **δίχρονος/**
τετράχρονος ~ two-stroke/
four-stroke engine
κινητικ|ός *επίθ* (ενέργεια) kinetic ·
(νευρώνας, διαταραχή) motor ·
(τύπος) active
κινητικότητα *η* (αρθρώσεων)
mobility · (= δραστηριοποίηση)
mobilization
κινητό *το* mobile (phone)
κινητοποίηση *η* mobilization
χωρίς πληθ.
► **κινητοποιήσεις** *πλ* action *εν.*
κινητ|ός *επίθ* (γέφυρα) movable ·
(σκάλα) moving · (καντίνα,
συνεργείο τηλεόρασης) mobile
κίνητρ|ο *το* (μελέτης) motivation ·
(φόνου) motive · (εργαζομένων,
εταιρείας) incentive
κινούμεν|ος *επίθ* (στόχος)
moving · (αυτοκίνητο) in motion ·
~ η άμμος quicksand ⊳ **~α**
σχέδια (τέχνη) animation ·
(= καρτούν) animated cartoon
κινώ *ρ μ* (πόδια, χέρια) to move ·
(μηχανή) to start · (περιέργεια,
ενδιαφέρον) to arouse ·
(διαδικασία, έρευνα) to start ·
(πιόνι, στρατεύματα) to move ♦ *ρ*
αμ (λογοτ.) to set off *ή* out
► **κινούμαι** *μεσ* to move ·
(ταξιδιώτες, αεροσκάφος) to travel ·
~ούμαι με βενζίνη to run on
petrol *(Βρετ.) ή* gas *(Αμερ.)* ·
~ούμαι με μικρή/μεγάλη
ταχύτητα to go *ή* travel at low/
high speed
κιόλας *επίρρ* (= ήδη) already ·
(= επιπλέον) as well · **αύριο**
~ tomorrow · **τώρα ~** right now
κίον|ας *ο* pillar
κιονόκραν|ο *το* capital
κιονοστοιχία *η* colonnade
ΚΙΟΣΚΙ *το* kiosk

κιτρινίζ|ω ρ αμ (φύλλα, δάχτυλα) to go ή turn yellow · (για πρόσ.) to go pale ◆ ρ μ to turn yellow

κίτριν|ος επίθ (φούστα, φύλλα) yellow · (για πρόσ.) pale ▷ **~η φυλή** Asians πληθ. ▷ **~ πυρετός** yellow fever · ▷ **Τύπος** gutter press

▸ **κίτρινο** το yellow

κλάδε|μα το (ελιάς, αμπελιού) pruning · (στο ποδόσφαιρο) hard tackle

κλαδεύ|ω ρ μ (δέντρο, αμπέλι) to prune · (λουλούδι) to cut back · (στο ποδόσφαιρο) to tackle hard

κλαδί το branch

κλάδ|ος ο (επίσ.: = κλαδί) branch · (βιομηχανίας) branch · (γλωσσολογίας) discipline · (= συγκεκριμένη επαγγελματική ομάδα) profession

κλαί|ω ρ αμ to cry ◆ ρ μ to mourn

▸ **κλαίγομαι** μεσ (μειωτ.) to complain

κλά|μα το crying χωρίς πληθ. · **βάζω τα ~τα** to start crying

κλαμέν|ος επίθ (πρόσωπο) tear-streaked · (για πρόσ.) tearful

κλαμπ το (= κέντρο) club · (οπαδών ομάδας) fan club

κλάμπινγκ το clubbing

κλάν|ω (οικ.) ρ αμ to fart (ανεπ.) ◆ ρ μ not to give a damn about (ανεπ.)

κλάρ|α η (= μεγάλο κλαρί) branch · (για ύφασμα) flowery material

κλαρί το twig

κλαρίν|ο το clarinet

κλασικ|ός επίθ (συγγραφέας, βιβλίο) classical · (αυτοκίνητο) classic · (συνθέτης, μουσικός) classical · (αρχιτεκτονική, έπιπλα) classical · (επιχείρημα, απάντηση) classic · (τεμπέλης, ψεύτης) complete · (παράδειγμα, ευκαιρία) classic · (ντύσιμο, γραμμή) classic · (μέθοδος διδασκαλίας) traditional

▷ **~ά εικονογραφημένα** classic comics ▷ **~ή εποχή** classical age ▷ **~ές σπουδές** classical studies

▸ **κλασικοί** οι classics

κλάσ|μα το fraction

κλασσικός επίθ = **κλασικός**

κλατάρ|ω ρ αμ (λάστιχο) to burst · (τραπέζι) to give way · (για πρόσ.) to be worn out

κλαψιάρ|ης, -α, -ικο είμαι **~** = κλαίω εύκολα) to be a crybaby · (= παραπονιέμαι) to always whining

κλάψιμ|ο το (= κλάμα) crying · (μειωτ.: = κλάψα) whining

κλέβ|ω ρ μ (λεφτά, πορτοφόλι) to steal · (κατάστημα, σπίτι) to burgle (Βρετ.), to burglarize (Αμερ.) · (περαστικό) to rob · (εφορία, εργαζόμενο) to cheat · (ιδέα, εφεύρεση) to steal · (παιδί) to kidnap · (γυναίκα) to elope with ◆ ρ αμ (= είμαι κλέφτης) to steal · (στα χαρτιά) to cheat

κλειδαριά η lock ▷ **ηλεκτρονική ~** electronic lock ▷ **~ ασφαλείας** safety lock

κλειδαρότρυπ|α η keyhole

κλειδί το (πόρτας, γραφείου) key · (εργαλείο) spanner (Βρετ.), wrench (Αμερ.) ▷ **θέση-~** key position ▷ **λέξη-~** key word

κλειδώ|μα το (πόρτας, αυτοκινήτου) locking · (σπιτιού) locking up

κλειδωνιά η = **κλειδαριά**

κλειδών|ω ρ μ (πόρτα, χρηματοκιβώτιο) to lock · (σπίτι) to lock up ◆ ρ αμ to lock

▸ **κλειδώνομαι** μεσ to lock oneself away

κλείδωσ|η η joint (χεριού) wrist · (ποδιού) ankle

κλείν|ω ρ μ (πόρτα, συρτάρι) to close · (φάκελο) to seal · (βάζο, κατσαρόλα) to cover · (= γεμίζω: τρύπα) to fill (in) · (βιβλίο,

περιοδικό) to close · *(εφημερίδα, χάρτη)* to fold up · *(παντελόνι, σακάκι)* to do up · *(σύνορα, δρόμο)* to close (off) · *(επιχείρηση, εταιρεία)* to close down · *(κατάστημα: οριστικά)* to close down · *(προσωρινά)* to close · *(βρύση, τηλεόραση)* to turn off · *(φως)* to turn off · *(για οχήματα)* to obstruct · *(τραπέζι, δωμάτιο)* to book · (= *κανονίζω: αγώνα)* to arrange · *(υπόθεση)* to put an end to · *(συμφωνία, δουλειά)* to finalize · *(διάλεξη, ομιλία)* to end · *(για ηλικία)* to reach ♦ *α αμ (πόρτα, παντζούρι)* to do up · *(σακάκι, φούστα)* to do up · *(πληγή, τραύμα)* to close · *(οθόνη, τηλεόραση)* to go off · *(υπόθεση)* to be closed · *(συμφωνία)* to be finalized · *(σχολεία)* to close · *(μαγαζιά)* to close · (= *πτωχεύω: επιχείρηση, εταιρεία)* to fold · *(πτήση, ξενοδοχείο)* to be fully booked · *(κέντρο πόλης, δρόμοι)* to be closed off · *(ταινία, βιβλίο)* to end · *(δεκαετία, φάση)* to end ·
▸ **ραντεβού** to arrange to meet ·
~ **το τηλέφωνο** to hang up
▸ **κλείνομαι** *μεσ* (= *δεν βγαίνω)* to lock oneself away · *(πόλη, χωριό)* to be hemmed in

κλείσι|μο *το (πόρτας, συρταριού)* closing · *(τηλεόρασης)* turning off · *(υπολογιστή)* shutting down · *(προγράμματος, εφαρμογής)* ending · *(συνόρων, δρόμων)* closure · *(σχολείων, εμπορικών)* closing · *(εργοστασίων, εταιρείας: λόγω πτώχευσης)* closure · *(συμφωνίας)* finalizing · *(δωματίου, θέσης)* booking · *(υπόθεσης, λογαριασμού)* conclusion · *(λογαριασμού)* settling · *(διάλεξης, ομιλίας, φάσης)* end · *(πληγής, τραύματος)* healing ·
▷~ **ματιού** wink

κλειστ|ός *επίθ (σπίτι)* shut ή

closed up · *(ντουλάπα, σεντούκι)* closed · *(πόρτα, παράθυρο)* closed · *(κουρτίνα)* drawn · *(φερμουάρ)* done up · *(μπλούζα, φόρεμα)* with a high neckline · *(φάκελος)* sealed · *(μπουκάλι)* closed · *(οδός, σύνορα)* closed · *(βλέφαρα, μάτια)* closed · *(υπολογιστής, τηλεόραση)* off · *(εργοστάσιο, κατάστημα)* closed · *(γυμναστήριο)* covered · *(λέσχη, σωματείο)* private · *(αριθμός πλοηγήσεων, φοιτητών)* fixed · *(αρραβώνας, γάμος)* private · *(τύπος, άνθρωπος)* withdrawn · *(κοινωνία, αγορά)* closed ▷~ **κύκλωμα** closed circuit ▷~ **η στροφή** hidden bend

κλειτορίδ|α *η* clitoris

κλέφτ|ης *ο* thief

κλέφτικ|ο *το* kleftiko, *spiced meat baked in tin foil*

κλέφτρ|α *η βλ.* **κλέφτης**

κλεψιά *η* theft

κλέψι|μο *το* theft

κλεψύδρ|α *η* hourglass

κλή|μα *το (= κλιματόβεργα)* vine · (= *αμπέλι)* (grape)vine

κληματαρι|ά *η = αναρρωχώμενο αμπέλι)* climbing vine · *(κατασκευή στήριξης)* arbour *(Βρετ.)*, arbor *(Αμερ.)*

κληματόφυλλ|ο *το* vine leaf

κληρικ|ός *ο* clergyman

κληρονομι|ά *η (πατέρα, μητέρας)* inheritance · *(εθνική, πολιτιστική)* heritage

κληρονόμ|ος *ο/η* heir

κληρονομ|ώ *ρ. μ* to inherit

κληρών|ω *ρ. μ (δικαστές)* to choose by lot · *(δώρα, αυτοκίνητο)* to put in a draw
▸ **κληρώνει** *τριτ* to be drawn
▸ **κληρώνομαι** *μεσ (λαχνός)* to be drawn · *(αριθμός)* to come up · *(ομάδες)* to be drawn

κλήρωσ|η *η (ενόχων, ομάδων)* selection · *(λαχείου, δώρων)* draw

κλήση η (στρατευόμενου) call-up · (μάρτυρα, κατηγορουμένου) summons εν. · (για τροχαία παράβαση) ticket · (τηλεφωνική) call

κλητήρ|ας ο/η errand boy ▷**δικαστικός** ~ bailiff

κλίβανος ο (επίσ.: = φούρνος; αρτοποιίας, υαλικός) oven · (βιομηχανικός) furnace · (νοσοκομείου) sterilizer

κλικ το click

κλίμα το (ΜΕΤΕΩΡ) climate · (αηθονίας, οικογένειας) atmosphere · (πολιτικό, οικονομικό) climate · (συζήτησης) tone

κλίμακ|α η scale ▷ **Ρίχτερ** Richter scale

κλιματιζόμεν|ος επίθ air-conditioned

κλιματισμός ο air-conditioning

κλιματιστικ|ός επίθ air-conditioning ▷ **-ή εγκατάσταση** air-conditioning · ▷ **κλιματιστικό** το air-conditioner

κλινικ|ή η (νοσοκομείου) department · (κατ.: = νοσοκομείο) hospital ▷ **χειρουργική** ~ surgical department

κλίν|ω ρ μ (κεφαλή) to incline · (σώμα) to bend · (ρήμα) to conjugate · (ουσιαστικό) to decline ♦ ρ αμ to incline

κλισέ το cliché · (= στερεότυπο) stereotype

κλίσ|η η (κεφαλιού) inclination · (σώματος) bending · (πλοίου) listing · (δρόμου, εδάφους) slope · (= ροπή) aptitude · (ΓΛΩΣΣ: ουσιαστικού) declension · (ρήματος) conjugation

κλοι|ός ο cordon

κλονίζ|ω ρ μ (σπίτι, γη) to shake · (μτφ.: = ταράζω) to shake up · (υγεία, γάμο) to weaken · (εμπιστοσύνη, πίστη) to shake ·

(νεύρα) to unsettle

κλόουν ο clown

κλοπ|ή η theft

κλοπιμαί|ος, -α, -ο stolen · ▷ **κλοπιμαία** τα stolen goods

κλοτσιά η kick

κλοτσ|ώ ρ μ (μπάλα, πέτρα) to kick · (ευκαιρία) to pass up · (τύχη) to turn one's back on ♦ ρ αμ to kick

κλούβα η (= μεγάλο κλουβί) cage · (αστυνομίας) police van (Βρετ.), patrol wagon (Αμερ.)

κλουβί το (παπαγάλου, λιονταριού) cage · (κουνελιού) hutch · (κοτόπουλων) coop

κ.λπ. συντομ etc.

κλωνοποι|ώ ρ μ to clone

κλωστή η thread

κλωτσι|ά η = **κλοτσιά**

κλωτσ|ώ ρ μ/αμ = **κλοτσώ**

κνήμ|η η (= γάμπα) leg · (οστό γάμπας) tibia

κόβ|ω ρ μ (σκοινί, καλώδιο) to cut · (δεσμά) to sever · (ψητό) to carve · (ντομάτα, ψωμί) to cut · (άρθρο εφημερίδας) to cut out · (κλαδί απ' το δέντρο) to cut off · (κεφάλι, μύτη) to cut off · (λουλούδια, μήλα) to pick · (σελίδες από το τετράδιο) to tear out · (= λογοκρίνω: τολμηρές σκηνές, τμήμα βιβλίου) to cut · (δέντρα) to cut down ή chop down · (ξύλα) to chop (up) · (δάχτυλο, χέρι) to cut · (τιμή) to knock down · (δέκα ευρώ) to knock off · (= μειώνω διάρκεια: ταινία) to cut · (ομιλία) to cut short · (= μειώνω σε μήκος: μαλλιά) to cut · (ελαφρά) to trim · (νύχια) to cut · (γένια, φαβορίτες) to trim · (γρασίδι) to cut · (= ξυρίζω: μουστάκι, μούσι) to shave off · (νόμισμα) to mint · (εισιτήριο: θεάτρου) to get · (κινηματογράφου, ταινία) to sell · (απόδειξη) to give · (συνεδρίαση, τηλεφώνημα) to cut

short · (συζήτηση, ομιλητή) to interrupt · (θέα) to block · (ήλιο) to block out · (κυκλοφορία) to stop · (μαθητή, φοιτητές) to fail · (τσιγάρο, ποτό) to give up · (= περικόπτω: συντάξεις, επίδομα) to cut · (δαπάνες) to cut back · (νερό, ρεύμα) to cut off · (τμήνι) to turn · (καφέ, πιπέρι) to grind · (κιμά) to mince (Βρετ.), to grind (Αμερ.) · (προφ.: = χτυπώ: πεζό, γάτα) to hit · (για παπούτσια) to pinch ♦ ω αμ (στα χαρτιά) to cut · (σούπα, γάλα) to go off · (μαχαίρω, ξυράφι) to be sharp · (αέρας) to drop · (βροχή) to stop · (κύμα) to be calm · (ανεπ.: πρόσωπο, μούρη) to look worse · (χρώμα) to fade
▸ **κόβομαι** μεσ (φοιτητής, εξεταζόμενος) to fail · (τηλεφωνική γραμμή, σύνδεση) to be cut · (κρέας, βούτυρο) to cut

κόγχ|η η (ΑΝΑΤ) socket · (επίσης **κόχη**: = κοίλωμα τοίχου) niche
κοιλάδ|α η valley
κοιλι|ά η (ανθρώπου) abdomen · (= στομάχι) stomach · (ψαριών, ζώων) belly · (= έντερα: ψαριών) guts πληθ. · (ζώων) offal · (αεροσκάφους) belly
κοιλόπον|ος ο stomachache
κοίλ|ος επίθ (κάτοπτρο) concave · (έδαφος) hollow
▸ **κοίλο(ν)** το auditorium
κοιλότητ|α η hollow
κοιμ|άμαι ρ αμ απ (= βρίσκομαι σε κατάσταση ύπνου) to be asleep · (= αδρανώ) to do nothing · **~ με κπν** (= κάνω έρωτα) to sleep with sb
κοιμητήριο το graveyard
κοιμίζ|ω ρ μ to send to sleep
κοιμισμέν|ος επίθ (= οκνηρός) dozy · (μεταφ.) dormant
κοινό το (γενικότ.) public · (τραγουδιστή) fans πληθ. ▸ **ευρύ ~** general public

κοινοβουλευτικ|ός επίθ parliamentary
κοινοβούλι|ο το parliament
κοιν|ός επίθ (καλό) common · (φίλος) mutual · (λογαριασμός) joint · (μπάνιο, κουζίνα) shared · (αντίληψη, στοιχεία) common · (ιδέες, απόψεις) similar · (όνομα, έκφραση) common · (ύφασμα) ordinary · (άνθρωπος) common · (αναγνώστης) average · (μέτρο) usual · (απόφαση, προσπάθεια) joint · (μέτωπο) united · (δράση) joint · ▸ **κοινή γνώμη** public opinion
▸ **Κοινή** η vernacular ▷ **Κοινή Ελληνιστική ή Αλεξανδρινή** Koine ▷ **Κοινή Νεοελληνική** Modern Greek
κοινότητ|α η (Ελλήνων, Ινδών) community · (ΔΙΟΙΚ) commune · (στην Αγγλία) parish · (στη Σκωτία, Ουαλία) community
▸ **θεραπευτική ~** help group
κοινόχρηστ|ος επίθ communal
▸ **κοινόχρηστα** τα communal charges
κοινων|ία η (γενικότ.) society · (μελισσών) swarm · (μυρμηγκιών) colony ▷ **Θεία** ~ Holy Communion ▷ **κλειστή ~** closed community ▷ **τοπική ~** local community
κοινωνικ|ός επίθ social · (δράση, προσφορά) community · (για πόδα) sociable · (ταινία, σίριαλ) dealing with social issues ▷ **~ λειτουργός** social worker
▸ **κοινωνικά** τα society column εν.
κοιτάζ|ω ρ μ (= βλέπω) to look at · (= φροντίζω: παιδιά, γονείς) to look after · (μέλλον) to look to · (= ελέγχω: έγγραφα) to look over · (θέμα) to look into · (ασθενή, τραύμα) to examine ♦ ρ αμ (= βλέπω) to look · (ασθενή, τραύμα) to look at · **κοίτα να μην αργήσεις!** don't be late! · **~ τη δουλειά μου** to mind one's own business

▶ **κοιτάζομαι** *μεσ* (= *παρατηρώ τον εαυτό μου*) to look at oneself · (= *κάνω εξετάσεις*) to have a check-up

κοίτη *η* bed

κοιτώ *ρ μ* = **κοιτάζω**

κοιτώνας *ο* (= *υπνοδωμάτιο*) bedroom · (*σχολείου*) dormitory

κοκ *το* chocolate doughnut (*Βρετ.*) · *ή* donut (*Αμερ.*)

κόκα *η* (*φυτό*) coca · (= *κοκαΐνη*) cocaine · (*αναψυκτικό*) Coke ®

κοκαΐνη *η* cocaine

κόκα-κόλα *η* Coca-Cola ®

κόκαλο *το* = **κόκκαλο**

κοκαλώνω *ρ αμ* = **κοκκαλώνω**

κόκκαλο *το* bone

κοκκαλώνω *ρ αμ* (*από φόβο*) to be rooted to the spot · (*από κρύο*) to be numb ♦ *ρ μ* to stop

κόκκινο *το* red wine

κοκκινίζω *ρ αμ* (*πρόσωπο*) to go red · (*μάτια*) to go red · (*από ντροπή*) to blush · (*ντομάτες*) to be ripe ♦ *ρ μ* to redden

κοκκινίλα *η* red mark *ή* spot

▶ **κοκκινίλες** *πλ* red spots

κοκκινιστός *επίθ* in tomato sauce

▶ **κοκκινιστό** *το* meat in tomato sauce

κοκκινογούλι *το* beetroot (*Βρετ.*), beet (*Αμερ.*)

κοκκινομάλλης, -α, -ικο redheaded

▶ **κοκκινομάλλης** *ο*, **κοκκινομάλλα** *η* redhead

κόκκινος *επίθ* red

▶ **κόκκινο** *το* red

κόκκινος *ο* cock

κόκορας *ο* (*πετεινός*) cock (*Βρετ.*), rooster (*Αμερ.*) · (*όπλου*) hammer

κοκορέτσι *το* spit-roasted lamb's offal

κοκτέιλ *το* cocktail ▷ **~-πάρτι** cocktail party

κοκκβιός *ο* gudgeon

κολακεία *η* flattery *χωρίς πληθ.*

κολακεμένος *επίθ* flattered

κολακευτικός *επίθ* flattering

κολακεύω *ρ μ* to flatter · (= *ικανοποιώ*) to please

▶ **κολακεύομαι** *μεσ* to be pleased

κολάν *το* (*ποδηλασίας, χορού*) leggings *πληθ.* · (= *καλσόν*) tights *πληθ.* (*Βρετ.*), pantyhose *χωρίς πληθ.* (*Αμερ.*) ▷ **~ παντελόνι** skintight trousers (*Βρετ.*) *ή* pants (*Αμερ.*)

κολάρο *το* collar

κόλαση *η* hell · (*αργκ.*) mayhem

κολατσίζω *ρ αμ* to have a mid-morning snack

κολατσιό *το* mid-morning snack

κολέγιο *το* (*ίδρυμα δευτεροβάθμιας εκπαίδευσης*) private school, public school (*Βρετ.*) · (*ίδρυμα τριτοβάθμιας εκπαίδευσης*) college

κολιέ *το* necklace

κολικός *ο* colic

κόλλα *η* (= *κάθε ουσία που κολλά*) glue · (= *φύλλο χαρτιού*) sheet of paper

κολλητικός *επίθ* (*ταινία, ουσία*) adhesive · (*αρρώστια*) contagious

κολλητός *επίθ* (= *κολλημένος*) glued down · (*σπίτια*) adjacent · (*παντελόνι, φούστα*) tight

▶ **κολλητός** *ο*, **κολλητή** *η* (*οικ.*) bosom buddy

κολλώ *ρ μ* (*γραμματόσημο*) to stick (*se on*) · (*αφίσες*) to put up · (*κομμάτια, βάζο*) to glue together · (*αρρώστια, μικρόβιο*) to catch · (*πάθος, όνομα*) to give · (*σώμα, χείλη*) to press · (= *προσθέτω*) to add · (= *ενοχλώ*) to bother ♦ *ρ αμ* (= *μπλοκάρω*) to be stumped *ή* stuck · (*πάτωμα, τραπέζι*) to be sticky · (*φαγητό, κατσαρόλα*) to stick · (*ταξιδιώτες, ομάδα*) to be

stuck · (διαπραγματεύσεις) to be deadlocked · (φρένο) to jam · (παράθυρο, πόρτα) to be stuck · (υπολογιστή) to freeze · (μυαλό) to go blank · (για σχήματα) to bump into each other · (πουκάμισο, μαλλιά) to stick
κόλλα το! put it there! · ~ **σε κπν** (σε παρέα) to hang around sb · (σε βουλευτή) to press sb · (σε άνδρα, γυναίκα) to come on to sb · (= ενοχλώ) to bother sb
κολοιός ο mackerel
κολοκύθ|α το = μεγάλο κολοκύθι pumpkin · (= νεροκολοκύθα) gourd
κολοκυθάκ|ι το courgette (Βρετ.), zucchini (Αμερ.) · βλ. κ. **κολοκύθι**
κολοκύθ|ι το marrow (Βρετ.), squash (Αμερ.)
κολοκυθοκεφτές ο marrow (Βρετ.) ή squash (Αμερ.) patty
κολοκυθοκορφάδες οι pumpkin flowers and shoots
κολόν|α η (ναών, σπιτιού) column · (φωτισμού) pillar · (πάγου) tower
κολόνια η cologne
κόλπ|ο το (= τέχνασμα) trick · (= κομπίνα) scheme · (= απάτη) confidence trick
κόλπ|ος ο (ΓΕΩΓΡ) gulf · (ΑΝΑΤ) vagina ▷ **το ρεύμα του Κόλπου** the Gulf Stream
κόλπ|ος² ο (= αποπληξία) stroke · **μου 'ρχεται** ~ (μτφ.) to have a fit
κολύμβηση η swimming
κολυμβήθρ|α η swimming pool
κολυμβητ|ής ο swimmer ▷ **χειμερινός** ~ winter swimmer
κολυμβήτρια η βλ. **κολυμβητής**
κολύμπ|ι το swimming · **πηγαίνω για** ~ to go for a swim
κολυμπ|ώ ο αμ to swim · ~**άει στο λάδι** it's swimming in oil
κολών|α η = κολόνα
κολώνι|α η = κολόνια

κομβόι το = κονβόι
κόμβ|ος ο (συγκοινωνίας) junction · (ΝΑΥΤ) knot · (εμπορίου, πολιτισμού) hub
κόμης ο count
κομήτης ο comet
κόμικς, κόμικ τα comic
κόμιστρο το (ταξί) fare
κόμμα το (ΠΟΛ) party · (ΓΛΩΣΣ) comma · (ΜΑΘ) point
κομμάτ|ι το (χρυσού, χαρτιού) piece · (τυριού, πίτας) piece · (ζωής, κοινωνίας) part · (= ψάρισμα) piece · (= εμπόρευμα) item · (ΜΟΥΣ) piece (of music) · (σε ωκεή) track · (στο σκάκι: = αξιωματικός) bishop · (= πύργος) castle · (= ίππος) knight · **χίλια δολλάρια το** ~ euros each ή a piece
κομματιάζ|ω ρ μ (κρέας) to cut up · (χαρτί) to tear up · (παράταξη) to break up · (μηρό) to shatter
κομμέν|ος επίθ (σχοινί, καλώδιο) cut · (ντομάτα, ψωμί) sliced · (δεσμά) severed · (άρθρο εφημερίδας) cut out · (κεφάλι, μήτη) severed · (λουλούδια, μήλα) picked · (τολμηρές σκηνές, τμήμα βιβλίου) edited out · (δέντρα) felled · (ξύλα) chopped · (δάχτυλο, χέρι) cut · (= μειωμένης διάρκειας: ταινία, ομιλία) cut short · (μαλλιά, γρασίδι) cut · (νύχια) clipped · (γένια, φαβορίτες) trimmed · (μουστάκι, μούσι) shaved off · (κυκλοφορία) at a standstill · (μαθητής, φοιτητής) failed · (ταχύτητα, επίδοση) reduced · (για νερό, ρεύμα) cut off · (καφές, πιπέρι) ground · (χώμα) minced (Βρετ.), ground (Αμερ.) · (σούπα, μαγιονέζα) spoiled · (γάλα) sour
κόμμωση η hairstyle
κομμωτήρι|ο το hairdresser's
κομμωτ|ής ο hairdresser
κομμώτρια η βλ. **κομμωτής**
κομοδίν|ο το bedside table

κομουνιστ|ής *ο* communist

κομπίν|α *η* (= *απάτη*) fiddle ·
(= *πονηριά*) scheme

κομπινεζόν *το* slip

κομπιούτερ *το* computer

κομπιουτεράκ|ι *το* calculator

κομπλέ (= *πλήρης*) full ·
(= *ολοκληρωμένος*) finished

κόμπλεξ *το* complex

κομπλιμέντ|ο *το* compliment ·
κάνω ~ σε κπν to pay sb a
compliment

κόμπ|ος *ο* (*σχοινιού, γραβάτας*)
knot · (*χεριών*) knuckle · (*στον
λαιμό*) lump · **δένω/λύνω έναν ~ο**
to tie/untie a knot

κομπόστ|α *η* stewed fruit

κόμπρ|α *η* cobra

κομπρέσ|α *η* compress

κομφόρ *τα* comforts

κομψά *επίρρ* (*ντύνομαι*) smartly ·
(*εκφράζομαι, μιλώ*) elegantly

κομψ|ός *επίθ* (*για πρόσ*) smart ·
(*ντύσιμο, ρούχο*) stylish · (*μοντέλο,
εμφάνιση*) elegant · (*σώμα,
χειρονομία*) graceful · (*βιβλίο, σπίτι*)
smart · (*έκφραση*) elegant

κονβόι *το* convoy

κονδύλ|ι *το* allocation

κονιάκ *το* brandy

κονσέρβ|α *η* can, tin (*Βρετ.*) · **σε
~ canned, tinned** (*Βρετ.*)

κονσερβοκούτ|ι *το* tin

κονσερβοποιημέν|ος *επίθ*
canned, tinned (*Βρετ.*)

κονσόλ|α *η* (TEXNOΛ) console ·
(*έπιπλο*) console table

κοντά *επίρρ* (= *σε μικρή απόσταση*)
near ·'(= *μαζί*) **·μου/σου/του/της/μας/
σας/τους** with · (= *σχεδόν: για
χρόνο*) nearly · (*για ποσότητα*)
about · **από ~** (*ζυγίζω, βλέπω*)
close up · (*εξετάζω*) closely · (*ζω*)
at first hand · (*ακολουθώ*) close
behind · **εδώ ~** somewhere near
here *η* nearby · **κάθομαι ~ σε** κπν
to sit next to sb · **κατοικώ ~ σε**

κπν/κτ to live close to *ή* near sb/
sth · **~ σε** (= *εκτός από*) on top of

κοντάρ|ι *το* (*γενικότ.*) pole ·
(*σημαίας*) flagpole · (= *ρόου*)
spear · (*ακοντισμού*) javelin · (*επί
κοντώ*) pole

κοντέρ *το* mileometer

κοντεύ|ω *ρ αμ* to draw near ♦ *ρ μ*
to be getting on for · **~ τα
τριάντα** to be getting on for
thirty

κοντιν|ός *επίθ* (*χωριό, ταβέρνα*)
neighbouring (*Βρετ.*),
neighboring (*Αμερ.*) · (*δρόμος,
μονοπάτι*) short · (*μπαλιά, σουτ*)
close · (*μέλλον, στόχος*)
immediate · (*συγγενής, φίλος*)
close ▷ **-ό πλάνο** close-up

κοντομάνικ|ος *επίθ*
short-sleeved
▶ **κοντομάνικο** *το* (*πουκάμισο*)
short-sleeved shirt · (*μπλουζάκι*)
short-sleeved top

κοντ|ός (*επίθ.*) *ο* (*γενικότ.*) pole ·
(*δόρατος*) shaft · (AΘΛ) pole

κοντ|ός *επίθ* short · **μου έρχεται
~ό** it's too short for me

κοντοσούβλ|ι *το* (= *μικρή σούβλα*)
small skewer · (*φαγητό*) pork
kebab

κοπάδ|ι *το* (*προβάτων*) flock ·
(*βοδιών*) herd · (*ψαριών*) shoal

Κοπεγχάγη *η* Copenhagen

κοπέλ|α *η* (= *νεαρή γυναίκα*) girl ·
(= *αρραβωνιασμένη*) girlfriend

κοπέλι|α *η* girl · **~! miss!**

κόπι|α *η* copy · (= *φωτοτυπία*)
photocopy · (*ταινίας, εκπομπής*)
recording

κοπιάζ|ω *ρ αμ* (= *μοχθώ*) to work
hard · (= *επισκέπτομαι*) to drop by

κοπιαστικ|ός *επίθ* (*δουλειά,
εργασία*) tiring · (*μελέτη*)
painstaking · (*πορεία*) uphill ·
(*προσπάθεια*) hard

κοπλιμέντ|ο *το* = **κομπλιμέντο**

κόπ|ος *ο* (= *κούραση*) effort ·

(= μόχθος) hard work χωρίς πληθ. •
(= αμοιβή) wages πληθ. • **δε θα**
ήθελα να σας βάλω σε ~ο I
don't want to put you to any
trouble • **για τον ~ο σου** for your
pains • **με ~ο** with difficulty •
χαμένος ή μάταιος ή άδικος ~ in
vain

κόπρανα τα faeces (Βρετ.), feces
(Αμερ.)

κοπριά η (= κόπρος) manure •
(= λίπασμα) fertilizer

κόπωση η tiredness

κόρακας ο crow

κοράκι το (= κόρακας) crow •
(μειωτ.: = νεκροθάφτης)
grave-digger

κοράλλι το coral

κορδέλα η (για μαλλιά, περιτύλιξη)
ribbon • (για μέτρηση) tape
measure

κόρη η (= θυγατέρα) daughter •
(= κοπέλα) girl • (ANAT) pupil •
(ΑΡΧ) kore, ancient Greek statue of
a young woman

κοριός ο (έντομο) (bed)bug •
(συσκευή υποκλοπής) bug

κοριτσάκι το (= μικρό κορίτσι)
little girl • (= μωρό) baby girl

κορίτσι το (= κοπέλα) girl •
(= κόρη) daughter • (= φιλενάδα)
girlfriend

κορμί το body

κορμός ο (δέντρου) trunk •
(ανθρώπου) torso • (γλυκό)
chocolate crunch

κόρνα το horn

κορνάρω ρ αμ to hoot

κορνίζα η frame

κορνιζάρω ρ μ to frame

Κορνουάλη η Cornwall

κορν-φλέικς τα cornflakes

κοροϊδευτικός επίθ mocking

κοροϊδεύω ρ μ (= εμπαίζω) to

laugh at • (= κάνω γκριμάτσες) to
take off • (= ξεγελώ) to cheat

κοροϊδία η (= εμπαιγμός) mockery
χωρίς πληθ. • (= εξαπάτηση) con
(ανεπ.)

κορόιδο (μειωτ.) το (= περίγελος)
laughing stock • (= αφελής) dupe

κορόνα η = κορώνα

κορυφαίος, -α, -ο (παίκτης,
αρχιτέκτονας) leading • (έργο)
outstanding • (διοργάνωση,
αγώνας) top-level • (εκδήλωση)
perfect • (στιγμές) crowning

κορυφή η (επίσης κορφή: βουνού)
summit • (επίσης κορφή:
κεφαλιού) crown • (δέντρου,
σκάλας) top • (κύματος) crest •
(ΓΕΩΜ: πυραμίδας, κώνου) vertex •
(βαθμολογίας) top • (επιτυχίας,
σταδιοδρομίας) peak

κορφή η top • βλ. κ. **κορυφή**

κορώνα η crown • (νόμισμα:
Δανίας) krone • (Σουηδίας) krona

κος (επίσ.) συντομ Mr

κόσκινο το sieve

κόσμημα το jewel

κοσματοπωλείο τό jeweller's
(shop) (Βρετ.), jeweler's (Αμερ.)

κοσματοπώλης ο jeweller
(Βρετ.), jeweler (Αμερ.)

κοσματοπώλισσα η βλ.
κοσματοπώλης

κοσμικός επίθ (εξουσία, τέχνη)
secular • (γάμος, συγκέντρωση)
society • (κέντρο, ταβέρνα)
fashionable • (κυρία, κύριος)
sociable ▷ **~η κίνηση** social life
▷ **~ κύκλος** social circle • **~ τύπος**
socialite

κόσμιος, -α ή -ία, -ο decent

κοσμοπολίτικος επίθ
cosmopolitan

κόσμος ο (= υφήλιος) world •
(= σύμπαν) cosmos •
(= ανθρωπότητα) world •
(= κοινωνικός περίγυρος) people
πληθ. • (= εγκόσμια) world •

(παιδιού, ιδεών) world ·
(= πολιτικής, τηλεόρασης) world ·
(= πλήθος) people πληθ. ·
(= επισκέπτες) guests πληθ. ·
(= πελάτες) customers πληθ. · **έχει
~ο** it's busy · **όλος ο
~ everybody · ταξιδεύω σ' όλο
τον ~ο** to travel (all over) the
world

κοστίζ|ω ρ μ to cost ◆ ρ αμ
(μεγάλη ζωή, ελευθερία) to come
at a price · (ταξίδια) to be
expensive · **~ ακριβά** to cost a
lot · **~ φθηνά** not to cost much

κόστ|ος ο (= αξία) cost ·
(κατασκευής, μεταφοράς) costs
πληθ. · (ρύπανσης, πυρκαγιάς)
cost · (επιλογών) consequences
πληθ. · **σε τιμή ~ους** at cost price
▷ **~ συντήρησης** running costs
πληθ.

κοστούμ|ι το suit
▸ **κοστούμια** πλ costumes

κότ|α η (πτηνό) hen · (μειωτ.: =
φοβητσιάρης) chicken (ανεπ.) ·
(υβρ.: για γυναίκα) featherbrain
(ανεπ.)

κότερ|ο το yacht
κοτέτσ|ι το coop
κοτολέτ|α η cutlet
κοτόπουλο το chicken · **~ ψητό**
roast chicken

κοτσάν|ι το stem
κοτσίδ|α η plait
κότσυφ|ας ο blackbird
κουβαλώ ρ μ (ρώνια, ρούχα) to
carry · (για ποτάμι: χλαδιά, λάσπη)
to carry along · (παρέα, φίλους) to
bring
▸ **κουβαλιέμαι** μεσ to turn up
uninvited

κουβάρ|ι το (για πλέξιμο) ball of
wool · (για σκέψεις) confusion ·
(για ρούχα) heap
κουβαρίστρ|α η bobbin
κουβάς ο bucket
κουβέντ|α (ανεπ.) η (= συζήτηση)

conversation · (= λόγος) word ·
αλλάζω (την) ~ to change the
subject · **ανοίγω ρ πιάνω (την)
~ (με κπν για κτ)** to start talking
(to sb about sth)

κουβεντιάζ|ω (ανεπ.) ρ αμ to talk
◆ ρ μ (= διαπραγματεύομαι) to
discuss · (= κουτσομπολεύω) to
talk about · **~ με κπν** to talk to sb

κουβέρ το (= ό,τι σερβίρεται
επιπλέον) cover · (= χρέωση
εξυπηρέτησης) cover charge

κουβέρτ|α η blanket
κουδούν|ι το bell
κουζίν|α η (σπιτιού, καταστήματος)
kitchen · (ηλεκτρική συσκευή)
cooker · (τρόπος μαγειρέματος)
cooking

κουκέτ|α η (πλοίου) berth ·
(τρένου) bunk
κούκλ|α η (παιδιού) doll ·
(= καλλονή) beauty · (μοδίστρας,
βιτρίνας) dummy

κουκουβάγι|α η owl
κουκούλ|α η (παλτού, μπουφάν)
hood · (αυτοκινήτου) cover
κουκουνάρ|ι το (πεύκου, ελάτου)
cone · (για γέμιση) pine nut ή
kernel

κουκούτσ|ι το (κερασιού) stone ·
(σταφυλιού) pip
κουλούρ|ι το (= αρτοσκεύασμα)
bread roll with sesame seeds,
= pretzel · (= βούτημα) biscuit
(Βρετ.), cookie (Αμερ.)

κουλτούρ|α η culture
κουμπάρ|α η (σε γάμο) chief
bridesmaid (Βρετ.), maid of
honour (Αμερ.) · (σε βαπτίσια)
godmother

κουμπαράς ο piggy bank
κουμπάρος ο (σε γάμο) best
man · (σε βάπτιση) godfather

κουμπ|ί το button · (στέρεο) control

κουμπότρυπα η buttonhole

κουμπών|ω ρ μ to do up ·
▸ **κουμπώνομαι** μεσ (= κλείνω τα ρούχα μου με κουμπιά) to button up · (= είμαι διστακτικός) to be stand-offish

κουνέλ|ι το rabbit

κούνελ|ος ο buck (rabbit)

κούνη|μα το (πλοίου, βάρκας) rocking χωρίς πληθ. · (κεφαλιού) nod · (μαντηλιού) wave · (γυναίκας, άνδρα) wiggle (of the hips)

κούνι|α η (= λίκνο) cradle, cot (Βρετ.), crib (Αμερ.) · (= αιώρα) swing · **κάνω ~** to swing to and fro
▸ **κούνιες** πλ swings

κουνιάδ|ος ο brother-in-law

κουνούπ|ι το mosquito · **με τρώνε τα ~α** to be bitten by mosquitoes

κουνουπίδ|ι το cauliflower

κουνουπιέρα η mosquito net

κουν|ώ ρ μ (δάχτυλο) to move · (απειλητικά) to shake · (κεφάλι) to shake · (καταφατικά) to nod · (χέρια) to wave · (ώμους) to shrug · (σώμα) to sway · (ουρά) to wag · (μωρό) to rock · (για σεισμό) to shake · (τραπέζι, γραφείο) to move · (για στέλεχος, υπάλληλο) to move ♦ ρ α to roll
▸ **κουνιέμαι** μεσ (= μετακινούμαι) to move · (= κάνω γρήγορα) to hurry up · (= δραστηριοποιούμαι) to stir oneself

κούπ|α η (= μεγάλο φλιτζάνι) mug · (στην τράπουλα) heart · **ντάμα/δύο ~** the queen/two of hearts

κουπαστή η (πλοίου) rail · (σκάλας, μπαλκονιού) handrail

κουπέ το coupé

κουπ|ί το oar

κουπόν|ι το (εφημερίδας, περιοδικού) coupon · (έκπτωσης) voucher · (δωρεάν παροχής)

token · (εράνου) receipt (for a donation)

κουράγι|ο το courage · **~!** chin up!

κουράζ|ω ρ μ (= καταπονώ) to tire out · (= ενοχλώ) to annoy
▸ **κουράζομαι** μεσ (= είμαι κουραγμένος) to be tired · (μάτια) to be tired

κουραμπιές ο (γλύκισμα) sugar-coated almond butter biscuits, traditionally eaten at Christmas · (μειωτ.) wimp (ανεπ.)

κούρασ|η η tiredness · **είμαι πτώμα απ' την ~** to be dead tired

κουρασμέν|ος επίθ (= καταπονημένος) tired · (= ενοχλημένος) weary

κουραστικός επίθ (δουλειά, ημέρα) tiring · (έργο) heavy-going · (μονόλογος) tiresome · (για πρόσ.) tiresome

κουρδίζ|ω ρ μ (ρολόι, παιχνίδι) to wind up · (κιθάρα, πιάνο) to tune · (φίλο, γνωστό) to irritate

κουρ|έας ο barber

κουρείο το barber shop

κουρέλ|ι το (= ράκος) rag · (μειωτ.: = παλιόρουχο) old rag

κούρε|μα το (μαλλιών) haircut · (τριχώματος) shearing · (γκαζόν) mowing · (γρασιδιού) cutting · (= στιλ) haircut

κουρεύ|ω ρ μ (για ζώα) to shear · (για γρασίδι) to cut · (για φυτά) to cut back · **~ κπν** to cut sb's hair

κούρσα η a race, fare · **άλογο ~ς** racehorse

κουρτίν|α η curtain

κουστούμ|ι το = **κοστούμι**

κούτ|α η (= μεγάλο κουτί) box · (τσιγάρων) carton

κουτάβ|ι το (σκύλου) pup · (λύκου, αλεπούς) cub

κουτάλα η ladle

κουταλάκ|ι το teaspoon

κουτάλ|ι το spoon

κουταλι|ά η spoonful

κουταμάρα η (= βλακεία) stupidity · (= ανόητη κουβέντα) stupid remark · (= ανόητη πράξη) stupid thing to do · **~ες!** nonsense! · **λέω ~ες** to say stupid things

κούτελο το (ανεπ.) το forehead

κουτ|ί το (γενικότ.) box · (τσιγάρων, ρυζιού) packet · (γάλακτος) carton · (μπίρας, κόκα-κόλας) can · **μου έρχεται ~ί πέφτει ~** (οικ.: για ρούχα) it fits me like a glove · (για κατάσταση) it suits me down to the ground · **του ~ιού** (αυτοκίνητο, κοστούμι) brand new

κουτ|ός επίθ (= βλάκας) stupid · (= αφελής) foolish · (ερώτηση, άποψη) silly

κουτσαίν|ω ρ αμ ~ **κπν** = (αφήνω κουτσό) to leave sb crippled · (= τραυματίζω) to make sb limp ♦ ρ αμ to limp

κουτσομπόλα η βλ. **κουτσομπόλης**.

κουτσομπολεύ|ω ρ μ to gossip about

κουτσομπόλης ο gossip

κουτσομπολιό το gossip χωρίς πληθ.

κουτσ|ός επίθ (= χωλός) lame · (καρέκλα, τραπέζι) rickety
▸ **κουτσό** το hopscotch
▸ **κουτσός** ο, **κουτσή** η person with a limp

κούτσουρο το (= κορμός) (tree) stump · (= κανούξύλο) log · (= αμόρφωτος) dunce

κουφαίν|ω ρ μ (κυριολ.) to make deaf · (γειτονιά, κατοίκους) to deafen · (αργκ.: = καταπλήσσω) to stun
▸ **κουφαίνομαι** μεσ to go deaf

κουφέτο το sugared almond

κούφι|ος, -ια, -ιο (τοίχος, κολοκύθες) hollow · (καρύδια, κάστανα) rotten · (δόντι) decayed

(για πρόσ.) shallow
▸ **κούφια** η (χυδ.) smelly fart (χυδ.)

κουφός επίθ deaf
▸ **κουφό** το (αργκ.) crazy talk χωρίς πληθ. (ανεπ.)

κούφωμα το frame

κοφίν|ι το wicker basket

κοφτερός επίθ sharp

κοφτ|ός επίθ (μακαρόνια) cut up · (βράχος) abrupt · (κουταλιά) level · (κίνηση) abrupt · (ματιά) swift · (απάντηση, κουβέντες) abrupt

κοχλάζ|ω ρ αμ (νερό) to boil · (από θυμό) to fume · (αίμα) to boil

κοχλαστός επίθ boiling

κοχύλ|ι το (θαλάσσιο μαλάκιο) conch · (= κέλυφος) seashell

κόψη η (cutting) edge

κόψι|μο το (τυριού) cutting · (κρέατος) carving · (τούρτας, ψωμιού) cutting · (υφάσματος, χαρτιού) cutting · (μαλλιών) cutting · (νυχιών) cutting · (χλαδιού δέντρου) cutting off · (λουλουδιών, αχλαδιών) picking · (μισθών, αμοιβών) cut · (για μπλούζα) cut · (για αυτοκίνητο) design · (για τσιγάρο, ποτού) giving up · (στα χαρτιά) cut · (σε εξετάσεις, διαγωνισμό) failing · (γάλακτος, μαγιονέζας) going off · **με πιάνει ~** (οικ.) to get the runs (ανεπ.)

κραγιόν το (καλλυντικό) lipstick · (επίσης **~ί**: = κηρομπογιά) crayon

κράκερ το cracker

κρά|μα το (= μείγμα) mixture · (ΧΗΜ) alloy

κράμπα η cramp · **παθαίνω ή με πιάνει ~** to get cramp

κρανί|ο το (ΑΝΑΤ) cranium · (= κεφάλι) head · (= νεκροκεφαλή) skull

κράν|ος το helmet

κράση η constitution

κρασί *το* wine

κράσπεδο *το* (*πεζοδρομίου*) kerb (*Βρετ.*), curb (*Αμερ.*) · (*υφάσματος, ρούχου*) hem

κράτησ|η *η* (*δωματίου, θέσεων*) reservation · (ΝΟΜ) custody · **κάνω ~ θέσης** to make a reservation

κρατητήρι|ο *το* jail · (*σε στρατόπεδο*) detention cell · (*σε στρατιωτικό νοσοκομείο*) detention ward

κρατικ|ός *επίθ* state · (*τηλεόραση, τράπεζα*) state–owned · (*δάνειο*) government · (*διαγωνισμός, προϋπολογισμός*) national · (*έργα*) public

κράτ|ος *το* state · **~-μέλος της Ε.Ε.** EU member state

κρατ|ώ *ρ μ* (*μπαστούνι, λουλούδι*) to hold · (*στηρίζω: βάρος*) to hold · (*έχω αγκαλιά: παιδί, φιλενάδα*) to hold · (*συγκρατώ: για σφουγγάρι: νερό*) to retain · (*έχω μαζί μου: χρήματα, αναπτήρα*) to have (on one) · (*θέτω υπό κράτηση: υπόπτους*) to hold · (*φυλάω: λεφτά, κρασί*) to save · (*διατηρώ σε κατάσταση*) to keep · (*αξιοπρέπεια, ποσοστά*) to keep · (*προσχήματα*) to keep up · (*επιφυλάξεις*) to have · (*διατηρώ στη μνήμη*) to remember · (*θέση, κάθισμα*) to save · (*στρατιωτικές θέσεις*) to hold · (*μυστικό, υπόσχεση*) to keep · (*παραδόσεις, ήθη και έθιμα*) to keep up · (*πατρώνυμο*) to take · (*οικογένεια, ομάδα*) to hold together · (*γέλια*) to suppress · (*θυμό, οργή*) to control · (*σημειώνω: τηλέφωνο, στοιχεία*) to write down · (*ημερολόγιο, πρακτικά*) to keep · (*απουσίες*) to mark down · (*μαγαζί, νοικοκυριό*) to run · (*ταμείο*) to manage · (*φροντίζω: παιδιά, μωρό*) to look after · (*δωμάτιο, τραπέζι*) to book ·

(= *αφαιρώ κι κρύβω: αλληλογραφία*) to keep hold of · (*στοιχεία, πληροφορίες*) to keep back ·

(= *κατέχω: πόλη, περιοχή*) to hold ·

♦ *ρ αμ* (*ρούχα, σόλα*) to last · (= *αντέχω: μάνα, πατέρας*) to keep going · (*αυξήτηση, ταινία*) to last · (*καιρός*) to hold · (= *αντιστέκομαι: εχθρός, οχυρό*) to hold out · **κράτα/ ~είστε τα ρέστα!** keep the change!

▶ **κρατιέμαι** *μεσ* (= *στηρίζομαι*) to hold on (*από* to) ·

(= *συγκρατούμαι*) to contain oneself

κραυγ|ή *η* (*γενικότ.*) cry · (*βοήθειας*) call · (*αγωνίας*) scream · (*αποδοκιμασίας*) shout

κρέ|ας *το* (= *σάρκα*) flesh · (*για βρώση*) meat

κρεατόσουπ|α *η* broth

κρεβάτ|ι *το* bed · (**είμαι/μένω**) **στο ~** (= be/stay) in bed

κρεβατοκάμαρ|α *η* bedroom

κρέμ|α *η* cream ▶ **αντηλιακή ~** sun cream ▷ **~ βανίλιας** vanilla cream ▷ **~ γάλακτος** cream ▷ **~ ενυδατική** moisturizing cream ▷ **~ μους** mousse ▷ **~ προσώπου** face cream ▷ **~ ξυρίσματος** shaving cream

κρεμάλ|α *η* (= *αγχόνη*) gallows · (= *κρέμασμα*) hanging · (*παιχνίδι*) hangman

κρέμασ|μα *το* (*φώτων, φαναριών*) hanging · (*σκουλαριών*) putting on · (= *απαγχονισμός*) hanging

κρεμασμέν|ος *επίθ* (*πανό, ετικέτες*) suspended · (*για πρόσ.*) hanged

κρεμαστ|ός *επίθ* (*σκουλαρίκια*) dangling · (*ρούχα*) suspended · (*καθρέφτης*) hanging · (*λάμπα, φως*) overhead ▷ **~ή γέφυρα** suspension bridge ▷ **~οι κήποι** hanging gardens ▷ **ή τσάντα** shoulder bag

κρεμάστρ|α η (= κρεμαστάρι) (coat) hanger · (= καλόγερος) stand · (τσόγου) pegs πληθ.

κρεμμύδ|ι το onion

κρεμμυδόσουπ|α η onion soup

κρέμ|ομαι ρ αμ to hang

κρεμώ ρ μ (ρούχα) to hang (up) · (για στέγνωμα) to hang out · (παλτό, πίνακα) to hang · (σκουλαρίκια, κοσμήματα) to put on · (χέρια, πόδια) to hang · (γλώσσα) to loll · (κατάδικο) to hang ◆ ρ αμ (ανεπ.: στήθος, λαιμός) to sag · (ανεπ.: σακάκι, τραπεζομάντηλο) to hang down
► **κρεμιέμαι** μεσ (= πιάνομαι) to hang on (από το) · (πολυέλαιος, φωτιστικό) to hang (από from) · (= απαγχονίζομαι) to hang oneself

κρεοπωλείο το butcher's

κρεοπώλης ο butcher

κρεοπώλισσα η βλ. **κρεοπώλης**

κρέπ|α η pancake

Κρήτη η Crete

κριάρ|ι το (= κριός) ram · (προφ.: ΑΣΤΡΟΛ) Aries

κριθάρ|ι το barley

κρίκ|ος ο (αλυσίδας, κλειδιού) ring · (= σκουλαρίκι) earring
► **κρίκοι** πλ rings

κρί|μα το sin · **είναι ~ (να κάνω κτ)** it's a shame ή pity (to do sth) · **(τι) ~!** what a shame!

κρίνο| το = **κρίνος**

κρίνος ο lily

κρίν|ω ρ μ (= καθορίζω) to judge · (= καθορίζω) to decide ◆ ρ αμ to pass judgment

κριό|ς ο (= κριάρι) ram · (ΑΣΤΡΟΝ, ΑΣΤΡΟΛ) Aries

κρίσ|η η (= κριτική ικανότητα) judgment · (= άποψη) opinion · (= αξιολόγηση) assessment · (για δικαστήριο: = απόφαση) verdict · (= δοκιμασία) crisis · (ΙΑΤΡ) attack
► **επιληπτική ~** epileptic fit

► **~ ταυτότητας** identity crisis
► **νευρική ~** fit of hysterics · (μτφ.) angry outburst · **υστερική ~** fit of hysterics · **ψυχολογική ~** nervous breakdown

κρίσιμος επίθ critical · (απαντήσεις, συνάντηση) crucial

κρισιμότητα η (κατάστασης, προβλήματος) seriousness · (διάσκεψης) significance

κρις-κραφτ το speedboat

κριτήρι|ο το criterion

κριτής ο judge

κριτικ|ή η (= σχολιασμός) judgment · (= αξιολόγηση) criticism · (= σε εφημερίδα) review · (αργ.) criticism

κριτικός επίθ critical
► **κριτικός** ο/η critic · **θεάτρου/κινηματογράφου/λογοτεχνίας** drama/film/literary critic

Κροάτης ο Croatian

Κροατί|α η Croatia

κροατικός επίθ Croatian
► **Κροατικά, Κροάτικα** τα Croatian εν.

κροκόδειλ|ος ο = **κροκόδιλος**

κροκόδιλ|ος ο crocodile

κροκ|ός ο βλ. **κρόκος**

κρόκ|ος ο yolk

κρόουλ το crawl

κρόταφος ο temple

κρότ|ος ο (πυροτεχνήματος, πιστολιού) bang · (κανονιού) boom · (βροντής) crash · (κατ.: = σύντομος δυνατός ήχος) bang · (μεταλλικός) clang · (ξύλου που καίγονται) crackle

κρουαζιέρ|α η cruise

κρουασάν το croissant

κρούσμα το case

κρούστ|α η (γάλατος, κρέμας) skin · (πάγου, τυριού) crust · (πληγής) scab

κρύβ|ω ρ μ (χρήματα, δραπέτη) to hide · (μάτια) to cover · (ήλιο) to blot out · (θέα) to block

(συναίσθημα, επιθυμία) to hide ·
(κίνδυνο, έκπληξη) to hold ·
(δύναμη, θάρρος) to have
► **κρύβομαι** μεσ (δραπέτες, παιδιά)
to hide · (= δεν εκδηλώνομαι) to
hide things

κρύο το cold · **έχει ή κάνει** ~ it's
cold
κρυολόγημα το cold
κρύ|ος, -α, -ο cold · (κρασί)
chilled · (αστείο, ανέκδοτα) bad
► **~ο πιάτο** cold dishes πληθ.
κρυστάλλιν|ος, -η, -ο crystal
κρύσταλλο το crystal χωρίς πληθ.
κρυφά επίρ secretly · (καπνίζω)
on the sly · (κινούμαι) stealthily
κρυφ|ός επίθ (συναντήσεις, πόρτα)
secret · (ματιά) surreptitious
κρυφών|α η = **κρυψώνας**
κρυψών|ας ο hiding place
κρύω|μα το cold
κρυών|ω ο αμ (άνθρωπος, χέρια)
to be cold · (σούπα, καφές; όταν δεν
είναι πια ζεστό) to go cold · (όταν
είναι πολύ ζεστό) to cool down ·
(καιρός) to turn cold ·
(= κρυολογώ) to catch a cold ·
(δεσμός, φιλία) to cool ♦ ο μ to
chill
κτήμα το (= ιδιοκτήτης αγρόκτημα)
land χωρίς πληθ. · (= ιδιοκτησία)
property
► **κτήματα** πλ (farm)land εν.
κτηνιατρείο το veterinary clinic
κτηνίατρ|ος ο/η vet (Βρετ.),
veterinarian (Αμερ.)
κτήν|ος ο animal
κτηνοτροφία η stock farming
κτηνοτρόφ|ος ο/η stock farmer
κτήριο το building
κτίζ|ω ο μ = **χτίζω**
κτίρι|ο το = **κτήριο**
κτίσιμ|ο το = **χτίσιμο**
κτίσμα το (= οικοδόμημα,
building · (= δημιούργημα)
creation
κτίστ|ης ο = **χτίστης**

κ.τ.λ. συντομ etc.
κυβέρνηση η government
κυβερνήτης ο/η (χώρας) leader ·
(πλοίου, αεροσκάφους) captain
κυβερνώ ο μ (χώρα, κράτος) to
rule · (πλοίο, αεροσκάφος) to
captain
κύβ|ος ο cube ▷ ~ **ζάχαρης** sugar
lump
κυδών|ι το quince · **γλυκό**
~ quince jelly
κύηση η gestation
Κυκλάδ|ες οι Cyclades
κυκλάμινο το cyclamen
κυκλικ|ός επίθ circular
κύκλ|ος ο (ΓΕΩΜ) circle · (σπουδών)
course · (ζωής, εποχών) cycle ·
(γυναίκας) period
κυκλοφορία η (αυτοκινήτων,
αεροπλάνων) traffic · (= διάδοση;
δίσκου) release · (= πώληση) sales
πληθ. · (λαθραίου αντικειμένου)
traffic · (περιοδικού, εφημερίδας)
circulation · (αίματος) circulation ·
(εμπορευμάτων) trade · (φήμης,
μυστικού) spreading · (κεφαλαίων,
χρήματος) circulation
κυκλοφοριακ|ός επίθ (πρόβλημα,
συμφόρηση) traffic · (κόμβος) road
κυκλοφορικ|ός επίθ (προβλήματα,
διαταραχές) circulatory ▷ ~**ό**
σύστημα (ΑΝΑΤ) circulatory
system
κυκλοφορώ ο μ (χαρτονόμισμα,
ομόλογα) to put into circulation ·
(δίσκο) to release · (λαθραία
τσιγάρα) to traffic in · (βιβλίο,
μεταφράσεις) to publish · (οικ.·
φίλο, φιλοξενουμένους) to take ·
(οικ.· αυτοκίνητο) to drive around
to move · (= γνωστός) to go around
(φήμες) to go around · (ανέκδοτο)
to go around · (είδηση, νέα) to go
ή get around (χαρτονόμισμα,
γραμματόσημο) to be in
circulation · (φάρμακο) to be

available on the market ·
(εφημερίδες) to be on sale ·
(μελέτη) to be published · (ίωση)
to go around

κύκλω|μα το (ΦΥΣ) circuit · (αρν.:
για επαγγελματικό χώρο) circle ·
(διακίνησης ναρκωτικών) ring

κυκλών|ας ο cyclone

κυκλών|ω ρ μ (περιοχή, εχθρικές
δυνάμεις) to surround · (σωστή
απάντηση) to circle

κύκν|ος ο swan

κυλικεί|ο το (εταιρείας) canteen ·
(σταθμού, πλοίου) buffet bar

κύλινδρ|ος ο (ΓΕΩΜ) cylinder ·
(ΜΗΧ) cylinder · (χαρτιού, χαλιού)
roll

κυλ|ώ ρ μ το (ΦΥΣ) circuit ♦ ρ αμ (νόμισμα,
ρόδα) to roll along · (νερά, ποτάμι)
to flow · (ιδρώτας, δάκρυ) to run ·
(ζωή, χρόνια) to go by · (συζήτηση)
to go on
▸ **κυλιέμαι** μεσ (= περιστρέφω το
σώμα μου) to roll · (από πόνο) to
writhe · (= σέρνομαι: κουρτίνες,
παλτό) to drag on the ground

κύμα το (θάλασσας, λίμνης) wave ·
(λαού, προσφύγων) wave · (λάβας)
stream · (κακοκαιρίας, απεργιών)
spate · (ενθουσιασμού, πανικού)
wave · (οργής) surge · (μεταναστών,
μετανάστευσης) influx ▹**μήκος
~τος** (ΦΥΣ) wavelength ·
(= συχνότητα) frequency
▹**~ καύσωνα** ή **ζέστης** heat wave

κυμαίν|ομαι ρ αμ αμ ·
(θερμοκρασία, τιμές) to fluctuate ·
(απόψεις) to vary

κυματίζ|ω ρ μ (μαντήλι) to wave ·
(φούστα) to flap ♦ ρ αμ (σημαία)
to fly · (μαλλιά) to wave

κυματιστ|ός επίθ (γραμμή, μαλλιά)
wavy · (γενειάδα) curly ·
(επιφάνεια) undulating · (φωνή)
singsong · (περπατησιά) rolling

κυματοθραύστης ο breakwater

κύμιν|ο το cumin

κυνηγητ|ό το (δράστη)
(man)hunt · (ελαφιού, λαγού)
chase · (αναζήτηση) searching ·
(παιδικό παιχνίδι) tag

κυνήγι το (ζώων) hunting ·
(πουλιών) shooting · (= θήραμα)
game · (συμμορίας, δράστη) chase ·
(δόξας, επιτυχίας) pursuit

κυνηγός ο/η (ζώων, πουλιών)
hunter · (για σκύλο) hunting dog ·
(πλούτου, τύχης) hunter ·
(εντυχίας) seeker · (στο
ποδόσφαιρο) striker ▹**~ ταλέντων**
talent scout

κυνηγ|ώ ρ μ to go hunting ♦ ρ μ
(λαγούς) to hunt · (πέρδικες) to
shoot · (= καταδιώκω: θήραμα) to
hunt down · (δραπέτη,) to chase ·
(φονιά, κακοποιό) to hunt down ·
(= διώχνω βίαια) to chase away ·
(= κατατρέχω: τύχες) to haunt ·
(= νοιάζομαι: δουλειά) to be
interested in · (πλούτο, δόξα) to
pursue · (υποψήφιο σύζυγο) to
look for · (γυναίκες, άνδρες) to
chase after

κυπαρίσσι το (BOT) cypress ·
(= ψηλός/ισόξυλο) cypress (wood)

κύπελλο το (= κούπα) cup · (από
μέταλλο) goblet · (= βραβείο) cup

κυπριακ|ός επίθ Cypriot
▸ **Κυπριακά** τα Cypriot εν.

Κύπρι|ος ο Cypriot

Κύπρ|ος η Cyprus

κυρί|α η (= γυναίκα) lady ·
(προσφώνηση και ιδιότητα)
madam · (πριν από όνομα) Mrs ·
(= αξιοπρεπής γυναίκα) lady ·
(= σύζυγος) wife · (προσφώνηση
από μαθητές) Miss · **~ μου!**
madam!

Κυριακ|ή η Sunday

κυριαρχί|α η (= εξουσία) rule ·
(= απόλυτη επιβολή) domination ·
(ΝΟΜ: κράτος) sovereignty

κυριεύ|ω ρ μ (κράτος) to conquer ·
(πόλη, φρούριο) to take

κύρι|ος¹, -α ή **-ία, -ο** main · (ύποπτος) prime · **κατά ~ο λόγο** primarily · **πρώτιον και ~ον** first and foremost ▷ **~ο άρθρο** (σε εφημερίδα) lead story · (σε περιοδικό) main feature ▷ **κυρία είσοδος** main entrance ▷ **~ο όνομα** proper noun ▷ **~ο πιάτο** main course

κύρι|ος² ο (= άντρας) gentleman · (προσφώνηση) sir · (πριν από όνομα) Mr · (προσφώνηση από μαθητές) Sir · (= αξιοπρεπής άνθρωπος) gentleman
▶ **Κύριος** ο Lord

κυρίως επίρρ (= κατεξοχήν) mainly · (= ιδίως) especially

κύρος ο (εταιρείας, πανεπιστημίου) prestige · (προέδρου) weight · (συμβολαίου, εγγράφου) validity

κυρτ|ός επίθ (τοίχος, γραμμή) curved · (μύτη) hooked · (φακός, κάτοπτρο) convex · (γέροντας, μεσήλικας) stooped · (ώμοι) bowed ▷ **~ά γράμματα** italics

κύρωση η (εγγράφου) authentication · (συμβάσεως) ratification
▶ **κυρώσεις** πλ (= ποινή) penalties · (εναντίον χώρας) sanctions

κύστη η (ANAT) sac · (ουροδόχος) bladder · (IATP) cyst

κυτταρίτιδα η cellulite

κύτταρ|ο το (ΒΙΟΛ) cell · (= φωτοκύτταρο) photoelectric cell · (μτφ.) unit

κυψέλη η (bee)hive

κωβιός ο gudgeon

κώδικ|ας ο code ▷ **~ ΆΣΚΙ** ASCII Code ▷ **Κώδικας Οδικής Κυκλοφορίας** Highway Code (Βρετ.)

κωδικός επίθ (γράμμα) encoded · (όνομα, αριθμός) code
▶ **κωδικός** ο (επίσης ~ αριθμός) code

κωδωνοστάσι|ο το bell tower

κώλ|ος (χυδ.) ο (= πρωκτός) arsehole (Βρετ.) (χυδ.), asshole (Αμερ.) (χυδ.) · (= πισινός) arse (Βρετ.) (χυδ.), ass (Αμερ.) (χυδ.) · (παντελονιού, φούστας) bottom

κωλότσεπη (ανεπ.) η back ή hip pocket

κώλυμα το obstacle

κώμα το coma · **πέφτω/βυθίζομαι/βρίσκομαι σε ~** to fall into/sink into/be in a coma

κωμικός επίθ (ηθοποιός, ταλέντο) comic · (γκριμάτσα, κατάσταση) funny · (αρν.: διακωμώδηση, επιχείρημα) ridiculous · (δημοσίευμα) laughable
▶ **κωμικός** ο/η (ηθοποιός) comic actor/actress · (= γελωτοποιός) comedian

κωμόπολη η market town

κωμωδία η (ΤΕΧΝ) comedy · (μτφ.) farce

κών|ος ο cone

Κωνσταντινούπολη η Istanbul

κωπηλασία η rowing

κωφάλαλος επίθ deaf-mute

Λ λ

Λ, λ lamda, eleventh letter of the Greek alphabet

λα το A

λάβ|α η lava

λαβαίν|ω ρ μ = **λαμβάνω**

λαβή η (σκεύους, τσεκουριού) handle · (όπλου) stock · (πιστολιού) grip · (σπαθιού) hilt · (αλετριού) ploughstaff (Βρετ.), plowstaff (Αμερ.) · (ΑΘΛ) hold

λαβίδ|α η (= τσιμπίδα) clip · (χειρουργική) forceps πληθ. · (για τα κάρβουνα, για τον πάγο) tongs πληθ. · (για τα γραμματόσημα) tweezers πληθ.

λαβράκ|ι το sea bass

λαβύρινθ|ος *ο* (ΜΥΘΟΛ)
labyrinth · (*για κτήριο, χώρο*)
maze · (*γραφειοκρατίας*) maze ·
(*για υπόθεση*) tangled affair ·
(*σκέψεων, ονείρου*) intricacy ·
(ΑΝΑΤ) cochlea

λαγάν|α *η* sesame flatbread (*eaten
traditionally on Good Friday*)

λαγ|ός *ο* hare ▷ **~ στυφάδο** jugged
hare

λαγωνικ|ό *το* (= *κυνηγετικός
σκύλος*) tracker dog · (*για
αστυνομικό*) sleuth (*ανεπ.*)

λαδερ|ό *το* (*επιτραπέζιο*) cruet (*of
olive oil*) · (= *λαδωτήρι*) oilcan

λαδερ|ός *επίθ* oily
▸ **λαδερά** *τα* oily foods

λάδ|ι *το* (*ελιάς*) olive oil · (*ως
λιπαντικό, αντηλιακό*) oil · **βάζω
~ σε** κπν (= *αλείφω με αντηλιακό*)
to rub oil on sb · (= *βαπτίζω*) to
be godfather to sb · **η θάλασσα
είναι ~** the sea is dead calm ·
like a millpond ▷ **~ μαυρίσματος**
suntan oil ▷ **~ μηχανής** engine *η*
motor oil

λαδικ|ό *το* (*επιτραπέζιο*) cruet (*of
olive oil*) · (= *λαδωτήρι*) oilcan

λαδολέμον|ο *το* oil and lemon
sauce

λαδομπογιά *η* oil paint

λαδοξίδ|ο *το* vinaigrette

λαδορίγανη *η* oil and oregano
sauce

λαδοτύρι *το* type of full–fat cheese
made especially in the Greek
islands

λαδόχαρτο *το* greaseproof paper

λαδόψωμο *το* olive–oil bread

λαδών|ω *μ* (*ταψί*) to coat in oil ·
(*φύλλο μαγειρικής*) to coat in oil ·
(*φόρεμα, τραπεζομάντιλο*) to stain
with oil · (*μηχανή, μεντεσέ*) to oil ·
(= *δωροδοκώ*) to bribe ◆ *ρ αμ* to
become greasy

λάθ|ος *το* (= *σφάλμα*) mistake ·
(ΜΑΘ) error · (*κατ.*: = *λανθασμένος*)

wrong · **αν δεν κάνω ~** if I'm not
mistaken · **έχω ~** to be wrong *η*
mistaken · **κάνω ~** to make a
mistake · **κατά ~** by mistake ·
πρόκειται για ~ προσώπου it's a
case of mistaken identity
▷**ορθογραφικό ~** spelling
mistake

λαθραίος, -αία, -αίο (*εισαγωγή,
ψάρεμα*) illegal · (*τσιγάρα, ποτά*)
contraband · (*όπλα*) smuggled
▷**λαθραίο κυνήγι** poaching
▸ **λαθραία** *τα* contraband *εν.*

λαθρεμπόρι|ο *το,* **λαθρεμπορία**
η (*επία.: ναρκωτικών, ζώων*)
smuggling · (*όπλων*) gunrunning

λαθρεπιβάτ|ης *ο* stowaway

λαθρεπιβάτισσα *η* βλ.
λαθρεπιβάτης

λαθρομετανάστ|ης *ο* illegal
immigrant

λαθρομετανάστρια *η* βλ.
λαθρομετανάστης

λαΐβ live

λαϊκ|ός *επίθ* (*κίνημα, εξέγερση*)
popular · (*παράδοση, έθιμα*) folk ·
(*τάξεις*) working · (*γειτονιά, βίση*)
working–class · (*άνθρωπος, τύπος*)
common · ▷**~ή γλώσσα** vernacular
▷**~ή τέχνη** Greek folk art ▷**~ή
μουσική** folk music ▷**~ό
τραγούδι** folksong
▸ **λαϊκά** *τα* folk music *εν.*
▸ **λαϊκή** *η* street market
▸ **λαϊκός** *ο* layman

λαιμά *τα* throat *εν.* · **έχω ή πονάνε
τα ~ μου** to have a sore throat ·
βλ. κ. **λαιμός**

λαιμαργία *η* (*για φαγητό*) greed ·
(*μτφ.: για χρήμα*) greed · (*για φήμη,
δόξα*) hunger

λαίμαργ|ος *επίθ* (= *αχόρταγος*)
greedy · (*μτφ.: για χρήμα*) greedy ·
(*για δόξα, εξουσία*) hungry

λαιμ|ός *ο* (ΑΝΑΤ) neck ·
(= *εσωτερικό μέρος*) throat ·
(*φορέματος*) neck(line) ·

(πουκάμισου, μπλούζας) collar ·
(μπουκαλιού, ανθοδοχείου) neck ·
κλείνει ο ~ μου to lose one's
voice

λάιτ light

λακέρδα η salted tuna

λάκκος ο (= λακκούβα) hole · (στο
δρόμο) pothole · (για ~: = τάφος)
grave

λακωνικός επίθ (πόλεμοι, έθυα)
Laconian · (δήλωση, ύφος) terse

λαλαγγίτα, λαλαγγίδα η pancake

λαλιά η (ανεπ.: για πρόσ.) voice ·
(για πουλιά) singing

λαλώ ρ αμ (επίσ.) to speak ·
(πετεινός) to crow · (πουλί) to
sing · (μουσικό όργανο) to play

λάμα[1] η (= μεταλλικό έλασμα) thin
steel plate · (= λεπίδα) blade

λάμα[2] το llama

λαμαρίνα η (αυτοκινήτου)
bodywork · (φούρνου) large
baking tin

λαμβάνω ρ μ (επίσ.: επίδομα,
δώρο) to get · (ειδήσεις, νέα) to
get · (διαταγή) to receive ·
(απόφαση) to take · (πρόνοια) to
make · (= προσλαμβάνω:
διαστάσεις) to reach · (μορφή) to
take on · **λάβετε θέσεις!** (σε
αγώνες) on your marks! · **~ μέρος**
(σε κτ) (σε εκλογές) to stand
(Bρετ.) · **~** (Αμερ.) · **~** (in sth) · (σε
διαγωνισμό, αγώνες) to compete
(in sth) · **~ το θάρρος να** may I
be so bold as to · **~ τον λόγο** to
speak · **~ υπ' όψιν (μου)** υπόψη (μου)
to take into account ή
consideration

λάμδα, λάμβδα το lamda,
eleventh letter of the Greek alphabet

λάμπα η a lamp · **~ δαπέδου** floor
lamp · **~ θυέλλης** hurricane
lamp · **~ πετρελαίου** paraffin
lamp

λαμπάδα η candle

λαμπάκι το (warning) light

λαμπερός επίθ (χρυσάφι, μάτια)
shining · (φως) brilliant

λαμπόγυαλο το lamp chimney

Λαμπρή η Easter

λαμπρός επίθ (ήλιος) bright ·
(μτφ.: βλέμμα, μάτια) bright · (μτφ.:
επιστήμονας, μαθητής) brilliant ·
(νίκη) dazzling · (πολιτισμός, φήμη)
glorious

λαμπτήρας ο electric lamp

λάμπω ρ αμ (κυριολ., μτφ.) to
shine · (σπίτι, δωμάτιο) to be
spotlessly clean · **~** (= επιστήμονας,
καλλιτέχνης) to excel · **~ από**
καθαριότητα to be spotlessly
clean

λάμψη η (φωτιάς) shine ·
(εκτυφλωτική) glare · (απαλή)
glow · (πετραδιού, βλέμματος)
sparkle · (= αστραπή) flash of
lightning · (μτφ.: χαράς) beam ·
(προσωπικότητας: ελπίδας) ray ·
(νίκης, πολιτισμού) splendour
(Bρετ.), splendor (Αμερ.) · **~ του**
ήλιου sunlight · **~ του φεγγαριού**
moonlight

λανθασμένος επίθ wrong ·
(κινήσεις) false · (πολιτική)
misguided

λαογραφία η folklore

λαός ο (= πολίτες) people ·
(= πληθυσμός) population ·
(= λαϊκές τάξεις) populace ·
(= κόσμος) crowd · (κατ.: = έθνος)
people

λαούτο το lute

λαρύγγι το (ανεπ.) throat

λαρυγγίτιδα η laryngitis

λάσπη η (γενικότ.) mud ·
(= χαμαλών) mortar · (= ίζημα:
ποταμιού, λίμνης) silt · (βαρελιού)
dregs πληθ. · (για μακαρόνια, ρύζι)
mush

λασπόνερο το sludge

λασπωμένος επίθ (γήπεδο,
παπούτσια) muddy · (μακαρόνια,
ρύζι) soggy

λασπών|ω ϱ αμ to get muddy ♦ ϱ αμ to go soggy

λαστιχάκι το (στα υδραυλικά) washer · (για μαλλιά, συγκράτηση αντικειμένων) elastic band

λαστιχένι|ος, -ια, -ιο rubber

λάστιχο το (= καουτσούκ) rubber · (αυτοκινήτου, ποδηλάτου) tyre (Βρετ.), tire (Αμερ.) · (νερού, βενζίνης) hose · (ϱούχου, σεντονιού) elasticated band · **με πιάνει ή μένω από ή παθαίνω ~** to have a flat tyre (Βρετ.) ή tire (Αμερ.) ή a puncture

λατινικ|ός επίθ Latin ▷**Λατινική Αμερική** Latin America ▷**= αριθμός** Roman numeral ▷**Λατινικά** τα, **Λατινική** η Latin

λατομείο το to quarry

λατρεία η (ΘΡΗΣΚ) worship · (μτφ.) adoration

λατρεύ|ω ϱ μ (ΘΡΗΣΚ) to worship · (χρήμα, δόξα) to adore · (τραγουδιστή) to worship, to love

λαυράκι το = **λαβράκι**

λάφυρο το loot χωρίς πληθ.

λαχανάκι το (υποκ.) baby vegetable ▷**~ Βρυξελλών** Brussels sprouts

λαχανιάζω ϱ αμ to pant

λαχανιασμέν|ος επίθ breathless

λαχανικό το vegetable

λάχανο το cabbage

λαχανόκηπ|ος ο vegetable ή kitchen (Βρετ.) garden

λαχανοντολμάδες οι stuffed cabbage leaves

λαχανόπιτα η vegetable pie

λαχανόρυζο το dish made of rice and cabbage

λαχείο το (= τυχερό παιχνίδι) lottery · (= λαχνός) lottery ticket · (= χρηματικό ποσό) (lottery) prize ▷**Εθνικό Λαχείο** National Lottery (drawn once a fortnight) ▷**Λαϊκό Λαχείο** National Lottery (drawn once a week)

λαχν|ός ο (= κλήρος λαχείου) lottery ticket · (= αριθμός) winning number · (= κέρδος) (lottery) prize

λαχτάρ|α η (= πόθος) longing · (= αννπομονησία) longing · (= δυνατή συγκίνηση) scare · (= μεγάλος φόβος) fright

λαχταρίζω ϱ μ|αμ = **λαχταρώ**

λαχταριστ|ός επίθ (φαγητό, γλυκό) tempting · (άνδρας, γυναίκα) desirable

λαχταρ|ώ ϱ μ (= ποθώ) to lust after · (= επιθυμώ πολύ) to yearn for · (= φοβίζω) to scare ♦ ϱ αμ to get a fright

λεβάντα η lavender

λεβέντης ο dashing young man

λέβητ|ας ο boiler

λεβιές ο lever ▷**~ ταχυτήτων** gear lever ή stick (Βρετ.), gearshift (Αμερ.)

λεγόμεν|ος επίθ so-called ▷**λεγόμενα, λεχθέντα** τα τα **~α κποιου** what sb says

λέγ|ω ϱ μ (καλημέρα, καληνύχτα) to say · (ιστορία, ανέκδοτο) to tell · (= συζητώ) to talk about · (= ισχυρίζομαι) to say · (= σημαίνω) to mean · (= μνημονεύω: για κείμενο, νόμο) to say · (για συγγραφέα) to mention · (= αξίζω: για ταινία, βιβλίο) to be good · (= ϱωτώ) to ask · (= απαντώ) to say · (= υποδεικνύω) to show · (= παρακαλώ) to ask · (= αποκαλώ) to call · (για ϱολόι: = δείχνω την ώρα) to say · **ας πούμε** (= ας υποθέσουμε) let's say · (= για παράδειγμα) for example · **δεν λέει να σταματήσει η βροχή** it doesn't look like the rain is going to stop · **δεν ξέρω τι να πω!** I don't know what to say! · **είπες τίποτα**; did you say anything? · **εσύ τι λες**; what do you think? · **η τηλεόραση/το ραδιόφωνο είπε ότι** it said on

the TV/radio that · **θα τα πούμε!** (*αποχαιρετισμός*) see you later! ·
λένε πως ή ότι ... they ή people say that ... · **λες/λέτε να ...;** (*για έντονη απορία*) do you (really) think (that) ...? · **λέω σε** κπ κτ/**να κάνει** κτ to tell sb sth/to do sth · **με λένε Γιώργο** my name is Giorgos · **πώς είπατε;** I beg your pardon? · **τα λέμε!** (*οικ.*) see you! · **τι είπες;** what did you say? · **τι θα πει αυτό;** what does that mean? · **τι θα έλεγες/λες για** κανένα ποτό/σινεμά; how would you like a drink/going to see a film? · **τι λένε σήμερα οι εφημερίδες;** what do the papers say today? · **του είπα ότι ...** I told him that ...

▸ **λέγομαι** *μεσ* my name is · **πώς ~εστε;** what's your name?

λεζάντ|α η caption

λεί|α η (= *λάφυρα*) booty *χωρίς πληθ.* · (= *προϊόν κλοπής* ή *ληστείας*) loot *χωρίς πληθ.* · (= *θήραμα*) prey

λειαίν|ω ρ μ to smooth

λέιζερ το laser

λεί|ος, -α, -ο (= *ομαλός στην αφή*) smooth · (= *γυαλιστερός*) sleek

λείπ|ω ρ αμ (= *απουσιάζω*) not to be there · (*για μαθητή, φοιτητή*) to be absent · (*σε δουλειά, διακοπές*) to be away · (*για πράγματα*) to be missing · **δεν μας ~ει τίποτε** we don't want for anything · **για δουλειές** to be away on business · **μου ~ει** κπς (= *νοσταλγώ*) to miss sb

λειτουργία η (= *μηχανής, συσκευής, επιχείρησης*) operation · (*υπηρεσίας, επιχείρησης*) running · (= *τρόπος κίνησης: μηχανής*) start · (*συστήματος*) bringing into operation · (*καρδιάς, πνευμόνων*) function · (= *σκοπός, προορισμός: εργαλείου, κατασκευής*) function · (ΘΡΗΣΚ: *επίσης* **Θεία Λειτουργία**)

service · **εκτός ~ς** out of order

λειτουργός ο/η public official
▸ **δικαστικός ~** judge
▸ **εκπαιδευτικός ~** teacher

λειτουργ|ώ ρ αμ (*μηχανή, συσκευή*) to work · (*υπηρεσία, ίδρυμα*) to work · (*εστιατόριο, κινηματογράφος*) to be open · (*για άνθρωπο*) to act · (= *ενεργώ φυσιολογικά*) to function · (*εγκέφαλος, καρδιά*) to function · (*ιερέας*) to officiate · **δεν ~εί** (*σε επιγραφές*) out of order
▸ **λειτουργούμαι, λειτουργιέμαι** *μεσ* to go to church/Mass

λειχόβ|ης, -α, -ικο greedy

λειχουδι|ά η delicacy

λειών|ω ρ μ/αμ = **λιώνω**

λεκάν|η η (*σκεύος*) bowl · (*αποχωρητηρίου*) bowl · (= *πεδιάδα*) basin · (ΑΝΑΤ) pelvis

λεκές ο stain

λεκιάζ|ω ρ μ to stain ◆ ρ αμ (*ρούχο*) to be stained · (*υγρό, κρασί*) to (leave a) stain · (*για υφάσματα*) to stain

λέμβ|ος η (*επίσ.*: ΝΑΥΤ) boat
▸ **σωσίβια** ή **ναυαγοσωστική ~** (*χυριολ.*) lifeboat (*μτφ.*) lifeline

λεμονάδ|α η lemonade

λεμόν|ι το lemon

λεμονιά η lemon tree

λεμονίτα η lemonade

λέξη η word · **δεν βγάζω ~** (= *σιωπώ*) not to say ή breathe a word · (*για κείμενο*) I can't understand a word ▸ **~κλειδί** keyword

λεξικ|ό το dictionary

λεξιλόγι|ο το (*γλώσσας*) vocabulary · (*επιστήμης, επιστημονικού κλάδου*) terminology · (= *γλωσσάριο*) glossary

λέοντ|ας ο = **λέων**

λεοπάρδαλ|η η, **λεόπαρδος** ο leopard

λέπι *το* scale

λεπίδα *η* (μαχαιριού, σπαθιού) blade · (= ξυραφιού) razor blade ▷ ~ **ξυρίσματος** razor blade

λεπτά *τα* = **λεφτά**

λεπταίν|ω *ρ αμ* (για πρόσ.) to lose weight · (για πράγματα) to get thinner ◆ *ρ μ* (επιφάνεια αντικειμένου) to rub down · (φαβορίτες, μονίσι) to thin out

λεπτό *το* (= υποδιαίρεση ώρας) minute · (= υποδιαίρεση ευρώ) cent · (παλ.) lepton · **από** ~ **σε** ~ any minute now · **μισό** ~! (ως παράκληση να μας περιμένουν) wait a moment! · **σε ένα** *ή* **μισό** ~ in next to no time · **στο** ~ (= αμέσως) in a jiffy *ή* minute

λεπτοκαμωμέν|ος *επίθ* delicate

▶ **λεπτομέρεια** *η* detail
▶ **λεπτομέρειες** *πλ* details

λεπτομερ|ής *επίθ* (έλεγχος, εξέταση) minute · (καθορισμός) precise · (περιγραφή, ανάλυση) detailed

λεπτ|ός *επίθ* (άνθρωπος, μέση) slim · (λαιμός, δάκτυλα) slender · (= λεπτεπίλεπτος) slender · (μτφ.: άνθρωπος, τρόπōι συμπεριφοράς) refined · (αίσθηση, ειρωνεία) subtle · (πνεύμα) keen · (για φωνή, ήχο) sweet · (για υφάσματα) flimsy · (άρωμα) delicate · (χαρτί, φλούδι) thin · (ζάχαρη, σκόνη) fine · (έδαφος, χώμα) thin · (μτφ.: θέμα, υπόθεση) delicate · (όργανα, μηχανισμοί) sensitive · (γεύση, όσφρηση) keen · (μύτη μολυβιού) sharp · (μτφ.: ισορροπία) fine ▷ ~**ό γούστο** refined tastes *πληθ*

λεπτότητ|α *η* (= ισχνότητα) slenderness · (δέρματος) thinness · (μτφ.) sensitivity

λερωμέν|ος *επίθ* (ρούχα, πρόσωπο) dirty · (μτφ.: όνομα, τιμή) tarnished

λερών|ω *ρ μ* to get dirty · (μτφ.:

* όνομα, τιμή)* to blacken ◆ *ρ αμ* (ρούχο, ύφασμα) to stain · (σοκολάτα) to (leave a) stain · ~ **ει!** wet paint!

▶ **λερώνομαι** *μεσ* to soil oneself

λεσβία *η* lesbian

λέσχ|η *η* (= κλαμπ) club · (= κέντρο χαρτοπαιξίας) gambling house ▷ **φοιτητική** ~ students' union

λεύκα *το* poplar

λευκαίν|ω *ρ μ* (δόντια) to whiten · (ρούχα) to clean ◆ *ρ αμ* to go *ή* turn white

λευκαντικός *επίθ* bleaching
▶ **λευκαντικό** *το* bleach

λευκοπλάστης *ο* sticking plaster (Βρετ.), Band-Aid ® (Αμερ.)

λευκ|ός *επίθ* (= άσπρος) white · (σελίδα, χαρτί) blank · (μτφ.: παρέλαση, ποινικό μητρώο) clean · (φυλή, δέσμα) white ▷ ~**ό κρασί** *ή* **οίνος** white wine ▷ **ο Λευκός Οίκος** the White House

▶ **λευκά** *τα* whites
▶ **λευκό** *το* white
▶ **λευκοί** *οι* whites

λευκόχρυσος *ο* platinum

λεύκωμα *το* (αναμνήσεων, φωτογραφιών) album · (= ασπράδι αβγού) white

Λευκωσία *η* Nicosia

λευτεριά *η* = **ελευθερία**

λεφτά *τα* money *εν.* · **κάνω** ~ to make a lot of money

λέω *ρ μ/αμ* = **λέγω**

λέων *ο* (επίσ.) lion ▷ **θαλάσσιος** ~ sea lion

λεωφορειατζής *ο* (προφ.) bus driver

λεωφορειατζού *η* (προφ.) *βλ.* **λεωφορειατζής**

λεωφορείο *το* (αστικό) bus · (υπεραστικό) coach (Βρετ.), bus (Αμερ.) ▷ **ηλεκτροκίνητο** ~ tram (Βρετ.), streetcar (Αμερ.)

λεωφόρος *η* avenue

λήγ|ω *ρ αμ* (προθεσμία) to expire ·

(διαβατήριο, δίπλωμα) to expire ·
(συζήτηση, απεργία) to end ·
(ρήματα, ονόματα) to end

λήμμα το entry

λήξ|η η (= τέλος) end ·
(διαβατηρίου, διπλώματος) expiry ·
(γραμματίου) maturity

ληστεί|α η (= κλοπή με χρήση βίας)
robbery · (μτφ.) daylight robbery
(ανεπ.) ▸ **ένοπλη ~** armed robbery

ληστεύ|ω ρ μ (= κλέβω με βία:
άνθρωπο) to rob · (σπίτι,
κατάστημα) to burgle (Bρετ.), to
burglarize (Aμερ.) · (μτφ.) to
overcharge

ληστής ο/η (= αυτός που κάνει
ληστεία) robber · (μτφ.) crook
(ανεπ.)

λήψη η (διαταγής, επιταγής)
receipt · (βοήθειας, αίματος)
receiving · (μέτρων, πρωτοβουλίας)
taking · (φαρμάκου) use · (τροφής)
consumption · (για κρεΐα)
reception · (φωτογραφίας) taking

λιακάδ|α η sunshine · **έχει ~** it's a
sunny day

λιανικός επίθ retail

λιανός επίθ (ξύλο) thin ·
(δάχτυλο) slender
▸ **λιανά** τα small change · **κάνω ~ά**
to get some change

λιβάδι το meadow

λιβάνι το incense

Λίβανος ο Lebanon

Λιβύη η Libya

λιγάκι επίρρ (υποκ.) βλ. **λίγο**

λίγδα η (λεκές από λίπος) grease
stain · (= λιπαρή βρομιά) grease

λιγδιάζ|ω ρ μ (ρούχο) to get grease
stains on · (νεογνώση) to coat in
grease ◆ ρ αμ (ρούχο) to be
grease–stained · (νεογνώτης) to be
coated in grease · (γένια, μαλλιά)
to be greasy

λιγδών|ω ρ μ = **λιγδιάζω**

λιγνός επίθ (άνθρωπος) slim ·
(χέρι, πόδι) thin

ΛΕΞΗ-ΚΛΕΙΔΙ

λίγο επίρρ **(α)** (= σε μικρή
ποσότητα, ένταση) a little
(β) (= όχι πολλή ώρα) **για λίγο** for
a while
(γ) (= για μια στιγμή) for a
moment
(δ) (= παρακαλώ) please ·

λίγο-λίγο (= βαθμιαία) gradually ·
(= σε μικρές ποσότητες) a bit at a
time

λιγοθυμι|ά η = **λιποθυμία**

λιγοθυμ|ώ ρ αμ = **λιποθυμώ**

λιγόλογ|ος επίθ = **ολιγόλογος**

ΛΕΞΗ-ΚΛΕΙΔΙ

λίγ|ος επίθ **(α)** (σε μικρή ποσότητα)
a little
(β) (σε μικρό αριθμό) a few
(γ) (= σύντομος) some
(δ) (μειωτ.: για πρόσ.: = ανάξιος)
not good enough

λιγοστεύ|ω ρ αμ to reduce ◆ ρ αμ
(άγχος) to lessen · (ταξιδιώτες,
θέσεις) to decrease · (τροφές) to be
in short supply · (προμήθειες) to
get smaller · (φως) to fail · (ζωή)
to get shorter

λιγοστ|ός επίθ meagre (Bρετ.),
meager (Aμερ.)

λιγότερο επίρρ less · **~ ή
περισσότερο** more or less · **το
~ at least · αυτό είναι το ~ που
θα μπορούσα να κάνω** it's the
least I could do

λιγότερ|ος επίθ (με μη αριθμητά
ουσιαστικά) less · (με αριθμητά
ουσιαστικά) fewer

λιγούρ|α η (= ενόχληση λόγω
πείνας) faintness (from hunger) ·
(= αναγούλα) nausea

λιγών|ω ρ μ ∼κπν (= προκαλώ
τάση προς έμετο) to make sb feel
sick ή nauseous · (= προκαλώ τάση

προς ζάλη) to make sb feel dizzy
♦ ϱ αμ (= ξελιγώνομαι) to feel
faint with hunger • (= αισθάνομαι
κορεσμό) to feel sick ή nauseous
▸ λιγώνομαι μεσ (= ξελιγώνομαι) to
feel faint with hunger • (= έχω
τάση προς έμετο) to feel sick ή
nauseous • (= έχω τάση προς
λιποθυμία) to feel faint
λιθάρ|ι το (= μικρή πέτρα) pebble •
(= πέτρα) rock
λιθογραφία η (τέχνη)
lithography • (εικόνα) lithograph
λίθ|ος ο/η (επίσ.: = πέτρα) stone
▷η εποχή του ~ου the Stone Age
▷θεμέλιος ~ foundation stone
▷φιλοσοφικός ~ philosopher's
stone
λιθόστρωτ|ος επίθ cobbled
▸ λιθόστρωτο το cobbles πληθ.
λιθρίν|ι το → **λυθρίνι**
λικέρ το liqueur
λικνίζ|ω ϱ μ to rock
▸ λικνίζομαι μεσ (= κουνώ το σώμα
μου) to sway • (σε καρέκλα) to
rock
λίκνισ|μα το (βάρκας, μωρού)
rocking • (κορμιού) swaying
λίμ|α η (εργαλείο) file • (νυχιών)
nail file
λιμάν|ι το harbour (Βρετ.), harbor
(Αμερ.) • (= πόλη με λιμάνι) port •
(μτφ.) haven
λιμεναρχείο το (δημόσια
υπηρεσία) port authority • (κτήριο)
harbour master's (Βρετ.) ή
harbourmaster's (Αμερ.) office
λιμένας ο (επίσ.) → **λιμάνι**
λιμενικ|ός επίθ harbour (Βρετ.),
harbor (Αμερ.)
▸ Λιμενικό το Harbour (Βρετ.) ή
Harbor (Αμερ.) Police
▸ Λιμενικός ο harbour (Βρετ.) ή
harbor (Αμερ.) official
λιμενοφύλακας ο/η harbour
(Βρετ.) ή harbor (Αμερ.) guard
λιμήν ο (επίσ.) → **λιμάνι**

λίμν|η lake • (μτφ.: αίματος) pool •
(δακρύων) flood
λιμνίσι|ος, -α, -ο (ψάρι, χελώνα)
lake • (οικισμός) lakeside
λιμνοθάλασσα το lagoon
λιμουζίν|α η limousine
λιν|ός επίθ linen
▸ λινό το linen
λιοντάρ|ι το lion
λιπαρ|ός επίθ (επιδερμίδα) oily •
(μαλλιά) greasy • (τροφή) fatty
▸ λιπαρά τα fats
λίπασ|μα το fertilizer
λιποθυμί|α, λιποθυμιά το
blackout • (μτφ.) ~ μου έρχεται ~ to feel
faint
λιποθυμώ ϱ αμ to faint
λίπ|ος το fat ▸μαγειρικό ~
- cooking fat
λιποτάκτ|ης ο deserter
λίρ|α η pound
λιρέτ|α η (παλ.) lira
Λισαβόνα η Lisbon
λίστ|α η list ▸ ~ γάμου wedding
list
λιτανεί|α η litany
λιτ|ός επίθ (γεύμα, σπιτικό) frugal •
(ομορφιά, σύνθεση) austere •
(διατύπωση, φράση) terse •
(επίπλωση) spartan • (σκηνικό,
ένδυμα) plain
λιτότητα η (γεύματος) frugality •
(ύφους) plainness
λίτρ|ο το litre (Βρετ.), liter (Αμερ.)
λίφτινγκ το facelift
λιχούδ|ης, -α, -ικο → λειχούδης
λιχουδιά η → λειχουδιά
λίωμα επίρ γίνομαι ~ (ντομάτες,
πατάτες) to turn to mush •
▸γίνομαι ή είμαι ~ (προφ.: = είμαι
μεθυσμένος) to be as drunk as a
skunk (ανεπ.)
λιών|ω ϱ μ (πάγο, χιόνι) to melt •
(ασπιρίνη, ζάχ.) to dissolve •
(πατάτες) to mash • (σταφύλια) to
crush • (παπούτσια, ρούχα) to wear
out • (έντομο) to crush ♦ ϱ αμ

(κερί, βούτυρο) to melt · (χιόνι, πάγος) to thaw (out) · (ζάχαρη) to dissolve · (παπούτσια, ρούχα) to be worn out · (στο βράσιμο: κρέας) to be tender · (χαρτιά) to be mushy · (νεκρός, φύλλα) to decay · (από ζέστη) to melt

λογαριάζω ρ αμ (= to count ◆ ρ μ (= κρίνω) to reckon · (= υπολογίζω: έξοδα) to work out · (= συνυπολογίζω) to count · (= λαμβάνω υπόψη μου) to take into account · (= δεν αγνοώ: άνθρωπο) to show consideration for · (κοινή γνώμη, βαρύτητα) to consider · (= θεωρώ) to consider
▸ **λογαριάζομαι** μεσ to get even

λογαριασμός ο (δαπανών, εξόδων) invoice · (ηλεκτρικού, νερού) bill · (εστιατορίου) bill (Βρετ.), check (Αμερ.) · (= υπολογισμός) calculation · (σε τράπεζα, ταμιευτήριο) account · **για ~ό** κ**τιου** on behalf of sb · **τραπεζικός ~** bank account

λόγια τα (= κουβέντες) words · (= στίχοι) lyrics · (μειωτ.: = κενές κουβέντες) talk εν · **δεν βρίσκω τα ~ να σε ευχαριστήσω** I can't thank you enough · **με δυο ~** in a word · **μπερδεύω τα ~ μου** to get one's words mixed up

λογική η (= ορθή σκέψη) reason · (= τρόπος σκέψης: ατόμων) logic · (= νοοτροπία: λαού) mentality · (= φιλοσοφία: σφρίγους, αθλητικός) spirit · (απόφασης, πολιτικής) rationale
▸ **Λογική** η logic

λογικό το (= λογική) reason · (ανεπ.: = αναλό) mind

λογικός επίθ (= που έχει λογική: ον) rational · (= σώφρων: άτομο) sensible · (= μετρημένος: πελάτης, άνθρωπος) reasonable · (απόφαση, κίνηση) sensible · (επακόλουθο)

logical · (τιμές, ποσό) reasonable
▸ **λογικός** ο, **λογική** η sane person

λογιστής ο/η accountant

λογιστική η accounting

λογίστρια η βλ **λογιστής**

λογοκρισία η censorship

λογοπαίγνιο το pun

λόγος ο speech · (σε συγκεκριμένο χώρο) language · (= γλώσσα) language · (= κουβέντα) word · (= αιτία) reason · **δεν μου πέφτει ~** to have no say in the matter · **-ου χάρη ή χάριν** for instance · **χωρίς ~ο** for no reason · **πεζός ~** prose · **ποιητικός ή έμμετρος ~** verse

λογοτέχνης ο writer (of fiction or poetry)

λογοτεχνία η literature

λογότυπος ο, **λογότυπο** το logo

λογομέρνω ρ αμ to argue

λόγχη η (ιππέα) lance · (στρατιώτη) spear · (όπλου) bayonet

λοιμώδης επίθ infectious

λοίμωξη η infection

λοιπόν, το λοιπόν σύνδ (= επομένως) so · (για δήλωση απόφασης) right · (για εισαγωγή θέματος ή μετάβαση σε άλλο θέμα) so · (ως κατακλείδα) then · (για έκφραση απορίας) then · (στην ενίσχυση προστακτικής) then · (στην αρχή λόγου: για σκέψη, αμηχανία) well · **άντε ~!** come on then! · **και ~;** so what? · **~;** well then?

λοιπός επίθ (επίσ.: = υπόλοιπος) remaining · **και -ά, και τα -ά** etcetera

Λονδίνο το London

λόξιγκας ο = **λόξυγγας**

λοξός επίθ (γραμμή, πορεία) oblique · (μτφ.: για άνθρωπο) eccentric · (βλέμμα, ματιά) sidelong

λόξυγγας ο hiccup · **με πιάνει ~** to have (the) hiccups

λοσιόν *η* lotion
λοστ|ός *ο*, **λοστάρι** *το* crowbar
λοταρία *η* raffle
Λόττο, λόττο *το* lottery
λούζ|ω *ρ μ* (μαλλιά, κεφάλι) to
wash • (= καταβρέχω: με σαμπάνια)
to spray • (βροχή, υδατμοί) to
drench
▸ **λούζομαι** *μεσ* to wash one's hair
λουκάνικο *το* sausage
▷ ~ **Φρανκφούρτης** frankfurter
λουκέτο *το* padlock • **κλειδώνω**
κτ με ~ to padlock sth
λούκι *το* drainpipe
λουκουμ|άς *ο* deep-fried dough
ball served with honey and
cinnamon
λουκούμι *το* Turkish delight
λουλούδι *το* flower
λούνα παρκ *το* amusement park
Λουξεμβούργο *το* Luxembourg
λουράκι *το* (ρολογιού)
watchstrap • (παπουτσιού) strap
λουρί *το* (βαλίτσας, τσάντας)
strap • (αλόγου) rein • (σκύλου)
lead (Βρετ.), leash (Αμερ.) •
(μηχανής) belt
λουρίδ|α *η* (επίσης **λωρίδα**: = από
δέρμα, ύφασμα) strip •
(= παντελονιού, φορέματος) belt •
(επίσης **λωρίδα**: γης) strip
λούσιμο *το* wash
λουστρίνι *το* patent leather
▸ **λουστρίνια** *πλ* patent leather
shoes
λουτρό *το* (= μπάνιο) bath •
(= τουαλέτα) bathroom
λουτρόπολη *η* spa (town)
λόφ|ος *ο* hill
λοχαγός *ο* captain
λοχίας *ο* sergeant
λόχ|ος *ο* company
λυγίζ|ω *ρ μ* (μέση, γόνατο) to
bend • (μτφ.: για πρόσ.) to wear
down • (με μ) (γόνατα) to buckle •
(χέρι) to flex • (βέργα, κλαδί) to
bend • (μτφ.: = υποκύπτω) to

yield • (μτφ.: = χάνω το θάρρος
μου) to give up
λυγιστ|ός *επίθ* (= εύκαμπτος)
supple • (= λυγισμένος) bent •
(κλαδί) bowed
λυγμός *ο* sob
λυγ|ώ *ρ μ* (= λυγίζω) to bend • (με
χάρη: κορμί, μέση) to sway ♦ *ρ αμ*
to bend
▸ **λυγίζομαι** *μεσ* to sway
λυθρίνι *το* red sea bream
λύκει|ο *το* = secondary school
(Βρετ.), = high school (Αμερ.) (for
15 to 18 year olds)
λυκόπουλο *το* (= νεογνό λύκου)
wolf cub • (= μικρός πρόσκοπος)
cub (scout)
λύκ|ος *ο* (ζώο) wolf •
(= λυκόσκυλο) Alsatian (Βρετ.),
German shepherd (Αμερ.)
λύνω *ρ μ* (γραβάτα) to undo •
(ζώνη) to undo • (παπούτσια,
κορδόνια) to untie • (μαλλιά) to let
down • (βάρκα) to untie • (σκύλο,
βάρκα) to let loose • (αλόγου) to let
loose • (χειρόφρενο) to release •
(μηχανή, όπλο) to strip (down) •
(ρολόι) to take apart *ή* to pieces •
(απορία) to answer • (εξίσωση,
πρόβλημα) to solve • (μυστήριο) to
solve • (παρεξήγηση, διαφωνία) to
clear up • (διαφορές) to resolve •
(απεργία) to bring to an end •
(πολιορκία) to raise • (γλώσσα) to
loosen • (πόδια) to loosen up
▸ **λύνομαι** *μεσ* (ζώο, άνθρωπος) to
break loose • (πρόβλημα, ζήτημα)
to have a solution
λυόμεν|ος *επίθ* (έπιπλο)
flat-pack • (κρεβάτι) foldaway •
(κατασκευή, σπίτι) prefabricated
▸ **λυόμενο** *το* prefab
λυπάμαι *ρ μ/αμ βλ* λυπώ
λύπ|η *η* (= ψυχικός πόνος) sorrow •
(= οίκτος) pity • (= συμπόνια)
compassion
λυπημέν|ος *επίθ* sad

λυπηρ|ός επίθ (επία.: γεγονός)
regrettable · (σκηνή) distressing
λύπηση η (= οίκτος) pity ·
(= συμπόνια) compassion
λυπητερ|ός επίθ sad
► **λυπητερή** η (αργκ.: καθομ.) bill (Βρετ.),
check (Αμερ.)
λυπούμαι ρ μ αμ βλ. **λυπώ**
λυπ|ώ ρ μ to sadden
► **λυπάμαι, λυπούμαι** ρ μ αμ μεσ
(= συμπονώ) to feel sorry for ·
(= αισθάνομαι οίκτο) to take pity
on · (= υπολογίζω: νιάτα, ζωή) to
value · (= τσιγγουνεύομαι: λεφτά)
to be mean with · (λάδι, τυρί) to
skimp on ◆ ρ αμ μεσ to be sorry
λύση η (εξίσωσης, άσκησης)
solution · (απορίας) answer ·
(αινίγματος, μυστηρίου) solving ·
(όπλου) stripping · (φολογιού)
dismantling · (διαφοράς, απορίας)
settlement · (προβλήματος)
solution · (κρίσης) resolution ·
(παρεξήγησης) clearing up ·
(γάμου) annulment · (σύμβασης)
termination · (πολιορκίας) raising ·
▷ **~ ανάγκης** Hobson's choice
λύσιμο το (σχοινιών, κάβων)
untying · (χορδονιού) untying ·
(κοτσίδας) undoing · (άσκησης)
solution
λύσσα η (ασθένεια) rabies εν. ·
(= τρέλα) fury · (= μεγάλη οργή)
rage
λυτ|ός επίθ (ζώο, μαλλιά) loose ·
(παντελόνι, παπούτσι) undone
λύτρα τα ransom εν.
λυτρών|ω ρ μ (= απαλλάσσω: από
δεινά) to release · (από βάρος) to
relieve · (από πάθος) to liberate
► **λυτρώνομαι** μεσ to be relieved
λύτρωση η relief
λύω ρ μ (επία.: όρκο) to take back ·
(σύμβαση, συμφωνία) to cancel ·
~εται η συνεδρίαση (στο
δικαστήριο) the court is
adjourned · (γενικότ.) the meeting

is adjourned · βλ. κ. **λύνω**
λωποδύτ|ης ο petty thief
λωρίδα η to strip · **~ κυκλοφορίας**
lane · βλ. κ. **λουρίδα**
λωτ|ός ο lotus

M μ

M, μ mu, _12th letter of the Greek
alphabet_
μα[1] σύνδ (= αλλά) but · (για
υπερβολή) even · (για αλλαγή
συζήτησης) but · **~... well... · ~ πού
πήγε επιτέλους;** where on earth
has he gone? · **~ τι κάνεις εκεί;**
what on earth are you doing?
μα[2] μόρ +αιτ. · **~ τον Θεό!** by
God! · **~ την αλήθεια!** honestly!
μαγαζάτορ|ας ο shopkeeper
(Βρετ.), store owner (Αμερ.)
μαγαζί το (= κατάστημα) shop
(κυρ. Βρετ.), store (κυρ. Αμερ.) ·
(= νυχτερινό κέντρο) night club ·
(= μπαρ) bar
► **μαγαζιά** πλ τα **~ιά** the shops
μαγγών|ω ρ μ (δάχτυλο) to catch ·
(= πιάνω δυνατά) to grab ◆ ρ αμ
to jam
μαγεί|α η (= μάγια) magic ·
(φεγγαριού) beauty · (φύσης)
wonder · (μουσικής, στιγμής)
magic
μάγειρ|ας ο (γενικότ.) cook ·
(εστιατορίου) chef
μαγείρε|μα το (κρέατος,
λαχανικών)`cooking · (αργ.)
scheme
μαγειρευτ|ός επίθ cooked
► **μαγειρευτά** τα ready meals
μαγειρεύ|ω ρ μ (κρέας, ψάρια) to
cook · (αργ.) to plot ◆ ρ αμ to
cook
μαγειρική η cookery ▷**οδηγός ~ς**
cookbook
μαγείρισσα η βλ. **μάγειρας**

μαγειρίτσα *η* traditional soup made from tripe eaten on Easter night

μάγειρ|ος *ο* = **μάγειρας**

μαγευτικ|ός επίθ (εικόνα, ομορφιά) captivating · (μουσική) entrancing · (ταξίδι) fascinating · (στιγμή) magical · (ηλιοβασίλεμα) spectacular

μαγεύ|ω ρ μ = κάνω μάγια) to cast ή put a spell on · (ακρωτήριο, κοινό) to captivate · (νου) to bewitch · (καρδιά) to captivate

μάγι|α *τα* spell εν.

μαγικ|ός επίθ (βραδιά, πόλη) magical

▸ **μαγικά** *τα* = τεχνάσματα: μάγου, ταχυδακτυλουργού) magic εν. · (= λόγια) magic words · (= ταχυδακτυλουργίες) magic tricks

μαγιό *το* (γυναικείο) swimsuit · (ανδρικό) swimming trunks πληθ.
▸ **ολόσωμο** ~ one-piece swimsuit

μαγιονέζ|α *η* mayonnaise

μάγισσα *η* (παραμυθιού) witch · (= γόησσα) enchantress ▸ **κυνήγι μαγισσών** (αρν.) witch-hunt

μαγκάλι *το* brazier

μαγκούρα *η* stick

μαγκών|ω ρ μ = **μαγγώνω**

μαγνήσι|ο *το* magnesium

μαγνήτης *ο* magnet

μαγνητίζ|ω ρ μ (σώμα, ράβδο) to magnetize · (μτφ.) to mesmerize

μαγνητικ|ός επίθ (πεδίο, κύκλωμα, πόλος) magnetic · (βλέμμα) mesmerizing · ▸**-ό πεδίο** magnetic field

μαγνητοσκοπημένος, -η, -ο (pre-)recorded

μαγνητοσκόπηση *η* recording

μαγνητοσκοπώ ρ μ to record

μαγνητοφωνημένος, -η, -ο recorded

μαγνητοφών|ο *το* tape recorder

μαγνητοφων|ώ ρ μ to record

μάγ|ος *ο* (παραμυθιού) wizard · (φυλής) witch doctor · (= ταχυδακτυλουργός) magician ▸**οι τρεις Μάγοι** the Three Wise Men

μαγουλάδ|ες *οι* mumps εν.

μάγουλ|ο *το* (ανθρώπου) cheek · (πλοίου) bow

Μάγχη *η* *το* Στενό της ~ς the English Channel

μαδέρ|ι *το* plank

Μαδρίτη *η* Madrid

μαδ|ώ ρ μ (μαλλιά) to pull out · (πούπουλα) to pluck · (φύλλα) to pull off · (κότα) to pluck · (μαργαρίτα) to pull the petals off · (= εκμεταλλεύομαι οικονομικά) to clean out ◆ ρ αμ (για πρόσ.) to lose one's hair · (σκύλος) to moult (Βρετ.), to molt (Αμερ.) · (φυτό) to shed its leaves · (λουλούδι) to shed its petals · (πουλόβερ) to be worn

μαέστρ|ος *ο* = διευθυντής ορχήστρας) conductor · (= οργανοπαίκτης) maestro

μάζ|α *η* (αέρα, άμμου) mass · (ΦΥΣ) mass ▸**οι λαϊκές ~ες** the masses ▸**μάζες** πλ οι **~ες** the masses

μάζε|μα *το* (μήλων, φρούτων) picking · (χαλαμποκιού) gathering · (ρούχων) getting in · (πληροφοριών, στοιχείων) gathering · (γραμματοσήμων) collecting · (σπασμένων κομματιών) picking up · (χυμένων νερών) wiping up · (πελατείας) attracting · (δωματίου, σπιτιού) tidying up · (φούστας, παντελονιού) taking in · (τέντας) taking down · (από ταύσιμο: ρούχων) shrinking

μαζεμένος επίθ (πλήθος) assembled · (άτομο) withdrawn · (ζωή) secluded

μαζεύ|ω ρ μ (ροδιά) to get in · (ελιές, φρούτα) to pick · (χόρτα) to pull up · (ξύλα) to gather · (σπασμένα κομμάτια) to pick up · (νερά) to wipe up · (γραμματόσημα, νομίσματα) to collect · (πελατεία) to attract · (στοιχεία, πληροφορίες) to gather · (για φιλανθρωπίες) to collect · (για εκδρομή: χρήματα) to raise · (= αποταμιεύω) to save · (σκόνη, βρομιά) to attract · (δωμάτιο, σπίτι) to tidy up · (πιάτα) to put away · (τραπέζι) to clear · (= ανασηκώνω: κέρματα, καρφίτσες) to pick up · (ορφανό, άστεγο) to take in · (φουστάνι, παντελόνι) to take up · (δίχτυα, πανιά) to take in · (πόδια) to draw in · (παιδί) to control ◆ ρ αμ to shrink · **~ τα μαλλιά** to put one's hair up

▸ **μαζεύομαι** μεσ (κόσμος, πλήθος) to gather · (δουλειά) to build up · (= γίνομαι συνεσταλμένος) to settle down · (από φόβο) to cringe · (= επιστρέφω) to get back · (= περιορίζομαι έξοδα) to start saving

μαζί επίρρ (πηγαίνω, φεύγω) together · (= συγχρόνως) at the same time

μαζικ|ός επίθ (διαδήλωση, απεργία) mass · (επενδύσεις) massive · (παραγγελίες) bulk ▷ **~ή παραγωγή** mass production

Μάης ο (= Μάιος) May · (= στεφάνι πρωτομαγιάς) May crown ▷ **~ του '68** (ΙΣΤ) May 1968

μαθαίν|ω ρ μ (Αγγλικά, μάθημα) to learn · (= διδάσκω) to teach · (= απομνημονεύω) to learn · (= εμπεδώνω) to revise · (νέα) to hear · (καθέκαστα, αλήθεια) to find out · (= γνωρίζω τον χαρακτήρα) to get to know ◆ ρ αμ (= αποκτώ γνώση) to learn · (= πληροφορούμαι) to hear · **~ κολύμπι/οδήγηση/τένις** to learn how to swim/to drive/to play tennis · (= συνηθίζω) to get used to doing sth

μαθεύ|ομαι ρ αμ απ (είδηση, γεγονός) to become known · (ιστορία) to come out

▸ **μαθεύτηκε** απρόσ **–τηκε πως** it's said that

μάθη|μα το (= γνώση) lesson · (= διδασκαλία) class · (ΣΧΟΛ, ΠΑΝ) subject · (= ενότητα για μελέτη) homework χωρίς πληθ. ▷ **βασικό ~ core subject ▸ υποχρεωτικό/ επιλογής** compulsory/optional subject

▸ **μαθήματα** πλ lessons

μαθηματικ|ά τα mathematics εν.

μαθηματικός επίθ mathematical

▸ **μαθηματικός** ο/η (επιστήμονας) mathematician · (καθηγητής) maths (Βρετ.) ή math (Αμερ.) teacher

μαθητευόμεν|ος επίθ (τεχνίτης) apprentice · (οδηγός) learner

▸ **μαθητευόμενος** ο, **μαθητευόμενη** η apprentice

μαθητεύ|ω ρ αμ to be apprenticed (κόντα σε το) ◆ ρ μ (ειρ.) to teach

μαθητ|ής ο pupil · (Σωκράτη, Ιησού) disciple

μαθητικ|ός επίθ school

μαθήτρια η βλ. **μαθητής**

μαί|α η midwife

μαιευτήρ|ας ο obstetrician

μαιευτήρι|ο το maternity hospital

μαϊμ|ού η monkey

μαϊντανός ο parsley

Μάι|ος ο May

μακάρι μόρ (= είθε) if only · (= ακόμα και αν) even if

μακάρι|ος, -α, -ο (= ευτυχισμένος) happy · (= γαλήνιος) blissful

μακαρίτ|ης (ευφημ.) ο ο **~ the** deceased · **ο ~ ο πατέρας μου** my late father

μακαρίτ|ισσα (ευφημ.) η βλ. **μακαρίτης**

μακαρονάδ|α η spaghetti εν.

▸ **μακαρόνι|α** τα spaghetti εν.

Μακεδόν|ας *ο* Macedonian

Μακεδονί|α *η* (= ελληνικό γεωγραφικό διαμέρισμα) Macedonia · (*κατ.*) (Former Yugoslav Republic of) Macedonia

μακεδονικ|ός *επίθ* Macedonian

Μακεδόν|ισσα *η βλ.* **Μακεδόνας**

Μακεδόν|ίτης *ο* = **Μακεδόνας**

μακεδονίτικ|ος *επίθ* = **μακεδονικός**

Μακεδονίτ|ισσα *η βλ.* **Μακεδόνας**

μακέτ|α *η* model

μακιγιάζ *το* make-up

μακιγιάρισμα *το* making-up

μακιγιάρ|ω *ρ μ* to put make-up on

▶ **μακιγιάρομαι** *μεσ* to be made-up

μακραίν|ω *ρ μ* (*φούστα, κουρτίνες*) to lengthen · (*περιγραφή, συζήτηση*) to draw out · (*ζωή*) to lengthen ♦ *ρ αμ* (*μαλλιά, γένια*) to grow · (*σκιά*) to get longer · (*διάλεξη, συζήτηση*) to drag on

μακριά *επίρρ* (= σε μεγάλη απόσταση) apart · (*για δήλωση απόστασης*) far · (*στο μέλλον*) a long way off · (*στο παρελθόν*) a long time ago · **από** ~ from afar · **βρίσκομαι** *ή* **είμαι (πολύ)** ~ to be far away · **πόσο** ~ **είναι από δω;** how far is it from here?

μακριν|ός *επίθ* (*χωριό*) distant · (*χωριό*) remote · (*ταξίδι, εκδρομή*) long · (*χάντ-νου, απειλή*) distant · (*περίοδος, εποχή*) far-off · (*παρελθόν*) distant · (*συγγενής*) distant

μακροβούτ|ι *η* dive

μακροπρόθεσμ|ος *επίθ* long-term

μάκρ|ος *το* length · (= επιμήκυνση) lengthening

μακροχρόνι|ος, -α, -ο (*σχέση, αρρώστια*) long-standing · (*συνέπεια, αποτέλεσμα*) long-lasting

μακρύν|ω (*επίσ.*) *ρ μ/αμ* = **μακραίνω**

μακρ|ύς, -ιά, -ύ long

μαλάκ|ας (*χυδ.*) *ο/η* (= αυναναστής) wanker (*χυδ.*) · (*υβρ.*) wanker (*χυδ.*) · (= κορόιδο) idiot · (*οικ.: προσφώνηση*) you idiot (*ανεπ.*)

μαλακία (*χυδ.*) *η* (= αυναναισμός) masturbation · (*υβρ.*) bullshit (*χυδ.*)

μαλακ|ός, -ή ή -ιά, -ό soft · (= ήπιος: άνθρωπος) gentle · (*φωνή, λόγος*) gentle · (*νερό*) soft

▷ **-ά ναρκωτικά** soft drugs

▶ **μαλακά** *τα* bottom *εν.*

μαλακτική *η* conditioner

μαλακτικό *το* fabric softener

μαλακών|ω *ρ μ* (*χώμα, χέρια*) to soften · (*λαιμό, βήχα*) to relieve ♦ *ρ αμ* (*κρέας*) to become tender · (*παξιμάδι, ρούχα*) to become soft · (*άνθρωπος, φωνή*) to soften · (*θυμός, οργή*) to die down · (*κρύο, καιρός*) to ease off

μάλαξη *η* massage

μαλθακ|ός (*μειωτ.*) *επίθ* (*άνθρωπος*) flabby · (*ζωή*) soft

μάλιστα *επίρρ* (= βεβαίως) yes · (= για κατανόηση) right · (= επιπλέον) even · (*για επιδοκιμασία*) of course

μαλλί *το* (*προβάτου*) wool · (*φυτών*) hair · (*χαλαμτικού*) beard · (*πτηνού*) down · (*ανεπ.: = μαλλιά*) hair

μαλλιά *τα* hair *εν.* ▷ **ίσια/σγουρά** ~ straight/curly hair

μαλλιαρ|ός *επίθ* (*σκύλος*) hairy · (*γάτα*) long-haired

μάλλιν|ος *επίθ* woollen (*Βρετ.*), woolen (*Αμερ.*)

▶ **μάλλινα** *τα* woollens (*Βρετ.*), woolens (*Αμερ.*)

μάλλον *επίρρ* (= πιθανόν) probably · (*για μετριασμό*) a bit · (= περισσότερο) more · **ή** ~ or rather

Μάλτ|α _η_ Malta

μαλωμένος, -η, -ο · είμαι ~ με κπν to have fallen out with sb

μαλών|ω _ρ μ_ to tell off ♦ _ρ αμ_ (= καβγαδίζω) to argue · (= διακόπτω σχέσεις) to fall out

μαμ|ά _η_ mum (_Βρετ._), mom (_Αμερ._)

μάνα _η_ (_ανεπ._) mum (_Βρετ._), mom (_Αμερ._) · (_στα χαρτιά_) bank · (_στο τάβλι_) ace-point checker

μανάβ|ης _ο_ greengrocer (_Βρετ._), produce dealer (_Αμερ._)

μανάβικ|ο _το_ greengrocer's (shop) (_Βρετ._), produce store (_Αμερ._)

μανάβ|ισσα _η_ βλ. **μανάβης**

μάνγκο _το_ mango

μανεκέν _το_ (fashion) model

μανέστρ|α _η_ noodles _πληθ._

μαν|ία _η_ (ΙΑΤΡ) mania · (_φυγής, καταστροφής_) obsession · (= _πάθος_) passion

μανιακ|ός _επίθ_ (_δολοφόνος, εγκληματίας_) crazed · (= _παθιασμένος_) passionate

▶ **μανιακός** _ο_, **μανιακή** _η_ maniac

μάνικ|α _η_ hose

μανίκ|ι _το_ sleeve · μαζεύω τα ~α to roll up one's sleeves

μανικιούρ _το_ manicure

μανιτάρ|ι _το_ mushroom ▷**πυρηνικό ~** mushroom cloud

μανιώδ|ης _επίθ_ (_παίκτης, καπνιστής_) compulsive · (_συλλέκτης_) fanatical

μάννα[1] _η_ = **μάνα**

μανό _το_ nail polish

μανούβρ|α _η_ manoeuvre (_Βρετ._), maneuver (_Αμερ._)

μανούλ|α (_χαϊδευτ._) _η_ mummy (_Βρετ._) (_ανεπ._), mommy (_Αμερ._) (_ανεπ._)

μανούρ|ι _το_ cream cheese

μανουσάκ|ι _το_ daffodil

μανταλάκ|ι _το_ clothes peg (_Βρετ._), clothes pin (_Αμερ._)

μάνταλ|ο _το_ (_ξύλινο_) latch · (_μεταλλικό_) bolt

μανταρίν|ι _το_ tangerine

μαντάρ|ω _ρ μ_ to mend

μαντεί|ο _το_ oracle

μαντεύ|ω _ρ μ_ (= _προφητεύω_) to prophesy · (= _εικάζω_) to guess ♦ _ρ αμ_ to guess

μαντηλάκ|ι _το_ handkerchief

μαντήλ|ι _το_ (_για τη μύτη, το πρόσωπο_) handkerchief · (= _φουλάρι_) scarf

μαντιλάκ|ι _το_ = **μαντηλάκι**

μαντίλ|ι _το_ = **μαντήλι**

μάντρ|α _η_ (_τοίχος περίφραξης_) wall · (_υλικών, αυτοκινήτων_) yard · (= _στάνη_) stockyard

μαξιλάρ|α _η_ cushion

μαξιλάρ|ι _το_ (= _προσκέφαλο_) pillow · (_καναπέ, πολυθρόνας_) cushion

μαξιλαροθήκ|η _η_ pillowcase

μάπ|α _η_ (= _λάχανο_) cabbage · (_οικ._: = _πρόσωπο_) face · (_οικ._: _για έργο_) flop

μαραγκ|ός _ο_ carpenter

μάραθ|ο _το_ fennel

μαραθώνι|ος, -ια, -ιο (_πεδιάδα_) of Marathon · (_σύσκεψη, διαπραγματεύσεις_) marathon

▶ **μαραθώνιος** _ο_ marathon (race)

μαραίν|ω _ρ μ_ (_φυτό_) to wither · (_νιάτα, ομορφιά_) to eat away at

▶ **μαραίνομαι** _μεσ_ (_ομορφιά_) to fade · (_καρδιά_) to break · (_για πρόσ._) to waste away

μαργαρίν|η _η_ margarine

μαργαρίτ|α _η_ daisy

μαργαριταρένι|ος, -ια, -ιο (_κολιέ, δαχτυλίδι_) pearl · (_δόντια_) pearly

μαργαριτάρ|ι _το_ (_πολύτιμο λίθος_) pearl · (_μτφ._: = _γλωσσικό σφάλμα_) howler (_ανεπ._)

▶ **μαργαριτάρια** _πλ_ pearls

μαρίδ|α _η_ whitebait

μαρίν|α _η_ marina

μαρινάτ|ος _επίθ_ marinated

μαριονέτα η puppet
μαριχουάνα η marijuana
μάρκα η (τσιγάρων, καλλυντικών)
brand · (αυτοκινήτου) make ·
(= σήμα εταιρείας) logo · (σε
παχνίδι) counter · (σε καζίνο,
λέσχη) chip
μαρκαδόρος ο felt-tip pen
μαρμαρένιος, -ια, -ιο =
μαρμάρινος
μαρμάρινος επίθ marble
μάρμαρο το marble
▸ **μάρμαρα** πλ marbles
μαρμελάδα η jam (Βρετ.), jelly
(Αμερ.)
Μαρόκο το Morocco
μαρούλι το lettuce
μαρουλοσαλάτα η lettuce salad
Μάρτης ο March
Μάρτιος ο March
μάρτυρας ο/η (γεγονότος, τελετής)
witness · (αρχιτεκτονικών
επιδράσεων) testimony · (ΝΟΜ)
witness · (ΘΡΗΣΚ) martyr
▷ **αυτόπτης ~** eyewitness
▷ **~ κατηγορίας/υπεράσπισης**
witness for the prosecution/for
the defence (Βρετ.) ή defense
(Αμερ.)
μαρτυρία η testimony · (πηγών,
αρχείων) evidence χωρίς πληθ. ·
(συγχρόνων) account
μαρτύριο το (= βασανιστήριο)
torment · (ΘΡΗΣΚ) martyrdom
μαρτυρώ ρ μ (= επιβεβαιώνω:
διαφορά, επίδραση) to reveal ·
(ταραχή) to bear witness to ·
(καταγωγή) to reveal · (στοιχεία)
to prove · (= φανερώνω: χαρακτήρα,
άνθρωπο) to reveal · (συναίσθημα)
to inform against · (συμπαθητήρ)
to tell on · (μυστικό, νέο) to give
away · (συνένοχο, δίκτυο) to
inform against ◆ ρ αμ
(= υποφέρω: άνθρωπος, ζώο) to go
through hell · (ΘΡΗΣΚ) to be
martyred

▸ **μαρτυρείται, μαρτυρούνται** τριτ
to be proved
μάρτυς (επίσ.) ο/η = **μάρτυρας**
μας αντων (προσωπική) us · (για
κτήση) our · (εῑπαν) they told us ·
το παιδί ~ our child
μασάζ το massage
μασέλα (ανεπ.) η (= γνάθος)
jawbone · (= οδοντοστοιχία) teeth
πληθ. · (= τεχνητή οδοντοστοιχία)
dentures πληθ.
μάσκα η (γενικότ.) mask ·
(= κοσμητικό προϊόν) face mask ·
(αυτοκινήτου) grille · ▷ **~ οξυγόνου/
καταδύσεων** oxygen/diving mask
μάσκαρα η mascara
μασκαρεύω ρ μ to disguise
▸ **μασκαρεύομαι** μεσ to dress up
μασκότ η mascot
μασούρι το (= καρούλι) bobbin ·
(= κουβαρίστρα) reel ·
(χαρτονομισμάτων) wad ·
(κερμάτων) packet
μάστιγα η plague
μαστίγιο το whip
μαστιγώνω ρ μ (άνθρωπο, ζώο) to
whip · (για βροχή, άνεμο) to lash
μαστίχα η mastic · (= τσίχλα)
(chewing) gum
μάστορας ο (= τεχνίτης) qualified
workman · (= δεξιοτέχνης)
craftsman · (= οικοδόμος) builder ·
(= αρχιτεχνίτης) foreman
μαστορεύω ρ μ to tinker with
◆ ρ αμ to do odd jobs
μαστοριά η (από πρακτικό
τεχνίτη) building work · (από
εραασιτέχνη) odd jobs πληθ.
(around the house)
μαστός (επίσ.) ο (ΑΝΑΤ) breast ·
(ΖΩΟΛ) udder
μαστουρωμένος (αργκ.) επίθ
high (ανεπ.)
μαστουρώνω ρ μ to be high
(ανεπ.) ή stoned (ανεπ.)
μασχάλη η (ανθρώπου) armpit ·
(φορέματος, πουκαμίσου) armhole ·

μασώ ρ μ to chew · (κασέτα, κλωστή) to chew up

μάταια επίρρ in vain

μάται|ος, -α ή -η, -ο vain ▷~ **κόσμος** vain world

ματαιώνω ρ μ to cancel · (απεργία) to call off · (σχέδια) to thwart

ματαίως επίρρ = μάταια

ματαίωση η (εκδρομής, συναυλίας) cancellation · (σχεδίων) thwarting

μάτ|ι το (οφθαλμός) eye · (= όραση) eyesight · (= βασκανία) evil eye · (φυτού) bud · (κουζίνας) hotplate · (πόρτας) peephole · **κλείνουν τα ~α μου** my eyes are closing · **κλείνω το ~α σε** to wink at sb · **το αυτοκίνητο/ πορτοφόλι και τα ~α σου** take good care of the car/your wallet ▷**αβγά ~α** fried eggs

ματιά η (= βλέμμα) look · (= γρήγορο κοίταγμα) glance · (= οπτική γωνία) view · **ρίχνω μια ~ (σε κπν/κτ)** to have a look (at sb/sth)

ματόφυλλο (λογοτ.) το eyelid

ματς το match

ματσάκ|ι (υποκ.) το (λουλούδια, σέλινα) bunch

μάτσο το (λουλούδια, ρίγανη) bunch · (γράμματα) pile · (χαρτονομίσματα) wad

ματωμένος επίθ bloody

ματών|ω ρ μ to cut ◆ ρ αμ to bleed

μαυριδερός επίθ dark

μαυρίζω ρ μ (ουρανό) to make dark · (για πρόσ.) to tan ◆ ρ αμ (άνθρωπος) to go brown · (ουρανός) to grow dark · (τοίχος, κτήριο) to become black · (χέρια) to get dirty

μαυρίλα η (νύχτας, ουρανού) blackness · (καπνού) fug · (από χτύπημα) bruise · (από μουντζούρα) stain

μαύρισ|μα η (τοίχου, σκεύους) blackening · (από ήλιο) (sun)tan

μαυρισμένος επίθ (ουρανός) overcast · (από τον ήλιο) brown · (μάτια) black

μαυροδάφνη η red table wine from Achaia

μαυροπίνακ|ας ο blackboard (Βρετ.), chalkboard (Αμερ.)

μαύρ|ος επίθ black · (= μαυρισμένος) brown · (δόντι) decayed · (τυχ.) bold · (ζωή, χρόνια) gloomy · (μέρες) dark · (σκέψεις) dark · (μαντάτα) grim · (απελπισία) black · (πείνα) desperate · (διακοπές) miserable · (ταξίδι) terrible ▷**η αγορά** black market ▷**η ήπειρος** Africa ▷**η κωμωδία** black comedy ▷**η λίστα** blacklist ▷**η μπίρα** stout ▷**το πρόβατο** (μτφ.) black sheep ▷**η τρύπα** (κυριολ., μτφ.) black hole ▷**η χήρα** (ζωολ) black widow ▷**το χιούμορ** black humour (Βρετ.) η humor (Αμερ.) ▷**το ψωμί** brown bread

▸ **μαύρα** τα black εν.

▸ **μαύρο** το black

▸ **μαύρο** το, **μαύρη** η (αργκ.) hash (ανεπ.)

▸ **μαύρος** ο, **μαύρη** η black person

μαχαίρ|ι το knife

μαχαιριά η (= χτύπημα με μαχαίρι) stab · (= τραύμα) knife wound

μαχαιροπίρουν|ο το knife and fork

▸ **μαχαιροπίρουνα** πλ cutlery εν.

μαχαίρωμα το stabbing

μαχαιρώνω ρ μ to stab

▸ **μαχαιρώνομαι** μεσ to have a knife fight

μάχη η fight

μαχητής ο (= πολεμιστής) combatant · (ελευθερίας, δημοκρατίας) fighter

μάχ|ομαι ρ μ απ to fight against ◆ ρ αμ to fight

ΛΕΞΗ-ΚΛΕΙΔΙ

με¹, μ' *πρόθ +αιτ.* **(α)** (για συνοδία ή συντροφιά, συνύπαρξη) with ·
(β) (για τρόπο) by ·
(γ) (για μέσο μεταφοράς) by · (για όργανο) with ·
(δ) (για σχέση, αναφορά) about ·
(ε) (για ομοιότητα, ισότητα) **μοιάζω με κπν** to look like sb ·
(στ) (για συνθήκες) with ·
(ζ) (για αιτία) by ·
(η) (για ιδιότητα, περιεχόμενο) with ·
(θ) (για όριο χρονικού διαστήματος) from ... to ·
(ι) (για αντάλλαγμα) for ·
(ια) (για αντίθεση, εναντίωση) despite

με² *αντων* me
μεγαλειότητα *η* majesty
μεγαλειώδ|ης *επίθ* (εκδήλωση, τέχνη) magnificent · (τοπίο) grandiose
μεγαλέμπορ|ος *ο/η* wholesaler
Μεγάλη Βρετανία *η* (νησί) Great Britain · (κατ.: = Ηνωμένο Βασίλειο) United Kingdom
μεγαλοποι|ώ *ρ μ* to exaggerate
μεγαλόπολη *η* = **μεγαλούπολη**
μεγαλοπρέπεια *η* splendour (Βρετ.), splendor (Αμερ.)
μεγαλοπρεπ|ής *επίθ* (ανάκτορα, τελετή) magnificent · (τοπίο) splendid · (παράσταση) majestic · (εορτασμός) lavish
μεγάλ|ος *επίθ* (σπίτι, οικογένεια) big · (βαθμός) high · (απόσταση) great · (ταχύτητα) high · (λεξιλόγιο, αριθμός) large · (βουνό) high · (δέντρο, παιδί) tall · (αναστάτωση, ενδιαφέρον) great · (πειρασμός) great · (καβγάς, σεισμός) big · (πίεση, υπέρταση) high · (ημέρα, διαδρομή) big · (= ώριμος) adult · (= γέρος) old · (αδελφός, αδελφή)

---

older · (κόρη, γιος) eldest · (επιστήμονας, εξερευνητής) great · (καπνιστής) heavy · (ψεύτης) big · (τέχνη, ποίηση) great · (αλήθειες, όνομα) great · (άνδρες, γυναίκες) great
▸ **μεγάλοι** *οι* (= ηγέτες ισχυρών κρατών) world leaders · (= ενήλικες) grown-ups
μεγαλόσωμ|ος *επίθ* big
μεγαλούπολη *η* major city
μεγαλοφυ|ής *επίθ* (επιστήμονας) brilliant · (ιδέα, επινόηση) ingenious · (έργο) of genius
μεγαλοφυΐα *η* genius
μεγαλύτερ|ος *επίθ* (σπίτι, οικογένεια) bigger · (βαθμός) greater · (ταχύτητα) higher · (απόσταση) greater · (αριθμός, λεξιλόγιο) larger · (βουνό) higher · (δέντρο, παιδί) taller · (αναστάτωση, ενδιαφέρον) greater · (πίεση) greater · (υπέρταση) higher · (ημέρα, διαδρομή) bigger · (αδελφός, αδελφή) older · (επιστήμονας, εξερευνητής) greater · (όνομα, κατόρθωμα) bigger · **είναι ~ός μου κατά έξι χρόνια** he's six years older than me · **ο Όλυμπος είναι το ~ο βουνό της Ελλάδας** Mount Olympus is the highest mountain in Greece
μεγαλών|ω *ρ μ* (δωμάτιο, σπίτι) to enlarge · (παιδί) to increase · (παιδί) to bring up ◆ *ρ αμ* (παιδί, άνθρωπος) to grow up · (μαλλιά) to grow · (ουσειά, λουλούδι) to grow · (πόλη) to develop · (ανησυχία, φιλοδοξίες) to grow · (ημέρα) to get longer · (χρόνο) to become more intense · (θόρυβος) to get louder
μέγαρ|ο *το* mansion ▷ **~ μουσικής** concert hall
μεγάφων|ο *το* loudspeaker
μέγεθ|ος *το* (ρούχων, παπουτσιού) size · (χωραφιού, οικοπέδου) area · (προβλήματος, φιλοδοξίας) extent ·

(γνώσεων, ομορφιάς) extent

μεγέθυνσ|η η (οδού) widening · (κεφαλαίων, προβλήματος) growth · (ΦΩΤ) enlargement

μέγιστ|ος, -η, ή -ίστη, ο(ν) (= τιμή) highest · (= σημασία) greatest · (ταχύτητα, όριο) maximum

► **μέγιστο(ν)** το peak

μεδούλι (ανεπ.) το marrow

μέδουσ|α η jellyfish

► **Μέδουσα** η Medusa

μεζεδάκι (υποκ.) το snack

μεζεδοπωλείο το taverna that serves drinks and snacks

μεζ|ές ο snack · **ούζο με -έ** ouzo served with appetizers

μεζούρ|α η (ράφτη) tape measure · (ποτού) measure

μεθαυριανός επίθ the day after tomorrow

μεθαύριο επίρρ the day after tomorrow · **αύριο-~** in a day or two

μέθ|η (επίσ.) η drunkenness

μεθοδικ|ός επίθ (τρόπος, εργασία) methodical · (εξέταση, ανάλυση) systematic · (ταξινόμηση) systematic · (φοιτητής, ερευνήτρια) methodical

μέθοδ|ος η method · (= μέσο) methods πληθ.

μεθόρι|ος, -α ή -ος, -ο on the border ή frontier ► **-α ή ~ γραμμή** borderline

► **μεθόριος** η frontier

μεθύσ|ι το drunkenness · **στουπί ή σκνίπα ή τύφλα στο ~** (as) drunk as a skunk ή lord

μεθυσμέν|ος επίθ drunk

μεθ|ώ ρ αμ to get drunk ♦ ρ μ (φίλο) to get drunk · (= προκαλώ ευφορία) to intoxicate

μείγμα το mixture

μέικ-απ το make-up · **βάζω ή κάνω ~** to put on one's make-up

μεικτ|ός επίθ = **μικτός**

μείξη η mix · (ΚΙΝ) mixing

μείον επίρρ minus

► **μείον** το disadvantage

μειονέκτημα το (σχεδίου, πρότασης) disadvantage · (ανθρώπου) defect

μειονότητα η minority ► **εθνική** ~ ethnic minority

μειωμέν|ος επίθ (τιμές, ταχύτητα) reduced · (ορατότητα) reduced · (έξοδα) lower · (διαφορά) smaller · (πόνος, λύπη) diminished · (άνθρωπος, κύρος) diminished · (αξιοπρέπεια) fallen

μειών|ω ρ μ (τιμές, αριθμό εργαζομένων) to cut · (έξοδα) to cut back ή down on · (ταχύτητα, χοληστερίνη) to reduce · (διαφορά, ορατότητα) to reduce · (ένταση ήχου) to lower · (ικανότητα) to diminish · (αποτελεσματικότητα) to decrease · (άτομο, κύρος) to diminish · (αξιοπρέπεια) to take away · **~ το φαγητό** to eat less

μείωσ|η η (γεννήσεων, ταχύτητας) decrease · (τιμών, θέσεων εργασίας) cut · (εξόδων) cutback · (αρτηριακής πίεσης) lowering · (προσωπικότητας) humiliation · (κύρους) decline · (αξιοπρέπειας) taint

μελαγχολί|α η melancholy · **με πιάνει ~** to feel depressed ή down

μελαγχολικ|ός επίθ (καιρός) gloomy · (τραγούδι) melancholy · (για λόγο) gloomy · (άνθρωπος) glum · (ατμόσφαιρα, σπίτι) gloomy

μελαγχολ|ώ ρ αμ to be depressed ή down ♦ ρ μ to depress

μελαμψ|ός επίθ dark

μελάν|η (επίσ.) η ink ► **σινική** ~ Indian ink, India ink (Αμερ.) · βλ. κ. **μελάνι**

μελάνι το ink

μελανιά η (= λεκές) (ink) blot · (= μελάνιασμα) bruise

μελανιάζω ρ μ to bruise ♦ ρ αμ
to turn blue

μελανούρι το (ψάρι) saddled
bream · (οικ.) beautiful brunette

μελάτ|ος επίθ **αβγό ~ο**
soft-boiled egg

μελαχρινός επίθ dark-skinned
▸ **μελαχρινός** ο, **μελαχρινή** η
person with dark skin

μελαψ|ός επίθ = **μελαμψός**

μελέτη η study · (= πόρισμα
έρευνας) findings πληθ.

μελετηρός επίθ studious

μελετ|ώ ρ μ (πρόβλημα, πρόταση)
to study · (μάθημα) to study ·
(κιθάρα, πιάνο) to practise (Βρετ.),
to practice (Αμερ.) ·
(= αναφέρομαι) to talk about ·
(= μνημονεύω) to think about ♦ ρ
αμ to study

μέλημα το concern

μέλι το honey

μέλισσα η bee

μελίσσι το (= σμάρι) bee colony ·
(= κυψέλη) (bee)hive
▸ **μελίσσια** πλ apiary εν.

μελισσοκομία η beekeeping

μελιτζάνα η aubergine (Βρετ.),
eggplant (Αμερ.)

μελιτζανοσαλάτα η aubergine
(Βρετ.) ή eggplant (Αμερ.) purée

μελλοθάνατ|ος επίθ dying
▸ **μελλοθάνατος** ο, **μελλοθάνατη**
η condemned man/woman

μέλλ|ον το future · **στο ~** in the
future

μελλοντικ|ός επίθ future

μέλλω ρ αμ · **να κάνω κτ** to be
going to do sth

μέλλ|ων, -ουσα, -ον (επίσ.) future
▸ **-ουσα νύφη** bride-to-be

μελό το melodrama

μελόδραμα το (έργο) drama ·
(μτφ.) melodrama ▸ **λυρικό**
~ opera

μελομακάρον|ο το honey cake

μέλ|ος το (οργανισμού, ομάδας)

member · (ανθρώπου, ζώου) limb
▸ **ενεργό ~** active member

μελτέμι (ανεπ.) το Etesian wind

μελωδία η (= διαδοχή φθόγγων)
melody · (τραγουδιού) tune

μελωδικ|ός επίθ (τραγούδι)
tuneful · (ήχος, φωνή) melodious

μεμβράνη η membrane

μεμιάς επίρρ (= με μία φορά) in
one go · (= αμέσως) immediately

μεμονωμέν|ος επίθ (εκδορεύς,
προσπάθεια) individual ·
(πρόβλημα, γεγονός) isolated

μεν σύνδ **και οι ~ και οι δε, οι
~ και οι δε** both of them

μενεξές ο violet

μένος (επίσ.) το fury · **πνέω ~εα
(εναντίον κποιου)** to be livid
(with sb)

μενού το menu

μέντα η (φυτό) mint · (ηδύποτο)
mint-flavoured (Βρετ.) ή
mint-flavored (Αμερ.) drink ·
(γλυκό) mint

μεντεσές ο hinge

μένω ρ αμ (= κατοικώ) to live (με,
σε with, in) · (ως φιλοξενούμενος)
to stay · (= παραμένω) to stay ·
(= αντικαθιστώ) to stand in (για
for) · (= σταματώ) to leave off ·
(= καταλήγω) to be left ·
(= περισσεύω) to be left ·
(= απομένω: κτήμα) to be left
standing · **δεν ~ πια εδώ** I don't
live here any more · **δεν μου**
μένει χρόνος I haven't got any
time left · **~ μόνος** to be left on
one's own · **μόνος μου** to live
alone · **σ' ένα φίλο μου/σε**
ξενοδοχείο to stay with a friend/
at a hotel · **δεν μένει τίποτε άλλο**
παρά να... there's nothing else
for it but to...

Μεξικό το Mexico

μέρ|α η = **ημέρα**

μεριά η (ανεπ.) place · (δρόμου)
side · (πόλης) part · (ρούχου,

μερίδα *υφάσματος*) side · **από τη μιά ~...
από την άλλη ~...** on one hand...
on the other hand...

μερίδα *η* (*πληθυσμού*) section ·
(*τύπου*) part · (*φαγητού,
εστιατορίου*) portion

μερίδιο *το* share

μερικός *επίθ* (*αναπηρία, έκλειψη
ηλίου*) partial · (*απασχόληση*)
part–time

▸ **μερικοί, -ές, -ά** *πλ* some · **–οί–οί**
(*ειρ*.) some *ή* certain people

μεριμνώ *ρ αμ* **–για** to take care
of ◆ *ρ μ* **–να** to see to it that

μέρισμα *το* (*επίσ*.: = *μερίδιο*)
share · (OIK) dividend

μερμήγκι *το* = **μυρμήγκι**

μεροκάματο *το* (= *δουλειά μιας
ημέρας*) a day's work ·
(= *ημερομίσθιο*) a day's wages
πληθ.

μεροληπτικός *επίθ* biased ·
(*κριτήριο, αντιμετώπιση*)
discriminating

μεροληπτώ *ρ αμ* to be biased

μερόνυχτο *το* = **ημερονύκτιο**

μέρος *το* (*βιβλίου, σύνθεσης*) part ·
(*χρημάτων, μισθού*) part ·
(*σύμβασης, συμφωνίας*) party ·
(= *τόπος*) place · (*ευφημ*.) toilet ·
από ποιό ~ είστε; where are you
from? · **στα ~η μας** in our part of
the world ▸**–του λόγου** part of
speech

μέσα, μέσ΄, μες *επίρρ* in · **βγάζω
κτ – από κτ** to take sth out of
sth · **γυρίζω κτ το –έξω** to turn
sth inside out · **η –πλευρά** the
inside · **μένω ~** to stay in

μεσαίος, -α, -ο (*δάχτυλο, πάτωμα*)
middle · (*ανάστημα, μέγεθος*)
average · (*αδελφός, στρώματα*)
middle ▸**–η τάξη** (ΚΟΙΝ) middle
class

▸ **μεσαία** *τα* medium wave *εν*.

μεσαιωνικός *επίθ* medieval ·
(*μειωτ*.: *αντιλήψεις*) antiquated

μεσάνυχτα *τα* midnight

μέση *η* (*δρόμου, χωραφιού*)
middle · (*ταξιδιού, εκδήλωσης*)
middle · (*ανθρώπου*) waist ·
(*ρούχου*) waistband · **με πονάει η
~ μου** my back's aching

μεσημβρινός *επίθ* (*πρόγραμμα*)
midday · (*παράθυρο, πλαγιά*)
south–facing ▸**–ή ώρα** midday

▸ **μεσημβρινός** *ο* meridian

μεσημέρι *το* midday

μεσημεριάζω *ρ αμ* **μεσημέριασα**
it's almost midday *ή* noon

▸ **μεσημεριάζει** *απρόσ* it's almost
midday *ή* noon

μεσημεριανό *το* lunch

μεσημεριανός *επίθ* midday ·
▷**– ύπνος** siesta ▷**–ό φαγητό**
lunch

μεσημεριάτικος *επίθ* =
μεσημεριανός

μεσιτεύω *ρ αμ* to mediate

μεσίτης *ο* (*για ασφάλειες,
επενδύσεις*) broker ·
(= *κτηματομεσίτης*) estate agent
(*Βρετ*.), realtor (*Αμερ*.)

μεσίτρια *η βλ* **μεσίτης**

μέσο *το* (*δωματίου, δρόμου*)
middle · (*αγώνα, καλοκαιριού*)
middle · (*διαφήμισης*) medium ·
(*προπαγάνδας*) vehicle · (*πίεσης,
διασκέδασης*) means *πληθ*.
(*προσέγγισης*) manner · **από τα/
στα –α Ιουνίου/Ιανουαρίου** from/
in mid–June/mid–January
▷**μεταφοράς** ~ means of
transport ▷**Μέσα Μαζικής
Ενημέρωσης** mass media
▷**~ μαζικής μεταφοράς** public
transport

μεσογειακός *επίθ* Mediterranean

Μεσόγειος *η* the Mediterranean
Sea

μεσολάβηση *η* (*φίλου, υπουργού*)
mediation · (*κατ*.: = *παρέλευση
χρόνου*) lapse

μεσολαβητής *ο* mediator

μεσολαβήτρια η = μεσολαβητής

μεσολαβ|ώ ρ αμ (= παρεμβαίνω) to intervene · (= μεσιτεύω) to mediate · (κατ.: διάστημα, χρόνος) to elapse · (απόσταση) to lie between · (= λαμβάνω χώρα) to happen

μέσον το = μέσο

μέσ|ος επίθ (ηλικία, απόσταση) middle · (θερμοκρασία, βελήνεκές) average · (πολίτης, τηλεθεατής) average · (ύψος) average · (μόρφωση) average · (λύση) compromise ▷ **οι Μέσοι Χρόνοι** (ΙΣΤ) the Middle Ages ▷ **η Μέση Ανατολή** the Middle East ▷ **η εκπαίδευση** secondary education ▷ **~ όρος** average (ΜΑΘ) mean

▶ **μέσος ο** (χεριού) middle finger · (ποδιού) middle toe · (στο ποδόσφαιρο) midfielder

μεσοφόρ|ι το petticoat

μεστ|ός επίρρ (= πλήρης, +γεν.) full of · (καρπός) ripe

μεστών|ω ρ αμ (καρπός) to ripen · (άνθρωπος) to mature ◆ ρ μ to mature

μέσω πρόθ +γεν. through

μετά¹, μετ', μεθ πρόθ +αιτ. after · (επίρ.) +γεν. with · ~ **από** after

μετά² επίρρ (= ύστερα) after · (= αργότερα) later · ~ **από δω τι θα πας;** where will you go next?

μεταβαίν|ω (επίσ.) ρ αμ = **σε** (= πηγαίνω) to go to · (= περνώ) to turn to

μεταβάλλ|ω ρ μ to change

μεταβατικ|ός επίθ transitional ▷ **-ό ρήμα** transitive verb

μεταβιβάζ|ω ρ μ (φάρμακα, τρόφιμα) to transport · (μήνυμα, χαιρετισμούς) to pass on · (παραδόσεις) to hand down · (δικαιώματα, περιουσία) to transfer · (αρμοδιότητα) to devolve

μεταβλητ|ός επίθ (σημείο, μήκος) variable · (χαρακτήρας) changeable

μεταβολή η change

μεταγλωττίζ|ω ρ μ (εκπομπή) to dub · (κείμενο) to translate

μεταγλώττισ|η η (εκπομπής) dubbing · (κειμένου) translation

μεταγλωττισμός ο = μεταγλώττιση

μεταγραφή η (ξένων ονομάτων) transliteration · (παίκτη, επαγγελματία) transfer · (ταινίας) recording

μεταδίδ|ω ρ μ (ενθουσιασμό) to communicate · (γνώσεις) to pass on · (ενδιαφέρον) to convey · (κέφι) to spread · (ήχο) to transmit · (μόλυνση) to spread · (ειδήσεις, πληροφορίες) to broadcast · (εικόνες, αγώνα) to broadcast

▶ **μεταδίδομαι** μεσ to spread

μετάδοσ|η η (ενθουσιασμού) communication · (γνώσεων, άγχους) transmission · (ειδήσεων, αγώνος) broadcast · (ασθένειας, ιού) transmission · (κίνησης, ηλεκτρικού ρεύματος) transmission

μεταδοτικός επίθ (ασθένεια) contagious · (για ενθουσιασμό, χασμουρητό) catching

μετάθεσ|η η (υπαλλήλων, στρατιωτικού) transfer · (ημερομηνίας, ταξιδιού) postponement ▷ **~ ευθυνών** scapegoating

μεταθέτ|ω ρ μ (ευθύνες) to shift · (συναισθήματα) to transfer · (υπάλληλο, στρατιωτικό) to transfer · (ημερομηνία, ταξίδι) to postpone

μετακίνησ|η η (επίπλων, μηχανήματος) moving · (υπαλλήλων, πληθυσμών) transfer · (γηγενών πληθυσμών) shifting · (αερίων μαζών) movement · (εκφορτώσεις) transport

μετακιν|ώ ρ μ (συσκευές, έπιπλα)

to move *(λαό, υπάλληλο)* to transfer

▶**μετακινούμαι** *μεσ* to travel

μετακομίζω *ρ αμ* to move ♦ *ρ αμ* to move · ~ **ένα σπίτι** to move out of a house · ~ **σε καινούργιο σπίτι** to move into a new house

μετακόμιση *η* (= *μεταφορά νοικοκυριού*) removal · *(αλλαγή κατοικίας)* move

μεταλλείο *το* mine

μετάλλευμα *το* ore

μεταλλικός *επίθ* *(τραπέζι, καρέκλα)* metal · *(νερό, πηγές)* mineral · *(ήχος, φωνή)* ringing · *(χρώμα)* metallic

μετάλλιο *το* medal **·χρυσό/ αργυρό/χάλκιο** ~ gold/silver/ bronze medal

μέταλλο *το* metal

μεταμορφώνω *ρ μ* to transform

μεταμόρφωση *η* transformation ▷**η Μεταμόρφωση του Σωτήρος** the Transfiguration

μεταμόσχευση *η* transplant

μεταμφιέζω *ρ μ* to disguise

▶**μεταμφιέζομαι** *μεσ* to disguise oneself *ή* dress up *(σε* as)

μεταμφίεση *η* disguise

μεταμφιεσμένος *επίθ* disguised **·χορός** **~ων** masked ball

μετανάστευση *η* (*πληθυσμού, λαού: επίσης* **εσωτερική** ~) immigration · *(επίσης* **εξωτερική** ~) emigration · *(πουλιών, ψαριών)* migration

μεταναστεύω *ρ αμ* (*ανθρώποι)* to emigrate · *(χελιδόνια)* to migrate

μετανάστης *ο* immigrant

μετανάστρια *η βλ.* **μετανάστης**

μετανιωμένος *επίθ* είμαι ~ **για κτ** (= *έχω αλλάξει γνώμη)* to have changed one's mind about sth · (= *έχω μετανοήσει)* to be sorry about sth

μετάνοια *η* remorse

μετανοώ *ρ μ* to regret

μεταξένιος, -ια, -ιο (*ύφασμα, κλωστή)* silk · *(μαλλιά)* silky

μεταξί *το* silk

▶**μετάξια** *πλ* silks

μεταξύ *προθ* (*για τόπο, χρόνο)* +*γεν.* between · *(για συμπερίληψη σε ομάδα ή σύνολο)* +*γεν.* among · *(για διαφορά)* +*γεν.* between · **εν τω** *ή* **στο** ~ (= *ενώ γίνεται κάτι)* in the meantime · (= *ωστόσο)* while

μεταποιώ *ρ μ* to alter

μεταρρυθμίζω *ρ μ* (*εκπαίδευση, σύστημα)* to reform · *(επίπλωση)* to rearrange

μετατοπίζω *ρ μ* (*φορτίο)* to move · *(πληθυσμό)* to displace · *(ευθύνες, φταίξιμο)* to shift · *(ενδιαφέρον)* to shift · *(προσοχή)* to distract

μετατρέπω *ρ μ* (*σπίτι, χώρο)* to convert · *(νόμισμα)* to change · *(ευρώ, δολάρια)* to change

μετατροπή *η* (*σπιτιού)* alteration · *(σοφίτας, αποθήκης)* conversion · *(ούστασης, συστήματος)* transformation · *(νομίσματος)* conversion

μεταφέρω *ρ μ* (*επιβάτες)* to transport · *(εμπορεύματα)* to transport · *(έδρα επιχείρησης)* to transfer · *(εκλογικά δικαιώματα)* to transfer · *(χρήματα, ποσό)* to transfer · *(ξένο συγγραφέα, κείμενο)* to translate · *(έργο)* to adapt · *(για μουσική, ποίηση)* to transpose · *(μήνυμα, χαιρετισμό)* to send

μεταφορά *η* (*ασθενούς, επιβατών)* transportation · *(αποβλήτων)* disposal · *(εκλογικών δικαιωμάτων, έδρας επιχείρησης)* transfer · *(χρημάτων, ποσού)* transfer · *(κειμένου)* translation · *(μυθιστορήματος)* adaptation · *(σχήμα λόγου)* metaphor · (*ΜΟΥΣ)* transposition

▶**μεταφορές** *πλ* transport *εν.*

μεταφορέας *ο* carrier

μεταφορικ|ός επίθ (έξοδα, γραφείο) transport · (ΦΙΛΟΛ) figurative ▷ **~ά μέσα** means of transport
▸ **μεταφορικά** τα transport costs
μεταφράζ|ω ρ μ to translate
▸ **μεταφράζεται, μεταφράζονται** τρίτ to mean
μετάφραση η translation
μεταφραστής ο (επίσης **μεταφράστρια**: κλασικών έργων, κειμένων) translator · (επίσης **μεταφράστρια**: = διερμηνέας) interpreter · (ΠΛΗΡΟΦ) translator
μεταφράστρια η βλ. **μεταφραστής**
μεταφυτεύ|ω ρ μ (λουλούδι: σε γλάστρα) to repot · (σε καινούργιο χώμα) to plant out
μεταχειρίζομαι ρ μ απ (λέξεις, βία) to use · (με συγκεκριμένο τρόπο) to treat
μεταχείρισ|η η (λέξεων) use · (ατόμου) treatment
μεταχειρισμέν|ος επίθ second–hand
μετεκπαίδευσ|η η postgraduate studies πληθ
μετέχ|ω ρ αμ to take part ή participate (σε in)
μετοχή η (ΟΙΚ) share · (ΓΛΩΣΣ) participle
μέτοχ|ος, -ος, -ο (επίσ.) participating
▸ **μέτοχος** ο/η shareholder (Βρετ.), stockholder (Αμερ.)
μετρ ο master
μέτρημα το = **μέτρηση**
μετρημέν|ος επίθ (ψήφοι, βιβλία) counted · (μέρες, ώρες) numbered · (έξοδα, δαπάνες) moderate · (άνθρωπος) sensible · (δηλώσεις, κουβέντα) measured · (κίνηση) careful
μέτρησ|η η measurement · (πόντων, χρημάτων) counting
▸ **μονάδα ~ς** unit of

measurement
μετρητά τα (= ρευστό χρήμα) cash εν. · (= μέρος περιουσίας) money εν. · **τοις ~οίς** in cash
μετρητής ο (τηλεφώνου) counter · (νερού, ηλεκτρικού ρεύματος) meter
μετριάζ|ω ρ μ (κέρδη) to cut · (ποινή) to reduce · (άγχος) to ease · (χαρά) to temper · (πόνο) to ease · (ταχύτητα) to slow down · (κάπνισμα) to cut down on · (ύφος, αντιδράσεις) to tone down · (ενττυπώσεις) to reduce
μετριοπαθής επίθ moderate · (αντίδραση) reasonable
μέτρι|ος, -α, -ο (δυσκολία, θερμοκρασία) average · (ανάστημα) medium · (άνεμος) moderate · (δόνηση) mild · (αρν.: επιδόσεις, ποιότητα) mediocre · (εμφάνιση) indifferent · (για καφέ) with a little sugar · (υπολογισμός) modest
μετριοφροσύνη η modesty
μετρό το underground (Βρετ.), subway (Αμερ.)
μέτρ|ο το (= μονάδα μέτρησης) measurement · (= μονάδα μέτρησης μήκους) metre (Βρετ.), meter (Αμερ.) · (= μετροταινία) tape measure · (= κριτήριο αξιολόγησης) measure · (= αποφυγή υπερβολής) moderation · **με ~** in moderation
▸ **μέτρα** πλ (= μέτρηση) measurements · (κυβέρνησης) measures
μετρ|ώ ρ μ (ύψος, μήκος) to measure · (πίεση, θερμοκρασία) to take · (χρήματα, ρέστα) to count · (σφηνγμούς) to take · (= συμπεριλαμβάνω) to count · (γκολ, καλάθι) to allow · (= αναμετρώ) to measure up · (δυνάμεις, αντοχές) to estimate ◆ ρ αμ (= αριθμώ) to count · (γκολ, καλάθι) to be allowed · (= αξίζω) to count

► **μετριέμαι** μεσ (= συγκρίνομαι) to compare • (= αξιολογούμαι) to be estimated • (= αναμετριέμαι) to take on

μέτωπ|**ο** το (ΑΝΑΤ) forehead • (ΣΤΡ) front line • (= ζώνη μαχών) front • (ΜΕΤΕΩΡ) front

μέχρι, μέχρις πρόθ (όριο τοπικό) (up) to • (όριο χρονικό) until • (για προθεσμία) by • (όριο ποσοτικό ή αριθμητικό) up to • **έλα ~ εδώ** come here • **~ να φτάσουμε, θα έχει νυχτώσει** by the time we get there, it'll be dark • **ως ενός σημείου** up to a point • **περίμενε ~ να τελειώσω** wait until I have finished • **τα νερά ήρθαν ή έφτασαν ~ εδώ** the water came up to here

---

μη, μην μόρ (α) (για απαγόρευση, συμβουλή) do not
(β) (= μήπως) in case
(γ) (για απορία) by some chance
(δ) (δηλώνει αντίστροφη έννοια) non

μηδέν το (= ανυπαρξία) nothing • (ΜΑΘ) zero • (σε θερμόμετρο) zero • (ΑΘΛ) nil (Βρετ.), zero (Αμερ.) • (σε μάθημα) zero

μηδενίζω ρ μ (έσοδα) to cancel out • (γραπτό, μαθητή) to give no marks to

μηδενικό το zero • (για πρόσ.) nobody

μήκος το length

μηλίτης ο cider

μήλ|**ο** το (καρπός) apple • (προσώπου) cheekbone

μηλόπιτα η apple pie

μήνας ο month ▷ **~ του μέλιτος** honeymoon

μηνιαίος, -α, -ο monthly

μηνιγγίτιδα η meningitis

μήνυ|**μα** το message • (καιρών)

sign • (για μέσα ενημέρωσης) news εν.

μήνυση η lawsuit

μηνύω ρ μ to prosecute

μήπως σύνδ by any chance • **~ είδες το βιβλίο μου;** have you seen my book by any chance? • **~ χάθηκαν;** maybe they got lost • **ρώτησέ τους ~ θέλουν νερό** ask them if they want some water

μηρός ο (ΑΝΑΤ) thigh • (ΖΩΟΛ) haunch

μητέρα η (ανθρώπου, ζώου) mother • (δημοκρατίας, πολιτισμού) cradle • (γεγονότος, κατάστασης) cause ▷ **γιορτή της ~ς** Mother's Day ▷ **θετή ~** adoptive mother ▷ **φυσική ~** birth mother ▷ **~ -φύση** Mother Nature

μητριά η (= μη φυσική μητέρα) stepmother • (= άστοργη μητέρα) bad mother

μητρικ|**ός**[1] επίθ (ένστικτο) maternal • (αγάπη, αγκαλιά) motherly • (χάδια, γάλα) mother's • (μορφή) mother (συμπεριφορά) maternal ▷ **-ή γλώσσα** (ΓΛΩΣΣ) mother tongue ▷ **-ή κάρτα** (ΠΛΗΡΟΦ) motherboard

μητρικ|**ός**[2] επίθ (κόλπος) uterine • (νόσημα of the uterus ή womb
► **μητρικά** τα diseases of the uterus ή womb

μητριός ο = πατριός

μητρόπολη η (= χώρα με αποικίες) metropolis • (ΑΡΧ ΙΣΤ) metropolis • (= μεγαλούπολη) capital • (τεχνών, πολιτισμού) capital
► **Μητρόπολη** η (= καθεδρικός ναός) cathedral • (= έδρα μητροπολίτη) metropolis • (= κατοικία μητροπολίτη) palace • (= περιοχή δικαιοδοσίας μητροπολίτη) diocese

μητροπολίτης ο metropolitan bishop

μητρυιά η = **μητριά**

μητρώ|ο το record

μηχανάκ|ι το (= μοτοσυκλέτα μικρού κυβισμού) scooter · (= μαραφέτι) gadget

μηχανεύ|ομαι ρ αμ το devise

μηχαν|ή η (γενικότ.) machine · (= κινητήρας) engine · (= μοτοσυκλέτα) motorbike · (βαγόνι τρένου) engine · **χτυπάω κτ στη ~** to type sth ▷ **~ αναζήτησης** (ΠΛΗΡΟΦ) search engine ▷ **~ λήψεως** camera

μηχάνη|μα το machine

μηχανική η mechanics εν.

μηχανικ|ός¹ ο/η (επάγγελμα) engineer · (αυτοκινήτων) mechanic · (ΝΑΥΤ) engineer ▷ **~ ηχοληψίας** sound engineer ▷ **πολιτικός ~** civil engineer

μηχανικ|ός² επίθ mechanical · (παραγωγή, εγκατάσταση) machine · (μετάφραση) machine · (βλέμμα) absent-minded ▷ **~ή βλάβη** engine trouble ▷ **~ εξοπλισμός** machinery ▷ **~ή υποστήριξη** life-support machine

μηχανισμ|ός ο mechanism ▷ **εκρηκτικός ~** explosive device ▷ **κρατικός ~** government ή state machine

μία, μια αντων βλ. **ένας**

μιάμιση βλ. **ενάμισης**

μίγ|μα το = **μείγμα**

μίζ|α η (αυτοκινήτου, μηχανής) ignition · (αρν.: εταιρείας, πολιτικού) payoff

μιζέρι|α η (= μεγάλη φτώχεια) extreme poverty · (= κακομοιριά) misery · (= γκρίνια) peevishness · (= τσιγγουνιά) meanness

μικραίν|ω ρ μ (ρούχα, απόσταση) to shorten · (εικόνα) to make smaller · (μτφ.) to diminish ♦ ρ αμ (διαφορά, κόσμος) to get smaller · (μάτια) to narrow · (μέρες) to get shorter · (σημασία)

to decline

μικρόβι|ο το (φυματίωσης, πανούκλας) microbe · (μτφ.) bug · (οικ.: = μικρόσωμο άτομο) shrimp (ανεπ.)

μικροκαμωμένος επίθ (άνθρωπος) slight · (σώμα, χέρι) small

μικροπρεπής επίθ petty

μικρ|ός επίθ (σπίτι, πόλη) small · (απόσταση) short · (δείχνει) little · (σε ηλικία) young · (παιδί, σκύλος) small · (αδελφός, αδελφή) younger · (ζώα) baby · (καθυστέρηση, διάλειμμα) short · (δόση, μερίδα) small · (ποσό) small · (χέρθ) low · (αποζημίωση) little · (ακροατήριο, κοινό) small · (πόνος, λεπτομέρεια) small · (λάθος) small · (διαφορά) slight · (ταχύτητα) low · (χαρά) little · (γράμμα) small ▷ **~ές αγγελίες** small ads

▶ **μικρό** το (ανθρώπου) child · (ζώου) baby · (αρκούδας, λύκου) cub · (σκύλου) puppy · (γάτας) kitten · (πάπιας) duckling · (αλόγου) foal · (προβάτου) lamb · (αγελάδας) calf

▶ **μικρός** ο (νεαρός) boy · (= σερβιτόρος) waiter · (= βοηθός) errand boy

▶ **μικροί** οι (= παιδιά) children · (= αδύνατοι) little people · **~οί και μεγάλοι** young and old

μικροσκοπικός επίθ (κύτταρα) using a microscope · (γράμματα) microscopic · (σώμα, ρούχο) tiny

μικροσκόπι|ο το microscope

μικρόσωμ|ος, -η, -ο small

μικρόφων|ο το microphone

μικρύν|ω (επίσ.) ρ μ = **μικραίνω**

μικτ|ός επίθ (αποτελέσματα, λοντρά) mixed · (κέρδη, βάρος) gross ▷ **~ γάμος** mixed marriage ▷ **~ό σχολείο** co-educational school

μίλι *το* mile ▷ **ναυτικό ~** nautical mile

μιλιά (ανεπ.) *η* speech

μιλ|ώ *ρ μ* to speak to · (γλώσσα, διάλεκτο) to speak ♦ *ρ αμ* (γενικότ.) to talk ▷ speak (για, σε about, to) · (= έχω τον λόγο) to speak · (= εκφράζω δυσαρέσκεια) to speak out · (= συζητώ, φλυαρώ) to talk · (πράξεις, μάτια) to speak · **~ για κπν/κτ** to talk about sb/sth · (βιβλίο, ταινία) to be about · **~ με κπν** to talk to sb · **· σε κπν** to speak to sb

▶ **μιλιέμαι** *μεσ* to be spoken

μιμούμαι *ρ μ αμ* (συμπεριφορά, τρόπους) to mimic · (πρότυπο) to imitate

μίν|ι mini ▷ **· λεωφορείο** minibus

▶ **μίνι** *το* miniskirt

μινιατούρ|α *η* miniature

μίντια *τα* media

μίξερ *το* (sound) mixer

μίξ|η *η* = **μείξη**

μιούζικαλ *το* musical

μισαλλόδοξ|ος *επίθ* intolerant

μισάνοιχτ|ος *επίθ* (πόρτα) ajar · (χείλη, συρτάρι) half-open

μισάωρο *το* half an hour

μισθ|ός *ο* (υπαλλήλου) salary · (εργάτη) wage ▷ **βασικός ή κατώτατος ~** basic pay ή wage ▷ **πρώτος ~** starting salary

μισθών|ω (επίσ.) *ρ μ* to hire · (διαμέρισμα, κτήριο) to rent

μισθωτ|ός *επίθ* (εργάτης) paid · (υπάλληλος) salaried

▶ **μισθωτοί** *οι* wage earners

μισ|ό *το* half · **-ά–ά** fifty-fifty

μισογεμάτ|ος *επίθ* half-full

μισ|ός *επίθ* half ▷ **-ή ώρα** half an hour

μίσ|ος *το* hate

μισοτιμή|ς *επίρρ* (= στη μισή τιμή) at half-price · (= πολύ φθηνά) at a very low price

μισοφέγγαρ|ο *το* (= ημισέληνος)

half-moon · (= μουσουλμανικό σύμβολο) crescent

μισώ *ρ μ* to hate

μνήμα *το* tomb

μνημείο *το* (πεσόντων, Αγνώστου Στρατιώτη) memorial · (Ακρόπολης, Παρθενώνα) monument · (λόγου) record

μνήμη *η* memory ▷ **~ μόνο ανάγνωσιμη** (ΠΛΗΡΟΦ) read only memory ▷ **~ τυχαίας προσπέλασης** (ΠΛΗΡΟΦ) random access memory

▶ **μνήμες** *πλ* memories

μνημονεύ|ω *ρ μ* to mention

μνηστή (επίσ.) *η* fiancée

μνηστήρ|ας *ο* (επίσ.) fiancé

μοβ mauve

▶ **μοβ** *το* mauve

μόδ|α *η* fashion · **γίνομαι/είμαι της -ς** to come into/be in fashion ▷ **επίδειξη -ς** fashion show ▷ **οίκος -ς** fashion house ▷ **σχεδιαστής -ς** fashion designer

μοδίστρα *η* dressmaker

μοιάζω *ρ αμ* (= φέρνω) to look alike · (= φαίνομαι) to look

μοίρ|α *η* (= πεπρωμένο) destiny · (οικονομίας, θεάτρου) fate · (ΓΕΩΜ) degree · (στόλου, αεροσκαφών) squadron (Βρετ.), group (Αμερ.) · (πυροβολικού) unit

μοιράζω *ρ μ* (= διαιρώ: χρήματα, χρόνο) to divide · (ψωμί, φαγητό) to share out · (= διανέμω: περιουσία) to distribute · (βοήθεια) to give · (παιχνίδια, βραβεία) to hand out · (κομπλιμέντα, συμβουλές) to dish out ♦ *ρ αμ* (χαρτιά) to deal · **~ τη διαφορά** to split the difference

▶ **μοιράζομαι** *μεσ* (σπίτι, κέρδη) to share · (έξοδα) to split · (σκέψεις, συναισθήματα) to share · (= διχάζομαι) to be torn (ανάμεσα σε between)

μοιραίος, -α, -ο

μοιρασιά
(= *προκαθορισμένος*) inevitable ·
(*λάθος, χρονιά*) fatal ▷ **~α γυναίκα**
femme fatale
▸ **μοιραίο** το death
μοιρασιά η division
μοίρασμα το = μοιρασιά
μοιρολόγι το (= *θρηνητικό*
τραγούδι) dirge · (*μειωτ.*) moaning
χωρίς πληθ.
μοιρολογιώ ρ μ to mourn ◆ ρ αμ
(= *θρηνώ*) to lament · (*ουκ.*) to
moan
μοιχεία η adultery
μοκέτα η (fitted) carpet
μολονότι *σύνδ* even though
μόλος ο jetty
μόλυβδος ο lead
μολύβι το (*για γραφή*) pencil ·
(*ματιών*) eyeliner · (*χειλιών*) lip
pencil · (= *μόλυβδος*) lead
μόλυνση η (*πληγής*) infection ·
(*ατμόσφαιρας, θάλασσας*)
pollution
μολύνω ρ μ (*περιβάλλον, θάλασσα*)
to pollute · (ΙΑΤΡ) to infect
μονάδα η (*γενικότ.:* ΣΤΡ, ΜΑΘ)
unit · (*στο σχολείο*) lowest grade,
= Ε ▷ **Μονάδες Αποκατάστασεως**
της Τάξεως riot police *χωρίς*
πληθ.
μοναδικός *επίθ* unique · (*τύχη*)
exceptional
Μονακό το Monaco
μοναξιά η solitude · **νιώθω ~** to
feel lonely
μονάρχης ο monarch
μοναρχία η monarchy
▷ **συνταγματική ~** constitutional
monarchy
μοναστήρι το (*ανδρών*)
monastery · (*γυναικών*) convent
μονάχα *επίρρ* only
μοναχή η nun
μοναχικός *επίθ* (*για πρόσ.*)
lonely · (*σπίτι*) isolated · (*πορεία,*
περίπατος) solitary · (*τάγμα,*
σχήμα) monastic

μοναχογιός ο only son
μονακόρη η only daughter
μοναχοπαίδι το only child
μονή η (*επία.*) η (*ανδρών*)
monastery · (*γυναικών*) convent
μόνιμα *επίρρ* permanently
μόνιμος *επίθ* permanent ·
(*πελατεία*) regular
μόνιτορ το monitor
μόνο *επίρρ* only · **απλώς ή απλά**
και ~ quite simply · **όχι ~...,**
και not only..., but also · **~ και**
~ only
μονόγραμμα το monogram
μονογραφή η initials *πληθ.*
μονόδρομος ο (*κυριολ.*) one-way
street · (*μτφ.*) only solution
μονοήμερος *επίθ* one-day · ▷ **~η**
εκδρομή day trip
μονοκατοικία η detached house
(*Βρετ.*), self-contained house
(*Αμερ.*)
μονόκλινο το single room
μονομιάς *επίρρ* (*μονοκοπανιά*) in
one go · (= *αμέσως*) at once ·
(= *ξαφνικά*) all of a sudden
μονοπάτι το path
μονοπώλιο το monopoly
μονορούφι *επίρρ* in one go ή
gulp
μονός *επίθ* (*κρεβάτι, κλωστή*)
single · (*αριθμός*) odd
μόνος *επίθ* (= *χωρίς τη βοήθεια*
άλλου) by oneself · (= *μοναχός*)
alone · (*έννοια, φορά*) only · **από**
~ μου by oneself · (*θέλω*) of one's
own free will · **ζω ~** to live alone
μονότονος *επίθ* (*τραγούδι,*
ρυθμός) monotonous · (*αφήγηση*)
flat · (*φωνή, ήχος*) monotonous ·
(*άνθρωπος*) dull
μονόχρωμος *επίθ* (*επιφάνεια,*
οθόνη) monochrome · (*ρούχα*)
plain
μοντέλο το model
μόντεμ το modem
μοντέρνος, -α, -ο modern ·

(ντύσιμο, διακόσμηση) trendy ▷ **~α τέχνη** modern art

μονώνω ρ μ to insulate

μόνωση η insulation · **ηχητική ~** soundproofing

Μοριάς ο ο ~ the Peloponnese

μορφή η (= σχήμα) form · (= όψη) aspect · (= πρόσωπο) face · (= φυσιογνωμία) figure · (= σύνολο χαρακτηριστικών πράγματος) form

μορφίνη η morphine

μορφολογία η morphology

μορφώνω ρ μ to educate
▸ **μορφώνομαι** μεσ to get an education

μόρφωση η education

Μόσχα η Moscow

μοσχάρι το (ΖΩΟΛ) calf · (υβρ.) dunce ▷ **~ ψητό** roast veal

μοσχαρίσιος, -α, -ο veal

μοσχάτο το muscat(el)

μοσχοβολώ ρ αμ to be fragrant

μοσχοκάρυδο το nutmeg

μοσχολίβανο το frankincense

μοσχομυρίζω ρ αμ to be fragrant

μοτοποδήλατο το moped

μοτοσικλέτα η = **μοτοσυκλέτα**

μοτοσικλετιστής ο = **μοτοσυκλετιστής**

μοτοσικλετίστρια ο βλ. **μοτοσυκλετίστρια**

μοτοσυκλέτα η motorcycle

μοτοσυκλετισμός ο motorcycle racing

μοτοσυκλετιστής ο motorcyclist

μοτοσυκλετίστρια η βλ. **μοτοσυκλετιστής**

μου αντων (προσωπική) me · (για κτήση) my

μουγγός, -ή, -ό (= βουβός) dumb · (= αμίλητος) dumbstruck

μουγκός επίθ = **μουγγός**

μουγκρητό το (βοδιού) bellowing χωρίς πληθ. · (τίγρη, λιονταριού) roar · (ανθρώπου) groan · (θάλασσας, χειμάρρου) roar

μουγκρίζω ρ αμ (βόδι, αγελάδα) to bellow · (λιοντάρι, τίγρη) to roar · (άνθρωπος) to groan · (θάλασσα, ποταμός) to roar

μουγκρητό το = **μουγκρητό**

μουδιάζω ρ αμ to go numb ♦ ρ μ to make numb

μουδιασμένος επίθ numb

μουλάρι το (= ημίονος) mule · (υβρ.) lout

μουλιάζω ρ μ to soak ♦ ρ αμ (πουκάμισο) to soak · (άνθρωπος) to get soaked

μούμια η (ανθρώπου, ζώου) mummy · (μειωτ.) shrivelled-up (Βρετ.) ή shrivelled-up (Αμερ.) person

μούντζα η contemptuous and insulting gesture made with the open palm

μουντζούρα η (από μελάνι) stain · (από καπνιά) smudge

μουντιάλ το **το ~** the World Cup

μούρη η (ανθρώπου) face · (ζώου) snout · (αυτοκινήτου) nose

μουρλός (οικ.) επίθ crazy (ανεπ.)
▸ **μουρλός** ο, **μουρλή** η nutter (ανεπ.)

μουρμούρα η (= μουρμουρητό) murmuring · (= γκρίνια) moaning χωρίς πληθ.

μουρμουράω ρ αμ = **μουρμουρίζω**

μουρμουρητό το (= χαμηλόφωνο ομιλία) murmuring · (= ψίθυρος) murmur · (= γκρίνια) moaning χωρίς πληθ.

μουρμουρίζω ρ μ to murmur ♦ ρ αμ (= ψιθυρίζω) to murmur · (= γκρινιάζω) to moan

μούρο το mulberry

μουρούνα η cod

μούσα η (ΜΥΘΟΛ) Muse · (= γυναίκα που εμπνέει) muse
▸ **Μούσες** πλ fine arts

μουσακάς ο moussaka

μουσαμάς ο (φορτηγού)

tarpaulin · ⟨δαπέδου⟩ linoleum · ⟨στη ζωγραφική⟩ canvas

μουσεί|ο το ⟨= χώρος φύλαξης και έκθεσης⟩ museum · ⟨μειωτ.: για γέρο⟩ geriatric

μούσι το ⟨= γένι⟩ beard · ⟨οικ.: = ψέμα⟩ lie

μουσικ|ή η ⟨γενικότ.⟩ music · ⟨σχολ⟩ music (lesson) · **γράφω/ παίζω ~** to write/to play music ▷**κλασική** ~ classical music ▷~ **δωματίου** chamber music ▷**χορευτική** ~ dance music

μουσικ|ός επίθ musical · **~-ή παράδοση** musical tradition ▸ **μουσικός** ο/η ⟨= μουσικοδιδάσκαλος⟩ music teacher · ⟨= μουσικοσυνθέτης⟩ composer · ⟨= εκτελεστής μουσικών έργων⟩ musician

μούσκε|μα το soaking · **γίνομαι ~** to get soaked · **είμαι ~** to be soaking η̆ dripping wet · **είμαι ~ στον ιδρώτα** to be bathed in sweat

μουσκεύ|ω ρ μ to soak ◆ ρ αμ to get soaked

μουσκίδι ⟨οικ.⟩ επίρρ **είμαι/γίνομαι ~** to be/get soaked through

μούσμουλο το μούσμουλο

μουσουλμάνα η βλ. μουσουλμάνος

μουσουλμάν|ος ο Muslim

μουστάκ|ι το moustache ⟨Βρετ.⟩, mustache ⟨Αμερ.⟩ ▸ **μουστάκια** πλ whiskers

μουστάρδα η mustard

μούτζα η = μούντζα

μούτρ|ο ⟨οικ.⟩ το ⟨= πρόσωπο⟩ face · ⟨αργκ.⟩ crook ▸ **μούτρα** πλ face εν.

μουτρωμέν|ος, -η, -ο ⟨οικ.⟩ sullen

μουτρών|ω ⟨οικ.⟩ ρ αμ to sulk

μούχλα η mould ⟨Βρετ.⟩, mold ⟨Αμερ.⟩ · ⟨= αδράνεια⟩ vegetating

μουχλιάζω ρ αμ ⟨φρούτα, ψωμί⟩ to go mouldy ⟨Βρετ.⟩ η̆ moldy

⟨Αμερ.⟩ · ⟨τοίχος⟩ to be covered in mould ⟨Βρετ.⟩ η̆ mold ⟨Αμερ.⟩ η̆ mildew ⟨Αμερ.⟩ · ⟨= αδρανώ⟩ to vegetate

μουχλιασμέν|ος επίθ ⟨ψωμί⟩ mouldy ⟨Βρετ.⟩, moldy ⟨Αμερ.⟩ · ⟨τοίχος⟩ covered in mould ⟨Βρετ.⟩ η̆ mold ⟨Αμερ.⟩ · ⟨ιδέες⟩ fusty

μόχθ|ος ο labour ⟨Βρετ.⟩, labor ⟨Αμερ.⟩

μοχθ|ώ ρ αμ to labour ⟨Βρετ.⟩, to labor ⟨Αμερ.⟩

μοχλ|ός ο lever ▷~ **ταχυτήτων** gear stick ⟨Βρετ.⟩, gearshift ⟨Αμερ.⟩ ▷~ **χειρισμού** joystick

μπαγιάτικ|ος επίθ ⟨= ψωμί⟩ stale · ⟨= φρούτα⟩ dried-up · ⟨αστείο⟩ stale · ⟨νέο⟩ old

μπάζ|α¹ ⟨οικ.⟩ η haul · **δεν πιάνω ~ μπροστά σε κπν/κτ** not to be a patch on sb/sth · **κάνω (γερή) ~** to make a packet ⟨ανεπ.⟩

μπάζ|α² τα rubble εν.

μπάζ|ω ρ μ ⟨άνθρωπο⟩ to let in · ⟨αντικείμενο⟩ to put in · ⟨= κατατοπίζω⟩ to brief ◆ ρ αμ ⟨ρούχα, ύφασμα⟩ to shrink · ⟨άμυνα⟩ to be weak · ⟨επιχειρήματα⟩ to be full of holes · ⟨σύστημα⟩ to crumble · **η πόρτα/ το παράθυρο ~ει αέρα** there's a draught ⟨Βρετ.⟩, η̆ draft ⟨Αμερ.⟩ coming from the door/window ▸ **μπάζει** απρόσ there's a draught ⟨Βρετ.⟩, η̆ draft ⟨Αμερ.⟩

μπαίνω ρ αμ ⟨= εισέρχομαι: σε σπίτι, γραφείο⟩ to go in · ⟨σε μπάνιο⟩ to get in · ⟨άμμος, σκόνη⟩ to get in · ⟨γυαλί, καλάμι⟩ to go in · ⟨σε χώρα, λιμάνι, στην πόλη⟩ to enter · ⟨= επιβιβάζομαι: σε αυτοκίνητο, βάρκα⟩ to get in · ⟨σε αεροπλάνο, τρένο⟩ to get on · ⟨σε αέρας, φως⟩ to come in · ⟨= ματεύω: ύφασμα, ρούχο⟩ to shrink · ⟨= χρωμ: ρούχο, γραφείο⟩ to go in · ⟨παντελόνι, φούστα⟩ to fit · ⟨= τοποθετούμαι: πίνακας, φωτιστικό⟩ to go ·

(= τακτοποιούμαι: αρχείο, βιβλία)
to go · (= σημειώνομαι: τόνος,
κόμμα) to go · (= συμμετέχω: σε
συζήτηση) to join in ·
(= εντάσσομαι: σε πανεπιστήμιο, στο
Δημόσιο) to get in · (= εισάγομαι:
σε νοσοκομείο) to be admitted (σε
το) · (= ορίζομαι: συντέταρος,
μάρτυρας) to become ·
(= εισέρχομαι: στο Διαδίκτυο) to
log on · (για εποχές, μήνες) to
come · **μου μπήκε ένα αγκάθι
στο δάχτυλο** I've got a thorn in
my finger · **στα τριάντα/στα
σαράντα** to be coming up to ή
pushing (ανεπ.) thirty/forty

μπακάλης ο grocer
μπακαλιάρος ο cod
 ⊳ **σκορδαλιά** purée of cod,
potatoes and garlic
μπακάλικο το grocer's (shop)
(Βρετ.), grocery store (Αμερ.)
μπακάλισσα η βλ. **μπακάλης**
μπακλαβάς ο baklava
μπάλ|α η (γενικώ) ball · (χώματος)
clod · (= ποδόσφαιρο) football ·
(άχνρο, βαμβάκι) bale · **παίζω** ~ to
play ball ⊳ ~ **ποδοσφαίρου**
football ⊳ ~ **τένις/μπιλιάρδου**
tennis/billiard ball ⊳ ~ **χιονιού**
snowball
μπαλάκι το ball
μπαλάντ|α η ballad
μπαλέτ|ο το ballet ⊳ **βραδιά** ~υ
evening at the ballet ⊳ **κλασικό**
~ classical ballet
μπαλιά η shot
μπαλκόν|ι το balcony
 ▶ **μπαλκόνια** πλ (οικ.) big breasts
μπαλόν|ι το balloon
μπαλτ|άς ο axe (Βρετ.), ax (Αμερ.)
μπαλώνω ρ μ (παντελόνι) to
patch · (κάλτσες) to darn · (δίχτυα)
to mend · (τοίχο) to fill the cracks
in
μπαμ (προφ.) το (= δυνατός κρότος)
bang · (= αμέσως) hey presto

μπάμι|α η okra
 ▶ **μπάμιες** πλ baked okra
μπαμπάκ|ι η = **βαμβάκι**
μπαμπάς ο dad
μπανάν|α η (καρπός) banana ·
(τσαντάκι) bum bag (Βρετ.), fanny
pack (Αμερ.) · (θαλάσσια
ψυχαγωγία) banana, water sled
μπανιέρ|α η bath (Βρετ.), bathtub
(Αμερ.) ⊳ **κλασική** ~ classic
clawfoot bathtub
μπάνιο το (= πλύσιμο) bath ·
(δωμάτιο) bathroom · (= μπανιέρα)
bath (Βρετ.), bathtub (Αμερ.) ·
(= κολύμπι) swim
 ▶ **μπάνια** πλ spa baths
μπάντ|α η (= πλάι, πλευρά) side ·
(= φιλαρμονική) band · (= ζώνη
συχνοτήτων) band
μπαούλ|ο το chest
μπαρ το bar
μπάρ|α η (= αμπάρα) bolt ·
(= πάγκος μπαρ) bar · (στην άρση
βαρών) dumbbell
μπαργούμαν η bartender
μπαρκάρ|ω ρ αμ
(= ναυτολογούμαι) to join ·
(= επιβιβάζομαι) to embark
μπάρμαν ο bartender
μπαρμπούν|ι το red mullet
μπάσκετ, μπάσκετ-μπολ το =
καλαθοσφαίριση
μπασκέτα η basket (in basketball)
μπάσ|ο το (= κοντραμπάσο) double
bass · (ηλεκτρικό μπάσο) bass
(guitar) · (φωνής) bass
 ▶ **μπάσα** πλ bass εν.
μπάσταρδη (μειωτ.) η βλ.
μπάσταρδος
μπάσταρδος (μειωτ.) το (= νόθο
παιδί) bastard (χυδ.) ·
(= τετραπέρατος) clever bastard
(χυδ.)
μπαστούν|ι το (= μαγκούρα)
walking stick · (στην τράπουλα)
spade · (γκολφ) club
μπαταρία η battery

μπατζάκ|ι *το (γενικότ.)* trouser leg *(Βρετ.)*, pant leg *(Αμερ.)* · (= ρεβέρ) turn-up *(Βρετ.)*, cuff *(Αμερ.)*

μπατζανάκ|ης *ο* brother-in-law

μπατίρ|ης *ο* **είμαι ~** to be stony · flat broke *(ανεπ.)*

μπατίρ|ισσα *η βλ.* **μπατίρης**

μπάτσ|ος¹ *ο* slap

μπάτσ|ος² *(μειωτ.) ο* cop *(ανεπ.)*

μπαχαρικ|ό *το* spice

μπεζ beige
▸ **μπεζ** *το* beige

μπέιζμπολ *το* baseball

μπέικον *το* bacon

μπεϊμπισίτερ, μπέιμπι-σίτερ *η* babysitter

μπεκρή|ς *ο* drunk

μπεκρού *η βλ.* **μπεκρής**

μπελά|ς *ο (= ενοχλητική κατάσταση)* trouble · *(για πρόσ.)* nuisance

μπέμπ|α *η (= θηλυκό μωρό)* baby girl · *(χαϊδ.: για γυναίκα)* baby

μπέμπ|ης *ο (= αρσενικό μωρό)* baby boy · *(χαϊδ.: = μικρό αγόρι)* little boy · *(μειωτ.)* crybaby *(ανεπ.)*

μπέρδε|μα *το (σκοινιών, μαλλιών)* tangle · *(= σύγχυση)* mix-up
▸ **μπερδέματα** *πλ* trouble *εν.*

μπερδεμέν|ος *επίθ (μαλλιά, κλωστές)* tangled · *(σημειώσεις, βιβλία)* muddled up · *(υπόθεση, ορισμός)* muddled · *(δουλειά)* tricky · *(συγγνωμένος)* confused

μπερδεύ|ω *ρ μ (σκοινιά, καλώδια)* to tangle (up) · *(χαρτιά, σημειώσεις)* to mix up · *(χρώματα, μπογιές)* to mix · *(υπόθεση, ζήτημα)* to confuse · *(όνομα, λέξεις)* to mix up · *(= προκαλώ σύγχυση)* to confuse · *(= μπλέκω)* to mix up *(σε* in*)*
▸ **μπερδεύομαι** *μεα (πόδι)* to get caught · *(= εμπλέκομαι)* to get involved

μπερέ|ς *ο* beret

μπερ|έ *το* = **μπερέ**

μπεστ-σέλερ *το* bestseller

μπετό *το* concrete
▸ **μπετά** *πλ* concrete

μπετόν *το* concrete ▷ **~ αρμέ** reinforced concrete · *βλ. κ.* **μπετό**

μπιζέλι *το* pea

μπιζού *το* jewellery *(Βρετ.)*, jewelry *(Αμερ.)*

μπικίνι *το* bikini

μπίλι|α *η (= βόλος)* stud · (= μπάλα μπιλιάρδου) billiard ball

μπιλιάρδ|ο *το (αμερικανικό)* pool · *(γαλλικό)* billiards *εν.*

μπιλιέτ|ο *το* card

μπιμπελό *το* ornament

μπιμπερό *το* baby's bottle

μπιμπίκ|ι *το* spot

μπιντέ|ς *ο* bidet

μπίρ|α *η (= γενικότ.)* beer · *(ξανθή)* lager · *(μαύρη)* stout

μπιραρί|α *η* pub *(Βρετ.)*

μπισκότ|ο *το* biscuit *(Βρετ.)*, cookie *(Αμερ.)* · **~α γεμιστά** cream biscuits *(Βρετ.)*, filled cookies *(Αμερ.)*

μπιφτέκ|ι *το (βοδινό)* beefburger · *(χοιρινό)* hamburger

μπλακάουτ, μπλακ-άουτ *το* blackout

μπλε blue
▸ **μπλε** *το* blue

μπλέκ|ω *ρ μ (σκοινιά, κορδόνια)* to tangle (up) · *(κατάσταση, υπόθεση)* to confuse · *(= προκαλώ σύγχυση)* to confuse ◆ *ρ αμ (= παρασύρομαι)* to get involved · *(= καθυστερώ)* to get held up
▸ **μπλέκομαι** *μεα (γραμμές τηλεφώνου)* to be crossed · *(πόδι)* to get caught · *(= εμπλέκομαι)* to get involved *(με* with*)* · *(= έχω δεσμό)* to be involved *(με* with*)*

μπλέντερ *το* blender

μπλέξ|ιμο *το (σκοινιών, καλωδίων)* tangle · *(= σύγχυση)* confusion · *(= ανάμειξη)* involvement
▸ **μπλεξίματα** *πλ* **έχω μπλεξίματα με κπν/κτ** to be in trouble with

sb/sth

μπλοκ το (επιταγών) book · (ζωγραφικής) pad · (στο βόλεϊ) block · (στο μπάσκετ) blocked shot ▷~ **σημειώσεων** notepad

μπλοκάρ|ω ρ αμ (δρόμος) to be blocked · (μυαλό) to go blank ◆ ρ μ to block

μπλόκ|ο το roadblock

μπλουζ το (= μουσική και τραγούδι) blues πληθ · (= αργός χορός) slow

μπλούζ|α η top

μπογιά|ά η (για τοίχο) paint · (για μαλλιά) dye · (για παπούτσια) polish · (= χρωματιστό μολύβι) crayon

μπογιατίζ|ω ρ μ to paint

μπόι το (ανεπ.) height

μπολ το bowl

μπόλικ|ος επίθ (φαγητό, χρήμα) plenty of · (για ρούχα) loose · (μανία) wide

μπόμπα η (= βόμβα) bomb · (αργκ.: = νοθευμένο ποτό) rotgut (ανεπ.)

μποξ το boxing ▷ **αγώνας** ~ boxing match

μποξεράκι ο boxer shorts πληθ

μπόουλινγκ ο bowling

μπόρα η (= ξαφνική και ραγδαία βροχή) shower · (= καταιγίδα) storm · (= παροδική συμφορά) setback

μπορντέλ|ο το = **μπουρδέλο**

μπορντό burgundy ▶ **μπορντό** burgundy

<hr>

ΛΕΞΗ-ΚΛΕΙΔΙ

μπορ|ώ ρ μ +να (α) (= έχω τη δυνατότητα) to be able to (β) (= έχω την ικανότητα) to be able to (γ) (= μου είναι εύκολο) to be able to · (για ευγένεια) may ρ αμ **μπορείς αύριο;** can you make it tomorrow?

▶ **μπορεί** απρόσ (α) (= ενδέχεται) may (β) (= ίσως) maybe

μποστάν|ι το (ανεπ.) vegetable garden

μπότα η boot

μποτίλια η bottle

μποτιλιάρισμα το bottleneck

μπουγάδ|α η washing · **βάζω/ κάνω** ~ to do the washing

μπουγάτσα η (γλυκιά) cream-filled pastry · (αλμυρή) cheese pie

μπουζί το spark plug

μπουζούκι το bouzouki ▶ **μπουζούκια** πλ bouzouki club εν.

μπούκα η mouth · **έχω κπν στη ~** (του κανονιού) to have sb in one's sights

μπουκάλα η big bottle (γκαζιού, οξυγόνου) bottle · (νεανικό παιχνίδι) spinning the bottle

μπουκάλι το bottle

μπουκέτ|ο το (= ανθοδέσμη) bouquet · (αργκ.) punch

μπουκιά η mouthful

μπούκλ|α η curl

μπουκών|ω ρ μ (παιδί) to stuff · (γουλιά) to take · (= μπουχτίζω) to fill up ◆ ρ αμ (= χορταίνω) to be full · (εξάτμιση, αντλία) to be blocked · (μηχανή) to stall · (μύτη) to be blocked (up)

μπουλντόζα η bulldozer

μπουμπούκι το bud

μπουμπουνητό το (= βροντή) roll of thunder · (= συνεχείς βροντές) rumble of thunder

μπουμπουνίζ|ω ρ μ ~ **μια** ~ **κποιου** (οικ.) to shoot sb

▶ **μπουμπουνίζει** απρόσ it's thundering

μπουνιά η (= γροθιά) fist · (= χτύπημα με γροθιά) punch · **δίνω ή ρίχνω** ~ **σε κπν** to punch sb

μπούρδα η nonsense χωρίς πληθ.

μπουρδέλ|ο (χυδ.) το (= πορνείο) brothel · (μτφ.: για χώρο) mess · (για κατάσταση) chaos

μπουρέκ|ι το (γλύκισμα) cream pastry · (φαγητό) pasty (Βρετ.), patty (Αμερ.)

μπουρμπουλήθρα η bubble

μπουρνούζι το bathrobe

μπούστ|ο το bust

μπούτ|ι (ανεπ.) το (ανθρώπου) thigh · (ζώου) haunch · (κοτόπουλου) leg

μπουτίκ η boutique

μπουφάν το (αντιανεμικό) jacket · (αδιάβροχο) anorak

μπουφ|ές ο (έπιπλο) sideboard · (δεξίωσης) buffet

μπούφ|ος ο (πουλί) horned owl · (υβρ.) idiot

μπουχτίζω ρ αμ (= χορταίνω) to be full · (= αγανακτώ) to be fed up ♦ ρ μ to be fed up with

μπράβο το praise
▸ **μπράβο** το praise

μπράβ|ος ο (= σωματοφύλακας) minder · (= ταραχοποιός) henchman

μπράντι το brandy

μπρατσάκι το (= μικρό μπράτσο) arm · (= μικρό σωσίβιο) armband

μπράτσ|ο το arm · (κιθάρας, μπουζουκιού) neck

μπρελόκ το key ring

μπριάμ το baked vegetables and potatoes

μπρίζ|α (προφ.) η = **πρίζα**

μπριζόλ|α η cutlet ▷ **χοιρινή/ μοσχαρίσια** = pork/veal cutlet

μπρίκ|ι¹ το coffeepot

μπρίκ|ι² το (ναυτ.) brig

μπρόκολο το broccoli χωρίς πληθ.

μπρος (προφ.) επίρρ = **εμπρός**

μπροστινός επίθ front part
▸ **μπροστινός** ο, **μπροστινή** η person in front

μπρούμυτα επίρρ prone

μπρούντζ|ινος, -η, -ο bronze

μπρούντζ|ος ο bronze

μπρούσκ|ος, -α, -ο dry

μπύρα η = **μπίρα**

μπυραρία η = **μπιραρία**

μυαλ|ό το (ανθρώπου, ζώου) brain · (οστών) marrow · (= νους) mind · (= εξυπνάδα) sense · (για πρόσ.) head · **έχω στο ~ μου να κάνω κτ** to intend to do sth · **πού έχεις το ~ σου;** watch where you're doing! · **πού τρέχει το ~ σου;** what are you thinking about?

μυαλωμένος επίθ sensible

μύγ|α η fly

μύγδαλ|ο το = **αμύγδαλο**

μύδ|ι το mussel

μυελ|ός ο marrow

μυζήθρα η soft cheese

μυθικ|ός επίθ (ιστορίες, αφήγηση) mythological · (πρόσωπο) imaginary · (αναφορά) fictitious · (ποσά, πλούτη) fabulous

μυθιστόρημα το novel

μυθολογία η mythology

μύθ|ος ο (= τμήμα μυθικής παράδοσης) myth · (= αλληγορική αφήγηση) fable · (= πλάσμα φαντασίας) fiction · (= υπόθεση) plot · (= θρύλος) legend

μυκητίαση η fungal infection

Μύκον|ος η Mykonos

μύλ|ος ο (= μηχάνημα αλέσεως σιτηρών) mill · (λατομείου) grinder · (= χώρος άλεσης σιτηρών) mill · (πιστολιού) chamber ▷ **του καφέ** coffee grinder ▷ **~ πιπεριού** pepper mill ▷ **~ γρinder**

μυλων|άς ο (= ιδιοκτήτης αλευρόμυλου) mill owner · (= εργάτης αλευρόμυλου) miller

μύξα η mucus

μυρίζω ρ μ to smell ♦ ρ αμ to smell
▸ **μυρίζει** απρόσ it smells.
▸ **μυρίζομαι** μεσ to sense

μυρμήγκι *το* ant
μυρουδιά *η* = μυρωδιά
μυρωδι|ά *η* smell · (λουλουδιών) scent
μυ|ς *ο* muscle
μυστήρι|ο *το* (στην αρχαιότητα) mysteries πληθ. · (γάμου, βάπτισης) sacrament · (ζωής, δημιουργίας) mystery ▷ **ταινία μυστηρίου** thriller
μυστήρι|ος, -α, -ο (απόφαση, ενέργεια) mysterious · (άνθρωπος) enigmatic · (= παράξενος: τύπος, χαρακτήρας) strange
μυστηριώδ|ης επίθ (έγκλημα, θάνατος) mysterious · (υπόθεση) puzzling · (κραυγές, ονόματα) unearthly · (σπίτι) eerie
μυστικό *το* (γενικότ.) secret · (κατ.: = μυστήριο) mystery · **κρατώ (ένα) ~** to keep a secret
μυστικός επίθ secret ▷ **-ή αστυνομία** secret police ▷ **-ή υπηρεσία** secret service ▷ **μυστικός** *ο* secret policeman
μυστικότητ|α *η* (ανάκρισης, ερευνών) secrecy · (= εχεμύθεια) discretion
μυτερ|ός επίθ (μαχαίρι, μολύβι) sharp · (γένια) pointed · (βράχος) jagged
μυτζήθρ|α *η* = μυζήθρα
μύτ|η *η* (ΑΝΑΤ) nose · (βελόνας, μαχαιριού) point · (μολυβιού) tip · (πένας) nib · (παπουτσιού) toe · (λιμανιού) point · (αεροσκάφος, πλοίου) nose · (= όσφρηση) nose · **ανοίγει ή ματώνει ή λύνεται η ~ μου** my nose is bleeding · **ρουφώ τη ~ μου** to sniff · **τρέχει η ~ μου** my nose is running · **φυσώ τη ~ μου** to blow one's nose
μυώδ|ης επίθ muscular
μύωπας *ο/η* short-sighted person (Βρετ.), near-sighted person (Αμερ.)

μύωψ (επίσ.) *ο/η* = **μύωπας**
μώλος *ο* = μόλος
μώλωπ|ας *ο* bruise
μωρέ (οικ.) επιφών hey (ανεπ.)
μωρή (υβρ.) επιφών hey (ανεπ.)
μωρ|ό *το* (= βρέφος) baby · (= αφελής) baby · (για άνδρα) hunk (ανεπ.) · (για γυναίκα) babe (ανεπ.) · **~ μου!** (οικ.) baby! (ανεπ.)
μωσαϊκό *το* (= δάπεδο ή τοιχογραφία) mosaic · (μτφ.) medley

N ν

N, ν ni, *13th letter of the Greek alphabet*

να σύνδ (α) (σε συμπληρωματικές προτάσεις) to
(β) **να μη** not to
(γ) (ευχή, κατάρα) to wish · (για όρκο) to swear · (για ερώτηση ή απορία) shall I
(δ) **το να κάνω κτ** doing sth · ... **του να είναι** ... ... of being ...
(ε) (με αναφορ. και ερωτ. αντων.) who · (με επίρρημα) when
(στ) (για τρόπο) how
(ζ) (τελικός, αιτιολογικός) to
(η) (υποθετικός) if
(θ) (χρονικός) when
(ι) (εναντιωματικός) even if
(ια) (ειδικός) that · **αντί να** instead of · **μέχρι να** until · **όπου να 'ναι** any time now · **σαν να** as if · **χωρίς ή δίχως να** without · **μόνο να (μη)** if ♦ **μό** (με αιτιατική αντωνυμίας ή ονομαστική ουσιαστικού) there · **να!** here! · **να τα μας!** what do you know!

ναι επίρρ yes
νάιλον *το* nylon

νάν|ος ο (κυριολ.) dwarf · (μτφ.)
small fry χωρίς πληθ.

νανουρίζ|ω ρ μ (μωρό) to sing to
sleep · (μτφ.) to lull

ναός ο (= εκκλησία) church ·
(μουσουλμανικός) mosque ·
(ιουδαϊκός) synagogue ·
(ινδουιστικός, ειδωλολατρικός)
temple · (μτφ.: τέχνης) temple

νάρθηκ|ας ο (ΙΑΤΡ. από γύψο)
cast · (από ξύλο, μέταλλο) splint ·
(ΑΡΧΙΤ) narthex

νάρκη η (= αποχαύνωση) torpor ·
(= μούδιασμα) numbness ·
(= υπνηλία) drowsiness · (μτφ.: =
αποβλάκωση) stupor · (ΣΤΡ) mine
▷**θερινή ~** (ΒΙΟΛ) aestivation
(Βρετ.), estivation (Αμερ.) ·
▷**χειμερία ~** (ΒΙΟΛ) hibernation

ναρκομανής ο/η drug addict

ναρκοπέδιο το minefield

ναρκών|ω ρ μ (ΙΑΤΡ) to
anaesthetize (Βρετ.), to
anesthetize (Αμερ.) · (= κοιμίζω) to
make drowsy ή lethargic · (μτφ.: =
αποχαυνώνω) to dull

νάρκωση η (ΙΑΤΡ) anaesthesia
(Βρετ.), anesthesia (Αμερ.) ·
(= αναισθησία) torpor · (μτφ.:
πνεύματος, αισθήσεων) dulling

ναρκωτικ|ός επίθ narcotic
▶**ναρκωτικό** το (= τοξική ουσία)
drug · (= αναληπτικό) painkiller ·
παίρνω ~ά to take drugs ▷**ήπια ή**
μαλακά ~ά soft drugs ▷**σκληρά**
~ά hard drugs

νάτριο το sodium

ναυάγι|ο το (ΝΑΥΤ) (ship)wreck ·
(μτφ.: διαπραγματεύσεων,
συνομιλιών) breakdown ·
(επιχείρησης) bankruptcy

ναυαγ|ός ο/η (πλοίου) ·
shipwrecked person · (σε
ερημονήσι) castaway

ναυαγοσώστ|ης ο (σε παραλία,
πισίνα) lifeguard · (= μέλος
αποστολής διάσωσης: ναυαγών)

lifeboatman · (πλοίου) salvager

ναυαγοσωστικ|ό το (για
ναυαγούς) lifeboat · (για πλοία)
salvage vessel

ναυαγοσώστρια η βλ.
ναυαγοσώστης

ναυαγ|ώ ρ αμ (πλοίο) to be
wrecked · (μτφ.: άνθρωπος) to be
ruined · (εταιρεία) to go under ·
(σχέδια) to fall through ·
(διαπραγματεύσεις) to break
down · (ελπίδες) to be dashed ·
(όνειρα) to come to nothing

ναύλ|ο το = **ναύλος**

ναύλ|ος ο (= αντίτιμο μεταφοράς:
ανθρώπων) fare · (φορτίου)
freight · (= μίσθωση πλοίου) charter ·
▶**ναύλα** τα (ανθρώπων) fare ·
(φορτίου) freight

ναυλών|ω ρ μ to charter

ναυπηγείο το shipyard

ναυσιπλοΐα η navigation

ναύτ|ης ο (= ναυτικός) sailor · (μη
βαθμοφόρος) ordinary seaman

ναυτί|α η (= παθολογική
κατάσταση) nausea · (στη θάλασσα)
seasickness · (μτφ.: = αηδία)
disgust

ναυτικ|ό το navy ▷**Εμπορικό**
Ναυτικό merchant navy (Βρετ.),
merchant marine (Αμερ.) ·
▷**Πολεμικό Ναυτικό** Navy

ναυτικός| ο sailor

ναυτικ|ός επίθ (στολή,
νοσοκομείο) naval · (χάρτης)
nautical · (μίλι) nautical · (ιστορία,
νομοθεσία) maritime · (ατύχημα) at
sea · (έθνος, λαός) seafaring ·
(καπέλο) sailor's ▷**~ά αθλήματα**
water sports ▷**~ή βάση** naval
base ▷**Ναυτική Εβδομάδα**
week-long summer festival of
events in honour of the navy
▶**ναυτικά** τα sailor's uniform εν.
▶**ναυτικός** ο/η sailor

ναυτιλί|α η (επίσης **εμπορική ~**)
merchant navy (Βρετ.) η marine

(Αμερ.) · (= ναυσιπλοΐα) navigation

ναφθαλίν|η (ΧΗΜ) naphthalene · (για ρούχα) mothballs πληθ.

Νέα Ζηλανδία η New Zealand
Νεοζηλανδ|ή η βλ. **Νεοζηλανδός**
Νεοζηλανδ|ός ο New Zealander
νεανικ|ός επίθ (ντύσιμο, ενθουσιασμός) youthful · (έρωτας, καρδιά) young · (αηδονιές, σκέψη) juvenile · (έργο) early · (βιβλίο, σίφμαλ.) for young people · (ταμπεραμέντο) youthful ▷ **-ή ηλικία** young age
νεαρ|ός επίθ (γυναίκα, παιδί) young · (βλαστάρια) new · (ζώο) baby ▷ **-ή ηλικία** young age
▸ **νεαρός** ο youth
▸ **νεαρή** η young woman
Νέα Υόρκη η New York
νέγρ|ος ο black man
νέκρ|α η (= η ιδιότητα του νεκρού) deadness · (μτφ.: αγοράς, εμπορίου) stagnation · (μτφ.: = απόλυτη σιγή) dead silence
νεκροκεφαλή η death's head
νεκρ|ός ο (άνθρωπος, φύλλα) dead · (τηλέφωνο, αγορά) dead · (θεωρία, ιδέα) defunct · (δρόμος) empty · **-ή περίοδος** dead season ▷ **η Νεκρά Θάλασσα** the Dead Sea ▷ **-ό σημείο** (ΑΥΤ) neutral ▷ **-ή φύση** still life
▸ **νεκρά** η, **νεκρό** το neutral · **βάζω -ά** η **την ταχύτητα στο -ό** to go into neutral
▸ **νεκρός** ο dead man
▸ **νεκρή** η dead woman
νεκροταφεί|ο το (πόλης) cemetery · (εκκλησίας) graveyard · (μτφ.) graveyard ▷ **- αυτοκινήτων** scrap yard
νεκροτομεί|ο το morgue
νεκροφόρ|α η hearse
νεκροψί|α η autopsy
νέκταρ το nectar
νεκταρίν|ι το nectarine
νέ|ο το piece of news

▸ **νέα** πλ news εν. · **τι (άλλα) -α;** what's new? · **έχω -α κποιου** η **από κπν** to hear from sb · **μάθατε τα -α;** have you heard the news? · **περιμένω -α τους** I'm expecting to hear from them
νεογέννητ|ος το (παιδί, ζώο) newborn · (μτφ.: κράτος, οργανισμός) newly established
▸ **νεογέννητο** το newborn (baby)
νεοελληνικ|ός επίθ modern Greek
▸ **Νεοελληνικά** τα, **Νεοελληνική** η Modern Greek
νεοκλασικ|ός επίθ neoclassical
▸ **νεοκλασικό** το neoclassical building
νεολαία η η ~ young people πληθ. ▷ **-μαθητική ~** schoolchildren ▷ **σπουδάζουσα ή φοιτητική ~** university students
νεόνυμφος επίθ newlywed
▸ **νεόνυμφοι** οι newlyweds
νεόπλουτ|ος επίθ newly rich
▸ **νεόπλουτοι** οι nouveaux riches
νέ|ος, **-α**, **-ο** (παιδί, γυναίκα) young · (Έλληνας, ελληνισμός) modern · (εφεύγεσαι, μοντέλο) new · (βιβλίο, δίσκο) new · (υπάλληλος, πρόεδρος) new ▷ **Νέα Ελληνικά** Modern Greek ▷ **Νέος Κόσμος** New World
▸ **νέος** ο young man
▸ **νέα** η young woman
νεοσσ|ός ο (= κλωσσόπουλο) nestling · (= νεογέννητο βρέφος) newborn baby
νεότητα η youth ▷ **κέντρο -ς** youth club
νεοφερμέν|ος, **νεόφερτος** επίθ new
▸ **νεοφερμένος** ο, **νεοφερμένη** η newcomer
νεράιδ|α η fairy
νεράντζι το Seville ή bitter orange
νεραντζ|ιά η Seville ή bitter

orange (tree)

νερ|ό το (= ύδωρ) water · (= βροχή)
rain · **ανοίγω/κλείνω** ~ to turn
the tap on/off ▷ **εμφιαλωμένο**
~ bottled water ▷ **μεταλλικό**
~ mineral water ▷ ~ **της βρύσης**
tap water ▷ **πόσιμο** ~ drinking
water

▸ **νερά** πλ marbling εν.

νερόβραστ|ος επίθ (χόρτα, φακές)
boiled (in water) · (μτφ.) tasteless ·
(αστείο) lame

νεροζούμι το (φαγητό) insipid ή
tasteless food · (ρόφημα)
dishwater

νεροκανάτ|α η water jug (Βρετ.) ·
pitcher (Αμερ.)

νερομπογιά η watercolour
(Βρετ.), watercolor (Αμερ.)

νεροποντή η downpour

νερουλ|ός επίθ watery

νεροχελώνα η turtle

νεροχύτης ο (kitchen) sink

νεύ|μα το (κεφαλιού) nod ·
(ματιών) wink · (χεριού) wave

νευραλγία η neuralgia

νευριάζ|ω ρ μ – **κπν** (= εκνευρίζω)
to get on sb's nerves ·
(= εξοργίζω) to make sb angry
♦ ~ **αμ** (= εκνευρίζομαι) to get
irritated · (= εξοργίζομαι) to lose
one's temper

νευριασμέν|ος επίθ
(= εκνευρισμένος) irritated ·
(= θυμωμένος) angry

νευρικ|ός επίθ nervous · (απόληξη,
ίνα) nerve · ▷**ό σύστημα** nervous
system · ▷ **κλονισμός** nervous
breakdown

νευρικότητα η nervousness

νεύρ|ο το (ANAT. BIOΛ) nerve ·
(μτφ.: = δυναμισμός) go (Βρετ.) ·
(άνθρωπο) punch

▸ **νεύρα** πλ nerves · **έχω** ή **με
πιάνουν τα** ~**α μου** to be in a
temper

νευρωτικ|ός επίθ neurotic

νεφελώδης επίθ (καιρός,
ουρανός) cloudy · (μτφ.:
υποσχέσεις, σκέψεις) vague ·
(κατάσταση, υπόθεση) hazy

νέφ|ος το (κυριολ., μτφ.) cloud ·
(= συγκέντρωση ρύπων) smog

νεφρό το kidney

νεωτερισμ|ός ο (= καινοτομία)
innovation · (= μόδα) latest
fashion

νή|μα το (= κλωστή) thread ·
(μάλλινο) yarn ▷**βαμβακερό**
~ cotton thread ▷ ~ **τερματισμού**
finishing tape ▷ ~ **της στάθμης**
plumb line ▷**οδοντιατρικό**
~ dental floss

νηοπομπή η convoy (of ships)

νηπιαγωγείο το kindergarten

νηπιακ|ός επίθ (σταθμός) infant ·
(μτφ.: για ανάπτυξη, βιομηχανία) in
its infancy ▷ ~ **ηλικία** infancy

νήπιο το infant

νησάκι το islet

νησί το island

νησίδα η (= νησάκι) islet · (μτφ.)
island · (πλίσης **διαχωριστική** ~)
traffic island

νησιώτης ο islander

νησιωτικ|ός, **νησιώτικος** επίθ
island · **ο** ~ **χώρος** the islands

▸ **νησιώτικα** τα island songs

νησιώτισσα η βλ. **νησιώτης**

νήσ|ος η (επίσ.) island ▷ **οι
βρετανικές** ~**οι** the British Isles

νηστεία η fast

νηστεύ|ω ρ αμ to fast

νηστικ|ός, **ή**, **ό** hungry

νηφάλι|ος, **-α**, **-ο** (λαός,
άνθρωπο) calm · (κρίση, εκτίμηση)
sober · (δικαστής, κριτικός) astute ·
(απόφαση) sound · (= ξεμέθυστος)
sober

νι το ni, 13th letter of the Greek
alphabet

νιάτ|α τα (= νεότητα) youth εν. ·
(= νεολαία) young people

νίβ|ω ρ μ to wash

νίκ|η *η* victory · **παίρνω τη** ~ to win ▷**Άπτερος Νίκη** Wingless Victory ▷**πύρρειος ~** Pyrrhic *η* hollow victory

νικητής *ο* (*μάχης, πολέμου*) victor · (*αγώνων, διαγωνισμού*) winner · **βγαίνω** ~ to come out on top

νικήτρια *η* winner ▷ **στήλη** winning numbers · *βλ. κ.* **νικητής**

νικ|ώ *ρ μ* (*αντίπαλο, εχθρό*) to beat · (= *υπερισχύω*) to prevail over · (*φόβο, δυσκολίες*) to overcome · (*πάθη, ορμές*) to resist

νιόπαντρος *επίθ* newlywed ▷**νιόπαντροι** *οι* newlyweds

νιότ|η *η* (*λογοτ.*: = *νιάτα*) youth · (= *νεολαία*) young people *πληθ.*

νιπτήρ|ας *ο* (wash)basin (*Βρετ.*), washbowl (*Αμερ.*)

νιφάδα *η* snowflake ▷**-ες καλαμποκιού** cornflakes

νιώθ|ω *ρ μ* (*κρύο, πόνο*) to feel · (*κίνδυνο*) to sense · (*αλήθεια, νόημα*) to be aware of · (= *αντιλαμβάνομαι*) to realize · (= *καταλαβαίνω*) to understand · (= *συμπονώ*) to feel for

Νοέμβρης *ο* = **Νοέμβριος**

Νοέμβριος *ο* = November

νόη|μα *το* (*κειμένου, φράσης*) meaning · (*πράξης*) point · (*στάσης, άποψης*) significance · (= *νεύμα*) sign · (*με το κεφάλι*) nod · (*με τα χέρια*) signal · (*με τα μάτια*) wink · **κάνω ~ σε κπν** to give sb a sign · (*με το κεφάλι*) to nod to sb · (*με τα χέρια*) to beckon to sb · (*με τα μάτια*) to wink at sb · **χωρίς ~** meaningless

νοημοσύνη *η* (= *ευφυΐα*) intelligence · (= *μυαλό*) mind ▷**τεχνητή ~** artificial intelligence

νοητ|ός *επίθ* (= *κατανοητός*) understood · (= *ιδεατός*) imaginary

νοθεία *η* (*ποτού, τροφής*) adulteration · (*εκλογών*) rigging

νοθευμέν|ος *επίθ* (*τρόφιμα, ποτά*) adulterated · (*έγγραφο*) forged

νοθεύ|ω *ρ μ* (*τρόφιμα, ποτά*) to adulterate · (*καύσιμα, χρυσό*) to adulterate · (*νόμισμα, έγγραφο*) to forge · (*εκλογικό αποτέλεσμα*) to rig · (*αλήθεια, νόημα*) to twist · (*μορφή, εντύπωση*) to distort · (*νίκη, θεσμό*) to undermine · (*πολίτευμα, αξίες*) to corrupt

νόθ|ος, -ος *επίθ* **-η -α, -ο** illegitimate

νοιάζ|ω *ρ αμ* **με ~ει** *τρπ* (= *με πειράζει*) to mind · (= *με ενδιαφέρει*) to care · **δεν με ~ει!** (= *δεν με πειράζει*) I don't mind! · (= *δεν με ενδιαφέρει*) I don't care! · **δεν με ~ει καθόλου!** (= *δεν με πειράζει*) I really don't mind! · (= *δεν με ενδιαφέρει*) I couldn't care less! · **(κι εμένα) τι με ~ει;** what do I care? · **εμένα τι (η' γι' αυτό)!** don't worry (about it)! · **να μη σε ~ει!** never you mind!

νοιάζ|ομαι *ρ αμ* **απ** to be concerned ♦ *ρ μ* (= *διαφέρομαι*) to care about · (= *φροντίζω*) to look after

νοίκ|ι *το* (*ανεπ.*) rent

νοικιάζ|ω *ρ μ βλ.* **ενοικιάζω**

νοικοκυρά *η* (= *οικοδέσποινα*) lady of the house · (= *που ασχολείται με το νοικοκυριό*) housewife · (= *ικανή στα οικιακά*) good housewife

νοικοκύρης *ο* (= *οικοδεσπότης*) head of the household · (= *οικογενειάρχης*) head of the family · (= *ιδιοκτήτης*) landlord · (= *καλός διαχειριστής*) thrifty man · (= *τακτικός*) tidy man

νοικοκυριό *το* (= *οικιακός εξοπλισμός*) household goods *πληθ.* · (= *σπίτι*) household

νοιώθ|ω *ρ αμ* = **νιώθω**

νομαρχία *η* prefecture

νομίζ|ω *ρ μ* **u** to think · **δεν (το)** ~ I don't think so · **έτσι** ~ I think so

~ ότι ή πως to think (that)·
όπως ~εις as you please
νομική η law
▸ **Νομική** η Faculty of Law
νομικός επίθ legal (σχολή,
περιοδικό) law ▹ ~ **σύμβουλος**
legal adviser
▸ **νομικά** τα law εν.
▸ **νομικός** ο/η lawyer
νόμιμος επίθ (κέρδος, τόκος)
legal · (κληρονόμος) rightful ·
(ωράριο) statutory · (τέκνο)
legitimate ▹ **~η άμυνα**
self-defence (Βρετ.), self-defense
(Αμερ.)
νόμισμα το (χώρας) currency ·
(= κέρμα) coin
νομοθεσία η legislation
▹ **ισχύουσα** ~ current legislation
▹ **ποινική** ~ penal law
νομός ο prefecture
νόμος ο law · (= κανόνας) rule
(συμπεριφοράς) code ·
(φωνολογίας, φωνητικής) rule ·
παραβαίνω τον ~ο to break the
law · **σύμφωνα με τον** ~ο in
accordance with the law
▹ **ισχύων** ~ law in force ▹ ~ **της
βαρύτητας** law of gravity
▹ **στρατιωτικός** ~ martial law
νομοσχέδιο το bill
νομοταγής επίθ law-abiding
νόμπελ, νομπέλ το Nobel prize
νονά η godmother
νονός ο godfather
νοοτροπία η mentality
Νορβηγή η βλ. **Νορβηγός**
Νορβηγία η Norway
Νορβηγίδα η βλ. **Νορβηγός**
νορβηγικός επίθ Norwegian
▸ **Νορβηγικά** τα Norwegian
Νορβηγός ο Norwegian
Νορμανδία η Normandy
νοσηλεία η (hospital) treatment
νοσηλεύω ρ μ to treat
▸ **νοσηλεύομαι** μεσ to be treated
νοσήλια τα hospital expenses

νοσοκόμα η nurse
▹ **αποκλειστική** ~ private nurse
νοσοκομειακό το ambulance
νοσοκομείο το hospital ·
διακομίζω ή μεταφέρω κπν στο
~ to take sb to hospital (Βρετ.) ή
to the hospital (Αμερ.) ▹ **κρατικό**
~ public hospital ▹ **στρατιωτικό**
~ military ή army hospital
νοσοκόμος ο (male) nurse
νόσος η (επίσ.) disease
▹ **επιδημική** ~ epidemic
▹ **επάρατη** ~ cancer ▹ ~ **των
δυτών** the bends εν. ▹ ~ **των
τρελών αγελάδων** mad cow
disease
νοσταλγία η (για την πατρίδα)
homesickness · (για το παρελθόν)
nostalgia
νοσταλγώ ρ μ (άνθρωπο, χώρο) to
miss · (κατάσταση, αντικείμενο) to
long for
νοστιμάδα η (= νοστιμιά) flavour
(Βρετ.), flavor (Αμερ.) · (μτφ.)
charm
νοστιμεύω ρ μ (φαγητό) to
flavour (Βρετ.), to flavor (Αμερ.) ·
(μτφ.: = ομορφαίνω) to make more
attractive · (ζωή) to add spice to
♦ ρ αμ (φαγητό) to taste better ·
(μτφ.: = ομορφαίνω) to become
prettier ή more attractive
νοστιμιά η (φαγητού) flavour
(Βρετ.), flavor (Αμερ.) · (μτφ.: =
γοητεία) charm
▸ **νοστιμιές** οι delicacies
νοστιμίζω ρ μ = **νοστιμεύω**
νόστιμος επίθ (τροφή) tasty ·
(μτφ.: άντρας, γυναίκα)
good-looking · (μτφ.: ανέκδοτο,
αστείο) good
νότα η note
Νότια Αμερική η South America
Νότια Αφρική η South Africa
νοτιάς ο (άνεμος) south wind ·
(= θερμός και υγρός καιρός) hot
and humid weather · (= νότος)

south

νοτιοανατολικά επίρρ *(πηγαίνω, κοιτάζω)* south-east · *(βρίσκομαι)* in the south-west

νοτιοανατολικ|ός επίθ *(παράθυρο, δωμάτιο)* south-east facing · *(άνεμος)* south-east

νοτιοδυτικά επίρρ *(πηγαίνω, κοιτάζω)* south-west · *(βρίσκομαι)* in the south-west

νοτιοδυτικ|ός επίθ *(παράθυρο, πρόσοψη)* south-west facing · *(άνεμος)* south-west

νότι|ος, -ια, το *(πολιτεία, τομέας)* southern · *(μέτωπο, δωμάτιο)* south-facing · *(άνεμος)* south · *(ρεύμα)* southerly · *(για πρόσ.)* from the south

Νότιος Πόλος ο ο ~ the South Pole

νότος ο south · *(επίσ.: = όστρια)* south wind

▸ **Νότος** ο South

νούμερο το *(= αριθμός)* number · *(για ρούχα, παπούτσια)* size · *(σε τσίρκο, θέατρο)* act · *(σατιρικό)* sketch · *(χορευτικό)* routine

νουνά η = **νονά**

νουνός ο = **νονός**

νους ο *(= διάνοια)* mind · *(= εξυπνάδα)* common sense · *(εταιρείας)* brains εν. · *(απείρας)* brains εν. · *(= φαντασία)* imagination ▸ **κοινός ~** common sense

νούφαρ|ο το water lily

ντάμ|α η *(= παρτενέρ)* partner · *(επιτραπέζιο παιχνίδι)* draughts *(Βρετ.)*, checkers *(Αμερ.)* · *(στην τράπουλα)* queen

νταντά η nanny

ντελαπάρ|ω *(ανεπ.)* ρ αμ =
ντεραπάρω

ντεμοντέ old-fashioned

ντεμπούτο το debut

ντεπόζιτ|ο το tank

ντεραπάρ|ω *(ανεπ.)* ρ αμ to turn

over

ντέρμπι το derby

ντίβ|α η diva

ντιβάν|ι το divan

ντι-βι-ντί το *(δίσκος)* DVD · *(συσκευή)* DVD player

ντίζελ το diesel

ντίσκο, ντισκοτέκ η *(ΜΟΥΣ)* disco music · *(κέντρο διασκέδασης)* disco

ντι-τζέι ο DJ

ντο το C

ντοκιμαντέρ το documentary

ντοκουμέντ|ο το document

ντολμάδες οι stuffed vine leaves

ντομάτ|α η tomato

ντοματοζούμ|ο το tomato juice

ντοματοσαλάτ|α η tomato salad

ντόπι|ος, -α, -ο local

▸ **ντόπιος** ο, **ντόπια** ο locals

ντόρ|ος ο commotion · **κάνω ~ο** to cause a sensation η stir

ντουβάρ|ι το *(= τοίχος)* wall · *(μειωτ.: = στουγνάρι)* dunce

ντουέτ|ο το *(ΜΟΥΣ)* duet · *(= ζευγάρι)* duo

ντους το = **ντους**

ντουζιέρ|α η = **ντουσιέρα**

ντουζίν|α η a dozen · **μισή ~** half a dozen

ντουλάπ|α η wardrobe
▸ **εντοιχισμένη ~** built-in wardrobe ▸ **μεταλλική ~** metal cabinet

ντουλάπ|ι το *(για ρούχα)* wardrobe · *(για σκεύη)* cupboard *(Βρετ.)*, closet *(Αμερ.)* · *(του μπάνιου)* cabinet

ντους το shower · **κάνω ~** to have η take a shower

ντουσιέρ|α η shower

ντρέπ|ομαι ρ μ απ to respect ◆ ρ αμ απ to be ashamed *(για of)* · **~ να κάνω κτ** to feel awkward about doing sth

ντρίμπλ|α η dribble

ντροπαλ|ός, ή, -ό shy

ντροπ|ή *η* (= αιδώς) shame · (= έλλειψη θάρρους) shyness · (= αίσχος) disgrace · (= τσίπα) shame · (= ταπείνωση) humiliation · **~ σου!** shame on you!

ντροπιάζω *ρ μ* (= εξευτελίζω) to humiliate · (= εκθέτω) to disgrace

▸ **ντροπιάζομαι** *μεσ* to be disgraced

ντροπιασμέν|ος *επίθ* (όνομα, τιμή) disgraced · (παιδί) ashamed

ντύν|ω *ρ μ* (παιδί, κούκλα) to dress · (πολυθρόνες) to upholster · (τοίχο, βιβλία) to cover · (οικογένεια, παιδιά) to clothe · (ηθοποιό, τραγουδιστή) to design clothes for

▸ **ντύνομαι** *μεσ* (= φορώ φούσκα) to dress, to dress up · **~ομαι ελαφριά/βαριά** to dress in light/warm clothing · **~ομαι καλά** (= φορώ καλά ρούχα) to dress up · **~ομαι ζεστά ρούχα** to wrap up warm

ντύσι|μο *το* (παιδιού, κούκλας) outfit · (εργασίας) clothes *πληθ*. · (πολυθρόνας) upholstery · (βιβλίου) cover · **βραδινό ~** nightwear *χωρίς πληθ*. · **καλό ~** best clothes *πληθ*.

νύκτα *η* (επίσ.) = **νύχτα**

νυκτερin|ός *επίθ* = **νυχτερινός**

νυκτόβi|ος, -α, -ο nocturnal

νύστ|a *η* sleepiness · **με πιάνει ~** to be ή feel sleepy

νυστάζ|ω *ρ αμ* to be ή feel sleepy
◆ *ρ μ* **~ κπν** to send sb to sleep

νύφ|η *η* (= αυτή που παντρεύεται) bride · (βαθμός συγγενείας) daughter-in-law

νυφικ|ός *επίθ* bridal

▸ **νυφικό** *το* wedding dress

νύχ|ι *το* (χεριού) (finger)nail · (ποδιού) (toe)nail · (ζώου, πουλιού) claw · **απ' την κορ(υ)φή ως τα ~** from top to toe · **τρώω τα ~ μου** to bite one's nails

νυχιά *η* scratch

νύχτ|α *η* night · **δουλεύω ~ to** work nights · **έρωτες της μιας ~ς** one-night stands · **η πρώτη ~ του γάμου** the wedding night · **μένω για τη ~** to stay the night · **μέσα στη ~** in the night · **όλη ~** all night · **όλη τη ~** all night long · **πέφτει η ~** it's getting dark · **ταξιδεύω ~** to travel by night

νυχτερίδ|α *η* bat

νυχτεριν|ός *επίθ* night

νυχτικiά *η* = **νυχτικό**

νυχτικ|ό *το* nightdress (Βρετ.), nightgown (Αμερ.)

νυχτόβi|ος, -α, -ο nocturnal · *βλ. κ.* **νυκτόβιος**

νυχτών|ω *ρ αμ* to be overtaken by the night

▸ **νυχτώνει** *απρόσ* it's getting dark

▸ **νυχτώνομαι** *μεσ* to be overtaken by the night

νωπ|ός *επίθ* (φρούτα, λαχανικά) fresh · (για χώμα) freshly dug · (ρούχα, ύφασμα) damp

νωρ|ίς *επίρρ* early · **από ~** from early on · **~ το πρωί** early in the morning · **πιο ~** earlier · **πολύ ~** very early

νώτ|α *τα* (= πλάτη) back *εν*. · (ΣΤΡ) rear *εν*.

νωχελικ|ός *επίθ* (συμπεριφορά) indolent · (κίνηση) sluggish

Ξ ξ

Ξ, ξ xi, 14th letter of the Greek alphabet

ξαδέλφ|η *η* cousin

ξαδέλφι *το* cousin

ξάδελφ|ος *ο* cousin

ξαδέρφη *η* = **ξαδέλφη**

ξαδέρφι *το* = **ξαδέλφι**

ξάδερφ|ος *ο* = **ξάδελφος**

ξακουσμέν|ος *επίθ* famous

ξακουστ|ός *επίθ* = **ξακουσμένος**

ξαλαφρών|ω ρ αμ (για πρόσ.) to feel relieved · (κεφάλι, στομάχι) to feel better · (= κάνω την ανάγκη μου) to relieve oneself ♦ ρ μ (= ξεκουράζω) to relieve (από σε) · (πορτοφόλι) to steal (τσέπη) to empty

ξαλμυρίζω ρ μ = **ξαρμυρίζω**

ξανά επίρρ again · **βάζω κτ ~ στη θέση του** to put sth back in its place · **~ και ~** again and again

ξανα-, ξαν- πρόθημ (για επανάληψη) again, re- · (για επιστροφή σε προηγούμενη κατάσταση, θέση) back

ξαναβάζ|ω ρ μ to put back · **~ μπρος** to restart · βλ. κ. **βάζω, ξανα-**

ξαναβγάζ|ω ρ μ to take out again · βλ. κ. **βγάζω, ξανα-**

ξαναβγαίν|ω ρ αμ to come ή go out again · βλ. κ. **βγαίνω, ξανα-**

ξαναβλέπ|ω ρ μ to see again ♦ ρ αμ to get one's sight back · βλ. κ. **βλέπω, ξανα-**

ξαναβρίσκ|ω ρ μ (τσάντα, γυαλιά) to find again · (λογικό, ισορροπία) to recover · (δύναμη) to get back
▸ **ξαναβρίσκομαι** μεσ **–ομαι με** to meet sb again · βλ. κ. **βρίσκω, ξανα-**

ξαναγεννώ ρ μ (μωρό, ζώο) to have another · (αβγά) to lay another
▸ **ξαναγεννιέμαι** μεσ (= γεννιέμαι πάλι) to be reborn · (αναμνήσεις, μνήμες) to be revived · (= αναζωογονούμαι) to be reborn · βλ. κ. **γεννώ, ξανα-**

ξαναγίν|εται ρ απ (= επαναλαμβάνεται) to happen again · (= ξαναφτιάχνομαι) to be repaired · (= γίνομαι όπως πρώτα) to be the same again · **να μην ~ει!** don't let it happen again! · βλ. κ. **γίνομαι, ξανα-**

ξαναγράφ|ω ρ μ (βιβλίο) to

rewrite · (εργασία) to do again ♦ ρ αμ (συγγραφέας, αρθρογράφος) to write again · (μαθητής, φοιτητής) to resit (Βρετ.) ή retake (Αμερ.) an exam · βλ. κ. **γράφω, ξανα-**

ξαναγυρίζ|ω ρ μ (= επιστρέφω) to come back again ·
(= επιστρέφομαι) to turn around · (χρόνος, καιρός) to return ♦ ρ μ (κλειδί, διακόπτη) to turn again · (σκηνές, ταινία) to reshoot · **δεν ~ πια ή ποτέ** to never come back · **~ σε κπν/κτ** to go back to sb/sth · βλ. κ. **γυρίζω, ξανα-**

ξαναγυρνώ ρ μ/αμ = **ξαναγυρίζω**

ξαναδέν|ω ρ μ (σχοινί) to tie again · (άνθρωπο, ζώο) to tie up again ♦ ρ αμ to return to port · βλ. κ. **δένω, ξανα-**

ξαναδιαβάζ|ω ρ μ to reread ♦ ρ αμ to revise · βλ. κ. **διαβάζω, ξανα-**

ξαναδίν|ω ρ μ (αλάτι, φαγό) to give back · (μάθημα) to do again · (εξετάσεις) to resit (Βρετ.), to retake (Αμερ.) · βλ. κ. **δίνω, ξανα-**

ξαναδοκιμάζ|ω ρ μ (φρένα) to try again · (παίχτη, υπάλληλο) to try out again · (φαγητό) to try again · (ρούχα, παπούτσια) to try on again ♦ ρ αμ to try again · βλ. κ. **δοκιμάζω, ξανα-**

ξαναζεσταίν|ω ρ μ (φαγητό) to reheat · (σχέση, δεσμό) to revive ♦ ρ αμ to warm up again · βλ. κ. **ζεσταίνω, ξανα-**

ξαναζητώ ρ μ (πληροφορίες) to ask for more · (δουλειά) to ask for another · (φίλο) to look for another ♦ ρ αμ to be hard up · βλ. κ. **ζητώ, ξανα-**

ξαναζωντανεύ|ω ρ αμ (= αναστηλώνω) to come alive again · (περασμένα, σκηνές) to come back to life ·
(= αναζωογονούμαι) to be revived ♦ ρ μ (= ανασταίνω) to revive · (παρελθόν, γεγονότα) to bring

back • βλ. κ. **ζωντανεύω, ξανα-**

ξαναθυμά|μαι ρ μ απ to remember ♦ ρ αμ to get one's memory back • βλ. κ. **θυμάμαι, ξανα-**

ξαναθυμίζ|ω ρ μ to remind again • βλ. κ. **θυμίζω, ξανα-**

ξανακάν|ω ρ μ (εργόχειρο) to make again • (καθήκον, χρέος) to do again • **δεν (θα) το ~** I won't do it again • βλ. κ. **κάνω, ξανα-**

ξανακλείν|ω ρ μ (πόρτα, παράθυρο) to close (again) • (μπουκάλι, σκεύος) to put the top back on • (υπολογιστή, τηλεόραση) to switch off again ♦ ρ αμ (σνρτάρι, ντουλάπα) to close ή shut again • (πληγή, τραύμα) to heal again • βλ. κ. **κλείνω, ξανα-**

ξανακοιμάμαι ρ αμ απ to go back to sleep • βλ. κ. **κοιμάμαι, ξανα-**

ξανακού|ω ρ μ to hear again ♦ ρ αμ to get one's hearing back
▸ **ξανακούγομαι** (φωνή, θόρυβος) to be heard again • (= ξαναδίνω σημεία ζωής) to be heard of again • βλ. κ. **ακούω, ξανα-**

ξανακτίζω ρ μ = **ξαναχτίζω**

ξανακυκλοφορ|ώ ρ μ (πλαστά χρήματα) to pass on • (δίσκο, σινγκλ) to re-release ♦ ρ αμ to be on the road again • βλ. κ. **κυκλοφορώ, ξανα-**

ξανακυλ|ώ ρ μ to roll again ♦ ρ αμ (βράχια, δάκρυα) to fall again • (νερά) to flow again • (= υποτροπιάζω) to relapse
▸ **ξανακυλιέμαι** μεσο to get muddy again • βλ. κ. **κυλώ, ξανα-**

ξαναλέγ|ω ρ μ to say again • **λέω και ξαναλέω** to say again and again • **μην το ξαναπείς** don't say that again • **τα ξαναλέμε** we'll talk about it another time • βλ. κ. **λέγω, ξανα-**

ξαναλέ|ω ρ μ = **ξαναλέγω**

ξαναμετρ|ώ ρ μ (μήκος, ύψος) to measure again • (χρήματα, πιάτα) to re-count ♦ ρ αμ to count
▸ **ξαναμετριέμαι** μεσο to compete again • βλ. κ. **μετρώ, ξανα-**

ξαναμιλ|ώ ρ μ to speak to again
♦ ρ αμ to speak again • **~ σε κπν** to talk ή speak to sb again
▸ **ξαναμιλιέμαι** μεσο (για πρόσ.) to speak to each other again • (για γλώσσα) to be spoken again • βλ. κ. **μιλώ, ξανα-**

ξαναμμέν|ος επίθ (ανεπ.: πρόσωπο) flushed • (σεξουαλικά) turned on (ανεπ.)

ξαναμοιράζ|ω ρ μ (μερίδια) to divide again • (φαγητό) to serve again ♦ ρ αμ to deal again
▸ **ξαναμοιράζομαι** μεσο to share • βλ. κ. **μοιράζω, ξανα-**

ξαναμπαίν|ω ρ αμ (στο σπίτι) to get back • (στο αυτοκίνητο) to get back in • βλ. κ. **μπαίνω, ξανα-**

ξανανεβαίν|ω ρ μ to go back up
♦ ρ αμ • **~ σε** (βουνό, δέντρο) to go back up • (αεροπλάνο, πλοίο) to get back in ή on • (λεωφορείο) to get back on • βλ. κ. **ανεβαίνω, ξανα-**

ξανανοίγ|ω ρ μ to open again ♦ ρ αμ to open again
▸ **ξανανοίγομαι** μεσο (= σπαταλώ) to go out on a limb • (για πλοία) to set sail again • βλ. κ. **ανοίγω, ξανα-**

ξαναπαθαίν|ω ρ μ (ατύχημα, συμφορά) to have another • (ζημιά) to suffer more • **δεν την ~** I won't be had again (ανεπ.) • βλ. κ. **παθαίνω, ξανα-**

ξαναπαίρν|ω ρ μ (= παίρνω πάλι) to take again • (μωρό, βάζο) to pick up again • (= παίρνω πίσω) to get back • (= τηλεφωνώ πάλι) to call back • βλ. κ. **παίρνω, ξανα-**

ξαναπαντρεύ|ομαι ρ αμ to get married again

ξαναπατ|ώ ρ μ (καρφί) to tread on

again · (λάσπες) to tread in again · (σταφύλια) to tread again ♦ ρ αμ (= βάζω το πέλμα πάλι) to step one's foot again · (τραπέζι, καρέκλα) to be stable again · **δεν ~ (το πόδι μου) εκεί** I'll never set foot there again · βλ. κ. **πατώ**, ξανα-

ξαναπάω ρ μ/αμ = **ξαναπηγαίνω**

ξαναπερνώ ρ μ to pass by again ♦ ρ μ (δρόμο, ποτάμι) to cross (over) again · (εμπόδιο) to get over again · βλ. κ. **περνώ**, ξανα-

ξαναπηγαίνω ρ μ ~ **κπν** to take sb back ♦ ρ αμ ~ **σε** to go back to · βλ. κ. **πηγαίνω**, ξανα-

ξαναπιάνω ρ μ (μπάλα) to catch again · (σπιλό) to pick up again · (δραπέτη) to recapture ♦ ρ αμ to start again · βλ. κ. **πιάνω**, ξανα-

ξαναπίνω ρ μ to drink again ♦ ρ αμ to drink again · βλ. κ. **πίνω**, ξανα-

ξαναπληρώνω ρ μ/αμ (εισιτήριο) to buy another · (λογαριασμό) to pay again · (λογαριασμό) to pay again · βλ. κ. **πληρώνω**, ξανα-

ξαναπροσπαθώ ρ μ/αμ to try again ♦ ρ μ ~ **να κάνω κτ** to try to do sth again · βλ. κ. **προσπαθώ**, ξανα-

ξαναρίχνω ρ μ (πέτρα) to throw another · (κλωστιά) to give another ♦ ρ μ to fire again

▶ **ξαναρίχνει** απρσ it's raining again

▶ **ξαναρίχνομαι** μεσ ~**ομαι σε κπν** (= επιτίθεμαι πάλι) to come at sb again · (= παρενοχλώ σεξουαλικά πάλι) to make another pass at sb · βλ. κ. **ρίχνω**, ξανα-

ξαναρχίζω ρ μ to start again ή begin again ♦ ρ αμ to start all over again · βλ. κ. **αρχίζω**, ξανα-

ξαναρωτώ ρ μ ~ **κπν** ♦ ρ αμ to ask again ή ~ to ask again · **ρωτώ και ~ to** ask again and again · βλ. κ. **ρωτώ**, ξανα-

ξανασκέπτομαι, ξανασκέφτομαι ρ μ απ to reconsider ♦ ρ αμ απ to think again · **θα το ξανασκεφτώ** I'll think it over · βλ. κ. **σκέπτομαι**, ξανα-

ξανασμίγω ρ μ to get together again ♦ ρ μ to bring back together · βλ. κ. **σμίγω**, ξανα-

ξαναστρώνω ρ μ (κρεβάτι) to make again · (χαλί) to spread again ♦ ρ μ to settle down again

▶ **ξαναστρώνομαι** μεσ (= κάθομαι πάλι) to stretch out again · (μαθητής, φοιτητής) to buckle down again · βλ. κ. **στρώνω**, ξανα-

ξανασυναντώ ρ μ (φίλο, γνωστό) to meet again · (δυσκολίες, εμπόδια) to meet with more

▶ **ξανασυναντιέμαι**,

ξανασυναντώμαι μεσ to meet again · **θα ήθελα να ξανασυναντηθούμε** I'd like to see you again · βλ. κ. **συναντώ**, ξανα-

ξανασυνδέω ρ μ to reconnect

▶ **ξανασυνδέομαι** μεσ to get back together · **ξανασυνδέομαι στο ίντερνετ** to reconnect to the Internet · βλ. κ. **συνδέω**, ξανα-

ξανατρέχω ρ μ to run again ♦ ρ μ (πρόγραμμα) to run again · (χαώσεις, ντι-βι-ντί) to play again · βλ. κ. **τρέχω**, ξανα-

ξανατρώγω ρ μ/αμ = **ξανατρώω**

ξανατρώω ρ μ to eat again ♦ ρ μ to eat again

▶ **ξανατρώομαι** μεσ to argue again ♦ ρ κ. **τρώω**, ξανα-

ξαναφορτώνω ρ μ (πράγματα) to load again · (ΠΛΗΡΟΦ) to reload ♦ ρ κ. to reload

▶ **ξαναφορτώνομαι** μεσ (πράγματα, υποχρεώσεις) to take on again · (συνέπειες) to suffer again · βλ. κ. ξανα-

ξαναφτιάχνω ρ μ (προϊόν) to make again · (σπίτι) to do up (τραπέζι) to lay again · (μαλλιά) to tidy · (κρεβάτι) to make · (υπολογιστή) to mend ◆ ρ αμ (καιρός, κατάσταση) to get better · (= αποκαθίσταμαι πάλι) to get back on one's feet · (τηλεόραση, υπολογιστής) to be mended ή repaired · **τα ~ με κπν** (= συμφιλιώνομαι πάλι) to make up with sb · (= συνδέομαι πάλι) to get back together with sb · βλ. κ. **φτιάχνω, ξανα-**

ξαναχτίζ|ω ρ αμ to rebuild · βλ. κ. χτίζω, ξανα-

ξαναβαίν|ω ρ αμ to dye blonde ◆ ρ αμ (άντρας) to go blond · (γυναίκα) to go blonde

ξανθομάλλης, -α, -ικο blond(e)
▸**ξανθομάλλης** ο blond
▸**ξανθομάλλα** η blonde

ξανθ|ός, -ή ή -ιά, -ό (μαλλιά, γένια) blond(e) · (χορίστα) blonde · (νεαρός) blond · (στάχυ) golden
▷**-ιά μπίρα** lager
▸**ξανθό** το golden brown
▸**ξανθός** ο blond
▸**ξανθή** η blonde

ξαπλ|ώνω ρ μ (τραυματία, μωρό) to lay down · (= πυροβολώ) to bring down · (= χτυπώ) to knock down ◆ ρ αμ to lie down

ξαπλώστρα η deckchair

ξαπλωτ|ός επίθ stretched out

ξαρμυρίζω ρ μ to soak the salt out of

ξάστερα επίρρ clearly · **μίλα καθαρά και ~** don't beat about the bush

ξάστερ|ος επίθ (ουρανός, νύχτα) starry · (νερό) clear · (κουβέντες, λόγια) straight

ξαφνιάζ|ω ρ μ (= προκαλώ έκπληξη) to surprise · (= αιφνιδιάζω) to take by surprise · (= φοβίζω) to startle
▸**ξαφνιάζομαι** μεσ to be surprised

ξαφνικά επίρρ suddenly

ξαφνικ|ός επίθ sudden
▸**ξαφνικό** το bolt from the blue

ξεβάφ|ω ρ μ to discolour (Βρετ.), to discolor (Αμερ.) · ◆ ρ αμ to fade · **~ στο πλύσιμο** to run in the wash
▸**ξεβάφομαι** μεσ to take off ή remove one's make-up

ξεβγάζ|ω ρ μ to rinse · **~ κπν μέχρι έξω** to see sb to the door

ξέβγαλ|μα το to rinse

ξεβιδωμέν|ος επίθ (βίδα) unscrewed · (καπάκι) not screwed on · (πόμολο, χερούλι) loose · (ράφι) not screwed in

ξεβιδών|ω ρ μ (βίδα, καπάκι) to unscrew · (ράφι, καθρέφτη) to take down

ξεβουλών|ω ρ μ (μπουκάλι, βαρέλι) to uncork · (νιπτήρα, λεκάνη) to unblock

ξεβρακών|ω ρ μ (ανεπ.) · **~ κπν** (= γδύνω) to take sb's trousers (Βρετ.) ή pants (Αμερ.) down · (= γελοιοποιώ) to show sb up
▸**ξεβρακώνομαι** μεσ to be shown up

ξεβράκωτ|ος επίθ (ανεπ.: παιδί) without pants (Βρετ.) ή underpants (Αμερ.) on · (χωρίς πανταλόνι) without trousers (Βρετ.) ή pants (Αμερ.) on · (= πάμφτωχος) penniless

ξεβρομίζ|ω ρ μ to clean · ◆ ρ αμ to get clean

ξεγελ|ώ ρ μ to fool
▸**ξεγελιέμαι** μεσ to be taken in

ξεγράφ|ω ρ μ (λέξεις) to cross out · (χρέος) to write off · (παρελθόν) to put behind one · (φίλο) to give up on · (= ξεχνώ) to forget · (άρρωστο) to give up on · (κασέτα) to record over

ξεδιαλύν|ω ρ μ (υπόθεση, μυστήριο) to solve · (όνειρο) to explain

ξεδιάντροπ|ος επίθ (ανεπ.:

άνθρωπος) shameless · (ψέμα, ψεύτης) barefaced

ξεδίν|ω ρ μ (ανεπ.) to let off steam (ανεπ.)

ξεπλώ|μα το (ρούχου, πετσέτας) unfolding · (σημαίας) unfurling · (αρετών, ταλέντων) revealing

ξεδιπλών|ω ρ μ (χαρτί, εφημερίδα) to unfold · (σημαία) to unfurl · (ταλέντο, αρετές) to reveal

ξεδιψώ ρ αμ to quench one's thirst ◆ ρ μ ~ **κπν** to quench sb's thirst

ξεζουμίζ|ω ρ μ (λεμόνι, πορτοκάλι) to squeeze · (βιβλίο) to devour

ξεθαρρεύ|ω ρ αμ (= παίρνω θάρρος) to take heart · (= αποθρασύνομαι) to become impertinent

ξεθεωμέν|ος επίθ (ανεπ.) worn out

ξεθεών|ω ρ μ to wear out
▸ **ξεθεώνομαι** μεσ to wear oneself out

ξεθυμαίν|ω ρ αμ (άρωμα) to evaporate · (αέριο) to leak · (αναγχυκικά, μπίρα) to go flat · (κολόνια) to go off · (καπνός) to settle · (θύελλα) to die down · (αγάπη) to fade · (αντίδραση) to fizzle out · (άνθρωπος) to let off steam (ανεπ.)

ξεθωριάζ|ω ρ μ to fade ◆ ρ αμ (ενδιαφέρον) to wane

ξεθωριασμέν|ος επίθ (χρώμα) dingy · (ύφασμα, ρούχο) faded · (ανάμνηση) dim

ξειδρών|ω ρ αμ to cool off

ξεκαθαρίζ|ω ρ μ to clear up ◆ ρ αμ (ουρανός) to clear · (καιρός) to clear up · (πράγματα, ζήτηση) to become clear · ~ **σε κπν ότι** to make it clear to sb that

ξεκαθάρισμα το (καιρού, υπόθεσης) clearing up · (ουρανού) clearing

ξεκάθαρ|ος επίθ (απάντηση)

clear · (θέση) clear-cut · (λόγια) plain

ξεκαρδίζ|ομαι ρ αμ απ ~ **στα γέλια** to be helpless with laughter

ξεκαρδιστικ|ός επίθ hilarious

ξεκίνη|μα το (παιχνιδιού) start · (καριέρας, επιχείρησης) outset · (ταξιδιού, πορείας) start · (για το σπίτι, τη δουλειά) leaving

ξεκιν|ώ ρ μ (για ταξίδι, δουλειά) to set off · (για σταδιοδρομία) to start out · (όχημα, πλοίο) to pull away · (αεροπλάνο) to start up · (δρόμος, επιχείρηση) to start ◆ ρ μ to start · ~ **να κάνω κτ** to start doing sth ή to do sth

ξεκλειδών|ω ρ μ to unlock

ξεκλείδωτ|ος επίθ unlocked

ξεκολλ|ώ ρ μ (γραμματόσημο, αυτοκόλλητο) to peel off · (χέρια) to take off ◆ ρ μ (σφράγισμα, χερούλι) to come off · (βιβλίο) to come apart · (από τόπο, το διάβασμα) to tear oneself away (από from) · (= φεύγω) to go

ξεκουμπών|ω ρ μ (παντελόνι, μπλούζα) to unbutton · (κουμπί) to undo
▸ **ξεκουμπώνομαι** μεσ (παντελόνι, πουκάμισο) to come undone · (άνθρωπος) to undo one's buttons

ξεκουράζ|ω ρ μ (σώμα, μάτια) to rest · (μυαλό) to relax · ~ **κπν** (σωματικά) to give sb a rest · (πνευματικά) to relax sb
▸ **ξεκουράζομαι** μεσ (σωματικά) to rest · (πνευματικά) to relax

ξεκούρασ|η η (σωματική) rest · (ψυχική) relaxation · **πέντε λεπτά** ~ five-minute break

ξεκούραστ|ος επίθ (σωματικά) rested · (πνευματικά) relaxed · (μυαλό) refreshed · (δουλειά, ζωή) easy · (κρεβάτι) comfortable · (περιβάλλον) relaxing · (ύπνος) refreshing

ξεκουρδίζω, ξεκουρντίζω ρ μ
(ρολόι) to run down · (κιθάρα,
πιάνο) to put out of tune
▸**ξεκουρδίζομαι** μεσ (όργανο) to be
out of tune · (ρολόι) to stop ·
(= κουράζομαι πολύ) to wear
oneself out

**ξεκούρδιστος, ξεκούρντιστος,
-η, -ο** (ρολόι) run down · (πιάνο,
κιθάρα) out of tune

ξεκρέμαστ|ος επίθ (κουρτίνα,
κάδρο) not hung · (ρούχο) not
hung up · (κουβέντα, ιδέες)
incoherent

ξεκωλών|ω ρ μ (δέντρο, ρίζα) to
uproot · (αργκ.: = κουράζω
υπερβολικά) to do in (ανεπ.)
▸**ξεκωλώνομαι** μεσ (αργκ.) to be
done in (ανεπ.)

ξελιγών|ω ρ μ ~ κπν (= προκαλώ
λιγούρα) to make sb's mouth
water · (= κουράζω πολύ) to wear
sb out
▸**ξελιγώνομαι** μεσ sb's mouth is
watering

ξελογιάζω ρ μ to seduce

ξεμαλλιάζ|ω ρ μ ~ κπν (= βγάζω
τα μαλλιά) to pull sb's hair out ·
(= αναμαλλιάζω) to ruffle sb's hair

ξεμέθυστος επίθ sober

ξεμεθώ ρ αμ to sober up

ξεμέν|ω ρ αμ (= απομένω: για
πρόσ.) to stay behind · (στην
ερημιά) to be stranded · (ποτά,
φαγητό) to be left over · (= μένω
πίσω) to get left behind · ~ από
κτ to run out of sth

ξεμοναχιάζ|ω ρ μ ~ κπν to get sb
on their own

ξεμουδιάζ|ω ρ αμ (άνθρωπος) to
get the circulation going · (μυαλό)
to clear · (αθλητής) to warm up

ξεμπερδεύ|μα το (κλωστής,
κουβαριού) untangling ·
(κατάστασης, προβλήματος) sorting
out

ξεμπερδεύ|ω ρ μ (κουβάρι,
κλωστή) to untangle · (πρόβλημα,
κατάσταση) to sort out · (θέμα) to
resolve ◆ ρ αμ ας ή να —ουμε
let's get it over with

ξεμπλέκ|ω ρ μ (μαλλιά, λάστιχο) to
untangle · (δάχτυλα) to
disentangle · (πρόβλημα,
κατάσταση) to sort out · (θέμα) to
resolve · (φίλο) to help out ·
(επιχείρηση) to get out of
difficulties ◆ ρ αμ — από κπν to
finish with sb

ξεμυαλίζ|ω ρ μ ~ κπν to turn sb's
head
▸**ξεμυαλίζομαι** μεσ to lose one's
head

ξεμυτίζω, ξεμυτώ ρ αμ
(άνθρωπος) to venture out ·
(λουλούδι) to come up · (πλοίο) to
come into view

ξενάγηση η guided tour

ξεναγός ο/η guide

ξεναγ|ώ ρ μ ~ κπν to show sb
around

ξενικ|ός επίθ foreign

ξενιτειά η = ξενιτιά

ξενιτιά η (= ξένα) foreign parts
πληθ. · (= αποδημία) living abroad
ή in a foreign country

ξενοδοχειακός επίθ hotel

ξενοδοχείο το hotel

ξενοδόχ|ος ο/η hotelier

ξενοιάζ|ω ρ αμ (= δεν έχω έννοιες)
to be free from care · (= δεν
ανησυχώ) not to worry

ξένοιαστ|ος επίθ carefree

ξενοίκιαστ|ος επίθ (ανεπ.) empty

ξενομανί|α η (αρν.) love of
everything foreign

ξένος επίθ (ρούχο, σπίτι) strange ·
(περιουσία) somebody else's ·
(χώρα, έθιμο) foreign · (= άσχετος)
unfamiliar (προς with) ·
(= άγνωστος) like a stranger
▸**ξένος** ο, **ξένη** η (= αλλοδαπός)
foreigner · (= φιλοξενούμενος)

visitor • (= άγνωστος) stranger • (= μετανάστης) immigrant

ξεντύν|ω ρ μ to undress
▸ **ξεντύνομαι** μεσ to undress

ξενυχτάδικο το all–night bar

ξενύχτι το late night

ξενυχτ|ώ ρ αμ (= ξαγρυπνώ) to stay up late • (= διασκεδάζω μέχρι πρωίας) to stay up all night ♦ ρ μ to keep awake all night

ξενών|ας ♦ ο (δωματίου) guest room • (κτήριο) guest house
▸ ~ **νεότητας** youth hostel

ξεπαγιάζ|ω ρ αμ to be frozen stiff ♦ ρ μ to freeze

ξεπαγών|ω ρ μ/αμ to defrost

ξεπακετάρ|ω ρ μ to unpack

ξεπερασμέν|ος επίθ old–fashioned

ξεπερν|ώ ρ μ (αντιπάλους, δρομείς) to get ahead of • (όριο, προσδοκία) to go beyond • (εμπόδιο, κρίση) to overcome • (σοκ) to get over
▸ **ξεπερνιέμαι** μεσ to become obsolete

ξεπεφτ|ω ρ μ (αξίες, ήθη) to decline • (θέατρο) to be in decline • (= ταπεινώνομαι) to demean oneself • (ευγενείς, αριστοκρατία) to become impoverished

ξεπλέν|ω ρ μ (ρούχα, μαλλιά) to rinse • (πιάτα, φρούτα) to wash • (χρήμα) to launder
▸ **ξεπλένομαι** μεσ to wash oneself down

ξεπληρών|ω ρ μ (φόρο, χρέος) to pay off • (= ανταποδίδω) to repay • (= εκδικούμαι) to pay back

ξεποδαριάζ|ω ρ μ (ανεπ.) ~ **κπν** to walk sb's legs off
▸ **ξεποδαριάζομαι** μεσ to walk one's legs off

ξεπούλημα το (προϊόντων, εμπορευμάτων) clearance sale • (κληρονομιάς, κειμηλίων) selling off ▸**γενικό** ~ sales πληθ

ξεπουλ|ώ ρ μ (εμπορεύματα, αγαθά) to sell off • (πατρίδα, ιδανικά) to betray

ξεπρήζ|ομαι ρ αμ to be less swollen

ξεπροβάλλ|ω ρ αμ (άνθρωπος, ζώο) to appear • (ήλιος, φεγγάρι) to peep out • (= εμφανίζομαι ξαφνικά) to pop up

ξέρ|α η (= υφαλος ή σκόπελος) reef • (= ξηρασία) drought • (= ξερότοπος) arid land χωρίς πληθ.

ξεραίν|ω ρ μ (επίσης **ξηραίνω**: γη) to dry out ή υμ • (σύκα, λουλούδια) to dry • (= προκαλώ πόνο) to hurt
▸ **ξεραίνομαι** μεσ (στόμα, λαιμός) to be dry • (= κοιμάμαι βαθιά) to be fast asleep • (= εκπλήσσομαι) to be stunned

ξεριζών|ω ρ μ (χορτάρια, φυτά) to pull up • (δόντια, μαλλιά) to pull out • (προκατάληψη, φόβο) to eradicate • (λαό) to uproot

ξερν|ώ ρ μ (ανεπ.) to throw up (ανεπ.) ♦ ρ μ (αίμα, φάρμακο) to bring up • (πτώμα, ναυάγιο) to wash up • (λάβα, φωτιά) to spew • (μυστικό) to spit out

ξερόβηχας ο (βήχας) hacking cough • (ως ένδειξη αμηχανίας) hemming and hawing • (ως προειδοποίηση) clearing one's throat

ξεροβήχ|ω ρ αμ (= έχω ξερόβηχα) to have a hacking cough • (για να προκαλέσω την προσοχή) to clear one's throat • (από αμηχανία) to hem and haw • (από ντροπή) to cough in embarrassment

ξερόβορι το icy north wind

ξερονήσι το desert island

ξερ|ός επίθ (κλίμα, καιρός) dry • (ποτάμι, πηγάδι) dry • (κλαδιά, ξύλα) dry • (γήπεδο) hard • (σύκα, λουλούδια) dried • (τόπος) arid

(βουνό) bare · (νησί) desert ·
(κρότος, ήχος) hollow · (κουβέντα,
απάντηση) terse · (άρνηση) blunt ·
(μισθός) basic · (γνώσεις)
rudimentary
▸ **ξερό** το (κορ.: = κεφάλι) head ·
(ύβρ.: = χέρι) paw (ανεπ.) · (= πόδι)
foot
ξεροσφύρ|ι επίρρ πίνω κτ ~ to
drink sth on an empty stomach
ξεροψήνω ρ μ (κρέας, μπριζόλα)
to roast slowly · (ψωμί) to bake
slowly
ξέρ|ω ρ μ (= γνωρίζω, κατέχω) to
know · (για γλώσσα) to speak ·
~ κολύμπι ή να κολυμπώ to
know how to swim
ξεσηκών|ω ρ μ (διαμαρτυρίες,
θύελλα αντιδράσεων) to raise ·
(θύελλα ενθουσιασμού) to whip
up · (γειτονιά) to rouse · (λαό,
μάζες) to rouse (σχέδιο,
ζωγραφιά) to copy · (με
ημιδιαφανές χαρτί) to trace ·
(τρόπους, ύφος) to pick up ·
(συμπεριφορά) to copy
▸ **ξεσηκώνομαι** μεσ to rise up
ξεσκεπάζ|ω ρ μ (σκεύος) to take
the lid off · (άνθρωπο) to
uncover · (συνωμοσία, σκάνδαλο)
to uncover · (ύποπτο, παρανομία)
to expose
ξεσκέπαστ|ος επίθ uncovered
ξεσκίζ|ω ρ μ (ρούχα) to tear ·
(αφίσα, πορτραίτο) to tear up ·
(καρδιά) to break · (για ζώα) to
tear apart · (πρόσωπο, μάγουλα) to
scratch
▸ **ξεσκίζομαι** ~ομαι στη
δουλειά/στο χορό to work/dance
till one drops
ξεσκονίζ|ω ρ μ (έπιπλα, σπίτι) to
dust · (υπόθεση, βιβλίο) to study
in detail · (για γλώσσα, γνώσεις)
to brush up
ξεσκόνισ|μα το (επίπλων,
δωματίου) dusting · (υπόθεσης,
βιβλίου) close study · (μτφ.: για

γλώσσα, γνώσεις) brushing up
ξέσπασ|μα το (οργής, χαράς)
outburst · (επανάστασης, πολέμου)
outbreak
ξεσπ|ώ ρ αμ (επιδημία, πυρκαγιά)
to break out · (σκάνδαλο) to
break · (καταιγίδα, κακοκαιρία) to
blow up · ~ **σε γέλια** to burst
into laughter · ~ **σε κλάματα** to
burst into tears
ξεστρών|ω ρ μ (κρεβάτι) to strip ·
(καναπέ) to take the cover off ·
(τραπέζι) to take the cloth off ·
(= μαζεύω το τραπέζι) to clear
away
ξεσυνηθίζ|ω ρ μ to become
unaccustomed to
ξεσφίγγ|ω ρ μ to loosen
ξεσχίζω ρ μ = ξεσκίζω
ξετρελαίν|ω ρ μ ~ **κπν**
(= ενθουσιάζω) to be a hit with
sb · (= ξεμυαλίζω) to drive sb to
distraction
▸ **ξετρελαίνομαι** μεσ to be
infatuated
ξετρυπών|ω ρ μ (λαγό, αλεπού) to
flush out · (φωτογραφίες,
χειρόγραφα) to dig out · (τυχαία)
to come across ◆ ρ αμ (ποντίκι,
φίδι) to come out of its hole ·
(= εμφανίζομαι ξαφνικά) to pop
up · **από πού ξετρύπωσες εσύ;**
where did you spring from?
ξετσίπωτ|ος επίθ brazen
ξετυλίγ|ω ρ μ (καλώδιο) to
unwind · (κουβάρι) to unravel ·
(δώρο, πακέτο) to unwrap
▸ **ξετυλίγομαι** μεσ to unfold
ξεφεύγ|ω ρ αμ (= γλιτώνω) to get
away (από from) · (από ενέδρα,
παγίδα) to get out (από of) ·
(= ξεγλιστρώ) to be evasive ·
(ομιλητής, μαθητής) to digress ·
(ηθικά) to stray · (συζήτηση) to
drift · (λάθος, λεπτομέρεια) to slip
through · **μου** ~**ει ένα μυστικό** to
let a secret out · ~ **από τον**

έλεγχο κ**ποιου** to be out of control

ξεφλουδίζ|ω ρ μ/αμ to peel

ξεφλούδισμα το peeling

ξεφορτών|ω ρ μ to unload ◆ ρ αμ to be unloaded

▸**ξεφορτώνομαι** μεσ (βαλίτσες, ψώνια) to put down · (άνθρωπο, άχρηστα αντικείμενα) to get rid of · (κατάσταση) to get out of

ξεφουσκών|ω ρ μ to deflate ◆ ρ αμ (λάστιχο, μπάλα) to go down · (στομάχι) to settle

ξεφούσκωτ|ος επίθ flat

ξέφρεν|ος επίθ (γλέντι, ενθουσιασμός) wild · (ρυθμός) frenzied · (κούρσα, αγώνας) frantic

ξεφτέρι το whizz (ανεπ.)

ξεφτίζ|ω ρ μ to fray the edges of ◆ ρ αμ (χαλί, παντελόνι) to be frayed · (τοίχος, πόρτα) to be the worse for wear

ξεφτίλα η humiliation

ξεφτισμέν|ος επίθ (ύφασμα, ρούχο) threadbare · (τοίχος, παράθυρο) dilapidated

ξεφτώ ρ = **ξεφτίζω**

ξεφυλλίζ|ω ρ μ (φυτό, άνθος) to pull the petals off · (περιοδικό, βιβλίο) to flick through

ξεφωνητό το scream

ξεφωνίζ|ω ρ αμ to scream ◆ ρ μ (ανεπ.) to jeer at · **~ από πόνο/ φόβο** to scream in pain/fear

ξέφωτο το clearing

ξεχασμέν|ος, -η, -ο forgotten

ξεχειλίζ|ω ρ μ (δοχείο, νερό) to overflow · (σχολεία, φυλακές) to be overflowing · (χαρά) to bubble over · (θυμός) to erupt ◆ ρ μ to fill to the brim

ξεχειλών|ω ρ μ to pull out of shape ◆ ρ αμ to lose its shape

ξεχν|ώ ρ μ to forget ◆ ρ αμ to forget · **~ να κάνω κτ** to forget to do sth

▸**ξεχνιέμαι** μεσ (= αφαιρούμαι) to

forget oneself · (= ξεχνάω ό, τι με απασχολεί) to forget about everything

ξεχρεών|ω ρ μ (τράπεζα, σπίτι) to pay off · (δανειστή) to settle up with ◆ ρ αμ to be out of debt

ξεχωρίζ|ω ρ μ (= διαχωρίζω) to separate (από from) · (= διαλέγω) to pick out · (= διαφοροποιώ) to set apart · (= διαχρίνω) to tell · (= κάνω διακρίσεις) to differentiate · (= αντιλαμβάνομαι) to make out ◆ ρ αμ (= φαίνομαι) to be visible · (= διακρίνομαι) to stand out

ξεχωριστά επίρρ separately

ξεχωριστ|ός επίθ (κρεβάτια, δωμάτια) separate · (ομορφιά, ικανότητα) exceptional · (επιστήμονας) distinguished · (προσωπικότητα) unique · (γεύση, άρωμα) unique

ξεψυχ|ώ ρ αμ to die ◆ ρ μ to torment

ξηλών|ω ρ μ (ρούχο) to unstitch · (ραφές) to unpick · (ξύλα) to rip out · (πάτωμα) to pull up · (πλάκες) to take down · (αέρας: στέγες) to tear off · (ανεπ.: υπάλληλο, εργαζόμενο) to sack

▸**ξηλώνομαι** μεσ (φούστα, παντελόνι) to come apart at the seams · (= πληρώνω) to spend a lot

ξημεροβραδιάζ|ομαι ρ αμ απ to spend all day and night

ξημέρωμα το daybreak

ξημερών|ω ρ αμ to stay up till dawn

▸**ξημερώνει** απρόσ it's dawn · **ξημέρωσε** it's dawn

▸**ξημερώνομαι** μεσ (ειρ.) to be late · (= μένω άγρυπνος ως την αυγή) to stay up all night

ξηρά η land · **από ή δια ή μέσω ~ς** by land · **βγαίνω στην ~** to land

ξηραίνω ϱ μ to dry (out)

ξηρασία η drought

ξηρός, -ή ή -ά, -ό (δέρμα, κλαδί) dry • (έδαφος, κοιλάδα) arid • (σύκο, δαμάσκηνο) dried ▷ **-ά τροφή** dried foods ▷ **-οί καρποί** (= σύκα) dried fruits • (= φιστίκια) nuts ▷ **-ό κλίμα** dry climate ▷ **-οίνος** dry wine ▷ **-ές σταφίδες** currants

Ξι το xi, 14th letter of the Greek alphabet

ξιδάτος επίθ pickled (in vinegar)

ξίδι το vinegar
▷ **ξίδια** πλ (αργκ.) rotgut εν. (χυδ.)

ξινίζω ϱ αμ (κρασί) to turn sour • (γάλα) to go η turn sour • (φαγητό) to sour ♦ ϱ μ to sour

ξινό το citric acid
▷ **ξινά** πλ citrus fruits

ξινόγαλα, ξινόγαλο το sour ή curdled milk

ξινόμηλο το crab apple

ξινός επίθ sour

ξιφασκία η fencing

ξιφίας ο swordfish

ξίφος το (γενικότ.) sword • (ξιφασκίας) foil

ξοδεύω ϱ μ (χρήματα) to spend • (καύσιμα, υλικά) to use • (χρόνο, ζωή) to spend • (δυνάμεις, ενέργεια) to use • (προσπάθεια, κόπο) to put in
▷ **ξοδεύομαι** to spend money

ξόδι το ξίδι

ξυλεία η timber, lumber (Αμερ.)

ξύλινος επίθ wooden

ξύλο το (γενικότ.) wood • (= χτυπήματα) beating • **χτύπα ~!** touch wood! (Βρετ.), knock on wood! (Αμερ.)
▷ **ξύλα** πλ (fire)wood εν.

ξυλοκόπος ο woodcutter (Βρετ.), lumberjack (κυρ. Αμερ.)

ξυλουργός ο carpenter

ξύνω ϱ μ (μύτη, πλάτη) to scratch • (σκουριά, μπογιά) to scrape off •

(ξύλο, έπιπλο) to sand (down) • (καρότα, κολοκύθια) to scrape • (τυρί) to grate • (ψάρια) to scale • (μολύβι) to sharpen • (για σφαίρα) to graze • (για όχημα, κλαδί) to scrape
▷ **ξύνομαι** μεσ (κνησμ.) to scratch (oneself) • (ανεπ.: = τεμπελιάζω) to loaf around (ανεπ.)

ξύπνημα το awakening • **πρωινό ~** getting up early

ξυπνητήρι το alarm clock

ξύπνιος, -α, -ο (= ξυπνητός) awake • (= έξυπνος) smart • (ευφ.) clever

ξυπνώ ϱ μ (= αφυπνίζω) to wake up • (ενδιαφέρον) to arouse • (επιθυμία, αναμνήσεις) to stir • (παρελθόν) to bring back ♦ ϱ αμ (= αφυπνίζομαι) to wake up • (= βλέπω την πραγματικότητα) to open one's eyes • (πόλη, φύση) to come alive • (νεύρα, κορμί) to wake up • (αισθήσεις) to be awakened • **~ κπν από τον ύπνο** to wake sb up

ξυπόλητος επίθ = ξυπόλυτος

ξυπόλυτος επίθ (παιδί, ψαράς) barefoot • περπατάω/γυρίζω ~ to walk/to walk around barefoot

ξυραφάκι το (κατ.: = μηχανική ξυρίσματος) razor • (υποκ.: = λεπίδα) razor blade

ξυράφι το (= ξυριστική μηχανή) razor • (= λεπίδα) razor blade

ξυρίζω ϱ μ to shave ♦ ϱ αμ to be bitter
▷ **ξυρίζομαι** μεσ to shave

ξύρισμα το (= πράξη) shaving • (= αποτέλεσμα) shave

ξυριστικός επίθ **-ή λεπίδα** razor blade ▷ **-ή μηχανή** (= ξυραφάκι) razor • (ηλεκτρική) shaver
▷ **ξυριστικά** τα shaving kit εν.

ξύσιμο το (πλάτης, μύτης) scratching • (σκουριάς, μπογιάς)

scraping off · (ξύλου, επίπλου)
sanding down · (ψαριού) scaling ·
(τυριού) grating · (καρότου)
scraping · (μολυβιού) sharpening ·
(σε όχημα) scrape · (σε πλοίο)
scrape · (από σφαίρα) graze · (από
κλαδί) scratch

ξυστό *το* scratch card
ξύστρα|α *η* (μολυβιού) pencil
sharpener · (εργαλείο) rasp

O o

Ο, ο omicron, *15th letter of the
Greek alphabet*

ΛΕΞΗ-ΚΛΕΙΔΙ

ο, η, το *άρθρο ορίστ* (α) (ορίζει
ουσιαστικά) the
(β) (ουσ.: για έμφαση) the
(γ) (ορίζει ομοειδή) the
(δ) (με κύρια ονόματα) the
(ε) (για ιδιότητα) the
(στ) (για επιμερισμό) a
(ζ) (για χρόνο) on
(η) +αριθ. the
(θ) (με επίθετα, αντωνυμίες) the
(ι) (με συγκριτικό βαθμό,
επιρρήματα) the
(ια) (πριν από προτάσεις) the
(ιβ) (σε περιγραφή)

ΛΕΞΗ-ΚΛΕΙΔΙ

ό, τι *αντων* (α) (= αυτό που)
whatever
(β) (για σύγκριση) than
(γ) ό, τι κι αν ή και να whatever ·
**ό, τι καλύτερο/ομορφότερο/
εξυπνότερο** the best/the most
beautiful/the cleverest · **ό, τι
(που)** just about to
◆ (= όποιος: ανοησία, αδιαθεσία)
whatever · (απορίες) any

όαση|η *η* oasis

ογδοηκοστ|ός *αριθ τακτ*
eightieth
ογδόντα *αριθ απόλ* eighty
όγδοος *αριθ τακτ* eighth
▸ **όγδοη** *η* (= ημέρα μήνα) eighth ·
(ΜΟΥΣ) octave
▸ **όγδοος** *ο* (= όροφος) eighth
floor · (= Αύγουστος) August
όγκ|ος *ο* (σώματος) volume ·
(= μέγεθος) size · (χάστρου,
εργασίας) bulk · (συναλλαγών,
αιτήσεων) volume · (επιστολών)
pile · (απουδαστών, διαθλώσεως)
mass · (ΙΑΤΡ) tumour (Βρετ.),
tumor (Αμερ.). ▷ **κακοήθης/
καλοήθης** = malignant/benign
tumour (Βρετ.) ή tumor (Αμερ.)
ογκώδης *επίθ* (έπιπλο, βιβλίο)
bulky · (τοίχοι) massive ·
(συγκέντρωση) mass · (μάζα) vast ·
(μτφ.: άντρας) heavy
οδήγηση|η *η* driving ▸ **άδεια ~ς**
driving licence (Βρετ.), driver's
license (Αμερ.)
οδηγί|α *η* (διευθυντή,
προϊσταμένου) instructions πληθ. ·
(γονέων) advice χωρίς πληθ. ·
(ιατρού) order · (διαηγόρου) brief
▷ **~ες χρήσης** ή **χρήσεως**
(φαρμάκου, προϊόντων) directions
for use · (μηχανήματος)
instructions · (ρούχου) washing
instructions
οδηγ|ός *ο* (φορτηγού, λεωφορείου)
driver · (= ξεναγός) guide · (βιβλίο)
guide · (τουριστικός) guide(book) ·
(ΠΛΗΡΟΦ) drive · (= μέλος
οδηγισμού) Guide (Βρετ.), Girl
Scout (Αμερ.) ▷ **χρυσός ~** Yellow
Pages ®
οδηγ|ώ *ρ μ* (αυτοκίνητο, φορτηγό)
to drive · (τουρίστες, παιδί) to
guide · (= κατευθύνω) to lead ·
(= καταλήγω) to lead (σε to) ·
▸ **μεθυσμένος** to drink and drive
οδικ|ός *επίθ* (κυκλοφορία,
ατύχημα) road · (συμπεριφορά) on
the road ▷ **~ό δίκτυο** road

οδοιπορία ⊳ **~ χάρτης** (χώρας, περιοχής) road map · (πόλης) street map

οδοιπορί|α η trek

οδοντιατρεί|ο το dentist's surgery

οδοντιατρικ|ή η dentistry

οδοντίατρ|ος o dentist

οδοντόβουρτσ|α η toothbrush

οδοντογιατρ|ός o = **οδοντίατρος**

οδοντογλυφίδ|α η toothpick

οδοντόκρεμα, οδοντόπαστα η toothpaste

οδοντοστοιχί|α η (set of) teeth ⊳ **τεχνητή ~** dentures πληθ.

οδ|ός η (επίσ.) road · (σε πόλη) street · (= τρόπος επικοινωνίας) route · (μτφ.: = μέσο) way ⊳ **εθνική ~** major road

οδυνηρ|ός επίθ (εγχείρηση, μνήμες) painful · (μτφ.: συνέπειες) devastating · (έκπληξη) unpleasant · (ήττα) crushing

Οδύσσεια η (= ομηρικό έπος) Odyssey · (μτφ.) odyssey

όζ|ον το ozone ⊳ **τρύπα του ~τος** hole in the ozone layer

οθόνη η screen

οίδημ|α το swelling ⊳ **πνευμονικό ~** pneumonia

οικειοθελώς επίρρ voluntarily

οικεί|ος, -α, -ο (περιβάλλον, φωνή) familiar · (κακά, συμφορές) personal · (ανθάδεια, αναίδεια) brazen · (οργανισμό, αρχή) appropriate
 ▸ **οικείοι** οι (= συγγενείς) family εν. · (= άτομα στενού περιβάλλοντος) close friends

οικειότητ|α η intimacy · **έχω ~ με κπν** to be on intimate terms with sb
 ▸ **οικειότητες** πλ liberties

οίκημ|α το house

οικί|α η (επίσ.) home

οικιακ|ός επίθ (σκεύος, συσκευές) domestic · (είδη, σκουπίδια)

household ⊳ **~/~ή βοηθός** domestic help
 ▸ **οικιακά** τα (επίσ.) housework εν.

οικογένει|α η (γενικότ.: BIOΛ) family · (= τζάκι) good family

οικογενειακ|ός επίθ family
 ▸ **οικογενειακά** τα family business εν. ή matters

οικογενειακώς, οικογενειακά επίρρ as a family

οικογενειάρχ|ης o (= αρχηγός οικογενείας) head of the family · (= που έχει οικογένεια) family man

οικοδέσποιν|α η hostess

οικοδεσπότης o host

οικοδομ|ή η building · (= κτήριο που κτίζεται) building ή construction site

οικοδόμημ|α το (= κτίσμα) building · (μτφ.) structure

οικοδόμ|ος o builder

οικολογικ|ός επίθ ecological · (σπουδές) ecology · (προϊόν, συσκευασία) environment–friendly

οικονομί|α η economy · (= οικονομικά) economics εν. ή πληθ. · (δυνάμεων, χρημάτων) saving · **κάνω ~** to save money
 ▸ **οικονομίες** πλ savings

οικονομικ|ά¹ τα (κράτους, χώρας) finances · (επιστήμη) economics εν.

οικονομικά² επίρρ cheaply

οικονομικ|ός επίθ (θεωρία, πολιτική) economic · (διευθυντής, οργανισμό) financial · (εταιρεία) finance · (σπουδές) in economics · (έλεγχος, κατάσταση) financial · (για πρόσ.) economical · (αυτοκίνητο) economical · (ζωή, φαγητό) frugal · (διασκέδαση) cheap · (εστιατόριο, διαμέρισμα) inexpensive ⊳ **~ή συσκευασία** economy pack
 ▸ **οικονομικό** το (= κόστος) cost ·

(= αμοιβή) wages πληθ.

οικονόμος ο/η (= φειδωλός) thrifty person · (σπιτιού) housekeeper · (ιδρύματος) bursar

οικονομώ ρ μ (= αποταμιεύω) to save · (= προμηθεύομαι) to get

οικόπεδο το (building) plot

οίκος ο (επίσ.: = σπίτι) house · (για βασιλικές δυναστείες) house ▷ ~ μόδας fashion house ▷εκδοτικός ~ publishing house

οικοτροφείο το (= ίδρυμα για διαμονή) boarding house · (= σχολείο) boarding school

οικουμένη η world

οικουμενικ|ός επίθ (προβλήματα) worldwide · (αρμονία) world · (αξία, συνείδηση) universal

οίκτος ο (= συμπόνια) pity · (= περιφρόνηση) scorn

οινόπνευμα το (ΧΗΜ) alcohol · (για απολύμανση) surgical spirit (Βρετ.), rubbing alcohol (Αμερ.) · (= αλκοόλ) alcohol

οινοπνευματώδ|ης επίθ alcoholic ▸ **οινοπνευματώδες** το alcoholic drink

οίν|ος ο (επίσ.) ▷μηλίτης ~ cider

οιοσδήποτε, οιαδήποτε, οιοδήποτε (επίσ.) αντων = **οποιοσδήποτε**

οισοφάγος ο oesophagus (Βρετ.), esophagus (Αμερ.)

οιων|ός ο omen

οκταήμερ|ος επίθ eight–day ▸ **οκταήμερο** το eight–day period

οκτακόσια αριθ απόλ eight hundred

οκτακόσιοι, -ες, -α αριθ απόλ πλ eight hundred

οκτάωρ|ο το eight–hour day

οκτάωρ|ος επίθ eight–hour

οκτώ αριθ απόλ eight · **στις** ~ at eight (o'clock)

Οκτώβρης ο = **Οκτώβριος**

Οκτώβρι|ος ο October

ολέθρι|ος, -α, -ο (αποτελέσματα, συνέπειες) devastating · (τακτική, σφάλμα) disastrous · (νοοτροπία, επιρροή) pernicious · (τύψεις) bitter

όλεθρ|ος ο devastation

ολημερίς, ολημέρα επίρρ (= κατά τη διάρκεια της ημέρας) all day long · (= κάθε μέρα) every day

ολιγάριθμ|ος επίθ small

ολιγόλεπτ|ος επίθ brief

ολιγόλογ|ος επίθ (= αμνησία, δαπάνη) reticent · (απάντηση, ανακοίνωση) brief

ολικ|ός επίθ (αμνησία, δαπάνη) total · (καταστροφή) complete · (ύψος, βάρος) full · (ανακαίνιση) complete

ολισθαίνω ρ αμ (επίσ.: όχημα) to skid · (άσφαλτος, δρόμος) to be slippery · (= κυλώ) to slide · (μτφ.) to lapse

ολισθηρ|ός επίθ (δρόμος, δάπεδο) slippery · (= επικίνδυνος) dangerous

Ολλανδέζ|α η = **Ολλανδή**

ολλανδέζικ|ος επίθ = **ολλανδικός**

Ολλανδέζ|ος ο = **Ολλανδός**

Ολλανδή η Dutch woman

Ολλανδία η Holland

ολλανδικ|ός επίθ Dutch ▸ **Ολλανδικά, Ολλανδέζικα** τα Dutch

Ολλανδ|ός ο Dutchman · **οι** ~**οί** the Dutch

όλο επίρρ always · ~ **και καλύτερα** better and better · ~ **και πιο συχνά** increasingly · **τα πόδια του ήταν** ~ **γρατζουνιές** his feet were covered in scratches

ολόγυμν|ος επίθ (κοπέλα, παιδί) stark naked · (σώμα) completely naked · (χέρι, πόδι) bare

ολοήμερ|ος επίθ full–day

ολοίδι|ος, -α, -ο identical (με το)

ολοίσια επίρρ straight

ολοκαίνουργι|ος, -ια, -ιο

ολοκαίνουργος
brand-new

ολοκαίνουργ|ος επίθ =
ολοκαίνουργος

ολοκαύτω|μα το (= αυτός που
καίγεται τελείως) burnt ashes
πληθ. · (= απόλυτη θυσία)
sacrifice · (Καλαβρύτων, Εβραίων)
holocaust

ολόκληρ|ος επίθ whole · **-ο το**
βιβλίο the whole book ▷ **-ο**
εισιτήριο full-price ticket
▶ **ολόκληρο** το (ΜΟΥΣ) semibreve
(Βρετ.), whole note (Αμερ.)

ολοκληρωμένος, -η, -ο (έργο,
σχέδιο) finished · (άνθρωπος)
fully formed · (εικόνα) complete ·
(μτφ.: προσωπικότητα, άτομο)
rounded · (επιστήμονας)
fully fledged

ολοκληρών|ω ρ μ (έργο,
διαδικασία) to complete · (κατ.:
τελείωνα: φράση) to finish ·
(ομιλία) to wind up · (πίνακα) to
put the finishing touches to ◆ **ρ
αμ** to wind up

ολοκλήρωση η completion

ολόλευκ|ος επίθ (δέρμα, σεντόνι)
snow white · (ρούχο) all white

ολομόναχ|ος επίθ (άτομο) all
alone · (δέντρο, ζώο) all by itself

ολονυχτίς επίρρ all night long

ΛΕΞΗ-ΚΛΕΙΔΙ

όλος επίθ **(α)** (= ολόκληρος) all ·
όλος +ονα. the whole · **όλοι μαζί**
all together · **όλος-όλος, όλος κι
όλος** in all

(β) (= γεμάτος) **ήταν όλος χαρά**
he was full of joy · **ήταν όλη
λάσπες** she was covered in mud ·
είμαι όλος αφτιά/χαμόγελα to be
all ears/all smiles

▶ **όλα** τα everything · **καλά όλα
αυτά, αλλά ...** that's all fine and
dandy, but ... · **με τα όλα μου**
100% · **όλα κι όλα!** that's the
limit!

ολοστρόγγυλ|ος επίθ (πρόσωπο,
κύκλος) perfectly round ·
(φεγγάρι) full · (μτφ.: = παχουλός)
rotund

ολόσωμ|ος επίθ full-length

ολότελα επίρρ completely

ολόχρυσ|ος επίθ solid gold ·
(φόρεμα) gold · (μτφ.: μαλλιά)
golden

Ολυμπία η Olympia

Ολυμπιάδα η Olympiad

ολυμπιακ|ός επίθ (= σχετικός με
την Ολυμπία) of ή from Olympia ·
(στάδιο, χωριό) Olympic · **-ή ιδέα**
Olympic idea ▷ **-ή φλόγα**
Olympic flame ▷ **Ολυμπιακοί
Αγώνες** Olympic games
▶ **Ολυμπιακή** Olympic Airways

ολυμπιονίκης ο Olympic
medallist (Βρετ.) ή medalist
(Αμερ.)

Όλυμπος ο Mount Olympus

ομάδα η (ατόμων, μαθητών)
group · (προσκόπων) troop ·
(ασκήσεων, προβλημάτων) set ·
(έρευνας, επιστημόνων) team ·
(δράσης) group · (ΑΘΛ) team
▷ **- αίματος** blood group
▷ **- διάσωσης** rescue party

ομαδικ|ός επίθ (αγωνία) team ·
(προσπάθεια) joint · (εργασία,
άθλημα) team · (έξοδος,
αυτοκτονία) mass · (έκθεση)
collective · (πυρά) grouped ·
(επίθεση) concerted · (αντίδραση)
common

ομαλ|ός επίθ (δρόμος) smooth ·
(επιφάνεια) even · (μτφ.: ρυθμός,
αναπνοή) regular · (λειτουργία,
πορεία) normal · (σχέση) steady ·
(περίοδος) routine

ομελέτα η omelette (Βρετ.),
omelet (Αμερ.)

Όμηρος ο Homer

όμηρος ο/η hostage

όμικρον το omicron, fifteenth
letter of the Greek alphabet

ομιλητ|ής *ο* (= αυτός που μιλά)
speaker · (διάλεξης) lecturer

ομιλητικός επίθ talkative

ομιλήτρια *η* βλ. **ομιλητής**

ομιλ|ία *η* (συγγραφέα) talk ·
(πρωθυπουργού, προέδρου)
speech · (καθηγητή) lecture ·
(= συνομιλία) conversation

όμιλος *ο* (= παρέα) group ·
(= σύλλογος) club · (μουσικός,
θεατρικός) society · **αθλητικός
~** sports club · **θεατρικός
~** dramatic society

ομιλ|ώ *ρ αμ* (επίσ.) to speak ♦ *ρ μ*
to speak · βλ. κ. **λαλώ**

ομίχλη *η* (κατακνιά) mist · (πυκνή)
fog · (μτφ.: = ασαφής κατάσταση)
obscurity ▷**σήμα ~ς** foghorn
▷**φώτα ~ς** fog lights

ομογένεια *η* (= ομοεθνία)
common ancestry · (Αμερικής,
Αυστραλίας) expatriate
community

ομογενής επίθ (= ομοεθνής) of
the same nationality · (μείγμα,
κοινωνία) homogenous
▶ **ομογενής** *ο/η* expatriate Greek

ομοιάζω *ρ αμ* = **μοιάζω**

ομοιογένεια *η* homogeneity

ομοιοκαταληξ|ία *η* rhyme

ομοιόμορφος επίθ (= ομοεθνής:
στολές, κτήρια) identical · (σύνολο)
uniform · (κατανομή) equal ·
(κίνηση) smooth

όμοι|ος, -α, -ο (= ίδιος:
δίδυμοι) identical · (= ισάξιος)
equal · είναι **~οι μεταξύ τους**
they're similar

ομοίως επίρρ (= με όμοιο ή
ανάλογο τρόπο) similarly ·
(= παρομοίως) too

ομολογ|ία *η* (= προφορική
παραδοχή) admission · (= γραπτή
παραδοχή) confession · (ΟΙΚ) bond

ομολογ|ώ *ρ μ* (= πράξη) to admit
to · (αλήθεια, ενοχή) to admit ·
(έγκλημα) to confess (to) ·

(= παραδέχομαι) to admit ♦ *ρ αμ*
to own up

ομόνοια *η* harmony

όμορφ|α επίρρ (= ωραία: μιλώ,
γράφω) nicely · (χτλώ) well ·
(επιπλωμένο) nicely · (= φρόνιμα:
κάθομαι) quietly ·
(συμπεριφέρομαι) well

ομορφαίνω *ρ μ* to make more
beautiful ♦ *ρ αμ* (κορίτσι) to
become *ή* grow more handsome ·
(γυναίκα) to become *ή* grow more
beautiful

ομορφιά *η* beauty

όμορφ|ος επίθ beautiful · (κορίτσι,
νέος) pretty · (νέος) handsome · (εποχή,
χρόνια) wonderful

ομοσπονδιακ|ός επίθ (κυβέρνηση,
στρατός) federal · (προπονητής,
τεχνικός) national

ομοφυλοφιλία *η* homosexuality

ομοφυλόφιλ|ος επίθ homosexual

ομόφωνα επίρρ unanimously

ομόφων|ος επίθ unanimous

ομοφώνως επίρρ = **ομόφωνα**

ομπρέλ|α *η* (= αλεξιβρόχιο)
umbrella · (= αλεξήλιο) parasol

ομφαλ|ός *ο* navel

όμως *σύνδ* but

ον *το* being ▷**ανθρώπινο
~** human being

ονειρεμέν|ος επίθ (ζωή, τοπίο)
fairy-tale · (πλούτη)
undreamed-of · (διακοπές, μέρες)
fantastic

ονειρεύ|ομαι *ρ μ απ* (= βλέπω σε
όνειρο) to dream of *ή* about ·
(= δημιουργώ με τη φαντασία) to
dream up ♦ *ρ αμ* (= βλέπω
όνειρο) to dream · (μτφ.) to
daydream · **~ να κάνω κτ** to
dream of doing sth

όνειρ|ο *το* dream · **βλέπω ~** to
have a dream · **~α γλυκά!** sweet
dreams!

ονειροπόλ|ος, -α *ή* **-ος, -ο** (ύφος,
έκφραση) dreamy · (άνθρωπος,

κορίται) in a world of one's own
▸ **ονειροπόλος** *ο*, **ονειροπόλα** *η* dreamer

ον-λάιν online · **είμαι** ~ to be online

όνο|μα *το* name ▸**μεγάλο** ~ surname ▸**μικρό** ~ first name ▸**πατρικό** ~ maiden name

ονομάζω *ϱ μ* (= *δίνω όνομα*) to call · (= *κατονομάζω*) to mention by name · (*συνενόχους*) to name · (*διάδοχο*) to name
▸ **ονομάζομαι** *μεσ* to be called · **πως ~εστε;** what is your name?

ονομασί|α *η* (= *όνομα*) name · (= *απόδοση ονόματος*) naming · (= *απόδοση τίτλου ή διορισμός σε αξίωμα*) nomination

ονομαστικός *επίθ* (*επίσημος*) nominal · (*κατάλογος*) of names ▸**-ή αξία** face value ▸**-ή εορτή** name day

ονομαστ|ός *επίθ* (*γενικότ.*) famous · (*γιατρός, επιστήμονας*) reputable

ονοματεπώνυμο *το* full name

οξεία *η* acute accent

οξιά *η* beech (tree)

οξύ *το* acid

οξυγόν|ο *το* (ΧΗΜ) oxygen · (= *καθαρός αέρας*) fresh air ▸**μάσκα ~** oxygen mask

οξυζενέ *το* hydrogen peroxide

οξ|ύς, -εία, -ύ (*μυτερός*) pointed · (ΓΕΩΜ: *γωνία*) acute · (*μτφ.: διένεξη, λογομαχία*) heated · (*ανταγωνισμός, συναγωνισμός*) keen · (*κριτική, απάντηση*) sharp · (*πρόβλημα, πόνος*) acute · (*πυρετός*) high · (*αντίληψη*) keen · (*βλέμμα, όραση*) keen · (*ήχος, φωνή*) strident

οπαδ|ός *ο/η* (*κόμματος*) follower · (*ιδέας*) adherent · (*ομάδας*) supporter · (*αργ.*) fanatic ▸**φανατικός ~** fan

όπερ|α *η* (= *μελόδραμα*) opera ·

(*θέατρο*) opera (house)

οπή *η* (*επίσ.*) aperture

όπισθεν *επίρρ* (*επίσ.*) behind · **όπισθεν** *η* reverse · **βάζω (την) ~** to go into reverse · **κάνω ~** to reverse

οπίσθι|ος, -α, -ο (*επίσ.*: = *πισινός*) rear

▸ **οπίσθια** *τα* (= *νώτα*) back *εν.* · (= *πισινά*) behind *εν.*

οπισθοχώρηση *η* (ΣΤΡ) retreat · (*μτφ.*) step backwards

οπισθοχωρ|ώ *ϱ αμ* (= *βαδίζω προς τα πίσω*) to move back · (*με φόβη*) to recoil · (ΣΤΡ) to retreat · (*μτφ.*) to back down

οπλή *η* hoof

όπλο *το* (*γενικότ.*) weapon · (*πυροβόλο*) gun · (*κυνηγετικό*) rifle · (*μτφ.*) weapon

οπλοφορία *η* possession of a firearm

οποί|ος, -α, -ο *αντων* (*με άρθρο: για πρόσ.*) who · (*για ζώο, πράγμα*) which · (*χωρίς άρθρο*) what a

όποι|ος, -α, -ο *αντων* (*για πρόσ.*: = *αυτός που*) whoever · (*με άρθρο*) whatever · **~ κι αν** (*για πρόσ.*) whoever · (*για πράγματα*) whichever · (*για άρθρο: για πράγμα*) whichever · **πάρε ~ θες!** take whichever one you want!

οποιοσδήποτε, οποιαδήποτε, οποιοδήποτε *αντων* (*για πρόσ.*) whoever · (*για ζώα, πράγματα*) whichever · (*με άρθρο: για πρόσ.*) anyone · (*για ζώα, πράγματα*) any

οπότε *σύνδ* and then

όποτε *σύνδ* (= *όταν*) when · (= *κάθε φορά που*) whenever

όπου *επίρρ* (*για τόπο*) where · (*για χρόνο*) when · (*για κατάσταση ή περίπτωση*) that · **~ κι αν** wherever · **~ να 'ναι** any time now

οπουδήποτε *επίρρ* anywhere · **~ κι αν** wherever

οπτασία *η* apparition

οπτικός επίθ (νεύρο) optic · (σήμα, έλεγχος) visual · **κατάστημα ~ών** optician's ▷ **~ή απάτη** optical illusion ▷ **~ή γωνία** (μτφ.) point of view ▷ **~ό πεδίο** field of vision
▸ **οπτικά** τα optician's εν.
▸ **οπτικός** ο/η optician

οπωρικά τα fruit

οπωροπωλείο το greengrocer's

όπως¹ επίρρ ▸ (με ονομαστικό, αντωνυμία) like · **η τουαλέτα είναι ~ μπαίνεις δεξιά** the toilets are on your right as you go in · **~ θες** as you want

όπως² σύνδ (= ενώ) as · (επίσ.: = να) to

οπωσδήποτε επίρρ (= με κάθε μέσο) come what may · (= ούτως ή άλλως) in any event ή case · (= βέβαια) certainly

όραμα η vision

όραση η (eye)sight

ορατός, -ή, -ό (αντικείμενο) visible · (μτφ.: κίνδυνος, απειλή) obvious

ορατότητα η visibility

οργανισμός ο (ΒΙΟΛ) organism · (= κράση) constitution · (υπηρεσία) organization ▷ **διεθνής ~** international organization
▷ **Ελληνικός Οργανισμός Τουρισμού** Greek tourist board
▷ **κρατικός ~** government body
▷ **Οργανισμός Ηνωμένων Εθνών** United Nations Organization
▷ **Οργανισμός Σιδηροδρόμων Ελλάδος** Greek national railway company ▷ **Οργανισμός Τηλεπικοινωνιών Ελλάδος** Greek national phone company

όργανο το (ΑΝΑΤ) organ · (= εργαλείο) instrument · (ΓΥΜ) equipment χωρίς πληθ. · (μτφ.: = μέσο) instrument · (ΔΗΜ) tool · (ενόργ.) (male) organ · (ΜΟΥΣ) instrument · (εκκλησιαστικό) organ

οργανωμένος επίθ (γενικότ.) organized · (σε οργάνωση) signed-up

οργανώνω ρ μ (γενικότ.) to organize · (επιχείρηση, κράτος) to set up · (επανάσταση) to stage · (συνωμοσία) to hatch
▸ **οργανώνομαι** μεσ (= εντάσσομαι σε οργάνωση) to become a signed-up member (σε of) · (= βάζω πρόγραμμα) to get organized

οργάνωση η (γενικότ.) organization · (έκθεσης, λόγου) structure ▷ **συνδικαλιστική ~** trade union ▷ **φιλανθρωπική ~** charity

οργασμός ο (ΙΑΤΡ) orgasm · (μτφ.) climax

οργή η rage · **να πάρει η ~!** blast it! (ανεπ.)

όργιο το (= ακολασία) orgy · (μτφ.: νοθείας) spate · (συναλλαγών, ψημών) flurry
▸ **όργια** πλ orgies

οργισμένος επίθ irate

ορειβασία η mountaineering · **κάνω ~** to go mountaineering ή climbing

ορειβάτης ο mountaineer

ορειβάτισσα η = ορειβάτης

ορεινός επίθ (περιοχή, χώρα) mountainous · (χωριό, κλίμα) mountain
▸ **ορεινά** τα highlands

ορείχαλκος ο bronze

ορεκτικός επίθ appetizing ▷ **-ό ποτό** aperitif
▸ **ορεκτικό** το hors d'oeuvre, starter (Βρετ.), appetizer (Αμερ.)

όρεξη η (= επιθυμία για φαγητό) appetite · (= διάθεση) mood · **καλή ~** enjoy your meal ·
ανοίγω την ~ κποιου (για φαγητό) to give sb an appetite · **μου κόπηκε η ~, χάλασε ~ή μου** I've lost my appetite

ορθάνοιχτος επίθ wide open

όρθιος, -α, -ο (πλάτη) straight · (κορμί) erect · (στάση) upright · (άνθρωπος, ζώο) standing · (στήλη, κολόνα) upright · **κοιμάμαι ~** (= νυστάζω πολύ) to be asleep on one's feet · (μτφ.) to be not all there · **στέκομαι ~** to stand (up)

ορθογραφία η (λέξης) correct spelling · (μάθημα) spelling lesson · (σύστημα) spelling

ορθογώνιος, -α, -ο rectangular
▷ **~ παραλληλόγραμμο** rectangle
▷ **~ο τρίγωνο** right-angled triangle

ορθόδοξος επίθ (ΘΡΗΣΚ) Orthodox · (πρακτική, μέθοδος) orthodox ▷ **Ορθόδοξη Εκκλησία** Orthodox Church
▸ **ορθόδοξος** ο, **ορθόδοξη** η person of the Orthodox faith

ορθολογικός επίθ rational

ορθοπεδικός, ορθοπαιδικός επίθ orthopaedic (Βρετ.), orthopedic (Αμερ.)
▸ **ορθοπεδικός, ορθοπαιδικός** ο/η orthopaedist (Βρετ.), orthopedist (Αμερ.)

ορθός επίθ (άνθρωπος) standing (up) · (λόγος, απόφαση) right · (κρίση, γνώμη) sound ▷ **~ή γωνία** right angle

ορθοστασία η standing

ορθώνω ρ μ (τείχη, μνημείο) to put up · (κορμί, πλάτη) to hold straight
▸ **ορθώνομαι** μεσ to rise

οριακός επίθ (αύξηση, σημείο) marginal · (πλειοψηφία) narrow · (μτφ.: κατάσταση) critical

ορίζοντας ο horizon ▷ **σημεία του ~** points of the compass

οριζόντιος, -α, -ο horizontal

ορίζω ρ μ (ημερομηνία γάμου) to set · (τόπο συνάντησης) to decide on · (σύνορα) to define · (κτήμα) to border · (εκπρόσωπο, μέλη) to

appoint · (τιμές, δουλειά) to set · (= επιλέγω) to select · (ποινή) to stipulate · **καλώς όρισες/ορίσατε!** welcome!

ορίστε επιφών **~!** (όταν δίνουμε κάτι) here you are! · (απάντηση σε κάλεσμα) yes (please)! · **~;** (για απορία, έκπληξη) (I beg your) pardon? · **~, (παρακαλώ)** (σε τηλεφωνική συνδιάλεξη) hello

όριο το (αγρού, ιδιοκτησίας) boundary · (δήμου) edge · (χώρας) border · (εξουσίας, υπομονής) limit
▷ **~ αντοχής** breaking point
▷ **~ ταχύτητας** speed limit

ορισμένος επίθ (= καθορισμένος: τιμή, ώρα) set · (συγκεκριμένος) certain
▸ **ορισμένοι, -ες, -α** πλ some

ορισμός ο (λέξης) definition · (σε σταυρόλεξο) clue · (τιμής, χρονολογίας) setting

οριστική η indicative

οριστικός επίθ (απόφαση, λύση) final · (διακοπή) definitive · (απάντηση) definite · (αντωνυμία, άρθρο) definite

όρκος ο vow

ορμή η (ανέμου, κυμάτων) force · (ΦΥΣ) momentum · (ΨΥΧΟΛ) urge
▸ **ορμές** πλ sexual desire εν.

ορμητικός επίθ (άνεμος) violent · (νερά) surging · (επίθεση) all–out · (χαρακτήρας) impetuous

ορμόνη η hormone

όρμος ο bay

ορμώ ρ αμ (= κινούμαι προς τα εμπρός) to rush forward · (πλήθος) to surge forward · (= επιτίθεμαι) to rush (πάνω at)
▸ **ορμώμαι** μεσ to be driven (από by)

όρνιο το (= γύπας) vulture · (υβρ.) dolt

ορολογία η terminology

οροπέδιο το plateau

ορός ο (ΒΙΟΛ) pus · (ΙΑΤΡ) serum

όρος
▷ ~ **της αλήθειας** lie detector

όρ|ος² ο (= προϋπόθεση)
condition · (= επιστημονική λέξη)
term · **εφ' ~ου ζωής** for life ·
μέσος ~ average
▶ **όροι** πλ (δανείου, συνθήκης)
terms · (διαβίωσης, εργασίας)
conditions · **άνευ ~ων**
(παραδίδομαι) unconditionally ·
(παράδοση) unconditional

όρ|ος² το (επίσ.) mountain · (σε
ονομασία) Mount ▷**Άγιον Όρος**
Mount Athos

οροφή η (δωματίου) ceiling ·
(σπιτιού, σχήματος) roof

όροφος ο (σπιτιού, πολυκατοικίας)
floor · (τούρτας) tier

ορτύκι το quail

ορυκτό το mineral

ορυκτός επίθ mineral ▷ **-ό**
καύσιμο fossil fuel ▷ **- πλούτος**
mineral wealth

ορυχείο το mine

ορφανός επίθ orphaned
▶ **ορφανό** το orphan

ορφανοτροφείο το orphanage

ορχήστρα η orchestra ▷ **~ τζαζ**
jazz band

όρχις ο testicle

Ο.Σ.Ε. συντομ = **Οργανισμός**
Σιδηροδρόμων Ελλάδος

Όσλο το Oslo

οσμή η smell

οσμίζομαι ρ μ απ (κυριολ.) to
smell · (ναρκωτικές ουσίες) to sniff
out · (μτφ.: κακοτοπιές) to sniff
out

όσο επίρρ (= στον βαθμό που: πίνω,
τρώω) as much as · (μένω) as long
as · (προσπαθώ) as hard as ·
(= μέχρι) until · (για προθεσμία) by
the time · (κατά τον χρόνο που)
during · **~ για** as · **~ κι αν**
και να no matter how much ·
~ να 'ναι (καταφατική απάντηση)
in any case · **~ν αφορά σε** as far
as... is concerned · **πουλώ κτ**

~~ to sell sth for next to
nothing

όσ|ος αντων (με μη αριθμητό
ουσιαστικό) as much as · (με
αριθμητό ουσιαστικό) as many as ·
(= καθένας) anybody · **~ και να ή**
κι αν (με μη αριθμητό ουσιαστικό)
however much · (με αριθμητό
ουσιαστικό) however many
▶ **όσα** τα all

οσοσδήποτε, οσηδήποτε,
οσοδήποτε αντων (με μη
αριθμητό ουσιαστικό) as much ·
(με ουσιαστικό στον πληθυντικό) as
many · **~ κι αν** (με μη αριθμητό
ουσιαστικό) no matter how
much · (με ουσιαστικό στον
πληθυντικό) no matter how
many · **μένω οσοδήποτε θέλω** to
stay as long as one wants ·
παίρνω οσοδήποτε θέλω to take
as many as one wants · **τρώω**
οσοδήποτε θέλω to eat as much as
one wants

όσπρια τα pulses

οστ|ό, οστούν το (επίσ.) bone

όστρακο το (χελώνας, κάβουρα)
shell · (αρχ) potsherd

όσφρηση η sense of smell

Οτάβα η = **Οττάβα**

όταν σύνδ (γενικότ.) when · (= ενώ)
while

Ο.Τ.Ε. συντομ = **Οργανισμός**
Τηλεπικοινωνιών Ελλάδος

ότι σύνδ that

οτιδήποτε αντων anything · **~ κι**
αν whatever

οτοστόπ το hitchhiking · **κάνω**
~ to hitchhike

Οττάβα η Ottawa

Ουαλή η Welsh woman

Ουαλία η a Wales εν.

ουαλικός επίθ Welsh
▶ **Ουαλικά** τα Welsh

Ουαλός ο Welshman · **οι ~οί** the
Welsh

Ουάσιγκτον η Washington

Ουγγαρέζα η βλ. **Ούγγρος**

ουγγαρέζικ|ος επίθ = **ουγγρικός**

Ουγγαρέζος ο = **Ούγγρος**

Ουγγαρία η Hungary

ουγγρικ|ός επίθ Hungarian

▶ **Ουγγρικά, Ουγγαρέζικα** τα Hungarian

Ούγγρ|ος ο Hungarian

ουγκιά η ounce

ουδέποτε επίρρ (επίσ.) never

ουδέτερ|ος επίθ neutral ▷∼ο **γένος** neuter ▷∼ **έδαφος** neutral territory ▷**-η ζώνη** no-man's-land

▶ **ουδέτερο** το neuter noun

ουδετερότητα η neutrality

ουζάδικο το bar that serves ouzo and appetizers

ουζερί το βλ. **ουζάδικο**

ούζο το ouzo

ουζομεζές ο appetizer served with ouzo

ουίσκι το whisky (Βρετ.), whiskey (Αμερ.)

ουλή η scar

ούλο το gum

ουρά η (ζώου) tail · (= κόκκυγας) coccyx · (ανθρώπων) queue (Βρετ.), line (Αμερ.) · (αυτοκινήτων) line, tailback (Βρετ.) · (αεροπλάνου, χαρταετού) tail · (πορείας, διαδήλωσης) tail end · (φορέματος) train · (μαλλιών) ponytail · (γράμματος) tail · **μπαίνω στην** ∼ to get in the queue (Βρετ.) ή in line (Αμερ.) · **στέκομαι στην** ∼ to stand in the queue (Βρετ.) ή in line (Αμερ.)

ούρα τα urine εν.

ουράνιο το uranium

ουρανίσκος ο palate

ουρανοξύστης ο skyscraper

ουραν|ός ο (= γαλάζιος θόλος) sky · (αυτοκινήτου) roof · (κρεβατιού, θρόνου) canopy

▶ **Ουρανός** ο Uranus

ουρητήριο το urinal · **δημόσια**

∼**α** public urinal

ουρλιάζ|ω ρ αμ to howl · (από φρίκη) to scream

ουρλιαχτό το (ζώου) howl · (ανθρώπου) scream

ουρώ ρ αμ to urinate

ουσία η (= υλικό σώμα) substance · (= πραγματική υπόσταση) essence · (θέματος, ζητήματος) heart · (προβλήματος) heart · (= σπουδαιότητα: λόγου, κειμένου) gist · (πραγμάτων, ζωής) meaning ▷**τοξική** ∼ toxic substance

ουσιαστικός επίθ (ανάγκες, διαφορά) essential · (σκοπός) main · (λόγος) significant · (διάλογος) meaningful

▶ **ουσιαστικό** το noun

ουσιώδης επίθ essential

ούτε σύνδ **ούτε · εγώ** nor do I · ∼ **(καν)** not even · ∼... ∼... neither... nor...

ουτοπία η utopia

οφειλή η (= χρέος) debt · (αποζημίωσης, τόκων) sum due · (= υποχρέωση) obligation

▶ **οφείλομαι** μεσ to be due to

οφείλω ρ μ to owe

όφελος το (= γενικότ.) gain · (κέρδος) profit

οφθαλμίατρ|ος ο/η eye specialist

οφθαλμ|ός ο (επίσ.) eye

οφσάιντ το offside

οχ επιφών (για πόνο) ow! · (για έκπληξη, στενοχώρια) oh!

όχημα το vehicle ▷**δίκυκλο** ∼ motorbike ▷**πυροσβεστικό** ∼ fire engine ▷**ρυμουλκό** ∼ tow truck ▷**φορτηγό** ∼ lorry (Βρετ.), truck (Αμερ.) ▷∼ **δημόσιας χρήσεως** public transport χωρίς πληθ. ▷∼ **ιδιωτικής χρήσεως** private vehicle

όχθη η (ποταμού) bank · (λίμνης) shore · **περνώ στην απέναντι** ∼ to go over to the other side

όχι επίρρ no · **και** ∼ **μόνο** and not

only · ~ μόνο..., αλλά... not only..., but... · ~ ότι ή πως not that

▸ **όχι** το no

οχιά η adder

όχλ|ος ο (αρν.: = ανεξέλεγκτα ήθος) mob · (πολ: = μάζα) populace · (= συρφετός) rabble

οχταήμερος επίθ = **οκταήμερος**

οχτακόσια αριθ απόλ = **οκτακόσια**

οχτακόσι|α, -ες, -α αριθ απόλ πλ = **οκτακόσιοι**

οχτάωρ|ος επίθ = **οκτάωρος**

οχτώ αριθ απόλ = **οκτώ**

οχυρό το fortress

όψ|η η (ανθρώπου, σπιτιού) appearance · (μτφ: ζωής) aspect · (νφάιασατα) top side · (= έκφραση) look · (μτφ: = άποψη: πραγμάτων) aspect · **είχε σοβαρή ~** she looked serious · **εκ πρώτης ~εως** at first sight

Π π

Π, π pi, *16th letter of the Greek alphabet*

παγάκ|ι το ice cube

παγίδα η trap · **πέφτω ή πιάνομαι στην ~** to walk ή fall into a trap · **στήνω ~ σε** κπν to set sb up

παγιδεύ|ω ρ μ (ζώο, άνθρωπο) to trap · (τηλέφωνο) to tap · (αυτοκίνητο) to booby-trap

▸ **παγιδεύομαι** μεσ to be trapped

παγκάκ|ι το bench

πάγκ|ος ο (για εμπορεύματα) bookstall · (για εργαλεία) tool bench · (κουζίνας) bench · (καταστήματος) counter · (= πρόχειρο κάθισμα) bench · (ΑΘΛ) bench

παγκοσμιοποίηση η globalization

παγκόσμι|ος, -α, -ο (πόλεμος, ρεκόρ) world · (αναγνώριση, ακτινοβολία) universal

▸ **Παγκόσμιος Ιστός** (ΠΛΗΡΟΦ) World Wide Web

παγόβουν|ο το iceberg · **η κορυφή του ~υ** the tip of the iceberg

παγοδρομία η ice-skating

παγοδρόμιο το skating rink

παγόν|ι το = **παγώνι**

παγοπέδιλο το to skate

πάγ|ος ο (= παγωμένο νερό) ice · (μτφ: για θάλασσα, χέρια) ice-cold · (= παγωνιά) frost · (**ένα ποτό) με ~ο** (a drink) with ice · **σπάω τον ~ο** (μτφ.) to break the ice

παγούρ|ι το flask

παγωμέν|ος επίθ (αέρας, λίμνη) frozen · (φωνή, βλέμμα) cold · (χέρια, πόδια) freezing

παγώνι το peacock

παγωνιά η frost · **κάνει ~** it's freezing

παγών|ω ρ μ to freeze ◆ ρ αμ to freeze · **πάγωσα από τον φόβο μου** I froze with fear

παγωτ|ό το ice cream ▸ **ξυλάκι** ice lolly (Βρετ.), popsicle ® (Αμερ.) ▸ **~ χωνάκι** ice cream cone

παζαρεύ|ω ρ μ to bargain ◆ ρ αμ to bargain

παζάρ|ι το bazaar · (= παζάρεμα) bargaining

παθαίν|ω ρ μ to suffer · **είδα κι έπαθα να...** I had a struggle to... · **την έπαθα!** I am in a fix!

πάθη|μα η suffering

πάθηση η disease

παθιάζομαι ρ αμ to become passionate · **~ με κτ** to be passionate about sth

παθιασμέν|ος επίθ passionate · **είμαι ~ με κτ** to be passionately fond of sth

πάθ|ος το (έρωτα) passion ·

(χαρτοπαιξίας) obsession · **έχω ~ με η για κτ** to be hooked on sth

▸ **πάθη** πλ hardships

παθούσα |α η βλ. **παθών**

παθ|ών ο victim

παιγνίδ|ι το = **παιχνίδι**

παιγνιόχαρτ|ο το playing card

παιδάκ|ι το little child

παίδαρ|ος (ανεπ.) hunk

παιδεί|α η (εκπαίδευση) education · (= μόρφωση) culture

παιδεραστ|ής η paedophile (Βρετ.), pedophile (Αμερ.)

παιδεραστί|α η paedophilia (Βρετ.), pedophilia (Αμερ.)

παιδεράστρι|α η βλ. **παιδεραστής**

παιδεύ|ω ρ μ to give a hard time

▸ **παιδεύομαι** μεσ **~ομαι να κάνω κτ** to have a hard time doing sth

παιδί |το (γενικ.ά) child · (= τέκνο) child · (= νεαρός) lad · (= νεαρή) young girl · (= νεαρός σερβιτόρος ή υπάλληλος) lad · **από ~** since childhood · **κάνω ~** to bear a child · **~ μου/~άκι μου** (οικ.) oh, my child · **~ιά!** (οικ.) guys!

παιδιάστικ|ος επίθ childish

παιδικ|ός επίθ (αφρόσωπα) child · (βιβλίο) children's · (αναμνήσεις, φίλος) childhood ▹ **~ά είδη** children's items ▹ **~ή χαρά** playground

παίζ|ω ρ μ/αμ to play ♦ ρ μ (παιχνίδι, όργανο) to play · (χρήματα) to gamble · (εκπομπή, έργο) to show · **δεν είναι παίξε-γέλασε** (= είναι σοβαρό) it's no laughing matter · (= είναι δύσκολο) it's no picnic · **εγώ δεν ~!** I am not kidding! · **~ ρόλο σε κτ** to play a part in sth · **~ το κεφάλι μου/τη ζωή μου** to risk my neck/life · **τα ~ όλα για όλα** to risk everything

παίκτ|ης ο player

παίκτρι|α η βλ. **παίκτης**

παινεύ|ω ρ μ to praise

παίρν|ω ρ μ **(α)** (= πιάνω) to take **(β)** (= μετακινώ: έπιπλο) to move · (μαλλιά, φούστα) to rustle **(γ)** (= παρασύρω) to carry off **(δ)** (= παραλαμβάνω: γράμμα, δέμα) to get **(ε)** (= μεταφέρω από κάπου) to pick up **(στ)** (= δέχομαι: δώρο, μισθό) to get **(ζ)** (= αμείβομαι) to get **(η)** (= αγοράζω: σπίτι, αυτοκίνητο) to buy · (= νοικιάζω) to get **(θ)** (= χρησιμοποιώ: λεωφορείο, τρένο) to take **(ι)** (= τηλεφωνώ) to call **(ια)** (= κλέβω) to take **(ιβ)** (= χωρώ: αίθουσα, χώρος) to hold · (αυτοκίνητο) to seat **(ιγ)** (= προσλαμβάνω: υπάλληλο, γραμματέα) to hire **(ιδ)** (= κάνω λήψη) to capture **(ιε)** (= αποκτώ: χρώμα) to get **(ιστ)** (= παντρεύομαι) to marry **(ιζ)** (= κληρονομώ: μάτια, μαλλιά) to inherit **(ιη)** (= λαμβάνω: φαγητό, φάρμακο) to take **(ιθ)** (= πετυχαίνω) to hit **(κ)** (= κυριεύω: πόλη, κάστρο) to capture

παιχνίδ|ι το (= διασκεδαστική δραστηριότητα) playing · (= αντικείμενο για διασκέδαση) toy · (= αγώνας) game

παίχτης ο = **παίκτης**

παίχτρι|α η βλ. **παίκτης**

πακετάρισ|μα το packing

πακετάρ|ω ρ μ to wrap up

πακέτο το packet

Πακιστάν το Pakistan

Πακιστανή η βλ. **Πακιστανός**

πακιστανικ|ός επίθ Pakistani

Πακιστανός ο Pakistani

πάκ|ο το (= δέμα) packet ·

(= στοίβα) bundle

παλαβ|ός *(ανεπ.)* επίθ crazy · **είμαι ~ για ή με κπν** to be nuts about sb *(ανεπ.)*

παλαβών|ω *(ανεπ.)* ϱ μ to drive mad ♦ ϱ αμ to go mad

παλαιοπωλεί|ο το antique shop

παλαιοπώλ|ης ο secondhand dealer

παλαι|ός, -ή ή -ά, -ό old ▷**η Παλαιά Διαθήκη** the Old Testament

▶ **παλαιοί** οι ancestors · βλ. κ. **παλιός**

παλαιστής ο wrestler

παλαίστρ|α η wrestling ring ή arena

παλαίστρι|α η βλ. **παλαιστής**

παλαιών|ω ϱ αμ to age ♦ ϱ μ to age

παλαμάκι|α τα clapping · **χτυπώ ~** to clap one's hands

παλαμάρι το mooring line

παλάμ|η η (χεριού) palm · (= μονάδα μέτρησης) hand

παλάτι το palace

παλεύ|ω ϱ αμ (ΑΘΛ) to wrestle · (= αγωνίζομαι) to battle

πάλη η (ΑΘΛ) wrestling · (= συμπλοκή) struggle

πάλι επίρϱ (= ξανά) again · (= πίσω) back · (= από την άλλη μεριά) on the other hand

παλιά επίρϱ in the old days · **από ~** from the past

παλιάτσος ο clown

παλικάρι το young man · (= γενναίος) brave man

παλιόπαιδ|ο το (υβρ.) brat · (χαϊδ.) naughty boy

παλιοπράγματα τα junk

παλι|ός, -ιά, -ιό (έθιμο, κρασί) old · (ήθη, ιδέες) old-fashioned · (έπιπλο, ρούχα) worn out · (τεχνίτης, μάστορας) experienced

παλιοσίδερ|α τα scraps

παλιόφιλ|ος ο old friend

παλίρροι|α η tide

παλιών|ω ϱ αμ (ρούχα, παπούτσια) to become old · (κρασί) to age ♦ ϱ μ to age

παλμ|ός ο (καρδιάς) pulse · (εποχής, κοινωνίας) mood

παλούκι το (= πάσσαλος) pole · (οικ.) stinker

παλτ|ό το topcoat

παμπ η pub (Βρετ.), bar (Αμερ.)

παμπάλαι|ος, -η ή -α, -ο old-fashioned

πάμπλουτ|ος επίθ fabulously ή immensely rich

πάμπολλ|οι, -ες, -α numerous

παμπόνηρ|ος επίθ cunning

παν το everything · βλ. κ. **πας** · **κάνω το ~ ή τα πάντα** to do all ή everything possible · **το ~ είναι ...** the main thing ...

πάν|α η nappy (Βρετ.), diaper (Αμερ.)

Παναγί|α, Παναγιά η ~ ή Παναγιά **μου!** oh dear!

πανάκριβ|ος επίθ very expensive

πανάρχαι|ος, -α ή -η, -ο ancient

πανδαιμόνι|ο το pandemonium

πανδοχεί|ο το inn

πανέμορφ|ος επίθ exquisite

πανέξυπν|ος επίθ ingenious

πανεπιστημιακ|ός επίθ university

▶ **πανεπιστημιακός** ο academic

πανεπιστήμι|ο το (= ανώτατο εκπαιδευτικό ίδρυμα) university · (= εγκαταστάσεις του ιδρύματος) campus

πανεύκολ|ος επίθ very easy

πανευρωπαϊκ|ός επίθ pan-European

πανηγύρι το feast

▶ **πανηγύρια** πλ celebrations

πανηγυρίζ|ω ϱ αμ to celebrate ♦ ϱ μ to celebrate

πανηγυρισμ|ός ο celebration

πάνθε|ο(ν) το pantheon

πάνθηρ|ας ο panther

πανί| *το* (= κομμάτι υφάσματος) cloth・ (= ιστιούιου) sail

πανικοβάλλ|ω *ο μ* to panic・ **~ομαι με κτ** to be panic-stricken about sth

πανικ|ός *ο* panic・ **με πιάνει ή κυριεύει ~** to be ή get into a panic

πάνινος *επίθ* fabric

πανίσχυρ|ος *επίθ* mighty

πανοπλί|α *η* suit of armour (Βρετ.) ή armor (Αμερ.)

πανόραμα *το* panorama

πανοραμικ|ός *επίθ* panoramic

πανούργ|ος, -α, -ο crafty

πανσέληνο|ς *η* full moon

πάντα *επίρρ* always・ **για ~** forever・ **μια για ~** once and for all

πανταλόν|ι *το* = **παντελόνι**

παντελόν|ι *το* trousers *πληθ.*, (a pair of) trousers ή pants (Αμερ.)

παντζάρ|ι *το* flush (of anger)

παντζούρ|ι *η* folding shutters *πληθ.*

παντοπωλεί|ο *το* grocery

παντοπώλης *ο* grocer

πάντοτε *επίρρ* always

παντού *επίρρ* everywhere

παντόφλ|α, παντούφλα *η* slipper

παντρεμέν|ος *επίθ* married
▸ **παντρεμένος** *ο* married man
▸ **παντρεμένη** *η* married woman

παντρεύ|ω *μ* (γιο, κόρη) to marry・ (*μτφ.*: = ταιριάζω) to match
▸ **παντρεύομαι** *μεσ* to marry

πάντως *επίρρ* (= σε κάθε περίπτωση) anyway・ (= όμως) but

πανύψηλ|ος *επίθ* very tall ή high

πάνω *επίρρ* (πετάγομαι, σηκώνομαι) up・ (στο δωμάτιο) upstairs・ (στο τραπέζι, στο χαρτάκι) on・ (από το τζάκι, τα βιβλία) over・ (= περισσότερο) above・ **~ από** over・ **~ σε** (για χρόνο) while・ (λεωφορείο, τρένο) on・ (για αύξηση τιμών) up・

από ~ (= επιπλέον) as well・ **από ~ ως κάτω** from head to toe・ **από τη μέση και ~** from the waist up・ **ο ~ όροφος** the upper floor・ **απ' όλα** above all・ **~-κάτω** (για κίνηση) up and down・ (περίπου) more or less・ **~ που...** just as...・ **~ στην ώρα** just in time!・ **πίνω λίγο παρά ~** to have one too many・ **πιο ~** (= παραπάνω) above・ **προς τα ~** upwards・ **σήκω ~!** get up!・ (= ξύπνα) wake up!

πανωλεθρί|α *η* debacle

πανωφόρ|ι *το* overcoat

παξιμάδ|ι *το* (ΜΑΓΕΙΡ) biscuit (Βρετ.), cookie (Αμερ.)・ (ΜΗΧ) nut

παπαγάλ|ος *ο* parrot

παπάκ|ι *το* (= μικρή πάπια) duckling・ (= παπί) motorbike

παπαρούν|α *η* poppy

πάπ|ας *ο* Pope

παπ|άς *ο* (= ιερέας) priest・ (στην τράπουλα) king

παπ|ί *το* duck・ **γίνομαι ~** to get soaking wet

πάπι|α *η* (ΖΩΟΛ) duck・ (= δοχείο νυκτός για ασθενείς) bedpan・ **κάνω την ~** to keep mum

πάπλωμα| *το* quilt

παπούτσι| *το* shoe

παππ|ούς *ο* (= παππούλης) grandfather・ (= ηλικιωμένος) old man

---

ΛΕΞΗ-ΚΛΕΙΔΙ

παρά, παρ' *πρόθ* (α) (για αντίθεση) despite
(β) (για αφαίρεση) but for
(γ) (για εξαίρεση) except
(δ) (επίσ.) +γεν. (για προέλευση) by
♦ **σύνδ** (α) (σαν δεύτερος όρος σύγκρισης) rather than
(β) (μετά από άρνηση: = μόνο) only

πάρα *επίρρ* **~ πολύς/πολύ** (far) too much

παραβαίνω ϱ μ to break

παραβαίν|ω το (= προπέτασμα) screen · (για εκλογές) voting booth

παράβαση η offence (θρετ.), offense (Αμερ.)

παραβάτης ο offender

παραβάτιδα η βλ. **παραβάτης**

παραβγαίνω ϱ αμ to compete

παραβιάζ|ω ϱ μ (έδαφος, εναέριο χώρο) to violate · (απόφαση, νόμους) to break · (πόρτα) to force · (προσωπική ζωή) to invade

παραβίαση η (συνθήκης, δικαιωμάτων) violation · (διατάξεως) breaking · (πόρτας) forcing open · (προσωπικής ζωής) invasion

παραβλέπ|ω ϱ μ (ακουσίως) to overlook · (εκουσίως) to ignore

παράβλεψη η omission

παραγγελία η (= μήνυμα) message · (στο εμπόριο) order · **παίρνω ~** to take an order

παραγγέλλ|ω ϱ μ to order

παραγγέλνω ϱ μ = **παραγγέλλω**

παραγίν|ομαι ϱ αμ to be over-ripe · **παράγινε το κακό!** things have gone too far this time!

παράγκα η shack

παράγοντ|ας ο factor

Παραγουά|η η Paraguay

παράγραφος η paragraph

παράγ|ω ϱ μ to produce

παραγωγή η (προϊόντων, ταινίας) production · (ηλεκτρικής ενέργειας) generation

παραγωγικός επίθ productive

παραγωγικότητα η productivity

παραγωγός ο/η producer

παράδειγμα το example · **για ~, παραδείγματος χάριν** for example

παράδεισος ο heaven

παραδέχ|ομαι ϱ μ απ to

acknowledge · **το ~** I admit it

παραδίδ|ω ϱ μ (δέμα) to deliver · (υπόπτους) to hand over · (μαθήματα) to give

▸ **παραδίδομαι, παραδίνομαι** μεσ to surrender · **~ομαι σε** to indulge in

παραδίν|ω ϱ μ to spoil · βλ. κ. **παραδίδω**

παράδοξ|ο το paradox

παράδοξ|ος επίθ (ισχυρισμός, άποψη) queer · (σχήμα, κατασκευή) strange

παράδοση η (δέματος) delivery · (κακοποιού, στρατιώτη) surrender · (μαθημάτων) teaching · (= στοιχείο πολιτισμού) tradition ▸ **λαϊκή ~** folklore

▸ **παραδόσεις** πλ traditions

παραδοσιακός επίθ traditional

παραθαλάσσιος, -α, -ο coastal

παραθερίζ|ω ϱ αμ to spend ή pass the summer

παραθεριστής ο holidaymaker (θρετ.), vacationer (Αμερ.)

παράθυρο το window

παραθυρόφυλλο το shutter

παραίσθηση η hallucination

παραίτηση η (υπαλλήλου) resignation · (= έγγραφο) notice of resignation

παραιτ|ούμαι ϱ αμ απ (εργαζόμενος) to resign · (= εγκαταλείπω) to give up

παρακαλ|ώ ϱ μ (= ζητώ) to request · **~!** (απάντηση σε ευχαριστία) you're welcome! · (= ναι) please (do)! · (στο τηλέφωνο) yes (please!) · **σε/σας ~,** ... (ευγενική παράκληση) please, ...

παρακάν|ω ϱ μ to overdo · **το ~** to go too far

παρακάτω επίρρ (για χώρο) further down · (για χρόνο) later on · (= περισσότερο) further ♦ ο **~ following** · **(ας) πάμε ~** let's move on

παρακινώ ρ μ to urge

παράκληση η entreaty

παρακμάζω ρ αμ to decline

παρακμή η decline

παρακολούθηση η (προγράμματος, ταινίας) watching · (εργαστηρίου, μαθημάτων) attendance · (ασθενούς) observation · (αστυνομίας) surveillance

παρακολουθώ ρ μ (εκπομπή, τηλεόραση) to watch · (μαθήματα, διαλέξεις) to attend · (γεγονότα) to keep up with · (κακοποιό, ύποπτον) to have under surveillance · (ομιλητή) to follow · (ασθενή) to have sb under observation ◆ ρ αμ to follow

παρακούω ρ μ to disobey ◆ ρ μ to hear wrong

παραλαβή η consignment

παραλαμβάνω ρ μ (δέματα, πρόσφυγα) to receive · (από αεροδρόμιο, λιμάνι: προσκεκλημένο) to collect

παραλείπ|ω ρ μ (= αποκρύπτω σκοπίμως) to leave out · (= ξεχνώ) to neglect

παράλειψη η omission

παραλήπτης ο recipient

παραλήπτρια η βλ. **παραλήπτης**

παραλί|α η beach

παραλί|α τα coastline

παραλιακ|ός επίθ coastal

παραλίγο επίρρ nearly

παραλλαγ|ή η (μύθου, φράσης) variation · (άσκησης) variant

παράλληλ|ος επίθ parallel
▸ **παράλληλος** ο/η parallel

παράλογ|ος επίθ (απαιτήσεις) absurd · (φόβος, άνθρωπος) irrational

παράλυση η (χεριών, ποδιών) paralysis · (μτφ.: κυκλοφορίας, αντίστασης) disruption

παράλυτ|ος επίθ paralyzed
▸ **παράλυτος** ο, **παράλυτη** η

paralyzed person

παραλύ|ω ρ αμ (πόδι, καρδιά) to be numb · (από φόβο, συγκίνηση) to be paralyzed ◆ ρ μ to paralyze

παραμάνα η (= καρφίτσα ασφαλείας) safety pin · (= τροφός) nurse

παραμέν|ω ρ αμ to remain

παραμερίζω ρ μ (χόρτα, χώματα) to push aside · (διαφορές, αντίλογο) to set aside ◆ ρ αμ to stand η step aside

παραμικρ|ός επίθ the slightest
▸ **παραμικρό** το anything · **με το ~ό** at the slightest thing

παραμονεύ|ω ρ μ ~ **κπν** to lie in wait for sb ◆ ρ αμ to lurk

παραμονή η (γεγονότος, νίκης) the day before · (γιορτής, Πρωτοχρονιάς) on the eve of · (= διαμονή) stay
▸ **παραμονές** πλ+γεν. the eve of

παραμύθ|ι το (= ιστορία) story · (μτφ.) fairy tale · (= ψέμα) tall story

παρανοϊκ|ός επίθ paranoid
▸ **παρανοϊκός** ο, **παρανοϊκή** η paranoid person

παρανομώ επίρρ illegally

παρανομί|α η lawlessness

παράνομ|ος επίθ unlawful
▸ **παράνομος** ο, **παρανόμη** η outlaw

παρανόμως επίρρ = **παράνομα**

παραξενεύ|ω ρ μ to wonder at
◆ ρ μ to become eccentric
▸ **παραξενεύομαι** μεσ to be surprised at

παράξεν|ος επίθ eccentric · (έθιμα, πολιτεία) strange

παραπάνω επίρρ (= πιο πάνω) further up · (= παραπέρα) farther on · (= ανωτέρω) extra · (= ανωτέρω) above · **κάτι ~** slightly more

παραπατώ ρ αμ (= σκοντάφτω) to stumble · (μεθυσμένος) to stagger

παραπέφτω ρ α μ to be mislaid
παραπλανητικ|ός επίθ misleading
παραποίηση η distortion
παραπονεμέν|ος επίθ (λόγια, τραγούδι) plaintive · (για πρόσ.) discontented
παραπον|ιέμαι ρ αμ = παραπονούμαι
παράπον|ο το complaint · **κάνω ~α** to make complaints
παραπον|ούμαι ρ αμ (= εκφράζω παράπονο) to whine · (= διαμαρτύρομαι) to complain
παράπτω|μα το misdemeanour (Βρετ.), misdemeanor (Αμερ.)
παράρτη|μα το (εγγράφου) annexe (Βρετ.), annex (Αμερ.) · (βιβλίου, κανονισμού) appendix · (οργανισμού, βιβλιοθήκης) branch · **έκτακτο ~** (εφημερίδας) special edition ή issue
παράση|μο το medal
παράσιτ|ο το (ΒΙΟΛ) parasite · (για πρόσ.) leech
παρασκευάζ|ω ρ α μ to prepare
Παρασκευ|ή η Friday
παράταση η (= απεικόνιση) representation · (στο θέατρο) performance · **θεατρική ~** play
παραστέκ|ομαι, παραστέκ|ω ρ αμ ~ **σε** κπν to come to sb's aid
παρασύρ|ω ρ μ (= μετακινώ) to lead away · (= πείθω) to inveigle · (πεζό) to run down
παράταξ|η η (= το ένας δίπλα στον άλλο) line · (= πολιτικό κόμμα) party
παράτασ|η η (άδειας, προθεσμίας) extension · (ΔΙΟΙ.) έξτρα extra time · **παίρνω ~** to get an extension of time
παρατάσσ|ω ρ μ (μαθητές) to line up · (πλοία) to array
παρατ|ώ ρ μ (= αφήνω) to drop · (σύντροφο) to dump · (δουλειά) to quit · **τα ~άω** to quit · **παράτα με!**

(οικ.) leave me alone!
παρατείν|ω ρ μ to extend
παρατήρηση η (φύσης, συμπεριφοράς) observation · (= επίκριση) remark · (= σχόλιο, σημείωση) comment
παρατηρ|ώ ρ μ to observe · (= σημειώνω) to comment · (= επικρίνω) to criticize
▸ **παρατηρούμαι** μεσ **~είται ότι** to be noted
παρατσούκλι το (ανεπ.) nickname
παραφέρ|ομαι ρ αμ απ to lose one's temper
παράφορος επίθ passionate
παραχώρηση η grant
παραχωρ|ώ ρ μ (περιουσία) to transfer · (δικαίωμα, προνόμια) to grant
παρέα η group · **~ με** in company with · **κάνω καλή/κακή ~** to be good/bad company · **είμαι με ~** to be in company · **κάνω ~** to be friends with · **κπν** to be friends with sb · **έχω ~** to have friends · **κάνω ~ σε** κπν to keep sb company
παρέλαση η parade
παρελθ|όν το past
παρεμβαίν|ω ρ αμ (= επεμβαίνω) to intervene · (= υπεισέρχομαι) to step in
παρεμβάλλ|ω ρ μ to insert
παρέμβαση η intervention
παρεμβολή η interference
παρεμποδίζ|ω ρ μ to block
παρενέργεια η side effect
παρένθεση η (= παρέκβαση) interposition · (σημείο στίξης) bracket
παρεξήγηση η misunderstanding
παρεξηγ|ώ ρ μ to misinterpret
▸ **παρεξηγούμαι** μεσ to take the wrong way
παρέχ|ω ρ μ (δυνατότητα, δικαίωμα) to give · (αγαθά, απαραίτητα) to provide for

παρηγορι|ά *η* comfort
παρθέν|α *η* virgin
παρθενι|ά *η* virginity
παρθέν|ος, -α, -ο virgin · (ΑΣΤΡΟΝ, ΑΣΤΡΟΛ) Virgo
Παρθενώνας *o* Parthenon
Παρίσι *το* Paris
παριστάνω *ρ μ* (= περιγράφω παραστατικά) to show · (= υποκρίνομαι) to act
παρκάρω *ρ μ* to park
πάρκ|ο *το* park · (για μωρά) playpen
παρμεζάν|α *η* Parmesan (cheese)
παρμπρίζ *το* windscreen (Βρετ.), windshield (Αμερ.)
πάροδος *o* (= δευτερεύων στενός δρόμος) side street · (ηλικίας, χρόνου) lapse · (προθεσμίας, συμφωνίας) expiration
παροιμία *η* proverb
παρομοιάζω *ρ μ* to compare to
παρόμοιος, -α, -ο similar
παρ|όν *το* present · **προς το ~** for the time being · *βλ. κ.* **παρών**
παρουσία *η* presence
παρουσιάζω *ρ μ* (βιβλίο, τραγούδι) to introduce · (εργασία, διατριβή) to submit · (δυσκολίες, ενδιαφέρον) to present · (= συστήνω) to introduce · (εκπομπή) to host · (= πιστοποιητικά, αποδείξεις) to produce
▸ **παρουσιάζομαι** *μεσ* to appear · (ανάγκη, ευκαιρία) to arise · (= εκτίθεμαι) to be presented
παρουσίασ|η *η* (ανθρώπου) introduction · (κατάστασης, συνθηκών) description · (σχεδίου, θεωρίας) presentation · (βιβλίου) presentation · (εκπομπής) hosting · (εγγράφων, στοιχείων) presentation
παρουσιαστής *o* (δελτίου) presenter · (εκπομπής) host
παρουσιάστρια *η* hostess · *βλ. κ.* **παρουσιαστής**

παρτίδ|α *η* (παιχνιδιού) round · (προϊόντων, παραγωγής) lot
παρυφή *η* edge
παρ|ών, -ούσα, -όν present
παρωνύμιο *το* nickname
πας, πάσα, παν αντων (= όλος) the whole · (= κάθε) every · (με άρνηση) anybody
▸ **πάντες** *οι* everybody
πάσα¹ *η* pass
πάσα² αντων (= όλη) the whole · (= κάθε) everybody · (με άρνηση) anybody · **ανά ~ στιγμή** at any moment · **εν ~η περιπτώσει** at any rate · **κατά ~η πιθανότητα** most likely · **~ης φύσεως** of all kinds · **~η θυσία** at all costs
πασάρ|ω (οικ.) *ρ μ* (= ξεφορτώνομαι) to fob off with · (ΑΘΛ) to pass
πασατέμπ|ος *o* roasted gourd-seed
πασίγνωστος, -η, -ο well-known
πάσο *το* (= κάρτα φοιτητού) pass · (= χώρισμα ανάμεσα σε δύο χώρους) hatch · **πάω ~** (σε τυχερά παιχνίδια) to pass
πάσσαλος *o* stake
πάστ|α *η* (γλυκό) pastry · (= ζυμαρικά) pasta
παστέλι *το* sesame cake
παστίτσιο *το* macaroni pie
παστ|ός επίθ salted
Πάσχα *το* (χριστιανική γιορτή) Easter · (εβραϊκή γιορτή) Passover · **καλό ~!** (ευχή) have a nice Easter!
πασχαλιν|ός επίθ Easter
πασχίζω *ρ μ* to strive towards
πάσχ|ω *ρ αμ* (= υποφέρω από ασθένεια) to suffer · (= δοκιμάζομαι) to be tried
πάταγος *o* (= ισχυρός κρότος) bang · (μτφ.) uproar · **κάνω ~ο** to cause *η* create a sensation *η* fuss
παταγώδης επίθ - **αποτυχία** flop
πατάρι *το* attic

πατάτ|α η potato
▶ **πατάτες** πλ chips (Βρετ.), French fries (Αμερ.)

πατατάκι|α τα (potato) crisps (Βρετ.), chips (Αμερ.)

πατατοκεφτ|έδες οι fried potato croquettes

πατέντ|α η patent

πατέρ|ας ο father · **γίνομαι ~** to become a father
▶ **πατέρες** πλ forefathers

πατερίτσ|α η (= δεκανίκι) crutch · (= ράβδος αρχιερέα) crozier

πάτη|μα το (κουμπιού, διακόπτη) press · (= πατημασιά: ανθρώπου) footstep · (ζώου) track

πατημασι|ά η (ανθρώπου) footprint · (ζώου) tracks πληθ.

πατήρ ο father

πατινάζ το skating

πατίν|ι το skateboard
▶ **πατίνια** πλ roller–skates

πάτ|ος ο (πηγαδιού, θάλασσας) bottom · (παπουτσιού) sole · **άσπρο ~ο** bottoms up!

πατούσ|α η (= πέλμα ανθρώπου) sole · (= αποτύπωμα πέλματος) footprint

πατριάρχ|ης ο Patriarch

πατρίδ|α η (γενικότ.) homeland · (= τόπος γέννησης) birthplace · (= χώρα διαμονής) country · (μτφ.: = κοιτίδα) cradle · **ιδιαίτερη ~** birthplace

πατρικ|ός επίθ paternal
▶ **πατρικό** το (= το σπίτι των γονιών) parents' house · (= οικογενειακό όνομα γυναίκας) maiden name

πατρι|ός ο step–father

πάτρι|ος, -α, -ο (επίσ.) ancestral

πατριώτ|ης ο (= συμπατριώτης) compatriot · (= φιλόπατρις) patriot · (ανεκ.: προσφώνηση) mate (Βρετ.), buddy (Αμερ.)

πατριωτικ|ός επίθ patriotic

πατριώτισσα η βλ. **πατριώτης**

πατρότητ|α η paternity

πατρυι|ός ο = **πατριός**

πατρώνυμ|ο το father's name

πατσ|ά η = **πατσάς**

πατσ|άς ο tripe (soup)

πατσατζίδικ|ο το restaurant serving tripe

πατ|ώ ρ αμ (= βάζω το πόδι μου πάνω σε κάτι) to step · (χώρα, νησί) to set foot on · (κουμπί) to push · (σκανδάλη) to pull · (σταφύλια) to tread · (άνθρωπο, πεζό) to run over ♦ ρ αμ (= ακουμπώ τα πόδια μου κάπου) to step · (στη θάλασσα: = πατώνω) to touch bottom · **έχω ~ήσει τα 40/50/60** (για ηλικία) to be on the wrong side of 40/50/60 · **~ πόδι** to put one's foot down · **~ φρένο** to step on the brakes · **το ~άω** to step on it

πάτω|μα το floor · **κάτω/πάνω ~** the floor below/above

πατών|ω ρ αμ (στη θάλασσα) to touch bottom · (σε διαγωνισμό, βαθμολογία) to reach the bottom ♦ ρ μ (σπίτι) to floor · (δοχείο, βαρέλι) to bottom

παύλ|α η dash

παύσ|η η (εργασιών, ερευνών) end · (= διακοπή ομιλίας) pause · **κάνω ~** to pause

παυσίπον|ο το painkiller

παύ|ω ρ μ (= παιχνίδι, εργασία) to stop · (εστία: = πρόεδρο, υπουργό) to relieve of one's duties ♦ ρ αμ to stop

Πάφ|ος η Paphos

παχαίν|ω ρ αμ (= αυξάνεται το βάρος μου) to get fat · (φαγητό, ποτό) to be fattening ♦ ρ μ also to fatten

πάχ|ος το (κλαδιού, χαλιού) thickness · (ανθρώπων, ζώων) plumpness · (= λίπος: κρέατος, κοτόπουλου) fat

παχουλ|ός επίθ (ανθρώπους, ζώο) plump · (δάχτυλα, πόδια) fat

παχύρρευστ|ος επίθ thick

παχ|ύς, -ιά η -εία, -ύ (άνθρωπος,

ζώο) fat · (στόμα, χορτάρι) thick · (κρέας, ψάρι) fat · (σάλτσα, γάλα) thick

παχύσαρκ|ος επίθ obese

πάω ρ μ/αμ βλ. **πηγαίνω**

πεδίλ|ο το (= σαντάλι) sandal · (= βατραχοπέδιλο) flipper · (= παγοπέδιλο) ice skate · (πιάνου) pedal

πεδί|ο το field

πεζοδρόμι|ο το pavement (Βρετ.), sidewalk (Αμερ.)

πεζ|ός επίθ (στρατιώτης, ταχυδρόμος) on foot · (κείμενο, απόσπασμα) prose · (άνθρωπος, ύφος) dull

▸ **πεζός** ο, **πεζή** η pedestrian

πεθαίνω ρ αμ to die ◆ ρ μ (= οδηγώ στον θάνατο) to lead to death · (μτφ.: = βασανίζω) to torture · **~ από** (κυριολ., μτφ.) to die of · **~ για** to die for

πεθερά η mother-in-law

πεθερικά τα in-laws

πεθερ|ός ο father-in-law

πειθαρχία η discipline

πειθαρχ|ώ ρ μ to obey

πείθ|ω ρ μ to convince

πείνα η (ανθρώπου, ζώου) hunger · (= έλλειψη τροφίμων) starvation · **πεθαίνω** ή **ψοφάω της ~ς** ή **στην ~** to starve

πεινασμέν|ος επίθ hungry

πειν|ώ ρ αμ (= αισθάνομαι πείνα) to be hungry · (= τρέφομαι ανεπαρκώς) to be famished

πείρα η experience

πείραγμα το (καλοπροαίρετο, ερωτικό) teasing · (ενοχλητικό) taunt

πειράζ|ω ρ μ (= εκνευρίζω) to vex · (= κάνω αστεία) to tease · (= βλάπτω) to hurt · (ρολόι, τηλεόραση) to mess about with (ανεπ.)

▸ **πειράζει** απρόσ to matter · **δεν ~ει** it doesn't matter

▸ **πειράζομαι** μεσ to be irritated

πείραμ|α το experiment

πειραματίζομαι ρ αμ απ to experiment

πειραματικός επίθ experimental

πειρασμ|ός ο temptation

πειρατεία η piracy

πειρατ|ής ο pirate

πειστήρι|ο το exhibit

πειστικ|ός επίθ convincing

Πεκίν|ο το Beijing

πέλαγ|ος το sea

πελαργ|ός ο stork

πελατεία η (μαγαζιού) custom · (επιχείρησης) clientele · (γιατρού, δικηγόρου) practice

πελάτ|ης ο (καταστήματος) customer · (εστιατορίου) patron · (γιατρού) patient · (δικηγόρου) client

πελεκάν|ος ο pelican

πέλεκ|υς ο (επίσ.: = τσεκούρι) hatchet · (μτφ.) axe (Βρετ.), ax (Αμερ.)

πέλμ|α το (ανθρώπου) sole · (ζώου) paw · (= σόλα) sole · (ΜΗΧ) shoe pad

Πελοπόννησ|ος η Peloponnese

πελτές ο (ντομάτας) tomato paste · (φρούτων) fruit purée

πελώρι|ος, -α, -ο enormous

Πέμπτη η Thursday

πέμπτ|ος αριθ τακτ fifth

▸ **πέμπτος** ο (= όροφος) fifth floor (Βρετ.), sixth floor (Αμερ.) · (= Μάιος) May

▸ **πέμπτη** η (= ημέρα) fifth · (= ταχύτητα) fifth (gear) · (= τάξη δημοτικού) fifth grade

πέν|α¹ η (για γραφή) pen · (ΜΟΥΣ) pick

πέν|α² η penny

πέναλτι το penalty

πενήντα αριθ απόλ fifty

πενηνταριά η καμιά ~ about fifty

πενθήμερ|ο το five-day week

πενθήμερ|ος επίθ five-day

πένθιμ|ος επίθ (ρούχα,) mourning · (τελετή, εμβατήριο) funeral · (ύφος, τόνος) gloomy

πένθ|ος το mourning · (= μαύρη ταινία) mourning armband

πενθ|ώ ρ μ, ρ αμ (= φορώ πένθος) to be dressed in mourning · (= θλίβομαι) to be in mourning

πενικιλίν|η η penicillin

πένσ|α η pliers πληθ.

πένταθλ|ο το pentathlon

πεντακόσια αριθ απόλ five hundred

πεντακόσι|οι, -ες, -α αριθ απόλ πλ five hundred

πεντάλ το pedal

πεντάλεπτ|ο το five-minute period

πεντάλεπτ|ος επίθ five-minute

πεντάμορφ|ος επίθ ravishing

πεντανόστιμ|ος επίθ delicious

πεντάρ|α η a five-lepta nickel coin · **δεν δίνω** ~ I don't give a damn (ανεπ.)

▸ **πεντάρες** πλ fives

πεντάρ|ι το five (διαμέρισμα) apartment with five rooms

πεντάωρ|ος επίθ five-hour

πέντε αριθ απόλ five

πεντηκοστ|ός αριθ τακτ fiftieth

πέ|ος ο penis

πέπλ|ο το veil

πεποίθηση η (= ακλόνητη βεβαιότητα) conviction · (= αυτοπεποίθηση) confidence

▸ **πεποιθήσεις** πλ beliefs

πεπόν|ι το melon

πεπρωμέν|ο το fate

πεπτικ|ός επίθ digestive

πέρα επίρρ (για χρόνο) from now on · (για τόπο) far away · **από δω και** ~ from now on · **α π** (για ώρα) after · (για ποσό) more than · ~**-δώθε** to and fro · **τα βγάζω**

~ **to cope**

πέρασμ|α το (ποταμού, γέφυρας) crossing · (= διάβαση) ford · (χρόνων, καιρού) passage

περασμέν|ος επίθ past

περαστικ|ός επίθ brief

▸ **περαστικός** ο passer-by

πέρδικ|α η partridge

περηφανεύ|ομαι ρ αμ απ = **υπερηφανεύομαι**

περηφάνι|α η = **υπερηφάνεια**

περήφαν|ος επίθ = **υπερήφανος**

περιαυτολογ|ώ ρ αμ to brag

περιβάλλ|ον το environment

περιβάλλ|ω ρ μ (= είμαι γύρω-γύρω) to enclose · (= περιζώνω) to surround · (= δείχνω) to have

περίβλημ|α το casing

περιβολ|ή η (επία.) clothes πληθ.

περιβόλ|ι το (με οπωροφόρα) orchard · (με λουλούδια, λαχανικά) garden

περίγραμμ|α το outline

περιγραφ|ή η account

περιγράφ|ω ρ μ to describe

περιδέραι|ο το necklace

περιεκτικ|ός επίθ succinct

περιέργει|α η curiosity

περίεργ|ος επίθ (= επίμονος να μάθει) inquisitive · (= ιδιόρρυθμος) weird · (= αδιάκριτος) nosey · (= παράδοξος) unusual

περιεχόμεν|ο το (θέματος) content · (μελέτης, κειμένου) subject matter · (= βαθύτερη ουσία) substance

▸ **περιεχόμενα** πλ contents

περιέχ|ω ρ μ to include

περιζήτητ|ος επίθ (much) sought-after

περίθαλψη η care · **ιατρική** ~ medical care

περιθώρι|ο το margin · (κοινωνίας) fringe

περικεφαλαί|α η helmet

περικοπή *η* cut

περικυκλών|ω *ρ μ* to surround

περιληπτικός *επίθ* concise

περίληψη *η* summary

περιμέν|ω *ρ μ* (*φίλο*) to wait for • (= *προσδοκώ*) to expect ♦ *ρ αμ* to wait

περίμετρ|ος *η* (*κήπιου, στρατοπέδου*) perimeter • (ΓΕΩΜ) circumference

περιοδεία *η* tour

περιοδικό *το* magazine

περίοδος *η* period

περιορίζω *ρ μ* = (*περικλείω μέσα σε όρια*) to confine • (*τσιγάρο, ποτό*) to limit • (= *συνετίζω, χαλιναγωγώ*) to check

▸ **περιορίζομαι** *μεσ* to be limited

περιορισμένος *επίθ* limited • (*αντίληψη, μυαλό*) narrow

περιορισμός *ο* (*χρημάτων, εξόδων*) cutting down • (= *συνέτιση*) restriction

περιοριστικός *επίθ* restrictive

περιουσία *η* estate

περιοχή *η* (= *τοπική έκταση*) area • (= *περιφέρεια*) region • (= *χώρος πνευματικής δραστηριότητας*) domain

περιπαικτικός *επίθ* ironic

περίπατ|ος *ο* walk

περιπέτεια *η* (= *περιστατικό γεμάτο κινδύνους*) adventure • (= *συμφορά*) mishap • (= *ερωτικό μπλέξιμο*) fling

περιπετειώδης *επίθ* eventful

περιπλαν|ιέμαι *ρ αμ απ* (*σκέψη, μυαλό*) to wander • (= *χάνω το δρόμο μου*) to roam • (= *χάνω το δρόμο μου*) to wander

περιπλανιέμαι *ρ αμ απ* = **περιπλανιέμαι**

περίπλοκ|ος *επίθ* intricate

περιποιημένος *επίθ* (*δωμάτιο*) neat • (*νήφος*) trim • (*χέρια*) well-groomed • (*για πρόσ.*) prim

περιποίηση *η* attention

περιποιητικός *επίθ* attentive

περιποι|ούμαι *ρ μ απ* (*κήπο, σώμα*) to tend • (= *δείχνω ευχτρτρειακός*) to be attentive towards

περιπολία *η* patrol

περιπολικό *το* police car

περίπολ|ος *η* patrol

περίπου *επίρρ* about

περίπτερ|ο *το* (*γενικότ.*) kiosk • (*έκθεσης έργων τέχνης*) pavilion • (= *αναψυκτήριο*) coffee stall

περίπτωση *η* (= *ενδεχόμενο*) instance • (= *πιθανότητα*) chance

περίσσευμα *το* surplus

περισσότερ|ος *επίθ* more • *βλ. κ.* πολύς

περίστασ|η *η* (= *περίπτωση*) case • (= *ευκαιρία*) occasion

▸ **περιστάσεις** *πλ* circumstances

περιστατικ|ό *το* (= *γεγονός, συμβάν*) event • (*σε νοσοκομείο*) case

περιστέρ|ι *το* dove

περιστρέφ|ω *ρ μ* to turn

▸ **περιστρέφομαι** *μεσ* to revolve

περιστροφή *η* revolution • **χωρίς -ές** straight out

περίστροφο *το* revolver

περισυλλέγ|ω *ρ μ* to collect • (*άστεγο, τραυματία*) to pick up

περισυλλογή *η* (= *περίσκεψη*) contemplation • (*ναυαγού, τραυματία*) picking up • (*χρημάτων, καρπών*) collection

περίτεχν|ος *επίθ* ornate

περιτριγυρίζ|ω *ρ μ* to surround (*αρν.*) to hang around

περιττός *επίθ* (*λόγος, θεσμός*) superfluous • (ΜΑΘ) odd

περιτύλιγμα *το* wrapping

περιφέρεια *η* (= *περιοχή έξω από το κέντρο*) region • (*γης, δέντρου*) circumference • (ΓΕΩΜ) circumference • (*ανεπ.*: = *ογκώδεις γλουτοί*) backside

περιφερειακός *επίθ* regional

περίφημος επίθ (μάχη, δίκη) celebrated · (πολιτικός, δάσκαλος) eminent

περιφρόνηση η (= προσβλητική αδιαφορία) contempt · (= υπεροψία) disdain

περιφρονητικός επίθ scornful

περιφρονώ ρ μ (= αγνοώ) to be disdainful about · (= θεωρώ ανάξιο προσοχής) to sniff at

περίχωρα τα outskirts

πέρκα η perch

πέρλα η pearl

περμανάντ η permanent wave

περνώ ρ μ (= διαπερνώ) to pierce · (βελόνα) to thread · (= διασχίζω: δρόμο, ποτάμι) to cross · (= οδηγώ δια μέσου) to go through · (= βάφω) to give another coat of paint · (= ξεπερνώ σε ηλικία) to be older than · (= καταγράφω) to put down · (χαιρό, μέρα) to spend · (= υφίσταμαι) to live through ♦ ρ αμ (= παύω: θυμός, πόνος) to blow over · (= διέρχομαι) to pass η blow through · (= επισκέπτομαι) to drop by · (καιρός, εποχή) to pass · **μου πέρασε από το νου/μυαλό** it occurred in the mind · **μου πέρασε η ιδέα** an idea occurred in the mind

Περού το Peru

περούκα η wig

περπατώ ρ μ (= βαδίζω) to walk · (= κάνω περίπατο) to stroll

Πέρσι επίρρ = **πέρυσι**

Περσία η (στην αρχαιότητα) Persia · (= Ιράν) Iran

Περσικός, ο the (Persian) Gulf

περσινός επίθ last year's

πέρυσι επίρρ last year

πέσιμο το fall

πεσμένος επίθ lying down, sluggish

πέστροφα η trout

πέταγμα το (πουλιού, αεροπλάνου) flight · (δίσκου, ακοντίου) throw

πετάλι το pedal

πέταλο το (αλόγου) horseshoe · (λουλουδιού) petal

πεταλούδα η butterfly

πεταχτός επίθ (φιλί) fleeting · (για πρόθ.: = ζωηρός) breezy · (χαρούμενος, εύθυμος: ρυθμός) lively · (αφτιά, μάτια) bulging · **στα -ά** hastily

πετώ ρ αμ to fly ♦ ρ μ (πέτρα, βέλος) to throw · (ιδέα) to let drop · (άχρηστο ή παλιό αντικείμενο) to throw away · (= δίνω περιφρόνηση) to toss · (λεφτά) to waste · (χλαδιά, φύλλα) to give off · **-άω έξω** to throw out

πετεινός ο rooster

πέτο το lapel

πέτρα το (γενικότ.) stone · (μτφ.: = καθετί σκληρό) rock · (δαχτυλιδιού) gem · (IATP) calculus

πετραδάκι το grit

πετράδι το gem

πετρέλαιο το petrol (Βρετ.), gasoline (Αμερ.)

πετρελαιοπηγή η oil well

πέτρινος επίθ (πύργος, σκάλα) stone · (μτφ.: καρδιά, στήθος) stony

πετρώδης επίθ stony

πέτρωμα το rock

πετσέτα η (προσώπου, μπάνιου) towel · (για στέγνωμα αντικειμένου) tea towel ή cloth (Βρετ.), dish towel (Αμερ.) · (φαγητού) napkin

πέτσινος επίθ leather

▶**πέτσινο** το leather jacket

πετυχαίνω ρ αμ (παράσταση) to be successful · (επαγγελματίας) to succeed ♦ ρ μ (= βρίσκω τον στόχο) to hit · (σκοπό, νίκη) to achieve · (τέρμα) to score · (= συναντώ τυχαία) to come across · (= εκτελώ με επιτυχία) to succeed in

πετυχημένος επίθ = **επιτυχημένος**

πεύκη η = **πεύκο**

πεύκο το pine tree

πέφτω ρ αμ to fall·
(= ανατρέπομαι) to fall over·
(κεραυνός, αρρώστια) to strike·
(= ελαττώνομαι) to drop· ~ σε to
fall into· ~ από to fall off· ~ έξω
to be out in one's reckoning·
~ άρρωστος to fall ill· ~ νεκρός
to drop dead· την ~ σε κπν
(αργκ.: = πλησιάζω εχθρικά) to
jump on sb· (= πλησιάζω ερωτικά)
to make a pass at sb

πέψη η digestion

πηγάδι το well

πηγάζω ρ αμ (ποταμός) to rise·
~ από (μτφ.) to stem from

πηγαινοέρχ|ομαι ρ αμ απ to
come and go

πηγαίνω ρ αμ (= μεταβαίνω
κάπου) to go· (= συχνάζω, φοιτώ)
to go· (= φεύγω) to be off·
(= οδηγώ: δρόμος) to lead·
(= λειτουργώ: ρολόι) to show the
time· (= ξοδεύομαι: χρήματα) to
go· (= είμαι: ώρα) to be ♦ ρ μ
(= μεταφέρω) to take· πήγαινε
από δω! get out of here!· τα
~ καλά/άσχημα με κπν/σε κτ to
get on well/badly with sb/sth·
πώς τα πας; how are you getting
on (Βρετ.) η along?· πού το πας;
what are you getting at?· πάω
κπν (αργκ.: = συμπαθώ) to get on
(Βρετ.) η along with sb

πηγή η source

πηγούνι το = **πιγούνι**

πηδάλιο το (πλοίου) helm·
(αυτοκινήτου, αεροπλάνου)
controls πληθ.

πήδημα το to leap· (χυδ.) screwing
(χυδ.)

πηδ|ώ ρ αμ to jump ♦ ρ μ (τοίχο,
μάντρα) to jump over· (αράδα,
σελίδα) to leave out· (χυδ.) to
screw (χυδ.)

πήζω ρ μ to curdle ♦ ρ αμ (γάλα,

γιαούρτι) to curdle· (δωμάτιο,
αίθουσα) to be packed

πηκτός επίθ = **πηχτός**

πήλινος επίθ earthen(ware)

πηλός ο clay

πηχτή η pork jelly

πηχτός επίθ thick jelly

πι το pi, 16th letter of the Greek
alphabet· **στο** ~ **και φι** at the
drop of a hat

πια επίρ no longer· **ποτέ** ~ never
again!· **αμάν** ~! for God's sake!

πιανίστας ο pianist

πιανίστρια η βλ. **πιανίστας**

πιάνο το piano

πιάν|ω ρ μ (= κρατώ) to hold·
(= αγγίζω) to touch·
(= συλλαμβάνω) to catch·
(= καταλαμβάνω) to take up·
(= νοικιάζω) to rent· (τρέλα,
νεύρα) to possess· ~ κπν να... to
catch sb doing...

▶ **πιάνομαι** μεσ to catch

πιασμέν|ος επίθ (θέση) taken·
(χέρι, πόδι) stiff

πιατέλα η large flat dish

πιάτο το (= γεύμα) dish·
(= διακοσμητικό αντικείμενο σε
σχήμα πιάτου) plate

πιάτσα η taxi rank (Βρετ.), taxi
stand (Αμερ.)

πιγκουίνος ο penguin

πιγούνι το chin

πιέζω ρ μ to push

πίεση η pressure

πιθαμή η = **σπιθαμή**

πιθανόν επίρ maybe· **είναι** ~ it
is probable η likely that

πιθανός επίθ likely that

πιθανότητα η likelihood

πιθανώς επίρ possibly

πίθηκ|ος ο ape

πικάντικ|ος επίθ (γεύση, μεζές)
piquant· (μτφ.: = ερεθιστικός,
τιλλίγων: (ταινία) saucy

πίκρ|α η (καφέ, φρούτου) bitter

taste · (μτφ.) bitterness
πικραίν|ω ρ μ to grieve
πικραμένος επίθ embittered
πικρός επίθ bitter
πιλάφ|ι το pilaff
πιλότος ο pilot
πίνακας ο (τάξης) (black)board (Βρετ.), chalkboard (Αμερ.) · (ζωγραφικής, ζωγράφου) painting · (= κατάλογος) table · (αεροδρομίου, γηπέδου) notice board (Βρετ.), bulletin board (Αμερ.) · (οπτικού, ρεύματος) electricity panel · **~ ανακοινώσεων** notice board (Βρετ.), bulletin board (Αμερ.)
πινακίδα η (= ταμπέλα) sign · (= πινακίδα της τροχαίας) traffic sign
πινακοθήκη η art gallery
πινέζα η tack
πινέλο το brush
πίν|ω ρ μ (νερό, κρασί) to drink · (προφ.: τσιγάρο) to smoke · (= απορροφώ) to absorb ◆ ρ αμ to drink · (= είμαι αλκοολικός) to be a heavy drinker

---

ΛΕΞΗ-ΚΛΕΙΔΙ

πιο επίρρ **(α)** ·επίθ./επίρρ. more ·
πιο καλά/έξυπνα better/more cleverly
(β) +ουσ. more · **λίγο πιο** +επίθ./επίρρ. a little · **ο πιο** +ουσ. the most · **πιο πριν** earlier · **πολύ πιο** +επίθ./επίρρ. a lot ...

πιόν|ι το pawn
πίπ|α η pipe
πιπέρ|ι το pepper
πιπεριά η pepper
πιπίλα η dummy (Βρετ.), pacifier (Αμερ.)
πιρούνι το fork
πισίν|α η swimming pool
πισινός¹ επίθ back
πισιν|ός² ο (προφ.) backside · (= αυτός που στέκεται ή κάθεται από πίσω) person at the back

πίστ|α η (κέντρου) dance floor · (αυτοκινήτων) circuit · (ιπποδρόμου) race course (Βρετ.), race track (Αμερ.) · (πατινάζ) rink · (αεροδρομίου, απογείωσης) runway · **χιονοδρομική ~** ski slope
πιστεύ|ω ρ μ to believe · (θρησκεία, Θεό) to believe in
πίστ|η η faith · (= αφοσίωση) loyalty
πιστολάκ|ι το (προφ.) hair dryer
πιστόλ|ι το gun
πιστοποιητικό το certificate
πιστοποι|ώ ρ μ to certify
πιστ|ός επίθ (φίλος) loyal · (σύζυγος) faithful · (αντιγραφή, απομίμηση) faithful
πίστωση η credit
πιστωτικός επίθ credit · **-ή κάρτα** credit card
πίσω επίρρ back · (μτφ.: για καθυστέρηση) behind · **από ~** from behind
πισώπλατα επίρρ in the back
πίτ|α η (ΜΑΓΕΙΡ) pie · (= βασιλόπιτα) New Year cake · (= είδος άζυμου ψωμιού) pitta bread
πιτζάμ|α η pyjamas πληθ (Βρετ.), pajamas πληθ (Αμερ.)
πίτσα η pizza
πιτσιλίζ|ω ρ μ to splash
πιτσιρίκ|α η βλ. πιτσιρίκος
πιτσιρίκ|ι το (οικ.) kid (ανεπ.)
πιτσιρίκ|ος ο (οικ.) kid (ανεπ.)
πιτυρίδ|α η dandruff
πλαγιά η slope
πλάγι|α τα τα **~ flanks**
πλαγιάζ|ω ρ αμ to lie down · **~ με κπν** to go to bed with sb
πλάγι|ος, -α, -ο (γράμμα, γραμμή) oblique · (= παράλληλος) sidelong · (λύση, απάντηση) indirect · (μέσα, ενέργεια) devious
πλαζ η beach
πλάθ|ω ρ μ (κυριολ., μτφ.) to

shape · (ιστορίες) to make up

πλάι επίρρ · **~ σε** κπν/κτ by sb/sth · **στο ~** on its side · **~~** side by side

πλαϊνός επίθ adjacent ♦ ουσ person beside somebody

πλαίσιο το (πόρτας, καθρέφτη) frame · (= σύστημα) framework

πλάκα η (δαπέδου, αυλής) flagstone · (τάφου, μνήματος) tombstone · (αστείο) fun · (= ταράτσα: κτηρίου) flat roof · (σαπούνι) bar · (επίσης **οδοντική ~**) dental plaque ♦ flat · **για ~** for fun · **κάνω ~** (σε κπν) to play a trick ή joke (on sb)

πλακάκι το tile

πλακέ flat

πλακί το fish or beans baked in the oven

πλακόστρωτος επίθ paved

πλακώνω ρ μ (= πιέζω: με βάρος) to press down · (άνθρωπο, ζώο) to crush · (προφ.: = χτυπάω) to beat black and blue ♦ ρ αμ (κρύο, χειμώνας) to come on · (πελατεία, κόσμος) to rush in

πλανήτης ο planet

πλάνο το plan · (τοπίον, έργου) view

πλανόδιος, -α, -ο itinerant (επία.)

πλαστικό, -ή, -ό (= ειδικό υλικό) plastic · (= αντικείμενα από πλαστικό) plastics πληθ.

πλαστογραφία η (πίνακα, έργου) forgery · (διαθήκης, επιταγής) falsification

πλαστογραφώ ρ μ to forge · (μτφ.) to falsify

πλαστός επίθ (έγγραφο, απόδειξη) false · (χρήματα) forged

πλαταίνω ρ μ (δρόμο) to widen · (ψυχή, γνώση) to broaden ♦ ρ αμ (ποτάμι) to widen · (νους) to broaden

πλάτανος το βλ. **πλάτανος**

πλάτανος ο plane tree

πλατεία η (πόλης, χωριού) square · (θεάτρου, ορχήστρας) stalls πληθ.

πλάτη η back · **πίσω απ' την ~ μου** (προφ.) behind one's back

πλατίνα η platinum

πλατινένιος, -α, -ο platinum

πλάτος το (παραλίας, δρόμου) width · (μτφ.) breadth · (σήματος, συχνότητας) amplitude

πλατύς, -ιά ή -εία, -ύ wide · (κοινό, στρώματα) general

πλατφόρμα η platform

πλειοψηφία η majority

πλειστηριασμός ο auction

πλεκτό το knitting

πλεκτός επίθ = **πλεχτός**

πλέκω ρ μ (πλόβερ, σκούφο) to knit · (χέρια, μαλλιά) to plait

πλένω ρ μ to wash

πλεξίδα η, **πλεξούδα** braid

πλέξιμο το (πουλόβερ) knitting · (μαλλιών) braiding

πλεονέκτημα το (= όφελος) boon · (φαμπάρου, νομίσματος) advantage · (= προβάδισμα) advantage · **αφήνω ~ σε** κπν to give sb the advantage

πλευρά η side, rib · **από την ~ κποιου** from sb's point of view · **από την άλλη ~** on the other hand

πλευρό το side · (= οστό: ανθρώπου, ζώου) rib

πλεχτός επίθ (γάντια, μπλούζα) knitted · (καλάθι) wicker

πλέω ρ μ to float · (μτφ.) to be too big

πληγή η (= τραύμα) wound · (μτφ.) calamity

πλήγμα το (= σωματικό χτύπημα) blow · (μτφ.) wound

πληγώνω ρ μ (άνθρωπο, ζώο) to wound · (μτφ.) to hurt

πληθαίνω ρ αμ to increase ♦ ρ μ to multiply

πλήθ|ος *το* (ανθρώπων, ζώων) a large number · (= πολλοί άνθρωποι) crowd

πληθυντικός *ο* plural

πληθυσμός *ο* population

πληθωρικ|ός *επίθ* (άνθρωπος, χαρακτήρας) exuberant · (στήθος, γυναίκα) plump · (μτφ.: παρουσία) excessive

πληκτικός (άνθρωπος, ομιλία) boring · (επίπλωση, διακόσμηση) dull

πλήκτρ|ο *το* key

πληκτρολόγι|ο *το* keyboard

πλημμύρ|α *η* flood · (= νεροποντή) downpour · (μτφ.) spate

πλημμυρίδ|α *η* tide

πλημμυρίζω *ρ μ* (πόλη, δρόμο) to flood · (μτφ.) to swarm ♦ *ρ αμ* to be flooded

πλην *πρόθ* (ΜΑΘ) minus · (= εκτός από) except

πλήξη *η* boredom

πλήρ|ης *επίθ* full · (κείμενο, εικόνα) complete · **~ες ωράριο** full-time

πληροφορημέν|ος *επίθ* well-informed

πληροφόρηση *η* information

πληροφορί|α *η* piece of information · **ζητώ ~ες** to make inquiries · **παίρνω ~ες** to obtain information · **~ες** information desk

πληροφορ|ώ *ρ μ* to inform

πληρ|ώ *ρ μ* to fulfil (Βρετ.), to fulfill (Αμερ.)

πλήρωμα *το* crew

πληρωμή *η* payment

πληρώνω *ρ μ* to pay

πλησιάζ|ω *ρ μ* (= φέρνω κάτι κοντά σε κάτι άλλο) to move/bring near · (= έρχομαι κοντά) to approach · (αρν.) to approach ♦ *ρ αμ* to go near · (εξετάσεις, άνοιξη) to be approaching

πλήττ|ω *ρ αμ* to be bored

πλοηγ|ός *ο* pilot

πλοίαρχ|ος *ο* captain

πλοί|ο *το* boat · **~ της γραμμής** liner

πλοκή *η* plot

πλ|ους *ο* course

πλούσι|ος, -α, -ο rich · (μαλλιά, γένια) voluminous · (λεξιλόγιο, βιβλιογραφία) wide · (γεύμα, διακόσμηση) costly · (φόρεμα) sumptuous

πλουτίζω *ρ αμ* to become rich ♦ *ρ μ* to enrich

πλούτ|ος *ο* (= αφθονία υλικών αγαθών) affluence · (γλώσσας, λεξιλογίου) wealth · (πληροφοριών, εμπειριών) wealth

πλυντήρι|ο *το* (πιάτων, ρούχων) washing machine · (κατάστημα) laundry · (εργοστασίου) industrial washer

πλύση *η* washing

πλύσιμο *το* wash

πλώρ|η *η* bow

πλωτ|ός *επίθ* (γέφυρα) pontoon · (ποταμός) navigable

πνεύμ|α *το* (για πρόσ.) mind · (= ενεργλά) genius · (εποχής, λαού) spirit · (= ό, τι είναι άυλο) spirit · (αγάπης, συνεργασίας) spirit

πνευματικ|ός *επίθ* (ενδιαφέροντα, ικανότητα) intellectual · (= άυλος) spiritual

πνεύμον|ας *ο* lung

πνευμονί|α *η* pneumonia

πνέ|ω *ρ αμ* (επία.) to blow

πνιγμ|ός *ο* drowning

πνίγ|ω *ρ μ* (στη θάλασσα ή στο νερό) to drown · (= στραγγαλίζω) to strangle · (μτφ.) to suffocate · (χορτάρια) to smother · (μτφ.: θυμό, οργή) to smother ► **πνίγομαι** *μεσ* to choke

πνίξιμ|ο *το* (σε νερό) drowning · (από φαγητό) choking

πνο|ή *η* breath · (μτφ.) spirit

ποδηλασί|α *η* cycling

ποδηλάτης *ο* cyclist

ποδηλατικός επίθ cycling

ποδήλατ|ο το bicycle

πόδ|ι το (ανθρώπου) leg · (κάτω από τον αστράγαλο) foot · (μονάδα μήκους) foot · **με τα ~α** on foot · **παίρνω ~** to be fired ή sacked · **σηκώνω στο ~** to kick up a racket · **στο ~** (done ή made) anyhow ή in a slipshod manner · **το βάζω στα ~α** to take to one's heels

ποδιά η apron · (μαθητή) pinafore

ποδοπατ|ώ ρ.μ (= εξευτελίζω) to tread down

ποδοσφαιριστής ο (Βρετ.), soccer player (Αμερ.)

ποδοσφαιρίστρια η βλ. ποδοσφαιριστής

ποδόσφαιρ|ο το football (Βρετ.), soccer (Αμερ.)

πόζα η pose

ποζάρ|ω ρ.αμ to pose

ποθητός επίθ coveted

πόθ|ος ο (= επιθυμία) wish · (= ερωτική επιθυμία) lust

ποθ|ώ ρ.μ (= επιθυμώ) to wish for · (άνθρωπο) to lust for

ποίη|μα το poem · (μτφ.) fantastic ή exquisite thing

ποίηση η poetry

ποιητής ο poet

ποιητικός επίθ poetic

ποικιλία η (αρωμάτων, λύσεων) choice · (= φαγητού) assortment · (ζώων, φυτών) diversity

ποικίλλ|ω ρ.αμ to vary

ποινή η (= τιμωρία) punishment · (ΝΟΜ) sentence

ποιος, -α, -ο αντων who · **~ από τους δύο/απ' όλους** which of the two/of them

ποιότητα η quality

ποιοτικός επίθ quality

πολεμικός επίθ war

πολεμιστής ο warrior

πολεμίστρια η βλ. πολεμιστής

πόλεμ|ος ο war

πολεμώ ρ.αμ to fight ♦ ρ.μ to fight · (= μοχθώ) to struggle

πόλη η town, townspeople πληθ.

Πόλη του Μεξικού η Mexico City

πολικ|ός επίθ polar

πολιορκία η (πόλης, κάστρου) siege · (= συνωστισμός πλήθους) mobbing · (= φορτική ενόχληση) mobbing

πολιορκ|ώ ρ.μ (πόλη, κάστρο) to besiege · (συγκεντρώνομαι) to mob · (= ενοχλώ επίμονα) to besiege

πολιτεία η (= κράτος) state · (= χώρα) faraway place

πολίτευ|μα το

πολίτης ο (= που έχει πολιτικά δικαιώματα) citizen · (= ο μη στρατιωτικός ή κληρικός) civilian

πολιτική η policy

πολιτικός¹ ο/η politician

πολιτικός² επίθ (δικαιώματα) civil · (σύστημα, παράταξη) political

πολίτις η βλ. πολίτης

πολιτισμένος επίθ civilized

πολιτισμός ο (γενικά) civilization · (= κουλτούρα) culture

πολιτιστικός επίθ cultural

πολλαπλασιασμ|ός ο (ΜΑΘ) multiplication · (φυτών, ζώων) propagation · (μτφ.) proliferation

πολλαπλός επίθ multiple

πολλοί, -ές, -ά = πολύς

πόλ|ος ο pole

πολτός ο pulp

πολύ επίρρ (= σε μεγάλο βαθμό) very · (= υπερβολικά) too · (= για μεγάλο χρονικό διάστημα) long · **πάρα** ~ very much · **το ~** at the latest · **το ~~~** at the most

πολυάριθμ|ος επίθ large

πολυάσχολ|ος επίθ busy

πολυβόλο το machine gun

πολυέλαιος το chandelier

πολυέξοδος επίθ extravagant

πολυήμερος επίθ lasting many days

πολυθρόνα η armchair

πολυκατάστημα το department store

πολυκατοικία η block of flats (Βρετ.), apartment house (Αμερ.)

πολυλογία η chatter

πολύπλοκος επίθ (πρόβλημα, νόημα) complicated · (μηχάνημα, σχέδιο) complex

---

ΛΕΞΗ-ΚΛΕΙΔΙ

πολύς, πολλή, πολύ (α) (ζάχαρη, αλάτι) too much · (χρήμα, χώρος) a lot of · γίνεται πολύς λόγος για there's a lot of talk about
(β) (= μεγάλος σε ένταση: ζέστη, βροχή) a lot of · (άνεμος) high
(γ) (για χρόνο: καιρός, ώρα) a lot of · προ πολλού a long time ago
(δ) (στον πληθυντικό: φίλοι, βιβλία) many
▶ οι πολλοί οι (= πλειοψηφία) the majority · (= λαός) most people
▶ πολλές φορές many η΄ several times
▶ πολλά τα a lot · έχω πολλά-πολλά με κπν to have a lot to do with sb · με τα πολλά after a lot of effort · πολλά-πολλά fuss

---

πολυτέλεια η luxury

πολυτελής επίθ plush

πολύτιμος επίθ (αντικείμενο, χρυσάφι κλπ) valuable · (φίλος, συνεργάτης) valued · (εμπειρία, βοήθεια) invaluable

πολύφωτο το chandelier

πολύχρωμος επίθ multi-coloured (Βρετ.), multi-colored (Αμερ.)

πολύωρος επίθ long

πολυώροφος επίθ multi-storey (Βρετ.), multi-story (Αμερ.)

Πολωνέζα η βλ. Πολωνός

πολωνέζικος επίθ = πολωνικός

Πολωνέζος ο = Πολωνός

Πολωνή η βλ. Πολωνός

Πολωνία η Poland

πολωνικός επίθ Polish
▶ Πολωνικά, Πολωνέζικα τα Polish

Πολωνός ο Pole

πομπή η procession

πομπός ο transmitter

πονηριά η, **πονηρία** cunning

πονηρός επίθ cunning · (= καχύποπτος) sly

πονόδοντος ο toothache

πονοκέφαλος ο headache · (μτφ.) arduous task

πονόλαιμος ο sore throat

πόνος ο pain · (= μεγάλη στενοχώρια) grief · δυνατός ~ sharp pain
▶ πόνοι πλ pains

πονόψυχος επίθ compassionate

ποντίκι το (ζωολ) mouse · (ανεπ.: = μυς) muscle

ποντικός ο mouse

πόντος ο (= εκατοστό) centimetre (Βρετ.), centimeter (Αμερ.) · (ΑΘΛ) point · (πλεχτού) stitch · (κάλτσας, καλσόν) ladder (Βρετ.), run (Αμερ.)

πονώ ρ αμ to hurt ♦ ρ μ (= προκαλώ πόνο) to hurt · (= νοιάζομαι) to care about

πορδή η fart (χυδ.)

πορεία η course

πορθμός ο strait

πορνεία η prostitution

πορνείο το brothel

πόρνη η prostitute

πόρος ο pore
▶ πόροι πλ public revenues

πόρπη η buckle

πορσελάνη η porcelain
▶ πορσελάνες πλ china(ware)

πορσελάνινος επίθ porcelain

πόρτ|α η door

πορτάκι το hatch

πορτατίφ το reading lamp

πορτιέρης ο porter

πορτμπαγκάζ, πορτ-μπαγκάζ το trunk

Πορτογαλέζ|α η βλ. **Πορτογάλος**

πορτογαλέζικ|ος επίθ = **πορτογαλικός**

Πορτογαλέζ|ος ο = **Πορτογάλος**

Πορτογαλία η Portugal

Πορτογαλίδα η βλ. **Πορτογάλος**

πορτογαλικός επίθ Portuguese
▶ **Πορτογαλικά, Πορτογαλέζικα** τα Portuguese

Πορτογάλος ο Portuguese

πορτοκαλάδα η orange juice

πορτοκαλής, -ιά, -ί orange
▶ **πορτοκαλί** το orange

πορτοκάλι το orange

πορτοκαλιά η orange (tree)

πορτοφολάκ|ι το purse (Βρετ.), change purse (Αμερ.)

πορτοφολάς ο pickpocket

πορτοφόλι το wallet (Βρετ.), billfold (Αμερ.)

πορτρέτο το portrait

ποσό το amount

πόσο επίρρ how much ◆ επιφών how

πόσος αντων how much

ποσοστό το percentage

ποσότητα η amount

πόστο το post

ποτάμι το river

ποταμός ο river

ποτέ επίρρ ~ πια! never again!

πότε επίρρ when

ποτήρι το glass

ποτίζω ρ μ (γη, δέντρα) to water (μτφ.) ρ αμ (γη) to give a drink to ◆ ρ αμ to saturate

πότισμα το watering

ποτό το drink · **το ρίχνω στο ~** to take to drinking

ποτοπωλείο το off-licence (Βρετ.), liquor store (Αμερ.)

που αντων **(α)** (= οποίος) that
(β) (= όπου) where
(γ) (= όπως) as
(δ) (προσ.: για τόπο) where · (για πρόσ.) with whom
◆ **σύνδ (α)** (= όταν) when ·
(= αφότου) for · **με το που** as soon as
(β) (= επειδή, ώστε) that
(γ) (αντί του "να")
(δ) (= ακόμη κι αν) **που να** even if
(ε) (= με το να) by
◆ **μόρ (α)** (= είθε) I hope · **που να σ σώσεις!** damn you! · **που να μην** I wish I hadn't
(β) (για θαυμασμό) how · **που λες** so

πού επίρρ **(α)** (για τόπο) where
(β) (για απορία) how (on earth) · **από πού κι ως πού** how come · **που να...;** how
(γ) (για έντονη άρνηση) **αραιά και πού** occasionally · **πού είχα μείνει;** where was I? · **πού και πού** sometimes · **πού το πας;** what are you driving ή getting at?

πούδρ|α η face powder

πουθενά επίρρ (με άρνηση) anywhere · (απόλυτο) nowhere · (για τόπο) somewhere · **δεν βγάζω** ~ not to get anywhere

πουκάμισο το shirt

πουλάκι το (= μικρό πουλί) little bird · (για φωτογράφιση) birdie · (οικ.: = παιδικό πέος) birdie

πουλάω ρ μαμ βλ. **πουλώ**

πουλερικά τα poultry

πούλημα το sale

πουλί _το_ bird
πουλί|ο _το_ bird
πουλώ _ρ μ_ to sell • **◆** _ρ αμ_ to sell
πούπουλ|ο _το_ feather
πουρές _ο_ mash
πουρμπουάρ _το_ tip
πούρο _το_ cigar
πουτάν|α (χυδ.) _η_ (= πόρνη) tramp • (υβρ.) harlot
πουτίγκα _η_ pudding
πράγμα _το_ (= αντικείμενο) thing • (= υπόθεση) matter • (= εμπόρευμα) goods _πλ_ • **δεν είναι μικρό** ~ it's no small thing to • **όπως και να 'χει το** ~ in any case • **σπουδαίο πράμα!** big deal! • **τι** ~; what?
πράγματι _επίρρ_ indeed
πραγματικά _επίρρ_ really
πραγματικός _επίθ_ real
πραγματικότητα _η_ reality • **στην** ~ **είναι** in reality • **στην** ~ in fact
πραγματοποι|ώ _ρ μ_ to realize
πρακτικ|ή _η_ practice
πρακτικός _επίθ_ practical
πράκτορ|ας _ο/η_ agent • **μυστικός** ~ secret agent
πρακτορεί|ο _το_ agency • **ταξιδιωτικό** ~ travel agency
πρά|μα _το_ (ενφημ.: = πέος) penis • (= αιδοίο) vulva • _βλ. κ._ **πράγμα**
πράξ|η _η_ (= ενέργεια) act • (= εκτέλεση έργου) deed • (= δοσοληψία) transaction • (ΜΑΘ) operation • (στο θέατρο) act
πράος, -α, -ο (= ήρεμος) sweet-tempered • (βλέμμα, ύφος) gentle
πράσιν|ο _το_ (χρώμα) green • (φωτεινού σηματοδότη) green light • (= βλάστηση) greenery
πράσιν|ος _επίθ_ green
πράσ|ο _το_ leek
πράττ|ω _ρ μ_ (επίσ.) to do
πρεμιέρ|α _η_ first _η_ opening night

πρέπει _ρ απρόσ_ (α) (= είναι υποχρεωτικό) to have to • (= είναι

σωστό) should • (= είναι απαραίτητο) must
(β) **πρέπει να** must • **(θα) έπρεπε να** I should have _η_ ought to have
(γ) **μου πρέπει** to deserve • **όπως πρέπει** properly • **ό, τι πρέπει** just the thing

---

πρέπ|ον _το_ the right thing
πρεσβεί|α _η_ (χώρας) embassy • (= αντιπροσωπεία) deputation
πρεσβευτής _ο_ ambassador
πρέσβ|ης _ο_, **πρέσβυς** ambassador
πρεσβύωπας _ο/η_ long-sighted person (Βρετ.), far-sighted person (Αμερ.)
πρήζ|ω _ρ μ_ to pester
▸ **πρήζομαι** _μεσ_ to become swollen
πρήξιμο _το_ swelling
πρίγκιπ|ας _ο_ prince
πριγκίπισσ|α _η_ princess
πρίζα _η_ socket
πριόν|ι _το_ saw
πριονίζ|ω _ρ μ_ to saw
προάγ|ω _ρ μ_ (υπάλληλο) to promote • (προσωπικότητα, συμφέρον) to develop
προαγωγ|ή _η_ promotion • **παίρνω** ~ to be promoted
προαιρετικός _επίθ_ optional (Βρετ.), elective (Αμερ.)
προαισθάν|ομαι _ρ μ απ_ to have a presentiment of • ~ **ότι** _η_ **πως** to herald that
προάλλες _επίρρ_ **τις** ~ the other day
προάστι|ο _το_ suburb
προαύλι|ο _το_ forecourt
πρόβ|α _η_ (για θέατρο, ορχήστρα) rehearsal • (= δοκιμή ρούχου) fitting • **κάνω** ~ to rehearse
προβάδισ|μα _το_ precedence
προβαίν|ω _ρ αμ_ to proceed
προβάλλ|ω _ρ μ απ_ (κεφάλι, πόδι) to stick out • (φιλμ, διαφάνεια) to show • (αξία, ιδανικό) to

highlight · (*άποψη, δικαιολογία*) to highlight ♦ *ρ αμ* to appear
▶ **προβάλλομαι** *μεσ* to push ή sell oneself

προβάρ|ω *ρ μ* to try on

πρόβατ|ο *το* sheep · (*μτφ.*) lamb

πρόβειος, -α, -ο sheep's

προβιά *η* (= *δέρμα προβάτου*) sheepskin · (= *δέρμα ζώου*) pelt

προβιβάζω *ρ μ* (*υπάλληλο, στρατιωτικό*) to promote · (*μαθητή, φοιτητή*) to move up
▶ **προβιβάζομαι** *μεσ* (*υπάλληλος, αξιωματούχος*) to be promoted · (*μαθητής*) to move up

προβλέπ|ω *ρ μ* (= *προϋπολογίζω*) to contemplate · (= *προμαντεύω*) to anticipate · (= *κανονίζω*) to plan ♦ *ρ αμ* ~ **για** to provide ή allow for
▶ **προβλέπεται, προβλέπονται** *μεσ τριτ* to be anticipated

πρόβλεψη *η* (= *εκτίμηση*) anticipation · (*καιρού*) forecast · (= *πρόνοια*) provision

πρόβλημ|α *το* problem · **αυτό είναι ~μά σου** (*προφ.*) that's your problem · **έχω ~** (*ανεπ.*) to have a problem

προβληματίζω *ρ μ* to puzzle over
▶ **προβληματίζομαι** *μεσ* (= *ανησυχώ*) to be concerned · (= *βρίσκομαι σε εγρήγορση*) to ask oneself questions

προβληματισμένος *επίθ* concerned

προβληματισμός *ο* speculation

προβλήτ|α *η* pier

προβολέας *ο* (*αυτοκινήτου*) headlight · (ΚΙΝ) cinema projector (*Βρετ.*), movie projector (*Αμερ.*)

προβολή *η* = *παρουσίαση φωτεινών εικόνων*) projection · (*ταινίας*) showing · (= *κοινωνική αναγνώριση*) acknowledgement

προβοσκίδ|α *η* trunk

πρόγευ|μα *το* breakfast

πρόγνωση *η* forecast

πρόγον|ος *ο/η* ancestor
▶ **πρόγονοι** *πλ* ancestors

πρόγραμμ|α *το* (*διακοπών*) programme · (*μαθημάτων*) curriculum · (*για μουσικές εκδηλώσεις*) bill · (*κυβέρνησης*) plan · (*εργαζομένου*) timetable · (ΠΛΗΡΟΦ) program · **βάζω ~** to plan · **μπαίνει στο ~** it is expected

προγραμματίζω *ρ μ* (*ενέργεια, ζωή*) to plan · (ΠΛΗΡΟΦ) to program

προγραμματισμός *ο* (*εργασιών, στόχων*) planning · (ΠΛΗΡΟΦ) programming (*Βρετ.*), programing (*Αμερ.*)

προδίδ|ω *ρ μ* (*αρχές, πατρίδα*) to betray · (*προτίμηση, πρόθεση*) to reveal · (*μυστικό, σχέδιο*) to give away
▶ **προδίδομαι** *μεσ* to fail

προδίν|ω *ρ μ* = **προδίδω**

προδοσί|α *η* betrayal · **εσχάτη ~** high treason

προδότης *ο* traitor

προδότρια *η* βλ. **προδότης**

προεδρικ|ός *επίθ* presidential

πρόεδρ|ος *ο/η* (*δικαστηρίου, εταιρείας*) chairman · (*τάξης*) president

προειδοποίηση *η* notice

προειδοποιητικ|ός *επίθ* warning

προειδοποι|ώ *ρ μ* (*για κίνδυνο*) to warn · (= *προαναγγέλλω*) to notify in advance · **~ κπν για κτ** to warn sb of sth

προέκτ|αση *η* extension

προεκτείν|ω *ρ μ* to extend

προέλευση *η* origin

προεξέχ|ω *ρ αμ* to jut ή stick out

προεξόφληση *η* discount

προέρχ|ομαι *ρ αμ απ* (= *κατάγομαι*) to come of · (*χρήματα, επιδημία*) to come from · (*ιδέα, πληροφορία*) to

originate
προετοιμάζ|ω *ρ μ* (*μαθητή, αθλητή*) to train • (*δρόμο, μέλλον*) to prepare the ground for • (= *προδιαθέτω*) to prepare
προετοιμασί|α *η* preparation
προηγμέν|ος *επίθ* advanced
προηγουμέν|η *η* the day before
προηγούμεν|ος *επίθ* preceding
προημιτελικ|ά *τα* quarter-finals *πληθ.*
προημιτελικ|ός *επίθ* quarter-final
προθέρμανσ|η *η* (*φούρνου, θαλάμου*) warming up • (*ομάδας, ποδοσφαιριστή*) limbering *ή* loosening up
πρόθεσ|η *η* intention • (ΓΛΩΣΣ) preposition
προθεσμί|α *η* deadline • **εντός (της) ~ς** within the prescribed *ή* allotted time
προθυμί|α *η* willingness • **με ~** willingly
προθυμοποι|ούμαι *ρ μ απ* **~ να κάνω κτ** to be willing *ή* eager *ή* ready
πρόθυμ|ος *επίθ* willing • **είμαι ~ να...** to be willing *ή* prepared to...
προικισμέν|ος *επίθ* gifted
προϊ|όν *το* produce
προϊσταμέν|η *η βλ.* **προϊστάμενος**
προϊστάμεν|ος *ο* head
πρόκ|α *η* (*προφ.*) nail
προκαλ|ώ *ρ μ* (= *καλώ σε αναμέτρηση*) to challenge • (= *εξοργίζω*) to provoke • (*θυμό, πανικό*) to cause • (*προσοχή, ενδιαφέρον*) to rouse
προκαταβολ|ή *η* down payment
προκαταβολικά *επίρρ* in advance
προκαταβολικ|ός *επίθ* advance
προκαταβολικώς *επίρρ* = **προκαταβολικά**
προκατάληψ|η *η* prejudice
προκατειλημμέν|ος *επίθ* prejudiced
πρόκειται *ρ απρόσ* **~ για** it's about • **~ να** to be going to • **περί τίνος ~;** what is it about? • **επαναστατική/τρομοκρατική προκήρυξη** revolutionary/ terrorist leaflet
πρόκλησ|η *η* challenge • (*από εχθρό*) provocation • (*ασθενειών, προβλημάτων*) causing
προκλητικ|ός *επίθ* provocative
προκριματικ|ός *επίθ* qualifying
▸**προκριματικά** *τα* qualifying round
προκρίν|ω *ρ μ* to choose
▸**προκρίνομαι** *μεσ* to qualify
πρόκρισ|η *η* success in a preliminary test
προκυμαί|α *η* wharf
προλαβαίν|ω *ρ μ* to catch • (*αρρώστια, κακό*) to avert • **~ να κάνω κτ** to have time to do sth
προληπτικ|ός *επίθ* precautionary • (*έλεγχος, μέτρα*) preventive
πρόληψ|η *η* (*ασθενειών, δυσκολιών*) prevention • (= *δεισιδαιμονία*) superstition
προμήθει|α *η* (*υλικού, εμπορευμάτων*) procurement • (*μεσάζοντα*) commission
▸**προμήθειες** *πλ* supplies
προμηθευτ|ής *ο* supplier
προμηθεύτρι|α *η βλ.* **προμηθευτής**
προμηθεύ|ω *ρ μ* to supply
▸**προμηθεύομαι** *μεσ* to get
προνοητικ|ός *επίθ* provident
προνόμι|ο *το* privilege
προνο|ώ *ρ αμ* to provide
προξενεί|ο *το* consulate
πρόξεν|ος *ο/η* consul
προξεν|ώ *ρ μ* (*βλάβη, ζημιά*) to cause • (*χαρά, έκπληξη*) to give
προοδευτικ|ός *επίθ* progressive • (*μείωση, αύξηση*) gradual

προοδεύω ρ αμ to progress

πρόοδ|ος η progress

προοπτική η prospect

προορίζω ρ μ to intend

προορισμ|ός ο (οργάνωσης, ιδρύματος, πλοίου· (= αποστολή: ανθρώπου) destination · (= τέρμα: ταξιδιού) destination

προπαγάνδα η propaganda

προπαντός επίρρ first of all

προπέλα η propeller

πρόπερσι επίρρ two years ago

προπληρωμ|ή η advance payment

προπληρών|ω ρ μ to pay in advance

πρόποδ|ες οι του εν.

προπόνηση η training

προπονητής ο trainer

προπονήτρια η βλ. **προπονητής**

προπον|ώ ρ μ to coach
▸ **προπονούμαι** μεσ to train

πρόποση η toast

προσανατολίζ|ω ρ μ to direct
▸ **προσανατολίζομαι** μεσ to find one's bearings · **~ομαι προς** to move ή turn towards

προσαρμόζ|ω ρ μ to fit
▸ **προσαρμόζομαι** μεσ to adjust to

πρόσβαση η access

προσβολ|ή η (= υβριστική συμπεριφορά) insult · (= βλάβη: υγείας) attack

προσγειωμέν|ος επίθ down-to-earth

προσγει|ώνω ρ μ (αεροπλάνο, ελικόπτερο) to land · (= επαναφέρω στην πραγματικότητα) to bring down to earth
▸ **προσγειώνομαι** μεσ to land

προσγείωση η (αεροπλάνου, αεροσκάφους) landing ·
(= αντιμετώπιση της πραγματικότητας) rude awakening

προσδέν|ω ρ μ to attach ·
προσδεθείτε! fasten your seatbelts, please!

προσδιορίζ|ω ρ μ to determine

προσδιορισμός ο definition

προσδοκί|α η expectation ·
ανταποκρίνομαι στις ~ες to meet expectations

προσδοκώ ρ μ to expect

προσεγγίζ|ω ρ μ to come near
◆ ρ αμ to approach

προσέγγιση η approach · **κατά ~** approximately

προσεκτικ|ός επίθ (μαθητής, γιατρός) meticulous · (μελέτη, αξιολόγηση) close · (= συνετός) prudent

προσευχή η prayer

προσεύχ|ομαι ρ αμ/μ απ to pray

προσεχής επίθ next

προσεχτικ|ός επίθ = **προσεκτικός**

προσέχ|ω ρ μ (μάθημα, κίνηση) to observe · (= επιτηρώ) to look after · (= προφυλάσσω) to be careful of ◆ ρ αμ to be careful

προσεχώς επίρρ shortly

πρόσθεση η addition

προσθέτ|ω ρ μ to add ·
(= λαμβάνω υπόψη) to take into account ◆ ρ αμ to add

προσιτ|ός επίθ (κορυφή, βιβλιογραφία) accessible · (τιμές) within one's means · (για πρόσ.) approachable

προσκαλώ ρ μ to invite

προσκεκλημέν|ος επίθ invited
◆ ουσ guest

πρόσκληση η invitation

προσκυν|ώ ρ μ to bow to · (μτφ.: = δηλώνω υποταγή) to kowtow

προσλαμβάν|ω ρ μ to employ

πρόσληψη η employment

προσόν το merit
▸ **προσόντα** πλ qualifications πληθ.

προσοχ|ή η (= προσήλωση) attention · (= προφύλαξη) caution · **~!** be careful! · **δίνω ~** to pay attention · **προκαλώ την ~** to attract attention

πρόσοψη η front

προσπάθει|α η (= καταβολή κόπων για την επίτευξη σκοπού) effort · (= απόπειρα) attempt

προσπαθ|ώ ρ α (= κάνω απόπειρα) to make an attempt · (= καταβάλλω κόπους για την επίτευξη σκοπού) to try one's hardest ♦ ρ αμ to try

προσπερν|ώ ρ μ (αυτοκίνητο) to overtake · (εμπόδιο, δυσκολία) to overcome · (= περνώ μπροστά) to pass on

προσποίηση η affectation

προσποιούμαι ρ μ απ to feign

προστασία η protection

προστατευομένη η βλ. **προστατευόμενος**

προστατευόμεν|ος ο protégé

προστατευτικ|ός επίθ protective

προστατεύ|ω ρ μ to protect

προστάτης ο (πολιτισμού, τέχνης) protector · (φτωχού, ορφανού) support · (ΑΝΑΤ) prostate

προστατίδ|α η βλ. **προστάτης**

πρόστιμο το fine

πρόστυχ|ος επίθ (συμπεριφορά, χειρονομία) vulgar · (για πρόσ.) gross

πρόσφατ|ος επίθ recent

προσφέρ|ω ρ μ to offer

▸ **προσφέρομαι** μεσ (= θέτω τις υπηρεσίες μου στη διάθεση κποιου) to offer · (= είμαι κατάλληλος) to be suitable for

προσφεύγ|ω ρ αμ (απ) **προσέφυγ|α**) · ~ **σε** to resort to

προσφορ|ά η (γενικότ.) offer · (ανθρώπων, θεωρίας) contribution

▸ **προσφορές** πλ sales πληθ.

πρόσφυγ|ας ο/η refugee

προσωπικά τα personal matters · **έχω ~ με κπν** there is friction between me and sb

προσωπικ|ά επίρρ personally

προσωπικό το staff

προσωπικ|ός επίθ personal

προσωπικότητ|α η personality

πρόσωπ|ο το (γενικότ.) face · (δράματος, έργου) character · (σήματος) person

προσωρινός επίθ temporary

πρότασ|η η (γενικότ.) proposal · (ΓΛΩΣΣ) clause · ~ **γάμου** marriage proposal

προτείν|ω ρ μ to propose · (όπλο, χέρι) to point · ~ **να** to suggest

προτελευταί|ος, -α, -ο last but one

προτεραιότητα η priority · **έχω** ~ to have priority · **κατά σειρά** ~**ς** in order of precedence

προτέρημ|α το merit

προτίθεμαι ρ μ απ (επίσ.) to intend

προτίμηση η preference · **κατά** ~ preferably

προτιμότερ|ος επίθ preferable · **είναι** ~**ο να** I would rather

προτιμ|ώ ρ μ to prefer · ~ **να** I would rather

προτομή η bust

προτρέπ|ω ρ μ to urge

προτροπή η urge

πρότυπο το model

πρότυπ|ος επίθ (σχολή) model · (παραγωγή, συμπεριφορά) exemplary

προϋπαντ|ώ ρ μ to meet

προϋπηρεσία η previous working experience

προϋπόθεση η condition · **οικογενειακός/κρατικός προϋπολογισμός** family/state budget

προφανώς επίρρ apparently

προφέρ|ω ρ μ to pronounce

προφητεία η (= πρόβλεψη) prediction · (ΘΡΗΣΚ) prophecy

προφήτης ο prophet

προφορ|ά η (λέξεις, φράσης) pronunciation · (γλώσσας) accent

προφορικ|ός επίθ verbal

προφταίν|ω ρ μ/αμ to have time

to · ~ **τα νέα** ή **την είδηση σε κπν** to break the news to sb

προφυλακτήρας ο bumper

προφυλακτικός επίθ leading

προφύλαξη η caution · **παίρνω προφυλάξεις** to take precautions

προφυλάσσω ρ μ to protect

▶**προφυλάσσομαι** μεσ to protect oneself

πρόχειρα επίρρ roughly · **ντύνομαι** ~ to dress casually

πρόχειρος επίθ (φαγητό, γεύμα) scratch · (ερμηνεία, υπολογισμός) rough · (ρούχο) casual · **έχω κτ -ο** to have sth at hand

προχθές επίρρ the day before yesterday

προχτές επίρρ = **προχθές**

προχωρημένος επίθ advanced

προχωρ|ώ ρ αμ (αυτοκίνητο, άνθρωπος) to advance · (μτφ.: = προοδεύω, εξελίσσομαι) to progress · (μτφ.: δουλειά, συζήτηση) to progress · (έρευνα) to move forward · (ώρα, νύχτα) to move on

προωθ|ώ ρ μ to promote · (συμφέρον, ανάπτυξη) to forward

πρόωρος επίθ (σύνταξη, εκλογές) early · (τοκετός) premature

πρύμνη η stern

πρύτανης ο/η rector

πρώην former · **ο/η ~ μου** my ex

πρωθυπουργός ο/η Premier

πρωί το morning ♦ επίρρ in the morning · **από το ~ έως το βράδυ** from morning till night · **~~** very early in the morning

πρωινό το (= πρωί) morning · (= πρόγευμα) breakfast

πρωινός επίθ morning

πρώτα επίρρ (= κατ' αρχάς) first · (= άλλοτε) in the old days · **όπως ~ before** · **~~** first and foremost · **απ' όλα** first of all · **σαν ~ before**

πρωταγωνιστ|ής ο (= αυτός που έχει τον πρώτο ρόλο) leading

actor · (μτφ.) protagonist

πρωταγωνιστικός επίθ leading

πρωταγωνίστρια η βλ. **πρωταγωνιστής**

πρωτάθλημα το championship · **παίρνω το** ~ to win in the championship

πρωταθλητής ο champion

πρωταθλήτρια η βλ. **πρωταθλητής**

Πρωταπριλιά η first of April

πρωταπριλιάτικος επίθ April

πρωτεύουσα η capital

πρωτόγονος επίθ primitive

πρωτοετής επίθ first-year

▶**πρωτοετής** ο/η first-year student

Πρωτομαγιά η May Day

πρώτο επίρρ (= κατ' αρχάς) first · (= κατά πρώτιστο λόγο) in the first place ή instance

πρώτος αριθ τακτ first · **έρχομαι** ~ to come first · **με την -η** ή **το -ο** (καταλαβαίνω) at once · (επιτυγχάνω, πετυχαίνω) the first time around · **~~** first of all

▶**πρώτο** ο (= όροφος) first floor (Βρετ.), second floor (Αμερ.) · (= Ιανουάριος) January

▶**πρώτη** η (= ημέρα) first · (= ταχύτητα) first (gear) · (= σχολική τάξη) first year

πρωτότυπο το original

πρωτότυπος επίθ original

πρωτοχρονιά η New Year's Day

πρωτοχρονιάτικος επίθ New-Year, New Year's (Αμερ.)

πτέρυγα η wing

πτερύγιο το (ψαριού) fin · (χελώνας, φώκιας) flipper · (αεροπλάνου) flap

πτηνό το (επίσ.) bird

πτήση η flight · **εν ~ει** during the flight

πτο|ώ ρ μ to intimidate

▶**πτοούμαι** μεσ to be intimidated

πτυχή η (φορέματος, σημαίας) crease · (εδάφους) depression ·

πτυχίο το degree · **παίρνω το ~ μου** to graduate

πτυχιούχος ο/η graduate

πτώμα το corpse

πτώση η fall · **ελεύθερη ~** free fall

πτώχευση η bankruptcy

πυγμαχία η boxing

πυγμάχος ο/η boxer

πυθμένας ο bottom

πύθωνας ο python

πυκνός επίθ (χορτάρι, δάσος) rank · (βλάστηση, φύλλωμα) luxuriant · (ακροατήριο, κυκλοφορία) dense · (τρίχωμα, μαλλιά) bushy · (σκοτάδι, ομίχλη) dense · (μυστήριο) dense · (πυρά, επισκέψεις) thick and fast · (ύφος, έκφραση) compact

πυκνότητα η (ΦΥΣ) density · (νοήματος, έκφρασης) compactness

πυκνώνω ρ αμ to become dense · (μαλλιά, γενειάδα) to become bushy · (επισκέψεις, τηλεφωνήματα) to become more frequent · (οργάνωση, παράταξη) to become thicker

πύλη η gate

πυξίδα η compass

πυρ το fire · **ανοίγω ~** to commence firing · **είμαι ή γίνομαι ~ και μανία** the fat is in the fire · **παύσατε ~!** cease fire! · **~! fire!**

▸ **πυρά** πλ fire εν.

πυρακτωμένος επίθ red-hot

πυραμίδα η pyramid

πύραυλος ο rocket · **παγωτό ~** ice-cream cone

πύργος ο (τείχους, ακρόπολης) tower · (άρχοντα, φεουδάρχη) castle · (στο σκάκι) castle · **ο ~ του 'Ιφελ** the Eiffel Tower · **ο ~ της Πίζας** the Leaning Tower of Pisa · **~ ελέγχου** control tower

πυρετός ο fever · **ψήνομαι στον ~ό** to have a raging fever

Πυρηναία τα Pyrenees

πυρήνας ο (καρπού) pit · (κυττάρου) nucleus · (ατόμου) nucleus · (γης, ήλιου) core · (μτφ.) nucleus

πυρηνικός επίθ nuclear

πύρινος επίθ (βέλος) burning · (γλώσσες, λόγια) fiery

πυρίτιδα η gunpowder

πυρκαγιά η fire

πυροβολισμός ο gunshot

πυροβόλο το gun

πυροβολώ ρ αμ to shoot ♦ ρ μ to fire at

πυροσβεστήρας ο fire extinguisher

πυροσβέστης ο fire fighter

Πυροσβεστική η fire brigade (Βρετ.), fire department (Αμερ.)

πυροσβεστικός επίθ fire

πυροτέχνημα το firework

πυτζάμα η = πιτζάμα

πώληση η sale · **προς ~ for** ή **on sale**

πωλητής ο salesman · **πλανόδιος ~** street vendor

πωλήτρια η βλ. **πωλητής**

πωλώ ρ μ (επίσ.) to sell · βλ. κ. **πουλώ**

πώμα το cap

πώς επίρρ **~** (= για τρόπο, εξέλιξη) how · (για εντύπωση, απορία) how · **what · ~ και (δεν)** how come · (= ευτυχώς που) it was lucky · (ειρ.) like hell · **κάνω ή περιμένω ~ και ~ ή και τι** to be all agog · **~/ είπατε;** excuse me? · **~ πάνε ή είναι τα πράγματα**; how are things? · **~ είστε;** how are you? · **~ (κι) έτσι;** how come? · **~ πάει;** (οικ.) how is it going? (ανεπ.) · **~ σε λένε;** what's your name? · **~ σου φαίνεται το καινούργιο αυτοκίνητο;** what do you think of the new car?

πως σύνδ that · **όχι ~... not that...**

P ρ

P, ρ rho, *17th letter of the Greek alphabet*

ραβανί *το* cake coated in syrup

ραβδί *το* stick

ράβ|ω ρ *αμ* (κουμπί, φερμουάρ) to sew on · (φύλλα) to sew ή stitch together · (κάτσες) to darn · (ασθενή) to give stitches to · (πληγή, τραύμα) to stitch up ◆ ρ *αμ* to sew · **~ ένα κοστούμι/φόρεμα** to have a suit/dress made · **~ στη ραπτομηχανή** to use a sewing machine

▸ **ράβομαι** *μεσ* to have one's clothes made (*σε* by)

ράγα *η* rail

ραγδαί|ος, -α, -ο (βροχή) pelting · (χιονοπτώσεις) heavy · (μτφ.) rapid · (αλλαγές) abrupt

ραγίζ|ω ρ *αμ* to crack ◆ ρ *μ* to crack

ράγισμα *το* (σε τοίχο, πέτρα) crack · (σε κόκαλο) fracture

ραδιενέργεια *η* radiation

ραδίκι *το* chicory, endive (*Αμερ.*)

ράδιο[o¹ *το* radio · **στο ~** on the radio

ράδιο[o² *το* radium

ραδιολογία *η* (= κλάδος φυσικής) radiation physics *εν.* · (= κλάδος ιατρικής) radiology

ραδιοσταθμ|ός *ο* radio station

ραδιοφωνία *η* radio (broadcasting)

ραδιοφωνικ|ός *επίθ* radio ▸ **~ σταθμός** radio station ▸ **~ χρόνος** airtime

ραδιόφων|ο *το* (συσκευή) radio · (= ραδιοφωνία) radio station · (= ραδιοφωνία) radio

ραΐζ|ω ρ *αμ* = **ραγίζω**

ρακέτ|α *η* (τένις) racket ·

(πινγκ-πόνγκ) bat
▸ **ρακέτες** *πλ* beach tennis

ράκ|ος *το* (επίσ.: = κουρέλι) rag · (μτφ.: για πράγ.) wreck

ράλι *το* rally ▸ **~ "Ακρόπολις"** Acropolis rally ▸ **~ αντίκα** vintage car rally

ράμμα *το* stitch

ράμπα *η* (σε κτήρια, οικοδομές) ramp · (σε συνεργείο αυτοκινήτων) rack

ράμφ|ος *το* beak

ραντεβού *το* (γενικότ.) appointment · (μυστικό) rendez-vous · (επίσης **ερωτικό ~**) date · **βγαίνω ~ με κπν** to go out with sb · **είμαι Άγγλος ή Εγγλέζος στα ~ μου** to be very punctual · **κλείνω ~** to make an appointment

ραντίζ|ω ρ *μ* (= περιβρέχω) to sprinkle · (= ψεκάζω) to spray

ραπ *η* rap (music)

ραπανάκι *το* (υποκ.: = μικρό ραπάνι) small radish

ραπάνι *το* radish

ραπτομηχανή *η* sewing machine

ράσ|ο *το* (μοναχού) habit · (κληρικού) cassock

ράτσ|α *η* (= γένος) race · (για ζώα) breed ▸ **άλογο ~ς** pedigree ή thoroughbred horse ▸ **σκύλος ~ς** pedigree dog

ρατσισμ|ός *ο* racism

ρατσιστής *ο* racist

ρατσιστικός, -ή, -ό racist

ρατσίστρια *η* = **ρατσιστής**

ραφείο *το* tailor's (shop)

ραφή *η* (= ράψιμο) sewing *εν.* · (= γραμμή ραψίματος) seam · (ΙΑΤΡ) suture

ράφι *το* shelf

ράφτης *ο* tailor

ράχ|η *η* (ανθρώπου, ζώου) back · (= ραχοκοκαλιά) backbone · (καρέκλας) back · (κρεβατιού) bed head · (μαχαιριού, φακέλου) edge ·

ράψιμο (βιβλίον) spine · (βουνού) ridge

ράψιμο το sewing · (κουμπιού) sewing on · (τραύματος, πληγής) stitching (up)

ρεαλισμός ο realism

ρεβεγιόν το New Year's Eve feast

ρεβέρ το (σε μανίκια) cuff · (σε παντελόνι) turn-up (Βρετ.), cuff (Αμερ.) · (στο τένις, πινγκ-πονγκ) backhand

ρεβίθι το chickpea
▶ **ρεβίθια** πλ chickpeas ▷ **σούπα ~α** chickpea soup

ρέγγα η = **ρέγκα**

ρέγκα η herring

ρέγκε η reggae

ρεζέρβα η (= εφεδρεία) spare · (= ρόδα) spare tyre (Βρετ.) ή tire (Αμερ.) · ▷ **αλλαξιά ~** change of clothes ▷ **κλειδί ~** spare key
▶ **ρεζέρβες** πλ reserves

ρεζερβέ reserved

ρεζερβουάρ το petrol tank (Βρετ.), gas tank (Αμερ.)

ρεζίλι το (= γελοιοποίηση) ridicule · (= εξευτελισμός) humiliation

Ρέικιαβικ το = **Ρέυκιαβικ**

ρεκόρ το record

ρέμα το (= κοίτη χειμάρρου) river bed · (= χείμαρρος) stream

ρεμβάζω ρ αμ το daydream

ρεντίκολο το laughing-stock

ρεπάνι το = **ραπάνι**

ρεπερτόριο το repertoire

ρεπό το day off

ρεπορτάζ το report

ρεπόρτερ ο/η reporter

ρεσεψιόν η reception

ρεσεψιονίστ ο/η receptionist

ρεσιτάλ το (κυριολ.) recital · (μτφ.) dazzling performance

ρέστα τα change εν.

ρεστοράν το restaurant

ρετιρέ το penthouse

ρετσίνα η retsina, resinated Greek wine

ρετσίνι το resin

Ρέυκιαβικ το Reykjavik

ρεύμα το (θάλασσας, ποταμού) current · (= ρέμα) stream · (ΜΕΤΕΩΡ) airstream · (= φύσημα αέρα) draught (Βρετ.), draft (Αμερ.) · (ΗΛΕΚΤΡ) current · (= ηλεκτρικό) electricity · (= λογαριασμός) electricity bill · (κόσμου, διαδηλωτών) flow · (τέχνης) trend ▷ **διακοπή ~τος** power cut ▷ **κυκλοφορίας** traffic lane ▷ **μεταναστευτικό ~** flow of immigrants ▷ **συνεχές/ εναλλασσόμενο ~** direct/ alternating current

ρευματισμοί οι rheumatism εν.

ρεύομαι ρ αμ απ to burp

ρευστός επίθ (για σώματα) liquid · (μτφ.: σχέδια) up in the air · (κατάσταση) unstable
▶ **ρευστό** το cash

ρέψιμο το burp

ρέω ρ αμ to flow · (χρόνος) to go by · (= ξεχύνομαι: αίμα, νερό) to gush

ρήγας ο king

ρήγμα το (= ρωγμή) crack · (μτφ.) rift

ρήμα το verb ▷ **ανώμαλο/ομαλό ~** irregular/regular verb ▷ **βοηθητικό ~** auxiliary verb

ρήξη η (= σπάσιμο) break · (ΙΑΤΡ) rupture · (= διάσπαση) break-up · (= διατάραξη: σε κόμμα, οικογένεια) rift · (με φίλους) falling out

ρητό το saying

ρηχός επίθ shallow
▶ **ρηχά** τα shallows

ρίγα η (= γραμμή) line · (υφάσματος) stripe

ρίγανη η oregano

ριγέ (χαρτί, τετράδιο) ruled · (κουστούμι, πουκάμισο) striped

ρίγος το (από κρύο, πυρετό) shiver · (από συγκίνηση) thrill · (από ηδονή, επιθυμία) quiver · (από *φόβο)* shudder

ριγωτ|ός *επίθ (χαρτί)* ruled · *(ύφασμα)* striped

ρίζ|α *η* root · (= *δέντρο)* tree · *(μτφ.: βρόχου, τοίχου)* foot · *(κολόνας)* base · *(βουνού)* foothill · *(λόφου)* bottom ▷ **τετραγωνική/κυβική ~** square/cube root ◆ **ρίζες** *πλ* roots

ριζικ|ός *επίθ (ΒΟΤ, ΑΝΑΤ)* root · *(αλλαγή, ανακατάταξη)* radical · *(διαφωνία)* fundamental · *(ανακαίνιση)* complete

ριζοσπαστικ|ός *επίθ* radical

ρινόκερος, ρινόκερως *ο* rhinoceros

ρισκάρ|ω *ρ μ* to risk ◆ *ρ αμ* to take risks

ρίσκ|ο *το* risk · **παίρνω ~** to take a risk

ρίχν|ω *ρ μ (ποτήρι, βάζο)* to drop · *(φύλλα)* to shed · *(άγκυρα)* to drop · *(παραγάδι, δίχτυα)* to cast · *(αεροπλάνο)* to bring down · *(σπίτι, τοίχο)* to pull down · *(κυβέρνηση)* to overthrow · *(ομάδα)* to topple · *(τιμές, θερμοκρασία)* to bring down · *(επίπεδο συζήτησης)* to lower · *(πέτρα, ακόντιο)* to throw · *(σφαίρα, βολή)* to fire · *(βόμβες)* to drop · *(ρύζι, κουφέτα)* to throw · *(λίπασμα)* to spread · *(λάδι, κρασί)* to pour · *(ανεπ.: = ξεγελώ)* to take in · (= *πείθω)* to talk around · *(ανεπ.: άνδρα, γυναίκα)* to pull *(Βρετ.)* · *(ανεπ.: για ποινή)* to give ◆ *ρ αμ* to fire *(εναντίον* at) · **~ ένα βλέμμα σε κπν** to give sb a look · **~ κτ κάτω** to drop sth · **~ κπν κάτω** to throw sb to the ground · **~ τα σκουπίδια στον κάδο** to throw the rubbish in the bin *(Βρετ.)*, to throw the garbage in the trash can *(Αμερ.)* · **~ κτ πάνω μου** to put sth on

◆ **ρίχνει** *απρόσ* it's raining

ρίχνομαι *μεσ* **~ομαι σε κπν**

throw oneself at sb

ρίψ|η *η (σκουπιδιών, πετρών)* throwing · *(βομβών)* dropping · *(αλεξιπτωτιστών, τροφίμων)* drop · *(νομίσματος)* insertion

▶ **ρίψεις** *πλ* throwing events

ριψοκινδυνεύ|ω *ρ μ (ζωή, περιουσία)* to risk · *(υγεία)* to endanger · *(μτφ.: πρόβλεψη)* to hazard ◆ *ρ αμ* to take risks

ριψοκίνδυν|ος *επίθ (για πράξη)* daring · *(για πράξεις)* risky · *(οδηγός, οδήγηση)* reckless

ρο *ο* rho, *17th letter of the Greek alphabet*

ρόδα *η* wheel

ροδάκιν|ο *το* peach

ροδιά *η (δέντρο)* pomegranate tree · *(ιχνός ρόδας)* tyre *(Βρετ.)* *η* tire *(Αμερ.)* track

ρόδιν|ος *επίθ (στεφάνι)* of roses · *(μάγουλα)* rosy · *(σύννεφα, σύννεφα)* pink · *(μτφ.: μέλλον, προοπτικές)* rosy

ρόδο *το* rose

Ρόδος *η* Rhodes

ροζ pink

▶ **ροζ** to pink

ροζέ rosé

ρο|ή *η (γενικότ.)* flow · *(μτφ.: = πορεία)* course

ροκ *η/το* rock

ρολ|ό *το* (= *κύλινδρος)* roll · *(φαγητό)* roulade · *(πόρτας, παράθυρου)* roller blind · *(ελαιοχρωματιστή)* roller

ρολό|ι *το (για μέτρηση χρόνου)* clock · *(χειρός)* watch · (= *για μέτρηση κατανάλωσης)* metre *(Βρετ.)*, meter *(Αμερ.)*

ρόλ|ος *ο* role

ρομάντζ|ο *το* romance

ρομαντικ|ός *επίθ* romantic

ρόμβ|ος *ο* rhombus

ρόμπα *η* (= *πρόχειρο γυναικείο ένδυμα)* dressing gown · *(γιατρού)* gown · *(κουρέα)* smock

ρομπότ *το* robot

ρόπαλο *το* club

ροπή *η (ΦΥΣ)* moment · *(μτφ.:* = *τάση)* tendency

ρότα *η* course

ρούβλι *το* rouble *(Βρετ.)*, ruble *(Αμερ.)*

ρουζ *το* rouge

ρουθούνι *το* nostril

ρουκέτα *η* rocket

ρουλέτα *η* roulette

Ρουμάνα *η βλ.* **Ρουμάνος**

Ρουμανία *η* Romania

ρουμανικός *επίθ* Romanian

▶**Ρουμανικά, Ρουμάνικα** *τα* Romanian

ρουμάνικος *επίθ* = **ρουμανικός**

Ρουμάνος *ο* Romanian

ρούμι *το* rum

ρουμπίνι *το* ruby

ρουσφέτι *το* favour *(Βρετ.)*, favor *(Αμερ.)*

ρουτίνα *η* routine

ρουφηξιά *η (= ρούφηγμα)* sucking · *(= γουλιά)* sip · *(για τσιγάρο)* puff

ρουφηχτός *επίθ (αβγά)* soft-boiled · *(φιλί)* smacking

ρουφήχτρα *η (ανατ.:* = *δίνη)* whirlpool · *(μτφ.)* heavy drinker

ρουφώ *ρ μ (καφέ, γάλα)* to sip · *(από μπιμπερό, με καλαμάκι)* to suck · *(μτφ.: δύναμη)* to drain · *(σούπα, καφέ)* to slurp · *(αέρα, μυρωδιά)* to breathe in · *(καπνό)* to inhale · *(= συγκρατώ: υγρασία, νερό)* to soak up · *(μαγουλά)* to suck in · *(στομάχι, κοιλιά)* to pull in · *(= πίνω λαίμαργα)* to gulp · *(μτφ.:* = *φιλώ με πάθος)* to kiss passionately

ρουχισμός *ο* clothing

ρούχο *το* garment

  ρούχα *πλ (= ενδύματα)* clothes · *(= κλινοσκεπάσματα)* bedclothes · **γυναικεία/ανδρικά/παιδικά ~α** women's/men's/children's clothes · **έχω τα ~α μου** *(ανεπ.)* to be having one's period

ρόφημα *το* beverage

ροχαλητό *το (= το να ροχαλίζει κανείς)* snoring · *(= θορυβώδης αναπνοή)* snore

ροχαλίζω *ρ αμ* to snore

ρυάκι *το* creek

ρύγχος *το (ζώου)* snout · *(ψαριού)* jaw · *(αεροσκάφους, εργαλείου)* nozzle

ρύζι *το* rice

ρυζόγαλο *το* rice pudding

ρυθμιζόμενος *επίθ* adjustable

ρυθμίζω *ρ μ (χρόνο, πρόγραμμα)* to set · *(θερμοκρασία, κλιματισμό)* to set · *(φωτογραφική μηχανή, τηλεσκόπιο)* to focus · *(συχνολογία, παραγωγικότητα)* to regulate · *(είκονα, χρώματα)* to adjust · *(λεπτομέρειες)* to arrange · *(θέμα, ζητήματα)* to settle · *(= σορτ out · (μέλλον)* to plan for · *(σχέση)* to clarify

ρυθμικός *επίθ* rhythmic(al)

▶**ρυθμική** *η* rhythmic gymnastics *εν.*

ρύθμιση *η (ρολογιού, στάθμης)* setting · *(θερμοκρασίας, μηχανισμού)* adjustment · *(κυκλοφορίας)* control · *(προβλήματος, ζωής)* sorting out · *(χρέους, πληρωμής)* settling · *(μέλλοντος)* planning

ρυθμός *ο (κολύμβησης, κωπηλασίας)* stroke · *(κύρσας)* pace · *(κυμάτων, σώματος)* rhythm · *(καρδιάς)* beat · *(γεννήσεων, θανάτων)* rate · *(ζωής, ομάδας)* pace · *(εργασίας, διαβάσματος)* rate · *(ΜΟΥΣ)* rhythm · *(ΠΟΙΗΣ)* rhythm · *(ΤΕΧΝ)* style · *(αρχιτεκτονικός)* order

▶**~ ανάπτυξης** growth rate

ρυμουλκό *το (επίσης ~ πλοίο)* tug (boat) · *(επίσης ~ όχημα)* tow truck

ρυμουλκώ ρ μ to tow

ρυπαίνω ρ μ to pollute

ρύπανση η pollution

ρύπος ο (επίσ.: = ακαθαρσία) dirt · (= ουσία που μολύνει) pollutant

ρυτίδα η wrinkle · **κάνω ~ες** to become wrinkled

ρώγα η (σταφυλιού) grape · (ανεπ.: = θηλή στήθους) nipple · (μτφ.: = εσωτερικό άκρης δακτύλων) tip

ρωγμή η (σε τοίχο, έδαφος) crack · (σε κόκαλο) fracture · (μτφ.) rift

Ρωμαία η βλ. **Ρωμαίος**

ρωμαϊκός επίθ Roman ▷ **Ρωμαϊκή Εκκλησία** Roman Catholic Church

ρωμαιοκαθολικός επίθ Roman Catholic ▷ **Ρωμαιοκαθολική Εκκλησία** Roman Catholic Church

▶ **ρωμαιοκαθολικός** ο, **ρωμαιοκαθολική** η (Roman) Catholic

Ρωμαίος ο Roman

ρωμαλέος, -α, -ο (άνθρωπος, σώμα) strong · (υγεία, νιότη) robust

Ρώμη η Rome

Ρωσία η Russia

Ρωσίδα η βλ. **Ρώσος**

ρωσικός επίθ Russian

▶ **Ρωσικά, Ρώσικα** τα Russian

ρώσικος επίθ = **ρωσικός**

Ρώσος ο Russian

ρώτημα το question

ρωτώ ρ μ to ask (για about) ◆ ρ αμ to ask a question ή questions

Σ σς

Σ, σ/ς sigma, 18th letter of the Greek alphabet

Σάββατο το Saturday

σαββατόβραδο το Saturday night

σαββατοκύριακο το weekend

σαβούρα η (= έρμα) ballast · (ανεπ.: = σκουπίδια) junk (ανεπ.)

σαγανάκι το (ΜΑΓΕΙΡ) fried cheese · (σκεύος) small frying pan with two handles · **γαρίδες/ρύδια ~** fried prawns (Βρετ.) ή shrimps (Αμερ.)/mussels

σαγηνεύω ρ μ to enchant

σαγιονάρα η flip-flops πληθ. (Βρετ.), thongs πληθ. (Αμερ.)

σαγόνι το (= σιαγόνα) jaw · (= πιγούνι) chin

σαιζλόνγκ η = **σεζλόνγκ**

σαιζόν η = **σεζόν**

σάκα η school bag

σακάκι το jacket · **μονόπετο ~** single-breasted jacket ▷ **σταυρωτό ~** double-breasted jacket

σακατεύω (ανεπ.) ρ μ (= καθιστώ ανάπηρο) to cripple · (= ταλαιπωρώ) to wear out

σακ-βουαγιάζ το travel bag

σακί το (= μικρός σάκος) bag · (= τσουβάλι) sack · (= περιεχόμενο τσουβαλιού) sack(ful)

σακίδιο το (= δισάκι) bag · (= γυλός: στρατιώτη) kitbag · (πεζοπόρου) backpack

σάκος ο (= σακί) bag · (= τσουβάλι) sack

σακούλα η (= τσάντα) bag · (από πλαστικό) carrier bag · (= περιεχόμενο τσάντας) bag(ful)

▶ **σακούλες** πλ bags (under the eyes)

σακουλιάζω ρ μ to put in a bag ◆ ρ αμ to be baggy

σάλα η (= σαλόνι) living room · (= αίθουσα εκδηλώσεων) hall

σαλάμι το salami

Σαλαμίνα η (νησί) Salamis · (προστεύουσα) Salamina

σαλάτα η (= σαλατικό) salad · (μτφ.) mess

▶ **γιαούρτι ~ς** strained yoghurt

σαλατιέρα *η* salad bowl

σαλατικό *το* salad

σαλεύ|ω *ϱ αμ* (φύλλο) to stir · (χείλη) to move ◆ *ϱ μ* to move

σάλ|ι *το* shawl

σαλιάρα *η* bib

σαλιγκάρι *το* snail

σαλίγκαρος *ο* = σαλιγκάρι

σάλι|ο *το* saliva χωρίς πληθ.

σαλιώνω|ω *ϱ μ* to lick

σαλόν|ι *το* (= σάλα) living room · (= έπιπλα σάλας) living room furniture χωρίς πλ. (αυτοκινήτου) interior · (= διεθνής έκθεση) show

Σαλονίκη *η* = Θεσσαλονίκη

σάλος *ο* uproar

σαλπάρ|ω *ϱ αμ* to set sail

σάλπιγγ|α *η* (MOYΣ) trumpet · (στρατιωτική) bugle · (ANAT) Fallopian tube

σάλτο *το* leap

σάλτσ|α *η* sauce
▸ **σάλτσες** *πλ* window dressing εν.

σαλτσιέρα *η* sauce boat

σαματάς *(ανεπ.) ο* racket *(ανεπ.)*

σαμπάνι|α *η* champagne

σαμπό *το* clog

σαμποτάζ *το* sabotage

σαμποτάρ|ω *ϱ μ* to sabotage

σαμπουάν *το* shampoo

σαμπρέλ|α *η* (ποδηλάτου, αυτοκινήτου) inner tube · (μπάλας) bladder

σαν¹ *μόρ* (= όπως) like · (κατ.: = ως) as · (= σάμπως) as if · (= άραγε) I wonder · ▸ **~ να** as if

σαν² *(λογοτ.) σύνδ* (= όταν) when · (= μόλις) as soon as · (= κάθε φορά που) when · (= εάν) if

σανατόρι|ο *το* sanatorium (Βρετ.), sanitarium (Aμερ.)

σανδάλ|ι *το* sandal

σανίδ|α *η* (wooden) plank · (πατώματος) floorboard · (κρεβατιού) slat ▸ **~ για βουτιές** diving board ▸ **~ σέρφινγκ**

surfboard ▸ **~ του ψωμιού** breadboard

σανιδένι|ος, -ια, -ιο (πάτωμα) wooden · (ταβάνι) timbered

σανίδ|ι *το* (= σανίδα) (wooden) plank · (πατώματος) floorboard · (κρεβατιού) slat · (= σκηνή θεάτρου) stage

σάντουιτς *το* sandwich

σαντούρι *το* dulcimer

Σαουδική Αραβία *η* Saudi Arabia

σάουνα *η* sauna

σάουντρακ *το* (= μουσική ταινίας) soundtrack · (= βασικό μουσικό θέμα ταινίας) theme music ή song

σαπίζ|ω *ϱ μ* to rot ◆ *ϱ αμ* (φρούτα) to go rotten · (κρέας) to spoil · (πάτωμα, πόρτα) to rot · (δόντι) to decay · (πτώμα, ψοφίμι) to decompose · (άνθρωπος, κοινωνία) to go to the bad

σάπι|ος, -ια, -ιο (φρούτα, λαχανικά) rotten · (πάτωμα, σανίδα) rotten · (έπιπλο) dilapidated · (δόντι) decayed · (κοινωνία, σύστημα) rotten · (μυαλό) corrupt ▸ **~ μήλο** (χρώμα) reddy brown

σαπουνάδ|α *η* (= σαπουνόνερο) soapy water · (= αφρός σαπουνόνερου) (soap)suds πληθ.

σαπούν|ι *το* soap ▸ **υγρό ~** liquid soap ▸ **~ σε σκόνη** soap powder

σαπουνίζ|ω *ϱ μ* to wash with soap

σαπουνόπερ|α *η* soap (opera)

σαράκ|ι *το* (= σκόρος) woodworm · (μτφ.) canker

σαράντα *αριθ απόλ* forty · **είμαι στα ~ μου** to be in one's forties

σαραντακτάωρ|ο *το* forty-eight hours πληθ.

σαραντακτάωρος *επίθ* forty-eight hour

σαρανταποδαρούσ|α *η* centipede

σαρδέλ|α *η* (ψάρι) sardine · (αργκ.: = σιρίτι) stripe

σαρίκι *το* turban

σάρκ|α *η* flesh

σαρκασμός *ο* sarcasm

σαρκαστικ|ός *επίθ* sarcastic

σαρκοφάγος[1] *η* (ΑΡΧ) sarcophagus

σαρκοφάγ|ος[2], **-ος, -ο** (= σαρκοβόρος) carnivorous ▷ **~α φυτά** carnivorous plants

σαρών|ω *ρ μ* (για άνεμο, θύελλα) to sweep through · (βραβεία, όσκαρ) to make a clean sweep of · (= σκανάρω) to scan · (πάτωμα) to sweep · (φύλλα) to sweep up ♦ *ρ αμ* to sweep up

σας *αντων* you · **~ παρακαλώ** please

σασί *το* chassis

σαστίζω *ρ μ* to confuse ♦ *ρ αμ* (= είμαι σε αμηχανία) to be confused · (= μένω έκπληκτος) to be taken aback

σάστισ|μα *το* confusion

σατανάς *ο* (ΘΡΗΣ) Satan (= πανέξυπνο άτομο) sharp-witted person · (χαϊδ.: = διαβολάκι) little devil

σατέν satin
▸ **σατέν** *το* satin

σάτιρ|α *η* satire

σατιρίζω *ρ μ* to satirize

σατιρικ|ός *επίθ* satirical

σαύρ|α *η* lizard

σαφάρι *το* safari

σαφήνεια *η* clarity

σαφηνίζω *ρ μ* to clarify

σαφής *επίθ* (οδηγίες, προειδοποίηση) clear · (γνώμη) definite · (βελτίωση) distinct · (δείγματα) clear · **γίνομαι ~** to make oneself clear

σαφώς *επίρρ* (= ξεκάθαρα) clearly · (= φανερά) obviously

Σαχάρα *η η* (έρημος) **~ the** Sahara (Desert)

σαχλαμάρ|α *η* (= σάχλα) nonsense χωρίς πληθ. · (= ανόητη πράξη)

fooling around χωρίς πληθ.

σαχλ|ός *επίθ* (νεαροί) foolish · (= κύριος) who tells corny jokes · (βιβλίο, ταινία) corny

σβέλτ|ος (ανεπ.) *επίθ* agile

σβήν|ω *ρ μ* (πυρκαγιά) to put out · (τσιγάρο) to put out · (κερί) to put out · (= φυσώ) to blow out · (φως, μηχανή) to turn ή switch off · (τηλεόραση) to turn ή put off · (λάθος, λέξεις: με γομμολάστιχα) to erase · (με πένα) to cross out · (πίνακα) to wipe · (δίψα) to quench · (επιθετικό, αντιπάλους) to wipe the floor with · (μνήμη, ντροπή) to wipe out ♦ *ρ αμ* (φωτιά) to go out · (κερί) to go out · (φως, λάμπα) to go blow out · (φως, λάμπα) to go out · (οθόνη) to go off · (μηχανή) to stall · (έρωτας, ανάμνηση) to fade · (παραδόσεις) to die out · (ήχος) to fade (away) · (= λιποθυμώ) to pass out · (= πεθαίνω) to die

σβήσι|μο *το* (= σβέση: φωτιάς, τσιγάρου) putting out · (= παύση καύσης) dying out · (= κλείσιμο: φώτων, λάμπας) turning ή switching off · (= παύση λειτουργίας: μηχανής) stalling · (οθόνης) going off

σβησμέν|ος *επίθ* (φωτιά) (put) out · (κερί) snuffed (out) · (τσιγάρο: = ηφαίστειο) extinct · (φως) out · (μηχανή) (switched) off · (γράμματα, επιγραφή) faded

σβηστ|ός *επίθ* (φωτιά) (put) out · (τσιγάρο) stubbed out · (φως, φανάρι) out · (μηχανή) (switched) off

σβούρ|α *η* (παιχνίδι) (spinning) top · (για πρόσ.) live wire (ανεπ.)

σγουραίν|ω *ρ μ* to curl ♦ *ρ αμ* to curl

σγουρ|ός *επίθ* (μαλλιά) curly · (= κατσαρομάλλης) curly-haired (βασιλικός) bushy

ΛΕΞΗ-ΚΛΕΙΔΙ

σε¹, σ' πρόθ **(α)** (για κίνηση ή θέση
σε χώρο) into ·
(β) (= ανάμεσα) in ·
(γ) (= γύρω από) at ·
(δ) (= μπροστά) at ·
(ε) (= κοντά) at ·
(στ) (= επάνω) on ·
(ζ) +γεν. (για δήλωση τόπου) at ·
(η) (για χρόνο) at ·
(θ) (για κατάσταση) in ·
(ι) (για τρόπο) in ·
(ια) (για αναφορά) in ·
(ιβ) (για σκοπό) to ·
(ιγ) (για αποτέλεσμα) to ·
(ιδ) (για ποσό, αξία) up to ·
(ιε) (για μέσο ή όργανο) in ·
(ιστ) (για αναλογία, ποσοστό) out
of ·
(ιζ) +ρηματικό επίθετο by

σε² αντων you
σεβασμός ο respect (σε, προς for)
σεβαστός επίθ (γέροντας)
venerable · (δάσκαλος) respected ·
(απόψεις, επιχειρήματα) worthy of
respect · (ποσό, εισόδημα) sizeable
σέβομαι ρ μ απ to respect ·
(κανόνες, νόμους) to abide by ·
(υπόσχεση) to keep · (μόχθο,
κούραση) to appreciate
σεζλόνγκ η deck chair
σεζόν η season
σειρά η (καθισμάτων, δέντρων)
row · (στρατιωτών) column · (σε
κατάσταση, στάση) queue (Βρετ.),
line (Αμερ.) · (ποιήματος, σελίδας)
line · (άρθρων, βιβλίων) series ·
(ερωτήσεων) series · (εργασιών)
series · (μέτρων) package ·
(γραμματοσήμων) set · (στην
τηλεόραση) series · (ομιλητή,
διαγωνιζόμενου) turn ·
(= κατάταξη) order · (= κοινωνική
θέση) class · **όλοι θα πάρετε με
τη ~!** everyone will have a turn!

παίρνω ~ (για διορισμό) to be
next in line · (= ετοιμάζομαι να
ακολουθήσω) to follow after
▷**τηλεοπτική ~** TV series
▷**~ μαθημάτων** course
Σειρήν|α η (ΜΥΘΟΛ) Siren ·
(μετωνυμ.) siren
σειρήν|α η siren
σεις αντων = **εσείς**
σεισμικός επίθ seismic ▷**-ές
δονήσεις** earth tremors ▷**-ή
ζώνη** earthquake zone
σεισμογενής επίθ seismic
σεισμογράφ|ος ο seismograph
σεισμός ο (κυριολ.) earthquake ·
(μτφ.) uproar
σεί|ω ρ μ (= κουνώ) to shake ·
(μτφ.) to rock
▸ **σείεμαι** μεσ to sway
σέλ|α η saddle
σελάχ|ι το ray
Σελήν|η η moon
σεληνιασμός (ανεπ.) ο epilepsy
σελίδ|α η (βιβλίου, εφημερίδας)
page · (φύλλου χαρτιού) side · (στο
Διαδίκτυο) web page
▸ **σελίδες** πλ (δόξας, ηρωισμού)
deeds ▷**πρότυπη ~** (ΠΛΗΡΟΦ) page
layout ▷**ρύθμιση ~ς** (ΠΛΗΡΟΦ)
page setup
σελιδοδείκτ|ης ο bookmark
σελίν|ι το shilling
σέλιν|ο το celery
σελφ-σέρβις το self-service
σεμινάρι|ο το seminar
σεμνός επίθ modest
σένα αντων βλ. **εσύ**
σενάρι|ο το (ταινίας) script · (μτφ.)
scenario
σεντόν|ι το sheet
σεντούκι το chest
σέντρα η (= μπαλιά) chip shot ·
(= κέντρο γηπέδου) center (Βρετ.),
center (Αμερ.) · (= λευκό σημάδι
στο κέντρο) spot · (= εναρκτήριο
λάκτισμα) kickoff

σεξ _το sex_ ▷**σύμβολο του ~** sex symbol

σέξι sexy

σεξιστής _(αρν.) ο_ sexist : **σεξιστικός** _(αρν.) επίθ_ sexist : **σεξίστρια** _(αρν.) η βλ_ **σεξιστής**

σεξουαλικ|ός _επίθ_ sexual · _(ζωή, σκάνδαλο)_ sex ▷**~ή αγωγή** sex education ▷**~ή κακοποίηση** sexual abuse ▷**~ή παρενόχληση** sexual harassment

σεξουαλικότητ|α _η_ sexuality

Σεπτέμβρης _ο =_ **Σεπτέμβριος**

Σεπτέμβριος _ο_ September

σέρβερ _ο_ server

Σερβί|α _η_ Serbia

σερβιέτ|α _η_ sanitary pad

σερβιετάκι _το_ panty liner

σερβικός _επίθ_ Serbian

σερβίρισμα _το (φαγητού, γλυκού)_ serving · (ΑΘΛ) serve

σερβίρ|ω _ρ μ (ποτό, γεύμα)_ to serve · _(θεωρίες, ιδέες)_ to come out with · (ΑΘΛ) to serve

σέρβις _το_ serve

σέρβις _το_ service

σερβιτόρ|α _η_ waitress

σερβιτόρ|ος _ο_ waiter

σερβίτσιο _το_ (dinner) service ▷**~ τσαγιού** tea set

σέρν|ω _ρ μ (άμαξα, βαλίτσα)_ to pull · _(παιδί)_ to pull along · _(φορτίο, καρότσι)_ to pull · _(τραπέζι, ντουλάπα)_ to drag ♦ _ρ αμ (ανεπ.)_ to go

▸**σέρνομαι** _μεσ (στρατιώτες, μωρό)_ to crawl · _(φυτό)_ to creep · _(φόρεμα, παλτό)_ to drag · _(παιδιά)_ to roll · _(ομάδα, παίκτες)_ to play badly · _(γρίπη, ιλαρά)_ to be going around

σερφ _το_ (= σανίδα) sailboard · (= σανίδα σέρφινγκ) surfboard

σερφάρ|ω _ρ αμ (με ιστιοσανίδα)_ to windsurf · (με σανίδα σέρφινγκ) to surf · _(αρχ.: ΠΛΗΡΟΦ)_ to surf (the Net)

σέρφερ _ο/η (με ιστιοσανίδα)_ windsurfer · _(με σανίδα σέρφινγκ)_ surfer · _(αρχ.: ΠΛΗΡΟΦ)_ surfer

σέρφινγκ _το_ surfing

σεσουάρ _το_ hairdryer

σεφταλιά _η_ seftalia, _minced meat wrapped in suet_

σηκών|ω _ρ μ (κεφάλι, σκόνη)_ to raise · _(χέρι)_ to put up · _(για να καλέσω ταξί)_ to put out · _(μανίκια)_ to roll up · _(μολύβι, βιβλίο)_ to pick up · _(τοίχο, φράχτη)_ to raise · _(τσάντες, βαλίτσες)_ to carry · (= ξυπνώ) to wake up · _(λεφτά)_ to withdraw · _(βάρος κατασκευής, όροφο)_ to support · _(αστεία, πλάκα)_ to tolerate · _(έξοδα)_ to afford · _(μαγαζί, σπίτι)_ to rob · _(μαθητή)_ to examine · **~ κπν** _(επιβάτη)_ to make sb get up · **~ το τραπέζι** to clear the table

▸**σηκώνει** _τριτ_ to call for

▸**σηκώνομαι** _μεσ (επιβάτης, μαθητής)_ to stand up · _(άρρωστος)_ to be up and about · _(τρίχα, μαλλιά)_ to stand on end · _(αέρας)_ to pick up

σήμα _το (προϊόντων)_ trademark · _(αυτοκινήτου)_ badge · _(καναλιού, ραδιοφωνικού σταθμού)_ signature tune · _(συλλόγου, οργάνωσης)_ logo · _(στρατιωτικό, αστυνομικό)_ insignia · _(πομπού, εκπομπής)_ signal · _(Αστυνομίας, Διωκτικών Αρχών)_ message · _(προειδοποίησης)_ sign · **εκπέμπω ή στέλνω ~ κινδύνου** to send an S.O.S. · **κάνω ~ σε κπν** to signal sb · _(σε ταξί)_ to hail sb · **~ κατεθέν** registered trademark · _(μτφ.)_ trademark ▷**~ κινδύνου** _(σε τρένο)_ communication cord · _(σε πλοίο)_ S.O.S.

▸**σήματα** _πλ_ traffic signs

σημαδεμέν|ος _επίθ (ζώο, κοπάδι)_ branded · _(πόρτα)_ marked · _(πρόσωπο, πόδια)_ bruised · _(για πρόσ.: κυριολ., μτφ.)_ scarred

σημαδεύ|ω ρ μ (ζώο) to brand ·
(σπίτι, πόρτα) to mark · (στόχο,
στρατιώτη) to aim at · (τέλος, ζωή)
to mark

σημάδ|ι το (οικοπέδου, κτήματος)
mark · (βασανιστηρίων, αρρώστιας)
mark · (ακμής) scar · (αλλαγής,
προόδου) sign · (ίχνος: ζώου)
track

σημαδούρ|α η buoy

σημαία η flag · (= σύμβολο
προσπάθειας: αγώνα) banner

σημαιάκ|ι το flag

σημαίν|ω ρ μ to mean · (σύμβολο)
to stand for · (ευρήματα,
ανακάλυψη) to signify · (= χτυπώ:
μεσάνυχτα, μεσημέρι) to ring ·
(εγερτήριο, επίθεση) to sound ♦ ρ
αμ (καμπάνες, σήμαντρο) to ring ·
(ΝΑΥΤ) to signal

σημαντικός επίθ (πρόσωπο,
εξελίξεις) important · (αύξηση)
significant · (βοήθημα)
considerable

σήμαντρ|ο το bell

σημασί|α η (= έννοια) meaning ·
(= σπουδαιότητα) importance ·
άνευ ~ of no importance · **δεν
έχει ~** it doesn't matter · **έχει
~** it's important · **έχει ~;** does it
matter? · **τι ~ έχει;** what
difference does it make?

σηματοδότ|ης ο (σε σταυροδρόμι)
traffic lights πληθ. ·
(σιδηροδρομικών διαβάσεων)
signal · (τρένων) signal

σημεί|ο το (εκκίνησης, άφιξης)
point · (σώματος) place ·
(διαφωνίας, βιβλίου) point ·
(παράστασης) part · (= βαθμός:
ανδρείας, χαράς) level · (ΦΥΣ, ΧΗΜ)
point · (αναγνώρισης, γήρανσης)
sign · (ΝΑΥΤ) signal · (ΜΑΘ) sign ·
**δεν έχει δώσει
~α ζωής** he hasn't shown any
sign of life · **τα τέσσερα ~α του
ορίζοντα** the four points of the
horizon ▷ **~ ελέγχου** checkpoint

▷ **~ στίξης** punctuation mark ·
▷ **~ τονισμού** accent

σημείωμα το note · (εφορίας,
Δ.Ε.Η.) bill

σημειωματάρι|ο το notebook

σημειών|ω ρ μ (λάθη, θέση) to
mark · (απουσία) to mark down ·
(σταυρό, σημείο ΠΡΟ-ΠΟ) to put ·
(διεύθυνση, έξοδα) to jot down ·
(σκορ) to keep · (= τονίζω) to
point out · (πρόοδο) to make ·
(τέρμα, καλάθι) to score · (ρεκόρ)
to set · (για πωλήσεις: κάμψη) to
show · **η θερμοκρασία θα
σημειώσει πτώση** temperatures
will fall

▶ **σημειώνεται, σημειώνονται** τρίτ
there is/are

σημείωση η (πληροφορίας,
στοιχείου) note · (στο τέλος
σελίδας) footnote · (στο τέλος
κεφαλαίου, κειμένου) end note ·
κρατώ ~ to make a note

▶ **σημειώσεις** πλ notes

σήμερα επίρρ today · **από ~ και
στο εξής** from this day forward · **ή
on · ~ -αύριο** any day now

σημερινός επίθ (ψωμί, αβγά)
fresh · (μενού, εφημερίδα) today's ·
(προβλήματα, θέματα) current ·
(γυναίκα) today's · (εντυπώσεις)
present

σηπτικός, -ή, -ό septic

σήραγγ|α η tunnel

σήτ|α η (παράθυρου) screen ·
(= κρησάρα) fine sieve

σηψαιμί|α η septicaemia (Βρετ.),
septicemia (Αμερ.)

σήψη η (δέντρου, ξύλου) decay ·
(πτώματος) decomposition ·
(κοινωνίας, ηθών) corruption

σθεναρός επίθ (αντίδραση)
spirited · (στάση) firm · (για πρόσ.)
strong

σθέν|ος το strength

σι το si

σιαγόν|α η jaw

σιάζ|ω *(ανεπ.)* ρ μ to straighten ·
▸ ρ αμ to get better ·
▸ **σιάχνομαι** μεσ to straighten
one's clothes

σιάτσου το shiatsu

σιγά επίρρ (= χαμηλόφωνα)
quietly · (κατ.: = αργά) slowly ·
πιο ~! slow down! ·
~ ~ (= λίγο-λίγο) gradually ·
(= προσεκτικά) carefully

σιγανός επίθ (φωνή, κλάμα) soft ·
(ουθμός) gentle · (φωτιά) low

σιγαστήρας ο silencer

σιγή η silence

σίγμα το sigma, 18th letter of the
Greek alphabet · **με το νι και με το
~** in every detail

σιγοβράζ|ω ρ μ to simmer ♦ ρ αμ
to simmer

σιγοβρέχ|ω ρ αμ **~ει** απρόσ it's
drizzling

σίγουρα επίρρ definitely · **~!**
definitely!

σιγουριά η (= ασφάλεια) safety ·
(= βεβαιότητα) certainty

σίγουρ|ος επίθ (μέρος, καταφύγιο)
safe · (θέση, δουλειά) secure ·
(= που αισθάνεται ασφαλής)
secure · (= που αισθάνεται βέβαιος)
sure · (νίκη, επιτυχία) certain ·
είναι ~ο ότι η/πως it is certain
that

σιδεράκια τα braces

σιδερένι|ος, -ια, -ιο iron · (νεύρα)
of steel

σίδερ|ο το iron · (= σιδέρωμα)
ironing ·
▸ **σίδερα** πλ *(ανεπ.)* bars

σιδέρω|μα το ironing

σιδερωμένος επίθ ironed

σιδερών|ω ρ μ to iron

σιδερώστρα η ironing board

σιδηροδρομικ|ός επίθ (γέφυρα)
railway (Βρετ.), railroad (Αμερ.) ·
(δυστύχημα, δίκτυο) rail ·
(συγκοινωνία, μεταφορές) rail ·
(ταξίδι) train · ▸ **σταθμός** railway

(Βρετ.) η railroad (Αμερ.) station
▸ **σιδηροδρομικός** ο railwayman
(Βρετ.), railroad worker (Αμερ.)

σιδηροδρομικώς επίρρ by rail

σιδηρόδρομ|ος ο (= οδός,
αμαξοστοιχία) railway (Βρετ.),
railroad (Αμερ.) · (= αμαξοστοιχία)
train · (για λέξεις) mouthful ·
▸ **σιδηρόδρομοι** πλ railways
(Βρετ.), railroads (Αμερ.)

σίδηρ|ος ο iron ▸ **Εποχή του
Σιδήρου** Iron Age

σιδηροτροχιά η rail

σιδηρουργείο το blacksmith's

σιδηρουργός ο ironworker

σιθρού see-through

σικ (χυλία, ντύσιμο) chic · (τρόποι)
refined · **ντύνομαι ~** to be chic η
stylish

σίκαλη η rye ▸ **ψωμί σικάλεως** rye
bread

Σικελία η Sicily

σιλουέτα η (ΤΕΧΝ: ανθρώπου)
silhouette · (κτηρίου, πλοίου)
outline · (= γραμμές σώματος)
figure · (= λεπτό σώμα) figure

σιμιγδάλι το semolina

σιμών|ω *(ανεπ.)* ρ μ to approach
♦ ρ αμ to approach

σινεμά το (= κινηματογράφος)
cinema · (= αίθουσα προβολής)
cinema (Βρετ.), movie theater
(Αμερ.) · **πηγαίνω ~** to go to the
cinema (Βρετ.), to go to the
movies (Αμερ.) ▸ **θερινό
~** open-air cinema (Βρετ.) η
movie theater (Αμερ.), ≈ drive-in
(Αμερ.)

σινιάλ|ο το signal · **κάνω ~** (σε
κπν) to signal (to sb)

σιντί το (= ψηφιακός δίσκος) CD ·
(= συσκευή ψηφιακού δίσκου) CD
player

σιντιρόμ το CD-ROM

σιντριβάνι το fountain

σίριαλ το (= σειρά) serial · (μτφ.)
long-drawn-out affair

σιρόπι το syrup (Βρετ.), sirup (Αμερ.)

▸ **σιρόπια, σορόπια** πλ (ειρ.) soppiness εν.

σιτάρι το wheat

σιτηρά τα cereals

σιτίζω ρ μ to feed

σιφονιέρα η chest of drawers

σίφουνας ο (ΜΕΤΕΩΡ) tornado · (μτφ.) whirlwind

σιχαίνομαι ρ μ απ (μυρωδιά, ακαθαρσίες) to hate · (κατάσταση, συμπεριφορά) to be sick of

σιχαμένος επίθ disgusting

σιχαμερ|ός (ανεπ.) επίθ (θέαμα, μυρωδιά) disgusting · (άνθρωπος) repulsive · (εγκληματίας, κατάσταση) sickening

σιωπή η silence

σιωπηλός επίθ silent · (= λιγόλογος) quiet

σιωπ|ώ ρ αμ (= σωπαίνω) to remain silent · (= σιγώ) to fall silent

σκάβ|ω ρ μ (χώμα, κήπο) to dig · (βράχια) to erode · (ξύλο, μάρμαρο) to carve

σκάζ|ω ρ μ (μπαλόνι, σακούλα) to burst · (για πρόσ.) to be the death of · (οικ.: λεφτά) to fork out (ανεπ.) ◆ ρ αμ (δέρμα, χείλη) to be chapped · (φρονεσκάλα) to burst · (τοίχος) to crack · (λάστιχο, μπάλα) to burst · (οβίδα, βόμβα) to go off · (καρπούζι, πεπόνι) to burst open · (για πρόσ.: = στενοχωριέμαι) to be in a state · (μπουμπούκια) to burst open · (στο φαγητό) to be bursting · (οικ.: = σωπαίνω) to shut up (ανεπ.) · **σκάσε!** (οικ.) shut up! (ανεπ.)

σκαθάρι το (έντομο) beetle · (για παιδί) handful

σκάκι το chess

σκάλ|α η (= κλίμακα) stairs πληθ. · (= σκαλί) step · (μτφ.: αξιών) scale · (για μαλλιά) layers πληθ. · (φώτων

αυτοκινήτου) position · (= αναβολέας) stirrup (ΜΟΥΣ) scale · (= λιμάνι) port

σκαλί το (σκάλας) step · (εξουσίας, ιεραρχίας) rung

σκαλίζω ρ μ (χώμα, κήπο) to hoe · (μύτη, δόντια) to pick · (για ζώα: χώμα) to scratch · (φωτιά, κάθβουνα) to poke · (έπιπλο, δέντρο) to carve · (χαρτιά, σημειώσεις) to rummage through · (βίντεο, υπολογιστή) to tamper with · (υπόθεση, παρελθόν) to dig up

σκάλισμα το (λουλουδιών, χώματος) hoeing · (μύτης, δοντιών) picking · (για ζώα: χώματος) scratching · (φωτιάς) poking · (επίπλου, ξύλου) carving · (χαρτιών, προσωπικών αντικειμένων) rummaging · (τηλεόρασης, βίντεο) tampering · (υπόθεσης, παρελθόντος) digging η raking up

σκαλιστήρι το hoe

σκαλιστός επίθ carved

σκαλοπάτι το (= σκαλί) step · (μτφ.: ιεραρχίας) rung · (επιτυχίας) stepping stone

σκαλών|ω ρ μ (φόρεμα, μπλούζα) to snag · (δουλειά, υπόθεση) to hit a snag

σκαλωσιά η scaffolding χωρίς πληθ.

σκαμνί το stool

σκαμπίλι (ανεπ.) το slap

σκαμπιλίζω (ανεπ.) ρ μ to slap

σκαμπό το stool

σκανδάλη η trigger

σκανδαλιά η = σκανταλιά

σκανδαλιάρης, -α, -ικο = σκανταλιάρης

σκανδαλίζω ρ μ (= σοκάρω) to shock · (= προκαλώ) to tease

σκάνδαλο το scandal ▷ **ροζ ~** sex scandal

σκανδαλώδης επίθ scandalous

Σκανδιναβή *η βλ.* **Σκανδιναβός**
Σκανδιναβί|α *η* Scandinavia
σκανδιναβικός *επίθ*
Scandinavian ▷ **–ές γλώσσες**
Scandinavian languages ▷**η**
Σκανδιναβική Χερσόνησος
Scandinavia
Σκανδιναβός *ο* Scandinavian
σκάνερ *ο/το* scanner
σκανταλιά *το* mischief *χωρίς*
πληθ.
σκανταλιάρ|ης, -α, -ικο
(*πολιτικός, καλλιτέχνης*)
trouble–making · (*για παιδιά*)
mischievous · (*γυναίκα, άνδρας*)
seductive
σκαντζόχοιρ|ος *ο* hedgehog
σκαρ|ί *το* (ΝΑΥΤ) slipway
(= *σκελετός πλοίου*) hull · (= *πλοίο*)
ship · (= *σωματική διάπλαση*)
constitution · (= *ιδιοσυγκρασία*)
temperament
σκάρτ|ος *επίθ* (*πράγματα, δουλειά*)
shoddy · (*μηχανή*) faulty ·
(*φρούτα*) bad · (*για πρόσ.*) bad
σκαρφάλωμ|α *το* (= *αναρρίχηση*)
climbing · (*τιμών*) rise
σκαρφαλών|ω *ρ αμ*
(= *αναρριχώμαι*) to climb · (*τιμές*)
to rise
σκαρών|ω *ρ μ* (*ιστορία,*
δικαιολογία) to make up ·
(*ζαβολιά*) to think up
σκασμέν|ος *επίθ* (*λάστιχο*) flat ·
(*τοίχος*) cracked ·
(= *στενοχωρημένος*) stressed · (*από*
το κακό μου) beside oneself ·
(= *κακομαθημένος*) rude
σκασμός (*οικ.*) *ο* –! shut up!
(*ανεπ.*)
▶ **σκατά** *πλ* shit *αν.*
σκάφανδρο *το* diving suit
σκάφη *η* (*για πλύσιμο*) tub · (*για*

ζύμωμα) bowl · (*για τρόφιμα ζώων*)
trough
σκάφος *το* (= *πλοίο*) boat ·
(= *αεροσκάφος*) plane · (= *κύριο*
σώμα πλοίου) hull · (ΜΟΥΣ)
soundbox ▷**πολεμικό ~** warship
▷ **~ αναψυχής** pleasure craft
σκάψιμο *το* digging
σκά|ω *ρ μαμ* = **σκάζω**
σκελετ|ός *ο* skeleton · (*γέφυρας*)
framework · (*γυαλιών*) frames
πληθ. (*ομιλίας, έκθεσης*)
framework
σκελίδ|α *η* clove
σκέλ|ος *το* (*ανθρώπου*) leg · (*ζώου*)
back leg (*συζήτησης,*
προβλήματος) part · (*ταξιδιού*) leg ·
(*διαβήτη, ζυγαριάς*) arm
σκεπάζ|ω *ρ μ* to cover ·
(*κατσαρόλα*) to put the lid on ·
(*σπίτι*) to put a roof on ·
(*σκάνδαλο, λάθος*) to cover up
▶ **σκεπάζομαι** *μεσ* to cover oneself
up · **κάνει κρύο, σκεπάσου** it's
cold, wrap up warm
σκέπασ|μα *το* (= *κάλυψη*:
προσώπου, φαγητού) covering ·
(= *κάλυμμα: κατσαρόλας*) lid ·
(*επίπλων*) cover
▶ **σκεπάσματα** *πλ* bedclothes
σκεπαστ|ός *επίθ* covered
σκεπή *η* roof
σκεπτικ|ός *επίθ* (= *συλλογισμένος*)
pensive · (*φιλόσοφος, φιλοσοφία*)
sceptic (*Βρετ.*), skeptic (*Αμερ.*)
σκέπτ|ομαι *ρ μ απ* (= *κάνω*
σκέψεις) to think about ·
(= *επινοώ*) to think of ·
(= *λογαριάζω*) to think of ·
(= *αναπολώ*) to think about ◆ *ρ*
αμ to think · **ούτε να το**
σκέφτεσαι! don't even think
about it! · **~ να κάνω κτ** to be
thinking about doing sth
σκέρτσο *το* coquetry
▶ **σκέρτσα** *πλ* flirtation *εν.*
σκέτ|ος *επίθ* (*μακαρόνια,*

μπιφτέκια) plain · (καφές) black · (ονίσκι) straight · (φόρεμα, έπιπλο) plain · (αποτυχία) complete · (απογοήτευση) utter · (παλιάνθρωπος) out-and-out

σκετς το sketch

σκεύος το utensil · **επιτραπέζια ~η** tableware ▶ **μαγειρικά ~η** cooking utensils

σκευοφόρος η luggage car ή van

σκευωρία η scheming χωρίς πληθ.

σκεπτικός επίθ = **σκεπτικός**

σκέπτομαι ρ μ/αμ αμτ = **σκέπτομαι**

σκέψη η thought · **βάζω κπν σε ~εις** to get ή set sb thinking

σκηνή η (= τέντα) tent · (θεάτρου) stage · (έργου, ταινίας) scene · (υστερίας, καβγά) scene · **κάνω ~ (σε κπν)** to make a scene (in front of sb) ▷**διευθυντής ~ς** stage manager

σκηνικός επίθ (εφέ, οδηγίες) stage · (τέχνη) dramatic
▶ **σκηνικό** το scene
▶ **σκηνικά** τα scenery εν.

σκηνοθεσία η (ΤΕΧΝ) direction · (μτφ.) act

σκηνοθέτης ο director

σκηνοθέτρια η βλ. **σκηνοθέτης**

σκηνοθετώ ρ μ (ταινία, έργο) to direct · (αργ.: θάνατο, διάρρηξη) to orchestrate

σκήπτρο το sceptre (Βρετ.), scepter (Αμερ.)

σκι το (πέδιλο) ski · (άθλημα) skiing
▷**θαλάσσιο ~** water-skiing

σκιά η (= σκιασμένος χώρος) shade χωρίς πληθ. · (= σκιασμένη επιφάνεια) shadow · (= σκοτεινή σιλουέτα) shadow · (για πρόσ.) shadowy form · **35 βαθμοί υπό ~ν** 35 degrees in the shade
▷**~ ματιών** eye shadow

σκιάζω ρ μ (μάτια, σπίτι) to shade · (εορτασμό, εκλογές) to cast a shadow over · (στη ζωγραφική:

σκίτσο) to shade (in)

σκιάζω[2] (ανεπ.) ρ μ to frighten
▶ **σκιάζομαι** μεσ to be scared ή frightened shading

σκιάχτρο το (σε καλλιέργειες) scarecrow · (= φόβητρο) bugbear · (= άσχημος άνθρωπος) gargoyle

σκιέρ ο/η skier

σκιερός επίθ shady

σκίζω ρ μ/αμ = **σχίζω**

σκίουρος ο squirrel

σκιρτώ ρ αμ (= αναπηδώ) to start · (χαρά) to hammer

σκίσιμο[1] το = **σχίσιμο**

σκιστός επίθ = **σχιστός**

σκίτσο το (= σκιαγράφημα) sketch · (= γελοιογραφία) cartoon · (= σύντομη περιγραφή) outline

σκλάβος ο slave

σκλαβώνω ρ μ (= υποδουλώνω) to enslave · (μτφ.: κατακτώ) to enthral
▶ **σκλαβώνομαι** μεσ to be tied down

σκληρά επίρρ (φέρομαι, συμπεριφέρομαι) roughly · (μιλώ) harshly · (μεταχειρίζομαι) roughly · (δουλεύω, προπονούμαι) hard

σκληραίνω ρ μ (χώμα) to make hard · (ψυχή, άτομο) to harden
♦ ρ αμ (ψωμί, έδαφος) to go hard · (τρόπους, φωνή) to harden

σκληρός επίθ (έδαφος, χώμα) hard · (τροφή, κρέας) tough · (δέρμα) hard · (σεντόνι, μαλλιά) rough · (ζωή, γεγονός) hard · (χειμώνας, πραγματικότητα) harsh · (μοίρα) cruel · (αλήθεια) hard · (ανταγωνισμός) fierce · (γλώσσα, λόγια) harsh · (νόμος, γονείς) harsh · (μεταχείρηση) rough · (εργοδότης) tough · (έθιμο, καρδιά) cruel · (βλέμμα) hard · (στάση, πολιτική) tough · (δουλειά, προπόνηση) hard · (διάβασμα) serious · (προσπάθεια) strenuous · (νερό, ναρκωτικά) hard

▷ **~ πυρήνας** hard core

σκληρύν|ω ρ μαμ = **σκληραίνω**

σκνίπα η gnat

σκοινένι|ος, -ια, -ιο = **σχοινένιος**

σκοιν|ί το = **σχοινί**

σκόν|η η (= κονιορτός) dust χωρίς πληθ. • (σαπουνιού, γάλακτος) powder

σκονίζω ρ μ to cover in dust

σκοντάφτ|ω ρ αμ (δυσβάτης, περαστικός) to trip up • (υπόθεση, προσπάθεια) to hit a snag

σκόντο το to discount

σκόπελ|ος ο (κυριολ.) reef • (μτφ.) obstacle

σκοπεύ|ω αμ to aim ◆ ρ μ (στόχο, λαγό) to aim at • (με τηλεσκόπιο, κιάλια) to observe

σκόπιμα επίρρ on purpose

σκόπιμ|ος επίθ deliberate • (= που εξυπηρετεί σκοπό) worthwhile

σκοπίμως επίρρ = **σκόπιμα**

σκοπ|ός ο (ενεργειών, πράξεων) aim • (για γάμο, προσωπικά σχέδια) intention • (ελευθερίας, δημοκρατίας) cause • (στρατοπέδου, κτηρίου) guard • (ΜΟΥΣ) tune

σκορ το score

σκοράρ|ω αμ to score

σκορδαλιά η mashed potatoes πληθ. with garlic

σκόρδ|ο το garlic

σκορδοστούμπ|ι το (= ψητό κρέας με σκόρδο) roast meat with garlic • (= σκορδόξιδο) garlic and vinegar paste

σκορδόψωμ|ο το garlic bread

σκόρερ ο scorer

σκόρ|ος ο moth

σκορπίζ|ω ρ μ (λουλούδια, στάχτη) to scatter • (σύννεφα, καπνό) to disperse • (διαδηλωτές, πλήθος) to disperse • (μυρωδιά) to give off • (ήχους) to make • (μελωδία) to play • (= διαλύω: φόβους, αμφιβολίες) to dispel • (γέλιο, ευτυχία) to spread • (θλίψη) to

exude • (χρήματα, περιουσία) to squander ◆ ρ αμ (γυαλιά, καφές) to scatter • (σύννεφα, κεφτέδες) to break up • (διαδηλωτές) to disperse • (παρέα) to break up

σκορπι|ός ο (ΖΩΟΛ) scorpion • (ψάρι) scorpion fish • (ΑΣΤΡΟΝ, ΑΣΤΡΟΛ) Scorpio

σκόρπι|ος, -ια, -ιο (χαρτιά, σελίδες) scattered • (λόγια, λέξεις) disjointed

σκοτάδ|ι το dark • **πέφτει (το) ~** to get dark • **φοβάμαι το ~** to be afraid of the dark

σκοτεινά επίρρ dark

σκοτεινιάζ|ω ρ μ to darken ◆ ρ αμ (ουρανός, ορίζοντας) to grow dark • (δωμάτιο) to go dark • (πρόσωπο) to cloud over • (βλέμμα, μάτια) to darken

▶ **σκοτεινιάζει** απρόσ it's getting dark • **μόλις ~ει** as soon as it gets dark

σκοτειν|ός επίθ (νύχτα, ουρανός) dark • (χρώμα) dark • (ιστορία, παρελθόν) mysterious • (ύφος, έννοια) obscure • (μυαλό, ψυχή) dark • (σχέδια) sinister • (δουλειές, συναλλαγές) shady • (μέλλον) uncertain • (εποχή, μέρες) dark • (ζωή) dismal • **στα ~α** (κυριολ., μτφ.) in the dark

σκοτίζ|ω ρ μ (δωμάτιο) to darken • (φίλους, γνωστούς) to bother

▶ **σκοτίζομαι** μεσ to worry

σκοτοδίνη η dizziness

σκοτούρ|α η (ανεπ.) dizziness

▶ **σκοτούρες** πλ worries

σκοτω|μα το (= θανάτωση) killing • (= εξάντληση) hassle

σκοτω|μός ο (φόνος) murder • (= συνωστισμός) crush

σκοτών|ω ρ μ (άνθρωπο, ζώο) to kill • (με πιστόλι, τουφέκι) to shoot • (= στενοχωρώ) to be the death of • (χέρι, πόδι) to hurt •

(= *απογοητεύω*) to upset ·
(*τραγούδι, μελωδία*) to murder
▸ **σκοτώνομαι** *μεσ* (= *χάνω τη ζωή μου*) to be killed · (= *αυτοκτονώ*) to kill oneself · (= *τραυματίζομαι*) to hurt oneself · (= *εξαντλούμαι*) to wear oneself out

σκούζω (*ανεπ.*) *ρ αμ* to scream

σκουλαρίκ|ι *το* earring

σκουλήκ|ι *το* (ΖΩΟΛ) worm · (*σε σάπια τροφή*) maggot ·
(= *μεταξοσκώληκας*) silkworm ·
(= *προνύμφη*) larva · (*μειωτ.: για ρόδα.*) worm

σκουντ|ώ *ρ μ* = *σπρώχνω με τον αγκώνα* to nudge · (= *παροτρύνω*) to push

σκούπα *η* (*απλή*) broom ·
(*ηλεκτρική*) vacuum cleaner ▸
βάζω ~ to vacuum

σκουπιδαρι|ό (*ανεπ.*) *το* rubbish dump (*Βρετ.*), garbage dump (*Αμερ.*)

σκουπίδ|ι *το* (= *ακαθαρσία*) rubbish *χωρίς πληθ.* (*Βρετ.*), trash *χωρίς πληθ.* (*Αμερ.*) · (*μειωτ.: για ρόδα.*) scum · (*για ταινία, βιβλίο*) rubbish (*Βρετ.*), trash (*Αμερ.*)
▸ **σκουπίδια** *πλ* rubbish *εν.* (*Βρετ.*), garbage *εν.* (*Αμερ.*), trash *εν.* (*Αμερ.*) · **κάνω** ~**α** to make a mess · **πετάω** *ή* **ρίχνω** *κτ* **στα** ~**α** to bin sth

σκουπιδο(ν)τενεκ|ές *το* dustbin (*Βρετ.*), garbage *ή* trash can (*Αμερ.*)

σκουπίζω *ρ μ* (*πάτωμα, πεζοδρόμιο*) to sweep · (*με ηλεκτρική σκούπα*) to vacuum · (*έπιπλα, τζάμια*) to clean · (*τραπέζι*) to wipe · (*με υγρασία: πιάτα, ποτήρια*) to dry · (*για ακαθαρσίες: πρόσωπο, στόμα*) to wipe · (*δάκρυα*) to wipe away

σκούπισ|μα *το* (*πατώματος, αυλής*) sweeping · (*με ηλεκτρική σκούπα*) vacuuming · (*τραπεζιού*) wiping · (*γυαλιών, επίπλων*) cleaning · (*για*

υγρασία: πιάτων, ποτηριών) drying · (*για ακαθαρσίες: χειλιών, δακρύων*) wiping

σκουριά *η* rust

σκουριάζω *ρ μ* (*σίδερο, κάγκελα*) to go rusty · (*μτφ.*) to be rusty ◆ *ρ μ* to make rusty

σκουριασμέν|ος *επίθ* (*σίδερο, λουκέτο*) rusty · (*ιδέες, αντιλήψεις*) stuffy

σκούρ|ος, -α, -ο dark

σκούτερ *το* scooter

σκουφάκ|ι *το* cap ▹ ~ **του μπάνιου** bathing cap

σκουφ|ί *το* cap

σκούφ|ος *ο* cap

σκύβ|ω *ρ αμ* (*προς τα κάτω*) to bend down · (*προς τα μπρος*) to lean over · ~ **για να αποφύγω κτ** to duck out of the way of sth ·
~ **έξω από το παράθυρο** to lean out of the window · ~ **κάτω** to bend down

σκύλ|α *η* (= *θηλυκό σκυλί*) bitch · (*υβρ.: για γυναίκα*) bitch (*χυδ.*)

σκυλάκ|ι *το* (= *μικρόσωμο σκυλί*) small dog · (= *κουτάβι*) puppy

σκυλ|ί *το* (= *σκύλος*) dog · (*μειωτ.: για ρόδα.*) animal

σκυλιάζω *ρ αμ* to fly into a rage ◆ *ρ μ* to infuriate

σκύλ|ος *ο* (= *αρσενικό σκυλί*) dog · (= *σκυλόψαρο*) dogfish

σκυλόσπιτ|ο *το* kennel (*Βρετ.*), doghouse (*Αμερ.*)

σκυλόψαρ|ο *το* dogfish

σκυμμέν|ος *επίθ* bent

σκυτάλ|η *η* baton

σκυταλοδρομί|α *η* relay race

σκυφτ|ός *επίθ* stooping

σκωληκοειδίτι|δα (*ανεπ.*) *ο* = σκωληκοειδίτιδα

σκωληκοειδίτι|δα *η* appendicitis

Σκωτί|α *η* Scotland

Σκωτσέζ|α *η* Scot

σκωτσέζικ|ος *επίθ* (*ιστορία,*

μουσική) Scottish · (προφορά)
Scots

Σκωτσέζ|ος *ο* Scot · **οι ~οι** the
Scots

σλάλομ *το* slalom

σλιπ *το* briefs πληθ.

σλίπινγκ-μπαγκ *το* sleeping bag

Σλοβακί|α *η* Slovakia

σλοβακικός, -ή, -ό Slovak
  ▶ **Σλοβακικά, Σλοβάκικα** *τα* Slovak

Σλοβάκ|ος *ο* Slovak

Σλοβενί|α *η* Slovenia

σλοβενικός, -ή, -ό Slovene
  ▶ **Σλοβενικά, Σλοβένικα** *τα*
  Slovene

Σλοβέν|ος *ο* Slovene

σμάλτ|ο *το* enamel

σμαράγδ|ι *το* emerald (stone)

σμέρν|α *η* moray (eel)

σμήν|ος *το* (μελισσών, ακρίδων)
swarm · (χελιδονιών, σπουργιτιών)
flock · (αεροπλάνων) flight

σμίγω *ο αμ* (= συναντιέμαι: φίλοι,
συνεργάτες) to meet (up) · (= κάνω
σχέση) to get together ·
(= ενώνομαι: δρόμοι, ωκεανοί) to
meet ◆ *ρ μ* to bring together

σμίκρυνσ|η *η* reduction

σμικρύν|ω *ρ μ* to reduce

σμίλ|η *η* chisel

σμόκιν *το* dinner jacket (Βρετ.),
tuxedo (Αμερ.)

σμπάρ|ος *ο* (ανεπ.) shot

σνακ *το* snack

σοβαρ|ά *επίρρ* (= χωρίς αστεία)
seriously · (= ευπρεπώς) soberly ·
(= σε κρίσιμη κατάσταση)
seriously · (για εκπληξη, απορία:
κερδίζω, γίνομαι) really ·
(= υπεύθυνα και συστηματικά)
conscientiously · **είμαι
~** (ασθενής, τραυματίας) to be in a
critical condition · **μιλάς ~;** are
you serious? · **~;** really?

σοβαρεύ|ω *ρ αμ* to get ή become
serious
  ▶ **σοβαρεύομαι** *μεσ* (= παίρνω

σοβαρό ύφος) to get ή become
serious · (= ωριμάζω) to settle
down

σοβαρός *επίθ* (= αξιοπρεπής:
άνθρωπος) reliable ·
(οικογενειάρχης) decent · (πελάτης)
good · (= που έχει αυστηρό ύφος)
serious · (επιστήμονας) eminent ·
(καλλιτέχνης) serious · (τραύμα,
αρρώστια) serious · (εγκαύματα)
severe · (προτάσεις, έρευνα)
serious · (πρόβλημα, απόφαση)
serious · (λόγοι) good · (βοήθεια)
real · (ύφος, πρόσωπο) serious ·
(ρούχα) sober · (χρώματα) quiet ·
(βιβλίο, μουσική) serious · (ποσό)
considerable · **παίρνω κπν/κτ στα
~ά** to take sb/sth seriously · **το
λες στα ~ά;** do you really mean
that?

σοβαρότητα *η* (= υπευθυνότητα)
conscientiousness · (προβλήματος,
κρίσης) gravity · (ασθένειας,
τραύματος) severity

σοβινισμ|ός *ο* chauvinism
  ▶ **ανδρικός ~** (= male) chauvinism

σοβινιστής *ο* chauvinist

σοβινίστρια *η* βλ. **σοβινιστής**

σόγι|α *η* (φυτό) soya (Βρετ.), soy
(Αμερ.) · (σπόρος) soya bean
(Βρετ.), soybean (Αμερ.)

σόδ|α *η* fizzy drink (Βρετ.), soda
(Αμερ.) · **ουίσκι με ~** whiskey
(Βρετ.) ή whiskey (Αμερ.) and
soda ▪ **μαγειρική/φαρμακευτική
~** bicarbonate of soda

σοδει|ά *η* (= συγκομιδή) harvest ·
(= καρποί συγκομιδής) crop

σοδιάζ|ω *ρ μ* to harvest

σόι *το* (= καταγωγή) family ·
(= συγγένεια) relatives πληθ. ·
(μειωτ.: = ποιόν) kind

σοκάκ|ι *το* alley

σοκάρ|ω *ρ μ* to shock
  ▶ **σοκάρομαι** *μεσ* to be shocked

σοκολάτ|α *η* (γάλακτος,
αμυγδάλου) chocolate · (ζεστό

ρόφημα hot chocolate

σοκολατάκι *το* chocolate

σοκολατένι|ος, -ια, -ιο chocolate

σόλ|α *η* sole

σόλοικ|ος *επίθ* ungrammatical

σολομ|ός *ο* salmon

σόμπ|α *η* (πετρελαίου, γκαζιού) heater • (με ξύλα) stove

σόου *το* show

σορτ(ς) *η* shorts *πληθ.*

σος *η* sauce

σοσιαλιστ|ής *ο* socialist

σου¹ *το* choux bun

σου² *αντων* (προσωπική αντωνυμία) you • (κτητική αντωνυμία) your • **είναι δικό ~** it's yours. **~ είπα τι θέλω!** I told you what I want! • **τα βιβλία ~** your books

σουβενίρ *το* (= ενθύμιο) memento • (για τουρίστες) souvenir

σούβλ|α *η* spit

σουβλάκ|ι *το* souvlaki • **~ με πίτα** shish kebab

σουβλερ|ός *επίθ* sharp • (μύτη) pointed

σουβλ|ί *το* (= μικρή σούβλα) small spit • (εργαλείο) bradawl

σουβλίζ|ω *ρ μ* (κρέας) to skewer • (αρνί) to roast on a spit ♦ *ρ αμ* to spend Easter

σουγι|άς *ο* penknife

Σουηδί|α *η* Sweden

σουηδικ|ός *επίθ* Swedish ▷ **-ή γυμναστική** Swedish gymnastics *εν.*

▷ **Σουηδικά, Σουηδέζικα** *τα* Swedish

Σουηδ|ός *ο* Swede

σουλτανίν|α *η* (σταφύλι) sultana grape • (σταφίδα) sultana

σουξέ *το* (για τραγούδι) hit • (για ταινία) box-office success

σούπ|α *η* soup

σούπερ-μάρκετ, σουπερμάρκετ *το* supermarket

σουπι|ά *η* (θαλασσινό μαλάκιο) cuttlefish • (για πρόσ.: = πονηρός) sly fox

σούρα¹ *η* pleat

σούρα² (ανεπ.) *η* **γίνομαι ή είμαι ~** to be smashed (ανεπ.)

σούρουπ|ο *το* dusk

σουρώνω¹ *ρ μ* (μακαρόνια) to drain • (χαμομήλι) to strain • (φούστα, φόρεμα) to pleat ♦ *ρ αμ* to pleat

σουρώνω² (ανεπ.) *ρ αμ* to get smashed (ανεπ.)

σουρωτήρ|ι *το* (για χαμομήλι, τσάι) strainer • (για μακαρόνια) colander

σουσάμ|ι *το* sesame

σούστ|α *η* (καναπέ, κρεβατιού) spring • (φορέματος) press stud

σουτάρ|ω *ρ μ* to shoot

σουτζουκάκ|ια *τα* spicy meatballs

σουτιέν *το* bra

σούρφρωμ|α (ανεπ.) *το* (= ζάρωμα) crease • (γηρατειών) wrinkling • (αργκ.: χρημάτων, πορτοφολιού) pinching (ανεπ.)

σουρφρώνω (ανεπ.) *ρ αμ* (ρούχο, ύφασμα) to crease • (για πρόσ.) to become wrinkled ♦ *ρ μ* (φόρεμα) to crease • (αργκ.: = κλέβω) to pinch (ανεπ.)

σοφί|α *η* wisdom

σοφίτ|α *η* loft

σοφ|ός *επίθ* (άνθρωπος, γέροντας) wise • (επιστήμονας, δάσκαλος) learned • (νέος, παιδί) clever • (κουβέντα, λόγια) wise

♦ **σοφός** *ο* wise man

σπαγγέτι *το* = **σπαγκέτι**

σπάγγ|ος *ο* = **σπάγκος**

σπαγκέτι *το* spaghetti

σπάγκ|ος *ο* (= λεπτό σχοινί) string • (αργκ.: για πρόσ.) miser

σπάζ|ω *ρ μ* to break • (κώδικα) to crack • (μονοτονία) to relieve • (γεύση) to counteract • (προκαταλήψεις) to break down • (παράδοση) to break with ♦ *ρ αμ*

to break · (λάστιχο) to burst ·
(πόδι, χέρι) to be broken · (δέρμα,
πρόσωπο) to wrinkle · (γκίνια,
γκαντεμιά) to stop
▶ **σπάζομαι** μεσ (αργκ.) to be pissed
off (Βρετ.) (χυδ.), to be pissed
(Αμερ.) (ανεπ.)
σπαθί το (= ξίφος) sword · (στην
τράπουλα) club · **ντάμα/δέκα
~** queen/ten of clubs
σπανάκι το spinach
σπανακόπιτα η spinach pie
σπάνια επίρρ rarely
σπανίζω ρ αμ to be rare
σπάνιος, -ια, -ιο (γραμματόσημο,
είδος) rare · (χαρακτήρας, ομορφιά)
exceptional
σπανίως επίρρ = **σπάνια**
σπαράγγι το asparagus
σπαράζω ρ μ to tear apart ή to
pieces ◆ αμ (επίσης **σπαράσσω**
= σπαρταρώ) to shiver violently ·
(από τον πόνο) to writhe · (επίσης
σπαράσσω = καταθλίβομαι) to be
heartbroken
σπαρτά τα crops
σπαρταρώ ρ αμ to writhe
Σπάρτη η Sparta
σπάσιμο το (τζαμιού, ξύλου)
breaking · (χεριού) breaking ·
(αργκ.: = έντονος εκνευρισμός)
damn nuisance (ανεπ.) · (κώδικα)
cracking
σπασμένος επίθ broken · (αργκ.:
= εκνευρισμένος) pissed off (Βρετ.)
(χυδ.), pissed (Αμερ.) (ανεπ.)
σπασμός ο spasm
σπαστός επίθ (καρέκλα) folding ·
(Αγγλικά, Ελληνικά) broken ·
(μαλλιά) wavy ▷ **~ό ωράριο**
flextime (Βρετ.), flextime (Αμερ.)
σπατάλη η (χρημάτων, χρόνου)
waste · (εταιρείας) overspending
σπάταλος επίθ extravagant ·
(επιχείρηση, διαχείριση) wasteful
σπαταλώ ρ μ to waste
σπάω ρ μ/αμ = **σπάζω**

σπείρα η (λαθρεμπόρων,
αρχαιοκαπήλων) ring · (βίδας)
thread · (σχοινιού, ελατηρίου) coil ·
(δακτυλικών αποτυπωμάτων)
whorl · (αγγείου) helix ·
(κυκνοκάνου) volute
σπέρμα το (ΒΙΟΛ. ΙΑΤΡ) semen ·
(ΒΟΤ) seed · (διχόνοιας, κακού)
seed
σπέρνω ρ μ (χωράφι, σιτάρι) to
sow · (πανικό, τρόμο) to spread ·
(ιδέες) to disseminate
σπέσιαλ special
σπεσιαλιτέ η speciality (Βρετ.),
specialty (Αμερ.)
σπετζοφάι το casserole with
sausage, tomatoes and green
peppers
σπηλαίο το cave
σπηλιά η cave
σπίθα η (= σπινθήρας) spark ·
(πολέμου) trigger · (έρωτα) spark ·
(για πρόσ.) bright spark
σπιθαμή η (= ανοιχτή παλάμη)
span · (μτφ.) inch
σπιθούρι το (ανεπ.) to spot
σπινθήρας ο spark
σπίρτο το (ασφαλείας) match ·
(ανεπ.: = δυνατό ποτό) strong stuff
(ανεπ.) · **ανάβω ένα ~** to strike a
match
σπίτι το (= κατοικία) house ·
(= οικογένεια) family · (= σπιτικό)
home · (= νοικοκυριό) household ·
κάθομαι to stay at home · **κάνω
ή μαζεύω ή τακτοποιώ το ~** to
tidy up the house · **πάω ~** to go
home · **σαν στο ~ σου!** make
yourself at home! ▷ **εξοχικό
~** country house
σπιτικό το (= σπίτι) home ·
(= νοικοκυριό) household
σπιτικός επίθ (φαγητό, γλυκό)
homemade · (ζωή) home ·
(ατμόσφαιρά) homely (Βρετ.),
homey (Αμερ.) · **-ές δουλειές**
housework εν.

σπιτονοικοκυρ|ά η landlady
σπιτονοικοκύρ|ης ο landlord
σπλήν|α η (επίσης **~ς**: ΑΝΑΤ)
spleen · (φαγητό) spleen
σπλήν|α η βλ. **σπλήνα**
σπόγγ|ος ο sponge
σπονδυλικ|ός επίθ vertebral ▷ **~ή**
στήλη spinal · (επιστήμονας) top ·
σπόνδυλ|ος ο vertebra
σπορ το sport · **ντύνομαι ~** to
dress casually ▷ **~ αυτοκίνητο**
sports car
▶ **σπορ** τα sports
Σποράδ|ες οι οι ~ the Sporades
σποραδικ|ός επίθ (βροχοπτώσεις)
scattered · (πυρά) sporadic
σπόρ|ος ο (ΒΟΤ) seed · (= σπέρμα)
sperm · (ανεπ.: = απόγονος)
offspring
σποτ το (= σύντομο διαφημιστικό)
commercial · (= φορητό φωτιστικό)
spotlight
σπουδάζ|ω ρ αμ (= ακολουθώ
κύκλο σπουδών) to study ·
(= μορφώνομαι) to get an
education ♦ ρ μ to study
σπουδαί|ος, -α, -ο (απόφαση,
υπόθεση) important · (νέα) big ·
(παράγοντας) important ·
(ηθοποιός) top · (επιστήμονας) top ·
(γιατρός, έργο) excellent ·
(= κερδοφόρος: δουλειά) big ·
(= σωστός: άνθρωπος, χαρακτήρας)
decent · **~α δικαιολογία βρήκες!**
(ειρ.) that's a fine excuse! ·
~ φίλος είσαι! (ειρ.) you're a fine
friend!
σπουδαιότητα η importance
σπουδασμέν|ος επίθ educated
σπουδαστ|ής ο student
σπουδάστρι|α η βλ. **σπουδαστής**
σπουδ|ή η (= μελέτη) study ·
(= γοηγοράδα) haste
▶ **σπουδές** πλ studies ▷ **~κύκλος**
~ών course ▷ **μεταπτυχιακές ~ες**
post–graduate studies ▷ **οδηγός**
~ών course prospectus ▷ **τίτλος**

~ών qualification
σπουργίτης ο = **σπουργίτι**
σπουργίτ|ι το sparrow
σπρέι το spray
σπρίντερ ο/η sprinter
σπρωξι|ά η push
σπρώξ|ιμο το push
σπρώχν|ω ρ μ to push ·
(= παρασύρω) to drive ♦ ρ αμ to
push
σπυράκι το spot
σπυρ|ί το grain · (= εξάνθημα)
spot · **βγάζω ~ιά** (οικ.) it turns my
stomach
στάβλ|ος ο (αλόγων) stable ·
(αγελάδων) stall · (μτφ.) mess
σταγόν|α η drop ▷ **~ βροχής**
raindrop
▶ **σταγόνες** πλ drops
σταδιακ|ός επίθ gradual
στάδι|ο το (ΑΘΛ) stadium ·
(ανάπτυξης, διαδικασίας) stage
σταδιοδρομί|α η career
σταθερ|ά¹ η constant
σταθερά² επίρρ steadily
σταθεροποι|ώ ρ μ to stabilize
σταθερ|ός επίθ (χέρι, φωνή)
steady · (γέφυρα, σκάλα) stable ·
(θερμοκρασία) even · (ταχύτητα,
πτώση τιμών) steady · (καιρός)
settled · (τιμές, νόμισμα) stable ·
(απασχόληση, παράγοντας)
constant · (απόφαση) firm ·
(= πιστός: φίλος) firm · (σχέση)
stable · (απόψεις, αρχές)
unwavering · **~ό τηλέφωνο** land
line
σταθερότητ|α η (χεριού, φωνής)
steadiness · (γέφυρας) stability ·
(καιρού, τιμών, αγοράς) stability ·
(θερμοκρασίας) evenness ·
(ταχύτητας) steadiness ·
(απόφασης) firmness
σταθμάρχης ο stationmaster
στάθμευσ|η η parking
σταθμεύ|ω ρ αμ (οδηγός, όχημα)
to park · (ταξιδιώτες, στρατιώτες)

to stop ◆ ϱ μ to park

στάθμη η = αλφάδι) plumb line · (νερού, λίμνης) level · (= επίπεδο) level

σταθμίζω ϱ μ (= ζυγίζω) to weigh · (= αλφαδιάζω) to plumb · (μτφ.) to weigh up

σταθμός ο station ▷ηλεκτρικός ~ power plant ▷τηλεοπτικός ~ TV station

στάλα (λογοτ.) η drop

σταλαγματιά (λογοτ.) η drop

σταλάζω ϱ μ (κονιάκ, φάρμακο) to drip · (μτφ.) to instil (Βρετ.), to instill (Αμερ.) ◆ ϱ α μ to drip

σταματώ ϱ αμ to stop · (μαθήματα) to end · (ταξιδιώτες) to stop off ◆ ϱ μ to stop · (εχθρό) to intercept · (πληρωμές) to drop out · **σταμάτα (μια)!** stop it! · (= μη μιλάς) be quiet!

σταμνα η pitcher

σταρ ο/η star ▷ **~ Ελλάς** Miss Greece

στάρι το = σιτάρι

στάση η (σώματος) position · (= σταμάτημα: οδηγού, οχήματος) stop · (πληρωμών, συναλλαγών) suspension · (= συμπεριφορά) attitude · (= εξέγερση) rebellion · (για πλήρωμα, στρατιώτες) mutiny · **κάνω ~** (οδηγός, λεωφορείο) to stop ▷ ~ **εργασίας** stoppage ▷ ~ **λεωφορείου** bus stop

στάσιμ|ος επίθ stagnant · (κατάσταση υγείας) stable · (μαθητής) not progressing · **κρίνομαι ~ για προαγωγή** to be judged unfit for promotion

στασιμότητα η stagnation · (συνομιλιών) deadlock

στατιστική η statistics εν.

σταύλος ο = στάβλος

σταυροδρόμι το crossroads πληθ.

σταυρόλεξ|ο το crossword (puzzle)

σταυροπόδι επίρρ **κάθομαι ~** to sit cross-legged

σταυρός ο cross ▷**Ερυθρός Σταυρός** Red Cross ▷**Τίμιος Σταυρός** Holy Cross

σταυροφορί|α η (ιστ) Crusade · (μτφ.) crusade

σταυρώνω ϱ μ (= θανατώνω με σταύρωση) to crucify · (= ταλαιπωρώ) to pester · (ξύλα, πόδια) to cross · **~ τα χέρια** to cross one's arms · (μτφ.) to do nothing

σταφίδ|α η (αμπέλι) vineyard · (καρπός) raisin

σταφιδόψωμ|ο το raisin ή currant bread

σταφυλή η uvula

σταφύλι το grapes πληθ.

στάχτη η (ξύλου, τσιγάρου) ash χωρίς πληθ. · (νεκρού) ashes πληθ.

σταχτ|ής, -ιά, -ί grey (Βρετ.), gray (Αμερ.)
▶ **σταχτί** το ash (grey (Βρετ.) ή gray (Αμερ.))

σταχτοδοχείο το ashtray

σταχτοθήκη η = σταχτοδοχείο

στάχυ το ear (of corn)

στεγάζω ϱ μ (σεισμοπαθείς, πρόσφυγες) to shelter · (σπίτι) to roof · (γήπεδο) to cover
▶ **στεγάζομαι** μεσ to be housed

στεγαν|ός επίθ watertight
▶ **στεγανά** τα bulkheads

στέγ|η η (= σκεπή) roof · (= σπίτι) house

στεγνοκαθαριστήρι|ο το dry-cleaner's

στεγν|ός επίθ (ρούχα, ξύλα) dry · (άνθρωπος, φωνή) dull ▷**-ό καθάρισμα** dry-cleaning

στέγνωμα το drying

στεγνώνω ϱ μ to dry ◆ ϱ αμ (άνθρωπος) to dry oneself · (σεντόνι) to dry · (λαιμός, στόμα) to go dry

στείβω ϱ μ = στύβω

στέκ|α η (*μπιλιάρδου*) cue · (*για μαλλιά*) hairpin · (*μειωτ.: για πρόσ.*) beanpole (*ανεπ.*)

στέκ|ι το haunt

στέκ|ομαι ρ αμ (*επίσης ~ω:* = *παύω να προχωρώ*) to stop · (*επίσης ~ω:* = *είμαι ορθός*) to stand (up) · (*επίσης ~ω:* *κάστρο, εκκλησία*) to stand · (*πορτατίφ, βάζο*) to stand up · (= *αποδεικνύομαι*) to be · **στάσου ένα λεπτό!** wait a minute!

στέκ|ω (*προφ., λογοτ.*) ρ αμ ~**ει,** ~**ουν** *τρίτ* to stand up · βλ. κ. **στέκομαι**

στέλεχ|ος το (*επιχείρησης, τράπεζας*) executive · (*κόμματος*) official · (ΣΤΡ) cadre · (= *τμήμα διπλότυπου μπλοκ*) counterfoil

στέλν|ω ρ μ to send

στέμ|μα το to crown

στεναγμ|ός ρ = *αναστεναγμός* sigh · (= *θρήνος*) lamenting

στενάζ|ω ρ αμ (= *αναστενάζω*) to sigh · (= *θρηνώ*) to lament

στεναχωρημέν|ος επίθ =
▸ **στενοχωρημένος**

στεναχώρι|α η = **στενοχώρια**

στεναχωρ|ώ ρ μ = **στενοχωρώ**

στένε|μα το (*παντελονιού, φούστας*) taking in · (*δρόμου*) narrowing · **χρειάζεται ή θέλει** (*ρούχο*) it needs taking in

στενεύ|ω ρ μ (*παντελόνι, φούστα*) to take in · (*για παπούτσια*) to be too tight for ◆ ρ αμ (*δρόμος*) to narrow · (*περιθώρια, ορίζοντες*) to be narrow

στεν|ό το alley
▸ **στενά** πλ straits

στενογραφί|α η shorthand

στενοκέφαλ|ος επίθ (= *στενόμυαλος*) narrow–minded · (= *ξεροκέφαλος*) stubborn

στενόμυαλ|ος επίθ =
▸ **στενοκέφαλος**

στεν|ός, -ή, -ό (*παπούτσια, ρούχα*)

tight · (*δρόμος*) narrow · (*δωμάτιο*) cramped · (*χώρος*) confined · (*συγγενείς, συνεργασία*) close · (*φίλος*) close · (*σχέσεις*) intimate · (*κύκλος*) close · (*ομαλό*) narrow

στενότητ|α η (*χώρου, δωματίου*) crampedness · (*δρόμου*) narrowness · (*πνεύματος*) narrowness · (*χρημάτων, χρόνου*) lack · (*σχέσης*) closeness

στενοχωρημέν|ος επίθ sad · **είμαι/ φαίνομαι** ~ to be/look sad ή upset

στενοχώρι|α η sadness
▸ **στενοχώριες** πλ troubles

στενόχωρ|ος επίθ (*σπίτι, δωμάτιο*) cramped · (= *που δυσφορεί εύκολα*) easily upset · (*απασχόληση, δουλειά*) distressing

στενοχωρ|ώ ρ μ to upset
▸ **στενοχωρούμαι, στενοχωριέμαι** *μεσ* to be upset

στερε|ός, -ή ή -ά, -ό (*σώμα, καύσιμα*) solid · (*επίσης* **στέρεος:** *επιχε θεμελίωση, λογική*) sound · (*επίσης* **στέρεος:**) firm ▸ **Στερεά Ελλάδα** Central Greece

στέρε|ος βλ. **στερεός**

στερεοφωνικ|ός επίθ stereo ▷ -**ό** (*συγκρότημα*) stereo (sound)

στερεύ|ω ρ αμ (*ποταμός, πηγή*) to dry up · (*μτφ.: δάκρυα*) to dry

στερεών|ω ρ μ (*τραπέζι*) to make stable · (*ράφι*) to fix · (*παράθυρο*) to prop up · (*μαλλιά*) to pin up ή back · (*φιλία*) to cement ◆ ρ αμ **στεριώνω** η ~ **σε μια δουλειά** to have a steady job

στέρησ|η η loss ▷ **συναισθηματική** ~ emotional deprivation
▸ **στερήσεις** πλ deprivation *εν*.

στεριά η land

στερλίν|α η sterling

στέρν|α η water tank

στέρν|ο το sternum

στερ|ώ ρ μ ~ **κποιου κτ** ή **από κπν κτ** to deprive sb of sth

▸ **στερούμαι** μεσ (οικογένεια) to miss · (φαγητό, ρούχα) to want for · (υπηρεσίες) to do without

στέφαν|α τα wedding wreaths

στεφάνι η (βαρελιού) hoop · (τρογγού) rim · (στην καλαθοσφαίριση) rim

στεφάν|ι το (γενικότ.) wreath · (στην καλαθοσφαίριση) rim · (βαρελιού) hoop · (= νυφικός στέφανος) wedding wreath (= νόμιμος σύζυγος) spouse

στεφανών|ω ρ μ (νικητή, αθλητή) to crown · (= παντρεύω) ≈ to be best man to

▸ **στεφανώνομαι** μεσ to get married

στηθόδεσμ|ος ο bra

στήθ|ος το (ANAT) chest · (= μαστοί γυναίκας) breasts πληθ. · (ΜΑΓΕΙΡ) breast

στήλη η (ΑΡΧ) pillar · (καπνού) pillar · (εφημερίδας) column
▷ **επιτύμβια** ~ headstone
▷ **ηλεκτρική** ~ battery

στήν|ω ρ μ (κοντάρι, μπουκάλι) to stand · (τέντα) to pitch · (καταυλισμό) to set up · (άγαλμα, μνημείο) to put up · (επιχείρηση, εταιρεία) to set up · (παράσταση) to put on · (αργ.: αγώνα, διαγωνισμό) to fix · (= μοντάρω: μηχανή) to mount · (κεραία: σε ραντεβού) to erect · ~ **κπν** (σε ραντεβού) to stand sb up

▸ **στήνομαι** μεσ to hang around

στήριγμα το support · (= μέσο στήριξης) prop

στηρίζ|ω ρ μ (= υποβαστάζω) to support · (σκάλα) to stand · (αγκώνες, κεφάλι) to rest · (= βοηθώ) to support · (ιδέα, κόμμα) to support · (απόφαση, απόψεις) to base · (ελπίδες) to pin

▸ **στηρίζομαι** ~ομαι σε to rely on

στήριξ|η η (= στερέωση) support · (σκάλας) standing · (κεφαλιού) resting

στήσιμ|ο το (πασσάλου, σημαίας) putting up · (τέντας) pitching · (κεραίας) putting up · (επιχείρησης, νοικοκυριού) setting up · (παράστασης) putting on · (σε ραντεβού) standing up · (αγώνα) fixing

στιβάδ|α η layer

στίβ|ος ο (σταδίου) track · (ιπποδρόμου) racecourse (Βρετ.), racetrack (Αμερ.) · (ΑΘΛ: = αγωνίσματα) athletics πληθ. (Βρετ.), track and field (Αμερ.) · (μτφ.) arena

στίγμα το (= κηλίδα) spot · (σπάν.: = λεκές) mark · (= ηθική κηλίδα) disgrace · (για πλοίο, αεροπλάνο) position · (ΒΟΤ) stigma

στιγματίζ|ω ρ μ (= σημειώνω με στίγματα) to spot · (= στηλιτεύω) to condemn · (= επιδρώ: ζωή, περιοχή) to mark · (υπόληψη, φήμη) to tarnish · (επ̇τειο) to cast a pall over

στιγμ|ή η moment · **ανά πάσα** ~ at any time · **από** ~ **σε** ~ any moment ή time (now) · **από τη μια** ~ **στην άλλη** from one moment to the next · **από τη** ~ **που** (= αφότου) from the moment (that) · (= εφόσον) seeing as · **μέχρι** ~ **ς** up until ή to now · **μια** ~! hang on a minute! · **την τελευταία** ~ at the last minute

στιγμιαί|ος, -α, -ο (λάμψη) brief · (ξέσπασμα) momentary · (καφές) instant

στιλέτ|ο το stiletto (knife)

στιφάδ|ο το meat stewed in onions and tomato sauce

στίφ|ος το horde

στίχ|ος ο verse

▸ **στίχοι** πλ lyrics

στοά η (ΑΡΧ) stoa · (= πέρασμα) passageway · (= λαγούμι) gallery

στοίβα *η* pile

▷ εμπορική ~ shopping arcade

▷ τεκτονική ~ Masonic lodge

στοίβ|α *η* pile

στοιβάζω *ρ μ* (βιβλία, ρούχα) to put in a pile · (= στριμώχνω σε στενό χώρο) to cram

▸ **στοιβάζομαι** *μεσ* to cram

στοιχεί|ο *το* (= μέρος συνόλου) element · (ΦΥΣ, ΧΗΜ) element · (ΤΥΠ) type · (προόδου, ενημερώσης) factor · (= απόδειξη) proof χωρίς πληθ. · (= πληροφορίες) information χωρίς πληθ. · (= θεμελιώδεις γνώσεις) basics πληθ. ▸ **αποδεικτικό ~** proof χωρίς πληθ. ▸ **περιουσιακά ~** assets

▸ **στοιχεία** *πλ* (= δεδομένα) data

στοιχειώδης *επίθ* (γραμματική, αρχή) basic · (ανάγκη, δικαιώματα) basic · (γνώσεις) basic

▷ ~ **εκπαίδευση** primary education (Βρετ.), elementary education (Αμερ.)

στοίχημα *το* bet · (= ποσό) stake · **βάζω** ~ to make a bet · (επίσης μτφ.) to bet

στοιχηματίζω *ρ μ* to bet ♦ *ρ αμ* to bet

στοιχίζω *ρ μ* (= κοστίζω) to cost · (= προξενώ λύπη: θάνατος, χωρισμός) to upset · (= διατάσσω σε στοίχους) to line up ♦ *ρ αμ* (= κοστίζω) to cost · **έχω υψηλό κόστος** to cost a lot · **φθηνά** ή **πολύ** to be cheap · **ακριβά** ή **πολύ** to cost a lot

στοίχος *ο* line

στολή *η* uniform ▷ **αστυνομική** ~ police uniform ▷ **για καταδύσεις** wet suit ▷ **δύτη** diving suit ▷ ~ **του σκι** ski suit ▷ **στρατιωτική** ~ military uniform

στολίδι *το* (= κόσμημα) jewel · (= μπιχλιμπίδι) bauble ▷ **χριστουγεννιάτικα ~α** Christmas decorations

στολίζω *ρ μ* (χριστουγεννιάτικο δέντρο, σπίτι) to decorate · (νύφη) to dress up · (δρόμο, λόφο) to adorn

▸ **στολίζομαι** *μεσ* to dress up

στόλισμα *το* (δέντρου, σπιτιού) decorating · (= στολίδι) adornment

στολισμός *ο* (δέντρου, σπιτιού) decorating · (= στολίδι) adornment

στόλ|ος *ο* fleet

στόμα *το* mouth · **από το ~ μου το πήρες** you took the words (right) out of my mouth · **μ' ένα ~** with one voice

στομάχι *το* stomach

στοπ *το* (γενικότ.) stop · (σήμα της Τροχαίας) stop sign · (αυτοκινήτου) brake light · **κάνω ~** to stop

στοργή *η* affection

στοργικός *επίθ* (φροντίδα, περιποίηση) loving · (φιλί, λόγος) affectionate · (ματιά) affectionate · (μάνα, αδελφός) loving

στοχάζομαι *ρ μ* to think of ♦ *ρ αμ* to reflect (για on)

στοχασμός *ο* thought

στόχ|ος *ο* target · (= σκοπός) aim

στραβά *επίρρ* (= λοξά) crookedly · (= εσφαλμένα) wrongly

στραβομάρα *η* = **στραβωμάρα**

στραβός *επίθ* (μύτη, γραμμές) crooked · (τοίχος, κολόνα) leaning · (στέγη) sloping · (μειωτ.: = τυφλός) blind

στραβωμάρ|α *η* (οικ.) blindness

στραβώνω *ρ μ* (κλειδί, ξύλο) to warp · (κεφάλι, λαιμό) to twist (around) · (δουλειά) to mess up · (= τυφλώνω) to blind · (με φώτα) to dazzle ♦ *ρ αμ* (= γίνομαι στραβός) to bend · (ξύλα) to warp · (= χαλάω: δουλειά) to go wrong

στραβώνομαι *μεσ* (= γίνομαι τυφλός) to go blind · (= κουράζω πολύ τα μάτια) to strain one's eyes

στραγάλι *το* roasted chickpea

στραγγαλίζω *ρ μ* to strangle

στραγγίζω *ρ μ* (ρούχα, νερό) to wring out · (γάλα, κρασί) to strain ♦ *ρ αμ* (ρούχα) to drip · (πιάτα) to drain

στραγγιστήρι *το* draining board (*Βρετ.*), drain board (*Αμερ.*)

στραμπουλίζω *ρ μ* to sprain

στραπατσάρω *ρ μ* (αυτοκίνητο) to wreck · (φόρεμα, ζωή) to ruin · (= εξευτελίζω) to humiliate

στρατάρχης *ο* field marshal

στρατεύω *ρ μ* to army

στρατεύομαι *ρ αμ* to join the army

στρατηγείο *το* headquarters

στρατηγικ|ή *η* strategy

στρατηγός *ο* general

στρατιά *η* army

στρατιώτης *ο* (ΣΤΡ) soldier · (μτφ.: ειρήνης) advocate

στρατιωτικό *το* military to military service

στρατιωτικός *επίθ* (θητεία, εξοπλισμός) military · (νοσοκομείο, βάση) military
▸ **στρατιωτικός** *ο* commissioned officer

στρατολογία (*η* = κλήση) enlistment · (υπηρεσία) (army) recruiting office

στρατόπεδο *το* camp
▹ **~ συγκεντρώσεως** concentration camp

στρατ|ός *ο* army

στρείδι *το* oyster

στρες *το* to stress

στρέφω *ρ μ* to turn · (προσπάθειες) to direct
▸ **στρέφομαι** *μεσ* to turn (προς το ή towards)

στρίβ|ω *ρ μ* (σδουα, τιμόνι) to spin · (νήμα, σκοινί) to twist · (μουστάκι) to twirl · (κεφάλι) to turn · (λαιμό: με συναισθήμα πόνου) to crick ♦ *ρ αμ* (τιμόνι) to

spin · (άνθρωπος, αυτοκίνητο) to turn

στριμμέν|ος *επίθ* (τσιγάρο) rolled · (σχοινί) twisted · (για πρόσ.) grouchy

στριμώχνομαι *μτχ* (επιβάτες) crushed · (έπιπλα) crammed in · (οικονομικά) in a tight spot · **~οι σαν σαρδέλες** packed in ή crammed in like sardines

στριμώχνω *ρ μ* (ρούχα, έπιπλα) to squeeze in · (= σπρώχνω) to crush · (= φέρνω σε αδιέξοδο) to corner · (= φέρνω σε δύσκολη θέση) to put on the spot · (για σωματική βία) to pin down · (για ερωτικό σκοπό) to get alone · (= κολλάω πάνω) to squeeze up
▸ **στριμώχνομαι** *μεσ* (οικονομικά) to be hard up · (= βρίσκομαι σε δύσκολη θέση) to be in a tight spot

στριφογυρίζω *ρ μ* to spin ♦ *ρ αμ* (= περιστρέφομαι) to spin · (στο κρεβάτι) to toss and turn

στριφογυρνώ *ρ μ/αμ* = **στριφογυρίζω**

στριφτ|ός *επίθ* twisted ▹ **-ό τσιγάρο** roll-up

στρογγυλ|ός *επίθ* round
▹ **~ αριθμός** round number

στροφή *η* (= περιστροφή) turn · (μηχανής, κινητήρα) revolution · (= αλλαγή κατευθύνσεως) turn · (= στρίψιμο: σώματος, οχήματος) turning · (πλοίου) tacking · (για δρόμο: = καμπή) bend · (= διακλάδωση) turning · (ποιήματος) stanza · (τραγουδιού) verse · (= καμπή/κλειστή) turn · **παίρνω ανοικτά/κλειστά** wide/ sharp bend ή turn · **παίρνω ανοικτά/κλειστά μια ~** to take a wide/sharp turn

στρόφιγγα *η* tap

στρυμώχνω *ρ μ* = **στριμώχνω**

στρυφν|ός *επίθ* (για πρόσ.) grouchy · (φυσιογνωμία, έκφραση)

στρώμα η (για κρεβάτι) mattress · (λάσπης, σκόνης) layer · (πάγου) layer · (χιονιού, ομίχλης) blanket · (φύλλων) carpet · (= κρεβάτι) bed

στρώνω ρ μ (σεντόνια, κουβέρτα) to spread · (= καλύπτω επιφάνεια: αυλή, δρόμο) to cover · (με πλακάκια, μωσαϊκό) to tile · (με μάρμαρο, πλάκες) to pave · (με μπετόν) to lay · (μαλλιά) to tidy · (μουστάκια) to smooth down · (σακάκι) to smooth down η out · (μτφ.: για πρόba) to bring into line ◆ ρ αμ (φόρεμα, φούστα) to fit · (μαλλιά, τσουλούκια) to lie flat · (πράγματα, δουλειά) to settle down · (μηχανή) to run smoothly · (καιρός; πόba) to clear up · (για πρόba) to settle down · **θα σου στρώσω το κρεβάτι** to make a bed up for you · **το κρεβάτι** to make the bed · **το τραπέζι** to set the table

► **στρώνομαι** μεσ (αρν.) to install oneself

στρώση η layer

στρωτός επίθ (επιφάνεια, δρόμος) smooth · (βάδισμα) even · (ζωή) regular · (γλώσσα, ύφος) flowing · (φόρεμα) well-fitting

στύβω ρ μ (ντομάτες, λεμόνια) to squeeze · (σταφύλια) to press · (ρούχα, πετσέτα) to wring out · (άνθρωπο: σωματικά, πνευματικά) to drain · (οικονομικά) to bleed dry

στυλ το style · **έχω ~** to have style

στυλό το pen

στύλος ο (= κολόνα) post · (σκηνής) pole · (ναού) pillar · (ηλεκτροφόρος) pylon

στυλώνω ρ μ (σπίτι, τοίχο) to prop up · (μτφ.: φαγητό, εμπιστοσύνη) to give strength to · (κρασί) to buck up · (αφτιά) to prick up · (βλέμμα) to fix

► **στυλώνομαι** μεσ to get one's

strength back

στύση η erection · **έχω ~** to have an erection

στυφός επίθ sour · (γεύση) bitter

στωικός επίθ (φιλοσοφία, αντιλήψεις) Stoic(al) · (ύφος, απάθεια) stoic(al)

► **στωικός** ο Stoic

συγγένεια η (κυριολ.) relationship · (μτφ.: = ομοιότητα) similarity · (γλωσσών) common roots πληθ · **εξ αίματος** blood relationship · **εξ αγχιστείας** relationship by marriage

συγγενεύω ρ μ (= είμαι συγγενής) to be related · (μτφ.) to be related (με το) · (= μοιάζω) to be similar

συγγενής¹ επίθ (= παρεμφερής) related · (νόσος, διαταραχή) congenital

συγγενής ο/η relative · **στενός/ μακρινός ~** close/distant relative

► **συγγενείς** οι relatives

συγγνώμη η forgiveness · **ζητώ ~** (από σε sb) to apologize (to sb) · **~!** I'm sorry!

συγγραφέας ο η writer
▷ **θεατρικός ~** playwright

συγγράφω ρ μ (επία.) to write

συγκαλύπτω ρ μ (αλήθεια) to cover up · (γεγονός) to disguise · (σκάνδαλο) to hush up

συγκαλώ ρ μ (συνέλευση) to call · (επιτροπή, συμβούλιο) to convene

συγκατάθεση η consent · **δίνω τη ~ή μου** to give one's consent

συγκατατίθεμαι ρ αμ απ to accept

συγκατοίκηση η (γενικότ.) living together · (= συνοίκηση) sharing · **ζητείται φοιτητρία για ~** looking for a student to share

συγκάτοικος ο/η flatmate (Βρετ.), roommate (Αμερ.)

συγκατοικώ ρ αμ to live together

συγκεκριμένος επίθ (οδηγίες,

συγκεντρώνω έννοια) precise · (= καθορισμένος: αριθμός, πρόταση) specific · (= ο εν λόγω) particular · (= σαφής: για πρόβα.) clear

συγκεντρών|ω ρ μ (στοιχεία, πληροφορίες) to gather · (φίλους, συνεργάτες) to gather · (στρατεύματα) to mass · (υπογραφές, χρήματα) to collect · (βαθμολογία) to get · (χαρίσματα, προσόντα) to have · (προσοχή) to focus · (δυνάμεις) to gather · (ενδιαφέρον) to draw

▶ **συγκεντρώνομαι** μεσ (διανοητικά) to concentrate · (= συναθροίζομαι) to gather

συγκέντρωσ|η η (στρατευμάτων) concentration · (= σύναξη) meeting · (= συνάθροιση) get–together · (οικογενειακή) gathering · (= πρόσωπα που συναθροίζονται) crowd · (πληροφοριών, αποδεικτικών στοιχείων) gathering · (χρημάτων, υπογραφών) collection

συγκίνηση η (γενικότ.) emotion · (= έντονη χαρά) excitement · (αναγνώστη) moving · **νιώθω ~** to feel moved

συγκινητικός επίθ moving

συγκιν|ώ ρ μ (ιστορία, δράμα) to move · (ταξίδια, ιδέες) to appeal to · (θάνατος φίλου, γονιών) to affect

▶ **συγκινούμαι** μεσ to be emotional

συγκλίν|ω ρ αμ to converge

συγκλονίζω ρ μ (= ταράσσω: χώρα: σεισμός) to shake · (σκάνδαλο, είδηση) to rock · (= προκαλώ έντονη ψυχική ταραχή) to shock

συγκλονιστικός επίθ shocking

συγκοινωνί|α η (= σύνδεση) communications πληθ. · (= μεταφορά προσώπων, πραγμάτων) transport · (= λεωφορείο, τρόλεϊ) public transport

συγκολλ|ώ ρ μ (με κόλλα) to glue · (με καλάι) to solder · (με οξυγόνο) to weld

συγκομιδ|ή η (= σοδειά) crop · (= μάζεμα) harvesting

συγκοπ|ή η (ΙΑΤΡ) fainting · (καρδιάς) failure · (ΓΛΩΣΣ) contraction · (ΜΟΥΣ) syncopation

συγκρατημένος μτχ (άνθρωπος, γέλιο) restrained · (αισιοδοξία) mild · (αύξηση) moderate · (εκτιμήσεις) conservative

συγκρατ|ώ ρ μ (= στερεώνω) to hold (in place) · (= στηρίζω) to support · (= κρατώ μέσα: νερό) to retain · (διαδηλωτές, δράστη) to hold back · (θυμό, ορμές) to hold in check · (χαρά, ενθουσιασμό) to contain · (δάκρυα) to hold back · (ανάσα) to hold · (πληθωρισμό) to curb · (τιμές) to hold down · (γεγονός, κατάσταση) to remember

▶ **συγκρατούμαι** μεσ to control oneself

συγκρίν|ω ρ μ to compare

▶ **συγκρίνομαι** μεσ **~ομαι με** (= παραβάλλομαι προς) to be compared to · (= θεωρούμαι ισάξιος) to compare with

σύγκρισ|η η comparison · **σε ~ με** compared to · **μέτρο ~ς** benchmark

συγκριτικός επίθ comparative ▶ **~ (βαθμός)** comparative (degree)

συγκρότη|μα το (σύνολο κτηρίων, κατοικιών) complex · (επίσης **μουσικό ~**: ποπ, λαϊκής μουσικής) group · (ροκ) group · (τζαζ, χορευτικό) band

συγκρού|ομαι ρ αμ (αυτοκίνητο, αεροσκάφη) to collide (με with) · (με into) · (συμφέροντα) to clash · (= συμπλέκομαι) to clash · (συμφερόντων, απόψεων) to clash

σύγκρουσ|η η (αεροπλάνων, πλοίων) collision · (= συμπλοκή) clash · (συμφερόντων, απόψεων) clash

συγκυρί|α *η* circumstances *πληθ.*

συγνώμη *η* = **συγγνώμη**

συγυρίζω *ρ μ* to tidy up · (*μτφ.*) to deal with ♦ *ρ αμ* to tidy up
▸ **συγυρίζομαι** *μεσ* to tidy oneself up

συγχαίρω *ρ μ* to congratulate (*για on*)

συγχαρητήρι|α *τα* congratulations · **δίνω ~ σε** κπν to congratulate sb

συγχρονίζω *ρ μ* to synchronize

σύγχρον|ος *επίθ* · (*τωρινός: θεωρίες, κόσμος*) contemporary · (*τέχνη, μουσική*) modern · (*ζωή*) modern-day · (*μοντέρνος: σύστημα, λεξικό*) up–to–date · (*τεχνολογία, απόψεις*) modern · (*για πρόσ.*) modern · (*ταυτόχρονος: δράση, συζητήσεις*) simultaneous
▸ **σύγχρονος** *ο*, **σύγχρονη** *η* contemporary

συγχρόνως *επίρρ* at the same time

συγχύζω *ρ μ* to upset
▸ **συγχύζομαι** *μεσ* to get upset

σύγχυση *η* · (*αναταραχή*) commotion · (*μπέρδεμα*) confusion · (*στενοχώρια*) upset

συγχυσμέν|ος *επίθ* · (*εξοργισμένος*) upset · (*μπερδεμένος*) confused

συγχώρηση *η*, **συγχώρεση** *η* forgiveness

συγχωρ|ώ *ρ μ* · **δίνω τη συγγνώμη**) to forgive · (*επιτρέπω: αναβολές, αδιαφορία*) to tolerate · **με ~είτε, επαναλαμβάνετε;** excuse me *ή* I'm sorry, can you repeat that?

συζήτηση *η* · (*ανταλλαγή απόψεων*) discussion · (*κάθε συνομιλία*) conversation · (*ζωηρός και εντενής διάλογος*) argument · (*δημόσια*) debate ·

(= *διαμάχη*) controversy · **πιάνω ~ με** κπν to fall into conversation with sb

συζητ|ώ *ρ μ* (*θέμα, πρόβλημα*) to discuss · (*προσωπικά, διαφορές*) to talk about · (= *σχολιάζω*) to talk about ♦ *ρ αμ* to talk (*για about*)
▸ **συζητιέμαι** *μεσ* (*πρόταση, ζήτηση*) to be discussed · (*ηθοποιός*) to be talked about

συζυγικ|ός *επίθ* (*απιστία, δεσμός*) marital · (*ζωή*) married · (*αγάπη, κλίνη*) conjugal

σύζυγ|ος *ο/η* spouse · (= *άντρας*) husband · (= *γυναίκα*) wife
▸ **σύζυγοι** *πλ* couple *εν.*

συζ|ώ *ρ αμ* to live together · **~ με** κπν to live with sb

συκιά *η* fig tree

σύκο *το* fig

συκώτι *εν* liver

συλλαβή *η* syllable

συλλαμβάν|ω *ρ μ* (*άνθρωπο*) to arrest · (*για θήραμα, ζώο*) to catch · (*ιδέα*) to conceive · (*θεωρία*) to think up

συλλέγ|ω *ρ μ* (*δίσκους, γραμματόσημα*) to collect · (*στοιχεία, πληροφορίες*) to gather · (*τροφή*) to gather · (*καρπούς*) to pick

συλλέκτης *ο* (*βιβλίων, γραμματοσήμων*) collector · (*καρπών*) picker

σύλληψη *η* (*κατασκόπων*) capture · (*ενόχων, κακοποιού*) arrest · (*ζώων*) capture · (*ιδέας, θεωρίας*) conception

συλλογή *η* (*καρπών, πορτοκαλιών*) picking · (*δίσκων, νομισμάτων*) collection

συλλογ|ιέμαι (*προφ.*) *ρ μ απ βλ.* **συλλογίζομαι**

συλλογίζομαι *ρ μ απ* · (= *σκέπτομαι*) to think about · (= *λογαριάζω*) to consider ♦ *ρ αμ* to think

συλλογισμ|ός *o* reasoning

σύλλογ|ος *o* (*εργατικός, εμπορικός*) association · (*ιατρικός, θεατρικός*) society · (*ορειβατικός*) club

συλλυπητήρι|α *τα* condolences

συμβαδίζ|ω *ρ/η* to keep up with

συμβαίν|ω *ρ αμ* ~ει, ~ουν *τριτ* to happen · ~ουν αυτά these things happen · ~ει τίποτε; is anything the matter? · τι σου ~ει συνέβη; what's the matter? · τι ~ει; (= *τι γίνεται*) what's happening? · (= *τι τρέχει*) what's wrong?

συμβάλλ|ω *ρ αμ* ~ σε (= *βοηθώ*) to contribute to · (*ποτάμι*) to flow into

συμβ|άν *το* incident

σύμβασ|η *η* (= *συμφωνία*) contract · (= *συνθήκη*) treaty

συμβατικ|ός *επίθ* (*υποχρέωση, ημερομηνία*) contractual · (*Δίκαιο*) contract · (*γάμος, συνήθεια*) conventional · (*για πρόσ.*) conventional

συμβιβάζ|ω *ρ μ* to reconcile
▸ **συμβιβάζομαι** *μεσ* (= *υποχωρώ*) to compromise · (= *ταιριάζω*) to be reconciled (*με* with)

συμβιβασμ|ός *o* compromise · **κάνω ~ούς** to make compromises

συμβιών|ω *ρ αμ* to coexist · ~ με **κπν** to live with sb

συμβίωσ|η *η* living together

συμβόλαι|ο *το* (*εργασίας, αγοράς*) contract · (*μεταβίβασης*) deed · (*ασφάλισης*) policy

συμβολαιογράφ|ος *o/η* notary (public) · solicitor (Bρετ.)

συμβολ|ή *η* (*οδών, ποταμών*) junction (*αγωγών*) join · (= *συνεισφορά*: ανθρώπου, επιστήμης) contribution

συμβολίζ|ω *ρ μ* to symbolize

συμβολικ|ός *επίθ* (*παρουσία, απεικόνιση*) symbolic · (*σύστημα*) of symbols · (*αμοιβή*) nominal · (*χειρονομία*) symbolic

σύμβολ|ο *το* symbol

συμβουλεύ|ω *ρ μ* to advise
▸ **συμβουλεύομαι** *μεσ* to consult

συμβουλ|ή *η* advice *χωρίς πληθ.*

συμβούλι|ο *το* committee
▸ **Συμβούλιο της Ευρώπης** Council of Europe

σύμβουλ|ος *o/η* (= *συμβουλάτορας*) adviser · (= *μέλος συμβουλίου*: δημοτικός) councillor (Bρετ.), councilor (Aμερ.) · (*εταιρείας*) director

συμμαζεύ|ω *ρ μ* (= *συγκεντρώνω*: βιβλία) to pick up · (*ακαταστασία*) to pick up · (*σημειώσεις*) to get together · (= *τακτοποιώ*: δωμάτιο, σπίτι) to tidy up · (*σκέψεις*) to order · (*μαλλιά*) to tidy up · (= *χαλιναγωγώ*: άνθρωπο) to restrain · (*έξοδα*) to curb · (*για ρούχα*) to take in ◆ *ρ μ* to tidy up
▸ **συμμαζεύομαι** *μεσ* to cringe

συμμαθητής *o* (*στο ίδιο σχολείο*) schoolmate · (*στην ίδια τάξη*) classmate

συμμαχία *η* alliance

σύμμαχος *o/η* ally

συμμερίζομαι *ρ αμ* (*λύπη, κατάσταση*) to sympathize with · (*γνώμη, άποψη*) to share

συμμετέχ|ω *ρ αμ* ~ σε (*έργο, προσπάθεια*) to participate in · (*παιχνίδι, εκδήλωση*) to take part in · (*συζήτηση*) to join in · (*εξετάσεις, διαγωνισμό*) to go in for · (*κέρδη*) to share in · (*πόνους, χαρές*) to share

συμμετοχ|ή *η* (*ανθρώπου, κράτους*) participation · (*σε συνέδριο*) attendance · (*σε διαγωνισμό*) entry · **δηλών|ω ~ σε διαγωνισμό** to enter oneself in a competition

συμμέτοχ|ος *επίθ* **γίνομαι ή είμαι ~ σε** (*πράξεις, γεγονότα*) to be party to · (*έγκλημα*) to be an accomplice in · (κέρδη) to share in

συμμετρί|α η symmetry

συμμετρικ|ός επίθ symmetrical

συμμορί|α η gang

συμμορφώνω ρ μ (παιδί, μαθητή) to bring into line · (συμπεριφορά) to improve · (έκθεση) to knock into shape · (φόρεμα) to smarten up

▸ **συμμορφώνομαι** μεσ to tidy oneself up · **~ομαι με ή προς κτ** to comply with sth

συμπάθεια η (= συμπόνια) sympathy · (= αγάπη) fondness · (= φιλική ή ερωτική έλξη) attraction

συμπαθής επίθ likeable

συμπαθητικ|ός επίθ nice

συμπαθώ ρ μ (= αισθάνομαι συμπάθεια) to like · (= συμπονώ) to feel for

σύμπαν το universe

συμπαράσταση η support

συμπαραστέκ|ομαι ρ μ απ to support

συμπατριώτ|ης ο (= ομοεθνής) compatriot · (= συγχωριανός) person from the same village · (= συμπολίτης) person from the same town

συμπεραίνω ρ μ (= διαμορφώνω κρίση) to conclude · (= υποθέτω) to suppose

συμπέρασ|μα το conclusion

συμπεριλαμβάνω ρ μ to include

συμπεριφέρ|ομαι ρ αμ απ to behave

συμπεριφορ|ά η behaviour (Βρετ.), behavior (Αμερ.) · (μηχανήματος, κυκλώματος) performance

συμπίπτω ρ αμ (προτάσεις, απόψεις) to coincide · (κατάθεση) to tally (με with) · (= συνταντίζομαι χρονικά) to happen ή take place at the same

time · (για ατυχή σύμπτωση) to clash · (για μερική κάλυψη) to overlap

συμπλέκτης ο clutch

συμπλήρω|μα το (διατροφής) supplement · (φαγητού) extra helping · (βιβλίου) supplement

συμπληρώνω ρ μ (θέση) to fill · (αριθμό, προτάσεις) to fill in · (αίτηση, έντυπο) to fill in (Βρετ.), to fill out (Αμερ.) · (ποσό) to make up · (εισόδημα) to supplement · (= ολοκληρώνω) to complement · **~ τα τριάντα** to be thirty

συμπλήρωση η (θέσης) filling · (αριθμού, κενών) filling in · (αίτησης) filling in (Βρετ.), filling out (Αμερ.) · (= ολοκλήρωση) completion

συμπλοκ|ή η (= τσακωμός) fight · (διαδηλωτών, αστυνομικών) clash

σύμπνοι|α η concord

συμπολιτεί|α η confederacy

συμπολίτης ο fellow citizen

συμπόνι|α η compassion

συμπονώ ρ μ to sympathize with

συμπόσι|ο το (= συνεστίαση) banquet · (συνέδριο) symposium

σύμπραξη η collaboration

συμπρωταγωνιστής ο co-star

συμπτύσσω ρ μ (κείμενο, άρθρο) to shorten · (λόγο) to cut short · (αποτελέσματα) to summarize · (συγκεντρώνω) to gather

▸ **συμπτύσσομαι** μεσ to retreat

σύμπτω|μα το (ασθένειας) symptom · (μτφ.) sign

σύμπτωση η coincidence · **κατά ~** by coincidence

συμπυκνώνω ρ μ (τροφές) to concentrate · (γάλα) to condense

συμφέρ|ον το interest

συμφέρω|ν, -ουσα, -ον (προσφορά) attractive · (τιμή) good

συμφιλιώνω ρ μ to reconcile

▸ **συμφιλιώνομαι** μεσ to become

reconciled (με with)
συμφιλίωσ|η η reconciliation
συμφορά η (= δυστυχία)
calamity (ανεπ.: για πρόσ.)
walking disaster (ανεπ.)
συμφόρηση η congestion
σύμφορ|ος, -ος, -ο βλ. **συμφέρων**
σύμφωνα επίρρ ~ **με** according to
συμφωνητικό το contract
συμφωνί|α η (γενικότ.)
agreement • (= συνομολόγηση
συμβάσεων) deal • (= όρος)
condition (χαρακτήρων) accord •
(χρωμάτων) match • (ΜΟΥΣ)
symphony • **κάνω ~** to make a
deal
σύμφων|ο το (ΓΛΩΣΣ) consonant •
(= συμφωνητικό) contract • (φιλίας,
συνεργασίας) pact
σύμφωνος επίθ (για πρόσ.) in
agreement • (γνώμη, απόφαση)
favourable (Βρετ.), favorable
(Αμερ.) • (= συνεπής) consistent •
(είμαστε) –οι; (is that) agreed?
συμφωνώ ρ αμ (= έχω την ίδια
γνώμη) to agree (με with) •
(= ταιριάζω) to match •
(= παρουσιάζω συνέπεια) to be
consistent (με with) ♦ ρ μ
(αμοιβή) to agree on • **~ με κτ**
(= ταιριάζω) to match with • **~ σε**
κτ to agree on sth

συν (επίσ.) πρόθ plus
▸ **συν** το plus
συναγερμός ο (γενικότ.) alarm •
(κτηρίου) burglar alarm
συναγωγή η (επίσ.: = συσσώρευση)
gathering • (ΘΡΗΣΚ) synagogue
συναγωνίζ|ομαι ρ αμ (=
ανταγωνίζομαι) to compete •
(= μάχομαι από κοινού) to fight
together ♦ ρ μ to rival
συναγωνισμός ο competition
συναγωνιστής ο (= αγωνιστής σε
κοινό αγώνα) comrade–in–arms •
(= ανταγωνιστής) competitor
συνάδελφος ο/η colleague

συναισθάν|ομαι ρ μ απ (σφάλμα)
to realize • (ευθύνη, υποχρέωση) to
be aware of
συναίσθη|μα το feeling •
(= καρδιά) emotion • **έχω το**
~ ότι... I have η get the feeling
that... • **τρέφω συναισθήματα για**
κπν to have feelings for sb
συναισθηματικός επίθ
emotional • (= ευαίσθητος)
sentimental
συναίσθηση η (καθήκοντος,
ευθύνης) sense • (δυσκολιών,
κινδύνων) awareness
συναλλαγή η transaction
▸ **συναλλαγές** πλ dealings
συνάλλαγμα το foreign
exchange • **τιμή συναλλάγματος**
exchange rate
συναλλάσσ|ομαι ρ μ απ to do
business • **~ με κπν** to do
business with sb
συνάμα επίρρ at the same time
συναναστρέφ|ομαι ρ μ απ to
associate (με with)
συναναστροφή η (= παρέα)
company • (= φιλική συγκέντρωση)
get–together
συνάντηση η meeting • (= ματς)
match • **μια τυχαία/απρόοπτη ~**
a chance/an unexpected encounter
συναντ|ώ ρ μ (= ανταμώνω) to
meet • (αντίσταση) to meet with •
(εμπόδια) to encounter •
(δυσκολίες) to come up against •
(κινδύνους) to face • (= βρίσκω
κατά τύχη) to come across • **κπν**
τυχαία to bump η run into sb
συνάπτ|ω (επίσ.) ρ μ (= συνενώνω:
δικαιολογητικά) to attach • (γάμο)
to contract • (συνθήκη, συμμαχία)
to enter into • (δάνειο) to take
out • (ειρήνη, γνωριμία) to make •
(σχέσεις) to establish
συναρμολόγηση η assembly
συναρμολογώ ρ μ to assemble
συναρπαστικ|ός επίθ (ιστορία,

ταινία) gripping · (*ομορφιά*) arresting · (*ομιλητής, θέμα*) fascinating

συνάρτηση *η* (= *αλληλεξάρτηση*) interrelation · (*πολλών παραγόντων*) combination · (ΜΑΘ) function · **σε** ~ **με** in relation to

συνασπισμός *o* alliance

συναυλία *η* concert · **δίνω** ~ to give a concert

συνάφεια *η* link

συνάχι *το* cold · **αρπάζω** ~ to catch a cold

συναχώνομαι *ρ αμ* to catch a cold

σύναψη *η* (*συμφωνίας, συνθήκης*) entering into · (*δανείου*) taking out · (*γάμου*) contracting · (*σχέσεων*) establishing

συνδεδεμένος *μτχ* (*καλώδιο, σόμπα*) connected (*με* to) · (= *που έχει σχέση*) close (*με* to)

σύνδεση *η* (= *συνένωση*) link · (*υπολογιστή, γεννήτριας*) connection · (*βαγονιών*) coupling · (*στις τηλεπικοινωνίες*) link · (*για κράτος: με την Ε.Ε.*) joining · (*πολιτική*) affiliation · (*εμπορική, πολιτιστική*) link

σύνδεσμος *o* (*φοιτητών, εμπόρων*) union · (*για σχέση*) contact · (ΓΛΩΣΣ) conjunction · (ΠΛΗΡΟΦ) link · (ΜΗΧ) coupler

συνδετήρας *o* (paper) clip

συνδετικός *επίθ* connective

συνδέω *ρ μ* (= *ενώνω*) to connect · (*τηλέφωνο, ρεύμα*) to connect · (= *σχετίζω*) to link · (ΨΥΧΟΛ) to associate · (= *ενώνω σε στενή σχέση*) to bind (together) · **με** ~**ετε με τον κύριο διευθυντή, παρακαλώ;** can you put me through to the manager, please?

▶ **συνδέομαι** (*για φίλους*) to be close · (*για ερωτευμένους*) to be going out together · (*στις τηλεπικοινωνίες*) to link up (*με*

with) · (= *σχετίζομαι*) to be linked · ~**ομαι με το Διαδίκτυο** to connect to the Internet

συνδιαλέγομαι (*επίσ.*) *ρ αμ απ* to converse

συνδιάλεξη *η* conversation · **τηλεφωνική** ~ telephone call

συνδικάτο *το* syndicate · **εργατικό** ~ (trade) union (*Βρετ.*), (labor) union (*Αμερ.*)

συνδρομή *η* (*σε περιοδικά, εφημερίδες*) subscription · (= *βοήθεια*) help

συνδρομητής *o* subscriber

συνδρομήτρια *η βλ.* **συνδρομητής**

σύνδρομο *το* syndrome

συνδυάζω *ρ μ* (= *ενώνω*) to combine · (= *ταιριάζω*) to match · (= *συνδέω*) to link

▶ **συνδυάζομαι** *μεσο* to match · ~**ομαι με κτ** to match sth

συνδυασμός *o* combination · **σε** ~**ό** together ▷ **κλειδαριά** ~**ού** combination lock ▷ ~· **χρηματοκιβωτίου** combination ▷ ~**οί** χρωμάτων colour (*Βρετ.*) ή color (*Αμερ.*) scheme

συνεδριάζω *ρ αμ* to sit

συνεδρίαση *η* (*συμβουλίου, επιτροπής*) meeting · (*Βουλής*) session

συνέδριο *το* congress

σύνεδρος *o/η* congress ή conference participant

συνείδηση *η* (= *επίγνωση*) awareness · (ΨΥΧΟΛ) consciousness · (*πολιτική, εθνική*) consciousness · (= *ιδιότητα να διακρίνει κανείς το καλό από το κακό*) conscience

συνειδητοποιώ *ρ μ* to realize

συνειδητός *επίθ* (*αγώνας, επιλογή*) conscious · (*οικολόγος, φεμινίστρια*) committed

▶ **συνειδητό** *το* consciousness

συνεισφέρ|ω ρ μ to contribute
♦ ρ αμ to contribute (σε to)
συνέλευσ|η η meeting ▷**Εθνική Συνέλευση** National Assembly
συνεννόησ|η η (= επικοινωνία) communication · (= συμφωνία) understanding · (= ανταλλαγή απόψεων) consultation
συνεννο|ούμαι ρ αμ (= επικοινωνώ, γίνομαι κατανοητός) to communicate · (= συμφωνώ) to have an understanding · (= ανταλλάσσω σκέψεις) to exchange views · **~ηθήκαμε;** do we understand each other?
συνένοχ|ος ο/η accomplice
συνέντευξ|η η interview · **δίνω ~ σε** κπν to give sb an interview · **παίρνω ~ από** κπν to interview sb
συνεπαίρν|ω ρ μ (μουσική, θέαμα) to bowl over · (χαρά, αγάπη) to transport
συνέπει|α η (πράξεων) consequence · (= λογική αλληλουχία) consistency · (= η ιδιότητα του συνεπούς) reliability · **έχω κτ ως ή σαν ~** to result in sth
συνεπ|ής επίθ (υπάλληλος, σύστημα) reliable · (επιχείρημα) coherent · (πορεία) consistent · **είμαι ~ στα ραντεβού μου** to be punctual
συνεπώς επίρρ therefore
σύνεργα τα tools
συνεργάζ|ομαι ρ αμ αποθ (= εργάζομαι μαζί) to work together · (= αλληλοβοηθούμαι) to cooperate · (= συμμετέχω σε ομαδικό έργο) to contribute (αρν.) to collaborate
συνεργασί|α η (= σύμπραξη) working together · (= βοήθεια) cooperation · (= προσφορά εργασίας) contribution · (αρν.: με τον εχθρό) collaboration
συνεργάτ|ης ο (= συνέταιρος)

(work) colleague · (κατ.: = βοηθός) assistant · (περιοδικού, εφημερίδας) contributor · (αρν.) collaborator
συνεργεί|ο το (τηλεοπτικό, κινηματογραφικό) crew (μαστόρων, καθαριότητας του δήμου) party · **~ αυτοκινήτων** car repair shop
συνέρχ|ομαι ρ αμ απ (από αδιαθεσία) to come around · (από αρρώστια) to recover · (από ψυχικό ταραχή) to rally · (μετ.: παίκτες, οικονομία) to recover · (= συνεδριάζω) to meet · **~ από κτ** (τραυματισμό) to recover from sth · (σοκ, χωρισμό) to get over sth
σύνεσ|η η caution
συνεταιρισμ|ός ο cooperative
συνέταιρ|ος, συνεταίρος ο/η partner
συνετ|ός επίθ prudent
συνέχει|α¹ η (= εσωτερική συνοχή) continuity · (γιορτής, συνεδρίου) follow-up · **στη ~, εν συνεχεία** (επίσ.) then
▸ **συνέχειες** πλ instalments (Βρετ.), installments (Αμερ.)
συνέχει|α² επίρρ (= διαρκώς: πίνω, ενοχλώ) all the time · (μιλώ) nonstop · (= στη σειρά) in a row
συνεχ|ής επίθ (= διαρκής: αγώνας, ανησυχία) constant · (πορεία) continuous · (προσπάθεια) sustained · (= επαναλαμβανόμενος) continual · (= διαδοχικός) successive
συνεχίζ|ω ρ μ to continue ♦ ρ αμ to carry on · **συνεχίστε, παρακαλώ** please go on
▸ **συνεχίζομαι** μεσ (αγώνας, παράσταση) to go on · (βροχή) to keep up
συνεχόμεν|ος επίθ (φόνοι, αγώνες) successive · (παραβιάσεις) continual · (δωμάτια, αγροί) adjacent
συνεχώς επίρρ constantly

συνήγορ|ος *ο/η* (ΝΟΜ) counsel · (*μτφ.*) advocate

συνήθει|α *η* (= έξη) habit · (= έθιμο) custom

συνήθης, -ης, σύνηθες usual

συνηθίζ|ω *ρ μ* to get used to ◆ *ρ αμ* to become accustomed
▸ **συνηθίζεται** *απρόσ* it is the custom
▸ **συνηθίζει** *τριτ* to be common

συνηθισμέν|ος *επίθ* (= συνήθης: προβλήματα, συμπτώματα) common · (*ώρα, μπστιλιάρισμα*) usual · (*γιορτές, τελετές*) customary · (= που δεν ξεχωρίζει) ordinary

συνήθως *επίρρ* usually

σύνθεσ|η *η* (= ένωση: θεωριών, γνώσεων) synthesis · (*ήχου και φωτός*) composition · (*αέρα, εδάφους*) composition · (*κυβέρνησης, επιτροπής*) members *πληθ.* · (*ομάδας*) line-up · (ΜΟΥΣ ΤΕΧΝ) composition

συνθέτης *ο* composer

συνθετικ|ός *επίθ* synthetic

σύνθετ|ος *επίθ* (*εικόνα, έργο*) composite · (*υλικά, σώματα*) compound · (*πρόβλημα, διαδικασία*) complex · (*λέξη, ρήμα*) compound

συνθέτ|ω *ρ μ* (*ποίημα, στίχους*) to compose · (*σύνολο*) to make up

συνθήκη *η* treaty
▸ **συνθήκες** *πλ* conditions

σύνθημα *το* (= σήμα) signal · (= προσυμφωνημένη φράση) code word · (= αλόγκαν) slogan · (*διαδηλωτών, πλήθους*) chant

συνθλίβ|ω *ρ μ* to crush

συνίστα|μαι *ρ αμ* **από** *το* be composed of · **~ται, ~νται** *σε* to consist in

συνιστώ *ρ μ* (= συμβουλεύω) to advise · (= αποτελώ) to constitute · (= ιδρύω: εταιρεία, σύλλογο) to form

συννεφιάζ|ω *ρ αμ* (*ουρανός*) to become cloudy *ή* overcast · (*πρόσωπο, βλέμμα*) to cloud over
▸ **συννεφιάζει** *απρόσ* it's getting cloudy

συννεφιασμέν|ος *επίθ* (*ουρανός, καιρός*) cloudy · (*μτφ.: βλέμμα, πρόσωπο*) grim

σύννεφο *το* cloud · (*ακρίδων*) swarm

συννυφάδ|α *η* sister-in-law

συνοδεί|α *η* (= ακολουθία) escort · (*βασιλική*) retinue · (ΜΟΥΣ) accompaniment

συνοδεύ|ω *ρ μ* (= ακολουθώ) to accompany · (= συμπληρώνω) to go with · (*γυναίκα, κορίτσι*) to escort · (ΜΟΥΣ) to accompany · **το ψάρι ~εται από λευκό κρασί** fish is served with white wine

συνοδός *ο/η* (*ασθενή, ηλικιωμένου*) companion · (*παιδιού*) chaperone · (= καβαλιέρος, ντάμα) escort
▸ **ιπτάμενη ~** flight attendant
▸ **ιπτάμενος ~** flight attendant

σύνοδος *η* (ΘΡΗΣΚ) synod · (*της Βουλής*) session · (*πολιτικών, χωρών*) meeting · (ΑΣΤΡΟΝ) conjunction ▸ **Οικουμενική Σύνοδος** Ecumenical Synod ▸ **Ιερά Σύνοδος (της Εκκλησίας της Ελλάδας)** Holy Synod (of the Church of Greece)

συνοικία *η* neighbourhood (*Βρετ.*), neighborhood (*Αμερ.*)

συνολικ|ός *επίθ* (*ποσό, τιμή*) total · (*απόδοση, εικόνα*) overall · (*αποτέλεσμα*) total

σύνολο *το* (= ομάδα: κρατών, ανθρώπων) group · (= πραγμάτων) whole · (= συνολικό ποσό) total · (*για ρούχα*) outfit · (ΜΑΘ: αριθμών) set

συνομήλικ|ος *επίθ* of the same age
▸ **συνομήλικος** *ο*, **συνομήλικη** *η* peer

συνομιλητής *ο (γενικός)*
interlocutor *(επίσ.)* · *(ΠΟΛ)*
negotiator

συνομιλία *η* conversation
▸ **συνομιλίες** *πλ* talks

συνομιλώ *ο αμ* to talk

συνοπτικός *επίθ (έκθεση,
ανάλυση)* concise · *(παρουσίαση,
επισκόπηση)* brief

συνορεύω *ο αμ (χώρες, περιοχές)*
to share a border · **~ με** *(κράτος,
περιοχή)* to border (on)

σύνορο *το (περιοχής, έκτασης)*
border · *(μτφ.)* boundary
▸ **σύνορα** *πλ* border *εν.*

συνουσία *(επίσ.) η* sexual
intercourse

συνοχή *η (κόμματος, οικογένειας)*
cohesion · *(κειμένου, σκέψεων)*
coherence

σύνοψη *η* summary

συνταγή *η (ΜΑΓΕΙΡ)* recipe · *(για
φάρμακα)* prescription · *(μτφ.)*
recipe

σύνταγμα *το (ΠΟΛ)* constitution ·
(ΣΤΡ) regiment

συνταγματικός *επίθ*
constitutional

συντάκτης *ο (άρθρου, σχεδίου)*
writer · *(εφημερίδας λεξικού)* editor

σύνταξη *η (έκθεσης, βιβλίου)*
writing · *(διαθήκης)* drawing up ·
(νόμου, νομοσχεδίου) drafting ·
(= σύνολο συντακτών εφημερίδας)
editorial staff · *(= μηνιαία
χρηματική επιχορήγηση)* pension ·
βγαίνω στη ~ to retire on a
pension

συνταξιούχος *ο/η* pensioner

συνταρακτικός *επίθ* shocking

συντάσσω *ο μ (έκθεση, αναφορά)*
to write · *(νομοσχέδιο)* to draft ·
(διαθήκη, συμβόλαιο) to draw up ·
(πρόσημα) to write up ·
(στρατιώτες) to line up

συντελώ *ο αμ* **~ σε** to contribute
to

▸ **συντελούμαι** *μεσ (αλλαγές)* to
take place · *(έργο)* to be realized ·
(πρόοδος) to be made

συντεχνία *η (ΙΣΤ)* guild · *(αρν.)*
corporation

συντήρηση *η (πλοίου,
αυτοκινήτου)* maintenance ·
(μνημείου) conservation ·
(τροφίμων) preservation ·
(οικογένειας) upkeep

συντηρητικός *επίθ (διάλυμα)*
preservative · *(αρχές, αντιλήψεις)*
conservative

συντηρώ *ο μ (τρόφιμα, κτήριο)* to
preserve · *(ελπίδα)* to keep up ·
(μύθο) to preserve · *(παράδοση)* to
preserve · *(= παιδιά, οικογένεια)* to
maintain · *(= παιδιά, οικογένεια)* to
support
▸ **συντηρούμαι** *μεσ* **~ούμαι με** to
live on

σύντομα *επίρρ* soon

συντομεύω *ο μ (κείμενο)* to
abridge · *(λέξεις)* to abbreviate ·
(απόσταση) to reduce · *(διαδρομή,
ταξίδι)* to cut short ♦ *ο αμ* to be
quick

σύντομος *επίθ (αφήγημα, δρόμος)*
short · *(διακοπές, παύση)* short ·
(ανακοίνωση, απάντηση) brief ·
(αναισκόπηση) quick · *(για πρόσ.)*
brief

συντόμως *επίρρ* = **σύντομα**

συντονίζω *ο μ (ενέργειες,
δραστηριότητες)* to coordinate ·
(συχνότητα) to tune in
▸ **συντονίζομαι** *μεσ* **~ομαι με** to be
in tune with

συντονισμένος *επίθ*
(προσπάθεια) concerted · *(έρευνες)*
joint

συντονισμός *ο* coordination

συντρέχω *ο μ* to help · **δεν ~ει
λόγος** there's no reason · **όταν
~ει εξαιρετικοί περιπτώσεις** in
exceptional circumstances ·
πρέπει να συντρέξουν ειδικές

προϋποθέσεις certain conditions must apply

συντριβάνι *το* fountain

συντριβή *η* (αεροσκάφους) crash · (= ολοκληρωτική νίκη) crushing defeat

συντρίβ|ω *ρ μ* (αντίπαλο, εχθρό) to crush · (ηθικό) to shatter

▸ **συντρίβομαι** *μεσ* to crash

συντροφιά *η* (= φιλική συναναστροφή) company · (= σύνολο φίλων) party · **κρατώ ~ σε** *κπν* to keep sb company

σύντροφ|ος *ο/η* (σε ερωτική σχέση) partner · (= φίλος) companion

συνύπαρξη *η* coexistence

συνυπάρχω *ρ αμ* to coexist

συνωμοσία *η* conspiracy

συνωμοτώ *ρ αμ* to plot

συνωνυμία *η* (= ταυτότητα ονόματος) sharing the same name · (ΓΛΩΣΣ) synonymy

συνωστισμός *ο* throng

Συρία *η* Syria

σύριγγα *η* syringe

σύρμα *το* (= μεταλλικό νήμα) wire · (για σκεύη) scourer · (= καλώδιο) wire

συρμάτινος *επίθ* wire

συρματόπλεγμα *το* wire netting

συρματόσχοινο *το* cable

συρόμενος *επίθ* sliding

σύρραξη *η* conflict

συρραπτικό *το* stapler

συρροή *η* influx

συρτάρι *το* drawer

σύρτης *ο* bolt

συρτός *επίθ* dragging · (βήμα) rolling

σύρω *ρ μ* = **σέρνω**

συσκευάζω *ρ μ* to pack

συσκευασία *η* packaging

συσκευή *η* apparatus · (ηλεκτρική) appliance · (τηλεοπτική, ραδιοφωνική) set · **οικιακές -ές** household *η* domestic

appliances · **τηλεφωνική ~** telephone

σύσκεψη *η* conference

συσκότιση *η* blackout

σύσπαση *η* spasm

▸ **συσπάσεις** *πλ* contractions

συσσώρευση *η* accumulation

σύστασ|η *η* (επιτροπής) formation · (εταιρείας) setting up · (ομάδας) forming · (εδάφους, φαρμάκου) composition · (= συμβουλή) advice *χωρίς πληθ.*

▸ **συστάσεις** *πλ* (για δουλειά) references · (= γνωριμία) introductions

συστατικό *το* component

συστατικός *επίθ* constituent

συστέλλω *ρ μ* to contract

▸ **συστέλλομαι** *μεσ* to contract

σύστημα *το* system · **με ~** systematically

συστηματικός *επίθ* systematic · (παρενόχληση) habitual

συστημένος[1] *επίθ* recommended

συστημέν|ος[2] *επίθ* (φοιτητής, υποψήφιος) with references · (γράμμα, δέμα) registered

συστήνω *ρ μ* (= γνωρίζω) to introduce · (= προτείνω ως αξιόλογο) to recommend

συστολή *η* (= ντροπή) shyness · (ΦΥΣ) contraction

συσφίγγω *ρ μ* (σκοινιά, γραβάτα) to tighten · (σίδερα) to clamp · (σχέσεις, δεσμούς) to strengthen

συσχετίζω *ρ μ* to connect

συσχέτιση *η* connection

σύφιλη *η* syphilis

συχνά *επίρρ* often · **πόσο ~;** how often?

συχν|ός *επίθ* frequent

συχνότητα *η* frequency

σφαγείο *το* slaughterhouse

σφαγή *η* (ζώων) slaughter · (ανθρώπων) massacre

σφάζ|ω *ρ μ* (= φονεύω με μαχαίρι) to stab · (πρόβατα, βόδια) to slaughter

σφαίρα η (ΓΕΩΜ) sphere · (όπλου) bullet · (ΑΘΛ: = μπάλα) shot · (= άθλημα) shot put · (μτφ: φαντασίας) realms πληθ.

σφαιρικ|ός επίθ (επιφάνεια, θόλος) spherical · (μτφ) global

σφαιριστήριο το billiard room (Βρετ.), poolroom (Αμερ.)

σφαιροβολία η shot put

σφαιροβόλ|ος ο/η shot putter

σφαλιάρα η slap

σφάλλ|ω ρ αμ (= κάνω λάθος) to make a mistake · (= αμαρτάνω) to do wrong

σφάλμα το mistake · **κάνω ~** to make a mistake · **το ~ είναι δικό τους** it's their fault

σφάξιμο το slaughter

σφήκα η wasp

σφήν|α η wedge · (μτφ) interruption

σφηνώνω ρ μ to wedge ♦ ρ αμ to be jammed ή stuck
▸ **σφηνώνομαι** μεσ to get stuck

σφίγγ|ω ρ μ (= συσφίγγω) to squeeze · (κλοιό) to tighten · (= στενεύω: για παπούτσια) to pinch · (για παντελόνι) to be too tight for · (= δένω σφιχτά: κορδόνια, σπάγκο) to tighten · (μηρούς) to firm · (βίδα, κόμπο) to tighten · (βρύση) to turn off tight · (λαιμό) to wring · (μτφ: = κίνδυνος, ανάγκη) to close in on ♦ ρ αμ (κλοιό) to tighten · (μέτρα) to pinch · (μυς) to become firm · (ζελέ, τσιμέντο) to set · (ασπράδι αβγού) to form stiff peaks · **το χέρι κπιου** to shake sb's hand
▸ **σφίγγομαι** μεσ (προφ: = καταβάλλω μεγάλη προσπάθεια) to try hard · (= πιέζομαι οικονομικά) to be hard up · (= προσπαθώ να αφοδεύσω) to strain

σφίξιμο το (= το να σφίγγει κανείς

κτ) squeezing · (βίδας) tightening · (στο στήθος) tightness · (= σφίξη) pressure

σφιχτ|ός επίθ (ζώνη, παντελόνι) tight · (βίδα, κόμπος) tight · (σάλτσα, μπεσαμέλ) thick · (μυς, σώμα) firm · (μτφ: για πρόσ.) thrifty

σφοδρός επίθ fierce · (σύγκρουση) violent · (έρωτας, πόνος) intense · (αντιρρήσεις) strenuous · (επίθεση) ferocious

σφουγγάρι το sponge

σφουγγαρίστρα η mop

σφουγγαρόπανο το mop

σφραγίδα η stamp

σφραγίζ|ω ρ μ (έγγραφα, βιβλία) to stamp · (φάκελο, δέμα: με βουλοκέρι) to seal · (δόντι) to fill

σφράγισμα το (για δόντι) filling · (φακέλων, εγγράφων) stamping · (μπουκαλιού, πόρτας) sealing

σφραγισμέν|ος επίθ (δόντι) filled · (πόρτα, δωμάτιο) sealed · (μτφ: χείλια) sealed

σφυγμός ο pulse

σφύζ|ω ρ αμ to throb · **~ από ζωή** ή **ζωντάνια** to pulse ή throb with life · **~ από δραστηριότητα** to be bustling with activity

σφυρί το hammer

σφύριγμα η whistle

σφυρίζ|ω ρ μ (σκοπό, μελωδία) to whistle · (απάντηση) to whisper · (= αποδοκιμάζω) to hiss at ♦ ρ αμ (για πρόσ.) to whistle · (αυτιά) to ring · (σφαίρα, άνεμος) to whir

σφυρίχτρα η whistle

σχεδία η raft

σχεδιάγραμμα το (έκθεσης, διάλεξης) outline · (= απεικόνιση) drawing

σχεδιάζ|ω ρ μ (εικόνες, σκίτσα) to draw · (ρούχα, κτήρια) to design · (= σκοπεύω) to plan · (εκστρατεία, επίθεση) to plan

σχεδιαστής ο (ρούχων,

σχέδιο *το* (= πρόγραμμα, σκοπός) plan · (= σχέτσο) drawing · (= διάγραμμα: οικοδομής) plan · (= διακοσμήσεως: σε χαρτί, ύφασμα) pattern · (βιβλίου, ομιλίας) outline · (συμφωνίας, νόμου) draft
▸ **σχέδια** *πλ* plans

σχεδόν *επίρρ* almost

σχέση *η* (= δεσμός) relationship · (= συσχέτιση) relation
▸ **σχέσεις** *πλ* (= δεσμοί) relationship · (= ερωτική επαφή) intercourse *χωρίς πληθ.*

σχετικά *επίρρ* relatively

σχετικός *επίθ* (= με κτ που έχει ήδη αναφερθεί) related · (= ποσό, βάρος) proportional · (επιτυχία, ηρεμία) relative

σχήμα *το* (= μορφή) shape · (ΓΕΩΜ, ΜΑΘ) figure · (= ομάδα) team · (μουσικών) group · (ΤΥΠ) format

σχηματίζω *ρ μ* (φάλαγγα, ουράνιο τόξο) to form · (σήμα) to make · (νούμερο τηλεφώνου) to dial · (γνώμη, εντύπωση) to form
▸ **σχηματίζομαι** *μεσ* (έμβρυο, πυρήνες) to be formed · (ουτίδες) to form

σχίζω *ρ μ* (έγγραφο, χαρτιά) to tear up · (ξύλα) to split · (μανίκι, ρούχο) to tear · (φάκελο) to tear open · (= αποσπώ: σελίδα) to tear out · (= προκαλώ ρωγμή) to split · (μτφ.: = διαπερνώ) to tear through · (= κατανικώ) to thrash ◆ *αμ* (παράσταση) to be a hit · (ομάδα) to win hands down
▸ **σχίζομαι** *μεσ* (για ρούχα, υφάσματα) to tear · (ποταμός, μονοπάτι) to split · (στο διάβασμα, στο διάβασμα) to knock oneself out · (για να εξυπηρετήσει κπν) to bend over backwards

σχίζιμο *το* (= ενέργεια του σχίζω) tearing · (γονάτου, χεριού) cut · (υφάσματος) tear · (φούστας, φορέματος) slit

σχίσμα *το* (= διαφορά απόψεων) rift · (ΘΡΗΣΚ) schism

σχισμή *η* (κερματοδέκτη, μηχανήματος) slot · (βράχου) crevice · (στην πόρτα) crack

σχιστός *επίθ* slit

σχοινένιος, -ια, -ιο rope

σχοινί *το* rope · **~ για τα ρούχα** clothes line

σχόλασμα *το* (μαθητή) end of the school day · (εργαζομένου) end of the (working) day · (= απόλυση) dismissal

σχολαστικός *επίθ* (= τυπικός) meticulous · (= υπερβολικά λεπτολόγος) fastidious · (λεπτομέρεια) meticulous · (έλεγχος) thorough

σχολείο *το* school · **έχω ~** to have school · **πηγαίνω** *ή* **πάω ~** to go to school ▷ **δημόσιο ~** state (Βρετ.) *ή* public (Αμερ.) school ▷ **δημοτικό ~** primary (Βρετ.) *ή* elementary (Αμερ.) school ▷ **ιδιωτικό ~** private school

σχολή *η* (τεχνική, γεωργική) college · (εμπορική, χορού) school · (μουσικής) academy · (= διδακτικό προσωπικό) faculty

σχολιάζω *ρ μ* (= κρίνω) to comment on · (= κριτικάρω) to criticize

σχολιασμός *ο* (φράξεων, λεγομένων) commenting · (= υπομνηματισμός) annotation

σχολιαστής *ο* (= δημοσιογράφος) editor · (ραδιοφώνου, τηλεόρασης) commentator · (κειμένου) annotator

σχολικό *το* school bus

σχολικός *επίθ* (τάξη, πρόγραμμα) school · (γνώσεις, εμπειρίες) acquired at school

σχόλι|ο το comment · **ουδέν ~ν!** no comment!

σχολ|ώ ρ μ (αγκ.) to fire ◆ ρ αμ (εργαζόμενος) to get off work · (μαθητής) to finish school · (σχολείο, υπηρεσία) to be let out

σωβινισμ|ός ο = σοβινισμός

σωβινιστής ο = σοβινιστής

σωβινίστρια η βλ. σοβινιστής

σώβρακ|ο το (ανεπ.) underpants πληθ.

σώζ|ω ρ μ (γενικότ.) to save
▸ **σώζομαι** μεσ (= διασώζομαι) to survive · (= εξασφαλίζομαι) to be home and dry

σωθικά τα (για πρόσ.) intestines · (για ζώο) entrails

σωληνάρι|ο το tube

σωλήν|ας ο pipe

σώμα το body · (= συσκευή θερμάνσεως) heater ▸ **αστυνομικό ~ police force** ▸ **ουράνιο ~ celestial body**

σωματικ|ός επίθ physical · (βάρος, λίπος) body

σωματοφύλακ|ας ο/η bodyguard

σωματώδης επίθ hefty

σών|ω¹ ρ μ = σώνω

σών|ω² ρ αμ (προφ.) to be enough
▸ **σώνομαι** μεσ to run out

σώος, -α, -ο safe · **~ και αβλαβής** safe and sound

σωπαίν|ω ρ αμ to be silent · (= παύω να μιλώ) to fall silent

σωριάζ|ω ρ μ (= βάζω πάνω) to pile
▸ **σωριάζομαι** μεσ to collapse

σωρός ο pile

σωσίβι|ο το (κυριολ.) life jacket · (μτφ.: = μέσο σωτηρίας) buoy

σωστά επίρρ right · **αν θυμάμαι ~** if I remember correctly **~, έχετε δίκιο** indeed, you're right

σωστ|ό το το **~** the right thing

σωστ|ός επίθ (απάντηση) right · (δουλειά) proper · (= ακέραιος)

intact · (= ακριβής: ώρα) right · (φίλος, δημοκράτης) true · (= κατάλληλος: άνθρωπος, απόφαση) right · (= ηθικώς) fair

σωτήρ|ας ο saviour (Βρετ.), savior (Αμερ.)

σωτηρί|α η salvation

σωφρονίζ|ω ρ μ (παιδί) to bring into line · (φυλακισμένο) to undergo reform

T τ

Τ, τ tau, *19th letter of the Greek alphabet*

τα¹ άρθρ οριστ the · βλ. **ο, η, το**

τα² αντων them

ταβάν|ι το ceiling

ταβέρν|α η taverna

ταβερνιάρ|ης ο taverna owner

ταβερνιάρ|ισσα η βλ. **ταβερνιάρης**

τάβλ|α η (= σανίδα) plank · (= χαμηλό τραπέζι) table

τάβλ|ι το backgammon

ταγέρ το suit

ταγκό το = ταγκό

τάγ|μα το (στρ) battalion · (ΘΡΗΣΚ) order

ταγματάρχ|ης ο/η major

τάδε αόριστ αντων (για πρόσ.) so-and-so · (για πράγμα) such-and-such

τάζ|ω ρ μ (= υπόσχομαι) to promise · (= υπόσχομαι αφιέρωμα) to dedicate

ταΐζ|ω ρ μ to feed

τάιμινγκ το timing

ταινί|α η (= κορδέλα: μονωτική) tape · (για μαλλιά, γραφομηχανή) ribbon · (για πένθος) band · (από δέρμα, χαρτί) strip · (= μετροταινία) tape measure · (= φιλμ) film

ταίρ|ι το (για πρόσ.) companion · (για ζώο) mate

ταιριάζω ρ μ (βάζο) to match up · (κάλτσες) to put into pairs · (χρώματα) to match · (ιδέες, έννοιες) to connect ♦ ρ αμ (χρώματα) to match · (φωνές) to go well together · (= κλειδί, κομμάτι παζλ) to fit · (για πρόσ.) to get on
▶ **ταιριάζει** τριτ to be becoming
ταιριαστός επίθ (καπέλο, ρούχα) matching · (ζευγάρι, ανδρόγυνο) compatible
τακούνι το heel
τακτ το tact
τακτικά επίρρ (= συχνά) often · (= με τάξη) neatly
τακτική η (ατόμου, προπονητή) tactics πληθ. · (κυβέρνησης) policy · (στρ) tactics πληθ.
τακτικός επίθ (περίπατος) usual · (πελάτης, επισκέπτης) regular · (μέλος, υπάλληλος) permanent · (σε δουλειές) steady · (μαθητής) neat · **είμαι ~ στα ραντεβού μου** to be punctual ▶ **~ό αριθμητικό** ordinal (number)
τακτοποίηση η (δωματίου, σπιτιού) tidying up · (επίπλων, λουλουδιών) arranging · (γραφάτας) straightening · (χρέους) settling · (= εγκατάσταση) putting up
τακτοποιώ ρ μ (δωμάτιο, γραφείο) to tidy up · (γραβάτα) to straighten · (λουλούδια, έπιπλα) to arrange · (βιβλία) to put away · (θέμα, εκκρεμότητα) to settle · (ζωή, δουλειές) to settle · (= εγκαθιστώ) to put up
▶ **τακτοποιούμαι** μεσ (= εγκαθίσταμαι) to settle down · (προσωρινά) to stay · (= αποκαθίσταμαι) to settle · **~ούμαι σε ένα διαμέρισμα** to move into an apartment ή flat (Βρετ.)
ταλαιπωρία η (= βάσανο) hassle · (= κακουχία) hardship

ταλαίπωρος επίθ poor
ταλαιπωρώ ρ μ to plague
▶ **ταλαιπωρούμαι** μεσ to have a lot of trouble
ταλαντούχος, -α ή -ος, -ο talented
ταλέντο το talent
ταλκ το medicated talc
ταμειακός επίθ fiscal ▶ **-ή μηχανή** cash register
ταμείο το (καταστήματος) cash desk · (τράπεζας) cashier's desk · (κινηματογράφου, θεάτρου) box office · (συλλόγου, λέσχης) funds πληθ. · (= οικονομική διαχείριση) money management
ταμίας ο/η (μαγαζιού) cashier · (τράπεζας) teller · (συλλόγου, εταιρείας) treasurer · (πλοίου) purser · (χολεγίου) bursar
ταμιευτήριο το savings bank ▶ **κατάθεση ταμιευτηρίου** deposit account (Βρετ.), savings account (Αμερ.)
ταμπέλα η (= πινακίδα) sign · (= ετικέτα) label
ταμπεραμέντο το temperament
ταμπλέτα η (= χάπι) tablet · (= εντομοαπωθητικό) insect repellent tablet
ταμπλό το (ανακοινώσεων) notice board (Βρετ.), bulletin board (Αμερ.) · (διαφημίσεων) hoarding · (= πίνακας οργάνων) instrument panel · (αυτοκινήτου) dashboard
ταμπόν το tampon
ταμπού το taboo
ταμπούρλο το drum
τανάλια η pliers πληθ.
τανγκό το tango
τανκ το tank
τάξη η (= τήρηση κανόνων) obedience · (= ευταξία) order · (κοινωνίας, αστών) class · (= επίπεδο σπουδών) year (Βρετ.), grade (Αμερ.) · (= μαθητές) class · (= αίθουσα) classroom · **με ~ in**

an orderly way ▷ **εργατική** ~ working class

ταξί *το* taxi (*Βρετ.*) ή stand (*Αμερ.*)

ταξιδεύ|ω ρ αμ to travel (*χαράβι*) to sail · (= ονειροπολώ) to drift ◆ ρ μ (λογοτ.: για πλοίο, μυθιστόρημα) to transport · **~ με αεροπλάνο** to fly · **~ με πλοίο/τρένο** to travel by sea/rail

ταξίδ|ι *το* journey · **καλό ~!** have a good trip! · **λείπω (σε) ~** to be away ▷ **γραφείο ταξιδίων** travel agency ▷ **~ -αστραπή** lightning trip

ταξιδιώτης ο traveller (*Βρετ.*), traveler (*Αμερ.*)

ταξιδιωτικός επίθ (*σάκος, έγγραφο*) travel · (εντυπώσεις, περιγραφή) of one's journey · (ντύσιμο) travelling (*Βρετ.*), traveling (*Αμερ.*) ▷ **~ό γραφείο** travel agency ▷ **~ή επιταγή** traveller's cheque (*Βρετ.*), traveler's check (*Αμερ.*) ▷ **~ή οδηγία** travel guidelines πληθ. ▷ **~ οδηγός** tour guide ▷ **~ πράκτορας** travel agent

ταξιδιώτισσα η βλ. **ταξιδιώτης**

ταξιθέτης ο usher

ταξιθέτρια η βλ. **ταξιθέτης**

ταξικός επίθ (*πάλη, διακρίσεις*) class · (κοινωνία) class-based

ταξίμετρο *το* meter

ταξίμ|ο *το* (= υπόσχεση) vow · (σε άγιο) offering

ταξινόμηση η classification

ταξινομ|ώ ρ μ (βιβλία, έγγραφα) to classify · (φάκελους) to sort

ταξιτζής ο taxi driver

ταξιτζού η βλ. **ταξιτζής**

τάπια¹ η (βαρελιού, μπουκαλιού) bung · (μπάνιου, νεροχύτη) plug · (κορ.) shorty (ανεπ.) · (στην καλαθοσφαίριση) block

τάπια² η stud

ταπεινός επίθ humble · (ζωή)

abject · (συνοικία) poor · (αρν.: κόλακας, ενστικτα) base

ταπεινών|ω ρ μ to humiliate ▷ **ταπεινώνομαι** *μεσ* to be humbled

ταπεινωτικός επίθ humiliating

ταπεραμέντο *το* = **ταμπεραμέντο**

ταπετσαρία η (τοίχου) wallpaper · (αυτοκινήτου, επίπλων) upholstery

τάπητας (επίσ.) ο (= χαλί) carpet · (γηπέδου) ground

ταπητουργία η (τέχνη) carpet making · (= ταπητουργείο) carpet factory

ταπί *το* (στην πάλη) canvas · (στην γυμναστική) mat

ταραγμένος επίθ (θάλασσα, λίμνη) rough · (νους, άνθρωπος) agitated · (ύπνος) restless · (ζωή) turbulent

ταράζω ρ μ (νερό) to disturb · (ύπνο) to disturb · (ψυχική γαλήνη) to upset · (στην πολυλογία, στο ψέμα) to wear out · (γλυκά, φαγητό) to gobble ▷ **ταράζομαι** *μεσ* to get upset

ταρακούνημα *το* jolt

ταρακουν|ώ ρ μ to shake

ταραμάς ο fish roe

ταραμοκεφτέδες ο roe fish cake

ταραμοσαλάτα η taramosalata

ταράσσω (επίσ.) ρ μ = **ταράζω**

ταράτσα η flat roof

ταραχή η (= συγκίνηση) agitation · (= αναστάτωση) riot ▷ **ταραχές** πλ disturbances

ταρίφα η (= τιμή) tariff · (για ταξί) fare ▷ **διπλή ~** night rate

τάρτα η (γλυκιά) tart · (αλμυρή) pie

τασάκ|ι *το* ashtray

τάση η (αγοράς, ανεξαρτησίας) trend · (= ροπή) tendency · (ΗΛΕΚΤΡ) voltage

τάσ|ι *το* (= ποτήρι) goblet · (σε αυτοκίνητο) hubcap

τάσσω ρ μ (επίσ.) to lay down

τατού *το* = **τατουάζ**

τατουάζ *το* tattoo

ταυ *το* (*γράμμα*) tau, *19th letter of the Greek alphabet* • (*εργαλείο*) T-square

ταυρομαχία *η* bullfighting

ταύρ|ος *ο* (= *αρσενικό βόδι*) bull • (ΑΣΤΡΟΝ, ΑΣΤΡΟΛ) Taurus

ταυτίζ|ω *ρ μ* (= *θεωρώ ίδιο*) to equate • (= *εξακριβώνω*) to identify

► **ταυτίζομαι** *μεσ* to agree

ταυτόσημος *επίθ* (*όροι, λέξη*) synonymous (*διακοίνωση, αντίδραση*) identical

ταυτότητ|α *η* (*απόψεων, θέσεων*) similarity • (*θύματος, πολιτισμού*) identity • (*πολίτη*) identity card • (*δημοσιογράφου*) press card • (= *βραχιόλι με μενταγιόν*) identity bracelet ▷ **αστυνομική** ~ identity card

ταυτόχρονα *επίρρ* = **ταυτόχρονος**

ταυτόχρον|ος *επίθ* simultaneous

ταυτοχρόνως *επίρρ* simultaneously

ταφή *η* burial

τάφ|ος *ο* (= *μνήμα*) grave • (*κατ.* = *μνημείο*) tomb • (= *θάνατος*) death ▷ **Άγιος ή Πανάγιος Τάφος** Holy Sepulchre ▷ **οικογενειακός** ~ family grave ▷ **ομαδικός** ~ mass grave

τάφρ|ος *ο* ditch

τάχα *επίρρ* (= *δήθεν*) supposedly • (= *μήπως*) maybe • (= *άραγε*) I wonder

τάχατε(ς) *επίρρ* = **τάχα**

ταχεία *η* express

ταχίν|ι *το* tahini

ταχτικός, -ή, -ό = **τακτικός**

ταχτοποίηση *η* = **τακτοποίηση**

ταχτοποι|ώ *ρ μ* = **τακτοποιώ**

ταχυδρομεί|ο *το* to mail, post (*Βρετ.*) • (*γραφείο ή παράρτημα*) post office • **λαμβάνω ή παίρνω**

το ~ to get the mail ▷ **σφραγίδα του** ~**υ** postmark

ταχυδρομικ|ός *επίθ* (*υπηρεσία, δίκτυο*) postal • (*όχημα, γραφείο*) post ▷ **-ή επιταγή** postal order ▷ **-ή θυρίδα** PO Box ▷ **Ταχυδρομικός Κώδικας ή Κώδικας** postcode (*Βρετ.*), zip code (*Αμερ.*) ▷ **-ή σφραγίδα** postmark ▷ **-ό ταμιευτήριο** post-office savings bank ▷ **-ό τέλος** postage

► **ταχυδρομικός** *ο/η* postal worker

ταχυδρομικώς *επίρρ* by post

ταχυδρόμ|ος *ο/η* (= *ταχυδρομικός διανομέας*) postman/woman (*Βρετ.*), mailman/woman (*Αμερ.*) • (*μτφ.*) messenger

ταχυδρομ|ώ *ρ μ* to post (*Βρετ.*), to mail (*Αμερ.*)

ταχύν|ω *ρ μ/αμ* = **επιταχύνω**

ταχύπλο|ο *το* speedboat

ταχύς, -εία, -ύ (*αύξηση, εξέλιξη*) rapid • (*εκμάθηση*) intensive • (*ρήμα, ρυθμός*) brisk • (*σκάφος*) fast • (*αλλαγή*) sudden • (*αναπνοή, σφυγμός*) quick ▷ **δρόμος -είας κυκλοφορίας** expressway ▷ **λωρίδα -είας κυκλοφορίας** fast lane

ταχύτητ|α *η* speed • (*ανώτατο*) **όριο -ς** speed limit • **αναπτύσσω** ~ to pick up speed • **κόβω** ~ to reduce speed • **βάζω/αλλάζω** ~ to go into/change gear • **έχω πρώτη/ δεύτερη/τρίτη** ~ to be in first/ second/third gear ▷ **αγώνας -ς** race

► **ταχύτητες** *πλ* gears ▷ **κιβώτιο ταχυτήτων** gearbox ▷ **αυτόματη αλλαγή ταχυτήτων** automatic gear shift

ταψί *το* baking tin

τεθωρακισμέν|ος *επίθ* armoured (*Βρετ.*), armored (*Αμερ.*)

► **τεθωρακισμένο** *το* armoured (*Βρετ.*) ή armored (*Αμερ.*) vehicle

τείνω (επία.) ρ μ (χορδή) to stretch · (χέρι, βιβλίο) to hold out ◆ ρ αμ (= αποσκοπώ) to aim · (= κλίνω) to tend

τείχος το wall ▷**το Σινικό ή Μέγα ~** the Great Wall of China ▷**το ~ του Βερολίνου** the Berlin wall

τεκίλα η tequila

τελάρο το (= καφάσι) crate · (ζωγραφικού πίνακα, κεντήματος) frame

τελεία η (σημείο στίξης) full stop (Βρετ.), period (Αμερ.) · (= κουκκίδα) dot ▷**άνω και κάτω ~** colon ▷**άνω ~** semicolon

τέλεια επίρρ perfectly · **περνώ ~** to have a marvellous (Βρετ.) ή marvelous (Αμερ.) time

τελειοποιώ ρ μ (τεχνική) to perfect · (κατ.: = βελτιώνω) to improve

τέλειος, -α, -ο (συνεργασία, εκτέλεση) perfect · (φίλος, εραστής) ideal · (απατεώνας, γυναίκα) complete · (αδιαφορία) complete · (εκβιασμός) out-and-out ▷**τέλειο(ν)** to perfection

τελειότητα η perfection

τελείωμα το, **τελείωμα** το (περιόδου, έργου) end · (ρούχου, κουρτίνας) hem

τελειωμένος, -η, -ο finished

τελειωμός ο end

τελειώνω ρ μ (εργασία, διάβασμα) to finish · (συζήτηση) to end · (προσπάθεια) to give up · (σχολή, Νομική) to graduate from · (Λύκειο, Δημοτικό) to leave · (φαγητό, ποτό) to finish ◆ ρ αμ (= φτάνω στο τέλος) to finish · (αγώνας, εκπομπή) to finish · (γιορτή, διακοπές) to end · (δοκιμασία) to come to an end · (έτος, ταξίδι) to end · (χρόνος, χρήματα) to run out · (δυνάμεις) to give out · (ανεπ.: = φθάνω σε οργασμό) to come (ανεπ.)

τελείως επίρρ completely

τελειωτικός επίθ (ήττα, νίκη) decisive · (θρίαμβος) crowning · (απάντηση, απόφαση) final · (θέση) rigid · (νίκη, εξάντληση) complete

τέλεση η (εγκλήματος, αδικήματος) commission · (πράξης, καθήκοντος) performance · (αγώνα) playing · (μυστηρίων) celebration

τελετή η ceremony

τελευταίος, -α, -ο (μέρα, θρανίο) last · (βιβλίο, φάρμακο) latest · (ενέργεια, καιρός) recent · (μαθητής) bottom · (οπαδός, υπάλληλος) lowliest · (= που μνημονεύθηκε στο τέλος) latter · **για ~α φορά** for the last time · **η ~α λέξη της μόδας** the latest thing

τέλεφαξ το fax

τελεφερίκ το cable car

τελικά επίρρ eventually

τελικός επίθ final ▷**ή ευθεία** home straight (κυρ. Βρετ.), home stretch (κυρ. Αμερ.) ▷**τελικοί** οι, **τελικά** τα finals ▷**τελικός** ο final ▷**μεγάλος ~** cup final ▷**μικρός ~** third-place play-off

τέλμα το (= έλος) swamp · (μτφ.) impasse

τέλος το end · (προθεσμίας) expiry · (= φόρος: χαρτοσήμου) duty · (κυκλοφορίας, ακίνητης περιουσίας) tax · **προς το ~** towards the end · **στο ~** in the end · **~ ή τελικά** finally ▷**ταχυδρομικά ~α** postal rates

τέλος πάντων επίρρ anyway

τελώ (επία.) ρ μ (γάμο) to celebrate · (μνημόσυνο) to hold · (τελετή) to perform · (έγκλημα) to commit ◆ ρ αμ to be

τελωνειακός επίθ customs ▷**τελωνειακός** ο customs officer

τελωνείο το (υπηρεσία) customs

εν. *(παράρτημα)* customs house · (= *δασμοί*) duty

τελών|ης *o* customs inspector

τεμαχίζω *(επία.) ρ μ* (= *κομματιάζω*) to cut up · *(κρέας: σε φέτες)* to carve · *(σε κύβους)* to chop up · (= *διαιρώ*) to divide

τεμάχι|ο *(επία.) το* piece

τέμεν|ος *το (στην αρχαιότητα)* temple · (= *μουσουλμανικό τζαμί)* mosque

τεμπέλ|ης, -α, -ικο lazy

τεμπελιάζ|ω *αμ* (= *φυγοπονώ*) to idle · (= *χασομερώ*) to laze around

τενεκεδένι|ος, -α, -ο tin

τενεκ|ές *o (λευκοσίδηρος)* tin · *(λαδιού, τυριού)* can · *(υβρ.)* good-for-nothing

τένις *το* = **αντισφαίριση**

τενίστας *o* tennis player

τενίστρια *η βλ.* **τενίστας**

τένοντ|ας *o* tendon ▷**αχίλλειος ~** Achilles tendon

τενόρ|ος *o* tenor

τέντ|α *η* (= *αντίσκηνο)* tent · *(μεγάλη σκηνή)* marquee · *(τσίρκου)* big top · *(σπιτιού)* awning · (= *τεντόπανο)* canvas

τέντζερ|ης *o* copper pan

τέντωμα *το (λάστιχο)* inflating · *(μπλούζας)* stretching · *(χεριών, ποδιών)* opening wide

τεντωμέν|ος, -η, -ο *(νεύρα)* strained · *(για πρόσ.)* tense

τεντών|ω *ρ μ (ύφασμα, λάστιχο)* to stretch · *(σχοινί, χορδή)* to tighten · *(λαιμό)* to crane · *(χέρι, πόδι)* to stretch out · *(τραπεζομάντηλο, σεντόνι)* to spread out · *(δέρμα)* to tone ♦ *ρ αμ (σχοινί, λάστιχο)* to be taut · *(ρούχα, σεντόνι)* to be smoothed out · *(πόδι)* to flex · *(δέρμα)* to be toned

▸**τεντώνομαι** *μεσ* (= *ανακλαδίζομαι)* to stretch · (= *τείνω το σώμα μου)* to strain

τέρ|ας *το* (= *έκτρωμα)* freak · (= *φανταστικό πλάσμα)* monster · (= *πολύ άσχημο άτομο)* ugly monster · *(για κτήριο)* monstrosity · (= *άνθρωπος κακός)* monster · *(χαϊδ.: για παιδί)* little monster · **~ μορφώσεως/γνώσεων/σοφίας** fountain of learning/knowledge/wisdom

τεράστι|ος, -α, -ο enormous · *(στράτευμα)* huge · *(πλούτος)* immense · *(αποθέματα)* vast · *(νίκη, ανάπτυξη)* tremendous · *(κύκλος γνωριμιών)* vast

τερηδόνα *η* decay · **~ των δοντιών** tooth decay

τέρ|μα *το (δρόμου, ομιλίας)* end · (= *σκοπός)* end · *(ΑΘΛ: = εστία)* goalpost · (= *γκολ)* goal · *(αγώνα δρόμου, αγώνα ταχύτητας)* finishing line · *(λεωφορείου, τρένου)* terminus · **πατάω ~ το γκάζι** to floor the accelerator

τερματίζ|ω *(ομιλία, καριέρα)* to conclude · *(συνεργασία, εγκυμοσύνη)* to terminate · *(συνεδρίαση)* to wind up · *(υπόθεση)* to put an end to ♦ *ρ αμ* to finish

τερματικ|ό *το (ΠΛΗΡΟΦ)* terminal · (= *θέση εργασίας)* computer department

τερματισμ|ός *o (σχολικού έτους, λόγου)* end · *(σε αγώνες)* finish

τερματοφύλακ|ας *o/η* goalkeeper

τερπν|ός *(επία.) επίθ* delightful · **το -όν μετά του ωφελίμου** business before pleasure

τες *αντων* these

τεσσαρακοστ|ός *αριθ τακτ* fortieth

τεσσάρ|ι *το* four · *(διαμέρισμα)* four-room(ed) apartment *ή* flat *(Βρετ.)*

τέσσερα *αριθ απόλ* four

τεσσεράμισι *αριθ απόλ* four and a half

τέσσερ|εις, -εις, -α *αριθ απόλ πλ*
four

τέσσερ|ις, -ις, -α *αριθ απόλ πλ* =
τέσσερεις

τεσσερισήμισι *αριθ απόλ* =
τεσσεράμισι

τεστ *το* test ▷ **~ εγκυμοσύνης/
αντοχής/νοημοσύνης** pregnancy/
endurance/intelligence test
▷ **~ Παπανικολάου, Παπ~** smear
(*Βρετ.*), pap smear *ή* test (*Αμερ.*)

τέταν|ος *ο* tetanus

Τετάρτη *η* Wednesday

τέταρτ|ος *αριθ τακτ* fourth
▶ **τέταρτος** *ο* (= όροφος) fourth
floor (*Βρετ.*), fifth floor (*Αμερ.*) ·
(= Απρίλιος) April
▶ **τέταρτη** *η* (= ταχύτητα) fourth
(gear) · (= ημέρα) fourth ·
(= σχολική τάξη) fourth year
▶ **τέταρτο** *το* (= τεταρτημόριο)
quarter · (= ώρας) quarter of an
hour · **η ώρα είναι τρεις και ~ο**
it's quarter past three

τετατέτ, τετ-α-τετ *επίρρ* face to
face

τελελεσμέν|ος *επίθ*
accomplished

τέτοι|ος, -οια, -οιο *αντων δεικτ*
(= όμοιος) like that · (εποχή)
same · (φόβος, ένταση) such · (ειρ.)
like that · (ανεπ.: αντί ονόματος:
για άντρα) what's-his-name · (για
γυναίκα) what's-her-name · **κι
εγώ έχω ~ο αυτοκίνητο** I've got
a car like that too · **πέρυσι ~α
εποχή** this time last year

τετραγωνικ|ός *επίθ* square
▶ **τετραγωνικό** *το* square metre
(*Βρετ.*) *ή* meter (*Αμερ.*)

τετράγωνο *το* square

τετράγων|ο *το* (χαλί,
επιφάνεια) square · (λογική,
συλλογισμός) sound

τετράδι|ο *το* exercise book

τετραήμερ|ο *το* four-day period

τετραήμερ|ος *επίθ* four-day

τετρακόσια *αριθ απόλ* four
hundred

τετρακόσι|οι, -ιες, -ια *αριθ απόλ
πλ* four hundred

τετραπέρατ|ος *επίθ* astute

τετράπορτ|ο *επίθ* saloon (*Βρετ.*),
sedan (*Αμερ.*)

τετράτροχ|ος *επίθ* four-wheeled

τετραώροφ|ος *επίθ* four-storey
(*Βρετ.*), four-story (*Αμερ.*)
▶ **τετραώροφο** *το* four-storey
(*Βρετ.*) *ή* four-story (*Αμερ.*)
building

τεύχος *το* (περιοδικού) issue ·
(βιβλίον) volume

τέφρ|α (επίσ.) *η* (= στάχτη) ash ·
(νεκρού) ashes *πληθ*.
▷ **ηφαιστειακή** ~ volcanic ash

τέχνασμα *το* ploy

τέχν|η *η* (γενικότ.) art ·
(= καλλιτεχνικό δημιούργημα)
work · (= τεχνοτροπία) style ·
(= δημιουργική ικανότητα) talent ·
(= μαστοριά) artistry · (για
χειροτέχνη) craftsmanship ·
(= επάγγελμα) trade ▷ **δραματική**
~ theatre (*Βρετ.*), theater (*Αμερ.*)
▷ **έβδομη** ~ cinema ▷ **εικαστικές**
~ες visual arts ▷ **ένατη** ~ comics
πληθ. ▷ **έργο** ~ς work of art ▷ **καλές** ~ες fine arts
▷ **όγδοη** ~ photography

τεχνητ|ός *επίθ* (λίμνη, λουλούδι)
artificial · (δικαιολογία)
man-made · (δόντια) false · (γλώσσα) synthetic · (ανάγκες,
κρίση) artificial

τεχνική *η* technique

τεχνικ|ός *επίθ* technical
▷ **~ έλεγχος** (σε όχημα) MOT test
(*Βρετ.*), inspection (*Αμερ.*)
▷ **~ όρος** technical term
▶ **τεχνικός** *ο* (σταθμού) technician ·
(τηλεόρασης) engineer · (ομάδας)
manager

τεχνίτης *ο* (= μάστορας)
craftsman · (για υδραυλικά,

ηλεκτρικά) workman · (μτφ.) master · (ειμ.) past master
τεχνίτρια *η βλ.* **τεχνίτης**
τεχνολογία *η* technology
τέως (επίθ.) επίρ former
τζαζ *η* jazz ▷~ **κομμάτι/ συγκρότημα** jazz number/band
τζάκι *το* fireplace
▸ **τζάκια** *πλ* elite εν.
τζακούζι *το* Jacuzzi ®
τζακπότ, τζακ-πότ *το* rollover
τζαμαρί|α *η* (σπιτιού) picture window · (καταστήματος) window · (θερμοκηπίου) glass χωρίς πληθ. · (σαλονιού) French window (Βρετ.), French door (Αμερ.)
τζαμί *το* mosque
τζάμι *το* (= γυαλί) glass · (πόρτας, πούλμαν) window ▷~ **παραθύρου** window pane
▸ **τζάμια** *πλ* (κοφ.) glasses
τζάμπα (ανεπ.) επίρ (= δωρεάν) for free · (= πολύ φθηνά) for next to nothing · (= μάταια) in vain
τζαμπατζής *ο* (= που αποκτά χωρίς να πληρώνει) freeloader (ανεπ.) · (μειωτ.) cheapskate (ανεπ.) · (= σε συναυλία, αγώνα) person who sneaks in without paying
τζαμπατζού *η βλ.* **τζαμπατζής**
τζάμπο, τζάμπο-τζετ *το* jumbo jet
τζατζίκι *το* tzatziki
τζελ *το* gel
τζέντλεμαν *ο* gentleman
τζετ *το* jet
τζετ-λαγκ *το* jet lag
τζετ-σκι *το* jet ski
τζιν[1] *το* (= ανθεκτικό ύφασμα) denim · (= παντελόνι) jeans πληθ. · (= κάθε τέτοιο ρούχο) denims πληθ. · ~ **πουκάμισο/φούστα** denim shirt/skirt ▷~ **παντελόνι** jeans πληθ.
τζιν[2] *το* gin

τζίνι *η* (= φανταστικό πνεύμα) genie · (μτφ.) genius
τζιπ *το* jeep
τζίρος *ο* turnover
τζίτζικας *ο* cicada
τζιτζίκι *το* = **τζίτζικας**
τζιτζίρ|ας *ο* = **τζίτζικας**
τζογαδόρος *ο* gambler
τζόγκινγκ *το* jogging
τζόγος *ο* (= χαρτοπαιξία) cards πληθ. · (= κάθε τυχερό παιχνίδι) gambling χωρίς πληθ.
τζόκεϊ *ο* jockey
▸ **τζόκεϊ** *το* cap
τζόκινγκ *το* = **τζόγκινγκ**
τζούντο *το* judo
τηγανητ|ός επίθ fried
▸ **τηγανητά** *τα* fried foods
τηγάνι *το* frying pan
τηγανίζ|ω *ρ αμ* to fry ♦ *ρ αμ* to fry
τηγανόψωμο *το* fried bread roll filled with cheese
τήκω (επίσ.) *ρ αμ* to melt
τηλεγράφημα *το* telegram
τηλεγραφώ *ρ μ* to cable ♦ *ρ αμ* to send a telegraph
τηλεθέασ|η *η* viewers πληθ.
τηλεθεάτ|ης *ο* viewer
τηλεθεάτρια *η βλ.* **τηλεθεατής**
τηλεκάρτα *η* phone card
τηλεκατευθυνόμεν|ος επίθ (βλήμα) guided · (αυτοκίνητο) remote-controlled
τηλεκοντρόλ *το* = **τηλεχειριστήριο**
τηλεομοιοτυπί|α *η* fax
τηλεοπτικ|ός επίθ television
τηλεόραση *η* television · **ανοίγω/ κλείνω την** ~ to turn the television ή TV on/off ▷**κλειστό κύκλωμα τηλεοράσεως** closed-circuit television
τηλεπάθει|α *η* telepathy
τηλεπαιχνίδι *το* game show
τηλεπαρουσιαστ|ής *ο* TV presenter

τηλεπαρουσιάστρι|α *η* βλ.
  τηλεπαρουσιαστής
τηλεπικοινωνί|α *η*
  telecommunications *εν.*
▶ **τηλεπικοινωνίες** *πλ*
  telecommunications *εν.*
τηλεσκόπι|ο *το* telescope
τηλεφώνη|μα *το* (phone) call ·
  κάνω ένα ~ σε κπν to give sb a
  call ▷**τοπικό/υπεραστικό ~** local/
  long-distance call
τηλεφωνητής *ο* (= *υπάλληλος
  τηλεφωνικού κέντρου*) operator ·
  (*επίσης* **αυτόματος ~**) answering
  machine
τηλεφωνήτρι|α *η* βλ.
  τηλεφωνητής
τηλεφωνί|α *η* (= *σύνολο
  τηλεφωνικών εγκαταστάσεων*)
  telephone network
  (= *επικοινωνία μέσω τηλεφώνου*)
  telephony ▷**κινητή τηλεφωνία** mobile
  telephony
τηλεφωνικ|ός *επίθ* telephone ·
  (*επαφή, συνομιλία*) phone
  ▷ **~ θάλαμος** phone box (*Βρετ.*),
  phone booth (*Αμερ.*)
  ▷ **~ κατάλογος** phone book (*Βρετ.*) **~ό
  κέντρο** call centre (*Βρετ.*) ή
  center (*Αμερ.*)
τηλέφωνο *το* (*συσκευή*)
  telephone · (= *τηλεφώνημα*)
  (phone) call · (= *αριθμός κλήσης*)
  phone number (*λογαριασμός*)
  phone bill · **παίρνω** κπν **στο
  ~** to phone sb · **βάζω ~** to have a
  phone put in · **είμαι στο ~** to be
  on the phone ή telephone · **κάνω
  ένα ~** to make a phone ή
  telephone call · **σηκώνω το ~** to
  answer the phone ή telephone
  ▷**φορητό** ή **ασύρματο ~** cordless
  phone
τηλεφωνώ *ρ αμ* to be on the
  phone · *ρ μ* to phone
▶ **τηλεφωνιέμαι** *μεσ* to speak on
  the phone
τηλεχειριστήρι|ο *το* remote

control
τήρηση *η* (*εθίμων, παράδοσης*)
  upholding · (*νόμου*) observance ·
  (*συμφωνίας, υπόσχεσης*) keeping ·
  (*αναγνύσια*) preservation ·
  (*βιβλίου, αρχείου*) keeping
τηρώ (*επίς.*) *ρ μ* (*ήθη, έθιμα*) to
  uphold · (*συμφωνία*) to honour
  (*Βρετ.*), to honor (*Αμερ.*) ·
  (*συνθήκη, διαδικασία*) to adhere
  to · (*νόμο, κανόνα*) to abide by ·
  (*λόγο, υπόσχεση*) to keep · (*δίαιτα*)
  to keep to · (*αρχή*) to uphold ·
  (*ανωνυμία*) to preserve · (*βιβλία,
  αρχείο*) to keep · (*πρόσχημα*) to
  keep up · (*τύπους*) to observe ·
  (*στάση, θέση*) to take
της[1] *άρθρ οριστ* ή βλ. **ο, η, το**
της[2] *αντων* her · **η μητέρα ~** her
  mother · **~ έδωσα κάτι** I gave her
  something

ΛΕΞΗ-ΚΛΕΙΔΙ

τι *ερωτ αντων* **(α)** (*για ερώτηση*)
what? · **τι δουλειά κάνεις;** what
job/kind of job do you do? · **και
τι έγινε;** so what? · **και τι μ'αυτό!**
what of it? · **ξέρεις τι;** know
what? · **προς τι;** what for? · **τι;**
what? · **τι άλλο** what else
(β) (*σε ερώτηση με άρνηση*)
anything · **τι κι αν** so what if
(γ) (*για έμφαση*) what!
(δ) (*επιδοκιμαστικά ή μειωτικά*)
how
(ε) (*για αποδοκιμασία ή αντίρρηση*)
what do you mean
(στ) *+άρθρο.* (= *πόσα πολλά*) all the
things · (= *αυτό που*) what
♦ (= *τι είδους*) what kind ή sort
of · (= *πόσος*) what ή sort of ·
τι λεφτά παίρνεις; what do you
get paid?
♦ *επίρ* (= *γιατί*) why · (= *σε τι*)
what

τίγρη|η *η* tiger
τίθε|μαι *ρ αμ* (= *τοποθετούμαι*) to

be placed · (θέμα, ζήτημα) to be raised · (αρχές, προδιαγραφές) to be laid down

τιμαλφή (επίθ.) τα valuables πληθ.

τιμαρίθμ|ος ο retail or cost-of-living index (Βρετ.), cost-of-living index (Αμερ.)

τιμή η (προϊόντος, καυσίμων) price · (= υπόληψη) honour (Βρετ.), honor (Αμερ.) · (= ένδειξη σεβασμού) honour (Βρετ.), honor (Αμερ.) · (= καμάρι) pride ·

▸ **ανεβάζω/κατεβάζω την ~** to raise/ lower the price · **σε καλή ~** at a good price · **~ μου!** it's my pleasure! · **~ ευκαιρίας** bargain price ▸ **~ κόστους** cost price

▸ **τιμές** πλ honours (Βρετ.), honors (Αμερ.)

τίμημα το price

τίμι|ος, -α, -ο honourable (Βρετ.), honorable (Αμερ.) · (κουβέντες, μοιρασιά) fair · (ΘΡΗΣΚ: ξύλο, σταυρός) holy

τιμιότητα η honesty

τιμοκατάλογ|ος ο price list

τιμολόγι|ο το (υπηρεσίας) rates πληθ. · (προϊόντος) tariff · (= απόδειξη πώλησης) invoice

τιμόν|ι το (αυτοκινήτου) steering wheel · (ποδηλάτου) handlebars πληθ. · (πλοίου) helm

τιμώ ρ μ (ήρωα, μνήμη) to honour (Βρετ.), to honor (Αμερ.) · (έργο, θυσία) to pay tribute to · (πολιτικό, λογοτέχνη) to recognize (με with) · (= εξυπηρετώ: γονείς, δασκάλους) to be a credit to · (= φαγητό) to do justice to · (όρκο, υπόσχεση) to keep

▸ **τιμάται, τιμώνται** τριτ (επίσ.) to cost

τιμώμενος, -η, -ο honorary

τιμωρία η punishment · (για μαθητή) detention

τιμωρώ ρ μ to punish

τίναγμα το (κεφαλιού, μαλλιών)

toss · (σεντονιών, κουβέρτας) shaking · (χαλιών) beating · (σώματος, τρένου) jolt

τινάζω ρ μ (κεφάλι, μαλλιά) to toss · (σεντόνια, κουβέρτα) to shake (out) · (με χτυπητήρι: χαλί, μοκέτα) to beat · (δέντρο) to shake · (καρέκλα, ποτήρι) to fling

▸ **τινάζομαι** μεσ ρ (= αναπηδώ) to start · (= συσπώμαι) to shake

---

ΛΕΞΗ-ΚΛΕΙΔΙ

τίποτε, τίποτα αντων **(α)** (= κάτι) anything · (= καθόλου) nothing **(β)** +ουσ. πληθ. (σε ερωτ. προτάσεις) any · **άλλο τίποτε** nothing but · **από το τίποτα** from scratch · **για ή με το τίποτα** about nothing · **δεν γίνεται τίποτα** nothing doing · **δεν έχω τίποτα εναντίον κποιου** to have nothing against somebody · **δεν έχει τίποτα (για πρόσ.)** there is nothing wrong with him/her · **δεν κάνει τίποτε!** (= παρακαλώ) you're welcome! · **δεν το 'χω σε τίποτα** να it's no big deal for me to ... · **(είναι) ένα τίποτα** to be insignificant · **με τίποτα** no way · **με τίποτα (στον κόσμο)** for anything in the world · **πολύ κακό για το τίποτα** a storm in a teacup · **τίποτε άλλο, ευχαριστώ** I don't want anything else, thank you · **(τίποτε) άλλο από** anything else apart from · **τίποτα άλλο (εκτός ή παρά)** nothing else (apart from) · **τίποτα απολύτως** anything at all · **τίποτα το λες εσύ να ...** you say it's nothing but ...

τιράντα η (παντελονιού) braces πληθ. (Βρετ.), suspenders πληθ. (Αμερ.) · (σουτιέν, νυχτικού) strap

τιρμπουσόν το corkscrew

τις[1] άρθρ οριστ the · **άκουσα ~ εκρήξεις** I heard the explosions · **ήρθε σ~ πέντε** he came at five o'clock · **κατά ~ τρεις** around three o'clock · **σ~ δέκα Απριλίου** on the tenth of April · *βλ.* **ο, η, το**

τις² *αντων* them · **~ ήξερα** I knew them

τίτλος *ο* (*βιβλίου, περιοδικού*) title · (*κεφαλαίου*) heading · (= *βιβλίο*) title · (*επιχείρησης, οργανισμού*) name · (*σπονδυλωτού*) qualification · (= *αξίωμα*) title ▷**κύριος ~** headline ▸**τίτλοι** *πλ* credits

τμήμα *το* (*κορμού, οστών*) piece · (*γλυκού*) portion · (*πόλης, χώρας*) part · (*βιβλίου*) section · (*πωλήσεων, ερευνών*) department · (*σε σχολείο*) class ▷**αστυνομικό ~** police station ▷**εκλογικό ~** polling station

το¹ *άρθρ* ορίστ *βλ.* **ο, η, το**

το² *αντων* (*για έμψυχα, για άψυχα*) it · **~ είδα** I saw him/her/it

τοιχογραφία *η* mural

τοιχοκόλληση *η* billposting

τοιχοκολλώ *ρ μ* to post

τοίχος *ο* wall

τοίχωμα *το* side

τοκετός *ο* childbirth

τοκίζω *ρ μ* · **~ κπν** to lend money to sb at interest ▸**τοκίζομαι** *μεσ* to accrue interest

Τόκιο, Τόκυο *το* Tokyo

τοκομερίδιο *το* dividend

τόκος *ο* (*τραπεζικού λογαριασμού*) interest · (= *επιτόκιο*) interest rate

τοκσόου, τοκ-σόου *το* chat show (*Βρετ.*), talk show (*Αμερ.*)

τόλμη *η* daring

τολμηρός *επίθ* (*άνθρωπος*) daring · (*μέτρο, απόφαση*) bold · (*εγχείρημα*) daring · (*αρν.*: = *θρασύς*) presumptuous · (*εικόνα*) naughty · (*σκηνή, ταινία*) racy · (*ντύσιμο*) revealing

τολμώ *ρ μ* to dare ◆ *ρ αμ* to take risks

τομάρι *το* (*κατσίκας, προβάτου*) hide · (*αρν.*: = *παλιάνθρωπος*) swine

τομάτα *η* = **ντομάτα**

τοματοσαλάτα *η* = **ντοματοσαλάτα**

τομέας *ο* (*έρευνας*) field · (*δράσης*) sphere · (*πρόνοιας, οικονομίας*) sector · (*υπηρεσίας*) section · (*γνώσης, μαθηματικών*) field · (*πόλης*) district · (*περιοχής*) sector · (*σε πανεπιστήμιο*) department ▷**δημόσιος/ιδιωτικός ~** pubic/private sector

τομή *η* (= *κόψιμο*) cut · (= *το σημείο κοπής*) cut · (= *χειρουργική διάνοιξη*) incision · (= *ίχνος χειρουργικής διάνοιξης*) incision ▷**καισαρική ~** Caesarean (*Βρετ.*) ή Cesarean (*Αμερ.*) section

τόμος *ο* volume

τον¹ *άρθρ* ορίστ *βλ.* **ο, η, το**

τον² *αντων* (*για έμψυχα*) him · (*για άψυχα*) it · **~ είδα** I saw him/it

τονίζω *ρ μ* (*πρόσωπο, μάτια*) to stress · (*μέση*) to highlight · (*μέση*) to show off

τονισμός *ο* (= *εκφώνηση λέξης*) intonation · (= *τοποθέτηση τόνου*) accentuation · (*χρωμάτων, μορφής*) prominence · (*αδυναμιών*) showing up

τόννος *ο* tuna

τοννοσαλάτα *η* tuna salad

τόνος¹ *ο* (ΓΛΩΣΣ: = *ύψος ή ένταση φωνής*) stress · (= *σημείο δήλωσης έντασης*) accent · (*για φωνή*: = *ένταση*) pitch · (= *τρόπος της ομιλίας*) tone (of voice) · (*χρωμάτων*) shade

τόνος² *ο* (*μονάδα βάρους*) tonne · (*μέτρο χωρητικότητας πλοίου*) tonnage

τονώνω *ρ μ* (*οργανισμό*) to build up · (*οικονομία, ηθικό*) to boost ·

(σχέσεις) to strengthen

τόνωση η boost

τονωτικ|ός επίθ (καλλυντικό, λοσιόν· για το δέρμα) toning · (για τα μαλλιά) conditioning ▷ **~ό ποτό** tonic ▷ **~ό φάρμακο** tonic

τοξικομαν|ής ο/η drug addict

τοξικός επίθ toxic

τόξ|ο το (όπλο) bow · (ΑΘΛ) bow · (σήμα) arrow · (ΑΡΧΙΤ) arch

τοξότης ο (στρατιώτης) archer · (ΑΣΤΡΟΝ, ΑΣΤΡΟΛ) Sagittarius

τόπ|ι το (= μπάλα) ball · (= ρολό υφάσματος) roll

τοπικός επίθ local · (πάχος, θεραπεία) localized ▷ **-ή συγκοινωνία** local transport

τοπίο το landscape · (= σκηνικό) scene

τόπλες επίρρ topless

τοπογραφί|α η (επιστήμη) topography · (περιοχής) survey

τοποθεσί|α η (χωριού, πόλης) location ▷ **(διαδικτυακή) ~** (ΠΛΗΡΟΦ) website

τοποθέτηση η (πιάτων, βιβλίων) putting (away) · (πόρτας, ντουλαπιών) putting in · (δράσης) location · (υπαλλήλου, υπουργού) appointment · (= άποψη) stand

τοποθετ|ώ ο μ (= γενικότ.) to put · (δώματα) to plant · (= κατατάσσω) to class · (= θέτω) to put · (= ορίζω σε θέση) to appoint (se to)

▸ **τοποθετούμαι** μεσ (= παίρνω θέση) to position oneself · (= εκφράζω άποψη) to take a stand

τόπ|ος ο (= τοποθεσία) place · (= πατρίδα) country · (= πόλη) town · (= χωριό) village · (= θέση) place · (στο Διαδίκτυο) site ▷ **οι Άγιοι Τόποι** the Holy Land ▷ **~ γεννήσεως** birthplace

τοπωνύμι|ο το (για χώρα, πόλη) place name · (ποταμού, δρόμου) name

τος αντων (για έμψυχα) he · (για άψυχα) it · **να ~!** here he/it is!

τόσο επίρρ (για μέγεθος, ύψος) so · (για έμφαση: αργά, γρήγορα) so · (θόρυβος, ανάγκη) such · (αγαπώ, καπνίζω) so much

τόσ|ος αντων δεικτ (= πάρα πολύς: με μη αριθμητό ουσιαστικό) so much · (με ουσιαστικό στον πληθυντικό) so many · **είχα ~η ανάγκη να τα πω κάπου** I so badly needed to talk about it · **κάνω το ~ο** (άλλο) to exaggerate · **~οι και ~οι (άνθρωποι)** so many people · **~ καιρός, ~η ώρα** such a long time · **~... ώστε ή που...** so... that... · **τριακόσιες ~ες χιλιάδες** three hundred thousand plus

τοστ το toasted sandwich

τοστάδικ|ο το toasted sandwich shop

τότε επίρρ (γενικότ.) then · (= εκείνη τη στιγμή ή περίοδο) then · **από ~** since then · **ο ~ πρόεδρος** the then president · **~, θα τους καλέσω αύριο** I'll invite them tomorrow then

του¹ άρθρ οριστ ▷ βλ. **ο, η, το**

του² αντων (προσωπικό) him · (κτητικό) his · **η μηχανή ~** his bike · **~ έδωσα κάτι** I gave him something

τουαλέτ|α η (= αποχωρητήριο) toilet (Βρετ.), rest room (Αμερ.) · (έπιπλο) dressing table · (= επίσημο φόρεμα) evening gown ▷ **δημόσιες ~ες** public convenience εν. (Βρετ.), rest room εν. (Αμερ.)

τούβλ|ο το (δομικό υλικό) brick · (μειωτ.) dunce

τουλάχιστον επίρρ at least

τουλίπα η tulip

τουλούμι το βρέχει με το ~ it's pouring down

τούμπα¹ α (= περιστροφή σώματος)

somersault · (= πτώση) fall

τούμπα² ² η **tuba**

τούμπαν|ο το **drum · γίνομαι** ~ (για κοιλιά) to be as tight as a drum · (για πόδι, χέρι) to be all swollen · **κάνω κτ ~** to shout sth from the rooftops · **ο κόσμος το 'χει ~ (κι εμείς κρυφό καμάρι)** (παροιμ.) it's an open secret

τουμπάρ|ω ρ μ (τραπέζι, καρέκλα) to overturn · (μτφ.: = κατεφέγνω) to talk around · (= ξεγελώ) to cheat ◆ ρ αμ (αυτοκίνητο) to roll over · (βάρκα) to capsize

τούνελ το **tunnel**

τουρισμ|ός ο **tourism** ▷ **μαζικός ~ mass tourism**

τουρίστ|ας ο **tourist**

τουριστικ|ός επίθ (βιομηχανία, κατάστημα) tourist · (για νησί, χώρα) popular with tourists ▷ **~ αστυνομία tourist police** ▷ **~ό γραφείο** ή **πρακτορείο travel agency** ▷ **~ή θέση tourist class** ▷ **~ό λεωφορείο tour coach** ▷ **~ οδηγός guidebook** ▷ **~ περίοδος tourist season** ▷ **~ πράκτορας travel agent**

τουρίστρι|α η βλ. **τουρίστας**

Τουρκάλα η βλ. **Τούρκος**

Τουρκία η **Turkey**

τουρκικ|ός επίθ **Turkish**

▶ **Τουρκικά, Τούρκικα** τα **Turkish**

τούρκικ|ος επίθ = **τουρκικός**

Τουρκοκύπρια η βλ. **Τουρκοκύπριος**

Τουρκοκύπρι|ος ο **Turkish Cypriot**

Τούρκ|ος ο **Turk**

τουρνουά το **tournament**

τουρσί το **pickle** ▷ **αγγούρια/ πιπεριές ~ pickled cucumbers/ peppers**

τούρτα η **cake**

τουρτουρίζ|ω ρ αμ **to shiver**

τους¹ άρθρ οριστ **the · βλ. ο, η, το**

τους² αντων (προσωπική) **them ·**

(κτητική) **their · αυτό είναι δικό ~ it's theirs · ήρθαν με τις γυναίκες ~ they came with their wives · ~ είδα I saw them**

τούτ|ος αντων δεικτ (λογοτ.) **this · ~ο είναι το βιβλίο μου that's my book · ~ο το καλοκαίρι this summer**

τουφ|έκι το **rifle**

τράβηγμα το (πόρτας, παραθύρου) pulling · (τραπεζιού, καρέκλας) dragging · (φρυδιών) plucking · (δοντιού) pull · (νερού, κρασιού) drawing · (καλωδίου, σχοινιού) pulling · (για παλίρροια) pull · (γραμμών, μολυβιάς) drawing · (φωτογραφίας) taking · (σκηνής) shooting · (ΑΝΑΤ) wrench · (στην τρόπουλα) drawing

▶ **τραβήγματα** πλ **trouble**

τραβ|ώ ρ μ (καρέκλα, τραπέζι) to pull · (αυτοκίνητο, βάρκα) to tow · (δίχτυα) to pull in · (χειρόφρενο) to pull on · (πιστόλι, μαχαίρι) to draw · (μαλλιά, γένια) to pull · (τρίχες) to pull out · (φούστα) to pull down · (για μαγνήτη) to attract · (με ανίλω: νερό, κρασί) to draw · (= απορροφώ: νερό) to absorb · (= πίνω) to drink · (χαϊμαρα) to take out · (τόκους) to get · (φωτογραφίες) to take · (σκηνές) to shoot · (ενδιαφέρον) to catch · (προσοχή, άνδρα) to attract · (= υποφέρω) to go through · (= επιθυμώ) to want · (= τραβολογώ) to drag · (γραμμές, μολυβιά) to draw ◆ ρ αμ (τζάκι, αντλία) to draw · (κατάσταση, υπόθεση) to drag on · (μηχανή, κινητήρας) to pull · **τον τράβηξε η θάλασσα/η ομορφιά της** he was drawn by the sea/her beauty

▶ **τραβιέμαι** αμ (= αποσύρομαι) to retire · (για παλίρροια) to go out · (= οπισθοχωρώ) to pull back · (= ταιριάζω) to go well with ·

(= ταλαιπωρούμαι) to have trouble
τραγανιστός επίθ crunchy
τραγαν|ός επίθ (μπισκότα)
crunchy · (κεράσια) hard
τραγικ|ός επίθ tragic · (γονείς)
grief-stricken
▸ **τραγικός** ο tragic poet
τράγ|ος ο billy goat
τραγούδ|ι το (= άσμα) song ·
(βιολιού, φλάουτου) melody · (= το
να τραγουδά κανείς) singing
τραγουδιστής ο singer
τραγουδίστρι|α η βλ.
τραγουδιστής
τραγουδ|ώ ρ μ to sing ♦ ρ αμ
(τραγούδι) to sing · (έρωτα, αγάπη)
to sing of
τραγωδ|ία η tragedy
τραγωδός ο (= τραγικός
ποιητής) tragic poet · (= ηθοποιός
τραγωδίας) tragedian
τρακ το nerves πληθ.
τρακάρ|ω¹ ρ μ (αυτοκίνητο,
μηχανάκι) to crash · (= συναντώ
τυχαία) to bump into · ρ αμ
(αυτοκίνητα) to have a crash ·
▸ **σε κτ** to crash into sth
τρακάρ|ω² ρ μ ▸ **κπν** (= προκαλώ
τρακ) to make sb nervous
▸ **τρακάρομαι, τρακαρίζομαι** μεσ to
get nervous ή the jitters (ανεπ.)
τράκο το (= τρακάρισμα) crash ·
(= ζημιά) blow
τρακτέρ το tractor
τραμ το tram (Βρετ.), streetcar
(Αμερ.)
τραμπολίνο το trampoline
τράνζιτ το transit
τρανός (λογοτ.) επίθ (για πρόσ.)
important · (απόδειξη, τεκμήριο)
clear · (παράδειγμα) prime ·
(αλήθεια) absolute
τράνταγμα το (σπιτιού, θεάτρου)
shaking χωρίς πληθ. ·
(αυτοκινήτου) jolt · (ψυχικό) jolt
τραντάζ|ω ρ μ (σπίτι) to shake ·
(βροχή· στέγη) to hammer on ·

(μτφ.) to shake
τράπεζ|α η bank ▸ **Αγία Τράπεζα**
high altar ▸ **~ αίματος/**
σπέρματος blood/sperm bank
▸ **~ πληροφοριών** database
τραπεζαρί|α η (δωμάτιο) dining
room · (έπιπλο) dining table
τραπέζι το table · **καλώ κπν σε**
~ to ask ή invite sb to dinner ·
κάνω το ~ σε κπν to have sb to
dinner · **κλείνω ~** to book ή
reserve a table · **μαζεύω το ~** to
clear the table
τραπεζικ|ός επίθ bank ▸ **~ό**
απόρρητο banking ή bank
secrecy
▸ **τραπεζικός** ο bank clerk
τραπεζίτης ο (επάγγελμα)
banker · (ANAT) molar
τραπεζιτικ|ός επίθ (σύστημα,
συμφέροντα) banking · (επιταγή)
banker's
τραπεζομάντηλ|ο,
τραπεζομάντιλο το tablecloth
τράπουλ|α η pack of cards
τραπουλόχαρτ|ο το (playing)
card
τρατάρ|ω ρ μ to offer
τραυλίζ|ω ρ αμ to stammer ♦ ρ μ
to stammer (out)
τραυλός επίθ ▸ **είμαι ~** to stammer
▸ **τραυλός** ο, **τραυλή** η person
who stammers ή stutters
τραύμ|α το (IATP) injury · (από
σφαίρα, μαχαίρι) wound · (μτφ.)
blow
▸ **τραύματα** πλ trauma εν.
τραυματί|ας ο/η wounded person
τραυματίζ|ω ρ μ (στρατιώτη,
φύλακα) to wound · (αξιοπρέπεια,
υπερηφάνεια) to wound ·
(αξιοπιστία) to damage ·
(νομοσύνη) to be an insult to ·
(= προκαλώ ψυχικό τραύμα σε) to
traumatize
τραυματικ|ός επίθ traumatic
τραυματισμ|ός ο wounding ·

(κύρους, προσωπικότητας) damage

τραχεία η trachea

τράχηλ|ος ο neck

τραχ|ύς, -ιά ή **-εία, -ύ** (έδαφος, τοίχος) rough · (ύφασμα) coarse · (κρύο) bitter · (χειμώνας) harsh · (άνθρωπος, τόνος) gruff

τρέιλερ το trailer

τρεις, τρεις, τρία αριθ από πλ three · **στις ~ του μήνος** on the third of the month

τρεισήμισι three and a half

τρέλ|α η (IATP) insanity · (= ανοησία) foolish act · (= παράλογη ενέργεια) reckless act · (νιότης) folly

▸ **τρέλες** πλ high jinks

τρελαίν|ω ρ μ ~ **κπν** (= μουτρώνω) to drive sb insane ή mad · (= ταλαιπωρώ) to drive sb mad · (= ενθουσιάζω) to drive sb wild

▸ **τρελαίνομαι** μεσο to go mad · **~ομαι για κπν/κτ** to be mad about sb/sth

τρελοκομείο το (= τρελάδικο) mental hospital · (μτφ.: για χώρο) madhouse

τρελ|ός επιθ (= μουρλός) mad · (παθιασμένος) mad (με, για about) · (ρυθμοί, συνδυασμός) crazy · (σκέψη, ιδέα) crazy · (φιλιά, έρωτας) passionate · (πάρτι, παρέα) wild

▸ **τρελός** ο madman

▸ **τρελή** η madwoman

τρεμούλ|α η (από φόβο, ένταση) shudder · (από κρύο, πυρετό) shiver · **με πιάνει ~** (από φόβο, ένταση) to start trembling · (από κρύο, πυρετό) to start shivering

τρέμ|ω ρ αμ (άνθρωπος, μέλος σώματος) to shake · (χείλια) to quiver · (έδαφος, γη) to shake · (εικόνα) to flicker · (φωνή) to quaver · (= φοβάμαι υπερβολικά) to tremble (with fear)

τρένο το train · **παίρνω το ~** to

take the train · **χάνω το ~** to miss the boat

τρέξι|μο το (γενικότ.) running · (ΑΘΛ) race · (= μεγάλη προσπάθεια) effort · (= ροή νερού) flow

▸ **τρεξίματα** πλ trouble εν.

τρέπ|ω ρ μ (= κατευθύνω) to divert · (κλάσμα, δεκαδικό) to convert · (νομίσματα) to change

τρέφ|ω ρ μ (μωρό, παιδί) to feed · (= παρέχω τα προς το ζην) to provide for · (εγκληματικότητα) to foster · (εκτίμηση, προσδοκίες) to have · (αγάπη, μίσος) to feel · (ελπίδες) to cherish · (πρόβατα, αγελάδες) to raise · (πληγή) to heal

▸ **τρέφομαι** μεσο to feed (με on) ♦ **~ αμ** to be raised (με on)

τρεχούμεν|ος επιθ (νερό) running · (λογαριασμός) current

τρέχ|ω ρ αμ (= κινούμαι γρήγορα) to run · (σε αγώνα δρόμου) to run · (σε αγώνα ταχύτητας) to race · (σε οδηγό κτ) to speed · (= σπεύδω) to hurry · (μυαλό, νους) to race · (ρολόι, δουλειές, υποθέσεις, ιδέες) to run · (= τρέχω εδώ κι εκεί: για φίλο, γνωστό) to run around · (= εργάζομαι πολύ) to be rushed off one's feet · (στα μπαρ, πάρτι) to go to · (= περιπλανώμαι άσκοπα) to hang out · (νερό, αίμα) to pour · (καιρός) to fly · (ώρα, χρόνος) to fly past ή by · (ρολόι) to be fast · (γεγονότα, εξελίξεις) to unfold · (μισθός) to be paid · (τόκοι) to accumulate ♦ **ρ μ** (στο νοσοκομείο, στο γιατρό) to rush · (= ταλαιπωρώ) to hector · (= σέρνω) to drag · (οικ.: πρόγραμμα) to run · (κασέτα, σιντί) to fast forward · (αυτοκίνητο, μηχανή) to race

▸ **τρέχει** τριπ τι **~ ει;** (= τι συμβαίνει) what's happening? · (= τι σου συμβαίνει) what's wrong? · **δεν ~ει τίποτα** (καθησυχαστικά) there's nothing wrong · (για *αδιαφορία*) so what?

τρία *αριθ απόλ* three

τριακόσι|**α** *αριθ απόλ* three hundred

τριακόσι|**οι, -ες, -α** *αριθ απόλ πλ* three hundred

τριακοστ|**ός** *αριθ τακτ* thirtieth
► **τριακοστή** *η* thirtieth (*of the month*)
► **τριακοστό** *το* thirtieth (*fraction*)

τριάμισι = τρεισήμισι

τριάντα *αριθ απόλ* thirty

τριανταφυλλι|**ά** *η* rose(bush)

τριαντάφυλλο *το* rose

τριάρ|**ι** *το* three · (*διαμέρισμα*) three-room(ed) apartment *η* flat (*Βρετ.*)

τριβ|**ή** *η* (*ΦΥΣ*) friction · (= *τρίψιμο*) rubbing · (= *λιώσιμο*) wear · (*μτφ.*) friction

τρίβ|**ω** *ρ μ* to scrub · (*για να ανακουφίσω*) to rub · (*ξύλο*) to sand · (*τυρί, κρεμμύδι*) to grate · (*καφέ, πιπέρι*) to grind · (*κουλούρι, παξιμάδι*) to crumble · (*πουκάμισο*) to wear out
► **τρίβομαι** *μεσ* (*αγκώνες*) to rub · (*γλυκό*) to crumble · (*παντελόνι, γιακάς*) to be worn out

τριγωνικ|**ός** *επίθ* triangular

τρίγων|**ο** *το* triangle · (*σχεδιαστικό όργανο*) set square ► **ερωτικό ~** love triangle

τρίζ|**ω** *ρ αμ* (*πόρτα, κρεβάτι*) to creak · (*παπούτσια*) to squeak · (*ξερόκλαδα*) to crack · (*φρένα*) to squeal · (*θεμέλια*) to shake · (*επιχείρηση*) to collapse ♦ *ρ μ* (*δόντια*) to grind · (*αρθρώσεις*) to crack

τριήμερ|**ο** *το* three days *πληθ*

τριήμερ|**ος** *επίθ* three-day

τρίκλιν|**ο** *το* room with three beds

τρικλοποδι|**ά** *η* ► **βάζω ~ σε** *κπν* to trip sb up

τρικυμί|**α** *η* (= *θαλασσοταραχή*) storm · (= *αναταραχή*) turmoil

τρικυμιώδ|**ης** *επίθ* (*θάλασσα*) heavy · (*σχέση*) stormy · (*ζωή, καριέρα*) chequered (*Βρετ.*), checkered (*Αμερ.*)

τρίλεπτ|**ο** *το* three minutes *πληθ*

τριμηνί|**α** *η* three months *πληθ*

τριμηνιαί|**ος, -α, -ο** (*περίοδος*) three-month · (*περιοδικό*) quarterly

τρίμην|**ο** *το* (= *διάστημα τριών μηνών*) quarter · (*ΣΧΟΛ*) term

τρίμην|**ος** *επίθ* three-month

τρίμ|**μα** *το* crumb

τριμμέν|**ος** *επίθ* (*τυρί, μυζήθρα*) grated · (*πιπέρι, καφές*) ground · (*ρούχα*) fraying

τρίξι|**μο** *το* (*ξύλου*) crack · (*πόρτας, ξύλων*) creaking · (*αλυσίδων*) rattle · (*πιρουνιών*) squeak · (*δοντιών*) grinding *χωρίς πληθ.* · (*αρθρώσεων*) cracking *χωρίς πληθ.*

τρίπλ|**α** *η* = **ντρίμπλα**

τριπλασιάζ|**ω** *ρ μ* to treble
► **τριπλασιάζομαι** *μεσ* to treble

τριπλάσι|**ος, -α, -ο** threefold

τριπλ|**ός** *επίθ* (*είσόδυνση*) three-way · (*δόση, χτύπημα*) triple

τρίποδ|**ο** *ο* tripod · (= *καβαλέτο*) easel

τρίποδ|**ο** *το* tripod · *βλ. κ.* **τρίποδας**

τρισδιάστατ|**ος** *επίθ* three-dimensional

Τρίτη *η* Tuesday · **~ και δεκατρείς** = Friday the thirteenth

τρίτον *επίρρ* thirdly

τρίτ|**ος** *αριθ τακτ* third · **προϊόν ~ης διαλογής** poor quality product ► **Τρίτος Κόσμος** Third World
► **τρίτος** *ο* (= *άσχετος*) third party · (*ΝΑΥΤ*) third mate · (= *όροφος*) third floor (*Βρετ.*), fourth floor (*Αμερ.*) · (= *Μάρτιος*) March
► **τρίτη** *η* (= *ταχύτητα*) third gear · (= *ημέρα*) third · (*Δημοτικού, Γυμνασίου*) third year

▶ **τρίτο** *το* third

τρίφτης *ο* grater

τριφύλλι *το* clover

τρίχ|α *η* (ανθρώπου, ζώου) hair · (οδοντόβουρτσας) bristle · **παρά ~** by a whisker

τριχιά *η* thick rope · **κάνω την τρίχα ~** to make a mountain out of a molehill

τρίχωμα *το* (ανθρώπου) hair · (ζώου) fur

τριχωτός *επίθ* (πόδι, χέρι) hairy · (ζώο) furry

τρίψιμο *το* (επιφάνειας, ρούχων) scrubbing · (ξύλου, επίπλου) sanding · (πλάτης, ποδιών) rubbing · (τυριού) grating · (πιπεριού, καφέ) grinding · (φρυγανιάς, ψωμιού) crumbling

τρίωρο *το* three hours *πληθ*.

τρίωρος *επίθ* three-hour

τριώροφος *επίθ* three-storey (Βρετ.), three-story (Αμερ.)

▶ **τριώροφο** *το* three-storey (Βρετ.)/ ή three-story (Αμερ.) building

Τροία *η* Troy

τρόλεϊ *το* trolley bus

τρομαγμένος *επίθ* frightened

τρομάζω *ρ μ* to frighten ♦ *ρ αμ* to be frightened ή scared

τρομακτικός *επίθ* (γεννικότ.) scary · (εμπειρία, θέαμα) frightening · (έκρηξη) terrific · (θάρρος, θέληση) tremendous

τρομαχτικός *επίθ* = τρομακτικός

τρομερός *επίθ* (θέαμα, ύψη) terrible · (χαινός) terrific · (μνήμη) incredible · (ικανότητα) extraordinary · (έξοδα) enormous · (θόρυβος) tremendous · (αθλητής) superb · (ομιλητής, δάσκαλος) brilliant · (αντίπαλος) formidable · **κάνει -ό κρύο** it's terribly cold

τρομοκρατημένος *επίθ* terrified

τρομοκρατί|α *η* (παράνομων ομάδων) terrorism · (εργοδότη)

bullying tactics *πληθ*.

τρομοκρατώ *ρ μ* (= τρομάζω) to terrify · (πληθυσμό) to panic · (μαθητές) to bully · (υπαλλήλους) to intimidate · (περιοχή, συνοικίες) to terrorize

▶ **τρομοκρατούμαι** *μεσ* to be terrified

τρόμ|ος *ο* terror

τρόμπ|α *η* pump

τρομπέτα *η* trumpet

τρομπόνι *το* trombone

τρόπαι|ο *το* trophy · (= θριαμβευτική νίκη) triumph

τροπ|ή *η* (= αλλαγή κατεύθυνσης) turn · (κλάσματος, φωνήεντος) conversion

τροπικός *επίθ* tropical

▶ **τροπικός** *ο* tropic

τροπολογία *η* amendment

τροποποιημέν|ος *επίθ* modified

▷ **γενετικά** ~ genetically modified

τροποποίηση *η* amendment

τροποποι|ώ *ρ μ* (απόψεις) to change · (νομοσχέδιο, καταστατικό) to amend

τρόπ|ος *ο* (= μέσο) way · (= ιδιότητα, φέρσιμο) manner · (= ικανότητα) knack · **με κάθε -ο, παντί ~ο** (επίσ.) at all costs · **με κανέναν -ο** by no means

▷ **~ ζωής** lifestyle

▶ **τρόποι** *πλ* manners

τρούλ|ος *ο* dome

τροφ|ή *η* (= φαγητό) food · (για χοίρους) feed · (για αγελάδες) fodder · (μτφ. λύπης, κουτσομπολιά) fodder ▷ **~ για γάτες/σκύλους** cat/dog food

τροφικός *επίθ* food ▷ **-ή αλυσίδα** food chain

τρόφιμα *τα* foods ▷ **νωπά/κατεψυγμένα ~** fresh/frozen foods

τρόφιμ|ος *ο/η* (= οικότροφος: σχολείου) boarder · (ασύλου, φρενοκομείου) inmate

τροφοδότ|ης *ο (πλοίου)*
chandler · *(στρατού)*
quartermaster · (= *προμηθευτής*)
supplier

τροφοδοτ|ώ *ρ μ (στρατό, στόλο)* to
supply · *(μηχανή, κινητήρα)* to
fuel · *(νύχλωμα)* to feed · *(κλίβανο)*
to stoke · *(μτφ.)* to provide ·
(φαντασία) to fire · *(ΑΘΗ)* to feed

τροχαί|ος, -α, -ο *(ατύχημα, κίνηση)*
road · *(παράβαση)* traffic
▸ **τροχαίο** *το* road accident

τροχιά *η (ΑΣΤΡΟΝ)* orbit · *(ΦΥΣ:*
βλήματος) trajectory · *(μτφ.)* path

τροχονόμος *ο/η* traffic warden

τροχοπέδ|η *(επίσ.) η (= φρένο)*
brake · *(μτφ.)* obstacle

τροχ|ός *ο (αυτοκινήτου,*
αεροπλάνου) wheel · *(οδοντιάτρου)*
polisher ▷ **~ αγγειοπλάστη**
potter's wheel

τροχόσπιτ|ο *το (ρυμουλκούμενο)*
caravan *(Βρετ.)*, trailer *(Αμερ.)* ·
(αυτοκινούμενο) camper (van) ·
(= *λυόμενο)* mobile home

τρύγ|ος *ο* grape harvest

τρύπ|α *η* hole

τρυπάν|ι *το* drill

τρύπη|μα *το (σε λάστιχο)*
puncture · *(σε αφτιά)* piercing · *(σε*
έδαφος) making a hole in ·
(βελόνας, αγκαθιού) prick

τρυπητήρ|ι *το* punch

τρυπητ|ός *επίθ* slotted
▸ **τρυπητή** *η* slotted spoon
▸ **τρυπητό** *το* colander

τρυπ|ώ *ρ μ (έδαφος, τοίχο)* to make
a hole in · *(αφτιά)* to pierce ·
(λάστιχα) to puncture · *(εισιτήριο)*
to punch · *(δάχτυλο, μπράτσο)* to
prick · *(για πόνο, κρύο)* to pierce
♦ *ρ αμ (μπάλα, λάστιχο)* to have a
puncture · *(παπούτσια, βάρκα)* to
be full of holes · *(βελόνα, αγκάθια)*
to prick
▸ **τρυπιέμαι** *μεσ (αργκ.)* to shoot
up *(ανεπ.)*

τρυπών|ω *ρ αμ (= κρύβομαι)* to
hide · (= *μπαίνω σε δουλειά)* to
wangle a job *(σε with)* ♦ *ρ μ*
(βιβλίο, κάλτσες) to hide ·
(στρίφωμα) to tack

τρυφερ|ός *επίθ (δέρμα, χέρια)*
soft · *(κρέας, κλωνάρι)* tender ·
(καρδιά, ψυχή) tender · *(λόγια,*
στιγμή) tender · *(φιλιά)* loving ·
(μητέρα) fond · *(φιλί, ματιά)* loving

τρυφερότητ|α *η (δέρματος,*
χεριών) softness · *(κρέατος)*
tenderness · *(μητέρας, φωνής)*
tenderness
▸ **τρυφερότητες** *πλ* petting *χωρίς*
πληθ.

τρώγ|ω *ρ αμ/αμ =* **τρώω**

τρώ|ω *ρ αμ (γενικότ.)* to eat ·
(= *κλέβω ή χρηματίζομαι)* to line
one's pockets ♦ *ρ μ (φαγητό)* to
eat · (= *δαγκώνω ή τσιμπάω: σκύλος,*
έντομα) to bite · *(νύχια)* to bite ·
(στυλό, μολύβι) to chew ·
(= *παραλείπω: παράγραφο, ιστορίες,*
πρόταση) to miss out · *(ιστορίες,*
παραμύθια) to swallow · *(ψέματα)*
to fall for · *(= διαβρώνω ή φθείρω:*
μέταλλο, βράχια) to erode ·
(μάλλινα, έπιπλα) to wear out ·
(= *καταστρέφω)* to destroy ·
(= *καταναλώνω: χρήματα)* to use
up · *(τρόφιμα)* to get through ·
(βενζίνη) to use · (= *σπαταλώ:*
περιουσία, κληρονομιά) to
squander · (= *ξοδεύω: νιάτα, ζωή)*
to spend · (= *καταχρώμαι:*
χρήματα) to embezzle · *(χονδύλιο)*
to pilfer · (= *βασανίζω: καημός,*
φθόνος) to eat away at ·
(= *ταλαιπωρώ: με γκρίνια,*
ιδιοτροπίες) to bug *(ανεπ.)* ·
(= *νικώ: αντίπαλο)* to beat · (= *σκοτώνω)* to
kill · (= *προβολή)* to shoot ·
(= *καταασπαράζω: λύκος, λιοντάρι*
το eat) · *(μαγνητόφωνο, βίντεο:*
κασέτα) to snarl up · *(μηχανή:*
δάχτυλα) to catch · (= *καταχρατώ:*
κέρμα) to eat · (= *δέχομαι: γκολ,*

καλάθι) to let in • (πρόστιμο, τιμωρία) to get • **με ~ει η μύτη μου** (= είμαι προκλητικός) to be looking for trouble
▸ **τρώει, τρώνε** τρίτ to itch
▸ **τρώγομαι** μεσ (= είμαι φαγώσιμος) to be edible • (= είμαι υποφερτός) to be all right • (= καβγαδίζω) to quarrel • βλ. κ. **φαγωμένος**

τσαγιέρα η teapot
τσαγκάρης ο shoemaker
τσάι το tea
τσακάλι το (ζωολ) jackal • (= επιτήδειος) shrewd person
τσακίζω ρ μ (κλαδί) to snap • (πλοίο) to break up • (χέρι, πόδι) to break • (χαρτί) to fold • (= καταβάλλω) to take it out of • (εχθρό) to crush ♦ ρ αμ (άνεμος, κρύο) to let up • (= καταβάλλομαι) to break down • (καρδιά) to break • (υγεία) to fail
▸ **τσακίζομαι** μεσ (πλοίο) to break up • (= τραυματίζομαι βαριά) to hurt oneself badly • (= προθυμοποιούμαι) to bend over backwards • (οικ.: = εκτελώ πολύ γρήγορα) to put one's skates on (ανεπ.)

τσάκιση η crease • (χαρτιού) fold
τσακιστός επίθ crushed
τσακμώζω ο raw
τσακώνω ρ μ (= συλλαμβάνω) to catch • (= αρπάζω) to grab
▸ **τσακώνομαι** μεσ to quarrel
τσακωτός επίθ **κάνω κπν ~ό** to catch sb red-handed
τσαλακώνω ρ μ (φούστα, παντελόνι) to crease • (χαρτί) to crumple • (αυτοκίνητο, λαμαρίνα) to dent • (αξιοπρέπεια, υπόληψη) to destroy ♦ ρ αμ to crease
τσάμπα (ανεπ.) επίρρ = **τζάμπα**
τσαμπί το bunch
τσάντα η (γενικότ.) bag • (γυναικείο αξεσουάρ) handbag (Βρετ.), purse (Αμερ.) • (μαθητή)

school bag • (για ψώνια) shopping bag
τσάρτερ το charter ▸ **πτήση ~** charter flight
τσατσάρα η comb
τσεκ το cheque (Βρετ.), check (Αμερ.)
τσεκάρω ρ μ to check
τσεκούρι το axe (Βρετ.), ax (Αμερ.)
τσελεμεντές ο cookbook
τσέπη η pocket • **αντέχει η ~ μου** I can afford it • **πληρώνω (κτ) απ' την ~ μου** to pay (for sth) out of one's own pocket
τσεπώνω ρ μ to pocket
Τσέχα η βλ. **Τσέχος**
Τσεχία η Czech Republic
τσεχικός, -η, -ο Czech
▸ **Τσεχικά, Τσέχικα** τα Czech
τσέχικος επίθ = **τσεχικός**
Τσέχος ο Czech
τσιγαρίζω ρ μ (κρεμμύδια, κρέας) to brown • (μτφ.) to torment
τσιγαριλίκι το joint
τσιγάρισμα το browning
τσιγαρλίκι το = **τσιγαριλίκι**
τσιγάρο το (= λεπτό κυλινδρικό χαρτί με καπνό) cigarette • (= αποτσίγαρο) (cigarette) butt • (= κάπνισμα) smoking • **ένα πακέτο με ~α** a packet of cigarettes • **κόβω το ~** to give up smoking
▸ **τσιγάρα** πλ cigarettes
τσιγαροθήκη η (= ταμπακιέρα) cigarette case • (κατ.: = σταχτοδοχείο) ashtray
τσιγαρόχαρτο το (= χαρτί τυλίγματος καπνού) cigarette paper • (= χαρτί για σχέδιο) tissue paper
Τσιγγάνα η βλ. **Τσιγγάνος**
Τσιγγάνος ο gipsy
τσιγγούνης, -α, -ικο mean ♦ ουσ miser

τσίγκ|ος *ο* zinc

τσιγκούν|ης, -α, -ικο = **τσιγκούνης**

τσίκν|α *η* smell of burning meat

τσικνίζω *ρ μ* (*ψαγητό*) to brown ♦ *ρ αμ* (= *τσιγαρίζω*) to brown (= *βγάζω τσίκνα*) to smell burnt (= *εορτάζω την Τσικνοπέμπτη*) to eat grilled meat

τσικουδιά *η* raki

τσίλι *το* chilli (*Βρετ.*), chili (*Αμερ.*)

τσιμεντένι|ος, -ια, -ιο concrete

τσιμέντ|ο *το* cement

τσιμουδιά *η* whisper

τσίμπη|μα *το* (*σφήκας*) sting · (*κουνουπιού*) bite · (*βελόνας*) prick · (*με τα δάχτυλα*) pinch · (= *πόνος*) pain

τσιμπημέν|ος *επίθ* (= *ερωτευμένος*) smitten · (= *ακριβός*) pricey

τσιμπίδ|α *η* (= *λαβίδα*) tongs *πληθ.* · (*για τη φωτιά*) poker

τσιμπιδάκ|ι *το* (*για τα φρύδια*) tweezers *πληθ.* · (*για τα μαλλιά*) hair clip

τσιμπούκ|ι *το* (= *είδος πίπας*) pipe (*χυδ.*) blow job (*χυδ.*)

τσιμπούσι *το* feast

τσιμπ|ώ *ρ μ* (*ψάρια*) to bite · (= *τρώω λίγο*) to peck at one's food ♦ *ρ μ* (*με τα δάχτυλα*) to pinch · (*σφίγγα*) to sting · (*κουνούπι*) to sting · (*με καρφίτσα, βελόνα*) to prick · (*πουλί: καλαμπόκι, κανναβούρι*) to peck at

▸ **τσιμπιέμαι** *μεσ* to be smitten

τσίνορ|ο *το* eyelash

τσιπούρ|α *η* bream

τσίπουρ|ο *το* raki

τσίριγ|μα *το* shriek

τσίρκ|ο *το* circus

τσίρλ|α *η* **με πάει ~** to have the runs (*ανεπ.*) **· τρώ̈ς** (*ανεπ.*)

τσίρ|ος *ο* dried mackerel

τσιρότ|ο *το* (sticking) plaster (*Βρετ.*), Band-Aid ® (*Αμερ.*)

τσιτών|ω *ρ μ* (*σκοινί*) to tighten · (*δέρμα, επιδερμίδα*) to stretch · (= *πιέζω*) to push

τσιφλίκ|ι *το* (*παλ.*) estate · (*μτφ.*) property

τσόκαρ|ο *το* (= *ξύλινο πέδιλο*) clog · (*υβρ.: για γυναίκα*) slut (*χυδ.*)

τσόντ|α *η* (= *προσθήκη υφάσματος*) additional length of material · (= *συμπλήρωμα*) addition · (= *πορνό ταινία*) blue movie · (= *σκηνή πορνό*) pornographic scene

τσοντάρ|ω *ρ μ* (= *προσθέτω τσόντα*) to add on · (*λεφτά*) to contribute

τσουβάλ|ι *το* (= *σάκος*) sack · (= *περιεχόμενο σάκου*) sack(ful)

τσουγκράν|α *η* rake

τσουγκρίζω *ρ μ* (*ποτήρια*) to clink · (*αβγά*) to crack ♦ *ρ αμ* to collide

τσούζω *ρ μ* (*μάτια*) to sting · (*αέρας*) to be bitterly cold · (*λόγια, αλήθεια*) to hurt · (*τιμές*) to be high ♦ *ρ μ* to hurt

τσουκάλ|ι *το* earthenware pot

τσουκνίδ|α *η* nettle

τσούλ|α *η* (= *πόρνη*) tart (*χυδ.*) · (= *ανήθικη γυναίκα*) tramp (*ανεπ.*)

τσουλήθρ|α *η* slide **· κάνω ~** to play on the slide

τσουλί *το βλ.* **τσούλα**

τσουλ|ώ *ρ μ* to push ♦ *ρ αμ* (= *γλιστρώ*) to slide down · (*αυτοκίνητο, τρένο*) to trundle along · (*υπόθεση, ζήτημα*) to be in hand · (*εκπομπή, προϊόν*) to be popular

τσούξι|μο *το* sting

τσουρέκ|ι *το* brioche

τσουρουφλίζω *ρ μ* (*μαλλιά*) to singe · (*ψαγητό*) to burn · (= *προξενώ κακό*) to sting (*ανεπ.*)

▸ **τσουρουφλίζομαι** *μεσ* to get burnt

τσουχτερός επίθ *(άνεμος)* biting · *(λόγια, παρατήρηση)* scathing · *(τιμές, λογαριασμός)* steep · **κάνει ~ό κρύο** it's bitterly cold

τσούχτρα|α η jellyfish

τσόφλι|ι το *(αβγού)* (egg)shell · *(καρπού)* shell · *(φρούτων)* skin

τσόχα|α η *(= μάλλινο ύφασμα)* felt · *(= πράσινο ύφασμα χαρτοπαιξίας)* baize

τυλίγ|ω ρ μ *(σώμα, σκοινί)* to coil · *(κλωστή, καλώδιο)* to wind · *(χαλί, χάρτη)* to roll up · *(δώρο, τρόφιμα)* to wrap · *(μαλλιά)* to put in rollers

▸ **τυλίγομαι** μεσ *(= περιτυλίσσομαι: φιδι, καλώδιο)* to wind · *(μαζεύομαι: γάτα, λουτράνι)* to curl up · *(στη γούνα, στο παλτό)* to wrap oneself up · *(= καλύπτομαι)* to be engulfed

τυλώνω *(ανε.)* ρ μ **την τύλωσα** I stuffed myself *(ανεπ.)*

τύμπανο|ο το *(ΜΟΥΣ)* drum · *(ANAT)* eardrum

Τυνησία|α η Tunisia

τυπικ|ός επίθ *(συμφωνία, ενέργεια)* formal · *(διαδικασία)* established · *(σύμπτωμα, γνώρισμα)* typical · *(περίπτωση, παράδειγμα)* typical · *(χριστουγεννιάτικο έθιμο)* traditional · *(= που ακολουθεί τους κανονισμούς)* particular *(σε about)* · *(μορφές επικοινωνίας, γνωριμία)* formal · *(χαμόγελο, χαιρετισμός)* stiff · *(επιφανειακός: έρευνα, έλεγχος)* perfunctory · *(διαδικασία)* routine · *(γλώσσα)* formal · **είμαι πολύ ~** *(= ακολουθώ τους κοινωνικούς τύπους)* to be very courteous

τυπικότητα|α η *(διαδικασίας)* formality · *(απόφασης, προσόντων)* formal nature · *(συνέπεια)* diligence

τυπογραφεί|ο το print shop

τυπογραφί|α η printing

τυπογράφ|ος ο/η printer

τύπ|ος ο *(= κατηγορία: ανθρώπων, κοινωνιών)* type · *(= χαρακτήρας)* type · *(αρχ.: = άτομο)* guy *(ανεπ.)* · bloke *(Βρετ.)* *(ανεπ.)* · *(= πρότυπο: εργαζομένου)* perfect example · *(= σχέδιο: αιτήσεως, αναφοράς)* form

▸ **Τύπος** ο ο **Τύπος** the press
▸ **κίτρινος Τύπος** gutter press *(Βρετ.)*, scandal sheets *(Αμερ.)*
▸ **πρακτορείο Τύπου** press agency
▸ **συνέντευξη Τύπου** press conference

τυπών|ω ρ μ to print

τυρί|ι το *(= γαλακτοκομικό προϊόν)* cheese · *(μειωτ.)* yokel

τυροκαυτερ|ή η spicy cheese and onion spread

τυροκροκέτ|α η cheese croquette

τυρόπιτ|α η cheese pie

τυροπιτάδικ|ο το shop selling cheese pies

τυροσαλάτ|α η cheese salad

τυφλοπόντικ|ας ο mole

τυφλ|ός επίθ *(= στραβός)* blind · *(πάθος, έρωτας)* blinding · *(φανατισμός)* blind · *(βία)* indiscriminate · *(υπακοή, πίστη)* blind · *(πεποίθηση)* absolute · *(εμπιστοσύνη)* implicit · ▸ **ραντεβού στα ~ά** blind date

▸ **τυφλός** ο, **τυφλή** η blind person

τυφλών|ω ρ μ to blind · *(χρήμα)* to dazzle

▸ **τυφλώνομαι** μεσ *(= στραβώνομαι)* to go blind · *(από προβολείς, τον ήλιο)* to be dazzled η blinded

τύφλωση|η η blindness

τύφ|ος ο typhus

τυφώνας ο typhoon

τυχαίν|ω ρ αμ *(= συμβαίνω τυχαία)* to chance by · *(παράξενα γεγονότα)* to happen

▸ **τυχαίνει** απρόσ **~ει να την ξέρω** I happen to know her

τυχαί|ος, -α, -ο *(συνάντηση)*

chance · (γεγονός) chance ·
(επιλογή, αριθμός) random ·
(γνωριμία) casual · (= ασήμαντος)
ordinary
τυχερό *το* destiny
► **τυχερά** *πλ* (επαγγέλματος) perks ·
(= φιλοδωρήματα) tips
τυχερός *επίθ* lucky ▷-**ά**
παιχνίδια games of chance
τύχη *η* (= μοίρα) fate · (= καλή
τύχη) luck · (= σύμπτωση
γεγονότων) luck · **κακή ~** bad
luck · **καλή ~!** (ευχή) good luck! ·
κατά ~ by chance
► **τύχες** *πλ* fortunes
τυχοδιώκτης *ο* opportunist
τυχοδιώκτρια *η βλ.* **τυχοδιώκτης**
τύψη *η* remorse *χωρίς πληθ.*
τώρα *επίρρ* (= αυτή τη στιγμή,
αμέσως) now · (= αυτόν τον καιρό)
at the moment · (= σε αυτή την
περίπτωση) then · **από ~**
already? · **έλα εδώ, ~!** come here
right now! · **έλα ~!** come on! ·
(και) ~ τι κάνουμε; what shall we
do now? · **μόλις ~** just now · **~!**
(ως απάντηση σε προσφώνηση) all
right!
τωρινός *επίθ* (καιροί, κατάσταση)
present · (γενιά) today's · (εποχή,
ζωή) contemporary · (δουλειά)
current

Υ υ

Υ, υ upsilon, *20th letter of the
Greek alphabet*
υαλοπωλείο *το* glassware store
υαλοπώλης *ο* glassware vendor
υαλουργία *η* glass-blowing
υαλουργός *ο/η* glass-blower
υβρίζω *ρ μ* (επίσ.) to insult
ύβρις *η* (επίσ.) insult
υβριστικός *επίθ* (λόγος, σχόλια)
insulting · (γλώσσα) abusive ·

(συμπεριφορά, άρθρο) offensive
υγεία *η* = **υγεία**
υγεία *η* health · **εις ~ν, στην
υγειά σας** to your health · **με τις
~ες σου/σας!** (= γείτσες) bless
you! · (ευχή σε κπν που έφαγε και
ήπιε) I hope you enjoyed your
meal! · (ειρ.: σε αποτυχόντα) that's
life! · ▷**Εθνικό Σύστημα Υγείας**
public health service, ≈ National
Health Service (*Βρετ.*)
υγειονομικός *επίθ* (σύστημα,
υπηρεσία) health · (επιτροπή,
μονάδα) medical · (έλεγχος,
εξέταση) hygiene ▷-**ή ταφή**
sanitary landfill
► **υγειονομικό** *το* department of
health
υγιαίνω *ρ αμ* to be healthy ·
υγίαινε!, ~ετε! (ευχή) to your
(good) health! · (αποχαιρετισμός)
goodbye!
υγιεινή *η* hygiene ▷**προσωπική
~** personal hygiene ▷-**τροφίμων**
food hygiene ▷-**των δοντιών**
dental hygiene
υγιεινός *επίθ* (τροφή, κλίμα)
healthy · (διαβίωση) hygienic
υγιής *επίθ* (γενικότ.) healthy ·
(πνευματικά) sane · (μτφ.:
οικονομία, επιχείρηση) healthy
υγραίνω *ρ μ* (χείλη, γλώσσα) to
moisten · (ρούχα) to dampen
► **υγραίνομαι** *μεσ* (μάτια) to grow
moist · (ρούχα) to get damp
υγρασία *η* (ΜΕΤΕΩΡ) damp *ή* wet
weather · (με ζέστη) humidity ·
(δωματίου, σπιτιού) damp ·
(= σταγονίδια νερού) moisture ·
(τοίχου) damp · (στα παράθυρα)
condensation
υγρό *το* fluid
υγροποιώ *ρ μ* to liquefy
υγρός *επίθ* (τροφή, διάλυμα)
liquid · (κλίμα, δωμάτιο) damp ·
(μέρος, χώρα) wet · (μάτια) moist
υδαταγωγός *ο* water main

υδατικ|ός επίθ water ▷ **-ή κρέμα** moisturizing cream

υδάτιν|ος επίθ (όγκος) of water· (αποθέματα, ορίζοντας) water· (βαφή, διάλυμα) water–based· (μτφ.: γραμμή) faint

υδατοστεγής επίθ waterproof

υδατοσφαίριση η water polo

υδατοφράκτης ο (καναλιού) sluice (gate)· (ποταμού) floodgate

υδραγωγείο το (= δεξαμενή νερού) reservoir· (= σύστημα ύδρευσης ή άρδευσης) water mains πληθ.

υδραντλία η water pump

υδράργυρ|ος ο mercury· **ανεβαίνει/κατεβαίνει ο ~** (κυριολ.) the temperature is rising/falling· (μτφ.) things are hotting up/cooling down

υδρατμ|ός ο steam χωρίς πληθ.

υδραυλική η hydraulics εν.

υδραυλικ|ός επίθ (σωλήνας) water· (πιεστήριο, σύστημα) hydraulic ▷ **-ή εγκατάσταση** plumbing χωρίς πληθ.
 ▸ **υδραυλικός** ο (= τεχνίτης) plumber· (= μηχανικός) hydraulic engineer
 ▸ **υδραυλικά** τα plumbing εν.

ύδρευση η water supply

υδρόγειος η globe

υδρογόνο το hydrogen

υδροδότηση η laying on a water supply

υδροηλεκτρικ|ός επίθ hydroelectric

υδρόμυλος ο water mill

υδροπλάνο το hydroplane

υδρορροή, υδρορρόη η gutter

υδροφοβία η hydrophobia

Υδροχόος ο Aquarius

υδρόχρω|μα το water colour (Βρετ.), water color (Αμερ.)

ύδωρ (επίσ.) το water

υιοθεσία η adoption

υιοθέτηση η adoption

υιοθετ|ώ ρ μ to adopt

υιός ο (επίσ.) son

ύλη η = θεμελιώδης ουσία του σύμπαντος) matter χωρίς πληθ.· (= ουσία κατασκευής) material· (= περιεχόμενο βιβλίου ή εντύπου) contents πληθ.· (ΣΧΟΛ) syllabus· (= υλικά αγαθά) material things· (= υλικές απολαύσεις) material world ▷ **γραφικές** ~ stationery ▷ **πρώτη** ~ (ΟΙΚ) raw material· (για μαγείρεμα) basic ingredient ▷ **αέρια** ~ gases πληθ. ▷ **στερεή** ~ solids πληθ. ▷ **υγρή** ~ liquids πληθ.

υλικ|ό το (δομικό) material· (για μαγείρεμα) ingredient· (έντυπο, διαφημιστικό) matter χωρίς πληθ.· (για φιλμ, ιστορία) material· (για συζήτηση) subject matter ▷ **οικοδομικά** ~ά building materials

υλικ|ός επίθ material

υλισμός ο materialism

υλιστής ο materialist

ύμν|ος ο (προς τιμήν θεού, ήρωα) hymn· (= εγκωμιαστικό ποίημα ή τραγούδι) ode· (μτφ.) praise ▷ **εθνικός** ~ national anthem ▷ **εκκλησιαστικός** ~ hymn

υμν|ώ ρ μ (= ψάλλω ύμνους) to sing hymns to· (= εξυμνώ) to praise

υπαγόρευση η (= εκφώνηση) dictation· (= υπόδειξη) dictate

υπαγορεύω ρ μ to dictate

υπάγ|ω ρ μ (επίσ.) to place under ♦ ρ αμ to go· **άμε εν ειρήνη** go in peace· **ύπαγε οπίσω μου Σατανά!** get behind me Satan!
 ▸ **υπάγομαι** μεσ ~ομαι σε (= κατατάσσομαι) to be classified as· (= ανήκω) to be answerable to

υπαίθριος, -α, -ο (θέατρο, χώρος) open–air· (ζωή, παιχνίδι) outdoor· (αγορά) open–air· (γιορτή, γεύμα) alfresco

ύπαιθρ|ο *το* outdoors *εν.*

ύπαιθρ|ος *η* countryside

υπαινιγμ|ός *ο* (= *έμμεση παςατήρηση*) allusion · (= *υπονοούμενο*) insinuation · (= *νύξη*) hint

υπαινίσσ|ομαι *ρ μ απ* to insinuate

υπαίτι|ος, -α, -ο responsible

υπακο|ή *η* obedience (*σε* to)

υπάκου|ος *επίθ* obedient

υπακού|ω *ρ αμ* to obey

υπάλληλ|ος *ο* (*γενικά*) employee · (*σε κατάστημα*) assistant (*Βρετ.*), clerk (*Αμερ.*)
> **δημόσιος** = public-sector employee · (*σε κρατική υπηρεσία*) civil servant > **δημοτικός**
~ municipal worker > **τραπεζικός**
~ bank clerk > **τελωνειακός**
~ customs officer > **ταχυδρομικός**
~ post-office worker
> ~ **γραφείου** office worker
> ~ **μαγαζιού** sales assistant (*Βρετ.*), sales clerk (*Αμερ.*)

υπανάπτυκτ|ος *επίθ* (*χώρα, λαός*) underdeveloped · (*για πρόσ.*) uneducated

υπαξιωματικ|ός *ο/η* non-commissioned officer

υπαρκτ|ός *επίθ* real

ύπαρξη *η* (= *υπόσταση*) existence · (= *η ανθρώπινη ζωή*) life · (= *άνθρωπος*) person

υπάρχοντ|α *τα* belongings

υπάρχ|ω *ρ αμ* (= *έχω υπόσταση*) to be · (= *ζω*) to exist · (= *διατελώ*) to be · (*μτφ.:* = *έχω αξία*) to exist (*για for*) · **δεν** ~**ει ελπίδα** there's no hope · ~**ει κανένα εστιατόριο εδώ κοντά;** is there a restaurant nearby?

ύπατ|ος[1] *ονσ* consul

ύπατ|ος[2] *επίθ* (*αρχηγός*) supreme · (*αξιώματα*) highest · (*αμοιστεία*) high > ~ **αρμοστής** high commissioner > **Ύπατη Αρμοστεία του Ο.Η.Ε. για τους**

Πρόσφυγες United Nations High Commission for Refugees

υπεκφεύγ|ω *ρ αμ* to hedge

υπενθυμίζ|ω *ρ μ* to remind

υπενθύμιση *η* reminder

υπενοικιάζ|ω *ρ μ* to sublet

υπέρ *προθ* (+*γεν.*) for, in favour (*Βρετ.*) *ή* favor (*Αμερ.*) of · (+*αιτ.*) more than

υπεραμύν|ομαι *ρ μ απ* +*γεν.* (*επίσ.*) to defend

υπεράνθρωπ|ος *επίθ* superhuman
> **υπεράνθρωπος** *ο* superman

υπεράνω (*επίσ.*) *επίρρ* +*γεν.* above

υπεραρκετ|ός *επίθ* more than enough

υπερασπίζ|ω *ρ μ* to defend · (*αρχή*) to stand up for · (*αλήθεια, δικαιοσύνη*) to fight for · (*υπόληψη*) to protect

υπεράσπιση *η* defence (*Βρετ.*), defense (*Αμερ.*)
> **η υπεράσπιση** *η* the defence (*Βρετ.*), the defense (*Αμερ.*)

υπεραστικ|ός *επίθ* (*συγκοινωνία*) long-distance · (*σιδηρόδρομος*) intercity
> **υπεραστικό** *το* (*λεωφορείο*) coach (*Βρετ.*), intercity bus (*Αμερ.*) · (*τηλεφώνημα*) long-distance call

υπερατλαντικ|ός *επίθ* transatlantic

υπερβαίν|ω *ρ μ* (*λόφο, βουνό*) to go over · (*εμπόδιο*) to get over · (*μέσο όρο*) to be above · (*ηλικία*) to be over · (*ποσό, αριθμό*) to exceed · (*δυνατότητα*) to be beyond

υπερβάλλ|ω *ρ αμ* to exaggerate
♦ *ρ μ* (= *ξεπερνώ*) to surpass · (*δυσκολία*) to overcome

υπερβάλλ|ων, -ουσα, -ον (*επίσ.*) excessive

υπέρβαρ|ος *επίθ* overweight
> ~**ες αποσκευές** excess baggage *εν.*

υπέρβαση|η η (κρίσης, στασιμότητας) overcoming · (ορίου ταχύτητας) exceeding · (προϋπολογισμού, ορίων άσκησης) exceeding · (εξόδων) excess · (δικαιωμάτων, αρμοδιοτήτων) abuse · (ποταμού, φαραγγιού) crossing ▷ ~ **λογαριασμού** overdraft

υπερβολ|ή η (= υπεράνω του κανονικού, ακρότητα) excess · (στο ντύσιμο) extravagance · (= εξόγκωση) exaggeration · **χωρίς ~, άνευ ~ς** (επίσ.) without ή no exaggeration

υπερβολικά επίρρ too much · (χοντρός, ισχυρογνώμων) too

υπερβολικ|ός επίθ (αγάπη, ποσότητα) excessive · (θόρυβος, ενθουσιασμός) too much · (βάρος) excess · (τιμή) exorbitant · (ευγένεια) exaggerated · (φιλοδοξίες) overblown · (εμπιστοσύνη) undue · **γίνομαι ~** to exaggerate

υπέργει|ος, -α, -ο (ρίζα, βλαστός) above ground · (σιδηρόδρομος) elevated

υπερδύναμ|η η superpower

υπερένταση η tension

υπερευαίσθητος επίθ (άνθρωπος) oversensitive · (ραντάρ, μηχάνημα) highly sensitive · (δέρμα) sensitive

υπερέχ|ω ρ αμ to be superior ◆ ρ μ +γεν. to be better than

υπερηφάνεια η (= αυτοεκτίμηση) pride · (= αξιοπρέπεια) dignity · (αρνητ.) arrogance

υπερηφανεύ|ομαι ρ αμ απ (= είμαι υπερήφανος) to be proud · (αρνητ.) to boast (για, ότι about, that)

υπερήφαν|ος επίθ (= που νιώθει υπερηφάνεια) proud · (= αξιοπρεπής) dignified · (αρνητ.) arrogant

υπερηχητικ|ός επίθ (αεροπλάνο, πτήση) supersonic · (κύμα) ultrasonic ▷ **~ή ταχύτητα** supersonic speed

υπερθέαμα το blockbuster

υπερθετικ|ός επίθ superlative

υπερίπταμαι ρ αμ απ to cruise

υπερισχύ|ω ρ αμ to prevail ◆ ρ μ +γεν. (αντιπάλων) to triumph over · (πάθους) to conquer

υπεριώδ|ης επίθ ultraviolet

υπερκόπωση η fatigue

υπέρμαχ|ος ο/η champion

υπερμεγέθ|ης, -ης, ες (επίσ.) huge

υπέρμετρ|ος επίθ excessive

υπερνικ|ώ ρ μ to conquer · (εμπόδια, δυσκολίες) to overcome

υπέρογκ|ος επίθ (δέμα, κιβώτιο) huge · (τιμή) exorbitant

υπερόπτ|ης ο (επίσ.) haughty person

υπεροπτικός επίθ haughty

υπερόπτρια η (επίσ.) βλ. **υπερόπτης**

υπεροχή η superiority

υπέροχ|ος επίθ (άνθρωπος, συναίσθημα) wonderful · (τέχνη) exquisite · (καθηγητής, συμπεριφορά) excellent · (φωνή, αυτοκίνητο) fabulous · (θέα, τοπίο) magnificent

υπεροψία η haughtiness

υπερπαραγωγή η (οικ) overproduction · (= θεατρικό έργο) spectacular · (= ταινία) big-budget production

υπερπηδ|ώ ρ μ (τάφρο, χαντάκι) to jump over · (εμπ.) to overcome

υπερπόντι|ος, -α ή ος, -ο overseas ▷ **~ αλιεία** deep-sea fishing

υπερσύγχρον|ος επίθ state-of-the-art

υπέρταση η high blood pressure

υπέρτατ|ος επίθ (κακό, αρχή) supreme · (αγαθό) most precious *(θυσία)* supreme · *(βαθμός)* superlative

υπερτερ|ώ ρ αμ +γεν. *(επία.)* to be superior to

υπερτιμημένος, -η, -ο *(ταλέντο)* overrated · *(αξία)* overestimated · *(νόμισμα)* overvalued

υπερτιμ|ώ ρ μ *(άνθρωπο, επίδοαση)* to overrate · *(τρόφιμα, είδη διατροφής)* to put up the price of · *(νόμισμα)* to overvalue

υπερτροφί|α η *(IATP)* hypertrophy · *(= υπερβολική λήψη τροφής)* overeating · *(= υπερβολική θρέψη)* overfeeding · *(μτφ.)* excessive growth

υπερτυχερός, -ή, -ό very lucky
▸ **υπερτυχερός** ο, **υπερτυχερή** η *(prize)*winner

υπέρυθρ|ος επίθ infrared ▷ **-ες ακτίνες** infrared rays ▷ **-η ακτινοβολία** infrared radiation

υπερυψωμένος επίθ elevated ▷ **-η διάβαση** overpass ▷ **-η σιδηροδρομική γραμμή** elevated railway

υπερφυσικ|ός επίθ *(ον, δυνάμεις)* supernatural · *(μτφ.: ύψος, μέγεθος)* colossal · *(δύναμη)* superhuman

υπερωρί|α η overtime χωρίς πληθ.

υπεύθυν|ος επίθ *(γενικότ.)* responsible *(για* for) · *(σε κατάστημα)* in charge
▸ **υπεύθυνος** ο, **υπεύθυνη** η *(τμήματος πωλήσεων, λογιστηρίου)* head · *(καταστήματος, τροφοδοσίας)* manager · **ποιος είναι ο ~ εδώ;** who is in charge here?

υπευθυνότητ|α η responsibility

υπήκο|ος ο/η *(= πολίτης κράτους)* citizen · *(= που υπόκειται στην εξουσία)* subject ▷ **ξένος ~** foreign national

υπηκοότητ|α η citizenship

υπηρεσί|α η *(= εργασία)* duty ·

(= χρόνος εργασίας) service · *(= κλάδος: εταιρείας, ιδιωτικού οργανισμού)* department *(στρατού, δημοσίου οργανισμού)* service · *(= προσφερόμενη παροχή εταιρείας)* service · *(= εξυπηρέτηση)* service · *(= υπηρετικό προσωπικό)* domestic staff · *(= υπηρέτης)* *(man)*servant · *(= υπηρέτρια)* maid · **είμαι** ~ to be on duty ▷ **αξιωματικός ~ς** duty officer ▷ **αρχαιολογική ~** archaeology department ▷ **δημόσια/ιδιωτική ~** public/private sector ▷ **ενεργός ~** active service ▷ **μυστική ~** secret service ▷ **τελωνειακή ~** customs service

υπηρεσιακ|ός επίθ *(έγγραφο, αλληλογραφία)* departmental · *(καθήκον)* official · *(αυτοκίνητο, όπλο)* service · *(μονάδα)* active

υπηρέτ|ης ο servant

υπηρέτρι|α η maid

υπηρετ|ώ ρ μ to serve ◆ ρ αμ *(στρατιώτης)* to serve · *(υπάλληλος, καθηγητής)* to work

υπναλέ|ος, -α, -ο sleepy

υπνοβά|της ο sleepwalker

υπνοβατ|ώ ρ αμ to sleepwalk

υπνοδωμάτι|ο το bedroom

ύπν|ος ο *(= νάρκη)* sleep · *(μτφ.: = νωθρότητα)* torpor · *(μειωτ.: για πρόα.)* sleepyhead *(ανεπ.)* · **με παίρνει ο ~** to fall asleep · **πάω γι πέφτω για ~** to go to bed

υπνόσακ|ος ο sleeping bag

ύπνωση η hypnosis

υπνωτίζ|ω ρ μ *(= κοιμίζω)* to hypnotize · *(μτφ.)* to mesmerize
▸ **υπνωτίζομαι** μεσ to be hypnotized

υπνωτικό το soporific

υπό, υπ', υφ' προθ +γεν. *(= ποιητικό αίτιο)* by +αιτ. under

υπαναπτυκτος επίθ = **υπανάπτυκτος**

υποβαθμίζ|ω ρ μ *(= υποβιβάζω):*

υποβάθμιση η (= υποβιβασμός:
παιδείας) dumbing down ·
(σπουδών, πανεπιστημίων)
debasement · (ρόλου)
undermining · (= υποτίμηση:
επεισοδίου, συμβάντος) playing
down · (μτφ.: περιοχής,
περιβάλλοντος) degradation ·
(ζωής) decline in quality

υπόβαθρ|ο το (= υποστήριγμα:
σπιτιού) foundations πληθ. ·
(εξέδρας, κατασκευής) base · (μτφ.:
ατόμου) background · (για
ανάπτυξη, φαινόμενο) backdrop

υποβάλλ|ω ρ μ (αίτηση, αξιώσεις)
to put in · (μήνυση) to file ·
(αποδείξεις, δήλωση) to submit ·
(πρόταση, σχέδιο) to put forward ·
(προσφορά) to put in · (παραίτηση)
to hand in · (έκθεση) to hand in ·
(ερώτηση) to ask

► **υποβάλλομαι** μεσ to be open to
suggestion · **~ομαι σε κτ** to
undergo sth

υποβαστάζω ρ μ to support

υποβιβάζω ρ μ (αξιωματικό,
υπάλληλο) to demote · (ομάδα) to
relegate · (άνθρωπο) to degrade ·
(μτφ.: = εξευτελίζω) to insult · **~ει
τη νοημοσύνη μας** it's an insult
to our intelligence

υποβολή η (πρότασης, σχεδίου)
submission · (αίτησης, αξιώσεων)
filing · (παραίτησης, έκθεσης)
handing in · (σε έλεγχο, σε χειρουργική
επέμβαση) subjecting (σε to) ·
(= επίδραση) suggestion

υποβρύχιο το (πλοίο) submarine ·
(= βανίλια) vanilla-flavoured sweet
served on a spoon in a glass of
water

υποβρύχι|ος, -α, -ο (φυτά, ζωή)

submarine · (ψάρεμα,
φωτογράφιση) underwater

υπόγειο το basement

υπόγειος, -α, -ο underground

► **υπόγειος** ο underground (Βρετ.),
subway (Αμερ.)

υπογραμμίζω ρ μ (λέξη, φράση)
to underline · (μτφ.) to emphasize

► **υπογραμμίζεται** απρόσ

υπογραφή η (= αναγραφή
ονόματος και επωνύμου) signature ·
(= συνομολόγηση: συνθήκης,
ειρήνης) ratification · (συμβολαίου,
διαθήκης) signing · **βάζω την
~ μου** (κυριολ.) to sign ·
(= συμφωνώ απόλυτα) to be in
complete agreement

υπογράφω ρ μ (έγγραφο,
επιστολή) to sign · (ταινία) to
make · (βιβλίο) to write · (μτφ.: =
εγκρίνω) to approve · (συνθήκη,
συμφωνία) to ratify

υπόδειγμ|α το (= ερμηνείας, αίτησης)
model · (μτφ.: για άνθρωπο)
paragon

υποδειγματικ|ός επίθ
(συμπεριφορά, εργασία)
exemplary · (πατέρας, μητέρα)
model · (πρότυπο: διδασκαλία,
καλλιέργεια) model · (συγγραφέας,
ταινία) original

υποδεικνύ|ω ρ μ (= υποδηλώνω:
λάθη, αβλεψίες) to point out ·
(= δείχνω φανερά, καθορίζω:
σημείο, πέναλτι) to indicate ·
(διάδοχο, αντικαταστάτη) to
appoint · (= συμβουλεύω: άτομο)
to advise · (ενέργειες, λύσεις) to
recommend

υπόδειξη η (= δείξιμο)
indication · (= συμβουλή)
recommendation

υποδέχ|ομαι ρ μ απ (δοχείο,
δεξαμενή) to collect ·
(= προϊκάται: καλεσμένους,
πρωθυπουργό) to receive (επίσ.) ·
(φίλους, συγγενείς) to welcome ·
(ομάδα) to host · (άνοιξη) to

welcome · (μτφ.: = εκλαμβάνω) to receive

υπόδη|μα το (επίσ.) footwear χωρίς πληθ.

υποδηματοποιεί|ο το (επίσ.) shoemaker's (shop)

υποδιαιρ|ώ ρ μ to subdivide ▶ **υποδιαιρούμαι** μεσ (σε) to be subdivided (σε into)

υποδιαστολή η (ΜΑθ) decimal point · (ΓΛΩΣΣ) comma

υποδιευθυντ|ής ο (καταστήματος, τράπεζας) assistant manager · (σχολείου) deputy head (Βρετ.), assistant principal (Αμερ.)

υπόδικ|ος επίθ (ΝΟΜ) awaiting trial · (μτφ.) responsible

υποδομή η (= βάση) infrastructure · (= υπόγειο τμήμα δομικού έργου) substructure · (= κατασκευή ως βάση μεγαλύτερου τεχνικού έργου) skeleton

υποδοχή η reception · (= φιλοξενία) welcome · (ρεύματος) socket · (θυρίδας) slot

υπόθε|μα το (= υπόβαθρο) stand · (= υπόθετο) suppository

υπόθεσ|η η = εικασία hypothesis · (= θέμα) matter · (= ζήτημα: υποκλοπών) affair · (λαθρομεταναστών, ναρκωτικών) issue · (επιχειρηματία) business · (επαγγελματία, ατόμων) work · (ΝΟΜ) case · (βιβλίου, ταινίας) plot · **αυτό δεν είναι δική μου/δική σου ~** that's none of my/your business · **είναι προσωπική μου ~!** that's my business!

υποθετικ|ός επίθ (= υποτιθέμενος) hypothetical · (= φανταστικός) imaginary ▷ **~ λόγος** conditional sentence ▷**-ή πρόταση** conditional clause ▷ **~ σύνδεσμος** conditional conjunction

υποθέτ|ω ρ μ (= θεωρώ κτ πραγματικό) to suppose ·

(= εικάζω) to imagine ▶ **υποτίθεται** απρόσ supposedly

υποθηκεύ|ω ρ μ to mortgage

υποθήκη η (ΝΟΜ) mortgage · (= συμβουλή) counsel

υποκαθιστ|ώ ρ μ (επίσ.: λίπη, καφέ) to substitute · (κηπουρό, υπάλληλο) to replace · (διευθυντή) to stand in for

υποκατάστημα το branch

υπόκει|μαι ρ αμ απ (επίσ.) to underlie

υποκειμενικ|ός επίθ subjective

υποκείμεν|ο το (έρευνας, πειράματος) subject · (συζήτησης) topic · (φροντίδας) object · (μειωτ.) individual · (ΓΛΩΣΣ) subject

υποκλίν|ομαι ρ αμ απ (κυριολ., μτφ.) to bow · (γυναίκα, κοπέλα) to curts(e)y

υπόκλιση η bow

υπόκοσμ|ος ο underworld

υποκρίν|ομαι ρ μ (= προσποιούμαι) to pretend · (στο θέατρο: ρόλο) to play ♦ ρ αμ to pretend

υπόκριση η (= ηθοποιία) acting · (= υποκρισία) hypocrisy

υποκρισία η hypocrisy

υποκριτής ο (= ανειλικρινής) hypocrite · (στο θέατρο) actor

υποκριτικ|ός επίθ (συμπεριφορά) hypocritical · (χαμόγελο) insincere · (χαρά, αγάπη) feigned · (στο θέατρο: προσόντα, ικανότητα) acting · (ταλέντο) as an actor

υποκύπτ|ω ρ αμ to give in (σε to)

υπόκωφ|ος επίθ deep

υπόλειμ|μα το (τροφής) leftovers πληθ. · (σαπουνιού) end · (καφέ) dregs πληθ. · (αρχαίων πολιτισμών) vestige

υπολείπ|ομαι ρ αμ απ (χρόνος, ποσό) to be left · (= υστερώ) to be inferior · (σε τεχνολογία) to be behind

υπόληψη η (= εκτίμηση) esteem · (= καλή φήμη) reputation

υπολογίζω ρ μ (= λογαριάζω: δαπάνη, κόστος) to calculate • (= εκτιμώ κατά προσέγγιση: αριθμό, βάρος) to estimate • (= συμπεριλαμβάνω: άτομο, χώρα) to count (ανάμεσα σε among ή as) • (μτφ.: γνώμη, άποψη) to take into account (λύση, συνέπειες) to consider • (= σέβομαι: ομάδα, εταιρεία) to rate highly • (= φοβάμαι) to be in awe of • **~εται ότι** it is estimated that

υπολογισμός ο (κέρδους, ποσού) calculation • (= εκτίμηση) estimate

υπολογιστής ο (= συμφεροντολόγος) calculating person • (επίσης **ηλεκτρονικός ~**) computer • (= αριθμομηχανή) calculator ▷ **προσωπικός ~** personal computer ▷ **φορητός ~** portable computer

▸ **υπολογιστές** πλ computer science εν.

υπόλογος επίθ accountable

υπόλοιπο το remainder ▷ **~ (τραπεζικού) λογαριασμού** (bank) balance

υπόλοιπος επίθ rest of

υπομένω ρ μ to endure ◆ ρ αμ to be patient

υπόμνημα το (εντός εταιρείας, οργανισμού) memo • (σε βιβλίο, σε κείμενο) notes πληθ. • (σε χάρτη) key

υπόμνηση η (επίσ.) reminder

υπομονετικός επίθ patient

υπομονή η patience • **κάνω ή έχω ~** to be patient

υπονομεύω ρ μ (κυβέρνηση, πολιτική) to undermine • (έδαφος) to dig a tunnel under

υπόνομος ο (= βόθρος) drain • (= βρομόστομα) mouth like a sewer

υπονοώ ρ μ to insinuate

▸ **υπονοείται** τριτ it's understood

υποπροϊόν το by-product

υποπρόξενος ο vice–consul

υποπτεύομαι ρ μ απ to suspect

ύποπτος επίθ (κινήσεις, πρόσωπο) suspicious • (χαρτιά) incriminating • (χυλώματα, δραστηριότητα) dubious • (στέκια, δρόμοι) seedy

▸ **ύποπτος** ο, **ύποπτη** η suspect

υποσιτισμός ο undernourishment

υποσκελίζω ρ μ (συνάδελφο, αντίπαλο) to supplant • (προσπάθεια) to thwart

υπόσταση η (= οντότητα) existence • (μτφ.: φημών, λόγων) substance • (= προσωπικότητα) character • **νομική ~** legal entity

υπόστεγο το awning

υποστέλλω ρ μ (σημαία) to lower • (ταχύτητα) to reduce • (κέρδη) to cut

υποστηρίζω ρ μ (τοίχο, κτήριο) to shore up • (άποψη, θέση) to defend • (ιδέες) to stand up for • (ισχυρισμούς) to back up • (μτφ.: φίλο, οικογένεια) to support • (= είμαι υπέρ) to support

υποστηρικτής ο supporter • (θεωρίας, ιδεών) exponent

υποστηρίκτρια η βλ. **υποστηρικτής**

υποστήριξη η (κτηρίου) shoring up • (οροφής, στέγης) propping up • (= ενίσχυση, βοήθεια) support • (θεωρίας, θέσης) defence (Βρετ.), defense (Αμερ.)

υπόσχεση η promise

υπόσχομαι ρ μ απ to promise • **σου το ~** I promise you

υποταγή η (κράτους, λαού) submission • (μτφ.: = υπαγωγή) subordinating • (μτφ.: = πέρασμα σε δεύτερη μοίρα) reducing • (= υπακοή) obedience

υποταγμένος επίθ (κράτος, περιοχή) subjugated • (ζώο) subdued • (μτφ.) downtrodden

υποτακτικ|ή η subjunctive

υπόταση η low blood pressure

υποτάσσ|ω ρ μ (κράτος, χώρα) to subjugate · (μτφ.: πάθη, αδυναμίες) to overcome
▸ **υποτάσσομαι** μεσ to be subjugated (σε by)

υποτεταγμένος επίθ = **υποταγμένος**

υποτιθέμεν|ος επίθ alleged

υποτίμηση η (μετοχών) depreciation · (προϊόντων) fall in price (νομίσματος) depreciation · (μτφ.: αντιπάλου, εχθρού) underestimation · (γυναίκας) degradation

υποτιμητικ|ός επίθ (παρατήρηση) derogatory · (συμπεριφορά) disrespectful

υποτιμ|ώ ρ μ (μετοχές) to depreciate · (προϊόν) to mark down · (νόμισμα) to devalue · (μτφ.: αντίπαλο, εχθρό) to underestimate

υπότιτλ|ος ο subtitle
▸ **υπότιτλοι** πλ subtitles

υποτροφία η grant

ύπουλος επίθ (άνθρωπος, εχθρός) devious · (σύμμαχος) treacherous · (επίθεση) sneak · (μτφ.: ασθένεια, αρρώστια) insidious

υπουργείο το ministry (Βρετ.), department (κυρ. Αμερ.)

υπουργικ|ός επίθ ministerial ▸ **-ό συμβούλιο** cabinet

υπουργ|ός ο/η minister

υποφερτ|ός επίθ (ζωή, καθημερινότητα) bearable · (= μέτριος: εμφάνιση, ομιλητής) passable

υποφέρ|ω ρ μ (ζέστη, κρύο) to stand · (μτφ.) to tolerate · (μαρτύρια, κακουχίες) to suffer

υποχρεών|ω ρ μ
▸ **υποχρεώνομαι** μεσ (από τις αρχές μου, από τη συνείδησή μου) to be compelled (από by) · (από νόμο)

to be bound ή obliged (από by) · (= είμαι ευγνώμων) to be grateful

υποχρέωση η (οικονομική, ηθική) obligation · (οικογενειακή, επαγγελματική) commitment · (στρατιωτική) duty · (= ηθική οφειλή) debt of gratitude
▸ **υποχρεώσεις** πλ commitments

υποχρεωτικ|ός επίθ compulsory · (απόφαση) mandatory · (γείτονες, άνθρωπος) obliging

υποχώρηση η (στρατιωτική) retreat · (= πτώση: τιμών, ευρώ) fall · (εδάφους) subsidence · (μτφ.) concession · **~ ζέστης** fall ή drop in temperature

υποχωρ|ώ ρ αμ (στρατός) to retreat · (έδαφος) to give way · (στέγη) to cave in · (τιμές, νόμισμα) to fall · (ζέστη, πυρετός) to subside · (μτφ.: παραιτούμαι) to back down · (= συμβιβάζομαι) to compromise

υπόψη επίρρ **έχω κτ ~ (μου)** to remember sth · **έχω ~ (μου) να κάνω** to intend to do sth · βλ. κ. **όψη**

υποψήφι|ος, -α, -ο prospective ▸ **- γαμπρός** suitor
▸ **υποψήφιος** ο, **υποψήφια** η (κόματος, για θέση εργασίας) candidate · (πανεπιστημιακού ιδρύματος) applicant · (διαγωνισμού) entrant

υποψί|α η (= αμφιβολία) suspicion · (μτφ.) touch

υποψιάζ|ομαι ρ μ απ to suspect

ύπτι|ος, -α, -ο supine
▸ **ύπτιο** το backstroke

ύστατ|ος επίθ (επιθυμία, στιγμή) last · (απόδειξη) final · (προσπάθεια, αγώνια) last–ditch

ύστερα επίρρ then · **κι ~;** so what? · **~ από after**

υστέρημ|α το **από το ~μά μου** from the little that one has

υστερί|α η hysteria ▸**μαζική**

~ mass hysteria
ύστερ|ος επίθ later
υστερ|ώ ρ αμ **+γεν./έναντι**
(= μειονεκτώ) to be inferior to·
(= έχω ελλείψεις) to be lacking (σε
in)
▸ **υστερούμαι** μεσ to lack
υφαίν|ω ρ μ (χαλί, κουβέρτα) to
weave· (μτφ.: αράχνη: ιστό) to
spin· (μτφ.: συνωμοσία) to hatch
ύφαλος ο reef
υφαντ|ός επίθ woven
υφαντουργί|α η (= τέχνη και
τεχνική) weaving· (= κλάδος
οικονομίας) textiles πληθ.· (κτήριο)
textile mill
ύφασ|μα το material
υφ|ή η (νφάσματος) weave·
(χαρτιού, ξύλου) texture·
(= αίσθηση επαφής) touch
ύφεσ|η η world ▷ **Μις Υφήλιος**
Miss World
υφιστάμεν|ος επίθ existing
▸ **υφιστάμενος** ο, **υφιστάμενη**,
υφιστάμενη (ετία.) η subordinate
ύφος το (ατόμων) air· (= έκφραση
του προσώπου) look· (= τρόπος
ομιλίας) tone· (= έκφραση, στυλ)
style
υψηλός επίθ (γενικότ.) high·
(κέρδη, ποσό) large· (μτφ.:
κίνδυνος) great· (θέση) superior·
(ποιότητα) top· (αίσθηση ευθύνης)
keen· (ιδανικά, ιδεώδη) high·
(στόχοι, ιδέες) lofty· (χαλεσάμενοι,
προσκεκλημένοι) VIP· (έργο,
καθήκον) worthy ▷ **-ές
προσωπικότητες, -ά πρόσωπα**
VIPs
ύψιλον το upsilon, 20th letter of
the Greek alphabet
υψίπεδ|ο το plateau
υψίφων|ος επίθ soprano
▸ **υψίφωνος** η (γυναίκα) soprano·
(άντρας) alto· (παιδί) treble
υψόμετρ|ο το (για τόπο)
elevation· (οργανοιολήγησης)

---

altimeter
ύψ|ος το (κτηρίου, βουνού) height·
(χωριού) elevation· (αεροπλάνου)
altitude· (λθλ) high jump·
(συναλλαγών) volume· (τιμών,
δαπανών) level· **παίρνω/χάνω
~** (αεροπλάνο) to gain/lose
altitude
ύψω|μα το (= ψήλωμα) rise·
(θρηςκ) wafer
υψών|ω ρ μ to raise· (μτφ.) to
elevate
▸ **υψώνομαι** μεσ to climb

Φ φ

Φ, φ phi, *21st letter of the Greek
alphabet*
φα το to F
φάβ|α η broad bean (*Βρετ.*), fava
bean (*Αμερ.*), broad (*Βρετ.*) ή fava
(*Αμερ.*) bean purée
φαβορί το favourite (*Βρετ.*),
favorite (*Αμερ.*)
φαγητό το (= τροφή) food·
(= γεύμα) lunch· (= δείπνο)
dinner· **βγαίνω για ~** to eat out·
(το μεσημέρι) to go out to lunch·
(το βράδυ) to go out to dinner· **η
ώρα του -ού** (το μεσημέρι)
lunchtime· (το βράδυ)
dinnertime ▷ **έτοιμο ~** ready
meal ▷ **βραδινό ~** dinner
▸ **μεσημεριανό ~** lunch ▷ **– σε
πακέτο** takeaway (food) (*Βρετ.*),
takeout (food) (*Αμερ.*)
φαγκότο το bassoon
φαγοπότ|ι το feasting· **το ρίχνω
στο ~** to eat and drink
φαγούρ|α η itch· **με πιάνει ~** to
itch· **με πιάνει – στην πλάτη/στο
λαιμό** my back/my neck is
itching
φάγω|μα το (φαγητού, γλυκού)
eating· (βράχου, τοίχου) erosion·

(*σίδερου*) corrosion · (*ελαστικών αυτοκινήτου*) wear · (*νυχιών*) biting · (= *φαγωμάρα*) squabbling · (*σε ομάδα, κόμμα*) in-fighting

φαγωμέν|ος *επίθ* (*φαγητό*) eaten · (*τοίχος, βράχος*) eroded · (*σίδερο*) corroded · (*ελαστικά αυτοκινήτου*) worn · (*μπρατσα, πρόσωπο*) weather-beaten

φαγώσιμ|ος *επίθ* edible
▸ **φαγώσιμα** *τα* food *εν.*

φαΐ *το* βλ. **φαγητό**

φαιδρ|ός *επίθ* (= *χαρούμενος*) cheerful · (= *αστείος*) funny · (= *γελοίος*) foolish

φαίν|ομαι *ρ αμ απ*
(α) (= *διακρίνομαι*) to be seen ·
(= *εμφανίζομαι*) to appear
(β) (= *δείχνω*) to look
(γ) (= *αποδεικνύομαι*) to prove ·
είσαι και φαίνεσαι! (*ανεπ.*) and the same to you too! (*ανεπ.*), and the same to you with knobs on! (*Βρετ.*) (*ανεπ.*)
▸ **φαίνεται** *απρόσ* it seems · **από πού φαίνεται ότι είναι ειδικός;** how do you know he's an expert? · **δεν πρόλαβα να χτενιστώ. - Φαίνεται!** I didn't have time to comb my hair. – It shows! · **δεν σου φαίνεται ότι είσαι τριάντα χρονών** you don't look thirty · **δεν του φαίνονται τα χρόνια του** he doesn't look his age · **μου φαίνεται ότι** it seems to me that · **φαίνεται από μακριά!** (*μτφ.*) it sticks out a mile!

φαινομενικά *επίρρ* seemingly
φαινόμεν|ο *το* phenomenon
▸ **καιρικά/φυσικά ~α** weather/natural phenomena

φάκ|α *η* mousetrap

φάκελο *το* βλ. **φάκελος**

φάκελ|ος *ο* (*επίσης* **~ο**: *για*

επιστολές, γράμματα) envelope · (= *θήκη για έγγραφα*) folder · (*για θέμα, άτομο*) file

φακ|ή *η* lentil
▸ **φακές** *πλ* lentils

φακίδα *η* freckle

φακ|ός *ο* (*γενικότ.*) lens · (= *ηλεκτρικό λυχνία*) torch (*Βρετ.*), flashlight (*Αμερ.*) ▸ **-οί επαφής** contact lenses

φάλαγγα *η* (*ΣΤΡ: στρατιωτών*) column · (*πλοίων*) convoy · (*ανθρώπων, αυτοκινήτων*) line · (*οχημάτων, φορτηγών*) convoy

φάλαινα *η* (*ζωο*) whale · (*υβρ.: για γυναίκα*) tub of lard (*ανεπ.*)

φαλακρ|ός *επίθ* (*άνδρας*) bald · (*βουνό, έδαφος*) bare

φαλλοκρατία *η* (male) chauvinism

φανάρ|ι *το* (= *φανός*) lamp · (*αυτοκινήτου*) light · (= *σηματοδότης*) traffic lights *πληθ.* (*Βρετ.*), traffic light (*Αμερ.*) · **με πιάνει ~** to come to a red light

φαναρτζής *ο* (*ανεπ.*): *για αυτοκίνητα*) body shop worker

φανατίζω *ρ μ* to stir up
φανατισμένοι οπαδοί fanatical ή ardent supporters

φανατικ|ός *επίθ* (*οπαδός, υποστηρικτής*) fanatical · (*χαπνιστής*) heavy · (*θαυμαστής*) ardent

φανατισμός *ο* fanaticism

φανέλα *η* (*ύφασμα*) flannel (*Βρετ.*), washcloth (*Αμερ.*) · (*εσώρουχο*) vest (*Βρετ.*), undershirt (*Αμερ.*) · (= *μπλούζα*) shirt · (*στο ποδόσφαιρο*) strip · (= *ομάδα*) team

φανερ|ός *επίθ* (*κίνδυνος, αιτία*) obvious · (*αποδείξεις*) clear · (*εχθρός*) open · **είναι -ό ότι** it is obvious that · **φανερή** *η* clear that

φανερώνω *ρ μ* (*θησαυρό*,

αντικείμενο) to show · (*μυστικό, σχέδιο*) to reveal · (*αισθήματα, σάστισμα*) to show · (*επιθυμία*) to express · (*απάτη, δολοπλοκία*) to uncover

▸**φανερώνομαι** *μεσ* to appear

φανοποιείο *το* (*επίσ.: αυτοκινήτων*) body shop

φαντάζομαι *ρ μ απ* (= *πλάθω με την φαντασία μου*) to imagine · **για φαντάσου!** just fancy! · **~ ότι** ή **πως** (= *νομίζω*) to think (that) · (= *υποθέτω*) to suppose (that)

φαντασία *η* (*γενικότ.*) imagination · (*μειωτ.*) fantasy
▹**επιστημονική ~** science fiction

φαντασίωση *η* fantasy

φάντασμα *το* (= *στοιχειό*) ghost · (= *πολύ αδύνατος*) skeleton
▹**εταιρεία·/οργάνωση·~** bogus company/organization ▹**πόλη·/πλοίο·~** ghost town/ship

φαντασμένος *επίθ* conceited

φανταστικός *επίθ* (*κίνδυνος, εμπόδια*) imaginary · (*διήγημα, ιστορία*) fictional · (*φαγητό, θέα*) fantastic · (*άνθρωπος, χαρακτήρας*) incredible · (*τιμές*) incredibly low

φανταχτερός *επίθ* (*ρούχα, κόσμημα*) flamboyant · (*χρώμα*) loud

φαξ *το* (*συσκευής*) fax (machine) · (*μήνυμα*) fax

φάουλ *το* (*παράβαση*) foul · (= *βολή: στο ποδόσφαιρο*) free kick · (*στην καλαθοσφαίριση*) free throw

φάπα *η* slap

φαράγγι *το* gorge

φαράσι *το* dustpan

φαρδαίνω *ρ μ* (*δρόμο*) to widen · (*φούστα, φόρεμα*) to let out ▸ *ρ αμ* (*μονοπάτι, δρόμος*) to widen · (*ρούχα*) to be too big

φάρδος *το* width

φαρδύς, -ιά, -ύ (*δρόμος, σκάλα*) wide · (*ώμος, πλάτη*) broad ·

(*φούστα, ζώνη*) loose-fitting · (*παντελόνι*) baggy · **αυτό το παντελόνι είναι ~ ή για μένα** these trousers are too big for me

φάρμα *η* farm

φαρμακείο *το* (*κατάστημα*) chemist's (*Βρετ.*), drugstore (*Αμερ.*) · (= *κουτί*) first-aid kit · (= *ντουλάπι*) medicine cabinet · (*μτφ.*) rip-off (*ανεπ.*)

φαρμακερός *επίθ* (*φίδι*) venomous · (*λόγια, κουβέντα*) venomous · (*κρύο*) bitter

φαρμάκι *το* (= *δηλητήριο*) poison · (*φιδιού*) venom · (= *πικρία*) disappointment

φάρμακο *το* (= *γιατρικό*) medicine · (*μτφ.*) remedy

φαρμακοποιός *ο/η* pharmacist

φαρμακώνω *ρ μ* (= *δηλητηριάζω*) to poison · (= *καταστενοχωρώ*) to hurt deeply

▸**φαρμακώνομαι** *μεσ* to poison oneself

φάρος *ο* (= *φωτιστική συσκευή*) beacon · (*κτήριο*) lighthouse · (*μτφ.*) beacon

φάρσα *η* (= *πλάκα*) practical joke · (*για βόμβα*) hoax · (*θεατρικό έργο*) farce ▹**πρωταπριλιάτικη ~** April Fool ▹**τηλεφωνική ~** hoax call

φασαρία *η* (= *αναστάτωση*) noise · (= *ταραχή*) disturbance · (= *καβγάς*) trouble · (= *κόπος*) bother · **γίνεται** (*για θόρυβο*) there's a lot of noise · (*για καβγά*) there's trouble · **κάνω ~** (= *θορυβώ*) to make a noise · (= *κάνω σκηνή*) to make a fuss · **μη μπαίνετε σε ~** don't go to any trouble

φασαρίες *πλ* (= *μπελάδες*) trouble *εν.* · (= *ταραχές*) disturbances

φάση *η* (= *στάδιο*) phase (*ΑΣΤΡΟΝ, ΗΛΕΚΤΡ*) phase · (*ΑΘΛ*) passage of

play · (= περίσταση) circumstances
πληθ. ▷ **οι καλύτερες ~εις**
(αγώνα) the highlights
φασιαν|ός ο pheasant
φασίν|α η clean-up
φασισμ|ός ο fascism
φασιστικ|ός επίθ fascist
φασκόμηλ|ο το (φυτό) sage ·
(αφέψημα) sage tisane
φάσκ|ω ρ μ · **~ και αντι~** to
contradict oneself
φάσμ|α το spectrum · (πολέμου,
πείνας) spectre (Βρετ.), specter
(Αμερ.)
φασολάδ|α η white bean soup
φασολάκι|α τα green beans
φασόλ|ι το (white) bean
▷ **φασόλια** πλ white bean soup
φαστ-φούντ το fast-food
restaurant
φαστφουντάδικ|ο το (ανεπ.) =
φαστ-φούντ
φάτσα η (ανεπ.: = μούρη) face ·
(= ύποπτο άτομο) shady character
(ανεπ.) · (για κτήρια) facade · **~ σε**
opposite
φαύλ|ος επίθ (επίσ.) unscrupulous
φαφλατ|άς ο (= φλύαρος)
chatterbox · (= καυχησιάρης)
boaster
Φεβρουάρι|ος ο February
φεγγάρ|ι το (= Σελήνη) moon ·
(= φεγγαρόφωτο) moonlight
φεγγαρόφωτ|ο το moonlight
φεγγίζ|ω ρ αμ (= φωτίζω αμυδρά)
to glimmer · (για ρούχα) to be
see-through
φεγγίτης ο (σε στέγη) skylight ·
(σε τοίχο) dormer
φέγγ|ω ρ αμ (φεγγάρι, αστέρια)
to shine · (= αδυνατίζω πολύ) to
waste away · ρ μ · **~ τον δρόμο σε**
κπν to light sb's way
▷ **φέγγει** απρόσ dawn is breaking
φείδ|ομαι (επίσ.) ρ αμ +γεν. to
spare
φειδωλ|ός επίθ thrifty

φελλ|ός ο (μπουκαλιού, διχτύων)
cork · (ιββ.) airhead (ανεπ.)
φεμινισμ|ός ο feminism
φεμινιστ|ής ο feminist
φεμινίστρι|α η βλ. **φεμινιστής**
φέρετρ|ο το coffin, casket (Αμερ.)
φέρι το = **φεριμπότ**
φεριμπότ, φέρι-μποτ το ferry
φερμέν|ος επίθ brought
φερμουάρ το zip (Βρετ.), zipper
(Αμερ.)
φέρν|ω ρ μ (= μεταφέρω) to bring ·
(= εισάγω) to introduce ·
(προϊόντα) to import · (= οδηγώ:
κατάσταση) to lead · (δρόμος,
μονοπάτι) to go · (παιδιά, φίλους)
to bring · (γιατρό, ηλεκτρολόγο) to
call · (= προκαλώ: αποτέλεσμα) to
produce · (πόλεμο) to cause ·
(τύχη, ατυχία) to bring ·
(= αποφεύγω: κέρδη, λεφτά) to
bring in · (= προβάλλω:
αντιρρήσεις) to raise · **ρ αμ · ~ σε**
κπν to look like sb
▷ **φέρνομαι** μεσο to behave · **μου**
~εται καλά/άδικα/με σεβασμό he
treats me well/fairly/with respect
φέρσι|μο το manner
φέρ|ω ρ μ (επίσ.: = βαστάζω:
βάρος) to carry · (ευθύνη) to bear ·
(= έχω: χρήματα, τίτλο) to have ·
(σημάδια, ίχνη) to bear · (μπουφάν,
φόρεμα) to wear
φεστιβάλ το festival
φέτ|α η (ψωμιού, φρούτου) slice ·
(τυρί) feta (cheese) · (καλοριφέρ)
bar
φετιν|ός επίθ this year's · **~ό**
καλοκαίρι this summer ·
~ χειμώνας this winter
φέτος επίρ this year
φευγάλ|α η escape
φευγάτ|ος επίθ (= που έχει φύγει)
gone · (χοϊ.) in a world of one's
own · **είναι ήδη ~η** she has
already gone
φεύγ|ω ρ αμ (= αναχωρώ):

άνθρωπος, αεροπλάνο) to leave ·
(= απομακρύνομαι με τη βία: από
χώρα) to flee · (= από ομάδα,
δουλειά) to be forced to leave ·
(= απομακρύνομαι βιαστικά) to
flee · (= δραπετεύω: κρατούμενος,
καταζητούμενος) to escape ·
(= γλιστρώ: ποτήρι, βάζο) to slip
(από out of) · (κουβέντα) to slip
out · (= εγκαταλείπω οριστικά:
ενοικιαστής, σύζυγος) to leave ·
(= αποχωρώ: εργαζόμενος,
υποστηρικτής) to leave · (μτφ.:
κυβέρνηση) to go · (επιθυμία, δίψα)
to go away (ευφημ.: πεθαίνω)
to pass away · (= περνώ: νιάτα,
ζωή) to pass · (= αποσπώμαι:
σελίδα) to come out · (= βγαίνω:
λεκές) to come out · (χρώμα) to
fade · **~ από τη χώρα** to flee the
country · **~ για διακοπές** to go
on holiday · **ή** vacation
(Αμερ.) · **ώρα να ~ουμε!** it's time
we were off!

φήμ|η η (= διάδοση) rumour
(Βρετ.), rumor (Αμερ.) ·
(= υπόληψη) reputation · (= δόξα)
renown

φημίζ|ομαι ρ αμ απ to be
renowned (για for)

φημισμέν|ος επίθ renowned

φθάν|ω ρ αμ, ρ μ (= έρχομαι: τρένο,
πλοίο) to arrive · (γράμμα) to
arrive · (= πλησιάζω: χειμώνας) to
be coming · (τέλος) to be near ·
(= επαρκώ: φαγητό, χρήματα) to be
enough · (= πιάνω) to reach ◆ ρ μ
(= προφθάνω) to catch up with ·
(= πιάνω) to reach · (ανταγωνιστή,
συμμαθητή) to be as good as ·
(χρέη) to amount to · **έφτασα!,
έφτασε!** coming! · **υπομονή,
φτάνουμε!** be patient, we're
nearly there! · **~ ως** (μυγωδιά,
φήμη) to reach · (πεδιάδα, πάρκο)
to extend to

φθαρμέν|ος επίθ (επίπλωση,
ρουχισμός) shabby · (μηχανήματα)

battered

φθαρτ|ός επίθ perishable

φθείρ|ω ρ μ (= καταστρέφω:
κτήριο) to erode · (υγεία) to ruin ·
(δυνάμεις, νάτα) to waste · (ρούχο)
to wear out · (= διαφθείρω) to
corrupt

▶ φθείρομαι μεσ (ήθη, γλώσσα) to
become corrupted · (θεσμοί) to
weaken

φθηνά επίρρ cheaply

φθην|ός, -ή, -ό (προϊόν,
ξενοδοχείο) cheap · (ενοίκιο, τιμή)
low · (άνθρωπος, χιούμορ) cheap ·
(επιχείρηση, δικαιολογία) lame

φθινοπωριάτικ|ος επίθ =
φθινοπωρινός

φθινοπωριν|ός επίθ autumn
▶ φθινοπωρινά τα autumn clothes

φθινόπωρο το autumn

φθίν|ω ρ μ (= δυνάμεις, αριθμός) to
decline · (γεννήσεις) to be on the
decline · (δάση) to be
disappearing · (επιρροή) to wane ·
(= παρακμάζω) to go into decline

φθίση η (= φθορά) decline · (ΙΑΤΡ)
tuberculosis

φθόγγος ο (ΓΛΩΣΣ) speech
sound · (ΜΟΥΣ) note

φθονερ|ός επίθ (για πρόσ.)
envious · (παγίδα, σχέδιο)
malicious · (ψυχή) malevolent

φθόν|ος ο envy

φθον|ώ ρ μ to envy

φθορ|ά η (= βαθμιαία καταστροφή)
decay · (στις σχέσεις)
deterioration · (= βλάβη από
χρήση) wear (and tear) ·
(= παρακμή) decline · (= ζημιά)
damage

φι το phi, 21st letter of the Greek
alphabet

φιάλη η bottle

φιγούρ|α η (= εικόνα, ομοίωμα)
figure · (στην τράπουλα) face card,
court card (Βρετ.) · (χορού) figure ·
(= επίδειξη) show

φιγουράρ|ω ρ αμ to appear

φιδ|ές ο noodles πληθ

φίδ|ι το (χυριολ.) snake · (μτφ.) snake in the grass

φιδωτ|ός επίθ winding

φιέστ|α η celebration

φίλαθλ|ος επίθ sporting
▶ **φίλαθλος** ο/η fan

φιλαλήθης επίθ truthful

Φιλανδέζ|α η βλ. Φιλανδός

φιλανδέζικ|ος επίθ = φιλανδικός

Φιλανδέζ|ος ο = Φιλανδός

Φιλανδ|ή η βλ. Φιλανδός

Φιλανδί|α η = Φινλανδία

φιλανδικ|ός επίθ = φινλανδικός

Φιλανδ|ός ο = Φινλανδός

φιλανθρωπί|α η (αγάπη προς συνάνθρωπο) philanthropy · (= αγαθοεργία) charity εν.

φιλανθρωπικ|ός επίθ (ίδρυμα, σωματείο) charitable · (έργο) charity

φιλάνθρωπ|ος επίθ philanthropic

φιλαράκ|ι το mate (Βρετ.), buddy (κυρ. Αμερ.) (ανεπ.)

φιλαράκ|ος ο (ειρ.) mate (Βρετ.) (ανεπ.), buddy (κυρ. Αμερ.) (ανεπ.)

φιλαρμονικ|ή η band
▶ **Φιλαρμονική** η Philharmonic

φιλέ το = φιλές

φιλελευθερισμ|ός ο liberalism

φιλελεύθερ|ος επίθ liberal
▶ **φιλελεύθερος** ο liberal

φιλέλλην|ας ο philhellene

φιλενάδ|α η (ανεπ.) = φίλη (girl)friend · (ανεπ.: ανύπαντρου) girlfriend · (παντρεμένου) mistress

φιλ|ές ο (για μαλλιά) hairnet · (ΑΘΛ) net

φιλέτ|ο το fillet ▷**κόντρα ~** sirloin

φιλεύ|ω ρ μ to give

φίλ|η η (= φιλενάδα) friend · (κατ.: = γνωστή) acquaintance · (ανύπαντρου) girlfriend ·

(παντρεμένου) mistress

φίλη|μα το kiss

φιλησυχ|ος επίθ (= ήρεμος) quiet · (= νομοταγής) law-abiding

φιλ|ί το kiss · **δίνω ~ σε κπν (στο στόμα/μάγουλο)** to kiss sb (on the mouth/cheek) · **(πολλά) ~ιά!** lots of love!

φιλί|α η (= σχέση φίλων) friendship · (= εύνοια) favour (Βρετ.), favor (Αμερ.) · **πιάνω ~ ή ~ες με κπν** to make friends with sb

φιλικ|ός επίθ (γενικότ.) friendly · (επίσκεψη, συζήτηση) informal · (διάθεση) amiable · (καθεστήρωο) sympathetic · (ΑΘΛ) friendly · **είναι ~ μαζί μου** he's friendly to me · **~ προς το περιβάλλον** environmentally-friendly · **~ προς τον χρήστη** user-friendly · **φιλικό το** friendly (match)

φιλμ το film

φίλντισι το mother-of-pearl

φιλοδοξί|α η ambition

φιλόδοξ|ος επίθ ambitious

φιλοδοξ|ώ ρ μ **~ να γίνω/κάνω** to aspire to be/to do

φιλοδώρη|μα το tip

φιλοκερδ|ής επίθ greedy

φιλολογί|α η (επιστήμη) philology · (= γραμματεία) literature
▶ **φιλολογίες** πλ hot air (ανεπ.)

φιλόλογ|ος ο/η (επιστήμονας) philologist · (ΣΧΟΛ) humanities teacher

φιλονικί|α η argument

φιλονικ|ώ ρ αμ to argue

φιλοξενί|α η (= υποδοχή και περιποίηση ξένων) hospitality · (= παροχή στέγης και περιποίησης) accommodation

φιλόξεν|ος επίθ hospitable

φιλοξενούμενη η = **φιλοξενούμενος**

φιλοξενούμεν|ος ο (= ξένος)

guest· (ΑΘΛ) visitor

φιλοξεν|ώ ρ μ (ξένο, επισκέπτη) to put up · (άστεγο) to take in · (επί πληρωμή) to accommodate · (εκδήλωση, έκθεση) to host · (σε έντυπο) to publish · (σε ραδιοφωνική η τηλεοπτική εκπομπή) to have as a guest

φιλοπατρί|α η patriotism

φιλόπον|ος επίθ diligent

φίλ|ος ο (γενικότ.) friend · (κατ.: = γνωστός) acquaintance · (ανύπαντρης) boyfriend · (παντρεμένης) lover · (τεχνών, γραμμάτων) lover · (ανεπ.: = αυτός) our friend · **γίνομαι ~ με κπν** to become friends with sb · **~ε (μου)** (ανεπ.) mate (Βρετ.) (ανεπ.), buddy (Αμερ.) (ανεπ.) · **~η χώρα** friendly nation

φιλοσοφί|α η philosophy

▸ **φιλοσοφικ|ός** επίθ philosophical

▸ **Φιλοσοφική** η philosophy school

φιλόσοφ|ος ο philosopher

φιλοτελισμ|ός ο philately (επίσ.)

φιλοτέχνη|μα το work of art

φιλότεχν|ος επίθ **είμαι ~** to be an art lover

φιλοτιμί|α η (= τιμή, αξιοπρέπεια) pride · (= ευσυνειδησία) conscientiousness

φιλότιμ|ος επίθ (= υπερήφανος) proud · (= ευσυνείδητος) conscientious · (προσπάθεια) spirited

φιλοφρόνηση η compliment

φίλτρ|ο[1] το filter

φίλτρ|ο[2] το (= ελιξήριο) potion · (= στοργή) love

φιλ|ώ ρ μ to kiss · **σε/σας** with love

▸ **φιλιέμαι** μεσ to kiss

φιμών|ω ρ μ (ζώο) to muzzle · (ανθρωπο) to gag · (μτφ.) to silence· (τον τύπο) to gag

φίμωτρ|ο το (ζώον) muzzle · (ανθρώπου) gag · (μτφ.) gag

φινάλε το (παράστασης, γιορτής) finale · (κινηματογραφικού έργου) ending · (προσπάθειας, υπόθεσης) outcome · (ιστορίας) conclusion

φινέτσ|α η (για πρόσ.) finesse · (ντυσίματος) good taste · (λόγων, τρόπων) delicacy · (συμπεριφοράς) tact

Φινλανδέζ|α η βλ. **Φινλανδός**

φινλανδέζικ|ος επίθ = **φινλανδικός**

Φινλανδέζ|ος ο = **Φινλανδός**

Φινλανδή η βλ. **Φινλανδός**

Φινλανδί|α η Finland

φινλανδικ|ός επίθ Finnish

▸ **Φινλανδικά, Φινλανδέζικα** τα Finnish

Φινλανδ|ός ο Finn

φίν|ος, -α, -ο (για πρόσ.) refined · (χέρια, δάχτυλα) delicate · (γούστο, συμπεριφορά) refined · (τεχνική, ύφασμα) fine · (ρούχο) chic · (φίλος, παρέα) great (ανεπ.)

φιόγκ|ος ο (= κόμπος) knot · (= κορδέλα) bow · (μειωτ.) fop

φίρμ|α η (= επωνυμία εταιρείας) trade name · (= εταιρεία) firm · (= μάρκα) trademark · (= διασημότητα) celebrity

φιστίκι το (επίσης **~α Αιγίνης**) pistachio · (επίσης **~ αράπικο**) peanut

φλάουτο το flute

φλας το (φωτογραφικής μηχανής) flash · (αυτοκινήτου) indicator (Βρετ.), blinker (Αμερ.)

φλασκί το flask

φλέβ|α η seam · (= κλίση) talent

Φλεβάρης ο (ανεπ.) = **Φεβρουάριος**

φλέγ|μα το (επίσης **φλέμα**) phlegm

φλεγματικ|ός επίθ phlegmatic

φλεγμονή η inflammation

φλέγ|ω ρ μ to consume

▸ **φλέγομαι** μεσ (= καίγομαι) to be on fire · (από πυρετό) to burn

φλέγων, -ουσα, -ον burning

φλέμα *το* (*προφ.*) *βλ.* **φλέγμα**

φλερτ *το* (= *ερωτοτροπία*) flirting
(*χωρίς πληθ.* · = *δεσμός*) romance ·
(= *φίλος*) boyfriend · (= *φίλη*)
girlfriend · ~ **του καλοκαιριού**
holiday romance

φλερτάρ|ω *ρ αμ* to flirt with ◆ *ρ
αμ* to flirt · ~ **με κπν/κτ** to flirt
with sb/sth

φλις *το* fleece

φλιτζάν|ι *το* = **φλυτζάνι**

φλόγ|α *η* (*φωτιάς, κεριού*) flame ·
(*μτφ.*) ardour (*Βρετ.*), ardor
(*Αμερ.*)
▸ **φλόγες** *πλ* flames

φλογέρ|α *η* pipe

φλογερ|ός *επίθ* (*άνθρωπος,
εραστής*) passionate · (*μάτια,
βλέμμα*) fiery · (*επιθυμία*) burning ·
(*πατριωτισμός, υποστηρικτής*)
ardent

φλογίζω *ρ μ* to fire
▸ **φλογίζομαι** *μεσοπαθ* (= *κοκκινίζω*)
to go *ή* turn red · (= *φλέγομαι*) to be
burning up

φλόγωση *η* inflammation

φλοι|ός *ο* (*δέντρου*) bark ·
(*καρπού*) peel · (*της γης*) crust

φλοκάτη *η* flokati (rug),
handwoven shaggy woollen rug

φλούδ|α *η* (*ανεπ.: δέντρου,
κλαδιού*) bark · (*καρπού*) peel ·
(*αβγού*) shell

φλούδ|ι *το* (*ανεπ.: δέντρου,
κλαδιού*) bark · (*καρπού*) peel
▸ **φλούδια** *πλ* shells

φλουρ|ί *το* florin

φλυαρ|ία *η* chatter

φλύαρ|ος *επίθ* chatty

φλυαρ|ώ *ρ αμ* to chatter

φλυτζάν|ι *το* · **του καφέ/
τσαγιού** coffee/tea cup

φοβάμαι *ρ αμ απ* (= *τρομάζω*) to
be afraid · (= *έχω αγωνία*) to be
worried (*για* about) ◆ *ρ μ*
(*άνθρωπο, σκοτάδι*) to be afraid

of · (= *υποψιάζομαι: επεισόδια*) to
fear · ~ **να κάνω κτ** to be afraid to
do sth · ~ **πως** *ή* **ότι** to be afraid
that

φοβέρ|α *η* threat

φοβερίζ|ω *ρ μ* to threaten

φοβερ|ός *επίθ* (*άνθρωπος, όψη*)
fearsome · (*κρότος, θέαμα*)
horrendous · (*κατ.: ψεύτης,
απατεώνας*) monumental · (*ζέστη*)
tremendous · (*σφάλμα,
καταστροφή*) terrible · (*κατ.: =
εκπληκτικός*) terrific · **~ό!**
(*έκφραση έκπληξης ή θαυμασμού*)
terrific!

φοβητσιάρ|ης, -α, -ικο cowardly

φοβί|α *η* phobia

φοβίζ|ω *ρ μ* to scare

φόβ|ος *ο* fear

φοβ|ούμαι *ρ μ/αμ απ* = **φοβάμαι**

φόδρ|α *η* lining

φοίνικ|ας *ο* palm (tree)

φοινικι|ά *η* (*ανεπ.*) = **φοίνικας**

φοινικόδεντρο *το* palm tree

φοίτηση *η* course

φοιτητής *ο* (undergraduate)
student

φοιτητικ|ός *επίθ* student

φοιτήτρι|α *η* *βλ.* **φοιτητής**

φοιτ|ώ *ρ αμ* to study

φονεύ|ω *ρ μ* (*επίσ.*) to kill

φονι|άς *ο* killer

φονικ|ός *επίθ* (*ενέργεια, τάσεις*)
homicidal · (*νέφος, όπλο*) lethal ·
(*βλέμμα*) murderous
▸ **φονικό** *το* (*ανεπ.*) murder

φόνισσ|α *η* killer

φόν|ος *ο* murder

φόντ|ο *το* background

φορ|ά *η* (= *πορεία: ρεύματος,
ποταμού*) flow · (*μτφ.*) direction ·
(= *εξέλιξη: γεγονότων*)
course · (= *περίπτωση*) time · (*ΜΑΘ*)
times · **αυτή τη** ~ this time · **δυο
~ές** twice · **μια** ~ once · **πρώτη**
~ the first time

φόρα¹ η speed

φόρα² η βγάζω κτ στη ~ to bring sth out into the open

φοράδα η (= θηλυκό άλογο) mare · (νβρ.) cow (ανεπ.)

φορέας ο (αλλαγής, ιδεών) vehicle · (ασθένειας, μικροβίων) carrier · (για υπηρεσία, οργανισμού) body

φορείο το stretcher

φόρεμα το (ένδυμα) dress · (= ενέργεια του φορώ) wearing

φορεσιά η outfit

φορητός επίθ (κασετόφωνο, τηλέφωνο) portable · (όπλο) hand ▷ **~ υπολογιστής** laptop (computer)

φόρμα η (= μορφή) form · (ρούχου) shape · (γλυκού) cake tin (Βρετ.), pan (Αμερ.) · (εργασίας) overalls πληθ. · (γυμναστικής) tracksuit (Βρετ.), sweatsuit (Αμερ.) · (μωρού) crawlers πληθ.

φοροδιαφυγή η tax evasion

φορολογία η taxation

φορολογούμεν|ος επίθ taxpaying
▶ **φορολογούμενος** ο, **φορολογούμενη** η taxpayer

φορολογώ ρ μ to tax

φόρ|ος ο tax ▷ **Φόρος Προστιθέμενης Αξίας (Φ.Π.Α.)** value added tax

φορτηγατζής ο lorry driver (Βρετ.), trucker (Αμερ.)

φορτηγατζού η = φορτηγατζής

φορτηγό ο lorry (Βρετ.), truck (Αμερ.), cargo boat

φορτίζω ρ μ (μπαταρία) to charge · (σχέσεις, κλίμα) to make tense · (ατμόσφαιρα) to charge

φορτίο το (φορτηγού) load · (τρένου) freight · (πλοίου, αεροπλάνου) cargo · (μτφ.) burden

φόρτιση η (μπαταρίας) charging · (ατμόσφαιρας, κλίματος) tension

φορτιστής ο charger

φόρτ|ος ο load ▷ **~ εργασίας** workload

φορτσάρ|ω ρ αμ (ανεπ.) to buckle down (ανεπ.)

φορτωμένος, -η, -ο (= υπερβολικά καλυμμένος) loaded · (= επιβαρυμένος) busy

φορτών|ω ρ μ (αυτοκίνητο, προϊόντα) to load · (δουλειά, έργο) to palm off · (μαθητή) to burden · (= παίρνω φορτίο) to take on (ΠΛΗΡΩΘ) to load ◆ ρ αμ to take on cargo
▶ **φορτώνομαι** μεσ (φορτίο) to carry · (συνέπειες) to bear · (= γίνομαι φορτικός) to be a nuisance

φορώ ρ μ (= έχω πάνω μου: ρούχο, κόσμημα) to wear · (= βάζω) to put on · (= χρησιμοποιώ: κολόνια, μέικ-απ) to wear · (αποσμητικό) to use · **-ιέται πολύ** to be in fashion

φουγάρο το (πλοίου) funnel · (εργοστασίου, τζακιού) chimney

φουλάρι το scarf

φουλάρ|ω ρ μ to fill ◆ ρ αμ (= τρέχω πολύ) to go flat out ή at full speed · (= βάζω τα δυνατά μου) to pull out all the stops

φουμάρ|ω ρ μ to smoke ◆ ρ αμ to smoke · **ξέρουν/έχουν μάθει τι καπνό ~** they know/they've found out what kind of person I am

φουντάρ|ω ρ μ (ανεπ.: καράβι) to sink · (άνθρωπο) to throw in the water · (άγχνωρα) to drop · (επιχείρηση, μαγαζί) to ruin ◆ ρ αμ (= βυθίζομαι) to sink · (επιχείρηση) to go under

φουντούκι το hazelnut

φουντών|ω ρ αμ (δέντρο, φυτό) to grow · (φωτιά) to spread · (εξέγερση, μάχη) to spread · (έρωτας, αγάπη) to grow · (θόρυβος) to grow louder · (= ερεθίζομαι) to become excited ·

(= *οργίζομαι*) to flare up

φουντωτ|ός επίθ (δέντρο, φυτό) bushy · (μαλλιά) thick · (γένια) bushy

φουρκέτ|α η (για μαλλιά) hairpin · (= κλειστή στροφή) hairpin bend

φούρναρης ο baker

φουρνάρισσα η βλ. **φούρναρης**

φούρν|ος ο (για ψήσιμο) oven · (= αρτοποιείο) bakery · **~ είναι εδώ μέσα!** it's like an oven in here! ▷ **~ μικροκυμάτων** microwave oven

φουρτούν|α η (= τρικυμία) storm · (= αναστάτωση) turmoil · (= φοβερή περιπέτεια, συμφορά) misfortune

φουρτουνιασμέν|ος επίθ (θάλασσα, πέλαγος) rough · (χρόνια, καιροί) troubled · (= αναστατωμένος) in turmoil

φούσκ|α η (= φουσκάλα) blister · (= μπαλόνι) balloon · (προφ.: = κύστη) bladder

φουσκάλ|α η (στο δέρμα) blister · (καφέ, νερού) bubble

φούσκωμα το (ελαστικών) inflating · (στο πρόσωπο, χέρι) swelling · (= βαρυστομαχιά) bloated stomach · (λογαριασμού) inflation

φουσκωμέν|ος επίθ (μπαλόνι, λάστιχο) inflated · (για στομάχι) bloated · (λογαριασμού) inflated · (για ποτάμι) swollen · (για θάλασσα) rough

φουσκών|ω ρ μ (μπαλόνι, λάστιχο) to inflate · (μάγουλο) to puff out · (πανί) to fill · (στομάχι, κοιλιά) to bloat · (λογαριασμό) to inflate · (κάρτα) to build up · (πράγματα, κατάσταση) to exaggerate · (γάλα, καφέ) to bubble up · (ξύλο, ποτάμι) to swell · (ψωμί) to rise · (μάτια, φλέβες) to bulge · (= λαχανιάζω) to be out of

breath · (= φουρτουννιάζω: θάλασσα) to become rough · (= ανθρώπινο κορεσμό) to be bloated

φούσι|α η skirt

φουστανέλα η skirt of the traditional Greek costume

φουστάν|ι το dress

φούχτ|α η = **χούφτα**

φράγκο το (παλ.) franc · (= δραχμή) drachma

φραγκοστάφυλο το gooseberry

φραγκοσυκιά η prickly pear

φραγκόσυκ|ο το prickly pear

φράγμ|α το (ποταμού) dam · (μτφ.) barrier

φραγμός ο barrier

φράζ|ω ρ μ (χωράφι, αυλή) to enclose · (πέρασμα, δρόμο) to block · (στόμα) to cover ◆ ρ αμ to be blocked

φράκο το tailcoat

φράντζα η fringe (Βρετ.), bangs πληθ. (Αμερ.)

φραντζόλα η loaf

φράουλ|α η (φρούτο) strawberry · (= ποικιλία σταφυλιού) type of grape

φραουλιά η strawberry plant

φραπέ = **φραπές**

φραπές ο iced coffee

φράσ|η η (ΓΛΩΣ, ΜΟΥΣ) phrase · (κατ.: = έκφραση) expression

φράσσ|ω ρ μ (επίσ.) = **φράζω**

φράχτης ο (συνετός) fence · (φυσικός) hedge · (πέτρινος) wall

φρεάτι|ο το (αποχέτευσης) manhole · (ασανσέρ) shaft

φρενάρισμα το (= τροχοπέδηση) braking · (= ίχνος τροχοπέδησης) skid mark

φρενάρ|ω ρ αμ to brake ◆ ρ μ (όχημα) to apply the brakes of · (μτφ.) to put a brake on

φρέν|ες οι έξω φρενών furious

φρέν|ο το brake · **πατώ ~** to put the brakes on · **τα ~α δεν**

έπιασαν the brakes failed

φρενοκομεί|ο *το* mental hospital

φρεσκάδ|α *η* freshness

φρεσκάρ|ω *ρ μ* (*πρόσωπο*) to freshen up · (*ξένη γλώσσα*) to brush up · (*δωμάτιο, τοίχους*) to redecorate · (*μνήμη*) to refresh
▸ **φρεσκάρομαι** *μεσ* to freshen up

φρέσκ|ο *το* (ΤΕΧΝ) fresco · (*αρχ.*) jail

φρέσκ|ος, ια, -ο (*λαχανικά, φρούτα*) fresh · (*μπογιά*) wet · (*εντυπώσεις, εικόνα*) vivid · (*ειδήσεις, νέα*) latest

φρίκη *η* horror

φρικιάζ|ω *ρ αμ* to shudder

φρικιαστικ|ός *επίθ* (*θέαμα, έγκλημα*) gruesome · (*κραυγή*) blood-curdling

φρικτ|ός *επίθ* terrible

φριχτ|ός *επίθ* = **φρικτός**

φρόκαλο *το* (*ανεπ.*: = *σκουπίδι*) rubbish · (= *σκούπα*) broom

φρόνη|μα *το* morale
▸ **φρονήματα** *πλ* beliefs

φρόνηση *η* wisdom

φρονιμάδ|α *η* (= *σύνεση*) wisdom · (= *φρόνιμος*) sense

φρονιμίτης *ο* wisdom tooth

φρόνιμ|ος *επίθ* (= *συνετός: για πράξη*) wise · (*λόγια*) wise · (*συμβουλές*) sound · (= *υπάκουος: παιδί*) well-behaved · (*πολίτης*) law-abiding

φροντίδ|α *η* (= *μέριμνα*) care · (*εκδήλωσης, έργου*) responsibility

φροντίζ|ω *ρ μ* (*μέριμνα, σπουδές*) to attend to · (*οικογένεια, παιδί*) to take care of · (*σιλουέτα*) to watch · (*ντύσιμο, εμφάνιση*) to care about · (*αυτοκίνητο, σπίτι*) to look after · (*κήπο*) to look after

φροντιστήρι|ο *το* (= *ιδιωτικό εκπαιδευτήριο*) tutorial college · (= *προγύμναση*) tuition
▸ **φροντιστήριο** *το* language school

φρουρ|ά *η* (*φρούρηση*) guarding · (*πρωθυπουργού, υπουργού*) guard · (*πόλης*) garrison ▷ **τιμητική ~** guard of honour (*Βρετ.*) ή honour (*Αμερ.*)

φρούρηση *η* guarding

φρούρι|ο *το* (= *κάστρο*) fort · (*μτφ.*) fortress

φρουρ|ός *ο* guard · (*μτφ.*) guardian

φρουρ|ώ *ρ μ* to guard

φρούτ|ο *το* (= *καρπός*) fruit · (*ειρ.*) freak

φρουτοσαλάτ|α *η* fruit salad

φρουτοχυμ|ός *ο* fruit juice

φρυγανι|ά *η* toast

φρυγανιέρ|α *η* toaster

φρύδ|ι *το* eyebrow

φταίξι|μο *το* fault · **δικό μου το ~** it's my fault

φταίχτης *ο* culprit

φταίχτρα *η* = **φταίχτης**

φταί|ω *ρ αμ* (= *είμαι ένοχος*) to be to blame · (= *κάνω σφάλμα*) to be in the wrong · **δεν ~ς εσύ** it isn't your fault · **τα ~** it's my fault

φτάν|ω *ρ μ/αμ* = **φθάνω**

φταρνίζομαι *ρ αμ* to sneeze

φτάρνισ|μα *το* sneeze

φτέρν|α *η* heel

φτερνίζομαι *ρ αμ* = **φταρνίζομαι**

φτέρνισ|μα *το* = **φτάρνισμα**

φτερ|ό *το* (= *πούπουλο*) feather · (= *φτερούγα*) wing · (*ανεμόμυλου*) sail · (*αεροπλάνου*) wing · (*για ξεσκόνισμα*) feather duster · (*αυτοκινήτου*) wing (*Βρετ.*), fender (*Αμερ.*)

φτερούγ|α *η* wing

φτερουγίζ|ω *ρ αμ* (= *κουνώ τα φτερά μου*) to flap its wings · (= *πετώ κουνώντας τα φτερά μου*) to fly

φτερούγισ|μα *το* flutter

φτηναίν|ω *ρ αμ* to decline

φτην|ός *επίθ* = **φθηνός**

φτιαγμέν|ος επίθ
(= κατασκευασμένος) made ·
(= αποκατεστημένος) established ·
(αργκ.: = εύθυμος από αλκοόλ)
tipsy · (αργκ.: = μαστουρωμένος)
stoned (ανεπ.) · (αργκ.: =
ερωτευμένος) horny (ανεπ.)

φτιάχν|ω ρ μ (= κατασκευάζω:
έπιπλα, σχέδια) to make · (σπίτι,
γέφυρα) to build · (εικόνες,
ατμόσφαιρα) to create ·
(τραγούδια, ποιήματα) to write ·
(θεωρία, ιστορίες) to make up ·
(ομάδα, συγκρότημα) to form ·
(= ετοιμάζω: φαγητό, γλυκό) to
make · (βαλίτσα) to pack ·
(= τακτοποιώ: δωμάτιο, συρτάρια)
to tidy · (κρεβάτι) to make ·
(μαλλιά, μακιγιάζ) to do ·
(γραβάτα) to straighten ·
(= διορθώνω: παπούτσια, ρολόι) to
mend · (= βελτιώνω: διάθεση, φαΐ)
to improve · (στομάχι) to settle
♦ ρ μ (= βελτιώνομαι) to get
better · **τα ~ με κπν** (προφ.: =
συνάπτω ερωτικό δεσμό) to be
going out with sb ·
(= συμφιλιώνομαι) to make up
with sb
▸ **φτιάχνομαι** μεσ
(= αποκαθίσταμαι) to establish
oneself · (= καλλωπίζομαι) to tidy
oneself up · (= έρχομαι σε
κέφι) to cheer up · (= μεθώ
ελαφρά) to get tipsy · (αργκ.: =
ερεθίζομαι) to get turned on
(ανεπ.) · (αργκ.: = μαστουρώνω)
to be stoned (ανεπ.) · **ή high** (ανεπ.)

φτιαχτ|ός επίθ (= τεχνητός:
= προσποιητός:
κατηγορία) trumped-up · (απορία)
feigned · (ύφος, γέλιο) false ·
(αποτέλεσμα, αγώνας) fixed ·
(ανεπ.: = σπιτικός) home-made

φτυάρ|ι το (εργαλείο) shovel · (για
φούρνια) peel, *long-handled
shovel for putting bread in an oven*

φτύν|ω ρ μ to spit ♦ ρ μ

(άνθρωπο) to spit at · (φαγητό,
κουκούτσι) to spit out · (μοίρα,
τύχη) to curse · (αργκ.: =
περιφρονώ) to spit on

φτύσιμο το (σάλιου) spitting ·
(φαγητού) spitting out · (αργκ.: =
περιφρόνηση) contempt

φτυστός (ανεπ.) επίθ **είμαι ~ ο
πατέρας/η μητέρα μου** to be the
spitting image of one's father/
mother

φτωχαίν|ω ρ αμ (= γίνομαι φτωχός)
to become poor · (λεξιλόγιο,
παράδοση) to become
impoverished ♦ ρ μ (= κάνω
φτωχό: άνθρωπο) to make poor ·
(λεξιλόγιο, έργο) to impoverish

φτώχεια, φτώχια η poverty

φτωχικ|ός επίθ (ρούχο, σπίτι)
shabby · (φαγητό) meagre (Βρετ.),
meager (Αμερ.) · (γειτονιά) poor
▸ **φτωχικό** το (ανεπ.) humble home

φτωχ|ός επίθ (άνθρωπος, χώρα)
poor · (δώρο) cheap · (έπιπλα,
ρούχα) shabby · (έδαφος,
μετάλλευμα) poor · (βλάστηση)
sparse · (= δυστυχής) poor
▸ **φτωχοί** οι και **~οί** the poor

φυγάς ο fugitive

φυγή η (ατόμου, πλήθους)
flight · (καταζητούμενου) escape ·
(μτφ.) escape

φυγόπον|ος επίθ lazy

φύκ|ι το seaweed

φυλάγ|ω ρ μ (= πόλη, σύνορα) to
guard · (μυστικό) to keep ·
(πράγματα, βαλίτσες) to look
after · (κοπάδι) to watch over ·
(= προστατεύω) to protect ·
(γράμματα) to keep · (χρήματα,
φαγητό) to save · ρ αμ to be on
guard duty
▸ **φυλάγομαι** μεσ to look after
oneself · **~ομαι από τη βροχή** to
take cover from the rain

φύλακ|ας ο/η (εργοστασίου, πόλης)
gatekeeper · (κήπου, μουσείου)

attendant · (σε φυλακή) guard · (γνώσης, πολιτισμού) guardian

φυλακή η (= σωφρονιστικό ίδρυμα) prison · (= ποινή φυλάκισης) imprisonment (μτφ.) prison · **κλείνω ή βάζω** κπν **(στη)** ~ **to** imprison sb
▸ **φυλακές** πλ prison εν.

φυλακίζω ρ μ (εγκληματία, ένοχο) to jail · (= περιορίζω) to restrict

φυλάκι|ο το (= οίκημα φρουρών) guardhouse · (= προκεχωρημένη θέση) outpost

φυλάκιση η imprisonment

φυλακισμέν|ος επίθ imprisoned
▸ **φυλακισμένος** ο, **φυλακισμένη** η prisoner

φύλαξη η (συνόρων, κρατουμένων) guarding · (δάσους) protection · (παιδιού) looking after · (τροφίμων, ποτών) keeping

φυλάσσω ρ μ/αμ = **φυλάγω**

φυλαχτό το lucky charm

φυλετικ|ός επίθ racial

φυλή η (μαύρων, λευκών) race · (ζώων) breed · (= έθνος) nation · (ιθαγενών) tribe

φυλλάδα η a rag (ανεπ.)

φυλλάδι|ο το (ενημερωτικό) booklet · (διαφημιστικό) brochure

φύλλ|ο το (φυτού) leaf · (μετάλλου) sheet · (χρυσού, ασημιού) leaf · (μαγειρικής, ζαχαροπλαστικής) (sheet of) filo pastry · (= κομμάτι χαρτιού) sheet (of paper) · (βιβλίου) leaf · (= αντίτυπο εφημερίδας) edition · (= εφημερίδα) paper · (στην τράπουλα) card · (πόρτας, παραθύρου) panel · (τραπεζιού) leaf · **δεν κουνιέται** ~ there's not a breath of wind · (μτφ.) there's no sign of life

φύλλωμα το foliage χωρίς πληθ.

φυλλωσιά η foliage χωρίς πληθ.

φύλο το (ανθρώπου, ζώου) sex · (= φυλή) tribe

φυλώ ρ μ/αμ = **φυλάγω**

φυραίνω ρ αμ (στάρι) to lose volume · (χόρτα) to shrink · (άνθρωπος) to lose one's mind · (μυαλό, νους) to slip

φυσαλίδ|α η (= μπουρμπουλήθρα) bubble · (ΙΑΤΡ) blister

φυσαρμόνικ|α η (όργανο) harmonica · (για λεωφορείο) articulated bus

φύση η nature · (= εξοχή) country(side)

φύσημα το (= ενέργεια του φυσώ) breathing · (= αέρας που φυσά κανείς) breath · (ανέμου) puff

φυσικά επίρρ (= μη τεχνητά, απροσποίητα) naturally · (ως επιβεβαίωση) of course

φυσική η physics εν. · (μάθημα) physics (lesson) · (βιβλίο) physics book

φυσικό το (ανεπ.) nature

φυσικοθεραπεί|α η physiotherapy (Βρετ.), physical therapy (Αμερ.)

φυσικοθεραπευτ|ής ο physiotherapist (Βρετ.), physical therapist (Αμερ.)

φυσικοθεραπεύτρι|α η βλ.

φυσικοθεραπευτής

φυσικ|ός επίθ (γενικότ.) natural · (γλώσσα) (εξήγηση, ερμηνεία) native · (εξήγηση, ερμηνεία) physical · **πεθαίνω από ~ό θάνατο** to die of natural causes · **▷ή επιστήμη** natural science · **▷ή κατάσταση** health · **▷ή η σωματική αγωγή** (ΣΧΟΛ) PE · **▷~ό αέριο** (ΧΗΜ) natural gas · **▷~ αριθμός** (ΜΑΘ) natural number
▸ **φυσικός** ο/η (επιστήμονας) physicist · (ΣΧΟΛ) physics teacher · (ΠΑΝ) physics professor

φυσικότητ|α η naturalness

φυσιογνωμί|α η (= μορφή) face · (= εξέχουσα προσωπικότητα) personage

φυσιοθεραπεί|α η =

φυσικοθεραπεία

φυσιοθεραπευτής *o* = **φυσικοθεραπευτής**

φυσιοθεραπεύτρια *η βλ.* **φυσικοθεραπεύτρια**

φυσιολογία *η* physiology

φυσιολογικ|ός *επίθ* normal

φυσιούν|α *η* (= *φυσερό*) bellows πληθ. · (*λεωφορείου*) articulation · (*σε γήπεδο*) tunnel · (*σε αεροδρόμιο*) jet bridge

φυστίκ|ι *το* = **φιστίκι**

φυσ|ώ *ρ μ* (*καπνό, μύτη*) to blow · (*τσάι, σούπα*) to blow on ♦ *ρ αμ* (*άνεμος*) to blow

▶ **φυσάει** *απρόσ* it's windy

φυτεία *η* plantation

φυτεύ|ω *ρ μ* (*δέντρο, λουλούδια*) to plant · (*μεταφ.*) to bury

φυτίνη *η* vegetable butter

φυτ|ό *το* (BIOΛ) plant · (*μτφ.*) vegetable · (*για μαθητή, σπουδαστή*) swot (*Βρετ.*) (*ανεπ.*), nerd (*Αμερ.*) (*ανεπ.*)

φυτοκομία *η* horticulture

φύτρα *η* (*πατάτας*) eye · (*ντομάτας*) seed · (= *γενιά*) family

φυτρών|ω *ρ αμ* (*χορτάρι, σπόρος*) to germinate · (*γένια, κέρατα*) to grow · (*μτφ.*) to turn up

φώκια *η* (*θηλαστικό*) seal · (*υβρ.*) tub of lard (*ανεπ.*)

φωλιά *η* (*πουλιών, φιδιών*) nest · (*αετού*) eyrie (*Βρετ.*), aerie (*Αμερ.*) · (*λαγού*) burrow · (*αλεπούς*) hole · (*λιονταριού, λύκου*) den · (*ληστών*) den · (*πειρατών*) lair ▶ **πυροσβεστική** ~ fire extinguisher

φωνάζ|ω *ρ μ* (= *κραυγάζω*) to shout · (= *ουρλιάζω*) to yell ♦ *ρ μ* (*λέω ότι δυνατά*) to shout · (= *απευθύνομαι προς κπν*) to shout to · (= *μαλώνω*) to shout at · (= *καλώ ονομαστικά*) to call · (*γιατρό, τεχνίτη*) to call · (*ταξί*) to hail

φων|ή *η* (= *λαλιά*) voice · (= *κραυγή*) στγ ▶ **βάζω ή μπήγω τις ~ές** (*σε κπν*) to scream (at sb) ▶**ενεργητική/παθητική/μέση** ~ (ΓΛΩΣΣ) active/passive/middle voice ▶**πρώτη/δεύτερη/τρίτη** ~ (ΜΟΥΣ) first/second/third voice ▶ **φωνές** *πλ* shouting *εν.*

φωνήεν *το* vowel

φωνητική *η* phonetics *εν.*

φωνητικ|ός *επίθ* (*όργανα, άσκηση*) vocal · (ΓΛΩΣΣ) phonetic ▶**διεθνές** ~ **αλφάβητο** international phonetic alphabet ▶**-ές χορδές** vocal cords

φως *το* (= *φέγγος, λαμπρότης*) light · (*όραση*) eyesight *εν* ▶ **του ηλίου** sunlight ▶ **της ημέρας** daylight ▶ ~ **των κεριών** candlelight ▶ ~ **της σελήνης** moonlight ▶ **φώτα** *πλ* insight *εν.*

φωταγωγ|ώ *ρ μ* to illuminate

φωταέρι|ο *το* gas

φωτάκ|ι *το* (= *μικρή λάμπα*) lamp · (*σε πίνακα ελέγχου*) warning light

φωτιά *η μ* (*ανεπ.*) = **φωτίζω**

φωτειν|ός *επίθ* (*ουρανός, αστέρι*) bright · (*δείκτες, σταυρός*) luminous · (*ακτίνα, πηγή*) of light · (*δωμάτιο, χώρος*) well-lit · (*μέλλον, χαμόγελο*) bright ▶ ~ **σηματοδότες** traffic lights πληθ.

φωτιά *η* (= *πυρκαγιά*) fire · (*για τσιγάρο*) light · (= *φλόγα*) flame · **έχω κτ στη** ~ to be cooking sth

φωτίζ|ω *ρ μ* (*δωμάτιο, δρόμο*) to light up · (*υπόθεση, μυστήριο*) to shed light on ♦ *ρ αμ* to shine ▶ **φωτίζει** *απρόσ* it's getting light

φωτισμός *ο* lighting *εν* πληθ.

φωτιστικ|ός *επίθ* (*εφέ, συσκευή*) lighting · (*πετρέλαιο, οινόπνευμα*) lighter ▶ **φωτιστικό** *το* light ▶**-ό δαπέδου** standard lamp (*Βρετ.*), floor lamp

(Αμερ.) ▷ **~ό επιτραπέζιο** table lamp

φωτοαντίγραφο το photocopy

φωτοβολίδα το (για πανηγυρικό φωτισμό) rocket · (για σηματοδότηση) flare

φωτογραφείο το photographic studio

φωτογραφία η (τέχνη) photography · (εικόνα) photo

φωτογραφίζω ρ μ (άνθρωπο, τοπίο) to take a photo of · (μτφ.) to portray

φωτογραφικός επίθ photographic ▷ **~ θάλαμος** photo booth ▷ **~ή μηχανή** camera

φωτογράφος ο/η photographer

φωτομοντέλο το model

φωτοστέφανο το (ΘΡΗΣΚ) halo · (ΜΕΤΕΩΡ) corona · (μτφ.: αρετής, επιτυχίας) aura

φωτοτυπία η (μέθοδος) photocopying · (= φωτοαντίγραφο) photocopy

φωτοτυπικός επίθ photocopying ▶ **φωτοτυπικό** το photocopier

X χ

X, χ chi, 22nd letter of the Greek alphabet ▷ **άγνωστος X** (ΜΑΘ) unknown quantity ▷ **ακτίνες X** (ΦΥΣ) X-rays

χαβιάρι το caviar

Χάγη η η ~ the Hague

χάδι το (μητέρας, πατέρα) pat · (εραστή, συντρόφου) caress · (= καλόπιασμα) wheedling

χαζεύω ρ αμ (= ξεχνιέμαι) to be stupid · (= σπαταλώ τον χρόνο μου) to waste time · (= μένω με το στόμα ανοιχτό) to gape ♦ ρ μ to stare at · **~ τις βιτρίνες** to go window shopping

χάζι το **έχω ~** to be funny ή

amusing

χαζομάρα η stupidity

χαζός επίθ stupid

χαϊδεμένος επίθ pampered

χαϊδεύω ρ μ (πρόσωπο) to stroke · (μωρό) to cuddle · (εραστή, ερωμένη) to caress · (ζώο) to stroke · (χορδές) to strum · (τιμόνι) to touch · (= περιποιούμαι: παιδί) to pamper

▶ **χαϊδεύομαι** μεσ (παιδί) to want a cuddle · (γάτα) to want to be stroked · (εραστές) to caress each other

χαιρέκακος επίθ malicious

χαιρετίζω ρ μ (= απευθύνω χαιρετισμό) to greet (επίσ.) · (= αποχαιρετώ) to say goodbye to · (με κίνηση του κεφαλιού) to nod at · (κουνώντας το χέρι) to wave at · (= στέλνω χαιρετίσματα) to send one's regards to

χαιρετίσματα τα (= χαιρετισμοί) regards · (ειρ.) forget it (ανεπ.)

χαιρετισμός ο greeting · (βασιλι) bowing to · (σημαίας) saluting

▶ **χαιρετισμοί** πλ (= χαιρετίσματα) regards · **με εγκάρδιους ή φιλικούς ~ούς** (σε γράμματα, επιστολές) kind ή best regards

χαιρετώ ρ μ (= χαιρετίζω) to greet (επίσ.) · (= αποχαιρετώ) to say goodbye to · (με μια κίνηση του κεφαλιού) to nod at · (κουνώντας το χέρι) to wave at · (= στέλνω χαιρετίσματα) to send one's regards to · (βασιλιά) to bow to · (στρατιώτης: σημαία, πρωθυπουργό) to salute · (εορτάζοντα, νεόνυμφους) to visit

χαίρομαι ρ αμ αν (= είμαι ευτυχισμένος) to be happy · (= είμαι χαρούμενος) to be glad ♦ ρ μ (παιδιά, ζωή) to enjoy · **να ~εσαι την γιορτή σου!** (ευχή) happy name day! · **χάρηκα (πολύ για την γνωριμία** nice meeting you

χαίρ|ω ρ μ (επίδ.: = είμαι ευτυχισμένος) to be happy · (= είμαι χαρούμενος) to be glad · **~ετε!** (προσφώνηση χαιρετισμού) hello! · (προσφώνηση αποχαιρετισμού) goodbye! · **~ πολύ** pleased to meet you

χαίτη η (λιονταριού, αλόγου) mane · (για πρόσ.) long hair εν.

χαλάζι το hail

χαλάκι το (κρεβατιού, κουζίνας) rug · (εξώπορτας) doormat

χαλαρός επίθ (σκοινί, μύες) slack · (κόμπος, δεσμά) loose · (εμπορική κίνηση) slack · (φρούρηση, πολιτική) lax · (ήθη) lax

χαλαρών|ω ρ μ (σκοινί, γραβάτα) to loosen · (πρόγραμμα, πολιτική) to relax · (ατμόσφαιρα) to lighten ◆ ρ αμ (επίδεσμος, δεσμό) to come loose · (σκοινί) to go slack · (σώμα, μυς) to loosen up · (για απώλεια σφριγηλότητας: δέρμα) to lose its firmness · (δεσμός, επιτήρηση) to ease off · (ενδιαφέρον) to flag · (ήθη, πειθαρχία) to become lax · (για πρόσ.) to relax

χαλάρωση η (ζώνης) loosening · (σκοινιού) slackening · (μυών) loosening · (δεσμάτος) sagging · (πειθαρχίας, ηθών) slackening · (ιατρ) relaxation

χάλασμα το (μηχανής, συσκευής) breakdown · (= γκρέμισμα) demolition · (= ερείπιο) ruin

χαλασμένος επίθ (μηχανισμός, μηχανή) broken-down · (ραχνιό, τηλέφωνο) broken · (τηλέφωνο) out of order · (δόντια, φρούτα) rotten · (τυρί) rancid · (σοκολάτα) stale · (ψωμί) stale · **το κρέας/ψάρι είναι ~ο** the meat/fish is off

χαλασμός ο (= καταστροφή) devastation · (= γενική αναστάτωση) chaos · (= κακοκαιρία) bad weather

χαλβάς ο (γλυκό) halva(h) ·

(μειωτ.) idiot

χαλί το carpet

χάλι το sorry state · **έχω το ~ ή τα ~α μου** to be in a bad way ή sorry state

▸ **χάλια** πλ **είμαι ή γίνομαι ~α** (ρούχα) to be a mess · (δουλειές) to be bad · **νιώθω ή είμαι/ φαίνομαι ~α** to feel/look awful

χαλίκι το (= μικρή πέτρα) pebble · (για στρώσιμο δρόμου, σιδηροδρομικής γραμμής) gravel χωρίς πληθ.

χαλινάρι το (= χαλινός) bridle · (= στομίδα) bit

Χαλκιδική η Chalkidiki

χάλκιν|ος επίθ (νόμισμα, σκεύος) copper · (άγαλμα) bronze · (μουσ όργανα) brass

▸ **χάλκινο** το bronze (medal)

χαλκογραφία η copper engraving

χαλκός ο copper ▸**Εποχή του Χαλκού** Bronze Age

χαλούμι το haloumi, *hard white cheese from Cyprus*

χάλυβας ο steel

χαλύβδιν|ος επίθ (ράβδος, σφαίρα) steel · (θέληση) iron · (αποφασιστικότητα) steely · (ψυχή) indomitable · (πίστη) unshakeable

χαλώ ρ μ (τηλέφωνο, παιχνίδι) to break · (παπούτσια, ρούχα) to wear out · (τοίχο) to pull down · (σπίτι) to demolish · (φιλία, σχέσεις) to break off · (συμφωνία) to break · (σχέδια, βραδιά) to ruin · (ησυχία) to disturb · (έκπληξη) to spoil · (χτένισμα, μαλλιά) to mess up · (ομορφιά) to mar · (όρεξη) to spoil · (= κακομαθαίνω) to spoil · (= διαφθείρω) to lead astray · (χαρτονόμισμα) to change · (περιουσία, πολλά λεφτά) to squander · (χρόνο, καιρό) to waste · (στομάχι) to upset · (υγεία, μάτια) to ruin ◆ ρ αμ (ρολόι,

βίντεο) to be broken · *(αυτοκίνητο)*
to break down *(μπότες, μάλλινα)*
to wear out · *(σχέδια, δουλειά)* to
fall through · *(γάμος)* to break
up *(χτένισμα)* to be a mess ·
(δόντια) to decay · *(κρέας, τυρί)* to
go off · *(φρούτα)* to go bad ·
(= διαφθείρομαι) to go to the bad ·
(καιρός) to change for the worse ·
~ την διάθεση η το **κέφι κποιου**
to bring sb down

χαμέν|ος επίθ *(πορτοφόλι, βιβλίο)*
lost · *(άνθρωπος)* missing · *(= που
έχει χάσει τον προσανατολισμό του)*
lost · *(ώρα, μέρα)* wasted · *(σε
τυχερά παιχνίδια, επιχειρήσεις)*
ruined · *(ευκαιρία)* lost · *(ελπίδες)*
dashed · *(όνειρα)* vanished · **τα**
'χω ~α *(= έχω σαστίσει)* to be
stunned · *(= έχασα τα λογικά μου)*
to have lost it *(ανεπ.)* ⊳ **στο**
έδαφος lost ground ⊳ **~ κόπος**
a waste of effort ⊳ **~ο κορμί**
good-for-nothing · **η υπόθεση**
lost cause ⊳ **~ χρόνος** a waste of
time

▸ **χαμένος** ο *(υβρ.)* low life

χαμηλ|ός επίθ *(γεννατ.)* low ·
(βλέμμα, ματιά) lowered · *(νότα)*
base

χαμηλών|ω ρ μ *(τοίχο, φράχτη)* to
lower · *(φούστα, κουρτίνα)* to let
down · *(τέντα)* to take down ·
(γυαλιά) to take off · *(κεφάλι)* to
lower · *(ραδιόφωνο, τηλεόραση)* to
turn down · *(φωνή, φως)* to
lower · *(θερμοκρασία, ταχύτητα)* to
lower ◆ ρ αμ *(= κονταίνω)* to
come down · *(ποτάμι, νερά)* to go
down · *(= σκύβω)* to bend down ·
(αεροπλάνο) to make its descent ·
(ήλιος) to go down · *(φως)* to
dim · *(ένταση, θερμοκρασία)* to go
down · *(φωνή)* to drop to a
whisper

χαμογελαστ|ός επίθ smiling
χαμόγελ|ο το smile
χαμογελ|ώ ρ αμ to smile ◆ ρ μ to

smile · **~ σε** κπν to smile at sb
χαμομήλι το *(φυτό)* camomile ·
(αφέψημα) camomile tea
Χανιά τα Chania
χαντάκ|ι το *(σε δρόμο, χωράφι)*
ditch · *(για τοποθέτηση καλωδίων)*
trench
χάντμπολ το handball
χάντρ|α η bead
χάν|ω ρ μ *(κλειδί, χρήματα)* to lose ·
(αγώνα, πόλεμο) to lose · *(αέρα,
λάδια)* to leak · *(λεωφορείο,
καράβι)* to miss · *(καιρό, ώρα)* to
waste · *(ευκαιρία)* to miss ·
(δικαίωμα) to forfeit · ρ αμ
(= νικιέμαι) to lose · *(= ζημιώνομαι)*
to lose out · *(= στερούμαι απ' το
σημαντικό)* to miss out · *(ρολόι)* to
be slow · *(μειωτ.: άνθρωπος)* to
lose it *(ανεπ.)* · *(μυαλό)* to go soft ·
τα ~ to be stunned
▸ **χάνομαι** μεσ *(= εξαφανίζομαι)* to
vanish · *(= λιποθυμώ)* to pass out ·
(= πεθαίνω) to perish · *(=
καταστρέφομαι)* to be finished ·
(= βυθίζομαι) to sink ·
(= χαραμίζομαι) to throw oneself
away · *(= απομπρογωνατίζομαι)* to
be η get lost · **άι χάσου!** *(υβρ.)* get
lost! *(ανεπ.)*

χά|ος το *(= το άπειρο)* chaos ·
(= άβυσσος) abyss · *(= σύγχυση)*
chaos · *(= ακαταστασία)* mess
χαοτικ|ός επίθ chaotic
χάπ|ι το pill
χαρ|ά η joy · **~γεια (και)** *(ως
χαιρετισμός)* hello · *(ως
αποχαιρετισμός)* goodbye · **μετά**
~ς with pleasure · **μια** ~ very well
· **~παιδική** ~ playground
χαράδρ|α η ravine
χαράζ|ω ρ μ *(όνομα, επιγραφή: σε
δέντρο)* to carve · *(σε βέρα, σε
πλάκα)* to engrave · *(τραπέζι,
έπιπλο)* to scratch · *(σελίδα)* to
rule lines on · *(δρόμο, όρια)* to
mark out ◆ ρ αμ to cut

χάρακας
▸ **χαράζει** *απρόσ* the day is breaking

χάρακ|ας *o* ruler

χαρακιά *η* (*σε δέντρο*) notch · (*σε έπιπλο*) scratch · (*σε σώμα*) cut · (= γραμμή *από* χάρακα) ruled line

χαρακτήρ|ας *o* character · (= ιδιαίτερο γνώρισμα) nature · (*καλλιτέχνη, λογοτέχνη*) style

χαρακτηρίζω *ρ μ* (= προσδιορίζω ιδιαίτερα γνωρίσματα) to characterize · (= αποτελώ ιδιαίτερο γνώρισμα) to be characteristic of
▸ **χαρακτηρίζομαι** *μεσ* to be characterized

χαρακτηρισμ|ός *o* characterization

χαρακτηριστικ|ά *επίθ* (= αντιπροσωπευτικός) characteristic · (= τυπικός) typical
▸ **χαρακτηριστικά** *τα* features
▸ **χαρακτηριστικό** *το* characteristic

χαρακών|ω *ρ μ* to cut · (= *έπιπλο*) to scratch · (= χαράζω γραμμές *με* χάρακα) to rule

χάρα|μα *το* dawn

χαραμάδ|α *η* crack

χαραμίζω *ρ μ* to waste · (*περιουσία*) to squander
▸ **χαραμίζομαι** *μεσ* to throw oneself away

χάραξη *η* (*αφιέρωσης, ονόματος*) engraving · (= *τράβηγμα γραμμών με* χάρακα) ruling · (*δρόμου, ορίων*) marking out

χαράσσω *ρ μ* = **χαράζω**

χαραυγή *η* dawn

χάρη *η* (*για πρόbn.*) grace · (*αφήγησης, λόγου*) elegance · (= *προτέρημα*) gift · (= *εξυπηρέτηση ή* μεφοληψία) favour (*Βρετ.*), favor (*Αμερ.*) · (NOM) pardon · ~ *ή* ~**ις σε** thanks to

χαρίζω *ρ μ* (*παιχνίδι, δαχτυλίδι*) to give · (= *εξασφαλίζω*; *βραβείο, υγεία*) to guarantee · (*ζωή*) to give · (*παιδιά*) to bear · (*τραγούδι*) to dedicate · (*χρέος*) to let off · (*ποινή*) to pardon
▸ **χαρίζομαι** *μεσ*

χάρι|σμα *το* gift

χαριτωμέν|ος *επίθ* (= *συμπαθής*; *άνθρωπος, πρόσωπο*) lovely · (*κίνηση*) graceful · (*κουβέντα, αστείο*) enjoyable

χαροποιώ *ρ μ* to make happy

χάρ|ος *o* death
▸ **Χάρος** *o* Charon

χαρούμεν|ος *επίθ* (= *ευχαριστημένος*) happy · (*βλέμμα, φωνή*) cheerful · (*ανάμνηση*) happy · (*φόρεμα, χρώμα*) bright

χαρταετ|ός *o* kite

χαρτζιλίκ|ι *το* pocket money (*Βρετ.*), allowance (*Αμερ.*)

χάρτης *o* map

χαρτ|ί *το* (*γραφής, αλληλογραφίας*) paper · (= *πτυχίο*) degree · (= *δίπλωμα*) diploma · (= *απολυτήριο Λυκείου*) school certificate · (= *απολυτήριο στρατού*) discharge papers *πληθ.* · (= *τραπουλόχαρτο*) (playing) card
▸ **μοιράζω** *ή* **κάνω ~ά** to deal (the cards) ▷ **γυαλιστερό ~** glossy paper ▷ ~ **κουζίνας** paper towel ▷ ~ **περιτυλίγματος** wrapping paper ▷ ~ **υγείας** *ή* **τουαλέτας** toilet paper
▸ **χαρτιά** *πλ* (= *επίσημο έγγραφο*) papers · (= *τράπουλα*) cards

χαρτικά *τα* stationery *εν.*

χάρτιν|ος *επίθ* paper

χαρτόδεμα *το* parcel (*Βρετ.*), package (*Αμερ.*)

χαρτομάντηλο, χαρτομάντιλο *το* tissue

χαρτόν|ι *το* cardboard

χαρτονόμισ|μα *το* paper money

χαρτοπαίγνι|ο *το* (*επίσ.* = *παιχνίδι με χαρτιά*) card game · (= *χαρτοπαιξία*) gambling *χωρίς* *πληθ.*

χαρτοπαιξί|α *η* gambling *χωρίς πληθ.*

χαρτοπετσέτ|α *η* serviette (*Βρετ.*), napkin (*Αμερ.*)

χαρτοπωλεί|ο *το* stationer's

χαρτόσημ|ο *το* stamp

χαρτοφύλακ|ας *ο* (*κυριολ., μτφ.*) briefcase

χασάπη|ς *ο* (*κυριολ., μτφ.*) butcher · (*για χειρουργό: μειωτ.*) sawbones (*ανεπ.*)

χασάπικ|ο *το* butcher's shop

χάσιμο *το* (*βιβλίου, ψυχραιμίας*) losing · (*λεωφορείου*) missing

χασίς *το* cannabis

χασίσ|ι *το* = **χασίς**

χάσμ|α *το* (= *βάραθρο*) chasm · (= *κενό*) gap · (= *διαφορά*) gulf ▷ ~ (**των**) **γενεών** generation gap

χασμουρητό *το* yawn

χασμουριέ|μαι *ρ αμ απ* to yawn

χασομερ|ώ *ρ αμ* (= *σπαταλώ χρόνο*) to waste one's time · (= *χρονοτριβώ*) to dawdle ♦ *ρ μ* ~ **κπν** to hold sb up

χαστούκ|ι *το* (= *σκαμπίλι*) slap · (*μτφ.*) blow

χατίρ|ι *το* (*ανεπ.*) favour (*Βρετ.*), favor (*Αμερ.*)

χαώδης *επίθ* chaotic

χέζ|ω (*χυδ.*) *ρ αμ* to shit (*χυδ.*) ♦ *ρ μ* to shit on (*χυδ.*) ▸ **χέζομαι** *μεσ* to shit oneself (*χυδ.*)

χείλ|ι *το* lip · *βλ. κ.* **χείλος**

χείλο|ς *το* (*ΑΝΑΤ*) lip · (*ποτηριού, μπουκαλιού*) rim · (*γκρεμού*) edge ▷ **φιλώ κπν στα ~η** to kiss sb on the lips *ή* on the mouth

χείμαρρο|ς *ο* (= *ορμητικό ρεύμα νερού*) torrent · (*δακρύων*) floods *πληθ.* · (*λέξεων*) stream · (*οργής*) surge

χειμεριν|ός *επίθ* winter ▸ **χειμερινά** *τα* winter clothes ▷ **χειμωνιάτικος, -ια ή -ιά, -ιο** (*επίθ.*) winter · **πέφτω σε χειμερία νάρκη** to hibernate ▷ **χειμερία**

νάρκη hibernation

χειμών|ας *ο* winter

χειμωνιάτικ|ος *επίθ* winter ▸ **χειμωνιάτικα** *τα* winter clothes

χειραποσκευή (*επία.*) *η* hand luggage *χωρίς πληθ.*

χειραψία *η* handshake · **ανταλλάσσω ~ με κπν** to shake hands with sb

χειρίζ|ομαι ~ **με κπν** *ρ μ απ* (*εργαλείο, όπλο*) to handle · (*μηχάνημα*) to operate · (*γλώσσα*) to use · (*θέμα, υπόθεση*) to handle

χειρισμ|ός *ο* (*μηχανήματος*) operation · (*οργάνου*) handling · (*αυτοκινήτου*) manoeuvre (*Βρετ.*), maneuver (*Αμερ.*) · (*γλώσσας*) use · (*ζητήματος, θέματος*) handling

χειριστήρι|ο *το* control

χειριστ|ής *ο* (*μηχανήματος, γερανού*) operator · (*αεροσκάφους*) pilot

χειριστρια *η* *βλ.* **χειριστής**

χειροβομβίδ|α *το* (hand) grenade

χειρόγραφ|ο *το* manuscript

χειρόγραφ|ος *επίθ* handwritten

χειροκρότη|μα *το* applause *χωρίς πληθ.*

χειροκροτ|ώ *ρ μ* (*ηθοποιό, τραγουδιστή*) to applaud · (*πρωτοβουλία, πρόταση*) to approve of ♦ *ρ αμ* to clap

χειρομαντεία *η* palm reading

χειρονομ|ία *η* (*γενικότ.*) gesticulation · (= *συνειδητή κίνηση χεριών*) gesture · (= *προσβλητικό άγγιγμα*) pawing *χωρίς πληθ.* · (*μτφ.*) gesture

χειροπέδε|ς *οι* handcuffs

χειροποίητ|ος *επίθ* handmade

χειροσφαίριση (*επία.*) *η* handball

χειροτέρευση *η* deterioration

χειροτερεύ|ω *ρ μ* to make worse ♦ *ρ αμ* to deteriorate

χειρότερ|ος *επίθ* worse · **ο ~ βαθμός** the worst grade · **~ από** worse than

▶**χειρότερο** το **τόσο** το **~ο** so much the worse

χειροτεχνία η handicraft

χειρουργείο το operating theatre (Βρετ.) ή room (Αμερ.)

χειρουργική η surgery ▷**κοσμητική ~** cosmetic surgery ▷**πλαστική ~** plastic surgery

χειρουργικ|ός επίθ surgical ▷**~ή επέμβαση** operation ▷**~ό τραπέζι** operating table

χειρουργ|ός ο/η surgeon

χειρούργ|ος (ανεπ.) ο/η surgeon ▷**~ οδοντίατρος** dental surgeon

χειρόφρεν|ο το handbrake (Βρετ.), parking brake (Αμερ.) · **βάζω/λύνω το ~** to apply/release the handbrake (Βρετ.) ή the parking brake (Αμερ.)

χειρωνακτικός επίθ manual

χέλ|ι το eel

χελιδόν|ι το swallow

χελών|α η tortoise ▷**θαλάσσια ~** turtle (Βρετ.), sea turtle (Αμερ.)

χεράκ|ι το (little) hand

χέρ|ι το (= παλάμη) hand · (= μπράτσο) arm · (μοίρας, νόμου) hand · (= χερούλι) handle · (στο ποδόσφαιρο) handball · **αλλάζω ~α** to change hands · **από δεύτερο ~** secondhand · **από πρώτο ~** firsthand · **από ~ σε ~, ~ με ~** from hand to hand · **βάζω ή δίνω ένα ~** to lend ή give a hand · **δίνω τα ~α με κπν** = (κάνω χειραψία) to shake hands with sb · (= συμφιλιώνομαι) to make up with sb · **κάτω τα ~α!** hands off · **παίρνω ή πιάνω κπν από το ~** to take sb by the hand · **τα ~α μου είναι δεμένα** my hands are tied · **τρώω με τα ~α** to eat with one's hands

▶**χέρια** πλ labour (Αμερ.), **ΕΡΓΑΤΙΚΑ ~α** labour (Βρετ.), labor (Αμερ.)

χερούλ|ι το (γενικότ.) handle ·

(πόρτας) door handle · (στρογγυλό) doorknob

χερσαί|ος, -α, -ο land

χερσόνησ|ος η peninsula

χημεί|α η (επιστήμη) chemistry · (μάθημα) chemistry (lesson)

χημικ|ός επίθ (διάλυμα, μέθοδος) chemical · (εργαστήριο) chemistry ▶**χημικά** τα chemicals ▶**χημικός** ο/η (επιστήμονας) chemist · (καθηγητής) chemistry teacher

χήν|α η goose

χήρ|α η widow · **μένω ~** to be widowed

χήρ|ος ο widower

χθες επίρρ yesterday · **μέχρι ~** until recently ▶**χθες** το

χθεσινός επίθ (ψωμί, γεγονός) yesterday's · (= πολύ πρόσφατος) recent

χι το chi, 22nd letter of the Greek alphabet

Χιλ|ή η Chile

χίλι|α αριθ απόλ thousand

χιλιάδ|α η thousand

χιλιετηρίδ|α η (= χίλια χρόνια) millennium · (= χιλιοστή επέτειος) thousandth anniversary

χιλιετί|α η = χιλιετηρίδα

χιλιόγραμμ|ο το (επίσ.) kilogramme (Βρετ.), kilogram (Αμερ.)

χίλι|οι, -ες, -α αριθ απόλ πλ **~ άνθρωποι** a thousand people

χιλιόλιτρ|ο το thousand litres (Βρετ.) ή liters (Αμερ.)

χιλιομετρικός επίθ in kilometres (Βρετ.) ή kilometers (Αμερ.)

χιλιόμετρ|ο το kilometre (Βρετ.), kilometer (Αμερ.) · **ανά ~** per kilometre (Βρετ.) ή kilometer (Αμερ.) ▷**τετραγωνικό ~** square kilometre (Βρετ.) ή kilometer (Αμερ.)

χιλιοστόμετρ|ο το millimetre

χιλιοστός (*Βρετ.*), millimeter (*Αμερ.*)

χιλιοστός *αριθ τακτ* (*βιβλίο, αυτοκίνητο*) thousandth · (*για έμφαση*) umpteenth

▸ **χιλιοστό** *το* (= *ένα από χίλια ίσα μέρη*) thousandth ·
(= *χιλιοστόμετρο*) millimetre (*Βρετ.*), millimeter (*Αμερ.*)

χιμπί**ζω** *ρ αμ* = χιμώ

χιμπαντζής, χιμπατζής *ο* chimpanzee · (*μτφ.*) dog (*ανεπ.*)

χιμώ *ρ αμ* (= *ορμώ*) to rush · (*με επιθετικές διαθέσεις*) to pounce

χιονάνθρωπος *ο* snowman

χιονάτος (*λογοτ.*) *επίθ* snow-white · **η Χιονάτη και οι εφτά νάνοι** Snow White and the Seven Dwarfs

χιόνι *το* snow · **ρίχνει** ή **πέφτει ~** it's snowing

▸ **χιόνια** *πλ* snow *εν.*

χιονισμένος *επίθ* (*βουνό*) snow-capped · (*στέγη*) covered in snow

χιονοδρομία *η* (*επία.*) ski race

χιονοδρομικός *επίθ* (*πίστα*) ski · (*ρούχα, εξοπλισμός*) skiing ▹ **-ό κέντρο** ski resort

χιονοθύελλα *η* snowstorm

χιονόμπαλα *η* snowball

χιονοπέδιλο *το* ski

χιονοστιβάδα *το* avalanche

Χίος *η* Chios

χιούμορ *το* humour (*Βρετ.*), humor (*Αμερ.*) · **έχω ~** (*άνθρωπος*) to have a sense of humour (*Βρετ.*) ή humor (*Αμερ.*) · (*ταινία*) to be funny ή humorous

χιουμορίστα *η* βλ. **χιουμορίστας**

χιουμορίστας *ο* (= *που έχει χιούμορ*) wit · (= *ευθυμογράφος*) humorist

χιουμοριστικός *επίθ* (*σκηνή, διάλογος*) funny · (*διάθεση*) joky

χιπ-χοπ *η/το* hip-hop

χλευάζω *ρ μ* (*αντίπαλο, επιστήμονα*) to mock · (*θεωρία,*

(*άποψη*) to scoff at

χλευαστικός *επίθ* (*σχόλιο*) derisive · (*συμπεριφορά*) mocking

χλιαρός *επίθ* lukewarm

χλιδή *η* luxury

χλοερός *επίθ* grassy

χλόη *η* (= *γρασίδι*) grass · (= *γκαζόν*) lawn

χλομιάζω *ρ αμ* to go ή turn pale

χλομός, -ή, -ό (*πρόσωπο, άνθρωπος*) pale · (*φως*) dim · (*χαμόγελο*) faint · (*βλέμμα*) lifeless

χλωμιάζω *ρ αμ* = χλομιάζω

χλωμός *επίθ* = χλομός

χλωρίδα *η* flora

χλωρίνη *η* (= *απορρυπαντικό*) bleach · (*ΧΗΜ*) chlorine

χλώριο *το* chlorine

χλωρός *επίθ* (*κλαδί, χορτάρι*) green · (*τυρί*) fresh

χλωροφόρμιο *το* chloroform

χνούδι *το* (*προσώπου*) fuzz · (*νεοσσών, φυτού*) down · (*υφάσματος, ρούχου*) fuzz · (*χαλιού*) fluff · (= *σκόνη*) dust

χνουδωτός *επίθ* (*μάγουλο*) fuzzy · (*πετσέτα*) fluffy · (*φρούτο*) downy

χοιρινή *επίθ* pork

χοιρινή *η* pork chop

▸ **χοιρινό** *το* pork ▸ **καπνιστό ~ό** smoky bacon

χοιρομέρι *το* ham

χοίρος *ο* (*επία.*) pig

χόκεϊ *το* hockey (*Βρετ.*), field hockey (*Αμερ.*) ▹ **~ επί πάγου** ice hockey (*Βρετ.*), hockey (*Αμερ.*) ▹ **~ επί χόρτου** hockey (*Βρετ.*), field hockey (*Αμερ.*)

χολ *το* hall

χολή *η* (= *πεπτική ουσία*) bile · (= *χοληδόχος κύστη*) gall bladder · (= *έντονη πικρία*) venom

χοληστερίνη *η* cholesterol

χοληστερόλη *η* = χοληστερίνη

χολιάζω *ρ αμ* (*ανεπ.* = *οργίζομαι*) to be indignant ◆ *ρ μ* to make

indignant
χόμπι _το_ hobby
χονδρικά _επίρρ_ = **χονδρικώς**
χονδρικό|ς _επίθ_ wholesale
χονδρικώς _επίρρ_ (για επαγγελματίας) wholesale · (για καταναλωτή) in bulk
χονδρ|ός _επίθ_ = **χοντρός**
χοντραίνω ρ μ (σοκολάτα, γλυκά) to make fat · (= δείχνω πιο χοντρό) to make look fatter ◆ ρ αμ (= παχαίνω) to put on weight · (φωνή) to get deeper
χοντροκέφαλος _επίθ_ (= βλάκας) stupid · (= ξεροκέφαλος) pig-headed
χοντροκομμέν|ος _επίθ_ (καφές) coarsely ground · (τυρί) coarsely chopped · (κρεμμύδι, ντομάτες) roughly chopped · (έπιπλο) crudely made · (άτομο, συμπεριφορά) crude · (αστείο) rude
χοντρ|ός α (= παχύσαρκος) fat · (χέρια, πόδια) big · (τζάμια, βιβλία) thick · (ύφασμα, ρούχα) heavy · (σαγόνας) fat · (αλένύα, σαφνδάλι) coarse · (φωνή) deep · (ψέματα) blatant · (παρεξήγηση, λάθος) big · (αστείο, τρόποι) coarse ▷ **-ό αλάτι** sea salt ▷ **-ό πιπέρι** peppercorns _πληθ_.
▸ **χοντρά** _τα_ paper money _εν._
▸ **χοντρό** _το_ (ενφημ.) number two
χορδή _η_ string
χορευτής α dancer
χορευτικός _επίθ_ dance
▸ **χορευτικό** _το_ choreography
χορεύτρια _η_ βλ. **χορευτής**
χορεύ|ω ρ μ (χορό) to dance · (= κινώ ρυθμικά· μωρό) to bounce up and down ◆ ρ αμ (άνδρας, γυναίκα) to dance · (καράβι) to pitch and toss · **~ κπν** to dance with sb
χορήγηση _η_ (φαρμάκου, βιταμίνης) administration · (υποτροφίας) award · (αδειών, δανείου)

granting · (βοήθειας, τροφίμων) provision
χορηγία _η_ (= προσφορά χρημάτων) sponsorship · (για κοινωφελές έργο) grant · (= χρηματικό ποσό) grant
χορηγ|ός α (εκπομπής, αγώνων) sponsor · (κοινωφελούς έργου) benefactor · (χαράς, ζωής) provider
χορηγώ ρ μ (αγώνες, εκπομπή) to sponsor · (φάρμακα) to administer · (τρόφιμα) to supply · (δάνειο, υποτροφία) to grant · (σύνταξη, αποζημίωση) to provide · (άδεια, πιστοποιητικό) to give
χορογραφία _η_ choreography
χορογράφος α (η) choreographer
χοροπηδώ ρ αμ (= αναπηδώ) to jump · (αρνάκι, κατσικάκι) to gambol · (καράβι, βάρκα) to bob up and down
χορ|ός α (γενικότ.) dance · (= το να χορεύει κάποιος) dancing · (= χοροεσπερίδα) dance · (ΘΡΗΣΚ) choir · (ΑΡΧ ΙΣΤ) chorus · **δεν ξέρω ~ό** I can't dance · **τρελαίνομαι για ~ό** to love dancing · **αίθουσα ~ού** (ξενοδοχείου) ballroom ▷ **πίστα ~ού** dance floor ▷ **~ της κοιλιάς** belly dance
χορταίνω ρ αμ to be full ◆ ρ μ (πείνα) to satisfy · (δίψα) to quench · (ψωμί) to have enough · (= τρώω με μεγάλη ποσότητα) to eat one's fill of · (βροχή, ύπνο) to have had enough of · **χόρτασα** I'm full · **χόρτασες;** have you had enough (to eat)?
χορτάρ|ι _το_ grass
χορταρικά _τα_ greens
χόρτ|ο _το_ (= πρασινάδα) grass _χωρίς πληθ._ · (= γκαζόν) lawn · (= ζωοτροφή) hay _χωρίς πληθ._ · (αργκ.) grass (ανεπ.)
▸ **χόρτα** _πλ_ greens
χορτόπιτα _η_ herb and vegetable

χορτόσουπα
pie
χορτόσουπ|α η vegetable soup
χορτοφάγ|ος, -ος, -ο
herbivorous · **είμαι ~** I'm (a)
vegetarian
▸**χορτοφάγ** ο/η vegetarian
χορωδί|α η choir
χουζουρεύ|ω ρ αμ to lie in
(Βρετ.), to sleep in (Αμερ.)
χούλιγκαν ο hooligan
χουρμ|άς ο date
χούφτ|α η (= παλάμη) palm ·
(= όσο χωράει μια παλάμη) handful
χουφτών|ω ρ μ (= πιάνω δυνατά)
to grip · (= αρπάζω) to grab ·
(= βάζω χέρι) to grope
χοχλάζ|ω ρ αμ = **κοχλάζω**
χόχλ|ος ο boiling
χρειάζ|ομαι ρ μ αμ απ to need ♦ ρ
αμ to be necessary · **~ καθάρισμα**
to need cleaning
▸**χρειάζεται** απρόσ αν χρειαστεί if
necessary · **είναι ό, τι -εται για
το κρύο/την κούραση** it's just
what you need for the cold
weather/to relax · **-εται να έρθω
κι εγώ μαζί;** do I have ti need to
come with you? · **-εται προσοχή**
you have ti need to pay attention
χρεοκοπί|α η = **χρεωκοπία**
χρεοκοπ|ώ ρ αμ = **χρεωκοπώ**
χρέ|ος το (= χρηματική οφειλή)
debt · (= καθήκον) duty · **βάζω
~** (= δανείζομαι) to take out a
loan · (= αγοράζω με δόσεις) to
buy on credit
▸**χρέη** πλ
χρεωκοπί|α η (= πτώχευση)
bankruptcy · (= αποτυχία) failure
χρεωκοπ|ώ ρ αμ (= πτωχεύω) to
go bankrupt · (= αποτυγχάνω) to
fail
χρεωμέν|ος επίθ (εταιρεία,
άνθρωπος) in debt · (σπίτι)
mortgaged · (αυτοκίνητο) on
credit
χρεών|ω ρ μ (αγοραστή) to

χρήστης
charge · (προϊόν, υπηρεσία) to
cost · **δεν έχω χρήματα μαζί μου,
χρέωσέ τα** I don't have any
money on me, put it on my
account · **πόσο σε χρεώσες;** how
much do I owe you?
▸**χρεώνομαι** μεσ (= αποκτώ χρέη)
to get into debt · (= δανείζομαι) to
take out a loan · (αποτυχία) to be
blamed for
χρέωσ|η η (= επιβάρυνση με χρέος)
charge · (= εγγραφή χρέους σε
λογαριασμό) debit
χρεώστ|ης ο debtor
χρήμ|α το money χωρίς πληθ. · **ο
χρόνος είναι ~** time is money
(παροιμ.) · **βρόμικο ~** dirty
money ▸**πλαστικό ~** plastic
(money)
▸**χρήματα** πλ money εν.
χρηματίζ|ω ρ αμ (επία.) to serve as
χρηματικ|ός επίθ (παροχές,
εγγύηση) cash · (ενίσχυση)
financial · **-ό βραβείο** prize
money ▸**-ές κυρώσεις, -ό
πρόστιμο, -ή ποινή** fine · **-ό
ποσό** amount ή sum of money
χρηματιστήριο το stock
exchange ▸**Χρηματιστήριο Αξιών**
stock exchange
χρηματιστ|ής ο stockbroker
χρηματοδότ|ης ο financier
χρηματοδοτ|ώ ρ μ to finance
χρηματοκιβώτι|ο το safe
χρήσ|η η use · **είμαι σε ~** to be in
use · **πολλαπλών ~εων** multiple
use
χρησιμεύ|ω ρ αμ to be useful
χρησιμοποιημέν|ος επίθ
(συσκευή, ρούχο) used · (φυσίγγια,
σπίρτα) spent
χρησιμοποίησ|η η use
χρησιμοποι|ώ ρ μ to use
χρήσιμ|ος επίθ useful
χρησιμότητ|α η usefulness
χρήστ|ης ο user ▸**αριθμός -η**
user number ▸**όνομα -η** user

name

χρηστ|ός επίθ (επία.: άνθρωπος, χαρακτήρας) upright · (πολίτης) upstanding

χριστιανή η βλ. **χριστιανός**

χριστιανικ|ός επίθ Christian

χριστιανισμ|ός ο Christianity

χριστιανό|ς ο Christian

Χριστό|ς ο Christ · **προ ~ού/μετά ~όν** BC/AD

Χριστούγενν|α τα Christmas εν. · **καλά ή ευτυχισμένα ~!** Happy ή Merry Christmas!

χριστουγεννιάτικ|ος επίθ Christmas

χροιά η (= απόχρωση) hue · (ΜΟΥΣ) timbre · (= χαρακτήρας) tone

χρονι|ά η (= χρόνος) year · (= σχολικό έτος) school year · **καλή ~!** (ευχή) Happy New Year!

χρόνι|α τα (= έτη) years · (= εποχή) times · (= ηλικία) age εν. · **~ πολλά!** (ευχή σε γενέθλια) Happy Birthday! · (την πρωτοχρονιά) Happy New Year! · βλ. κ. **χρόνος**

χρονικ|ό το (= αφήγηση ιστορικών γεγονότων) chronicle · (στη δημοσιογραφία) report
▸ **χρονικά** πλ (στήλη εφημερίδας) news in brief · (= περιοδική έκδοση ιδρύματος ή σωματείου) annals πληθ.

χρονικ|ός επίθ time

χρόνι|ος, -ια, -ιο (έλλειμα, χρέος) permanent · (πρόβλημα) perennial · (ασθένεια) chronic

χρονοβόρ|ος, -α ή -ος, -ο time-consuming

χρονοδιάγραμμ|α το schedule

χρονοκάρτα η phonecard

χρονολόγηση η dating

χρονολογί|α η date

χρονολογ|ώ ρ μ to date
▸ **χρονολογούμαι** μεσ ο to date back

χρονόμετρ|ο το stopwatch

χρονομετρ|ώ ρ μ to time

χρόν|ος ο (επίσης: ΦΥΣ, ΑΘΛ) time · (= έτος) year · (ΓΛΩΣΣ) tense · **είμαι είκοσι ~ών ή χρονών** I'm twenty (years old) · **ευτυχισμένος ο καινούργιος ~!** Happy New Year! · **του ~ου** next year · **~ο με τον ~ο** over the years
▸ **χρόνοι** πλ times

χρυσάνθεμ|ο το chrysanthemum

χρυσάφ|ι το gold

χρυσαφικ|ό το gold jewel
▸ **χρυσαφικά** πλ gold jewellery εν. (Βρετ.) ή jewelry εν. (Αμερ.)

χρυσή η jaundice

χρυσό|ς¹ ο (ΧΗΜ) gold ▸ **καθαρός ~** pure gold

χρυσ|ός² επίθ (δαχτυλίδι, λίρα) gold · (μαλλιά) golden · (άνθρωπος, γυναίκα) lovely · (εποχή, μέρες) golden · (κέρδη) handsome · (ζωή) high · (χρυσός αθλητής) gold medallist (Βρετ.) ή medalist (Αμερ.) ▸ **~ αιώνας** golden age ▸ **~ δίσκος** gold record ▸ **~ή ευκαιρία** golden opportunity ▸ **~ κανόνας** golden rule ▸ **~ή τομή** golden mean
▸ **χρυσό** το gold (medal)

χρυσοχοεί|ο το jeweller's (Βρετ.), jeweler's (Αμερ.), jewellery shop (Βρετ.), jewelry store (Αμερ.)

χρυσοχό|ος ο/η goldsmith

χρυσόψαρο το goldfish

χρυσών|ω ρ μ (= επιχρυσώνω) to gild · (νύφη, γαμπρό) to deck in gold · (= χουσοπληρώνω) to pay a fortune to

χρώμ|α το colour (Βρετ.), color (Αμερ.) · (= μπογιά) paint · (στην τράπουλα) flush
▸ **χρώματα** πλ colours (Βρετ.), colors (Αμερ.)

χρωματίζω ρ μ (σχέδιο, τοίχο) to paint · (τοπίο, ορίζοντα) to colour (Βρετ.), to color (Αμερ.) · (μάγουλα, πρόσωπο) to colour (Βρετ.), to color (Αμερ.) · (λόγο,

ομιλία) to give colour (Βρετ.) / color (Αμερ.) · to · (φωνή) to modulate · (κατάσταση) to paint

χρωματικ|ός επίθ colour (Βρετ.), color (Αμερ.)

χρωματιστ|ός επίθ (ύφασμα, ρούχα) coloured (Βρετ.), colored (Αμερ.) · (τοίχω) painted

χρώμι|ο το chromium

χρωστ|ώ ρ μ to owe · **τι σου ~άω**; what have I done to you?

χταπόδ|ι το octopus

χτέν|α η comb

χτενάκ|ι το (small) comb

χτέν|ι το (= χτένα) comb · (στον αργαλειό) reed · (= τσουγκράνα) rake

χτενίζ|ω ρ μ to comb · **κπν** to comb sb's hair

▶**χτενίζομαι** μεσ to comb one's hair

χτένισμα το (= στυλ) hairstyle · (περιοχής) combing

χτες επίρρ **= χθες**

χτεσιν|ός επίθ **= χθεσινός**

χτή|μα το **= κτήμα**

χτίζ|ω ρ μ (σπίτι, εκκλησία) to build · (επιχείρηση) to build up · (σχέση) to build on · (άνοιγμα, παράθυρο) to block up · (πόλη) to found

χτίσιμο το (σπιτιού) building · (επιχείρησης) building up · (σχέσης) building on · (παραθύρου, πόρτας) blocking up · (πόλης) foundation

χτίσμα το building

χτίστης ο builder

χτύπη|μα το (= κρούση) knocking · (= ήχος: πόρτας, παραθύρου) knock · (καμπάνας, τηλεφώνου) ring · (βροχής) patter · (ρολογιού) stroke · (χεριών) clap · (ποδιών) stamp · (δοντιών) chattering χωρίς · (φτερών) flap · (αυγών, κρέμας) beating · (καφέ) stirring · (σπαθιού, σφυριού) blow ·

(μαστίγιου) lash · (σε κόμμα, αντίπαλο) blow · (= γροθιά) punch · (στο κεφάλι, στην πλάτη: = τραύμα) cut · (= μελανιά) bruise · (σε αυτοκίνητο) dent · (εχθρού, στρατού) attack · (= αποδυνάμωση) blow · (φορολογικής) clamping down on · (πληθωρισμού) curbing · (μοίρας) blow

▷ **~ πέναλτι** penalty kick

χτυπητ|ός επίθ (αυγά, κρόκοι) beaten · (ρούχα) loud · (χρώματα) garish · (αντιθέσεις, ομοιότητες) striking

χτυποκάρδ|ι το heartbeat

χτυπ|ώ ρ μ (πόρτα) to knock at / ή on · (κουδούνι, καμπάνα) to ring · (τύμπανο) to bang on · (ελαφρά) to tap at ή on · (χέρια, παλαμάκια) to clap · (πόδια) to stamp · (πλήκτρα) to hit · (άνδρα, γυναίκα) to hit · (στήθος) to pound · (= δέρνω) to beat · (αέρας: παραθυρόφυλλα, πόρτα) to bang · (κύματα: πλοίο) to batter · (βροχή: στέγη) to patter on · (κεραυνός: δέντρο, φράχτη) to strike · (ήλιος: σπίτι, μπαλκόνι) to shine on · (αβγά, αβγολέμονο) to beat · (καφέ) to stir · (φτερά) to flap · (ουρά: για άλογο) to swish · (για σκύλο) to wag · (ταξίνο, αεροπλάνο) to hit · (με σπαθί, καραμπίνα) to hit · (με μαχαίρι) to stab · (εχθρό, αντίπαλο) to attack · (φορολογικώς) to clamp down on · (πληθωρισμό) to tackle · (πληθωρισμός, ανεργία) to hit · (= ανταγωνίζομαι: χώρα, ομάδα) to touch · (αυτοκίνητο, πεζό) to hit · (ρολόι: μεσάνυχτα) to strike · (σειρήνα: συναγερμό) to sound · (ποσοστά τηλεθέασης, καλλιτεχνική ακροαματικότητα) to get · (ρεκόρ πωλήσεων) to achieve · (τιμές)

knock down · (για παπούτσια) to pinch · (αθλ: πρωτάθλημα, θέση στο τσάμπιον λιγκ) to win · (παντελόνι, φούστα) to pick up for a song (ανεπ.) · (γκόμενα, γκόμενο) to pick up (ανεπ.) · (ποτά) to down · (πίτες) to eat ♦ *ρ αμ* (πόρτα, παράθυρο) to bang · (ρολόι) to strike · (ξυπνητήρι) to go off · (κουδούνι, τηλέφωνο) to ring · (δόντια) to chatter · (σπαθιά) to clang · (τύμπανα) to sound · (καρδιά) to beat · (μηνίγγια) to throb · (στο πόδι, στο κεφάλι) to hurt oneself · (κρασί, βότκα) to have a kick to it · **στο κεφάλι** to bang one's head · (ποτά) to go to one's head
▸ **χτυπιέμαι** *μεσ* (= συγκρούομαι) to fight · (για διαδηλωτές, αστυνομία) to clash · (= βασανίζομαι) to struggle · (= δέρνομαι) to beat one's chest · (= διαμαρτύρομαι έντονα) to shout

χυδαίος, -α, -ο vulgar
χυδαιότητα *η* vulgarity
χυλοπίτες *οι* noodles
χυλός *ο* (γενικότ.) pulp · (φαγητό) gruel · (πολτοποιημένο φαγητό) mush
χύμα *επίρρ* (= χωρίς συσκευασία) loose · (= ανάκατα) in a heap
χυμίζω *ρ αμ* = **χιμώ**
χυμός *ο* (φρούτων) juice · (δέντρου) sap ▸ **φυσικός ~** natural juice
χυμώδης *επίθ* (φρούτα, πορτοκάλια) juicy · (γυναίκα) luscious
χύνω *ρ μ* (νερό, καφέ) to spill · (για μέταλλα) to cast · (φως) to shed · (μυρωδιές, αρώματα) to give off ♦ *ρ αμ* (χυδ.) to come (χυδ.)
▸ **χύνομαι** *μεσ* (= εκβάλλω) to flow · (= ορμώ) to dash
χύσιμο *το* (για υγρά, ζάχαρη)

spilling · (για μέταλλα) casting · (χυδ.: = εκσπερμάτιση) coming (ανεπ.)
χυτήριο *το* foundry
χυτός *επίθ* (μαλλιά) loose · (μέταλλο) cast · (κορμί, πόδια) shapely
χυτοσίδηρος *ο* cast iron
χύτρα *η* pan ▸ **~ ταχύτητας** pressure cooker
χωλ *το* = **χολ**
χωλαίνω *ρ αμ* (επίσ.: = κουτσαίνω) to limp · (μτφ.) to make no progress
χώμα *το* (= λεπτό στρώμα εδάφους) earth · (για λουλούδια) compost · (= γη) ground · (= πατρίδα) land · (= σκόνη) dirt
χωματένιος, -ια, -ιο = **χωμάτινος**
χωμάτινος, -η, -ο dirt
χωνάκι *το* cone ▸ **παγωτό ~** ice-cream cone
χώνευση *η* digestion
χωνεύω *ρ μ* to digest · (μέταλλο) to cast ♦ *ρ αμ* (= ολοκληρώνω την πέψη) to digest · (κάρβουνα) to burn to ashes
χώνεψη *η* (ανεπ.) = **χώνευση**
χωνί *το* funnel
χώνω *ρ μ* (πασσάλους, μαχαίρι) to stick · (= βάζω) to put · (= θάβω) to bury · (σφαλιάρα, μπουνιά) to give
▸ **χώνομαι** *μεσ* (= τρυπώνω) to get ή go into · (= κρύβομαι) to hide · (= ανακατεύομαι) to meddle (σε in)
χώρα *η* (= κράτος) country · (= πρωτεύουσα νησιού) main town ▸ **οι Κάτω Χώρες** the Netherlands
χωρητικότητα *η* (αίθουσας) (seating) capacity · (δοχείου) capacity
χώρια *επίρρ* (= χωριστά: ζω) apart · (βάζω, πλένω) separately ·

χωριάτης (= εκτός) apart from · **~ που** on top of the fact that

χωριάτ|ης ο (= χωρικός) villager · (μειωτ.) boor

χωριάτικ|ος επίθ (ζωή, ήθη) country · (σπίτι) rustic · (φαγητό) home-cooked · (μειωτ.: τρόποι, συμπεριφορά) uncouth ▷ **-ο ψωμί** farmhouse loaf

▶ **χωριάτικη** η Greek salad

χωρίζω ρ μ (χρωματιστά, λευκά) to separate (από from) · (φίλους) to separate · (τοίχος, ποτάμι) to separate · (μίσος) to tear apart · (σε καβγά) to separate · (κοινωνία, κοινή γνώμη) to divide · (= διασπώ: βαγόνι) to unhitch · (χημική ένωση) to break down · (περιουσία, γη) to divide · (μαλλιά) to part · (σύζυγο) to divorce ♦ ρ αμ (ποτάμι) to divide · (στα δύο) to fork · (μαλλιά) to be parted · (φίλοι, παρέα) to part · (συνεργάτες, συνέταιροι) to go their separate ways · (= παίρνω διαζύγιο) to divorce · (= τα χαλάω) to break up

▶ **χωρίζομαι** μεσ (ποτάμι) to divide · (στα δύο) to fork · (χώρα) to break up · (φίλοι) to part · (ζευγάρι) to break up

χωρικός επίθ village ▷ **-ά ύδατα** territorial waters

▶ **χωρικός** ο, **χωρική** η villager

χωριό το (οικισμός, χωρισινοί) village · (ανεπ.: = ιδιαίτερη πατρίδα) home town (Βρετ.), hometown (Αμερ.)

χωρίς πρόθ without

χωρίσ|μα το (περιουσίας, γης) division · (ζευγαριού) separation · (δωματίου, διαμερίσματος) partition

χωρισμένος επίθ separated

χωρισμός ο separation · (γης, περιουσίας) division · (εμπορικής συμφωνίας, συνεργασίας) breaking off · (= διακοπή σχέσης) break-up

χωριστά επίρρ (ζω) apart · (εξετάζω, κοιτάζω) separately · (= εκτός από) apart from

χωριστός επίθ separate

χωρίστρ|α η parting (Βρετ.), part (Αμερ.)

χώρ|ος ο (= περιβάλλον) environment · (= περιοχή) space · (= κενή έκταση) room · (= αισθητή έκταση) space · (επιστήμων, παιδείας) domain · (ΦΥΣ, ΦΙΛΟΣ) space · **κάνω ή ανοίγω -ο** to make room ▷ **αγωνιστικός ~** playing field ▷ **αρχαιολογικός ~** arch(a)eological site
▷ **~ αθλοπαιδιών** sports ground
▷ **~ αναμονής** waiting room
▷ **~ αναψυχής** recreation area
▷ **~ εργασίας** workplace
▷ **~ στάθμευσης** parking area

▶ **χώροι** πλ room εν.

χωροφύλακ|ας ο gendarme

χωρ|ώ ρ μ (θεατές, επιβάτες) to hold · (δεδομένα) to take ♦ ρ αμ (περιέχομαι) to fit in · (= αναλογώ) to go into · **δεν -εί αμφιβολία (ότι)** there is no doubt that

Ψ ψ

Ψ, ψ psi, 23rd letter of the Greek alphabet

ψάθ|α η (φυτό) bulrush · (= στρώμα) rush matting · (για την πόρτα) doormat · (για την παραλία) beach mat · (παραθύρου) blind · (καπέλο) straw hat

ψαθ|ί το (φυτό) bulrush · (= στρώμα) rush matting ♦ (για την πόρτα) doormat · (για την παραλία) beach mat · (= ψαθάκι) straw hat

ψάθιν|ος επίθ (καρέκλα, τσάντα) wicker · (καπέλο) straw · (σκεπή) thatched

ψαλίδ|α η (εργαλείο) shears πληθ. ·

ψαλιδάκι το (= σαρανταποδαρούσα) centipede · (έντομο) earwig · (= ασθένεια της τρίχας) split ends πληθ. · **έχω** ~ to have split ends

ψαλιδάκι| το (= μικρό ψαλίδι) scissors πληθ. · (νυχιών)

ψαλίδι| το (εργαλείο) scissors πληθ. · (κηπουρικό) shears πληθ. · (αυτοκινήτου) wishbone · **ένα** ~ a pair of scissors

ψαλιδίζω ο μ (ρούχο, χαρτί) to cut · (μαλλιά, γένια) to cut · (ελαφρά) to trim · (μισθούς, φόρους) to cut · (δραστικά) to slash · (δραστικά) to cut back on · (αρμοδιότητες) to reduce · (ελπίδες) to dash · (ενθουσιασμό) to dampen · (κείμενο, βιβλίο) to cut · (κεφάλαιο, σκηνή) to cut (out)

ψάλλω ο μ (= τραγουδώ) to sing · (δόξα, ηρωισμό) to praise ◆ ο αμ to be a cantor

ψαλμός ο psalm
▸ Ψαλμοί οι Psalms εν. ▸ Βιβλίο των Ψαλμών Book of Psalms

ψάξιμο το to search

ψαραδίκικ| επίθ πληθ ▸~ο παντελόνι short trousers πληθ. ▸~ο χωριό fishing village
▸ ψαράδικα τα fish market εν. ▸ ψαράδικο το (= ιχθνοπωλείο) fishmonger's (Βρετ.), fish dealer's (Αμερ.) · (= ψαρόκαικο) fishing boat

ψαράκι το (= μικρό ψάρι) little fish · (= ψάρι) Pisces εν.

ψαράς ο (αυτός που ψαρεύει) fisherman · (= ιχθυοπώλης) fishmonger (Βρετ.), fish dealer (Αμερ.)

ψάρε|μα το (= αλιεία) fishing · (μτφ.) fishing for information · **πηγαίνω για** ~ to go fishing
▸ καλάμι ψαρέματος fishing rod (Βρετ.), fishing pole (Αμερ.) ▸ σύνεργα ψαρέματος fishing tackle ▸ υποβρύχιο ~ spear

fishing

ψαρεύ|ω ο μ (ψάρια) to fish · (σφουγγάρια, μαργαριτάρια) to dive for · (= ανελκύω από τον βυθό) to hook · (μυστικό, είδηση) to try to find out · (πληροφορίες) to fish for ◆ ο αμ to fish ·
~ **πελάτες** to tout for custom

ψάρι| το (= ιχθύς) fish · (χαρ.: = αφελής) sucker (ανεπ.) · (= καινούργιος) greenhorn (ανεπ.) · (στον στρατό) rookie (ανεπ.) · (ζώδιο) Pisces εν.

ψαριά η (χυμιολ.) catch · (μτφ.) results πληθ.

ψαρόβαρκα η fishing boat

ψαροκάικο το fishing boat

ψαρός επίθ (μαλλιά, ζώα) grey (Βρετ.), gray (Αμερ.) · (για πρόσ.) grey-haired (Βρετ.), gray-haired (Αμερ.)

ψαρόσουπα η fish soup

ψαροταβέρν|α η fish taverna

ψαχνό το (= κρέας χωρίς κόκαλα) fillet · (= ουσία) essence · (= κέρδος) gain

ψάχν|ω ο μ (= προσπαθώ να βρω: φίλες, σημειωματάριο) to look for · (λύση, τρόπο) to try to find · (σε τηλεφωνικό κατάλογο, λεξικό) to look up · (ύποπτο, επιβάτη) to search · (γραφείο, δωμάτιο) to search · (συρτάρι) to search · (στήριγμα) to look for · (το νόημα της ζωής) to look for · (τον δρόμο μου) to try to find ◆ ο αμ to look (για for) · ~ **να βρω κτ** to try to find sth · ~ **τις τσέπες μου για κτ** to search one's pockets for sth
▸ **ψάχνομαι** μεσ (= αναζητώ κτ επάνω μου) to search one's pockets · (= σκέπτομαι) to think about it · (= προβληματίζομαι) to ask oneself questions

ψαχουλεύω ο μ (τσέπη, πορτοφόλι) to fumble in · (συρτάρι) to rummage through

ψεγάδι *το* (τσέγω) to feel

ψεγάδ|ι *το* (σώματος) blemish · (κειμένου, χαρακτήρα) flaw

ψείρα *η* (έντομο) louse · (= ψείρας) nit-picker

▸ **ψείρες** *πλ* (για γράμματα) cramped handwriting εν. · (= λεπτομέρειες) trifles

ψεκάζω *ρ αμ/ω* to spray

ψέκασμ|α *το* = **ψεκασμός**

ψεκασμός *ο* spraying

ψεκαστήρας *ο* (ΒΟΤ) spray (ΤΕΧΝΟΛ) spray gun

ψελλίζω *ρ αμ* to mumble ◆ *αμ* to stammer

ψέμα *το* lie

ψευδαίσθησ|η *η* (ΨΥΧΟΛ) delusion · (οπτική) hallucination · (= απατηλή) illusion

ψευδάργυρος *ο* zinc

ψευδής *επίθ* (επίσ.) false · (αγάπη, φιλία) sham

ψεύδ|ομαι *ρ αμ* (επίσ.) to lie

ψευδομαρτυρώ *ρ αμ* (επίσ.) to give false evidence

ψευδορκία *η* perjury

ψευδορκώ *ρ αμ* to perjure oneself

ψευδώνυμο *το* (γενικότ.) pseudonym · (λογοτέχνη) pen name · (κακοποιού) alias

ψεύτης *ο* (= αυτός που ψεύδεται) liar · (= απατεώνας) crook

ψευτιά *η* lie

ψεύτ|ικος, -η, -ο (πληροφορία, είδηση) false · (αγάπη, φιλία) sham · (δήλωση, κατάδυση) false · (συμπεριφορά) deceitful · (λόγια, υποσχέσεις) hollow · (αδιαφορία) feigned · (επίθεση) mock · (δόντια, μάτια) false · (μαλλιά, λουλούδια) artificial · (κόσμημα) fake · (πιστόλι) fake · (χαρτονόμισμα, διαθήκη) forged · (προϊόν) cheap · (δουλειά) shoddy

ψεύτρα *η βλ.* **ψεύτης**

ψηλά *επίρρ* (= σε υψηλότερο) high (up) · (= προς τα πάνω) up · (= σε

ανώτερο επίπεδο: στοχεύω) high · **από ~** (= από τον ουρανό) from above · (= από τον Θεό) from on high

ψηλαφίζω *ρ μ* (ύφασμα, ρούχο) to feel · (θέμα, πρόβλημα) to touch on

ψηλαφώ *ρ μ* = **ψηλαφίζω**

ψηλός *επίθ* (άνθρωπος, καμινάδα) tall · (τοίχος, φράχτης) high ▷ **-ό καπέλο** top hat

▸ **ψηλά** *τα* high ground εν.

ψηλών|ω *ρ μ* (άνθρωπος, δέντρο) to grow (taller) · (λογοτ.: ήλιος, αστέρι) to rise ◆ *ρ μ* to make higher

ψημέν|ος *επίθ* (γενικότ.) cooked · (στον φούρνο: ψωμί, γλυκό) baked · (κρέας) roasted · (στα κάρβουνα) barbecued · (στη σχάρα) grilled (Βρετ.), broiled (Αμερ.) · (στη σούβλα) spit-roasted · (κρασί, μπίρα) matured · (από ήλιο, αέρα) weather-beaten · (= έμπειρος, δοκιμασμένος) hardened

ψήν|ω *ρ μ* (γενικότ.) to cook · (ψωμί, γλυκό) to bake · (κρέας: στον φούρνο) to roast · (στα κάρβουνα) to barbecue · (στη σχάρα) to grill (Βρετ.), to broil (Αμερ.) · (στη σούβλα) to spit-roast · (καφέ, χαμομήλι) to make · (ήλιος, ζέστη) to make too hot · (= βασανίζω) to torment · (με γκρίνια, μουρμούρα) to pester · (= πείθω) to persuade

▸ **ψήνομαι** *μεσ* (κρασί, μπίρα) to mature · (τυρί) to ripen · (= εξελίζεται) to be in the pipeline · (= καίγομαι) to bake (ανεπ.) · **~ομαι στον πυρετό** to be burning up with fever

ψήσι|μο *το* (γενικότ.) cooking · (ψωμιού, γλυκού) baking · (κρέατος: στον φούρνο) roasting · (στη σχάρα: κρασιού, μπίρας) maturing · (τυριού) ripening

ψησταριά *η* (συσκευή) barbecue ·

(κατάστημα) grill

ψητό το (σε φούρνο) roast (meat) · (στα κάρβουνα) barbecued meat · (σε σούβλα) spit-roast meat · (= ουσία) essence · (= κέρδος) profit

ψητοπωλεί|ο το grill

ψητ|ός επίθ (στον φούρνο) roast · (στη σχάρα) grilled (Βρετ.), broiled (Αμερ.) · (στα κάρβουνα) barbecued ▷ **-ό μοσχάρι** roast beef ▷ **-ό σούβλας** spit roast ▷ **-ό της κατσαρόλας** casserole

ψηφιακ|ός επίθ digital ▷ **- βιντεοδίσκος** DVD
▸ **ψηφιακή** η digital TV ή television

ψηφιδωτ|ός επίθ mosaic
▸ **ψηφιδωτό** το mosaic

ψηφίζ|ω ρ αμ to vote ◆ ρ μ to vote for

ψηφί|ο το (= αραβικός αριθμός) digit · (= αριθμός ή γράμμα character· (τυπ) symbol

ψήφισ|μα το (συμβουλίου, οργανισμού) resolution· (διαδηλωτών, φοιτητών) petition · **εκδίδω ή βγάζω -** to get up a petition

ψηφοδέλτι|ο το ballot paper

ψηφοδόχ|ος η ballot-box

ψήφ|ος η (= ψηφοδέλτιο) ballot paper · (= δικαίωμα) vote · (= δικαίωμα ψήφου) franchise

ψηφοφορί|α η vote ▷ **καθολική - universal suffrage** ▷ **μυστική - secret ballot**

ψηφοφόρ|ος ο/η voter

ψι το psi, 23rd letter of the Greek alphabet

ψιθυρίζ|ω ρ μ (= μιλώ σιγανά) to whisper · (= μονομονοίζω) to murmur ◆ ρ αμ (= μιλώ σιγανά) to whisper · (= μονομονοίζω) to murmur · (ψνάκι) to babble
▸ **ψιθυρίζεται** απρόσ it is rumoured (Βρετ.) ή rumored

(Αμερ.)

ψίθυρ|ος ο (= μονομούρισμα) whisper · (ρυσακιού) babbling · (θάλασσας) lapping χωρίς πληθ. · (φύλλων) rustle
▸ **ψίθυροι** πλ rumours (Βρετ.), rumors (Αμερ.)

ψιλ|ά τα (= κέρματα) loose ή small change εν. · (= ευτελές ποσό) pittance εν. · (εφημερίδας) news εν. in brief · **κάνω -** to get some change

ψιλικ|ά τα (= φθηνά μικροαντικείμενα) small and cheap goods · (= υλικατζίδικο) shop selling small and cheap goods · (που πουλά και οινοπνευματώδη) off-licence (Βρετ.), package store (Αμερ.)

ψιλοβρέχ|ω ρ αμ **-ει** απρόσ it's drizzling

ψιλοκόβ|ω ρ μ (κρέας, λαχανικά) to dice · (κρεμμύδια, σκόρδα) to chop finely · (καπνό) to cut finely · (μπαχαρικά) to grind finely

ψιλοκομμένος, -η, -ο (κρέας) diced · (κρεμμύδια) finely chopped · (καπνός) finely cut · (μπαχαρικά) finely ground

ψιλολογώ ρ μ to scrutinize

ψιλ|ός επίθ (χαρτί, φέτα) thin · (άμμος, κλωστή) fine · (δουλειά) delicate · (αλάτι, πιπέρι) finely ground · (ήχος, φωνή) shrill · (ρούχα) thin ▷ **-ή βροχή** drizzle

ψιτ επιφων hey!

ψίχ|α η (ψωμιού) crumb · (καρπού) pith · (δέντρου) core

ψιχάλ|α η (= σταγόνα βροχής) raindrop · (= ψιλή βροχή) drizzle

ψιχαλίζ|ω ρ αμ **-ει** απρόσ it's drizzling

ψίχαλο το ψίχουλο

ψίχουλ|ο το crumb
▸ **ψίχουλα** πλ tiny bit εν.

ψόφι|ος, -ια, -ιο (για ζώα) dead · (για πόδια) worn out

ψόφος *ο* (χαιρετισμός, κοινό) unenthusiastic · (κινήσεις) languid · **είμαι ~ από την** ή **στην κούραση** to be worn out

ψόφι|ος *ο* (για ζώα) death · **κακό ~ο να 'χεις!** (κατάρα) may you rot in hell! · **κάνει ή έχει ~ο** it's freezing (cold)

ψοφ|ώ *ρ αμ* (για ζώα) to die · (υβρ.) to kick the bucket · (= εξαντλούμαι) to be worn out ◆ *ρ μ* to kill, to wear out

ψυγεί|ο *το* (ηλεκτρική συσκευή) fridge (Βρετ.), refrigerator, icebox (Αμερ.) · (θάλαμος) refrigerated room · (αυτοκινήτου) radiator · (φορτηγό) refrigerated lorry · (πλοίο) refrigerated ship · **~ είναι εδώ μέσα!** it's freezing in here!

ψυγειοκαταψύκτης *ο* fridge–freezer

ψυκτικ|ός *επίθ* (μηχάνημα) refrigerating ▷ **~ θάλαμος** (ψυγείου) freezer compartment (Βρετ.), deep freezer compartment (Αμερ.)
▸ **ψυκτικό** *το* coolant
▸ **ψυκτικός** *ο* refrigeration specialist

ψύλλ|ος *ο* flea

ψύξη *η* (τροφίμων: σε ψυγείο) refrigeration · (σε καταψύκτη) freezing · (= κατάψυκτης) freezer (Βρετ.), deep freezer (Αμερ.) · (ΙΑΤΡ) frostbite

ψυχαγωγία *η* recreation · **αίθουσα ~ς** recreation room

ψυχαγωγικ|ός, -ή, -ό recreational

ψυχαγωγ|ώ *ρ μ* to entertain
▸ **ψυχαγωγούμαι** *μεσ* to enjoy oneself

ψυχανάλυση *η* (psycho)analysis

ψυχ|ή *η* (ΦΙΛΟΣ, ΘΡΗΣΚ) soul · (ΨΥΧΟΛ) psyche · (= ηθική φύση) soul · (= συναισθηματική φύση) heart · (= ιδιαίτερα χαρακτηριστικά) spirit · (= σθένος) spirit ·

(= άνθρωπος) soul · (παρέα, συντροφιάς) life and soul · **γλεντώ με την ~ μου** to have the time of one's life

ψυχιατρεί|ο *το* mental ή psychiatric hospital

ψυχιατρική *η* psychiatry

ψυχίατρος *ο/η* psychiatrist

ψυχικ|ός *επίθ* (διάθεση, ηρεμία) mental · (μεγαλείο) moral ▷ **~ κόσμος** psyche ▷ **~ή νόσος/ διαταραχή** mental illness/ disorder ▷ **~ό τραύμα** trauma

ψυχολογία *η* (επιστήμη) psychology · (μάθημα) psychology (class) · (= ψυχισμός) psychology · (= ψυχική κατάσταση) mental state

ψυχολογικ|ός *επίθ* psychological ▷ **~ πόλεμος** psychological warfare

ψυχολόγ|ος *ο/η* (επιστήμονας) psychologist · (μτφ.) perceptive person

ψύχ|ος *το* (επία.) cold ▷ **πολικό ~** freezing cold weather

ψύχρα *η* chill · **έχει** ή **κάνει ~** it's chilly

ψυχραιμί|α *η* coolness · **κρατώ** ή **διατηρώ την ~ μου** to keep one's composure ή stay calm (ανεπ.) · **χάνω την ~ μου** to lose one's composure ή stay calm (ανεπ.)

ψύχραιμ|ος *επίθ* cool (ενέργεια, συμπεριφορά) level–headed ·
παραμένω ~ to remain cool

ψυχραίνω *ρ μ* to spoil ◆ *ρ αμ* to get cooler
▸ **ψυχραίνομαι** *μεσ* to fall out (με κπν, για κτ with sb, over sth)

ψυχρ|ός *επίθ* cold · (= απλησίαστος) standoffish · (τρόπος, υποδοχή) frosty · (για γυναίκα) frigid ▷ **ο Ψυχρός Πόλεμος** the Cold War

ψυχρότητα *η* coldness · (τρόπων, υποδοχής) frostiness · (για

ψυχρούλα γυναίκα) frigidity

ψυχρούλα η (υποκ.) chill

ψύχ|ω ρ μ (= κρυώνω: χώρο) to cool · (τσάι) to cool down · (φαγητό, ποτό) to chill · (= παγώνω) to freeze

ψωμάκι το (υποκ.: = μικρή φέτα ή μικρό κομμάτι) piece of bread · (= μικρό ψωμί) roll

▸ **ψωμάκια** πλ cellulite εν.

ψωμάς ο baker

ψωμί το (= άρτος) bread · (= φαγητό) food

ψωμοτύρι το (= ψωμί και τυρί) bread and cheese · (φτωχό γεύμα) bread and water

ψώνια τα shopping χωρίς πληθ. **κάνω τα ~** to do the shopping · **κάνω ~, πάω για ~** to go shopping

ψωνίζ|ω ρ μ to buy ◆ ρ αμ (= αγοράζω) to do the shopping · (αργκ.: πόρνη) to pick up (ανεπ.)

▸ **ψωνίζομαι** μεσ to tout for custom

Ω ω

Ω, ω omega, 24th letter of the Greek alphabet

ω επιφων oh!

ωδεί|ο το (= μουσική σχολή) music school · (στην αρχαιότητα) odeum

ωδικός επιθ **~ά πτηνά** songbirds

ώθηση η (επίσ.: = σπρώξιμο) push · (= παρακίνηση) encouragement · (στις εξαγωγές) boost

ωθ|ώ ρ μ (επίσ.: = σπρώχνω) to push · (μτφ.) to drive · **"-ήσατε"** "push"

ωκεανός ο (κυριολ.) ocean · (ΜΥΘΟΛ) Oceanus

ωλένη η ulna

ωμέγα το omega, 24th letter of the Greek alphabet

ωμοπλάτη η shoulder blade

ωμός επιθ (κρέας, κρέας) raw · (άνθρωπος) brutal · (αλήθεια, άρνηση) blunt · (πραγματικότητα) stark · (βία) brute · (συμπεριφορά) coarse · (εκβιασμός) blatant

ώμος ο shoulder · **σηκώνω τους ~ους** to shrug (one's shoulders)

ωοειδής επιθ oval

ωοθήκη η ovary

ΛΕΞΗ-ΚΛΕΙΔΙ

ώρ|α η (α) (= χρονική μονάδα) hour · **κάθε ώρα** every hour · (β) (= χρόνος) time · **από ώρα** for some time · **από ώρα σε ώρα** (= από στιγμή σε στιγμή) any time · **με την πάροδο του χρόνου) with time · **ώρες ώρες, ώρες ολόκληρες** for hours on end · **ήμασταν ώρες** to be at death's door · **όλη την ώρα** all the time · **περνάω την ώρα μου, περνάει η ώρα (μου)** to pass the time · **σκοτώνω την ώρα μου** to kill time · **είμαι στην ώρα μου** to be on time · **τρώει ή θέλει ή παίρνει ώρα** it takes hours ή ages (ανεπ.) · **τρώω την ώρα μου** to waste one's time · **ώρα με την ώρα** by the minute · (γ) (= συγκεκριμένο σημείο ημέρας) time · **μαθαίνω την ώρα** to learn how to tell the time · (δ) (= σημείο αναφοράς ημερονυκτίου) hour · (ε) (= στιγμή τέλεσης γεγονότος) time · **από την ώρα που** (= από τότε που) since · (= εφόσον) if · **βρήκες την ώρα!** you've picked your moment! · **για την ώρα** for the time being · **δεν βλέπω την ώρα να κάνω κτ** to be eager to do sth · **δεν είναι της ώρας** now isn't the time · **είμαι με τις ώρες μου** to blow hot and cold · **ήγγικεν η ώρα** (επίσ.) the time has come · **ήρθε ή έφτασε η ώρα**

μου my time has come · **η ώρα η καλή!** (ευχή) congratulations! (to an engaged couple) · **καλή του/της ώρα!** God bless him/her! · **καλή ώρα σαν** just like · **πάνω στην ώρα** just in time · **πριν της ώρα ή της ώρας μου** before one's time · **κάθε πράγμα στην ώρα** του one thing at a time · **τέτοια ώρα ή τέτοιες ώρες τέτοια λόγια** there's a time and a place for everything · **την ίδια ώρα** at the same time · **της κακιάς ώρας** (δικαιολογία) lame (αυτοκίνητο, υπολογιστής) lousy · (ρούχα) shoddy · **της ώρας** (= φρέσκος) fresh · (για κρεατικά) cooked to order · **ώρα καλή!** take care! · **ώρες-ώρες** sometimes ▷ **ώρες γραφείου/επισκέψεως** office/ visiting hours

(στ) (= ξεχωριστή περίσταση ή συγκεκριμένη στιγμή) time · **για ώρα ανάγκης** for a rainy day

ωραία επίρρ (μιλώ, γράφω) well · (ως συγκατάβαση) fine · **περνάω ~** to have a good ή nice time

ωραί|ος, -α, -ο (γυναίκα, κορίτσι) pretty · (= όμορφος) beautiful · (άνδρας, αγόρι) handsome · (τοπίο, μαλλιά) nice · (= όμορφος) lovely · (συζήτηση, παρέα) nice · (αστείο, ηλικία) good · (καιρός) good · (ημέρα) nice · (λόγια, χειρονομία) nice · (προσπάθεια, ιδέα) good · (επιχείρημα, παίχτης) good · (αναμνήσεις) good · (ειρ.: δικαιολογία, φίλος) fine

▶ **ωραίο** το beauty
▶ **ωραίος** ο handsome man
▶ **ωραία** η beauty

ωραιότητ|α η beauty

ωράρι|ο το (= σύνολο ωρών εργασίας: υπηρεσίας, εταιρείας) office hours πληθ. · (εργοστασίου) working hours πληθ. · (καταστήματος) opening hours

πληθ. · (= πίνακας ωρών εργασίας ή λειτουργίας: υπηρεσίας, εταιρείας) office hours πληθ. · (καταστήματος) opening hours πληθ. · (συγκοινωνιών) timetable ▷ **ελεύθερο ~** flextime (Βρετ.), flextime (Αμερ.) ▷ **~ εργασίας** working hours

ωριαί|ος, -α, -ο (μάθημα, εκπομπή) one–hour · (αμοιβή, αναχωρήσεις) hourly

ωριμάζω ρ αμ (καρπός) to ripen · (τυρί, κρασί) to mature · (παιδί, σχέδιο) to mature · (συνθήκες) to be ripe ♦ ρ μ to make mature

ώριμ|ος επίθ (καρπός, φρούτο) ripe · (τυρί, κρασί) mature · (άνθρωπος, έργο) mature · (κατάσταση, συνθήκες) ripe · (ιδέα, αντιλήψεις) fully developed · (στάδιο) later · (ηλικία, ζωή) adult

ωριμότητ|α η maturity

ωρολογοποιός ο/η watchmaker

ωροσκόπι|ο το horoscope

ωρύ|ομαι ρ αμ (για ζώα) to howl · (για πρόσ.) to scream

ως επίρρ as

ως' πρόθ όπως as

ώσπου σύνδ χρον until

ώστε σύνδ (= για να) so that · (= με αποτέλεσμα) that · (= επομένως) so

ωστόσο σύνδ αντιθ nevertheless

ωταλγί|α η earache

ωτίτιδ|α η inflammation of the ear

ωτορινολαρυγγολόγ|ος ο/η ear, nose and throat surgeon ή specialist

ωτοστόπ το = **οτοστόπ**

ωφέλεια η (= ωφελιμότητα) effectiveness · (= κέρδος) profit · (= όφελος) benefit

ωφέλιμ|ος επίθ (τροφή, βιταμίνες) beneficial · (άτομο) useful · (μέτρα) effective ▷ **~ο φορτίο ή βάρος** payload

ωφελ|ώ ρ μ to benefit · **δεν ~εί**

(να κάνω κτ) it's no use (doing sth) · **~ την υγεία (μου)** to be good for one's health

▸ **ωφελούμαι** *μεσ* to profit

ωχ *επιφών* = **οχ**

ωχρί|α *η* ochre (*Βρετ.*), ocher (*Αμερ.*)

ωχρι|ώ *ρ αμ* (= *κιτρινίζω*) to turn yellow · (*για πρόσ.*) to turn pale ·

(*μτφ.*) to pale into insignificance (*μπροστά σε* beside)

ωχρ|ός *επίθ* (*πρόσωπο, όψη*) sallow · (*τοίχος, χαρτί*) yellowing · (*λουλούδι*) yellow · (*για άνθρωπο*) pale · (*ανάμνηση*) vague

ωχρότητ|α *η* (*χαρτιού, τοίχου*) yellowness · (*προσώπου, όψης*) pallor

ENGLISH–GREEK
ΑΓΓΛΟΕΛΛΗΝΙΚΟ

A a

A, a [ei] *n* (*letter*) το πρώτο γράμμα του αγγλικού αλφαβήτου· (*SCOL: mark*) άριστα *nt inv*· **= A** · **A road** (*BRIT: AUT*) οδική αρτηρία

KEYWORD

a [ei, ə] (*before vowel or silent h:* **an**) *indef art* (**a**) ένας *m*, μια *f*, ένα *nt*· **she's a doctor** είναι γιατρός

(**b**) (*instead of the number "one"*) ένας *m*, μια *f*, ένα *nt*· **a hundred/ thousand pounds** εκατό/χίλιες λίρες

(**c**) (*expressing ratios, prices etc: translated by the accusative*) **3 a day/ a week** 3 την ημέρα/την εβδομάδα· **10 km an hour** 10 χλμ. την ώρα· **£5 a person** 5 λίρες το άτομο· **30p a kilo** 30 πέννες το κιλό

AA *n abbr* (*BRIT*) (= Automobile Association) = Ε.Λ.Π.Α.· (*US*) (= Associate in/of Arts) πανεπιστημιακός τίτλος πτυχίον· (= Alcoholics Anonymous) σύλλογος που ασχολείται με τη θεραπεία από τον αλκοολισμό

AAA *n abbr* (= American Automobile Association) = Ε.Λ.Π.Α.

aback [ə'bæk] *adv* **to be taken** ~ σαστίζω

abandon [ə'bændən] *vt* εγκαταλείπω· (*car*) παρατάω ♦ **n with** ~ ξέφρενα

abbey ['æbi] *n* αββαείο *nt*

abbreviation [əbriːvi'eiʃən] *n* συντομογραφία *f*

abdomen ['æbdəmən] *n* κοιλιά *f*

abide [ə'baid] *vt* **I can't** ~ **it/him** δεν

το/τον ανέχομαι· ~ **by** *vt fus* συμμορφώνομαι με

ability [ə'biliti] *n* ικανότητα *f*· **to the best of my** ~ όσο μπορώ καλύτερα

able ['eibl] *adj* ικανός· **to be** ~ **to do sth** μπορώ να κάνω κ.

abnormal [æb'nɔːml] *adj* ανώμαλος· (*child*) μη φυσιολογικός

aboard [ə'bɔːd] *prep* (*NAUT*) πάνω σε· (*AVIAT, bus*) μέσα σε ♦ *adv* μέσα

abolish [ə'bɔliʃ] *vt* καταργώ· **abolition** *n* κατάργηση *f*

abortion [ə'bɔːʃən] *n* έκτρωση *f*· **to have an** ~ κάνω έκτρωση

KEYWORD

about [ə'baut] *adv* (**a**) (= *roughly*) περίπου· **at about 2 o'clock** γύρω στις 2· **I've just about finished** κοντεύω να τελειώσω

(**b**) (*referring to place*) εδώ κι εκεί· **to run/walk about** τρέχω/τριγυρίζω εδώ κι εκεί

(**c**) **to be about to do sth** είμαι έτοιμος να κάνω κ.

♦ *prep* (**a**) (= *relating to*) για· **what is it about?** περί τίνος πρόκειται;· **what or how about going out?** πώς σας φαίνεται *or* τι λέτε να βγούμε έξω;·

(**b**) (*referring to place*) **to walk about the town** τριγυρίζω στην πόλη· **her clothes were scattered about the room** τα ρούχα της ήταν σκορπισμένα εδώ κι εκεί στο δωμάτιο

above [ə'bʌv] *adv* (= *higher up,*

overhead) από πάνω • (= greater,
more) πάνω ♦ prep πάνω από •
mentioned ~ προαναφερθείς •
~ criticism/suspicion υπεράνω
κριτικής/υποψίας • **~ all** πάνω απ'όλα

abroad [ə'brɔːd] adv στο εξωτερικό

abrupt [ə'brʌpt] adj (action, ending
etc) αιφνίδιος • (person, behaviour)
απότομος

absence ['æbsəns] n (of person)
απουσία f • (of thing) έλλειψη f

absent ['æbsənt] adj απών • **to be
~** λείπω

absolute ['æbsəluːt] adj απόλυτος •
~ly adv (= totally) απόλυτα •
(= certainly) βεβαίως

absorb [əb'zɔːb] vt απορροφώ •
(changes, information) αφομοιώνω • **to
be ~ed in a book** με έχει
απορροφήσει ένα βιβλίο • **~ing** adj
συναρπαστικός

abstain [əb'steɪn] vi (in vote) απέχω •
to ~ from απέχω από

abstract ['æbstrækt] adj αφηρημένος

absurd [əb'sɜːd] adj παράλογος

abundance [ə'bʌndəns] n αφθονία f

abundant adj άφθονος

abuse n [ə'bjuːs] vb [ə'bjuːz] n
(= insults) βρισιές fpl •
(= ill-treatment) κακομεταχείριση f •
(of power, drugs etc) κατάχρηση f
♦ vt (= insult) προσβάλλω •
(= ill-treat) κακομεταχειρίζομαι •
(= misuse) κάνω κατάχρηση +gen •
abusive adj προσβλητικός

abysmal [ə'bɪzməl] adj (performance)
κάκιστος • (failure) παταγώδης •
(conditions, wages) απαράδεκτος

academic [ækə'demɪk] adj
ακαδημαϊκός • (pej: issue)
θεωρητικός ♦ n ακαδημαϊκός mf •
~ year n ακαδημαϊκό έτος nt

academy [ə'kædəmɪ] n (= learned
body) ακαδημία f • (= school)
ινστιτούτο f • **~ of music** ωδείο •
military/naval ~ στρατιωτική/
ναυτική σχολή

accelerate [æk'seləreɪt] vt επισπεύδω
♦ vi (AUT) αυξάνω ταχύτητα •
acceleration (AUT) n επιτάχυνση f •
accelerator (AUT) n γκάζι nt

accent ['æksənt] n (pronunciation)
προφορά f • (written mark) τόνος m •
(fig) έμφαση f

accept [æk'sept] vt δέχομαι • (fact,
situation) αποδέχομαι • (risk,
responsibility) παίρνω • **~able** adj
(offer, risk etc) αποδεκτός • (gift)
ευπρόσδεκτος • **~ance** n αποδοχή
f

access ['ækses] n πρόσβαση f ♦ vt
(COMPUT) αποκτώ πρόσβαση σε • **to
have ~ to** έχω πρόσβαση σε • **~ible**
adj προσιτός

accessory [æk'sesərɪ] n (AUT. COMM)
εξάρτημα nt • (DRESS) αξεσουάρ n
inv • (JUR) **~ to** συνεργός σε

accident ['æksɪdənt] n (= chance
event) τυχαίο περιστατικό nt •
(= mishap, disaster) ατύχημα nt • **by
~** (= unintentionally) κατά λάθος •
(= by chance) κατά τύχη • **~al** adj
(death, damage) τυχαίος • **~ally** adv
(= by accident) τυχαία

acclaim [ə'kleɪm] n επιδοκιμασία f
♦ vt **to be ~ed for one's
achievements** εξυμνούμαι για τα
επιτεύγματά μου

accommodate [ə'kɒmədeɪt] vt
φιλοξενώ • (= oblige, help)
εξυπηρετώ • **accommodation** n
στέγη f

▸ **accommodations** npl (US)
ενοικιαζόμενα δωμάτια ntpl

accompaniment [ə'kʌmpənɪmənt] n
συνοδεία f • (MUS) ακομπανιαμέντο ntpl

accompany [ə'kʌmpənɪ] vt (also MUS)
συνοδεύω

accomplice [ə'kʌmplɪs] n συνένοχος
mf

accomplish [ə'kʌmplɪʃ] vt (goal)
επιτυγχάνω • (task) ολοκληρώνω •
~ment n (= completion)
ολοκλήρωση f • (= achievement)

κατόρθωμα nt • (= skill) ικανότητες fpl
► **accomplishments** npl χαρίσματα ntpl

accord [əˈkɔːd] n συμφωνία f ♦ vt παρέχω • **of his own ~** με τη θέλησή του • **to ~ with sth** συμφωνώ με κτ • **~ance** n in **~ance with** σύμφωνα με • **~ing** ~**ing to** prep (person, account) σύμφωνα με • **~ing to plan** σύμφωνα με το σχέδιο • **~ingly** adv (= appropriately) αναλόγως • (= as a result) κατά συνέπεια

account [əˈkaunt] n (in bank: also COMM) λογαριασμός m • (= report) αναφορά f • **by all ~s** κατά γενική ομολογία • **it is of no ~** δεν έχει καμία σημασία • **on ~** με πίστωση • **on no ~** με κανέναν τρόπο • **on ~ of** +gen • **to take into ~**, **take ~ of** λαμβάνω υπόψη
► **accounts** npl (COMM) λογαριασμός m • (BOOK-KEEPING) λογιστικά ntpl • **~ for** vt fus (= explain) εξηγώ • (= represent) αποτελώ • **~able** adj **~able (for)** υπόλογος (για) • **~ant** n λογιστής/τρια m/f • **~ number** n αριθμός m λογαριασμού

accumulate [əˈkjuːmjuleɪt] vt συσσωρεύω ♦ vi συσσωρεύομαι

accuracy [ˈækjurəsɪ] n ακρίβεια f

accurate [ˈækjurɪt] adj ακριβής • **~ly** adv με ακρίβεια

accusation [ækjuˈzeɪʃən] n κατηγορία f

accuse [əˈkjuːz] vt **to ~ sb (of sth)** κατηγορώ κν (για κτ) • **~d** (JUR) n **the ~d** ο κατηγορούμενος (η κατηγορουμένη)

accustomed [əˈkʌstəmd] adj συνηθισμένος • **to be ~ to** έχω συνηθίσει να

ace [eɪs] n (CARDS, TENNIS) άσος m

ache [eɪk] n πόνος m ♦ vi (= be painful) πονάω • (= yearn) ψοφάω

achieve [əˈtʃiːv] vt (aim, result)

πετυχαίνω • (victory, success) σημειώνω • **~ment** n (= fulfilment) επίτευξη f • (= success) επίτευγμα nt

acid [ˈæsɪd] adj (soil etc) όξινος • (taste) ξινός ♦ n (CHEM) οξύ nt

acknowledge [əkˈnɒlɪdʒ] vt (letter, parcel) βεβαιώνω • (fact, situation) παραδέχομαι • (person) δίνω σημασία • **~ment** n (of letter, parcel) βεβαίωση f παραλαβής
► **acknowledgements** npl (in book) ευχαριστίες fpl

acne [ˈæknɪ] n ακμή f

acorn [ˈeɪkɔːn] n βελανίδι nt

acoustic [əˈkuːstɪk] adj ακουστικός

acquaintance [əˈkweɪntəns] n (person) γνωστός/ή m/f • (with person) γνωριμία f • (with subject) εξοικείωση f • **to make sb's ~** γνωρίζω κν

acquire [əˈkwaɪəʳ] vt αποκτώ

acquisition [ækwɪˈzɪʃən] n (of property, goods) κτήση f • (of skill, language) κατάκτηση f • (= purchase) απόκτημα nt

acre [ˈeɪkəʳ] n = 4047 τ.μ.

acronym [ˈækrənɪm] n ακρώνυμο nt

across [əˈkrɒs] prep (= from one side to the other of) από τη μια πλευρά στην άλλη • (= on the other side of) απέναντι • (= crosswise over) κάθετα ♦ adv (= to a particular place/person) απέναντι • **to run/swim ~** τρέχω/κολυμπάω από τη μια πλευρά στην άλλη • **to walk ~ the road** διασχίζω το δρόμο • **the lake is 12 km ~** η λίμνη είναι 12 χλμ πλατιά • **~ from** απέναντι από • **to get sth ~ to sb** καταφέρνω να καταλάβει κπς κτ

acrylic [əˈkrɪlɪk] adj ακρυλικός ♦ n ακρυλικό nt

act [ækt] n (= action) ενέργεια f • (THEAT: of play) πράξη f • (of performer) νούμερο nt • (JUR) διάταγμα nt ♦ vi (= take action) ενεργώ • (= behave) συμπεριφέρομαι • (= have effect) (επ)ενεργώ • (THEAT) παίζω

acting
(= pretend) προσποιούμαι ♦ vt
(THEAT: part) παίζω • (fig) παριστάνω •
in the ~ of τη στιγμή που • **to ~ as**
κάνω +acc • **~ on** vt fus ενεργώ με
βάση. **~ out** vt (event)
αναπαρασταίνω • (fantasies)
εκδηλώνω • **~ing** adj (manager,
director etc) αναπληρωτής ♦ n
(profession) ηθοποιία f • (activity)
παίξιμο nt

action ['ækʃən] n πράξη f • (MIL) μάχη
f • (JUR) αγωγή f • **out of ~** (person)
εκτός μάχης • (machine: piece) εκτός
λειτουργίας • **to take ~** αναλαμβάνω
δράση • **~ replay** (TV) n ριπλέι nt inv

activate ['æktɪveɪt] vt ενεργοποιώ

active ['æktɪv] adj (person, life)
δραστήριος • (volcano) ενεργός • **~ly**
adv (involved) ενεργά • (discourage,
dislike) έντονα

activist ['æktɪvɪst] n ενεργό μέλος nt

activity [æk'tɪvɪtɪ] n δραστηριότητα f •
(= action) δράση f

actor ['æktə] n ηθοποιός m

actress ['æktrɪs] n ηθοποιός f

actual ['æktjʊəl] adj (= real)
πραγματικός • (emph) κανονικός •
~ly adv (= really) στην
πραγματικότητα • (= in fact) στην
ουσία

acupuncture ['ækjʊpʌŋktʃə] n
βελονισμός m

acute [ə'kju:t] adj (anxiety) έντονος •
(illness, pain) οξύς • (mind, person)
οξυδερκής • (MATH: angle) οξύς •
(LING: accent) τόνος m

AD adv abbr (= Anno Domini) μ.Χ.

ad [æd] (inf) n abbr = **advertisement**

adamant ['ædəmənt] adj ανένδοτος

adapt [ə'dæpt] vt αναπροσαρμόζω •
(novel, play) διασκευάζω ♦ vi **to ~
(to)** προσαρμόζομαι (σε)

add [æd] vt προσθέτω ♦ vi **to ~ to**
αυξάνω • **~ on** vt προσθέτω • **~ up**
vt (figures) αθροίζω ♦ vi **it doesn't
~ up** (fig) δεν βγάζει νόημα

addict ['ædɪkt] n (to drugs)

τοξικομανής mf • (to alcohol, heroin
etc) εθισμένος/η m/f • (= enthusiast)
φανατικός • **~ed** adj **to be ~ed to**
(drugs, drink etc) είμαι εθισμένος σε •
(chocolate, drink etc) έχω αδυναμία σε •
~ion n εθισμός m • **~ive** adj που
προκαλεί εθισμό

addition [ə'dɪʃən] n (arithmetic)
πρόσθεση f • (= process of adding)
προσθήκη f • (= thing added)
συμβολή f • **in ~** επιπλέον • **in ~ to**
πέρα από • **~al** adj πρόσθετος

additive ['ædɪtɪv] n προσθετικό nt

address [ə'drɛs] n (= postal address)
διεύθυνση f • (= speech) λόγος m
♦ vt (letter, parcel) απευθύνομαι •
(person, audience) μιλάω σε • **to
~ (o.s. to) a problem** ασχολούμαι
με ένα πρόβλημα • **~ book** n καρνέ
nt inv με διευθύνσεις

adequate ['ædɪkwɪt] adj (amount)
επαρκής • (performance, response)
ικανοποιητικός

adhere [əd'hɪə] vi **to ~ to** κολλάω
σε • (fig) τηρώ

adhesive [əd'hi:zɪv] n αυτοκόλλητο
nt ♦ adj αυτοκόλλητος

adjacent [ə'dʒeɪsənt] adj **to be ~ to**
είμαι δίπλα σε

adjective ['ædʒɛktɪv] n επίθετο nt

adjoining [ə'dʒɔɪnɪŋ] adj διπλανός

adjust [ə'dʒʌst] vt (approach etc)
τροποποιώ • (clothing) φτιάχνω •
(machine, device) ρυθμίζω ♦ vi **to
~ (to)** προσαρμόζομαι (σε) • **~able**
adj ρυθμιζόμενος • **~ment** n (to
machine) ρύθμιση f • (of prices,
wages) αναπροσαρμογή f • (of person)
προσαρμογή f

administer [əd'mɪnɪstə] vt (country,
department) διοικώ • (justice,
punishment) απονέμω • (test)
διεξάγω • (MED: drug) χορηγώ

administration [ədmɪnɪs'treɪʃən] n
διοίκηση f • **the A~** (US) η
κυβέρνηση f

administrative [əd'mɪnɪstrətɪv] adj

διοικητικός

administrator [əd'mɪnɪstreɪtə^r] *n* διοικητικός/ή υπάλληλος *m/f*

admiral ['ædmərəl] *n* ναύαρχος *m*

admiration [ædmə'reɪʃən] *n* θαυμασμός *m*

admire [əd'maɪə^r] *vt* θαυμάζω • ~**r** *n* θαυμαστής/τρια *m/f*

admission [əd'mɪʃən] *n* (= *admittance*) άδεια *f* εισόδου • (*to exhibition, night club etc*) είσοδος *f* • (= *entry fee*) είσοδος *f* • (= *confession*) ομολογία *f*

admit [əd'mɪt] *vt* (= *confess*) ομολογώ • (= *permit to enter*) επιτρέπω την είσοδο σε • (*to club, organization*) γίνομαι δεκτός • (*to hospital*) **to be ~ted** μπαίνω • (*defeat, responsibility etc*) αποδέχομαι • ~ **to** *vt fus* (*murder etc*) ομολογώ • ~**tedly** *adv* κατά γενική ομολογία

adolescence [ædəu'lesns] *n* εφηβεία *f* • **adolescent** *adj* στην εφηβεία ♦ *n* έφηβος *m*

adopt [ə'dɒpt] *vt* υιοθετώ • ~**ed** *adj* υιοθετημένος • ~**ion** *n* (*of child*) υιοθεσία *f* • (*of policy, attitude*) υιοθέτηση *f*

adore [ə'dɔ:^r] *vt* (*person*) λατρεύω • (*film, activity etc*) τρελαίνομαι για

adorn [ə'dɔ:n] *vt* διακοσμώ

Adriatic [eɪdrɪ'ætɪk] *n* **the ~ (Sea)** η Αδριατική (Θάλασσα)

adrift [ə'drɪft] *adv* (*NAUT*) ακυβέρνητος • (*fig*) χαμένος

adult ['ædʌlt] *n* ενήλικος *m* ♦ *adj* (*life*) του ενήλικα • (*animal*) ενήλικος

adultery [ə'dʌltərɪ] *n* μοιχεία *f*

advance [əd'vɑ:ns] *n* (= *movement, progress*) κίνηση *f* (προς τα εμπρός) • (= *money*) προκαταβολή *f* ♦ *adj* (*booking, notice*) εκ των προτέρων ♦ *vt* (*money*) προκαταβάλλω • (*theory, idea*) υποστηρίζω ♦ *vi* (= *move forward*) προχωρώ • (= *make progress*) προοδεύω • **to make ~s (to sb)** (*amorously*) κάνω ανήθικες

προτάσεις (σε κπν) • **in ~** (*book, prepare etc*) εκ των προτέρων • (*arrive*) νωρίτερα • ~**d** *adj* (*course, studies*) προχωρημένος • (*country*) προηγμένος

advantage [əd'vɑ:ntɪdʒ] *n* (= *benefit*) πλεονέκτημα *nt* • (= *supremacy*) ισχύς *f* • (*TENNIS*) πλεονέκτημα *nt* • **to take ~ of** (*person*) εκμεταλλεύομαι • (*opportunity*) επωφελούμαι από

advent ['ædvənt] *n* (*of innovation*) εμφάνιση *f* • (*REL*) **A**~ το σαραντάημερο πριν τα Χριστούγεννα

adventure [əd'ventʃə^r] *n* περιπέτεια *f* • **adventurous** *adj* τολμηρός

adversary ['ædvəsərɪ] *n* αντίπαλος *mf*

adverse ['ædvə:s] *adj* δυσμενής

advert ['ædvə:t] (*BRIT*) *n abbr* = **advertisement**

advertise ['ædvətaɪz] *vi* (*COMM*) βάζω διαφημίσεις • *vt* διαφημίζω • **to ~ for** βάζω αγγελία για • ~**ment** (*COMM*) *n* διαφήμιση *f* • (*in classified ads*) μικρή αγγελία *f* • ~**r** *n* διαφημιστής/τρια *m/f* • **advertising** *n* (= *advertisements*) διαφημίσεις *fpl* • (= *industry*) διαφήμιση *f*

advice [əd'vaɪs] *n* (= *counsel*) συμβουλές *fpl* • (= *notification*) ειδοποίηση *f* • **a piece of ~** μια συμβουλή

advisable [əd'vaɪzəbl] *adj* φρόνιμος

advise [əd'vaɪz] *vt* συμβουλεύω • **to ~ sb of sth** ενημερώνω κν για κτ • **to ~ sb against sth** αποτρέπω κν από κτ • **to ~ sb against doing sth** συμβουλεύω κν να μην κάνει κτ • ~**r** *n* σύμβουλος *mf* • **advisory** *adj* συμβουλευτικός

advocate *vb* ['ædvəkeɪt] *n* ['ædvəkɪt] *vt* υποστηρίζω ♦ *n* συνήγορος *mf* • **to be an ~ of** είμαι υπέρμαχος +*gen*

aerial ['ɛərɪəl] *n* κεραία *f* ♦ *adj* εναέριος

aerobics [ɛə'rəubɪks] *n* αερόμπικ *nt inv*

aeroplane ['ɛərəpleɪn] (*BRIT*) *n*
αεροπλάνο *nt*

aerosol ['ɛərəsɒl] *n* (*for paint,
deodorant*) σπρέι *nt inv* • (*for fly spray
etc*) αερoζόλ *nt inv*

affair [ə'fɛəʳ] *n* (= *matter*) υπόθεση *f* •
(*also* **love ~**) σχέση *f*
▸ **affairs** *npl* ζητήματα *ntpl*

affect [ə'fɛkt] *vt* (= *influence*)
επηρεάζω • (= *afflict*) προσβάλλω •
(= *move deeply*) συγκινώ • (= *concern*)
αφορώ • **~ed** *adj* (*behaviour*)
προσποιητός • (*person*)
επιτηδευμένος

affection [ə'fɛkʃən] *n* στοργή *f* • **~ate**
adj στοργικός

affluent ['æfluənt] *adj* πλούσιος

afford [ə'fɔːd] *vt* έχω αρκετά
χρήματα • (*time*) διαθέτω • (*risk etc*)
αντέχω • (= *provide*) παρέχω σε
• **~able** [ə'fɔːdəbl] *adj* που
μπορείς να αγοράσεις • (*price*)
προσιτός

Afghanistan [æf'gænɪstæn] *n*
Αφγανιστάν *nt inv*

afraid [ə'freɪd] *adj* φοβισμένος • **to be
~ of sb/sth** (*person, thing*) φοβάμαι
κν/κτ • **to be ~ of doing sth**
φοβάμαι μήπως κάνω κτ • **to be
~ to** φοβάμαι να • **I am ~ that**
φοβάμαι ότι • **I am ~ so/not**
φοβάμαι πως ναι/όχι

Africa ['æfrɪkə] *n* Αφρική *f* • **~n**
adj αφρικανικός ◆ *n* αφρικανός/ή
m/f

after ['ɑːftəʳ] *prep* (*of time*) μετά •
(*of
place, order*) δίπλα από ◆ *adv*
αργότερα ◆ *conj* αφού • **the day
~ tomorrow** μεθαύριο • **what/who
are you ~?** τυπίνου θέλετε; • **he
left/having done** αφού έφυγε/
έκανε • **to name sb ~ sb** δίνω το
όνομα κου σε κν • **it's twenty
~ eight** (*US*) είναι οχτώ και είκοσι •
to ask ~ sb ρωτάω για την υγεία
κου • **~ all** στο κάτω-κάτω • **~ you!**
μετά από σας! • **~math** *n*

aftermath *ntpl* • **~noon** *n*
απόγευμα *nt* • **good ~noon!**
χαίρετε! • **~shave (lotion)** *n*
άφτερ-σέιβ *nt inv* • **~wards** (*US
~ward*) *adv* μετά

again [ə'gɛn] *adv* ξανά • **not ...
~** δεν...άλλη φορά • **to do sth
~** ξανακάνω κτ • **to begin/see
~** ξαναρχίζω/ξαναβλέπω • **~ and
~** ξανά και ξανά • **now and ~** πού
και πού

against [ə'gɛnst] *prep* (= *leaning on,
touching*) πάνω σε • (= *in opposition
to, at odds with*) κατά +*gen* • **(as)
~** σε αντίθεση με

age [eɪdʒ] *n* (*of person, object*) ηλικία
f • (= *period in history*) εποχή *f* ◆ *vi*
γερνάω ◆ *vt* γερνάω • **what ~ is
he?** πόσο χρονών είναι; • **20 years
of ~** 20 χρονών • **under
~** ανήλικος • **to come of
~** ενηλικιώνομαι • **it's been ~s
since** πάει πολύς καιρός από τότε
που

aged¹ [eɪdʒd] *adj* • **~ 10** 10 ετών

aged² ['eɪdʒɪd] *npl* • **the ~** οι
ηλικιωμένοι

agency ['eɪdʒənsɪ] *n* (*COMM*)
πρακτορείο *nt* • (= *government body*)
υπηρεσία *f*

agenda [ə'dʒɛndə] *n* ημερήσια
διάταξη *f*

agent ['eɪdʒənt] *n* (*COMM, LIT*)
πράκτορας *mf* • (*theatrical*) ατζέντης
mf • (= *spy*) κατάσκοπος *mf* • (*CHEM*)
ουσία *f* • (*fig*) παράγοντας *m*

aggression [ə'grɛʃən] *n*
επιθετικότητα *f* • **aggressive** *adj*
επιθετικός

agile ['ædʒaɪl] *adj* (*physically*)
ευκίνητος

agitated ['ædʒɪteɪtɪd] *adj* ταραγμένος

AGM *n abbr* (*BRIT*) (= *annual general
meeting*) ετήσια γενική συνέδριση *f*

ago [ə'gəu] *adv* **2 days ~** πριν από 2
μέρες • **not long ~** όχι πολύ πριν •
how long ~? πριν πόσο καιρό;

agony ['ægənɪ] n (= pain) οδύνη f ·
(= torment) αγωνία f · **to be in** ~
υποφέρω φριχτά

agree [ə'griː] vt συμφωνώ ♦ vi
συμφωνώ · **to** ~ **with** συμφωνώ με ·
(LING) συμφωνώ με · **to** ~ **to sth/to
do sth** συμφωνώ σε κτ/να κάνω κτ ·
to ~ **on sth** καταλήγω σε συμφωνία
για κτ · **to** ~ **that** δέχομαι ότι ·
garlic doesn't ~ **with me** το
σκόρδο μου πέφτει βαρύ · **~able**
adj (= pleasant) ευχάριστος ·
(= willing) σύμφωνος · **~d** adj
συμφωνημένος · **to be** ~**d** είμαι
σύμφωνος · **~ment** n συμφωνία f ·
to be in ~**ment with sb** συμφωνώ
με κν

agricultural [ægrɪ'kʌltʃərəl] adj (land,
implement) γεωργικός · (show,
problems) αγροτικός

agriculture ['ægrɪkʌltʃə] n γεωργία f

ahead [ə'hɛd] adv (= in front)
μπροστά · (= into the future)
μακροπρόθεσμα · ~ **of** μπροστά
από · ~ **of schedule** μπροστά από
το πρόγραμμα · **a year** ~ ένα χρόνο
πριν · **go right** or **straight** ~ πάω
ευθεία μπροστά · **go** ~! (fig) για,
αμέ!

aid [eɪd] n (= assistance) βοήθεια f ·
(= device) βοήθημα n ♦ vt βοηθάω ·
in ~ **of** υπέρ +gen · see also **hearing**

aide [eɪd] n (POL) βοηθός mf · (MIL)
υπασπιστής m

AIDS [eɪdz] n abbr (= acquired
immune deficiency syndrome) έιτζ
nt inv

ailing ['eɪlɪŋ] adj (person) άρρωστος ·
(economy, industry etc) που νοσεί

ailment ['eɪlmənt] n αδιαθεσία f

aim [eɪm] vt ~ **sth (at)** (gun,
camera) στρέφω κτ (σε) · (blow)
ρίχνω κτ (σε) · (remark) απευθύνω
σε ♦ vi σημαδεύω · **in** ~ στόχος m ·
(in shooting) σημάδι nt · **to** ~ **at**
σημαδεύω · (objective) στοχεύω σε ·
to ~ **to do** έχω σκοπό να κάνω

ain't [eɪnt] (inf) = **am not · aren't ·
isn't**

air [ɛə] n αέρας m ♦ vt αερίζω ·
(grievances, views) κάνω γνωστό · **to
throw sth into the** ~ πετάω κτ
στον αέρα · **by** ~ αεροπορικώς · **on
the** ~ στον αέρα · ~**bag** n
αερόσακος m · ~**borne** adj (attack
etc) αεροπορικός · (plane, particles)
στον αέρα · ~~**conditioned** adj
κλιματιζόμενος · ~ **conditioning** n
κλιματισμός m · ~**craft** n inv
αεροσκάφος nt · ~**field** n
αεροδρόμιο nt · **Air Force** n
Πολεμική Αεροπορία f · ~**lift** n
αερομεταφορά f ♦ vt μεταφέρω
αεροπορικώς · ~**line** n αερογραμμή
f · ~**liner** n (επιβατηγό) αεροσκάφος
nt · ~**plane** n (US) n αεροπλάνο nt ·
~**port** n αεροδρόμιο nt · ~ **raid** n
αεροπορική επιδρομή f · ~**y** adj
ευάερος · (= casual) επιπόλαιος

aisle [aɪl] n (of church) πτέρυγα f · (in
theatre, plane etc) διάδρομος m

alarm [ə'lɑːm] n έντονη ανησυχία f ·
(in shop, bank) συναγερμός m ♦ vt
(person) τρομάζω · ~ **clock** n
ξυπνητήρι nt · ~**ing** adj
ανησυχητικός

Albania [æl'beɪnɪə] n Αλβανία f

albeit [ɔːl'biːɪt] conj αν και

album ['ælbəm] n άλμπουμ nt inv

alcohol ['ælkəhɒl] n αλκοόλ nt inv ·
~**ic** adj με αλκοόλ ♦ n αλκοολικός/ή
m/f

ale [eɪl] n ζύθος m

alert [ə'lɜːt] adj σε ετοιμότητα ♦ n
κατάσταση f επιφυλακής ♦ vt θέτω
σε ετοιμότητα · **to be** ~ **to danger/
opportunity** έχω πλήρη επίγνωση
του κινδύνου/της ευκαιρίας · **to be
on the** ~ είμαι σε ετοιμότητα

A–level ['eɪlɛvl] n (in England and
Wales) ~ πολλαπλές Εξετάσεις

algebra ['ældʒɪbrə] n άλγεβρα f

Algeria [æl'dʒɪərɪə] n Αλγερία f

alias ['eɪlɪəs] prep γνωστός ως ♦ n

ψευδώνυμο *nt*

alibi ['ælɪbaɪ] *n* άλλοθι *nt inv*

alien ['eɪlɪən] *n* (= *foreigner*) αλλοδαπός/ή *m/f* • (= *extraterrestrial*) εξωγήινος/η *m/f* ♦ *adj* ~ **(to)** ξένος (σε) • ~**ate** *vt* δυσαρεστώ

alight [ə'laɪt] *adj* αναμμένος ♦ *adv* **to set sth** ~ βάζω φωτιά σε κτ

align [ə'laɪn] *vt* βάζω σε σειρά

alike [ə'laɪk] *adj* όμοιος ♦ *adv* (= *similarly*) το ίδιο • (= *equally*) εξίσου • **to look** ~ φαίνομαι ίδιος • **winter and summer** ~ χειμώνα-καλοκαίρι

alive [ə'laɪv] *adj* ζωντανός

all [ɔːl] *adj* όλος • **all the time** όλη την ώρα • **all five came** ήρθαν και οι πέντε • **all his life** όλη του τη ζωή
♦ *pron* (a) όλος • **is that all?** αυτό είναι όλο; • (*in shop*) αυτά;
(b) (*in phrases*) **above all** πάνω απ'όλα • **after all** άλλωστε • **all in all** εν ολίγοις
♦ *adv* (= *completely*) τελείως • **all alone** τελείως μόνος • **it's not as hard as all that** δεν είναι και τόσο σκληρό • **all the better** τόσο το καλύτερο • **all but** (= *all except for*) μόνο...δεν • (= *almost*) σχεδόν • **the score is 2 all** το σκορ είναι ισόπαλο 2-2 • **not at all** (*in answer to question*) παρακαλώ • (*in answer to thanks*) τίποτα • **I'm not at all tired** δεν είμαι καθόλου κουρασμένος

allegation [ælɪ'geɪʃən] *n* ισχυρισμός *m*

alleged [ə'ledʒd] *adj* φερόμενος *inv*

allegedly [ə'ledʒɪdlɪ] *adv* δήθεν

allegiance [ə'liːdʒəns] *n* υποταγή *f*

allergic [ə'lɜːdʒɪk] *adj* αλλεργικός • ~ **to** αλλεργικός σε

allergy ['ælədʒɪ] *n* αλλεργία *f*

alleviate [ə'liːvɪeɪt] *vt* ανακουφίζω

alley ['ælɪ] *n* στενό *nt*

alliance [ə'laɪəns] *n* συμμαχία *f*

allied ['ælaɪd] *adj* συμμαχικός

alligator ['ælɪgeɪtə'] *n* αλλιγάτορας *m*

all-in ['ɔːlɪn] (*BRIT*) *adj* (*price, cost*) συνολικός ♦ *adv* όλα μαζί

allocate ['æləkeɪt] *vt* κατανέμω • (*money*) διαθέτω • (*tasks*) αναθέτω

allow [ə'laʊ] *vt* (*practice, behaviour*) επιτρέπω • (*sum, time estimated*) αφήνω • (*a claim*) κάνω δεκτό • (*goal*) κατακυρώνω • **to ~ that ...** δέχομαι ότι ... • **to ~ sb to do sth** επιτρέπω σε κν να κάνει κτ • **to ~ for** *vt fus* υπολογίζω • ~**ance** *n* χρηματικό βοήθημα *nt* • (= *welfare payment*) επίδομα *nt* • (= *pocket money*) χαρτζιλίκι *nt* • (*TAX*) έκπτωση *f* • **to make ~ances for** λαμβάνω υπόψη μου

all right *adv* καλά • (*as answer*) εντάξει

ally *n* ['ælaɪ] *n* σύμμαχος *mf* ♦ *vt* **to** ~ **o.s. with** συμμαχώ με

almighty [ɔːl'maɪtɪ] *adj* (= *omnipotent*) παντοδύναμος • (= *tremendous*) τρομερός

almond ['ɑːmənd] *n* (*fruit*) αμύγδαλο *nt* • (*tree*) αμυγδαλιά *f*

almost ['ɔːlməʊst] *adv* σχεδόν • **he ~ fell** παρά λίγο να πέσει • **certainly** σχεδόν σίγουρα

alone [ə'ləʊn] *adj* μόνος (μου) ♦ *adv* μόνος μου • **to leave sb** ~ αφήνω κν ήσυχο • **to leave sth** ~ παρατάω κτ • **let** ~ ... πόσο μάλλον ...

along [ə'lɒŋ] *prep* κατά μήκος +*gen* ♦ *adv* **is he coming** ~ **with us?** θα'ρθει κι αυτός μαζί μας; • **he was hopping/limping** ~ προχωρούσε χοροπηδώντας/κουτσαίνοντας • ~ **with** (*person, thing*) μαζί με • **all** ~ απ' την αρχή • ~**side** *prep* δίπλα σε ♦ *adv* δίπλα

aloof [ə'luːf] *adj* αποτραβηγμένος ♦ *adv* **to stay** *or* **keep** ~ **from** κρατιέμαι μακριά από

aloud [ə'laʊd] *adv* δυνατά

alphabet ['ælfəbɛt] n αλφάβητο nt

Alps [ælps] npl **the** ~ οι Αλπεις

already [ɔːl'rɛdɪ] adv ήδη

alright ['ɔːl'raɪt] adv = **all right**

also ['ɔːlsəʊ] adv επίσης

altar ['ɔːltə'] n (REL) η Αγία Τράπεζα f

alter ['ɔːltə'] vt αλλάζω ♦ vi μεταβάλλομαι · **~ation** n (to plans) τροποποίηση f · (to clothes) επιδιόρθωση f · (to building) επισκευή f

alternate adj [ɔl'təːnɪt] vb [ɔ'ltəːneɪt] adj (actions, events) εναλλασόμενος · (US: plans) εναλλακτικός ♦ vi to ~ (with) εναλλάσσομαι (με) · **on ~ days** κάθε δεύτερη μέρα

alternative [ɔl'təːnətɪv] adj (plan, policy) εναλλακτικός · (humour, comedian) νεωτερικός ♦ n εναλλακτική λύση f · **~ly** adv **~ly one could ...** εναλλακτικά

although [ɔːl'ðəʊ] conj αν και

altitude ['æltɪtjuːd] n (of place) υψόμετρο nt · (of plane) ύψος nt

altogether [ɔːltə'gɛðə'] adv (= completely) τελείως · (= on the whole) γενικά

aluminium [æljʊ'mɪnɪəm] (US **aluminum** [ə'luːmɪnəm] n αλουμίνιο nt

always ['ɔːlweɪz] adv πάντα

Alzheimer's ['æltshaɪməz] n (also ~ **disease**) νόσος f του Αλτζχάιμερ

am [æm] vb see **be**

a.m. adv abbr (= ante meridiem) π.μ.

amateur ['æmətə'] n ερασιτέχνης mf ♦ adj (= sport) ερασιτεχνικός · (= sportsman) μη αμειβόμενος · ~ **dramatics** ερασιτεχνικό θέατρο

amaze [ə'meɪz] vt εκπλήσσω to **be ~d (at)** εκπλήσσομαι (με) · **~ment** n έκπληξη f · **amazing** adj (= surprising) εκπληκτικός · (= fantastic) καταπληκτικός · (bargain, offer) απίστευτος

ambassador [æm'bæsədə'] n πρέσβυς/ειρα m/f

amber ['æmbə'] n κεχριμπάρι nt · **at** ~ (BRIT: AUT) στο πορτοκαλί

ambiguous [æm'bɪgjuəs] adj διφορούμενος

ambition [æm'bɪʃən] n φιλοδοξία f ·
ambitious adj φιλόδοξος

ambulance ['æmbjʊləns] n ασθενοφόρο nt

ambush ['æmbʊʃ] n ενέδρα f ♦ vt στήνω ενέδρα σε

amen [ɑː'mɛn] excl αμήν

amend [ə'mɛnd] vt τροποποιώ ♦ n **to make ~s (for sth)** επανορθώνω (για κτ) · **~ment** n (to text) διόρθωση f · (to law) τροπολογία f

amenities [ə'miːnɪtɪz] npl κομφόρ ntpl inv

America [ə'mɛrɪkə] n Αμερική f · **~n** adj αμερικανικός · n Αμερικανός/ίδα m/f · **~n football** n αμερικάνικο ποδόσφαιρο nt

amicable ['æmɪkəbl] adj φιλικός · (person) αγαπητός

amid(st) [ə'mɪd.st] prep ανάμεσα

ammunition [æmjʊ'nɪʃən] n πυρομαχικά ntpl · (fig) ενοχοποιητικά στοιχεία ntpl

amnesty ['æmnɪstɪ] n αμνηστία f

among(st) [ə'mʌŋ.st] prep ανάμεσα

amount [ə'maʊnt] n (of food) ποσότητα f · (of money) ποσό nt · (of work) έκταση f ♦ vi to ~ **to** (= total) ανέρχομαι σε · (= be same as) ισοδυναμώ με

amp(ère) ['æmpɛə'] n αμπέρ nt inv · **a 13 amp plug** ένα φις (με ανοχή) 13 αμπέρ

ample ['æmpl] adj (= large) φαρδύς · (= enough) άφθονος

amuse [ə'mjuːz] vt διασκεδάζω · **he was not ~d** δεν το βρήκε αστείο · **~ment** n (= mirth) ευθυμία f · (= pleasure) ψυχαγωγία f · (= pastime) διασκέδαση f · **amusing** adj διασκεδαστικός

an [æn, ən] def art see **a**

anaemia [ə'niːmɪə] (US **anemia**) n

anaemia f • **anaemic** (US anemic) adj (also fig) αναιμικός

anaesthetic [ænɪs'θetɪk] (US anesthetic) n αναισθητικό nt

analog(ue) ['ænəlɒg] adj αναλογικός

analogy [ə'nælədʒɪ] n αναλογία f

analyse ['ænəlaɪz] (US analyze) vt αναλύω • (CHEM, MED) κάνω αναλύσεις +gen • (PSYCH) ψυχαναλύω

analysis [ə'næləsɪs] (pl analyses) n ανάλυση f • (PSYCH) ψυχανάλυση f

analyst ['ænəlɪst] n (political etc) αναλυτής/τρια m/f • (PSYCH) ψυχαναλυτής/τρια m/f

anarchy ['ænəkɪ] n αναρχία f

anatomy [ə'nætəmɪ] n (science) ανατομία f • (= body) σώμα nt

ancestor ['ænsɪstə'] n πρόγονος m

anchor ['æŋkə'] n άγκυρα f ◆ vi (also to drop ~) ρίχνω άγκυρα ◆ vt (fig) to be ~ed to είμαι προσκολλημένος σε

ancient ['eɪnʃənt] adj (monument, city) αρχαίος • (person) ηλικιωμένος • (car) πανάρχαιος

KEYWORD
---

and [ænd] conj και • **two hundred and ten** διακόσια και δέκα • **and so on** και ούτω καθεξής • **try and come** προσπαθήστε να έρθετε • **he talked and talked** μιλούσε με τις ώρες • **better and better** όλο και καλύτερα

Andes ['ændiːz] npl the ~ οι Άνδεις

anemia [ə'niːmɪə] (US) n =anaemia

anesthetic etc [ænɪs'θetɪk] (US) adj, n =anaesthetic etc

angel ['eɪndʒəl] n άγγελος m

anger ['æŋgə'] n θυμός m ◆ vt εξοργίζω

angina [æn'dʒaɪnə] n στηθάγχη f

angle ['æŋgl] n (= viewpoint) γωνία f

angler ['æŋglə'] n ψαράς m (με καλάμι)

Anglican ['æŋglɪkən] adj

αγγλικανικός ◆ n αγγλικανός/ή m/f

angling ['æŋglɪŋ] n ψάρεμα nt (με καλάμι)

Angola [æŋ'gəʊlə] n Αγκόλα f

angrily ['æŋgrɪlɪ] adv θυμωμένα

angry ['æŋgrɪ] adj (person) θυμωμένος • (response) οργισμένος • **to be ~ with sb/at sth** είμαι θυμωμένος με κν/κτ • **to get ~ θυμώνω** • **to make sb ~** εξοργίζω κν

anguish ['æŋgwɪʃ] n (mental) οδύνη f • (physical) αγωνία f

animal ['ænɪməl] n ζώο nt

animated ['ænɪmeɪtɪd] adj ζωηρός • **~ cartoon** κινούμενα σχέδια

ankle ['æŋkl] n αστράγαλος m

annex n ['æneks] vb [ə'neks] n (also BRIT: annexe) (building) παράρτημα nt ◆ vt προσαρτώ

anniversary [ænɪ'vɜːsərɪ] n επέτειος f

announce [ə'naʊns] vt (= declare) ανακοινώνω • (birth, death etc) αναγγέλλω • **~ment** n ανακοίνωση f • **~r** n εκφωνητής/τρια m/f

annoy [ə'nɔɪ] vt ενοχλώ • **to be ~ed (at sth/with sb)** ενοχλούμαι (με κτ/από κπν) • **don't get ~ed!** μη θυμώνεις! • **~ing** adj ενοχλητικός

annual ['ænjʊəl] adj ετήσιος ◆ n (BOT) μονοετές φυτό nt • (book) ετήσια έκδοση • **~ly** adv (= once a year) μια φορά τον χρόνο • (= during a year) ετησίως

annum ['ænəm] n see per

anonymous [ə'nɒnɪməs] adj ανώνυμος

anorak ['ænəræk] n μπουφάν nt inv με κουκούλα

anorexia [ænə'reksɪə] n ανορεξία f

anorexic adj ανορεξικός ◆ n ανορεξικός/ή m/f

another [ə'nʌðə'] adj • **~ book** (= one more) ένα άλλο βιβλίο • (a different one) ένα άλλο βιβλίο ◆ pron (= one more) άλλος ένας • (= a different one) άλλος

answer ['ɑːnsəʳ] n απάντηση f · (to problem) λύση f ♦ vi απαντάω · (TEL) απαντάω ♦ vt (person, letter) απαντάω · (problem) λύνω · (prayer) εισακούω · **in ~ to your letter** σε απάντηση της επιστολής σας · **to ~ the phone** απαντάω στο τηλέφωνο · **to ~ the bell** or **the door** ανοίγω την πόρτα · **~ back** vi αντιμιλάω · **~ for** vt fus (person etc) εγγυώμαι για · (crime, one's actions) λογοδοτώ · **~ to** vt fus (description) ανταποκρίνομαι σε · **~ing machine** n (αυτόματος) τηλεφωνητής m

ant [ænt] n μυρμήγκι nt

Antarctic [ænt'ɑːktik] (GEO) n **the ~** η Ανταρκτική · **~a** n Ανταρκτική f

antelope ['æntɪləʊp] n αντιλόπη f

anthem ['ænθəm] n **national ~** εθνικός ύμνος

anthology [æn'θɒlədʒɪ] n ανθολογία f

anthropology [ænθrə'pɒlədʒɪ] n Ανθρωπολογία f

antibiotic ['æntɪbaɪ'ɒtɪk] n αντιβιοτικό nt

antibody ['æntɪbɒdɪ] n αντίσωμα nt

anticipate [æn'tɪsɪpeɪt] vt (= expect, foresee) προβλέπω · (= look forward to) ανυπομονώ για · (= do first) προλαβαίνω · **anticipation** n (= expectation) αναμονή f · (= eagerness) ανυπομονησία f

anticlimax ['æntɪ'klaɪmæks] n απότομη προσγείωση f

anticlockwise ['æntɪ'klɒkwaɪz] (BRIT) adv αριστερόστροφα, αντίθετα προς τη φορά των δεικτών του ρολογιού

antics ['æntɪks] npl κόλπα ntpl

antidote ['æntɪdəʊt] n αντίδοτο nt

antique [æn'tiːk] n αντίκα f ♦ adj παλαιός

antiseptic [æntɪ'septɪk] n αντισηπτικό nt ♦ adj αντισηπτικός

antisocial ['æntɪ'səʊʃəl] adj αντικοινωνικός

anxiety [æŋ'zaɪətɪ] n ανησυχία f · (MED) άγχος nt

anxious ['æŋkʃəs] adj (expression, person) ανήσυχος · (situation) ταραγμένος · **to be ~** = ανησυχώ · **to be ~ to do** ανυπομονώ να κάνω

KEYWORD

any ['enɪ] adj (a) (in questions: not usually translated) **if there are any tickets left** αν έχουν μείνει καθόλου εισιτήρια
(b) (with negative) **I haven't any money** δεν έχω καθόλου λεφτά · **I haven't any books** δεν έχω βιβλία or κανένα βιβλίο
(c) (= no matter which) **any excuse will do** οποιαδήποτε δικαιολογία είναι εντάξει · **choose any book you like** διάλεξε οποιοδήποτε or όποιο βιβλίο σ'αρέσει · **any teacher you ask will tell you** όποιον καθηγητή και να ρωτήσεις θα σου πει
(d) (in phrases) **in any case** σε πάση περιπτώσει · **any day now** από μέρα σε μέρα · **at any moment** από στιγμή σε στιγμή · **at any rate** τουλάχιστον · **any time** (= at any moment) από στιγμή σε στιγμή · (= whenever) όποτε
♦ pron (a) (in questions etc) καθόλου · **can any of you sing?** μπορεί κανένας or κανείς από σας να τραγουδήσει;
(b) (with negative) καθόλου
(c) (= no matter which one(s)) καθόλου
♦ adv (in questions etc) καθόλου · **I can't hear him any more** δεν τον ακούω πια · **don't wait any longer** μην περιμένετε άλλο

---

anybody ['enɪbɒdɪ] pron = **anyone**

anyhow ['enɪhaʊ] adv (= at any rate) όπως και να' χει · (= haphazardly) όπως να' ναι · **do it ~ you like** κάντε το όπως σας αρέσει · **she leaves things just ~** τα αφήνει όλα όπως να' ναι

anyone ['enɪwʌn] *pron (in questions etc)* κανένας • **can you see ~?** βλέπετε κανέναν; • **if ~ should phone ...** αν τηλεφωνήσει κανένας *or* κανείς... • *(with negative)* κανένας • *(= no matter who)* οποιοσδήποτε • **I could teach ~ to do it** μπορώ να μάθω οποιονδήποτε να το κάνει

anything ['enɪθɪŋ] *pron (in questions, with negative)* τίποτα • *(= no matter what)* ό, τι να' ναι • **~ will do** ό, τι να' ναι • **you can say ~ you like** μπορείς να πεις ό, τι θες • **he'll eat ~** τρώει οτιδήποτε *or* ό, τι να' ναι

anyway ['enɪweɪ] *adv (= at any rate)* πάντως • *(= besides)* άλλωστε • **why are you phoning, ~?** γιατί τηλεφωνείτε εντέλει;

anywhere ['enɪweə] *adv (in questions, with negative)* πουθενά • *(= no matter where)* οπουδήποτε • **put the books down** • ακούμπησε τα βιβλία όπου να' ναι

apart [ə'pɑːt] *adv* σε απόσταση από • **to move ~** απομακρύνω • **to pull ~** χωρίζω • *(= aside)* παράμερα • **we live 10 miles ~** μένουμε 10 μίλια μακριά (ο ένας απ'τον άλλο) • **a long way ~** πολύ μακριά • **they are living ~** ζούνε χώρια • **with one's legs ~** με τα πόδια του ανοιχτά • **to take sth ~** διαλύω κτ • **~ from** εκτός από

apartment [ə'pɑːtmənt] *(US)* n διαμέρισμα *nt* • *(= room)* δωμάτιο *f* • **~ building** *(US)* n πολυκατοικία *f*

apathy ['æpəθɪ] n απάθεια *f*

ape [eɪp] n πίθηκος *m* ◆ *vt* μιμούμαι

aperture ['æpətʃuə] n οπή *f* • *(PHOT)* διάφραγμα *nt*

apologize [ə'pɒlədʒaɪz] *vi* **to ~ (for sth to sb)** ζητώ συγγνώμη (για κτ από κν)

apology [ə'pɒlədʒɪ] n συγγνώμη *f*

appal [ə'pɔːl] *vt* συγκλονίζομαι από • **~ling** *adj* τρομερός • **she's an ~ling cook** είναι φρικτή μαγείρισσα

apparatus [æpə'reɪtəs] n *(= equipment)* συσκευές *fpl* • *(in gymnasium)* όργανα *ntpl* • **a piece of ~** μια συσκευή

apparent [ə'pærənt] *adj (= seeming)* φαινομενικός • *(= obvious)* φανερός • **it is ~ that ...** είναι φανερό ότι... • **~ly** *adv* προφανώς

appeal [ə'piːl] *vi (JUR)* κάνω έφεση ◆ n *(JUR)* έφεση *f* • *(= request, plea)* έκκληση *f* • *(= attraction)* γοητεία *f* • **to ~ (to sb) for** κάνω έκκληση (σε κν) για • **to ~ to** προσελκύω • **it doesn't ~ to me** δεν με συγκινεί • **~ing** *adj* ελκυστικός

appear [ə'pɪə] *vi* εμφανίζομαι • *(in court)* παρουσιάζομαι • *(= be published: book)* εκδίδομαι • *(article)* δημοσιεύομαι • *(= seem)* φαίνομαι • **to ~ on TV** εμφανίζομαι στην τηλεόραση • **it would ~ that ...** φαίνεται ότι... • **~ance** n εμφάνιση *f*

appendices [ə'pendɪsɪz] *npl of* **appendix**

appendix [ə'pendɪks] (*pl* **appendices**) n *(ANAT)* σκωληκοειδής απόφυση *f* • *(to publication)* παράρτημα *nt*

appetite ['æpɪtaɪt] n *(also fig)* όρεξη *f*

applaud [ə'plɔːd] *vi* χειροκροτώ ◆ *vt (person)* επευφημώ • *(action, attitude)* επιδοκιμάζω • **applause** n χειροκρότημα *ntpl*

apple ['æpl] n μήλο *nt*

appliance [ə'plaɪəns] n συσκευή *f*

applicable [ə'plɪkəbl] *adj* **to be ~ (to)** εφαρμόζομαι (σε)

applicant ['æplɪkənt] n υποψήφιος/α *mf*

application [æplɪ'keɪʃən] n *(for job, grant etc)* αίτηση *f* • **~ form** n αίτηση *f*

apply [ə'plaɪ] *vt (paint etc)* βάζω • *(law, theory)* εφαρμόζω ◆ *vi (= be applicable)* ισχύω • *(= ask)* υποβάλλω αίτηση • **to ~ to** ισχύω για • **to ~ for** *(permit, grant)* υποβάλλω *or* κάνω αίτηση για · **to** ~ **o.s. to** αφιερώνομαι σε

appoint [ə'pɔɪnt] vt (person) διορίζω · (date, place) καθορίζω. **~ment** n (of person) διορισμός m · (= post) θέση f · (= arranged meeting) ραντεβού nt inv · **to make an ~ment (with sb)** κλείνω ραντεβού (με κν) · **by ~ment** κατόπιν ραντεβού

appraisal [ə'preɪzl] n εκτίμηση f

appreciate [ə'priːʃɪeɪt] vt εκτιμώ · (= understand, be aware of) αντιλαμβάνομαι. **appreciation** n (= enjoyment) ικανοποίηση f · (= understanding) επίγνωση f · (= gratitude) εκτίμηση f

apprehension [æprɪ'henʃən] n (= fear) ανησυχία f

apprehensive [æprɪ'hensɪv] adj ανήσυχος

apprentice [ə'prentɪs] n μαθητευόμενος m/f

approach [ə'prəʊtʃ] vi πλησιάζω ♦ vt (place, person) πλησιάζω σε · (= speak to) πλησιάζω · (situation, problem) προσεγγίζω ♦ n (of person) ερχομός m · (to problem, situation) προσέγγιση f

appropriate [ə'prəʊprɪɪt] adj (remarks etc) σωστός · (tool, structure) κατάλληλος

approval [ə'pruːvl] n (= liking) επιδοκιμασία f · (= permission) έγκριση f

approve [ə'pruːv] vt εγκρίνω. ~ **of** vt fus εγκρίνω

approximate [ə'prɔksɪmɪt] adj κατά προσέγγιση. **~ly** adv περίπου

apricot ['eɪprɪkɒt] n βερίκοκο nt

April ['eɪprəl] n Απρίλιος m · see also **July** · ~ **Fool's Day** n Πρωταπριλιά f

apron ['eɪprən] n ποδιά f

apt [æpt] adj κατάλληλος · **to be** ~ **to do sth** έχω την τάση να κάνω κτ

aquarium [ə'kwɛərɪəm] n ενυδρείο nt

Aquarius [ə'kwɛərɪəs] n Υδροχόος m

Arab ['ærəb] adj αραβικός ♦ n Άραβας m/f · **~ian** adj αραβικός · **~ic** adj αραβικός ♦ n αραβικά ntpl

arbitrary ['ɑːbɪtrərɪ] adj αυθαίρετος

arbitration [ɑːbɪ'treɪʃən] n διαιτησία f

arc [ɑːk] n τόξο nt

arcade [ɑː'keɪd] n στοά f · (= shopping mall) στοά f καταστημάτων

arch [ɑːtʃ] n καμάρα f ♦ vt καμπουριάζω

archaeology [ɑːkɪ'ɒlədʒɪ] (US **archeology**) n Αρχαιολογία f

archbishop [ɑːtʃ'bɪʃəp] n αρχιεπίσκοπος m

architect ['ɑːkɪtekt] n αρχιτέκτονας m/f · **~ural** adj αρχιτεκτονικός · **~ure** n αρχιτεκτονική f

archives ['ɑːkaɪvz] npl αρχείο nt

Arctic ['ɑːktɪk] adj της Αρκτικής ♦ n **the** ~ n Αρκτική f

are [ɑː] vb see **be**

area ['ɛərɪə] n (= region) περιοχή f · (GEOM, MATH) εμβαδόν nt · (= part: of place) περιοχή f · (of knowledge, experience) τομέας m · ~ **code** (TEL) n υπεραστικός αριθμός m κλήσεως

arena [ə'riːnə] n στίβος m · (fig) πεδίο nt

aren't [ɑːnt] = **are not**

Argentina [ɑːdʒən'tiːnə] n Αργεντινή f

argue ['ɑːgjuː] vi (= quarrel) μαλώνω · (= reason) υποστηρίζω ♦ vt **to** ~ **that** ... υποστηρίζω ότι...

argument ['ɑːgjumənt] n (= reasons) επιχείρημα nt · (= quarrel) καυγάς m

Aries ['ɛəriːz] n Κριός m

arise [ə'raɪz] (pt **arose**, pp **~n**) vi παρουσιάζομαι

arisen [ə'rɪzn] pp of **arise**

aristocratic [ærɪstə'krætɪk] adj αριστοκρατικός

arithmetic [ə'rɪθmətɪk] n αριθμητική f

arm [ɑːm] n χέρι nt · (= upper arm) μπράτσο nt · (of jacket etc) μανίκι nt · (of chair) μπράτσο nt · **to** ~ εξοπλίζω · ~ **in** ~ αγκαζέ inv · ♦ **arms** npl όπλα ntpl · **~chair** n πολυθρόνα f · ~ed adj (soldier, troops) οπλισμένος · (conflict) ένοπλος · **the ~ed forces** οι ένοπλες δυνάμεις · **~ed robbery** n ένοπλη ληστεία f

Armenia [ɑ:'mi:nɪə] n Αρμενία f

armour (US **armor**) ['ɑ:mə] n (of knight) πανοπλία f

army ['ɑ:mɪ] n στρατός m · (fig) στρατιά f

aroma [ə'rəumə] n (of coffee) άρωμα nt · (of foods) μυρωδιά f · **~therapy** n αρωματοθεραπεία f

arose [ə'rəuz] pt of **arise**

around [ə'raund] adv (= about) (τριγύρω · (= in the area) εδώ γύρω ♦ prep γύρω από · (fig: in time, numbers) γύρω σε · **it measures fifteen feet ~ the trunk** η περίμετρος του κορμού είναι δεκαπέντε πόδια · **is he ~?** είναι εδώ; · **~ 5 o'clock** γύρω στις 5

arouse [ə'rauz] vt ξυπνάω · (interest) προκαλώ · (anger) εξάπτω · (= stimulate) ερεθίζω

arrange [ə'reɪndʒ] vt (meeting, tour etc) οργανώνω · (books) τακτοποιώ · **to ~ to do sth** κανονίζω να κάνω κτ · **~ment** n (= agreement) διακανονισμός m · (= layout) διαρρύθμιση f

▸ **arrangements** npl προετοιμασίες fpl

array [ə'reɪ] n · **~ of** ποικιλία f

arrears [ə'nəz] npl χρέη ntpl · **to be in ~ with one's rent** χρωστάω το ενοίκιο μου

arrest [ə'rest] vt (criminal, suspect) συλλαμβάνω ♦ n σύλληψη f · **under ~** υπό κράτηση

arrival [ə'raɪvl] n άφιξη f · (of invention etc) ερχομός m · **new ~** νεοφερμένος/η m/f · (baby) νεογέννητο nt

arrive [ə'raɪv] vi φτάνω · **~ at** vt fus (fig) καταλήγω σε

arrogance ['ærəgəns] n αλαζονεία f ·

arrogant adj αλαζονικός

arrow ['ærəu] n βέλος nt

arse [ɑ:s] (BRIT: inf!) n κώλος m (inf!)

arsenal ['ɑ:sɪnl] n οπλοστάσιο nt

arson ['ɑ:sn] n εμπρησμός m

art [ɑ:t] n τέχνη f · (= study, activity) τέχνες fpl · **work of ~** έργο τέχνης

▸ **arts** npl θεωρητικές σπουδές fpl

artery ['ɑ:tərɪ] n (also fig) αρτηρία f

art gallery n (large, national) πινακοθήκη f · (small, private) γκαλερί f inv

arthritis [ɑ:'θraɪtɪs] n αρθρίτιδα f

article ['ɑ:tɪkl] n (= object, item) αντικείμενο nt · (LING) άρθρο nt · (in newspaper) άρθρο nt · **~ of clothing** ρούχο nt

articulate adj [ɑ:'tɪkjulɪt] vb [ɑ:'tɪkjuleɪt] adj (speech, writing) γλαφυρός · (person) που εκφράζεται με σαφήνεια και ευκολία ♦ vt εκφράζω

artificial [ɑ:tɪ'fɪʃəl] adj τεχνητός · (manner, person) ψεύτικος

artist ['ɑ:tɪst] n καλλιτέχνης mf · **~ic** adj καλλιτεχνικός

art school n σχολή f καλών τεχνών

KEYWORD

as [æz, əz] conj (a) (referring to time) καθώς · **as the years went by** καθώς περνούσαν τα χρόνια · **he came in as I was leaving** μπήκε την ώρα που έφευγα · **as from tomorrow** από αύριο

(b) (in comparisons) σαν · **she is twice as intelligent as her brother** είναι δύο φορές πιο έξυπνη από το αδερφό της · **you are twice as big as he is** είσαι διπλάσιος απ' αυτόν · **as much as** όσος · **as many as** όσοι · **as soon as** αμέσως μόλις or όταν

(c) (= since, because) αφού · **as you can't come I'll go without you** αφού δεν μπορείς να έρθεις, θα πάω μόνος μου · **he left early as** he had to be home by 10 έφυγε νωρίς γιατί έπρεπε να είναι σπίτι στις 10

(d) (referring to manner, way) όπως • **do as you wish** κάνε ό, τι θέλεις • **he'd be good to have as a friend** θα ήταν καλό να τον έχω σαν φίλο • **he gave it to me as a present** μου το έκανε δώρο

(e) (= in the capacity of) ως • **as chairman of the company...** ως πρόεδρος της εταιρείας... • **he works as a driver** δουλεύει or είναι οδηγός

(f) **as for** or to that όσο για

(g) **as if** or though σαν να • **he looked as if he was ill** φαινόταν σαν να ήταν άρρωστος • see also **long, such, well**

---

a.s.a.p. [eieseri'pi:] adv abbr (= as soon as possible) το συντομότερο δυνατό

asbestos [æz'bestəs] n αμίαντος m

ascent [ə'sent] n (= slope) ανηφόρα f • (= climb: of mountain etc) ανάβαση f

ash [æʃ] n (of fire, cigarette) στάχτη f • (wood) φλαμουριά f • (tree) φλαμουριά f

ashamed [ə'feimd] adj ντροπιασμένος • **to be ~ to** ντρέπομαι να • **to be ~ of** ντρέπομαι (για)

ashore [ə'ʃɔː'] adv (be, go etc) στην ξηρά • (swim) προς την στεριά

ashtray [ˈæʃtreɪ] n σταχτοδοχείο nt

Asia [ˈeɪʃə] n Ασία f • **~n** adj ασιατικός • n Ασιάτης/ισσα mf

aside [ə'saɪd] adv στην άκρη ♦ n μονόλογος m • **to brush objections ~** αψηφώ τις αντιρρήσεις κατά μέρος • **~ from** prep εκτός από

ask [ɑːsk] vt (question) ρωτάω • (= invite) (προσ)καλώ • **to ~ sb sth/ to do sth** ζητώ κτ από κν κν/ζητάω από κν να κάνει κτ • **to ~ about the price** ρωτώ την τιμή • **to ~ (sb) a question** κάνω (σε κν) μια

ερώτηση • **to ~ sb out to dinner** προσκαλώ κν σε δείπνο. • **~ after** vt fus ρωτώ για κν • **~ for** vt fus ζητάω • (trouble) πηγαίνω γυρεύοντας για

asleep [ə'sliːp] adj κοιμισμένος • **to be ~** κοιμάμαι • **to fall ~** με παίρνει ο ύπνος

asparagus [əsˈpærəgəs] n σπαράγγι nt

aspect [ˈæspekt] n πλευρά f

aspire [əsˈpaɪə'] vi **to ~ to** φιλοδοξώ να

aspirin [ˈæsprɪn] n (tablet) ασπιρίνη f

ass [æs] n γάιδαρος m • (inf) ζώο nt • (US: inf!) κώλος m (inf!)

assassin [ə'sæsɪn] n δολοφόνος mf • **~ate** vt δολοφονώ

assault [ə'sɔːlt] n επίθεση f ♦ vt επιτίθεμαι • (sexually) κακοποιώ

assemble [ə'sembl] vt (objects, people) συγκεντρώνω • (TECH) συναρμολογώ ♦ vi συγκεντρώνομαι

assembly [ə'semblɪ] n (= meeting) συνεδρίαση f • (institution) συνέλευση f • (of vehicles etc) συναρμολόγηση f

assert [ə'sɜːt] vt (opinion, innocence) υποστηρίζω με σθένος • (authority) επιβάλλω • **to ~ o.s.** επιβάλλομαι • **~ion** n ισχυρισμός m

assess [ə'ses] vt (problem, situation) εκτιμώ • (abilities) αξιολογώ • (tax) υπολογίζω • (value, damages) εκτιμώ • (SCOL) αξιολογώ • **~ment** n εκτίμηση f • (SCOL) αξιολόγηση f

asset [ˈæset] n ατού nt inv • **~s** npl περιουσιακά στοιχεία ntpl • (of company) ενεργητικό nt

assign [ə'saɪn] vt (task) αναθέτω (σε) • (resources etc) παραχωρώ (σε) • **~ment** n (= task) αποστολή f • (SCOL) εργασία f

assist [ə'sɪst] vt βοηθάω • **~ance** n βοήθεια f • **~ant** n βοηθός mf • (BRIT: also shop **~ant**) πωλητής/τρια m/f

associate [ə'səʊʃɪɪt] vb [ə'səʊʃɪeɪt] n συνεργάτης mf ♦ vt συνδέω ♦ vi **to ~ with sb** κάνω παρέα με κν •

association n (= group) εταιρεία
f · (= involvement, link) σχέση f · **in
~ with** σε συνεργασία με
assorted [əˈsɔːtɪd] adj διάφορος
assortment [əˈsɔːtmənt] n ποικιλία f
assume [əˈsjuːm] vt υποθέτω ·
(responsibilities) αναλαμβάνω ·
(attitude, name) παίρνω
assumption n αντίληψη f · (of
power etc) ανάληψη f
assurance [əˈʃʊərəns] n (= promise)
διαβεβαίωση f · (= confidence)
βεβαιότητα f · (= insurance)
ασφάλεια f
assure [əˈʃʊəˈ] vt διαβεβαιώνω ·
(happiness, success etc) εξασφαλίζω
asthma [ˈæsmə] n άσθμα nt
astonishing [əˈstɒnɪʃɪŋ] adj
εκπληκτικός
astonishment [əˈstɒnɪʃmənt] n
κατάπληξη f
astray [əˈstreɪ] adv **to go ~** (letter)
χάνομαι καθ' οδόν · **to lead
~** παρασύρω
astrology [əˈstrɒlədʒɪ] n αστρολογία f
astronaut [ˈæstrənɔːt] n αστροναύτης
mf
astronomer [əˈstrɒnəməˈ] n
αστρονόμος mf
astronomical [æstrəˈnɒmɪkl] adj
αστρονομικός
astronomy [əˈstrɒnəmɪ] n
αστρονομία f
astute [əˈstjuːt] adj (person)
παμπόνηρος · **an ~ decision** μια
έξυπνη απόφαση
asylum [əˈsaɪləm] n άσυλο nt · **to
seek (political) ~** ζητώ (πολιτικό)
άσυλο

KEYWORD

at [æt] prep (a) (referring to position,
direction) σε · **to look at sth**
κοιτάζω κτ
(b) (referring to time) **at 4 o'clock**
στις 4 (η ώρα) · **at night** τη νύχτα ·
at Christmas τα Χριστούγεννα · **at

times** ώρες-ώρες
(c) (referring to rates, speed etc) **at £2
a kilo** δύο λίρες το κιλό · **two at a
time** δύο μαζί · **at 50 km/h** με 50
χλμ. την ώρα
(d) (referring to activity) σε · **to play
at cowboys** παίζουμε τους
καουμπόηδες
(e) (referring to cause) με · **shocked/
surprised/annoyed at sth**
ταραγμένος/εφανιασμένος/
ενοχλημένος με κτ · **I went at his
suggestion** πήγα με δική του
υπόδειξη

ate [eɪt] pt of **eat**
atheist [ˈeɪθɪɪst] n άθεος/η m/f
Athens [ˈæθɪnz] n Αθήνα f
athlete [ˈæθliːt] n αθλητής/τρια m/f ·
athletic [æθˈlɛtɪk] adj αθλητικός · **athletics**
n αγωνίσματα στίβου ntpl
Atlantic [ətˈlæntɪk] adj του
Ατλαντικού ◆ n **the ~ (Ocean)** ο
Ατλαντικός (Ωκεανός)
atlas [ˈætləs] n άτλας m
ATM abbr (= Automated Telling
Machine) συσκευή f αυτόματων
ταμειακών συναλλαγών
atmosphere [ˈætməsfɪəˈ] n
ατμόσφαιρα f
atom [ˈætəm] (PHYS) n άτομο nt · **~ic**
adj ατομικός
atrocity [əˈtrɒsɪtɪ] n θηριωδία f
attach [əˈtætʃ] vt προσκολλώ ·
(document, letter) επισυνάπτω · **to be
~ed to sb/sth** είμαι δεμένος με κν/
κτ · **~ment** (tool) εξάρτημα nt ·
(COMPUT) συνάψη · (= love)
~ment (to sb) προσκόλληση (σε
κπν)

attack [əˈtæk] vt (MIL) επιτίθεμαι ·
(= assault) κτυπώ · (= criticize)
επιτίθεμαι σε · (task, problem etc)
καταπιάνομαι με · n επίθεση f · (of
illness) κρίση f · **heart ~** καρδιακή
προσβολή · **~er** n δράστης mf
attain [əˈteɪn] vt (happiness) αποκτώ ·

(ambition) πραγματοποιώ · *(age, rank)* φθάνω

attempt [ə'tɛmpt] n προσπάθεια f
♦ vt προσπαθώ

attend [ə'tɛnd] vt *(school, church)* πηγαίνω · *(lectures)* παρακολουθώ · *(course: meeting, talk)* παρακολουθώ · ~ **to** vt fus *(needs, affairs etc)* ασχολούμαι με · *(patient)* παρακολουθώ · *(customer)* εξυπηρετώ · ~**ance** n (= presence) παρακολούθηση f · (= people present) προσέλευση f · ~**ant** n βοηθός mf · *(in garage etc)* υπάλληλος m ·

attention [ə'tɛnʃən] n (= concentration) προσοχή f · (= care) φροντίδα f ♦ excl (MIL) προσοχή! · **for the ~ of ...** υπόψη +gen ...

attic [ˈætɪk] n σοφίτα f

attitude [ˈætɪtjuːd] n (= mental view) αντίληψη f · (= posture) στάση f

attorney [ə'təːnɪ] n *(US)* δικηγόρος mf · **Attorney General** n *(BRIT)* γενικός εισαγγελέας mf · *(US)* ≈ υπουργός Δικαιοσύνης

attract [ə'trækt] vt *(people)* προσελκύω · *(support, publicity)* αποκτώ · *(sb's interest, attention)* τραβάω · ~**ion** n γοητεία f · *(pl)* αξιοθέατα ntpl · *(fig)* έλξη f · ~**ive** adj ελκυστικός

attribute [ˈætrɪbjuːt] vb [ə'trɪbjuːt] n γνώρισμα n ♦ vt αποδίδω · **to ~ sth to** αποδίδω κτ σε

aubergine [ˈəubəʒiːn] n *(vegetable)* μελιτζάνα f · *(colour)* μελιτζανί m inv

auburn [ˈəːbən] adj καστανοκόκκινος

auction [ˈɔːkʃən] n δημοπρασία f ♦ vt πουλάω σε δημοπρασία

audible [ˈɔːdɪbl] adj που ακούγεται

audience [ˈɔːdɪəns] n *(in theatre etc)* ακροατήριο nt · *(RADIO)* ακροατές mpl · *(TV)* τηλεθεατές mpl · (= public) κοινό nt

audit [ˈɔːdɪt] (COMM) vt ελέγχω ♦ n λογιστικός έλεγχος m

audition [ɔː'dɪʃən] n *(CINE, THEAT etc)*

οντισιόν f inv ♦ vi **to ~ (for)** περνάω από οντισιόν (για)

auditor [ˈɔːdɪtə'] n ελεγκτής mf

auditorium [ɔːdɪ'tɔːrɪəm] n (= building) μέγαρο nt · (= audience area) αίθουσα f

August [ˈɔːgəst] n Αύγουστος m · see also **July**

aunt [ɑːnt] n θεία f · ~**ie**, ~**y** n dimin of aunt

aura [ˈɔːrə] n *(fig)* αέρας m

austerity [ɔs'tɛrɪtɪ] n απλότητα f · (ECON) λιτότητα f

Australia [ɔs'treɪlɪə] n Αυστραλία f · ~**n** adj αυστραλέζικος ♦ n Αυστραλός/έζα mf/f

Austria [ˈɔstrɪə] n Αυστρία f · ~**n** adj αυστριακός ♦ n Αυστριακός/ή mf/f

authentic [ɔː'θɛntɪk] adj *(painting, document)* αυθεντικός · *(account)* αξιόπιστος

author [ˈɔːθə'] n συγγραφέας mf

authority [ɔː'θɔrɪtɪ] n (= power) εξουσία f · (= expert) αυθεντία f · (= government body) αρχή f · (= official permission) άδεια f

▸ **the authorities** npl οι αρχές fpl

authorize [ˈɔːθəraɪz] vt εγκρίνω · **to ~ sb to do sth** εξουσιοδοτώ κν να κάνει κτ

autobiography [ɔːtəbaɪ'ɔgrəfɪ] n αυτοβιογραφία f

autograph [ˈɔːtəgrɑːf] n αυτόγραφο nt ♦ vt υπογράφω

automatic [ɔːtə'mætɪk] adj *(process, machine)* αυτόματος · *(reaction)* μηχανικός ♦ n *(gun)* αυτόματο nt · *(car)* αυτόματο (αυτοκίνητο) nt · ~**ally** adv (= by itself) αυτόματα · (= without thinking) μηχανικά

automobile [ˈɔːtəməbiːl] n *(US)* αυτοκίνητο nt

autonomous [ɔː'tɔnəməs] adj αυτόνομος

autonomy [ɔː'tɔnəmɪ] n αυτονομία f

autumn [ˈɔːtəm] n φθινόπωρο nt · in the ~ το φθινόπωρο

auxiliary [ɔːgˈzɪlɪən] adj βοηθητικός ♦ n βοηθός m

avail [əˈveɪl] vt to ~ o.s. of επωφελούμαι ♦ n to no ~ μάταια

availability [əveɪləˈbɪlɪtɪ] n διαθεσιμότητα f

available [əˈveɪləbl] adj (article, amount) διαθέσιμος· (service) που υπάρχει· (time) ελεύθερος· to be ~ (person: = not busy) είμαι διαθέσιμος· (: = free) είμαι ελεύθερος

avalanche [ˈævəlɑːnʃ] n χιονοστιβάδα f

Ave. abbr = avenue

avenue [ˈævənjuː] n λεωφόρος f· (fig) οδός f

average [ˈævərɪdʒ] n μέσος όρος m ♦ adj μέσος ♦ vt φτάνω κατά μέσο όρο· on ~ κατά μέσο όρο· ~ out vi to ~ out at φτάνω κατά μέσο όρο

avert [əˈvɜːt] vt (accident, war) αποτρέπω· (one's eyes) παίρνω

avid [ˈævɪd] adj (supporter) ένθερμος· (viewer) φανατικός

avocado [ævəˈkɑːdəu] n (BRIT: also ~ pear) αβοκάντο nt inv

avoid [əˈvɔɪd] vt αποφεύγω· to ~ doing sth αποφεύγω να κάνω κτ

await [əˈweɪt] vt περιμένω· long ~ed που περιμέναμε εδώ και πολύ καιρό

awake [əˈweɪk] (pt awoke, pp awoken or ~ned) adj ξύπνιος ♦ vt ξυπνάω ♦ vi ξυπνάω

award [əˈwɔːd] n βραβείο nt· (JUR) ποσό nt αποζημίωσης ♦ vt (prize) απονέμω· (JUR: damages) επιδικάζω αποζημίωση

aware [əˈwɛər] adj to be ~ (of sth) (= conscious) έχω υπόψη μου (κτ)· (= informed) είμαι ενημερωμένος (για κτ)· to become ~ of/that αντιλαμβάνομαι κτ/ότι· ~ness n συνείδηση f

away [əˈweɪ] adv to move/run/drive ~ απομακρύνομαι· (be situated)

μακριά από· to be ~ (= not present) λείπω· two kilometres ~ σε απόσταση δύο χιλιομέτρων· two hours ~ by car δύο ώρες με αυτοκίνητο· the holiday was two weeks ~ οι διακοπές ήταν σε δύο εβδομάδες· he's ~ for a week λείπει για μια εβδομάδα· to take ~ (from) (= remove) παίρνω· (= subtract) βγάζω· to work/pedal etc ~ δουλεύω/κάνω ποδήλατο χωρίς διακοπή· ~ ξεθωριάζω· (enthusiasm) πέφτω

awe [ɔː] n δέος nt· to be in ~ of sth/sb κτ/κι μου προκαλεί δέος

awful [ˈɔːfʊl] adj (weather, smell) απαίσιος· (shock etc) φριχτός· an ~ lot of τρομερός· ~ly adv εξαιρετικά

awkward [ˈɔːkwəd] adj (person, movement) αδέξιος· (time) ακατάλληλος· (job, machine) δύσκολος· (problem, situation) δύσκολος· (silence) παράξενος

awoke [əˈwəuk] pt of awake· ~n pp of awake

axe (US **ax**) [æks] n τσεκούρι nt ♦ vt (project etc) κόβω· (jobs) μειώνω κατά πολύ

axle [ˈæksl] (AUT) n (also ~tree) άξονας m (τροχού)

aye [aɪ] excl (= yes) ναι

B b

B, b [biː] n το δεύτερο γράμμα του αγγλικού αλφαβήτου· (SCOL) καλά· = **B · B road** (BRIT: AUT) δευτερεύων δρόμος m

BA n abbr (= Bachelor of Arts) πτυχίο nt Θεωρητικών Επιστημών

baby [ˈbeɪbɪ] n (= infant) μωρό nt· (US: inf: = darling!) μωρό nt μου· ~ carriage (US) n καροτσάκι nt

baby-sit [ˈbeɪbɪsɪt] vi φυλάω παιδιά· ~ter n μπέιμπι-σίτερ f inv

bachelor ['bætʃələ'] n εργένης m ·
B~ of Arts/Science (person)
πτυχιούχος θεωρητικών/θετικών
επιστημών

back [bæk] n (of person) πλάτη f ·
(of animal) ράχη f · (of hand) ανάποδη f ·
(of house, car) πίσω μέρος nt · (of
chair) πλάτη f · (of book) τέλος nt ·
(of crowd, audience) πίσω m inv ·
(FOOTBALL) οπισθοφύλακας m ◆ vt
(candidate) υποστηρίζω · (financially)
στηρίζω · (: bet on: horse) ποντάρω
σε · (: reverse: car) κάνω όπισθεν
◆ vi (also ~ **up**) κάνω όπισθεν
◆ cpd (AUT: seat, wheels) πίσω · (garden) στο
πίσω μέρος · (room) πίσω ◆ adv
(= not forward) πίσω · (returned) he's
~ γύρισε · (restitution) **throw the
ball** ~ πέτα πίσω τη μπάλα · (again)
she called ~ ξανατήρε · **they ran**
~ γύρισαν πίσω τρέχοντας · ~ **to
front** το πίσω-μπρος · **when will
you be** ~? πότε θα γυρίσεις · **can
I have it** ~? μπορείτε να μου το
επιστρέψετε; · ~ **down** vi
υποχωρώ · ~ **out** vi κάνω πίσω ·
~ **up** vt (= support: person)
καλύπτω · (theory etc) υποστηρίζω ·
(COMPUT) κάνω μπακάπ σε · ~**bone**
n σπονδυλική στήλη f · ~**fire** vi (AUT)
κλωτσάει η εξάτμιση +gen · (plans)
ναυαγώ · ~**ground** n (of picture)
βάθος nt · (of events) παρασκήνιο nt ·
(COMPUT) φόντο nt · (: origins: of
person) προέλευση f · (: = experience)
πείρα f ◆ cpd (noise, music) στο
βάθος · **family** ~**ground**
οικογενειακή προέλευση · ~**ground
reading** βασική βιβλιογραφία · ~**ing**
n (COMM) υποστήριξη f · (MUS)
(μουσική) συνοδεία f · ~**log** n ~**pack**
n σακίδιο nt · ~**packer** n αυτός που
κάνει πορεία με σακίδιο στην
πλάτη · ~**side** (inf) n πισινός m ·
~**stage** adv στα παρασκήνια ·
~**stroke** n ύπτιο nt · ~**up** cpd (staff,
services) υποστήριξης · (COMPUT)

ασφαλείας ◆ n (= support)
υποστήριξη f · (also ~**up disk/file**)
δισκέτα/αρχείο μπακάπ · ~**ward** adj
(movement) προς τα πίσω · (fig: step)
προς τα πίσω · (pej: person)
οπισθοδρομικός · (: country etc)
καθυστερημένος · ~**wards** adv
(move: also fig) προς τα πίσω · (in
time) πίσω · ~**yard** n πίσω αυλή f

bacon ['beɪkən] n μπέικον nt inv

bacteria [bæk'tɪərɪə] npl βακτηρίδια
ntpl

bad [bæd] adj κακός (work, health)
άσχημος · (mistake, accident)
σοβαρός · **his** ~ **back** η πονεμένη
του μέση · **to go** ~ (meat, food)
χαλάω · **to be** ~ **at** κάνω κακό · **to
be** ~ **at** δεν είμαι καλός σε · **not**
~ καθόλου άσχημα

bade ['beɪkən] pt of **bid**

badge [bædʒ] n (of school etc) σήμα
nt · (of policeman) διακριτικά ntpl ·
(fig) χαρακτηριστικό γνώρισμα nt

badger ['bædʒə'] n ασβός m

badly ['bædlɪ] adv (work, reflect etc)
άσχημα · (wounded) σοβαρά · **to
dress** ~ είμαι κακοντυμένος · **things are going** ~ τα πράγματα
πάνε άσχημα

badminton ['bædmɪntən] n
μπάντμιντον nt inv

bad-tempered [bæd'tɛmpəd] adj
(person: by nature) δύστροπος · (: on
one occasion) στις κακές μου

bag [bæg] n (made of paper, plastic)
σακούλα f · (= handbag, satchel)
τσάντα f · (= suitcase) βαλίτσα f ·
(pej: woman: also **old** ~) κλώσσα f ·
~**s of** (inf) άφθονος · **to pack one's**
~**s** ετοιμάζω τις βαλίτσες μου · ~**s
under the eyes** σακούλες κάτω
από τα μάτια

baggage ['bægɪdʒ] n αποσκευές fpl ·
~ **allowance** n επιτρεπόμενο όριο
nt αποσκευών

baggy ['bægɪ] adj φαρδύς

Bahamas [bə'hɑːməz] npl **the** ~ οι

bail
Μπαχάμες

bail [beɪl] n (JUR: = payment) εγγύηση f · (: = release) αποφυλάκιση f με εγγύηση ♦ vi (also ~ **out**: on boat) αδειάζω το νερό · see also **bale** · **on** ~ (prisoner) που έχει βγει με εγγύηση. ~ **out** vt (friend) βγάζω από τη δύσκολη θέση

bait [beɪt] n δόλωμα nt ♦ vt (hook, trap) βάζω για δόλωμα σε · (= tease) πειράζω

bake [beɪk] vt (CULIN: cake) φτιάχνω στο φούρνο · (TECH: clay etc) ψήνω ♦ vi (bread etc) ψήνομαι · (person) φτιάχνω ψωμί or γλυκά. ~**d beans** npl φασόλια ntpl κονσέρβα με ντομάτα. ~**r** n φούρναρης m · ~**ry** n φούρνος m

baking [ˈbeɪkɪŋ] n (act) ψήσιμο nt στο φούρνο · (food) φουρνιά f ♦ adj (inf) που βράζει από τη ζέστη

balance [ˈbæləns] n (= equilibrium) ισορροπία f · (FIN: remainder) υπόλοιπο nt λογαριασμού · (object) ισορροπία f ♦ vt (= make equal) εξισορροπώ ♦ vi (person, object) ισορροπώ. ~ **on** = ύστερα από προσεκτικό υπολογισμό · **to** ~ **the books** (COMM) κλείνω τα βιβλία · ~**d** adj (report) αμερόληπτος · (personality, diet) ισορροπημένος · ~ **sheet** n ισολογισμός m

balcony [ˈbælkənɪ] n μπαλκόνι nt · (in theatre) εξώστης m

bald [bɔːld] adj (head, person) φαλακρός · (tyre) φθαρμένος

bale [beɪl] n (AGR) μπάλα f · (of papers etc) δέμα nt · ~ **out** vi (of a plane) πέφτω με αλεξίπτωτο · vt αδειάζω νερό από

ball [bɔːl] n μπάλ(λ)α f · (for tennis, golf) μπαλ(λ)άκι nt · (of wool, string) κουβάρι nt · (= dance) χορός m

ballerina [bæləˈriːnə] n μπαλαρίνα f

ballet [ˈbæleɪ] n μπαλέτο nt

balloon [bəˈluːn] n (child's) μπαλόνι nt · (= hot air balloon) αερόστατο nt

ballot [ˈbælət] n ψηφοφορία f

ballpoint (pen) [ˈbɔːlpɔɪntˈpen] n στυλό nt inv διαρκείας

ballroom [ˈbɔːlruːm] n αίθουσα f χορού

Baltic [ˈbɔːltɪk] n **the ~ (Sea)** η Βαλτική (Θάλασσα)

bamboo [bæmˈbuː] n μπαμπού nt inv

ban [bæn] n απαγόρευση f ♦ vt απαγορεύω

banana [bəˈnɑːnə] n μπανάνα f

band [bænd] n (= group) παρέα f · (MUS: jazz etc) ορχήστρα f · (: rock) συγκρότημα nt · (: military etc) μπάντα f · (: strip, stripe) κορδέλλα f · (= range) εύρος nt

bandage [ˈbændɪdʒ] n επίδεσμος m ♦ vt (wound, leg) δένω με επίδεσμο

bandit [ˈbændɪt] n ληστής m

bang [bæŋ] n (of door) βρόντος m · (of gun, exhaust) εκπυροκρότηση f · (= blow) χτύπημα nt ♦ excl μπαμ! ♦ vt (door) βροντάω · (one's head etc) χτυπάω · vi (door) βροντάω · (fireworks) σκάω· **to ~ at the door** χτυπάω δυνατά την πόρτα · **to ~ into sth** πέφτω πάνω σε κτ

Bangladesh [bæŋɡləˈdeʃ] n Μπανγκλαντές nt inv

bangs [bæŋz] (US) npl (= fringe) αφέλειες fpl

banish [ˈbænɪʃ] vt εξορίζω

banister(s) [ˈbænɪstə z] n(pl) κουπαστή f σκάλας

banjo [ˈbændʒəu] (pl ~**es** or ~**s**) n μπάντζο nt inv

bank [bæŋk] n τράπεζα f · (of river, lake) όχθη f · (of earth) πλαγιά f · n (AVIAT) γέρνω · (COMM) **they ~ with Pitt's** έχουν λογαριασμό στην τράπεζα Πιτ · ~ **on** vt fus υπολογίζω σε · ~ **account** n τραπεζικός λογαριασμός m · ~ **balance** n υπόλοιπο nt τραπεζικού λογαριασμού · ~ **card** n κάρτα f

εγγύησης επιταγών· **~er** n
τραπεζίτης m· **~ holiday** (BRIT) n
επίσημη αργία f· **~ing** n τραπεζικό
επάγγελμα nt· **~note** n
χαρτονόμισμα nt

bankrupt ['bæŋkrʌpt] adj
χρεωκοπημένος ♦ n χρεωκοπημένος/
η m/f· **to go ~** χρεωκοπώ· **~cy** n
(COMM) χρεωκοπία f· (fig) χρεωκοπία
f

banner ['bænə²] n πανό nt inv

bannister(s) ['bænɪstəz] n(pl) =
banister(s)

banquet ['bæŋkwɪt] n συνεστίαση f

baptism ['bæptɪzəm] n βάπτισμα nt·
(ceremony) βαφτίσια ntpl

bar [ba:¹] n μπαρ nt inv· (= rod)
βέργα f· (on window etc) κάγκελο nt·
(of soap, chocolate) πλάκα f· (fig)
φραγμός m· (MUS) μέτρο nt ♦ vt
(way, road) φράζω· (door, window)
αμπαρώνω· (person) αποκλείω·
behind ~s πίσω από τα κάγκελα

Barbados [ba:'beɪdɒs] n
Μπαρμπάντος ntpl inv

barbaric [ba:'bærɪk] adj (= uncivilized)
βαρβαρικός· (= cruel) βάρβαρος

barbecue ['ba:bɪkju:] n ψησταριά f·
(meal, party) μπάρμπεκιου nt inv

barbed wire ['ba:bd'waɪə²] n
συρματόπλεγμα nt

barber ['ba:bə²] n κουρέας m

bare [bεə²] adj γυμνός ♦ vt
γυμνώνω· (teeth) δείχνω· **the
~ essentials, the ~ necessities** τα
απολύτως απαραίτητα· **the
~ minimum** το ελάχιστο· **~ly** adv
μετά βίας

bargain ['ba:gɪn] n (= deal,
agreement) συμφωνία f· (= good buy)
ευκαιρία f· vi (= haggle) παζαρεύω·
to ~ (με κν) διαπραγματεύομαι
(με κν)· **into the ~** επιπλέον· **~ for**
vt fus **he got more than he ~ed
for** πήγε καλύτερα απ'ό, τι περίμενε

barge [ba:dʒ] n μαούνα f· **~ in** vi
(enter) ορμάω μέσα· (= interrupt)

διακόπτω

bark [ba:k] n (of tree) φλούδα f· (of
dog) γαύγισμα nt ♦ vi γαυγίζω

barley ['ba:lɪ] n κριθάρι nt

barmaid ['ba:meɪd] n γκαρσόνα f

barman ['ba:mən] (irreg) n μπάρμαν
m inv

barn [ba:n] n αποθήκη f

barometer [bə'rɒmɪtə²] n βαρόμετρο
nt

baron ['bærən] n βαρώνος m· **~ess**
n βαρώνη f

barracks ['bærəks] npl στρατώνας m

barrage ['bæra:ʒ] n (MIL) καταιγισμός
m πυρών· (= dam) φράγμα nt· (fig)
θύελλα f

barrel ['bærəl] n (of wine, beer) βαρέλι
nt· (of gun) κάννη f

barren ['bærən] adj άγονος

barricade [bærɪ'keɪd] n οδόφραγμα nt
♦ vt κλείνω με οδόφραγμα· **to
~ o.s. in** οχυρώνομαι

barrier ['bærɪə²] n διαχωριστικό nt·
(BRIT: also **crash ~**) προστατευτική
f· (fig) εμπόδιο nt

barring ['ba:rɪŋ] prep εκτός

barrister ['bærɪstə²] (BRIT) n
δικηγόρος mf (σε ανώτερο
δικαστήριο)

barrow ['bærəʊ] n καρότσι nt

bartender ['ba:tɛndə²] (US) n
μπάρμαν m inv

base [beɪs] n βάση f· (of cup, box)
πάτος m ♦ vt **to ~ sth on** (opinion,
belief) βασίζω· **I'm ~d in London**
έχω έδρα το Λονδίνο

baseball ['beɪsbɔ:l] n μπέιζμπωλ nt inv

basement ['beɪsmənt] n υπόγειο nt

bases¹ ['beɪsɪz] npl of **base**

bases² ['beɪsi:z] npl of **basis**

bash [bæʃ] (inf) vt (= beat) κοπανάω
♦ vi (= crash) **to ~ into/against**
κοπανάω πάνω σε

basic ['beɪsɪk] adj βασικός· (facilities)
πρωτόγονος· **~ally** adv βασικά· **~s**
npl **the ~s** τα βασικά

basil ['bæzl] n βασιλικός m

basin ['beɪsn] n (vessel) λεκάνη f• (also wash ~) νιπτήρας nt • (of river, lake) λεκάνη f

basis ['beɪsɪs] n (pl **bases**) n βάση f• **on a part-time/voluntary ~** σε μερική/εθελοντική βάση

basket ['bɑːskɪt] n καλάθι nt • **~ball** n μπάσκετ nt inv

bass [beɪs] (MUS) n (singer) μπάσος m • (also ~ **guitar**) μπάσο nt • (on radio etc) μπάσα ntpl

bastard ['bɑːstəd] n (offspring) νόθος m • (inf!) μπάσταρδος m

bat [bæt] n (ZOOL) νυχτερίδα f• (for cricket, baseball) μπαστούνι nt • (BRIT: for table tennis) ρακέτα f ◆ vt **he didn't ~ an eyelid** έμεινε ατάραχος

batch [bætʃ] n (of bread) φουρνιά f• (of letters, papers) πάκο nt • (of applicants) ομάδα f• (of work, goods) παρτίδα f

bath [bɑːθ] n (= bathtub) μπανιέρα f, μπάνιο nt ◆ vt (baby, patient) κάνω μπάνιο σε • **to have a ~** κάνω μπάνιο • see also **baths**

bathe [beɪð] vi κολυμπάω • (US: = have a bath) κάνω μπάνιο ◆ vt (wound) πλένω

bathing ['beɪðɪŋ] n κολύμπι nt

bathroom ['bɑːθrum] n μπάνιο nt

baths [bɑːðz] npl κολυμβητήριο nt

bathtub ['bɑːθtʌb] n μπανιέρα f

baton ['bætən] n (MUS) μπαγκέτα f• (ATHLETICS) σκυτάλη f• (policeman's) γκλοπ m

batter ['bætər] vt δέρνω • n (CULIN) κουρκούτι nt • **~ed** adj (hat, car) φθαρμένος • **~ed wife/child** ξυλοδαρμένη γυναίκα/ξυλοδαρμένο παιδί

battery ['bætəri] n μπαταρία f

battle ['bætl] n (also fig) μάχη f ◆ vi (= fight) τσακώνομαι • (fig) αγωνίζομαι • **~field** n πεδίο nt μάχης

bay [beɪ] n κόλπος m • (BRIT: for parking) αποβάθρα f στάθμευσης •

(: for loading) αποβάθρα f εκφόρτωσης • **to hold sb at ~** κρατάω κν σε απόσταση

bazaar [bə'zɑː] n (= market) παζάρι nt • (= fete) πανηγύρι nt

B & B n abbr = **bed and breakfast**

BC adv abbr (= before Christ) π.Χ.

KEYWORD

be [biː] (pt **was, were**, pp **been**) aux vb (a) (with present participle: forming continuous tenses) **what are you doing?** τι κάνεις; • **it is raining** βρέχει • **they're coming tomorrow** έρχονται αύριο • **I've been waiting for you for hours** σε περίμενα ώρες ολόκληρες

(b) (with past participle: forming passives) **to be killed** σκοτώνομαι • **the box had been opened** το κουτί είχε ανοιχτεί • **the thief was nowhere to be seen** ο κλέφτης είχε γίνει άφαντος

(c) (in tag questions) **he's good-looking, isn't he?** είναι όμορφος, έτσι δεν είναι or όμορφος είναι, ε; • **she's back again, is she?** ξαναγύρισε, ε;

(d) (+ to + infinitive) **the house is to be sold** το σπίτι πρόκειται or πρέπει να πουληθεί • **he's not to open it** δεν πρέπει να το ανοίξει ◆ vb + complement (a) είμαι • **I'm tired/hot/cold** κουράστηκα/ ζεσταίνομαι/κρυώνω • **2 and 2 are 4** 2 και 2 κάνει 4 • **be careful** πρόσεχε • **be quiet** κάτσε ήσυχα

(b) (of health) είμαι

(c) (of age) είμαι

(d) (= cost) κάνει • **that'll be £5 please** πέντε λίρες παρακαλώ ◆ vi (a) (= exist, occur etc) υπάρχω • **be that as it may** όπως και να'χει • **so be it** ας είναι

(b) (referring to place) είμαι

(c) (referring to movement) είμαι ◆ impers vb (a) (referring to time) **it's 5 o'clock** είναι 5 (η ώρα) • **it's the**

28th of April είναι 28 Απριλίου
(b) (*referring to distance*) **it's 10 km to the village** είναι 10 χλμ. μέχρι το χωριό
(c) (*referring to the weather*) **it's too hot/cold** κάνει πολύ ζέστη/κρύο • **it's windy today** έχει αέρα σήμερα
(d) (*emph*) **it's only me** εγώ είμαι • **it's only the postman** ο ταχυδρόμος είναι • **it was Maria who paid the bill** η Μαρία πλήρωσε το λογαριασμό

beach [biːtʃ] *n* παραλία *f*

beacon ['biːkən] *n* (= *signal light*) φως *nt* για σινιάλο • (= *marker*) φάρος *m*

bead [biːd] *n* χάντρα *f* • (*of sweat*) σταγόνα *f*
▸ **beads** *npl* κολιέ *nt inv*

beak [biːk] *n* ράμφος *nt*

beam [biːm] *n* (ARCHIT) δοκός *f* • (*of light*) αχτίδα *f* ♦ *vi* χαμογελάω ♦ *vt* εκπέμπω

bean [biːn] *n* φασόλι *nt* • **broad ~** κουκί • **runner ~** είδος αμερικάνικου φασολιού • **coffee ~** κόκκος καφέ

bear [bɛəʳ] *n* αρκούδα *f*

beard [bɪəd] *n* μούσι *nt*

bearer ['bɛərəʳ] *n* (*of letter*) κομιστής *m* • (*of news*) αγγελιοφόρος *m* • (*of cheque, passport etc*) κάτοχος *mf*

bearing ['bɛərɪŋ] *n* (*posture*) παράστημα *m* • (= *connection*) σχέση *f*
▸ **bearings** *npl* (*also* **ball ~s**) ρουλεμάν *nt inv* • **to get one's ~s** προσανατολίζομαι • (*fig*) εγκλιματίζομαι

beast [biːst] *n* (*animal*) θηρίο *nt* • (*also inf: person*) τέρας *nt*

beat [biːt] (*pt* ~, *pp* ~**en**) *n* (*of heart*) χτύπος *m* • (MUS) ρυθμός *m* • (*of policeman*) περιοχή *f* ♦ *vt* (= *strike*) χτυπώ, χτυπάω • (= *defeat: opponent*) νικώ • (= *record*)

καταρρίπτω ♦ *vi* χτυπάω • **~ up** *vt* δέρνω • **~ing** *n* ξύλο *nt*

beautiful ['bjuːtɪful] *adj* ωραίος • **~ly** *adv* (*play, sing*) ωραία • (*quiet, empty etc*) υπέροχα

beauty ['bjuːtɪ] *n* (*quality*) ομορφιά *f* • (= *beautiful woman*) καλλονή *f* • (*fig: attraction*) ομορφιά

beaver ['biːvəʳ] *n* κάστορας *m*

became [bɪˈkeɪm] *pt of* **become**

because [bɪˈkɔz] *conj* επειδή • **~ of** λόγω +gen

become [bɪˈkʌm] (*pt* **became**, *pp* ~) *vi* (+*noun*, +*adj*) γίνομαι • **to ~ fat/thin** παχαίνω/αδυνατίζω • **to ~ angry** θυμώνω • **what has ~ of him?** τι απέγινε αυτός;

bed [bɛd] *n* (*piece of furniture*) κρεβάτι *nt* • (*of coal, clay*) κοίτασμα *nt* • (= *bottom: of river, sea*) βυθός *m* • (*of flowers*) παρτέρι *nt* • **to go to ~** πάω να ύπνο • **~ and breakfast** *n* (*place*) πανσιόν *f inv* με ημιδιατροφή • (*terms*) δωμάτιο *nt* με πρωινό • **~ding** *n* κλινοσκεπάσματα *ntpl* • **~room** *n* κρεβατοκάμαρα *nt* • **~side** *n* **at sb's ~side** στο προσκεφάλι κου • **~sit(ter)** (BRIT) *n* ενοικιαζόμενο δωμάτιο *nt* (συνήθως χωρίς μπάνιο και κουζίνα) • **~time** *n* **it's ~time** είναι ώρα για ύπνο

bee [biː] *n* μέλισσα *f*

beech [biːtʃ] *n* (*tree*) οξιά *f* • (*wood*) ξύλο *nt* οξιάς

beef [biːf] *n* βοδινό *nt* • **roast ~** ροστ-μπηφ

been [biːn] *pp of* **be**

beer [bɪəʳ] *n* μπύρα *f*

beet [biːt] *n* γουλί *nt* • (US: *also* **red ~**) κοκκινογούλι *nt*

beetle ['biːtl] *n* σκαθάρι *nt*

beetroot ['biːtruːt] (BRIT) *n* κοκκινογούλι *nt*

before [bɪˈfɔːʳ] *prep* (*of time*) πριν (από) • (*of space*) μπροστά σε ♦ *conj* πριν (να) ♦ *adv* (*time*) ξανά...

~ **going** πριν να πάω · ~ **she goes**
πριν να πάει · **the week** ~ την
προηγούμενη εβδομάδα · **I've never
seen it** ~ δεν το έχω ξαναδεί ·
~hand adv προηγουμένως

beg [beg] vi (beggar) ζητιανεύω ♦ vt
(also ~ **for:** food, money) ζητιανεύω ·
to ~ **sb to do sth** ικετεύω κν να
κάνει κτ · **I** ~ **your pardon**
(apologizing) συγγνώμη · (not
hearing) ορίστε·

began [bɪˈgæn] pt of **begin**

beggar [ˈbegəʳ] n ζητιάνος/α m/f

begin [bɪˈgɪn] (pt **began**, pp **begun**)
vt αρχίζω ♦ vi αρχίζω · **to** ~ **doing**
or **to do sth** αρχίζω να κάνω κτ ·
~ner n αρχάριος/α m/f · **~ning** n
αρχή f · **right from the** ~**ning**
ευθύς εξαρχής

begun [bɪˈgʌn] pp of **begin**

behalf [bɪˈhɑːf] n **on** ~ **of,** (US) **in**
~ **of** (= as representative of) εκ
μέρους +gen · (= for benefit of) για
λογαριασμό +gen · **on my/his** ~ εκ
μέρους μου/του

behave [bɪˈheɪv] vi συμπεριφέρομαι ·
(also ~ **o.s.**) φέρομαι καλά

behaviour [bɪˈheɪvjəʳ] (US **behavior**)
n συμπεριφορά f

behind [bɪˈhaɪnd] prep πίσω από
♦ adv πίσω ♦ n (= buttocks) πισινός
m · **to be** ~ (= late) έχω αργήσει · **to
leave sth** ~ αφήνω κτ

beige [beɪʒ] adj μπεζ inv

Beijing [ˈbeɪˈdʒɪŋ] n Πεκίνο nt

being [ˈbiːɪŋ] n (= creature) ον nt ·
(= existence) ύπαρξη f

Belarus [belaˈrus] n Λευκορωσία f

belated [bɪˈleɪtɪd] adj
καθυστερημένος

Belgian [ˈbeldʒən] adj βελγικός ♦ n
Βέλγος/ίδα m/f

Belgium [ˈbeldʒəm] n Βέλγιο nt

belief [bɪˈliːf] n (= opinion) άποψη f ·
(= trust, faith) πίστη f · (religious,
political etc) πιστεύω int

believe [bɪˈliːv] vt πιστεύω ♦ vi

(= have faith) πιστεύω · **to** ~ **in**
πιστεύω σε · ~**r** n (in idea, activity)
υποστηρικτής/τρια m/f · (REL) πιστός/
ή m/f

bell [bel] n (of church) καμπάνα f ·
(small) καμπανάκι nt · (on door, also
electric) κουδούνι nt

bellow [ˈbeləu] vi (bull) μουγκρίζω ·
(person) ουρλιάζω ♦ vt (orders)
φωνάζω

belly [ˈbelɪ] n κοιλιά f

belong [bɪˈlɒŋ] vi **to** ~ **to** (to person)
ανήκω σε · (to club etc) είμαι μέλος
+gen · **this book** ~**s here** αυτό το
βιβλίο πηγαίνει εδώ · ~**ings** npl
υπάρχοντα ntpl

beloved [bɪˈlʌvɪd] adj αγαπημένος

below [bɪˈləu] prep κάτω από ♦ adv
(= beneath) αποκάτω · **see** ~ βλέπε
παρακάτω · ~ **normal** θερμοκρασίες
κάτω από το φυσιολογικό

belt [belt] n (clothing) ζώνη f · (TECH)
ιμάντας m ♦ vt (inf: = thrash) δέρνω

bemused [bɪˈmjuːzd] adj σαστισμένος

bench [bentʃ] n (= seat) παγκάκι nt ·
(= work bench) πάγκος m · (BRIT: POL)
έδρανο nt · **the B**~ (JUR) η έδρα

bend [bend] (pt, pp **bent**) vt λυγίζω
♦ vi (person) σκύβω · (pipe) λυγίζω
♦ vt (BRIT: in road) στροφή f · (in pipe)
γωνία f
▶ **the bends** npl (MED) η νόσος των
δυτών · ~ **down** vi σκύβω · ~ **over**
vt σκύβω πάνω από

beneath [bɪˈniːθ] prep κάτω από
♦ adv παρακάτω

beneficial [benɪˈfɪʃəl] adj
ευεργετικός · ~ (**to**) ευεργετικός
(για)

benefit [ˈbenɪfɪt] n (= advantage)
όφελος nt · (money) επίδομα nt ♦ vt
ωφελώ ♦ vi **he'll** ~ **from it** θα
ωφεληθεί από αυτό

benign [bɪˈnaɪn] adj άκακος · (MED)
καλοήθης

bent [bent] pt, pp of **bend** ♦ adj

(*wire, pipe*) λυγισμένος ♦ (*inf:* = *dishonest*) άτιμος ♦ (: *pej:* = *homosexual*) πούστης

bereaved [bɪ'riːvd] *n* the ~ οι τεθλιμμένοι συγγενείς ♦ *adj* που έχει χάσει κάποιον δικό του

beret ['bɛreɪ] *n* μπερές *m*

Berlin [bəː'lɪn] *n* Βερολίνο *nt*

Bermuda [bəː'mjuːdə] *n* Βερμούδες *fpl*

berry ['bɛrɪ] *n* μούρο *nt*

berth [bəːθ] *n* (= *bed*) κουκέτα *f*· (NAUT: = *mooring*) αγκυροβόλια *nt*

beside [bɪ'saɪd] *prep* (= *next to*) δίπλα σε · (= *compared with*) μπροστά σε · to be ~ o.s. (with rage) είμαι εκτός εαυτού · that's ~ the point αυτό δεν έχει σχέση · ~s *adv* (= *in addition*) επιπλέον · (= *in any case*) εκτός αυτού ♦ *prep* εκτός από

best [best] *adj* ο καλύτερος ♦ *adv* καλύτερα · the ~ thing to do is ... το καλύτερο που έχουμε να κάνουμε είναι... · the ~ part of (= *most of*) το μεγαλύτερο μέρος +gen · at ~ στην καλύτερη περίπτωση · to make the ~ of sth βολεύομαι με κτ όσο γίνεται καλύτερα · to do one's ~ βάζω τα δυνατά μου · to the ~ of my knowledge απ' όσο ξέρω · to the ~ of my ability όσο μπορώ · ~ man (*irreg*) *n* παράνυμφος *m* · **~seller** *n* μπεστ σέλερ *nt inv*

bet [bet] (*pt, pp* ~ *or* **~ted**) *n* στοίχημα *nt* ♦ *vt* (= *expect, guess*) to ~ that βάζω στοίχημα ότι ♦ *vi* (= *wager*) to ~ on (*horse*) ποντάρω σε · I wouldn't ~ on it δεν είμαι σίγουρος

betray [bɪ'treɪ] *vt* προδίδω

better ['bɛtəʳ] *adj* καλύτερος · (= *cured*) καλύτερα ♦ *adv* καλύτερα ♦ *vt* βελτιώνω ♦ *n* to get the ~ of sb κτ τρώει κπν · I had ~ go (πρέπει) να πηγαίνω · you had ~ do it καλύτερα να το κάνεις · the

~ thought ~ of it το σκέφτηκε καλύτερα · to get ~ (MED) γίνομαι καλύτερα · that's ~! έτσι μπράβο!

betting ['bɛtɪŋ] *n* (= *gambling*) στοιχήματα *ntpl* · (= *odds*) προγνωστικά *ntpl*

between [bɪ'twiːn] *prep* (*in space*) ανάμεσα σε · (*in time*) μεταξύ ♦ *adv* in ~ ενδιάμεσα · ~ you and me μεταξύ μας · a man aged ~ 20 and 25 ένας άνθρωπος ανάμεσα στα 20 και τα 25

beverage ['bɛvərɪdʒ] *n* ποτό *nt*

beware [bɪ'wɛəʳ] *vi* "~ of the dog" "προσοχή σκύλος"

bewildered [bɪ'wɪldəd] *adj* που τα έχει χαμένα

beyond [bɪ'jɒnd] *prep* (*in space*) πέρα από · (= *past: understanding*) τόσο που δεν · (= *exceeding*) που ξεπερνάει · (= *after: date*) πέρα από · (= *above*) μετά ♦ *adv* (*in space, time*) επόμενος · ~ doubt υπεράνω αμφιβολίας · ~ repair που δεν επιδιορθώνεται

bias ['baɪəs] *n* (= *prejudice*) προκατάληψη *f* · (= *preference*) προτίμηση *f* · **~(s)ed** *adj* προκατειλημμένος

bib [bɪb] *n* σαλιάρα *f*

Bible ['baɪbl] *n* (REL) *n* Βίβλος *f*

bicycle ['baɪsɪkl] *n* ποδήλατο *nt*

bid [bɪd] (*pt* bade *or* ~, *pp* ~(**den**)) *n* (*at auction, in tender*) προσφορά *f* · (= *attempt*) απόπειρα *f* ♦ *vi* (*at auction*) κάνω προσφορά · (CARDS) ποντάρω ♦ *vt* προσφέρω · **~der** *n* the highest **~der** ο πλειοδότης

big [bɪg] *adj* (*person: physically*) μεγαλόσωμος · (: = *important*) σπουδαίος · (= *bulky*) μεγάλος · (*brother, sister*) μεγάλος

bike [baɪk] *n* (= *bicycle*) ποδήλατο *nt* · (= *motorcycle*) μοτοσυκλέτα *f* · (*small*) μηχανάκι *nt* · (*large*) μηχανή *f*

bikini [bɪ'kiːnɪ] *n* μπικίνι *nt inv*

bilateral [baɪ'lætərəl] *adj* διμερής

bilingual [baɪˈlɪŋgwəl] adj δίγλωσσος

bill [bɪl] n λογαριασμός m · (POL) νομοσχέδιο nt · (US: also banknote) χαρτονόμισμα nt · (of bird) ράμφος nt · (THEAT) **on the ~** στο πρόγραμμα · **to fit** or **fill the ~** (fig) έρχεται κουτί · **~board** n πίνακας m ανακοινώσεων

billion [ˈbɪljən] n δισεκατομμύριο nt

bin [bɪn] n (BRIT: also **dust~**) σκουπιδοτενεκές m · (: also **litter ~**) καλάθι nt αχρήστων · (container) μπαούλο nt

bind [baɪnd] (pt, pp **bound**) vt (= tie) δένω · (= oblige) υποχρεώνω · (book) δένω

binge [bɪndʒ] (inf) n **to go on a ~** μεθοκοπάω

bingo [ˈbɪŋgəʊ] n μπίνγκο nt inv (που παίζεται από κοινό για κέρδη)

binoculars [bɪˈnɒkjʊlaz] npl κυάλια ntpl

biochemistry [baɪəˈkemɪstrɪ] n Βιοχημεία f

biodegradable [ˈbaɪəʊdɪˈgreɪdəbl] adj βιοδιαλυτός

biography [baɪˈɒgrəfɪ] n βιογραφία f

biological [baɪəˈlɒdʒɪkl] adj (science, warfare) βιολογικός · (washing powder) βιολογικός καθαρισμού

biology [baɪˈɒlədʒɪ] n Βιολογία f

birch [bɜːtʃ] n σημύδα f · (wood) ξύλο nt σημύδας

bird [bɜːd] n πουλί nt · (BRIT: inf: = woman) γκομενίτσα f

birth [bɜːθ] n γέννα f · (: = being born: fig) γέννηση f · **to give ~ to** γεννάω · **~ certificate** n ληξιαρχική πράξη f γεννήσεως · **~ control** n (policy) έλεγχος m γεννήσεων · (methods) αντισυλληπτικές μέθοδοι fpl · **~day** n ημέρα f γενεθλίων · see also **happy** · **~place** n τόπος m γεννήσεως · (fig) γενέτειρα f

biscuit [ˈbɪskɪt] n (BRIT) μπισκότο nt · (US) μικρό κέικ nt

bishop [ˈbɪʃəp] n (REL) επίσκοπος m · (CHESS) αξιωματικός m

bit [bɪt] pt of **bite** · n (= piece) κομμάτι nt · (tool) τρυπάνι nt · (COMPUT) μπιτ nt inv (δυαδικό ψηφίο) · (of horse) στομίδα f (χαλιναριού) · **a ~ of** λίγος · **a ~ mad/dangerous** λίγο τρελός/ επικίνδυνος · **~ by ~** λίγο-λίγο

bitch [bɪtʃ] n (dog) σκύλα f · (inf!: woman) σκύλα f

bite [baɪt] (pt **bit**, pp **bitten**) vt (person, dog etc) δαγκώνω · (insect etc) τσιμπάω ◆ vi (dog etc) δαγκώνω · (insect etc) τσιμπάω ◆ n (from insect) τσίμπημα nt · (= mouthful) κομμάτι f · **to ~ one's nails** τρώω τα νύχια μου

bitten [ˈbɪtn] pp of **bite**

bitter [ˈbɪtə] adj (person) πικρόχολος · (experience, taste) πικρός · (wind, weather) τσουχτερός ◆ n (BRIT: = beer) πικρή μπύρα f · **to the ~ end** μέχρι εσχάτων

bizarre [bɪˈzɑː] adj παράξενος

black [blæk] adj μαύρος · (tea, coffee) σκέτος ◆ n (colour) μαύρο nt · (person) μαύρος m/f · **~ and blue** μαύρος στο ξύλο · **to be in the ~** (in credit) είμαι μέσα · **~ out** vi λιποθυμώ · **~berry** n βατόμουρο nt · **~board** n μαυροπίνακας m · **~ coffee** n σκέτος καφές m · **~currant** n μαύρο φραγκοστάφυλο nt · **~ eye** n μαύρο μάτι nt · **to give sb a ~ eye** μαυρίζω το μάτι κπου · **~mail** n εκβιασμός m ◆ vt εκβιάζω · **~ market** n μαύρη αγορά f · **~out** n (in wartime) συσκότιση f · (= power cut) μπλακάουτ nt inv · (TV, RADIO) πτώση f τάσης · (= faint) λιποθυμία f · **Black Sea** n the B~ Sea η Μαύρη Θάλασσα

bladder [ˈblædə] n (ANAT) κύστη f

blade [bleɪd] n (of knife, sword) λεπίδα f · (of oar) παλάμη f · (of propeller) πτερύγιο nt · **a ~ of grass** ένα φύλλο χλόης

blame [bleɪm] n ευθύνη f ◆ vt to
~ sb for sth κατηγορώ κν για κτ·
to be to ~ φταίω

bland [blænd] adj άνοστος

blank [blæŋk] adj (paper) λευκός·
(look) απλανής ◆ n (of memory) κενό
nt · (on form) κενό nt · (cartridge)
άσφαιρο nt · **to draw a** ~ (fig) κάνω
μια τρύπα στο νερό

blanket [ˈblæŋkɪt] n (cloth) κουβέρτα
f · (of snow, fog) στρώμα nt

blast [blɑːst] n (of wind) ριπή f ·
(whistle) σφύριγμα nt · (explosion)
έκρηξη f ◆ vt (blow up)
ανατινάζω · **at full** ~ στη διαπασών·
~ **off** vi (SPACE) εκτοξεύομαι

blatant [ˈbleɪtənt] adj οφθαλμοφανής

blaze [bleɪz] n πυρκαγιά f ◆ vi (fire)
καίω · (guns) βγάζω φωτιά · (fig: eyes)
αστράφτω · **in a** ~ **of publicity** με
τρομερή δημοσιότητα

blazer [ˈbleɪzə'] n μπλέιζερ nt inv · (of
school, team etc) σακάκι nt

bleach [bliːtʃ] n μπλίτσ f ◆ vt
(fabric) βάζω στη χλωρίνη · (hair)
κάνω οξειζενέ οτε

bleak [bliːk] adj (countryside)
λυπηρός· (weather) μουντός·
(prospect, situation) δυσοίωνος·
(expression, voice) δυσάρεστος

bleed [bliːd] (pt, pp **bled**) vi (MED)
αιμορραγώ· (= run: colour) βγαίνω·
my nose is ~**ing** μάτωσε η μύτη
μου

blend [blend] n χαρμάνι nt (CULIN)
αναμιγνύω · (colours, flavours
etc) συνδυάζω ◆ vi (also = **in**:
colours etc) συνδυάζομαι · ~**er** n
(CULIN) n μπλέντερ nt inv

bless [bles] (pt, pp ~**ed** or **blest**) vt
(REL) ευλογώ· ~ **you!** (after sneeze)
με τις υγείες σας!· ~**ing** n
(= approval) ευλογία f · (= godsend)
δώρο nt · (REL) ευχή f

blew [bluː] pt of **blow**

blight [blaɪt] vt καταστρέφω

blind [blaɪnd] adj (MED, fig) τυφλός·

◆ n (for window) στόρι nt ◆ vt (MED)
τυφλώνω · (= dazzle) στραβώνω · **to
turn a** ~ **eye (on or to)** κάνω τα
στραβά μάτια (για)

▶ **the blind** npl oι τυφλοί mpl

blink [blɪŋk] vi ανοιγοκλείνω τα
μάτια μου· (light) αναβοσβήνω ◆ n
the TV's on the ~ (inf) η
τηλεόραση τα έχει παίξει

bliss [blɪs] n ευδαιμονία f

blister [ˈblɪstə'] n φουσκάλα f ◆ vi
σκάω

blizzard [ˈblɪzəd] n χιονοθύελλα f

bloated [ˈbləʊtɪd] adj πρησμένος

blob [blɒb] n (of glue, paint) σταγόνα
f · (= sth indistinct) μουντζούρα f

block [blɒk] n (buildings) τετράγωνο
nt · (toy) κύβος m · (of stone, ice)
κομμάτι nt ◆ vt μπλοκάρω · **to have
a mental** ~ μπλοκάρει το μυαλό
μου· ~ **up** vt βουλώνω ◆ vi
βουλώνω · ~**ade** n αποκλεισμός m
◆ vt επιβάλλω αποκλεισμό σε·
~**age** n φράξιμο nt · ~**buster** n που
σπάει ταμεία

bloke [bləʊk] (BRIT: inf) n τύπος m

blond(e) [blɒnd] adj ξανθός ◆ n ~**e**
ξανθιά

blood [blʌd] n αίμα nt · ~ **pressure**
n πίεση f · ~**shed** n αιματοχυσία f ·
~**stream** n κυκλοφορία f του
αίματος· ~ **test** n εξέταση f
αίματος· ~ **vessel** n αιμοφόρο
αγγείο nt · ~**y** adj (battle)
αιματηρός · (nose) ματωμένος · (BRIT:
inf!) **this** ~**y...** αυτό το βρωμο...·
~**y strong/good** (inf!) φοβερά
δυνατό/καλό

bloom [bluːm] n (BOT) λουλούδι nt
◆ vi (tree, flower) ανθίζω · (fig: talent)
καρποφορώ · (: person) εξελίσσομαι
σε· **to be in** ~ (plant) είμαι
ανθισμένος

blossom [ˈblɒsəm] n (BOT) λουλούδι
nt ◆ vi (BOT) ανθίζω

blot [blɒt] n (on text) μελανιά f · (fig)
κηλίδα f · ~ **out** vt (view) κρύβω

blouse [blauz] n μπλούζα f

blow [bləu] n (= punch) μπουνιά f · (fig) πλήγμα nt ♦ vi φυσάω ♦ vt (wind) παίρνω · (whistle) σφυρίζω με · (instrument) παίζω · (fuse) καίω · **to ~ one's nose** φυσάω τη μύτη μου · **~ away** vt παίρνω · **~ down** vt ρίχνω · **~ off** vt (hat etc) παίρνω · **~ out** vt σβήνω ♦ vi σβήνω · **~ over** vi κοπάζω · **~ up** vi ξεσπάω ♦ vt (= destroy) ανατινάζω · (= inflate) φουσκώνω · (PHOT) μεγεθύνω · **~n** pp of **blow**

blue [blu:] adj μπλε inv · (= depressed) που έχει καταθλιψη · **out of the ~** (fig) στα καλά καθούμενα · (pleasant event) απ'τον ουρανό
► **the blues** (MUS) τα μπλουζ ntpl inv

bluff [blʌf] vi μπλοφάρω ♦ n μπλόφα f · **to call sb's ~** ξεσκεπάζω τη μπλόφα κου

blunder ['blʌndəʳ] n (political) γκάφα f

blunt [blʌnt] adj (pencil) που δεν είναι ξυσμένος · (knife) στομωμένος · (talk) ευθύς · (person) **to be ~** μιλάω στα ίσια ή έξω απ'τα δόντια

blur [blɜːʳ] n θολούρα f ♦ vt (vision) θολώνω · (distinction) σβήνω · **~red** adj θολός · (distinction) ακαθόριστος

blush [blʌʃ] vi κοκκινίζω ♦ n κοκκίνισμα nt

board [bɔːd] n (= piece of cardboard) χαρτόνι nt · (= piece of wood: oblong) σανίδα f · (square) πίνακας m · (also **notice ~**) πίνακας m ανακοινώσεων · (for games) ταμπλώ nt inv · (= committee) συμβούλιο nt · **on ~** (NAUT) πάνω σε · (AVIAT) μέσα σε ♦ vt (ship, train) επιβιβάζομαι σε · (fml) **full ~** (BRIT) πλήρης διατροφή · **half ~** (BRIT) ημιδιατροφή · **above ~** (fig) καθ'όλα νόμιμος · **across the ~** (fig: adv) σε όλους · (: adj) γενικός · **~ up** vt σφραγίζω με σανίδες · **~ing card** = **boarding pass** · **~ing pass**

(AVIAT, NAUT) n κάρτα f επιβίβασης · **~ing school** n οικοτροφείο nt · **~room** n αίθουσα f συνεδριάσεων

boast [bəust] vi **to ~ (about or of)** καυχιέμαι (για) ♦ vt (fig) έχω να επιδείξω

boat [bəut] n βάρκα f · (= ship) καράβι nt · **to go by ~** πηγαίνω με πλοίο

bob [bɒb] vi (also **~ up and down**: boat) σκαμπανεβάζω · (cork) κουνιέμαι πάνω-κάτω

body ['bɒdɪ] n σώμα nt · (= corpse) πτώμα nt · (= main part) κυρίως μέρος nt · (of speech, document) κύριο μέρος m · (of car) αμάξωμα nt · (of plane) σκελετός m · (fig: = group) ομάδα f · (: = organization) οργάνωση f · **ruling ~** διοικητικό όργανο · **~guard** n σωματοφύλακας m

bog [bɒg] n βάλτος m ♦ vt **to get ~ged down** vi κολλάω

bogus ['bəugəs] adj ψεύτικος

boil [bɔɪl] vi βράζω ♦ vt βράζω ♦ n (MED) καλόγηρος m · **to come to the** (BRIT) **or a** (US) **~** βράζω · **~ over** vi (milk) βράζω και χύνομαι · **~ed egg** n βραστό αυγό nt · **~er** n καυστήρας m

bold [bəuld] adj (person, action) τολμηρός · (pattern, colours) έντονος

Bolivia [bə'lɪvɪə] n Βολιβία f

bolt [bəult] n (= lock) σύρτης m · (with nut) μπουλόνι nt ♦ vt (door) αμπαρώνω ♦ vi τρέχω σαν βολίδα · (= horse) αφηνιάζω · **a ~ of lightning** μια αστραπή

bomb [bɒm] n βόμβα f ♦ vt βομβαρδίζω · **~er** n (AVIAT) βομβαρδιστικό nt · (= terrorist) βομβιστής/τρία m/f · **~ scare** n φόβος m για βόμβα

bond [bɒnd] n δεσμός m · (FIN) ομόλογο nt

bone [bəun] n (ANAT) κόκαλο nt · (of fish) ψαροκόκαλο nt ♦ vt (meat, fish) καθαρίζω or βγάζω τα κόκαλα από

bonfire ['bɒnfaɪə*] *n* φωτιά *f* από
ξύλα · (*for rubbish*) φωτιά *f* για
σκουπίδια

bonnet ['bɒnɪt] *n* (*hat*) σκουφί *nt* ·
(*BRIT: of car*) καπό *nt inv*

bonus ['bəʊnəs] *n* δώρο *nt* · (*fig*)
πλεονέκτημα *nt*

boo [bu:] *excl* μπου! ◆ *n*, *vi* γιουχάρω

book [buk] *n* βιβλίο *nt* · (*of stamps*)
πακετάκι *nt* · (*of tickets*) δεσμίδα *f* ·
◆ *vt* (*ticket, seat*) κλείνω · (*traffic
warden, police officer*) δίνω κλήση ·
(*referee*) βγάζω κάρτα
► **books** *npl* (*COMM: = accounts*)
(λογιστικά) βιβλία *ntpl* · **to keep the
~s** κρατάω τα βιβλία · **~ in** (*BRIT*) *vi*
πιάνω ένα δωμάτιο · **~ up** *vt*
κλείνω · **all seats are ~ed up** όλες
οι θέσεις είναι κλεισμένες · **~case**
n βιβλιοθήκη *f* · **~ing** (*BRIT*) *n*
κράτηση *f* · **~let** *n* ενημερωτικό
φυλλάδιο *nt* · **~maker** *n* πράκτορας
m γραφείου στοιχημάτων · **~mark**
(*also COMPUT*) *n* σελιδοδείκτης *m* ·
~shelf (*pl* **~shelves**) *n* ράφι *nt* της
βιβλιοθήκης · **~shop** *n*
βιβλιοπωλείο *nt*

boom [bu:m] *n* (*noise*) κρότος *m* · (*in
prices*) ραγδαία αύξηση *f* · (*in
population etc*) ραγδαία ανάπτυξη *f* ·
(*= busy period*) περίοδος *f* αιχμής
◆ *vi* (*guns, thunder*) βροντάω · (*voice*)
βροντοφωνάζω · (*business*) ανθώ

boost [bu:st] *n* ενίσχυση *f* ◆ *vt*
ενισχύω

boot [bu:t] *n* (*for winter*) μπότα *f* · (*for
walking, football*) παπούτσι *nt* · (*also*
ankle ~) μποτάκι *nt* · (*BRIT: of car*)
πορτ-μπαγκάζ *nt inv* · ◆ *vt* (*COMPUT*)
ξεκινάω

booth [bu:ð] *n* (*at fair*) περίπτερο *nt* ·
(*for telephoning*) θάλαμος *m* · (*for
voting*) παραβάν *nt inv*

booze [bu:z] (*inf*) *n* πιοτό *nt* ◆ *vi* πίνω

border ['bɔ:də*] *n* (*of a country*)
σύνορα *ntpl* · (*for flowers*) παρτέρι
nt · (*on cloth etc*) περίγυρος *m* ◆ *vt*
(*road*) περιστοιχίζω · (*also* **~ on**)

συνορεύω με
► **the Borders** *n* τα σύνορα
Αγγλίας-Σκωτίας · **~ on** *vt fus* (*fig*)
αγγίζω τα όρια *+gen* · **~line** *n* on
the ~line (*fig*) στα όρια

bore [bɔ:*] *vt* (*hole: oil well, tunnel*)
ανοίγω · (*person*) κουράζω ◆ *n*
(*person*) βαρετός/ή *m/f* · (*of gun*)
διαμέτρημα *nt* · **~d** *adj* **to be ~d**
βαριέμαι · **~dom** *n* βαρεμάρα *f* ·
boring *adj* (*= tedious*) βαρετός

born [bɔ:n] *adj* **to be ~** γεννιέμαι · **I
was ~ in 1960** γεννήθηκα το 1960 ·
a ~ comedian ένας γεννημένος
κωμικός

borough ['bʌrə] (*POL*) *n* δήμος *m*

borrow ['bɒrəʊ] *vt* δανείζομαι · **may I
~ your car?** μπορώ να δανειστώ το
αυτοκίνητό σας;

Bosnian ['bɒznɪən] *adj* της Βοσνίας
◆ *n* Βόσνιος/α *m/f*

bosom ['buzəm] *n* (*ANAT*) στήθος *nt* ·
(*fig*) αγκαλιά *f*

boss [bɒs] *n* αφεντικό *nt* ◆ *vt* (*also*
~ around, ~ about) διατάζω · **~y**
adj αυταρχικός

both [bəʊθ] *adj* και οι δύο (και τα
δύο) ◆ *pron* και οι δύο (και τα δύο)
◆ *adv* · **A and B** και οι Α και τον
Β · **~ (of them)** και οι δυο (τους) ·
they sell ~ meat and poultry
πουλάνε και κρέας και πουλερικά

bother ['bɒðə*] *vt* (= *worry*)
απασχολώ · (= *disturb*) ενοχλώ · *vi*
(*also* **~ o.s.**) μπαίνω στον κόπο ◆ *n*
(= *trouble*) πρόβλημα *nt* · (= *nuisance*)
ενόχληση *f* · **to ~ doing sth** μπαίνω
στον κόπο να κάνω κτ · **~** δεν
πειράζει · **it's no ~** δεν είναι
πρόβλημα *nt inv*

Botswana [bɒt'swɑ:nə] *n*
Μποτσουάνα *f*

bottle ['bɒtl] *n* μπουκάλι *nt* · (*baby's*)
μπιμπερό *nt* · (*BRIT: inf: courage*)
κουράγιο *nt* ◆ *vt* (*beer, wine*)
εμφιαλώνω · **~ up** *vt* κρατάω (μέσα
μου)

bottom ['bɔtəm] n πάτος m •
(= buttocks) πισινός m • (of page, list)
κάτω μέρος nt • (of mountain, hill)
πρόποδες mpl • (of tree) κάτω μέρος
nt ♦ adj (part) κατώτερος • (rung,
position) κατώτατος • **at the ~ of**
στο κάτω μέρος +gen

bought [bɔːt] pt, pp of **buy**

boulder ['bəuldə] n κοτρώνα f

bounce [bauns] vi (ball) σκάω •
(cheque) διαμαρτύρομαι ♦ vt (ball)
χτυπάω κάτω • ~**r** (inf) n πορτιέρης m

bound [baund] pt, pp of **bind** ♦ n
(= leap) άλμα nt • (pl: = limit) όρια
ntpl ♦ vi (= leap) πηδάω ♦ vt
καθορίζω τα όρια +gen ♦ adj • **by**
(law, regulation) δεσμευμένος από •
to be/feel ~ to do sth (= obliged)
είμαι/αισθάνομαι υποχρεωμένος να
κάνω κτ • (= certain) είναι βέβαιο ότι
θα κάνω κτ • **~ for** (NAUT, AUT)
προορίζομαι για • **to be out of ~s**
(fig) είμαι απαγορευμένος

boundary ['baundri] n όριο nt

bouquet ['bukei] n (of flowers)
μπουκέτο nt

bourbon ['buəbən] (US) n μπέρμπον
nt inv

bout [baut] n (of malaria etc) κρίση f •
(of activity) έξαρση f • (BOXING etc)
αγώνας m

boutique [buːˈtiːk] n μπουτίκ f inv

bow[1] [bəu] n (knot) φιόγκος m •
(weapon) τόξο nt • (MUS) δοξάρι nt

bow[2] [bau] n (of the head, body)
υπόκλιση f • (NAUT: also **~s**) πλώρη f
♦ vi (with head, body) υποκλίνομαι •
to ~ to or before (fig) υποκύπτω σε

bowels ['bauəlz] npl έντερα ntpl •
(of animal) εντόσθια ntpl • (fig: of the
earth) έγκατα ntpl

bowl [bəul] n μπωλ nt inv • (for
washing) λεκάνη f • (SPORT: ball)
μπάλα f ♦ vi ρίχνω τη μπάλα • **~er** n
(CRICKET, BASEBALL) αυτός που ρίχνει
τη μπάλα • (BRIT: also **~er hat**)
μπόουλερ nt inv (στρογγυλό

ημίψηλο καπέλο) • **~ing** n
μπόουλινγκ nt inv • **~s** n παιχνίδι σε
χόρτο με ειδικές μπάλες

box [bɔks] n κουτί nt • (= cardboard
box) χαρτόκουτο nt • (= crate) κάσα
f • (THEAT) θεωρείο nt • (BRIT: AUT)
διασταύρωση f • (on farm)
τετραγωνάκι nt • (SPORT) πυγμαχώ με
♦ vi (SPORT) παίζω μποξ • **~er** n
(person) πυγμάχος m • (dog)
μπόξερ nt inv • **Boxing Day** (BRIT)
n η δεύτερη μέρα των
Χριστουγέννων • **~ office** n ταμείο
nt

boy [bɔi] n αγόρι nt

boycott ['bɔikɔt] n μποϋκοτάζ nt inv
♦ vt μποϋκοτάρω

boyfriend ['bɔifrend] n αγόρι nt

bra [brɑː] n σουτιέν nt inv

brace [breis] n (on teeth) σιδεράκια
ntpl • (tool) ξυλουργικό τρυπάνι nt
♦ vt ισιώνω • **to ~ o.s.** στυλώνομαι •
(fig) προετοιμάζομαι

▶ **braces** npl (BRIT) τιράντες fpl

bracelet ['breislit] n βραχιόλι nt

bracket ['brækit] n (TECH) γωνία f
(στήριγμα) • (= group, range) ομάδα
f • (also **brace** ♦) άγκιστρο nt • (also
round ~) παρένθεση f • (also
square ~) αγκύλη f ♦ vt (word,
phrase) βάζω σε παρένθεση • **in ~s**
σε παρένθεση

braid [breid] n (= trimming) σειρήτι
nt • (= plait) κοτσίδα f

Braille [breil] n γραφή f μπράιγ

brain [brein] n (ANAT) εγκέφαλος m •
(fig) μυαλό nt

▶ **brains** npl (CULIN) μυαλά ntpl •
(= intelligence) μυαλό nt

brake [breik] n φρένο nt ♦ vi
φρενάρω

bran [bræn] n πίτουρο nt

branch [brɑːntʃ] n (of tree) κλαδί nt •
(fig: of family) κλάδος m • (: of
organization) παρακλάδι nt • (COMM)
υποκατάστημα nt ♦ vi
διακλαδίζομαι • **~ out** vi to **~ out**

brand (fig) επεκτείνομαι

brand [brænd] n μάρκα f · (fig) είδος nt ♦ vt (cattle) μαρκάρω (με αναμμένο σίδερο) · **~ name** n μάρκα f · **~-new** adj ολοκαίνουργιος

brandy ['brændɪ] n μπράντυ nt inv

brash [bræʃ] adj αυθάδης

brass [brɑ:s] n (metal) μπρούτζος m · **the ~** (MUS) τα χάλκινα πνευστά

brat [bræt] (pej) n παλιόπαιδο nt

brave [breɪv] adj γενναίος ♦ n πολεμιστής m ♦ vt αψηφώ · **~ry** n ανδρεία f

brawl [brɔ:l] n (in pub, street) καυγάς m ♦ vi καυγαδίζω

Brazil [brə'zɪl] n Βραζιλία f

breach [bri:tʃ] vt παραβιάζω ♦ n (= gap) άνοιγμα nt · **~** (= estrangement) χάσμα nt · **~ of contract** παραβίαση συμβολαίου · **~ of the peace** διατάραξη της δημόσιας τάξης

bread [bred] n ψωμί nt · (inf: = money) λεφτά ntpl · **~crumbs** npl ψίχουλα ntpl · (CULIN) τριμμένο ψωμί

breadth [bretθ] n (of cloth etc) φάρδος f · (fig) ευρύτητα f

break [breɪk] (pt broke, pp broken) vt σπάω · (promise) αθετώ · (law) παραβιάζω ♦ vt (crockery) σπάω · (storm) ξεσπάω · (weather) χαλάω · (day) χαράζω · (story, news) διαδίδομαι · **~** (= gap) κενό nt · (= fracture) σπάσιμο nt · (= pause, interval) διάλειμμα nt · (= chance) ευκαιρία f · (= holiday) διακοπές fpl · **to ~ the news to sb** ανακοινώνω τα νέα σε κν · **to ~ even** (COMM) βγάζω τα έξοδά μου · **to ~ free or loose** ελευθερώνομαι · **~ down** vt (figures, data) αναλύω · (door etc) ρίχνω κάτω ♦ vi (machine, car) χαλάω · (person) σπάω · (talks) αποτυγχάνω · **~ in** vt δαμάζω ♦ vi (burglar) κάνω διάρρηξη · **~ into** vt fus κάνω διάρρηξη σε · **~ off** vi (branch) σπάω · (speaker) σταματάω ♦ vt (talks) διακόπτω · (engagement)

διαλύω · **~ out** vi (= begin) ξεσπάω · (= escape) το σκάω · **to ~ out in spots/a rash** βγάζω σπυριά/εξάνθημα · **~ up** vi (ship) ανοίγω στα δύο · (partnership) χωρίζω · (crowd, meeting) διαλύομαι · (marriage) διαλύω · (SCOL) σταματάω ♦ vt (rocks) σπάω · (journey) κάνω διακοπή (fight etc) σταματάω · (meeting, marriage) διαλύω · **~down** n (AUT) βλάβη f · (of communications) διακοπή f · (of marriage) διάλυση f · (MED: also **nervous ~down**) νευρικός κλονισμός m

breakfast ['brekfəst] n πρωινό nt ♦ vi παίρνω πρωινό

break-in ['breɪkɪn] n διάρρηξη f

breakthrough ['breɪkθru:] n επανάσταση f

breast [brest] n στήθος nt · (MED) μαστός m · **~-feed** (irreg) vt θηλάζω ♦ vi θηλάζω · **~stroke** n πρόσθιο nt

breath [breθ] n αναπνοή f · **to get out of ~** πιάνεται η ανάσα μου

breathe [bri:ð] vt αναπνέω ♦ vi αναπνέω · **~ in** vt εισπνέω ♦ vi εισπνέω · **~ out** vt εκπνέω ♦ vi εκπνέω · **breathing** n αναπνοή f ·

breathless adj λαχανιασμένος · **~ with excitement/fear** με κομμένη την ανάσα από τον ενθουσιασμό/το φόβο · **breathtaking** adj που σου κόβει την ανάσα

bred [bred] pt, pp of **breed**

breed [bri:d] (pt, pp **bred**) vt (animals) εκτρέφω · (plants) καλλιεργώ ♦ vi (ZOOL) πολλαπλασιάζομαι ♦ vt (ZOOL) ράτσα f · (= type, class) είδος nt

breeze [bri:z] n αεράκι nt

breezy ['bri:zɪ] adj **it's ~** έχει αεράκι

brew [bru:] vt (tea) ετοιμάζω · (beer) φτιάχνω ♦ vi (tea) γίνομαι · (beer) ψήνομαι · (also fig) προμηνύομαι · **~ery** n ζυθοποιείο nt

bribe [braɪb] n δωροδοκία f ♦ vt

(person) δωροδοκώ • (witness)
εξαγοράζω • **~ry** n δωροδοκία f
brick [brɪk] n τούβλο nt
bride [braɪd] n νύφη f • **~groom** n
γαμπρός m • **~smaid** n παράνυμφη f
bridge [brɪdʒ] n γέφυρα f • (of nose)
ράχη f • (CARDS) μπριτζ nt inv ♦ vt
γεφυρώνω
bridle ['braɪdl] n χαλινάρι nt
brief [briːf] adj σύντομος ♦ n (JUR)
δικογραφία f • (= task) εντολή f ♦ vt
(= inform) ενημερώνω • (MIL etc) to
~ **sb** (about sth) δίνω διαταγές σε
κν (για κτ) • **in ~** εν συντομία...
▸ **briefs** npl (for men) σώβρακο nt •
(for women) κυλοτάκι nt • **~case** n
χαρτοφύλακας m • **~ing** n
ενημέρωση f • **~ly** adv σύντομα • **to
glance/glimpse ~ly** ρίχνω μια ματιά
brigadier [brɪɡə'dɪə] n ταξίαρχος m
bright [braɪt] adj (light) έντονος •
(weather, room) φωτεινός • (person,
idea) έξυπνος • (colour, clothes)
έντονος • (outlook, future) λαμπρός
brilliant ['brɪljənt] adj εξαιρετικός •
(sunshine, light) λαμπερός • (inf:
holiday etc) καταπληκτικός
brim [brɪm] n (of cup) χείλος nt • (of
hat) μπορ nt inv
bring [brɪŋ] (pt, pp brought) vt
φέρνω • (trouble) προκαλώ •
~ **about** vt προκαλώ • (solution etc)
επιφέρω • ~ **back** vt (= restore)
επαναφέρω • (= return) επιστρέφω •
~ **down** vt ρίχνω • (plane)
καταρρίπτω • ~ **forward** vt
μεταφέρω νωρίτερα • (BOOK-KEEPING)
μεταφέρω • ~ **in** vt (money) φέρνω •
(legislation) εισηγούμαι • ~ **off** vt
(task, plan) τα βγάζω πέρα με • (deal)
κλείνω • ~ **out** vt (person) κάνω να
εκδηλωθεί • ~ **round** vt συνεφέρω •
~ **up** vt (= carry up) φέρνω •
(= educate) ανατρέφω • (question,
subject) θέτω • (= vomit) βγάζω
brink [brɪŋk] n χείλος nt • **to be on
the ~ of doing sth** είμαι έτοιμος

να κάνω κτ
brisk [brɪsk] adj (tone) κοφτός •
(person) δραστήριος • (trade)
ζωηρός • **to go for a ~ walk** πάω
περίπατο με γρήγορο βήμα
Brit [brɪt] (inf) n Βρετανός/ίδα m/f
Britain ['brɪtən] n (also Great ~)
(Μεγάλη) Βρετανία f • **in ~** στη
Βρετανία
British ['brɪtɪʃ] adj βρετανικός ♦ npl
the ~ οι Βρετανοί • **he/she is**
~ είναι Βρετανός/Βρετανίδα •
~ **Isles** npl **the ~ Isles** οι
Βρετανικές Νήσοι
Briton ['brɪtən] n Βρετανός/ίδα m/f
brittle ['brɪtl] adj εύθραυστος
broad [brɔːd] adj πλατύς • (outlines,
distinction etc) γενικός • (accent)
βαριά ♦ n (US: inf: woman) γκόμενα
f • **in ~ daylight** στο φως της
ημέρας • ~**band** n (TEL) ευρεία
ζώνη • ~**cast** (pt, pp ~cast) n
εκπομπή f ♦ vt μεταδίδω ♦ vi
εκπέμπω • ~**en** vi διευρύνω ♦ vi
(river) πλαταίνω • **to ~en the** or
sb's mind ανοίγω το μυαλό κου •
~**ly** adv γενικά • ~**ly speaking** σε
γενικές γραμμές
broccoli ['brɔkəlɪ] n μπρόκολο nt
brochure ['brəuʃjuə] n φυλλάδιο nt
broke [brəuk] pt of **break** ♦ adj (inf:
company) φαλιρισμένος • (person)
μπατίρης • **to go ~** φαλιρίζω
broken ['brəukn] pp of **break** ♦ adj
(window, cup etc) σπασμένος •
(machine) χαλασμένος • (promise,
vow) που δεν τηρήθηκε • **a ~ leg**
ένα σπασμένο πόδι • **a ~ marriage**
ένας διαλυμένος γάμος
broker ['brəukə] n μεσίτης m/f • (in
shares) χρηματιστής m/f • (= insurance
broker) ασφαλιστής/τρια m/f
bronchitis [brɔŋ'kaɪtɪs] n βρογχίτιδα f
bronze [brɔnz] n (metal) μπρούτζος m
brooch [brəutʃ] n καρφίτσα f
brood [bruːd] n νεοσσοί mpl • (of hen)
κλωσσόπουλα ntpl ♦ vi (hen)

broom κλωσσάω · (*person*) αναλογίζομαι

broom [brum] *n* (*also* BOT) σκούπα *f*

broth [brɒθ] *n* ζωμός *m* με κρέας και χορταρικά

brothel ['brɒθl] *n* μπορντέλλο *m*

brother ['brʌðə'] *n* (*also* REL) αδελφός *m* · **~-in-law** (*= sister's husband*) γαμπρός *m* · (*= wife's brother*) κουνιάδος *m*

brought [brɔːt] *pt*, *pp of* **bring**

brow [brau] *n* (*= forehead*) μέτωπο *m* · (*= eyebrow*) φρύδι *m* · (*of hill*) κορυφή *f*

brown [braun] *adj* (*colour*) καφέ · (*hair*, *eyes*) καστανός · (*= tanned*) μαυρισμένος · ◆ *n* καφέ *nt inv* ◆ *vt* (*CULIN*) ροδίζω

Brownie ['brauni] *n* (*also* ~ **Guide**) πουλί *nt* (*στους προσκόπους*)

brown sugar *n* ακατέργαστη ζάχαρη *f*

browse [brauz] *vi* (*through book*) κοιτάω πεταχτά · (*in shop*) χαζεύω · **~r** (*COMPUT*) *n* εφαρμογή περιπλάνησης *f*

bruise [bruːz] *n* (*on face etc*) μελανιά *f* · (*on fruit*) χτύπημα *nt* ◆ *vt* (*arm*, *leg etc*) μελανιάζω · (*fruit*) χτυπάω

brunette [bruː'net] *n* μελαχρoινή *f*

brush [brʌʃ] *n* (*for cleaning*) βούρτσα *f* · (*for painting*, *shaving etc*) πινέλλο *nt* · (*= encounter*) προστριβή *f* ◆ *vt* (*= sweep*) σκουπίζω · (*= groom*) βουρτσίζω · (*also* ~ **against**) περνάω ξυστά από · **to** ~ **one's teeth** πλένω τα δόντια μου · ~ **aside** *vt* αγνοώ · ~ **past** *vt* προσπερνάω · ~ **up (on)** *vt* ξεσκονίζω

Brussels sprout *n* λαχανάκια *ntpl* Βρυξελλών

brutal ['bruːtl] *adj* βάναυσος, σκληρός

BSc *abbr* (*= Bachelor of Science*) πτυχίο *nt* Θετικών Επιστημών

BSE *n* *abbr* (*= bovine spongiform encephalopathy*) ασθένεια των τρελών αγελάδων

bubble ['bʌbl] *n* φουσκάλα *f* ◆ *vi* (*liquid*) χοχλάζω · (*fig*) ξεχειλίζω

buck [bʌk] *n* (*rabbit*) κούνελος *m* · (*deer*) αρσενικό ελάφι *nt* · (*US*: *inf*: = *dollar*) δολάριο *nt* ◆ *vi* τσινάω · **to pass the ~** φορτώνω την ευθύνη σε άλλους · ~ **up** *vi* – **up!** κουράγιο!

bucket ['bʌkit] *n* κουβάς *m* ◆ *vi* (*BRIT*: *inf*) **the rain is ~ing (down)** ρίχνει καρεκλοπόδαρα

buckle ['bʌkl] *n* αγκράφα *f* ◆ *vt* κουμπώνω · (*wheel*) στραβώνω ◆ *vi* (*wheel*) στραβώνω

bud [bʌd] *n* (*on tree*, *plant*: = *leaf bud*) μάτι *nt* · (: = *flower bud*) μπουμπούκι *nt* ◆ *vi* (*= produce leaves*) πετάω φύλλα · (*= produce flowers*) βγάζω μπουμπούκια

Buddhism ['budızəm] *n* βουδισμός *m* · **Buddhist** *adj* βουδιστικός ◆ *n* βουδιστής/τρια *m/f*

buddy ['bʌdi] (*US*) *n* φιλαράκος *m*

budge [bʌdʒ] *vt* κουνάω · (*fig*) κάνω να αλλάξει γνώμη ◆ *vi* κουνιέμαι · (*fig*) υποχωρώ

budgerigar ['bʌdʒərigɑː'] *n* παπαγαλάκι *nt*

budget ['bʌdʒit] *n* προϋπολογισμός *m* ◆ *vi* **to ~ for sth** υπολογίζω κτ

buff [bʌf] *adj* (*= colour*) καφεκίτρινος ◆ *n* (*inf*: = *enthusiast*) φανατικός/ή *m/f*

buffalo ['bʌfələu] (*pl* ~ *or* ~**es**) *n* (*BRIT*) βουβάλι *nt* · (*US*: = *bison*) βίσονας *m*

buffer ['bʌfə'] *n* (*COMPUT*) περιοχή *f* προσωρινής αποθήκευσης · (*RAIL*) προσκρουστήρας *m*

buffet[1] ['bufei] (*BRIT*) *n* (*in station*) κυλικείο *nt* · (*food*) μπουφές *m*

buffet[2] ['bʌfit] *vt* (*wind*, *sea*) χτυπάω

bug [bʌg] *n* (*esp US*: *insect*) κοριός *m* · (*COMPUT*) σφάλμα *nt* · (*= germ*) ιός *m* · (*= hidden microphone*) κοριός *m* · (*inf*: = *annoy*) τρώω · (*room*, *telephone etc*) βάζω κοριό σε

buggy ['bʌgi] *n* καροτσάκι *n*

build [bild] (*pt*, *pp* **built**) *n* (*of person*)

διάπλαση f ♦ vt χτίζω · ~ **on** vt fus
to ~ on sth (fig) επωφελούμαι από
κτ · ~ **up** vt (forces, production)
ενισχύω · (morale) τονώνω ·
(business) μεγαλώνω · **~er** n χτίστης
m · **~ing** n χτίσιμο nt · (= structure)
κτίριο nt · **~ing site** n οικοδομή f ·
~ing society (BRIT) n εταιρεία f
οικοδομών

built [bɪlt] pt, pp of **build** · **~-in** adj
(device) ενσωματωμένος ·
(safeguards) προβλεπόμενος

bulb [bʌlb] n (BOT) βολβός m · (ELEC)
λάμπα f

Bulgaria [bʌlˈɡɛərɪə] n Βουλγαρία f ·
~n adj βουλγαρικός ♦ n Βούλγαρος/
άρα m/f · (LING) βουλγαρικά ntpl

bulge [bʌldʒ] n εξόγκωμα nt · (in
birth rate, sales) έκρηξη f ♦ vi είμαι
φουσκωμένος

bulk [bʌlk] n όγκος m · **in** ~ (COMM)
χονδρικώς · **the ~ of** η μεγαλύτερη
μέρος +gen · **~y** adj ογκώδης

bull [bul] n ταύρος m · (= male
elephant/whale) αρσενικό nt · **~dozer**
n μπουλντόζα f

bullet ['bulɪt] n σφαίρα f

bulletin ['bulɪtɪn] n (TV etc) δελτίο n
ειδήσεων · (= journal) δελτίο nt ·
~ board (COMPUT) n ηλεκτρονικός
πίνακας m ανακοινώσεων · (US: =
notice board) πίνακας m
ανακοινώσεων

bully ['bulɪ] n παλληκαράς m ♦ vt
πειράζω · (= frighten) τρομοκρατώ

bum [bʌm] (inf) n (BRIT: = backside)
πισινός m · (esp US: = tramp) αλήτης/
ισσα m/f

bump [bʌmp] n (in car) χτύπημα nt ·
(= jolt) τράνταγμα nt · (on head)
καρούμπαλο nt · (on road) σαμάρι nt
♦ vt χτυπάω · **in** vt fus
σκοντάφτω σε · (inf: = meet) πέφτω
πάνω σε

bumper ['bʌmpəʳ] n (AUT)
προφυλακτήρας m ♦ adj **~ crop/
harvest** πλούσια σοδιά/συγκομιδή

bumpy ['bʌmpɪ] adj (road) γεμάτος
λακκούβες · **it was a ~ flight/ride**
κουνούσε το αεροπλάνο/ είχε
λακούβες ο δρόμος

bun [bʌn] n (CULIN) ψωμάκι nt · (hair
style) κότσος m

bunch [bʌntʃ] n (of flowers) μπουκέτο
nt · (of keys) αρμαθιά f · (of bananas)
τσαμπί nt · (of people) ομάδα f ·
▸ **bunches** npl (in hair) αλογοουρές
fpl

bundle ['bʌndl] n (of clothes) μπόγος
nt · (of sticks) σωρός f · (of papers)
πάκο nt ♦ vt (also ~ **up**) σωριάζω ·
(put) **to ~ sth into** χώνω κτ (μέσα)
σε

bungalow ['bʌŋɡələu] n μπανγκαλόου
nt inv

bungee jumping ['bʌndʒiːdʒʌmpɪŋ]
n (SPORT) ελεύθερη πτώση με
ελαστικό σχοινί δεμένο στα πόδια

bunk [bʌŋk] n κουκέτα f

bunker ['bʌŋkəʳ] n (= coal store)
καρβουναποθήκη f · (MIL) καταφύγιο
nt · (GOLF) αμμόλακκος m

bunny ['bʌnɪ] n (also ~ **rabbit**)
κουνελάκι nt

buoy [bɔɪ] n (NAUT) σημαδούρα f

buoyant ['bɔɪənt] adj (on water) που
επιπλέει · (economy, market)
ανοδικός · (prices, currency) με
ανοδική τάση

burden ['bəːdn] n (lit) βάρος nt ·
(= responsibility) φόρτος m · (= load)
φορτίο nt ♦ vt **to ~ sb with** (trouble)
επιβαρύνω κν με

bureau ['bjuərəu] (pl ~**x**) n (BRIT: =
writing desk) γραφείο nt · (US: = chest
of drawers) σιφονιέρα f · (= office)
γραφείο nt

bureaucracy [bjuəˈrɔkrəsɪ] n
γραφειοκρατία f

bureaucrat ['bjuərəkræt] n
γραφειοκράτης/ισσα m/f

burger ['bəːɡəʳ] n χάμπουρκερ nt inv

burglar ['bəːɡləʳ] n διαρρήκτης m ·
~y n διάρρηξη f

burial ['beriəl] n ταφή f

burn [bɜːn] (pt, pp ~ed or ~t) vt καίω ♦ vi καίγομαι· (= sting) τσούζω ♦ n έγκαυμα nt· **I've ~t myself!** κάηκα!· **~ down** vt καίω·· **~ out** vi **to ~ o.s. out** εξαντλούμαι·· **~ing** adj (house etc) που καίγεται· (forest) φλεγόμενος· (fig: ambition) φλογερός· (: issue, question) καυτός· **~t** pt, pp of **burn**

burrow ['bʌrəʊ] n φωλιά f♦ vi (= dig) σκάβω και χώνομαι

burst [bɜːst] (pt, pp ~) vt (bag, balloon etc) σκάω· (pipe) σπάω· (river: banks etc) ξεχειλίζω από ♦ vi (pipe) σπάω· (tyre) σκάω ♦ n (of gunfire) ριπή f· (also ~ pipe) σπασμένη σωλήνα f· **to ~ into flames** αρπάζω φωτιά· **to ~ into tears** ξεσπάω σε κλάματα· **to ~ open** ανοίγω απότομα· **a ~ of energy/enthusiasm** μία έκρηξη ενέργειας/ενθουσιασμού· **~ into** vt fus ορμάω μέσα σε

bury ['beri] vt θάβω· **to ~ the hatchet** (fig) κάνω ανακωχή

bus [bʌs] n λεωφορείο nt

bush [bʊʃ] n (in garden) θάμνος m· (= scrubland) σαβάνα f

business ['biznis] n (= matter, question) υπόθεση f· (= trading) δουλειές fpl· (= firm) επιχείρηση f· (= occupation) επάγγελμα nt· **to be away on ~** λείπω σε ταξίδι για δουλειές· **I'm here on ~** είμαι εδώ για δουλειά· **to do ~ with sb** συνεργάζομαι or έχω επαγγελματικές συναλλαγές με κν· **it's none of my ~** δεν είναι δική μου δουλειά.· **he means ~** δεν αστειεύεται.· **~like** adj μεθοδικός· **~man** (irreg) n επιχειρηματίας m· **~ trip** n επαγγελματικό ταξίδι nt· **~woman** (irreg) n επιχειρηματίας f

bus shelter n στάση f (με στέγαστρο)

bus station n σταθμός m λεωφορείων

bus stop n στάση f λεωφορείου

bust [bʌst] n (ANAT) στήθος nt· (measurement) περιφέρεια f στήθους· (= sculpture) προτομή f ♦ adj (inf: = broken) χαλασμένος ♦ vt (inf: POLICE) τσακώνω· **to go ~** χρεωκοπώ

bustling ['bʌslɪŋ] adj ζωντανός

busy ['bɪzi] adj (person) απασχολημένος· (shop, street) με πολύ κίνηση· (TEL: line) κατειλημμένος· vt **to ~ o.s. with** ασχολούμαι με

KEYWORD

but [bʌt] conj (a) αλλά (b) (showing disagreement, surprise etc) μα
♦ prep (= apart from, except) **we've had nothing but trouble** μόνο μπελάδες είχαμε· **no-one but him can do it** μόνο αυτός μπορεί να το κάνει· **but for you** χωρίς εσένα· **but for your help** αν δεν με είχες βοηθήσει· **I'll do anything but that** θα κάνω οτιδήποτε or τα πάντα εκτός απ'αυτό
♦ adv (= just, only) μόνο· **she's but a child** είναι μόνο ένα παιδί· **had I but known** αν το ήξερα· **I can but try** δεν μπορώ παρά να προσπαθήσω

---

butcher ['bʊtʃəʳ] n χασάπης m ♦ vt σφάζω

butler ['bʌtləʳ] n μπάτλερ m inv

butt [bʌt] n (= large barrel) βαρέλα f· (= handle end) πίσω άκρη f· (of gun) υποκόπανος m· (also **cigarette ~**) αποτσίγαρο m· (BRIT: fig) στόχος m· (US: inf!) κώλος m (inf!) ♦ vt κουτουλάω· **~ in** vi πετάγομαι

butter ['bʌtəʳ] n βούτυρο nt ♦ vt βουτυρώνω

butterfly ['bʌtəflaɪ] n πεταλούδα f

buttocks ['bʌtəks] npl πισινά ntpl

button ['bʌtn] n κουμπί nt· (US: = badge) σήμα nt ♦ vt (also **~ up**) κουμπώνω ♦ vi κουμπώνω

buy [baɪ] (*pt, pp* **bought**) *vt*
αγοράζω · (COMM) (εξ)αγοράζω ♦ *n*
αγορά *f* · **to ~ sb sth** αγοράζω κτ σε
κν · **to ~ sb a drink** κερνάω κν ένα
ποτό · **~ back** *vt* ξαναγοράζω ·
~ out *vt (partner)* εξαγοράζω το
μερίδιο +*gen* · (*business*) εξαγοράζω ·
~ up *vt* αγοράζω (*σε μεγάλες
ποσότητες*) · **~er** *n* αγοραστής *m*

buzz [bʌz] *n* (= *noise*) βούισμα *nt* ·
(*inf*) **to give sb a ~** τηλεφωνάω ♦ *vi*
βουίζω · **my head is ~ing** βουίζει
το κεφάλι μου · **~er** *n* κουδούνι *n*

─────────────
| KEYWORD |
─────────────

by [baɪ] *prep* (a) (*referring to cause,
agent*) από · **a painting by Picasso**
ένας πίνακας του Πικάσσο · **it's by
Shakespeare** είναι του Σαίξπηρ
(b) (*referring to method, manner*) με ·
by saving hard, he bought...
κάνοντας μεγάλες οικονομίες,
αγόρασε...
(c) (= *via, through*) από · **he came in
by the back door** μπήκε από την
πίσω πόρτα
(d) (= *close to*) δίπλα σε
(e) (= *past*) **she rushed by me** με
προσπέρασε τρέχοντας · **I go by the
post office every day** περνάω
από το ταχυδρομείο κάθε μέρα
(f) (= *not later than*) μέχρι · **by this
time tomorrow** αύριο τέτοια ώρα
(g) (*amount*) με
(h) (MATH, *measure*) επί · **a room 3
metres by 4** ένα δωμάτιο 3 επί 4 ·
it's broader by a metre είναι ένα
μέτρο φαρδύτερο
(i) (*according to*) (σύμφωνα) με · **to
play by the rules** παίζω (σύμφωνα)
με τους κανόνες · **it's all right by
me** από *or* για μένα είναι εντάξει
(j) (*oneself*) **he did it by
himself** το έκανε μόνος του · **he
was sitting all by himself in the
bar** καθόταν μόνος του στο μπαρ
(k) (*by the way*) παρεμπιπτόντως
(*fml*)

♦ *adv* (a) *see* **go, pass** *etc*
(b) **by and large** σε γενικές
γραμμές

bye(-bye) ['baɪ'baɪ] *n excl* γεια
by-election ['baɪɪlekʃən] (BRIT) *n*
επαναληπτικές τοπικές εκλογές *fpl*
Byelorussia [bjeləʊˈrʌʃə] *n* = Belarus

bypass ['baɪpɑːs] *n* (AUT)
περιφερειακός (δρόμος) *m* · (MED)
μπάι πας *nt inv* ♦ *vt* (*town*) περνάω
έξω από · (*fig: problem etc*)
προσπερνώ

byte [baɪt] (COMPUT) *n* μπάιτ *nt inv*

C c

C, c [siː] *n* το τρίτο γράμμα του
αγγλικού αλφαβήτου · (SCOL: *mark*)
καλά, = Γ

C [siː] *n* (MUS) ντο *nt inv*

C. *abbr* = **Celsius · centigrade**

cab [kæb] *n* (= *taxi*) ταξί *nt inv* · (*of
truck, tractor*) καμπίνα *f*

cabaret ['kæbəreɪ] *n* καμπαρέ *nt inv* ·
(= *floor show*) πρόγραμμα *nt*

cabbage ['kæbɪdʒ] *n* λάχανο *nt*

cabin ['kæbɪn] *n* (*on ship, plane*)
καμπίνα *f* · (*house*) καλύβα *f*

cabinet ['kæbɪnɪt] *n* (*piece of furniture*)
ερμάρι *nt* · (*also* **display ~**) βιτρίνα
f · (POL) υπουργικό συμβούλιο *nt* ·
~ minister *n* υπουργός *mf*

cable ['keɪbl] *n* (*strong rope*)
συρματόσχοινο *nt* · (ELEC, TEL)
καλώδιο *nt* ♦ *vt* (*message*)
τηλεγραφώ · (*money*) στέλνω με
τηλεφωνικό έμβασμα · **~ television**
n καλωδιακή τηλεόραση *f*

cactus ['kæktəs] (*pl* **cacti**) *n* κάκτος *m*

café ['kæfeɪ] *n* καφέ *nt inv* · (*traditional
Greek*) καφενείο *nt*

cafeteria [kæfɪˈtɪərɪə] *n* (*in school,
station*) κυλικείο *nt* · (*in factory*)
καντίνα *f*

caffein(e) ['kæfi:n] n καφεΐνη f

cage [keɪdʒ] n κλουβί nt ♦ vt βάζω σε κλουβί

Cairo ['kaɪərəu] n Κάιρο nt

cake [keɪk] n (large, birthday cake etc) τούρτα f · (large, for tea etc) κέικ nt inv · (small) γλυκό nt · (of soap) πλάκα f

calcium ['kælsɪəm] n ασβέστιο nt

calculate ['kælkjuleɪt] vt (cost, distance) υπολογίζω · (chances, effect etc) εκτιμώ · **to be ~d to do sth** αποσκοπώ στο να κάνω κτ · **calculation** n (= sum) υπολογισμός m · (= estimate) εκτίμηση f

calculator n κομπιουτεράκι nt

calendar ['kæləndə'] n ημερολόγιο nt (τοίχου)

calf [kɑ:f] (pl **calves**) n (cow) μοσχάρι nt · (also **~skin**) βακέτα f (ANAT) γάμπα f

calibre ['kælɪbə'] (US **caliber**) n διαμέτρημα nt

California [kælɪ'fɔ:nɪə] n Καλιφόρνια f

call [kɔ:l] vt (= name) ονομάζω · (= label) αποκαλώ · (TEL) τηλεφωνώ σε · (= summon: person, witness) καλώ · (= arrange: meeting) συγκαλώ ♦ vi (= shout) φωνάζω · (= telephone) τηλεφωνώ (also **~ in, ~ round**) επισκέπτομαι ♦ n (= shout) κλάσμα nt · (TEL) τηλεφώνημα nt · (= visit) επίσκεψη f · (= demand) αίτημα nt · **to be ~ed** (person, object) ονομάζομαι · **on ~** (nurse, doctor etc) σε εφημερία · **~ at** vt fus (ship) πιάνω λιμάνι σε · (train) σταματάω σε · **~ back** vi (= return) ξαναπερνάω · (TEL) ξαναπαίρνω ♦ vt (TEL) τηλεφωνώ · **~ for** vt fus (= demand) απαιτώ · (= fetch) ζητάω · **~ in** (doctor, expert) καλώ · **~ off** vt ματαιώνω · **~ on** vt fus (= visit) περνάω από · **to ~ on sb to do** ζητάω από κν να κάνει · **~ out** vi φωνάζω ♦ vt (doctor, police) καλώ · **~ up** vt (MIL) καλώ · (TEL) τηλεφωνώ · **~ centre** (BRIT) n

τηλεφωνικό κέντρο nt · **~er** n (= visitor) επισκέπτης/τρια m/f · (TEL) αυτός που τηλεφωνεί

callous ['kæləs] adj ανηλεής

calm [kɑ:m] adj (= unworried) ήρεμος · (= peaceful) γαλήνιος · (voice) ήρεμος · (sea) γαλήνιος ♦ n ηρεμία f ♦ vt (person, child) ηρεμώ · (fears etc) καθησυχάζω · **~ down** vt ηρεμώ · (person) ηρεμώ · **~ly** adv ήρεμα

calorie ['kælərɪ] n θερμίδα f

calves [kɑ:vz] npl of **calf**

Cambodia [kæm'bəudɪə] n Καμπότζη f

camcorder ['kæmkɔ:də'] n (φορητή) βιντεοκάμερα f

came [keɪm] pt of **come**

camel ['kæməl] n καμήλα f

camera ['kæmərə] n (PHOT) φωτογραφική μηχανή f · (CINE, TV) κάμερα f · **~man** (irreg) n κάμεραμαν m inv

camouflage ['kæməflɑ:ʒ] n παραλλαγή f ♦ vt καμουφλάρω

camp [kæmp] n (= encampment) κατασκήνωση f · (MIL: = barracks) στρατόπεδο nt · (for prisoners) στρατόπεδο f · (= faction) στρατόπεδο nt ♦ vi κατασκηνώνω ♦ adj θηλυπρεπής

campaign [kæm'peɪn] n εκστρατεία f ♦ vi κάνω εκστρατεία · **~er** n **~er for** αγωνιστής/τρια +gen · **~er against** αγωνιστής/τρια εναντίον +gen

camper ['kæmpə'] n κατασκηνωτής/ τρια m/f · (vehicle) τροχόσπιτο nt

camping ['kæmpɪŋ] n κάμπινγκ nt inv · **to go ~** κάνω κάμπινγκ

campsite ['kæmpsaɪt] n κάμπινγκ nt inv

campus ['kæmpəs] n πανεπιστημιούπολη f

KEYWORD

can[1] [kæn] (negative **cannot, can't,** conditional and pt **could**) aux vb

(a) (= be able to) μπορώ • **I can't see you** δεν σε βλέπω

(b) (= know how to) ξέρω • **I can swim/drive** ξέρω να κολυμπάω/να οδηγώ • **can you speak French?** ξέρετε or μιλάτε γαλλικά;

(c) (= may) μπορώ

(d) (expressing disbelief, puzzlement) **it can't be true!** αποκλείεται! • **what CAN he want?** τι θέλει επιτέλους;

(e) (expressing possibility, suggestion) **he could be in the library** μπορεί να είναι στη βιβλιοθήκη • **she could have been delayed** μπορεί να καθυστέρησε

can² [kæn] n (for foodstuffs) κονσέρβα f • (for oil, water) δοχείο nt

Canada ['kænədə] n Καναδάς m • **Canadian** adj καναδικός ◆ n Καναδός/έζα m/f

canal [kə'næl] n κανάλι nt

Canaries [kə'nɛərɪz] npl = **Canary Islands**

canary [kə'nɛərɪ] n καναρίνι nt

Canary Islands [kə'nɛərɪˌ'aɪləndz] npl **the** ~ τα Κανάρια Νησιά

cancel ['kænsəl] vt ματαιώνω • (reservation, order) ακυρώνω • (COMPUT) "~" ακύρωση • **~ out** vt αντισταθμίζω • **~lation** n (of appointment, flight) ματαίωση f • (of reservation) ακύρωση f • (TOURISM) ακύρωση f

cancer ['kænsə'] n καρκίνος m • **C~** (ASTROLOGY) Καρκίνος

candidate ['kændɪdeɪt] n υποψήφιος/α m/f

candle ['kændl] n κερί nt

candy ['kændɪ] n (US) n καραμέλες fpl

cane [keɪn] n καλάμι nt • (for walking) μπαστούνι nt • **~ sugar** ~ ζαχαροκάλαμο

cannabis ['kænəbɪs] n ινδική κάνναβις f

canned [kænd] adj σε κονσέρβα

cannon ['kænən] (pl ~ or ~s) n

κανόνι nt

cannot ['kænɔt] = **can not**

canoe [kə'nuː] n κανό nt inv • **~ing** n κανό nt inv

canon ['kænən] n (= clergyman) εφημέριος m • (= standard) κανόνας m

can't [kænt] = **can not**

canteen [kæn'tiːn] n καντίνα f

canter ['kæntə'] vi καλπάζω • n καλπασμός m

canvas ['kænvəs] n (fabric) πανί nt • (ART: material) καναβάτσο nt • (: = painting) πίνακας m

canyon ['kænjən] n φαράγγι nt

cap [kæp] n σκούφος m • (of pen) καπάκι nt • (of bottle) πώμα nt • (also Dutch ~: contraceptive) διάφραγμα nt ◆ vt (= outdo) ξεπερνάω • (POL: tax) περιορίζω • (SPORT) **she was ~ped twenty times** επελέγη για την εθνική ομάδα είκοσι φορές

capability [keɪpə'bɪlɪtɪ] n δυνατότητα f

capable ['keɪpəbl] adj ικανός • **~ of doing** ικανός να κάνει

capacity [kə'pæsɪtɪ] n (of container, ship) χωρητικότητα f • (= capability) ικανότητα f • (= position, role) ιδιότητα f • (of factory) απόδοση f

cape [keɪp] n (GEO) ακρωτήριο nt • (= cloak) κάπα f

caper ['keɪpə'] n (CULIN: gen pl) κάπαρη f • (= prank) φάρσα f

capital ['kæpɪtl] n (city) πρωτεύουσα f • (money) κεφάλαιο nt • (also **~ letter**) κεφαλαίο nt • **~ism** n καπιταλισμός m • **~ist** adj καπιταλιστικός ◆ n καπιταλιστής/τρια m/f • **~ punishment** n θανατική ποινή f

Capricorn ['kæprɪkɔːn] n Αιγόκερως m

capsule ['kæpsjuːl] n (MED) κάψουλα f • (= spacecraft) σκάφος nt

captain ['kæptɪn] n (of ship) καπετάνιος m • (of plane) πιλότος m • (of team) αρχηγός m • (in army) λοχαγός m · (in navy) πλοίαρχος m · (us: in air force) σμηναγός m

caption ['kæpʃən] n λεζάντα f

captivity [kæp'tɪvɪtɪ] n αιχμαλωσία f

capture ['kæptʃə] vt (animal) πιάνω · (person) συλλαμβάνω · (town, country) κατακτώ · (attention) κατακτώ ♦ n (= seizure: of animal, person) αιχμαλωσία f · (of town) κατάληψη f

car [kɑː] n (AUT) αυτοκίνητο n · (RAIL) βαγόνι nt

caramel ['kærəməl] n καραμέλλα f

carat ['kærət] n καράτι nt · **18 ~ gold** χρυσός 18 καρατίων

caravan ['kærəvæn] n (BRIT: vehicle) τροχόσπιτο nt · (in desert) καραβάνι nt

carbohydrate [kɑːbəʊ'haɪdreɪt] n υδατάνθρακας m

carbon ['kɑːbən] n άνθρακας m · **~ copy** n αντίγραφο nt με καρμπόν · **~ dioxide** n διοξείδιο nt του άνθρακα · **~ monoxide** n μονοξείδιο nt του άνθρακα

car boot n (also **~ sale**) παζάρι μεταχειρισμένων

card [kɑːd] n (material) χαρτόνι nt · (record card, index card etc) κάρτα f · (= playing card) τραπουλόχαρτο nt · (greetings card) κάρτα f · (= visiting card) επισκεπτήριο nt (fml) · **~board** n χαρτόνι nt

cardigan ['kɑːdɪɡən] n πλεχτή ζακέτα f

cardinal ['kɑːdɪnl] adj (principle, importance) ύψιστος ♦ n καρδινάλιος m

care [kɛə] n (= attention) φροντίδα f · (= worry) έγνοια f ♦ vi **to ~ about** ενδιαφέρομαι για · **would you ~ to/ for ...?** θα θέλατε να ...; · **~ of** (on letter) για +acc · **in sb's ~** που έχουν εμπιστευτεί σε κν · **to take ~ (to do)** προσέχω (να κάνω) · **to take ~ of** (patient, child etc) φροντίζω · (details, arrangements)

διευθετώ · (problem, situation) κανονίζω · **the child has been taken into ~** το παιδί το ανέλαβε η μέριμνα · **I don't ~** δε με νοιάζει · **I couldn't ~ less** δε με νοιάζει καθόλου · **~ for** vt fus (= look after) φροντίζω · (= like) ενδιαφέρομαι

career [kə'rɪə] n (= profession) σταδιοδρομία f · (in school, work etc) ζωή f ♦ vi (also **~ along**) ξεχύνομαι

carefree ['kɛəfriː] adj ξέγνοιαστος

careful ['kɛəful] adj (= cautious) προσεχτικός · (= thorough) διεξοδικός · **(be) ~!** προσέχετε! · **~ly** adv (= cautiously) προσεχτικά · (= methodically) με προσοχή

careless ['kɛəlɪs] adj (= negligent) απρόσεχτος · (remark) απερίσκεπτος · **~ness** n (= negligence) απροσεξία f · (= casualness) άνεση f

carer ['kɛərə] n άτομο nt που φροντίζει κν

caretaker ['kɛəteɪkə] n επιστάτης/ τρια m/f

cargo ['kɑːɡəʊ] (pl **~es**) n φορτίο nt

car hire (BRIT) n ενοικίαση f αυτοκινήτων

Caribbean [kærɪ'biːən] n **the ~ (Sea)** η Καραϊβική (Θάλασσα) ♦ adj της Καραϊβικής

caring ['kɛərɪŋ] adj που δείχνει ενδιαφέρον

carnival ['kɑːnɪvl] n (= public celebration) καρναβάλι nt · (us: = funfair) πανηγύρι nt

carol ['kærəl] n (**Christmas**) **~** (Χριστουγεννιάτικα) κάλαντα

carousel [kærə'sɛl] (us) n αλογάκια ntpl

car park (BRIT) n πάρκινγκ nt inv

carpenter ['kɑːpɪntə] n ξυλουργός m

carpet ['kɑːpɪt] n (in room etc) χαλί nt · (fitted) μοκέτα f · (fig: of pine needles, snow etc) στρώμα nt ♦ vt βάζω μοκέτα σε

carriage ['kærɪdʒ] n (BRIT: RAIL)

carriageway βαγόνι nt · (= horse–drawn vehicle) άμαξα f · **~way** (BRIT) n κατεύθυνση f

carrier ['kærɪə'] n (= transporter) μεταφορέας mf · (MED) φορέας mf

carrot ['kærət] n καρότο nt · (fig) κίνητρο nt

carry ['kærɪ] vt μεταφέρω · (responsibilities etc) ενέχω · (MED) είμαι φορέας +gen · vi (sound) μεταφέρομαι · **to get carried away** (fig) παρασύρομαι · **~ on** vi συνεχίζω ♦ vt διεξάγω · **~ out** vt (orders) εκτελώ · (investigation) γίνομαι · (idea, threat) πραγματοποιώ

cart [ka:t] n (for grain etc) κάρο nt · (for passengers) αμαξάκι nt · (= handcart) καροτσάκι nt ♦ vt (inf: people, objects) κουβαλώ

carton ['ka:tən] n (= large box) χαρτοκιβώτιο nt · (of yogurt, milk) κουτί nt

cartoon [ka:'tu:n] n (drawing) γελοιογραφία f · (BRIT: = comic strip) κόμικ nt inv · (CINE) κινούμενο σχέδιο nt

cartridge ['ka:trɪdʒ] n (for gun) φυσίγγι nt · (for camera) κασέτα f

carve [ka:v] vt (meat) κόβω · (wood, stone) σκαλίζω · (initials, design) χαράζω · **carving** n (= object made from wood) ξυλόγλυπτο nt · (= object made from stone etc) γλυπτό nt · (in wood: etc) = design) σκάλισμα nt

case [keɪs] n (= situation, instance) περίπτωση f · (MED) περιστατικό nt · (JUR) υπόθεση f · (= criminal investigation) υπόθεση f · (= container: for exhibiting objects) προθήκη f · (for spectacles etc) θήκη f · (BRIT: also suit~) βαλίτσα f · **lower/upper ~** (TYP) μικρά or πεζά/κεφαλαία γράμματα · **to have a good ~** έχω ισχυρά επιχειρήματα · **in ~ (of)** (fire, emergency) σε περίπτωση +gen · **in ~ he comes** σε περίπτωση που έρθει · **in any ~** εν πάση περιπτώσει · **just in ~** καλού-κακού

cash [kæʃ] n (coins, notes) μετρητά

ntpl · (money) λεφτά ntpl ♦ vt εξαργυρώνω · **~ in** vt ρευστοποιώ · **~ in on** vt fus επωφελούμαι από

cashback ['kæʃbæk] n επιστροφή f μετρητών

cash dispenser (BRIT) n αυτόματη ταμειακή μηχανή f

cashier [kæ'ʃɪə'] n ταμίας mf

cashmere ['kæʃmɪə'] n κασμίρι nt ♦ adj κασμιρένιος

casino [kə'si:nəu] n καζίνο nt

casket ['ka:skɪt] (US) n φέρετρο nt

casserole ['kæsərəul] n (of lamb, chicken etc) ψητό nt κατσαρόλας · (= pot, container) βαθύ ταψί με καπάκι

cassette [kæ'sɛt] n κασέτα f

cast [ka:st] (pt, pp) vt (= throw) ρίχνω · (THEAT) **to ~ sb as Hamlet** δίνω σε κν το ρόλο του Αμλέτ · (metal, statue) χύνω ♦ n (THEAT) διανομή f players · (actors) θίασος m · (= mould) καλούπι nt · (also plaster ~) γύψος m · **to ~ one's vote** ρίχνω την ψήφο μου · **to ~ doubt on sth** θέτω κτ υπό αμφισβήτηση · **to ~ a spell on sb** μαγεύω κν · **~ aside** vt παραμερίζω

caster sugar ['ka:stəʃugə'] (BRIT) n ζάχαρη f άχνη

cast iron n μαντέμι nt ♦ adj **cast–iron** (fig: alibi, excuse etc) ακλόνητος

castle ['ka:sl] n κάστρο nt · (= manor) πύργος m · (CHESS) πύργος m

casual ['kæʒjul] adj (= by chance) τυχαίος · (= irregular: work etc) έκτακτος · (= unconcerned) αδιάφορος · (= informal: clothes) σπορ inv · **~ sex** περιστασιακό σεξ

casualty ['kæʒjultɪ] n (of war, accident: = injured) τραυματίας mf · (: = killed) νεκρός m · (of situation, event) θύμα nt · (MED: department: in hospital) επείγοντα or έκτακτα περιστατικά ntpl

cat [kæt] n γάτα f

catalogue ['kætəlɒg] (*us* **catalog**) *n* (*of exhibition, library: also* COMM) κατάλογος *m* ‧ (*of events, faults*) λίστα *f* ♦ *vt* καταγράφω

cataract ['kætərækt] (MED) *n* καταρράκτης *m*

catastrophe [kə'tæstrəfi] *n* καταστροφή *f*

catch [kætʃ] (*pt, pp* **caught**) *vt* (*animal, fish*) πιάνω ‧ (*bus, train etc*) παίρνω ‧ (= *arrest*) πιάνω ‧ (= *surprise: person*) πιάνω ‧ (= *hear: comment, whisper etc*) πιάνω ‧ (MED: *illness*) αρπάζω ‧ (*also* ~ **up:** *person*) προφταίνω ♦ *vi* (*fire*) αρπάζω ‧ (*in branches, door etc*) πιάνομαι ♦ *n* (*of fish*) ψαριά *f* ‧ (*of ball*) πιάσιμο *nt* ‧ (= *hidden problem*) παγίδα *f* ‧ **to ~ sb's attention** *or* **eye** τραβάω την προσοχή κου ‧ **to ~ fire** πιάνω φωτιά ‧ **to ~ sight of sth** παίρνει το μάτι μου κτ ‧ **~ on** *vi* (= *understand*) καταλαβαίνω ‧ (= *grow popular*) πιάνω ‧ **~ out** (BRIT) ♦ *vt* πιάνω ‧ **~ up** *vi* (*with person*) προλαβαίνω ‧ (*fig: on work etc*) καλύπτω τα κενά σε ‧ **~ up with** *vt fus* συμβαδίζω με ‧ **~ing** *adj* μεταδοτικός

category ['kætɪgərɪ] *n* κατηγορία *f*

cater ['keɪtə'] *vi* ‧ **to ~ for** (*party etc*) ετοιμάζω φαγητό για ‧ (*needs*) καλύπτω

caterpillar ['kætəpɪlə'] *n* κάμπια *f*

cathedral [kə'θiːdrəl] *n* καθεδρικός (ναός) *m*

Catholic ['kæθəlɪk] *adj* καθολικός ♦ *n* καθολικός/ή *m/f*

cattle ['kætl] *npl* βοειδή *ntpl*

catwalk ['kætwɔːk] *n* γέφυρα *f* (στενό πέρασμα) ‧ (*for models*) πασαρέλα *f*

caught [kɔːt] *pt, pp of* **catch**

cauliflower ['kɔlɪflauə'] *n* κουνουπίδι *nt*

cause [kɔːz] *n* (*of outcome, effect*) αιτία *f* ‧ (= *reason*) λόγος *m* ‧ (*also* POL: = *aim, principle*) σκοπός *m* ♦ *vt* προκαλώ

caution ['kɔːʃən] *n* (= *prudence*) σύνεση *f* ‧ (= *warning*) προειδοποίηση *f* ♦ *vt* προειδοποιώ ‧ (POLICE) κάνω επίπληξη σε ‧

cautious *adj* προσεκτικός

cave [keɪv] *n* σπηλιά *f* ‧ **~ in** *vi* (*roof etc*) καταρρέω ‧ (*to demands*) υποχωρώ

caviar(e) ['kævɪɑː'] *n* χαβιάρι *nt*

cavity ['kævɪtɪ] *n* (*in wall, body*) κοιλότητα *f* ‧ (*in tooth*) κουφάλα *f*

cc *abbr* (= *cubic centimetre*) ‧ = **carbon copy**

CCTV *n abbr* (= *closed-circuit television*) κλειστό κύκλωμα *nt* τηλεόρασης

CD *n abbr* (BRIT) (= *Corps Diplomatique*) Δ.Σ. *nt* ‧ = **compact disc** ‧ ~ **player** συσκευή CD ‧ **~-ROM** *abbr* (= *compact disc read-only memory*) CD-ROM *nt inv* (δίσκος CD για υπολογιστή)

cease [siːs] *vt* σταματάω ♦ *vi* σταματάω ‧ **~fire** *n* κατάπαυση *f* πυρός

cedar ['siːdə'] *n* κέδρος *m*

ceiling ['siːlɪŋ] *n* (*in room*) ταβάνι *nt* ‧ (*on wages, prices etc*) ανώτατο όριο *nt*

celebrate ['selɪbreɪt] *vi, vt* γιορτάζω ‧ **celebration** *n* (= *party*) γιορτή *f* ‧ (*public event*) εορτασμός *m*

celebrity [sɪ'lebrɪtɪ] *n* διασημότητα *f*

celery ['selərɪ] *n* σέλινο *nt* (βλαστάρια)

cell [sel] *n* (*also* COMPUT) κελί *nt* ‧ (*of revolutionaries*) πυρήνας *m* ‧ (BIO) κύτταρο *nt* ‧ (ELEC) στοιχείο *nt*

cellar ['selə'] *n* (= *basement*) κατώγι *nt* ‧ (*for wine*) κελλάρι *nt*

cello ['tʃeləu] *n* βιολοντσέλο *nt*

cellphone ['selfəun] *n* (US) κινητό τηλέφωνο *nt*

Celsius ['selsɪəs] *adj* Κελσίου

Celtic ['keltɪk, 'seltɪk] *adj* Κέλτικος

cement [sə'ment] *n* (= *powder*) τσιμέντο *nt* ‧ (= *concrete*) μπετόν *nt inv*

cemetery ['semɪtrɪ] *n* νεκροταφείο *nt*

censor ['sensə^r] n λογοκριτής/τρια m/f ♦ vt λογοκρίνω. **~ship** n λογοκρισία f

census ['sensəs] n απογραφή f

cent [sent] n (US etc) σεντ m inv · (unit of euro) λεπτό nt · see also **per**

centenary [sen'ti:nəri] n εκατοστά γενέθλια ntpl

centennial [sen'teniəl] n εκατοστή επέτειος f

center ['sentə^r] (US) n = **centre**

centigrade ['sentigreid] adj βαθμός Κελσίου

centilitre ['sentili:tə^r] (US **centiliter**) n εκατοστό nt του λίτρου

centimetre ['sentimi:tə^r] (US **centimeter**) n εκατοστό nt

central ['sentrəl] adj κεντρικός · **Central America** η Κεντρική Αμερική f · **~ heating** n κεντρική θέρμανση f

centre ['sentə^r] (US **center**) n κέντρο nt ♦ vi **to ~ on** (fig) εστιάζω σε

century ['sentjuri] n αιώνας m · **20th ~** εικοστός αιώνας

ceramic [si'ræmik] adj κεραμικός · **~ tiles** κεραμικά πλακάκια

cereal ['si:riəl] n δημητριακό nt

ceremony ['seriməni] n (= event) τελετή f · (= ritual) έθιμο nt

certain ['sə:tən] adj (= sure: person, fact) βέβαιος · (person) **a ~ Mr Smith** κάποιος κύριος Σμιθ ♦ adj (= particular) ~ **days/places** ορισμένες μέρες/ορισμένα μέρη · (= some) **a ~ coldness/pleasure** κάποια ψυχρότητα/ευχαρίστηση · **for ~** με βεβαιότητα · **~ly** adv (= undoubtedly) σίγουρα · (of course) βεβαίως · **~ty** n βεβαιότητα f

certificate [sə'tifikit] n (= of birth, marriage etc) πιστοποιητικό nt · (= diploma) δίπλωμα nt

certify ['sə:tifai] vt πιστοποιώ ♦ vi **to ~ that** βεβαιώνω ότι

cf. abbr = **compare**

CFC n abbr (= chlorofluorocarbon)

χλωροφθοράνθρακας m

chain [tʃein] n αλυσίδα f · (of events, ideas) διαδοχή f ♦ vt (also ~ **up**) αλυσοδένω

chair [tʃeə^r] n (= seat) καρέκλα f · (= armchair) πολυθρόνα f · (at university) έδρα f · (of meeting, committee) προεδρεύω · πρόεδρος mf ♦ vt (meeting) προεδρεύω. **~man** (irreg) n πρόεδρος m. **~person** n πρόεδρος mf. **~woman** (irreg) n πρόεδρος f

chalet ['ʃælei] n σαλέ nt inv

chalk [tʃɔ:k] n ασβεστόλιθος m · (for writing) κιμωλία f

challenge ['tʃælindʒ] n (of unknown etc) πρόκληση f · (to authority etc) κριτική f · (= dare) πρόκληση f ♦ vt (SPORT) παίζω απέναντι σε +gen · (rival, competitor) ανταγωνίζομαι · (authority, right) αμφισβητώ

challenging (career, task) που αποτελεί πρόκληση · (tone, look etc) προκλητικός

chamber ['tʃeimbə^r] n (= room) αίθουσα f · (POL: = house) βουλή f · (BRIT: JUR: gen pl) αίθουσα f δικαστηρίου

champagne [ʃæm'pein] n σαμπάνια f

champion ['tʃæmpiən] n (of league, contest) πρωταθλητής/τρια m/f · (of cause, principle) υπέρμαχος m · **~ship** n πρωτάθλημα nt

chance [tʃɑ:ns] n (= likelihood) πιθανότητες fpl · (= opportunity) ευκαιρία f · (= risk) ρίσκο nt ♦ vt **to ~ it** το διακινδυνεύω ♦ adj τυχαίος · **to take a ~** διακινδυνεύω · **by ~** κατά τύχη · **~ (up)on** nt fus (person) συναντώ τυχαία · (thing) βρίσκω τυχαία

chancellor ['tʃɑ:nsələ^r] n (POL) Καγκελάριος m · (BRIT: of university) πρύτανης mf · **Chancellor of the Exchequer** (BRIT) n υπουργός Οικονομικών

chandelier [ʃændə'liə^r] n (small)

πολύφωτο nt · (large) πολυέλαιος m

change [tʃeɪndʒ] vt αλλάζω ·
(= transform) **to ~ sb/sth into**
μεταβάλλω κν/κτ σε ♦ vi αλλάζω ·
(= be transformed) **to ~ into**
μεταβάλλομαι σε ♦ n αλλαγή f · (of
clothes) αλλαγή f · (= coins) ψιλά
ntpl · (= money returned) ρέστα ntpl ·
to ~ gear (AUT) αλλάζω ταχύτητα ·
to ~ one's mind αλλάζω γνώμη ·
for a ~ για αλλαγή · **~over** n (to
new system) μεταβολή f

changing room (BRIT) n (in shop)
δοκιμαστήριο nt · (SPORT) αποδυτήρια
ntpl

channel ['tʃænl] n (also TV) κανάλι
nt · (in river, waterway) στενό nt · (fig:
= means) δίοδος f ♦ vt (money,
resources) διοχετεύω · **the (English)
C~** η Μάγχη · **Channel Tunnel** n
the C~ Tunnel το τούνελ της
Μάγχης

chant [tʃɑːnt] n · vt φωνάζω · vi
φωνάζω (συνθήματα)

chaos ['keɪɒs] n χάος nt · **chaotic**
adj (mess, jumble) χαώδης · (situation)
χαοτικός

chap [tʃæp] (BRIT: inf) n τύπος m

chapel ['tʃæpl] n παρεκκλήσι nt

chapter ['tʃæptəʳ] n κεφάλαιο nt

character ['kærɪktəʳ] n (also COMPUT)
χαρακτήρας m · (= eccentric) **to be a
(real) ~** είμαι (πραγματικά)
νούμερο · **~istic** adj
χαρακτηριστικός ♦ n
χαρακτηριστικό nt · **~istic of**
χαρακτηριστικός +gen · **~ize** vt
χαρακτηρίζω

charcoal ['tʃɑːkəʊl] n (= fuel)
κάρβουνα ntpl · (for drawing)
κάρβουνο nt

charge [tʃɑːdʒ] n (= fee) χρέωση f ·
(JUR: = accusation) κατηγορία f · (MIL:
= attack) επίθεση f · (= responsibility)
εποπτεία f · (ELEC: of battery)
φόρτιση f ♦ vt (sum) χρεώνω · (JUR:
= accuse) **to ~ sb with sth**

κατηγορώ κν για κτ · (MIL: = attack:
enemy) επιτίθεμαι σε · (also ~ up:
battery) φορτίζω ♦ vi επιτίθεμαι · **to
~ (up), to ~ (along)** etc ορμάω · **to
take ~** (of child) αναλαμβάνω τη
φροντίδα +gen · (of company)
αναλαμβάνω τα ηνία +gen · **to
be in ~** (of person) έχω τη φροντίδα
+gen · (of business) είμαι επικεφαλής
+gen · **~r** n (also **battery ~r**)
φορτιστής m

charity ['tʃærɪtɪ] n (organization)
φιλανθρωπική οργάνωση f ·
(= kindness) καλοσύνη f · (= money,
gifts) ελεημοσύνη f

charm [tʃɑːm] n (= attractiveness)
γοητεία f · (to bring good luck) γούρι
nt · vt γοητεύω · **~ing** adj (person)
γοητευτικός · (place) μαγευτικός

chart [tʃɑːt] n (= graph, diagram)
διάγραμμα nt · (= map, weather chart)
χάρτης m ♦ vt (course) χαράζω ·
(progress, movements) καταγράφω

charter ['tʃɑːtəʳ] vt ναυλώνω ♦ n (= document,
constitution) καταστατικός χάρτης m ·
(of university, company) καταστατικό
nt λειτουργίας · **~ flight** n πτήση f
τσάρτερ

chase [tʃeɪs] vt κυνηγάω ♦ n
καταδίωξη f · **~ up** (BRIT) vt (person)
πιέζω · (information) ψάχνω

chat [tʃæt] n (also **have a ~**)
κουβεντιάζω ♦ n κουβέντα f · **~ up**
(BRIT: inf) vt κάνω καμάκι σε ·
~room n (COMPUT) δωμάτιο nt
συζήτησης · **~ show** (BRIT) n
τηλεοπτική συζήτηση f

chatter ['tʃætəʳ] vi (person, animal)
φλυαρώ · (teeth) χτυπάω ♦ n (of
people, birds) φλυαρία f

chauffeur ['ʃəʊfəʳ] n σωφέρ m inv

cheap [tʃiːp] adj (= inexpensive)
φτηνός · (= reduced: ticket, fare)
μειωμένος · (= poor quality)
φτηνιάρικος · (behaviour, joke)
φτηνός ♦ adv **to buy/sell sth**
αγοράζω/πουλάω κτ φτηνά · **~ly**

adv φτηνά

cheat [tʃiːt] *vi* (*in exam*) αντιγράφω ▸ (*at cards*) κλέβω ▸ **to ~ sb (out of sth)** πιάνω κν κορόιδο (και του παίρνω κτ) ♦ *n* απατεώνας *m* ▸ **~ on** (*inf*) *vt fus* (*husband, wife etc*) απατάω

check [tʃɛk] *vt* (= *examine: bill*) ελέγχω ▸ (= *verify: facts*) συγκρίνω ▸ (= *halt: enemy, disease*) αναχαιτίζω ▸ (= *restrain: impulse, person*) συγκρατώ ♦ *n* (= *inspection*) έλεγχος *m* ▸ (= *curb*) αναχαίτιση *f* ▸ (US) = **cheque** (: = *bill*) λογαριασμός *m* ▸ (*pl*: = *pattern*) καρό *nt inv* ♦ *adj* (*pattern, cloth*) καρό ▸ **to ~ with sb** ελέγχω με κν ▸ **~ in** *vi* (*at hotel*) δίνω τα στοιχεία μου ▸ (*at airport*) κάνω τσεκ ιν ♦ *vt* (*luggage*) δίνω ▸ **~ out** *vi* (*of hotel*) πληρώνω και φεύγω ♦ *vt* (*luggage*) παραλαμβάνω ▸ (= *investigate: story*) εξακριβώνω ▸ (= *person*) μαζεύω πληροφορίες για ▸ **~ up on** *vt fus* παίρνω πληροφορίες για ▸ **~ guarantee card** (US) *n* κάρτα εγγύησης επιταγών ▸ **~list** *n* κατάλογος *m* ▸ **~out** *n* (*in shop*) ταμείο *nt* ▸ **~point** *n* (*on border*) τελωνείο *nt*

cheek [tʃiːk] *n* (ANAT) μάγουλο *nt* ▸ (= *impudence*) αναίδεια *f* ▸ **~bone** *n* ζυγωματικό *nt* ▸ **~y** *adj* άτακτος

cheer [tʃɪə*] *vt* (*team, speaker*) ζητωκραυγάζω ▸ (= *gladden*) κάνω να χαρεί ♦ *vi* ζητωκραυγάζω ♦ *n* (= *shout*) ζητωκραυγή *f* ▸ **~ up** *vi* σταματάω να στενοχωριέμαι ♦ *vt* φτιάχνω το κέφι **~ful** *adj* χαρούμενος ▸ **~io** (BRIT) *excl* γεια χαρά

cheese [tʃiːz] *n* τυρί *nt* ▸ **~burger** *n* χάμπουργκερ *nt inv* με τυρί ▸ **~cake** *n* τοις κέικ *nt inv*

chef [ʃef] *n* σεφ *mf inv*

chemical [ˈkɛmɪkl] *adj* χημικός ♦ *n* χημική ουσία *f*

chemist [ˈkɛmɪst] *n* (BRIT: = *pharmacist*) φαρμακοποιός *mf* ▸

(*scientist*) χημικός *mf* ▸ **~ry** *n* Χημεία *f*

cheque [tʃek] (BRIT) *n* επιταγή *f* ▸ **~book** (BRIT) *n* βιβλιάριο *nt* επιταγών ▸ **~ card** (BRIT) *n* εγγυητική κάρτα *f* επιταγών

cherry [ˈtʃerɪ] *n* (*fruit*) κεράσι *nt* ▸ (*also* **~ tree**) κερασιά *f*

chess [tʃes] *n* σκάκι *nt*

chest [tʃest] *n* (ANAT) στήθος *nt* ▸ (= *box*) μπαούλο *nt*

chestnut [ˈtʃesnʌt] *n* κάστανο *nt* ▸ (*also* **~ tree**) καστανιά *f* ▸ **chest of drawers** [tʃestəˈdrɔːz] *n* σιφονιέρα *f*

chew [tʃuː] *vt* μασάω ▸ **~ing gum** *n* τσίχλα *f*

chic [ʃiːk] *adj* σικ

chick [tʃik] *n* (= *young bird*) πουλάκι *nt* ▸ (*inf*: = *girl*) γκομενίτσα *f*

chicken [ˈtʃikin] *n* (= *bird, meat*) κοτόπουλο *nt* ▸ (*inf*: = *coward*) φοβιτσιάρης *m/f* ▸ **~ out** (*inf*) *vi* δειλιάζω

chief [tʃiːf] *n* αρχηγός *mf* ♦ *adj* κυριότερος ▸ **~ executive** (US **~ executive officer**) *n* γενικός/ή γραμματέας *mf* ▸ **~ly** *adv* κυρίως

child [tʃaild] (*pl* **~ren**) *n* παιδί *nt* ▸ **~ benefit** (BRIT) *n* επίδομα *nt* τέκνων ▸ **~birth** *n* τοκετός *m* ▸ **~hood** *n* παιδική ηλικία *f* ▸ **~ish** *adj* παιδαρυώδης

children [ˈtʃildrən] *npl of* **child**

Chile [ˈtʃili] *n* Χιλή *f*

chill [tʃil] *n* (= *coldness*) ψύχρα *f* ▸ (*illness*) κρυολόγημα *nt* ▸ (= *shiver*) ρίγος *nt* ♦ *vt* παγώνω

chilli [ˈtʃili] (US **chili**) *n* καυτερή πιπεριά *f*

chilly [ˈtʃili] *adj* (*weather*) ψυχρός ▸ (*person*) παγωμένος ▸ (*response, look*) ψυχρός ▸ **to feel ~** νιώθω ψύχρα

chimney [ˈtʃimni] *n* (*of house*) καμινάδα *f* ▸ (*of factory*) φουγάρο *nt*

chimpanzee [tʃimpænˈziː] *n* χιμπαντζής *m*

chin [tʃin] *n* πηγούνι *nt*

China ['tʃaɪnə] n Κίνα f

china ['tʃaɪnə] n (clay) πορσελάνη f ·
(= crockery) πορσελάνινος

Chinese [tʃaɪ'niːz] adj κινέζικος ♦ n
inv Κινέζος/α m/f · (LING) κινέζικα ntpl

chip [tʃɪp] n (CULIN: pl) τηγανητή
πατάτα f · (US: also potato ~)
πατατάκι nt · (of wood) πελεκούδι nt ·
(of glass, stone) κομμάτι nt · (in glass,
cup etc) ράγισμα nt · (in gambling)
μάρκα f · (COMPUT: also **micro~**)
ολοκληρωμένο κύκλωμα nt ♦ vt
(cup, plate) ραγίζω · **~ in** (inf) vi
(= contribute) τσοντάρω ·
(= interrupt) πετάγομαι

chisel ['tʃɪzl] n σμίλη f

chives [tʃaɪvz] npl σχοινόπρασο nt

chlorine ['klɔːriːn] n χλώριο nt

chocolate ['tʃɔklɪt] n (substance,
drink) σοκολάτα f · (sweet)
σοκολατάκι nt

choice [tʃɔɪs] n επιλογή f · **a wide**
~ μια μεγάλη ποικιλία

choir ['kwaɪə'] n χορωδία f

choke [tʃəʊk] vi πνίγομαι ♦ vt πνίγω ·
(= block) είμαι φραγμένος · **to be ~d**
(with) ασφυκτικά γεμάτος (με) ♦ n (AUT)
τσοκ nt inv

cholesterol [kə'lestərɔl] n
χοληστερίνη f

choose [tʃuːz] (pt **chose**, pp
chosen) vt διαλέγω ♦ vi **to**
~ between διαλέγω or επιλέγω
μεταξύ · **to ~ from** διαλέγω or
επιλέγω από · **to ~ to do** διαλέγω
να κάνω

chop [tʃɔp] vt (wood) κόβω · (also
~ up: vegetables, fruit) ψιλοκόβω ♦ n
(CULIN) παϊδάκι nt · **~ down** vt κόβω

chord [kɔːd] n (MUS) συγχορδία f

chore [tʃɔː'] n αγγαρεία f

▸ **chores** npl (= domestic tasks)
νοικοκυριό nt

chorus ['kɔːrəs] n (= group) χορωδία
f · (= song) χορωδιακό nt · (= refrain)
ρεφραίν nt inv

chose [tʃəʊz] pt of **choose · ~n** pp of

choose

Christ [kraɪst] n Χριστός m

christening ['krɪsnɪŋ] n (act) βάπτιση
f · (ceremony) βαφτίσια ntpl

Christian ['krɪstɪən] adj χριστιανός
♦ n χριστιανός/m/f · **~ity** n
χριστιανισμός m

Christmas ['krɪsməs] n Χριστούγεννα
ntpl · **Happy** or **Merry ~!** Καλά
Χριστούγεννα! · **~ card** n
χριστουγεννιάτικη κάρτα f · **~ Day** n
ημέρα f των Χριστουγέννων · **~ Eve**
n παραμονή f των Χριστουγέννων ·
~ tree n χριστουγεννιάτικο δέντρο
nt

chrome [krəʊm] n = **chromium**

chromium ['krəʊmɪəm] n χρώμιο nt

chronic ['krɒnɪk] adj χρόνιος

chubby ['tʃʌbɪ] adj στρουμπουλός

chuck [tʃʌk] (inf) vt (stone, ball etc)
πετάω · (BRIT: also **~ in**: job, person)
παρατάω · **~ out** vt πετάω έξω

chuckle ['tʃʌkl] vi γελάω σιγανά

chunk [tʃʌŋk] n (of stone, meat)
μεγάλο κομμάτι nt · (of bread)
κομμάτα f

church [tʃɜːtʃ] n εκκλησία f · **the**
C~ of England η Αγγλικανική
Εκκλησία f · **~yard** n νεκροταφείο nt
(σε προαύλιο εκκλησίας)

churn [tʃɜːn] n (for butter: also **milk**
~) καρδάρα f · **~ out** vt παράγω
σωρηδόν

CIA (US) n abbr (= Central
Intelligence Agency) ΣΙΑ f inv

CID (BRIT) n abbr (= Criminal
Investigation Department)
εγκληματολογική υπηρεσία f

cider ['saɪdə'] n μηλίτης m

cigar [sɪ'gɑː'] n πούρο nt

cigarette [sɪgə'ret] n τσιγάρο nt

cinema ['sɪnəmə] n κινηματογράφος
m

cinnamon ['sɪnəmən] n κανέλλα f

circle ['sɜːkl] n κύκλος m · (in cinema,
theatre) εξώστης m ♦ vi (bird, plane)
διαγράφω κύκλο ♦ vt (= move round)

circuit γυρίζω γύρω από · (= *surround*: *people*) περικυκλώνω · (*place*) περιτριγυρίζω

circuit ['sə:kɪt] n (ELEC) κύκλωμα nt · (= *tour*) γύρος m · (= *track*) πίστα f · (= *lap*) γύρος m

circular ['sə:kjulə'] adj κυκλικός ◆ n (= *letter*) εγκύκλιος f · (as *advertisement*) προσπέκτους nt inv

circulate ['sə:kjuleɪt] vi (*blood, cars*) κυκλοφορώ · (*news, rumour*) διαδίδομαι ◆ vt διανέμω

circulation n (*of newspaper, traffic*) κυκλοφορία f · (MED: *of blood*) κυκλοφορία f του αίματος

circumstances ['sə:kəmstənsɪz] npl (*of accident, death*) συνθήκες fpl · (= *financial condition*) οικονομική κατάσταση f

circus ['sə:kəs] n τσίρκο nt

cite [saɪt] vt αναφέρω

citizen ['sɪtɪzn] n (*of country*) πολίτης mf · (*of town etc*) κάτοικος mf · **~ship** n υπηκοότητα f

city ['sɪtɪ] n πόλη f · **the C~** (BRIT: FIN) το Σίτυ · **~ centre** n κέντρο nt της πόλης

civic ['sɪvɪk] adj (*leader, authorities*) δημοτικός · (*duties*) του πολίτη · (*pride*) της πόλης

civil ['sɪvl] adj (*disobedience, disturbances etc*) κοινωνικός · (*authorities, rights*) πολιτικός · (= *polite*) ευγενικός · **~ian** n (*life*) των πολιτών · (*casualties*) άμαχος πληθυσμός ◆ n πολίτης mf · **the ~ians** οι άμαχοι · **~ization** n πολιτισμός m · **~ized** adj (*society, person*) πολιτισμένος · (*place, experience*) ευγενισμένος · **~ rights** npl πολιτικά δικαιώματα ntpl · **~ servant** n δημόσιος υπάλληλος mf · **Civil Service** n the **C~ Service** οι Δημόσιες Υπηρεσίες · **~ war** n εμφύλιος πόλεμος m

claim [kleɪm] vt (= *assert*) to ~ **(that)/**

to be ισχυρίζομαι (ότι)/ότι είμαι ◆ vt (*credit, rights*) διεκδικώ · (*responsibility*) αναλαμβάνω · (*expenses*) ζητάω · (*compensation, damages*) ζητάω ◆ vi (*for insurance*) υποβάλλω αίτηση ◆ n (= *assertion*) ισχυρισμός m · (*for compensation*) αίτηση f (αποζημίωσης) · (*for expenses*) αίτηση f

clam [klæm] n μύδι nt

clamp [klæmp] n λαβίδα f ◆ vt (*wheel, car*) ακινητοποιώ (με μηχανισμό στη ρόδα) · to ~ **sth to sth** προσαρτώ κτ σε κτ · **~ down on** vt fus παίρνω μέτρα κατά +gen

clan [klæn] n γένος nt (σκωτσέζικο) · (= *family*) σόι nt

clap [klæp] vi χειροκροτώ ◆ vt to ~ **(one's) hands** χτυπάω τα χέρια μου

claret ['klærət] n κλαρέ nt inv

clarify ['klærɪfaɪ] vt διευκρινίζω

clarinet [klærɪ'nɛt] n κλαρίνο nt

clarity ['klærɪtɪ] n σαφήνεια f

clash [klæʃ] n (= *fight*) σύγκρουση f · (= *disagreement*) σύγκρουση f · (*of beliefs, ideas*) ασυμφωνία f · (*of colours, styles*) αντίθεση f · (*of events, dates*) χρονική σύμπτωση f ◆ vi (= *fight*: *rival gangs etc*) συγκρούομαι · (= *disagree*: *political opponents etc*) έρχομαι σε σύγκρουση · (*beliefs, ideas*) έρχομαι σε αντίθεση · (*colours, styles*) δεν ταιριάζω · (*two events, dates*) συμπίπτω χρονικά

class [klɑːs] n (SCOL = *group of pupils*) τάξη f · (: = *lesson*) μάθημα nt · (*of society*) τάξη f · (= *type*) είδος nt ◆ vt κατατάσσω

classic ['klæsɪk] adj κλασικός ◆ n (*film, novel etc*) κλασικό έργο nt · (*race etc*) κλασικό αγώνισμα nt · ▶ **Classics** npl (SCOL) κλασικές σπουδές fpl · **~al** adj κλασ(σ)ικός

classification [klæsɪfɪ'keɪʃən] n (*process*) ταξινόμηση f · (= *category*) κατηγορία f

classified ['klæsɪfaɪd] *adj* (information) απόρρητος

classify ['klæsɪfaɪ] *vt* ταξινομώ

classmate ['klɑːsmeɪt] *n* συμμαθητής/τρια m/f

classroom ['klɑːsrum] *n* αίθουσα f

classy ['klɑːsɪ] (*inf*) *adj* κυριλέ *inv*

clatter ['klætə*] *n* (of dishes, pots etc) τσίγγρισμα *nt* • (of hooves) ποδοβολητό *nt* ◆ *vi* (dishes, pots etc) τσιγκρίζω • (hooves) καλπάζω

clause [klɔːz] *n* (JUR) ρήτρα f • (LING) πρόταση f

claustrophobic [klɔːstrə'fəubɪk] *adj* (place) κλειστοφοβικός • (person) που έχει κλειστοφοβία

claw [klɔː] *n* (of animal, bird) νύχι *nt* • (of lobster) δαγκάνα f • **at** *vt fus* γραπώνομαι σε

clay [kleɪ] *n* πηλός m

clean [kliːn] *adj* καθαρός • (record, reputation) άμεμπτος ◆ *vt* (car, cooker etc) καθαρίζω • (hands, face etc) πλένω ◆ *adv* he ~ forgot ξέχασε εντελώς • **the thief got ~ away** ο κλέφτης τους ξέφυγε • **~ up** *vt* καθαρίζω ◆ *vi* καθαρίζω • **~er** *n* (person) καθαρίστρια m/f • (substance) καθαριστικό *nt* • **~ing** *n* καθάρισμα *nt*

cleanser ['klɛnzə*] *n* γαλάκτωμα *nt* καθαρισμού

clear [klɪə*] *adj* (report, argument) ξεκάθαρος • (footprint, photograph) ευδιάκριτος • (voice, echo) καθαρός • (= obvious) σαφής • (choice, commitment) σαφής • (profit, majority) καθαρός • (glass, plastic) διαυγής • (road, way) ελεύθερος • (conscience) καθαρός • (eyes, skin) καθαρός ◆ *vt* (space, room) εκκενώνω • (trees, weeds) καθαρίζω • (JUR: suspect) απαλλάσσω • (= jump: fence, wall) περνάω • (cheque) ωριμάζω ◆ *vi* (weather) βελτιώνομαι • (sky) καθαρίζω • (fog, smoke) διαλύομαι •

(cheque) εξαργυρώνομαι ◆ *adv* **~ of** (trouble, ground) μακριά από • **~ up** *vt* (room, mess) καθαρίζω • (mystery) διαλευκαίνω • (misunderstanding, problem) λύνω ◆ *vi* (= tidy up) συγυρίζω • (illness) περνάω • **~ance** *n* (= removal: of trees) καθάρισμα *nt* • (= permission) άδεια f • (= free space) ελεύθερος χώρος m • **~-cut** *adj* (decision, issue) ξεκάθαρος • **~ing** *n* ξέφωτο *nt* • **~ly** *adv* καθαρά • (= obviously) προφανώς

clergy ['klɜːdʒɪ] *n* κληρικοί *mpl*

clerk [klɑːk] US [klɜːk] *n* (BRIT: = office worker) υπάλληλος *mf* • (US: = sales person) πωλητής/τρια m/f

clever ['klɛvə*] *adj* (= intelligent) έξυπνος • (= deft, crafty) πονηρός

cliché ['kliːʃeɪ] *n* κλισέ *nt inv*

click [klɪk] ◆ *vi* (device, switch etc) κάνω κλικ • (camera) τραβάω φωτογραφίες • (fig: people) κολλάω • (COMPUT) **to ~ on sth** κάνω κλικ σε κτ ◆ *n* (of device, switch etc) κλικ *nt inv* • (COMPUT) πάτημα *nt*

client ['klaɪənt] *n* πελάτης/ισσα m/f

cliff [klɪf] *n* γκρεμός m

climate ['klaɪmɪt] *n* κλίμα *nt*

climax ['klaɪmæks] *n* (of battle, career) κορύφωση f • (of film, book etc) αποκορύφωμα *nt*

climb [klaɪm] *vi* ανεβαίνω • (= move with effort) **to ~ over a wall/into a car** σκαρφαλώνω πάνω από τοίχο/ μπαίνω σε ένα αυτοκίνητο ◆ *vt* (stairs, ladder) ανεβαίνω • (tree, hill) σκαρφαλώνω σε • (of hill, cliff etc) ανάβαση f • **~ down** (BRIT) *vi* (fig) υποχωρώ • **~er** *n* ορειβάτης/ισσα m/ f • **~ing** *n* ορειβασία f

clinch [klɪntʃ] *vt* οριστικοποιώ

cling [klɪŋ] (*pt, pp* **clung**) *vi* **to ~ to** (support) προσκολλούμαι σε • (mother) κρατιέμαι σφιχτά από • (idea, belief) μένω προσκολλημένος σε

clinic ['klɪnɪk] *n* κλινική f

clip [klɪp] *n* (also **paper ~**)

συνδετήρας m · (for hair) τσιμπιδάκι nt · (TV, CINE) απόσπασμα nt ♦ vt (= fasten) καρφιτσώνω σε · (also ~ together) συνδετήρα · (= cut: nails etc) κόβω · (hedge) κουρεύω · ~ping n (from newspaper) απόκομμα nt

cloak [kləuk] n μπέρτα f ♦ vt (fig: in mist, secrecy) καλύπτω · ~room n (BRIT: for coats etc) γκαρνταρόμπα f · (= bathroom) τουαλέτα f

clock [klɔk] n ρολόι nt · round the ~ (work etc) όλο το εικοσιτετράωρο · ~ in vi (BRIT) χτυπάω κάρτα μπαίνοντας · ~ off vi (BRIT) χτυπάω κάρτα βγαίνοντας · ~ on vi (BRIT) = clock in · ~ out vi (BRIT) = clock off. ~wise adv δεξιόστροφα · ~work n ρολογικός μηχανισμός m ♦ adj (model, toy) κουρδιστός

clog [klɔg] n ξυλοπάπουτσο nt ♦ vt (drain, nose) βουλώνω ♦ vi (also ~ up: sink) βουλώνω

clone [kləun] n κλώνος m

close¹ [kləus] adj (= near) · ~ (to) κοντά (σε) · (friend, relative) στενός · (contact, link) στενός · (examination, look) προσεκτικός · (contest) αμφίρροπος · (weather) αποπνικτικός ♦ adv (= near) από κοντά · to ~ κοντά (close by) ♦ adj κοντινός · (adv) κοντά

close² [kləuz] vt κλείνω ♦ vi κλείνω ♦ n (= end) τέλος nt · ~ down vi (factory, magazine) κλείνω

closed [kləuzd] adj (door, window) κλεισμένος · (shop, road etc) κλειστός

closely [ˈkləusli] adv (examine, watch) προσεκτικά · (connected, related) στενά

closet [ˈklɔzit] n ντουλάπα f

close-up [ˈkləusʌp] [PHOT] n κοντινό πλάνο nt

closure [ˈkləuʒəˈ] n κλείσιμο nt

clot [klɔt] n (MED) θρόμβος m ♦ vi (blood) κάνω θρόμβο

cloth [klɔθ] n (= material) ύφασμα nt ·

(= rag) πανί nt

clothes [kləuðz] npl ρούχα ntpl

clothing [ˈkləuðiŋ] n = clothes

cloud [klaud] n σύννεφο nt · ~ over vi συννεφιάζω · ~y adj (sky) συννεφιασμένος · (liquid) θαμπός

clove [kləuv] n (CULIN) γαρύφαλλο nt · ~ of garlic σκελίδα σκόρδο

clown [klaun] n κλόουν nt/m inv ♦ vi (also ~ about, ~ around) κάνω τον καραγκιόζη

club [klʌb] n (place) λέσχη f · (weapon) γκλοπ nt inv · (also golf ~) μπαστούνι nt του γκολφ ♦ vt (= hit) χτυπάω (με ρόπαλο)

► clubs npl (CARDS) σπαθιά ntpl

clue [klu:] n (= lead) στοιχείο nt · (in crossword) ορισμός m · I haven't a ~ δεν έχω την παραμικρή ιδέα

clump [klʌmp] n (of trees) συστάδα f

clumsy [ˈklʌmzi] adj (person) αδέξιος · (object) χοντροκομμένος · (effort, attempt) άτσαλος

clung [klʌŋ] pt, pp of cling

cluster [ˈklʌstəˈ] n (of people) ομάδα f · (of stars, rocks) σύμπλεγμα nt ♦ vi συγκεντρώνομαι

clutch [klʌtʃ] n (= grip, grasp) λαβή f · (AUT) συμπλέκτης m ♦ vt σφίγγω (fig: excuse etc) αρπάζομαι από

cm abbr = centimetre

Co. abbr = county · company

coach [kəutʃ] n (= bus) λεωφορείο nt · (horse-drawn) άμαξα f · (of train) βαγόνι nt · (SPORT: = trainer) προπονητής/τρια m/f · (SCOL: = tutor) δάσκαλος/α m/f ♦ vt (SPORT) προπονώ · (student) προγυμνάζω

coal [kəul] n άνθρακας m

coalition [kəuəˈliʃən] n συνασπισμός m

coarse [kɔːs] adj (texture) τραχύς · (person, character) άξεστος

coast [kəust] n ακτή f ♦ vi (car, bicycle etc) τσουλάω · ~al adj (cities) παραλιακός · (waters) παράκτιος

~guard n (officer) ακτοφύλακας m · (service) ακτοφυλακή f · **~line** n παραλία f

coat [kəʊt] n (= overcoat) παλτό nt · (of animal) τρίχωμα nt · (of paint) χέρι nt ♦ vt καλύπτω · **~ hanger** n κρεμάστρα f · **~ing** n στρώση f

coax [kəʊks] vt καλοπιάνω

cob [kɒb] n see **corn**

cocaine [kəˈkeɪn] n κοκαΐνη f

cock [kɒk] n (= rooster) κόκορας m · (= male bird) αρσενικός m

cockpit [ˈkɒkpɪt] n πιλοτήριο nt

cocktail [ˈkɒkteɪl] n (drink) κοκτέιλ nt inv · (mixture) σαλάτα f

cocoa [ˈkəʊkəʊ] n κακάο nt inv

coconut [ˈkəʊkənʌt] n καρύδα f

COD abbr (= cash on delivery) αντικαταβολή f · (US) (= collect on delivery) αντικαταβολή

cod [kɒd] n μουρούνα f

code [kəʊd] n (of practice, behaviour) αρχές fpl · (= cipher: TEL, POST) κώδικας m

coffee [ˈkɒfɪ] n καφές m · **~ table** n μικρό τραπεζάκι nt

coffin [ˈkɒfɪn] n φέρετρο nt

cog [kɒg] n (TECH) (= wheel) γρανάζι nt · (= tooth) δόντι nt γραναζιού

cognac [ˈkɒnjæk] n κονιάκ nt inv

coherent [kəʊˈhɪərənt] adj (theory) που έχει συνοχή · (answer, person) που βγάζει νόημα or είναι λογικός

coil [kɔɪl] n (of rope, wire) κουλούρα f · (AUT, ELEC) πηνίο nt · (contraceptive) σπιράλ nt inv ♦ vt τυλίγω

coin [kɔɪn] n κέρμα nt ♦ vt (word, slogan) βγάζω

coincide [kəʊɪnˈsaɪd] vi συμπίπτω

coincidence [kəʊˈɪnsɪdəns] n σύμπτωση f

Coke® [kəʊk] n Κόκα Κόλα f

coke [kəʊk] n κωκ nt inv

cold [kəʊld] adj (water, food) κρύος · (weather, room) ψυχρός · (person) που κρυώνει · n (weather) κρύο nt · (MED) κρύωμα nt · **it's ~** κάνει κρύο

to be or **feel ~** (person) κρυώνω · (object) είμαι κρύος · **to catch (a) ~** κρυολογώ

collaborate [kəˈlæbəreɪt] vi (on book, research) συνεργάζομαι · (with enemy) είμαι συνεργάτης

collapse [kəˈlæps] vi καταρρέω ♦ n κατάρρευση f · (of system, company) καταστροφή f

collar [ˈkɒlə] n (of coat, shirt) κολλάρο nt · (of dog, cat) περιλαίμιο nt

colleague [ˈkɒliːg] n συνάδελφος mf

collect [kəˈlekt] vt (wood, litter etc) μαζεύω · (as a hobby) συλλέγω · (BRIT: = call and pick up) (περνάω και) παίρνω · (debts, taxes etc) εισπράττω ♦ vi (dust etc) μαζεύομαι · (for charity etc) κάνω έρανο · (inf) μαζεύω χρήματα · **to call ~** (US: TEL) χρεώνω τον παραλήπτη · **~ion** n (of art, stamps: stories etc) συλλογή f · (from place, person) παραλαβή f · (for charity) έρανος m · **~ive** adj (decision) συλλογικός · (farm) συνεταιριστικός ♦ n συνεταιρισμός m · **~or** n (of art, stamps etc) συλλέκτης/τρια m/f · (of taxes, rent etc) εισπράκτορας mf

college [ˈkɒlɪdʒ] n (of university) κολλέγιο nt · (of agriculture, technology) σχολή f

collide [kəˈlaɪd] vi συγκρούομαι · **collision** n σύγκρουση f

cologne [kəˈləʊn] n (also eau de ~) κολώνια f

Colombia [kəˈlɒmbɪə] n Κολομβία f

colon [ˈkəʊlən] n (punctuation mark) άνω και κάτω τελεία f · (ANAT) παχύ έντερο nt

colonel [ˈkɜːnl] n (in army) συνταγματάρχης m · (in air force) σμήναρχος m

colonial [kəˈləʊnɪəl] adj αποικιακός

colony [ˈkɒlənɪ] n αποικία f

colour [ˈkʌlə] (US color) n χρώμα nt ♦ vt (= paint, dye) βάφω · (fig:

account, judgement etc) επηρεάζω
♦ *cpd* (*film, photograph*) έγχρωμος ·
colo(u)red *adj* έγχρωμος ·
colo(u)rful *adj* (*cloth etc*)
πολύχρωμος · (*account, story*)
γραφικός · **colo(u)ring** *n*
(= *complexion*) απόχρωση *f* · (*in food*)
χρωστική ουσία *f*
column ['kɔləm] *n* (*ARCHIT*) κολόνα *f* ·
(*of smoke*) στήλη *f* · **gossip**
~ κοσμική στήλη
coma ['kəumə] *n* **to be in a ~** είμαι
σε κώμα
comb [kəum] *n* (*for hair*) χτένα *f* ♦ *vt*
χτενίζω
combat *n* ['kɔmbæt] *vb* [kɔm'bæt] *n*
μάχη *f* ♦ *vt* καταπολεμώ
combination [kɔmbɪ'neɪʃən] *n*
συνδυασμός *m*
combine [kəm'baɪn] *vt* συνδυάζω
♦ *vi* ενώνομαι

KEYWORD

come [kʌm] (*pt* **came**, *pp* **come**) *vi*
(a) (*movement towards*) έρχομαι ·
come here! έλα εδώ!
(b) (= *arrive*) έρχομαι · **he's come
here to work** ήρθε για να
δουλέψει · **to come home** γυρίζω
σπίτι μου
(c) (= *reach*) **to come to** φτάνω σε ·
the bill came to £40 ο
λογαριασμός έφτασε τις 40 λίρες ·
her hair came to her waist τα
μαλλιά της έφταναν ως τη μέση · **to
come to a decision** καταλήγω σε
μια απόφαση
(d) (= *occur*) **an idea came to me**
μου ήρθε μια ιδέα
(e) (= *be, become*) **to come loose/
undone** λασκάρω, λύνομαι · **I've
come to like him** τελικά τον
συμπάθησα
come about *vi* προκύπτω
come across *vt fus* (= *find: person,
thing*) βρίσκω τυχαία ♦ *vi* **to come
across well/badly** γίνομαι
κατανοητός/δεν γίνομαι κατανοητός

come along *vi* (= *arrive*)
εμφανίζομαι · (= *make progress*)
πηγαίνω · **come along!** έλα μαζί
μας!
come back *vi* (= *return*)
ξανάρχομαι
come by *vt fus* (= *acquire*) βρίσκω
come down *vi* (*price*) κατεβαίνω ·
(*tree, building*) πέφτω
come forward *vi* προσφέρομαι
come from *vt fus* (*place, source etc*)
προέρχομαι από
come in *vi* (= *enter*) μπαίνω ·
(*report, news*) έρχομαι · **come in!**
περάστε!
come in for *vt fus* (*criticism etc*)
υφίσταμαι
come into *vt fus* (= *inherit: money*)
κληρονομώ · **to come into fashion**
γίνομαι της μόδας
come off *vi* (= *become detached:
button, handle*) φεύγω · (= *succeed:
attempt, plan*) πηγαίνω καλά
come on *vi* (*work, project*)
προχωρώ · (*pupil*) προοδεύω ·
(*lights, electricity*) ανάβω · **come on!**
έλα!
come out *vi* (*book, film*) βγαίνω ·
(*fact*) αποκαλύπτομαι
come round *vi* (*after fainting,
operation*) ξαναβρίσκω τις αισθήσεις
μου · (= *visit*) περνάω · (= *agree*)
αλλάζω γνώμη
come through *vi* (= *survive*)
γλιτώνω · **the call came through**
τηλεφώνησαν
come to *vi* (= *regain consciousness*)
ξαναβρίσκω τις αισθήσεις μου ♦ *vt
fus* **how much does it come to?**
πόσο είναι συνολικά;
come under *vt fus* (*heading*)
υπάγομαι · (*criticism, pressure*)
υφίσταμαι
come up *vi* (= *approach*) πλησιάζω ·
(*sun*) βγαίνω · (*problem*) προκύπτω ·
(*event*) πρόκειται να γίνει · (*in
conversation*) αναφέρομαι
come up against *vt fus* (*resistance,*

♦ n συγκρότημα nt

complexion [kəmˈplekʃən] n (of face) επιδερμίδα f

compliance [kəmˈplaɪəns] n συμμόρφωση f • **~ with** συγκατάθεση σε

complicate [ˈkɒmplɪkeɪt] vt περιπλέκω • **~d** adj περίπλοκος • **complication** n περιπλοκή f

compliment n [ˈkɒmplɪmənt] vb [ˈkɒmplɪment] n κομπλιμέντο nt ♦ vt συγχαίρω

▸ **compliments** npl σέβη ntpl • **~ary** adj (remark) κολακευτικός • (copy of book etc) τιμής ένεκεν

comply [kəmˈplaɪ] vi **to ~ (with)** (law, ruling) συμμορφώνομαι (με) • (standards) πληρώ

component [kəmˈpəʊnənt] adj συστατικός ♦ n συστατικό στοιχείο nt

compose [kəmˈpəʊz] vt **to be ~d of** αποτελούμαι από ♦ vt (music, poem) συνθέτω • **to ~ o.s.** ηρεμώ • **~r** n συνθέτης mf • **composition** n (also MUS) σύνθεση f • (= essay) έκθεση f

composure [kəmˈpəʊʒə[r]] n ηρεμία f

compound n [ˈkɒmpaʊnd] vb [kəmˈpaʊnd] n (CHEM) ένωση f • (= enclosure) περίβολος m ♦ vt (fig: problem etc) επιδεινώνω

comprehend [ˌkɒmprɪˈhend] vt κατανοώ

comprehensive [ˌkɒmprɪˈhensɪv] adj (description, review) περιεκτικός • (INSUR) καθολικός • **~ (school)** (BRIT) n (up to year 9) = Γυμνάσιο • (from year ten upwards) = Λύκειο (χωρίς διαδικασίες επιλογής)

comprise [kəmˈpraɪz] vt (also **be ~d of**) αποτελούμαι από • (= constitute) αποτελώ

compromise [ˈkɒmprəmaɪz] n συμβιβασμός m ♦ vt (beliefs, principles) υπαναχωρώ ♦ vi συμβιβάζομαι

compulsive [kəmˈpʌlsɪv] adj

(gambler, smoker etc) μανιώδης • **it's ~ viewing** πρέπει να το δείτε οπωσδήποτε

compulsory [kəmˈpʌlsərɪ] adj υποχρεωτικός

computer [kəmˈpjuːtə[r]] n ηλεκτρονικός υπολογιστής m ♦ cpd (program etc) για υπολογιστές • (language) των υπολογιστών • **~ game** n ηλεκτρονικό παιχνίδι nt • **~ science** n επιστήμη f των ηλεκτρονικών υπολογιστών • **computing** n (activity) χρήση f ηλεκτρονικών υπολογιστών • (science) επιστήμη f των ηλεκτρονικών υπολογιστών

con [kɒn] vt κοροϊδεύω ♦ n (= trick) απάτη f

conceal [kənˈsiːl] vt κρύβω

concede [kənˈsiːd] vt (error, defeat) παραδέχομαι • (point) αποδέχομαι ♦ vi υποχωρώ

conceive [kənˈsiːv] vt (= understand) αντιλαμβάνομαι • (= imagine) φαντάζομαι • (plan, policy) σχεδιάζω ♦ vi (BIO) συλλαμβάνω • **to ~ of sth/ of doing sth** αντιλαμβάνομαι κτ/να κάνω κτ

concentrate [ˈkɒnsəntreɪt] vi συγκεντρώνομαι ♦ vt (power) συγκεντρώνω • (energies, attention) επικεντρώνω • **~d orange juice** συμπυκνωμένος χυμός πορτοκαλιού • **concentration** n (also CHEM) συγκέντρωση f • (on problem) έμφαση f • (on activity etc) προσήλωση f

concept [ˈkɒnsept] n έννοια f

concern [kənˈsɜːn] n (= affair) υπόθεση f • (= anxiety) ανησυχία f • (COMM: = firm) επιχείρηση f ♦ vt (= worry) ανησυχώ • (= involve) ασχολούμαι • (= relate to) αφορώ • **to be ~ed (about)** (person, situation etc) ανησυχώ (για) • **as far as I am ~ed** όσον αφορά εμένα • **to be with sth** με απασχολεί κτ • **~ing** prep όσον αφορά (σε)

concert ['kɒnsət] n συναυλία f ·
~ hall n αίθουσα f συναυλιών

concession [kən'sɛʃən] n
(= *compromise*) παραχώρηση f ·
(COMM: = *right*) προνόμιο nt · **tax**
~ φορολογικi ελάφρυνση

concise [kən'saɪs] adj (*description*)
συνοπτικός · (*text*) περιληπτικός

conclude [kən'kluːd] vt (*speech,*
chapter) ολοκληρώνω · (*treaty etc*)
συνάπτω · (= *deduce*) συμπεραίνω
♦ vi (= *finish*) καταλήγω · (*speaker*)
ολοκληρώνω · **conclusion** n (of
speech, chapter) τέλος nt ·
(= *deduction*) συμπέρασμα nt

concrete ['kɒŋkriːt] n μπετόν nt inv
♦ adj (*block*) από μπετόν · (*floor*)
τσιμεντένιος · (fig: *proposal, idea*)
συγκεκριμένος

concussion [kən'kʌʃən] n διάσειση f

condemn [kən'dɛm] vt (*action, report*)
καταδικάζω · (*building*) κρίνω
ακατάλληλο

condensation [kɒndɛn'seɪʃən] n
υγρασία f

condition [kən'dɪʃən] n (= *state*)
κατάσταση f · (= *requirement*)
προϋπόθεση f · (MED) πάθηση f ♦ vt
(*person*) επηρεάζω · (*hair*) βάζω
μαλακτικό σε · **on ~ that** υπό τον
όρο ότι
▸ **conditions** npl συνθήκες fpl · **~al**
adj υπό όρους · **~er** n μαλακτικό nt

condo ['kɒndəu] (US: inf) n abbr =
condominium

condom ['kɒndɒm] n προφυλακτικό nt

condominium [kɒndə'mɪnɪəm] (US) n
(*building*) πολυκατοικία f με
ιδιόκτητα διαμερίσματα ·
(= *apartment*) ιδιόκτητο
διαμέρισμα nt

condone [kən'dəun] vt (*misbehaviour*)
αποδέχομαι · (*crime*) συγχωρώ

conduct n ['kɒndʌkt] vb [kən'dʌkt] n
(of *person*) συμπεριφορά f · (of *war*)
διεξαγωγή f ♦ vt (*survey, research etc*)
διεξάγω · (*business etc*) διευθύνω ·
(*life*) διάγω · (*orchestra, choir etc*)

διευθύνω · (*heat, electricity*) είμαι
καλός αγωγός +gen · **to ~ o.s.**
συμπεριφέρομαι · **~or** n (of
orchestra) διευθυντής/τρια m/f
ορχήστρας · (US: on *train*) ελεγκτής
m/f · (ELEC) αγωγός m

cone [kəun] n κώνος m · (on *road*)
προειδοποιητικός κώνος m · (BOT)
κουκουνάρι nt · (*ice cream*) χωνάκι nt

confectionery [kən'fɛkʃənrɪ] n
προϊόντα ntpl ζαχαροπλαστικής

confer [kən'fəːr] vt **to ~ sth** (on sb)
(*honour, degree*) απονέμω κτ (σε κν) ·
(*status*) προσδίδω κτ (σε κν) ·
(*advantage*) παρέχω κτ (κν) ♦ vi
συσκέπτομαι

conference ['kɒnfərəns] n (= *meeting*)
σύσκεψη f · (*academic*) συνέδριο nt ·
to be in ~ έχω σύσκεψη

confess [kən'fɛs] vt (*guilt, crime*)
ομολογώ ♦ vi ομολογώ · **~ion** n
(= *admission*) ομολογία f · (REL)
εξομολόγηση f

confide [kən'faɪd] vi **to ~ in**
εκμυστηρεύομαι σε

confidence ['kɒnfɪdns] n (= *faith*)
εμπιστοσύνη f · (= *self-assurance*)
αυτοπεποίθηση f · (= *secret*) μυστικό
nt · **in ~** (*speak, write*) εμπιστευτικά

confident adj (= *self-assured*) που
έχει αυτοπεποίθηση · (= *positive*)
πεπεισμένος · **confidential** adj
εμπιστευτικός

confine [kən'faɪn] vt **to ~ (to)**
(= *limit*) περιορίζομαι (σε) · (= *shut*
up) κλείνω (σε) · **to ~ o.s. to doing**
sth/to sth περιορίζομαι σε κτ/το
κάνω κτ · **~d** adj (*space*)
περιορισμένος

confirm [kən'fəːm] vt επιβεβαιώνω ·
to be ~ed (REL) ασπάζομαι επίσημα
χριστιανικό δόγμα σε ειδική τελετή ·
~ation n (of *belief, statement*)
επαλήθευση f · (of *appointment, date*)
επιβεβαίωση f · (REL) τελετή για τον
ασπασμό χριστιανικού δόγματος

conflict n ['kɒnflɪkt] vb ['flɪkt] n
(= *disagreement*) διαμάχη f ·

(= *difference: of interests, loyalties etc*)
σύγκρουση f • (= *fighting*) σύρραξη f
♦ vi (*opinions, research etc*) έρχομαι
σε αντίθεση

conform [kən'fɔːm] vi
συμμορφώνομαι • **to ~ to** (*law, wish*)
είμαι σύμφωνος με

confront [kən'frʌnt] vt έρχομαι
αντιμέτωπος με • **~ation** n
(= *dispute*) αντιπαράθεση f

confuse [kən'fjuːz] vt μπερδεύω • **~d**
adj (= *bewildered: person*)
μπερδεμένος • (= *disordered:
situation*) άνω-κάτω • **confusing** adj
που σε μπερδεύει *or* σου προκαλεί
σύγχυση • **confusion** n σύγχυση f

congestion [kən'dʒestʃən] n (*of road:
also* MED) συμφόρηση f

Congo ['kɔŋɡəu] n Κονγκό nt inv

congratulate [kən'ɡrætjuleit] vt
συγχαίρω • **congratulations** npl
συγχαρητήρια ntpl • ~! συγχαρητήρια!

congregation [kɔŋɡri'ɡeiʃən] n
εκκλησίασμα nt

congress ['kɔŋɡres] n συνέδριο nt •
(US) **C~** Κογκρέσσο • **~man** (US)
(irreg) n μέλος nt του Κογκρέσσου •
~woman (US) (irreg) n μέλος nt του
Κογκρέσσου

conjunction [kən'dʒʌŋkʃən] n (LING)
σύνδεσμος m • **in ~ with** μαζί με

conjure ['kʌndʒə'] vt βγάζω (με
μαγικά) • (fig) εμφανίζω ως δια
μαγείας • **~ up** vt (*ghost, spirit*)
καλώ • (*memories*) φέρνω στο νου

connect [kə'nekt] vt συνδέω • (= *join*)
to ~ sth (to) συνδέω κτ (σε) ♦ vi **to
~ with** (*train, plane etc*) έχω
ανταπόκριση με • **to be ~ed with**
συνδέομαι με • **~ion** n (ELEC, TEL)
σύνδεση f • (*train, plane etc*)
ανταπόκριση f • (fig) σχέση f • **in
~ion with** σχετικά με • **business
~ions** επαγγελματικές διασυνδέσεις

conquer ['kɔŋkə'] vt (*country, enemy*)
κατακτώ • (fig: *fear, feelings*) κατανικώ

conquest ['kɔŋkwest] n κατάκτηση f

cons [kɔnz] npl see **convenience,
pro**

conscience ['kɔnʃəns] n συνείδηση f

conscientious [kɔnʃi'enʃəs] adj
ευσυνείδητος

conscious ['kɔnʃəs] adj (= *aware*) **to
be ~ (of)** έχω επίγνωση (+gen •
(= *deliberate:
effort, error*) συνειδητός • (= *awake*)
to be ~ διατηρώ τις αισθήσεις μου •
~ness n συνείδηση f • (MED)
αισθήσεις fpl

consecutive [kən'sekjutiv] adj
συνεχής

consensus [kən'sensəs] n ομοφωνία f

consent [kən'sent] n συγκατάθεση f
♦ vi **to ~** συγκατατίθεμαι σε

consequence ['kɔnsikwəns] n
συνέπεια f • **to be of ~** είμαι
σημαντικός

consequently ['kɔnsikwəntli] adv άρα

conservation [kɔnsə'veiʃən] n (*of the
environment*) προστασία f του
περιβάλλοντος • (*of paintings, books*)
συντήρηση f • **~ energy**
= εξοικονόμηση ενέργειας • **~ nature**
= προστασία της φύσης

conservative [kən'sɜːvətiv] adj
συντηρητικός • (BRIT: POL)
C~ συντηρητικός ♦ n (BRIT: POL)
C~ Συντηρητικός/ή • **the C~ Party**
το Συντηρητικό Κόμμα

conservatory [kən'sɜːvətri] n
(= *greenhouse*) σέρρα f • (MUS) ωδείο
nt

consider [kən'sidə'] vt (= *believe*)
θεωρώ • (= *study*) μελετάω • (= *take
into account*) λαμβάνω υπόψη •
(= *regard*) εξετάζω • **to ~ doing sth**
σκέπτομαι να κάνω κτ • **~able** adj
σημαντικός • **~ably** adv (*improve,
deteriorate*) σημαντικά • (*bigger,
smaller etc*) κατά πολύ • **~ate** adj
που σκέφτεται *or* ενδιαφέρεται για τους
άλλους • **~ation** n (= *deliberation*)
σκέψη f • (= *factor*) παράγοντας m

που πρέπει να ληφθεί υπόψη ·
(= *thoughtfulness*) ενδιαφέρον nt ·
~ing prep λαμβάνοντας υπόψη

consignment [kən'saɪnmənt] (COMM)
n (*sent*) αποστολή f · (*received*)
παραλαβή f

consist [kən'sɪst] vi to ~ of
αποτελούμαι από

consistency [kən'sɪstənsi] n (of
actions, policies etc) συνέπεια f · (of
yoghurt, cream etc) πυκνότητα f

consistent [kən'sɪstənt] adj (*person*)
σταθερός · (*argument, idea*) που
ευσταθεί or στέκεται

consolation [kɔnsə'leɪʃən] n
παρηγοριά f

console vb [kən'səul] n ['kɔnsəul] vt
παρηγορώ ◆ n (= *panel*) κονσόλα f

conspicuous [kən'spɪkjuəs] adj
(*person*) που ξεχωρίζει · (*feature*)
χτυπητός

conspiracy [kən'spɪrəsi] n
συνωμοσία f

constable ['kʌnstəbl] (BRIT) n
αστυφύλακας mf · **chief ~** διοικητής
της αστυνομίας

constant ['kɔnstənt] adj (*criticism*)
συνεχής · (*pain*) ασταμάτητος ·
(*temperature, level*) σταθερός · **~ly**
adv συνεχώς

constipation [kɔnstɪ'peɪʃən] n
δυσκοιλιότητα f

constituency [kən'stɪtjuənsi] n
(POL.) (= *area*) εκλογική περιφέρεια f ·
(= *electors*) ψηφοφόροι mpl
(εκλογικής περιφέρειας)

constitute ['kɔnstɪtjuːt] vt (*challenge,
emergency*) συνιστώ · (*whole*) αποτελώ

constitution [kɔnstɪ'tjuːʃən] n (of
country) σύνταγμα nt · (of *club*)
καταστατικό nt

constraint [kən'streɪnt] n
(*restriction*) περιορισμός m ·
(= *compulsion*) εξαναγκασμός m

construct [kən'strʌkt] vt (*building,
machine*) κατασκευάζω · (*theory,
argument*) δημιουργώ · **~ion** n

κατασκευή f · **~ive** adj (*remark,
criticism*) εποικοδομητικός

consul ['kɔnsl] n πρόξενος mf · **~ate**
n προξενείο nt

consult [kən'sʌlt] vt συμβουλεύομαι ·
~ant n (MED) διευθυντής/τρια m/f
κλινικής · (= *other specialist*)
σύμβουλος mf · **~ation** n (MED)
εξέταση f · (= *discussion*)
διαβουλεύσεις fpl

consume [kən'sjuːm] vt
καταναλώνω · (*emotion*) τρώω · **~r** n
καταναλωτής m · **consumption** n
κατανάλωση f

cont. abbr (= *continued*) συνεχίζεται

contact ['kɔntækt] n
(= *communication*) επικοινωνία f ·
(= *touch*) επαφή f · (= *person*)
σύνδεσμος m ◆ vt (*by phone, letter*)
επικοινωνώ με · **~ lenses** npl φακοί
mpl επαφής

contagious [kən'teɪdʒəs] adj
μεταδοτικός

contain [kən'teɪn] vt περιέχω ·
(= *curb*) συγκρατώ · **to ~ o.s.**
συγκρατούμαι · **~er** n σκεύος nt ·
(COMM: *for shipping etc*) κοντέινερ nt
inv

cont'd abbr (= *continued*)
συνεχίζεται

contemplate ['kɔntəmpleɪt] vt
(= *consider*) σκέπτομαι · (= *regard:
person*) παρατηρώ

contemporary [kən'tempərəri] adj
(= *same time: writer etc*) σύγχρονος ·
(= *modern: design*) μοντέρνος ◆ n
σύγχρονος/η m/f

contempt [kən'tempt] n
περιφρόνηση f · **~ of court** (JUR)
απείθεια προς το δικαστήριο

contend [kən'tend] vt (= *assert*) **to
~ that** διατείνομαι ότι ◆ vi
(= *struggle*) **to ~ with** (*problem,
difficulty*) αντιμετωπίζω · (= *compete*)
to ~ for (*power etc*) μάχομαι or
παλεύω για

content adj, vb [kən'tent] n ['kɔntent]

adj ευχαριστημένος ◆ _vt_ ευχαριστώ
◆ _n_ (_of speech, novel_) περιεχόμενο
_nt_ · (_fat content etc_) περιεκτικότητα _f_
▶ **contents** _npl_ περιεχόμενο _nt_ ·
(table of) ~s πίνακας
περιεχομένων · **~ed** _adj_
ευχαριστημένος

contest _n_ [ˈkɒntest] (= _competition_) διαγωνισμός _m_ ◆ _vt_
(_election, competition_) διεκδικώ ·
(_statement, decision_) αντικρούω ·
~ant _n_ διαγωνιζόμενος/η _m/f_

context [ˈkɒntekst] _n_ (_of events, ideas etc_) πλαίσιο _n_ · (_of word, phrase_)
συμφραζόμενα _ntpl_

continent [ˈkɒntɪnənt] _n_ ήπειρος _f_ ·
the C~ (_BRIT_) η ηπειρωτική Ευρώπη ·
~al (_BRIT_) _adj_ Ευρωπαίος ◆ _n_
Ευρωπαίος/α _m/f_ · **~al breakfast** _n_
πρωινό με ψωμί, βούτυρο,
μαρμελάδα και ρόφημα

continual [kənˈtɪnjuəl] _adj_ συνεχής ·
~ly _adv_ συνεχώς

continue [kənˈtɪnju:] _vi_ συνεχίζομαι
◆ _vt_ συνεχίζω · **continuity** _n_
συνέχεια _f_ · (_CINE_) σκριπτ _nt inv_ ·
continuous _adj_ (_process, growth etc_) συνεχής · (_line_) ευθύς · (_LING_)
συνεχής · **continuously** _adv_
(= _repeatedly_) συνέχεια ·
(= _uninterruptedly_) αδιάκοπα

contour [ˈkɒntuə'] _n_ (_also:_ ~ **line:** _on map_) (ισοϋψής) καμπύλη _f_ · (_pl_)
περίγραμμα _nt_

contraception [kɒntrəˈsepʃən] _n_
αντισύλληψη _f_ · **contraceptive** _adj_
αντισυλληπτικός ◆ _n_ αντισυλληπτικό
_nt_

contract _n_ [ˈkɒntrækt] _vb_ [kənˈtrækt] _n_
συμβόλαιο _nt_ ◆ _vi_ (= _become smaller_)
συστέλλομαι · (_COMM_) **to ~ to do sth** αναλαμβάνω (με συμβόλαιο) να
κάνω κτ · _vt_ (_illness_) προσβάλλομαι
από · **~or** (_COMM_) _n_ εργολάβος _m_

contradict [kɒntrəˈdɪkt] _vt_ (_person, statement etc_) αντιλέγω σε · (= _be contrary to_) αντιφάσκω με · **~ion** _n_
αντίφαση _f_

adj αντίθετος
◆ _n_ αντίθετο _nt_ · **on the ~** αντιθέτως

contrast _n_ [ˈkɒntra:st] _vb_ [kənˈtra:st] _n_ αντίθεση _f_ ◆ _vt_ αντιπαραβάλλω ·
in ~ to _or_ **with** σε αντίθεση με

contribute [kənˈtrɪbju:t] _vi_ **to ~ to**
(_charity etc_) συνεισφέρω σε ·
(_magazine_) στέλνω άρθρα σε ·
(_discussion, problem etc_) συμβάλλω
σε · **contribution** _n_ (= _donation_)
δωρεά _f_ · (_BRIT: for social security_)
εισφορά _f_ · (_to debate, campaign_)
συμβολή _f_ · (_to magazine_) συμμετοχή
_f_ · **contributor** _n_ (_to appeal_)
δωρητής/τρια _m/f_ · (_to magazine_)
συνεργάτης/ιδα _m/f_

control [kənˈtrəul] _vt_ (_country_)
έχω τον
έλεγχο · (_machinery, process_)
ρυθμίζω · (_wages, prices_) ελέγχω ·
(_one's temper_) κρατάω · (_disease, fire_)
θέτω υπό έλεγχο ◆ _n_ (_of country_)
διακυβέρνηση _f_ · (_of organization_)
διεύθυνση _f_ · (_of oneself, emotions_)
έλεγχος _m_ · **to take ~ of**
αναλαμβάνω τον έλεγχο +_gen_ · **to be in ~ of** έχω τον έλεγχο · **to ~ o.s.**
συγκρατούμαι · **everything is under ~** όλα είναι υπό έλεγχο · **the car went out of ~** το αυτοκίνητο
βγήκε εκτός ελέγχου

▶ **controls** _npl_ (_of vehicle_) έλεγχος _m_ ·
(_on radio, television etc_) κουμπιά _ntpl_
(χειρισμού)

controversial [kɒntrəˈvə:ʃl] _adj_
αμφιλεγόμενος

controversy [ˈkɒntrəvə:si] _n_ διαμάχη _f_

convenience [kənˈvi:niəns] _n_
(= _easiness: of using sth, doing sth_)
ευκολία _f_ · (= _advantage_) άνεση _f_ · **at your ~** όποτε μπορείτε · **all modern ~s**, (_BRIT_) **all mod cons**
με όλα τα κομφόρ · **convenient**
adj βολικός

convent [ˈkɒnvənt] _n_ μοναστήρι _nt_

convention [kənˈvenʃən] _n_ (= _custom_)
σύμβαση _f_ · (= _conference_)
συνέλευση _f_ · (= _agreement_) συνθήκη

f. **~al** *adj* συμβατικός

conversation [kɒnvə'seɪʃən] *n*
συζήτηση *f*

conversely [kɒn'vɜːslɪ] *adv*
αντίστροφα

conversion [kən'vɜːʃən] *n (of weights,
substances etc)* μετατροπή *f* · *(REL)*
προσηλυτισμός *m* · *(BRIT: of house)*
μετατροπή *f*

convert *vb* [kən'vɜːt] *n* ['kɒnvɜːt] *vt
(= change)* **to ~ sth into/to**
μετατρέπω κτ σε · *(REL, POL: person)*
προσηλυτίζω · *(building, vehicle)*
μετατρέπω ♦ *n (REL, POL)*
νεοφώτιστος/η *m/f* · **~ible** *adj
(currency)* μετατρέψιμος ♦ *n (AUT)*
καμπριολέ *nt inv*

convey [kən'veɪ] *vt (information)*
(μετα)δίδω · *(idea)* περνάω · *(thanks)*
εκφράζω · *(cargo, traveller)*
μεταφέρω · **~or belt** *n (κυλιόμενος)*
ιμάντας *m* μεταφοράς

convict *vb* [kən'vɪkt] *n* ['kɒnvɪkt] *vt*
καταδικάζω ♦ *n* κατάδικος *mf* · **~ion**
n πεποίθηση *f* · *(JUR)* καταδίκη *f*

convince [kən'vɪns] *vt* πείθω · **to
~ sb (of sth/that)** πείθω κν *(για κτ/
ότι)* · **~d** *adj* **~d of/that** πεπεισμένος
για/ότι · **convincing** *adj* πειστικός

convoy ['kɒnvɔɪ] *n (of trucks)* κονβόι
nt inv · *(of ships)* νηοπομπή *f*

cook [kuk] *n (food, meal etc)*
μαγειρεύω · *(in oven)* ψήνω ♦ *vi
(person)* μαγειρεύω · *(meal)* γίνομαι ·
(pie) ψήνομαι ♦ *n* μάγειρας/ισσα *m/
f* · **~book** *n* βιβλίο *nt* μαγειρικής ·
~er *n* κουζίνα *f (συσκευή)* · **~ery**
n μαγειρική *f* · **~ie** *(US)* *n* μπισκότο *nt* ·
~ing *n* μαγειρική *f*

cool [kuːl] *adj (temperature, drink)*
δροσερός · *(= calm)* ψύχραιμος ·
(= unfriendly) ψυχρός ♦ *vt (room)*
δροσίζω · *(tea)* κρυώνω ♦ *vi (water,
air)* κρυώνω · **it's ~** *(weather)* έχει
δροσιά · **~ down** *vi* κρυώνω · *(fig:
person, situation)* ηρεμώ

cop [kɒp] *(inf)* *n* μπάτσος *m*

cope [kəup] *vi* **to ~ with** *(problem,
situation etc)* τα βγάζω πέρα

copper ['kɒpə'] *n (metal)* χαλκός *m* ·
(BRIT: inf) μπάτσος *m*

copy ['kɒpɪ] *n (= duplicate)* αντίγραφο
nt · *(of book, record)* αντίτυπο *nt* · *(of
newspaper)* φύλλο *nt* ♦ *vt*
αντιγράφω · **~right** *n* πνευματικά
δικαιώματα *ntpl*

coral ['kɒrəl] *n* κοράλλι *nt*

cord [kɔːd] *n (= string)* σπάγκος *m* ·
(ELEC) καλώδιο *nt* · **~less** *adj
(phone)* ασύρματος · *(iron etc)* χωρίς
καλώδιο

cordon ['kɔːdn] *n (MIL, POLICE)* κλοιός
m · **~ off** *vt (area)* κλείνω *(με σκοινί,
μπάρες κλπ.)*

corduroy ['kɔːdərɔɪ] *n* κοτλέ *nt inv*

core [kɔː'] *n (of fruit)* κόμπι *nt* · *(of
organization, earth etc)* πυρήνας *m* ·
(= heart: of problem) καρδιά *f* ♦ *vt*
βγάζω τους σπόρους

coriander [kɒrɪ'ændə'] *n* κόλιαντρος
m

cork [kɔːk] *n* φελλός *m*

corn [kɔːn] *n (BRIT: cereal crop)*
δημητριακά *ntpl* · *(US: = maize)*
καλαμπόκι *nt* · *(on foot)* κάλος *m* ·
~ on the cob ρόκα *f*

corner ['kɔːnə'] *n* γωνία *f* · *(FOOTBALL,
HOCKEY etc: also = **kick**)* κόρνερ *nt
inv* · *(BOXING)* γωνία *f* ♦ *vt (= trap)*
στριμώχνω · *(COMM: market)*
μονοπωλώ ♦ *vi (in car)* παίρνω
στροφή

cornflakes ['kɔːnfleɪks] *npl*
κορνφλέικς *ntpl inv*

coronary ['kɒrənərɪ] *n (also
= **thrombosis**)* στεφανιαία νόσος *f*

coronation [kɒrə'neɪʃən] *n* στέψη *f*

coroner ['kɒrənə'] *n* ανακριτής *m*
ιατροδικαστικής αρμοδιότητες

corporal ['kɔːpərəl] *n* δεκανέας *mf*
♦ *adj* **~ punishment** σωματική
τιμωρία

corporate ['kɔːpərɪt] *(COMM)* *adj* των
εταιρειών · *(action, effort)*

συλλογικός · *(finance, image)* της εταιρείας *or* επιχείρησης

corporation [kɔːpəˈreɪʃən] *n* (COMM) εταιρεία *f*

corps [kɔː*] (*pl* ~) *n* (*also* MIL) σώμα *nt* · **the press** ~ οι δημοσιογράφοι

corpse [kɔːps] *n* πτώμα *nt*

correct [kəˈrɛkt] *adj* σωστός ♦ *vt* διορθώνω · **-ion** *n* διόρθωση *f*

correspond [kɔrɪsˈpɔnd] *vi* (= *write*) **to ~ (with)** αλληλογραφώ (με) ♦ *vi* (= *be equivalent to*) **~ (to)** αντιστοιχώ (σε) · (= *be in accordance with*) **to ~ (with)** συμπίπτω (με) · **-ence** *n* (= *letters, communication*) αλληλογραφία *f* · (= *relationship*) αντιστοιχία *f* · **-ent** *n* ανταποκριτής/τρια *m/f* · **-ing** *adj* αντίστοιχος

corridor [ˈkɔrɪdɔː*] *n* διάδρομος *m*

corrupt [kəˈrʌpt] *adj* (*person*) διεφθαρμένος · (COMPUT: *data*) αλλοιωμένος ♦ *vt* (*person*) διαφθείρω · (COMPUT: *data*) αλλοιώνω · **-ion** *n* διαφθορά *f*

Corsica [ˈkɔːsɪkə] *n* Κορσική *f*

cosmetic [kɔzˈmɛtɪk] *n* καλλυντικό *nt* ♦ *adj* (fig: *measure, improvement*) επιφανειακός · (*preparation*) καλλυντικός · **~ surgery** πλαστική χειρουργική

cosmopolitan [kɔzməˈpɔlɪtn] *adj* κοσμοπολίτικος

cost [kɔst] (*pt, pp* ~) *n* (*also* fig) κόστος *nt* · **to be priced at** κοστίζω σε · (= *find out cost of*: *pt, pp* costed) υπολογίζω το κόστος *+gen* · **how much does it ~?** πόσο κοστίζει *or* στοιχίζει · **it ~s me time** μου παίρνει χρόνο · **it ~ him his life/job** του στοίχισε τη ζωή του/ τη δουλειά του · **the ~ of living** το κόστος ζωής *or* διαβίωσης · **at all ~s** πάση θυσία

▸ **costs** *npl* (COMM, JUR) έξοδα *ntpl*

Costa Rica [ˈkɔstəˈriːkə] *n* Κόστα Ρίκα *f inv*

costly [ˈkɔstlɪ] *adj* που κοστίζει

ακριβά

costume [ˈkɔstjuːm] *n* (= *outfit*) κοστούμι *nt* · (= *style of dress*) ενδυμασία *f*

cosy [ˈkəuzɪ] (US **cozy**) *adj* ζεστός · (*chat*) φιλικός

cot [kɔt] *n* (BRIT: *child's*) κούνια *f* · (US: = *camp bed*) ράντζο *nt*

cottage [ˈkɔtɪdʒ] *n* εξοχικό (σπίτι) *nt*

cotton [ˈkɔtn] *n* (= *thread*) κλωστή *f* (βαμβακερή) · **~ on** (*inf*) *vi* **to ~ on (to)** το πιάνω · **~ wool** (BRIT) *n* βαμβάκι *nt*

couch [kautʃ] *n* καναπές *m* · (*doctor's, psychiatrist's*) κρεβάτι *nt*

cough [kɔf] *vi* βήχω ♦ *n* βήχας *m*

could [kud] *pt of* **can** · **~n't** = **could not**

council [ˈkaunsl] *n* συμβούλιο *nt* · **city** *or* **town ~** δημοτικό συμβούλιο · **~ house** (BRIT) *n* σπίτι *nt* που ανήκει στο δήμο · **~lor** *n* δημοτικός/ή σύμβουλος *m/f* · **~ tax** (BRIT) *n* δημοτικός φόρος *m*

counsel [ˈkaunsl] *n* (= *advice*) νουθεσίες *fpl* · (= *lawyer*) δικηγόρος *mf* ♦ *vt* δίνω συμβουλές · **~lor** *n* (= *advisor*) σύμβουλος *mf* · (US: = *lawyer*) συνήγορος *f*

count [kaunt] *vt* (*also* **up**) μετράω · (= *include*) υπολογίζω ♦ *vi* μετράω · (= *be important*) μετράω ♦ *n* (*of things, people*) καταμέτρηση *f* · (= *level*: *of pollen, alcohol etc*) ποσοστό *nt* · (= *nobleman*) κόμης *m* · **~ on** *vt fus* (= *expect*) υπολογίζω σε · (= *depend on*) βασίζομαι σε · **~down** *n* (*to launch*) αντίστροφη μέτρηση *f*

counter [ˈkauntə*] *n* (*in shop, café*) πάγκος *m* · (*in bank, post office*) γκισέ *nt* · (*in game*) μάρκα *f* · (TECH) μετρητής *m* ♦ *vt* ανταπαντώ σε · (*blow*) αποκρούω ♦ *adv* **to run ~ to** έρχομαι σε αντίθεση με · **~feit** *n* πλαστογραφία *f* ♦ *adj* (*coin*) πλαστός · **~part** *n* (*of person, company etc*) ομόλογος *m*

countess [ˈkauntɪs] *n* κόμισσα *f*

countless ['kauntlɪs] adj αμέτρητος

country ['kʌntrɪ] n (= state, population) χώρα f · (= native land) πατρίδα f · (= rural area) ύπαιθρος f · (= region) περιοχή f · **~house** n εξοχικό nt · **~side** n εξοχή f

county ['kauntɪ] n κομητεία f

coup [ku:] (pl **~s**) n (MIL, POL: also · **~ d'état**) πραξικόπημα nt · (= achievement) κατόρθωμα nt

couple ['kʌpl] n ζευγάρι nt · **~d with** που συνδέεται με · **a ~ of** (= two) δύο · (= a few) κανάδυο

coupon ['ku:pɔn] n (= voucher) κουπόνι nt · (= detachable form) απόκομμα nt

courage ['kʌrɪdʒ] n (= bravery) θάρρος nt

courageous [kə'reɪdʒəs] adj θαρραλέος

courgette [kuə'ʒet] (BRIT) n κολοκυθάκι nt

courier ['kurɪə'] n (= messenger) αγγελιοφόρος m · (for tourists) συνοδός mf

course [kɔ:s] n (SCOL) σειρά f μαθημάτων · (= process: of time etc) πορεία f · (of life) διάρκεια f · (of events) ρους m · (of treatment) σειρά f · (of argument, action) πορεία f · (of river) ρους m · (= part of meal) πιάτο nt · (for golf) γήπεδο nt · **of ~** (= naturally) φυσικά · (= certainly) σίγουρα · **of ~!** βεβαίως · **(no) of ~ not!** φυσικά όχι!

court [kɔ:t] n (royal) αυλή f · (JUR) δικαστήριο nt · (for tennis, badminton etc) γήπεδο nt ◆ vt (woman) φλερτάρω · (fig: favour, popularity) επιζητώ

courtesy ['kə:təsɪ] n (= politeness) ευγένεια f · **(by) ~ of** με την άδεια +gen

courthouse ['kɔ:thaus] (US) n δικαστήριο nt

courtroom ['kɔ:trum] n αίθουσα f δικαστηρίου

courtyard ['kɔ:tjɑ:d] n αυλή f

cousin ['kʌzn] n ξάδερφος/η m/f

cover ['kʌvə'] vt καλύπτω ◆ n (for furniture, machinery etc) κάλυμα nt · (of book, magazine) εξώφυλλο nt · (= shelter) καταφύγιο nt · (INSUR) κάλυψη f · (fig: for illegal activities) προκάλυψη f · **to ~ (with)** καλύπτω (με) · **to be ~ed in** or **with** είμαι βουτηγμένος σε · **~ up** vt (person, object) σκεπάζω · (fig: facts, feelings) συγκαλύπτω ◆ vi **to ~ up for sb** (fig) καλύπτω κν · **~age** n (TV, PRESS) κάλυψη f · **~-up** n προσπάθεια f συγκάλυψης των γεγονότων

cow [kau] n αγελάδα f ◆ vt επιβάλλω με το ζόρι

coward ['kauəd] n δειλός/ή m/f · **~ly** adj δειλά

cowboy ['kaubɔɪ] n (in US) καουμπόυ m · (pej: tradesman) ατζαμής m

cozy ['kauzɪ] (US) adj = **cosy**

crab [kræb] n κάβουρας m

crack [kræk] n (noise) κρότος m · (= gap) χαραμάδα f · (in bone, dish) ράγισμα nt · (in wall) ρωγμή f · (= joke) αστείο nt · (inf: = attempt) **to have a ~ (at sth)** κάνω μια προσπάθεια (σε κτ) · (DRUGS) κρακ nt inv ◆ vt (whip) κροταλίζω · (twig) τρίζω · (= break) ραγίζω · (nut) σπάζω · (= solve: problem) λύνω · (code) σπάζω · (joke) πετάω · **~ down on** nt fus παίρνω μέτρα εναντίον +gen · **~ up** vi (PSYCH) καταρρέω · **~er** n (biscuit) κράκερ nt inv · (= Christmas cracker) σωλήνας από χαρτί με παιχνίδι, που τραβούν και σκάει σαν έθιμο τα Χριστούγεννα · (= firework) πυροτέχνημα nt

crackle ['krækl] vi τριζοβολάω

cradle ['kreɪdl] n (baby's) κούνια f ◆ vt (child) κρατάω

craft [krɑ:ft] n (= weaving etc) χειροτεχνία f · (= trade) τέχνη f · (skill) ικανότητα f · (= boat, plane: pl *inv*) σκάφη *ntpl* · **~sman** (*irreg*) *n* τεχνίτης/τρια *m/f* · **~smanship** *n* δεξιοτεχνία *f*

cram [kræm] *vt* (= *fill*) **to ~ sth with** παραγεμίζω κτ με ♦ *vt* (= *put*) **to ~ sth into** χώνω κτ (μέσα) σε ♦ *vi* (*for exams*) διαβάζω εντατικά

cramp [kræmp] *n* (*MED*) κράμπα *f* · **~ed** *adj* στενάχωρος

cranberry ['krænbəri] *n* κούμαρο *nt*

crane [kreɪn] *n* (*machine, bird*) γερανός *m* ♦ *vi* **to ~ one's neck** τεντώνω το λαιμό μου

crap [kræp] (*inf!*) *n* μπούρδες *fpl* ♦ *vi* χέζω

crash [kræʃ] *n* (= *noise*) θόρυβος *m* · (*of car, plane etc*) δυστύχημα *nt* · (*COMM*) κραχ *nt inv* · (*of car, plane etc*) τρακάρω ♦ *vi* (*plane*) συντρίβομαι · (*car*) τρακάρω · (*two cars*) συγκρούομαι · (*COMM: firm*) χρεωκοπώ · (: *market*) καταρρέω · (*COMPUT*) κολλάω

crate [kreɪt] *n* (= *box*) καφάσι *nt* · (*for bottles*) κιβώτιο *nt*

crave [kreɪv] *vt* λαχταράω ♦ *vi* **to ~ for** λαχταράω

crawl [krɔːl] *vi* (*adult*) σέρνομαι · (*child*) μπουσουλάω · (*insect*) έρπομαι · (*vehicle*) τσουλάω · (*inf*: = *grovel*) πέφτω στα πόδια κου ♦ *n* (*SWIM*) κρόουλ *nt inv*

craze [kreɪz] *n* τρέλα *f*

crazy ['kreɪzi] *adj* τρελός · **to be ~ about sb/sth** (*inf*) είμαι τρελός για κν/κτ

cream [kriːm] *n* (= *dairy cream*) κρέμα *f* γάλακτος · (= *artificial cream*) κρέμα *f* · (= *cosmetic*) κρέμα *f* · (= *élite*) αφρόκρεμα *f* ♦ *adj* (= *colour*) κρεμ **· whipped ~** σαντιγύ *f inv* · **~-y** *adj* (= *colour*) κρεμ · (= *taste*) που έχει μπόλικη κρέμα

crease [kriːs] *n* (= *fold*) πτυχή *f* · (= *wrinkle*) ζάρα *f* · (= *in trousers*) τσάκιση *f* ♦ *vt* τσαλακώνω

create [kriːˈeɪt] *vt* δημιουργώ · (*interest*) προκαλώ · (*fuss*) κάνω ·

creation [kriːˈeɪʃən] *n* δημιουργία *f*

creative *adj* δημιουργικός ·

creator *n* (= *maker, inventor*) δημιουργός *m* · (*REL*) Πλάστης *m*

creature [ˈkriːtʃə] *n* πλάσμα *nt*

crèche [kreʃ] *n* παιδικός σταθμός *m*

credentials [krɪˈdenʃlz] *npl* (= *references*) συστάσεις *fpl*

credibility [kredɪˈbɪlɪti] *n* αξιοπιστία *f*

credible [ˈkredɪbl] *adj* αξιόπιστος

credit [ˈkredɪt] *n* (*COMM*) πίστωση *f* · (= *recognition*) αναγνώριση *f* · (*SCOL*) μονάδα *f* ♦ *adj* (*COMM*) ενεργητικός ♦ *vt* (*COMM*) πιστώνω · (= *believe*) πιστεύω · **to be in ~** έχω ενεργητικό **· to ~ sb with sth** (*fig*) θεωρώ ότι κς έχει κτ **· he's a ~ to his family** τιμάει την οικογένειά του
  ▸ **credits** *npl* (*CINE, TV*) τίτλοι *mpl* · **~ card** *n* πιστωτική κάρτα *f*

creek [kriːk] *n* (= *inlet*) όρμος *m* · (*US*: = *stream*) ποταμάκι *nt*

creep [kriːp] (*pt, pp* **crept**) *vi* σέρνομαι ♦ *n* (*inf*) παλιάνθρωπος *m*

crematorium [kreməˈtɔːriəm] (*pl* **crematoria**) *n* κρεματόριο *nt*

crêpe [kreɪp] *n* κρεπ *nt inv*

crept [krept] *pt, pp* of **creep**

crescent [ˈkresnt] *n* μισοφέγγαρο *nt*

crest [krest] *n* (*of hill*) κορυφή *f* · (*of bird*) λειρί *nt* · (= *coat of arms*) οικόσημο *nt*

Crete [kriːt] *n* Κρήτη *f*

crew [kruː] *n* (*NAUT, AVIAT*) πλήρωμα *nt* · (*TV, CINE*) συνεργείο *nt*

crib [krɪb] *n* (= *cot*) κούνια *f* ♦ *vt* (*inf*: = *copy*) αντιγράφω

cricket [ˈkrɪkɪt] *n* (*sport*) κρίκετ *nt inv* · (*insect*) τριζόνι *nt* · **~er** *n* παίχτης του κρίκετ

crime [kraɪm] *n* έγκλημα *nt*

criminal [ˈkrɪmɪnl] *n* εγκληματίας *mf* ♦ *adj* (= *illegal*) ποινικός · (= *morally wrong*) εγκληματικός

crimson ['krɪmzn] adj βυσσινής

cringe [krɪndʒ] vi ζαρώνω

cripple ['krɪpl] vt (person) σακατεύω · (ship, plane) ακινητοποιώ · **~d with rheumatism** σακατεμένος από τους ρευματισμούς

crises ['kraɪsiːz] npl of **crisis**

crisis ['kraɪsɪs] (pl **crises**) n (= emergency) κρίση f · (in personal life) κρίσιμη στιγμή f

crisp [krɪsp] adj (vegetables, bacon etc) τραγανός · (manner, tone) ψυχρός · **~s** (BRIT) npl πατατάκια ntpl

criterion [kraɪˈtɪərɪən] (pl **criteria**) n κριτήριο nt

critic ['krɪtɪk] n (of system, policy etc) επικριτής m · (= reviewer) κριτικός mf · **~al** adj (time, situation) κρίσιμος · (= fault-finding: person) επικριτικός · (= acute: illness) κρίσιμος · **~ism** n (= disapproval) επίκριση f · (of book, play etc) κριτική f · (= complaint) επίκριση f · **~ize** vt κατακρίνω

Croat ['krəuæt] adj, n = **Croatian**

Croatia [krəuˈeɪʃə] n Κροατία f

Croatian [krəuˈeɪʃən] adj της Κροατίας ♦ n Κροάτης/ισσα m/f · (LING) κροατικά ntpl

crockery ['krɔkərɪ] n πιατικά ntpl

crocodile ['krɔkədaɪl] n κροκόδειλος m

crook [kruk] n (= criminal) απατεώνας m · **~ed** adj (= bent) στραβός · (= twisted) στριφογυριστός · (= dishonest) ανέντιμος

crop [krɔp] n (of fruit, cereals) συγκομιδή f · (= amount produced) σοδειά f ♦ vt (hair) κουρεύω κοντά · **~ up** vi ξεφυτρώνω

cross [krɔs] n (also REL) σταυρός m · (mark) χι nt inv · (BIO, BOT: = hybrid) διασταύρωση f ♦ vt (street, room etc) διασχίζω · (cheque) κάνω δίγραμμο · (arms, legs) σταυρώνω · (animal, plant) διασταυρώνω ♦ adj (= angry)

θυμωμένος · **to ~ o.s.** σταυροκοπιέμαι · **~ out** vt διαγράφω · **~ over** vi περνάω απέναντι · **~~country (race)** n ανώμαλος δρόμος m · **~ing** n (= sea passage) πέρασμα nt · (also **pedestrian ~ing**) διάβαση f πεζών · **~roads** n σταυροδρόμι nt · **~word** n σταυρόλεξο nt

crotch [krɔtʃ], **crutch** [krʌtʃ] n (ANAT: also of garment) καβάλος m

crouch [krautʃ] vi μαζεύομαι

crow [krəu] n (bird) κόρακας m ♦ vi (cock) λαλάω · (fig) κοκκορεύομαι

crowd [kraud] n πλήθος nt ♦ vt **to ~ sb/sth in/into** στριμώχνω κν/κτ σε ♦ vi **to ~ round** συγκεντρώνομαι γύρω από · **~ed** adj (= full) γεμάτος · (= densely populated) πυκνοκατοικημένος

crown [kraun] n (of monarch) στέμμα nt ♦ vt (of head, hill) κορυφή f · (of tooth) κορώνα f ♦ vt (of monarch: also fig: career, evening) στέφω · **the C~** το Στέμμα

crucial ['kruːʃl] adj κρίσιμος

crucifix ['kruːsɪfɪks] n Εσταυρωμένος m

crude [kruːd] adj (materials) πρόχειρα · (fig: = basic) πρωτόγονος · (: = vulgar) χυδαίος

cruel ['kruəl] adj (person) σκληρός · (situation, action) απάνθρωπος · **~ty** n σκληρότητα f

cruise [kruːz] n (on ship) κρουαζιέρα f ♦ vi (ship, car) ταξιδεύω · (aircraft) πετάω σταθερά · (taxi) τριγυρίζω

crumb [krʌm] n ψίχουλα ntpl

crumble ['krʌmbl] vt θρυμματίζω ♦ vi (building etc) καταρρέω · (plaster, earth) θρυμματίζομαι · (fig: society, organization) διαλύομαι

crunch [krʌntʃ] vt ροκανίζω ♦ n **the ~** (fig) η στιγμή της αλήθειας · **~y** adj τραγανιστός

crush [krʌʃ] n (= crowd) πλήθος nt ♦ vt (= press, break) τσακίζω

(= *crumple*) τσαλακώνω ·
(= *devastate*) συντρίβω · **to have a
~ on sb** ερωτεύομαι κν

crust [krʌst] n (of bread, pastry) κόρα
f · (of snow, ice) κρούστα f · **the
earth's** ~ ο φλοιός της γης · **-y** adj
ξεροψημένος

crutch [krʌtʃ] n (MED) πατερίτσα f ·
(fig: = support) στήριγμα nt · see
crotch

cry [kraɪ] vi (= weep) κλαίω · (also
~ **out:** = shout) φωνάζω ♦ n (= cry
f · = shout) φωνή f · **it's a far
~ from ...** (fig) δεν έχει καμία σχέση
με...

crystal ['krɪstl] n (mineral)
κρύσταλλος m · (= glass) κρύσταλλο
nt

cub [kʌb] n (of animal) νεογνό nt · (of
lion) λιονταράκι nt · (also ~ **scout**)
λυκόπουλο m

Cuba ['kjuːbə] n Κούβα f

cube [kjuːb] n κύβος m ♦ vt (MATH)
υψώνω στον κύβο or στην τρίτη

cubicle ['kjuːbɪkl] n (at pool) καμπίνα
f · (in hospital) κρεβάτι nt σε παραβάν

cuckoo ['kuku:] n κούκος m

cucumber ['kjuːkʌmbə'] n αγγούρι nt

cuddle ['kʌdl] vt αγκαλιάζω ♦ n
αγκαλιά f · **to have a ~** αγκαλιάζομαι

cue [kjuː] n (= snooker cue) στέκα f ·
(THEAT etc) σινιάλο nt

cuff [kʌf] n (of sleeve) μανσέτα f · (US:
of trousers) ρεβέρ pl inv · **off the**
~ εκ του προχείρου

cuisine [kwɪˈziːn] n κουζίνα f

cul-de-sac ['kʌldæsæk] n αδιέξοδο nt

cull [kʌl] vt (story, idea) βγάζω · (= kill
selectively) ξεδιαλέγω ♦ n σφαγή f

culprit ['kʌlprɪt] n δράστης m

cult [kʌlt] n (REL) λατρεία f · (sect)
αίρεση f · (= fashion) μόδα f

cultivate ['kʌltɪveɪt] vt (land, crop)
καλλιεργώ · (attitude, feeling) τρέφω

cultural ['kʌltʃərəl] adj πολιτιστικός

culture ['kʌltʃə'] n (of a country,
civilisation) πολιτισμός m · (= the

arts) πολιτιστικά θέματα ntpl · (BIO)
καλλιέργεια f

cunning ['kʌnɪŋ] n πονηριά f ♦ adj
έξυπνος

cup [kʌp] n (for drinking) φλυτζάνι
nt · (trophy) κύπελλο nt · (of bra) καπ
nt inv · **a ~ of tea** ένα (φλυτζάνι)
τσάι

cupboard ['kʌbəd] n (built-in)
ντουλάπα f · (piece of furniture)
ντουλάπι nt

curator [kjuˈreɪtə'] n (of museum)
έφορος m/f · (of gallery) επιμελητής/
τρια m/f

curb [kə:b] vt (expenditure)
περιορίζω · (powers) χαλιναγωγώ ♦ n
(= restraint) χαλινάρι nt · (US: = kerb)
κράσπεδο nt

cure [kjuə'] vt (illness, patient)
θεραπεύω · (problem) αντιμετωπίζω
♦ n (MED) θεραπεία f · (= solution)
γιατρειά f

curfew ['kə:fjuː] n απαγόρευση f
κυκλοφορίας

curiosity [kjuərɪˈɒsɪtɪ] n περιέργεια f ·
(= curious thing) αντίκα f

curious ['kjuərɪəs] adj (person: =
interested) περίεργος · (: = nosy) που
δείχνει περιέργεια · (= unusual:
thing) παράξενος

curl [kə:l] n (of hair) μπούκλα f · (of
smoke etc) δαχτυλίδι nt ♦ vt (hair:
loosely) κάνω φόρμα σε · (: tightly)
κατσαρώνω ♦ vi (hair) κατσαρώνω ·
~ **up** vi κουλουριάζομαι · **-y** adj
κατσαρός

currant ['kʌrnt] n (= dried fruit)
σταφίδα f · (= bush, fruit: also
black~) μαύρο φραγκοστάφυλο nt ·
(also **red~**) βατόμουρο nt

currency ['kʌrnsɪ] n (= system)
νόμισμα nt · (= money) ρευστό nt · **to
gain ~** (fig) βρίσκω γενική αποδοχή

current ['kʌrnt] n (of air, water: also
ELEC) ρεύμα nt ♦ adj (= present)
σημερινός · (= accepted) που

κυριαρχής · — **account** (BRIT) n
τρέχων λογαριασμός m · — **affairs**
npl επίκαιρα (θέματα) ntpl · **-ly** adv
προς το παρόν

curriculum [kəˈrɪkjuləm] (pl **-s** or
curricula) n (αναλυτικό) πρόγραμμα
nt μαθημάτων · — **vitae** n
βιογραφικό σημείωμα nt

curry [ˈkʌrɪ] n κάρρυ nt inv ♦ vt **to**
~ favour with sb κερδίζω την
εύνοια κου

curse [kə:s] vi βρίζω ♦ vt (= swear at)
βρίζω · (= bemoan) αναθεματίζω ♦ n
(= spell) κατάρα f · (= swearword)
βρισιά f · (= scourge) κατάρα f

cursor [ˈkə:sə] (COMPUT) n δρομέας m

curt [kə:t] adj απότομος

curtain [ˈkə:tn] n κουρτίνα f · (THEAT)
αυλαία f

curve [kə:v] n (= bend) καμπύλη f ·
(in road) στροφή f ♦ vi (road)
στρίβω · (line, surface)
καμπυλώνομαι · **-d** adj καμπυλωτός

cushion [ˈkuʃən] n (on sofa, chair)
μαξιλάρι nt · (of air) στρώμα nt ♦ vt
(collision, fall) απορροφώ την
ένταση +gen · (shock, effect)
απαλύνω τις εντυπώσεις από

custard [ˈkʌstəd] n κρέμα f με άνθος
αραβοσίτου

custody [ˈkʌstədɪ] n (JUR: of child)
επιμέλεια f · (for offenders)
προφυλάκιση f

custom [ˈkʌstəm] n έθιμο nt ·
(= habit) συνήθεια f · (COMM)
πελατεία f · **-er** n πελάτης/ισσα m/f

customs [ˈkʌstəmz] npl (at border,
airport etc) τελωνείο nt

cut [kʌt] (pt, pp **~**) vt κόβω · (prices,
spending) (COMPUT) "**~**"
αποκοπή ♦ vi (knife, scissors) κόβω
♦ n (in skin) κόψιμο f · (in salary,
spending etc) περικοπή f · (of meat)
κομμάτι nt · (of garment) κόψιμο nt ·
— **down** vt (tree) κόβω · (= reduce:
consumption) μειώνω ♦ vi (= try) κάνω
σφήνα · — **off** vt (limb, piece) κόβω ·

(person, village) αποκόπτω · (supply)
κόβω · (TEL) κόβω την γραμμή σε ·
~ out vt κόβω

cute [kju:t] adj (= sweet: child, house)
χαριτωμένος · (= clever) ξύπνιος ·
(esp US: = attractive) νοστιμούλης

cutlery [ˈkʌtlərɪ] n μαχαιροπήρουνα
ntpl

cut-price [ˈkʌtˈpraɪs] (US **cut-rate**)
[ˈkʌtˈreɪt] adj με έκπτωση

cutting [ˈkʌtɪŋ] n (BRIT: from
newspaper) απόκομμα nt · (from plant)
μόσχευμα nt · **at the ~ edge** (fig)
στην πρώτη γραμμή +gen

CV n abbr = **curriculum vitae**

cybercafé [ˈsaɪbəkæfeɪ] n
κυβερνοκαφέ

cyberspace [ˈsaɪbəspeɪs] n
κυβερνοχώρος m

cycle [ˈsaɪkl] n (= bicycle) ποδήλατο
nt · (of events, seasons) κύκλος m ♦ vi
πάω με το ποδήλατο · **cycling** n
ποδηλασία f · **cyclist** n ποδηλάτης/
τισσα m/f

cyclone [ˈsaɪkləun] n κυκλώνας m

cylinder [ˈsɪlɪndə] n κύλινδρος m ·
(of gas) φιάλη f

cynical [ˈsɪnɪkl] adj κυνικός

Cypriot [ˈsɪprɪət] adj κυπριακός ♦ n
Κύπριος/α m/f

Cyprus [ˈsaɪprəs] n Κύπρος f

cystitis [sɪsˈtaɪtɪs] n κυστίτιδα f

czar [zɑ:ʳ] n (= tsar) τσάρος m

Czech [tʃek] adj τσέχικος ♦ n Τσέχος/
α m/f · (LING) τσέχικα ntpl

D d

D, d [di:] n το τέταρτο γράμμα του
αγγλικού αλφαβήτου

dab [dæb] vt (eyes, wound) βάζω
(αγγίζοντας ελαφρά) · (paint, cream)
απλώνω (με γρήγορες και απαλές
κινήσεις) ♦ n (of paint, rouge etc)
ιδέα f

dad [dæd] *(inf)* *n* μπαμπάς *m*

daddy ['dædɪ] *(inf)* *n* = **dad**

daffodil ['dæfədɪl] *(BOT)* *n* ασφόδελος *m*

daft [dɑ:ft] *adj* χαζός

dagger ['dægə'] *n* στιλέττο *nt*

daily ['deɪlɪ] *adj* καθημερινός ♦ *adv* καθημερινά

dairy ['dɛərɪ] *n* (*BRIT*: *shop*) γαλακτοπωλείο *nt* ∙ (*company*) γαλακτοβιομηχανία *f* ♦ *cpd* (*cattle, cow*) γαλακτοφόρος

daisy ['deɪzɪ] *(BOT)* *n* μαργαρίτα *f*

dam [dæm] *n* (*on river*) φράγμα *nt* ∙ (= *reservoir*) τεχνητή λίμνη *f* ♦ *vt* κατασκευάζω φράγμα (σε)

damage ['dæmɪdʒ] *n* ζημιά *f* ∙ (= *dents etc*) ζημιές *fpl* ♦ *vt* (= *spoil, break*) προκαλώ ζημιές σε ∙ (= *harm: reputation etc*) ζημιώνω
♦ **damages** *npl* (*JUR*) αποζημίωση *f*

damn [dæm] *vt* (= *curse at*) διαολοστέλνω ∙ (= *condemn*) καταδικάζω ♦ *n* (*inf*) **I don't give a ~** δε δίνω δεκάρα ♦ *adj* (*inf*: *also* **~ed**) καταραμένος

damp [dæmp] *adj* υγρός ∙ *n* υγρασία *f* ♦ *vt* (*also* **~en**: *cloth, rag*) υγραίνω ∙ (*enthusiasm etc*) μειώνω

dance [dɑ:ns] *n* χορός *m* ♦ *vi* χορεύω ∙ **~r** η χορευτής/τρια *m/f*

dancing *n* χορός *m*

dandelion ['dændɪlaɪən] *n* αγριοράδικο *nt*

Dane [deɪn] *n* Δανός/έζα *m/f*

danger ['deɪndʒə'] *n* κίνδυνος *m* ∙ **there is a ~ of ...** υπάρχει κίνδυνος +*gen* ∙ **"~!"** (*on sign*) "προσοχή!" ∙ **to be in ~ of** κινδυνεύω να ∙ **~ous** *adj* επικίνδυνος

Danish ['deɪnɪʃ] *adj* δανέζικος ♦ *n* (*LING*) δανέζικα *ntpl*

dare [dɛə'] *vt* **to ~ sb to do** προκαλώ κν να κάνει κτ ♦ *vi* **to ~ (to) do sth** τολμάω να κάνω κτ ∙ **I ~ say** υποθέτω ∙ **daring** *adj* (*escape, raid*) παράτολμος ∙ (*person*) τολμηρός ♦ *n*

τόλμη *f*

dark [dɑ:k] *adj* (*room, night*) σκοτεινός ∙ (*hair, complexion*) μελαχροινός ∙ (*blue, green etc*) σκούρος ∙ (*fig: time*) μαύρος ♦ *n* **in the ~** στο σκοτάδι ∙ **after ~** αφού νυχτώσει, όταν πέσει η νύχτα ∙ **~ness** *n* σκοτάδι *nt*

darling ['dɑ:lɪŋ] *adj* (*child, spouse*) αγαπημένος ♦ *n* (*vocative*: = *dear*) αγάπη *f* μου

dart [dɑ:t] *n* (*in game*) βέλος *nt* ∙ (*in sewing*) σαΐτα *f* ♦ *vi* **to ~ or make a ~ towards** πετάγομαι προς ∙ **~s** *n* (*game*) βελάκια *ntpl*

dash [dæʃ] *n* (= *small quantity*) σταλιά *f* ∙ (*sign*) παύλα *f* ∙ (= *rush*) εφόρμηση *f* ♦ *vt* (= *throw*) πετάω πέρα ∙ (*hopes*) εξανεμίζω ♦ *vi* **to ~ or make a ~ towards** ορμάω προς

dashboard ['dæʃbɔ:d] *n* ταμπλό *nt inv*

data ['deɪtə] *npl* στοιχεία *ntpl* ∙ **~base** *n* βάση *f* δεδομένων

date [deɪt] *n* (*day*) ημερομηνία *f* ∙ (*with friend*) ραντεβού *nt inv* ∙ (*fruit*) χουρμάς *m* ∙ (*event, object*) ημερομηνία σε ∙ **~ of birth** ημερομηνία γεννήσεως ∙ **to ~** μέχρι τώρα *or* σήμερα ∙ **out-of-~** (= *old-fashioned*) παλιομοδίτικος ∙ (= *expired*) που έχει λήξει ∙ **up-to-~** σύγχρονος ∙ **~d** *adj* παρωχημένος

daughter ['dɔ:tə'] *n* κόρη *f* ∙ **~-in-law** *n* νύφη *f*

daunting ['dɔ:ntɪŋ] *adj* αποθαρρυντικός

dawn [dɔ:n] *n* αυγή *f* ∙ *vi* (*day*) ξημερώνω ∙ **it ~ed on him that ...** συνειδητοποίησε ότι...

day [deɪ] *n* (η)μέρα *f* ∙ (= *heyday*) (η)μέρες *fpl* ∙ **the ~ before/after** την παραμονή/επομένη ∙ **the ~ after tomorrow** μεθαύριο ∙ **the ~ before yesterday** προχθές ∙ **these ~s** αυτό τον καιρό ∙ **~light** *n* φως *nt* της ημέρας · ~ **return** (BRIT) n εισιτήριο nt με επιστροφή αυθημερόν · **~time** n ημέρα f · **~-to-~** adj καθημερινός · ~ **trip** n ημερήσια εκδρομή f

dazed [deɪzd] adj σαστισμένος

dazzle ['dæzl] vt (= bewitch) εντυπωσιάζω · (= blind) θαμπώνω · **dazzling** adj (light) εκτυφλωτικός · (fig) λαμπρός

dead [ded] adj νεκρός · (flowers) μαραμένος · (= numb) μουδιασμένος · (telephone, etc) νεκρός · (battery) άδειος ◆ adv (= completely) εντελώς · (= directly, exactly) ακριβώς · npl the ~ οι νεκροί · ~ **silence** νεκρή σιγή · ~ **centre** ακριβώς στο κέντρο · ~ **end** n αδιέξοδο nt · ~ **line** n προθεσμία f · **~ly** adj (poison) θανατηφόρος · (accuracy) απόλυτος · (weapon) φονικός ◆ adv **~ly dull** θανάσιμα πληκτικός

deaf [def] adj (totally) κουφός · (partially) βαρήκοος · **~ening** adj εκκωφαντικός

deal [di:l] (pt, pp **~t**) n (= agreement) συμφωνία f ◆ vt (blow) επιφέρω · (card) μοιράζω · **a great ~ of** πολύ · ~ **in** (COMM) vt fus εμπορεύομαι (με) · (company) έχω συναλλαγές με · **~ with** vt fus (person) συνεννοούμαι (με) · (company) έχω συναλλαγές με · (problem) τα βγάζω πέρα με · (subject) ασχολούμαι με · **~er** n (COMM) έμπορος mf · (in drugs) έμπορος mf ναρκωτικών · (CARDS) μάνα f · **~ings** npl (in business) συναλλαγές fpl · (= relations) δοσοληψίες fpl

dealt [delt] pt, pp of **deal**

dean [di:n] n (REL) πρωτοπρεσβύτερος m · (SCOL: BRIT) κοσμήτορας mf · (: US) πρύτανης mf

dear [dɪəʳ] adj (person) αγαπητός · (= expensive) ακριβός ◆ n (my) ~ αγαπητέ (μου) · **D~ Sir/Madam** (in letter) Αγαπητέ Κύριε/Αγαπητή Κυρία · **D~ Mr/Mrs X** Αγαπητέ κύριε/

Αγαπητή κυρία X · **~ly** adv (love) πολύ · (pay) ακριβά

death [deθ] n θάνατος m · ~ **penalty** n θανατική ποινή f · ~ **sentence** n καταδίκη f σε θάνατο

debate [dɪ'beɪt] n (= discussion) συζήτηση f · (POL) δημόσια συζήτηση f ◆ vt (topic) συζητώ (δημόσια) · (course of action) σκέφτομαι

debit ['debɪt] n (COMM) χρέωση f ◆ vt **to ~ a sum to sb** χρεώνω ένα ποσό σε κν · see also **direct debit**

debris ['debri:] n (of building) ερείπια ntpl · (of plane etc) συντρίμμια ntpl

debt [det] n χρέος nt · **to be in ~** χρωστάω

debut ['deɪbju:] n ντεμπούτο nt inv

decade ['dekeɪd] n δεκαετία f

decaffeinated [dɪ'kæfɪneɪtɪd] adj χωρίς καφεΐνη

decay [dɪ'keɪ] n (of building) φθορά f · (also tooth ~) τερηδόνα f · (of body, leaves) σαπίζω · (food, teeth etc) χαλάω

deceased [dɪ'si:st] n **the ~** ο/η εκλιπών/ούσα

deceit [dɪ'si:t] n απάτη f

deceive [dɪ'si:v] vt εξαπατώ · **to o.s.** τρέφω αυταπάτες

December [dɪ'sembəʳ] n Δεκέμβριος m · see also **July**

decency ['di:sənsɪ] n (= propriety) ευπρέπεια f · (= kindness) καλοί τρόποι mpl

decent ['di:sənt] adj (= proper) καλός · (wages) αξιοπρεπής · (interval) σεβαστός · (behaviour: person) αξιοπρεπής

deception [dɪ'sepʃən] n (= deceiving) απάτη f · (= deceitful act) απατεωνιά f

deceptive [dɪ'septɪv] adj απατηλός

decide [dɪ'saɪd] vt (person) πείθω · (question, argument) κρίνω ◆ vi αποφασίζω · **to ~ to do/that** αποφασίζω να κάνω/ότι · **to ~ on sth** αποφασίζω να κάνω κτ

decision [dɪ'sɪʒən] n απόφαση f

decisive [dɪˈsaɪsɪv] *adj* αποφασιστικός

deck [dek] *n* (NAUT) κατάστρωμα *nt* · (*of bus*) όροφος *m* · (*of cards*) τράπουλα *f*

declaration [dekləˈreɪʃən] *n* (= statement) δήλωση *f* · (= public announcement) διακήρυξη *f*

declare [dɪˈkleəʳ] *vt* (truth, intention) δηλώνω · (in public) διακηρύσσω · (war) κηρύσσω · (result) ανακοινώνω · (income, goods at customs etc) δηλώνω

decline [dɪˈklaɪn] *n* - **in/of** μείωση +gen · *vt* (invitation) αρνούμαι · *vi* (strength) εξασθενώ · (health) επιδεινώνομαι · (business) πέφτω

decor [ˈdeɪkɔːʳ] *n* διάκοσμος *m* (fml)

decorate [ˈdekəreɪt] *vt* (= paint) βάφω · (= paper) αλλάζω ταπετσαρία σε · (= adorn) στολίζω (με) · **decoration** *n* (on tree, dress etc) στολίδι *nt* · (= act) διακόσμηση *f* · **decorator** *n* (= painter) ελαιοχρωματιστής *mf* · (interior decorator) διακοσμητής/τρια *mf*

decrease *n* [ˈdiːkriːs] *n* - **(in)** μείωση (σε *or* +gen) · *vt* μειώνω · *vi* μειώνομαι

decree [dɪˈkriː] *n* διάταγμα *nt* · *vt* **to** - **(that)** βγάζω διάταγμα (ότι)

dedicate [ˈdedɪkeɪt] *vt* **to** - αφιερώνω σε · -**d** *adj* (person) αφοσιωμένος · (COMPUT) αποκλειστικός · **dedication** *n* (= devotion) αφοσίωση *f* · (in book, on radio) αφιέρωμα *f*

deduct [dɪˈdʌkt] *vt* αφαιρώ · -**ion** *n* (= act of deducting) λογικό συμπέρασμα *nt* · (= act of deducting) αφαίρεση *f* · (amount) κράτηση *f*

deed [diːd] *n* (= feat) κατόρθωμα *nt* · (JUR: document) έγγραφο *nt*

deem [diːm] (fml) *vt* θεωρώ · **to** - **it wise to do** θεωρώ σωστό να κάνω

deep [diːp] *adj* βαθύς · (= serious: trouble, concern) σοβαρός · *adv* **the spectators stood 20** ~ οι θεατές

στέκονταν σε είκοσι απανωτές σειρές · -**ly** *adv* (breathe) βαριά · (moved) βαθιά · (interested, grateful) ιδιαίτερα · (sleep) βαθιά

deer [dɪəʳ] *n inv* ελάφι *nt*

default [dɪˈfɔːlt] *n* (COMPUT: also ~ **value**) προεπιλεγμένη τιμή *f* · *vi* **to** - **on a debt** αδυνατώ να πληρώσω ένα χρέος · **by** - (win) αυτόματα

defeat [dɪˈfiːt] *n* (of enemy) ήττα *f* · (= failure) αποτυχία *f* · *vt* νικώ

defect *n* [ˈdiːfekt] *vb* [dɪˈfekt] *n* ελάττωμα *nt* · *vi* **to** - **to the enemy/the West** αυτομολώ στον εχθρό/στη Δύση · -**ive** *adj* ελαττωματικός

defence [dɪˈfens] (US **defense**) *n* (= protection) άμυνα *f*, βοήθεια *f* · (= justification) υπεράσπιση *f* · **witness for the** ~ (JUR) μάρτυρες υπεράσπισης

defend [dɪˈfend] *vt* (= protect) προστατεύω · (= justify) υποστηρίζω · (JUR) υπερασπίζομαι · -**ant** (JUR) *n* (in criminal case) κατηγορούμενος/η *m/f* · (in civil case) εναγόμενος/η *m/f* · -**er** *n* (of view, policy) υπερασπιστής/τρια *m/f* · (SPORT) αμυντικός *m/f*

defense [dɪˈfens] (US) *n* = **defence**

defensive [dɪˈfensɪv] *adj* αμυντικός *· vt* **on the** ~ στην άμυνα

defer [dɪˈfɜːʳ] *vt* αναβάλλω

defiance [dɪˈfaɪəns] *n* απείθεια *f* · **in** ~ **of** κατά παράβαση +gen · **defiant** *adj* (tone, reply) προκλητικός · (person) ανυπάκουος

deficiency [dɪˈfɪʃənsɪ] *n* (= lack) έλλειψη *f* · (= inadequacy) ανεπάρκεια *f* · **deficient** *adj* ανεπαρκής

deficit [ˈdefɪsɪt] (COMM) *n* έλλειμμα *nt*

define [dɪˈfaɪn] *vt* (limits, boundaries) καθορίζω · (expression, word) ορίζω

definite [ˈdefɪnɪt] *adj* (= fixed) συγκεκριμένος · (= clear, obvious) σαφής · (= certain) σίγουρος · -**ly**

adv σίγουρα

definition [defɪˈnɪʃən] *n* (*of word*) ορισμός *m*

deflect [dɪˈflekt] *vt* (*attention*) στρέφω αλλού · (*criticism*) αποκρούω · (*shot*) αποκρούω

defraud [dɪˈfrɔːd] *vt* to ~ sb κλέβω κν

defuse [diːˈfjuːz] *vt* (*bomb*) αφοπλίζω · (*fig: crisis, tension*) εκτονώνω

defy [dɪˈfaɪ] *vt* (= *resist*) αντιτάσσομαι σε · (= *challenge*) αψηφώ · (*fig: description*) ξεπερνάω

degree [dɪˈɡriː] *n* βαθμός *m* · (*SCOL*) πτυχίο *nt*

delay [dɪˈleɪ] *vt* (*decision, ceremony etc*) αναβάλλω · (*person, plane*) καθυστερώ ♦ *vi* καθυστερώ ♦ *n* (= *waiting period*) αναβολή *f* · (= *postponement*) καθυστέρηση *f*

delegate *n* [ˈdelɪɡɪt] *vb* [ˈdelɪɡeɪt] *adj* · (= *slow*) μετρημένος *n* αντιπρόσωπος *mf* ♦ *vt* (*person*) εξουσιοδοτώ · (*task*) αναθέτω (σε)

delete [dɪˈliːt] *vt* διαγράφω · (*COMPUT*) "~" διαγραφή

deli [ˈdelɪ] *n* = **delicatessen**

deliberate *adj* [dɪˈlɪbərɪt] *vb* [dɪˈlɪbəreɪt] *adj* (= *intentional*) σκόπιμος · (= *slow*) μετρημένος *n* μελετώ προσεκτικά το θέμα · ~ly *adv* (= *on purpose*) σκόπιμα · (= *carefully*) προσεκτικά

delicacy [ˈdelɪkəsɪ] *n* (*of movement*) χάρη *f* · (*of material*) φινέτσα *f* · (= *choice food*) λιχουδιά *f*

delicate [ˈdelɪkɪt] *adj* (*movement*) χαριτωμένος · (*taste, smell*) λεπτός · (*frail*) ντελικάτος · (*colour, material*) ευαίσθητος · (*approach, problem*) λεπτός

delicatessen [delɪkəˈtesn] *n* ντελικατέσσεν *nt inv*

delicious [dɪˈlɪʃəs] *adj* (*food, smell*) πολύ νόστιμος · (*feeling, person*) υπέροχος

delight [dɪˈlaɪt] *n* (*feeling*) χαρά *f* · (*person, experience etc*) απόλαυση *f* ♦ *vt* ευχαριστώ · ~ed *adj* ~ed (at or

with/to do) πολύ χαρούμενος (με/που κάνω) · ~ful *adj* θαυμάσιος

delinquent [dɪˈlɪŋkwənt] *adj* εγκληματίας ♦ *n* που διαπράττει αδικήματα

deliver [dɪˈlɪvər] *vt* (= *distribute, hand over*) παραδίδω · (*post*) φέρνω · (*verdict, judgement*) απαγγέλλω · (*speech*) εκφωνώ · (*MED*) ξεγεννάω · ~y *n* (= *distribution*) παράδοση *f* · (*MED*) γέννα *f*

delusion [dɪˈluːʒən] *n* πλάνη *f*

deluxe [dəˈlʌks] *adj* πολυτελείας

delve [delv] *vi* to ~ into (*subject*) εμβαθύνω

demand [dɪˈmɑːnd] *vt* (= *ask for*) ζητώ · (= *insist on: rights*) απαιτώ · (= *need*) απαιτώ · (= *request*) αίτημα *nt* · (= *claim*) απαίτηση *f* · (*ECON*) ζήτηση *f* · to be in ~ έχω ζήτηση · ~ing *adj* απαιτητικός

demise [dɪˈmaɪz] *n* τέλος *nt*

demo [ˈdeməu] (*inf*) *n abbr* = **demonstration**

democracy [dɪˈmɒkrəsɪ] *n* δημοκρατία *f* · **democrat** *n* δημοκράτης/ισσα *m/f* · (*US*) Δημοκρατικός *m/f* · **democratic** *adj* δημοκρατικός · (*US*) των Δημοκρατικών

demolish [dɪˈmɒlɪʃ] *vt* (*building*) κατεδαφίζω · (*fig: argument*) ανατρέπω · **demolition** *n* (*of building*) κατεδάφιση *f* · (*of argument*) ανατροπή *f*

demon [ˈdiːmən] *n* δαίμονας *m*

demonstrate [ˈdemənstreɪt] *vt* (= *prove*) αποδεικνύω · (= *show*) δείχνω ♦ *vi* to ~ (for/against) διαδηλώνω (υπέρ/εναντία σε) +gen · **demonstration** *n* (*POL*) διαδήλωση *f* · (= *proof*) απόδειξη *f* · (= *exhibition*) επίδειξη *f*

den [den] *n* (*of animal*) φωλιά *f* · (= *room*) γκαρσονιέρα *nt*

denial [dɪˈnaɪəl] *n* (= *refutation*) διάψευση *f* · (*refusal*) άρνηση *f*

denim ['denɪm] n ύφασμα nt ντένιμ
▸ **denims** npl τζην nt inv

Denmark ['denmɑːk] n Δανία f

denomination [dɪnɒmɪ'neɪʃən] n (of money) αξία f· (REL) δόγμα nt

denounce [dɪ'naʊns] vt καταγγέλλω

dense [dens] adj (crowd, smoke) πυκνός

density ['densɪtɪ] n πυκνότητα f·
double-/high-~ disk (COMPUT) δισκέτα διπλής/υψηλής πυκνότητας

dent [dent] n βούλιαγμα nt ♦ vt (metal) βουλιάζω· (fig: pride, ego) θίγω

dental ['dentl] adj οδοντικός

dentist ['dentɪst] n οδοντίατρος mf

deny [dɪ'naɪ] vt αρνούμαι

deodorant [diː'əʊdərənt] n αποσμητικό nt

depart [dɪ'pɑːt] vi (visitor) φεύγω· (bus, plane) αναχωρώ· **to ~ from** (fig) παρεκκλίνω

department [dɪ'pɑːtmənt] n (COMM) τμήμα nt· (SCOL) τομέας m· (POL) υπουργείο nt· **~ store** n πολυκατάστημα nt

departure [dɪ'pɑːtʃə³] n (of visitor, plane etc) αναχώρηση f· (of employee) αποχώρηση f· (fig) **~ from** παρέκκλιση από· **~ lounge** n αίθουσα f αναχωρήσεων

depend [dɪ'pend] vi **to ~ on** (= be supported by) εξαρτώμαι από· (= rely on, trust) βασίζομαι σε· **it ~s** εξαρτάται... **~ing on the result ...** ανάλογα με το αποτέλεσμα... **~ent** adj **to be ~ent on** εξαρτώμαι από ♦ n

depict [dɪ'pɪkt] vt (in picture) απεικονίζω· (= describe) αναπαριστώ

deport [dɪ'pɔːt] vt απελαύνω

deposit [dɪ'pɒzɪt] n (= money: in account) κατάθεση f· (= : down payment) προκαταβολή f· (= : for hired goods etc) εγγύηση f· (CHEM) ίζημα nt· (of ore, oil) κοίτασμα nt ♦ vt (money) καταθέτω· (river: sand,

silt etc) αποθέτω· (case, bag) αφήνω

depot ['depəʊ] n (= storehouse) αποθήκη f· (for vehicles) αμαξοστάσιο nt· (US: = station) σταθμός m

depress [dɪ'pres] vt (PSYCH) καταθλίβω· (price, wages) κατεβάζω· **~ed** adj (person) μελαγχολικός· (area) υποβαθμισμένος· **~ing** adj καταθλιπτικός· **~ion** n (PSYCH) κατάθλιψη f· (ECON) ύφεση f· (= weather system) χαμηλό βαρομετρικό nt· (= hollow) βαθούλωμα nt

deprive [dɪ'praɪv] vt **to ~ sb of sth** στερώ κτ από κν· **~d** adj στερημένος

dept. abbr = **department**

depth [depθ] n βάθος nt· (of emotion) μέγεθος nt· **in the ~s of despair** σε βαθιά απελπισία· **out of one's ~** (= in water) στα βαθιά· (fig) έξω από τα νερά μου· **to study sth in ~** μελετώ κτ σε βάθος

deputy ['depjʊtɪ] cpd (chairman, leader etc) αναπληρωτής ♦ n (= assistant) βοηθός mf· (POL) εκπρόσωπος mf

derail [dɪ'reɪl] vt **to be ~ed** εκτροχιάζομαι

derelict ['derɪlɪkt] adj ερειπωμένος

derive [dɪ'raɪv] vt **to ~ sth (from)** αντλώ κτ (από) ♦ vi **to ~ from** προέρχομαι από

descend [dɪ'send] vt κατεβαίνω ♦ vi κατεβαίνω· **to be ~ed from** προέρχομαι από· **to ~ to** (lying, begging etc) φτάνω στο σημείο να· **~ant** n απόγονος mf· **descent** n κάθοδος f· (= origin) καταγωγή f

describe [dɪs'kraɪb] vt περιγράφω·
description n (account) περιγραφή f· (= sort) τύπος m

desert n ['dezət] vb [dɪ'zəːt] n (also fig) έρημος f ♦ vt εγκαταλείπω ♦ vi (MIL) λιποτακτώ

deserve [dɪˈzɜːv] vt αξίζω (σε)

design [dɪˈzaɪn] n (= process, drawing) σχέδιο nt · (= layout) σχεδιασμός m · (of dress, car) σχεδιασμός m ♦ vt σχεδιάζω

designate vb [ˈdezɪɡneɪt] adj [ˈdezɪɡnɪt] vt οριζω ♦ adj (chairman etc) που έχει ορισθεί

designer [dɪˈzaɪnəʳ] n (ART, TECH) σχεδιαστής/τρια m/f · (also fashion ~) σχεδιαστής/τρια μόδας m/f ♦ adj σινιέ inv

desirable [dɪˈzaɪərəbl] adj (= proper) που χρειάζονται · (= attractive) ελκυστικός

desire [dɪˈzaɪəʳ] n επιθυμία f ♦ vt επιθυμώ

desk [desk] n (in office) γραφείο nt · (for pupil) θρανίο nt · (in hotel) ρεσεψιόν f inv · (at airport) γκισέ nt inv

despair [dɪsˈpɛəʳ] n απελπισία f ♦ vi to ~ of doing sth απελπίζομαι με κτ

despatch [dɪsˈpætʃ] n, vt = dispatch

desperate [ˈdespərɪt] adj (person) απελπισμένος · (action) απεγνωσμένος · (situation, shortage) απελπιστικός · to be ~ for sth/to do sth έχω τρομερή ανάγκη κτ/να κάνω κτ · ~ly adv (struggle, shout etc) απεγνωσμένα · (ill) πολύ βαριά · (unhappy) τρομερά · **desperation** n απελπισία f

despise [dɪsˈpaɪz] vt περιφρονώ

despite [dɪsˈpaɪt] prep παρά

dessert [dɪˈzɜːt] n επιδόρπιο nt

destination [destɪˈneɪʃən] n προορισμός m

destined [ˈdestɪnd] adj to be ~ to do sth/to be ~ for προορίζομαι για να κάνω/για

destiny [ˈdestɪnɪ] n πεπρωμένο nt

destroy [dɪsˈtrɔɪ] vt καταστρέφω

destruction [dɪsˈtrʌkʃən] n καταστροφή f

destructive [dɪsˈtrʌktɪv] adj (capacity, force) καταστροφικός · (child) ζημιάρικος

detach [dɪˈtætʃ] vt βγάζω · **~ed** adj (attitude, person) αμερόληπτος · (house) ελεύθερος από όλες τις πλευρές

detail [ˈdiːteɪl] n λεπτομέρεια f ♦ vt (= list) αναφέρω λεπτομερώς · **in ~** με λεπτομέρεια · **~ed** adj λεπτομερής

detain [dɪˈteɪn] vt κρατώ

detect [dɪˈtekt] vt (= sense) διακρίνω · (MED, MIL) εντοπίζω · **~ion** n εντοπισμός m · **~ive** n (POLICE) επιθεωρητής m

detention [dɪˈtenʃən] n (= arrest) κράτηση f · (SCOL) τιμωρία f (με κράτηση στο σχολείο)

deter [dɪˈtɜːʳ] vt αποτρέπω

detergent [dɪˈtɜːdʒənt] n απορρυπαντικό nt

deteriorate [dɪˈtɪərɪəreɪt] vi (health) χειροτερεύω · (sight) μειώνομαι · (situation, weather) επιδεινώνομαι

determination [dɪtɜːmɪˈneɪʃən] n (= resolve) αποφασιστικότητα f

determine [dɪˈtɜːmɪn] vt (facts) διαπιστώνω · (budget, quantity) καθορίζω · **~d** adj (person) αποφασισμένος · (effort) επίμονος

deterrent [dɪˈterənt] n (MIL) αποτρεπτικά όπλα ntpl · (JUR) αποτρεπτικό μέσον nt

detour [ˈdiːtuəʳ] n (from route) παράκαμψη f · (US: AUT) παράκαμψη f

detract [dɪˈtrækt] vi to ~ from (effect, achievement) μειώνω · (pleasure) εμποδίζω

detrimental [detrɪˈmentl] adj ~ to επιζήμιος or ζημιογόνος για

devastating [ˈdevəsteɪtɪŋ] adj (storm, weapon etc) καταστροφικός · (news, effect) που προκαλεί συντριβή

develop [dɪˈveləp] vt (business, idea) αναπτύσσω · (land) αξιοποιώ · (PHOT) εμφανίζω · (disease: fault) παρουσιάζω ♦ vi (= advance) εξελίσσομαι · (= evolve) αναπτύσσομαι · **~ment** n

(= *advance*) ανάπτυξη f · (= *change: in affair, case*) εξέλιξη f · (*of land*) ανάπτυξη f

device [dɪ'vaɪs] n (= *apparatus*) συσκευή f

devil ['dɛvl] n (REL) διάβολος m · **poor ~** φουκαράς/ιάρα

devious ['diːvɪəs] adj ύπουλος

devise [dɪ'vaɪz] vt επινοώ

devote [dɪ'vəut] vt **to ~ sth to** αφιερώνω κτ σε · **~d** adj αφοσιωμένος · **to be ~d to sb** είμαι αφοσιωμένος σε κν · **the book is ~d to politics** το βιβλίο ασχολείται αποκλειστικά με την πολιτική

devotion n αφοσίωση f

devour [dɪ'vauə'] vt καταβροχθίζω

devout [dɪ'vaut] adj ευσεβής

dew [djuː] n δροσοσταλίδα f

diabetes [daɪə'biːtiːz] n διαβήτης m · **diabetic** adj διαβητικός · **~ chocolate/jam** σοκολάτα/ μαρμελάδα για διαβητικούς ♦ n διαβητικός/ή/ό

diagnose [daɪəg'nəuz] vt κάνω διάγνωση +gen

diagnosis [daɪəg'nəusɪs] (pl **diagnoses**) n διάγνωση f

diagonal [daɪ'æɡənl] adj διαγώνιος

diagram ['daɪəɡræm] n διάγραμμα n

dial ['daɪəl] n (= *indicator*) δείκτης m · (*clock*) πλάκα f · (*meter*) μετρητής m ♦ vt παίρνω

dialect ['daɪəlɛkt] n διάλεκτος f

dialling code ['daɪəlɪŋkəud] (US **dial code**) n τηλεφωνικός κωδικός m περιοχής

dialling tone ['daɪəlɪŋtəun] (US **dial tone**) n σήμα m κλήσης

dialogue ['daɪələg] (US **dialog**) n (= *communication*) διάλογος m · (= *conversation*) συνομιλία f

diameter [daɪ'æmɪtə'] n διάμετρος f

diamond ['daɪəmənd] n (*gem*) διαμάντι nt · (*shape*) ρόμβος m · ► **diamonds** npl (CARDS) καρό nt inv

diaper ['daɪəpə'] (US) n πάνα f

diarrhoea [daɪə'riːə] (US **diarrhea**) n διάρροια f

diary ['daɪərɪ] n (= *engagements book*) ατζέντα f · (= *daily account*) ημερολόγιο n

dice [daɪs] n inv ζάρια ntpl ♦ vt (CULIN) κόβω σε κύβους

dictate [dɪk'teɪt] vt υπαγορεύω ♦ vi **to ~ to sb** υπαγορεύω σε κν (τι να κάνει) · **dictator** n δικτάτορας m

dictionary ['dɪkʃənrɪ] n λεξικό n

did [dɪd] pt of **do**

didn't ['dɪdnt] = **did not**

die [daɪ] ♦ vi (*person*) πεθαίνω · (*animal*) ψοφάω · (*plant*) ξεραίνομαι · (*fig: = cease*) πεθαίνω · **to be dying for sth/to do sth** ψοφάω για κτ/να κάνω κτ · **~ down** vi (*wind, noise*) κοπάζω · (*excitement*) ξεθυμαίνω · **~ out** vi εξαφανίζομαι

diesel ['diːzl] n (*vehicle*) πετρελαιοκίνητο nt · (*also* **~ oil**) ντίζελ nt inv

diet ['daɪət] n (= *food intake*) διατροφή f · (MED: *when slimming*) δίαιτα f ♦ vi (*also* **to be on a ~**) κάνω δίαιτα

differ ['dɪfə'] vi (= *be different*) **to ~ (from)** διαφέρω (από) · (= *disagree*) **to ~ (about)** διαφωνώ (σε) · **~ence** n διαφορά f · **~ent** adj διαφορετικός · **~entiate** vi **to differentiate (between)** κάνω τη διάκριση (ανάμεσα σε or μεταξύ) ♦ vt εi differentiate sth from διαφοροποιώ κτ από · **~ently** adv διαφορετικά · **~ently shaped/designed** με διαφορετικό σχήμα/σχέδιο

difficult ['dɪfɪkəlt] adj δύσκολος · **~y** n δυσκολία f

dig [dɪg] (pt, pp **dug**) vt (*hole, garden*) σκάβω ♦ n (= *prod*) σκουντιά f · (= *archaeological*) ανασκαφή f · (= *remark*) μπηχτή f · **to ~ one's nails into sth** χώνω τα νύχια μου σε κτ · **~ up** vt (*plant*) ξεριζώνω · (*information*) ξεθάβω

digest [daɪˈdʒɛst] vt (food) χωνεύω · (fig: facts) αφομοιώνω · **~ion** n (= process) πέψη f (fml) · (= system) πεπτικό σύστημα nt

digit [ˈdɪdʒɪt] n (= number: also COMPUT) ψηφίο nt · (= finger) δάχτυλο nt · **~al** adj ψηφιακός · **~al camera** n ψηφιακή φωτογραφική μηχανή f · **~al radio** n (TEL) ψηφιακό ραδιόφωνο nt · **~al TV** n ψηφιακή τηλεόραση f

dignified [ˈdɪɡnɪfaɪd] adj αξιοπρεπής

dignity [ˈdɪɡnɪtɪ] n αξιοπρέπεια f

digs [dɪɡz] (BRIT: inf) npl **to live in ~** μένω στο νοίκι (σε επιπλωμένο δωμάτιο)

dilemma [daɪˈlɛmə] n δίλημμα nt

dill [dɪl] n άνηθος m

dilute [daɪˈluːt] vt (liquid) αραιώνω

dim [dɪm] adj (light, outline) θαμπός · (future, prospects) σκοτεινός · (inf: person) βλάκας ♦ vt (light) χαμηλώνω

dime [daɪm] (US) n κέρμα των 10 σεντς

dimension [daɪˈmɛnʃən] n διάσταση f

diminish [dɪˈmɪnɪʃ] vi μειώνομαι ♦ vt μειώνω

din [dɪn] n σαματάς m

dine [daɪn] vi γευματίζω · **~r** n (person) θαμώνας mf εστιατορίου · (US: restaurant) εστιατόριο nt

dinghy [ˈdɪŋɡɪ] n (also **rubber ~**) φουσκωτή βάρκα f · (also **sailing ~**) βάρκα f με πανί

dingy [ˈdɪndʒɪ] adj ελεεινός

dining room [ˈdaɪnɪŋrʊm] n τραπεζαρία f

dinner [ˈdɪnə*r*] n (= evening meal) βραδινό nt · (= lunch) γεύμα nt · (= banquet) δείπνο nt · **~ party** n δείπνο nt

dinosaur [ˈdaɪnəsɔː*r*] n δεινόσαυρος m

dip [dɪp] n (= slope) πλαγιά f · (CULIN) σάλτσα f (ορεκτικού) ♦ vt βουτάω · (BRIT: AUT) χαμηλώνω ♦ vi (ground, road) κατηφορίζω

diploma [dɪˈpləʊmə] n δίπλωμα nt

diplomacy [dɪˈpləʊməsɪ] n διπλωματία f

diplomat [ˈdɪpləmæt] n διπλωμάτης mf · **~ic** adj διπλωματικός

dire [daɪə*r*] adj (consequences, effects) πολύ σοβαρός

direct [daɪˈrɛkt] adj (route) απευθείας · (control, payment) άμεσος · (manner, person) ευθύς ♦ vt (letter) αποστέλλω · (attention) στρέφω · (company, project etc) διευθύνω · (play, film etc) σκηνοθετώ · (= order) **to ~ sb to do sth** δίνω εντολή σε κν να κάνει κτ ♦ adv (go, write) κατευθείαν · **can you ~ me to ...?** μπορείτε να μου πείτε πώς θα πάω σε ....; · **~ debit** n (BRIT) n αυτόματη χρέωση f λογαριασμού · **~ion** n (= way) κατεύθυνση f

► **directions** npl οδηγίες fpl · **to ask for ~ions** ρωτάω πώς θα πάω · **~ly** adv κατευθείαν · **~or** n (COMM) μέλος nt διοικητικού συμβουλίου · (of project) διευθυντής/τρια m/f · (TV, RADIO) σκηνοθέτης mf

directory [dɪˈrɛktərɪ] n (TEL) τηλεφωνικός κατάλογος m · (COMPUT: files) ευρετήριο nt

dirt [dɜːt] n (= stains, dust) βρομιά f · (= earth) χώμα nt · **~y** adj (clothes, face) βρώμικος · (joke, story) πονηρός ♦ vt λερώνω

disability [dɪsəˈbɪlɪtɪ] n (physical) αναπηρία f · (mental) καθυστέρηση f

disabled [dɪsˈeɪbld] adj (physically) ανάπηρος · (mentally) καθυστερημένος ♦ npl **the ~** τα άτομα με ειδικές ανάγκες

disadvantage [dɪsədˈvɑːntɪdʒ] n μειονέκτημα nt

disagree [dɪsəˈɡriː] vi διαφωνώ · **to ~ with sth** διαφωνώ με κτ · **~able** adj δυσάρεστος · (person) αντιπαθητικός · **~ment** n (= lack of consensus) διαφωνία f · (= argument) διαφορές fpl

disappear [dɪsəˈpɪə*r*] vi

εξαφανίζομαι · **~ance** n εξαφάνιση f

disappoint [dɪsə'pɔɪnt] vt
απογοητεύω · **~ed** adj
απογοητευμένος · **~ing** adj
απογοητευτικός · **~ment** n
απογοήτευση f

disapproval [dɪsə'pru:vəl] n
αποδοκιμασία f

disapprove [dɪsə'pru:v] vi to ~ (of)
αποδοκιμάζω

disarm [dɪs'ɑ:m] vt αφοπλίζω ◆ vi
(MIL) προβαίνω σε αφοπλισμό ·
~ament n αφοπλισμός m

disaster [dɪ'zɑ:stə] n καταστροφή f ·
disastrous adj καταστροφικός

disbelief [dɪsbə'li:f] n δυσπιστία f

disc [dɪsk] n (ANAT) μεσοσπονδύλιος
δίσκος m · (= record) δίσκος m · (
COMPUT) = **disk**

discard [dɪs'kɑ:d] vt πετάω · (fig)
εγκαταλείπω

discharge vb [dɪs'tʃɑ:dʒ] n ['dɪstʃɑ:dʒ]
vt (duties) εκτελώ · (waste)
αποβάλλω · (employee) απολύω ◆ vi
(CHEM) εκπέμπτη f · (ELEC) εκκένωση
f · (MED) έκκριμα nt · (of patient)
έξοδος f · to be ~d (from hospital)
βγαίνω από το νοσοκομείο

discipline ['dɪsɪplɪn] n (= control)
πειθαρχία f · (= self-control)
αυτοπειθαρχία f · (= branch of
knowledge) κλάδος m ◆ vt (= train)
επιβάλλω πειθαρχία σε · (= punish)
τιμωρώ

disc jockey n ντισκ τζόκεϋ mf inv

disclose [dɪs'kləʊz] vt αποκαλύπτω

disco ['dɪskəʊ] n abbr ντισκοτέκ f inv

discomfort [dɪs'kʌmfət] n (= unease)
αναστάτωση f · (= physical)
δυσφορία f

discontent [dɪskən'tent] n
δυσαρέσκεια f

discount n ['dɪskaʊnt] vb [dɪs'kaʊnt]
n έκπτωση f ◆ vt (COMM) κάνω
έκπτωση · (idea, fact) παραβλέπω

discourage [dɪs'kʌrɪdʒ] vt
αποθαρρύνω · to ~ sb from doing

sth αποτρέπω κν από το να κάνει κτ

discover [dɪs'kʌvə] vt ανακαλύπτω ·
~y n ανακάλυψη f

discredit [dɪs'kredɪt] vt (person, group)
δυσφημώ · (claim, idea) καταρρίπτω

discreet [dɪs'kri:t] adj διακριτικός

discrepancy [dɪs'krepənsɪ] n
διαφορά f

discretion [dɪs'kreʃən] n
διακριτικότητα f · **at the ~ of** στη
διακριτική ευχέρεια +gen

discriminate [dɪs'krɪmɪneɪt] vi to ~
between κάνω διάκριση
ανάμεσα · to ~ **against** sb κάνω
διακρίσεις εις βάρος κου ·
discrimination n (= bias)
διακρίσεις fpl · (= discernment) κρίση f

discuss [dɪs'kʌs] vt (= talk over)
συζητώ · (= analyse) αναπτύσσω ·
~ion n συζήτηση f

disease [dɪ'zi:z] n ασθένεια f

disgrace [dɪs'ɡreɪs] n ντροπή f ◆ vt
ντροπιάζω · **~ful** adj επαίσχυντος

disgruntled [dɪs'ɡrʌntld] adj
δυσαρεστημένος

disguise [dɪs'ɡaɪz] n μεταμφίεση f
◆ vt (person, object) μεταμφιέζω · to ~ (as)
μεταμφιέζω σε · in ~
= μεταμφιεσμένος

disgust [dɪs'ɡʌst] n αηδία f ◆ vt
αηδιάζω · **~ing** adj (food etc)
αηδιαστικός · (behaviour etc)
σκανδαλώδης

dish [dɪʃ] n πιάτο nt · (also satellite
~) δορυφορική κεραία f · to do or
wash the ~es πλένω τα πιάτα ·
~ **out** vt (food) σερβίρω · (advice)
δίνω απλόχερα · (money) σκορπώ

dishonest [dɪs'ɒnɪst] adj ανέντιμος

dishwasher ['dɪʃwɒʃə] n πλυντήριο
nt πιάτων

disintegrate [dɪs'ɪntɪɡreɪt] vi
διαλύομαι

disk [dɪsk] (COMPUT) n (= hard disk)
δίσκος m · (= floppy disk) δισκέτα f ·
single-/double-sided ~ δισκέτα
μιας/δύο πλευρών

dislike [dɪsˈlaɪk] n αντιπάθεια f ♦ vt αντιπαθώ

dismal [ˈdɪzml] adj (weather, mood) μελαγχολικός · (failure) θλιβερός

dismantle [dɪsˈmæntl] vt διαλύω

dismay [dɪsˈmeɪ] n μεγάλη ανησυχία f ♦ vt στεναχωρώ

dismiss [dɪsˈmɪs] vt (worker, soldiers) απολύω · (JUR: case) παραγράφω · (possibility, idea) παραβλέπω · **~al** n (= sacking) απόλυση f

disorder [dɪsˈɔːdəʳ] n (= untidiness) ακαταστασία f · (= rioting) αναταραχές fpl · (MED) διαταραχή f

dispatch [dɪsˈpætʃ] vt (message, goods) αποστέλλω · (= deal with: business) διεκπεραιώνω ♦ n (= sending) αποστολή f · (PRESS) ανταπόκριση f · (MIL) μήνυμα nt

dispel [dɪsˈpɛl] vt διαλύω

dispense [dɪsˈpɛns] vt (medicines) χορηγώ · (advice) προσφέρω · **~ with** vt fus κάνω χωρίς · **~r** n αυτόματος πωλητής m

disperse [dɪsˈpɜːs] vt (objects) σκορπίζω · (crowd etc) διαλύω ♦ vi (crowd) διαλύομαι

display [dɪsˈpleɪ] n (in shop) έκθεση f · (= exhibition) επίδειξη f · (of feeling) εκδήλωση f · (COMPUT, TECH) οθόνη f ♦ vt (= show) εκθέτω · (ostentatiously) επιδεικνύω · (results, departure times) αναρτώ

disposable [dɪsˈpəʊzəbl] adj μιας χρήσης · **~ income** διαθέσιμο εισόδημα

disposal [dɪsˈpəʊzl] n (of rubbish) καταστροφή f · **at one's ~** στη διάθεση κου

dispose [dɪsˈpəʊz] · **~ of** vt fus (= get rid of) πετάω · (= deal with) τελειώνω με · **disposition** n (= nature) ιδιοσυγκρασία f · (= inclination) προδιάθεση f

disproportionate [dɪsprəˈpɔːʃənət] adj δυσανάλογος

dispute [dɪsˈpjuːt] n (domestic)

καυγάς m · (also **industrial ~**) εργατικές διαφορές fpl · (POL, MIL) διαφορά f ♦ vt (fact, statement) αμφισβητώ · (ownership etc) διεκδικώ

disregard [dɪsrɪˈɡɑːd] vt αγνοώ ♦ n **~ (for)** αδιαφορία (για)

disrupt [dɪsˈrʌpt] vt (plans) αναστατώνω · (conversation, proceedings) διακόπτω · **~ion** n (= interruption) διακοπή f · (= disturbance) ενόχληση f

dissatisfaction [dɪssætɪsˈfækʃən] n δυσαρέσκεια f

dissatisfied [dɪsˈsætɪsfaɪd] adj που δεν έχει ικανοποιηθεί

dissent [dɪˈsɛnt] n διαφωνία f

dissertation [dɪsəˈteɪʃən] n διατριβή f

dissolve [dɪˈzɒlv] vt (in liquid) διαλύω · (organization, marriage) διαλύομαι ♦ vi διαλύομαι

distance [ˈdɪstns] n απόσταση f ♦ vt **to ~ o.s. (from)** απομακρύνομαι (από) · **in the ~** στο βάθος

distant [ˈdɪstnt] adj (place, time) μακρινός · (manner) απόμακρος

distillery [dɪsˈtɪləri] n αποστακτήριο nt

distinct [dɪsˈtɪŋkt] adj (= different) διαφορετικός · (= clear) ξεκάθαρος · (= unmistakable) σαφής · **~ion** n (= difference) διαφορά f · (= act of keeping apart) διάκριση f · (= honour) τιμή f · (in exam) διάκριση f · **~ive** adj χαρακτηριστικός · (features) διακριτικός

distinguish [dɪsˈtɪŋgwɪʃ] vt (= differentiate) ξεχωρίζω · (= identify: details etc) διακρίνω · **to ~ between** ξεχωρίζω ανάμεσα · **to ~ o.s.** (in battle etc) διακρίνομαι · **~ed** adj (= eminent) διακεκριμένος

distort [dɪsˈtɔːt] vt (argument) παραποιώ · (account, news) διαστρεβλώνω · (sound, shape) παραμορφώνω

distract [dɪsˈtrækt] vt αποσπώ · **~ed** adj αφηρημένος · **~ion** n (= diversion) περισπασμός m ·

(= *amusement*) διασκέδαση *f*

distraught [dɪs'trɔːt] *adj* τρελός

distress [dɪs'trɛs] *n* άγχος *nt* ♦ *vt* στενοχωρώ · **~ing** *adj* οδυνηρός

distribute [dɪs'trɪbjuːt] *vt* μοιράζω · **distribution** *n* (*of goods*) διανομή *f* · (*of profits etc*) κατανομή *f* · **distributor** *n* (*COMM*) αποκλειστικός αντιπρόσωπος *m*

district ['dɪstrɪkt] *n* (*of country*) περιοχή *f* · (*of town*) συνοικία *f* · (*ADMIN*) (διοικητική) περιφέρεια *f* · **~ attorney** (*US: JUR*) *n* εισαγγελέας *mf*

distrust [dɪs'trʌst] *n* δυσπιστία *f* ♦ *vt* δεν εμπιστεύομαι

disturb [dɪs'tɜːb] *vt* ενοχλώ · (= *rearrange*) ταράζω · (= *inconvenience*) αναστατώνω · **~ance** *n* (= *upheaval*) διαταραχή *f* · (*political etc*) αναταραχή *f* · (*violent event*) φασαρία *f* · **~ed** *adj* (= *worried, upset*) αναστατωμένος · **emotionally ~ed** άτομο με ψυχολογικά προβλήματα · **~ing** *adj* συνταρακτικός

ditch [dɪtʃ] *n* (*at roadside*) χαντάκι *nt* · (*also* **irrigation ~**) αυλάκι *nt*

ditto ['dɪtəu] *adv* ομοίως

dive [daɪv] *n* (*from board*) βουτιά *f* · (*underwater*) κατάδυση *f* · (*pej: place*) κουτούκι *nt* ♦ *vi* (*swimmer: into water*) κάνω βουτιές · (: *under water*) βουτάω · (*fish, bird*) βουτάω · **~r** *n* αυτός που κάνει καταδύσεις · (*also* **deep-sea ~r**) δύτης *m*

diverse [daɪ'vɜːs] *adj* ανομοιογενής · (*forms, interests*) ποικίλος

diversion [daɪ'vɜːʃən] *n* (*BRIT: AUT*) παράκαμψη *f* · (= *distraction*) διάλειμμα *nt* · (*of funds*) διαφοροποίηση *f*

diversity [daɪ'vɜːsɪtɪ] *n* ποικιλία *f*

divert [daɪ'vɜːt] *vt* (*funds*) μετατρέπω · (*sb's attention*) στρέφω αλλού · (= *reroute*) αλλάζω την πορεία +*gen*

divide [daɪ'vaɪd] *vt* (= *separate*)

χωρίζω · (*MATH*) διαιρώ · (= *share out*) μοιράζω ♦ *vi* (*cells etc*) διαιρούμαι · (*road, people*) χωρίζομαι · *n* χάσμα *nt*

divine [dɪ'vaɪn] *adj* (*REL*) θεϊκός · (*fig*) θεσπέσιος

diving [ˈdaɪvɪŋ] *n* (*underwater*) κατάδυση *f* · (*from board*) βουτιά *f* · (*SPORT*) καταδύσεις *fpl* · **~ board** *n* σανίδα *f* για βουτιές · (*SPORT*) εξέδρα *f* καταδύσεων

division [dɪ'vɪʒən] *n* (*of cells etc*) διάσπαση *f* · (*MATH*) διαίρεση *f* · (= *sharing out*) μοιρασιά *f* · (= *department*) τμήμα *nt* · (*COMM*) τμήμα *nt* · (*esp FOOTBALL*) κατηγορία *f*

divorce [dɪ'vɔːs] *n* διαζύγιο *nt* ♦ *vt* (*spouse*) χωρίζω · (= *dissociate*) διαχωρίζω · **~d** *adj* χωρισμένος · **~e** *n* διαζευγμένος/η *m/f*

DIY (*BRIT*) *n abbr* = **do-it-yourself**

dizzy ['dɪzɪ] *adj* **to feel ~** ζαλίζομαι

DJ *n abbr* = **disc jockey**

DNA *n abbr* (= *deoxyribonucleic acid*) DNA *nt inv*

KEYWORD

do [duː] (*pt* **did**, *pp* **done**) *n* (*inf*: = *party*) γλέντι *nt* ♦ *aux vb* (*in negative constructions: not translated*) δεν · **I don't understand** δεν καταλαβαίνω · **she doesn't want it** δεν το θέλει (**a**) (*to form questions: not translated*) **did you know?** το ήξερες; · **what do you think?** πώς σου φαίνεται; · **why didn't you come?** γιατί δεν ήρθατε; (**b**) (*for emphasis, in polite expressions*) **people DO make mistakes sometimes** οι άνθρωποι κάνουν και λάθη καμιά φορά · **she DOES seem rather late** μάλλον έχει αργήσει · **DO sit down/help yourself** καθήστε/σερβιριστείτε · **oh DO shut up!** βούλωσ'το πια!

(**c**) (*used to avoid repeating vb*) **she swims better than I do** κολυμπάει καλύτερα από μένα · **do you agree? – yes, I do/no, I don't** συμφωνείτε; – ναι, συμφωνώ/όχι, δεν συμφωνώ • **she lives in Glasgow – so do I** μένει στη Γλασκώβη – κι εγώ το ίδιο • **he didn't like it and neither did we** δεν του άρεσε, ούτε κι εμάς • **who made this mess? – I did** ποιος έκανε όλη αυτή την ακαταστασία; – εγώ • **he asked me to help him and I did** μου ζήτησε να τον βοηθήσω και τον βοήθησα

(d) (*in question tags*) ε • **you like him, don't you?** σ' αρέσει, ε; • **he laughed, didn't he?** γέλασε, ε; γέλασε; • **I don't know him, do I?** δεν τον ξέρω, ε; • ♦ vt **(a)** (= *carry out, perform etc*) κάνω • **what do you do (for a living)?** τι δουλειά κάνεις; • **what can I do for you?** τι μπορώ να κάνω για σας; • **to do the cooking/washing-up** μαγειρεύω/ πλένω τα πιάτα • **to do one's hair/ nails** φτιάχνω τα μαλλιά/ νύχια μου

(b) (*AUT etc*) **the car was doing 100** το αυτοκίνητο έτρεχε με 100 • **we've done 200 km already** έχουμε ήδη κάνει 200 χλμ. • **he can do 100 mph in that car** μπορεί να πιάσει 100 μίλια την ώρα μ' αυτό το αυτοκίνητο

♦ vi **(a)** (= *act, behave*) κάνω

(b) (= *get on*) πάω • **how do you do?** χαίρω πολύ

(c) (= *suit*) **I need a pen – will this one do?** θέλω ένα στυλό; – κάνει αυτό;

(d) (= *be sufficient*) φτάνει • **that'll do** φτάνει αυτό • **that'll DO!** (*in annoyance*) αρκετά! • **to make do (with)** τα βολεύω (με)

do up vt fus (*dress, buttons*) κουμπώνω • (*laces*) δένω • (= *renovate*) ανακαινίζω

do with vt fus (= *need*) **I could do with a drink/some help** δεν θα'λεγα όχι για ένα ποτό/λίγη βοήθεια • (= *be connected*) έχω σχέση με • **what has it got to do**

with you? τι σχέση έχει αυτό με σένα;

do without vt fus κάνω χωρίς

dock [dɔk] n (*NAUT*) αποβάθρα f • (*JUR*) εδώλιο nt ♦ vi (*NAUT*) μπαίνω στην αποβάθρα

▸ **docks** npl (*NAUT*) λιμάνι nt

doctor ['dɔktə] n (*MED*) γιατρός mf • (= *PhD etc*) διδάκτορας mf

document n ['dɔkjumənt] vb ['dɔkjument] n έγγραφο nt ♦ vt τεκμηριώνω • **~ary** adj (*evidence*) αποδεικτικός ♦ n ντοκιμαντέρ nt inv • **~ation** n έγγραφα ntpl

dodge [dɔdʒ] n κόλπο nt ♦ vt αποφεύγω • vi κάνω στην άκρη

dodgy ['dɔdʒi] (*inf*) adj (*uncertain*) αβέβαιος

does [dʌz] vb see **do** • **~n't** = **does not**

dog [dɔg] n σκύλος m ♦ vt (*person*) παίρνω από πίσω (σαν σκυλί) • (*bad luck*) καταρηέγω

do-it-yourself ['du:ɪtjɔ:'self] n μαστορέματα ntpl

dole [dəul] (*BRIT: inf*) n (*payment*) επίδομα nt ανεργίας • **to be on the ~** παίρνω επίδομα ανεργίας • **~ out** vt μοιράζω με το σταγονόμετρο

doll [dɔl] n κούκλα f

dollar ['dɔlə] n δολάριο nt

dolphin ['dɔlfɪn] n δελφίνι nt

dome [dəum] n θόλος m

domestic [də'mestɪk] adj (= *of country*) εσωτερικός • (= *of home*) του σπιτιού • (*appliances*) οικιακός • (*animal*) κατοικίδιος

dominant ['dɔminənt] adj (*share, part*) κύριος • (*role*) κυρίαρχος • (*partner*) που υπερισχύει

dominate ['dɔmineit] vt κυριαρχώ σε

Dominican Republic [dəminəkən'pablik] n **the ~** η Δομινικανή Δημοκρατία

domino ['dɔminəu] (*pl* **~es**) n ντόμινο nt inv

donate [dəˈneɪt] *vt* **to ~ (to)** δωρίζω (σε) • **donation** *n* (= *act of giving*) δωρεά *f* • (= *contribution*) εισφορά *f*

done [dʌn] *pp* of **do**

donkey [ˈdɒŋkɪ] *n* γάιδαρος *m*

donor [ˈdəʊnə^r] *n* (MED) δωρητής *m*

don't [dəʊnt] = **do not**

donut [ˈdəʊnʌt] (US) *n* = **doughnut**

doom [du:m] *n* (= *fate*) μοίρα *f* ♦ *vt* **to be ~ed to failure** είμαι καταδικασμένος σε αποτυχία

door [dɔ:^r] *n* πόρτα *f* • **~bell** *n* κουδούνι της πόρτας • **~step** *n* κατώφλι *nt* • **on the ~step** στην πόρτα μου • **~way** *n* κατώφλι *nt*

dope [dəʊp] *n* (*inf*: = *illegal drug*) πρέζα *f* • (: = *person*) βλάκας ♦ *vt* ντοπάρω

dormitory [ˈdɔːmɪtrɪ] *n* (*room*) θάλαμος *m* • (US: *building*) φοιτητική εστία *f*

dosage [ˈdəʊsɪdʒ] *n* δοσολογία *f*

dose [dəʊs] *n* (*of medicine*) δόση *f* • (BRIT: = *bout*) κρίση *f* ♦ *vt* **to ~ o.s.** παίρνω φάρμακα

dot [dɒt] *n* (= *small round mark*) τελεία *f* • (= *speck, spot*) κουκίδα *f* ♦ *vt* **~ted with** σπαρμένος με • **on the ~** ακριβώς (στην ώρα)

double [ˈdʌbl] *adj* (*share, size*) διπλάσιος ♦ *adv* **to cost ~** κοστίζω τα διπλά *n* σ σωσίας *m* ♦ *vt* (*offer*) διπλασιάζω • *n* (*population, size*) διπλασιάζομαι • **to ~ as** χρησιμεύω και για • **~ up** *vi* (= *bend over*) διπλώνομαι • (= *share room*) μοιράζομαι • **~ bed** *n* διπλό κρεβάτι *nt* • **~ glazing** (BRIT) *n* διπλά τζάμια *ntpl* • **~ room** *n* διπλό δωμάτιο *nt* • **~s** (TENNIS) *n* διπλό *nt*

doubt [daʊt] *n* αμφιβολία *f* ♦ *vt* (= *disbelieve*) αμφιβάλλω • (= *mistrust, suspect*) έχω αμφιβολίες για • **~ful** *adj* (*fact*) αμφίβολος • (*person*) που έχει τις αμφιβολίες του • **~less** *adv* πιθανότατα

dough [dəʊ] *n* (CULIN) ζύμη *f* • **~nut**

(US **donut**) *n* ντόνατς *nt inv*

dove [dʌv] *n* περιστέρι *nt*

down [daʊn] *n* πούπουλα *ntpl* • (= *hill*) λοφάκι *nt* ♦ *adv* κάτω ♦ *prep* (= *towards lower level*) κάτω σε • (*movement along*) (κάτω) σε ♦ *vt* (*inf*: *drink*) κατεβάζω στα γρήγορα • **England are two goals ~** η Αγγλία χάνει με δυο γκολ διαφορά • **~ with X!** κάτω ο X! • **~-and-out** *n* αλήτης/ισσα *m/f* • **~-fall** *n* πτώση *f* • **~hill** *adv* **to go ~hill** προχωράω στην κατηφόρα • (*fig*) παίρνω την κάτω βόλτα • **Downing Street** (BRIT: POL) *n* 10 D-ing Street Ντάουνινγκ Στρητ (κατοικία του πρωθυπουργού της Βρετανίας) • **~load** (COMPUT) *vt* διαβιβάζω • **~right** *adj* ολοφάνερος ♦ *adv* εντελώς • **Down's syndrome** *n* σύνδρομο *nt* Ντάουν • **~stairs** *adv* (= *below*) στον κάτω όροφο • (= *downwards*) κάτω • (= *on or to ground floor*) στο ισόγειο • (= *on or to floor below*) στο κάτω πάτωμα • **~town** *adv* στο κέντρο ♦ *adj* (US) • **~town Chicago** στο κέντρο του Σικάγου • **~ under** *adv* στην Αυστραλία και τη Νέα Ζηλανδία • **~ward** *adj* (*slope*) κατηφορικός • (*movement*) προς τα κάτω ♦ *adv* προς τα κάτω • **~ward trend** μια καθοδική τάση • **~wards** *adv* = **downward**

doz. *abbr* = **dozen**

dozen [ˈdʌzn] *n* ντουζίνα *f* • **a ~ books** μια δωδεκάδα βιβλία • **~s of** δεκάδες

Dr. *abbr* = **doctor**

drab [dræb] *adj* άχαρος

draft [drɑ:ft] *n* (= *first version*) πρόχειρο σχέδιο *n* • (US: = *call-up*) επιστράτευση *f* ♦ *vt* (= *plan*) ετοιμάζω σχέδιο για • (= *write roughly*) συντάσσω πρόχειρα • *see also* **draught**

drag [dræg] *vt* (*bundle, person*) σέρνω ♦ *vi* (*time*) σέρνομαι • *n* (*inf*: = *bore*)

βαρεμάρα *f* · (= *women's clothing*) **in**
~ **με** γυναικεία ρούχα · ~ **on** *vi*
τραβάω σε μάκρος

dragon ['drægən] *n* δράκος *m*

drain [dreɪn] *n* (*in street*) υπόνομος
m · (*fig*) αφαίμαξη *f* ♦ *vt* (*land, pond*)
αποξηραίνω · (*vegetables, glass*)
στραγγίζω ♦ *vi* (*liquid*)
διοχετεύομαι · **to feel ~ed (of**
energy/emotion) νιώθω
εξαντλημένος/εξουθενωμένος ·
~age (*system: on land*)
αποστραγγιστικό δίκτυο *nt* · (*in town*)
αποχετευτικό σύστημα *nt* · (*process*)
αποστράγγιση *f*

drama ['drɑːmə] *n* (*art*) δράμα *nt* ·
(= *play*) θεατρικό έργο *nt* ·
(= *excitement*) τραγική κατάσταση *f* ·
~tic *adj* (= *marked, sudden*)
δραστικός · (= *theatrical*) δραματικός

drank [dræŋk] *pt of* **drink**

drapes [dreɪps] (*US*) *npl* κουρτίνες *fpl*

drastic ['dræstɪk] *adj* δραστικός

draught [drɑːft] (*US* **draft**) *n* (*of air*)
ρεύμα *nt* · **on** ~ (*beer*) από το βαρέλι
♦ **~s** παιχνίδι *nt* της ντάμας

draw [drɔː] (*pt* **drew**, *pp* **~n**) *vt* (*ART*,
TECH) σχεδιάζω · (*cart, curtain*)
τραβάω · (*gun, tooth*) βγάζω · (*money*)
αποσύρω · (*conclusion*) βγάζω ♦ *vi*
(*ART, TECH*) σχεδιάζω · (*SPORT*)
κληρώνομαι ♦ *n* (*SPORT*) ισοπαλία *f* ·
(= *lottery*) λοταρία *f* · **to** ~ **near**
πλησιάζω · ~ **back** *vi* (= *move back*)
to ~ **back (from**) κάνω πίσω (από) ·
~ **on** *vt* (*resources*) αντλώ από ·
(*imagination, knowledge*)
επικαλούμαι · ~ **out** *vt* (*money: from*
bank) αποσύρω · ~ **up** *vi* (*car etc*)
σταματάω ♦ *vt* (*chair etc*) βάζω στη
γραμμή · (*document*) συντάσσω ·
~back *n* μειονέκτημα *nt* · **~er** *n*
συρτάρι *nt* · **~ing** *n* σχέδιο *nt* · **~ing**
room *n* σαλόνι *nt* · **~n** *pp of* **draw**
♦ *adj* (= *haggard*) καταβεβλημένος

dread [dred] *n* τρόμος *m* ♦ *vt* τρέμω ·
~ful *adj* φριχτός

dream [driːm] (*pt, pp* **~ed** *or* **~t**) *n*
όνειρο *nt* ♦ *vt* ονειρεύομαι ♦ *vi* ·

ονειρεύομαι · **to** ~ **of doing sth**
ονειρεύομαι (να κάνω) κτ · ~ **up** *vt*
σκαρφίζομαι · **~er** *n* αυτός που
βλέπει όνειρα · (*fig*) ονειροπόλος *mf*

dreamt [dremt] *pt, pp of* **dream**

dreary ['drɪərɪ] *adj* (*weather*) μουντός

dress [dres] *n* φόρεμα *nt* · (*no pl*: =
clothing) ρούχα *ntpl* ♦ *vt* (*child*)
ντύνω · (*wound*) δένω ♦ *vi*
ντύνομαι · **to get ~ed** ντύνομαι ·
~ **up** *vi* βάζω τα καλά μου · (*in fancy*
dress) μεταμφιέζομαι σε · ~ **er** *n*
(*BRIT*: = *cupboard*) μπουφές *m* · (*US*: =
chest of drawers) τουαλέτα *f*
(*έπιπλο*) · **~ing** *n* (*MED*) επίδεση *f* ·
(*CULIN: for salad*) σάλτσα *f* · **~ing**
gown (*BRIT*) *n* ρόμπα *f* · **~ing-room**
n (*THEAT*) καμαρίνι *nt* · (*SPORT*)
αποδυτήρια *ntpl* · **~ing table** *n*
τουαλέτα *f* (*έπιπλο*)

drew [druː] *pt of* **draw**

dribble ['drɪbl] *vi* (= *trickle*) πέφτω ·
(*liquid*) στάζω · (*baby*) βγάζω σάλια

dried [draɪd] *adj* (*fruit*)
αποξηραμένος · (*eggs, milk*) σε σκόνη

drier ['draɪə²] *n* = **dryer**

drift [drɪft] *n* (*of current etc*) ρεύμα *nt* ·
(*of snow*) σωρός *m* · (= *meaning*)
ειρμός *m* ♦ *vi* (*boat*) παρασύρομαι
από το ρεύμα · (*sand, snow*)
συσσωρεύομαι · ~ **apart** (*friends*,
lovers) απομακρύνομαι (ο ένας
απ'τον άλλο)

drill [drɪl] *n* τρυπάνι *nt* · (*of dentist*)
τροχός *m* · (*MIL*) άσκηση *f* ♦ *vt* (*hole*)
ανοίγω με τρυπάνι · (*troops*)
εκπαιδεύω ♦ *vi* (*for oil*) κάνω
γεώτρηση

drink [drɪŋk] (*pt* **drank**, *pp* **drunk**) *n*
ποτό *nt* · (= *sip*) γουλιά *f* ♦ *vt*
πίνω ♦ *vi* πίνω · **~-driving** *n* οδήγηση *f*
υπό την επήρεια αλκοόλ · **~er** *n* (*of*
alcohol) πότης *m* · **~ing water** *n*
πόσιμο νερό *nt*

drip [drɪp] *n* (= *dripping, noise*)
στάξιμο *nt* · (*MED*) ορρός *m* ♦ *vi*
(*water, rain*) πέφτω στάλα-στάλα ·

(tap, washing) στάζω

drive [draiv] (pt **drove**, pp ~**n**) n ·
(= journey) ταξίδι nt (με το
αυτοκίνητο) · (also ~**way**) δρόμος
m · (= energy) ορμή f · (= campaign)
εκστρατεία f · (SPORT) ντράιβ in inv ·
(COMPUT: also **disk**) οδηγός m
δίσκου ♦ vt (vehicle) οδηγώ · (TECH:
machine, motor) τροφοδοτώ · (nail,
stake etc) το ~ **sth into sth** καρφ νt
σε κτ · (= incite, encourage) παρακινώ
♦ (AUT: at controls) οδηγώ · (travel)
πηγαίνω με το αυτοκίνητο · **left-/
right-hand ~ car** (AUT)
αριστεροτίμονο/δεξιοτίμονο
αυτοκίνητο · **to ~ sb mad** τρελαίνω
κν · **what are you driving at?** τι
επιδιώκετε; · ~ **out** νt διώχνω ·
~**in** (esp US) adj υπαίθριος (για
αυτοκίνητα) · n ντράιβ in nt inv

driven ['drivn] pp of **drive**

driver ['draivə'] n οδηγός mf · ~**'s
license** (US) n άδεια f οδήγησης

driveway ['draivwei] n ιδιωτικός
δρόμος m

driving ['draiviŋ] n οδήγηση f · ~
licence (BRIT) n άδεια f οδήγησης

drizzle ['drizl] n ψιχάλα f ♦ vi
ψιχαλίζω

drop [drɔp] n (of water etc) σταγόνα
f · (= reduction) πτώση f · (distance)
ύψος nt ♦ vt (object: intentionally)
ρίχνω · (accidentally) το ~ μου
πέφτει κτ · (voice, eyes) χαμηλώνω ·
(= reduce: price) ρίχνω · (= set down
from car) αφήνω ♦ vi (object, wind)
πέφτω

▸ **drops** npl (MED) σταγόνες fpl · ~
(in) vi **to ~ in (on sb)** περνάω (από
κν) · ~ **off** vi παίρνω έναν υπνάκο
♦ vt (passenger) αφήνω · ~ **out** vi
(= withdraw) τα παρατάω · (student)
διακόπτω

drought [draut] n ξηρασία f

drove [drəuv] pt of **drive**

drown [draun] vt (kill) πνίγω · (fig:
also ~ **out**) πνίγω ♦ vi πνίγομαι

drug [drʌg] n (MED) φάρμακο nt ·
(= narcotic) ναρκωτικό nt ♦ vt
(person, animal) ναρκώνω · **to be on
~s** παίρνω ναρκωτικά · **~ addict** n
ναρκομανής mf · **~store** (US) n
φαρμακείο με εμπορικά είδη και
εστιατόριο

drum [drʌm] n (MUS: in classical
orchestra) τύμπανο nt · (: in band)
ταμπούρλο nt · (for oil, petrol) βαρέλι
nt · ♦ vi (rain etc) χτυπάω ρυθμικά ·
(with fingers) παίζω ταμπούρλο

▸ **drums** npl ντραμς ntpl inv · ~ **up** vt
ξεσηκώνω · ~**mer** n (orchestra)
τυμπανιστής/τρια m/f · (rock band)
ντράμερ mf inv

drunk [drʌŋk] pp of **drink** ♦ adj
μεθυσμένος · n αλκοολικός m/f ·
to get ~ μεθάω · ~**en** adj (laughter,
party) μεθυσμένων · (person)
μεθυσμένος

dry [drai] adj (clothes) στεγνός · (skin)
ξηρός · (climate, weather) ξηρός ·
(ground) ξερός · (wine) ξηρός ·
(lecture, subject) στεγνός ♦ vt
(clothes) στεγνώνω · (ground)
ξεραίνω · (tears etc) σκουπίζω ♦ vi
(paint, washing etc) στεγνώνω · ~ **up**
vi (river, well) στερεύω · (in speech)
στερεύω (ξεχνά) τι θέλω να πω) ·
~**er** n (for clothes) στεγνωτήριο nt ·
(US: spin-dryer) φυγόκεντρο
στεγνωτήριο nt

DSS (BRIT) n abbr (= Department of
Social Security) = Ι.Κ.Α.

dual ['djuəl] adj διπλός

dubious ['dju:biəs] adj ύποπτος

duck [dʌk] n πάπια f ♦ vi (also
~ **down**) σκύβω vt αποφεύγω

due [dju:] adj (= expected) που
αναμένεται · (= owed)
χρωστούμενος · (= proper) δέων ♦ n
to give sb his (or **her**) ~ για να
πούμε και του στραβού το δίκιο
♦ adv · **north** όλο βόρεια · **in
~ course** (= eventually) με τον
καιρό · **to** Λόγω +gen

▸ **dues** npl (for club, union) συνδρομή

f · (in harbour) τέλη ntpl

duel ['djuəl] n μονομαχία f

duet [dju:'et] n ντουέτο nt

dug [dʌg] pt, pp of **dig**

duke [dju:k] n δούκας m

dull [dʌl] adj (light) θαμπός · (event) βαρετός · (sound) υπόκωφος · (pain) ελαφρός · (weather, day) μουντός ◆ vt (pain, grief) απαλύνω · (mind, senses) αμβλύνω

dumb [dʌm] adj (= mute) μουγκός · (= silent) βουβός · (pej: stupid) ηλίθιος

dummy ['dʌmɪ] n (= tailor's model) κούκλα f · (BRIT: for baby) πιπίλα f ◆ adj άσφαιρος

dump [dʌmp] n (also **rubbish ~**) σκουπιδότοπος m · (inf: place) αχούρι nt · (MIL) αποθήκη f ◆ vt πετάω · (COMPUT: data) αποτυπώνω

dune [dju:n] n αμμόλοφος m

dungeon ['dʌndʒən] n μπουντρούμι nt

duplicate n ['dju:plɪkət] vb ['dju:plɪkeɪt] n (of document etc) ακριβές αντίγραφο nt · (of key) αντικλειδί nt ◆ vt (= copy) αντιγράφω · (= repeat) επαναλαμβάνω

durable ['djuərəbl] adj (materials) ανθεκτικός · (goods) διαρκής

duration [djuə'reɪʃən] n διάρκεια f

during ['djuərɪŋ] prep κατά τη διάρκεια +gen

dusk [dʌsk] n σούρουπο nt

dust [dʌst] n σκόνη f ◆ vt ξεσκονίζω · **~bin** (BRIT) n σκουπιδοτενεκές m · **~y** adj (road) γεμάτος σκόνη · (furniture) σκονισμένος

Dutch [dʌtʃ] adj ολλανδικός ◆ n (LING) ολλανδικά ntpl ◆ adv **to go ~** (inf) πάω ρεφενέ

▶ **the Dutch** npl οι Ολλανδοί · **~man** (irreg) n Ολλανδός m · **~woman** (irreg) n Ολλανδέζα f

duty ['dju:tɪ] n (= responsibility) καθήκον nt · (= tax) φόρος m · (at Customs, exports etc) δασμός m · **on**

~ (policeman, nurse) σε υπηρεσία · **off ~** εκτός υπηρεσίας

▶ **duties** npl καθήκοντα ntpl · **~-free** adj αφορολόγητος

duvet ['du:veɪ] (BRIT) n πάπλωμα nt

DVD n abbr (= digital versatile or video disc) ψηφιακός βιντεοδίσκος m · **~ player** Ντι-Βι-Ντι nt inv

dwarf [dwɔ:f] (pl **dwarves**) n νάνος m ◆ vt επισκιάζω

dwell [dwel] (pt, pp **dwelt**) vi κατοικώ · **~ on** nt fus στέκομαι σε

dye [daɪ] n βαφή f ◆ vt βάφω

dying ['daɪɪŋ] adj ετοιμοθάνατος

dynamic [daɪ'næmɪk] adj (leader) δυναμικός · (force) πανίσχυρος

dynamite ['daɪnəmaɪt] n δυναμίτης m

dyslexia [dɪs'leksɪə] n δυσλεξία f

dyslexic [dɪs'leksɪk] adj δυσλεξικός ◆ n δυσλεξικός/ή m/f

E e

E, e [i:] n το πέμπτο γράμμα του αγγλικού αλφαβήτου

each [i:tʃ] adj κάθε inv ◆ pron καθένας m (καθεμία f) (καθένα nt) · **~ other** ο ένας m τον άλλον (η μια f την άλλη) (το ένα nt το άλλο) · **they love ~ other** αγαπούν ο ένας τον άλλο · **they have 2 books ~** έχουν 2 βιβλία ο καθένας · **~ of us** καθένας από εμάς

eager ['i:gə] adj (= keen) πρόθυμος · **to be ~ to do sth** είμαι πρόθυμος να κάνω κτ · **to be ~ for** ανυπομονώ για

eagle ['i:gl] n αετός m

ear [ɪə] n (ANAT) αυτί nt · (of corn) στάχυ nt

earl [ə:l] (BRIT) n κόμης m

earlier ['ə:lɪə] adj προηγούμενος ◆ adv (leave, go etc) νωρίτερα

early ['ə:lɪ] adv (in day) νωρίτερα · (in month etc) στην αρχή · (= ahead of *time)* νωρίτερα ♦ *adj (work, hours)* πρώτος ♦ *(Christians, settlers)* πρώτος • *(death, departure)* πρόωρος • **to have an ~ night** πάω νωρίς για ύπνο • **in the ~ or ~ in the spring/ 19th century** στις αρχές της άνοιξης/του 19ου αιώνα • **she's in her ~ forties** μόλις πέρασε τα σαράντα • **~ retirement** *n* **to take ~ retirement** παίρνω πρόωρη σύνταξη

earn [ə:n] *vt (salary)* παίρνω • *(money)* βγάζω • *(COMM: interest)* κερδίζω • *(praise etc)* αξίζω

earnest [ˈə:nɪst] *adj (wish, desire)* ολόψυχος • *(person, manner)* σοβαρός

earnings [ˈə:nɪŋz] *npl (personal)* αποδοχές *fpl* • *(of company etc)* κέρδη *ntpl*

earth [ə:θ] *n* γη *f* • *(= soil)* χώμα *nt* • *(BRIT: ELEC)* γείωση *f* ♦ *vt (BRIT: ELEC)* γειώνω • **~quake** *n* σεισμός *m*

ease [i:z] *n (= easiness)* ευκολία *f* • *(= comfort)* άνεση *f* ♦ *vt (pain)* καταπραΰνω • *(tension, problem)* μετριάζω ♦ *vi (situation)* ηρεμώ • *(pain, grief)* καταλαγιάζω • **to ~ sth in/out** βάζω/βγάζω κτ με προσοχή • **~ off** *vi (= lessen)* κοπάζω • *(= slow down)* πηγαίνω πιο σιγά • **~ up** *vi* = **ease off**

easily [ˈi:zɪlɪ] *adv (= without difficulty)* εύκολα • *(= by far)* χωρίς αμφιβολία • *(= possibly)* κάλλιστα

east [i:st] *n (= direction)* ανατολή *f* • *(of country, town)* ανατολικά *ntpl* ♦ *adj* ανατολικός ♦ *adv* ανατολικά • **the E~** *(also* POL*)* η Ανατολή

Easter [ˈi:stə[r]] *n* Πάσχα *nt inv* ♦ *adj* πασχαλινός

eastern [ˈi:stən] *adj* ανατολικός

easy [ˈi:zɪ] *adj (= simple)* εύκολος • *(= relaxed)* άνετος • *(victim, prey)* εύκολος ♦ *adv* **to take it** *or* **things ~** *(= go slowly)* κάνω με το πάσο μου • *(= not worry)* δεν ανησυχώ • *(= rest)* ξεκουράζομαι • **~-going** *adj* βολικός

eat [i:t] *(pt* **ate***, pp* **~en***) vt* τρώω ♦ *vi* τρώω • **~ away at** *vt fus (fig:* *savings)* τρώω • **~ into** *vt fus* = **eat away at** • **~ out** *vi* τρώω έξω • **~ up** *vt (food)* τρώω όλο • *(fig)* τρώω

e-business [ˈi:bɪznɪs] *n* ηλεκτρονικό εμπόριο *nt*

eccentric [ɪkˈsɛntrɪk] *adj* εκκεντρικός ♦ *n* εκκεντρικός/ή *m/f*

echo [ˈɛkəʊ] *(pl* **~es***) n* ηχώ *f* ♦ *vt (= repeat)* επαναλαμβάνω ♦ *vi* αντηχώ

eclipse [ɪˈklɪps] *n* έκλειψη *f* ♦ *vt (competitor, rival)* επισκιάζω

eco-friendly [ˈi:kəʊˈfrɛndlɪ] *adj* φιλικός προς το περιβάλλον

ecological [i:kəˈlɒdʒɪkəl] *adj* οικολογικός

ecology [ɪˈkɒlədʒɪ] *n* οικολογική ισορροπία *f*

e-commerce [ˈi:ˈkɒmə:s] *n* ηλεκτρονικό εμπόριο *nt*

economic [i:kəˈnɒmɪk] *adj (system, history)* οικονομικός • *(business etc)* επικερδής • **~al** *adj (system, car)* οικονομικός • *(person)* οικονόμος • **~s** *n (*SCOL*)* Οικονομικά *nt* ♦ *npl (of project, situation)* οικονομική διάσταση *f*

economist [ɪˈkɒnəmɪst] *n* οικονομολόγος *mf*

economy [ɪˈkɒnəmɪ] *n* οικονομία *f* • **~ class** *n* τουριστική θέση *f*

ecstasy [ˈɛkstəsɪ] *n (= rapture)* έκσταση *f* • *(drug)* Έκσταση *f*

ecstatic *adj* ξέφρενος

Ecuador [ˈɛkwədɔ:[r]] *n* Ισημερινός *m*

eczema [ˈɛksɪmə] *n* έκζεμα *nt*

edge [ɛdʒ] *n (of lake, road)* άκρη *f* • *(of knife etc)* κόψη *f* ♦ *vi* **to ~ forward** προχωρώ αργά • **to ~ past** περνάω στριμωχτά • **on ~** *(fig)* = **edgy** • **edgy** *adj* με τα νεύρα τεντωμένα

edible [ˈɛdɪbl] *adj* φαγώσιμος

edit [ˈɛdɪt] *vt (text, report)* διορθώνω • *(book)* επιμελούμαι • *(film, radio* *broadcast)* κάνω μοντάζ σε · (*TV broadcast)* σκηνοθετώ · (*newspaper)* είμαι αρχισυντάκτης +*gen* · (*magazine)* διευθύνω · **~ion** *n (of book, newspaper)* έκδοση *f* · (*TV, RADIO)* επεισόδιο *nt* · **~or** *n (of newspaper)* συντάκτης/τρια *m/f* · (*of magazine)* διευθυντής/τρια *m/f* · (*of book)* επιμελητής/τρια *m/f* · (*FILM)* υπεύθυνος/η *m/f* μοντάζ · **foreign/ literary ~or** συντάκτης των εξωτερικών ειδήσεων/της λογοτεχνικής στήλης · **~orial** *adj* εκδοτικός · *n* κύριο άρθρο *nt*

educate ['edjukeɪt] *vt (= teach)* εκπαιδεύω · (*= instruct)* ενημερώνω

education [edju'keɪʃən] *n* εκπαίδευση *f* · (*= knowledge, culture)* μόρφωση *f* · **~al** *adj (institution, policy)* εκπαιδευτικός · (*experience)* διδακτικός

eel [i:l] *n* χέλι *nt*

eerie ['ɪərɪ] *adj* απόκοσμος

effect ['ɪfekt] *n (= process)* επίδραση *f* · (*= result)* συνέπεια *f* · (*of speech, picture etc)* εντύπωση *f* · (*of law)* τίθεμαι σε ισχύ · (*drug)* επενεργώ · **in ~** στην πραγματικότητα

▸ **effects** *npl (= personal belongings)* υπάρχοντα *ntpl* · (*THEAT, CINE etc)* εφφέ *ntpl inv* · **~ive** *adj (= successful)* αποτελεσματικός · (*= actual: leader, command)* ενεργός · **~ively** *adv (= successfully)* αποτελεσματικά · (*= in reality)* στην πραγματικότητα

efficiency ['ɪfɪʃənsɪ] *n (of person)* ικανότητα *f · (of organization)* αποδοτικότητα *f · (of machine)* απόδοση *f*

efficient ['ɪfɪʃənt] *adj (person)* ικανός · (*organization, machine)* αποδοτικός · **~ly** *adv* αποδοτικά

effort ['efət] *n (= endeavour, attempt)* προσπάθεια *f · (= exertion)* κόπος *m* · **~less** *adj (achievement)* χωρίς κόπο · (*style)* άνετος

e.g. *adv abbr (= exempli gratia)* (*= for example)* π.χ.

egg [eg] *n* αυγό *nt* · **~ on** *vt* παρακινώ

ego ['i:gəʊ] *n* εγώ *nt inv*

Egypt ['i:dʒɪpt] *n* Αίγυπτος *f*

eight [eɪt] *num* οχτώ · **~een** *num* δεκαοχτώ · **~eenth** *num* δέκατος όγδοος · **~h** *num* όγδοος · **~y** *num* ογδόντα

Eire ['ɛərə] *n* Ιρλανδία *f*

either ['aɪðər] *adj (= one or other)* ή ο ένας ή ο άλλος · (*= both, each)* και οι δυο · *pron* **~ (of them)** κανένας (από τους δύο) · *adv* ούτε · *conj* **~ yes or no** ή ναι ή όχι · **no, I don't ~** όχι, ούτε εγώ...

elaborate [ɪ'læbərɪt] *vb* [ɪ'læbəreɪt] *adj* πολύπλοκος · *vt (= expand)* αναπτύσσω · (*= refine)* επεξεργάζομαι · *vi* **to ~ (on)** προχωρώ σε λεπτομέρειες (για)

elastic [ɪ'læstɪk] *n* καουτσούκ *nt inv* · *adj* ελαστικός

elbow ['elbəʊ] *n* αγκώνας *m · vt* **to ~ one's way through the crowd** ανοίγω δρόμο σπρώχνοντας

elder ['eldər] *adj* μεγαλύτερος · *n (tree)* αφροξυλιά *f · (pl: = older person)* γέροντας · **~ly** *adj* ηλικιωμένοι · *npl* **the ~ly** οι ηλικιωμένοι

eldest ['eldɪst] *adj* μεγαλύτερος · *n* ο/ η μεγάλος/η *m/f*

elect ['ɪlekt] *vt* εκλέγω · *adj* **the ~ president** ο εκλεγμένος πρόεδρος *(που δεν έχει αναλάβει ακόμη καθήκοντα)* · **to ~ to do** επιλέγω να κάνω · **~ion** *n (= voting)* εκλογή *f · (= installation)* εκλογή *f* · **~oral** *fpl* · **electoral** [ɪ'lektərəl] *adj* εκλογικός · **electorate** [ɪ'lektərɪt] *n* εκλογικό σώμα *nt*

electric [ɪ'lektrɪk] *adj* ηλεκτρικός · **~al** *adj* ηλεκτρικός · **~ian** *m/f* · ηλεκτρολόγος *m/f · (of energy)* ηλεκτρισμός *m · (supply)* ρεύμα *nt*

electronic [ɪlek'trɒnɪk] *adj*

ηλεκτρονικός • **~s** n ηλεκτρονική f

elegance ['eligəns] n (of person, building) κομψότητα f • (of idea, theory) απλότητα f • **elegant** adj (person, building) κομψός • (idea, theory) ραφιναρισμένος

element ['elimənt] n (= part) στοιχείο nt • (CHEM) στοιχείο nt • (of heater, kettle etc) αντίσταση f • **to be in one's ~** βρίσκομαι στο στοιχείο μου

elementary [eli'mentəri] adj (= basic) βασικός • (= primitive) στοιχειώδης • (school, education) πρωτοβάθμιος

elephant ['elifənt] n ελέφαντας m

elevate ['eliveit] vt εξυψώνω • (physically) ανυψώνω • (in rank) προάγω

elevator ['eliveitə] n (US: = lift) ασανσέρ nt inv

eleven [i'levn] num έντεκα • **~th** num ενδέκατος • **at the ~th hour** (fig) στο παρά πέντε

eligible ['elidʒəbl] adj (man, woman) ελεύθερος • **to be ~ for sth** (= entitled) δικαιούμαι κτ

eliminate [i'limineit] vt (candidate, team) αποκλείω • (poverty) εξαλείφω

elm [elm] n φτελιά f

eloquent ['eləkwənt] adj (speech, description) εύγλωττος • (person) εκφραστικός

else [els] adv **or ~** (= otherwise) διαφορετικά • (threatening) αλλιώς • **something ~** κάτι άλλο • **somewhere ~** κάπου αλλού • **everywhere ~** οπουδήποτε αλλού • **where ~?** πού αλλού; • **is there anything ~ I can do?** υπάρχει τίποτε άλλο να κάνω; • **everyone ~** όλοι οι άλλοι • **nobody ~** spoke κανείς άλλος δε μίλησε • **~where** adv αλλού

elusive [i'lu:siv] adj (person, animal) δυσέυρετος • (quality) ακαθόριστος

e–mail ['i:meil] n ηλεκτρονικό ταχυδρομείο nt ♦ vt **to ~ sb** στέλνω ημέιλ σε κν • **~ address** n

διεύθυνση f ηλεκτρονικού ταχυδρομείου

embankment [im'bæŋkmənt] n ανάχωμα nt

embargo [im'bɑ:gəu] (pl **~es**) n εμπάργκο nt inv ♦ vt (ship) απαγορεύω τον απόπλου σε

embark [im'bɑ:k] vi (NAUT) επιβιβάζομαι (σε) • **to ~ on** vt fus (journey) ξεκινάω (για) • (task, course of action) ξεκινάω

embarrass [im'bærəs] vt (emotionally) κάνω να ντρέπεται • (politician, government) φέρνω σε δύσκολη θέση • **~ed** adj (laugh, silence) αμήχανος • **to be ~ed** ντρέπομαι • **~ing** adj δυσάρεστος • **~ment** n (= shame) ντροπή f • (= embarrassing problem) πονοκέφαλος m

embassy ['embəsi] n πρεσβεία f

embrace [im'breis] vt (= hug) αγκαλιάζω • (= include) συμπεριλαμβάνω ♦ vi αγκαλιάζομαι ♦ n αγκάλιασμα nt

embroidery [im'brɔidəri] n κέντημα nt

embryo ['embriəu] n (BIO) έμβρυο nt

emerald ['emərəld] n σμαράγδι nt

emerge [i'mɜ:dʒ] vi **to ~ (from)** (room, car) βγαίνω (από) • (fact: discussion etc) ανακύπτω (από)

emergency [i'mɜ:dʒənsi] n επείγον περιστατικό nt • **in an ~** σε περίπτωση ανάγκης • **~ exit** n έξοδος f κινδύνου • **~ services** npl **the ~ services** οι υπηρεσίες πρώτων βοηθειών

emigrate ['emigreit] vi μεταναστεύω • **emigration** n μετανάστευση f

eminent ['eminənt] adj διακεκριμένος

emit [i'mit] vt (smoke, smell) αναδίνω • (sound, light) εκπέμπω

emotion [i'məuʃən] n συναίσθημα nt • **~al** adj (needs, issue) συναισθηματικός • (person) που αντιδρά συναισθηματικά • (tone, speech) συγκινητικός

emperor ['emprər] n αυτοκράτορας m

emphasis ['emfəsɪs] (pl **emphases**) n έμφαση f

emphasize ['emfəsaɪz] vt (word, point) υπογραμμίζω · (feature) τονίζω

empire ['empaɪər] n (also fig) αυτοκρατορία f

employ [ɪm'plɔɪ] vt (workforce, person) απασχολώ (με μισθό) · (tool, weapon) χρησιμοποιώ · **~ee** n εργαζόμενος/η m/f · **~er** n ο εργοδότης mf · **~ment** n εργασία f

empower [ɪm'pauər] vt **to ~ sb to do sth** εξουσιοδοτώ κν να κάνει κτ

empress ['emprɪs] n αυτοκράτειρα f

emptiness ['emptɪnɪs] n (of area, region etc) ερημιά f · (of life etc) κενό nt

empty ['emptɪ] adj άδειος · (threat, promise) κενός ♦ vt αδειάζω ♦ vi (house, container) αδειάζω · **~-handed** adj με άδεια χέρια

EMU ['i:mju:] n abbr (= European Monetary Union) Ευρωπαϊκή Νομισματική Ένωση f

emulsion [ɪ'mʌlʃən] n (PHOT) γαλάκτωμα nt · (also ~ paint) πλαστικό nt

enable [ɪ'neɪbl] vt **to ~ sb to do sth** (= make possible) δίνω τη δυνατότητα σε κν να κάνει · (= permit, allow) επιτρέπω σε κν να κάνει

enamel [ɪ'næməl] n (for decoration) σμάλτο nt · (also ~ paint) βερνικόχρωμα nt · (of tooth) αδαμαντίνη f

enchanting [ɪn'tʃɑːntɪŋ] adj γοητευτικός

enclose [ɪn'kləuz] vt (land, space) περιφράζω · (object) περιβάλλω · (letter etc) εσωκλείω · **enclosure** n περίβολος m · (in letter etc) συνημμένο nt

encore [ɔŋ'kɔ:ʳ] excl κι άλλο ♦ n (THEAT) ανκόρ nt inv

encounter [ɪn'kauntəʳ] n (= meeting) συνάντηση f (τυχαία) · (= experience) εμπειρία f ♦ vt (person) συναντώ · (new experience, problem) αντιμετωπίζω

encourage [ɪn'kʌrɪdʒ] vt **to ~ sb (to do sth)** ενθαρρύνω κν (να κάνει κτ) · (activity, attitude) ενισχύω · (growth, industry) ενθαρρύνω · **~ment** n ενθάρρυνση f · **encouraging** adj ενθαρρυντικός

encyclop(a)edia [ensaɪkləu'pi:dɪə] n εγκυκλοπαίδεια f

end [end] n (of period, event) τέλος nt · (of table, street) άκρη f · (= purpose) σκοπός m ♦ vt σταματάω ♦ vi λήγω · **to come to an ~** φθάνω στο τέλος · **in the ~** τελικά · **on** (object) όρθιος · **for hours on** (= object) για ώρες συνεχώς · **~ up** vi **to ~ up in** (place) καταλήγω σε

endanger [ɪn'deɪndʒəʳ] vt βάζω σε κίνδυνο

endearing [ɪn'dɪərɪŋ] adj ελκυστικός

endeavour [ɪn'devəʳ] (US **endeavor**) n προσπάθεια f ♦ vi **to ~ to do** προσπαθώ or καταβάλλω προσπάθειες να κάνω

ending ['endɪŋ] n (of book, film) τέλος nt · (LING) κατάληξη f

endless ['endlɪs] adj (argument, search) ατελείωτος · (forest, beach) απέραντος · (patience, resources) ανεξάντλητος · (possibilities) άπειρος

endorse [ɪn'dɔ:s] vt (cheque) οπισθογραφώ · (= approve) εγκρίνω · **~ment** n (= approval) έγκριση f · (BRIT: on driving licence) παράβαση που καταγράφεται στο δίπλωμα

endurance [ɪn'djuərəns] n σθένος nt

endure [ɪn'djuəʳ] vt υπομένω ♦ vi αντέχω στο χρόνο

enemy ['enəmɪ] n (= opponent) αντίπαλος mf · (MIL) εχθρός m ♦ adj (forces, strategy) εχθρικός

energetic [enə'dʒetɪk] adj ενεργητικός

energy ['enədʒɪ] n (= strength, drive)

δύναμη f • (= *nuclear energy etc*) ενέργεια f

enforce [ɪnˈfɔːs] (*JUR*) vt επιβάλλω

engaged [ɪnˈɡeɪdʒd] adj (= *betrothed*) αρραβωνιασμένος • (*BRIT: TEL*) κατειλημμένος • **to get ~** αρραβωνιάζομαι • **he is ~ in research/a survey** ασχολείται με την έρευνα/μία μελέτη

engagement [ɪnˈɡeɪdʒmənt] n (= *appointment*) ραντεβού nt inv • (= *booking*) υποχρέωση f • (= *to marry*) αρραβώνας m • (*MIL*) συμπλοκή f

engaging [ɪnˈɡeɪdʒɪŋ] adj ελκυστικός

engine [ˈendʒɪn] n (*AUT. RAIL*) μηχανή f

engineer [endʒɪˈnɪə*r*] n μηχανικός mf • (*BRIT: for repairs*) τεχνίτης mf • **~ing** n μηχανική f

England [ˈɪŋɡlənd] n Αγγλία f

English [ˈɪŋɡlɪʃ] adj αγγλικός ◆ (*LING*) αγγλικά ntpl
▸ **the English** npl οι Άγγλοι
~ Channel n **the ~ Channel** η Μάγχη • **~man** (*irreg*) n Άγγλος m • **~woman** (*irreg*) n Αγγλίδα f

enhance [ɪnˈhɑːns] vt (*taste, appearance*) βελτιώνω • (*enjoyment, beauty*) αυξάνω • (*reputation*) ενισχύω

enjoy [ɪnˈdʒɔɪ] vt (= *take pleasure in*) χαίρομαι • (= *have benefit of*) απολαμβάνω • **to ~ o.s.** διασκεδάζω • **~able** adj ευχάριστος • **~ment** n (= *feeling of pleasure*) ευχαρίστηση f • (*activity*) απόλαυση f

enlarge [ɪnˈlɑːdʒ] vt (*size, scope*) μεγαλώνω • (*PHOT*) μεγεθύνω ◆ vi **to ~ on** επεκτείνομαι σε • **~ment** (*PHOT*) n μεγέθυνση f

enlist [ɪnˈlɪst] vt (*soldier, person*) στρατολογώ • (*support, help*) εξασφαλίζω ◆ vi **to ~ in** κατατάσσομαι σε

enormous [ɪˈnɔːməs] adj τεράστιος

enough [ɪˈnʌf] adj (*time, books*) αρκετός ◆ pron αρκετά ◆ adv **big ~** αρκετά μεγάλος • **he has not worked ~** δεν έχει δουλέψει

αρκετά • **have you got ~?** έχεις αρκετά; • **~ to eat** αρκετό φαγητό • **that's ~, thanks** φτάνει, ευχαριστώ • **I've had ~ of him** δεν τον μπορώ άλλο *or* αρκετά τον ανέχτηκα • **... which, funnily** *or* **oddly** *or* **strangely ~ ...** ...το οποίο, όλως περίεργος *or* παράδοξως...

enquire [ɪnˈkwaɪə*r*] vt, vi = **inquire**

enquiry [ɪnˈkwaɪərɪ] n = **inquiry**

enrich [ɪnˈrɪtʃ] vt (*morally, spiritually*) εμπλουτίζω • (*financially*) κάνω πλούσιο

enrol [ɪnˈrəʊl] (*US* **enroll**) vt γράφω ◆ vi γράφομαι • **~ment** (*US* **~lment**) n εγγραφή f

en route [ɒnˈruːt] adv στη διαδρομή

ensure [ɪnˈʃʊə*r*] vt εξασφαλίζω • **to ~ that** εξασφαλίζω ότι

entail [ɪnˈteɪl] vt συνεπάγομαι

enter [ˈentə*r*] vt μπαίνω σε • (*race, contest*) δηλώνω συμμετοχή σε • (= *write down*) καταχωρώ • (*COMPUT: data*) εισάγω ◆ vi μπαίνω (μέσα)
~ for vt fus δηλώνω συμμετοχή σε
~ into vt fus (*correspondence, negotiations*) προχωράω σε • (*agreement*) συνάπτω (*fml*)

enterprise [ˈentəpraɪz] n (= *company, business*) επιχείρηση f • (= *venture*) εγχείρημα nt • (= *initiative*) πρωτοβουλία f • **~ free** = ελεύθερη αγορά • **private ~** = ιδιωτική πρωτοβουλία • **enterprising** adj (*person*) με επιχειρηματικό πνεύμα • (*scheme*) ευρηματικός

entertain [entəˈteɪn] vt (= *amuse*) διασκεδάζω • (*guest*) καλώ • (*idea, plan*) σκέφτομαι σοβαρά • **~er** n καλλιτέχνης mf (στο χώρο του θεάματος) • **~ing** adj διασκεδαστικός • **~ment** n (= *amusement*) διασκέδαση f • (= *show*) ψυχαγωγικό πρόγραμμα nt

enthusiasm [ɪnˈθuːzɪæzəm] n ενθουσιασμός m • **enthusiast** n λάτρης mf • **enthusiastic** adj

entire [ɪn'taɪə*] adj ολόκληρος • **~ly**
adv εξ ολοκλήρου

entitled [ɪn'taɪtld] adj (book, film etc)
που έχει τον τίτλο

entrance n ['entrns] (way in)
είσοδος f ♦ vt [ɪn'trɑːns] μαγεύω • **to gain
~ to** (university, profession etc)
μπαίνω σε • **entrant**
[ɪn'traɪənt] n m/f • (BRIT: in exam)
υποψήφιος/α m/f

entrepreneur ['ɔntrəprə'nəː*] n
επιχειρηματίας m

entry ['entrɪ] n (= way in) είσοδος f •
(in competition) συμμετοχή f • (in
register, account book) καταχώρηση f •
(in reference book) λήμμα nt • "no ~"
"απαγορεύεται η είσοδος"

envelope ['envələup] n φάκελος m

envious ['envɪəs] adj ζηλόφθονος • **to
be ~ of sth/sb** φθονώ or ζηλεύω κτ/
κν

environment [ɪn'vaɪərnmənt] n
περιβάλλον nt • **the ~** το
περιβάλλον • **~al** adj (= of
surroundings) περιβαλλοντικός • (= of
the natural world) οικολογικός • **~ally**
adv **~ally friendly** φιλικός προς το
περιβάλλον

envisage [ɪn'vɪzɪdʒ] vt προβλέπω

envoy ['envɔɪ] n απεσταλμένος/η m/f •
(= diplomat) διπλωματικός/ή
απεσταλμένος/η

envy ['envɪ] n ζήλεια f ♦ vt ζηλεύω •
to ~ sb sth ζηλεύω κπν για κτ

epic ['epɪk] n έπος nt ♦ adj
περιπετειώδης

epidemic [epɪ'demɪk] n επιδημία f

epilepsy ['epɪlepsɪ] n επιληψία f •
epileptic adj επιληπτικός ♦ n
επιληπτικός/ή m/f

episode ['epɪsəud] n επεισόδιο nt

equal ['iːkwl] adj ίσος ♦ n (= peer)
όμοιος/α m/f • (= match, rival)
φτάνω • **79 minus 14 ~s 65** 79
μείον 14 ίσον 65 • **to be ~ to** (task)
μπορώ να σταθώ στο ύψος +gen

ενθουσιώδης

~ity n ισότητα f • **~ly** adv (share,
divide etc) ισομερώς • (good: bad etc)
εξίσου

equation [ɪ'kweɪʒən] n εξίσωση f

equator [ɪ'kweɪtə*] n **the ~** ο
ισημερινός

equip [ɪ'kwɪp] vt **to ~ (with)** εξοπλίζω
(με) • **to ~ sb for/to** δίνω τα εφόδια
σε κν για/να • **~ment** n εξοπλισμός
m

equivalent [ɪ'kwɪvələnt] adj
αντίστοιχος ♦ n (= equal) το
αντίστοιχο nt • **to be ~ to** το
αντίστοιχο με

era ['ɪərə] n εποχή f

erase [ɪ'reɪz] vt σβήνω

erect [ɪ'rekt] adj όρθιος ♦ vt (= build)
ανεγείρω • (= assemble) στήνω •
~ion n (of building, statue) ανέγερση
f • (PHYSIOL) στύση f

erode [ɪ'rəud] vt διαβρώνω

erosion [ɪ'rəuʒən] n (of soil, rock: also
fig: of confidence, power) διάβρωση f

erotic [ɪ'rɔtɪk] adj ερωτικού
περιεχομένου

erratic [ɪ'rætɪk] adj (behaviour)
αλλοπρόσαλλος • (noise) ακανόνιστος

error ['erə*] n σφάλμα nt

erupt [ɪ'rʌpt] vi (volcano)
εκρήγνυμαι • (war, crisis) ξεσπάω •
~ion n (of volcano) έκρηξη f • (of
fighting) ξέσπασμα nt

escalate ['eskəleɪt] vi κλιμακώνομαι

escalator ['eskəleɪtə*] n κυλιόμενες
σκάλες fpl

escape [ɪs'keɪp] n (from prison)
απόδραση f • (from person) φυγή f
♦ vi (= get out) βγαίνω • (from jail)
δραπετεύω • (= leak) διαρρέω • vt
(consequences, responsibility etc)
γλυτώνω • **his name ~s me** το
όνομά του μου διαφεύγει

escort n ['eskɔːt] vb [ɪs'kɔːt] n (MIL,
POLICE) συνοδεία f • (= companion)
συνοδός m/f ♦ vt συνοδεύω

especially [ɪs'peʃlɪ] adv (= above all)
ειδικά • (= particularly, more than

usually) ιδιαίτερα

essay ['eseɪ] *n* (SCOL) έκθεση *f* · (LIT) δοκίμιο *nt*

essence ['esns] *n* ουσία *f* · (CULIN) εσάνς *nt*

essential [ɪ'senʃl] *adj* (= *necessary, vital*) απαραίτητος · (= *basic*) ουσιαστικός ♦ *n* απολύτως αναγκαίο *or* απαραίτητο · **~ly** *adv* ουσιαστικά

establish [ɪs'tæblɪʃ] *vt* (*organization, firm*) ιδρύω · (*facts, proof*) διαπιστώνω · (*relations, contact*) δημιουργώ · (*reputation*) εδραιώνω · **~ment** *n* (*of organization, firm*) ίδρυση *f* · (= *shop etc*) κατάστημα *nt* · **the Establishment** το κατεστημένο

estate [ɪs'teɪt] *n* (*land*) κτήμα *nt* · (BRIT: *also* **housing ~**) οικοδομικό συγκρότημα *nt* · (JUR) περιουσία *f* · **~ agent** (BRIT) *n* μεσίτης *mf*

estimate *n* ['estɪmət] *vb* ['estɪmeɪt] *n* εκτίμηση *f* · (COMM: *of builder*) προσφορά *f* ♦ *vt* υπολογίζω

Estonia [es'təʊnɪə] *n* Εσθονία *f*

etc. *abbr* (= *et cetera*) κ.λπ.

eternal [ɪ'tə:nl] *adj* (= *everlasting, unceasing*) παντοτινός · (*truth, value*) διαχρονικός

eternity [ɪ'tə:nɪtɪ] *n* αιωνιότητα *f*

ethical ['eθɪkl] *adj* ηθικής φύσεως

ethics ['eθɪks] *n* (*science*) Ηθική *f* ♦ *npl* (*morality*) αρχές *fpl*

Ethiopia [i:θɪ'əʊpɪə] *n* Αιθιοπία *f*

ethnic ['eθnɪk] *adj* (*population*) εθνικός · (*music, culture etc*) παραδοσιακός

etiquette ['etɪket] *n* εθιμοτυπία *f*

EU *n abbr* (= *European Union*) Ε.Ε. *f*

euro ['jʊərəʊ] *n* ευρώ *nt inv* ['jʊərəʊlænd]

Europe ['jʊərəp] *n* Ευρώπη *f* · **~an** *adj* ευρωπαϊκός ♦ *n* Ευρωπαίος/α *m/f* · **~an Union** *n* Ευρωπαϊκή Ένωση

evacuate [ɪ'vækjʊeɪt] *vt* (*people*) μεταφέρω σε ασφαλές μέρος ·

(place) εκκενώνω

evade [ɪ'veɪd] *vt* αποφεύγω

evaluate [ɪ'væljʊeɪt] *vt* εκτιμώ

evaporate [ɪ'væpəreɪt] *vi* (*liquid*) εξατμίζομαι · (*fig*) εξανεμίζομαι

eve [i:v] *n* on the **~ of** την παραμονή +gen · **Christmas E~** η παραμονή των Χριστουγέννων · **New Year's E~** η παραμονή της Πρωτοχρονιάς

even ['i:vn] *adj* (= *level*) ομαλός · (= *equal*) δίκαιος · (*number*) ζυγός ♦ *adv* (*showing surprise*) ακόμα και · (*introducing a comparison*) ακόμα · **~ if** ακόμα κι αν · **~ though** αν και · **~ more** ακόμα περισσότερο · **~ so** παρόλα αυτά · **not ~** ούτε καν · **he was there** ακόμα κι αυτός ήταν εκεί · **on Sundays** ακόμα και τις Κυριακές · **to break ~** ισοφαρίζω · **to get ~ with sb** πατσίζω με κν

evening ['i:vnɪŋ] *n* απόγευμα *nt* · (*whole period, event*) βραδιά *f* · **in the ~** το βράδυ

event [ɪ'vent] *n* (= *occurrence*) γεγονός *nt* · **in the ~ of** σε περίπτωση +gen · **~ful** *adj* περιπετειώδης

eventual [ɪ'ventʃʊəl] *adj* τελικός · **~ly** *adv* τελικά

ever ['evə] *adv* (= *always*) πάντοτε · (= *at any time*) ποτέ · **why ~ not?** μα γιατί όχι · **the best ~** το καλύτερο από όλα · **have you ~ seen it?** το έχετε δει ποτέ · **for ~** για πάντα · **hardly ~** σπάνια · **better than ~** καλύτερα από ποτέ · **~ since** ♦ *adv* από τότε · *conj* από τότε που · **so pretty** τόσο όμορφος · **~green** *n* αειθαλές *nt*

KEYWORD

every ['evrɪ] *adj* **(a)** (= *each*) καθέ · **every shop in the town was closed** όλα τα μαγαζιά στην πόλη ήταν κλειστά

(b) (= *all possible*) κάθε · **he's every bit as clever as his brother** είναι τόσο έξυπνος όσο και ο αδερφός του

(c) (*showing recurrence*) κάθε · **every other car (had been broken into)** (είχαν παραβιάσει) ένα στα δύο αυτοκίνητα · **every other day** κάθε δεύτερη μέρα · **every third day** κάθε τρεις μέρες · **every now and then** κάθε τόσο

everybody ['ενɪbɔdɪ] *pron* όλοι
everyday ['εvrɪdeɪ] *adj* καθημερινός
everyone ['εvrɪwʌn] *pron* =
everybody
everything ['εvrɪθɪŋ] *pron* όλα · **~ is ready** όλα είναι έτοιμα *or* τα πάντα είναι έτοιμα · **he did ~ possible** έκανε ό, τι ήταν δυνατό
everywhere ['εvrɪweə'] *adv* (= *all over*) παντού · (= *wherever*) όπου
evict [ɪ'vɪkt] *vt* (*squatter*) πετάω έξω · (*tenant*) κάνω έξωση σε
evidence ['εvɪdns] *n* (= *proof*) αποδείξεις *fpl* · (*JUR*) στοιχεία *ntpl* · (= *signs, indications*) ενδείξεις *fpl*
evident ['εvɪdnt] *adj* φανερός · **~ly** *adv* (= *obviously*) φανερά · (= *apparently*) προφανώς
evil ['i:vl] *adj* κακός ♦ *n* κακό *nt*
evoke [ɪ'vəʊk] *vt* (*feeling, response*) προκαλώ · (*memory*) ξαναφέρνω
evolution [i:və'lu:ʃən] *n* εξέλιξη *f*
evolve [ɪ'vɒlv] *vt* (*scheme, style*) αναπτύσσω ♦ *vi* εξελίσσομαι
ex– [εks] *prefix* (*husband etc*) πρώην · (*president*) τέως
exact [ɪg'zækt] *adj* (*time, amount*) ακριβής · (*person, worker*) μεθοδικός ♦ *vt* to ~ **sth (from)** απαιτώ κτ (από) · **~ly** *adv* ακριβώς · **~ly!** ακριβώς!
exaggerate [ɪg'zædʒəreɪt] *vt* μεγαλοποιώ ♦ *vi* υπερβάλλω
exaggeration *n* υπερβολή *f*
exam [ɪg'zæm] *n abbr* = **examination**
examination [ɪgzæmɪ'neɪʃən] *n* εξέταση *f*

examine [ɪg'zæmɪn] *vt* εξετάζω · **~r** (*SCOL*) *n* εξεταστής/τρια *m/f*
example [ɪg'zɑ:mpl] *n* παράδειγμα *nt* · **for ~** για παράδειγμα
exceed [ɪk'si:d] *vt* υπερβαίνω · **~ingly** *adv* υπερβολικά
excel [ɪk'sεl] *vi* **to ~ (in/at)** διαπρέπω (σε) ♦ *vt* (*BRIT*) **to ~ o.s.** ξεπερνάω τον εαυτό μου · **~lence** *n* υπεροχή *f* · **~lent** *adj* υπέροχος ♦ *excl* υπέροχα!
except [ɪk'sεpt] *prep* (*also* ~ **for**, ~ **ing**) εκτός από · ~ **if** εκτός αν · ~ **when** παρά μόνο όταν · ~ **that** εκτός από το ότι · **~ion** *n* εξαίρεση *f* · **to take ~ion to** διαμαρτύρομαι για · **~ional** *adj* εξαιρετικός
excerpt ['εksə:pt] *n* απόσπασμα *nt*
excess [ɪk'sεs] *n* πλεόνασμα *nt* · (*INSUR*) επαφράλιστρο *nt* ♦ *adj* παραπανίσιος · **in ~ of** που υπερβαίνει · ~ **baggage** *n* υπέρβαρο *nt* · **~ive** *adj* υπερβολικός
exchange [ɪks'tʃeɪndʒ] *n* ανταλλαγή *f* · (= *conversation*) συζήτηση *f* ♦ *vt* **to ~ (for)** ανταλλάσσω (με) · **in ~ for** σε αντάλλαγμα +*gen or* για +*acc* · **foreign ~** συνάλλαγμα · ~ **rate** *n* τιμή *f* συναλλάγματος
excitable [ɪk'saɪtəbl] *adj* (*stimulate*) ενθουσιάζω · (= *arouse: suspicion, interest*) προκαλώ · **to get ~d** ενθουσιάζομαι · **~ment** *n* ενθουσιασμός *m* · **exciting** *adj* συναρπαστικός
exclamation [εksklə'meɪʃən] *n* ξεφωνητό *nt*
exclude [ɪks'klu:d] *vt* αποκλείω · **excluding** *prep* ~ **VAT** χωρίς ΦΠΑ
exclusion [ɪks'klu:ʒən] *n* αποκλεισμός *m*
exclusive [ɪks'klu:sɪv] *adj* (*club, district*) επίλεκτος · (*use, story*) αποκλειστικός · ~ **of postage** χωρίς ταχυδρομικά τέλη · **~ly** *adv* αποκλειστικά
excruciating [ɪks'kru:ʃɪeɪtɪŋ] *adj*

αφόρητος

excursion [ɪksˈkəːʃən] n εκδρομή f

excuse n [ɪksˈkjuːs] vb [ɪksˈkjuːz] n
δικαιολογία f ♦ vt (= justify)
δικαιολογώ ∙ (= forgive) συγχωρώ ∙
to ~ sb from doing sth
απαλλάσσω κπν από το να κάνει κτ ∙
~ me! συγγνώμη! ∙ **if you will ~**
me ... να με συγχωρείτε...

execute [ˈeksɪkjuːt] vt εκτελώ ∙
execution n εκτέλεση f

executive [ɪgˈzekjutɪv] n (person: of
company) στέλεχος nt ∙ (POL)
εκτελεστική εξουσία f ♦ adj (board,
role) διοικητικός ∙ (car, plane)
υψηλών προδιαγραφών

exempt [ɪgˈzempt] adj (from tax)
απαλλαγμένος από ♦ vt **to ~ sb**
from απαλλάσσω κν από

exercise [ˈeksəsaɪz] n (no pl: =
keep-fit) γυμναστική f ∙ (= energetic
movement) άσκηση f ∙ (SCOL, MUS)
άσκηση f ♦ vt (right) ασκώ ∙ (dog)
βγάζω βόλτα ♦ vi (also **to take ~**)
κάνω γυμναστική

exert [ɪgˈzəːt] vt ασκώ ∙ **to ~ o.s.**
πιέζω τον εαυτό μου ∙ **~ion** n κόπος
m

exhaust [ɪgˈzɔːst] n (AUT: also **~ pipe**)
εξάτμιση f ∙ (: fumes) καυσαέρια ntpl
♦ vt εξαντλώ ∙ **~ed** adj
εξαντλημένος ∙ **~ion** n εξάντληση f

exhibit [ɪgˈzɪbɪt] n (ART) έκθεμα nt ∙
(JUR) πειστήριο nt ♦ vt (quality,
ability) παρουσιάζω ∙ (paintings)
εκθέτω ∙ **~ion** n (of paintings etc)
έκθεση f ∙ (of temper, talent etc)
επίδειξη f

exhilarating [ɪgˈzɪləreɪtɪŋ] adj
ευχάριστος

exile [ˈeksaɪl] n (condition, state)
εξορία f ♦ vt εξορίζω

exist [ɪgˈzɪst] vi (= be present)
υπάρχω ∙ (= live) ζω ∙ **~ence** n
(= reality) ύπαρξη f ∙ (= life) ζωή f ∙
to be in ~ence υπάρχω ∙ **~ing** adj
υπαρκτός

exit [ˈeksɪt] n (from room, building)
έξοδος f ∙ (= departure) αναχώρηση f
♦ vi (THEAT) βγαίνω από τη σκηνή ∙
(COMPUT) "~" έξοδος ∙ **to ~ from**
βγαίνω από

exotic [ɪgˈzɔtɪk] adj εξωτικός

expand [ɪksˈpænd] vt (business, staff
etc) αυξάνω ∙ (area) διευρύνω ♦ vi
(population, business etc) αυξάνομαι ∙
(gas, metal) διαστέλλομαι

expansion n (of business, economy)
ανάπτυξη f ∙ (of population) αύξηση
f ∙ (of gas, metal) διαστολή f

expect [ɪksˈpekt] vt περιμένω ∙
(= require) θέλω ∙ (= suppose)
υποθέτω ♦ vi **to be ~ing** είμαι
έγκυος σε ή ενδιαφέρουσα ∙
~ation n (= hope) προσδοκία f ∙
(= belief) ελπίδα f

expedition [ekspəˈdɪʃən] n αποστολή f

expel [ɪksˈpel] vt αποβάλλω

expenditure [ɪksˈpendɪtʃə] n (of
money) δαπάνες fpl ∙ (of energy, time)
δαπάνη f

expense [ɪksˈpens] n (= cost) κόστος
nt ∙ (= expenditure) έξοδα ntpl ∙ **at**
the ~ of σε βάρος +gen ∙
expenses npl έξοδα ntpl

expensive adj (article, tastes)
ακριβός ∙ (mistake) που κοστίζει

experience [ɪksˈpɪərɪəns] n εμπειρία
f ∙ (in job) πείρα f ∙ (of situation,
problem) αντιμετώπιση ∙ (feeling)
δοκιμάζω ∙ **~d** adj (in job) έμπειρος

experiment [ɪksˈperɪmənt] n πείραμα
nt ♦ vi **to ~ (with/on)**
πειραματίζομαι (με/πάνω σε) ∙ **~al**
adj πειραματικός

expert [ˈekspəːt] adj (opinion, help)
ειδικού ∙ (driver) έμπειρος ♦ n
ειδικός mf ∙ **~ise** n έμπειρη γνώση f

expire [ɪksˈpaɪə] vi (passport, licence
etc) λήγω

explain [ɪksˈpleɪn] vt εξηγώ ∙
explanation n (= reason) εξήγηση
f ∙ (= description) περιγραφή f

explicit [ɪksˈplɪsɪt] adj (support,

explode [ɪks'pləud] vi (*bomb*) εκρήγνυμαι· (*population*) αυξάνομαι ραγδαία· (*person: with rage etc*) ξεσπάω ♦ vt (*bomb*) σκάω

exploit n ['eksplɔɪt] vb [ɪks'plɔɪt] n κατόρθωμα nt ♦ vt εκμεταλλεύομαι· **~ation** nf εκμετάλλευση f

explore [ɪks'plɔ:r] vt (*place, space*) εξερευνώ· (*idea, suggestion*) εξετάζω· **~r** n εξερευνητής/τρια m/f

explosion [ɪks'pləuʒən] n (*of bomb*) έκρηξη f· (= *increase*) ραγδαία αύξηση f· (= *outburst*) ξέσπασμα nt

explosive adj εκρηκτικός ♦ n εκρηκτικό nt

export vb [eks'pɔ:t] n ['eksɔ:t] vt εξάγω ♦ n, cpd (*process*) εξαγωγή f· (*product*) εξαγόμενο προϊόν nt ♦ cpd (*duty, permit*) εξαγωγής· **~er** n εξαγωγέας m

expose [ɪks'pəuz] vt (= *reveal: object*) αποκαλύπτω· (= *unmask: person*) ξεσκεπάζω· **~d** adj εκτεθειμένος·

exposure n (*to heat, cold*) έκθεση f· (= *publicity*) προβολή f· (*PHOT*) ταχύτητα f· **suffering from ~** (*MED*) πάσχω από κρυοπληξία

express [ɪks'pres] n (*train*) ταχεία f· (*bus, coach*) εξπρές nt inv ♦ adj (*send*) επειγόντως ♦ vt εκφράζω· **~ion** n (= *word, phrase*) έκφραση f· (*of idea, emotion*) εκδήλωση f· (*on face*) έκφραση f

exquisite [ɪks'kwɪzɪt] adj εξαιρετικός

extend [ɪks'tend] vt (*visit*) παρατείνω· (*street, building*) επεκτείνω· (*offer, invitation*) διατυπώνω· (*arm, hand*) απλώνω ♦ vi (*deadline*) παρατείνω· (*land, road*) εκτείνομαι· (*period*) διαρκώ

extension n [ɪks'tenʃən] (*of building*) προσθήκη f· (*of time*) παράταση f· (*ELEC*) προέκταση f· (*TEL: in office*) εσωτερική γραμμή f

extensive [ɪks'tensɪv] adj

permission) φανερός

 εκτεταμένος· (*inquiries*) εξονυχιστικός

extent [ɪks'tent] n έκταση f· (*of problem etc*) μέγεθος nt· **to some** *or* **a certain ~** μέχρι ενός σημείου

exterior [eks'tɪərɪər] adj εξωτερικός ♦ n εξωτερικό ntf

external [eks'tə:nl] adj εξωτερικός

extinct [ɪks'tɪŋkt] adj που έχει εξαφανισθεί· **~ion** n εξαφάνιση f

extra ['ekstrə] adj (*thing, amount*) παραπάνω· (*person*) έκτακτος ♦ adv επιπλέον· (= *luxury*) πολυτέλεια f· (*CINE, THEAT*) κομπάρσος mf

extract vb [ɪks'trækt] n ['ekstrækt] vt (*object, tooth*) βγάζω· (*mineral*) εξορύσσω· (*money, promise*) αποσπώ ♦ n (*of novel, recording*) απόσπασμα nt· (= *malt extract, vanilla extract etc*) απόσταγμα nt

extradite ['ekstrədaɪt] vt (*from country*) απελαύνω· (*to country*) εκδίδω

extraordinary [ɪks'trɔ:dnrɪ] adj καταπληκτικός

extravagance [ɪks'trævəgəns] n (*no pl: = spending*) σπατάλη f· (= *example of spending*) τρέλα f

extravagant [ɪks'trævəgənt] adj (*person*) σπάταλος· (*tastes*) ακριβός· (*praise, ideas*) εξωφρενικός

extreme [ɪks'tri:m] adj (*cold, poverty etc*) εξαιρετικός· (*opinions, methods etc*) ακραίος· (*point, edge*) άκρο n (*of behaviour*) ακρότητα f· **~ly** adv υπερβολικά· **extremist** n εξτρεμιστής/τρια m/f ♦ adj εξτρεμιστικός

extrovert ['ekstrəvə:t] n εξωστρεφής mf

eye [aɪ] n (*ANAT*) μάτι nt· (*of needle*) τρύπα f ♦ vt κοιτάζω εξεταστικά· **to keep an ~ on** προσέχω· **~ball** n βολβός m του ματιού· **~brow** n φρύδι nt· **~lid** n βλέφαρο nt· **~sight** n όραση f

F f

F, f [ɛf] n το έκτο γράμμα του αγγλικού αλφαβήτου

fabric ['fæbrɪk] n ύφασμα nt • (of society) ιστός m • (of building) οικοδόμημα nt

fabulous ['fæbjuləs] adj (person, looks) υπέροχος • (= mythical) μυθικός

face [feɪs] n (ANAT) πρόσωπο nt • (= expression) έκφραση f • (of clock) πλάκα f • (of mountain, cliff) πλευρά f • (fig: of organization, city etc) όψη f ◆ vt (direction, object) κοιτάζω (προς) • (facts, unpleasant situation) αντιμετωπίζω • (building etc: direction, object) βλέπω σε • ~ **down/up** (person) μπρούμυτα/ανάσκελα • (card) κλειστά/ανοιχτά • **to lose** ~ ρεζιλεύομαι • **to save** ~ σώζω τα προσχήματα • **to make** or **pull a** ~ κάνω γκριμάτσα • **in the** ~ **of** παρά +acc • **on the** ~ **of it** εκ πρώτης όψεως • **to** ~ (with person) πρόσωπο με πρόσωπο • (with problem) αντιμετωπίζω • **to** ~ **the fact that ...** παραδέχομαι το γεγονός ότι ... • ~ **up to** vt fus (problems, obstacles) αντιμετωπίζω • (obligations, duties) αναλαμβάνω

facial ['feɪʃl] adj προσώπου ◆ n περιποίηση f προσώπου

facilitate [fə'sɪlɪteɪt] vt διευκολύνω

facility [fə'sɪlɪtɪ] n (= service) υπηρεσία f • (TECH) μηχανισμός m

fact [fækt] n (= piece of information) στοιχείο nt • (= truth) πραγματικότητα f • **in** ~ στην πραγματικότητα, στην πραγματικότητα • (when qualifying statement) για την ακρίβεια

faction ['fækʃən] n (also REL, POL) φατρία f

factor ['fæktə] n παράγοντας m •

(MATH) συντελεστής m

factory ['fæktərɪ] n εργοστάσιο nt

factual ['fæktjuəl] adj τεκμηριωμένος

faculty ['fækltɪ] n ικανότητα f • (of university) σχολή f • (US: = teaching staff) διδακτικό προσωπικό nt

fad [fæd] n τρέλα f

fade [feɪd] vi (colour, wallpaper) ξεθωριάζω • (light) χάνομαι • (sound) χαμηλώνω • (one's memory) εξασθενώ • (hopes, smile) σβήνω • (interest, enthusiasm) εξεθυμαίνω

fag [fæg] n (BRIT: inf) τσιγάρο nt

fail [feɪl] vt (exam) αποτυγχάνω σε • (candidate) απορρίπτω • (leader) απογοητεύω • (courage, memory) εγκαταλείπω ◆ vi (candidate, attempt etc) αποτυγχάνω • (brakes) χαλάω • (eyesight, health) εξασθενώ • (light) εξασθενώ • **to** ~ **to do sth** (= not succeed) δεν κατορθώνω να κάνω κτ • (= neglect) παραλείπω να κάνω κτ • **without** ~ το δίχως άλλο • ~**ing** n ελάττωμα nt ◆ prep ελλείψει +gen • ~**ing that** ελλείψει αυτού • ~**ure** n αποτυχία f • (mechanical etc) βλάβη f • (of crops) κακή σοδειά f

faint [feɪnt] adj (sound, smell) ελαφρός • (hope, smile: mark) αμυδρός ◆ n λιποθυμία f ◆ vi λιποθυμώ • **to feel** ~ μου έρχεται λιποθυμία • ~**ly** adv (= slightly) ελαφρώς • (= weakly) αμυδρά

fair [feə] adj (person, decision) δίκαιος • (= quite large) ικανός • (= quite good) αρκετά καλός • (skin, complexion) ανοιχτός • (hair) ξανθός • (weather) καλός ◆ adv to play ~ συμπεριφέρομαι σωστά • a (also **trade** ~) έκθεση f • (BRIT: also **fun**~) λουναπάρκ nt inv • **it's not** ~ δεν είναι άδικο! • ~**ly** adv (= justly) δίκαια • (= quite) αρκετά

fairy ['feərɪ] n νεράιδα f • ~ **tale** n παραμύθι nt

faith [feɪθ] n (= trust) εμπιστοσύνη f • (= specific religion) δόγμα nt •

(= *religious belief*) πίστη *f* ⋅ **to have ~ in sb/sth** έχω εμπιστοσύνη σε κν/κτ ⋅ **~ful** *adj* (*service, supporter*) αφοσιωμένος ⋅ (*spouse: account, record*) πιστός ⋅ **~fully** *adv* (= *loyally*) με αφοσίωση ⋅ (= *accurately*) πιστά ⋅ **Yours ~fully** Μετά τιμής

fake [feɪk] *n* (*painting, antique etc*) απομίμηση *f* ⋅ (*person*) απατεώνας/ισσα *m/f* ♦ *adj* (*gem, antique*) ψεύτικος ⋅ (*passport*) πλαστός ♦ *vt* (*painting, documents etc*) πλαστογραφώ ⋅ (*illness, emotion*) προσποιούμαι

falcon ['fɔ:lkən] *n* γεράκι *nt*

fall [fɔ:l] (*pt* **fell**, *pp* **~en**) *n* πτώση *f* ⋅ (*of government*) ανατροπή *f* ⋅ (*act of falling*) πέσιμο *nt* ⋅ (*US*: = *autumn*) φθινόπωρο *nt* ♦ *vi* πέφτω ⋅ **to ~ in love (with sb/sth)** ερωτεύομαι (κν/κτ)

▸ **falls** *npl* (= *waterfall*) καταρράκτης *m* ⋅ **~ apart** *vi* διαλύομαι ⋅ (*inf: emotionally*) καταρρέω ⋅ **~ back on** *vt fus* καταφεύγω ⋅ **~ behind** *vi* μένω πίσω ⋅ (*fig*) καθυστερώ ⋅ **~ down** *vi* (*person*) πέφτω κάτω ⋅ (*building*) γκρεμίζομαι ⋅ **~ for** *vt fus* (*trick, story etc*) ξεγελιέμαι από ⋅ (*person*) ερωτεύομαι ⋅ **~ in** *vi* (*roof*) καταρρέω ⋅ (*MIL*) συντάσσομαι ⋅ **~ off** *vi* (*object*) πέφτω ⋅ **~ out** *vi* (*hair, teeth*) πέφτω ⋅ (*friends etc*) τσακώνομαι ⋅ **to ~ out with sb** μαλώνω με κν ⋅ **~ over** *vi* (*object*) πέφτω ⋅ (*person*) πέφτω ⋅ **~ through** *vi* (*plan*) αποτυγχάνω ⋅ **~en** *pp of* **fall** ⋅ **~out** *n* ραδιενεργός σκόνη *f*

false [fɔ:ls] *adj* (*statement, accusation*) ψευδής ⋅ (*impression*) λανθασμένος ⋅ (*person*) ψεύτικος

fame [feɪm] *n* φήμη *f*

familiar [fə'mɪlɪə] *adj* (*face, voice*) οικείος ⋅ (*behaviour, tone*) υπερβολικά οικείος ⋅ **to be ~ with** (*subject*) γνωρίζω

family ['fæmɪlɪ] *n* οικογένεια *f*

one–parent ~ μονογονεϊκή οικογένεια ⋅ **~ planning** *n* οικογενειακός προγραμματισμός *m* ⋅ **~ planning clinic** κλινική *f* οικογενειακού προγραμματισμού

famine ['fæmɪn] *n* λιμός *m*

famous ['feɪməs] *adj* (*person*) διάσημος ⋅ (*objects*) ονομαστός

fan [fæn] *n* (*of pop star*) θαυμαστής/τρια *m/f* ⋅ (*of team*) οπαδός *m/f* ⋅ (*of sports*) φίλαθλος *mf* ⋅ (*folding*) βεντάλια *f* ⋅ (: ELEC) ανεμιστήρας *m* ♦ *vt* κάνω αέρα

fanatic [fə'nætɪk] *n* φανατικός/ή *m/f* ⋅ (POL) εξτρεμιστής/τρια *m/f*

fan club *n* κλαμπ *nt inv* θαυμαστών

fancy ['fænsɪ] *n* (= *liking*) γούστο *nt* ⋅ (= *imagination*) φαντασία *f* ⋅ (= *fantasy*) όνειρο *nt* ♦ *adj* (*clothes, hat*) φανταχτερός ⋅ (*hotel*) πολυτελείας ♦ *vt* (= *feel like*) θέλω ⋅ (= *imagine*) φαντάζομαι ⋅ (*inf: person*) γουστάρω ⋅ **~ dress** *n* στολή *f* (για μεταμφίεση)

fantastic [fæn'tæstɪk] *adj* (= *enormous*) εξωφρενικός ⋅ (= *incredible*) παράδοξος ⋅ (= *wonderful*) καταπληκτικός

fantasy ['fæntəsɪ] *n* (= *sexual*) φαντασίωση *f* ⋅ (= *dream*) όνειρο *nt* ⋅ (= *unreality*) φανταστικό *nt*

far [fɑ:] *adj* **at the ~ side/end** στην άλλη πλευρά/άκρη ♦ *adv* (= *a long way*) μακριά ⋅ (= *much*) πάρα πολύ ⋅ **~ away/off** μακριά ⋅ **~ better** πολύ καλύτερα ⋅ **~ from** κάθε άλλο παρά ⋅ **by ~** με μεγάλη διαφορά ⋅ **is it ~ to London?** είναι μακριά το Λονδίνο; ⋅ **it's not ~ from here** δεν είναι μακριά από εδώ ⋅ **as ~ as I know** απ' όσο γνωρίζω ⋅ **as ~ as possible** όσο είναι δυνατόν ⋅ **from ~ and wide** από παντού ⋅ **~ from it** κάθε άλλο ⋅ **so ~** μέχρι τώρα ⋅ **how ~?** (*in distance*) πόσο μακριά; ⋅ **the ~ left/right** (POL) η άκρα Αριστερά/Δεξιά

farce [fɑ:s] *n* φάρσα *f*

fare [feəʳ] n (on aeroplanes: trains, buses) τιμή f εισιτηρίου · (in taxi) τιμή f της κούρσας · (for specific distances) ταρίφα f · (= food) φαΐ nt · **half/full** ~ μισό /ολόκληρο εισιτήριο

Far East n the ~ η Άπω Ανατολή

farewell [feəˈwel] excl αντίο ♦ n αποχαιρετισμός m ♦ cpd (party, gift etc) αποχαιρετιστήριος · **to bid sb** ~ αποχαιρετώ κν

farm [fɑːm] n αγρόκτημα nt ♦ vt καλλιεργώ · ~**er** n αγρότης/ισσα m/f · ~**house** n αγροικία f · ~**ing** n (crops) καλλιέργεια f · (animals) κτηνοτροφία f · **dairy** ~**ing** n γαλακτοκομία f · **sheep** ~**ing** n εκτροφή προβάτων

fart [fɑːt] (inf!) vi κλάνω (inf!) ♦ n πορδή f (inf!)

farther [ˈfɑːðəʳ] adv (in distance) μακρύτερα · (in degree) παραπέρα ♦ adj απέναντι

farthest [ˈfɑːðɪst] superl (in distance) πιο μακριά · (in time: back) πιο πίσω · (: forward) πιο μπροστά · (in degree) το μέγιστο

fascinating [ˈfæsɪneɪtɪŋ] adj συναρπαστικός

fascination [fæsɪˈneɪʃən] n γοητεία f

fascist [ˈfæʃɪst] adj φασιστικός ♦ n φασίστας/ρια m/f

fashion [ˈfæʃən] n μόδα f · (clothes) μοντέλα nt pl · (= manner) τρόπος m ♦ vt κατασκευάζω · **in** ~ (clothes) στη μόδα · **to be out of** ~ δεν είμαι πια της μόδας · (clothes) είμαι ντεμοντέ · ~**able** adj της μόδας

fast [fɑːst] adj (runner, car) γρήγορος · (dye, colour) ανεξίτηλος ♦ adv (run, act) γρήγορα · (stuck, held) γερά ♦ n νηστεία f ♦ vi νηστεύω · **my watch is 5 minutes** ~ το ρολόι μου πάει 5 λεπτά μπροστά · **to be** ~ **asleep** κοιμάμαι βαθιά · **as** ~ **as I can** όσο πιο γρήγορα μπορώ · ~ **food** n φαγητό nt από φαστφουντάδικο

fat [fæt] adj (person, animal) παχύς · (book, wallet) χοντρός · (profit) μεγάλος ♦ n λίπος nt

fatal [ˈfeɪtl] adj μοιραίος · ~**ity** n θύμα nt · ~**ly** adv θανάσιμα

fate [feɪt] n τύχη f · **to meet one's** ~ βρίσκω τον θάνατο

father [ˈfɑːðəʳ] n πατέρας m · (REL) πατήρ m · **F**~ **John** ο πατήρ Τζων · **F**~ **Yannis** (for an orthodox priest) ο παπα-Γιάννης · ~**-in-law** n πεθερός m

fatigue [fəˈtiːɡ] n κούραση f
▸ **fatigues** npl (MIL) στολή f αγγαρείας

fatty [ˈfætɪ] adj (food) λιπαρός ♦ n (inf) χοντρούλης/α m/f

faucet [ˈfɔːsɪt] (US) n βρύση f

fault [fɔːlt] n λάθος nt · (= defect) ελάττωμα nt · (GEO) ρήγμα nt · (TENNIS) φωλτ nt inv · **it's my** ~ εγώ φταίω · ~**y** adj ελαττωματικός

fauna [ˈfɔːnə] n πανίδα f

favour [ˈfeɪvəʳ] (US **favor**) n (= approval) εύνοια f · (= act of kindness) χάρη f ♦ vt (solution) προτιμώ, μεροληπτώ υπέρ +gen · (= be advantageous to) ευνοώ · **to ask a** ~ **of sb** ζητάω μια χάρη από κν · **to do sb a** ~ κάνω μια χάρη σε κν · **to be in** ~ **of sth** είμαι υπέρ +gen · **favo(u)rable** adj ευνοϊκός · **favo(u)rite** adj αγαπημένος ♦ n (of teacher, parent) ευνοούμενος/η m/f · (in race) φαβορί nt inv

fax [fæks] n φαξ nt inv ♦ vt στέλνω με φαξ

FBI (US) n abbr (= Federal Bureau of Investigation) FBI nt inv, Ομοσπονδιακή Αστυνομία

fear [fɪəʳ] n φόβος m ♦ vt φοβάμαι ♦ vi **to** ~ **for** φοβάμαι για το ~ **that** φοβάμαι ότι · ~ **of heights** φόβος για το ύψος · **for** ~ **of doing** (από φόβο) μην · ~**ful** adj (person) φοβισμένος · **to be** ~**ful of sth/ doing sth** φοβάμαι κτ/να κάνω κτ·

~less adj ατρόμητος

feasible ['fi:zəbl] adj εφικτός

feast [fi:st] n φαγοπότι nt · (with dancing etc) πανηγύρι nt · (also ~ **day**) θρησκευτική γιορτή f ♦ vi γλεντώ

feat [fi:t] n άθλος m · (of skill) επίτευγμα nt

feather ['feðə'] n φτερό nt

feature ['fi:tʃə'] n χαρακτηριστικό στοιχείο nt · (of landscape) χαρακτηριστικό nt · (PRESS, TV) αφιέρωμα nt ♦ vt (film) δείχνω ♦ vi **to ~ in** (film) εμφανίζομαι

► **features** npl (of face) χαρακτηριστικά ntpl · ~ **film** n ταινία f μεγάλου μήκους

February ['februari] n Φεβρουάριος m · see also **July**

fed [fed] pt, pp of **feed**

federal ['fedərəl] adj ομοσπονδιακός

federation [fedə'reiʃən] n ομοσπονδία f

fed up adj **to be ~ (with)** έχω βαρεθεί or απαυδήσει (με)

fee [fi:] n πληρωμή f · (of doctor, lawyer) αμοιβή f · **school ~s** δίδακτρα ntpl

feeble ['fi:bl] adj αδύναμος · (light) αδύνατος

feed [fi:d] (pt, pp **fed**) n (of baby) γεύμα nt · (of animal) τροφή f · (on printer) τροφοδότηση f ♦ vt ταΐζω · (family) τρέφω · **to ~ sth into** (data, information) εισάγω κτ σε · **~ on** vt fus (lit, fig) τρέφομαι με · **~back** n (noise) μικροφωνισμός m · (from person) ανταπόκριση f

feel [fi:l] (pt **felt**) n αίσθηση f ♦ vt (touch) πιάνω · (= experience) αισθάνομαι · (= think, believe) αισθάνομαι · **to ~ (that)** νομίζω (πως, ότι) · **to ~ hungry/cold** πεινάω/κρυώνω · **to ~ lonely/well** αισθάνομαι μοναξιά/καλύτερα · **I don't ~ well** δεν αισθάνομαι καλά · **to ~ sorry for** λυπάμαι για · **it ~s**

soft είναι μαλακό · **to ~ like** (= want) έχω διάθεση, όρεξη για · **~ about** vi ψάχνω · **~ around** vi = **feel about** · **~ing** n (= emotion) αίσθημα nt · (= physical sensation) αίσθηση f · (= impression) γνώμη f · **I have a ~ing that ...** διαισθάνομαι ότι ... · **to hurt sb's ~ings** πληγώνω κν

feet [fi:t] npl of **foot**

fell [fel] pt of **fall** ♦ vt (tree) κόβω

fellow ['feləu] n (= man) άνθρωπος m · (= comrade) συνάνθρωπος m · (of learned society) μέλος nt · (of university) εταίρος mf (Πανεπιστημίου) · **their ~ students** οι συμφοιτητές or συμμαθητές τους · **~ship** n (= comradeship) αδελφοσύνη f · (= society) ένωση f · (SCOL) είδος πανεπιστημιακής υποτροφίας

felony ['feləni] n (JUR) κακούργημα nt

felt [felt] pt, pp of **feel** ♦ n τσόχα f · (for hats) πίλημα nt · **~-tip (pen)** n μαρκαδόρος m

female ['fi:meil] n (ZOOL) θηλυκό nt · (= woman) γυναίκα f ♦ adj γυναικείος · (BIO) θηλυκός · **male and ~ students** φοιτητές και φοιτήτριες

feminine ['feminin] adj γυναικείος · (LING) θηλυκός

feminist ['feminist] n φεμινιστής/τρια m/f

fence [fens] n (barrier) φράχτης m ♦ vt (also ~ **in**: land) φράζω ♦ vi (SPORT: fight) ξιφομαχώ · (: exercise) ξιφασκώ · **fencing** n (SPORT) ξιφασκία f

fend [fend] vi **to ~ for o.s.** συντηρούμαι or τα βγάζω πέρα μόνος μου · **~ off** vt αποκρούω · (questions, requests) αποκρούω

fender ['fendə'] n (of fireplace) σίτα f · (US: of car) φτερό nt

fennel ['fenl] n μάραθος m

fern [fə:n] n φτέρη f

ferocious [fəˈrəʊʃəs] *adj* άγριος
ferret [ˈferɪt] *n* κουνάβι *nt*
ferry [ˈferɪ] *n* (*small*) βάρκα *f* · (*also* ~**boat**) φερρυμπώτ *m* ♦ *vt* **to** ~ **sth/sb across** *or* **over** περνάω κτ/ κπν στην απέναντι όχθη
fertile [ˈfɜːtaɪl] *adj* (*land, soil*) εύφορος · (*imagination, mind*) γόνιμος · (*woman*) γόνιμος
fertilizer *n* (*for plants, land*) λίπασμα *nt* · (*= manure*) κοπριά *f*
festival [ˈfestɪvl] *n* (*REL*) εορτή *f* · (*ART, MUS*) φεστιβάλ *nt inv*
festive [ˈfestɪv] *adj* εορταστικός · **the** ~ **season** (*BRIT*) η περίοδος των γιορτών
fetch [fetʃ] *vt* (*= bring*) φέρνω · (*= sell for*) πιάνω
fetus [ˈfiːtəs] (*US*) *n* = **foetus**
feud [fjuːd] *n* (*= quarrel*) (*stronger*) βεντέτα *f* ♦ *vi* **to** ~ **with sb** διαφιλονικώ με κν · **a family** ~ μια οικογενειακή έχθρα
fever [ˈfiːvə] *n* (*MED: also fig*) πυρετός *m* · **he has a** ~ έχει πυρετό · ~**ish** *adj* (*person*) που έχει πυρετό
few [fjuː] *adj* λίγοι · **a** ~ *adj* μερικοί ♦ *pron* (*= not many*) λίγοι· · **a** ~ μερικοί/ές, ά · **a** ~ **more** ακόμα μερικοί · **a good** ~ ή **quite a** ~ αρκετοί · **in the next** ~ **days** τις αμέσως επόμενες μέρες · **in the past** ~ **days** τις τελευταίες μέρες · **every** ~ **days/months** κάθε λίγες μέρες/λίγους μήνες · ~**er** *adj* λιγότεροι · ~**est** *adj* οι λιγότεροι
fiancé [fɪˈɒnseɪ] *n* αρραβωνιαστικός *m*
fiancée [fɪˈɒnseɪ] *n* αρραβωνιαστικιά *f*
fiasco [fɪˈæskəu] *n* φιάσκο *nt*
fibre [ˈfaɪbə] (*US* **fiber**) *n* ίνα *f* · (*= roughage*) φυτικές ίνες *fpl*
fickle [ˈfɪkl] *adj* (*weather*) άστατος · (*person*) ασταθής
fiction [ˈfɪkʃən] *n* (*LIT*) λογοτεχνία *f* · (*= invention*) φαντασία *f* · (*= lie*) μύθος *m* · ~**al** *adj* φανταστικός

(*= fraud*) κομπίνα *f* ♦ *vt* (*BRIT: accounts*) μαγειρεύω · **tax** ~ φοροδιαφυγή · ~ **with** *vt fus* παίζω αφηρημένα με
fidelity [fɪˈdelɪtɪ] *n* (*= faithfulness*) πίστη *f*
field [fiːld] *n* χωράφι *nt* · (*SPORT*) γήπεδο *nt* · (*fig*) τομέας *m* · (*= range*) πεδίο *nt* · (*COMPUT*) πεδίο *nt* ♦ *cpd* επιτόπιος
fierce [fɪəs] *adj* (*animal, look*) άγριος · (*warrior, enemy*) σκληρός · (*loyalty*) τυφλός · (*wind, storm*) σφοδρός · (*heat*) έντονος
fifteen [fɪfˈtiːn] *num* δέκα πέντε · ~**th** *num* δέκατος πέμπτος
fifth [fɪfθ] *num* πέμπτος
fifty [ˈfɪftɪ] *num* πενήντα
fig [fɪg] *n* (*fruit*) σύκο *nt* · (*tree*) συκιά *f*
fight [faɪt] (*pt, pp* **fought**) *n* (*= battle*) μάχη *f* · (*= brawl*) συμπλοκή *f* · (*fig*) μάχη *f* ♦ *vt* (*BOXING*) αγώνας *m* ♦ *vt* (*person, enemy*) πολεμώ · (*alcoholism, prejudice*) καταπολεμώ · (*cancer*) παλεύω · (*election*) κατεβαίνω σε · (*urge, impulse*) καταπνίγω · (*BOXING*) πυγμαχώ με ♦ *vi* μάχομαι · **to** ~ **with sb** τσακώνομαι με κν · **to** ~ **for/against sth** πολεμώ για/ ενάντια σε κτ · ~ **back** *vi* αντιστέκομαι · ~ **off** *vt* (*attack, attacker*) αποκρούω · ~ **out** *vt* **to** ~ **it out** μάχομαι, πολεμώ μέχρι τέλους · ~**ing** *n* πάλη *f* · (*= battle*) μάχη *f* · (*= brawl*) καβγάς *m*
figure [ˈfɪgə] *n* (*DRAWING, GEOM*) σχήμα *nt* · (*= number*) νούμερο *nt* · (*= statistic*) (στατιστικό) στοιχείο *nt* · (*= shape*) σιλουέτα *f* ♦ *vt* (*esp US*) σκέφτομαι ♦ *vi* παρουσιάζομαι · ~ **public** ~ δημόσιο πρόσωπο · ~ **out** *vt* βρίσκω
file [faɪl] *n* φάκελος *m* · (*for loose leaf*) ντοσιέ *nt inv* · (*COMPUT*) αρχείο *nt* · (*tool*) λίμα *f* ♦ *vt* (*papers, document*) αρχειοθετώ · (*JUR*) καταθέτω · (*metal, fingernails*) λιμάρω · (*wood*) πλανίζω ♦ *vi* **to** ~ **in/out/past**

fill [fɪl] vt (container, space) γεμίζω ·
(tooth) σφραγίζω · (vacancy, gap)
καλύπτω ◆ vi (room, hall) γεμίζω ◆ n
to ~ sth with sth γεμίζω κτ με κτ ·
~ in vt (hole) κλείνω · (time) γεμίζω ·
(form) συμπληρώνω · (name, details)
γράφω · **~ out** vt (form)
συμπληρώνω · **~ up** vt (container,
space) πιάνω ◆ vi (room, stadium)
γεμίζω με

fillet ['fɪlɪt] n φιλέτο nt ◆ vt (meat)
λιανίζω · (fish) κόβω σε φιλέτα

filling ['fɪlɪŋ] n (for tooth) σφράγισμα
nt · (of cake) γέμιση f

film [fɪlm] n (CINE, TV) ταινία f · (PHOT)
φιλμ nt · (of dust, tears) λεπτό
στρώμα nt · (of scene) γυρίζω ·
(person) κινηματογραφώ ◆ vi
κινηματογραφώ · **~ star** n αστέρας
mf

filter ['fɪltə²] n φίλτρο nt ◆ vt
φιλτράρω

filth [fɪlθ] n βρομιά f · (= smut)
χυδαιότητα f · **~y** adj (object, person)
βρόμικος · (language, book) αισχρός

fin [fɪn] n πτερύγιο nt

final ['faɪnl] adj (= last) τελευταίος ·
(= ultimate) έσχατος · (= definitive)
τελικός ◆ n (SPORT) τελικός m
▸ **finals** npl (UNIV) πτυχιακές
(εξετάσεις) fpl

finale [fɪ'nɑːlɪ] n φινάλε nt inv

finalist ['faɪnəlɪst] n (SPORT) φιναλίστ
mf inv

finally ['faɪnəlɪ] adv (= eventually)
τελικά · (= lastly) τέλος ·
(= irrevocably) οριστικά

finance [faɪ'næns] n (= money,
backing) χρηματοδότηση f · (= money
management) διαχείριση f χρημάτων
◆ vt χρηματοδοτώ
▸ **finances** npl οικονομικά ntpl

financial [faɪ'nænʃəl] adj
οικονομικός · **~ year** n οικονομικό
έτος nt

find [faɪnd] (pt, pp found) vt βρίσκω ·

(COMPUT) αναζητηση f ◆ n
ανακάλυψη f · **to ~ sb guilty** (JUR)
κηρύσσω κν ένοχο · **to ~ sth easy/
difficult** βρίσκω κτ εύκολο/
δύσκολο · **~ out** vt ανακαλύπτω ◆ vi
to ~ out about sth (deliberately)
εξακριβώνω κτ · (by chance) μαθαίνω
κτ · **~ings** npl πόρισμα nt

fine [faɪn] adj (= excellent) έξοχος ·
(= thin) λεπτός · (= not coarse)
ψιλός · (= subtle) λεπτός · (weather)
καλός · (= satisfactory) εντάξει ◆ adv
(= well) καλά · (= thin) λεπτά ◆ n
πρόστιμο nt ◆ vt επιβάλλω πρόστιμο
σε · **(I'm) ~** (είμαι) καλά · **(that's)
~** καλά

finger ['fɪŋgə²] n δάχτυλο nt ◆ vt
πιάνω με το δάχτυλο · **little ~** μικρό
δάχτυλο · **index ~** δείκτης · **~print**
n δαχτυλικό αποτύπωμα nt ◆ vt
παίρνω δαχτυλικά αποτυπώματα
από · **~tip** n άκρη f (του δαχτύλου) ·
to have sth at one's ~tips έχω κτ
στο τσεπάκι μου

finish ['fɪnɪʃ] n τέλος nt · (of a race)
τερματισμός m · (= polish etc)
τελείωμα nt ◆ vt τελειώνω ◆ vi
τελειώνω · **to ~ doing sth** τελειώνω
(με) κτ · **~ off** vt αποτελειώνω ·
(dinner, wine) τελειώνω · **~ up** vi
καταλήγω · vt τελειώνω

Finland ['fɪnlənd] n Φινλανδία f

Finnish ['fɪnɪʃ] adj φινλανδικός ◆ n
(LING) φινλανδικά ntpl

fir [fəː²] n έλατο nt

fire ['faɪə²] n φωτιά f · (burning)
πυρκαγιά f ◆ vt (shot, arrow) ρίχνω ·
(= stimulate) εξάπτω · (inf: = dismiss)
απολύω · vi πυροβολώ · **to be on
~** πιάνω φωτιά · **to ~ a gun**
πυροβολώ · **to set ~ to sth, set sth
on ~** βάζω φωτιά σε κτ · **electric/
gas ~** ηλεκτρική σόμπα/σόμπα
γκαζιού · **to catch ~** πιάνω or
αρπάζω φωτιά · **to open ~** ανοίγω
πυρ · **~arm** n πυροβόλο όπλοnt ·
~ brigade n πυροσβεστική
(υπηρεσία) f · **~ department** (US) n

= **fire brigade** · ~ **engine** n πυροσβεστικό (όχημα) nt · ~ **exit** n έξοδος f κινδύνου · ~**man** (irreg) n πυροσβέστης m · ~**place** n τζάκι nt · ~ **truck** (US) n = **fire engine** · ~**wood** n καυσόξυλα nlpl · ~**works** npl πυροτεχνήματα ntpl

firm [fə:m] adj σταθερός · (mattress) σκληρός · (ground) στέρεος · (grasp, hold) γερός · (fig) στέρεος · (views) αμετακίνητος · (evidence, proof) ακλόνητος · (voice, offer) σταθερός ♦ n εταιρεία f · ~**ly** adv γερά · (believe) ακράδαντα · (say, tell) έντονα

first [fə:st] adj πρώτος ♦ adv (before anyone else) πρώτα · (when listing reasons etc) κατ'αρχήν · (for the first time) πρώτο · ♦ n (AUT) πρώτη f · (BRIT; SCOL) άριστα nt · (in race) πρώτος · **come** ~ έρχομαι πρώτος · **the** ~ **of January** 1η Ιανουαρίου · **at** ~ στην αρχή · ~ **of all** πρώτα απ' όλα · ~ **aid** n πρώτες βοήθειες fpl · ~**aid kit** n φαρμακείο nt (πρώτων βοηθειών) · ~**class** adj (worker, piece of work) · (carriage, ticket) πρώτης θέσης · (stamp) πρώτης κατηγορίας · (hotel) πρώτης κατηγορίας ♦ adv (travel, send) πρώτη θέση · ~**hand** adj πρώτο χέρι · ~ **lady** (US) n πρώτη κυρία f · ~**ly** adv πρώτα · ~ **name** n (μικρό) όνομα nt · ~ **rate** adj πρώτης τάξεως · **First World War** n πρώτος παγκόσμιος πόλεμος

fiscal ['fɪskl] adj (year) οικονομικός · (policies) δημοσιονομικός

fish [fɪʃ] n inv ψάρι nt ♦ vt ψαρεύω σε ♦ vi (commercially) αλιεύω · (as sport, hobby) ψαρεύω · **to go** ~**ing** πηγαίνω για ψάρεμα · ~**erman** (irreg) n ψαράς m · ~**ery** n αλιευτικ περιοχή f · ~**ing boat** n ψαρόβαρκα f · ~**y** (inf) adj ύποπτος

fist [fɪst] n γροθιά f

fit [fɪt] adj (MED, SPORT) σε φόρμα · (= suitable) κατάλληλος ♦ vt (person)

έρχομαι σε · (= attach) τοποθετώ ♦ vi (clothes, shoes etc) μπαίνω· (equipment) εφαρμόζω ♦ n (MED) κρίση f · **to** ~ **to** έτοιμος να · **for** κατάλληλος για · **to keep** ~ διατηρούμαι σε φόρμα · **in a** ~ **of rage** πάνω στον θυμό · **a** ~ **of giggles** υστερικά γέλια · **to have a** ~ παθαίνω κρίση · **this dress is a good/tight** ~ αυτό το φόρεμα έρχεται γάντι/είναι στενό · ~ **in** vi (lit) χωράω · (fig) κολλάω ♦ vt (fig) βολεύω · **to** ~ **in with** sb's **plans** ταιριάζω με τα σχέδια κου · **to** ~ **into** vt fus (hole, gap) μπαίνω · (suitcase, room) χωράω · ~**ness** n υγεία f · ~**ting** adj σωστός ♦ n (of dress) πρόβα

▶ **fittings** npl εξαρτήματα ntpl · (in building) εξοπλισμός m

five [faɪv] num πέντε · ~**r** (inf: BRIT) n πεντόλιρο nt

fix [fɪks] vt (date, meeting) ορίζω · (amount) καθορίζω · (leak, radio) φτιάχνω · (inf: game, election etc) στήνω ♦ n **to be in a** ~ (inf) έχω μπλεξίματα · **to** ~ sth **to/on** sth βάζω κτ σε κτ · ~ **up** vt κανονίζω · **to** ~ sb **up with** sth βρίσκω κτ για κν · ~**ed** adj σταθερός · (ideas) αμετακίνητος · (smile) μόνιμος · **of no** ~**ed abode** μη μόνιμη κατοικία · ~**ture** n μόνιμο εξάρτημα nt · (SPORT) αθλητική συνάντηση f

fizzy ['fɪzɪ] adj (drink) με ανθρακικό · (wine) αφρώδης

flag [flæg] n σημαία f · (also ~**stone**) πλάκα f (πεζοδρομίου) ♦ vi (person) εξασθενώ · (spirits) πέφτω

flair [fleə'] n αέρας m · **to have a** ~ **for** sth έχω ταλέντο για κτ

flak [flæk] n (MIL) αντιαεροπορικά πυρά ntpl · (inf) πυρά ntpl (της κριτικής)

flake [fleɪk] n (of rust, paint) φλούδα f · (of snow) νιφάδα f ♦ vi (also ~ **off**) ξεφλουδίζω

flamboyant [flæm'bɔɪənt] adj (dress,

style) φανταχτερός · (*person*)
υπερβολικός

flame [fleɪm] *n* φλόγα *f* · **to go up in/burst into ~s** αρπάζω φωτιά · **to be in ~s** έχω πιάσει φωτιά

flamingo [fləˈmɪŋgəu] *n* φλαμίνγκο *nt inv*

flank [flæŋk] *n* πλευρό *nt* ♦ *vt* **to be ~ed by sb/sth** περιτριγυρίζομαι από κν/κτ

flannel [ˈflænl] *n* (*fabric*) φανέλλα *f* · (*BRIT: also* **face ~**) γάντι *nt* για το πρόσωπο

flap [flæp] *n* (*of pocket*) πατιλέτα *f* · (*of envelope*) γλώσσα *f* · (*of table*) φύλλο *nt* ♦ *vt* (*wings*) χτυπάω ♦ *vi* (*sail, flag*) ανεμίζω

flare [fleəʳ] *n* φωτοβολίδα *f* · **~ up** *vi* (*fire, match*) φουντώνω · (*fighting, violence*) ξεσπάω

▸ **flares** *npl* παντελόνι *nt* καμπάνα

flash [flæʃ] *n* (*of light*) λάμψη *f* · (*PHOT*) φλας *nt inv* · (*US: = torch*) φακός *m* ♦ *adj* (*inf*) φανταχτερός ♦ *vt* (*light*) ανάβω · (*look, smile*) σκάω ♦ *vi* αστράφτω · **in a ~** αστραπιαία · **quick as a ~** (γρήγορα) σαν αστραπή · **~ of lightning** αστραπή *f* · **to ~ one's headlights** αναβοσβήνω τα φώτα · **~back** *n* φλας-μπάκ *nt inv* · **~light** *n* φακός *m*

flask [flɑːsk] *n* (*= bottle*) φλασκί *nt* · (*CHEM*) φιάλη *f* · (*also* **vacuum ~**) θερμός *nt*

flat [flæt] *adj* (*ground, surface*) επίπεδος · (*tyre*) σκασμένος · (*battery*) άδειος · (*beer*) ξεθυμασμένος · (*refusal, denial*) κατηγορηματικός · (*MUS: note*) με ύφεση · (*: voice*) μονότονος · (*rate, fee*) σταθερός *f* *n* (*BRIT: = apartment*) διαμέρισμα *nt* · (*AUT*) σκασμένο λάστιχο *nt* · (*MUS*) ύφεση *f* ♦ *adv* επίπεδα · **to work ~ out** ξεπατώνομαι στη δουλειά · **in 10 minutes ~** σε δέκα λεπτά ακριβώς · **~ten** *vt* (*= straighten*) ισιώνω ·

(*building, crop*) ισοπεδώνω

flatter [ˈflætəʳ] *vt* κολακεύω · **to be ~ed (that)** κολακεύομαι (που) · **~ing** *adj* κολακευτικός · (*dress, photograph etc*) που κολακεύει κάποιον

flaunt [flɔːnt] *vt* επιδεικνύω

flavour [ˈfleɪvəʳ] (*US* **flavor**) *n* γεύση *f* ♦ *vt* (*food, drink*) δίνω γεύση σε · (*with fruits, drink*) δίνω άρωμα σε · **strawberry~ed** με γεύση φράουλα

flaw [flɔː] *n* ελάττωμα *nt* · **~less** *adj* άψογος

flea [fliː] *n* ψύλλος *nt*

flee [fliː] (*pt, pp* **fled**) *vt* φεύγω από ♦ *vi* (*refugees*) φεύγω · (*escapees*) δραπετεύω

fleece [fliːs] *n* (*= sheep's wool*) μαλλί *nt* · (*= sheep's coat*) προβιά *f* · (*= coat*) ♦ *vt* (*inf*) μαδάω

fleet [fliːt] *n* στόλος *m*

fleeting [ˈfliːtɪŋ] *adj* (*glimpse*) φευγαλέος · (*visit*) περαστικός

Flemish [ˈflemɪʃ] *adj* φλαμανδικός ♦ *n* (*LING*) φλαμανδικά *ntpl*

flesh [fleʃ] *n* σάρκα *f* · (*of animals*) κρέας *nt* · (*= skin*) δέρμα *nt* · (*of fruit*) σάρκα *f* · **in the ~** με σάρκα και οστά

flew [fluː] *pt of* **fly**

flex [fleks] *n* (*= monoμελό*) καλώδιο *f* ♦ *vt* τεντώνω

flexibility [fleksɪˈbɪlɪtɪ] *n* ευλυγισία *f*

flexible [ˈfleksəbl] *adj* (*material*) εύκαμπτος · (*response, schedule*) ελαστικός · (*policy: person*) ευέλικτος

flick [flɪk] *n* (*of finger, hand*) τιναγματάκι *nt* · (*of towel, whip*) χτυπηματάκι *nt* · (*of switch*) γυρίζω · **~ through** *vt fus* ξεφυλλίζω

flicker [ˈflɪkəʳ] *vi* τρεμοπαίζω ♦ *n* (*of light*) αναλαμπή *nt* · (*of pain, fear*) τρεμούλιασμα *nt* · (*of smile, eyelids*) τρεμοπαίγμα *nt*

flight [flaɪt] *n* (*of birds, plane*) πέταγμα *nt* · (*AVIAT: journey*) πτήση *f* · (*= escape*) φυγή *f* · (*also* **~ of stairs**)

σκάλα *f* · **~ attendant** *n*
αεροσυνοδός *mf*

flimsy ['flɪmzɪ] *adj* (shoes, clothes)
λεπτός · (excuse, evidence) αδύναμος

flinch [flɪntʃ] *vi* τινάζομαι · **to ~ from**
sth/doing sth δειλιάζω μπροστά σε
κτ/να κάνω κτ

fling [flɪŋ] (*pt, pp* flung) *vt* (ball,
stone) πετάω · (one's arms, oneself)
ρίχνω ◆ *n* περιπέτεια *f*

flint [flɪnt] *n* (stone) πυρόλιθος *m* · (in
lighter) τσακμακόπετρα *f*

flip [flɪp] *vt* γυρίζω · (coin) στρίβω

flirt [flɜːt] *vi* φλερτάρω ◆ **to be a**
~ φλερτάρω πολύ

float [fləʊt] *n* (for swimming)
πλωτήρας *m* · (for fishing) φελλός *m*
(σε πετονιά ή δίχτυ) · (in carnival)
άρμα *nt* · (money) ψιλά *ntpl* ◆ *vi* (on
water) επιπλέω · (COMM: currency)
διακινούμαι ◆ *vt* (COMM: currency)
αποδεσμεύω · (: company) βάζω στο
χρηματιστήριο

flock [flɒk] *n* (of sheep) κοπάδι *nt* · (of
birds) σμήνος *nt* · (REL) ποίμνιο *nt* ·
to ~ to *vt fus* (place) μαζεύομαι σε ·
(event) συρρέω σε

flood [flʌd] *n* (of water) πλημμύρα *f* ·
(of letters, imports etc) καταιγισμός *m*
◆ *vt* (water: place) πλημμυρίζω · (AUT)
μπουκώνω ◆ *vi* πλημμυρίζω · **~ing** *n*
πλημμύρα *f*

floor [flɔː] *n* (of room) πάτωμα *nt* ·
(= storey) πάτωμα *nt* (inf) · (of sea)
βυθός *m* · (of valley) βάση *f* ◆ *vt*
(blow) ρίχνω κάτω · (question, remark)
ξαφνιάζω · **on the ~** στο πάτωμα ·
ground ~ (US **first floor**) ισόγειο ·
first ~ (US **second floor**) πρώτος
όροφος · **top ~** τελευταίος όροφος ·
~ing *n* υλικό *nt* δαπέδου

flop [flɒp] *n* (= fail) αποτυχία *f*
◆ *vi* (= fail) αποτυχαίνω παταγωδώς

floppy ['flɒpɪ] *adj* χαλαρός · **~ disk** *n*
(COMPUT) δισκέτα *f*

flora ['flɔːrə] *n* χλωρίδα *f*

floral ['flɔːrl] *adj* λουλουδάτος

florist ['flɒrɪst] *n* ανθοπώλης *mf*

flotation [fləʊ'teɪʃən] *n* (of shares)
έκδοση *f* · (of company) είσοδος *f*
στο χρηματιστήριο

flour ['flaʊə] *n* αλεύρι *nt*

flourish ['flʌrɪʃ] *vi* (business, economy)
ευημερώ · (plant) ανθίζω ◆ *n* **with a**
~ με μια επιδεικτική χειρονομία

flow [fləʊ] *n* (of river) ρεύμα *nt* · (of
blood, oil) ροή *f* · (ELEC) ρεύμα *nt* ·
(of data, information) ροή *f* ◆ *vi*
(blood, river) κυλάω · (ELEC) ρέω ·
(clothes, hair) πέφτω · **~ of traffic**
κίνηση (οχημάτων)

flower ['flaʊə] *n* λουλούδι *nt* ◆ *vi*
ανθίζω

flown [fləʊn] *pp* of **fly**

flu [fluː] *n* γρίππη *f*

fluctuate ['flʌktjʊeɪt] *vi* (price, rate)
κυμαίνομαι · (opinions, attitudes)
ταλαντεύομαι

fluent ['fluːənt] *adj* στρωτός · **he**
speaks ~ French, he's ~ in
French μιλάει γαλλικά με ευχέρεια

fluff [flʌf] *n* (on jacket, carpet) χνούδι
nt · (= fur) μαλλί *nt* ◆ *vt* (inf: exam,
lines) τα θαλασσώνω σε · **~y** *adj*
(lamb, kitten) μαλλιαρός · (sweater)
χνουδωτός · **~y toy** παιχνίδι από
γούνα

fluid ['fluːɪd] *adj* (movement)
αβίαστος · (situation, arrangement)
ρευστός ◆ *n* υγρό *nt*

fluke [fluːk] (inf) *n* τύχη *nt* · **by a**
~ κατά τύχη

flung [flʌŋ] *pt, pp* of **fling**

fluorescent [flʊə'resnt] *adj* (light)
φθορισμού · (dial, panel) που
φωσφορίζει

fluoride ['flʊəraɪd] *n* φλουοράιντ *nt*
inv

flurry ['flʌrɪ] *n* (of snow) στρόβιλος
m · **a ~ of activity** πυρετώδης
κίνηση · **a ~ of excitement**
ξέσπασμα ενθουσιασμού

flush [flʌʃ] *n* (on face) κοκκίνισμα *nt* ·
(CARDS) χρώμα *nt* ◆ *vt* ξεπλένω ◆ *vi*

κοκκινίζω · **to ~ the toilet** τραβάω το καζανάκι

flute [fluːt] n φλάουτο nt

flutter ['flʌtə*] n (of wings) φτερούγισμα nt ♦ vi (bird) φτερουγίζω · (heart) φτερουγίζω · (heart) κυματίζω ♦ vt φτεροκοπάω

fly [flaɪ] (pt **flew**, pp **flown**) n μύγα f · (on trousers: also **flies**) μαγαζιά ntpl (inf) ♦ vt (plane) πετάω (με) · (passengers, cargo) μεταφέρω αεροπορικώς · (distances) ταξιδεύω · (kite) πετάω ♦ vi πετάω · (passengers) ταξιδεύω με αεροπλάνο · (= dash) βιάζομαι · (flag) κυματίζω · **her glasses flew off** της έφυγαν τα γυαλιά · **she flew into a rage** έγινε έξω φρενών · **~ away** vi φεύγω · **~ off** vi = **fly away** · **~ing** n (activity) πιλοτάρισμα nt · (action) πτήση f ♦ adj a **flying visit** μια επίσκεψη στα πεταχτά · **to pass exams with ~ing colours** σκίζω στις εξετάσεις · **he doesn't like ~ing** δεν του αρέσει να ταξιδεύει με αεροπλάνο

FM abbr (RADIO) (= frequency modulation) FM ntpl inv

foal [fəʊl] n πουλάρι nt

foam [fəʊm] n αφρός m · (also **~ rubber**) αφρολέξ nt inv ♦ vi (soapy water) κάνω αφρό

focus ['fəʊkəs] (pl **-es**) n (= focal point) επίκεντρο f · (= activity) εστίαση f της προσοχής · (PHOT) εστίαση f ♦ vt (telescope etc) ρυθμίζω · (light, rays) εστιάζω · (one's eyes) συγκεντρώνω ♦ vi **to ~ (on)** (with camera) εστιάζω σε · (person) συγκεντρώνομαι σε · **in/out of ~** (for camera etc) εστιασμένο/μη εστιασμένος · (for pictures) ευκρινής/θαμπός

foetus ['fiːtəs] (US **fetus**) n έμβρυο nt

fog [fɒg] n ομίχλη f · **~gy** adj ομιχλώδης · **it's ~gy** έχει ομίχλη

foil [fɔɪl] vt ματαιώνω ♦ n (also **aluminium ~**) αλουμινόχαρτο nt ·

(FENCING) ξίφος nt

fold [fəʊld] n πτυχή f · (in paper) τσάκιση f · (of skin) δίπλα f · (for sheep) μαντρί nt · (fig) ποίμνη f ♦ vt (clothes, paper) διπλώνω · (one's arms) σταυρώνω ♦ vi πέφτω έξω · **~er** n ντοσιέ nt inv · **~ing** adj πτυσσόμενος

foliage ['fəʊlɪɪdʒ] n φύλλωμα nt

folk [fəʊk] npl άνθρωποι mpl · **old ~** γέροι · cpd λαϊκός · **~lore** n λαϊκή παράδοση f · **~ music** n παραδοσιακή μουσική f (Greek: rural) δημοτική μουσική f · (Greek: urban) λαϊκή μουσική f · (foreign) φολκ f inv

follow ['fɒləʊ] vt ακολουθώ (event, story) παρακολουθώ · (route, path) παίρνω · (with eyes) ακολουθώ με το βλέμμα ♦ vi (person) πηγαίνω από πίσω · (period of time) ακολουθώ · (result, benefit) προκύπτω · **I don't quite ~ you** δεν σας πολυκαταλαβαίνω · **as ~s** ως εξής · **to ~ suit** (fig) κάνω το ίδιο · **~ up** vt (letter, offer) δίνω συνέχεια σε · (idea, suggestion) διερευνώ · **~er** n οπαδός mf · **~ing** adj (day, week) επόμενος · (way, list etc) ακόλουθος ♦ n ακόλουθοι mpl

fond [fɒnd] adj (memory) τρυφερός · (smile, look) γλυκός · **to be ~ of sb** συμπαθώ κν

food [fuːd] n φαγητό nt · (foodstuffs) τροφή f · **~ poisoning** n τροφική δηλητηρίαση f · **~ processor** n μπλέντερ nt inv

fool [fuːl] n (= idiot) ανόητος/η m/f ♦ vt ξεγελάω · **to make a ~ of sb** γελοιοποιώ κν · (= trick) κοροϊδεύω κν · **to make a ~ of o.s.** γίνομαι ρεζίλι · **~ about** (pej) vi (= waste time) χαζολογάω · (= behave foolishly) σαχλαμαρίζω · **~ around** vi = **fool about** · **~ish** adj (= stupid) ανόητος · (= rash) άμυαλος · **~proof** adj αλάνθαστος

foot [fʊt] (pl **feet**) n (measure) πόδι m ·

(= 30, 4 εκ.) · (of person, animal) πόδι nt · (of bed) πόδι nt · (of cliff) πρόποδες mpl · (of page) κάτω μέρος nt · (of stairs) βάση f · **on** ~ με τα πόδια · **~age** σε σκηνές fpl · **~ and mouth (disease)** n αφθώδης πυρετός m · **~ball** n (= ball) μπάλα f ποδοσφαίρου · (sport: BRIT) ποδόσφαιρο nt · (: US) αμερικανικό ποδόσφαιρο nt · **~baller** (BRIT) n (also ~ball player) ποδοσφαιριστής (ίστρια) m/f · **~ball match** (BRIT) n ποδοσφαιρικός αγώνας m · **~hills** npl πρόποδες mpl · **~hold** n πιάσιμο nt · **~ing** n (fig) επίπεδο nt · **to lose one's ~ing** παραπατάω · **~note** n υποσημείωση f · **~path** n μονοπάτι nt · **~print** n πατημασιά f · **~wear** n υποδήματα ntpl

for [fɔːʳ] prep a (indicating destination, intention) για

(b) (indicating purpose) για · **what's it for?** για τι πράγμα είναι αυτό; · **give it to me – what for?** δωσ' μου το – γιατί;

(c) (= on behalf of, representing) the **MP for Hove** ο βουλευτής του Χοβ · **he works for the government/a local firm** δουλεύει για την κυβέρνηση/μια τοπική επιχείρηση · **I'll ask him for you** θα τον ρωτήσω εγώ για σένα · **G for George** όπως

(d) (= because of) για · **for fear of being criticized** από φόβο μήπως τον κατακρίνουν

(e) (= with regard to) για · **a gift for languages** ταλέντο στις γλώσσες

(f) (= in exchange for) για

(g) (= in favour of) υπέρ · **are you for or against us?** είστε μαζί μας ή εναντίον μας; · **I'm all for it** είμαι ολοκληρωτικά υπέρ · **vote for X** ψηφίστε τον Χ

(h) (referring to distance) για

(i) (referring to time) για · **he was**

away for 2 years έλειπε (για) δύο χρόνια · **she will be away for a month** θα λείψει (για) ένα μήνα · **it hasn't rained for 3 weeks** έχει να βρέξει τρεις εβδομάδες · **I have known her for years** την ξέρω χρόνια · **can you do it for tomorrow?** μπορείς να το κάνεις για αύριο;

(j) (with infinitive clause) **it is not for me to decide** δεν θα το αποφασίσω εγώ · **it would be best for you to leave** το καλύτερο θα ήταν να φύγετε · **there is still time for you to do it** έχεις ακόμα καιρό να το κάνεις · **for this to be possible ...** για να μπορεί να γίνει αυτό...

(k) (= in spite of) παρά · **for all he said he would write, in the end he didn't** παρόλο που είπε or παρότι είπε ότι θα έγραφε, τελικά δεν έγραψε ♦ conj (fml: = since, as) που

forbid [fəˈbɪd] (pt forbad(e), pp **~den**) vt απαγορεύω · **to ~ sb to do sth** απαγορεύω σε κν να κάνει κτ · **~den** pp of forbid ♦ adj απαγορευμένος · **it is ~den to smoke** απαγορεύεται να καπνίζετε or το κάπνισμα

force [fɔːs] n (= violence) βία f · (= strength) δύναμη f · (of earthquake, wind) ένταση f · (= power, influence) δύναμη f · (PHYS) δύναμη f ♦ vt (= drive) αναγκάζω · **to ~ sb to do sth** αναγκάζω or υποχρεώνω κν να κάνει κτ · **in ~** σύσσωμοι · **to come into ~** τίθεμαι σε ισχύ · **to do sth** ζορίζομαι για να κάνω κτ ▸ **the Forces** (BRIT) npl οι Ένοπλες Δυνάμεις fpl · **~d** adj (landing) αναγκαστικός · (smile) βεβιασμένος · **~ful** adj (person, attack) δυναμικός · (point) δυνατός

ford [fɔːd] n πέρασμα nt (ποταμού)

fore [fɔːʳ] n **to come to the ~** έρχομαι στο προσκήνιο · **~arm** n

πήχυς m (χεριού) · **~cast** (irreg) (pt, pp **~cast**) n (of profits, prices etc)
πρόβλεψη f · (of weather) πρόγνωση f
♦ vt προβλέπω · **~court** n προαύλιο
nt · **~finger** n δείκτης m (δάχτυλο) ·
~front n in the **~front** of στην
πρώτη γραμμή +gen · **~ground** n
πρώτο πλάνο nt · cpd (COMPUT) στο
προσκήνιο · **~head** n μέτωπο nt

foreign ['fɒrɪn] adj (country) ξένος ·
(holiday) στο εξωτερικό · (trade,
policy) εξωτερικός · **~ currency** n
συνάλλαγμα n · **~er** n αλλοδαπός/ή
m/f · **~ exchange** n συνάλλαγμα
nt · **Foreign Office** (BRIT) n
Υπουργείο nt Εξωτερικών · **Foreign
Secretary** (BRIT) n υπουργός mf
Εξωτερικών

foreman ['fɔːmən] (irreg) n (on
building site etc) αρχιεργάτης m · (in
factory) επιστάτης m · (of jury)
προϊστάμενος m των ενόρκων

foremost ['fɔːməust] adj πρώτος
♦ adv first and ~ πρώτα απ' όλα

forensic [fə'rensɪk] adj (medicine, test)
ιατροδικαστικός

foresee [fɔː'siː] (irreg) (pt foresaw,
pp **~n**) vt προβλέπω · **~able** adj
προβλέψιμος · in the **~able** future
στο άμεσο μέλλον

forest ['fɒrɪst] n δάσος nt · **~ry** n
δασοκομία f

forever [fə'rɛvəʳ] adv (= permanently)
οριστικά · (= always) για πάντα

foreword ['fɔːwəːd] n πρόλογος m

forfeit ['fɔːfɪt] n τίμημα nt ♦ vt (right,
chance etc) χάνω

forgave [fə'ɡeɪv] pt of **forgive**

forge [fɔːdʒ] n σιδηρουργείο nt ♦ vt
(signature, document etc)
πλαστογραφώ · (money)
παραχαράζω · ~ **ahead** vi
προπορεύομαι · **~ry** n (crime)
πλαστογραφία f · (= document etc)
πλαστογράφηση f

forget [fə'ɡet] (pt forgot, pp
forgotten) vt ξεχνάω · vi ξεχνάω ·

to ~ o.s. παραφέρομαι

forgive [fə'ɡɪv] (pt forgave, pp **~n**) vt
συγχωρώ · **to ~ sb for sth/for
doing sth** συγχωρώ κν για κτ/που
έκανε κτ

forgot [fə'ɡɒt] pt of **forget**

forgotten [fə'ɡɒtn] pp of **forget**

fork [fɔːk] n (for eating) πιρούνι nt ·
(for gardening) τιρούνα f · (in road,
river) διακλάδωση f ♦ vi
διακλαδίζομαι

forlorn [fə'lɔːn] adj (person, cry)
απελπισμένος · (place)
εγκαταλελειμμένος · (attempt, hope)
απεγνωσμένος

form [fɔːm] n (= type) μορφή f ·
(= shape) φιγούρα f · (SCOL: = class)
τάξη f · (= questionnaire) έντυπο nt
♦ vt (shape, queue) σχηματίζω ·
(organization, group) συγκροτώ ·
(government) σχηματίζω ·
(relationship) κάνω ♦ vi (shape,
queue) σχηματίζομαι · **to be on**
(SPORT) είμαι σε φόρμα · (fig) είμαι
στις καλές μου

formal ['fɔːməl] adj επίσημος ·
(person, behaviour) τυπικός ·
(qualifications) τυπικός · **~ity** n
(procedure) τυπική διαδικασία f ·
(politeness) τυπικότητα f
▸ **formalities** npl διατυπώσεις fpl

format ['fɔːmæt] n σχήμα nt ♦ vt
(COMPUT) φορμάρω

formation [fɔː'meɪʃən] n (of
organization, theory, ideas) ίδρυση f · (of
theory, ideas) διαμόρφωση f ·
(= pattern) σχηματισμός m · (of rocks,
clouds) σχηματισμός m

former ['fɔːməʳ] adj (husband,
president etc) τέως inv · (power,
authority) παλιός ♦ n the ~ ο
πρώτος · the **~ .... the ~** ο μεν
... ο δε · the **~ Yugoslavia/Soviet
Union** η πρώην Γιουγκοσλαβία/
Σοβιετική Ένωση · **~ly** adv άλλοτε

formidable ['fɔːmɪdəbl] adj
τρομακτικός

formula ['fɔːmjulə] (*pl* **-e** *or* **-s**) *n* (MATH, CHEM) τύπος *m* · (= plan) σχέδιο *nt* · **F~ One** (AUT) Φόρμουλα 'Ενα

fort [fɔːt] *n* (MIL) φρούριο *nt* · **to hold the ~** (*fig*) μένω στο πόδι κάποιου

forthcoming [fɔːθ'kʌmɪŋ] *adj* (event) προσεχής · (help, money) διαθέσιμος · (person) διαχυτικός

fortnight ['fɔːtnaɪt] (BRIT) *n* δεκαπενθήμερο *nt* · **~ly** *adj* δεκαπενθήμερος ◆ *adv* ανα δεκαπενθήμερο

fortress ['fɔːtrɪs] *n* φρούριο *nt*

fortunate ['fɔːtʃənɪt] *adj* (person) τυχερός · (event) ευτυχής · **it is ~ that ...** είναι ευτύχημα ότι ... · **~ly** *adv* ευτυχώς

fortune ['fɔːtʃən] *n* (= luck) τύχη *f* · (wealth) περιουσία *f* · **to make a ~** κάνω περιουσία · **to tell sb's ~** λέω τη μοίρα κου

forty ['fɔːtɪ] *num* σαράντα

forum ['fɔːrəm] *n* (for debate) πλατφόρμα *f*

forward ['fɔːwəd] *adj* (in position) μπροστά · (in movement) προς τα εμπρός · (in development) μπροστά · (= not shy) θρασύς ◆ *n* (SPORT) επιθετικός *m* ◆ *vt* (letter) διαβιβάζω · (parcel, goods) στέλνω · **"please ~"** "παρακαλώ διαβιβάστε" · **~(s)** *adv* μπροστά

fossil ['fɔsl] *n* απολίθωμα *nt*

foster ['fɔstə] *vt* (child) παίρνω για παιδί μου

fought [fɔːt] *pt, pp of* **fight**

foul [faul] *adj* (state, taste) αηδιαστικός · (place) σιχαμερός · (temper, day: weather) απαίσιος · (language) χυδαίος ◆ *n* (SPORT) φάουλ *nt inv* ◆ *vt* λερώνω · (SPORT) κάνω φάουλ σε · **~ play** (JUR) εγκληματική ενέργεια *f*

found [faund] *pt, pp of* **find** ◆ *vt* ιδρύω

foundation [faun'deɪʃən] *n* ίδρυση *f* ·

(= basis) βάσεις *fpl* · (fig) βάση *f* · (also **~ cream**) βάση *f* για μακιγιάζ · ▶ **foundations** *npl* (of building) θεμέλια *ntpl*

founder ['faundə] *n* ιδρυτής/τρια *m/f* ◆ *vi* βουλιάζω

fountain ['fauntɪn] *n* (lit) συντριβάνι *nt*

four [fɔː] *num* τέσσερα *nt* · **~ people/women** τέσσερεις *or* τέσσερις άνθρωποι/γυναίκες · **~ books** τέσσερα βιβλία · **on all ~s** με τα τέσσερα · **~-poster** *n* (also **~-poster bed**) κρεβάτι *nt* με τέσσερεις κολόνες

fourteen ['fɔː'tiːn] *num* δεκατέσσερα · **~th** *num* δέκατος τέταρτος

fourth [fɔːθ] *num* τέταρτος ◆ *n* (AUT: also **~ gear**) τετάρτη *f*

four-wheel drive [fɔːwiːl'draɪv] *n* (AUT) **with ~** με κίνηση στους τέσσερεις τροχούς

fowl [faul] *n* πουλί *nt* · (domestic) πουλερικό *nt*

fox [fɔks] *n* αλεπού *f* ◆ *vt* μπερδεύω

foyer ['fɔɪeɪ] *n* φουαγιέ *nt inv*

fraction ['frækʃən] *n* ένα τι *nt* · (MATH) κλάσμα *nt*

fracture ['fræktʃə] *n* (of bone) κάταγμα *nt* ◆ *vt* (bone) σπάζω

fragile ['frædʒaɪl] *adj* εύθραυστος · (person) αδύναμος

fragment *n* ['frægmənt] (of bone, cup etc) κομματάκι *nt* ◆ *vi* τεμαχίζομαι

fragrance ['freɪgrəns] *n* άρωμα *nt*

frail [freɪl] *adj* (person, invalid) φιλάσθενος · (structure) εύθραυστος

frame [freɪm] *n* (of building, car) σκελετός *m* · (of structure) πλαίσιο *nt* · (of spectacles: also **~s**) σκελετός *m* · (of picture) κορνίζα *f* · (of door, window) κάσα *f* ◆ *vt* (picture) κορνιζώνω · **they ~d him/her** (inf) του/της την έστησαν · **~work** *n* (also fig) πλαίσιο *nt*

France [frɑːns] *n* Γαλλία *f*

franchise ['fræntʃaɪz] n (POL) δικαίωμα nt ψήφου · (COMM) άδεια f διανομής

frank [fræŋk] adj ειλικρινής · **-ly** adv ειλικρινά

frantic ['fræntɪk] adj (= distraught) τρελός · (rush, pace) ξέφρενος · (search) μανιώδης

fraud [frɔːd] n (crime) απάτη f · (person) απατεώνας/ισσα m/f

fraught [frɔːt] adj (person) ταραγμένος · (evening, meeting) γεμάτος δυσκολίες · **to be ~ with danger/problems** είμαι γεμάτος κινδύνους/προβλήματα

fray [freɪ] vi (cloth, rope) ξεφτίζω

freak [friːk] n (in behaviour) περίεργο φαινόμενο nt · (in appearance) τέρας nt ◆ adj αλλόκοτος · **~ out** (inf) vi παθαίνω πλάκα

free [friː] adj ελεύθερος · (meal, ticket etc) δωρεάν ◆ vt (prisoner etc) ελευθερώνω · (jammed object) ξεκολλάω · (person) απαλλάσσω · **~ admission** = είσοδος δωρεάν · **~ (of charge), for ~** δωρεάν · **~dom** n ελευθερία f · **~dom from hunger/poverty/disease** απαλλαγή από την πείνα/φτώχεια/ασθένεια · **~ kick** n (SPORT) φάουλ nt inv · **~lance** adj (SPORT) free adj inv · **~lance work** ανεξάρτητη or εξωτερική συνεργασία · **~ly** adv (talk, move etc) ελεύθερα · (spend) χωρίς να υπολογίζω · **~-range** adj χωριάτικος · **~way** (US) n αυτοκινητόδρομος m · **~ will** n ελεύθερη βούληση f · **of one's own ~ will** με τη θέλησή μου

freeze [friːz] (pt **froze**, pp **frozen**) vi (liquid, pipe) παγώνω · (weather) ρίχνω πάγο · (person: also ~ up) ξεπαγιάζω · (: from fear) κοκκαλώνω ◆ vt (water, lake) παγώνω · (food) καταψύχω · (prices, salaries) παγώνω ◆ n (= cold weather) παγωνιά f · (on arms, wages) πάγωμα nt · **~ over** vi (river) παγώνω · (windscreen,

windows) πιάνω πάγο · **~r** n καταψύκτης m · (also **~r compartment**) ψύξη f

freezing ['friːzɪŋ] adj (also **~ cold**) παγωμένος · **3 degrees below ~** 3 βαθμούς υπό το μηδέν · **I'm ~** ξεπαγιάζω · **it's ~** κάνει παγωνιά · **this room is ~** αυτό το δωμάτιο είναι πάγος

freight [freɪt] n (goods) φορτίο nt · **by air/sea** ~ αεροπορικό φορτίο/ναύλος

French [frentʃ] adj γαλλικός ◆ n (LING) γαλλικά ntpl · **the** ~ οι Γάλλοι · **he/she is** ~ είναι Γάλλος/Γαλλίδα · **~ fries** (esp US) npl πατάτες fpl τηγανητές · **~man** (irreg) n Γάλλος m · **~woman** (irreg) n Γαλλίδα f

frenzy ['frenzɪ] n (of violence) παροξυσμός m · (of joy, excitement) παραλήρημα nt

frequency ['friːkwənsɪ] n συχνότητα f

frequent adj ['friːkwənt] vb [frɪ'kwent] adj συχνός ◆ vt συχνάζω · **~ly** adv συχνά

fresh [freʃ] adj φρέσκος · (paint) υγρός · (= new: approach, way) νέος · (water, air) καθαρός · (= cheeky) θρασύς · **~er** (BRIT: inf) n (SCOL) πρωτάκι nt · **~ly** adv φρεσκο- · **~man** (US) (irreg) n = **fresher** · **~water** adj (lake) με γλυκό νερό · (fish) του γλυκού νερού

fret [fret] vi ανησυχώ

friction ['frɪkʃən] n τριβή f · (= conflict) προστριβές fpl

Friday ['fraɪdɪ] (BRIT) n Παρασκευή f · see also **Tuesday**

fridge [frɪdʒ] (BRIT) n ψυγείο nt

fried [fraɪd] pt, pp of **fry** ◆ adj τηγανητός

friend [frend] n φίλος/η m/f · **to make ~s with sb** γινόμαστε φίλοι με κν · **~ly** adj φιλικός · n (SPORT) φιλικό nt · **to be ~ly with** είμαι φίλος με or +gen · **~ship** n φιλία f

frigate ['frɪgɪt] n (NAUT) φρεγάτα f

fright [fraɪt] n τρόμος m · **to get a**

~ τρομάζω · **to give sb a ~** δίνω σε κν μια τρομάρα · **~en** *vt* τρομάζω · **~ened** *adj* (= *afraid*) **to be ~ened to do sth** φοβάμαι να κάνω κτ · (= *anxious*) τρομαγμένος · **to be ~ened of sth/doing sth** φοβάμαι κτ/μήπως κάνω κτ · **~ening** *adj* (*experience*) τρομακτικός · (*prospect*) επίφοβος · **~ful** *adj* φοβερός

fringe [frɪndʒ] *n* (BRIT: *of hair*) φράτζα *f* · (*on shawl, lampshade etc*) κρόσσια *ntpl* · (*fig*) όριο *nt*

frivolous ['frɪvələs] *adj* (*conduct, person*) επιπόλαιος · (*object, activity*) ασήμαντος

fro [frəu] *adv* **to and ~** πέρα-δώθε

frock [frɔk] *n* ρούχο *nt*

frog [frɔg] *n* βατράχι *nt*

KEYWORD

from [frɔm] *prep* (a) (*place*) από · (b) (*origin*) από · **where do you come from?** από πού είστε; · (c) (*time*) από · (d) (*distance*) από · (e) (*price, number etc*) από · (f) (*difference*) από · **different from sb/sth** διαφορετικός από κν/κτ · (g) (= *because of, on the basis of*) από · **to do sth from conviction** κάνω κτ εκ πεποιθήσεως

---

front [frʌnt] *n* (*of dress, train*) μπροστινό μέρος *nt* · (*of house*) πρόσοψη *f* · (*also* **sea ~**) παραλία *f* · (MIL, METEO) μέτωπο *nt* · (*fig*: = *pretence*) βιτρίνα *f* ♦ *adj* μπροστινός · **~ cover** εξώφυλλο · **in ~ (of)** μπροστά (από) · **~ door** *n* (*of house*) εξώπορτα *f*

frontier ['frʌntɪə] *n* σύνορα *ntpl* · (*fig*) όριο *nt*

front page *n* πρώτη σελίδα *f*

frost [frɔst] *n* (*weather*) παγετός *m* · (*substance*) πάγος *m* · **~y** *adj* (*weather, night*) παγωμένος · (*welcome, look*) ψυχρός · (*grass,*

window) που έπιασε πάγο

froth [frɔθ] *n* αφρός *m*

frown [fraun] *n* κατσούφιασμα *nt* ♦ *vi* συνοφρυώνομαι

froze [frəuz] *pt of* **freeze**

frozen ['frəuzn] *pp of* **freeze** ♦ *adj* (*lake, fingers*) παγωμένος · (*food*) κατεψυγμένος · (COMM: *assets*) παγωμένος

fruit [fru:t] *n inv* (*particular*) φρούτο *nt* · (*collective*) φρούτα *ntpl* · (*also fig*) καρπός *m* · **~ juice** *n* χυμός *m* φρούτου

frustrate [frʌs'treɪt] *vt* (*person*) απογοητεύω · (*plan, attempt*) ματαιώνω · **~d** *adj* απογοητευμένος

fry [fraɪ] (*pt, pp* **fried**) *vt* τηγανίζω · **~ing pan** *n* τηγάνι *nt*

ft. *abbr* = **foot, feet**

fudge [fʌdʒ] *n* (CULIN) μαλακό γλυκό από ζάχαρη, βούτυρο και γάλα ♦ *vt* αποφεύγω

fuel ['fjuəl] *n* καύσιμα *ntpl* ♦ *vt* (*furnace*) τροφοδοτώ · (*aircraft, ship etc*) ανεφοδιάζω με καύσιμα · (*fig*) επιτείνω

fulfil [ful'fɪl] (*US* **fulfill**) *vt* (*function, role*) εκπληρώνω · (*condition*) πληρώ · (*promise*) τηρώ · (*order*) εκτελώ · (*wish, desire*) εκπληρώνω

full [ful] *adj* γεμάτος · (= *maximum: use*) απόλυτος · (*volume*) στο τέρμα · (*details, name*) πλήρης · (*price*) κανονικός · (*skirt*) φαρδύς · (*impact, implications*) όλος ♦ *adv* **to know ~ well that** ξέρω πολύ καλά ότι · **I'm ~ (up)** φούσκωσα · **in ~ view of sb** μπροστά στα μάτια +*gen* · **~ marks** άριστα · **drive at ~ speed** οδηγώ με ιλιγγιώδη ταχύτητα · **~ of** (*objects, people*) γεμάτος (με *or* από) · (*confidence, hope*) γεμάτος · **in ~** (*reproduce, quote*) κατά γράμμα · (*pay*) μέχρι την τελευταία δεκάρα · **~ board** *n* πλήρης διατροφή *f* · **~-length** *adj* (*film, novel etc*) μεγάλου μήκους · (*coat, portrait*) ολόσωμος · **~ moon** n πανσέληνος f · **~scale** adj (attack, war) ολομέτωπος · **~ stop** n τελεία f · **~time** adj πλήρους απασχόλησης ♦ adv με πλήρη απασχόληση · **~y** adv (understand) απόλυτα · (recover) πλήρως · (= in full) πλήρως

fun [fʌn] n διασκέδαση f · **to have ~** το διασκεδάζω · **for ~** για πλάκα · **it's not much ~** δεν είναι τόσο ευχάριστο · **to make ~ of** κοροϊδεύω

function ['fʌŋkʃən] n (= role) λειτουργία f · (= product) συνάρτηση f · (= social occasion) δεξίωση f ♦ vi λειτουργώ

fund [fʌnd] n (of money) κεφάλαιο nt · (source, store) παρακαταθήκη f ♦ vt χρηματοδοτώ
► **funds** npl κονδύλια ntpl

fundamental [fʌndə'mentl] adj βασικός · (change) ριζικός

funeral ['fju:nərəl] n κηδεία f

fungus ['fʌŋgəs] n (pl fungi) n μύκητας m · (= mould) μούχλα f

funnel ['fʌnl] n (for pouring) χωνί nt · (of ship) φουγάρο nt

funny ['fʌnɪ] adj (= amusing) αστείος · (= strange) παράξενος

fur [fə:ʳ] n γούνα f

furious ['fjuərɪəs] adj (person) εξοργισμένος · (row, argument) άγριος

furnish ['fə:nɪʃ] vt (room, building) επιπλώνω · **~ed flat** or (US) **apartment** επιπλωμένο διαμέρισμα · **~ings** npl επίπλωση f

furniture ['fə:nɪtʃəʳ] n έπιπλα ntpl · **piece of ~** έπιπλο

furry ['fə:rɪ] adj (tail, animal) μαλλιαρός · (toy) χνουδωτός

further ['fə:ðəʳ] adj (= additional) περισσότερος ♦ adv (= farther) πιο μακριά · (in degree) περαιτέρω · (= in addition) επιπλέον ♦ vt προωθώ · **until ~ notice** μέχρι νεωτέρας (διαταγής) · **how much**

~ is it? πόσο πιο μακριά είναι· **~ education** (BRIT) n επιμόρφωση f · **~more** adv επιπλέον

fury ['fjuərɪ] n οργή f · **in a ~** μανιασμένα

fuse [fju:z] (US **fuze**) n (ELEC) ασφάλεια f · (for bomb etc) φυτίλι nt · **a ~ has blown** κάηκε μια ασφάλεια

fusion ['fju:ʒən] n συγχώνευση f · (also **nuclear ~**) πυρηνική σύντηξη f

fuss [fʌs] n φασαρία f · vi στριφογυρίζω · **to make a ~ (about sth)** κάνω φασαρία (για κτ) · **to make a ~ of sb** το παρακάνω με κν · **~ over** vt fus (person) κάνω ολόκληρη φασαρία για · **~y** adj (person) λεπτολόγος · (clothes, curtains etc) παραφορτωμένα

future ['fju:tʃəʳ] adj μελλοντικός · (president, spouse) μέλλων · n μέλλον nt · (LING) μέλλοντας m · **in ~** στο μέλλον
► **futures** npl (COMM) προθεσμιακά συμβόλαια ntpl

fuze [fju:z] (US), n, vt, vi = **fuse**

fuzzy ['fʌzɪ] adj (photo, image) θολός · (thoughts, ideas) συγκεχυμένος

G g

G, g [dʒi:] n το έβδομο γράμμα του αγγλικού αλφαβήτου

g. abbr = **gram(me)** γρ.

gadget ['gædʒɪt] n μηχανάκι nt

Gaelic ['geɪlɪk] adj κελτικός ♦ n (LING) κελτικά ntpl

gag [gæg] n (on mouth) φίμωτρο nt · (= joke) καλαμπούρι nt · vt φιμώνω · vi έχω αναγούλα

gain [geɪn] n (= increase) αύξηση f · (= profit) όφελος nt ♦ vt (speed)

gala αυξάνω · (*weight*) παίρνω · (*confidence*) αποκτώ ♦ vi (= *benefit*) **to ~ from sth** επωφελούμαι από κτ

gala ['gɑːlə] n γκαλά nt inv · **swimming ~** επίδειξη κολύμβησης

galaxy ['gæləksi] n γαλαξίας m

gale [geil] n θυελλώδεις άνεμος m · **~ force 10** θυελλώδεις άνεμοι εντάσεως 10 μποφώρ

gall. *abbr* = **gallon**

gallery ['gælərɪ] n (*also* **art ~**: *public*) πινακοθήκη f · (*private*) γκαλερί f inv · (*in hall, theatre*) εξώστης m

gallon ['gælən] n (= *8 pints; BRIT* = *4.543l; US* = *3.785l*) γαλόνι nt

gallop ['gæləp] n καλπασμός m ♦ vi καλπάζω

Gambia ['gæmbɪə] n Γκάμπια f inv

gamble ['gæmbl] n (= *risk*) ρίσκο nt ♦ vt παίζω ♦ vi (= *take a risk*) ρισκάρω · (= *bet*) βάζω στοιχήματα · (*cards*) χαρτοπαίζω · **to ~ on sth** (= *horses, race*) ποντάρω σε κτ · (= *success, outcome etc*) παίζω σε κτ · **~r** n (= *punter*) παίχτης m · (*cards*) χαρτοπαίχτης m · **gambling** n τυχερά παιχνίδια ntpl

game [geɪm] n (= *activity, board game*) παιχνίδι nt · (= *match*) αγώνας m · (*TENNIS*) γκέιμ nt inv · (= *scheme*) παιχνίδιον nt · (*CULIN, HUNTING*) κυνήγι nt ♦ adj (= *willing*) **to be ~ for anything** είμαι έτοιμος για όλα · **a ~ of tennis/chess** μια παρτίδα τέννις/σκάκι · **a ~ of football** ένας αγώνας ποδοσφαίρου

► **games** npl (*SCOL*) αγώνες mpl · **~ show** n τηλεπαιχνίδι nt

gang [gæŋ] n (*of criminals, hooligans*) συμμορία f · (*of friends, colleagues*) παλιοπαρέα f · (*of workmen*) συνεργείο nt ► **~ up** vi **to ~ up on sb** συνωμοτώ εναντίον κου · **~ster** n γκάνγκστερ m inv

gap [gæp] n (= *space*) άνοιγμα nt · (: *in time*) κενό nt · (: *in market, records etc*) κενό nt · (= *difference*)

χάσμα nt

garage ['gærɑːʒ] n (*of private house*) γκαράζ nt inv · (*for car repairs*) συνεργείο nt · (= *petrol station*) βενζινάδικο nt

garbage ['gɑːbɪdʒ] n (*US*) σκουπίδια ntpl · (*inf*) αηδίες fpl · (*fig: film, book*) για τα σκουπίδια

garden ['gɑːdn] n κήπος m ♦ vi ασχολούμαι με τον κήπο

► **gardens** npl πάρκο nt · (*private*) κήπος m · **~ centre** n κατάστημα nt ειδών κηπευτικής · **~er** n (*employee*) κηπουρός m/f · **he's a keen ~er** ασχολείται πολύ με την κηπουρική · **~ing** n κηπουρική f

garlic ['gɑːlɪk] n σκόρδο nt

garment ['gɑːmənt] n ένδυμα nt

garnish ['gɑːnɪʃ] vt γαρνίρω

garrison ['gærɪsn] n φρουρά f

gas [gæs] n (*CHEM*) αέριο nt · (*fuel*) φωταέριο nt · (*US*: *gasoline*) βενζίνη f · (*MED*) αναισθητικό αέριο nt ♦ vt δολοφονώ με δηλητηριώδη αέρια · (*MIL*) ρίχνω ασφυξιογόνα αέρια

gasoline ['gæsəliːn] n (*US*) n βενζίνη f

gasp [gɑːsp] n (= *breath*) αγκομαχητό nt · (= *of shock, horror*) άναρθρη κραυγή f ♦ vi (= *pant*) λαχανιάζω · (*in surprise*) μου κόβεται η ανάσα

gas station (*US*) n βενζινάδικο nt

gate [geɪt] n (*of garden*) αυλόπορτα f · (*of field*) καγκελλόπορτα f · (*of building*) πύλη f · (*at airport*) έξοδος f · **~way** n πύλη f

gather ['gæðə] vt μαζεύω ♦ vi μαζεύομαι · **to ~ (from/that)** καταλαβαίνω (από/ότι) · **~ing** n συγκέντρωση f

gauge [geɪdʒ] n (*instrument*) μετρητής m · (*RAIL*) πλάτος nt γραμμής ♦ vt (*amount, quantity*) υπολογίζω · (*fig: feelings*) ζυγίζω · **petrol ~, fuel ~,** (*US*) **gas ~** δείκτης βενζίνης

gave [geɪv] pt of **give**

gay [geɪ] adj (= *homosexual*)

ομοφυλόφιλος • (old-fashioned: = cheerful) εύθυμος ♦ n ομοφυλόφιλος/ η m/f

gaze [geɪz] n βλέμμα nt (καρφωμένο) ♦ vi **to ~ at sth** κοιτάζω κτ (παρατεταμένα)

GB abbr = **Great Britain**

GCSE (BRIT) n abbr = **General Certificate of Secondary Education** ≈ Απολυτήριο Λυκείου

gear [gɪə] n (= equipment) εξοπλισμός m • (MIL) εξάρτυση f • (= belongings) πράγματα ntpl • (TECH) γρανάζι nt • (AUT) ταχύτητα f ♦ vt **to be ~ed to** προσανατολίζομαι σε • **top** or (US) **high/low/bottom ~** τετάρτη (ή πέμπτη)/δεύτερα/ πρώτη ταχύτητα • **leave the car in ~** αφήστε το αυτοκίνητο με ταχύτητα. **~box** n κιβώτιο nt ταχυτήτων

geese [giːs] npl of **goose**

gel [dʒel] n ζελέ nt • (liquid) πήζω • (fig) παίρνω (μια πιο ξεκάθαρη) μορφή

gem [dʒem] n πολύτιμος λίθος m • (fig: person) διαμάντι nt • (: idea) θαύμα m

Gemini [ˈdʒeminaɪ] n Δίδυμοι mpl

gender [ˈdʒendə] n φύλο nt • (LING) γένος nt

gene [dʒiːn] n γονίδιο nt

general [ˈdʒenərl] n (MIL) στρατηγός m ♦ adj γενικός • **in ~** γενικά • **the ~ public** το ευρύ κοινό • **~ election** n γενικές εκλογές fpl • **~ knowledge** n • **~ly** adv γενικά

generate [ˈdʒenəreɪt] vt (power, energy) παράγω • (jobs, profits) δημιουργώ • **generation** n γενιά f • (of electricity etc) παραγωγή f • **generator** n γεννήτρια f

generosity [dʒenəˈrɔsɪtɪ] n γενναιοδωρία f

generous [ˈdʒenərəs] adj (person) γενναιόδωρος • (measure) γερός

genetic [dʒɪˈnetɪk] adj γενετικός •

~ally modified adj γενετικά τροποποιημένος • **~s** n Γενετική f

genitals [ˈdʒenɪtlz] npl γεννητικά όργανα ntpl

genius [ˈdʒiːnɪəs] n (= skill) εξαιρετική ικανότητα f • (person) ιδιοφυΐα f

gent [dʒent] (BRIT: inf) n abbr = **gentleman** • **the ~s** ανδρών

gentle [ˈdʒentl] adj (person) πράος • (animal) ήμερος • (movement, shake) απαλός • (breeze) ελαφρύς

gentleman [ˈdʒentlmən] (irreg) n (= man) κύριος m • (= well-mannered man) τζέντλεμαν m inv

gently [ˈdʒentlɪ] adv μαλακά • (slope) ελαφρά

genuine [ˈdʒenjuɪn] adj (= real) γνήσιος • (person) ειλικρινής • **~ly** adv γνήσια

geographic(al) [dʒɪəˈgræfɪk(l)] adj γεωγραφικός

geography [dʒɪˈɔgrəfɪ] n (of town, country etc) γεωγραφία f • (SCOL) Γεωγραφία f

geology [dʒɪˈɔlədʒɪ] n (of area, rock etc) μορφολογία f • (SCOL) Γεωλογία f

geometry [dʒɪˈɔmɪtrɪ] (MATH) n Γεωμετρία f

Georgia [ˈdʒɔːdʒə] n Γεωργία f

geranium [dʒɪˈreɪnɪəm] n γεράνι nt

geriatric [dʒerɪˈætrɪk] adj γηριατρικός ♦ n υπερήλικας m

germ [dʒəːm] n μικρόβιο nt • (fig) **the ~ of an idea** ο σπόρος μιας ιδέας

German [ˈdʒəːmən] adj γερμανικός ♦ n (person) Γερμανός/ίδα m/f • (LING) γερμανικά nt

Germany [ˈdʒəːmənɪ] n Γερμανία f

gesture [ˈdʒestʃə] n χειρονομία f • **as a ~ of friendship** σαν φιλική χειρονομία

get [get] (pt, pp **got**) (US) (pp **gotten**) vi (a) (= become, be) **to get old/tired/ cold** γερνάω/κουράζομαι/κρυώνω •

to get annoyed/bored
εκνευρίζομαι/βαριέμαι · **to get drunk** μεθάω · **to get dirty** λερώνομαι · **to get killed/married** σκοτώνομαι/παντρεύομαι · **when do I get paid?** πότε πληρώνομαι; · **it's getting late** είναι αργά

(b) (= *go*) **to get to/from** πηγαίνω σε/έρχομαι από · **to get home** πάω σπίτι · **how did you get here?** πώς ήρθες;

(c) (= *begin*) αρχίζω να · **to get to know sb** γνωρίζω κν · **let's get going** *or* **started** να ξεκινήσουμε ◆ **modal aux vb** **you've got to do it** πρέπει να το κάνεις · **I've got to tell the police** πρέπει να το πω στην αστυνομία

◆ **vt (a) to get sth done** (*do oneself*) κάνω κτ · **to get the washing/dishes done** βάζω μπουγάδα/πλένω τα πιάτα · **to get one's hair cut** κόβω τα μαλλιά μου · **to get the car going** *or* **to go** βάζω μπρος το αυτοκίνητο · **to get sb to do sth** κάνω *or* βάζω κν να κάνει κτ · **to get sth/sb ready** ετοιμάζω κτ/κν · **to get sb drunk/into trouble** μεθάω/μπλέκω κν

(b) (= *obtain: money, permission*) παίρνω

(c) (= *find: job, flat*) βρίσκω · **he got a job in London** βρήκε *or* έπιασε δουλειά στο Λονδίνο

(d) (= *fetch: person, doctor*) φέρνω

(e) (= *receive: present, letter*) παίρνω

(f) (= *catch*) πιάνω · (= *hit: target etc*) πετυχαίνω · **the bullet got him in the leg** η σφαίρα τον βρήκε *or* πέτυχε στο πόδι

(g) (= *take, move*) πηγαίνω · **do you think we'll get it through the door** λες να μπορέσουμε να το περάσουμε από την πόρτα · **I'll get you there somehow** θα σε πάω (κάποιο) τρόπο να σε πάω · **we must get him to hospital** πρέπει να τον πάμε στο νοσοκομείο

(h) (= *catch, take: plane, bus etc*) παίρνω

(i) (= *understand: joke etc*) πιάνω · **do you get it?** το πιάνεις;

(j) (= *have, possess*) **to have got** έχω

get about *vi* (*person*) μετακινούμαι · (*news, rumour*) κυκλοφορώ

get across *vt* (*message*) περνάω

get along *vi* (= *be friends*) τα πάω

get around = **get round**

get at *vt fus* (= *attack, criticize*) μπαίνω σε · (= *reach*) φτάνω · **what are you getting at?** πού το πάτε;

get away *vi* (= *leave*) φεύγω · (*on holiday*) πάω διακοπές · (= *escape*) το σκάω

get away with *vt fus* τη γλιτώνω · **he'll never get away with it!** δεν πρόκειται να τη γλιτώσει!

get back *vi* (= *return*) γυρίζω ◆ *vt* (= *regain*) παίρνω πίσω

get back at *vt fus* (*inf*) **to get back at sb (for sth)** παίρνω εκδίκηση *or* το αίμα μου πίσω από κν (για κτ)

get back to *vt fus* (= *return to*) ξαναγυρίζω · (= *contact again*) ξαναεπικοινωνώ με · **to get back to sleep** ξανακοιμάμαι

get by *vi* (= *pass*) περνάω · (= *manage*) τα βγάζω πέρα · **I can get by in Dutch** τα καταφέρνω στα ολλανδικά

get down *vi* πέφτω κάτω ◆ *vt* (= *depress*) ψυχοπλακώνω

get down to *vt fus* (*work*) στρώνομαι σε · **to get down to business** περνάω σε κάτι σοβαρό

get in *vi* (= *arrive home*) φτάνω σπίτι · (*train*) φτάνω · (= *be elected*) βγαίνω ◆ *vt* (= *harvest*) μαζεύω · (= : *shopping, supplies*) παίρνω

get into *vt fus* (*conversation, argument*) πιάνω · (*vehicle*) μπαίνω σε · **to get into bed** πάω στο κρεβάτι

get off *vi* (*from train etc*) κατεβαίνω · (= *escape*) τη γλιτώνω

♦ vt (= remove: clothes) βγάζω ♦ vt fus (train, bus) κατεβαίνω από • **we get 3 days off at Christmas** έχουμε 3 μέρες αργία τα Χριστούγεννα

get on vi (BRIT: = be friends) τα πάω καλά ♦ vt fus (bus, train) ανεβαίνω σε • **how are you getting on?** πώς πάς;

get on to vt fus (BRIT: subject, topic) έρχομαι σε

to get on with vt fus (person) τα πάω καλά με • (meeting, work etc) συνεχίζω

get out vi (of place) φεύγω • (of vehicle) κατεβαίνω • (= learn) μαθαίνομαι ♦ vt (= take out) βγάζω

get out of vt fus (= avoid: duty etc) αποφεύγω

get over vt fus (illness) συνέρχομαι από • (= communicate) κάνω κατανοητό

get round vt fus (law, rule) παρακάμπτω • (person) καταφέρνω

get round to vt fus καταφέρνω να

get through vi (TEL) πιάνω or βγάζω γραμμή ♦ vt fus (= finish) βγάζω

get through to vt fus (TEL) βρίσκω στο τηλέφωνο

get together vi (people) μαζεύομαι ♦ vt (people) μαζεύω • **to get together with sb** τα βρίσκω με κν

get up vi σηκώνομαι

get up to vt fus (prank etc) κάνω

getaway ['getəweɪ] n **to make a** or **one's** ~ διαφεύγω (μετά τη διάπραξη εγκλήματος)

Ghana ['gɑːnə] n Γκάνα f

ghastly ['gɑːstlɪ] adj (= awful) απαίσιος • (= scary) ανατριχιαστικός • **you look** ~! είσαι πολύ κομμένος!

ghetto ['getəu] n γκέτο nt inv

ghost [gəust] n φάντασμα nt

giant ['dʒaɪənt] n γίγαντας m • (fig) κολοσσός m ♦ adj γιγάντιος

gift [gɪft] n δώρο nt • (= ability)

χάρισμα nt • **~ed** adj ταλαντούχος

gig [gɪg] (inf: MUS) n εμφάνιση f

gigantic [dʒaɪˈgæntɪk] adj γιγάντιος

giggle ['gɪgl] vi χαχανίζω ♦ n χάχανο nt

gills [gɪlz] npl βράγχια ntpl

gilt [gɪlt] adj επίχρυσος ♦ n επιχρύσωση f

▸ **gilts** npl (COMM) χρεώγραφα ntpl απολύτου ασφαλείας

gimmick ['gɪmɪk] n τέχνασμα nt

gin [dʒɪn] n τζιν nt inv

ginger ['dʒɪndʒə[r]] n πιπερόριζα f
♦ adj (hair, moustache) πυρρόξανθος • (cat) κοκκινοτρίχης

giraffe [dʒɪˈrɑːf] n καμηλοπάρδαλη f

girl [gɜːl] n (child) κορίτσι nt • (= young woman) κοπέλα f • (= daughter) κόρη f • **this is my little** ~ αυτό είναι το κοριτσάκι μου • **an English** ~**friend** — μια αγγλιδούλα • ~**friend** n (of girl) φίλη f • (of boy) κορίτσι nt

gist [dʒɪst] n ουσία f

give [gɪv] (pt **gave**, pt **given**) vt
(a) (= hand over) **to give sb sth**, **give sth to sb** δίνω κτ σε κν • **he gave her a present** της έκανε ένα δώρο • **I'll give you £5 for it** θα σου δώσω 5 λίρες γι'αυτό
(b) (used with noun to replace a verb) **to give a sigh/cry** βγάζω έναν αναστεναγμό/μια φωνή • **to give a groan/shout** βγάζω ένα βογγητό/μια κραυγή • **to give a speech/a lecture** βγάζω λόγο/δίνω διάλεξη
(c) (= tell, deliver: advice, message etc) δίνω • (news) δίνω
(d) (= supply, provide: opportunity, job etc) δίνω • **to give sb a surprise** κάνω έκπληξη σε κν
(e) (= devote: time, one's life) δίνω
(f) (= organize) **to give a party/dinner** κάνω ένα πάρτυ/τραπέζι
♦ vi (a) (also **give way**) = break,

collapse) υποχωρώ · **his legs gave beneath him** τα πόδια του δεν τον κρατούσαν
(b) (= *stretch: fabric, shoes*) ανοίγω
give away *vt* (*money*) χαρίζω · (*opportunity*) θυσιάζω · (*secret, information*) φανερώνω · (= *betray*) προδίδω
give back *vt* επιστρέφω
give in *vi* (= *yield*) ενδίδω
give off *vt* αναδίνω
give out *vt* (*books, drinks*) μοιράζω · (*prizes*) απονέμω
give up *vi* (= *stop trying*) τα παρατάω ◆ *vt* (*job, boyfriend*) παρατάω · (*habit*) κόβω · (*idea, hope*) εγκαταλείπω · **to give up smoking** κόβω το κάπνισμα · **to give o.s. up** παραδίνομαι
give way *vi* (= *yield*) υποχωρώ · (= *break, collapse*) σπάω · (*BRIT: AUT*) δίνω προτεραιότητα

given ['gɪvn] *pp of* **give** ◆ *adj* (*time, amount*) δεδομένος ◆ *conj* **that** δεδομένου ότι
glacier ['glæsɪə^r] *n* παγετώνας *m*
glad [glæd] *adj* χαρούμενος · **to be ~ about sth/that** χαίρομαι για κτ/ που · **~ly** *adv* ευχαρίστως
glamorous ['glæmərəs] *adj* σαγηνευτικός
glamour ['glæmə^r] (*US* **glamor**) *n* αίγλη *f*
glance [glɑːns] *n* ματιά *f* ◆ *vi* **to ~ at** ρίχνω μια ματιά σε
gland [glænd] *n* αδένας *m*
glare [glɛə^r] *n* (= *look*) άγριο βλέμμα *nt* · (*of light*) εκτυφλωτικό φως *nt* ◆ *vi* (*light*) λάμπω · **to ~ at** αγριοκοιτάζω · **glaring** *adj* (*mistake*) ολοφάνερος
glass [glɑːs] *n* (*substance*) γυαλί *nt* · (*container*) ποτήρι *nt* ·
▶ **glasses** *npl* γυαλιά *ntpl*
glaze [gleɪz] *n* (*door, window*) βάζω τζάμια σε · (*pottery*) σμαλτώνω ◆ *n* (*on pottery*) σμάλτο *nt*

gleam [gliːm] *vi* λάμπω
glen [glɛn] *n* χαράδρα *f*
glide [glaɪd] *vi* γλιστράω · (*birds, aeroplanes*) πετάω ◆ *n* γλύστρημα *nt* · **~r** (*AVIAT*) *n* ανεμόπτερο *nt*
glimmer ['glɪmə^r] *n* (*of light*) αμυδρό φως *nt* · (*fig: of interest*) ίχνος *nt* · (*of hope*) αχτίδα *f* ◆ *vi* (*dawn, light*) θαμποφέγγω
glimpse [glɪmps] *n* στιγμιαία θέα *f* ◆ *vt* βλέπω φευγαλέα
glint [glɪnt] (*light, shiny surface*) λαμποκοπώ · (*eyes*) γυαλίζω ◆ *n* (*of metal, light*) λάμψη *f* · (*in eyes*) σπίθα *f*
glitter ['glɪtə^r] *vi* αστράφτω ◆ *n* λαμπύρισμα *nt*
global ['gləubl] *adj* (= *worldwide*) παγκόσμιος · (= *overall*) καθολικός · **~ warming** *n* αύξηση *f* της θερμοκρασίας της γης
globe [gləub] *n* (= *world*) κόσμος *m* · (*model*) υδρόγειος *f*
gloom [gluːm] *n* (= *dark*) σκοτάδι *nt* · (= *sadness*) θλίψη *f* · **~y** *adj* (*place*) σκοτεινός · (*person*) κατσούφης · (*situation*) ζοφερός
glorious ['glɔːrɪəs] *adj* (*flowers, weather*) καταπληκτικός · (*victory, future*) ένδοξος
glory ['glɔːrɪ] *n* (= *prestige*) δόξα *f* · (= *splendour*) μεγαλείο *nt*
gloss [glɒs] *n* (= *shine*) γυαλάδα *f* · (*also* = *paint*) λούστρο *nt* · **~ over** *vt fus* συγκαλύπτω
glossary ['glɒsərɪ] *n* γλωσσάρι *nt*
glossy ['glɒsɪ] *adj* (*hair*) στιλπνός · (*photograph, magazine*) γυαλιστερός ◆ *n* **~ magazine** περιοδικό μόδας (*σε χαρτί πολυτελείας*)
glove [glʌv] *n* γάντι *nt*
glow [gləu] *vi* (*embers, stars*) ακτινοβολώ · (*face, eyes*) λάμπω ◆ *n* (*of embers, stars*) λάμψη *f*
glucose ['gluːkəus] *n* γλυκόζη *f*
glue [gluː] *n* κόλλα *f* ◆ *vt* **to ~ sth onto sth/into place** *etc* κολλάω κτ σε κτ/στη θέση του κ.λπ.

GM *adj abbr* (= *genetically modified*) γενετικά τροποποιημένος

gm *abbr* = **gram(me)**

GMT *abbr* = *Greenwich Mean Time* Ώρα Γκρήνουιτς

KEYWORD

---

go [gəʊ] (*pt* **went**, *pp* **gone**, *pl* **goes**) *n* (a) (= *try*) **to have a go (at)** κάνω μια προσπάθεια (να)

(b) (= *turn*) σειρά

♦ *vi* (a) (= *travel, move*) πηγαίνω · **she went into the kitchen** πήγε στην κουζίνα · **shall we go by car or train?** θα πάμε με αυτοκίνητο ή με τρένο · **he has gone to Aberdeen** έχει πάει στο Αμπερντήν

(b) (= *depart*) φεύγω

(c) (= *attend*) πηγαίνω

(d) (= *take part in an activity*) πηγαίνω · **to go for a walk** πηγαίνω *or* πάω μια βόλτα *or* περπατήσω · **to go dancing** πάω να χορέψω *or* για χορό

(e) (= *work*) δουλεύω

(f) (= *become*) γίνομαι · **to go pale/mouldy** χλωμιάζω/μουχλιάζω

(g) (= *be sold*) **to go for £10** πουλιέμαι (για) 10 λίρες

(h) (= *be about to, intend to*) **we're going to leave in an hour** θα φύγουμε σε μια ώρα · **are you going to come?** θα έρθεις;

(i) (*time*) περνάω · **time went very slowly** ο καιρός περνούσε πολύ αργά

(j) (*event, activity*) πάω · **how did it go?** πώς πήγε;

(k) (= *be given*) πάω

(l) (= *break etc*) χαλάω · **the fuse went** κάηκε η ασφάλεια

(m) (= *be placed*) πάω

(n) (= *move*) **to be on the go** είμαι συνέχεια στο πόδι

go about *vi* (*also* **go around**: *rumour*) κυκλοφορώ ♦ *vt fus* **to go about one's business** κοιτάω τη δουλειά μου

go after *vt fus* κυνηγάω

go against *vt fus* (= *be unfavourable to*) πηγαίνω ενάντια σε · (= *disregard*) δεν ακολουθώ

go ahead *vi* προχωράω · **to go ahead (with)** βάζω μπρος

go along *vi* πηγαίνω

go along with *vt fus* (= *agree with*) συμφωνώ με · (= *accompany*) συνοδεύω

go away *vi* (= *leave*) φεύγω

go back *vi* (= *return*) γυρίζω πίσω · (= *go again*) ξαναπηγαίνω

go back on *vt fus* δεν κρατάω

go by (*years, time*) περνάω ♦ *vt fus* (= *rule etc*) ακολουθώ

go down *vi* (= *descend*) κατεβαίνω · (= *sink: ship*) βουλιάζω · (*sun*) δύω · (= *fall: price, level*) κατεβαίνω ♦ *vt fus* (*stairs, ladder*) κατεβαίνω

go for *vt fus* (= *fetch*) πάω να φέρω · (= *attack*) ορμάω σε · (= *apply to*) ισχύω για · (= *like*) προτιμάω κτ · **to go for sth** προτιμώ κτ

go in *vi* (= *enter*) μπαίνω

go in for *vt fus* (*competition*) συμμετέχω *or* παίρνω μέρος σε

go into *vt fus* (= *enter*) μπαίνω σε · (= *investigate*) εξετάζω · (*career*) ασχολούμαι (επαγγελματικά) με

go off *vi* (= *leave*) φεύγω · (*food*) χαλάω · (*bomb*) σκάω (*event*) πάω · (*lights etc*) σβήνω

go on *vi* (= *continue*) συνεχίζω · ανάβω · (= *happen*) γίνομαι · **to go on doing sth** συνεχίζω να κάνω κτ · **what's going on here?** τι συμβαίνει *or* τρέχει εδώ; ♦ *vt fus* (= *be guided by: evidence etc*) βασίζομαι σε

go out *vt fus* (= *leave*) βγαίνω από ♦ *vi* (*fire, light*) σβήνω · **are you going out tonight?** θα βγείτε απόψε; · (*couple*) **I went out with him for 3 years** έβγαινα μαζί του 3 χρόνια

go over *vi* πηγαίνω · (= *check*) ελέγχω

go round vi (= circulate) κυκλοφορώ • (= revolve) γυρίζω • (= visit) **to go round (to sb's)** περνάω (από κv)

go through vt fus (undergo) περνάω από • (= search through) ψάχνω σε • (= perform) κάνω

go under vi βουλιάζω

go up vi (= ascend) ανεβαίνω (πάνω) • (price, level) ανεβαίνω

go with vt fus (suit) πάω με

go without vt fus τα καταφέρνω χωρίς

go-ahead ['gəʊhed] adj (person, firm) δυναμικός ♦ n (for project) πράσινο φως nt

goal [gəʊl] n (SPORT) γκολ nt • (on pitch) τέρμα nt • (= aim) στόχος m • **to score a** ~ σκοράρω. ~**keeper** n τερματοφύλακας m

goat [gəʊt] n κατσίκα f

God [gɒd] n Θεός m ♦ excl Θεέ μου

goddaughter ['gɒddɔːtə] n βαφτισιμιά f

goddess ['gɒdɪs] n (also fig) θεά f

godfather ['gɒdfɑːðə] n νονός m

godmother ['gɒdmʌðə] n νονά f

godson ['gɒdsʌn] n βαφτισιμιός m

goggles ['gɒglz] npl προστατευτικά γυαλιά ntpl

going ['gəʊɪŋ] n the ~ πράγματα ntpl ♦ adj the ~ **rate** το τρέχον επίτοκιο

gold [gəʊld] n χρυσός m • (SPORT: also ~ **medal**) χρυσό nt ♦ adj (made of gold) χρυσός • (in colour) χρυσός • (fig) λαμπρός. ~**fish** n χρυσόψαρο nt

golf [gɒlf] n γκολφ nt inv • ~ **ball** n (SPORT) μπαλάκι nt του γκολφ • ~ **club** n (place) λέσχη f του γκολφ • (stick) μπαστούνι nt του γκολφ • ~ **course** n γήπεδο nt του γκολφ • ~**er** n παίκτης/τρια m/f του γκολφ

gone [gɒn] pp of **go** • sth is ~ πέρασε κτ

gong [gɒŋ] n γκονγκ nt inv

good [gʊd] adj καλός • (= well-behaved) φρόνιμος ♦ n (= virtue) αγαθό nt • (= benefit) καλό nt • ~! ωραία! • **to be** ~ **at** είμαι καλός σε • **to have a** ~ **time** περνάω καλά • **to be** ~ **for** κάνω για • **it's** ~ **for you** θα σου κάνει καλό • **it's a** ~ **thing you were there** (πάλι) καλά που ήσασταν εκεί • **she is** ~ **with children** τα καταφέρνει με τα παιδιά • **is this any** ~? (= will it do?) κάνει αυτό; • **a** ~ **deal (of)** πάρα πολύ • **it's no** ~ **complaining** δεν ωφελεί να παραπονιέστε, ... • **for** ~ (= forever) για τα καλά • ~ **morning!** καλημέρα! • ~ **afternoon/evening!** καλησπέρα! • ~ **night!** καληνύχτα!

goods npl (COMM) προϊόν nt • ~**bye** excl γεια • **to say** ~**bye** λέω αντίο. ~**ness** n (of person) καλοσύνη f • **for** ~**ness sake!** για τ'όνομα του Θεού! • ~**ness gracious!** έλα Χριστέ και Παναγιά! • ~**will** n (of person) καλή θέληση f • (COMM) υπεραξία f επιχείρησης

goose [guːs] n (pl **geese**) χήνα f

gooseberry ['gʊzbərɪ] n φραγκοστάφυλο nt

gorge [gɔːdʒ] n φαράγγι nt ♦ vt **to** ~ **o.s. (on)** χορταίνω (από)

gorgeous ['gɔːdʒəs] adj υπέροχος

gorilla [gə'rɪlə] n γορίλλας m

gospel ['gɒspl] n ευαγγέλιο nt • (= doctrine) διδασκαλία f

gossip ['gɒsɪp] n (= rumours) κουτσομπολιά ntpl • (= chat) κουτσομπολιό nt • (= person) κουτσομπόλης/α m/f ♦ vi κουτσομπολεύω

got [gɒt] pt, pp of **get**

gotten ['gɒtn] (US) pp of **get**

gourmet ['gʊəmeɪ] n καλοφαγάς m

govern ['gʌvən] vt (country) διοικώ • (event, conduct) ρυθμίζω • (LING) συντάσσομαι με

government ['gʌvnmənt] n (= act of

governing) διακυβέρνηση *f* ·
(= *governing body*) κυβέρνηση *f*
◆ *cpd* κυβερνητικός · **local** - τοπική
αυτοδιοίκηση

governor ['gʌvənə'] *n* (of state,
colony) κυβερνήτης *m* · (of school)
= μέλος της Σχολικής Εφορείας ·
(BRIT: of prison) διευθυντής *m*

gown [gaun] *n* τουαλέττα *f* · (BRIT: of
judge) τήβεννος *f*

GP *n abbr* = *general practitioner*
οικογενειακός γιατρός *mf*

grab [græb] *vt* αρπάζω · (food) τρώω
πεταχτά ◆ *vi* to ~ at προσπαθώ να
αρπάξω

grace [greɪs] *n* χάρη *f* ◆ *vt* (= honour)
τιμώ με την παρουσία μου ·
(= adorn) στολίζω · **5 days'** -
~ περιθώριο 5 ημερών· **to say** -
~ λέω την προσευχή στο τραπέζι ·
~ful *adj* (animal, athlete) που έχει
χάρη (στην κίνηση του) · (style,
shape) χαριτωμένος · (refusal) με
τρόπο · **gracious** *adj* (person, smile)
καταδεκτικός ◆ *excl* (good) ~! Θεέ
και Κύριε!

grade [greɪd] *n* (COMM: = quality)
ποιότητα *f* · (in hierarchy) βαθμίδα *f* ·
(SCOL) βαθμός *m* · (: US: = class) τάξη
f · (: = gradient) κλίση *f* ◆ *vt*
ταξινομώ · ~ **crossing** (US) *n*
ισόπεδη διάβαση *f* · ~ **school**
(US) *n* = Δημοτικό σχολείο

gradient ['greɪdɪənt] *n* κλίση *f* ·
(GEOM) καμπύλη *f*

gradual ['grædjuəl] *adj* βαθμιαίος ·
~ly *adv* σταδιακά

graduate *n* ['grædjuət] *vb* ['grædjueɪt]
n (of university) απόφοιτος *mf* · (US:
of high school) απόφοιτος *mf* ◆ *vi*
(from university) αποφοιτώ · (US:
from high school) παίρνω το απολυτήριο
του Λυκείου · **graduation** *n* τελετή
f αποφοίτησης

graffiti [grə'fi:tɪ] *n(pl)* γκράφιτι *ntpl inv*

graft [gra:ft] *n* (AGR, MED) μόσχευμα
nt · (BRIT: inf: = hard work) σκυλίσια

δουλειά *f* · (US: = bribery) δωροδοκία
f ◆ *vt* **to** ~ **(onto)** (MED)
μεταμοσχεύω (σε)

grain [greɪn] *n* σπόρο *m* · (no pl: =
cereals) δημητριακά *ntpl* · (US: =
corn) καλαμπόκι *nt* · (of sand, salt)
κόκκος *m* · (of wood) νερά *ntpl*

gram [græm] *n* γραμμάριο *m*

grammar ['græmə'] *n* γραμματική *f* ·
~ **school** (BRIT) (up to year 9)
= Γυμνάσιο · (from year 10 upwards)
= Λύκειο

gramme [græm] *n* = gram

grand [grænd] *adj* υπέροχος · (house)
φανταχτερός, μεγαλοπρεπής · (plan)
μεγαλόπνοος ◆ *n* (inf: = thousand:
US) χίλια δολάρια *ntpl* · (: = BRIT)
χίλιες λίρες *fpl* · **~child** (pl
~children) *n* εγγόνι *nt* · **~dad** (inf)
n παππούς *nt* · **~daughter** (inf)
n εγγονή *f* · **~father** *n* παππούς *m* ·
~ma (inf) *n* γιαγιά *f* · **~mother**
n γιαγιά *f* · **~pa** (inf) *n* παππούς *m* ·
~parents *npl* παππούδες (παππούς
και γιαγιά)

Grand Prix ['grã:'pri:] (AUT) *n*
γκραν-πρι *nt inv*

grandson ['grænsʌn] *n* εγγονός *m*

granite ['grænɪt] *n* γρανίτης *m*

grannie, granny ['grænɪ] (inf) *n*
γιαγιάκα *f*

grant [gra:nt] *vt* (money, visa)
χορηγώ · (request) κάνω δεκτό ·
(= admit) δέχομαι ◆ *n* (SCOL)
υποτροφία *f* · (ADMIN) επιχορήγηση *f* ·
to take sb for ~ed έχω κν σίγουρο

grape [greɪp] *n* ρόγα *f* σταφυλιού · **a
bunch of** ~ ένα τσαμπί σταφύλια

grapefruit ['greɪpfru:t]*pl inv*
γκρέιπφρουτ *nt inv*

graph [gra:f] *n* γραφική παράσταση
f · **~ic** *adj* παραστατικός · (art,
design) γραφικός · **~ics** *n* (art)
γραφικές τέχνες *fpl* ◆ *npl*
(= drawings) γραφικά *ntpl*

grasp [gra:sp] *vt* αρπάζω ·
(= understand) κατανοώ ◆ *n* (= grip)

λαβή f · (= understanding) κατανόηση f

grass [grɑːs] n χορτάρι nt · (= lawn) γρασίδι nt · (BRIT: inf: = informer) καρφί nt

grate [greɪt] n (for fire) σχάρα f ♦ vi **to ~ (on)** (fig) δίνω στα νεύρα ♦ vt (CULIN) τρίβω

grateful ['greɪtful] adj (thanks) θερμός · (person) ευγνώμων

gratitude ['grætɪtjuːd] n ευγνωμοσύνη f

grave [greɪv] n τάφος m ♦ adj σοβαρός

gravel ['grævl] n χαλίκι nt

graveyard ['greɪvjɑːd] n νεκροταφείο nt

gravity ['grævɪtɪ] n (PHYS) βαρύτητα f · (= seriousness) σοβαρότητα f

gravy ['greɪvɪ] n σάλτσα f (μαγειρεμένου κρέατος)

gray [greɪ] (US) adj = **grey**

graze [greɪz] vi (= touch lightly) περνάω ξυστά από ♦ n (MED) εκδορά f

grease [griːs] n (lubricant) γράσσο nt · (= fat) λίπος nt ♦ vt (= lubricate) λαδώνω · (CULIN) αλείφω με βούτυρο · **greasy** adj λιπαρός

great [greɪt] adj (area, amount) μεγάλος · (heat) μεγάλος · (pain) έντονος · (= important) σπουδαίος · (= terrific) σπουδαίος · **it was ~!** ήταν θαύμα! · **Great Britain** n Μεγάλη Βρετανία f · **~-grandfather** n προπάππους m · **~-grandmother** n προγιαγιά f · **~ly** adv πάρα πολύ

Greece [griːs] n Ελλάδα f

greed [griːd] n απληστία f · (for power, wealth) δίψα f · **~y** adj άπληστος

Greek [griːk] adj ελληνικός ♦ n Ελληνίδα m/f· (LING) ελληνικά ntpl · **ancient/modern Greek** (LING) αρχαία/νέα ελληνικά

green [griːn] adj (colour) πράσινος ·

(= inexperienced) άπειρος · (= ecological) οικολογικός ♦ n πράσινο nt · (= stretch of grass) πρασινάδα f · (GOLF) γκρην nt inv, κοινωτικός χώρος πρασίνου · **the G~ Party** το κόμμα των Πρασίνων · **greens** npl (= vegetables) λαχανικά ntpl · **~house** n θερμοκήπιο nt · **the ~house effect** το φαινόμενο του θερμοκηπίου

Greenland ['griːnlənd] n Γροιλανδία f

greet [griːt] vt (person) χαιρετώ · **~ing** n χαιρετισμός m · **Season's ~ings** Καλές γιορτές

grew [gruː] pt of **grow**

grey [greɪ] (US **gray**) adj γκρίζος · **to go ~** (hair) γκριζάρω · **~hound** n λαγωνικό nt

grid [grɪd] n (pattern) πλέγμα nt · (ELEC) δίκτυο nt · (US: AUT) σημείο nt εκκίνησης

grief [griːf] n θλίψη f · **good ~!** αν είναι ποτέ δυνατό!

grievance ['griːvəns] n παράπονο nt · (= cause for complaint) αιτία f παραπόνων

grieve [griːv] vi νιώθω θλίψη ♦ vt θλίβω · **to ~ for** πενθώ για

grill [grɪl] n (on cooker) γκριλ nt inv· (also **mixed ~**) ποικιλία κρεάτων στη σχάρα f · nt (BRIT: food) ψήνω · (inf: = question) ψήνω

grille [grɪl] n γρίλια f · (AUT) μάσκα f

grim [grɪm] adj (= unpleasant) φρικτός · (= unattractive) μουντός · (= serious, stern) βλοσυρός

grime [graɪm] n βρώμα f

grin [grɪn] n πλατύ χαμόγελο nt ♦ vi **to ~ (at)** χαμογελώ πλατιά (σε)

grind [graɪnd] (pt, pp **ground**) vt (= crush) κάνω σκόνη · (coffee, pepper etc) αλέθω · (US: meat) αλέθω

grip [grɪp] n (= hold) λαβή f · (= control) έλεγχος m · (of tyre, shoe) κράτημα nt ♦ vt (object) πιάνω σφιχτά · (audience, attention) συναρπάζω · **~ping** adj συναρπαστικός

grit [grɪt] n χαλίκι nt · (= courage) κότσια ntpl ◆ vt ρίχνω χαλίκι σε · **to ~ one's teeth** σφίγγω τα δόντια

groan [grəʊn] n (of pain) βογγητό nt · (of disapproval) μουρμουρητό nt ◆ vi (person: in pain) βογγάω · (: in disapproval) μουρμουρίζω · (tree, floorboard etc) τρίζω

grocer [ᵎ] n μπακάλης m · **~ies** pl φαγώσιμα ntpl

groin [grɔɪn] n βουβώνας m

groom [gru:m] n (for horse) ιπποκόμος m · (also **bride~**) γαμπρός m ◆ vt (horse) περιποιούμαι · **well-~ed** (person) περιποιημένος

gross [grəʊs] adj (neglect) χονδροειδής · (injustice) καταφανής · (behaviour, speech) χυδαίος · (COMM: income) ακαθάριστος · (weight) μικτός ◆ n inv (= twelve dozen) δώδεκα δωδεκάδες fpl · **~ly** adv απάνταστα

grotesque [grə'tesk] adj (= exaggerated) γελοίος · (= ugly) τερατώδης

ground [graʊnd] pt, pp of **grind** ◆ n (= floor) πάτωμα nt · (= earth, soil) έδαφος nt · (= land) γη f · (SPORT) γήπεδο nt · (US: also **~ wire**) γείωση f · (pl: = reason) βάση f (pl) ◆ vt (plane) απαγορεύω την πτήση +gen · (US: ELEC) γειώνω ◆ cpd (coffee etc) αλεσμένος · **on/to the ~** κατάγη · **below ~** κάτω από τη γη

▶ **grounds** npl (of coffee etc) κατακάθι nt · (= gardens etc) έκταση f · **~ floor** n ισόγειο nt · **~work** n προεργασία f

group [gru:p] n ομάδα f · (also **pop ~**) συγκρότημα nt · (COMM) όμιλος m ◆ vt (also **~ together:** people) συγκεντρώνω · (things) ταξινομώ

grouse [graʊs] n inv (bird) αγριόγαλλος m

grow [grəʊ] (pt **grew**, pp **~n**) vi μεγαλώνω · (= increase) αυξάνομαι

◆ vt (roses, vegetables) καλλιεργώ · (beard) αφήνω · **to ~ rich/weak** πλουτίζω/εξασθενώ · **~ apart** vi (fig) απομακρύνομαι · **~ out of** vt fus to **~ out of clothes** μεγαλώνω και δεν μου έρχεται · **he'll ~ out of it** θα του περάσει · **~ up** vi (child) μεγαλώνω

growl [graʊl] vi γρυλίζω απειλητικά

grown [grəʊn] pp of **grow**

grown-up [grəʊn'ʌp] n ενήλικας m

growth [grəʊθ] n (of economy, industry) ανάπτυξη f · (of weeds etc) βλάστηση f · (of child, animal etc) ανάπτυξη f · (MED) όγκος m

grub [grʌb] n προνύμφη f · (inf: = food) μάσα f

grubby ['grʌbɪ] adj βρώμικος · (fig) ελεεινός

grudge [grʌdʒ] n μνησικακία f ◆ vt **to ~ sb sth** δίνω κτ σε κν με μισή καρδιά · **to bear sb a ~** κρατάω κακία σε κν

gruelling ['gruəlɪŋ] (US **grueling**) adj επίπονος

gruesome ['gru:səm] adj φρικιαστικός

grumble ['grʌmbl] vi γκρινιάζω

grumpy ['grʌmpɪ] adj κακόκεφος

grunt [grʌnt] vi γρυλλίζω ◆ n γρύλλισμα nt

guarantee [gærən'tiː] n (also COMM) εγγύηση f ◆ vt εγγυώμαι · (COMM) έχω εγγύηση

guard [gɑːd] n (one person) φρουρός m · (squad) φρουρά f · (BOXING, FENCING) άμυνα f · (BRIT: RAIL) προϊστάμενος m/f αμαξοστοιχίας · (on machine) ασφάλεια f · (also **fire~**) σίτα f (σε τζάκι) ◆ vt (place, person) φυλάω · (prisoner) φρουρώ · **to be on one's ~** είμαι σε επιφυλακή · **~ian** n (JUR: of minor) κηδεμόνας m/f

Guatemala [gwatɪˈmaːlə] n Γουατεμάλα f

guerrilla [gəˈrɪlə] n αντάρτης/ισσα m/f

guess [ges] vt (number, distance etc) υποθέτω · (correct answer) μαντεύω

(US: = think) νομίζω ♦ vi (= estimate) κάνω εικασίες · (at answer) μαντεύω · (US: = think) μου φαίνεται ♦ ευκαιρία f (για τη σωστή απάντηση) · **to take** or **have a ~** προσπαθώ να μαντέψω

guest [gest] n (= visitor) προσκεκλημένος/η m/f · (in hotel) πελάτης/ισσα m/f · **~house** n πανσιόν f inv

guidance ['gaɪdəns] n συμβουλές fpl

guide [gaɪd] n (= museum guide, tour guide) ξεναγός mf · (= mountain guide) οδηγός mf · (= book) οδηγός m · (BRIT: also **girl ~**) vt (= lead) οδηγώ f ♦ vt (= direct) κατευθύνω · **~book** n τουριστικός οδηγός m · **~ dog** n σκύλος-οδηγός m (τυφλού) · **~lines** npl οδηγίες fpl

guild [gɪld] n σωματείο n

guilt [gɪlt] n (= remorse) τύψεις fpl · (= culpability) ενοχή f · **~y** adj ένοχος · **to plead ~** ομολογώ την ενοχή μου · **to plead not ~** δηλώνω αθώος

Guinea ['gɪnɪ] n **Republic of ~** Δημοκρατία της Γουϊνέας

guitar [gɪ'tɑːʳ] n κιθάρα f · **~ist** n κιθαρίστας/τρια m/f

gulf [gʌlf] n κόλπος m · (= abyss) κενό nt · (fig) χάσμα nt · **the (Persian) G~** n ο Περσικός Κόλπος

gull [gʌl] n γλάρος m

gulp [gʌlp] vt (also **~ down**: food) καταβροχθίζω 000 (drink) ρουφάω ♦ vi ξεροκαταπίνω

gum [gʌm] n (ANAT) ούλο nt · (= glue) κόλλα f · (also **~drop**) μαλακή καραμέλλα f · (also **chewing ~**) τσίχλα f

gun [gʌn] n (small) πιστόλι nt · (medium-sized) τουφέκι nt · (large) κανόνι nt ♦ vt (also **~ down**) πυροβολώ · **~fire** n πυροβολισμοί mpl · **~man** (irreg) n πιστολάς m · **~point** n **at ~point** υπό την απειλή

όπλου · **~powder** n μπαρούτι nt · **~shot** n πυροβολισμός m

gust [gʌst] n ριπή f

gut [gʌt] n (ANAT) έντερα ntpl · (MUS, SPORT: also **cat~**) χορδή f (από έντερο) ♦ vt (poultry, fish) βγάζω τα εντόσθια

▸ **guts** npl (ANAT: of person) σπλάχνα ntpl · (: of animal) εντόσθια ntpl · (inf: = courage) κότσια ntpl · **to hate sb's ~s** σιχαίνομαι κν

gutter ['gʌtəʳ] n (in street) χαντάκι nt · (of roof) λούκι nt

guy [gaɪ] n (inf: = man) τύπος m · (also **~rope**) σχοινί nt

gym [dʒɪm] n (also **~nasium**) γυμναστήριο nt · (also **~nastics**) γυμναστική f · **~nastics** npl γυμναστική f

gynaecologist [gaɪnɪ'kɔlədʒɪst] (US **gynecologist**) n γυναικολόγος mf

gypsy ['dʒɪpsɪ] n τσιγγάνος m

H h

H, h [eɪtʃ] n το όγδοο γράμμα του αγγλικού αλφαβήτου

habit ['hæbɪt] n (= practice) συνήθεια f · (= addiction) εθισμός m · (REL) ράσο m

habitat ['hæbɪtæt] n βιότοπος m

hack [hæk] vt (= cut) κόβω · (= slice) κομματιάζω ♦ n (pej: writer) συγγραφέας mf του ποδαριού · (horse) ενοικιαζόμενο άλογο nt ♦ vi (COMPUT) παίζω με τον υπολογιστή · **~ into** vt fus (COMPUT) παραβιάζω · **~er** (COMPUT) n πειρατής m

had [hæd] pt, pp of **have**

haddock ['hædək] (pl **~** or **~s**) n γάδος m (είδος βακαλάου)

hadn't ['hædnt] = **had not**

haemorrhage ['hemərɪdʒ] (US **hemorrhage**) n αιμορραγία f

haemorrhoids ['hemərɔɪdz] (US

hemorrhoids n npl αιμορροΐδες fpl

Hague [heɪg] n **The ~** η Χάγη

hail [heɪl] n (= frozen rain) χαλάζι nt · (of objects) βροχή f · (of criticism, bullets) καταιγισμός m ♦ vt (person) φωνάζω · (taxi) σταματάω

hair [heəʳ] n (of person) μαλλιά ntpl · (of animal) τρίχωμα nt · (= single hair) τρίχα f · **to do one's ~** φτιάχνω τα μαλλιά μου · **~brush** n βούρτσα f μαλλιών · **~cut** n (action) κούρεμα nt · (style) μαλλιά ntpl · **to have or get a ~cut** κουρεύομαι · **~dresser** n κομμωτής/τρια m/f · **~style** n χτένισμα nt · **~y** adj (person, arms) τριχωτός · (chest) δασύτριχος · (inf: situation) ζόρικος

half [hɑːf] (pl **halves**) n (of amount, object) μισό nt · (of beer etc) μικρό ποτήρι nt · (RAIL, BUS) μισό (εισιτήριο) nt ♦ adj (bottle, fare) μισός ♦ adv (empty, closed) μισο- prefix **first/ second ~** (SPORT) πρώτο/δεύτερο ημίχρονο · **two and a ~** δυόμισυ · **~-an-hour** μισή ώρα · **a dozen** μισή ντουζίνα · **a pound** μισή λίμπρα · **a week and a ~** μιάμισυ βδομάδα · **~ (of it)** μισό · **(of) ~** τα μισά (από) · **to cut sth in ~** κόβω κτ στη μέση ή στα δυο · **~ past three** τρεισήμισυ · **~ board** n ημιδιατροφή f · **~-brother** n ετεροθαλής αδελφός m · **~ day** n ημιαργία f · **~-hearted** adj χλιαρός · **~-hour** n ημίωρο nt · **~-price** adj σε μισή τιμή ♦ adv μισοτιμής · **~-sister** n ετεροθαλής αδελφή f · **~ term** (BRIT) n διακοπές στη μέση των σχολικού ή ακαδημαϊκού τριμήνου · **~-time** (SPORT) n ημίχρονο nt · **~way** adv (between two points) στα μισά · (in period of time) στη μέση

hall [hɔːl] n (= entrance way) χωλ nt inv · (= mansion) μέγαρο nt · (for concerts) αίθουσα f συναυλιών

hallmark [ˈhɔːlmɑːk] n (on metal) σφραγίδα f γνησιότητας

hallway [ˈhɔːlweɪ] n προθάλαμος m

halo [ˈheɪləu] n (REL) φωτοστέφανο nt

halt [hɔːlt] n σταμάτημα nt ♦ vt σταματάω ♦ vi σταματάω · **to come to a ~** σταματάω

halve [hɑːv] vt (= reduce) περιορίζω στο μισό · (= divide) κόβω στα δυο

halves [hɑːvz] pl of **half**

ham [hæm] n ζαμπόν nt inv · **~burger** n χάμπουργκερ nt inv

hammer [ˈhæməʳ] n σφυρί nt ♦ vt χτυπάω με σφυρί · (nail) καρφώνω · (fig) επικρίνω ♦ vi (on door, table etc) χτυπάω δυνατά

hammock [ˈhæmək] n αιώρα f

hamper [ˈhæmpəʳ] vt δυσκολεύω ♦ n καλάθι nt (με σκέπασμα)

hamster [ˈhæmstəʳ] n χάμστερ nt inv

hamstring [ˈhæmstrɪŋ] n (ANAT) τένοντας m της κνήμης

hand [hænd] n (ANAT) χέρι nt · (of clock) δείκτης m · (= worker) εργάτης/τρια m/f · (of cards) χαρτιά ntpl ♦ vt δίνω · **to give or lend sb a ~** δίνω ένα χέρι σε κν · **at ~** κοντά · **by ~** με το χέρι · **to be on ~** (person) είμαι διαθέσιμος · (services etc) βρίσκομαι σε ετοιμότητα · **to have sth to ~** (information etc) έχω κτ πρόχειρο · **on the one ~ ...**, **on the other ~ ...** αφ'ενός ..., αφ'ετέρου... · **~ down** vt περνάω · **~ in** vt παραδίδω · **~ out** vt (object) μοιράζω · (information) κυκλοφορώ · (punishment) απονέμω · **~ over** vt παραδίδω · **~ round** vt μοιράζω · **~bag** n τσάντα f (γυναικεία) · **~book** n εγχειρίδιο nt · **~cuffs** npl χειροπέδες fpl · **~ful** n (of soil, stones) χούφτα f · **a ~ful of people** μια χούφτα άνθρωποι

handicap [ˈhændɪkæp] n (= disability) αναπηρία f · (= disadvantage) μειονέκτημα nt · (SPORT) χάντικαπ nt inv · **~ped** adj **mentally ~ped** διανοητικά καθυστερημένος · **physically ~ped** ανάπηρος

handkerchief [ˈhæŋkətʃɪf] n (made of cloth) μαντήλι nt • (made of paper) χαρτομάντηλο nt

handle [ˈhændl] n χερούλι nt • (of cup) χέρι nt • (of knife, brush etc) λαβή f ♦ vt (= touch) πιάνω • (= deal with: problem etc) χειρίζομαι • (= : responsibility) αναλαμβάνω, τα βγάζω πέρα με • "~ with care" ("προσοχή) εύθραυστο"

hand luggage n χειραποσκευή f

handmade [ˈhændˈmeɪd] adj χειροποίητος

handsome [ˈhænsəm] adj (man) όμορφος • (woman) αρχοντικός

handwriting [ˈhændraɪtɪŋ] n γραφικός χαρακτήρας m

handy [ˈhændɪ] adj (= useful) πρακτικός • (= skilful) επιδέξιος • (= close at hand) κοντά

hang [hæŋ] (pt, pp hung) vt (coat, painting) κρεμάω • (criminal) (pt, pp ~ed) κρεμάω ♦ vi (painting, coat etc) κρέμαμαι • **to get the ~ of** (inf) παίρνω τον αέρα +gen • ~ **about** vi χαζεύω • ~ **around** vi = hang about • ~ **on** vi (= wait) περιμένω ♦ vt fus (= depend on) εξαρτώμαι από • **to** • **onto** vt fus (= grasp) αρπάζομαι από • (= keep) κρατάω • ~ **out** vt απλώνω • ~ **up** vi (TEL) κατεβάζω το ακουστικό • ~**er** n κρεμάστρα f • ~**over** n (after drinking) πονοκέφαλος και αναχατεμένο στομάχι από μεθύσι

happen [ˈhæpən] vi (event etc) συμβαίνω • **to** • **to do sth** τυχαίνει να κάνω κτ • **as it** ~**s** κατά τύχη • **what's** ~**ing?** τι συμβαίνει;

happily [ˈhæpɪlɪ] adv (= luckily) ευτυχώς • (= cheerfully) εύθυμα

happiness [ˈhæpɪnɪs] n ευτυχία f

happy [ˈhæpɪ] adj (= pleased) **to be** • χαίρομαι • **to be** • **to do sth** είναι χαρά μου να κάνω • ~ **birthday!** να τα εκατοστίσετε! • **H~ New Year!** Καλή Χρονιά!

harass [ˈhærəs] vt παρενοχλώ • ~**ment** n παρενόχληση f • **sexual** ~**ment** σεξουαλική παρενόχληση

harbour [ˈhɑːbəʳ] (US **harbor**) n (NAUT) λιμάνι nt ♦ vt (fear etc) έχω • **to** • **a grudge against sb** κρατάω κακία σε κν

hard [hɑːd] adj (surface, object) σκληρός • (question, problem) σκληρός • (work) σκληρός • (person) σκληρός • (facts, evidence) αδιάσειστος ♦ adv (work) σκληρά • (think, try) πολύ • ~ **luck!** τι ατυχία! • **no** - **feelings!** δεν μου κρατάς κακία; • **I find it** ~ **to believe that ...** μου είναι δύσκολο να πιστέψω ότι... • ~**back** n (also • back book) δεμένο βιβλίο nt • ~ **disk** (COMPUT) n σκληρός δίσκος m • ~ **up** vt πήζω, σκληραίνω ♦ vi (wax) πήζω • (glue) στερεοποιούμαι

hardly [ˈhɑːdlɪ] adv (= scarcely) σχεδόν καθόλου • (= no sooner) πριν καλά-καλά • ~ **anywhere/ever** σχεδόν πουθενά/ποτέ • **I can** ~ **believe it** δεν μπορώ να το πιστέψω

hardship [ˈhɑːdʃɪp] n κακουχία f

hard up (inf) adj μπατίρης

hardware [ˈhɑːdwɛəʳ] n σιδερικά ntpl • (COMPUT) χαρντγουέαρ nt inv • (MIL) βαριά όπλα ntpl

hardy [ˈhɑːdɪ] adj (animals, people) σκληραγωγημένος • (plant) ανθεκτικός

hare [hɛəʳ] n λαγός m

harm [hɑːm] n (= injury) βλάβη f • (= damage) ζημιά f ♦ vt (person) κάνω κακό σε • (object) καταστρέφω • **there's no** • **in trying** δε βλάπτει να προσπαθήσεις • ~**ful** adj (effect, influence etc) επιβλαβής • (toxin) βλαβερός • ~**less** adj (animal) ακίνδυνος • (person) άκακος • (joke, pleasure) αθώος

harmonica [hɑːˈmɒnɪkə] n φυσαρμόνικα f

harmony ['hɑ:mənɪ] *n* αρμονία *f* · **in ~ (work, live)** αρμονικά · (sing) πρώτη και δεύτερη κ.λπ. φωνή

harness ['hɑ:nɪs] *n* (for horse) χάμουρα *ntpl* · (also **safety ~**) ιμάντες *mpl* ασφαλείας ◆ *vt* εκμεταλλεύομαι, ζεύω

harp [hɑ:p] *n* άρπα *f* ◆ *vi* **to ~ on (about)** (pej) ψέλνω το ίδιο τροπάρι (για)

harsh [hɑ:ʃ] *adj* (judge, criticism) σκληρός · (life) δύσκολος · (winter) βαρύς, δυνατός · (sound) τραχύς

harvest ['hɑ:vɪst] *n* (= season) θέρος *nt* · (= crop) σοδειά *f* ◆ *vt* (barley etc) θερίζω · (fruit) μαζεύω

has [hæz] *vb see* **have**

hasn't ['hæznt] = **has not**

hassle ['hæsl] (inf) *n* φασαρία *f* ◆ *vt* (person) παιδεύω

haste [heɪst] *n* βιασύνη *f* · **in ~** βιαστικά · **~n** *vt* (decision, downfall) επιταχύνω ◆ *vi* **to ~n to do sth** βιάζομαι να κάνω κτ · **hastily** adv (= hurriedly) βιαστικά · (= rashly) βεβιασμένα · **hasty** adj βιαστικός

hat [hæt] *n* καπέλο *nt*

hatch [hætʃ] *n* (NAUT: also **~way**) μπουκαπόρτα *f*, παραθυράκι *nt* · (in wall) θυρίδα *f* ◆ *vi* (bird) εκκολάπτομαι · (egg) σκάω ◆ *vt* εκκολάπτω · (plot) σκαρφώνω

hatchback ['hætʃbæk] *n* (two-door) τρίπορτο αυτοκίνητο *nt* · (four-door) πεντάπορτο αυτοκίνητο *nt*

hate [heɪt] *vt* μισώ ◆ *n* μίσος *nt*

hatred ['heɪtrɪd] *n* μίσος *nt*

haul [hɔ:l] *vt* (= pull) τραβάω ◆ *n* (of goods etc) μπάζα *f* · (of fish) ψαριά *f*

haunt [hɔ:nt] *vt* (ghost, spirit) βασανίζω ◆ *n* στέκι *nt* · **~ed** adj (building, room) στοιχειωμένος · (expression) ταραγμένος

KEYWORD

have [hæv] (pt, pp **had**) aux vb
(a) (perfect tense) **to have arrived/ gone/eaten/slept** έχω φτάσει/φύγει/

φάει/κοιμηθεί · **he has been kind** ήταν ευγενικός · **has he told you?** σας το είπε; · **having finished** or **when he had finished, he left** όταν τελείωσε, έφυγε

(b) (in tag questions) **you've done it, haven't you?** το έκανες, έτσι δεν είναι; · **he hasn't done it, has he?** δεν το έκανε, ε;

(c) (in short answers and questions) **you've made a mistake – no I haven't/so I have** έκανες ένα λάθος – όχι, δεν έκανα/ναι, έκανα · **we haven't paid – yes we have!** δεν πληρώσαμε – ναι πληρώσαμε! · **I've been there before – have you?** έχω ξαναπάει – εσύ;

◆ *modal aux vb* (= be obliged) **to have (got) to** πρέπει or χρειάζεται να κάνω κτ · **she has (got) to do it** πρέπει να το κάνει · **I haven't got or I don't have to wear glasses** δεν χρειάζεται να φορέσω γυαλιά

◆ *vt* **(a)** (= possess) έχω · **I don't have any money on me** δεν έχω λεφτά πάνω μου · **he has (got) blue eyes/dark hair** έχει γαλανά μάτια/μαύρα μαλλιά

(b) (referring to meals etc: = eat) τρώω · (: = drink) πίνω · **to have breakfast/lunch/dinner** τρώω πρωινό/ μεσημεριανό/ βραδινό · **to have a drink** πίνω ένα ποτό

(c) (= receive, obtain etc) **may I have your address?** μπορώ να έχω τη διεύθυνσή σας; · **I must have it by tomorrow** πρέπει να το έχω μέχρι αύριο · **to have a baby** κάνω παιδί

(d) (= allow) ανέχομαι · **I won't have it/this nonsense!** δεν το ανέχομαι/δεν ανέχομαι αυτές τις κουταμάρες!

(e) to have one's hair cut κόβω τα μαλλιά μου · **he soon had them all laughing** σε λίγο τους έκανε όλους να γελάνε

(f) (= experience, suffer) έχω · **to**

have a cold/flu είμαι κρυωμένος/
έχω γρίπη · **she had her bag
stolen** της έκλεψαν την τσάντα · **to
have an operation** κάνω εγχείριση
(g) (+ noun: = take, hold etc) **to
have a bath** κάνω (ένα) μπάνιο · **to
have a rest** ξεκουράζομαι · **let's have a
look** για να δούμε · **to have a
meeting/party** έχω μια συνεδρίαση/
κάνω ένα πάρτυ
(h) (inf: = dupe) πιάνω κορόιδο ·
you've been had σου την έφεραν ·
have in vt (inf) **to have it in for sb**
έχω κν άχτι
have out vt **to have it out with
sb** τα ξεκαθαρίζω με κν

haven ['heɪvn] n (fig) καταφύγιο nt
haven't ['hævnt] = **have not**
havoc ['hævək] n χάος nt
Hawaii [həˈwaɪiː] n Χαβάη f
hawk [hɔːk] n γεράκι nt
hawthorn ['hɔːθɔːn] n λευκαγκάθα f
hay [heɪ] n σανός m · **~ fever** n
αλλεργικό συνάχι nt (από τη γύρη)
hazard ['hæzəd] n κίνδυνος m vt
(guess etc) επιχειρώ · **~ous** adj
επικίνδυνος
haze [heɪz] n (of heat, smoke)
καταχνιά f
hazel ['heɪzl] n (tree) φουντουκιά f
♦ adj (eyes) καστανοπράσινος
hazy ['heɪzɪ] adj (sky, view) θαμπός ·
(memory) θολός

he [hiː] pron (non emph: usually not
translated: emph) αυτός · see also **she**
head [hed] n κεφάλι nt · (= mind)
μυαλό nt · (of queue) αρχή f · (of
company, school) διευθυντής/τρια m/
f · (of list) πρώτος/η m/f · **to be
head** είμαι πρώτος σε · (company)
διευθύνω · (group) είμαι επικεφαλής
σε · (FOOTBALL) ρίχνω κεφαλιά σε ·
~s (or tails) κορώνα (ή γράμματα) ·
~first (dive, fall) με το κεφάλι ·
~ over heels in love ερωτευμένος
μέχρι τα μπούνια · **£10 a** or **per**

~ (for person) 10 λίρες το άτομο · **to
come to a ~** (fig: situation etc)
φτάνω σε κρίσιμο σημείο · **~ for** vt
fus (place) πηγαίνω (σε) · (disaster)
βαδίζω για · **~ache** n (also fig)
πονοκέφαλος m · **~ing** n τίτλος m ·
~line (PRESS, TV) n τίτλος m ·
►**headlines** npl ειδήσεις fpl ·
~master n διευθυντής m ·
~mistress n διευθύντρια f ·
~ office n κεντρική γραφεία ntpl ·
~ of state (pl **~s of state**) n
αρχηγός m κράτους · **~phones** npl
ακουστικά ntpl · **~quarters** npl
έδρα f · (MIL) στρατηγείο nt

heal [hiːl] vt (injury, patient)
γιατρεύω · (wound) επουλώνω ♦ vi
(injury) επουλώνομαι
health [helθ] n υγεία f · **~ centre**
(BRIT) n κέντρο σε υγείας · **~ food** n
υγιεινή τροφή f · **~ Health Service**
(BRIT) n **the (National) H~** Service
το (Εθνικό) Σύστημα σε Υγείας · **~y**
adj (person) υγιής · (lifestyle,
environment) υγιεινός · (fig) υγιής ·
(: profit) γενναίος
heap [hiːp] n σωρός m ♦ vt **to ~ (up)**
(stones) σωριάζω · (sand etc)
συγκεντρώνω (σε σωρό) · **to ~ sth
with** (plate, sink etc) ξεχειλίζω κτ
από · **~s of** (inf) μπόλικος
hear [hɪəʳ] (pt, pp **~d**) vt ακούω ·
(news, information) μαθαίνω · **to
~ about** (event, person) ακούω για ·
to ~ from sb μαθαίνω (τα) νέα
κου · **~d** pt, pp of **hear** · **~ing** n
ακοή f, ακροαματική διαδικασία f ·
within sb's ~ing σε απόσταση
ακοής από κν
heart [haːt] n καρδιά f · **to lose/take
~** χάνω το κουράγιο μου/παίρνω
κουράγιο · **at ~** κατά βάθος · **by
~** (learn, know) απ'έξω ·
►**hearts** npl (CARDS) κούπες fpl ·
~ attack (MED) n καρδιακή
προσβολή f · **~beat** n καρδιοχτύπι
nt · **~broken** adj **to be ~broken**
είμαι συντετριμμένος

hearth [haːθ] n τζάκι nt

heartless ['haːtlɪs] adj άκαρδος

hearty ['haːtɪ] adj (person, laugh) κεφάτος · (appetite) μεγάλος · (dislike) βαθύς

heat [hiːt] n (= warmth) θερμότητα f, θερμοκρασία f · (= excitement) έξαψη f · (SPORT: also qualifying ~) προκριματικός αγώνας m ♦ vt ζεσταίνω · **~ up** vi ζεσταίνομαι ♦ vt ζεσταίνω · **~ed** adj (pool, room etc) θερμαινόμενος, ζωηρός · **~er** n σόμπα f · (in car) καλοριφέρ n inv

heather ['heðə'] n ρείκι nt

heating ['hiːtɪŋ] n θέρμανση f

heaven ['hevn] n (REL. also fig) παράδεισος m · **for ~'s sake!** (pleading) για το Θεό! · (protesting) για τ'όνομα του Θεού! · **~ly** adj (REL) θείος · (fig: day) έξοχος · (: place) παραδεισένιος

heavily ['hevɪlɪ] adv (land, fall) άσχημα · (drink, smoke) πολύ · (sleep, sigh) βαριά · (depend, rely) κατά πολύ

heavy ['hevɪ] adj βαρύς · (casualties) σοβαρός, δυνατός · (snow) πυκνός · (person's build, frame) ογκώδης · (schedule, week) φορτωμένος

Hebrew ['hiːbruː] adj εβραϊκός ♦ (LING) εβραϊκά ntpl

hectare ['hektaː'] (BRIT) n εκτάριο nt

hectic ['hektɪk] adj γεμάτος

he'd [hiːd] = **he would · he had**

hedge [hedʒ] n φράχτης m (από θάμνους) ♦ vi αποφεύγω

hedgehog ['hedʒhɒg] n σκαντζόχοιρος m

heed [hiːd] vt (also **take ~ of**) λαμβάνω υπόψη ♦ n **to pay (no) ~ to, take (no) ~ of** (δεν) παίρνω σοβαρά or στα σοβαρά

heel [hiːl] n (of foot) φτέρνα f ♦ vt (shoe) βάζω τακούνια σε

hefty ['heftɪ] adj (person) γεροδεμένος · (parcel) ογκώδης, γενναίος

height [haɪt] n ύψος ntnt (fig: of

powers) απόγειο nt · (: of luxury, good taste etc) άκρον άωτον nt · **what ~ are you?** τι ύψος or ανάστημα έχετε; · **~en** vt επιτείνω

heir [ɛə'] n κληρονόμος mf · **~ess** n κληρονόμος f

held [held] pt, pp of **hold**

helicopter ['helɪkɒptə'] n ελικόπτερο nt

he'll [hiːl] = **he will · he shall**

hell [hel] n (REL) Κόλαση f, κόλαση f · **~!** (inf!) διάβολε!

hello [hə'ləʊ] excl (as greeting) γεια σου/σας · (to attract attention) παρακαλώ

helmet ['helmɪt] n κράνος nt

help [help] n (= assistance, aid) βοήθεια f ♦ vt βοηθάω · **with the ~ of** (person, tool) με τη βοήθεια +gen · **~!** βοήθεια! · **can I ~ you?** (in shop) μπορώ να σας εξυπηρετήσω; · **~ yourself** (to food) σερβιριστείτε · **he can't ~ it** δε μπορεί να το αποφύγει · **~er** n βοηθός mf · **~ful** adj χρήσιμος · **~ing** n μερίδα f · **~less** adj (= incapable) ανίκανος · (= defenceless) αβοήθητος · **~line** n τηλεφωνική γραμμή παροχής βοήθειας

hem [hem] n στρίφωμα nt ♦ vt στριφώνω · **~ in** vt to feel **~med in** (fig) αισθάνομαι παγιδευμένος

hemisphere ['hemɪsfɪə'] n ημισφαίριο nt

hen [hen] n κότα f · (= female bird) θηλυκιά f

hence [hens] adv επομένως · **2 years ~** (σε) 2 χρόνια από τώρα

hepatitis [hepə'taɪtɪs] n ηπατίτιδα f

her [haː'] pron (direct obj) την · (indirect obj) της · (after prep) της · see also **me** ♦ adj της · see also **my**

herb [haːb] n (BOT) βότανο nt · (CULIN) μυρωδικό nt · **~al** adj που βασίζεται στα βότανα · **~al tea** αρωματικό τσάι

herd [hə:d] n (of cattle, goats) κοπάδι nt ♦ vt (animals) βόσκω • (people) καθοδηγώ • (also ~ up: = gather) μαζεύω

here [hɪə'] adv εδώ • "~!" (= present) "παρών!" ("παρούσα!") • ~ **is the book** να το βιβλίο • ~ **he/she/it is** νάτος or νάτον/νάτη/νάτο • ~ **they are** νάτοι (νάτες) (νάτα) • ~ **you are** (giving) ορίστε • ~ **she comes** νάτη (έρχεται) • **come ~!** έλα εδώ!

hereditary [hɪˈredɪtrɪ] adj κληρονομικός

heritage [ˈherɪtɪdʒ] n παράδοση f

hernia [ˈhə:nɪə] n κήλη f

hero [ˈhɪərəu] (pl ~es) n ήρωας m

heroic [hɪˈrəuɪk] adj ηρωικός

heroin [ˈherəuɪn] n ηρωίνη f

heroine [ˈherəuɪn] n ηρωίδα f

heron [ˈherən] n ερωδιός m

herring [ˈherɪŋ] n ρέγγα f

hers [hə:z] pron δικός m της, δική f της, δικό nt της • see also **mine**

herself [hə:ˈself] pron (reflexive: often not translated) εαυτός της • (complement, after prep: often not translated) τον εαυτό της • (emph) η ίδια • (= alone) **(all) by ~** μόνη της

he's [hi:z] = **he is** • **he has**

hesitant [ˈhezɪtənt] adj διστακτικός

hesitate [ˈhezɪteɪt] vi (= pause) διστάζω • (= be unwilling) **to ~ to do sth** διστάζω or έχω ενδοιασμούς να κάνω κτ • **hesitation** n διστάγμός m

heterosexual [ˈhetərəuˈseksjuəl] adj (person) ετεροφυλόφιλος • (relationship) ετεροφυλοφιλικός ♦ n ετεροφυλόφιλος/η m/f

hey [heɪ] excl ε!

heyday [ˈheɪdeɪ] n **the ~ of** στην ακμή +gen

hi [haɪ] excl (as greeting) γεια • (to attract attention) Ε!

hiccough [ˈhɪkʌp] vi έχω λόξυγγα ♦ n (fig) αναποδιά f

hid [hɪd] pt of **hide**

hidden [ˈhɪdn] pp of **hide** ♦ adj

~ agenda κρυφές προθέσεις

hide [haɪd] (pt **hid**, pp **hidden**) n (= skin) τομάρι nt ♦ vt (object, person) κρύβω ♦ vi **to ~ (from sb)** κρύβομαι (από κν) • **to ~ sth from sb** κρύβω κτ από κν

hideous [ˈhɪdɪəs] adj (painting, face) φρικαλέος • (conditions, mistake) φρικτός

hiding [ˈhaɪdɪŋ] n (= beating) ξύλο nt • **to be in ~** κρύβομαι

high [haɪ] adj (mountain, building) ψηλός • (speed, number) μεγάλος • (wind) σφοδρός • (voice, note) ψιλός • (position) υψηλός • (risk) μεγάλος, υψηλής ποιότητας • (inf: person: on drugs) μαστουρωμένος • (: on drink) που έχει (φτιάξει) κεφάλι ♦ adv (climb, aim etc) ψηλά ♦ n **exports have reached a new ~** οι εξαγωγές έφθασαν σε νέα ύψη • **it is 20 m ~** έχει ύψος 20 μέτρα • **~ in the air** ψηλά στον αέρα • **~ chair** n ψηλή καρέκλα f (για μωρό ή μικρό παιδί) • **~er education** n τριτοβάθμια εκπαίδευση f • **~light** n (fig: of event) αποκορύφωμα nt • **the ~light of the evening** το κλου της βραδιάς ♦ vt (problem, need) τονίζω • **highlights** npl (in hair) ανταύγειες fpl • **~ly** adv (critical) ιδιαίτερα • (confidential) άκρως • **~ly paid** (person) υψηλόμισθος • (job) ακριβοπληρωμένος • **to speak/think ~ly of** έχω μεγάλη εκτίμηση για • **~ness** n **Her** (or **His**) **Highness** Αυτής or Αυτού Υψηλότης • **~rise** adj (building) πολυόροφος • (flats) σε ουρανοξύστη • **~way** n (US: between towns, states) εθνική οδός f • (= public road) δημόσιος δρόμος m

hijack [ˈhaɪdʒæk] vt (plane) κάνω αεροπειρατεία σε • **~ing** n (of plane) αεροπειρατεία f • **~er** n (of plane) αεροπειρατής mf

hike [haɪk] vi κάνω πεζοπορία ♦ n πεζοπορία f • (inf: in prices etc) αύξηση f • **hiking** n πεζοπορία f

hilarious [hɪˈlɛərɪəs] *adj* ξεκαρδιστικός

hill [hɪl] *n* (*small*) λοφάκι *nt* · (*fairly high*) λόφος *m* · (= *slope*) ύψωμα *nt* · (*on road*) ανηφόρα *f* · **-side** *n* πλαγιά *f* λόφου · **-y** *adj* λοφώδης

him [hɪm] *pron* (*direct obj*) τον · (*indirect obj*) του · (*emph*) αυτόν · (*after prep*) αυτόν · *see also* **me**

himself [hɪmˈsɛlf] *pron* (*reflexive*: *often not translated*) εαυτός του · (*complement*, *after prep*: *often not translated*) τον εαυτό του · (*emph*) αυτός ο ίδιος · (= *alone*) (**all**) **by ~** μόνος του

hind [haɪnd] *adj* (*legs*) πισινός ♦ *n* ελαφίνα *f*

hinder [ˈhɪndə] *vt* εμποδίζω

hindsight [ˈhaɪndsaɪt] *n* **with ~** εκ των υστέρων

Hindu [ˈhɪnduː] *adj* ινδουϊστικός

hinge [hɪndʒ] *n* μεντεσές *m* ♦ *vi* **to ~ on** (*fig*) περιστρέφομαι γύρω από

hint [hɪnt] *n* (= *suggestion*) υπονοούμενο *nt* · (= *advice*) συμβουλή *f* · (= *sign*) υποψία *f* ♦ *vt* **to ~ that** αφήνω να εννοηθεί ♦ *vi* **to ~ at** αφήνω να εννοηθεί

hip [hɪp] *n* (*ANAT*) γοφός *m* · (*also rose ~*) κυνόρροδο *nt*

hippie [ˈhɪpɪ] *n* χίππης/ισσα *m/f*

hippo [ˈhɪpəʊ] *n* ιπποπόταμος *m*

hippopotamus [hɪpəˈpɔtəməs] *n* (*pl* **-es** *or* **hippopotami**) *n* ιπποπόταμος *m*

hippy [ˈhɪpɪ] *n* = **hippie**

hire [ˈhaɪə] *vt* (*BRIT*) νοικιάζω · (*worker*) προσλαμβάνω ♦ *n* (*BRIT*) ενοικίαση *f* · **for ~** που ενοικιάζεται · (*taxi*) ελεύθερο · **on ~** νοικιασμένος · **~ out** (*object*) νοικιάζω · (*person*) εκμισθώνω · **~(d) car** (*BRIT*) *n* νοικιασμένο αυτοκίνητο *nt*

his [hɪz] *adj* του · *see also* **my** ♦ *pron* αυτού, δική *f* του, δικό *nt* του · **t~ is** αυτό είναι δικό του · *see also* **mine**

hiss [hɪs] *vi* (*snake*) σφυρίζω

historian [hɪˈstɔːrɪən] *n* ιστορικός *mf*

historic [hɪˈstɔrɪk] *adj* ιστορικός · **-al** *adj* ιστορικός

history [ˈhɪstərɪ] *n* ιστορία *f* · (*SCOL*) Ιστορία *f*, ιστορικό *nt*

hit [hɪt] (*pt*, *pp* **~**) *vt* (= *strike*: *person*, *thing*) χτυπάω · (= *reach*: *target*) πετυχαίνω · (= *collide with*) χτυπάω σε · (= *affect*) πλήττω ♦ *n* (= *knock*) χτύπημα *nt* · (= *success*) επιτυχία *f* · **to ~ it off with sb** τα βρίσκω μια χαρά με κν · **~ back** *vi* **to ~ back at sb** ανταποδίδω το χτύπημα σε κν · **~ (up)on** *vt fus* ανακαλύπτω τυχαία

hitch [hɪtʃ] *vt* (= *fasten*) δένω με γάντζο, ανασηκώνω ♦ *n* (= *difficulty*) πρόβλημα *nt* · **to ~ a lift** κάνω ωτοστόπ

hitchhike [ˈhɪtʃhaɪk] *vi* ταξιδεύω με ωτοστόπ · **~r** *n* αυτός που κάνει ωτοστόπ

hi-tech [ˈhaɪtɛk] *adj* υψηλής τεχνολογίας

HIV *n abbr* (= *human immunodeficiency virus*) ιός *m* ανοσολογικής ανεπάρκειας · **~-negative** μη φορέας *mf* του AI · **~-positive** φορέας *mf* του AI

hive [haɪv] *n* (*of bees*) κυψέλη *f*

HM *abbr* (= *His (or Her) Majesty*) Αυτού/ής Μεγαλειότητα *f*

hoard [hɔːd] *n* (*of food*) προμήθειες *fpl* · (*of money*) κομπόδεμα *nt* ♦ *vt* μαζεύω

hoarse [hɔːs] *adj* (*voice*) βραχνός

hoax [həʊks] *n* φάρσα *f*

hob [hɔb] *n* μάτι *nt*

hobby [ˈhɔbɪ] *n* χόμπι *nt inv*

hockey [ˈhɔkɪ] *n* χόκεϊ *nt inv*

hog [hɔg] *n* γουρούνι *nt* (*ευνουχισμένο*) ♦ *vt* (*fig*) μονοπωλώ

hoist [hɔɪst] *n* ανυψωτικός (*μηχανικής*) *nt* ♦ *vt* (*heavy object*) ανεβάζω · (*flag*) υψώνω · (*sail*) σηκώνω

hold [həʊld] (*pt*, *pp* **held**) *vt* κρατάω

(= contain: room, box etc) χωράω •
(power, qualification) έχω •
(conversation) κάνω • (meeting)
συγκαλώ • (= detain) κρατάω ♦ vi
(= withstand pressure) αντέχω • (= be
valid) ευσταθώ, ισχύω, ευνοώ ♦ n
λαβή f, αμπάρι nt • (of plane)
μπαγαζιέρα f • **the line!** (TEL)
περιμένετε στο ακουστικό σας! • **to
~ one's own** (fig) κρατάω γερή
άμυνα • **to catch** or **get (a) ~ of
sth** πιάνω κτ • **~ it!** περίμενε μια
στιγμή! • **~ still** or **steady** μείνε
ακίνητος • **~ back** vt συγκρατώ,
κρύβω • **~ off** vt (enemy) κρατάω σε
απόσταση ♦ vi **if the rain ~s off** αν
κρατήσει ο καιρός • **~ on** vi (= hang
on) κρατιέμαι • (= wait) περιμένω •
~ on! (TEL) περιμένετε μια στιγμή! •
~ on to vt fus (for support) κρατάω
από • (= keep) κρατάω • **~ out** vt
(hand) απλώνω • (hope, prospect)
προσφέρω ♦ vi (= resist)
διαμαρτύρομαι • **~ up** vt (= raise)
σηκώνω • (= support) στηρίζω •
(= delay) καθυστερώ, ληστεύω • **~er**
n (= container) βάση f • (of ticket,
record) κάτοχος mf

hole [həʊl] n τρύπα f

holiday ['hɒlɪdeɪ] n (BRIT) διακοπές
fpl • (= public holiday) αργία f • **on
~** σε διακοπές • **tomorrow is a
~** αύριο είναι αργία • **~-maker**
(BRIT) n παραθεριστής/τρια m/f • **~
resort** n θέρετρο nt

Holland ['hɒlənd] n Ολλανδία f

hollow ['hɒləʊ] adj κούφιος • (cheeks,
eyes) βαθουλωμένος • (laugh)
ψεύτικος • (claim) κούφιος • (sound)
ξερός ♦ n βαθούλωμα nt

holly ['hɒlɪ] n (BOT) ου f inv

holocaust ['hɒləkɔːst] n ολοκαύτωμα
nt

holy ['həʊlɪ] adj (picture, place) ιερός •
(water) αγιασμένος, θεοσεβούμενος

home [həʊm] n (= house) σπίτι nt •
(= area, country) πατρίδα f •

(= institution) ίδρυμα nt • cpd
(= domestic) οικιακός • (ECON, POL)
εσωτερικός • (SPORT) εντός έδρας
♦ adv σπίτι • (= right in: nail etc)
μέχρι μέσα • **at ~** (= in house) (στο)
σπίτι • (= country) στην πατρίδα •
(= comfortable) άνετα • **make
yourself at ~** σαν στο σπίτι σας •
~land n πατρίδα f • **~less** adj
άστεγος • **~ly** adj απλός • **~sick**
to be ~sick νοσταλγώ (την πατρίδα
ή το σπίτι μου) • **~work** (SCOL) n
δουλειά f για το σπίτι

homicide ['hɒmɪsaɪd] (US) n
ανθρωποκτονία f

homosexual [hɒməʊ'seksjʊəl] adj
(person) ομοφυλόφιλος •
(relationship) ομοφυλοφιλικός ♦ n
ομοφυλόφιλος/η mf

Honduras [hɒn'djʊərəs] n Ονδούρα f

honest ['ɒnɪst] adj ειλικρινής,
έντιμος • **~ly** adv (= truthfully) με
ειλικρίνεια • (= to be honest)
ειλικρινά • **~y** n τιμιότητα f

honey ['hʌnɪ] n μέλι nt • (esp US: inf:
= darling) αγάπη f μου • **~moon** n
ταξίδι nt του μέλιτος

Hong Kong ['hɒŋ'kɒŋ] n Χονγκ-Κονγκ
nt inv

honor etc (US) = **honour** etc

honorary ['ɒnərərɪ] adj (secretary)
επίτιμος • (title) τιμητικός

honour ['ɒnə] (US **honor**) vt (hero,
author) τιμώ • (promise) τηρώ •
(commitment) ανταποκρίνομαι σε ♦ n
τιμή f • **hono(u)rable** adj (person,
action) έντιμος • (defeat)
αξιοπρεπής • **to do the ~able thing**
φέρομαι έντιμα

hood [hʊd] n (of coat etc) κουκούλα
f • (of cooker) καπάκι nt • (AUT: BRIT)
πτυσσόμενη οροφή f • (: US) καπό nt
inv

hoof [huːf] (pl **hooves**) n οπλή f

hook [hʊk] n (for coats, curtains etc)
κρεμάστρα f • (on dress) κόπιτσα f •
(for fishing) αγγίστρι nt ♦ vt

(= fasten) κρεμάω με γάτζους · (fish) πιάνω (με αγκίστρι)

hoop [huːp] n (toy) τσέρκι nt

hoot [huːt] vi (AUT: horn) κορνάρω · (siren) ουρλιάζω · (owl) κράζω · (= jeer) γιουχάρω ♦ vt (AUT: horn) πατάω ♦ n (AUT: of horn) κορνάρισμα nt · (of owl) κραυγή f · **to ~ with laughter** γελάω κοροϊδευτικά

Hoover® ['huːvəʳ] (BRIT) n η ηλεκτρική σκούπα f ♦ vt ○ **hoover** (carpet) σκουπίζω (με την ηλεκτρική σκούπα)

hooves [huːvz] npl of **hoof**

hop [hɔp] vi (on one foot) χοροπηδάω στο ένα πόδι · (bird) χοροπηδάω ♦ n πηδηματάκι nt

hope [həʊp] v → **to/that/to do** ελπίζω ότι/να κάνω ♦ vi ελπίζω · n ελπίδα f · **I – so/not** το ελπίζω/ ελπίζω πως όχι · **~ful** adj (person) αισιόδοξος · (situation) ελπιδοφόρος · **~fully** adv (= expectantly) αισιόδοξα · **~fully,** **he'll come back** με ελπίσουμε ότι θα γυρίσει πίσω · **~less** adj (situation) απελπιστικός

hops [hɔps] (BOT) npl λυκίσκος m

horizon [həˈraɪzn] n ορίζοντας m · **~tal** adj οριζόντιος

hormone ['hɔːməʊn] n ορμόνη f

horn [hɔːn] n (of animal) κέρατο nt · (MUS: also **French** ~) γαλλικό κόρνο nt · (AUT) κόρνα f

horoscope ['hɔrəskəʊp] n ωροσκόπιο nt

horrendous [həˈrɛndəs] adj (crime) φρικιαστικός

horrible ['hɔrɪbl] adj φρικτός

horrid ['hɔrɪd] adj απαίσιος

horrific [hɔˈrɪfɪk] adj τρομακτικός

horrifying ['hɔrɪfaɪɪŋ] adj φρικιαστικός

horror ['hɔrəʳ] n (= alarm) τρόμος m, απέχθεια f · (of battle, warfare) φρίκη f

horse [hɔːs] n άλογο nt · **~back** adv **to ride ~back** κάνω ιππασία · **on**

~back έφιππος · **~power** n (of engine, car etc) ιπποδύναμη f · **~ racing** n ιπποδρομίες fpl

hose [həʊz] n (also **~pipe**) σωλήνας m · (also **garden** ~) λάστιχο nt

hospital ['hɔspɪtl] n νοσοκομείο nt · **in** ~, (US) **in the** ~ στο νοσοκομείο

hospitality [hɔspɪˈtælɪtɪ] n φιλοξενία f

host [həʊst] n (at party, dinner etc) οικοδεσπότης m, (TV, RADIO) παρουσιαστής m, άρτος m · (in Catholic church) όστια f ♦ adj που φιλοξενεί ♦ vt (TV programme) παρουσιάζω · **a ~ of** μια πληθώρα από

hostage ['hɔstɪdʒ] n όμηρος mf · **to be taken/held** ~ με πιάνουν/με κρατούν όμηρο

hostel ['hɔstl] n άσυλο nt · (also **youth** ~) ξενώνας m για νέους

hostess ['həʊstɪs] n (at party, dinner etc) οικοδέσποινα f · (BRIT: = air hostess) αεροσυνοδός f · (TV, RADIO) παρουσιάστρια f · (in nightclub) συνοδός f

hostile ['hɔstaɪl] adj (person, attitude) εχθρικός · (conditions) δυσμενής · (environment) αφιλόξενος · **hostility** n εχθρότητα f

▶ **hostilities** npl εχθροπραξίες fpl

hot [hɔt] adj (= moderately hot) ζεστός · (= very hot) καυτός · (= spicy) καυτερός · (weather) ζεστός · **to be** ~ (person) ζεσταίνομαι · (object) καίω · (weather) κάνει ζέστη · **~ dog** n χοτ ντογκ nt inv

hotel [həʊˈtɛl] n ξενοδοχείο nt

hound [haʊnd] vt κυνηγώ διαρκώς ♦ n κυνηγόσκυλο nt

hour ['aʊəʳ] n ώρα f · **(at) 60 miles an** ~ (με) ώρα την ώρα · **-ly** adj (service) κάθε ώρα · (rate) ωριαίος ♦ adv (= each hour) ανά ώρα

house n [haʊs] vb [haʊz] n σπίτι nt · (= firm) οίκος m · (THEAT) κοινό nt ♦ vt (person) στεγάζω · (collection) στεγάζω · **at/to my** ~ στο σπίτι μου · **the H~ of Commons** (BRIT) το Κοινοβούλιο · **the H~ of Lords** (BRIT) Βουλή των Λόρδων · **the H~ of Representatives** (US) η Βουλή των Αντιπροσώπων · **it's on the** ~ (fig) κερνάει το κατάστημα · **~hold** n (people) σπιτικό nt, νοικοκυριό nt · **~keeper** n οικονόμος mf · **~keeping** n (work) νοικοκυριό nt · (also **~keeping money**) χρήματα ntpl για τα έξοδα του σπιτιού · **~wife** (irreg) n νοικοκυρά f · **~work** n δουλειές fpl του σπιτιού

housing ['hauzɪŋ] n (= houses) στέγη f · (provision) στέγαση f · cpd (problem) στεγαστικός · (shortage) στέγης

hover ['hɔvə] vi (bird, insect) αιωρούμαι · (person) κοντοστέκομαι · **~craft** n χόβερκραφτ nt inv

---
KEYWORD
---

how [hau] adv (= in what way) πώς · **to know how to do sth** ξέρω να κάνω κτ · **how are you?** (singular) τι κάνεις; · (plural) τι κάνετε; · (= to what degree) **how much milk?** πόσο γάλα; · **how many people?** πόσοι άνθρωποι; · **how much does it cost?** πόσο κάνει; · **how old are you?** πόσων χρονών είσαι; · **how tall is he?** πόσο ψηλός είναι; · **how lovely/awful!** τι ωραία/φρίκη!

however [hau'ɛvə] conj όμως ♦ adv (with adj) όσο +adj κι αν · (in questions) πώς

howl [haul] vi ουρλιάζω ♦ n (of animal, person) ουρλιαχτό nt

HQ abbr = **headquarters**

hr(s) abbr = **hour(s)**

HTML (COMPUT) n abbr (= Hypertext Mark-up Language) ΓΣΥΚ f

huddle ['hʌdl] vi **to ~ together** μαζεύεται ο ένας κοντά στον άλλο ♦ n κουβάρι nt

huff [hʌf] n **in a** ~ θυμωμένος

hug [hʌɡ] vt (person) αγκαλιάζω · (thing) κρατάω σφιχτά ♦ n αγκάλιασμα nt

huge [hju:dʒ] adj τεράστιος

hull [hʌl] n (of ship) κύτος nt

hum [hʌm] vt σιγοτραγουδάω ♦ vi (person) σιγοτραγουδάω, βουίζω ♦ n (of traffic, machines) βουητό nt · (of voices) μουρμουρητό nt

human ['hju:mən] adj ανθρώπινος ♦ n (also ~ being) άνθρωπος m · **the ~ race** το ανθρώπινο γένος

humane [hju:'meɪn] adj (treatment) ανθρώπινος

humanitarian [hju:mænɪ'teəriən] adj ανθρωπιστικός

humanity [hju:'mænɪtɪ] n (= mankind) ανθρωπότητα f · (= condition) ανθρώπινη υπόσταση f, ανθρωπιά f

▸ **humanities** npl **(the) humanities** οι θεωρητικές σπουδές fpl

human rights npl ανθρώπινα δικαιώματα ntpl

humble ['hʌmbl] adj ταπεινός ♦ vt ταπεινώνω

humid ['hju:mɪd] adj υγρός · **~ity** n υγρασία f

humiliate [hju:'mɪlɪeɪt] vt ταπεινώνω

humiliating adj ταπεινωτικός ·

humiliation n εξευτελισμός m

humorous ['hju:mərəs] adj (remark) πνευματώδης · (person) εύθυμος

humour ['hju:mə] (US humor) n (= comedy) χιούμορ nt inv · (= mood) διάθεση f ♦ vt κάνω το χατίρι (κου) · **sense of ~** αίσθηση του χιούμορ

hump [hʌmp] n (in ground) σαμαράκι nt · (of camel) καμπούρα f

hunch [hʌntʃ] n (= premonition) προαίσθημα nt

hundred ['hʌndrəd] num εκατό · (before n) **a** or **one** ~ **books/people/ dollars** εκατό βιβλία/άτομα/ δολάρια · **~s of** εκατοντάδες +acc or gen · **~th** num εκατοστός

hung [hʌŋ] *pt, pp of* **hang**

Hungarian [hʌŋˈgɛərɪən] *adj* ουγγρικός ♦ *n* (*person*) Ούγγρος/έζα *m/f* • (*LING*) ουγγρικά *ntpl*

Hungary [ˈhʌŋgərɪ] *n* Ουγγαρία *f*

hunger [ˈhʌŋgəʳ] *n* πείνα *f*, λιμός *m* ♦ *vi* to ~ for διψάω για

hungry [ˈhʌŋgrɪ] *adj* πεινασμένος · to be ~ πεινάω

hunt [hʌnt] *vt* (*also SPORT*) κυνηγάω · (*criminal, fugitive*) καταδιώκω ♦ *vi* (*SPORT*) πηγαίνω για κυνήγι ♦ *n* (*for food*) κυνήγι *nt* · (*SPORT: activity*) κυνήγι *nt* · (*= search*) έρευνα *f* · to ~ (for) ψάχνω για · ~**er** *n* κυνηγός *mf* · ~**ing** *n* (*for food*) κυνήγι *nt* · (*SPORT*) κυνήγι *nt*

hurdle [ˈhəːdl] *n* εμπόδιο *nt*

hurl [həːl] *vt* εκσφενδονίζω, εξακοντίζω

hurrah [huˈrɑː] *excl* ζήτω!

hurricane [ˈhʌrɪkən] *n* τυφώνας *m*

hurry [ˈhʌrɪ] *n* βιασύνη *f* ♦ *vi* βιάζομαι ♦ *vt* (*person*) κάνω κν να βιαστεί, κάνω βιαστικά · to be in a ~ βιάζομαι · to do sth in a ~ κτ βιαστικά · to ~ along, ~ up *vi* κάνω γρήγορα

hurt [həːt] (*pt, pp ~*) *vt* (*= cause pain to*) πονάω · (*= injure*) χτυπάω · (*fig*) πληγώνω ♦ *vi* πονάω ♦ *adj* to be ~ χτυπάω · (*fig*) πληγώνομαι · I've ~ my arm χτύπησα το χέρι μου

husband [ˈhʌzbənd] *n* άντρας *m*

hush [hʌʃ] *n* σιωπή *f* ♦ *vi* ησυχάζω · ~! σουτ!

husky [ˈhʌskɪ] *adj* βραχνός ♦ *n* σκύλος *m* των εσκιμώων

hut [hʌt] *n* (*house*) καλύβα *f* · (*= shed*) υπόστεγο *nt*

hydrogen [ˈhaɪdrədʒən] *n* υδρογόνο *nt*

hygiene [ˈhaɪdʒiːn] *n* υγιεινή *f* · **hygienic** *adj* υγιεινός

hymn [hɪm] *n* ύμνος *m*

hype [haɪp] (*inf*) *n* ντόρος *m* ♦ *vt* κάνω θόρυβο

hyperlink [ˈhaɪpəlɪŋk] *n* (*COMPUT*) υπερσύνδεσμος *m*

hypertext [ˈhaɪpətɛkst] *n* (*COMPUT*) υπερκείμενο *nt*

hypnosis [hɪpˈnəʊsɪs] *n* ύπνωση *f*

hypocritical [hɪpəˈkrɪtɪkl] *adj* (*behaviour*) υποκριτικός · (*person*) υποκριτής

hypothesis [haɪˈpɔθɪsɪs] (*pl* **hypotheses**) *n* υπόθεση *f*

hysterical [hɪˈstɛrɪkl] *adj* (*person, laughter*) υστερικός · to become ~ με πιάνει υστερία · (*fig*) γίνομαι παρανοϊκός

I i

I, i [aɪ] *n* το ένατο γράμμα του αγγλικού αλφαβήτου

ice [aɪs] *n* πάγος *m* ♦ *vt* (*cake*) γλασάρω ♦ *vi* (*also ~ over, ~ up: road, window etc*) παγώνω · ~**berg** *n* παγόβουνο *nt* · ~ **cream** *n* παγωτό *nt* · ~ **cube** *n* παγάκι *nt* · ~ **hockey** *n* χόκεϊ *nt* inv στον πάγο

Iceland [ˈaɪslənd] *n* Ισλανδία *f*

ice rink *n* πίστα *f* πατινάζ

icing [ˈaɪsɪŋ] *n* (*CULIN*) γλάσσο *nt* · (*AVIAT etc*) επίπαγος *m* · ~ **sugar** (*BRIT*) *n* ζάχαρη *f* άχνη

icon [ˈaɪkɔn] *n* (*REL*) εικόνα *f* · (*COMPUT*) εικονίδιο *nt*

icy [ˈaɪsɪ] *adj* παγωμένος · (*road*) που έχει πιάσει πάγο

I'd [aɪd] = **I would** · **I had**

ID card *n* = **identity card**

idea [aɪˈdɪə] *n* (*= scheme, notion*) ιδέα *f* · (*= opinion*) άποψη *f* · (*= objective*) σκοπός *m* · **good** ~! καλή ιδέα!

ideal [aɪˈdɪəl] *n* (*= principle*) ιδανικό *nt* · (*= epitome*) πρότυπο *nt* ♦ *adj* ιδανικός · ~**ly** *adv* στην ιδανική περίπτωση

identical [aɪˈdɛntɪkl] *adj* πανομοιότυπος

identification [aɪdentɪfɪˈkeɪʃən] n
(process) εξακρίβωση f · (of person,
dead body) αναγνώριση f

identify [aɪˈdentɪfaɪ] vt (recognize)
διακρίνω · (= distinguish) ξεχωρίζω

identity [aɪˈdentɪtɪ] n · **~ card** n
ταυτότητα f

ideology [aɪdɪˈɔlədʒɪ] n ιδεολογία f

idiom [ˈɪdɪəm] n (= style) στυλ nt inv ·
(LING) ιδιωματισμός m

idiot [ˈɪdɪət] n ηλίθιος/α m/f

idle [ˈaɪdl] adj (= inactive) χωρίς
απασχόληση · (= lazy) αργόσχολος ·
(= unemployed) άεργος · (machinery,
factory) σε αχρηστία · (question)
τεμπέλικος · ♦ vi (machine) δουλεύω
στο ρελαντί

idol [ˈaɪdl] n ίνδαλμα nt · (REL) είδωλο
nt

idyllic [ɪˈdɪlɪk] adj ειδυλλιακός

KEYWORD
---

if [ɪf] conj (a) (conditional use) αν · **if
necessary** αν χρειαστεί · **if I were
you** αν ήμουν στη θέση σου
(b) (= whenever) όταν
(c) (= although) (even) **if** έστω κι αν
(d) (= whether) αν
(e) **if not** όχι · **if so** είναι έτσι ·
if only έστω και μόνο · see also **as**

ignite [ɪgˈnaɪt] vt ανάβω ♦ vi
αναφλέγομαι

ignition [ɪgˈnɪʃən] n (AUT: process)
ανάφλεξη f · (: mechanism)
πυροδότηση f · **to switch on/off
the ~** ανάβω/σβήνω τη μηχανή

ignorance [ˈɪgnərəns] n άγνοια f

ignorant [ˈɪgnərənt] adj αμαθής · (·
subject) δεν γνωρίζω κτ

ignore [ɪgˈnɔːʳ] vt αγνοώ · (fact)
παραβλέπω

I'll [aɪl] = **I will · I shall**

ill [ɪl] adj άρρωστος · ♦ n κακό nt
♦ adv **to be taken ~** αρρωσταίνω

illegal [ɪˈliːgl] adj παράνομος

illegitimate [ɪlɪˈdʒɪtɪmət] adj (child)

νόθος

illiterate [ɪˈlɪtərət] adj (person)
αναλφάβητος

illness [ˈɪlnɪs] n αρρώστεια f

illuminate [ɪˈluːmɪneɪt] vt φωτίζω

illusion [ɪˈluːʒən] n (= false idea)
ψευδαίσθηση f · (= trick)
οφθαλμαπάτη f

illustrate [ˈɪləstreɪt] vt (point,
argument) επεξηγώ · (book, talk)
εικονογραφώ · **illustration** n (= act
of illustrating) επεξήγηση f ·
(= example) παράδειγμα nt · (in book)
εικόνα f

I'm [aɪm] = **I am**

image [ˈɪmɪdʒ] n (= picture)
απεικόνιση f · (= public face) εικόνα
f · (= reflection) είδωλο nt

imaginary [ɪˈmædʒɪnərɪ] adj
φανταστικός

imagination [ɪmædʒɪˈneɪʃən] n
φαντασία f

imaginative [ɪˈmædʒɪnətɪv] adj
ευρηματικός

imagine [ɪˈmædʒɪn] vt (= visualise)
φαντάζομαι · (= suppose) υποθέτω

imbalance [ɪmˈbæləns] n
ανισορροπία f

imitate [ˈɪmɪteɪt] vt μιμούμαι ·
imitation n (act) μίμηση f ·
(instance) απομίμηση f

immaculate [ɪˈmækjulət] adj άψογος

immature [ɪməˈtjuəʳ] adj (person)
ανώριμος

immediate [ɪˈmiːdɪət] adj άμεσος ·
(neighbourhood, relative) κοντινός ·
~ly adv (= at once) αμέσως ·
(= directly) άμεσα · **~ly next to**
ακριβώς δίπλα σε

immense [ɪˈmɛns] adj τεράστιος ·
~ly adv (enjoy etc) πάρα πολύ ·
(grateful, complex etc) εξαιρετικά

immigrant [ˈɪmɪgrənt] n (just arrived)
μετανάστης/τρια m/f · (already
established) μέτοικος mf

immigration [ɪmɪˈgreɪʃən] n
μετανάστευση f · (from abroad)

είσοδος f αλλοδαπών ♦ *cpd*
(*authorities, officer*) της υπηρεσίας
αλλοδαπών ♦ (*laws etc*)
μετανάστευσης

imminent ['ɪmɪnənt] *adj* επικείμενος

immoral [ɪ'mɔrl] *adj* ανήθικος

immortal [ɪ'mɔːtl] *adj* (*god*) αθάνατος

immune [ɪ'mjuːn] *adj* to be ~ (to)
(*disease*) έχω ανοσία (σε) · (*criticism,
attack*) είμαι απρόσβλητος (από) ·
~ **system** *n* ανοσοποιητικό
σύστημα *nt*

impact ['ɪmpækt] *n* (*of bullet*)
πρόσκρουση f · (*of crash*) δύναμη f
πρόσκρουσης · (*of law, measure*)
επίδραση f

impair [ɪm'pεə'] *vt* εξασθενίζω

impartial [ɪm'pɑːʃl] *adj* αμερόληπτος

impatience [ɪm'peɪʃəns] *n*
ανυπομονησία f · **impatient** *adj* που
δυσανασχετεί · (= *irritable*) που δεν
είναι ανεκτικός · (= *eager, in a hurry*)
ανυπόμονος · **to get** *or* **grow**
~ δυσανασχετώ

impeccable [ɪm'pεkəbl] *adj* άψογος

impending [ɪm'pεndɪŋ] *adj*
επικείμενος

imperative [ɪm'pεrətɪv] *adj*
επιτακτικός ♦ *n* (*LING*) προστακτική f

imperfect [ɪm'pɑːfɪkt] *adj* (*goods*)
ελαττωματικός · (*system*) ελλιπής ♦ *n*
(*LING: also* ~ **tense**) παρατατικός *m*

imperial [ɪm'pɪərɪəl] *adj* (*history,
power*) αυτοκρατορικός · (*BRIT:
measure*) που ισχύει στη Μεγάλη
Βρετανία

impersonal [ɪm'pəːsənl] *adj*
απρόσωπος

impetus ['ɪmpɪtəs] *n* (*of flight*) ορμή
f · (*of runner*) φόρα f · (*fig*) ώθηση f

implant [ɪm'plɑːnt] *vt* (*MED*)
μεταμοσχεύω · (*fig*) εμφυτεύω

implement *n* ['ɪmplɪmənt] *n* εργαλείο *nt* ♦ *vt*
['ɪmplɪment] *vt* πραγματοποιώ

implication [ɪmplɪ'keɪʃən] *n*
(= *inference*) συνέπεια f ·

(= *involvement*) ανάμειξη f

implicit [ɪm'plɪsɪt] *adj* (*threat, meaning
etc*) έμμεσος · (*belief, trust*)
ανεπιφύλακτος

imply [ɪm'plaɪ] *vt* (= *hint*)
υπαινίσσομαι · (= *mean*) συνεπάγομαι

import *vb* [ɪm'pɔːt] *n, cpd* ['ɪmpɔːt]
(*COMM*) *vt* εισάγω ♦ *n* (*article*)
εισαγόμενο (προϊόν) *nt* ·
(= *importation*) εισαγωγή f ♦ *cpd*
εισαγωγών

importance [ɪm'pɔːtns] *n*
(= *significance*) σημασία f ·
(= *influence*) σπουδαιότητα f

important [ɪm'pɔːtənt] *adj* σημαντικός

importer [ɪm'pɔːtə'] *n* εισαγωγέας *m*

impose [ɪm'pəuz] *vt* επιβάλλω ♦ *vi*
~ **on sb** γίνομαι φόρτικος σε κν ·
imposing *adj* επιβλητικός

impossible [ɪm'pɔsɪbl] *adj* (*task,
demand etc*) αδύνατος · (*situation*)
παράλογος · (*person*) απαράδεκτος

impotent ['ɪmpətnt] *adj* ανίσχυρος ·
(*MED*) ανίκανος

impoverished [ɪm'pɔvərɪʃt] *adj* σε
κατάσταση φτώχειας

impractical [ɪm'præktɪkl] *adj* (*plan*)
μη πραγματικός · (*person*) που δεν
έχει πρακτικό πνεύμα

impress [ɪm'prεs] *vt* (*person*)
εντυπωσιάζω · **to ~ sth on sb** δίνω
σε κν να καταλάβει κτ

impression [ɪm'prεʃən] *n* εντύπωση
f · (= *imitation*) μίμηση f · **to be
under the ~ that** έχω την
εντύπωση ότι

impressive [ɪm'prεsɪv] *adj*
εντυπωσιακός

imprisonment [ɪm'prɪznmənt] *n*
φυλάκιση f

improbable [ɪm'prɔbəbl] *adj* απίθανος

improper [ɪm'prɔpə'] *adj* (*conduct*)
ανάρμοστος · (*procedure*)
ακατάλληλος · (= *dishonest: activities*)
παράνομα

improve [ɪm'pruːv] *vt* βελτιώνω ♦ *vi*
βελτιώνομαι · (*patient, health*)

παρουσιάζω βελτίωση · ~ **(up)on** vt fus (work) είμαι καλύτερος από · (technique, achievement etc) επιφέρω βελτιώσεις σε · **~ment** n **~ment** (in) (person, thing) βελτίωση f (σε)

improvise ['ɪmprəvaɪz] vi (THEAT, MUS) αυτοσχεδιάζω

impulse ['ɪmpʌls] n παρόρμηση f · (ELEC) ταλάντωση f · **to act on ~** ενεργώ αυθόρμητα · **impulsive** adj (gesture) αυθόρμητος · (person) παρορμητικός

in [ɪn] n **the ins and outs** (of proposal, situation etc) οι λεπτομέρειες ♦ prep (a) (indicating place, position) (μέσα) σε · **in here/ there** εδώ/εκεί μέσα

(b) (with place names: of town, region) σε

(c) (= during: expressed by accusative) **in spring/summer** την άνοιξη/το καλοκαίρι · **in 1998** το 1998 · **in May** το Μάιο · **I'll see you in July** θα τα πούμε τον Ιούλιο · **in the afternoon** το απόγευμα · **at 4 o'clock in the afternoon** στις 4 (η ώρα) το απόγευμα

(d) (= in the space of) σε

(e) (indicating manner, description) με · **in English/French** στα αγγλικά/ γαλλικά

(f) (indicating circumstances) · **a change in policy** μια αλλαγή τακτικής or πολιτικής · **a rise in prices** μια άνοδος στις τιμές or των τιμών

(g) (indicating mood, state) **in tears** κλαίγοντας · **in anger/despair** θυμωμένος/απελπισμένος

(h) (with ratios, numbers) σε · **they lined up in twos** παρατάχθηκαν ανά δύο or σε δυάδες

(i) (referring to people, works) σε · **she has it in her to succeed** είναι ικανή να πετύχει · **they have a good leader in him** σ' αυτόν

έχουν έναν καλό ηγέτη

(j) (indicating profession etc) σε

(k) (after superlative) σε

(l) (with present participle) **in saying this** λέγοντάς το αυτό ♦ adv **to be in** (person: at home, work) είμαι εδώ/ εκεί · (train, ship) έρχομαι · (in fashion) είμαι της μόδας · **he'll be in later today** θα είναι εδώ or θα έρθει αργότερα · **to ask sb in** λέω σε κν να έρθει μέσα · **to run/limp in** μπαίνω τρέχοντας/κουτσαίνοντας

in. abbr = inch

inability [ɪnə'bɪlɪtɪ] n ~ **(to do)** ανικανότητα (να κάνω)

inaccurate [ɪn'ækjurət] adj ανακριβής

inadequate [ɪn'ædɪkwət] adj (income, amount) ανεπαρκής · (person) ακατάλληλος

inadvertently [ɪnəd'vɜːtntlɪ] adv από απροσεξία

inappropriate [ɪnə'prəuprɪət] adj (= unsuitable) ακατάλληλος · (= improper) ανάρμοστος

incapable [ɪn'keɪpəbl] adj ανίκανος

incense n ['ɪnsens] vb [ɪn'sens] n λιβάνι nt ♦ vt (= anger) εξοργίζω

incentive [ɪn'sentɪv] n κίνητρο nt

inch [ɪntʃ] n ίντσα f

incidence ['ɪnsɪdns] n συχνότητα f

incident ['ɪnsɪdnt] n συμβάν nt

incidentally [ɪnsɪ'dentəlɪ] adv παρεμπιπτόντως

inclination [ɪnklɪ'neɪʃən] n (= tendency) τάση f · (= disposition) κλίση f

incline n ['ɪnklaɪn] vb [ɪn'klaɪn] n πλαγιά f · (of head) γέρνω ♦ vi (surface) έχω κλίση · **to be ~d to** έχω την τάση να

include [ɪn'kluːd] vt (in plan, team etc) περιλαμβάνω · (in price) συμπεριλαμβάνω · **including** prep συμπεριλαμβανομένου (fml)

inclusion [ɪn'kluːʒən] n προσθήκη f

inclusive [ɪn'kluːsɪv] adj (price)

συνολικός **· to be ~ of** περιλαμβάνω
και **· Monday to Friday ~** από
Δευτέρα ως και Παρασκευή

income ['ɪnkʌm] n εισόδημα nt ·
~ support n (BRIT) βοηθητικό
επίδομα nt · **~ tax** n φόρος m
εισοδήματος

incoming ['ɪnkʌmɪŋ] adj (flight,
passenger) εισερχόμενος · (call)
εξωτερικός

incompatible [ɪnkəm'pætɪbl] adj
ασυμβίβαστος

incompetence [ɪn'kɔmpɪtns] n
ανικανότητα f · **incompetent** adj
(person) ανίκανος · (job) άχρηστος

incomplete [ɪnkəm'pliːt] adj
(= unfinished) ημιτελής · (= partial)
μερικός

inconsistent [ɪnkən'sɪstnt] adj
ασυνεπής (statement, action)
αντιφατικός · **~ with** (beliefs, values)
ασυμβίβαστος με

inconvenience [ɪnkən'viːnjəns] n
(= problem) πρόβλημα nt · (= trouble)
αναστάτωση f ♦ vt ενοχλώ ·
inconvenient [ɪn'kɔnviːnjənt] adj (time, place)
άβολος · (visitor) ενοχλητικός

incorporate [ɪn'kɔːpəreɪt] vt
(= include) περιλαμβάνω · (= contain)
περιέχω

incorrect [ɪnkə'rekt] adj (information,
answer) εσφαλμένος · (behaviour,
attitude) απρεπής

increase n ['ɪnkriːs] vb [ɪn'kriːs] n
(= rise) ♦ (= of/on)
+gen ♦ vi αυξάνομαι ♦ vt αυξάνω ·
to be on the ~ σημειώνω αύξηση ·
increasingly adv (= more and
more) όλο και πιο · (= more often)
όλο και πιο συχνά

incredible [ɪn'kredɪbl] adj
(= unbelievable) απίστευτος ·
(= enormous) τεράστιος · (= amazing,
wonderful) καταπληκτικός

incur [ɪn'kəː] vt (expenses)
υποβάλλομαι σε · (loss) υφίσταμαι ·
(debt) αποκτώ · (disapproval, anger)
επισύρω

indecent [ɪn'diːsnt] adj (film, book)
άσεμνος · (behaviour) απρεπής

indeed [ɪn'diːd] adv (= certainly)
όντως · (= in fact) πράγματι ·
(= furthermore) στ'αλήθεια · **yes ~!**
και βέβαια!

indefinitely [ɪn'defɪnɪtlɪ] adv
επ'αόριστον

independence [ɪndɪ'pendns] n (of
country, person) ανεξαρτησία f

independent [ɪndɪ'pendnt] adj
ανεξάρτητος · (school) ιδιωτικός

index ['ɪndeks] (pl **~es**) n (in book)
ευρετήριον nt · (in library etc)
κατάλογος m (pl **indices**)

India ['ɪndɪə] n Ινδία f · **~n** adj ινδικός
♦ n Ινδός/η m/f· **Red ~n** Ινδιάνος/α
m/f

indicate ['ɪndɪkeɪt] vt (= show)
δείχνω · (= point to) υποδεικνύω ·
(= mention) κάνω νύξη ♦ vi (BRIT:
AUT) **to ~ left/right** βγάζω αριστερό/
δεξιό φλας · **indication** n ένδειξη f

indicative [ɪn'dɪkətɪv] adj **~ of**
ενδεικτικός +gen ♦ n (LING) οριστική
f

indicator ['ɪndɪkeɪtə] n δείκτης m ·
(AUT) φλας nt inv

indictment [ɪn'daɪtmənt] n
(= denunciation) μομφή f · (= charge)
απαγγελία f κατηγορίας

indifference [ɪn'dɪfrəns] n αδιαφορία
f · **indifferent** adj (attitude)
αδιάφορος · (quality) μέτριος

indigenous [ɪn'dɪdʒɪnəs] adj
(wildlife) του τόπου · (population)
αυτόχθων

indigestion [ɪndɪ'dʒestʃən] n
δυσπεψία f

indignant [ɪn'dɪgnənt] adj **to be ~ at
sth/with sb** είμαι αγανακτισμένος
με κτ/με κν

indirect [ɪndɪ'rekt] adj (way, manner)
έμμεσος · (route) όχι απευθείας ·
(answer) πλάγιος

indispensable [ɪndɪs'pensəbl] adj

απαραίτητος

individual [ɪndɪ'vɪdjʊəl] *n* άτομο *nt*
♦ *adj* (= *personal*) ατομικός ·
(= *single*) ιδιαίτερος · (= *unique*)
μοναδικός · **~ly** *adv* (= *singly*)
μεμονωμένα · (= *separately*) χωριστά

Indonesia [ɪndə'niːzɪə] *n* Ινδονησία *f*

indoor ['ɪndɔː] *adj* (*plant*)
εσωτερικού χώρου · (*swimming pool*)
κλειστός · (*games, sport*) κλειστού
στίβου · **~s** *adv* μέσα

induce [ɪn'djuːs] *vt* (= *bring about*)
επιφέρω · (= *persuade*) δελεάζω ·
(MED: *birth*) προκαλώ

indulge [ɪn'dʌldʒ] *vt* (*desire, whim*)
ενδίδω σε · (*person, child*) κάνω τα
χατήρια σε ♦ *vi*: **~ in** *vt fus* (*vice, hobby*)
επιτρέπω στον εαυτό μου · **~nt** *adj*
(*parent*) επιεικής · (*smile*)
συγκαταβατικός

industrial [ɪn'dʌstrɪəl] *adj*
βιομηχανικός · **~ estate** (BRIT) *n*
βιομηχανική ζώνη *f* · **~ist** *n*
μεγαλοβιομήχανος *mf*

industry ['ɪndəstrɪ] *n* βιομηχανία *f* ·
(= *diligence*) φιλοπονία *f*

inefficiency [ɪnɪ'fɪʃənsɪ] *n* μη
αποδοτικότητα *f* · **inefficient** *adj*
μη αποδοτικός

inequality [ɪnɪ'kwɔlɪtɪ] *n* ανισότητα *f*

inevitable [ɪn'ɛvɪtəbl] *adj*
αναπόφευκτος · **inevitably** *adv*
αναπόφευκτα

inexpensive [ɪnɪk'spɛnsɪv] *adj*
φθηνός

inexperienced [ɪnɪk'spɪərɪənst] *adj*
(*worker*) άπειρος · (*swimmer*)
αρχάριος

inexplicable [ɪnɪk'splɪkəbl] *adj*
ανεξήγητος

infamous ['ɪnfəməs] *adj* διαβόητος

infant ['ɪnfənt] *n* (= *baby*) μωρό *nt*,
βρέφος *nt* · (= *young child*) νήπιο *nt*
♦ *cpd* παιδικός

infantry ['ɪnfəntrɪ] *n* πεζικό *nt*

infect [ɪn'fɛkt] *vt* μολύνω · (*fig*)
κολλάω · **to become ~ed** (*wound*)

μολύνομαι · **~ion** *n* μόλυνση *f* ·
~ious *adj* (*disease*) κολλητικός ·
(*person, animal*) μολυσματικός · (*fig*)
μεταδοτικός

infer [ɪn'fɜː] *vt* (= *deduce*)
συμπεραίνω · (= *imply*) υπαινίσσομαι

inferior [ɪn'fɪərɪə] *adj* (*in rank*)
κατώτερος · (*in quality, quantity*)
κατώτερης ποιότητας ♦ *n*
(= *subordinate*) υφιστάμενος/η *m/f* ·
(= *junior*) κατώτερος/η *m/f*

infertile [ɪn'fɜːtaɪl] *adj* (*soil*) άγονος ·
(*person, animal*) στείρος

infertility [ɪnfə'tɪlɪtɪ] *n* στειρότητα *f*

infested [ɪn'fɛstɪd] *adj* **to be ~ (with)**
(*vermin*) κατακλύζομαι από · (*pests*)
πνίγομαι σε

infinite ['ɪnfɪnɪt] *adj* ατελείωτος · **~ly**
adv απείρως

infirmary [ɪn'fɜːmərɪ] *n* νοσοκομείο *nt*

inflamed [ɪn'fleɪmd] *adj* ερεθισμένος

inflammation [ɪnflə'meɪʃən] *n*
φλεγμονή *f*

inflatable [ɪn'fleɪtəbl] *adj* φουσκωτός

inflate [ɪn'fleɪt] *vt* (*tyre, balloon*)
φουσκώνω · (*price*) παραφουσκώνω

inflation [ɪn'fleɪʃən] (ECON) *n* πληθωρισμός *m*

inflexible [ɪn'flɛksɪbl] *adj* (*rule,
timetable*) ανελαστικός · (*person*)
ανένδοτος

inflict [ɪn'flɪkt] *vt* **to ~ sth on sb**
υποβάλλω κν σε κτ

influence ['ɪnflʊəns] *n* (= *power*)
επιρροή *f* · (= *effect*) επίδραση *f* ♦ *vt*
επηρεάζω · **under the ~ of alcohol**
υπό την επήρεια του αλκοόλ ·
influential *adj* με επιρροή

influx ['ɪnflʌks] *n* εισροή *f*

inform [ɪn'fɔːm] *vt* **to ~ sb of sth**
πληροφορώ κν για κτ ♦ *vi* **to ~ on
sb** καταδίδω κν

info ['ɪnfəʊ] *abbr* = **information**

informal [ɪn'fɔːml] *adj* (*manner,
discussion etc*) φιλικός · (*clothes,
language*) ανεπίσημος · (*meeting*)
άτυπος

information [ɪnfə'meɪʃən] *n* (= *facts*)

πληροφορίες *fpl* · (= *knowledge*)
γνώσεις *fpl* · **a piece of ~** μια
πληροφορία · **~ technology** *n*
Πληροφορική *f*

informative [ɪnˈfɔːmətɪv] *adj*
κατατοπιστικός

infrastructure [ˈɪnfrəstrʌktʃəʳ] *n*
υποδομή *f*

infrequent [ɪnˈfriːkwənt] *adj* (*visits*)
σπάνιος · (*buses*) μη τακτικός

infuriating [ɪnˈfjuərɪeɪtɪŋ] *adj*
εξοργιστικός

ingenious [ɪnˈdʒiːnjəs] *adj* ευφυής

ingredient [ɪnˈɡriːdɪənt] *n* (*of food*)
συστατικό *nt* · (*of situation*) στοιχείο
nt

inhabit [ɪnˈhæbɪt] *vt* κατοικώ · **~ant** *n*
κάτοικος *mf*

inhale [ɪnˈheɪl] *vt* (*smoke, gas etc*)
εισπνέω ♦ *vi* εισπνέω · (*when
smoking*) τραβάω μέσα τον καπνό

inherent [ɪnˈhɪərənt] *adj* · **~ in** *or* **to**
έμφυτος σε

inherit [ɪnˈhɛrɪt] *vt* κληρονομώ ·
~ance *n* κληρονομιά *f*

inhibit [ɪnˈhɪbɪt] *vt* (= *restrain*)
περιορίζω · (*growth*) παρεμποδίζω ·
~ion *n* (*pl*: = *hang-up*) αναστολή *f*

initial [ɪˈnɪʃl] *adj* (*stage, reaction*)
αρχικός ♦ *n* (= *letter*) αρχικό *nt* ·
(*document*) μονογράφω
▸ **initials** *npl* (*of name*) αρχικά *ntpl* ·
~ly *adv* (= *at first*) αρχικά · (= *at the
beginning*) στην αρχή

initiate [ɪˈnɪʃɪeɪt] *vt* (*talks, process*)
αρχίζω · (*new member*) μυώ ·
initiative *n* πρωτοβουλία *f*

inject [ɪnˈdʒɛkt] *vt* κάνω ένεση με · **to
~ sb with sth** κάνω εμβόλιο σε κν
με κτ · **~ion** *n* (*of drug*) ένεση *f* · (*of
vaccine*) εμβόλιο *nt* · (*fig: of money*)
τονωτική ένεση *f*

injure [ˈɪndʒəʳ] *vt* (*person, leg etc*)
τραυματίζω · (*feelings, reputation*)
πληγώνω · **to ~ o.s.** τραυματίζομαι ·
~d *adj* (*person, arm*)
τραυματισμένος · (*tone, feelings*)

πληγωμένος · **injury** *n* τραύμα *nt*

injustice [ɪnˈdʒʌstɪs] *n* αδικία *f*

ink [ɪŋk] *n* μελάνι *nt*

inland *adj* [ˈɪnlənd] *adv* [ɪnˈlænd] *adj*
ηπειρωτικός ♦ *adv* στην ενδοχώρα ·
Inland Revenue (*BRIT*) *n* =Εφορία
f

in-laws [ˈɪnlɔːz] *npl* πεθερικά *ntpl*

inmate [ˈɪnmeɪt] *n* τρόφιμος *mf*

inn [ɪn] *n* πανδοχείο *nt*

inner [ˈɪnəʳ] *adj* εσωτερικός · **~ city**
n κέντρο *nt* μεγαλούπολης
(*συνήθως, υποβαθμισμένες περιοχές*)

innings [ˈɪnɪŋz] *n* (*CRICKET*) γύρος *m*

innocence [ˈɪnəsns] *n* αθωότητα *f* ·
innocent *adj* αθώος

innovation [ɪnəʊˈveɪʃən] *n* καινοτομία
f

input [ˈɪnpʊt] *n* συνεισφορά *f* ·
(*COMPUT*) είσοδος *f*

inquest [ˈɪnkwɛst] *n* ανάκριση *f* (*για
τα αίτια θανάτου*)

inquire [ɪnˈkwaɪəʳ] *vi* ρωτάω ♦ *vt*
ρωτάω · **to ~ about** ζητάω
πληροφορίες για · **~ after** *vt fus*
ρωτάω για · **~ into** *vt fus* διερευνώ ·
inquiry *n* (= *question*) ερώτηση *f* ·
(= *investigation*) έρευνα *f*

insane [ɪnˈseɪn] *adj* (*MED*) παράφρων ·
(= *crazy*) τρελός · **insanity** *n* (*MED*)
παραφροσύνη *f* · (*of idea etc*) τρέλα *f*

insect [ˈɪnsɛkt] *n* έντομο *nt*

insecure [ɪnsɪˈkjʊəʳ] *adj* (*person*)
ανασφαλής · (*structure, job*)
επισφαλής · **insecurity** *n*
ανασφάλεια *f*

insensitive [ɪnˈsɛnsɪtɪv] *adj*
αναίσθητος

insert *vt* [ɪnˈsɜːt] *n* [ˈɪnsɜːt] *vt* βάζω ·
(*in text, speech etc*) παρεμβάλλω ♦ *n*
ένθετο *nt*

inside [ɪnˈsaɪd] *n* εσωτερικό *nt* ♦ *adj*
εσωτερικός ♦ *adv* (*go*) μέσα · (*be*)
στο εσωτερικό ♦ *prep* (*location*)
μέσα · (*time*) μέσα σε
▸ **insides** *npl* (*inf*) σωθικά *ntpl* ·
~ out *adv* (*be*) το μέσα έξω · (*turn*)
ανάποδα · (*fig: know*) απέξω κι

ανακατωτά · **~r** n αυτός που ξέρει τα πράγματα από μέσα

insight ['ɪnsaɪt] n διορατικότητα f

insignificant [ɪnsɪg'nɪfɪkənt] adj μηδαμινός

insist [ɪn'sɪst] vi επιμένω · **to ~ on** απαιτώ · **to ~ that** (= demand) επιμένω ότι · (= claim) ισχυρίζομαι · **~ent** adj επίμονος

insomnia [ɪn'sɒmnɪə] n αϋπνία f

inspect [ɪn'spekt] vt εξετάζω · (equipment, troops) επιθεωρώ · **~ion** n εξέταση f · (of equipment, troops) επιθεώρηση f · **~or** n (ADMIN) επιθεωρητής mf · (BRIT: on buses, trains) ελεγκτής mf · (: POLICE) (αστυνομικός) επιθεωρητής mf

inspiration [ɪnspə'reɪʃən] n έμπνευση f

inspire [ɪn'spaɪə'] vt εμπνέω · **inspiring** adj συναρπαστικός

instability [ɪnstə'bɪlɪtɪ] n αστάθεια f

install [ɪn'stɔːl] vt εγκαθιστώ · **~ation** n εγκατάσταση f

instalment [ɪn'stɔːlmənt] (US **installment**) n (of payment) δόση f · (of story, TV serial etc) συνέχεια f · **in ~s** (pay, receive) με δόσεις

instance ['ɪnstəns] n παράδειγμα nt · **for ~** παραδείγματος χάρη · **in the first ~** αρχικά

instant ['ɪnstənt] n στιγμή f ♦ adj (reaction, success) άμεσος · (coffee, food) στιγμιαίος · **~ly** adv ακαριαία

instead [ɪn'sted] adv αντί γι'αυτό · **~ of** αντί · **~ of sb** στη θέση κου

instinct ['ɪnstɪŋkt] n (BIO) ένστικτο nt · (= reaction) αντίδραση f · **~ive** adj ενστικτώδης

institute ['ɪnstɪtjuːt] n (for research, teaching) ίδρυμα nt · (of architects, planners etc) ινστιτούτο nt ♦ vt (system) θέτω σε ισχύ · (rule, course of action) επιβάλλω · (proceedings, inquiry) προβάλλω σε

institution [ɪnstɪ'tjuːʃən] n (of system etc) θέσπιση f · (= custom, tradition)

θεσμός m · (= home, hospital) ίδρυμα nt · **~al** adj (education) ≈ ανώτερος · (value, quality etc) καθιερωμένος

instruct [ɪn'strʌkt] vt (= teach) **to ~ sb in sth** διδάσκω κτ σε κν · (= order) **to ~ sb to do sth** δίνω εντολή σε κν να κάνει κτ · **~ion** n διδασκαλία f

▸ **instructions** npl εντολές fpl · **~ions (for use)** οδηγίες f(χρήσεως) · **~or** n δάσκαλος m/f · (for skiing, driving etc) εκπαιδευτής/τρια m/f

instrument ['ɪnstrumənt] n εργαλείο nt · (MUS) όργανο nt · **~al** adj (MUS) οργανικός · **to be ~al in doing sth** παίζω σημαντικό ρόλο σε κτ

insufficient [ɪnsə'fɪʃənt] adj ανεπαρκής

insulation [ɪnsju'leɪʃən] n (of person, group) απομόνωση f · (of house, body) μονωτικό υλικό nt

insulin ['ɪnsjulɪn] n ινσουλίνη f

insult n ['ɪnsʌlt] vb [ɪn'sʌlt] n προσβολή f ♦ vt προσβάλλω · **~ing** adj προσβλητικός

insurance [ɪn'ʃuərəns] n ασφάλεια f · **fire/life** ~ ασφάλεια πυρός/ζωής · **~ policy** n ασφαλιστήριο nt

insure [ɪn'ʃuə'] vt (life, property) **to ~ (against)** ασφαλίζω (κατά) · **~r** n ασφαλιστής mf

intact [ɪn'tækt] adj άθικτος

intake ['ɪnteɪk] n (of air etc) πρόσληψη f · (of food) κατανάλωση f · (BRIT: SCOL) **an ~ of 200 a year** 200 εγγραφέντες το χρόνο

integral ['ɪntɪgrəl] adj αναπόσπαστος

integrate ['ɪntɪgreɪt] vt (newcomer) εντάσσω · (ideas, systems) συγχωνεύω ♦ vi εντάσσομαι

integrity [ɪn'tegrɪtɪ] n (of person) ακεραιότητα f · (of culture, text) οντότητα f

intellect ['ɪntəlekt] n (= intelligence) νοημοσύνη f · (= cleverness) ευφυΐα f · **~ual** adj πνευματικός ♦ n διανοούμενος/η m/f

intelligence [ɪn'telɪdʒəns] n
(= *cleverness*) εξυπνάδα f · (MIL *etc*)
υπηρεσία f πληροφοριών

intelligent [ɪn'telɪdʒənt] adj έξυπνος ·
(*machine*) νοήμων

intend [ɪn'tend] vt (*gift etc*) **to ~ sth
for** προορίζω κτ για · **to ~ to do sth**
σκοπεύω να κάνω κτ

intense [ɪn'tens] adj (*effort, anger*)
έντονος · (*heat*) δυνατός

intensify [ɪn'tensɪfaɪ] vt εντείνω

intensity [ɪn'tensɪtɪ] n ένταση f

intensive [ɪn'tensɪv] adj εντατικός ·
~ care n **to be in ~ care** είμαι
στην εντατική

intent [ɪn'tent] n (*fml*) πρόθεση f
♦ adj προσηλωμένος · **~ on**
προσηλωμένος σε · **to be ~ on
doing sth** είμαι αποφασισμένος να
κάνω κτ · **to all ~s and purposes**
στην ουσία · **~ion** n πρόθεση f ·
~ional adj σκόπιμος

interact [ɪntər'ækt] vi **to ~ (with)**
επικοινωνώ (με) · **~ion** n (*of ideas*)
αλληλεπίδραση f · (*of people, things*)
επικοινωνία f · **~ive** adj (*group*) με
έντονη συμμετοχή · (COMPUT)
αμφίδρομος

intercept [ɪntə'sept] vt αναχαιτίζω ·
(*person*) κόβω το δρόμο σε ·
(*message*) υποκλέπτω

interchange [ɪn'tətʃeɪndʒ] n
ανταλλαγή f · (*on motorway*) κόμβος
m

intercourse [ɪntəkɔːs] n (*sexual*)
συνουσία f

interest [ɪntrɪst] n ενδιαφέρον nt ·
(= *advantage, profit*) όφελος nt ·
(COMM: *in company*) μερίδιο nt · (: =
sum of money) τόκος m ♦ vt
ενδιαφέρω · **~ed** adj
ενδιαφερόμενος · **to be ~ed (in sth/
doing sth)** ενδιαφέρομαι (για κτ/να
κάνω κτ) · **~ing** adj ενδιαφέρων ·
~ rate n επιτόκιο nt

interface [ɪntəfeɪs] n (COMPUT)
διεπαφή f

interfere [ɪntə'fɪəʳ] vi **to ~ in**
επεμβαίνω σε · **to ~ with** (*object*)
πειράζω · (*plans, career*) εμποδίζω την
σύγκρουση · **don't ~** μην
ανακατεύεσαι · **~nce** n παρέμβαση
f · (RADIO, TV) παράσιτα ntpl

interim ['ɪntərɪm] adj προσωρινός
♦ **in the ~** εν τω μεταξύ

interior [ɪn'tɪərɪəʳ] n εσωτερικό nt · (*of
country*) ενδοχώρα f ♦ adj
εσωτερικός · (POL) Εσωτερικών

intermediate [ɪntə'miːdɪət] adj
(*stage*) ενδιάμεσος · (*student*) σε
μέσο επίπεδο

intern vb [ɪn'təːn] n ['ɪntəːn] vt θέτω
υπό περιορισμό ♦ n (US)
ειδικευόμενος/η mf

internal [ɪn'təːnl] adj εσωτερικός

international [ɪntə'næʃənl] adj
διεθνής

Internet ['ɪntənet] n (COMPUT)
διαδίκτυο nt

Internet Caf·é -**Fi** κυβερνοκαφέ
nt inv

Internet Service Provider n
Φορέας m Παροχής Υπηρεσιών
Διαδικτύου

interpret [ɪn'təːprɪt] vt (= *explain*)
ερμηνεύω · (= *translate*) διερμηνεύω
♦ vi κάνω τον διερμηνέα · **~ation** n
ερμηνεία f · **~er** n διερμηνέας mf

interrogation [ɪnterəu'geɪʃən] n
ανάκριση f

interrupt [ɪntə'rʌpt] vt διακόπτω ♦ vi
διακόπτω · **~ion** n διακοπή f

intersection [ɪntə'sekʃən] n
διασταύρωση f · (MATH) τομή f

interval ['ɪntəvl] n (= *break, pause*)
διάστημα nt · (BRIT: THEAT, SPORT)
διάλειμμα nt · (MUS) διάστημα nt · **at
~s** κατά διαστήματα

intervene [ɪntə'viːn] vi μεσολαβώ ·
(: *in speech*) παρεμβαίνω

interview ['ɪntəvjuː] n συνέντευξη f
♦ vt παίρνω συνέντευξη από · **~er** n
εξεταστής/τρια m/f · (RADIO, TV *etc*)
αυτός που παίρνει συνέντευξη

intimate adj ['ɪntɪmət] vb ['ɪntɪmeɪt]
adj (friendship, relationship) στενός •
(= *sexual) (friendship, relationship)* ερωτικός •
(= *matter)* προσωπικός • (*restaurant,*
atmosphere) ζεστός ♦ vt to ~ that ...
αφήνω να εννοηθεί...
intimidate [ɪn'tɪmɪdeɪt] vt εκφοβίζω

KEYWORD
---

into ['ɪntu] prep (a) (*indicating motion*
or direction) (μέσα) σε • **to come**
into the house έρχομαι μέσα στο
σπίτι
(b) (*about) research into cancer*
έρευνα για τον καρκίνο
(c) (*with time expressions) he worked*
late into the night δούλευε αργά
τη νύχτα
(d) (*indicating change of condition,*
result) she burst into tears έβαλε
τα κλάματα • **it broke into pieces**
έγινε κομμάτια • **she translated**
into French μετέφρασε στα γαλλικά

intolerant [ɪn'tɒlərnt] adj to be
~ (of) δεν είμαι ανεκτικός (σε)
intranet ['ɪntrənet] n ενδοδίκτυο
intricate ['ɪntrɪkət] adj πολύπλοκος
intrigue [ɪn'triːg] n μηχανορραφίες
fpl • vt εξάπτω την περιέργεια σε ♦
intriguing adj συναρπαστικός
introduce [ɪntrə'djuːs] vt (*new idea,*
measure etc) εισάγω • (*speaker, TV*
show etc) παρουσιάζω • **to ~ sb to**
sb συστήνω κν (σε κν) • **may I**
~ ...? να σας συστήσω ...
introduction n (*of new idea etc)*
εισαγωγή f • (*of measure)* επιβολή f •
(*of person)* σύσταση f • (*to new*
experience) μύηση f • (*in book)*
εισαγωγή f • **introductory** adj
(*lesson)* εισαγωγικός
intrude [ɪn'truːd] vi (*person)*
εισβάλλω απρόσκλητος • **to ~ on**
παρεισφρύω σε • ~**r** n παρείσακτος/η
m/f
intuition [ɪntjuː'ɪʃən] n διαίσθηση f
invade [ɪn'veɪd] vt εισβάλλω • (*fig)*

εξορμώ σε

invalid n ['ɪnvəlɪd] adj [ɪn'vælɪd] n
ανάπηρος/η m/f ♦ adj άκυρος •
(*claim, argument etc)* αβάσιμος
invaluable [ɪn'væljuəbl] adj
ανεκτίμητος
invariably [ɪn'veərɪəblɪ] adv μονίμως
invasion [ɪn'veɪʒən] n εισβολή f
invent [ɪn'vent] vt (*machine)*
εφευρίσκω • (*game, phrase etc)*
επινοώ • (*lie, excuse)* σκαρφώνω • ~**ion**
n εφεύρεση f • (= *untrue story)*
επινόηση f • ~**or** n (*of machines)*
εφευρέτης mf • (= *of systems)*
δημιουργός mf
inventory ['ɪnvəntrɪ] n κατάλογος m
αντικειμένων
invest [ɪn'vest] vt επενδύω ♦ vi ~ **in**
(*comm)* επενδύω σε • (*fig)* κάνω
επενδύσεις σε
investigate [ɪn'vestɪgeɪt] vt ερευνώ •
investigation n έρευνα f •
investigator n (*of events, situations)*
αυτός που διεξάγει έρευνες •
private ~ ιδιωτικός ντετέκτιβ
investment [ɪn'vestmənt] n
(= *activity)* επενδύσεις fpl •
(= *amount of money)* επένδυση f
investor [ɪn'vestər] n επενδυτής m
invisible [ɪn'vɪzɪbl] adj αόρατος
invitation [ɪnvɪ'teɪʃən] n πρόσκληση f
invite [ɪn'vaɪt] vt προσκαλώ •
(*discussion, criticism)* ενθαρρύνω •
inviting adj ελκυστικός
invoice ['ɪnvɔɪs] (*comm)* n τιμολόγιο
nt ♦ vt στέλνω τιμολόγιο σε
involve [ɪn'vɒlv] vt (= *entail)*
συνεπάγομαι • (= *affect)* αφορώ • **to**
~ **sb (in sth)** ανακατεύω or
εμπλέκω κν (σε κτ) • ~**d** adj
(= *complicated)* περίπλοκος • **there**
is quite a lot of work ~**d**
απαιτείται πολύ εργασία • **to be** ~**d**
in (= *take part in)* λαμβάνω μέρος
σε • (= *be engrossed in)* είμαι
απορροφημένος σε • ~**ment** n
(= *participation)* συμμετοχή f •

(= *concern*) ενδιαφέρον *nt*

inward ['ınwəd] *adj* (*thought, feeling*) ενδόμυχος • (*movement*) προς τα μέσα

IQ *n abbr* (= *intelligence quotient*) δείκτης *m* νοημοσύνης

IRA *n abbr* (= *Irish Republican Army*) IPA *m*

Iran [ı'ra:n] *n* Ιράν *nt inv*

Iraq [ı'ra:k] *n* Ιράκ *nt inv* • **~i** *adj* ιρακινός ♦ *n* Ιρακινός/ός/ή *m/f* • (*LING*) ιρακινά *ntpl*

Ireland ['aıələnd] *n* Ιρλανδία *f* • **the Republic of ~** η Δημοκρατία της Ιρλανδίας

iris ['aırıs] (*pl* **~es**) *n* (*ANAT, BOT*) ίριδα *f*

Irish ['aırıʃ] *adj* (= *of whole of Ireland*) ιρλανδικός • (= *of Eire*) της Ιρλανδίας ♦ *npl* **the ~** οι Ιρλανδοί • **~man** (*irreg*) *n* Ιρλανδός *m* • **~woman** (*irreg*) *n* Ιρλανδέζα *f*

iron ['aıən] *n* (*metal*) σίδηρος *m* • (*TECH*) σίδερο *nt* • (*for clothes*) σίδερο *nt* ♦ *cpd* σιδερένιος *m* • (*for clothes*) σιδερώνω • ▶ **out** *vt* (*fig*) εξαλείφω

ironic(al) *adj* (*remark, gesture*) ειρωνικός • (*situation*) ειρωνεία

ironically [aı'rɔnıklı] *adv* ειρωνικά

ironing ['aıənıŋ] *n* (= *activity*) σιδέρωμα *nt* • (*clothes*) ρούχα *ntpl* για σιδέρωμα

irony ['aırənı] *n* ειρωνεία *f*

irrational [ı'ræʃənl] *adj* παράλογος

irregular [ı'regjulə*] *adj* (*surface*) ανώμαλος • (*pattern*) ακανόνιστος • (*action, event*) κατά ακανόνιστα διαστήματα • (*behaviour*) ιδιόρρυθμος • (*LING*) ανώμαλος

irrelevant [ı'reləvənt] *adj* άσχετος

irresistible [ırı'zıstıbl] *adj* ακαταμάχητος

irresponsible [ırı'spɔnsıbl] *adj* ανεύθυνος

irrigation [ırı'geıʃən] *n* άρδευση *f*

irritable ['ırıtəbl] *adj* ευερέθιστος

irritate ['ırıteıt] *vt* (= *annoy*) εκνευρίζω • (*MED*) ερεθίζω •

irritating *adj* εκνευριστικός •

irritation *n* εκνευρισμός *m* • (*MED*) ερεθισμός *m*

is [ız] *vb see* **be**

Islam ['ızla:m] *n* Ισλάμ *nt inv* • **~ic** *adj* ισλαμικός

island ['aılənd] *n* νησί *nt* • (*AUT: also* **traffic ~**) νησίδα *f* • **~er** *n* νησιώτης/ ισσα *m/f*

isle [aıl] *n* νησί *nt*

isn't ['ıznt] = **is not**

isolated ['aısəleıtıd] *adj* (*place, person*) απομονωμένος • (*incident*) μεμονωμένος

isolation [aısə'leıʃən] *n* απομόνωση *f*

ISP *n abbr* = **Internet Service Provider**

Israel ['ızreıl] *n* Ισραήλ *nt inv* •

issue ['ıʃju:] *n* (= *subject*) ζήτημα *nt* • (= *most important part*) θέμα *nt* • (*of magazine*) τεύχος *nt* • (*of newspaper*) φύλλο *nt* ♦ *vt* εκδίδω • *vi* **to ~ (from)** βγαίνω (από) • **to ~ sth to sb/~ sb with sth** δίνω κτ σε κν • **to take ~ with sb (over)** παίρνω θέση κατά κου (για) • **to make an ~ of sth** κάνω κτ ζήτημα

IT *n abbr* = **information technology**

KEYWORD

---

it [ıt] *pron* (a) (*specific: subject: usually not translated*) **where's my book? - it's on the table** πού είναι το βιβλίο μου; - είναι πάνω στο τραπέζι (b) (: *emph*) αυτό • (: *direct object*) τον (τη) (το •) (: *indirect object*) του (της) • **I can't find it** δεν μπορώ να το βρω • **give it to me** δώσ'μου το • **about/from/in/of/to it** για/από/ (μέσα) σε/από/σε αυτό • **I spoke to him about it** του μίλησα γι'αυτό • **what did you learn from it?** τι έμαθες απ'αυτό; • **what role did you play in it?** τι ρόλο έπαιξες σ'αυτό; • **I'm proud of it** είμαι περήφανος γι'αυτό • **did you go to it?** (*party, concert etc*) πήγες;

(c) (*impersonal: not translated*) **it's raining** βρέχει · **it's cold today** κάνει κρύο σήμερα · **it's Friday tomorrow** αύριο είναι Παρασκευή · **it's 6 o'clock/the 10th of August** είναι η 6 η ώρα/10 Αυγούστου · **how far is it?** – **it's 10 miles/2 hours on the train** πόσο μακριά είναι; – είναι 10 μίλια/2 ώρες με το τρένο · **who is it?** – **it's me** ποιος είναι; – εγώ (είμαι)

Italian [ɪ'tæljən] *adj* ιταλικός ◆ *n* Ιταλός/ίδα *m/f* · (LING) ιταλικά *ntpl* · **the** ~οι Ιταλοί

Italy ['ɪtəlɪ] *n* Ιταλία *f*

itch [ɪtʃ] *n* φαγούρα *f* ◆ *vi* (*person*) έχω φαγούρα · (*part of body*) με τρώει · **to be ~ing to do sth** τρώγομαι να κάνω κτ · ~**y** *adj* (*person*) που έχει φαγούρα · (*skin etc*) που τρώει · **my back is ~y** με τρώει η πλάτη μου

it'd ['ɪtd] = **it would** · **it had**

item ['aɪtəm] *n* αντικείμενο *nt* · (*on agenda*) θέμα *nt* · (*also* **news** ~) είδηση *f*

itinerary [aɪ'tɪnərərɪ] *n* οδοιπορικό *nt*

it'll ['ɪtl] = **it will** · **it shall**

it's [ɪts] = **it is** · **it has**

its [ɪts] *adj* του (της) · *see also* **my** ◆ *pron* δικός/ή του · *see also* **mine**

itself [ɪt'self] *pron* (*reflexive: often not translated*) εαυτός του/της · (*complement, after prep: often not translated*) εαυτός του/της · (*emph*) ο ίδιος (η ίδια) (το ίδιο) · (= *alone*) **(all) by** ~ (από) μόνος του (μόνη της) (μόνο του)

I've [aɪv] = **I have**

ivory ['aɪvərɪ] *n* (*substance*) ελεφαντόδοντο *nt* · (*colour*) φιλντισένιο χρώμα *nt*

ivy ['aɪvɪ] *n* κισσός *m*

J j

J, j [dʒeɪ] *n* το δέκατο γράμμα του αγγλικού αλφαβήτου

jab [dʒæb] *vt* (*person, finger*) μπήγω ◆ *n* (*inf*: = *injection*) ένεση *f* · (= *poke*) τρύπημα *nt* · **to** ~ **at** τρυπάω · **to** ~ **sth into sth** μπήγω κτ σε κτ

jack [dʒæk] *n* (AUT) γρύλος *m* · (BOWLS) μικρή μπάλα για σημάδι · (CARDS) βαλές *m*

jacket ['dʒækɪt] *n* (*garment*) σακάκι *nt* · (*of book*) κάλυμμα *nt* · ~ **potatoes** πατάτες ψημένες με τη φλούδα τους

jackpot ['dʒækpɒt] *n* τζακ-ποτ *nt*

Jacuzzi® [dʒə'kuːzɪ] *n* υδρομασάζ *nt inv*

jade [dʒeɪd] *n* νεφρίτης *m*

jagged ['dʒægɪd] *adj* (*outline*) οδοντωτός · (*rocks*) μυτερός

jail [dʒeɪl] *n* φυλακή *f* ◆ *vt* φυλακίζω

jam [dʒæm] *n* (*food*) μαρμελάδα *f* · (*also* **traffic** ~) μποτιλιάρισμα *n* · (*inf*) μπλέξιμο *nt* ◆ *vt* (*passage, road etc*) φράκαρω · (*mechanism, drawer etc*) μπλοκάρω ◆ *vi* (*mechanism*) κολλάω, κολλάω · (*gun*) παθαίνω εμπλοκή · **the switchboard was** ~**med** το τηλεφωνικό κέντρο κατακλύστηκε · **to** ~ **sth into sth** φουλάρω κτ με κτ

Jamaica [dʒə'meɪkə] *n* Τζαμάικα *f*

January ['dʒænjuərɪ] *n* Ιανουάριος *m* · *see also* **July**

Japan [dʒə'pæn] *n* Ιαπωνία *f* · ~**ese** *adj* ιαπωνικός ◆ *n inv* Γιαπωνέζος/α *m/f* · (LING) ιαπωνικά *ntpl*

jar [dʒɑː⁻] *n* (*container: stone, earthenware*) κιούπι *nt* · (: *glass*) βάζο *nt* ◆ *vi* (*sound*) εκνευρίζω · *vt* τραντάζω

jargon ['dʒɑːgən] *n* φρασεολογία *f*

javelin ['dʒævlɪn] n (SPORT) ακόντιο nt

jaw [dʒɔ:] n (ANAT) σαγόνι nt

jazz [dʒæz] n τζαζ f inv · ~ **up** vt (inf) δίνω ζωή σε

jealous ['dʒeləs] adj (= possessive) ζηλιάρης · **to be** ~ **of** ζηλεύω · (= envious) ζηλόφθονος · ~**y** n (= resentment) ζήλεια f · (= envy) φθόνος m

jeans [dʒi:nz] npl τζην nt inv

Jeep® [dʒi:p] n (AUT, MIL) τζιπ nt inv

jelly ['dʒelɪ] n (CULIN) ζελέ nt · (US: = jam) μαρμελάδα f · ~**fish** n τσούχτρα f

jeopardize ['dʒepədaɪz] vt θέτω σε κίνδυνο

jerk [dʒə:k] n (= jolt, wrench) απότομο τράβηγμα nt · (inf: = idiot) μαλάκας m · vt (= pull) τραβάω απότομα · vi (vehicle) τραντάζομαι

Jersey ['dʒə:zɪ] n Τζέρσεϋ nt inv

jersey ['dʒə:zɪ] n (= pullover) πουλόβερ nt inv

Jesus ['dʒi:zəs] n Ιησούς m · ~ **Christ** Ιησούς Χριστός

jet [dʒet] n (of gas, liquid) πίδακας m · (AVIAT) τζετ nt inv · ~ **lag** n τζετ-λαγκ nt inv

jetty ['dʒetɪ] n προβλήτα f

Jew [dʒu:] n Εβραίος/α m/f

jewel ['dʒu:əl] n κόσμημα nt · ~**ler** (US ~**er**) n κοσμηματοπώλης mf · ~**lery** (US ~**ry**) n κοσμήματα ntpl · ~**lery box** κοσμηματοθήκη f

Jewish ['dʒu:ɪʃ] adj εβραϊκός

jigsaw ['dʒɪgsɔ:] n (also ~ **puzzle**) παζλ nt inv · (also: fig) πρόβλημα n · (tool) τορνευτικό πριόνι nt

job [dʒɔb] n δουλειά f · **it's a good** ~ **that ...** ευτυχώς που ... · **it's not my** ~ δεν είναι δική μου δουλειά · **a part-time/full-time** ~ δουλειά μερικής/πλήρους απασχόλησης · ~**less** npl the ~**less** οι άνεργοι

jockey ['dʒɔkɪ] n (SPORT) τζόκεϋ m inv · vi **to** ~ **for position** παραβιάζω για την πρωτιά

jog [dʒɔg] vt σκουντάω · vi κάνω τζόκινγκ · **to** ~ **sb's memory** φρεσκάρω τη μνήμη κου · ~**ging** n τζόκινγκ nt

join [dʒɔɪn] n (queue) μπαίνω σε · (club, organization) γίνομαι μέλος · (= put together) συνδέω · (= meet: person) συναντάω · vi (roads, rivers) ενώνομαι · vt fus (discussion) παίρνω μέρος · vt fus (discussion) παίρνω μέρος σε · ~ **up** vi συναντιέμαι, (MIL) κατατάσσομαι (στο στρατό) · ~**er** (BRIT) n μαραγκός m

joint [dʒɔɪnt] n (TECH) αρμός m · (ANAT) άρθρωση f · (BRIT: CULIN) κομμάτι κρέας για ψητό · (inf: place) στέκι nt · (: of cannabis) τσιγαριλίκι nt · adj (= common) συνεταιρικός · (= combined) συλλογικός · ~**ly** adv από κοινού

joke [dʒəuk] n (= gag) ανέκδοτο nt · (also **practical** ~) φάρσα f · vi αστειεύομαι · **to play a** ~ **on** σκαρώνω φάρσα σε · ~**r** n (CARDS) μπαλαντέρ m inv

jolly ['dʒɔlɪ] adj (= merry) χαρούμενος · (= enjoyable) εκπληκτικός · adv (BRIT: inf) φοβερά

jolt [dʒəult] n (= jerk) τράνταγμα nt · (= shock) σοκ nt inv · vt (physically) ταρακουνάω · (emotionally) σοκάρω

Jordan ['dʒɔ:dən] n Ιορδανία f

journal ['dʒə:nl] n (= magazine) περιοδικό nt · (= diary) ημερολόγιο nt · ~**ism** n δημοσιογραφία f · ~**ist** n δημοσιογράφος mf

journey ['dʒə:nɪ] n ταξίδι nt · vi ταξιδεύω

joy [dʒɔɪ] n χαρά f · ~**stick** n (AVIAT) πηδάλιο nt · (COMPUT) χειριστήριο n

Jr. abbr (in names) = **junior**

judge [dʒʌdʒ] n δικαστής mf · (in competition) κριτής mf · (fig: = expert) γνώστης mf · vt (competition etc) είμαι κριτής σε · (quantity) υπολογίζω · (quality) κρίνω

judg(e)ment

(= *evaluate*) εκτιμώ ♦ *vi* αποφαίνομαι · **judg(e)ment** *n* απόφαση *f* · (= *discernment*) κρίση *f*

judo ['dʒuːdəʊ] *n* τζούντο *nt inv*

jug [dʒʌg] *n* κανάτα *f*

juggle ['dʒʌgl] *vi* κάνω ταχυδακτυλουργίες ♦ *vt* (*fig*) προσπαθώ να βολέψω

juice [dʒuːs] *n* (*drink*) χυμός *m* · (*fruit*) ζουμερός

juicy *adj* (*fruit*) ζουμερός

July [dʒuː'laɪ] *n* Ιούλιος *m* · **the first of** ~ η πρώτη Ιουλίου · (**on) the eleventh of** ~ στις έντεκα Ιουλίου · **at the beginning/end of** ~ στις αρχές/στα τέλη Ιουλίου · **in the middle of** ~ στα μέσα Ιουλίου

jumble ['dʒʌmbl] *n* (= *muddle*) συνοθύλευμα *nt* · (*BRIT*: *items for sale*) παλιατζούρες *fpl* ♦ *vt* (*also* ~ **up**) ανακατεύω

jump [dʒʌmp] *vi* (*into air*) πηδάω · (*with fear, surprise*) τινάζομαι · (= *increase*) εκτινάσσομαι ♦ *vt* δρασκελίζω ♦ *n* (*in leap*) πήδημα *nt* · (*fig: SPORT*) άλμα *nt* · (= *increase*) εκτίναξη *f* · **~ at** *vt fus* αρπάζω

jumper ['dʒʌmpə^r] *n* (*BRIT*: = *pullover*) πουλόβερ *nt inv* · (*US*: = *pinafore*) ποδιά *f*

junction ['dʒʌŋkʃən] *n* (*BRIT*) (*of roads*) συμβολή *f* · (*RAIL*) κόμβος *m*

June [dʒuːn] *n* Ιούνιος *m* · *see also* **July**

jungle ['dʒʌŋgl] *n* ζούγκλα *f*

junior ['dʒuːnɪə^r] *adj* νεώτερος *n* υφιστάμενος/η *m/f* · (*BRIT*: *SCOL*) μαθητής/τρια *m/f* δημοτικού · **he's my** ~ **by 2 years, he's 2 years my** ~ είναι δυο χρόνια μικρότερός μου · **~ high school** (*US*) = Γυμνάσιο · **~ school** (*BRIT*) = Δημοτικό σχολείο

junk [dʒʌŋk] *n* (= *rubbish*) παλιατζούρες *fpl* · (= *cheap goods*) φτηνοπράγματα *npl* ♦ *vt* (*inf*) πετάω · **~ food** *n* σαβούρα *f*

junkie ['dʒʌŋkɪ] *n* (*inf*) πρεζάκιας/

πρεζού *m/f*

junk mail *n* άχρηστα διαφημιστικά έντυπα

jurisdiction [dʒuərɪs'dɪkʃən] *n* δικαιοδοσία *f*

jury ['dʒuərɪ] *n* ένορκοι *mpl*

just [dʒʌst] *adj* δίκαιος ♦ *adv* (= *exactly*) ακριβώς · (= *merely*) απλώς · **he's** ~ **left/done it** μόλις έφυγε/το έκανε · ~ **right** αυτό που πρέπει · ~ **now** (*a moment ago*) πριν (από) λίγο · (= *at the present time*) αυτή τη στιγμή · **I was** ~ **about to phone** ήμουν έτοιμος να τηλεφωνήσω · **she's** ~ **as clever as you** είναι εξίσου έξυπνη με σένα · **it's** ~ **as well (that)** ... ευτυχώς που ... · ~ **as he was leaving** την ώρα που έφευγε · ~ **before/after** αμέσως πριν/μετά · ~ **enough** ίσια-ίσια · ~ **here** εδώ ακριβώς · **he** ~ **missed** πέρασε ξυστά · **not** ~ **now** όχι αυτή τη στιγμή · ~ **a minute!,** ~ **one moment!** μια στιγμή!

justice ['dʒʌstɪs] *n* (*JUR*) δικαιοσύνη *f* · (*of cause, complaint*) δίκαιο *nt* · (= *fairness*) δικαιοσύνη *f* · (*US*: = *judge*) δικαστής *m/f* · **to do** ~ **to** (*fig*: *task*) τα βγάζω πέρα με, τιμώ δεόντως

justification [dʒʌstɪfɪ'keɪʃən] *n* αιτιολογία *f* · (*TYP*) στοίχιση *f*

justify ['dʒʌstɪfaɪ] *vt* δικαιολογώ · (*TYP*: *text*) στοιχίζω

juvenile ['dʒuːvənaɪl] *adj* (*offender*) ανήλικος · (*court, crime*) ανηλίκων · (*humour, mentality*) παιδαριώδης ♦ *n* (*JUR*) ανήλικος *m*

K k

K, k [keɪ] *n* το ενδέκατο γράμμα του αγγλικού αλφάβητου

kangaroo [kæŋgə'ruː] *n* καγκουρό *nt inv*

karaoke [ka:rə'əʊki] n καράοκι nt inv

karate [kə'ra:tɪ] n καράτε nt inv

Kashmir [kæʃ'mɪə'] n Κασμίρ nt inv

Kazakhstan [kæzæk'sta:n] n
Καζακστάν nt inv

kebab [kə'bæb] n γύρος m

keel [ki:l] n (NAUT) καρίνα f • **on an
even ~** (fig) σε σταθερή
κατάσταση • **~ over** vi (person)
πέφτω κάτω

keen [ki:n] adj (= enthusiastic)
φανατικός • (interest, desire) ζωηρός •
(eye) διαπεραστικός • **to be ~ to do
or on doing sth** είμαι πολύ
πρόθυμος να κάνω κτ • **to be ~ on
sth/sb** είμαι ενθουσιασμένος or
είμαι ξετρελαμένος με κτ/κν

keep [ki:p] (pt, pp **kept**) vt (= retain)
κρατάω • (= store) φυλάω •
(temporarily) βάζω • (= detain)
κρατάω • (= delay) καθυστερώ •
(= run: shop etc) έχω • (= look after:
chickens, bees etc) έχω • (accounts,
diary etc) κρατάω • (= support: family
etc) ζω • (= fulfil: promise) τηρώ ◆ vi
(= remain) μένω • (food) διατηρούμαι ◆ n
(expenses) έξοδα ntpl διατροφής • (of
castle) κεντρικός πύργος m •
(χάστρον) • **to ~ doing sth**
(repeatedly) κάνω συνέχεια κτ •
(continuously) συνεχίζω να κάνω κτ •
to ~ sb happy ευχαριστώ κν • **to
~ sth to o.s.** κρατάω κτ μυστικό • **to
~ sth (back) from sb** κρύβω κτ
από κν • **how are you ~ing?** (inf)
πώς τα πας; • **~ down** vt (prices,
spending) κρατάω χαμηλά • (food) το
στομάχι μου κρατάει • **~ on** vi **to
~ on doing** συνεχίζω να κάνω • **to
~ on (about sth)** μιλάω
ασταμάτητα (για κτ) • **~ out** vt
εμποδίζω την είσοδο (σε) • "**~ out**"
"Απαγορεύεται η είσοδος" • **~ up** vt
(payments) συνεχίζω, διατηρώ •
(= prevent from sleeping) κρατάω
ξύπνιο ◆ vi **to ~ up (with)** (pace)
προλαβαίνω • (level) συμβαδίζω (με) •
~er n φύλακας mf • **~ fit** n

γυμναστική f • **~ing** n φύλαξη f • **in
~ing with** σύμφωνα με

kennel ['kenl] n σκυλόσπιτο nt •
► **kennels** n κυνοτροφείο nt

Kenya ['kenjə] n Κένυα f

kept [kept] pt, pp of **keep**

kerb [kə:b] (BRIT) n κράσπεδο nt

kerosene ['kerəsi:n] n (for aircraft)
κηροζίνη f • (US: for stoves, lamps)
φωτιστικό πετρέλαιο nt

ketchup ['ketʃəp] n (also **tomato ~**)
κέτσαπ nt inv

kettle ['ketl] n βραστήρας m

key [ki:] n (for lock, mechanism) κλειδί
nt • (MUS: = scale) κλίμακα f • (: of
piano, organ) πλήκτρο nt • (of
computer, typewriter) πλήκτρο nt •
(fig) κλειδί nt ◆ adj πρωταρχικός
◆ vt (also **~ in**) πληκτρολογώ •
► **board** n πληκτρολόγιο nt • (of
piano, organ) πλήκτρα ntpl •
► **keyboards** npl πλήκτρα ntpl •
► **hole** n κλειδαρότρυπα f

kg abbr = **kilogram(me)**

khaki ['ka:kɪ] n χακί nt inv

kick [kɪk] vt κλωτσάω • (inf: habit,
addiction) κόβω ◆ vi (horse) τσινάω
◆ n (of person, animal) κλωτσιά f • (of
ball) σέντρα f • **to get a ~ out of**
τη βρίσκω με • **~ off** (SPORT) vi δίνω το
εναρκτήριο λάκτισμα

kid [kɪd] n (inf: = child) παιδί nt •
(goat) κατσικάκι nt ◆ vi (inf)
αστειεύομαι

kidnap ['kɪdnæp] vt απάγω • **~ping** n
απαγωγή f

kidney ['kɪdnɪ] n νεφρό nt

kill [kɪl] vt (person, animal) σκοτώνω •
(plant) ξεραίνω • (fig: conversation)
παγώνω • **to ~ time** σκοτώνω την
ώρα μου • **~er** n (= murderer)
δολοφόνος mf • (disease etc) αιτία f
θανάτου • **~ing** n φόνος m • (several)
σκοτωμός m • **to make a ~ing** (inf)
κάνω τη μπάζα μου

kilo ['ki:ləʊ] n abbr κιλό nt • **~byte** n
(COMPUT) n κιλομπάιτ nt inv •

kilogram(me)

~gram(me) n κιλό nt

kilometre ['kɪləmiːtə'] (US **kilometer**) n χιλιόμετρο nt

kilowatt ['kɪləʊwɔt] n κιλοβάτ nt inv

kilt [kɪlt] n κιλτ nt inv

kind [kaɪnd] adj ευγενικός ♦ n **in ~** (COMM) σε είδος • **a ~ of** κάτι σαν • **two of a ~** ίδιοι • **would you be so ~ to ...?** θα μπορούσατε να...;

kindergarten ['kɪndəgɑːtn] n νηπιαγωγείο nt

kindly ['kaɪndlɪ] adj καλοσυνάτος ♦ adv ευγενικά

kindness ['kaɪndnɪs] n (quality) ευγένεια f • (act) εξυπηρέτηση f

king [kɪŋ] n (also CHESS) βασιλιάς m • (CARDS) ρήγας m • **~dom** n βασίλειο nt • **~fisher** n αλκυόνα f • **~-size(d)** adj πελώριος • (bed, sheets) υπερδιπλός

kiosk ['kiːɔsk] n (shop) καντίνα f • (BRIT: TEL) (τηλεφωνικός) θάλαμος m • (also newspaper ~) περίπτερο nt

Kirghizia [kəːˈgiːzɪə] n Κιργιζία f

kiss [kɪs] n φιλί nt ♦ vt φιλώ ♦ vi φιλιέμαι

kit [kɪt] n (= gear) σύνεργα ntpl • (sports kit etc) πράγματα ntpl (εξοπλισμός)

kitchen ['kɪtʃɪn] n κουζίνα f

kite [kaɪt] n (toy) χαρταετός m • (ZOOL) ψαλιδάρης m (γεράκι)

kitten ['kɪtn] n γατάκι nt

km abbr = **kilometre**

km/h abbr = **kilometres per hour** χιλιόμετρα την ώρα

knack [næk] n **to have the ~ of doing sth** έχω το χάρισμα να κάνω κτ

knee [niː] n γόνατο nt

kneel [niːl] (pt, pp **knelt**) vi (also **~ down**) γονατίζω

knew [njuː] pt of **know**

knickers ['nɪkəz] (BRIT) npl κυλότα f

knife [naɪf] (pl **knives**) n μαχαίρι nt

♦ vt μαχαιρώνω • **~ and fork** μαχαιροπήρουνα

knight [naɪt] n ιππότης m • (CHESS) άλογο nt ♦ vt απονέμω τον τίτλο του ιππότη σε

knit [nɪt] vt (garment) πλέκω ♦ vi (with wool) πλέκω • **to ~ one's brows** συνοφρυώνομαι • **~ting** (activity) πλέξιμο nt • (garment) πλεκτό nt • **~wear** n πλεκτά ntpl

knives [naɪvz] npl of **knife**

knob [nɔb] n (of door) πόμολο nt • (of stick, umbrella) λαβή f • (on radio, television etc) κουμπί nt

knock [nɔk] n χτύπημα • (hole) ανοίγω • (inf) κακολογώ ♦ vi (at door etc) χτυπάω • **a ~** n χτύπημα nt • (on door) χτύπος m • **he ~ed at the door** χτύπησε την πόρτα • **~ down** vt (AUT: person) πατάω • (building, wall etc) γκρεμίζω • **~ off** vi (inf) σχολάω ♦ vt κόβω • **~ out** vt (person) κάνω αναίσθητο • (BOXING) βγάζω νοκ-άουτ • (= defeat) αποκλείω • **~ over** vt (person, object) ρίχνω κάτω • (AUT) χτυπάω • **~out** n (BOXING) νοκ-άουτ nt inv

knot [nɔt] n (in rope) κόμπος m • (in wood) ρόζος m • (NAUT) κόμβος m

know [nəʊ] (pt **knew**, pp **~n**) vt ξέρω • (= recognize) καταλαβαίνω • **to ~ how to swim** ξέρω να κολυμπάω • **to ~ about** or of **sth/sb** γνωρίζω or ξέρω για κτ/κπν • **to get to ~ sb** γνωρίζω κν καλύτερα • **~-all** (BRIT: inf, pej) n πολυξερος m/f • **~-how** n τεχνογνωσία f • **~ing** adj πονηρός • **~ingly** adv εσκεμμένα • (smile, look) με νόημα

knowledge ['nɔlɪdʒ] n γνώση f • (= range of learning) κατάρτιση f • **~able** adj (person) πληροφορημένος • (report, thesis etc) εμβριθής

known [nəʊn] pp of **know** ♦ adj γνωστός

knuckle ['nʌkl] n άρθρωση f (δακτύλων χεριού)

koala [kəuˈɑːlə] n (also ~ **bear**) κοάλα nt inv

Koran [kɔˈrɑːn] n the ~ το Κοράνι

Korea [kəˈrɪə] n Κορέα f · **North/South** ~ Βόρεια/Νότια Κορέα · ◆ n adj της Κορέας ◆ n Κορεάτης/ισσα m/f · (LING) κορεατικά ntpl

kosher [ˈkəʊʃəʳ] adj καθαρός (σύμφωνα με τα εβραϊκά έθιμα)

Kosovan [ˈkɒsəvən], **Kosovar** [ˈkɒsəvɑː] adj κοσοβάρικος

Kosovo [ˈkɒsəvəʊ] n Κοσσυφοπέδιο nt

Kremlin [ˈkremlɪn] n the ~ το Κρεμλίνο nt

Kurd [kɜːd] n Κούρδος/α m/f

Kuwait [kuˈweɪt] n Κουβέιτ nt inv

L l

L, l [el] n το δωδέκατο γράμμα του αγγλικού αλφαβήτου

l. abbr = **litre**

lab [læb] n abbr = **laboratory**

label [ˈleɪbl] n ετικέτα f · (= brand) εταιρεία f ◆ vt κολλάω or βάζω ετικέττες

labor etc [ˈleɪbəʳ] (US) n = **labour** etc

laboratory [ləˈbɔrətərɪ] n εργαστήριο nt

Labor Day (US) n εργατική Πρωτομαγιά f

labour [ˈleɪbəʳ] (US **labor**) n (= hard work) σκληρή δουλειά f · (= work force) εργάτες mpl · (MED) **to be in ~** βρίσκομαι σε τοκετό ◆ vi **to ~ (at sth)** (with effort) δουλεύω (σε κτ) · (with difficulty) παιδεύομαι (με κτ) ◆ vt **to ~ a point** αναπτύσσω διεξοδικά ένα σημείο · **hard ~** καταναγκαστικά έργα · **Labour Party** n the L~ Party (BRIT) το Εργατικό Κόμμα

lace [leɪs] n (fabric) δαντέλλα f · (of shoe etc) κορδόνι nt ◆ vt (also ~ **up**: shoe) δένω τα κορδόνια +gen

lack [læk] n (= absence) έλλειψη f ◆ vt **to ~ sth** μου λείπει κτ · **sth is ~ing** κτ λείπει · **through** or **for ~ of** από έλλειψη +gen

lacy [ˈleɪsɪ] adj (dress, nightdress) δαντελένιος · (tights etc) με δαντέλλα

lad [læd] n παλικάρι nt

ladder [ˈlædəʳ] n (metal, wood) σκάλα f · (rope) ανεμόσκαλα f · (BRIT: in tights) πόντος m · (fig) κλίμακα f ◆ vt (BRIT) **to ~ one's tights** μου φεύγει πόντος

lady [ˈleɪdɪ] n κυρία f · (BRIT: title) λαίδη f · **ladies and gentlemen ...** κυρίες και κύριοι ... · **"Ladies"** "Γυναικών"

lag [læg] n (also **time ~**) κενό nt ◆ vi (also ~ **behind**: person, thing) ξεμένω · (trade, investment etc) καρκινοβατώ ◆ vt (pipes etc) μονώνω

lager [ˈlɑːgəʳ] n μπύρα f (ξανθή)

laid [leɪd] pt, pp of **lay** · **~-back** (inf) adj (person) αραχτός · (approach, atmosphere) άνετος

lain [leɪn] pp of **lie**

lake [leɪk] n λίμνη f

lamb [læm] n (ZOOL, CULIN) αρνί nt

lame [leɪm] adj (person) που κουταίνει · (temporarily) που κουτσαίνει · (excuse) φτηνός · (argument, answer) ανεπαρκής

lament [ləˈment] n θρήνος m

lamp [læmp] n λάμπα f

land [lænd] n (= area of open ground) γη f · (= property, estate) κτήμα nt · (as opposed to sea) ξηρά f · (= country, nation) τόπος m ◆ vi (from ship) αποβιβάζομαι · (AVIAT) προσγειώνομαι · (fig) προσγειώνομαι **to go/travel by ~** πηγαίνω/ταξιδεύω δια ξηράς · **~ up** vi **to ~ up in/at** καταλήγω σε · **~ing** n (of house) διάδρομος m (between stairs) πλατύσκαλο nt · (AVIAT) προσγείωση f · **~ing card** n κάρτα nt αποβίβασης · **~lady** n σπιτονοικοκυρά f · (of pub) ιδιοκτήτρια f · **~lord** n σπιτονοικοκύρης m · (of pub) ιδιοκτήτης m · **~mark** n (building, hill etc) διακριτικό σημείο nt · (fig) ορόσημο nt · **~owner** n γαιοκτήμονας m · **~scape** n τοπίο nt ♦ vt σχεδιάζω · **~slide** n (GEO) κατολίσθηση f · (fig) συντριπτική νίκη f

lane [leɪn] n (in country) δρόμος m · (in town) πάροδος f · (AUT) λωρίδα f · (SPORT) διάδρομος m

language ['læŋgwɪdʒ] n γλώσσα f · **bad ~** βωμολοχίες

lantern ['læntən] n φανάρι nt

lap [læp] n (of person) γόνατα ntpl · (in race) γύρος m ♦ vt (also **~ up**: drink) ρουφάω λαίμαργα · ♦ vi (water) σκάω

lapel [lə'pel] n πέτο nt

Lapland ['læplænd] n Λαπωνία f

lapse [læps] n (= bad behaviour) σφάλμα nt · (of memory, concentration) κενό nt · (of time) πάροδος f ♦ vi εκπνέω · (membership, passport) λήγω · **to ~ into bad habits** ξανακυλάω στις κακές συνήθειες

laptop ['læptɒp] n (also **~ computer**) φορητός υπολογιστής m

lard [lɑːd] n λαρδί nt

larder ['lɑːdəʳ] n κελλάρι nt

large [lɑːdʒ] adj (house, amount etc) μεγάλος · (person) μεγαλόσωμος · **a ~ number of people** πολλοί άνθρωποι · **at ~** (= at liberty) ελεύθερος · **by and ~** γενικά · **~ly** adv (= mostly) σε μεγάλο βαθμό · (= mainly) προπαντός · **~~scale** adj (action, event) μεγάλης έκτασης ορ κλίμακας · (map, diagram) σε μεγάλη κλίμακα

lark [lɑːk] n (bird) κορυδαλλός · (joke) πλάκα f

laser ['leɪzəʳ] n λέιζερ nt inv · **~ printer** (COMPUT) n εκτυπωτής m λέιζερ

lash [læʃ] n (also **eye~**) βλεφαρίδα f · (= blow of whip) βουρδουλιά f ♦ vt μαστιγώνω · (= tie) το ~ **to/together** δένω σφιχτά · **~ out** vi το ~ **out (at sb)** χυμάω ορ ορμάω (σε κν)

lass [læs] (BRIT) n κορίτσι nt

last [lɑːst] adj τελευταίος ♦ adv (= most recently) τελευταία φορά · (= finally) στο τέλος ♦ vi κρατάω · **~ week** την περασμένη ορ προηγούμενη εβδομάδα · **~ night** χθες (το) βράδυ ορ τη νύχτα · **~ year** πέρσι · **at ~** επιτέλους · **~ but one** προτελευταίος · **~ly** adv (= finally) τέλος · (= last of all) τελικά · **~~minute** adj της τελευταίας στιγμής

latch [lætʃ] n σύρτης m

late [leɪt] adj το τέλος +gen · (= not on time) καθυστερημένος · (= deceased) **the ~ Mr X** ο μακαρίτης ο κύριος X ♦ adv αργά · **~ last week** στο τέλος της προηγούμενης εβδομάδας · **in the ~ afternoon** αργά το απόγευμα · **to be ~** έχω αργήσει · **to be 10 minutes ~** έχω αργήσει 10 λεπτά · **to work ~** δουλεύω μέχρι αργά · **of ~** πρόσφατα · **in ~ May** στο τέλος Μαΐου · **~ly** adv τελευταία · **~r** adj μεταγενέστερος · (version etc) επόμενος ♦ adv αργότερα · **~ on** αργότερα · **~st** adj τελευταίος · **at the ~st** το συντομότερο

Latin ['lætɪn] n (LING) λατινικά ntpl · **~ America** n Λατινική Αμερική f

latitude ['lætɪtjuːd] n (GEO) γεωγραφικό πλάτος nt · (fig) ελευθερία f κινήσεων

latter ['lætəʳ] adj (of two) δεύτερος · (= recent, later) τελευταίος ♦ **the ~** n ο δεύτερος

Latvia ['lætvɪə] n Λεττονία f

laugh [lɑːf] n γέλιο nt ♦ vi γελάω · **(to do sth) for a ~** (κάνω κτ) για πλάκα · **~ at** vt fus γελάω με · **~ter** n γέλιο nt

launch [lɔːntʃ] n εκτόξευση f ·

laundry (COMM) κυκλοφορία f ♦ vt (ship) καθελκύω · (rocket, missile) εκτοξεύω · (satellite) θέτω σε τροχιά · (fig: = start) εγκαινιάζω · (COMM) βγάζω (στην κυκλοφορία) · **~ into** vt fus (activity) αποδύομαι σε · (speech) αρχίζω να βγάζω

laundry ['lɔːndri] n (dirty) άπλυτα ntpl · (clean) μπουγάδα f · (room) πλυσταριό nt

lava ['lɑːvə] n λάβα f

lavatory ['lævətəri] n τουαλέτα f

lavender ['lævəndə*] n λεβάντα f

lavish ['lævɪʃ] adj (amount) γιγαντιαίος · (meal) πλουσιοπάροχος · (surroundings) μεγαλοπρεπής ♦ vt to **~ sth on sb** γεμίζω κπν με κτ

law [lɔː] n νόμος m · (specific type: = company law etc) δίκαιο nt · (SCOL) Νομική f · **against the ~** (action) παράνομος · to **study ~** σπουδάζω νομικά · **~ful** adj νόμιμος · **~less** adj παράνομος

lawn [lɔːn] n γκαζόν nt inv

lawsuit ['lɔːsuːt] n μήνυση f

lawyer ['lɔːjə*] n δικηγόρος mf

lax [læks] adj ελαστικός

lay [leɪ] (pt, pp laid) pt of **lie** ♦ adj (REL) λαϊκός · (= not expert) κοινός ♦ vt (person) ακουμπάω · (object) τοποθετώ · (table) στρώνω · (trap) στήνω · (ZOOL: egg) γεννάω · **~ down** vt (object) αφήνω κάτω · to **~ down the law** διατάσσω σε κν · **~ off** vt (workers) απολύω · **~ on** vt (meal, entertainment) παραθέτω · **~ out** vt απλώνω · (inf: = spend) σκάω

layer ['leɪə*] n στρώμα nt

layman ['leɪmən] (irreg) n μη ειδικός m · (REL) λαϊκός m

layout ['leɪaʊt] n διάταξη f · (of piece of writing etc) παρουσίαση f

lazy ['leɪzi] adj (person) τεμπέλης · (movement, action) τεμπέλικος

lb. abbr = **pound** (weight)

lead¹ [liːd] (pt, pp led) n (SPORT) προβάδισμα nt · (= clue) ένδειξη f · (in play, film) πρώτος or πρωταγωνιστικός ρόλος m · (for dog) λουρί nt · (ELEC) καλώδιο nt ♦ vt (= walk etc in front) πηγαίνω μπροστά σε · (= guide) οδηγώ · (group of people, organization) είμαι επικεφαλής +gen ♦ vi (pipe, wire etc) καταλήγω · (road) οδηγώ · (SPORT) προηγούμαι · to **be in the ~** (SPORT) έχω το προβάδισμα · to **take the ~** (SPORT) παίρνω το προβάδισμα · to **~ the way** δείχνω το δρόμο · **~ on** vt παραπλανώ · **~ to** vt fus οδηγώ σε · **~ up to** vt fus (events) οδηγώ (σιγά-σιγά) σε

lead² [lɛd] n (metal) μόλυβδος m · (in pencil) μύτη f

leader ['liːdə*] n αρχηγός m · (SPORT) αυτός που προηγείται · (in newspaper) κύριο άρθρο nt · **~ship** (person) ηγεσία f · (position) ηγεσία f · (quality) ηγετικές ικανότητες fpl

leading ['liːdɪŋ] adj (person, thing) κορυφαίος · (role) πρωταγωνιστικός · (= first, front) προπορευόμενος

leaf [liːf] (pl **leaves**) n φύλλο nt

leaflet ['liːflɪt] n φυλλάδιο nt

league [liːg] n (= group of people, clubs) ένωση f · (= group of countries) συμμαχία f · (FOOTBALL) πρωτάθλημα nt · to **be in ~ with sb** έχω συμμαχήσει με κν

leak [liːk] n διαρροή f ♦ vi (shoes, ship) μπάζω νερά · (pipe, roof) στάζω · (gas) διαρρέω · (liquid) χύνομαι (λόγω διαρροής) ♦ vt to **be ~ed** (information) διαρρέω

lean [liːn] (pt, pp ~ed or ~t) adj (person) λεπτός · (meal) άπαχος ♦ vt to **~ sth on sth** ακουμπάω κτ σε κτ ♦ vi (= slope) γέρνω · to **~ against** ακουμπάω σε · to **~ on** στηρίζομαι σε · to **~ forward/back** γέρνω μπροστά/πίσω · **~ out** vi σκύβω έξω

leant [lɛnt] pt, pp of **lean**

leap [liːp] (pt, pp ~ed or ~t) n σάλτο

nt · (in price, number etc) άλμα *nt ◆ vi*
πηδάω · *(price, number etc)* σημειώνω
άνοδο · ~ **up** · *(person)* αναπηδώ

leapt [lεpt] *pt, pp of* **leap**

leap year *n* δίσεκτο έτος *nt*

learn [lɜːn] *(pt, pp* **~ed** *or* **~t)** *vt*
μαθαίνω ◆ *vi* το ~ **about sth**
μαθαίνω για κτ · **to ~ to do sth**
μαθαίνω να κάνω κτ · **~er** *(BRIT) n*
(also **~er driver)** μαθητευόμενος/η
οδηγός *m/f* · **~ing** *n (= knowledge)*
μάθηση *f* · **~t** *pt, pp of* **learn**

lease [liːs] *n* μισθωτήριο *· nt vt* **to**
~ sth to sb εκμισθώνω κτ σε κν · **to**
~ sth from sb μισθώνω κτ από κν

leash [liːʃ] *n* λουρί *nt.*

least [liːst] *adj* **the ~** *(+noun)*
λιγότερος · *(: = slightest)* παραμικρός
◆ *adv (+verb)* ελάχιστα · *(+adj)* **the**
~ ο λιγότερο · **at ~** = τουλάχιστον
(= still, or rather) τουλάχιστον · **not**
in the ~ = καθόλου · **it was the ~ I**
could do ήταν το λιγότερο που
μπορούσα να κάνω

leather [ˈlεðə*] *n* δέρμα *nt (ως πρώτη
ύλη)*

leave [liːv] *(pt, pp* **left)** *vt* αφήνω ·
(place) φεύγω από · **to ~ sth to sb**
αφήνω κτ σε κν · **to be left** μένω ·
to be left over περισσεύω · **on ~** *(be)* σε
άδεια · *(go)* με άδεια · **~ behind** *vt*
αφήνω *(πίσω) · (accidentally)*
ξεχνάω · **~ off** *vt (cover, lid)* δεν
βάζω · *(heating, light)* αφήνω σβηστό
or κλειστό · **on** *vt* αφήνω
αναμμένο *or* ανοιχτό · **~ out** *vt*
παραλείπω

leaves [liːvz] *npl of* **leaf**

Lebanon [ˈlεbənən] *n* Λίβανος *m*

lecture [ˈlεktʃə*] *n (talk)* διάλεξη *f ·
(SCOL)* μάθημα *nt ◆ vi (single
occurrence)* δίνω διάλεξη · *(one of a
series)* παραδίδω μαθήματα ◆ *vt
(= scold)* κάνω το ~ **sb on** *or* **about sth**
βγάζω κήρυγμα σε κν για κτ · **~r**
(BRIT) n (at university) λέκτορας *mf
(Πανεπιστημίου) · (speaker)* ομιλητής/

τρια *m/f*

led [lεd] *pt, pp of* **lead**¹

ledge [lεdʒ] *n (of mountain)* μπαλκόνι
nt · (of window) περβάζι *nt · (on wall)*
ραφάκι *nt*

leek [liːk] *n* πράσο *nt.*

left [lεft] *pt, pp of* **leave** ◆ *adj
(= remaining)* που μένει · *(of
direction, position)* αριστερός ◆ *n*
αριστερά *ntpl ◆ adv* αριστερά · **on**
the ~ αριστερά · **to the ~** *(στα)*
αριστερά · **the L~** *(POL) n* Αριστερά ·
~-hand drive *adj (car etc)*
αριστεροτίμονος · **~-handed** *adj*
αριστερόχειρας · **~-luggage**
(office) *(BRIT) n* γραφείο *nt*
φύλαξης αποσκευών · **~overs** *npl*
απόφαγια *ntpl · * **~-wing** *(POL) adj*
αριστερός

leg [lεg] *n* πόδι *nt · (of trousers, shorts)*
μπατζάκι *nt · (CULIN)* μπούτι *nt · (of
journey etc)* σκέλος *nt*

legacy [ˈlεgəsi] *n* κληροδότημα *nt ·
(fig)* κληρονομιά *f*

legal [ˈliːgl] *adj (= of the law)*
νομικός · *(= allowed by law)*
νόμιμος · **~ly** *adv (= with regard to
the law)* νομικά · *(= in accordance
with the law)* νόμιμα

legend [ˈlεdʒənd] *n* θρύλος *m · * **~ary**
adj θρυλικός

leggings [ˈlεgɪŋz] *npl* κολάν *nt inv*

legible [ˈlεdʒɪbl] *adj* ευανάγνωστος

legislation [lεdʒɪsˈleɪʃən] *n*
νομοθεσία *f*

legislative [ˈlεdʒɪslətɪv] *adj*
νομοθετικός

legitimate [lɪˈdʒɪtɪmət] *adj*
(= reasonable) βάσιμος · *(= legal)*
νόμιμος

leisure [ˈlεʒə*] *n* ελεύθερος χρόνος
*m · * **at one's ~** = με την ησυχία μου ·
~ centre *n* κέντρο *nt* αναψυχής ·
~ly *adj* ξένοιαστος

lemon [ˈlεmən] *n (fruit)* λεμόνι *nt ·
(colour)* καναρινί *nt inv · * **~ade** *n*
λεμονάδα *f*

lend [lend] (*pt, pp* **lent**) *vt* **to ~ sth to sb** δανείζω κτ σε κν

length [lεŋθ] *n* (= *measurement*) μήκος *nt* · (= *piece*) κομμάτι *nt* · (= *amount of time*) διάρκεια *f* · **to swim 5 ~s** κολυμπώ 5 φορές το μήκος της πισίνας · **at ~** (= *for a long time*) επί μακρόν · **~y** *adj* (*explanation, text*) μακροσκελής · (*meeting*) παρατεταμένος

lens [lεnz] *n* ο φακός *m*

Lent [lεnt] *n* Σαρακοστή *f*

lent [lεnt] *pt, pp of* **lend**

lentil [ˈlεntɪl] *n* φακή *f*

Leo [ˈliːəu] *n* Λέων *m*

leopard [ˈlεpəd] *n* λεοπάρδαλη *f*

lesbian [ˈlεzbɪən] *adj* λεσβιακός · (*person*) λεσβία ◆ *n* λεσβία *f*

less [lεs] *adj* λιγότερος ◆ *pron* λιγότερο ◆ *adv* λιγότερο ◆ *prep* **~ tax/10% discount** μείον το φόρο/ 10% έκπτωση · **~ than half** λιγότερο απ'το μισό · **~ than ever** λιγότερο από κάθε άλλη φορά · **~ and ~** όλο και λιγότερο · **the ~ he works ...** όσο λιγότερο δουλεύει ... · **~en** *vi* λιγοστεύω ◆ *vt* μειώνω · **~er** *adj* μικρότερος

lesson [ˈlεsn] *n* μάθημα *nt* · **to teach sb a ~** (*fig*) δίνω σε κν ένα μάθημα

lest [lεst] *conj* μήπως

let [lεt] (*pt, pp*) *vt* (= *allow*) αφήνω · (*BRIT*: = *lease*) νοικιάζω ◆ *vi* **to ~ go of** αφήνω · **to ~ o.s. go** (= *neglect o.s.*) αφήνομαι · **to ~ sb do sth** αφήνω κν να κάνει κτ · **to ~ sb know sth** ενημερώνω κν για κτ · **~'s go** πάμε · **"to ~"** "ενοικιάζεται" · **~ down** *vt* (*tyre etc*) ξεφουσκώνω · (= *fail: person*) απογοητεύω · **~ in** *vt* (*water, air*) μπάζω · (*person*) ανοίγω σε · **~ off** *vt* (*culprit*) αφήνω ελεύθερο · (= *excuse*) απαλλάσσω · (*firework*) πετάω · (*bomb*) κάνω να εκραγεί · **~ out** *vt* (*person, dog*) βγάζω έξω · (*water, air*) βγάζω · (= *rent out*) νοικιάζω

lethal [ˈliːθl] *adj* φονικός

letter [ˈlεtə*] *n* γράμμα *nt* · **~box** (*BRIT*) *n* γραμματοκιβώτιο *nt*

lettuce [ˈlεtɪs] *n* μαρούλι *nt*

leukaemia [luːˈkiːmɪə] (*US* **leukemia**) *n* λευχαιμία *f*

level [ˈlεvl] *adj* (= *flat*) επίπεδος ◆ *adv* **to draw ~ with** φτάνω (στο ίδιο επίπεδο) με · ◆ *n* στάθμη *f* · (= *height*) ύψος *nt* · (*fig*: = *standard*) επίπεδο *nt* · (*also* **spirit ~**) αλφάδι *nt* ◆ *vt* (*building, forest etc*) ισοπεδώνω ◆ *vi* **to ~ with sb** (*inf*) είμαι ειλικρινής απέναντι σε κν · **to be ~ with** είμαι στο ίδιο επίπεδο με · **~ off** *vi* (*prices etc*) σταθεροποιούμαι · **~ out** *vi* = **level off** · **~ crossing** (*BRIT*) *n* ισόπεδη διάβαση *f*

lever [ˈliːvə*] *n* (*to operate machine*) λεβιές *m* · (= *bar*) μοχλός *m* · (*fig*) μέσο πίεσης · **~ up** σηκώνω με κόπο · **to ~ out** βγάζω με κόπο · **~age** *n* πίεση *f* · (*fig*) επιρροή *f*

levy [ˈlεvi] *n* φόρος *m* ◆ *vt* επιβάλλω

liability [laɪəˈbɪlɪti] *n* μπελάς *m* · (*JUR*) υπαιτιότητα *f*

▸ **liabilities** *npl* (*COMM*) παθητικό *nt*

liable [ˈlaɪəbl] *adj* (= *subject*) **~ to** επιρρεπής σε · (= *responsible*) **~ for** υπεύθυνος για · (= *likely*) **to be ~ to** είναι πολύ πιθανό να

liar [ˈlaɪə*] *n* ψεύτης/τρα *m/f*

liberal [ˈlɪbərl] *adj* (= *tolerant*) φιλελεύθερος · (= *large: offer etc*) μεγάλος · (*amount*) γενναίος · **Liberal Democrat** *n* Φιλελεύθερος/η *m/f*

liberate [ˈlɪbəreɪt] *vt* ελευθερώνω · (*country*) απελευθερώνω ·

liberation *n* απελευθέρωση *f*

Liberia [laɪˈbɪərɪə] *n* Λιβερία *f*

liberty [ˈlɪbəti] *n* ελευθερία *f* · **to be at ~** (*criminal*) παραμένω ελεύθερος · **to be at ~ to do sth** έχω το ελεύθερο να κάνω κτ · **to**

take the ~ of doing sth παίρνω το θάρρος να κάνω κτ

Libra ['li:brə] n Ζυγός m

librarian [laɪ'brɛərɪən] n βιβλιοθηκάριος mf

library ['laɪbrərɪ] n (institution) βιβλιοθήκη f • (= private collection) συλλογή f

Libya ['lɪbɪə] n Λιβύη f

lice [laɪs] npl of **louse**

licence ['laɪsns] (us **license**) n άδεια f • (= excessive freedom) αυθάδεια f

license ['laɪsns] n (us) = **licence** ♦ vt δίνω άδεια σε • **~d** adj (car etc) που έχει άδεια • (to sell alcohol) που έχει άδεια πώλησης οινοπνευματωδών ποτών

lick [lɪk] vt (fingers etc) γλείφω • (stamp) βάζω σάλιο σε ♦ n γλειψιά f

lid [lɪd] n (of box, case) καπάκι nt • (= eyelid) βλέφαρο nt

lie [laɪ] (pt **lay**, pp **lain**) vi (= be horizontal) είμαι ξαπλωμένος • (= be situated) βρίσκομαι • (fig: problem, cause etc) βρίσκομαι • (= be placed) είμαι • (= tell lies) (pt, pp **~d**) λέω ψέματα ♦ n ψέμα nt

Liechtenstein ['lɪktənstaɪn] n Λιχτενστάιν nt inv

lie-in ['laɪɪn] (BRIT) n to have a **~** χουζουρεύω

lieutenant [leftenənt] US [lu:'tenənt] n υπολοχαγός m

life [laɪf] (pl **lives**) n ζωή f • to come to **~** (fig) ζωντανεύω • **~boat** n σωσίβια λέμβος f • **~guard** n ναυαγοσώστης mf • **~ insurance** n ασφάλεια f ζωής • **~ jacket** n σωσίβιο nt • **~style** n τρόπος m ζωής • **~time** n (of person) ζωή f • (of thing) διάρκεια f ζωής

lift [lɪft] vt (= raise) σηκώνω • (= end: ban etc) αίρω • (= plagiarize) κλέβω ♦ vi (fog) διαλύομαι ♦ n (BRIT) ασανσέρ nt inv • to give sb a **~** (BRIT: AUT) πάω κν με το αυτοκίνητο • **~ off** vi (rocket)

απογειώνομαι • **~ up** vt (person, thing) σηκώνω (ψηλά)

light [laɪt] (pt, pp **lit**) n φως nt ♦ vt (candle, cigarette) ανάβω • (room) φωτίζω ♦ adj (= pale) ανοιχτός • (= not heavy) ελαφρύς • (rain) ψιλός • (= not strenuous) ελαφρύς • (= bright) φωτεινός • (= gentle) ελαφρύς • (= not serious) ελαφρύς ♦ adv (travel) χωρίς πολλές αποσκευές • to come to **~** έρχομαι στο φως • in the **~** of υπό το φως +gen

lights npl (AUT: also **traffic ~s**) φανάρια ntpl • **~ up** vi (face) λάμπω ♦ vt φωτίζω • **~ bulb** n γλόμπος m • **~en** vt ελαφρύνω • **~ly** adv ξανοίγω • **~er** n (also **cigarette ~er**) αναπτήρας m • **~house** n φάρος m • **~ing** n (system) φωτισμός m • **~ly** adv ελαφρά • (= not seriously) ξώφαλτσα

lightning ['laɪtnɪŋ] n αστραπή f ♦ adj (= rapid) αστραπιαίος

lightweight ['laɪtweɪt] n (BOXING) πυγμάχος m ελαφρών βαρών

like [laɪk] vt to **~ sb/sth** μου αρέσει κς/κτ ♦ prep σαν ♦ n and the **~s** και όλα αυτά • his **~s and dis~s** οι συμπάθειες και οι αντιπάθειες του • I would **~, I'd ~** θα ήθελα • would you **~ a coffee?** θα θέλατε έναι θέλατε έναν καφέ; • to be or look **~ sb/sth** είμαι σαν or μοιάζω με κν/ κτ • what does it look/taste/sound **~?** με τι μοιάζει; • what's he **~?** πώς είναι; • what's the weather **~?** τι καιρό κάνει; • I feel a drink **~ if you ~** θέλεις, αν θέλεις • do it **~ this** κάντε το έτσι • it is nothing **~ ...** δεν είναι καθόλου σαν ... • **~able** adj (person) συμπαθητικός

likelihood ['laɪklɪhʊd] n πιθανότητα f

likely ['laɪklɪ] adj πιθανός • to be **~** to είναι πιθανό να • not **~!** (inf) ούτε να το συζητάς!

likewise ['laɪkwaɪz] adv παρομοίως • to do **~** κάνω το ίδιο

liking ['laikɪŋ] n συμπάθεια f

lilac ['lailək] n πασχαλιά f ♦ adj ιώδες (fml)

lily ['lɪlɪ] n κρίνος m

limb [lɪm] n (ANAT) άκρο nt · (of tree) κλαδί nt

limbo ['lɪmbəu] n **to be in ~** (fig) είμαι σε αναμονή

lime [laim] n (fruit) πράσινο λεμόνι nt · (tree) λεμονιά f (με πράσινα λεμόνια) · (also • juice) λάιμ nt inv · (for soil) ασβέστης nt · (rock) ασβεστόλιθος m

limelight ['laimlait] n **to be in the ~** είμαι στο φως της δημοσιότητας

limestone ['laimstəun] n ασβεστόλιθος m

limit ['lɪmɪt] n όριο nt · (of area) όρια ntpl ♦ vt περιορίζω · **within ~s** μέσα σε λογικά όρια or πλαίσια · **~ed** adj περιορισμένος · **to be ~ed to** περιορίζομαι σε

limousine ['lɪməziːn] n λιμουζίνα f

limp [lɪmp] n **to have a ~** κουτσαίνω ♦ vi κουτσαίνω ♦ adj χαλαρός

line [lain] n γραμμή f · (also **straight ~**) ευθεία f · (= row) σειρά f · (TEL) γραμμή f · (RAIL) σιδηροδρομική γραμμή f · (= bus, coach) γραμμή f · (fig: = attitude, policy) γραμμή f · (= business, work) κλάδος m · (COMM) σειρά f ♦ vt (road, room) παρατάσσομαι κατά μήκος +gen · (container) ντύνω · (clothing) βάζω επένδυση σε · **hold the ~ please!** (TEL) παρακαλώ αναμείνατε στο ακουστικό σας! · **in ~** = στη σειρά · **in ~ with** σύμφωνος με · **~ up** vi μπαίνω στη σειρά

linear ['lɪnɪəʳ] adj (process, sequence) γραμμικός · (shape, form) ίσιος

linen ['lɪnɪn] n (cloth) λινό m · (= tablecloth, sheet etc) ασπρόρουχα ntpl

liner ['lainəʳ] n (ship) πλοίο nt της γραμμής · (also • bin ~) σακούλα f σκουπιδιών

linger ['lɪŋgəʳ] vi (smell, tradition etc) παραμένω · (person) καθυστερώ

lingerie ['lænʒəriː] n γυναικεία εσώρουχα ntpl

linguistic [lɪŋ'gwɪstɪk] adj (studies) γλωσσολογικός · (developments, ideas etc) γλωσσικός

lining ['lainɪŋ] n (wool etc) επένδυση f · (silk) φόδρα f

link [lɪŋk] n (= relationship) δεσμός m · (= connection) επαφή f · (= communications links) σύνδεση f · (of a chain) κρίκος m ♦ vt (= join) συνδέω

· links npl (GOLF) φυσικό γήπεδο nt · **~ up** vt συνδέω · vi συναντιέμαι or βρίσκομαι

lion ['laiən] n λιοντάρι nt

lip [lɪp] n (ANAT) χείλι nt · (of cup etc) χείλος nt · (inf: = insolence) αναίδεια fpl · **~~read** vi διαβάζω τα χείλη · **~stick** n κραγιόν nt inv

liqueur [lɪ'kjuəʳ] n λικέρ nt inv

liquid ['lɪkwɪd] adj υγρός ♦ n υγρό nt

liquor ['lɪkəʳ] n οινοπνευματώδη ntpl

list [lɪst] n κατάλογος m · (= record) παραθέτω ♦ vi (ship) παρουσιάζω κλίση

listen ['lɪsn] vi ακούω · **to ~ to sb/ sth** ακούω κν/κτ · **~er** n (also RADIO) ακροατής/τρια m/f

lit [lɪt] pt, pp of **light**

liter ['liːtəʳ] (US) n = **litre**

literacy ['lɪtərəsɪ] n ικανότητα f γραφής και ανάγνωσης

literal ['lɪtərəl] adj (sense, meaning) κυριολεκτικός · (translation) κατά λέξη · **~ly** adv κυριολεκτικά

literary ['lɪtərərɪ] adj (history) λογοτεχνικός · (studies) φιλολογικός

literate ['lɪtərət] adj που ξέρει να διαβάζει και να γράφει · (= educated) μορφωμένος

literature ['lɪtrɪtʃəʳ] n λογοτεχνία f · (= studies) φιλολογία f · (= printed information) έντυπα ntpl

Lithuania [lɪθju'einiə] n Λιθουανία f

litre ['liːtəʳ] (*US* **liter**) n λίτρο *nt*

litter ['lɪtəʳ] n (= rubbish) σκουπίδια *ntpl* · (= young animals) γέννα f · **~ed** *adj* **~ed with** στρωμένος με

little ['lɪtl] *adj* μικρός · (= short: time, event) λίγος · (*quantifier*) **to have ~ time/money** έχω λίγο χρόνο/χρήμα ◆ *adv* λίγο · **a ~ bit** λιγάκι · **~ by ~** λίγο-λίγο · **~ finger** n μικρό δαχτυλάκι *nt*

live *vb* [lɪv] *adj* [laɪv] vi ζω · (*in house, town*) μένω ◆ *adj* (*animal*) ζωντανός · (*TV, RADIO*) απευθείας · (*broadcast, performance*) ζωντανός · (*ELEC*) ηλεκτροφόρος · (*bullet etc*) ενεργός · **to ~ with sb** συζώ με κν · **~ on** vt fus ζω με · **~ together** vi συζώ · **~ up** vt **to ~ it up** το γλεντάω · **~ up to** vt fus φαίνομαι αντάξιος +gen

livelihood ['laɪvlɪhud] n τα προς το ζην *ntpl*

lively ['laɪvlɪ] *adj* ζωντανός · (*interest, admiration etc*) ζωηρός

liver ['lɪvəʳ] n συκώτι *nt*

lives [laɪvz] *npl* of **life**

livestock ['laɪvstɔk] n ζωντανά *ntpl* (ζώα)

living ['lɪvɪŋ] *adj* ζωντανός ◆ n **to earn** *or* **make a ~** κερδίζω τα προς το ζην · **~ room** n καθιστικό *nt*

lizard ['lɪzəd] n σαύρα f

load [ləud] n φορτίο *nt* · (= weight) βάρος *nt* ◆ vt (*also* **~ up**) φορτώνω · (*gun*) γεμίζω · (*camera*) βάζω φιλμ σε · **a ~ of rubbish** (*inf*) βλακείες · **~s of** *or* **a ~ of** (*fig*) ένα σωρό +acc · **~ed** *adj* (*question*) με νόημα · (*inf*: = rich) ματσωμένος · (*dice*) φτιαγμένος

loaf [ləuf] (*pl* **loaves**) n καρβέλι *nt* (ψωμί)

loan [ləun] n δάνειο *nt* ◆ vt δανείζω · **on ~** δανεικός

loathe [ləuð] vt απεχθάνομαι

loaves [ləuvz] *npl* of **loaf**

lobby ['lɔbɪ] n (*of building*) είσοδος f ·

(*POL*) ομάδα f πίεσης ◆ vt κάνω προπαγάνδα για

lobster ['lɔbstəʳ] n αστακός m

local ['ləukl] *adj* τοπικός ◆ n (*pub*) παμπ της γειτονιάς · **the locals** *npl* οι ντόπιοι *mpl* · **~ authority** n αρχές *fpl* του τόπου · **~ government** n τοπική αυτοδιοίκηση f · **~ly** *adv* τοπικά

locate [ləuˈkeɪt] vt εντοπίζω · **to be ~d in** βρίσκομαι σε

location [ləuˈkeɪʃən] n (= particular place) τοποθεσία f · **on ~** (*CINE*) με εξωτερικά γυρίσματα

loch [lɔx] n λίμνη f

lock [lɔk] n κλειδαριά f · (*on canal*) υδατοφράχτης m · (*also* **~ of hair**) μπούκλα f ◆ vt κλειδώνω ◆ vi (*door etc*) κλειδώνω · (*mechanism etc*) μπαίνω · (*jaw, knee*) αγκυλώνω · (*wheels*) μπλοκάρω · **~ in** vt κλειδώνω μέσα · **~ out** vt (*person*) κλειδώνω έξω · (*INDUST*) κάνω λοκ-άουτ σε · **~ up** vt κλείνω μέσα (*house*) κλειδώνω ◆ vi κλειδώνω

locker ['lɔkəʳ] n θυρίδα f φύλαξης αντικειμένων · **~ room** n αποδυτήρια *ntpl*

locomotive [ləukəˈməutɪv] n ατμομηχανή f

lodge [lɔdʒ] n (= small house) σπιτάκι *nt* ◆ vi (*person*) **to ~ (with)** μένω (με) ◆ vt υποβάλλω · **lodgings** *npl* νοικιασμένο δωμάτιο *nt*

loft [lɔft] n σοφίτα f

log [lɔg] n κούτσουρο *nt* · (= written account) κατάσταση f ◆ vt (*event, fact*) καταγράφω · **~ in** vi (*COMPUT*) συνδέομαι · **~ into** vt (*COMPUT*) συνδέομαι · **~ off** vi = **log out** · **~ on** vi = **log in** · **~ out** vi (*COMPUT*) αποσυνδέομαι

logic ['lɔdʒɪk] n λογική f · **~al** *adj* λογικός

logo ['ləugəu] n λογότυπο *nt*

lollipop ['lɔlɪpɔp] n γλειφιτζούρι *nt*

London ['lʌndən] n Λονδίνο *nt* · **~er**

n Λονδρέζος/α *m/f*

lone [ləʊn] *adj* μοναχικός

loneliness ['ləʊnlɪnɪs] *n* μοναξιά *f*

lonely ['ləʊnlɪ] *adj* (person, situation) μοναχικός · (place) απομονωμένος

long [lɒŋ] *adj* (period of time, event) μεγάλος · (road, hair) μακρύς · (book etc) μεγάλος · (account, description etc.) μακροσκελής ♦ *adv* πολύ ♦ *vi* **to ~ for sth** λαχταράω κτ · **so** or **as ~ as** (= on condition that) υπό την προϋπόθεση ότι · (= while) όσο · **don't be ~** μην αργείς · **how ~ is the street?** πόσο μήκος έχει ο δρόμος; · **how ~ is the lesson?** πόσο κρατάει το μάθημα; · **6 metres ~** 6 μέτρα μήκος · **6 months ~** που κρατάει 6 μήνες · **all night ~** όλη τη νύχτα · **he no ~er comes** δεν έρχεται πια · **~ ago** εδώ και πολύ καιρό · **before/after** πολύ καιρό πριν/μετά · **before ~** (+future) σύντομα · (+past, +future) σε λίγο · **at ~ last** μετά από πολλά · **~ distance** *adj* (travel) μακρυνός · (race) μεγάλων αποστάσεων · (phone call) υπεραστικός · **~ing** *n* λαχτάρα *f*

longitude ['lɒŋgɪtjuːd] *n* γεωγραφικό μήκος *nt*

long jump *n* άλμα *nt* εις μήκος

long-life ['lɒŋlaɪf] *adj* (milk, batteries etc) μακράς διαρκείας

long-standing ['lɒŋ'stændɪŋ] *adj* μακρόχρονος

long-term ['lɒŋtɜːm] *adj* (project, solution etc) μακροπρόθεσμος

loo [luː] (BRIT: *inf*) *n* τουαλέττα *f*

look [lʊk] *vi* κοιτάζω · (= seem) φαίνομαι ♦ *n* ματιά *f* · (= appearance) εμφάνιση *f* · **to ~ south/(out) onto the sea** (building etc) βλέπω στο νότο/(έξω) στη θάλασσα · **to ~ like sb/sth** μοιάζω με κν/κτ · **to have a ~ at sth** ρίχνω μια ματιά σε κτ · **to have a ~ for sth** ψάχνω για κτ
▸ **looks** *npl* (= good looks) ομορφιές *f* · **~ after** *vt fus* (= care for)

φροντίζω · (= deal with) κανονίζω · **~ at** *vt fus* κοιτάζω · (= consider) εξετάζω · **to ~ back at sth/sb** κοιτάζω πίσω κτ/κν · **to ~ back on** ξαναφέρνω στο νου · **~ down on** *vt fus* (fig) περιφρονώ · **~ for** *vt fus* ψάχνω · **~ forward to** *vt fus* δεν βλέπω την ώρα να · **we ~ forward to hearing from you** αναμένουμε την απάντησή σας · **~ into** *vt fus* ερευνώ · **~ on** *vi* (= watch) παρακολουθώ · **~ out for** *vt fus* έχω το νου μου για · (town, building) βλέπω · (person) επιθεωρώ · **~ round** *vi* γυρίζω · **~ through** *vt fus* (= examine) εξετάζω · **~ up** *vi* (= raise eyes) σηκώνω τα μάτια · (situation) καλυτερεύω ♦ *vt* ψάχνω · **~ up to** *vt fus* θαυμάζω · **~ out** *vi* (= tower etc) παρατηρητήριο *nt* · (= person) σκοπός *m* · **to be on the ~ out for sth** έχω τα μάτια μου ανοιχτά για κτ

loom [luːm] *vi* (also **~ up**: object, shape) προβάλλω · (event) πλησιάζω ♦ *n* αργαλειός *m*

loony ['luːnɪ] (*inf*) *adj* παλαβός ♦ *n* τρελός/ή *m/f*

loop [luːp] *n* θηλειά *f* · (COMPUT) βρόχος *m* ♦ *vi* **to ~ sth around sth** δένω κτ με κτ · **~hole** *n* παραθυράκι *nt*

loose [luːs] *adj* χαλαρός · (clothes etc) φαρδύς · (hair) λυτός · (definition, translation) ασαφής · (life, morals) ελαφρός ♦ *n* **to be on the ~** περιφέρομαι ελεύθερα · **~ly** *adv* χαλαρά · **~n** *vt* (fixed thing) λασκάρω · (clothing, belt etc) ξεσφίγγω

loot [luːt] *n* (*inf*) λεία *f* ♦ *vt* λεηλατώ

lopsided ['lɒp'saɪdɪd] *adj* μονόπαντος

lord [lɔːd] *n* (BRIT: peer) λόρδος *m* · **L~ Smith** ο λόρδος Σμιθ · **the L~** (REL) ο Κύριος · **good L~!** Κύριε των Δυνάμεων!

lorry ['lɒrɪ] (BRIT) *n* φορτηγό *nt* · **~ driver** (BRIT) *n* φορτηγατζής/ού *m/f*

lose [luːz] (pt, pp **lost**) vt χάνω ♦ vi
χάνω · **~r** n (in game, contest)
ηττημένος m · (inf: failure)
αποτυχημένος/η m/f

loss [lɒs] n (no pl: gen) απώλεια f,
θάνατος m · (comm) to make a
~ έχω ζημιά · to be at a ~ τα'χω
χαμένα

lost [lɒst] pt, pp of **lose** ♦ adj (person,
animal) χαμένος · (object) που
χάθηκε · to be or get ~ χάνομαι ·
get ~! (inf) (άντε) χάσου! ·
~ property n γραφείο nt
απωλεσθέντων

lot [lɒt] n (= set, group) στοίβα f · (at
auctions) κλήρος m · (= destiny)
μοίρα f · the ~ όλα · a ~ (= large
number of books etc) πολλά · (= a
great deal of milk etc) πολύ · a ~ of,
~s of πολύς · I read a ~ διαβάζω
πολύ · this happens a ~ αυτό
συμβαίνει συχνά

lotion [ˈləʊʃən] n λοσιόν f inv

lottery [ˈlɒtərɪ] n κλήρωση f · (state
lottery) λαχείο nt

loud [laʊd] adj (noise, voice)
δυνατός · (clothes) φανταχτερός
♦ adv (speak etc) δυνατά · out
~ δυνατά · **~ly** adv δυνατά ·
~speaker n μεγάφωνο nt

lounge [laʊndʒ] n (in house, hotel)
σαλόνι nt · (at airport, station)
αίθουσα f αναχωρήσεων · (BRIT: also
~ bar) άνετη αίθουσα σε μπαρ ♦ vi
κάθομαι αναπαυτικά · ~ **about** vi
χαζεύω · ~ **around** vi = lounge
about

louse [laʊs] (pl lice) n ψείρα f · ~ **up**
(inf) vt τινάζω στον αέρα

lousy [ˈlaʊzɪ] (inf) adj (show, meal etc)
χάλια · (person, behaviour) άθλιος · to
feel ~ (= ill) αισθάνομαι χάλια

love [lʌv] n (romantic, sexual) έρωτας
m · (kind, caring) αγάπη f · (for music,
sport) αγάπη f ♦ vt (person) αγαπάω ·
(thing, activity etc) λατρεύω ·
"~ (from) Anne" (on letter) "με
αγάπη Άννα" · I'd ~ to come

ευχαρίστως θα έρθω · I
~ chocolate μου αρέσει η
σοκολάτα · to be in ~ with είμαι
ερωτευμένος με · to fall in ~ with
ερωτεύομαι · to make ~ κάνω
έρωτα · "15 ~" (TENNIS) "15-μηδέν" ·
~ affair n σχέση f (ερωτική) · ~ life
n ερωτική ζωή f

lovely [ˈlʌvlɪ] adj (= beautiful)
ωραίος · (= delightful) θαυμάσιος

lover [ˈlʌvəʳ] n (sexual partner)
εραστής m · (= person in love)
ερωτευμένος/η m/f · a ~ of art/
music ένας εραστής της τέχνης/
μουσικής

loving [ˈlʌvɪŋ] adj στοργικός

low [ləʊ] adj (table, wall etc)
χαμηλός · (bow, curtsey) βαθύς ·
(income, temperature) χαμηλός ·
(sound: = deep) βαθύς · (: = quiet)
σιγανός · (= depressed: person)
πεσμένος ♦ adv (sing) χαμηλόφωνα ·
(fly) χαμηλά ♦ n (METEO) χαμηλό
(βαρομετρικό) nt · **~-calorie** adj με
λίγες θερμίδες

lower [ˈləʊəʳ] adj (= bottom) κάτω ·
(= less important) κατώτερος ♦ vt
(= move downwards) χαμηλώνω ·
(= reduce) μειώνω · (price etc) ρίχνω ·
(voice, eyes) χαμηλώνω

low-fat [ˈləʊˈfæt] adj με χαμηλά
λιπαρά

loyal [ˈlɔɪəl] adj (friend) πιστός ·
(support) ένθερμος · **~ty** n πίστη f

Lt (MIL) abbr = lieutenant

Ltd (COMM) abbr = limited company)
εταιρεία f περιορισμένης ευθύνης

luck [lʌk] n τύχη f · good ~! καλή
τύχη! · bad or hard or tough ~! τι
ατυχία! · **~ily** adv ευτυχώς · **~y** adj
(situation, coincidence)
ευτυχισμένος · (person) τυχερός

lucrative [ˈluːkrətɪv] adj επικερδής

ludicrous [ˈluːdɪkrəs] adj γελοίος

luggage [ˈlʌgɪdʒ] n αποσκευές fpl ·
~ rack n (on car) σχάρα f · (in train)
δίχτυ nt

M m

lukewarm ['luːkwɔːm] *adj* χλιαρός

lull [lʌl] *n* (*in conversation etc*) παύση *f* · (*in fighting*) ανακωχή *f* ◆ *vt* to ~ **sb (to sleep)** νανουρίζω κν

lumber ['lʌmbə] *n* (*wood*) ξυλεία *f* · (*= junk*) παλιατζούρες *fpl* ◆ *vi* to ~ **about/along** *etc* τριγυρνάω αργά · **with** *vt* **I am/get ~ed with sth** μου φορτώνουν κτ

luminous ['luːmɪnəs] *adj* φωτεινός · (*dial*) που φωτίζει

lump [lʌmp] *n* (*of butter etc*) κομμάτι *nt* · (*of clay etc*) σβώλος *m* · (*on body*) εξόγκωμα *nt* · (*also* **sugar ~**) κύβος *m* ζάχαρη ◆ *vt* to ~ **together** βάζω στην ίδια κατηγορία με · **~ sum** ένα εφάπαξ ποσό · **~y** *adj* σβωλιασμένος

lunar ['luːnə] *adj* σεληνιακός · (*landing*) στη Σελήνη

lunatic ['luːnətɪk] *adj* παρανοϊκός ◆ *(inf)* τρελός *(n inf)*

lunch [lʌntʃ] *n* (*meal*) μεσημεριανό *nt* · (*time*) μεσημέρι *nt* ◆ *vi* γευματίζω · **to have ~** τρώω για μεσημέρι · **~time** *n* ώρα *f* του μεσημεριανού

lung [lʌŋ] *n* πνεύμονας *m* (*fml*)

lure [luə] *n* (*= attraction*) έλξη *f* ◆ *vt* παρασύρω

lurk [ləːk] *vi* παραμονεύω · (*fig*) καραδοκώ

lush [lʌʃ] *adj* (*fields, gardens*) με οργιαστική βλάστηση

lust [lʌst] (*pej*) *n* λαγνεία *f* · (*= desire for money, power etc*) δίψα *f* · **after** *vt fus* (*= desire sexually*) ποθώ · **for** *vt fus* = **lust after**

Luxembourg ['lʌksəmbəːg] *n* Λουξεμβούργο *nt*

luxurious [lʌɡˈzjuəriəs] *adj* πολυτελής ◆ *cpd* πολυτελείας

luxury ['lʌkʃəri] *n* πολυτέλεια *f* ◆ *cpd* πολυτελείας

Lycra® ['laɪkrə] *n* λύκρα *nt inv*

lying ['laɪɪŋ] *n* ψέμα *nt* ◆ *adj* (*person*) ψεύτης

M, m [ɛm] *n* το δέκατο τρίτο γράμμα του αγγλικού αλφαβήτου

m. *abbr* = **metre · mile · million**

MA *n abbr* (= *Master of Arts*) Μάστερ *nt inv* στις Θεωρητικές επιστήμες

mac [mæk] (*BRIT*) *n* αδιάβροχο *nt*

macaroni [mækəˈrəʊni] *n* κοφτό μακαρόνι *nt*

Macedonia [] *n* Μακεδονία

Macedonian [] *n* Μακεδόνας/ισσα *m/f*

machine [məˈʃiːn] *n* μηχάνημα *nt* · **~ gun** *n* πολυβόλο *nt* · **~ry** *n* μηχανήματα *ntpl*

macho ['mætʃəʊ] *adj* μάτσο *inv*

mackerel ['mækrl] *n inv* σκουμπρί *nt*

mackintosh ['mækɪntɒʃ] (*BRIT*) *n* αδιάβροχο *nt*

mad [mæd] *adj* τρελός · (*= angry*) έξω φρενών · **to be ~ about** (*person, football etc*) τρελαίνομαι για

madam ['mædəm] *n* κυρία *f*

mad cow disease *n* ασθένεια *f* των τρελών αγελάδων

made [meɪd] *pt, pp of* **make**

madly ['mædli] *adv* (= *frantically*) σαν τρελός · **in love** τρελά ερωτευμένος

madman ['mædmən] (*irreg*) *n* τρελός

madness ['mædnɪs] *n* τρέλα *f*

Mafia ['mæfiə] *n* **the ~** η Μαφία

mag [mæg] (*BRIT: inf*) *n abbr* = **magazine**

magazine [mægəˈziːn] *n* (*PRESS*) περιοδικό *nt* · (*of firearm*) γεμιστήρας *m*

maggot ['mægət] *n* σκουλήκι *nt*

magic ['mædʒɪk] *n* (= *supernatural power*) μαγεία *f* · (= *conjuring*) ταχυδακτυλουργίες *fpl* ◆ *adj*

μαγικός• **~al** adj (powers, ritual)
μαγικός• (experience, evening)
μαγευτικός• **~ian** n (= wizard)
μάγος/ισσα m/f• (= conjurer)
ταχυδακτυλουργός mf

magistrate ['mædʒɪstreɪt] n
δικαστικός mf, = Ειρηνοδίκης

magnet ['mægnɪt] n μαγνήτης m•
~ic adj (PHYS) μαγνητικός•
(personality) σαγηνευτικός

magnificent [mæg'nɪfɪsnt] adj (book,
painting) υπέροχος• (work,
performance) έξοχος• (building,
robes) μεγαλοπρεπής

magpie ['mægpaɪ] n κίσσα f

mahogany [mə'hɒgənɪ] n μαόνι nt

maid [meɪd] n υπηρέτρια f• (in hotel)
καμαριέρα f

mail [meɪl] n (= postal service)
ταχυδρομείο nt• (= letters)
αλληλογραφία f• (= e-mail) e-mail
nt ♦ vt ταχυδρομώ• **~box** n (US: for letters
etc) γραμματοκιβώτιο nt• (COMPUT)
ταχυδρομικό κιβώτιο nt• **~ing list** n
κατάλογος m πελατών• **~man** (US)
(irreg) n ταχυδρόμος m• **~ order** n
ταχυδρομική παραγγελία f

main [meɪn] adj κύριος
▸ **the mains** npl (ELEC) ρεύμα nt•
~ course n (CULIN) κύριο πιάτο nt•
~land n the **~land** n ξηρά• **~ly** adv
κυρίως• **~ road** n κεντρικός
δρόμος m• **~stream** n κύριο ρεύμα
nt ♦ adj κλασικός

maintain [meɪn'teɪn] vt διατηρώ
(building, equipment) συντηρώ•
(belief, opinion) υποστηρίζω

maintenance ['meɪntənəns] n (of
building, equipment) συντήρηση f•
(JUR: = alimony) διατροφή f

maize [meɪz] n καλαμπόκι nt

majesty ['mædʒɪstɪ] n **Your
M~** Μεγαλειότατε f (= splendour)
μεγαλείο nt

major ['meɪdʒə'] n (MIL) ταγματάρχης
m ♦ adj (event, factor) πρωταρχικός•
(MUS: key) μείζων ♦ vi (US: SCOL) to

~ (in) ειδικεύομαι (σε)

Majorca [mə'jɔːkə] n Μαγιόρκα f

majority [mə'dʒɒrɪtɪ] n πλειοψηφία f

make [meɪk] (pt, pp **made**) vt (object,
clothes) φτιάχνω• (noise) κάνω•
(speech) βγάζω• (remark, mistake)
κάνω• (= manufacture: goods)
κατασκευάζω• (= cause to be) **to
~ sb sad** στενοχωρώ κν• (= force)
to ~ sb do sth αναγκάζω κν να
κάνει κτ• (= earn: money) βγάζω
(= equal) **2 and 2 ~ 4** 2 και 2
κάνουν 4 ♦ n (= brand) μάρκα f• **to
~ the bed** στρώνω το κρεβάτι• **to
~ a fool of sb** γελοιοποιώ or
ρεζιλεύω κν• **to ~ a profit/loss** έχω
κέρδος/ζημιά• **to ~ it** (in time)
φτάνω στην ώρα μου• (= succeed)
τα καταφέρνω• **what time do you
~ it?** τι ώρα έχετε; **to ~ do with**
τα καταφέρνω με• **~ for** vt fus
(place) τραβάω για• **~ off** vi το
σκάω• **~ out** vt (= decipher)
διακρίνω• (= understand)
καταλαβαίνω• (= see) διακρίνω•
(= write: cheque) κόβω• (= claim,
imply) περνάω (για)• (= pretend)
κάνω• **~ up** vt (= constitute)
αποτελώ• (= invent) επινοώ ♦ vi
(after quarrel) τα φτιάχνω• (with
cosmetics) μακιγιάρομαι• **to ~ up
one's mind** αποφασίζω• **~ up for**
vt fus (loss) αναπληρώνω
(disappointment) αποζημιώνω για• **~r**
n (of programme etc) δημιουργός m•
(= manufacturer) κατασκευαστής m•
~shift adj πρόχειρος• **~up** n
μεϊκάπ nt inv

making ['meɪkɪŋ] n (fig) **in the ~** σε
εξέλιξη• **to have the ~s of** έχω τα
φόντα να γίνω

malaria [mə'leərɪə] n ελονοσία f

Malawi [mə'lɑːwɪ] n Μαλάουι nt inv

Malaysia [mə'leɪzɪə] n Μαλαισία f

male [meɪl] n (BIO) αρσενικό nt
(= man) άντρας m ♦ adj (sex,
attitude) αντρικός• (child etc)
αρσενικός

malicious [məˈlɪʃəs] *adj* κακεντρεχής

malignant [məˈlɪgnənt] *adj* (MED: *tumour, growth*) κακοήθης

mall [mɔːl] *n* (*also* **shopping ~**) εμπορικό κέντρο *nt*

mallet [ˈmælɪt] *n* ξύλινο σφυρί *nt*

malnutrition [mælnjuːˈtrɪʃən] *n* υποσιτισμός *m*

malpractice [ˌmælˈpræktɪs] *n* αμέλεια *f* καθήκοντος

malt [mɔːlt] *n* (*grain*) βύνη *f* • (*also* **~ whisky**) μαλτ *nt inv*

Malta [ˈmɔːltə] *n* Μάλτα *f*

mammal [ˈmæml] *n* θηλαστικό *nt*

mammoth [ˈmæməθ] *n* μαμμούθ *nt inv* ♦ *adj* τεράστιος

man [mæn] (*pl* **men**) *n* (= *adult male*) άντρας *m* • (= *mankind*) άνθρωπος *m* ♦ *vt* (NAUT: *ship*) επανδρώνω • (MIL: *gun, post*) ενισχύω • (*machine*) λειτουργώ

manage [ˈmænɪdʒ] *vi* (= *succeed*) **to ~ to** καταφέρνω να • (= *get by financially*) τα βγάζω πέρα ♦ *vt* (= *be in charge of: business etc*) διευθύνω • (= *control: ship, person etc*) ελέγχω • **~able** *adj* (*task*) κατορθωτός • **~ment** *n* (*of business etc*) διοίκηση *f* • (:= *persons*) διεύθυνση *f* • **~r** *n* (*of business, institution etc*) διευθυντής *mf* • (*of film, department*) προϊστάμενος *mf* • (*of pop star*) μάνατζερ *mf inv* • (SPORT) τεχνικός *mf* • **~ress** *n* διευθύντρια *f* • **~rial** *adj* διευθυντικός • (*decisions*) σχετικός με τη διεύθυνση • **managing director** *n* γενικός/ή διευθυντής/τρια *m/f*

mandarin [ˈmændərɪn] *n* (*also* **~ orange**) μανταρίνι *nt inv* • (= *official*) μανδαρίνος *m*

mandate [ˈmændeɪt] *n* εντολή *f*

mandatory [ˈmændətərɪ] *adj* υποχρεωτικός

mane [meɪn] *n* (*of horse, lion*) χαίτη *f*

maneuver [məˈnuːvər] (US) *vt, vi, n* = **manoeuvre**

mango [ˈmæŋɡəʊ] (*pl* **~es**) *n* μάνγκο *nt inv*

manhood [ˈmænhʊd] *n* (*age*) ανδρική ηλικία *f* • (*state*) ανδρισμός *m*

mania [ˈmeɪnɪə] *n* μανία *f* • **~c** *n* (*also fig*) μανιακός/ή *m/f*

manic [ˈmænɪk] *adj* (*behaviour*) μανιακός • (*activity*) φρενήρης

manicure [ˈmænɪkjʊər] *n* μανικιούρ *nt inv* ♦ *vt* κάνω μανικιούρ

manifest [ˈmænɪfest] *vt* εκδηλώνω ♦ *adj* έκδηλος • **~o** *n* μανιφέστο *nt*

manipulate [məˈnɪpjuleɪt] *vt* (*people*) εκμεταλλεύομαι • (*system, situation*) χειρίζομαι

mankind [mænˈkaɪnd] *n* ανθρωπότητα *f*

manly [ˈmænlɪ] *adj* αντρίκειος

man-made [ˈmænˈmeɪd] *adj* (*environment, fibre*) τεχνητός

manner [ˈmænər] *n* (= *way*) τρόπος *m* • (= *behaviour*) στάση *f* • (= *type, sort*) **all ~ of things** όλων των ειδών τα πράγματα
► **manners** *npl* τρόποι *mpl*

manoeuvre [məˈnuːvər] (US **maneuver**) *vt* (*car*) μανουβράρω • (*bulky object*) τραβάω • (*person, situation*) οδηγώ (επιδέξια) ♦ *vi* (*car, plane*) κάνω μανούβρες ♦ *n* ελιγμός *m*
► **manoeuvres** *npl* (MIL) γυμνάσια *ntpl*

manpower [ˈmænpaʊər] *n* εργατικά χέρια *npl*

mansion [ˈmænʃən] *n* μέγαρο *nt*

manslaughter [ˈmænslɔːtər] *n* (JUR) ανθρωποκτονία *f* (*εξ αμελείας*)

mantelpiece [ˈmæntlpiːs] *n* γείσο *nt* τζακιού

manual [ˈmænjuəl] *adj* (*work, worker*) χειρωνακτικός • (*controls*) χειροκίνητος ♦ *n* εγχειρίδιο *nt*

manufacture [ˌmænjuˈfæktʃər] *vt* κατασκευάζω ♦ *n* κατασκευή *f* • **~r** *n* κατασκευαστής *m*

manure [məˈnjʊər] *n* κοπριά *f*

manuscript [ˈmænjuskrɪpt] *n*

χειρόγραφο nt

many ['menɪ] adj πολλοί/ές, ά ♦ pron πολλοί/ές, ά · **a great ~** πάρα πολλοί · **how ~?** πόσοι/ες; α; · **too ~ difficulties** πάρα πολλές δυσκολίες

map [mæp] n χάρτης m ♦ vt χαρτογραφώ · **~ out** vt (plan, task) σχεδιάζω λεπτομερώς

maple ['meɪpl] n σφενδάμι nt

mar [maːʳ] vt αμαυρώνω · (appearance) χαλάω · (day, event) καταστρέφω

marathon ['mærəθən] n μαραθώνιος m ♦ adj **a ~ session** μια μαραθώνια συνεδρίαση

marble ['maːbl] n μάρμαρο nt · (toy) βώλος m

March [maːtʃ] n Μάρτιος m · see also **July**

march [maːtʃ] vi (MIL) παρελαύνω · (protesters) κάνω πορεία ♦ n πορεία f · (= music) μαρς nt inv

mare [mɛəʳ] n φοράδα f

margarine [maːdʒəˈriːn] n μαργαρίνη f

margin ['maːdʒɪn] n περιθώριο nt · (difference: of votes) διαφορά f · (= edge: of area) άκρη f · **~al** adj μηδαμινός · (also ελαφρώς) **~ally** adv ελαφρώς

marijuana [mærɪˈwaːnə] n μαριχουάνα f

marina [məˈriːnə] n μαρίνα f

marinade n [mærɪˈneɪd] vt ['mærɪneɪd] (CULIN) n σάλτσα f για μαριναρισμα ♦ vt μαρινάρω

marine [məˈriːn] adj θαλάσσιος ♦ n (BRIT, US) πεζοναύτης m

marital ['mærɪtl] adj συζυγικός · **~ status** οικογενειακή κατάσταση

maritime ['mærɪtaɪm] adj ναυτικός

mark [maːk] n (= stain) λεκές m · (of shoes, fingers: in snow, mud etc) ίχνος nt · (of friendship, respect etc) ένδειξη f · (BRIT: SCOL) βαθμός m · (= level) σημείο nt ♦ vt (with pen) σημειώνω · (with shoes,

tyres etc) κάνω or αφήνω σημάδι · (= damage: furniture etc) σημαδεύω · (= indicate: place, time) υποδεικνύω · (= commemorate: event) τιμώ · (BRIT: SCOL) βαθμολογώ · (SPORT: player) μαρκάρω · **~ed** adj αισθητός · **~er** n (= sign) σημάδι nt

market ['maːkɪt] n αγορά f ♦ vt διαθέτω στην αγορά · **to be on the ~** πωλούμαι · **~ing** n μάρκετινγκ nt inv · **~place** n αγορά f · **~ research** n έρευνα f αγοράς

marmalade ['maːməleɪd] n μαρμελάδα f

maroon [məˈruːn] vt **to be ~ed** έχω αποκοπεί ♦ adj μπορντό inv

marquee [maːˈkiː] n μεγάλη σκηνή f

marriage ['mærɪdʒ] n γάμος m

married ['mærɪd] adj (man, woman) παντρεμένος · (life) έγγαμος · **to get ~** παντρεύομαι

marrow ['mærəu] n (vegetable) κολοκύθα f · (also **bone ~**) μεδούλι nt

marry ['mærɪ] vt (man, woman) παντρεύομαι · (father, priest etc) παντρεύω ♦ vi παντρεύομαι

Mars [maːz] n Άρης m

marsh [maːʃ] n έλος m

marshal ['maːʃl] n (also **field ~**) στρατάρχης m · (at sports meeting etc) τελετάρχης m · (US: in police/fire department) αρχηγός m ♦ vt (thoughts, support) συγκεντρώνω

martial arts [maːʃˈaːts] npl πολεμικές τέχνες fpl

martyr ['maːtəʳ] n μάρτυρας mf ♦ vt **to be ~ed** μαρτυρώ

marvel ['maːvl] n θαύμα nt ♦ vi **to ~ (at)** θαυμάζω · **~lous** (US **~ous**) adj θαυμάσιος

Marxism ['maːksɪzəm] n μαρξισμός m · **Marxist** adj μαρξιστικός ♦ n μαρξιστής/τρια m/f

mascara [mæsˈkaːrə] n μάσκαρα f inv

mascot ['mæskət] n μασκότ f inv

masculine ['mæskjulɪn] adj αρσενικός

mash [mæʃ] vt λιώνω· **~ed potatoes** npl πουρές m

mask [mɑːsk] n μάσκα f ♦ vt (face) καλύπτω· (feelings) συγκαλύπτω

mason ['meɪsn] n (also **stone ~**) χτίστης m· (also **free~**) μασόνος m· **~ry** n λιθοδομή f

mass [mæs] n (of papers, people etc) σωρός m· (of detail, hair etc) πλήθος nt· (PHYS) μάζα f· (REL) **M~** Θεία Λειτουργία ♦ cpd (communication, unemployment etc) μαζικός ♦ vi (troops, protesters) συγκεντρώνομαι
► **the masses** npl οι μάζες fpl· **~es of** (inf: food, money) σωρός (από) +acc· (people) πλήθη +gen

massacre ['mæsəkə'] n σφαγή f ♦ vt κατασφάζω

massage ['mæsɑːʒ] n μασάζ nt inv ♦ vt κάνω μασάζ σε

massive ['mæsɪv] adj (furniture, person) ογκώδης· (support, changes) τεράστιος

mass media n inv the ~ τα μέσα μαζικής ενημέρωσης

mast [mɑːst] n (NAUT) κατάρτι nt· (RADIO, TV) κοντάρι m κεραίας

master ['mɑːstə'] n (of servant, animal) κύριος m· (fig: of situation) κυρίαρχος m· (= title for boys) **M~ X** κύριε X ♦ vt (= overcome: difficulty, feeling) ξεπερνάω· (= learn: skills, language) κατέχω· **~mind** n εγκέφαλος m ♦ vt είμαι ο εγκέφαλος +gen· **~piece** n αριστούργημα nt

mat [mæt] n (on floor) χαλάκι nt· (also **door~**) ψάθα f (πόρτας)· (also **table ~**) σουπλά nt inv ♦ adj = matt

match [mætʃ] n (= game) αγώνας m· (for lighting fire, cigarette) σπίρτο nt ♦ vt (= go well with) ταιριάζω με· (= equal) φτάνω· (= correspond to) συμφωνώ με· (in colours) είμαι ασορτί· (materials) ταιριάζω· **to be no ~ for** δεν μπορώ να παραβγώ με· **~ing** adj ασορτί

mate [meɪt] n (inf: = friend) φιλαράκι nt· (animal) ταίρι m ♦ vi ζευγαρώνω

material [mə'tɪərɪəl] n υλικό nt· (= cloth) ύφασμα n
► **materials** npl υλικά ntpl

maternal [mə'tɜːnl] adj (feelings) μητρικός· (role) της μητέρας

maternity [mə'tɜːnɪtɪ] n μητρότητα f· **~ leave** n άδεια f τοκετού

mathematical [mæθə'mætɪkl] adj μαθηματικός

mathematician [mæθəmə'tɪʃən] n μαθηματικός mf

mathematics [mæθə'mætɪks] n Μαθηματικά ntpl

maths [mæθs] (US **math**) n [mæθ] n Μαθηματικά npl

matinée ['mætɪneɪ] n απογευματινή παράσταση f

matron ['meɪtrən] n (in hospital) γενική προϊσταμένη f· (in school) υπεύθυνη των τομέα υγείας σε οικοτροφείο

matt [mæt] (**mat**) adj ματ inv

matter ['mætə'] n θέμα nt· (PHYS) ύλη f· (= material) ουσία f· **it ~** έχω σημασία· **it doesn't ~** δεν πειράζει· **what's the ~?** τι συμβαίνει;· **no ~ what** ό, τι κι αν γίνει· **as a ~ of course** σαν κάτι το δεδομένο or το φυσικό· **as a ~ of fact** για την ακρίβεια
► **matters** npl κατάσταση f

mattress ['mætrɪs] n στρώμα nt

mature [mə'tjuə'] adj (person) ώριμος· (wine) παλαιωμένος ♦ vi (child, style) ωριμάζω· (person) αναπτύσσομαι· **maturity** n (= adulthood) ενηλικίωση f· (= wisdom) ωριμότητα f

mauve [məuv] adj μωβ inv

maximize ['mæksɪmaɪz] vt (profits etc) μεγιστοποιώ· (chances) αυξάνω στο μέγιστο

maximum ['mæksɪməm] (pl **maxima** or **~s**) adj μέγιστος ♦ n **to a ~** το ανώτατο

May [meɪ] n Μάιος m· see also **July**

may [meɪ] (conditional **might**) vi
μπορεί • (indicating possibility) **he
~ come** μπορεί να έρθει • (= be
allowed to) • **I smoke?** μπορώ να
καπνίσω; • (wishes) • **God bless
you!** να σ'έχει ο Θεός καλά! • **you
~ as well go** μπορείς να πηγαίνεις

maybe ['meɪbiː] adv ίσως • **~ not**
ίσως όχι

May Day n Πρωτομαγιά f

mayhem ['meɪhem] n
αναμπουμπούλα f

mayonnaise [meɪə'neɪz] n μαγιονέζα
f

mayor [mɛəʳ] n δήμαρχος mf

maze [meɪz] n (also fig) λαβύρινθος m

MD n abbr (= Doctor of Medicine)
διδάκτορας m/ Ιατρικής • (COMM) =
managing director

KEYWORD

me [miː] pron (a) (direct) με • (emph)
εμένα • **can you hear me?**
μ'ακούς; • **he heard ME!** (not anyone
else) εμένα άκουσε • **it's me** εγώ
είμαι
(b) (indirect) μου • (emph) εμένα • **he
gave me the money, he gave the
money to me** μου έδωσε τα λεφτά,
έδωσε τα λεφτά σ' εμένα

meadow ['mɛdəʊ] n λιβάδι nt

meagre ['miːɡəʳ] (US **meager**) adj
πενιχρός

meal [miːl] n (occasion, food) γεύμα
nt • (= flour) φαρίνα f

mean [miːn] (pt, pp **~t**) adj (with
money) τσιγγούνης • (= unkind)
κακός • (= shabby) άθλιος •
(= average) μέσος ♦ vt (= signify)
σημαίνω • (= refer to) εννοώ •
(= intend) • **to do sth** σκοπεύω
να κάνω κτ • **n** μέσος όρος m • **by
~s of** μέσω +gen • **by
~s of** μέσω +gen • **by**
βεβαίως! • **to be ~t for sb/sth**
προορίζομαι για κν/κτ
▶ **means** npl τρόπος m • (= money)

meaning f ['miːnɪŋ] n (of word, gesture)
σημασία f • (= purpose) νόημα nt •
-ful adj (result) που έχει νόημα •
(explanation) κατανοητός • **-less** adj
χωρίς σημασία

meant [ment] pt, pp of **mean**

meantime ['miːntaɪm] adv (also **in
the ~**) εν τω μεταξύ

meanwhile ['miːnwaɪl] adv =
meantime

measles ['miːzlz] n ιλαρά f

measure ['mɛʒəʳ] vt μετράω ♦ vi έχω
μέγεθος ♦ n (= amount: of protection)
βαθμός m • (= : of whisky etc) δόση
f • (of achievement) τρόπος m •
ελέγχου • (action) μέτρο nt • **-ment**
n μέτρηση f • **-ments** npl μέτρα ntpl

meat [miːt] n κρέας nt

Mecca ['mɛkə] n (also fig) Μέκκα f

mechanic [mɪ'kænɪk] n μηχανικός
mf • **-al** adj μηχανικός

mechanism ['mɛkənɪzəm] n
(= device) μηχανισμός m •
(= procedure) τρόπος m

medal ['mɛdl] n μετάλλιο nt • **-list**
(US **~ist**) (SPORT) n μεταλλιούχος mf

media ['miːdɪə] npl μέσα ntpl μαζικής
ενημέρωσης

mediate ['miːdɪeɪt] vi μεσολαβώ

medical ['mɛdɪkl] adj ιατρικός ♦ n
γενικές (ιατρικές) εξετάσεις fpl

medication [mɛdɪ'keɪʃən] n φάρμακα
ntpl

medicine ['mɛdsɪn] n (science)
Ιατρική f • (drug) φάρμακο nt

medieval [mɛdɪ'iːvl] adj μεσαιωνικός

mediocre [miːdɪ'əʊkəʳ] adj μέτριος

meditate ['mɛdɪteɪt] vi σκέφτομαι
καλά • (REL) διαλογίζομαι

meditation [- n (= thinking)
περισυλλογή f • (REL) διαλογισμός m

Mediterranean [mɛdɪtə'reɪnɪən] adj
μεσογειακός • **the ~ (Sea)** η
Μεσόγειος (Θάλασσα)

medium ['miːdɪəm] (pl **media** or **~s**)
adj μέτριος ♦ n μέσον nt •

(*substance*) αγωγός m (pl ~s) ·
(*person*) μέντιουμ nt inv · **· ~-sized**
adj (*tin etc*) μετρίου μεγέθους ·
(*clothes*) μεσαίου μεγέθους

meek [mi:k] adj μαλακός

meet [mi:t] (pt, pp **met**) vt
συναντάω · (*stranger*) γνωρίζω · (= go
and fetch) παίρνω · (*opponent*) παίζω
με · (*need*) καλύπτω · (*problem,
challenge*) αντιμετωπίζω · (*expenses,
bill*) καλύπτω ◆ vi (*friends*)
συναντιέμαι · (*strangers*) γνωρίζομαι ·
(*for talks, discussion*) συνεδριάζω ·
(= join: lines, roads) συναντιέμαι ◆ n
(US: SPORT) συνάντηση f · **~ up** vi to
~ up with sb συναντάω κν
(τυχαία) · **~ with** vt fus (*difficulty*)
αντιμετωπίζω · (*success*) σημειώνω ·
-ing n (also POL, SPORT) συνάντηση
f · (= assembly: of club, committee etc)
συνεδρίαση f · **-ing place** n τόπος
m συνάντησης

melancholy ['melənkəlɪ] adj
μελαγχολικός

melody ['melədɪ] n μελωδία f

melon ['melən] n πεπόνι nt

melt [melt] vi λιώνω ◆ vt λιώνω

member ['membə*] n μέλος nt ◆ cpd
~ **country/state** (POL) κράτος nt/
πολιτεία-μέλος · **M~ of Parliament**
(BRIT) βουλευτής f · **M~ of the
European Parliament** (BRIT)
Ευρωβουλευτής ·
(= members) μέλη ntpl · (= number of
members) αριθμός m των μελών

memento [mə'mentəu] n ενθύμιο n

memo ['meməu] n = **memorandum**

memorable ['memərəbl] adj
αξέχαστος

memorandum [memə'rændəm] (pl
memoranda) n σημείωμα nt

memorial [mɪ'mɔ:rɪəl] n μνημείο n
◆ adj · **service** μνημόσυνο

memory ['memərɪ] n (= faculty)
μνήμη f · (= recollection) ανάμνηση f ·
(COMPUT) μνήμη f · **in ~ of** στη
μνήμη +gen

men [men] npl of **man**

menace ['menɪs] n απειλή f ◆ vt
απειλώ

mend [mend] vt φτιάχνω · (*socks etc*)
μπαλώνω

meningitis [menɪn'dʒaɪtɪs] n
μηνιγγίτιδα f

menopause ['menəupɔ:z] n the ~ η
εμμηνόπαυση

menstruation [menstru'eɪʃən] n
έμμηνος ρύση f

mental [mentl] adj (*ability, effort*)
διανοητικός · (*illness, health*)
ψυχικός · **-ity** n νοοτροπία f · **-ly**
adv to be ~ly handicapped είμαι
διανοητικά καθυστερημένος

mention ['menʃən] n αναφορά f ◆ vt
αναφέρω · **don't ~ it!** παρακαλώ, τι
λέτε! (fml) · **not to ~ ...** για να μην
αναφέρω...

menu ['menju:] n (= selection of
dishes) μενού nt inv · (*printed*)
κατάλογος m · (COMPUT) μενού nt inv

MEP (BRIT) n abbr = **Member of the
European Parliament**

mercenary ['mə:sɪnərɪ] n
μισθοφόρος mf

merchandise ['mə:tʃəndaɪz] n
εμπόρευμα nt

merchant ['mə:tʃənt] n έμπορος mf

merciless ['mə:sɪlɪs] adj ανελέητος

mercury ['mə:kjʊrɪ] n υδράργυρος m

mercy ['mə:sɪ] n έλεος nt · **at the
~ of** στο έλεος +gen

mere [mɪə*] adj (*emphasizing
insignificance*) σκέτος · (*emphasizing
significance*) **his ~ presence
irritates her** η παρουσία του και
μόνο την εκνευρίζει · **-ly** adv
(= only) μόλις · (= simply) απλώς

merge [mə:dʒ] vi συγχωνεύω · vi
(COMM) συγχωνεύομαι · (*colours,
shapes*) ανακατεύομαι · (*sounds*)
ενώνομαι · **-r** (COMM) n συγχώνευση f

merit ['merɪt] n αξία f ◆ vt αξίζω

mermaid ['mə:meɪd] n γοργόνα f

merry ['merɪ] adj εύθυμος ·

M~ Christmas! Καλά Χριστούγεννα!

mesh [meʃ] *n* δικτυωτό *nt*

mess [mes] *n* (= *muddle*) άνω-κάτω ·
(= *dirt*) βρωμιές *fpl* · (MIL) λέσχη *f*
(φαγητού) · **to be in a ~** (= *untidy*)
είμαι χάλια · **~ about** (*inf*) *vi*
χαζολογάω · **~ about with** *vt fus*
(*inf*) ανακατεύω · **~ around** *vi* (*inf*)
= **mess about** · **~ around with** *vt*
fus (*inf*) = **mess about with** · **~ up**
vt (= *spoil*) κάνω άνω-κάτω · (= *dirty*)
λερώνω

message ['mesɪdʒ] *n* μήνυμα *nt*

messenger ['mesɪndʒə'] *n*
αγγελιοφόρος *m*

messy ['mesɪ] *adj* (= *dirty*) βρώμικος ·
(= *untidy*) ακατάστατος

met [met] *pt, pp of* **meet**

metabolism [me'tæbəlɪzəm] *n*
μεταβολισμός *m*

metal ['metl] *n* μέταλλο *nt* · **~lic** *adj*
μεταλλικός

metaphor ['metəfə'] *n* μεταφορά *f*

meteor ['miːtɪə'] *n* μετεωρίτης *m*

meter ['miːtə'] *n* μετρητής *m* · (*also*
parking ~) παρκόμετρο *nt* · (*US:
unit*) = **metre**

method ['meθəd] *n* μέθοδος *f* · **~ical**
adj μεθοδικός

meticulous [mɪ'tɪkjuləs] *adj*
σχολαστικός

metre ['miːtə'] (*US* **meter**) *n* μέτρο *nt*

metric ['metrɪk] *adj* μετρικός

metropolitan [metrə'pɒlɪtn] *adj* (*for
city*) της μεγάλης πόλης · (*for
country*) της μητρόπολης

Mexico ['meksɪkəu] *n* Μεξικό *nt*

mice [maɪs] *npl of* **mouse**

microchip ['maɪkrəutʃɪp] *n* μικροτσίπ
nt inv

microphone ['maɪkrəfəun] *n*
μικρόφωνο *nt*

microscope ['maɪkrəskəup] *n*
μικροσκόπιο *nt*

mike [maɪk] *n abbr* = **microphone**

mild [maɪld] *adj* ήπιος · (*infection,
illness*) ελαφρύς · (*soap, cosmetic*)
απαλός · **~ly** *adv* (*say*) ήπια ·
(= *slightly*) κάπως

Μαΐου · **in ~afternoon** στα μέσα
του απογεύματος · **in ~air** στον
αέρα · **he's in his ~thirties** είναι
γύρω στα τριαντατέντε

midday [mɪd'deɪ] *n* μεσημέρι *nt*

middle ['mɪdl] *n* (= *centre*) μέση *f* ·
(= *halfway point*) μέσα *ntpl* ·
(= *midriff*) μέση *f* ♦ *adj* (*place,
position*) μεσαίος · (= *moderate:
course*) μέσος · **in the ~ of the
night** στη μέση της νύχτας ·
~~aged *adj* μεσήλικας · **Middle
Ages** *npl* the M~ Ages ο
Μεσαίωνας · **~~class** *adj*
μικροαστικός · **~ class(es)** *n(pl)*
the ~ class(es) η μεσαία τάξη ·
Middle East *n* the M~ East η
Μέση Ανατολή

midge [mɪdʒ] *n* σκνίπα *f*

midnight ['mɪdnaɪt] *n* μεσάνυχτα *ntpl*

midst [mɪdst] *n:* **in the ~ of** (*crowd,
group*) ανάμεσα σε · (*situation, event*)
στη μέση +*gen* · (*action*) πάνω που

midsummer [mɪd'sʌmə'] *n*
μεσοκαλόκαιρο *nt*

midway [mɪd'weɪ] *adj* ενδιάμεσος
♦ *adv* ~ **(between/through)** (*in
space*) στη μέση (ανάμεσα σε) · (*in
time*) στη μέση +*gen*

midweek [mɪd'wiːk] *adv* στα μέσα
της εβδομάδας · ♦ *adj* στη μέση της
εβδομάδας

midwife ['mɪdwaɪf] (*pl* **midwives**) *n*
μαμή *f*

might [maɪt] *vb see* **may** ♦ *n* δύναμη
f · **~y** *adj* ισχυρός

migraine ['miːɡreɪn] *n* ημικρανία *f*

migrant ['maɪɡrənt] *n* (*bird, animal*)
αποδημητικό *nt* · (*person*) μετοίκος *f*

migrate [maɪ'ɡreɪt] *vi* (*bird*)
αποδημώ · (*person*) μετοικώ

migration [maɪ'ɡreɪʃən] *n* αποδημία *f*

mild [maɪld] *adj* ήπιος · (*infection,
illness*) ελαφρύς · (*soap, cosmetic*)
απαλός · **~ly** *adv* (*say*) ήπια ·
(= *slightly*) κάπως

mile [maɪl] *n* μίλι *nt* · **~age** *n* απόσταση *f* σε μίλια, ≈ χιλιόμετρα · *(fig)* κέρδος *nt* · **~stone** *n (fig)* ορόσημο *nt*

military ['mɪlɪtərɪ] *adj* στρατιωτικός ♦ **the ~** *n* οι στρατιωτικοί

militia [mɪ'lɪʃə] *n* πολιτοφυλακή *f*

milk [mɪlk] *n* γάλα *nt* ♦ *vt (cow, goat)* αρμέγω · *(fig: situation, person)* απομυζώ · **~man** *(irreg) n* γαλατάς *m* · **~y** *adj (colour)* γαλακτερός · *(drink)* με μπόλικο γάλα

mill [mɪl] *n (= windmill etc: for grain)* μύλος *m* · *(also* **coffee ~)** μύλος *m* του καφέ · *(= factory)* εργοστάσιο *nt* επεξεργασίας ♦ *vi (also* **~ about:** *people, crowd)* στριφογυρίζω

millennium [mɪ'lenɪəm] *(pl* **~s** *or* **millennia)** *n* χιλιετία *f*

milligram(me) ['mɪlɪgræm] *n* χιλιοστόγραμμο *nt*

millilitre ['mɪlɪliːtəʳ] *(US* **milliliter)** *n* χιλιοστό *nt* του λίτρου

millimetre ['mɪlɪmiːtəʳ] *(US* **millimeter)** *n* χιλιοστό *nt*

million ['mɪljən] *n* εκατομμύριο *nt* · **a ~ times** ένα εκατομμύριο φορές · **~aire** *n* εκατομμυριούχος *mf*

mime [maɪm] *n (activity)* νοήματα *ntpl* · *(performance)* παντομίμα *f* ♦ *vt* προσποιούμαι

mimic ['mɪmɪk] *n* μίμος *mf* ♦ *vt* μιμούμαι

mince [mɪns] *vt* κάνω κιμά ♦ *n (BRIT)* κιμάς *m*

mind [maɪnd] *n* μυαλό *nt* ♦ *vt* προσέχω · **I don't ~ doing sth** δεν με πειράζει να κάνω κτ · **do you ~ if ...?** σας πειράζει να ...; · **to keep** *or* **bear sth in ~** έχω κτ υπόψη μου · **I don't ~** δεν με πειράζει · **~ you, ...** να σκεφτείς, ... · **never ~!** *(= it makes no odds)* τίποτα! · *(= don't worry)* δεν πειράζει! · **"~ the step"** "προσοχή σκαλοπάτι" · **~less** *adj (violence)* αλόγιστος · *(work)* μονότονος

mine¹ [maɪn] *pron* δικός *m* μου (δική *f* μου) (δικό *nt* μου) · **that book is ~** αυτό το βιβλίο είναι δικό μου · **these cases are ~** αυτές οι βαλίτσες είναι δικές μου · **this is ~** αυτό είναι δικό μου · **a friend of ~** ένας φίλος μου

mine² [maɪn] *n (= coal mine, gold mine)* ορυχείο *nt* · *(bomb)* νάρκη *f* ♦ *vt (coal)* εξορύσσω · *(ship, beach)* ναρκοθετώ · **~field** *n (also fig)* ναρκοπέδιο *nt* · **~r** *n* εργάτης *m* ορυχείου

mineral ['mɪnərəl] *adj* ορυκτός ♦ *n* ορυκτό *nt* · **~ water** *n* μεταλλικό νερό *nt*

mingle ['mɪŋgl] *vi* **to ~ (with)** ανακατεύομαι (με)

miniature ['mɪnɪtʃəʳ] *adj* μικροσκοπικός ♦ *n* μικρογραφία *f*

minibus ['mɪnɪbʌs] *n* μικρό λεωφορείο *nt*

Minidisk® ['mɪnɪdɪsk] *n* μικροδίσκος *m*

minimal ['mɪnɪml] *adj* ελάχιστος

minimize ['mɪnɪmaɪz] *vt (= reduce)* ελαχιστοποιώ · *(= play down)* υποτιμώ

minimum ['mɪnɪməm] *(pl* **minima)** *n* ελάχιστο *nt* ♦ *adj* ελάχιστος · **~ wage** ελάχιστος (βασικός) μισθός *m*

mining ['maɪnɪŋ] *n* εξόρυξη *f*

minister ['mɪnɪstəʳ] *n (BRIT: POL)* υπουργός *mf* · *(REL)* εφημέριος *m* ♦ *vi* **to ~ to** υπηρετώ

ministry ['mɪnɪstrɪ] *n (BRIT: POL)* υπουργείο *nt*

minor ['maɪnəʳ] *adj (repairs, injuries)* ασήμαντος · *(poet, planet)* δευτερεύων · *(MUS)* ελάσσων ♦ *n (JUR)* ανήλικος *m/f* · **~ity** *n (of group)* μειοψηφία *f* · *(society)* μειονότητα *f*

mint [mɪnt] *n (BOT, CULIN)* δυόσμος *m* · *(sweet)* μέντα *f* ♦ *vt (coins)* κόβω · **the (Royal) M~,** *(US)* **the (US) M~** το Εθνικό Νομισματοκοπείο · **in ~ condition**

minus ['maɪnəs] n (also ~ **sign**) πλην
nt inv ♦ prep **12 ~ 6 equals 6** 12
μείον 6 ίσον 6 · **~ 24 C** μείον 24
βαθμοί Κελσίου

minute¹ [maɪ'njuːt] adj (search)
λεπτομερής · (detail) παραμικρός

minute² ['mɪnɪt] n λεπτό nt ·
▸ **minutes** npl (of meeting) πρακτικά
ntpl

miracle ['mɪrəkl] n (REL: also fig)
θαύμα nt · **miraculous** adj
θαυμαστός

mirage ['mɪrɑːʒ] n αντικατοπτρισμός
m

mirror ['mɪrə'] n καθρέφτης m ♦ vt
(fig) αντικατοπτρίζω

miscarriage ['mɪskærɪdʒ] n (MED)
αποβολή f · **~ of justice** (JUR)
κακοδικία

miscellaneous [mɪsɪ'leɪnɪəs] adj
(people, objects) ετερόκλητος ·
(subjects, items) διάφορος

mischief ['mɪstʃɪf] n (= naughtiness)
αταξίες fpl · (= maliciousness) απάτη
f · **mischievous** adj (= naughty)
άτακτος · (= playful) σκανταλιάρικος

misconception ['mɪskən'sepʃən] n
εσφαλμένη αντίληψη f

misconduct [mɪs'kɒndʌkt] n κακή
διαγωγή f

miserable ['mɪzərəbl] adj (= unhappy)
δυστυχισμένος · (= wretched:
conditions) άθλιος · (= contemptible:
offer, donation) ψωρο...

misery ['mɪzərɪ] n (= unhappiness)
δυστυχία f · (= wretchedness)
αθλιότητα f

misfortune [mɪs'fɔːtʃən] n ατυχία f

misguided [mɪs'gaɪdɪd] adj (opinion,
view) λανθασμένος · (person)
παραπλανημένος

mishap ['mɪshæp] n αναποδιά f

mislead [mɪs'liːd] (irreg) (pt, pp
misled) vt παραπλανώ · **~ing** adj
παραπλανητικός

Miss [mɪs] n δεσποινίς f

miss [mɪs] vt (train, bus etc) χάνω ·
(target) δεν πετυχαίνω · (= notice loss
of: money etc) αναζητώ · η αστοχώ
η (shot) αποτυχημένη προσπάθεια
f · **I ~ you/him** μου λείπεις/λείπει ·
~ out (BRIT) τι ξεχνάω · **~ out on** vt
fus χάνω

missile ['mɪsaɪl] n (MIL) βλήμα nt ·
(= object thrown) αντικείμενο nt
(προς εκτόξευση)

missing ['mɪsɪŋ] adj (person)
αγνοούμενος · **to be/go ~** λείπω

mission ['mɪʃən] n αποστολή f · (REL:
= activity) ιεραποστολή f · (: =
building) κτίριο nt της
ιεραποστολής · **~ary** n
ιεραπόστολος mf

mist [mɪst] n (light) καταχνιά f ·
(heavy) ομίχλη f · (at sea) πούσι nt
♦ vi (also ~ **over**: eyes) βουρκώνω ·
(BRIT: also ~ **over**, ~ **up**: windows)
θαμπώνω

mistake [mɪs'teɪk] (irreg) n λάθος nt
♦ vt κάνω λάθος · (intentions)
παρεξηγώ · **by ~** κατά λάθος · **to
make a ~** κάνω ένα λάθος · **to ~ A
for B** μπερδεύω τον A με τον B ·
~n pp of **mistake** ♦ adj
εσφαλμένος · **to be ~n** πέφτω έξω

mister ['mɪstə'] (inf) n κύριος m · see
Mr

mistook [mɪs'tuk] pt of **mistake**

mistress ['mɪstrɪs] n (= lover)
ερωμένη f · (of house, servant) κυρία
f · (of situation) κυρίαρχη f

mistrust [mɪs'trʌst] vt δεν
εμπιστεύομαι ♦ n (= of) δυσπιστία f
(για)

misty ['mɪstɪ] adj (day etc) με
καταχνιά · (glasses, windows) θαμπός

misunderstand [mɪsʌndə'stænd]
(irreg) vt (person, book) παρεξηγώ
♦ vi δεν καταλαβαίνω · **~ing** n
παρεξήγηση f · **misunderstood** pt,
pp of **misunderstand**

misuse n [mɪs'juːs] vb [mɪs'juːz] n
κατάχρηση f ♦ vt (power) κάνω κακή

χρήση · (word) χρησιμοποιώ
λανθασμένα

mix [mɪks] vt (drink, sauce) φτιάχνω
(ανακατεύοντας) · (= combine:
liquids, ingredients) ανακατεύω ◆ vi
(people) **to ~ (with)**
συναναστρέφομαι ◆ n
(= combination) συνδυασμός m ·
(powder) μίγμα nt · **~ up** vt
(= confuse) μπερδεύω · **to be ~ed
up in sth** είμαι ανακατεμένος σε
κτ · **~ed** adj (feelings, reactions)
ανάμικτος · (school, education etc)
μικτός · **~er** n (for food) μίξερ nt inv ·
(drink) ποτό που χρησιμοποιείται σε
κοκτέιλ · **~ture** n μίγμα nt ·
~-up n μπέρδεμα nt

ml abbr = millilitre

mm abbr = millimetre

moan [məʊn] n βογγητό nt ◆ vi (inf:
= complain)

moat [məʊt] n τάφρος f

mob [mɒb] n (= crowd: disorderly)
όχλος m · (= : orderly) παρέα f ◆ vt
πολιορκώ

mobile ['məʊbaɪl] adj (= able to move)
που μπορεί να περπατήσει ·
(workforce, society) με κινητικότητα
◆ n (decoration) μόμπιλ nt inv · (also
~ **phone**) κινητό τηλέφωνο nt ·
~ **home** n τροχόσπιτο nt ·
~ **phone** n κινητό τηλέφωνο nt

mobility n κινητικότητα f

mobilize vt (friends, work force)
κινητοποιώ · (MIL: army)
επιστρατεύω ◆ vi (MIL: army)
επιστρατεύομαι

mock [mɒk] vt περιγελώ ◆ adj
ψεύτικος · **~ery** n κοροϊδία f · **to
make a ~ery of** γελοιοποιώ

mode [məʊd] n (of life) τρόπος m ·
(of transport) μέσο nt · (COMPUT)
κατάσταση f

model ['mɒdl] n μοντέλο nt ·
(= example) υπόδειγμα nt ◆ adj
(parent etc) υποδειγματικός · (railway
etc) σε μικρογραφία ◆ vt (clothes)
ποζάρω φορώντας ◆ vi (for

photographer etc) ποζάρω · **to ~ o.s.
on** έχω ως πρότυπο

modem ['məʊdem] (COMPUT) n
μόντεμ nt inv

moderate adj, n ['mɒdərət] vb
['mɒdəreɪt] adj (views, people)
μετριοπαθής · (amount) μετρημένος
◆ n μετριοπαθής mf ◆ vi (storm,
wind etc) κοπάζω ◆ vt (tone, demands)
μετριάζω · **moderation** n
μετριοπάθεια f · **in ~** με μέτρο

modern ['mɒdən] adj σύγχρονος ·
~ **languages** σύγχρονες γλώσσες

modest ['mɒdɪst] adj (= small: house)
απλός · (budget) περιορισμένος ·
(= unassuming: person) σεμνός · **~y** n
σεμνότητα f

modification [mɒdɪfɪ'keɪʃən] n (to
machine) μετατροπή f · (to policy etc)
τροποποίηση f · **to make ~s to**
κάνω αλλαγές or επιφέρω
τροποποιήσεις σε

modify ['mɒdɪfaɪ] vt (machine)
μετατρέπω · (policy etc) τροποποιώ

module ['mɒdjuːl] n (= unit) ενότητα
f · (= component) τμήμα nt · (SPACE)
άκατος f

Mohammed [mə'hæmed] n Μωάμεθ
m inv

moist [mɔɪst] adj (earth) νοτισμένος ·
(eyes, lips) υγρός · **~ure** n υγρασία f

mold [məʊld] (US) n, vt = **mould**

mole [məʊl] n (on skin) ελιά f · (ZOOL)
τυφλοπόντικας m · (fig: = spy)
κατάσκοπος mf

molecule ['mɒlɪkjuːl] n μόριο nt

molten ['məʊltən] adj λιωμένος

mom [mɒm] (US) n = **mum**

moment ['məʊmənt] n (= period of
time) **for a ~** για μια στιγμή · (= point
in time) **at that ~** εκείνη τη στιγμή ·
(= importance) σπουδαιότητα f · **at
the ~** αυτή τη στιγμή · **for the
~** προς το παρόν · **in a ~** σε μια
στιγμή · **"one ~ please"** (TEL) "μια
στιγμή παρακαλώ" · **~arily** adv προς
στιγμή · (US: = very soon) από

στιγμή σε στιγμή · **~ary** adj (pause, glimpse) στιγμιαίος · **~ous** adj (occasion, decision) ύψιστης σημασίας

momentum [məu'mentəm] n ορμή f · **to gather** ~ παίρνω φόρα · (fig) εντείνομαι

mommy [mɒmi] n (US) = **mummy**

Monaco ['mɒnəkəu] n Μονακό nt inv

monarch ['mɒnək] n μονάρχης m · **~y** n μοναρχία f · **the Monarchy** η βασιλική οικογένεια

monastery ['mɒnəstəri] n μοναστήρι nt

Monday ['mʌndi] n Δευτέρα f · see also **Tuesday**

monetary ['mʌnɪtəri] adj νομισματικός

money ['mʌni] n χρήματα ntpl · **to make** ~ (person) βγάζω λεφτά · (business) αποφέρω κέρδη

Mongolia [mɒŋ'gəuliə] n Μογγολία f

monitor ['mɒnɪtə'] n (= device) μόνιτορ nt inv · (= screen) οθόνη f ◆ vt (broadcasts) πιάνω · (heartbeat, pulse) παρακολουθώ · (progress) ελέγχω

monk [mʌŋk] n μοναχός m

monkey ['mʌŋki] n πίθηκος m

monologue ['mɒnələg] n μονόλογος m

monopoly [mə'nɒpəli] n (also COMM) μονοπώλιο nt

monotonous [mə'nɒtənəs] adj μονότονος

monsoon [mɒn'su:n] n μουσώνας m

monster ['mɒnstə'] n τέρας nt

month [mʌnθ] n μήνας m · **~ly** adj μηνιαίος · adv μηνιαία · (pay) με το μήνα

monument ◆ ['mɒnjument] n μνημείο nt

mood [mu:d] n (of person) διάθεση f · (of crowd, group) ατμόσφαιρα f · **~y** adj (= variable) κυκλοθυμικός · (= sullen) κακόκεφος

moon [mu:n] n φεγγάρι nt · **~light** n φεγγαρόφωτο nt

moor [muə'] n χερσότοπος m ◆ vt δένω · vi αγκυροβολώ

moose [mu:s] n inv άλκη f (είδος ταράνδου)

mop [mɒp] n σφουγγαρίστρα f (floor) σφουγγαρίζω · (eyes, face) σφουγγίζω · **~ up** vt σκουπίζω με πανί

moral ['mɒrl] adj ηθικός ◆ n (of story etc) ηθικό δίδαγμα n · **~ support** ηθική υποστήριξη

morals npl ήθη ntpl

morale [mɒ'ra:l] n ηθικό nt

morality [mə'ræliti] n (= good behaviour) ηθική f · (= system of morals) ηθικές αρχές fpl · (= correctness) ορθότητα f

morbid ['mɔ:bid] adj (imagination, interest) νοσηρός

KEYWORD

more [mɔ:'] adj (a) (= greater in number etc) περισσότερος · **I have more wine than beer** έχω περισσότερο κρασί από μπύρα · **I have more pens than pencils** έχω πιο πολλά στυλό παρά or από μολύβια

(b) (= additional) άλλος m (άλλη f) (άλλο nt) · **it'll take a few more weeks** θα πάρει λίγες εβδομάδες ακόμα

◆ pron (a) (= greater amount) πάνω · **more than 10** πάνω or περισσότερο από 10

(b) (= further or additional amount) άλλο · **a little more** λίγο ακόμα or παραπάνω · **many more** πολλοί περισσότεροι or παραπάνω · **much more** πολύ περισσότεροι or παραπάνω

◆ adv πιο · **more dangerous/ difficult (than)** πιο επικίνδυνος/ δύσκολος (από) · **more easily/ quickly (than)** πιο εύκολα/γρήγορα (από) · **more and more** όλο και πιο · **more or less** (= approximately) πάνω-κάτω · (= almost) σχεδόν

more than ever περισσότερο παρά ποτέ

moreover [mɔː'rəυvə'] adv επιπλέον

morgue [mɔːg] n νεκροτομείο nt

morning ['mɔːnɪŋ] n πρωί nt ♦ cpd (paper, sun) πρωινός • **in the ~** το πρωί

Morocco [mə'rɔkəυ] n Μαρόκο nt

morphine ['mɔːfiːn] n μορφίνη f

Morse [mɔːs] n (also **~ code**) σήματα ntpl Μορς

mortal ['mɔːtl] adj (man) θνητός • (danger, sin) θανάσιμος • (enemy, combat) θανάσιμος ♦ n θνητός/ή m/f

mortar ['mɔːtə'] n (MIL) όλμος m • (CONSTR) κονίαμα nt

mortgage ['mɔːgɪdʒ] n στεγαστικό δάνειο nt (με υποθήκη) ♦ vt υποθηκεύω

mortified ['mɔːtɪfaɪd] adj **to be ~** είμαι ταπεινωμένος

mortuary ['mɔːtjυərɪ] n νεκροτομείο nt

mosaic [məυ'zeɪɪk] n μωσαϊκό nt

Moslem ['mɔzləm] adj, n = **Muslim**

mosque [mɔsk] n τζαμί nt

mosquito [mɔs'kiːtəυ] (pl **~es**) n κουνούπι nt

moss [mɔs] n (plant) βρύο nt

KEYWORD

most [məυst] adj (a) (= almost all: people, things etc) οι περισσότεροι m (οι περισσότερες f) (τα περισσότερα nt)
(b) (= largest, greatest) ο περισσότερος
♦ pron (= greatest quantity, number) ο περισσότερος • **most of it/them** το περισσότερο/οι περισσότεροι • **most of the money/her friends/the time** τα περισσότερα χρήματα or τα πολλά λεφτά/οι περισσότεροι or οι πολλοί φίλοι της/ τον περισσότερο or πιο πολύ καιρό • **to make the most of sth**

επωφελούμαι από κτ • **at the (very) most** το πολύ(-πολύ)
♦ adv (+ verb: spend, eat) το περισσότερο • (+ adjective) **the most intelligent/expensive** ο πιο έξυπνος/ακριβός • (+ adverb: carefully, easily etc) **carefully, easily etc, I drove the most carefully** από τους τρεις μας, εγώ ζωγράφιζα πιο προσεκτικά • (= very) ιδιαίτερα

---

mostly ['məυstlɪ] adv (= chiefly) κυρίως • (= usually) συνήθως

MOT (BRIT) n abbr (= test) = ΚΤΕΟ

motel [məυ'tel] n μοτέλ nt inv

moth [mɔθ] n λεπιδόπτερο nt (fml)

mother ['mʌðə'] n μητέρα f ♦ vt (= pamper, protect) κανακεύω • **~hood** n μητρότητα f • **~-in-law** n πεθερά f • **~ tongue** n μητρική γλώσσα f

motif [məυ'tiːf] n (= design) διακοσμητικό σχέδιο nt • (= theme) μοτίβο nt

motion ['məυʃən] n κίνηση f • (proposal) πρόταση f ♦ vt, vi **to ~ (to) sb to do sth** κάνω νόημα σε κν να κάνει κτ • **~less** adj ακίνητος

motivate ['məυtɪveɪt] vt (act, decision) έχω ως κίνητρο • (person) προκαλώ το ενδιαφέρον +gen • **motivation** n κίνητρο nt

motive ['məυtɪv] n κίνητρο nt

motor ['məυtə'] n (of machine, vehicle) κινητήρας m • (BRIT: inf: = car) αμάξι nt • **~bike** n μοτοσυκλέτα f • **~ car** (BRIT) n αυτοκίνητο nt • **~cycle** n μοτοσυκλέτα f • **~ing** (BRIT) n οδήγηση f • **~ist** n αυτοκινητιστής/ τρια m/f • **~ racing** (BRIT) n αγώνας αυτοκινήτων nt • **~way** (BRIT) n αυτοκινητόδρομος m

motto ['mɔtəυ] (pl **~es**) n ρητό nt

mould ['məυld] (US **mold**) n (= cast: for metal) καλούπι nt • (= mildew) μούχλα f ♦ vt (plastic, clay etc) δίνω σχήμα σε · (*fig*: *public opinion*) διαμορφώνω

mound [maʊnd] *n* (*of earth*) ύψωμα *nt* · (*of blankets, leaves etc*) σωρός *m*

mount [maʊnt] *n* = **mountain** in *proper names*) όρος *nt* · (= *horse*) ζώο *nt* (*που ιππεύει κάποιος*) ♦ *vt* (*horse*) ιππεύω · (*exhibition, display*) διοργανώνω · (*staircase*) ανεβαίνω · (*attack, campaign*) οργανώνω · (= *increase*) αυξάνομαι. **~ up** *vi* μαζεύομαι, συσσωρεύομαι

mountain ['maʊntɪn] *n* βουνό *nt* · **~ bike** *n* ποδήλατο *nt* ανωμάλου δρόμου · **~ous** *adj* ορεινός

mourn [mɔ:n] *vt* πενθώ ♦ *vi* for (*person*) θρηνώ για · **~ing** *n* πένθος *nt* · **in ~ing** σε πένθος

mouse [maʊs] (*pl* **mice**) *n* (*also COMPUT*) ποντίκι *nt* · **~ mat**, **~ pad** *n* πινακίδα *f* μετακίνησης ποντικιού

mousse [mu:s] *n* μους *nt inv*

moustache [məs'tɑ:ʃ] (*US* **mustache**) *n* μουστάκι *nt*

mouth [maʊθ] (*pl* **~s**) *n* (*ANAT*) στόμα *nt* · (*of river*) εκβολές *fpl* · **~ful** (*of food*) μπουκιά *f* · (*of drink*) γουλιά *f* · **~piece** *n* (*of musical instrument*) επιστόμιο *nt* · (= *spokesman*) φερέφωνο *nt*

move [mu:v] *n* (= *movement*) κίνηση *f* · (= *change*) μετακίνηση *f* ♦ *vt* μετακινώ · (*person: emotionally*) συγκινώ · (*POL: resolution etc*) υποβάλλω πρόταση ♦ *vi* (*person, animal*) κινούμαι · (*also* = *house*) μετακομίζω · (= *develop*: *situation, events*) εξελίσσομαι · **~ about** *vi* (= *change position*) πηγαινοέρχομαι · (= *change residence, job*) πηγαίνω από δω κι από κει · **~ along** *vi* προχωράω · **~ around** *vi* = **move about** · **~ away** *vi* (= *leave*) απομακρύνομαι · **~ back** *vi* (= *return*) επιστρέφω · **~ in** *vi* (*to a house*) μετακομίζω · (*police, soldiers*) μπαίνω · **~ on** *vi* (= *leave*) φεύγω · **~ out** *vi* (*of house*) μετακομίζω ·

~ over *vi* κάνω χώρο · **~ment** *n* κίνηση *f* · (= *transportation*: *of goods etc*) μεταφορά *f* · (*esp REL, POL*) κίνημα *nt* · (*MUS*) μέρος *nt*

movie ['mu:vɪ] *n* ταινία *f*

moving ['mu:vɪŋ] *adj* (= *emotional*) συγκινητικός · (= *that moves*) κινητός

mow [məʊ] (*pt* **~ed**, *pp* **~ed** *or* **~n**) *vt* κουρεύω · **~ down** *vt* (= *kill*) θερίζω

Mozambique [məʊzæm'bi:k] *n* Μοζαμβίκη *f*

MP *n abbr* = (= *Member of Parliament*) Βουλευτής *mf* · (*CANADA*) = (= *Mounted Police*) Έφιππη Αστυνομία *f*

Mr ['mɪstə*] (*US* **Mr.**) *n* **~ Smith** ο κύριος Σμιθ

Mrs ['mɪsɪz] (*US* **Mrs.**) *n* **~ Smith** η κυρία Σμιθ

Ms [mɪz] (*US* **Ms.**) *n* (= *Miss or Mrs*) **~ Smith** η κυρία Σμιθ

Mt (*GEO*) *abbr* = **mount**

KEYWORD

much [mʌtʃ] *adj* (*time, money*) πολύς · **how much milk?** πόσο γάλα; · **how much does it cost?** πόσο κάνει; · **he's done so much work for the foundation** έχει κάνει τόση πολλή δουλειά για το ίδρυμα · **as much as** (τόσος) όσος

♦ *pron* πολλά · **there isn't much to do** δεν έχει πολλά πράγματα να κάνεις · **how much does it cost?** – **too much** πόσο κάνει; – πάρα πολύ · **how much is it?** πόσο κάνει;

♦ *adv* (a) (= *greatly, a great deal*) πολύ · **thank you very much** ευχαριστώ πάρα πολύ · **as much as** όσο (περισσότερο)

(b) (= *by far*) πολύ · **I'm much better now** είμαι πολύ καλύτερα τώρα

(c) (= *almost*) σχεδόν · **how are you feeling today?** – **much the same** πώς είσαι σήμερα; – τα ίδια

muck [mʌk] n (= dirt) βρωμιά f ▸
~ **about** (inf) vi τριγυρίζω άσκοπα
♦ vt (person) παιδεύω ▸ ~ **around** vi
= muck about ▸ ~ **up** (inf) ♦ vt τα
κάνω μούσκεμα σε

mucus ['mju:kəs] n βλέννα f

mud [mʌd] n λάσπη f

muddle ['mʌdl] n (= mess)
ακαταστασία nt ▸ (= confusion)
σύγχυση f ♦ vt (also = muddle
up: things) ανακατεύω ▸ ~ **through** vi τα
καταφέρνω κουτσά-στραβά ▸ (= get
by) τα βολεύω

muddy ['mʌdɪ] adj (floor)
λασπωμένος ▸ (field) λασπερός

muesli ['mju:zlɪ] n μούσλι nt inv
(μείγμα δημητριακών)

muffled ['mʌfld] adj πνιγμένος

mug [mʌɡ] n (= cup) κούπα f ▸ (for
beer) μεγάλο ποτήρι και ▸ (inf: = face)
μούρη f ▸ (: = fool) κόπανος m ♦ vt
επιτίθεμαι (για να ληστέψω) ▸
~**ging** n επίθεση f (για ληστεία)

mule [mju:l] n μουλάρι nt

multicoloured ['mʌltɪkʌləd] (US
multicolored) adj πολύχρωμος

multimedia [mʌltɪ'mi:dɪə] (COMPUT)
npl πολυμέσα ntpl

multinational [mʌltɪ'næʃənl] adj
πολυεθνικός ♦ n πολυεθνική f

multiple ['mʌltɪpl] adj πολλαπλός
♦ n (MATH) πολλαπλάσιο nt ▸
~**-choice** adj με ερωτήσεις
πολλαπλής επιλογής ▸ ~ **sclerosis**
n σκλήρυνση f κατά πλάκας

multiplex ['mʌltɪpleks] n (also
= ~ **cinema**) κινηματογράφος m με
πολλές αίθουσες προβολής

multiply ['mʌltɪplaɪ] vt
πολλαπλασιάζω ♦ vi
πολλαπλασιάζομαι

multi-storey [mʌltɪ'stɔ:rɪ] (BRIT) adj
(building, car park) πολυόροφος

mum [mʌm] (BRIT) n μαμά f ♦ adj
to keep ~ δεν βγάζω άχνα

mummy ['mʌmɪ] n (BRIT: = mother)
μαμά f ▸ (= embalmed body) μούμια f

mumps [mʌmps] n μαγουλάδες fpl

munch [mʌntʃ] vt μασουλάω ♦ vi
μασουλάω

municipal [mju:'nɪsɪpl] adj δημοτικός

mural ['mjuərl] n τοιχογραφία f

murder ['mɜ:dəʳ] n φόνος m ▸
(premeditated) δολοφονία f ▸ (JUR)
ανθρωποκτονία f ♦ vt δολοφονώ ▸
~**er** n δολοφόνος m

murky ['mɜːkɪ] adj (street, night)
σκοτεινός ▸ (water) θολός

murmur ['mɜːməʳ] n μουρμουρητό nt
♦ vt ψιθυρίζω ♦ vi μουρμουράω

muscle ['mʌsl] n μυς m ▸ (fig: =
strength) νεύρο nt ▸ ~ **in** vi
ανακατεύομαι ▸ **muscular** adj
(pain) μυϊκός ▸ (person, build)
γεροδεμένος

museum [mju:'zɪəm] n μουσείο nt

mushroom ['mʌʃrum] n μανιτάρι nt

music ['mju:zɪk] n μουσική f ▸ ~**al**
adj (career, skills) μουσικός ▸ (person)
φιλόμουσος ♦ n μιούζικαλ nt inv ▸
~**al instrument** n μουσικό όργανο
nt ▸ ~**ian** n μουσικός mf

Muslim ['mʌzlɪm] adj
μουσουλμανικός ♦ n μουσουλμάνος/
α m/f

muslin ['mʌzlɪn] n μουσελίνα f

must [mʌst] aux vb **I ~ do it** πρέπει
να το κάνω ▸ **I ~ n to be a** ~ είμαι
απαραίτητος ▸ **he ~ be there by
now** πρέπει να έχει φτάσει τώρα ▸ **I
~ have made a mistake** πρέπει να
έχω κάνει λάθος

mustache ['mʌstæʃ] (US) n =
moustache

mustard ['mʌstəd] n μουστάρδα f

mustn't ['mʌsnt] = must not

mute [mju:t] adj βουβός

mutiny ['mju:tɪnɪ] n ανταρσία f ♦ vi
στασιάζω

mutter ['mʌtəʳ] vt ψιθυρίζω ♦ vi
μουρμουρίζω

mutton ['mʌtn] n αρνί nt

mutual ['mju:tʃuəl] adj (feeling,
attraction) αμοιβαίος ▸ (benefit,

interest) κοινός

muzzle [ˈmʌzl] n *(of dog)* μουσούδα f · (= *guard: for dog)* φίμωτρο nt ♦ vt *(dog)* έχω φίμωτρο

my [maɪ] adj μου · **I've washed ~ hair** λούστηκα · **is this ~ pen or yours?** αυτό είναι το δικό μου στυλό ή το δικό σου;

myself [maɪˈself] pron *(reflexive: often not translated)* εαυτός μου · *(complement, after prep: often not translated)* τον εαυτό μου · *(emph* or ίδιος · *(= alone: also* **(all) by ~)** μόνος μου

mysterious [mɪsˈtɪərɪəs] adj μυστηριώδης

mystery [ˈmɪstərɪ] n μυστήριο nt

mystic(al) [ˈmɪstɪk,l] adj *(experience, cult)* μυστικιστικός

myth [mɪθ] n μύθος m

N n

N, n [ɛn] n το δέκατο τέταρτο γράμμα του αγγλικού αλφαβήτου

n/a abbr (= *not applicable)* δεν ισχύει

nag [næg] vt βασανίζω ♦ vi γκρινιάζω · **to ~ at sb** *(doubt, worry)* τρώω κν

nail [neɪl] n *(on finger, toe)* νύχι nt · *(metal)* καρφί nt ♦ vt *(= attach)* καρφώνω · **to ~ sth to sth** καρφώνω κτ σε κτ · **to ~ sb down (to sth)** υποχρεώνω κν να συμφωνήσει (σε κτ) · **~ varnish** (BRIT) n βερνίκι nt νυχιών

naive [naɪˈiːv] adj αφελής

naked [ˈneɪkɪd] adj *(person, body)* γυμνός

name [neɪm] n όνομα nt ♦ vt ονομάζω · (= *specify: price, date etc)* ορίζω · **what's your ~?** πώς σας λένε; · *(familiar)* πώς σε λένε; · **in the ~ of** *(also fig)* στο όνομα +gen · **~ly** adv συγκεκριμένα

nanny [ˈnænɪ] n *(= child carer)*

παραμάνα f

nap [næp] n *(= sleep)* υπνάκος m

napkin [ˈnæpkɪn] n *(also* **table ~)** πετσέτα f φαγητού

nappy [ˈnæpɪ] n πάνα f

narcotics npl ναρκωτικά ntpl

narrative [ˈnærətɪv] n αφήγηση f

narrator [nəˈreɪtə] n αφηγητής/τρια m/f

narrow [ˈnærəʊ] adj *(space, road)* στενός · *(majority)* οριακός · *(victory, defeat)* με μικρή διαφορά ♦ vi στενεύω · *(difference)* περιορίζομαι ♦ vt *(gap)* μικραίνω · *(difference)* περιορίζω · **to have a ~ escape** γλιτώνω παρά τρίχα · **to ~ sth down (to sth)** περιορίζω κτ (σε) · **~ly** adv *(avoid, escape)* παρά τρίχα

nasal [ˈneɪzl] adj *(cavity, congestion)* ρινικός · *(voice)* έρρινος

nasty [ˈnɑːstɪ] adj *(person)* κακός · *(remark)* άσχημος · *(taste, smell)* απαίσιος · *(wound, accident)* άσχημος

nation [ˈneɪʃən] n έθνος nt

national [ˈnæʃənl] adj εθνικός · **~ anthem** n εθνικός ύμνος m · **~ dress** n εθνική ενδυμασία f · **National Health Service** (BRIT) n Εθνικό Σύστημα f Υγείας · **National Insurance** (BRIT) n ασφάλεια f Δημοσίου · **~ist** adj εθνικιστικός ♦ n εθνικιστής/τρια m/f · **~ity** n εθνικότητα f · (= *citizenship)* υπηκοότητα f · **~ park** n εθνικό πάρκο nt

nationwide [ˈneɪʃənwaɪd] adj *(campaign)* πανεθνικός · *(tour, search)* σε όλη τη χώρα

native [ˈneɪtɪv] n (= *local inhabitant)* ντόπιος/α m/f · (= *in colonies)* ιθαγενής mf ♦ adj *(population, inhabitant)* ντόπιος · *(language)* μητρικός

NATO [ˈneɪtəʊ] n abbr (= *North Atlantic Treaty Organization)* NATO nt inv

natural [ˈnætʃrəl] adj φυσικός ·

(= *innate*) έμφυτος • **~ gas** n φυσικό αέριο nt • **~ history** n Φυσική Ιστορία f • **~ly** adv (*behave, act*) φυσιολογικά • (*lead, arise*) λογικά • (= *of course*) φυσικά

nature ['neɪtʃə'] n (*also* N~) φύση f • (*of person*) χαρακτήρας m • **by ~** εκ φύσεως • **~ reserve** (BRIT) n εθνικός δρυμός m

naughty ['nɔːtɪ] adj (*child*) άτακτος

nausea ['nɔːsɪə] n ναυτία f

naval ['neɪvl] adj (*uniform, academy*) ναυτικός • (*forces*) του Ναυτικού

nave [neɪv] n κεντρικό κλίτος nt

navel ['neɪvl] n ομφαλός m

navigate ['nævɪgeɪt] vt (*river*) διασχίζω με πλοίο ♦ vi (NAUT, AVIAT) κυβερνώ • (AUT) δίνω οδηγίες για το δρόμο • **navigation** [-'geɪʃən] n (*action*) διακυβέρνηση f (*skάφους*) • (*science*) ναυσιπλοΐα f

navy ['neɪvɪ] n (= *branch of military*) Ναυτικό nt • (*ships*) στόλος m (*πολεμικός*)

Nazi ['nɑːtsɪ] n Ναζί mf inv

NB abbr (= *nota bene*) = προσοχή

near [nɪə'] adj (*in space, time*) κοντά • (*relative*) στενός ♦ adv (*in space*) κοντά • (= *almost: disastrous, perfect*) σχεδόν ♦ prep (*also* = **to**) κοντά σε • (*in time*) λίγο πριν • (*in situation*) κοντά σε ♦ vt (*place, time*) πλησιάζω σε • (*age*) πλησιάζω • (*task, situation*) κοντεύω να φτάσω σε • **in the ~ future** στο εγγύς μέλλον • **to draw ~** πλησιάζω κοντά (*in time*) πλησιάζω • **~by** adj κοντινός ♦ adv κοντά • **~ly** adv περίπου • **I ~ly fell** παραλίγο να πέσω *or* κόντεψα να πέσω

neat [niːt] adj (= *tidy: office, desk*) τακτικός • (= *effective: plan, solution*) αποτελεσματικός • (= *undiluted: spirits*) σκέτο • **~ly** adv (= *tidily*) τακτικά

necessarily ['nɛsɪsrɪlɪ] adv (= *inevitably*) αναγκαστικά • **not**

~ όχι απαραίτητα

necessary ['nɛsɪsrɪ] adj (= *required: skill, quality*) απαραίτητος • (= *inevitable: result, effect*) αναγκαστικός • **necessity** n (= *inevitability*) αναγκαιότητα f • (= *compelling need*) ανάγκη f • (= *essential item*) αναγκαίο nt

neck [nɛk] n (*of person*) λαιμός m • (*of animal*) αβέρκος m • (*of shirt, dress*) γιακάς m • (*of bottle*) λαιμός m • **to be ~ and ~** είμαι στήθος με στήθος

necklace ['nɛklɪs] n κολιέ nt inv

nectarine ['nɛktərɪn] n νεκταρίνι nt

need [niːd] n ανάγκη f • (= *poverty*) ανέχεια f ♦ vt χρειάζομαι • **I ~ to do sth** πρέπει *or* χρειάζεται να κάνω κτ • **you don't ~ to go, you ~n't go** δεν χρειάζεται *or* δεν είναι ανάγκη να πάτε • **to be in ~ of** χρειάζομαι

needle ['niːdl] n βελόνα f

needless ['niːdlɪs] adj άσκοπος • **~ to say** περιττό να πω

needn't ['niːdnt] = **need not**

needy ['niːdɪ] adj άπορος ♦ npl **the ~ οι άποροι**

negative ['nɛgətɪv] adj αρνητικός ♦ n (PHOT) αρνητικό nt • (LING) αρνητικός τύπος m

neglect [nɪ'glɛkt] vt (*child, area*) παραμελώ • (*one's duty, responsibilities*) αμελώ ♦ n (*of child*) παραμέληση f • (*of area, house*) εγκατάλειψη f

negligence ['nɛglɪdʒəns] n αμέλεια f

negotiate [nɪ'gəuʃɪeɪt] vi διεξάγω διαπραγματεύσεις ♦ vt (*treaty, contract*) κλείνω • (*obstacle, hill*) περνάω πάνω από • (*bend*) παίρνω • **negotiation** n διαπραγμάτευση f • **negotiations** npl (= *discussions*) διαπραγματεύσεις fpl • **negotiator** n αυτός που παίρνει μέρος σε διαπραγματεύσεις

neighbour ['neɪbə'] (US **neighbor**) n

γείτονας/ισσα m/f· ~**hood** (US
neighborhood) n γειτονιά f· **in the
~hood of** (sum of money) ποσό της
τάξεως +gen· ~**ing**
(US **neighboring**) adj γειτονικός

neither ['naɪðə] conj **I didn't move
and ~ did John** δεν κουνήθηκα
ούτε εγώ ούτε κι ο Τζων ♦ pron
κανείς από τους δύο δεν ♦ adv
~...nor... ούτε... ούτε... · ~ **story is
true** καμία απ'τις δυο ιστορίες δεν
είναι αλήθεια· ~ **is true** ούτε το
ένα ούτε το άλλο είναι αλήθεια·
~ **do I/have I** ούτε κι εγώ

neon ['niːɔn] n νέον nt

Nepal [nɪ'pɔːl] n Νεπάλ nt inv

nephew ['nevjuː] n ανηψιός m

nerve [nɜːv] n (ANAT) νεύρο nt·
(= courage) θάρρος nt·
(= impudence) θράσος nt

▶**nerves** npl νεύρα ntpl· **he gets on
my ~s** μου δίνει στα νεύρα

nervous ['nɜːvəs] adj νευρικός·
~ **breakdown** n νευρικός
κλονισμός m

nest [nest] n φωλιά f ♦ vi φωλιάζω

net [net] n (fabric) τούλι nt·
(= netting) δίχτυ nt· (for fish: large)
δίχτυ nt· (: small) απόχη f· (TENNIS,
BADMINTON etc) δίχτυ nt· (FOOTBALL)
δίχτυα ntpl· (COMPUT) **the N~** το
Δίκτυο nt· (fig) δίχτυ nt ♦ adj
(COMM) καθαρός· (= final: result,
effect) τελικός ♦ vt (fish, butterfly)
πιάνω με την απόχη· (COMM: profit)
αφήνω καθαρό κέρδος· (deal, sale)
βγάζω· ~**ball** n νετμπωλ nt inv

Netherlands ['neðələndz] npl **the**
~ οι Κάτω Χώρες

nettle ['netl] n τσουκνίδα f

network ['netwɜːk] n (also TV, RADIO)
δίκτυο nt· (of veins etc) πλέγμα nt

neurotic [njuə'rɔtɪk] adj νευρωτικός
♦ n νευρωτικός/ή m/f

neutral ['njuːtrəl] adj ουδέτερος ♦
n (AUT) νεκρό nt

ποτέ (δεν) · (not) δεν · ~ **again** ποτέ
ξανά · see also **mind** · ~ **-ending**
adj ατέλειωτος · ~**theless** adv
παρ'όλα αυτά

new [njuː] adj καινούργιος·
(= improved) νέος · (boss, president
etc) νέος · (= inexperienced) νέος ·
~**-born** adj νεογέννητος · ~**comer**
n νεοφερμένος/η m/f· ~**ly** adv
πρόσφατα

news [njuːz] n νέα ntpl· **a piece of
~** ένα νέο· **the ~** (RADIO, TV) τα νέα·
~ **agency** n πρακτορείο
ειδήσεων· ~**agent** (BRIT) n
πρακτορείο f εφημερίδων·
~**caster** n εκφωνητής/τρια m/f·
~**dealer** (US) n = newsagent·
~**letter** n ενημερωτικό δελτίο nt·
~**paper** n εφημερίδα f· ~**reader** n
= newscaster

newt [njuːt] n τριτώνιο nt (μαλάκιο)

New Year n Νέο Έτος nt· ~**'s Day**
n Πρωτοχρονιά f· ~**'s Eve**
παραμονή f Πρωτοχρονιάς

New Zealand [njuː'ziːlənd] n Νέα
Ζηλανδία f ♦ adj νεοζηλανδέζικος·
~**er** n Νεοζηλανδός/έζα m/f

next [nekst] adj (in space) διπλανός·
(in time) επόμενος ♦ adv (in space)
δίπλα · (in time) μετά ♦ prep (= afterwards)
μετά · **the ~ day** η επόμενη μέρα·
~ **time** την επόμενη φορά · ~ **year**
του χρόνου · ~ **to** δίπλα σε · ~ **to
nothing** (cost, do) σχεδόν τίποτα·
the ~ best το δεύτερο καλύτερο·
~ **door** adv δίπλα ♦ adj ~**-door**
διπλανός

NHS (BRIT) n abbr = National Health
Service

nibble ['nɪbl] vt ροκανίζω ♦ vi vi
~ **at** τσιμπολογάω

Nicaragua [nɪkə'ræɡjuə] n
Νικαράγουα f

nice [naɪs] adj (= likeable)
συμπαθητικός · (= kind) ευγενικός ·
(= pleasant) ωραίος · (= attractive)
ωραίος · ~**ly** adv ωραία

niche [niːʃ] n (for statue) κόγχη f·
(= job, position) θέση f

nick [nik] n (= scratch: on face etc)
γρατζουνιά f ◆ vt (BRIT: inf: steal)
πιάνω · **in the ~ of time** στο τσακ

nickel ['nikl] n (metal) νικέλιο nt · (US)
νόμισμα των 5 σεντς

nickname ['nikneim] n παρατσούκλι
nt ◆ vt βγάζω παρατσούκλι σε

nicotine ['nikətiːn] n νικοτίνη f

niece [niːs] n ανηψιά f

Nigeria [nai'dʒiəriə] n Νιγηρία f

night [nait] n (= period of darkness)
νύχτα f · (= evening) βράδυ nt · **at
~ τη νύχτα** · **~club** n νυχτερινό
κέντρο nt

nightlife ['naitlaif] n νυχτερινή ζωή f

nightly ['naitli] adj νυχτερινός ◆ adv
κάθε βράδυ

nightmare ['naitmeə'] n εφιάλτης m

night-time ['naittaim] n νύχτα f

nil [nil] n μηδέν nt

nine [nain] num εννέα · **~teen** num
δεκαεννέα · **~teenth** num δέκατος
ένατος · **~ty** num ενενήντα · **ninth**
num ένατος

nip [nip] vt (bite) δαγκώνω ελαφρά ·
to ~ out (BRIT: inf) πετάγομαι μια
στιγμή

nipple ['nipl] n θηλή f

nitrogen ['naitrədʒən] n άζωτο nt

KEYWORD

no [nəu] (pl **noes**) adv (opposite of
"yes") όχι · **would you like some?
– no thank you** θέλετε λίγο; - όχι
ευχαριστώ

◆ adj (= not any) κανείς · **I have no
money/time/books** δεν έχω λεφτά/
καιρό/βιβλία · **no other man would
have done it** κανένας άλλος δεν
θα το έκανε · **"no entry"**
"απαγορεύεται η είσοδος" · **"no
smoking"** "απαγορεύεται το
κάπνισμα"

◆ n όχι nt inv

---

no. abbr = **number**

nobility [nəu'biliti] n (= aristocracy)
αριστοκρατία f · (quality)
αξιοπρέπεια f

noble ['nəubl] adj (= admirable:
person, character) εξαιρετικός ·
(= aristocratic: family, birth)
αριστοκρατικός

nobody ['nəubədi] pron κανείς
(καμία) (κανένα) · **he's a ~** είναι
ένα τίποτα

nod [nɔd] vi (to show agreement)
γνέφω καταφατικά · (as greeting)
χαιρετώ με μια κίνηση του
κεφαλιού · (fig: flowers etc)
λικνίζομαι ◆ vt **to ~ one's head**
γνέφω · ◆ n νεύμα nt · **~ off** vi
αποκοιμιέμαι

noise [nɔiz] n θόρυβος m · **noisy**
adj (children, machine) που κάνει
θόρυβο or φασαρία · (place) που
έχει πολύ θόρυβο

nominal ['nɔminl] adj (leader,
leadership) κατ'όνομα · (sum, price)
συμβολικός

nominate ['nɔmineit] vt (= propose)
προτείνω · (= appoint) ορίζω ·
nomination n (= proposal)
υποψηφιότητα f · (= appointment)
διορισμός m

nominee [nɔmi'niː] n υποψήφιος/α m/
f

none [nʌn] pron (= not one) κανένας
m (καμία f) (κανένα nt ·) · (= not any)
κανένας · **~ of us** κανένας μας
(καμία μας) (κανένα μας) · **...I've
~ left** (not any) δεν μου έχει μείνει
καθόλου... · (not one) ούτε ένας · **I
was ~ the wiser** πάλι δεν
κατάλαβα τίποτε · **~theless** adv
παρ'όλα αυτά

nonsense ['nɔnsəns] n ασυναρτησίες
fpl

nonsmoker ['nɔn'sməukə'] n μη
καπνιστής/τρια m/f

noodles ['nuːdlz] npl φιδές m

noon [nuːn] n μεσημέρι nt

no–one ['nəuwʌn] *pron* = **nobody**

nor [nɔːʳ] *conj* = **neither** ♦ *adv see* **neither**

norm [nɔːm] *n* κανόνας *m*

normal ['nɔːməl] *adj* φυσιολογικός ♦ *n* **to return to ~** επιστρέφω στο κανονικό · **~ly** *adv* κατά κανόνα · (*act, behave*) κανονικά

north [nɔːθ] *n* βορράς *m* ♦ *adj* βόρειος ♦ *adv* βόρεια · **North America** *n* Βόρεια Αμερική *f* · **North American** *adj* βορειοαμερικανικός ♦ *n* βορειοαμερικανός/ή *m/f* · **~ east** *n* βορειοανατολικά *ntpl* ♦ *adj* βόρειος · **Northern Ireland** *n* Βόρεια Ιρλανδία *f* · **North Korea** *n* Βόρεια Κορέα *f* · **North Pole** *n* the **N~ Pole** ο Βόρειος Πόλος · **North Sea** *n* the **N~ Sea** η Βόρεια Θάλασσα · **~ west** *n* βορειοδυτικά *ntpl*

Norway ['nɔːweɪ] *n* Νορβηγία *f*

Norwegian [nɔːˈwiːdʒən] *adj* νορβηγικός ♦ *n* Νορβηγός/ίδα *m/f* · (*LING*) νορβηγικά *ntpl*

nose [nəuz] *n* μύτη *f* ♦ *vi* (*also* **~ one's way**) προχωρώ (επιφυλακτικά) · **~ about** *vi* γυροφέρνω

nostalgia [nɔsˈtældʒɪə] *n* νοσταλγία *f* · **nostalgic** *adj* (*experience*) νοσταλγικός · (*person*) που αισθάνεται νοσταλγία

nosy ['nəuzɪ] (*inf*) *adj* περίεργος

KEYWORD

not [nɔt] *adv* (a) (*with indicative*) δεν (b) (*with nonindicative*) μην · **not that I know him** όχι που τον ξέρω · **not yet/now** όχι ακόμα/τώρα · *see also* **at**, **only**

---

notable ['nəutəbl] *adj* αξιοσημείωτος · **notably** *adv* (*particularly*) ιδιαίτερα

notch [nɔtʃ] *n* (*in wood*) εγκοπή *f* ·

(*fml*) · (*fig*) κλάση *f* · **~ up** *vt* (*votes*) κερδίζω · (*score*) σημειώνω · (*victory*) πετυχαίνω

note [nəut] *n* (*of student, secretary etc*) σημείωση *f* · (*letter*) σημείωμα *nt* · (= *banknote*) χαρτονόμισμα *nt* · (*MUS*) νότα *f* · (= *tone*) τόνος *m* ♦ *vt* (*observe*) παρατηρώ · (= *point out*) επισημαίνω (*also* **~ down**) σημειώνω · **~book** *n* σημειωματάριο *nt* · **~d** *adj* ξακουστός

nothing ['nʌθɪŋ] *pron* τίποτα *nt* · **~ new/ worse** *etc* τίποτα νεότερο/χειρότερο κ.λπ. · **~ much** τίποτα το ιδιαίτερο · **~ else** τίποτα άλλο · **for ~** (= *free*) τζάμπα · (= *in vain*) χωρίς λόγο

notice ['nəutɪs] *n* (= *sign*) ανακοίνωση *f* · (= *warning*) ειδοποίηση *f* · (*dismissal; by employer*) ειδοποίηση *f* απόλυσης · (*by employee*) παραίτηση *f* ♦ *vt* παρατηρώ · **to bring sth to sb's ~** θέτω κτ υπόψη κου · **to take no ~ of** δε δίνω καμιά σημασία σε · **at short/a moment's ~** (ειδοποίηση) την τελευταία στιγμή/στη στιγμή · **~able** *adj* εμφανής

notify ['nəutɪfaɪ] *vt* **to ~ sb (of sth)** ειδοποιώ κν (για κτ)

notion ['nəuʃən] *n* ιδέα *f*

notorious [nəuˈtɔːrɪəs] *adj* περιβόητος

notwithstanding [nɔtwɪθˈstændɪŋ] *adv* χωρίς να λάβω υπόψιν ♦ *prep* παρά +*acc*

nought [nɔːt] *n* μηδέν *nt inv*

noun [naun] *n* ουσιαστικό *nt*

nourishment ['nʌrɪʃmənt] *n* (= *food*) τροφή *f* · (= *act*) διατροφή *f*

novel ['nɔvl] *n* μυθιστόρημα *nt* ♦ *adj* πρωτότυπος · **~ist** *n* μυθιστοριογράφος *mf* · **~ty** *n* νεωτερισμός *m* · (*object*) διακοσμητικό μικροαντικείμενο *nt*

November [nəuˈvembəʳ] *n* Νοέμβριος *m* · *see also* **July**

novice ['nɔvɪs] *n* (= *beginner*) δόκιμος *m*

now [nau] *adv* (= *at the present time*)

τώρα · (= these days) σήμερα ♦ conj
~ (that) τώρα (που) · right ~ αυτή
τη στιγμή · by ~ τώρα πια · I saw
her just ~ μόλις τώρα την είδα ·
(every) ~ and then, (every) ~ and
again κάπου-κάπου · from ~ on
από δω και στο εξής · any day
~ από μέρα σε μέρα · ~ then
λοιπόν · ~adays adv στην εποχή
μας

nowhere ['nəuwɛə'] adv (be, go)
πουθενά · ~ else πουθενά αλλού

nuclear ['nju:klə'] adj πυρηνικός

nucleus ['nju:klɪəs] (pl nuclei) n (of
group) πυρήνας m

nude [nju:d] adj γυμνός

nudge [nʌdʒ] vt σκουντάω

nudity ['nju:dɪtɪ] n γύμνια f

nuisance ['nju:sns] n μπελάς m

numb [nʌm] adj (with cold etc)
μουδιασμένος · (fig: with fear etc)
παράλυτος

number ['nʌmbə'] n αριθμός m ♦ vt
(pages etc) αριθμώ · (= amount to)
απαριθμώ · a ~ of μερικοί · wrong
~ (TEL) λάθος νούμερο · ~ plate
(BRIT) n (AUT) πινακίδα f

numerical [nju:'merɪkl] adj
αριθμητικός

numerous ['nju:mərəs] adj
πολυάριθμος

nun [nʌn] n καλόγρια f

nurse [nɜːs] n (in hospital: female)
νοσοκόμα f · (: male) νοσοκόμος m ·
(also ~maid) νταντά f ♦ vt (patient)
περιποιούμαι · (= breastfeed: baby)
θηλάζω

nursery ['nɜːsərɪ] n (institution)
παιδικός σταθμός m · (room) παιδικό
δωμάτιο nt · (for plants) φυτώριο nt ·
~ school n νηπιαγωγείο nt

nursing ['nɜːsɪŋ] n (profession)
νοσηλευτική f · (care) νοσηλεία f ·
~ home n οίκος m ευγηρίας

nurture ['nɜːtʃə'] vt (child)
ανατρέφω · (fig) καλλιεργώ

nut [nʌt] n (TECH) παξιμάδι nt · (BOT)

ξηροί καρποί mpl · (: on tree) γενικός
όρος για καρύδια, φουντούκια,
αμύγδαλα κ.λπ. · (inf: = lunatic)
τρελός m/f· ~**meg** n
μοσχοκάρυδο nt

nutrient ['nju:trɪənt] n θρεπτική
ουσία f

nutrition [nju:'trɪʃn] n (= diet)
διατροφή f · (= nourishment)
θρεπτική αξία f · **nutritious** adj
θρεπτικός

nuts [nʌts] (inf) adj τρελός

nylon ['naɪlɒn] n νάυλον nt inv ♦ adj
νάυλον

O o

O, o [əu] n το δέκατο πέμπτο
γράμμα του αγγλικού αλφαβήτου ·
(TEL etc) μηδέν

oak [əuk] n βελανιδιά f · (wood) δρυς
f ♦ adj δρύινος

oasis [əu'eɪsɪs] (pl oases) n (also fig)
όαση f

oath [əuθ] n όρκος m · (= swear word)
βρισιά f

oatmeal ['əutmi:l] n αλεύρι nt
βρώμης · (colour) μπεζ nt inv

oats [əuts] npl βρώμη f

obedience [ə'bi:dɪəns] n υπακοή f ·
obedient adj υπάκουος

obese [əu'bi:s] adj παχύσαρκος ·
obesity n παχυσαρκία f

obey [ə'beɪ] vt υπακούω ♦ vi υπακούω

obituary [ə'bɪtjuərɪ] n νεκρολογία f

object n ['ɒbdʒɪkt] vb [əb'dʒekt] n
αντικείμενο nt · (= aim, purpose)
σκοπός m · (LING) αντικείμενο nt ♦ vi
αντιτάσσομαι · to ~ to sth είμαι
αντίθετος σε κτ · ~**ion** n αντίρρηση
f · (argument) πρόσκομμα nt · ~**ive**
adj αντικειμενικός ♦ n στόχος m

obligation [ɒblɪ'geɪʃən] n υποχρέωση
f · **obligatory** adj υποχρεωτικός

oblige [ə'blaɪdʒ] vt (= compel) to

~ **sb to do sth** υποχρεώνω κν να κάνει κτ · (= *do a favour for*) κάνω την χάρη σε · **to be ~d to sb for sth** είμαι υπόχρεος σε κν για κτ

oblique [əˈbliːk] *adj* (*line*) πλάγια · (*angle*) οξείᾳ*f*

oblivious [əˈblɪvɪəs] *adj* **to be ~ of** *or* **to** δεν έχω επίγνωση +*gen*

obnoxious [əbˈnɒkʃəs] *adj* αποκρουστικός

obscene [əbˈsiːn] *adj* (*gesture, remark*) αισχρός · (*fig: wealth, income etc*) σκανδαλώδης

obscure [əbˈskjʊəʳ] *adj* (= *little known*) άσημος · (= *difficult to understand*) δυσνόητος ◆ *vt* (*view, sun etc*) κρύβω · (*truth, meaning etc*) επισκιάζω

observant [əbˈzɜːvənt] *adj* παρατηρητικός

observation [ɒbzəˈveɪʃən] *n* παρατήρηση *f* · (= *ability to observe*) παρατηρητικότητα *f* · (MED) παρακολούθηση *f*

observatory [əbˈzɜːvətrɪ] *n* (ASTR) αστεροσκοπείο *nt*

observe [əbˈzɜːv] *vt* παρατηρώ · (*rule, convention*) τηρώ · **~r** *n* παρατηρητής *m*

obsess [əbˈses] *vt* **to be ~ed by** *or* **with sb/sth** κόλκτ μου γίνεται έμμονη ιδέα · **~ion** *n* έμμονη ιδέα *f* · **~ive** *adj* (*person*) μονομανής · (*interest*) αρρωστημένος

obsolete [ˈɒbsəliːt] *adj* απαρχαιωμένος

obstacle [ˈɒbstəkl] *n* (*also fig*) εμπόδιο *nt*

obstruct [əbˈstrʌkt] *vt* (*road, path*) μπλοκάρω · (*traffic*) εμποδίζω · (*fig*) παρεμποδίζω · **~ion** (*object*) εμπόδιο *nt* · (*of plan, law*) κωλυσιεργία *f*

obtain [əbˈteɪn] *vt* αποκτώ

obvious [ˈɒbvɪəs] *adj* προφανής · **~ly** *adv* (= *clearly*) φανερά · (= *of course*) φυσικά · **~ly not** προφανώς όχι

occasion [əˈkeɪʒən] *n* (= *point in time*) περίσταση *f* · (= *event, celebration etc*) γεγονός *nt* · **~al** *adj* περιστασιακός · **~ally** *adv* περιστασιακά

occult [ˈɒkʌlt] *n* **the ~** ο αποκρυφισμός

occupant [ˈɒkjʊpənt] *n* (*of house, office etc*) ένοικος *mf* · (*of car, bus*) επιβάτης *m*

occupation [ɒkjʊˈpeɪʃən] *n* (= *job*) επάγγελμα *nt* · (= *pastime*) απασχόληση *f* · (*of building*) κατάληψη *f* · (*of country*) κατοχή *f*

occupy [ˈɒkjʊpaɪ] *vt* (*house*) κατοικώ · (*seat etc*) καταλαμβάνω · (*building, country etc*) καταλαμβάνω · (= *fill: time*) περνάω · (= : *position, space*) καταλαμβάνω · **to ~ o.s. (in** *or* **with sth/doing sth)** απασχολούμαι (σε *or* με κτ/κάνοντας κτ)

occur [əˈkɜːʳ] *vi* (*event*) γίνομαι · (= *exist: phenomenon*) συναντιέμαι · **to ~ to sb** περνάω από το νου *or* μυαλό κου · **~rence** *n* (= *event*) γεγονός *nt* · (= *incidence: of events*) παρουσία *f*

ocean [ˈəʊʃən] *n* ωκεανός *m*

o'clock [əˈklɒk] *adv* **it is 5 ~** είναι πέντε (η ώρα)

October [ɒkˈtəʊbəʳ] *n* Οκτώβριος *m* · *see also* **July**

octopus [ˈɒktəpəs] *n* χταπόδι *nt*

odd [ɒd] *adj* (= *strange: person, behaviour*) περίεργος · (= *uneven: number*) μονός · (= *not paired: sock, glove*) παράταιρος · (= *spare*) περισσευούμενος · (= *occasional*) κανένας · **60~** καμιά εξηνταριά · **to be the ~ one out** είμαι η εξαίρεση · **~ly** *adv* παράξενα · *see also* **enough** · **~s** *npl* (*in betting*) στοιχήματα *ntpl* · (*fig*) πιθανότητες *fpl* · **at ~s with** σε αντίθεση

odometer [əˈdɒmɪtəʳ] *n* (US) χιλιομετρητής *m*

odour [ˈəʊdəʳ] *n* (US **odor**) *n* μυρωδιά *f*

KEYWORD

of [ɔv, əv] *prep* (a) (*possession, amount*)
a friend of ours ένας φίλος μας ·
that was kind of you ήταν
ευγενικό εκ μέρους σας

(b) (*expressing quantity, amount*) **a**
kilo of flour ένα κιλό αλεύρι · **how**
much of this do you need? πόσο
θέλετε απ'αυτό · **there were 3 of**
them (*people*) ήταν τρεις · (*objects*)
ήταν τρία · **a cup of tea/vase of**
flowers ένα φλιτζάνι τσάι/βάζο με
λουλούδια · **the 5th of July** 5
Ιουλίου

(c) (= *material*) από · **made of wood**
ξύλινος *or* από ξύλο

KEYWORD

off [ɔf] *adv* (a) (*referring to distance,*
time) **it's a long way off** είναι πολύ
μακριά · **the game is 3 days off** ο
αγώνας είναι σε τρεις μέρες

(b) (*departure*) **to go off to Paris/**
Italy φεύγω για το Παρίσι/την
Ιταλία · **I must be off** πρέπει να
πηγαίνω

(c) (*removal*) **to take off one's hat/**
coat βγάζω το καπέλο/το παλτό ·
the button came off έφυγε το
κουμπί · **10% off** 10% έκπτωση

(d) **to be off** (= *not at work: on*
holiday) είμαι σε άδεια · (= *due to*
sickness) έχω αναρρωτική (άδεια) · **to**
have a day off (*from work*) παίρνω
μια μέρα άδεια · **to be off sick** έχω
αναρρωτική (άδεια)

♦ *adj* (a) (= *not turned on: machine,*
light) σβηστός · (= *water, gas*)
κλειστός

(b) (= *cancelled*) **to be off** (*meeting,*
match) έχω ματαιωθεί

(c) (*BRIT: = not fresh: milk etc*)
χαλασμένος

(d) **on the off chance that ...**
μήπως τυχόν και ... · **to have an off**
day δεν είμαι σε φόρμα

♦ *prep* (a) (*indicating motion, removal*
etc) από

(b) (= *distant from*) **it's just off the**
M1 είναι αμέσως μόλις βγείς από
τον αυτοκινητόδρομο Μ1 · **an**
island off the coast ένα νησί
κοντά στην ακτή

offence [ə'fɛns] (*US* **offense**) *n*
(= *crime*) αδίκημα *nt* · (= *insult*)
προσβολή *f* · **to take ~ (at)** θίγομαι
(με)

offend [ə'fɛnd] *vt* προσβάλλω · **~er** *n*
παραβάτης *mf*

offense [ə'fɛns] (*US*) *n* = **offence**

offensive [ə'fɛnsɪv] *adj* (*remark,*
behaviour) προσβλητικός · (*smell etc*)
αποκρουστικός ♦ *n* (*MIL*) επίθεση *f*

offer ['ɔfə'] *n* προσφορά *f* ♦ *vt*
προσφέρω · (*advice*) δίνω · **to ~ to**
do sth προσφέρομαι να κάνω κτ

office ['ɔfɪs] *n* γραφείο *nt* ·
(= *position*) θέση *f* · **to take**
~ αναλαμβάνω τα καθήκοντά μου ·
in ~ (*government, minister*) στην
εξουσία · **~ block** (*US* = **building**)
n συγκρότημα *nt* γραφείων

officer ['ɔfɪsə'] *n* (*MIL etc*) αξιωματικός
m · (*also* **police ~**) αστυνομικός *m* ·
(*of organization*) υπάλληλος *mf*

official [ə'fɪʃl] *adj* επίσημος ♦ *n*
στέλεχος *nt*

offline [ɔf'laɪn] (*COMPUT*) *adj* εκτός
γραμμής · (= *switched off*) κλειστός
♦ *adv* εκτός γραμμής

off-peak ['ɔf'piːk] *adj* (*heating,*
electricity) νυχτερινός · (*train, ticket*)
εκτός των ωρών αιχμής

off-season ['ɔf'siːzn] *adj* εκτός
εποχής ♦ *adv* εκτός εποχής

offset ['ɔfsɛt] (*irreg*) *vt* ισοσταθμίζω

offshore [ɔf'ʃɔː'] *adj* στα ανοιχτά

offside [ɔf'saɪd] *adj* (*SPORT*) οφσάιντ ·
(*AUT: with right-hand drive*) δεξιός ·
(: *with left-hand drive*) αριστερός

offspring ['ɔfsprɪŋ] *n inv* απόγονοι
mpl

often ['ɔfn] adv συχνά · **how ~ do you go?** πόσο συχνά or κάθε πόσο πάτε; · **every so ~** κάθε τόσο

oh [əu] excl ε

oil [ɔɪl] n (CULIN) λάδι nt · (= petroleum, for heating) πετρέλαιο nt ◆ vt (gun) λαδώνω · (engine, machine) λιπαίνω · **~ rig** n πετρελαιοπηγή f · (at sea) πλατφόρμα f (άντλησης πετρελαίου) · **~y** adj (rag) λαδωμένος · (substance) λιπαρός · (food) λαδερός

O.K. ['əu'keɪ] (inf) excl εντάξει ◆ adj εντάξει ◆ vt εγκρίνω

okay ['əu'keɪ] = **O.K.**

old [əuld] adj (= aged: person) ηλικιωμένος · (= : thing) παλιός · (comparative age) μεγάλος · (= former: school etc) παλιός · (= familiar: joke, saying) παλιός · (= long-established) παλιός · **how ~ are you?** πόσων χρονών or ετών είστε; · (familiar) πόσων χρονών or ετών είσαι; · **he's 10 years ~** είναι δέκα χρονών or ετών · **~er brother** μεγαλύτερος αδερφός · **~ age** n γεράματα ntpl · **~-fashioned** adj (style, design) παλιομοδίτικος · (person) της παλιάς σχολής · **~ people's home** n γηροκομείο nt

olive ['ɔlɪv] n ελιά f ◆ adj (also **~-green**) λαδί inv · **~ oil** n ελαιόλαδο nt

Olympic [əu'lɪmpɪk] adj των Ολυμπιακών Αγώνων · **~ Games**, **~s** npl οι Ολυμπιακοί Αγώνες

Oman [əu'ma:n] n Ομάν nt inv

omelette ['ɔmlɪt] (US **omelet**) n ομελέττα f

omen ['əumən] n οιωνός m

ominous ['ɔmɪnəs] adj δυσοίωνος

omit [əu'mɪt] vt παραλείπω · **to ~ to do sth** παραλείπω να κάνω κτ

on [ɔn] prep (a) (indicating position) (πάνω) σε · **on the wall** στον τοίχο ·

it's on the table είναι (πάνω) στο τραπέζι · **on the left** (στα) αριστερά
(b) (indicating means, method) on **foot** (go) με τα πόδια · **on the train/ plane** (go) με το τρένο/αεροπλάνο · (be) στο τρένο/αεροπλάνο · **on the telephone/radio/television** στο τηλέφωνο/στο ραδιόφωνο/στην τηλεόραση · **to be on drugs** παίρνω ναρκωτικά · **to be on holiday** είμαι διακοπές · **to be away on business** λείπω για επαγγελματικό ταξίδι
(c) (referring to time) **on Friday** την Παρασκευή · **on Fridays** τις Παρασκευές · **on June 20th** στις 20 Ιουνίου · **the party is a week on Friday** το πάρτυ είναι την επόμενη Παρασκευή · **on arrival he went straight to his hotel** μόλις έφτασε πήγε κατευθείαν στο ξενοδοχείο του · **on seeing this, he was very angry** μόλις το είδε αυτό νευρίασε πολύ
(d) (= about, concerning) for a **book on physics** ένα βιβλίο Φυσικής ◆ adv (a) (referring to dress) **to have a coat on** φοράω παλτό · **she put her boots/gloves/hat on** φόρεσε τις μπότες/τα γάντια/το καπέλο της
(b) (referring to covering) **screw the lid on tightly** κλείστε σφιχτά το καπάκι
(c) (= further, continuously) **to walk/ drive/go on** συνεχίζω το δρόμο μου · **to read on** συνεχίζω το διάβασμα

◆ adj (a) (= functioning, in operation: machine, radio) ανοιχτός · (= : tap) ανοιχτός · (= : handbrake) ανεβασμένος · **is the meeting still on?** θα γίνει η συνεδρίαση; · **there's a good film on at the cinema** έχει ένα ωραίο έργο στον κινηματογράφο
(b) **that's not on!** (inf) δεν είναι πράγματα αυτά!

once [wʌns] *adv* (= *on one occasion*)
μια φορά · (= *formerly*) κάποτε · (= *a
long time ago*) κάποτε · (= *as
soon as*) μόλις · **~ he had left/it was
done** μόλις είχε φύγει/μόλις έγινε ·
at ~ (= *immediately*) αμέσως ·
(= *simultaneously*) ταυτόχρονα · **~ a
week** μια φορά τη βδομάδα ·
~ more *or* **again** άλλη μια φορά ·
~ and for all μια για πάντα ·
~ upon a time μια φορά κι έναν
καιρό · **in a while** μία στις τόσες

oncoming [ˈɒnkʌmɪŋ] *adj* **the
~ traffic** το αντίθετο ρεύμα
κυκλοφορίας

KEYWORD

one [wʌn] *num* ένας *m* (μία *f*) (ένα
nt) · **one hundred and fifty** εκατόν
πενήντα · **one by one** ένας-ένας
◆ *adj* (a) (= *only*) μόνο
(b) (= *same*) ο ίδιος ◆ *pron* (a) ένας
m (μία *f*) (ένα *nt*) · **this one** αυτός ·
that one εκείνος
(b) (= *another*) ο ένας τον άλλον ·
**do you two ever see one
another?** βλεπόσαστε ποτέ εσείς οι
δυο;
(c) (*impersonal*) κανείς

one-off [wʌnˈɒf] (*BRIT: inf*) *n* **to be a
~** είναι *or* γίνεται μια φορά μόνο

oneself [wʌnˈself] *pron* (*reflexive*)
εαυτός · (*after prep*) εαυτός · (*emph*)
ο ίδιος · **to wash ~** πλένομαι · **he
kept it for himself** το κράτησε για
τον εαυτό του · **to talk to
~** παραμιλάω

one-sided [wʌnˈsaɪdɪd] *adj*
(*conversation, relationship*)
μονόπλευρος · (*contest*) άνισος

one-to-one [wʌntəwʌn] *adj*
~ tuition ιδιαίτερο (μάθημα) ·
~ relationship προσωπική σχέση

one-way [wʌnweɪ] *adj* (*traffic*)
μονής κατευθύνσεως · (*trip*) χωρίς
επιστροφή · (*ticket*) απλός **~ street**
μονόδρομος

ongoing [ˈɒngəʊɪŋ] *adj* συνεχιζόμενος

onion [ˈʌnjən] *n* κρεμμύδι *nt*

online [ɒnlaɪn] (*COMPUT*) *adj* (*printer,
database*) άμεσης επικοινωνίας *inv* ·
(= *switched on*) αναμμένος ◆ *adv*
εντός επικοινωνίας

onlooker [ˈɒnlʊkə[r]] *n* θεατής *m*

only [ˈəʊnlɪ] *adv* (= *solely*) μόνο ·
(= *merely*) απλώς · (= *just*) μόνο
◆ *adj* (= *sole, single*) μοναδικός
◆ *conj* μόνο · **an ~ child** ένα
μοναχοπαίδι · **not ~ ... but (also)** ...
όχι μόνο ...αλλά (και)...

onset [ˈɒnset] *n* αρχή *f*

onto [ˈɒntʊ] *prep* = **on to**

onward(s) [ˈɒnwədz] *adv* (*move*)
εμπρός · (= *then*) μετά · **to travel ~s**
συνεχίζω το ταξίδι · **from that time
onward(s)** από τότε κι εμπρός

opaque [əʊˈpeɪk] *adj* αδιαφανής

open [ˈəʊpn] *adj* ανοιχτός ·
(= *undisguised: criticism*) φανερός ·
(= *undecided: question*) που εκκρεμεί ·
ανοιχτός · (= *not reserved: ticket*) με
ανοιχτή ημερομηνία ◆ *vt* ανοίγω ·
vi ανοίγω · (= *commence*) αρχίζω ·
(*film, play*) έχω πρεμιέρα · **in the
~ (air)** έξω · **to be ~ to** (*suggestions,
criticism*) είμαι ανοιχτός σε · **~ up** *vi*
(= *unlock*) ανοίγω · (= *confide*) to
~ up (to sb) ανοίγομαι σε κν ·
~-air *adj* (*concert*) υπαίθριος ·
(*swimming pool*) ανοιχτός · **~er** *n*
(*also* tin ~er, can ~er) ανοιχτήρι
nt · **~ing** *adj* (*stages*) αρχικός ·
(*remarks, scene*) εναρκτήριος ◆ *n*
(= *gap, hole*) άνοιγμα *nt* ·
(= *beginning: of play, book etc*) αρχή
f · (*of new building, bridge etc*)
εγκαίνια *ntpl* · (= *opportunity*) κενή
θέση *f* · **~ing hours** *fpl* (*COMM*)
ώρες *fpl* λειτουργίας · **~ly** *adv*
(*speak, cry*) ελεύθερα · (*act*)
απροκάλυπτα · **~-minded** *adj*
(*person, approach*) ανοιχτόμυαλος ·
~-plan *adj* **~-plan office** ενιαίος
χώρος για γραφεία · **Open
University** (*BRIT*) *n* Ανοιχτό

Πανεπιστήμιο *nt*

opera ['ɔpərə] *n* όπερα *f* ◦ **~ house** *n* όπερα *f* (κτίριο)

operate ['ɔpəreɪt] *vt* (*machine, vehicle etc*) χειρίζομαι ◆ *vi* λειτουργώ ◦ (MED) χειρουργώ ◦ **operating system** *n* (COMPUT) λειτουργικό σύστημα *nt* ◦ **operating theatre** *n* χειρουργείο *nt*

operation [ɔpə'reɪʃən] *n* (*activity*) διαδικασία *f* ◦ (*of machine, vehicle etc*) χειρισμός *m* ◦ (MIL, POLICE etc) επιχείρηση *f* ◦ (MED) εγχείρηση *f* ◦ (COMM) δράση *f* ◦ **to be in ~** (*law*) ισχύω ◦ (*regulation, scheme*) λειτουργώ

operational [ɔpə'reɪʃənl] *adj* που λειτουργεί

operative ['ɔpərətɪv] *adj* που λειτουργεί ◆ *n* (*in factory*) εργάτης/ τρια *m/f*

operator ['ɔpəreɪtə] *n* (TEL) κέντρο *nt* ◦ (*of machine*) χειριστής/τρια *m/f*

opinion [ə'pɪnjən] *n* (= *point of view, belief*) γνώμη *f* ◦ **in my ~** κατά την άποψή μου *or* τη γνώμη μου ◦ **to have a good** *or* **high ~ of sb/o.s.** έχω καλή γνώμη για κν/μεγάλη ιδέα για τον εαυτό μου ◦ **~ poll** *n* γκάλοπ *nt inv*

opium ['əupɪəm] *n* όπιο *nt*

opponent [ə'pəunənt] *n* (*also* SPORT) αντίπαλος *mf*

opportunity [ɔpə'tju:nɪtɪ] *n* (= *chance*) ευκαιρία *f* ◦ (= *prospects*) ευκαιρίες *f*

oppose [ə'pəuz] *vt* φέρνω αντιρρήσεις σε ◦ **to be ~d to sth** αντιτίθεμαι σε κτ ◦ **as ~d to** σε αντίθεση με

opposite ['ɔpəzɪt] *adj* (*house, door*) απέναντι ◦ (*end, direction*) αντίθετος ◆ *adv* απέναντι ◆ *prep* (= *in front of*) απέναντι σε ◦ (= *next to*: on list, form etc) δίπλα σε ◆ *n* **the ~** (*say, think*) το αντίθετο ◦ **the ~ sex** *n* το αντίθετο φύλο

opposition [ɔpə'zɪʃən] *n* αντίδραση

f ◦ **the O~** (POL) η αντιπολίτευση

opt [ɔpt] *vi* **to ~ for** επιλέγω ◦ **to ~ to do sth** επιλέγω να κάνω κτ ◦ **~ out (of)** *vi* (= *not participate*) αποσύρομαι ◦ (POL: *hospital, school*) αποσύρομαι (από κρατικό έλεγχο)

optician [ɔp'tɪʃən] *n* οπτικός *mf* ◦ (= *doctor*) οφθαλμίατρος *mf*

optimism ['ɔptɪmɪzəm] *n* αισιοδοξία *f* ◦ **optimist** *n* αισιόδοξος *m/f* ◦ **optimistic** *adj* αισιόδοξος

optimum ['ɔptɪməm] *adj* βέλτιστος

option ['ɔpʃən] *n* επιλογή *f* ◦ (SCOL) προαιρετικό μάθημα *nt* ◦ **~al** *adj* προαιρετικός

or [ɔ:ʳ] *conj* (*linking alternatives*) ή ◦ (= *because*) γιατί ◦ (= *otherwise*) αλλιώς ◦ (*qualifying previous statement*) ή ◦ **he hasn't seen ~ heard anything** ούτε είδε ούτε άκουσε τίποτα ◦ **~ else** αλλιώς

oral ['ɔːrəl] *adj* (*test, report*) προφορικός ◦ (MED: *vaccine, medicine*) που λαμβάνεται απο το στόμα

orange ['ɔrɪndʒ] *n* πορτοκάλι *nt* ◆ *adj* πορτοκαλί *inv*

orbit ['ɔːbɪt] *n* τροχιά *f* ◆ *vt* περιστρέφομαι

orchard ['ɔːtʃəd] *n* περιβόλι *m* (με οπωροφόρα)

orchestra ['ɔːkɪstrə] *n* ορχήστρα *f* ◦ (US: = *stalls*) πλατεία *f*

orchid ['ɔːkɪd] *n* ορχιδέα *f*

ordeal [ɔː'diːl] *n* δοκιμασία *f*

order ['ɔːdə] *n* (= *command*) διαταγή *f* ◦ (COMM) παραγγελία *f* ◦ (: in restaurant) παραγγελία *f* ◦ (= *sequence*) σειρά *f* ◦ (= *law and order*) τάξη *f* ◆ *vt* (= *command*) διατάζω ◦ (COMM) παραγγέλνω ◦ (: in restaurant) παραγγέλνω ◦ (*also* put in ~) βάζω σε τάξη ◦ **in ~** (= *permitted*) σύμφωνος με την διαδικασία ◦ (*document*) σε καλή κατάσταση ◦ **in ~ to do/ that** για να κάνω ◦ **to be out of ~** (= *not working*) δεν λειτουργώ ◦

(= *in the wrong sequence*)
ανακατεμένος · ~ **form** *n* (COMM)
δελτίο *nt* παραγγελίας · **-ly** *n* (MIL)
ορντινάτσα *f* · (MED)
τραυματιοφορέας *mf* ♦ *adj* (*manner*)
μεθοδικός · (*sequence*) κανονικός

ordinary ['ɔːdnrɪ] *adj* (= *everyday*)
συνηθισμένος · (*pej: = mediocre*)
κοινός · **out of the** ~ ασυνήθιστος

ore [ɔːʳ] *n* μετάλλευμα *nt*

organ ['ɔːgən] *n* (ANAT) όργανο *nt* ·
(MUS) εκκλησιαστικό όργανο *nt* · **-ic**
adj (*food, farming etc*) φυσικός · (BIO)
οργανικός · **-ism** *n* οργανισμός *m*

organization [ɔːgənaɪˈzeɪʃən] *n*
(*business, club*) οργανισμός *m* ·
(= *planning*) οργάνωση *f*

organize ['ɔːgənaɪz] *vt* οργανώνω · **-r**
n (*of conference etc*) διοργανωτής/
τρια *m/f*

orgasm ['ɔːgæzəm] *n* οργασμός *m*

orgy ['ɔːdʒɪ] *n* όργιο *nt*

oriental [ɔːrɪˈɛntl] *adj* ανατολίτικος

origin ['ɒrɪdʒɪn] *n* (*of word, belief*)
προέλευση *f* · (*of person*) καταγωγή *f*

original [əˈrɪdʒɪnl] *adj* (= *first*)
αρχικός · (= *genuine*) πρωτότυπος ·
(= *imaginative*) πρωτότυπος ♦ *n* (*of
painting, document etc*) πρωτότυπο
nt · **-ly** *adv* αρχικά

originate [əˈrɪdʒɪneɪt] *vi* **to ~ in**
(*custom etc*) προέρχομαι από · (*idea,
belief*) πρωτοεμφανίζομαι

ornament ['ɔːnəmənt] *n* (*object*)
μπιμπελό *nt inv* · (= *jewel*) στολίδι
nt · **-al** *adj* διακοσμητικός

ornate [ɔːˈneɪt] *adj* περίτεχνος

orphan ['ɔːfn] *n* ορφανό *nt*

orthodox ['ɔːθədɔks] *adj* ορθόδοξος ·
(= *conventional*) παραδοσιακός

orthopaedic [ɔːθəˈpiːdɪk] (US
orthopedic) *adj* ορθοπεδικός

ostrich ['ɒstrɪtʃ] *n* στρουθοκάμηλος *f*

other ['ʌðəʳ] *adj* άλλος · (*way*)
αντίθετος · (= *additional*) (και)
άλλος · (= *different: times, places*)
άλλος · (= *of a similar kind*) άλλος

(παρόμοιος) ♦ *pron* **the ~ (one)** ο
άλλος · **~s** άλλοι · **the ~s** οι άλλοι ·
~ **than** (*usually in negatives*) άλλος
εκτός από *or* παρά · **the ~ day** τις
προάλλες · **somebody or
~ κάποιος** · **-wise** *adv* (= *differently*)
διαφορετικά · (= *apart from that*)
κατά τ'άλλα · (= *if not*) αλλιώς

otter ['ɒtəʳ] *n* ενυδρίδα *f*

ouch [autʃ] *excl* ωχ

ought [ɔːt] (*pt* = *ought*) *aux vb* **I ~ to do it**
οφείλω να το κάνω · **this ~ to have
been corrected** αυτό θα έπρεπε να
είχε διορθωθεί · **he ~ to win** θα
πρέπει να νικήσει

ounce [auns] *n* ουγγιά *f* · (*fig: small
amount*) σταλιά *f*

our ['auəʳ] *adj* μας · *see also* **my** · **~s**
pron δικός μας · *see also* **mine**[1] ·
~selves *pl pron* (*reflexive: often not
translated*) εαυτούς μας · (*after prep*)
εμάς · (*emph*) εμείς οι ίδιοι

oust [aust] *vt* (*government*)
ανατρέπω · (MP *etc*) απομακρύνω

<hr>

KEYWORD

<hr>

out [aut] *adv* (a) (= *not in*) έξω ·
they're out in the garden είναι
έξω στον κήπο · **out here/there** εδώ/
εκεί (πέρα)

(b) (= *not at home, absent*) **Mr Green
is out at the moment** ο κ. Γκρην
λείπει αυτή τη στιγμή · **to have a
day/night out** έχω έξοδο σήμερα/
απόψε

(c) (*indicating distance*) μακριά · **3
days out from Plymouth** 3 μέρες
απόσταση από το Πλύμουθ

(d) (SPORT) άουτ *m inv* · **the ball is/
has gone out** η μπάλα είναι/βγήκε
άουτ

♦ *adj* **to be out** (a) (*out of game*)
έχω αποβληθεί

(b) (*have appeared: flowers, sun*)
βγαίνω · (*news, secret*) κυκλοφορώ

(c) (*extinguished: fire*) έχω σβήσει ·
(*light, gas*) είμαι σβηστός

(d) (= *finished*) **before the week**

was out πριν βγει η εβδομάδα • **(e) to be out to do sth** έχω βάλει σκοπό να κάνω κτ • **(f)** (= *wrong*) **to be out in one's calculations** πέφτω έξω στους υπολογισμούς μου

♦ *prep* **out of** (a) (*generally*) από • **to look out of the window** κοιτάζω από το παράθυρο • **to be out of danger** είμαι εκτός κινδύνου • **out of curiosity/fear** από περιέργεια/ φόβο • **to drink sth out of a cup** πίνω κτ από το φλιτζάνι

(b) (= *from among*) από • **1 out of every 3 smokers** ο ένας στους τρεις καπνιστές

(c) (= *without*) **to be out of milk/ sugar/petrol** etc έχω ξεμείνει από γάλα/ζάχαρη/βενζίνη etc

outback ['aʊtbæk] *n* **the ~** η ενδοχώρα (στην Αυστραλία)

outbreak ['aʊtbreɪk] *n* έκρηξη *f*

outburst ['aʊtbɜːst] *n* ξέσπασμα *nt*

outcast ['aʊtkɑːst] *n* παρίας *m*

outcome ['aʊtkʌm] *n* αποτέλεσμα *nt*

outcry ['aʊtkraɪ] *n* κατακραυγή *f*

outdated [aʊt'deɪtɪd] *adj* ξεπερασμένος

outdoor [aʊt'dɔː] *adj* (*activities, work*) υπαίθριος • (*swimming pool*) ανοιχτός • **~s** *adv* έξω

outer ['aʊtə] *adj* εξωτερικός • **~ space** η διάστημα *nt*

outfit ['aʊtfɪt] *n* (= *set of clothes*) σύνολο *nt* • (*inf: team*) ομάδα *f*

outgoing ['aʊtgəʊɪŋ] *adj* (= *extrovert*) εξωστρεφής • (= *retiring: president, mayor etc*) απερχόμενος

outing ['aʊtɪŋ] *n* εκδρομή *f* • (= *excursion*) εκδρομή *f*

outlaw ['aʊtlɔː] *n* παράνομος/η *m/f* ♦ *vt* κηρύσσω παράνομο

outlay ['aʊtleɪ] *n* δαπάνη *f*

outlet ['aʊtlet] *n* (= *hole, pipe*) σιφόνι *nt* • (*US: ELEC*) πρίζα *f* • (*COMM: also* **retail ~**) κατάστημα *nt* λιανικής

(πωλήσεως) • (*fig: for grief, anger etc*) διέξοδος *f*

outline ['aʊtlaɪn] *n* (= *shape: of object, house etc*) περίγραμμα *nt* • (= *brief explanation: of plan, subject*) γενικές γραμμές *fpl* ♦ *vt* (*fig: theory, plan*) αναφέρω περιληπτικά

outlook ['aʊtlʊk] *n* (= *view, attitude*) αντίληψη *f* • (= *prospects*) προοπτικές *fpl*

outnumber [aʊt'nʌmbə] *vt* υπερέχω αριθμητικά +*gen*

out-of-date [aʊtəv'deɪt] *adj* (*passport, ticket*) που έχει λήξει • (*idea*) ξεπερασμένος • (*clothes*) ντεμοντέ *inv*

out-of-the-way ['aʊtəvðə'weɪ] *adj* (= *remote: place*) απομακρυσμένος

out-of-work ['aʊtəvwɜːk] *adj* άνεργος

outpatient ['aʊtpeɪʃənt] *n* εξωτερικός ασθενής *m*

outpost ['aʊtpəʊst] *n* (*MIL*) προκεχωρημένο φυλάκιο *nt*

output ['aʊtpʊt] *n* (*of factory, mine*) παραγωγή *f* • (*COMPUT*) έξοδος *f* ♦ *vt* (*COMPUT*) εξάγω

outrage ['aʊtreɪdʒ] *n* (= *scandal*) προσβολή *f* • (= *atrocity*) εγκληματική ενέργεια *f* • (= *anger*) αγανάκτηση *f* • **~ous** *adj* εξοργιστικός

outright *adv* [aʊt'raɪt] *adj* [aʊt'raɪt] *adv* (= *win*) καθαρά • (*buy*) μια και καλή • (*ask*) ευθέως • (*deny, refuse*) κατηγορηματικά ♦ *adj* (*winner, victory*) αναμφισβήτητος

outset ['aʊtset] *n* ξεκίνημα *nt*

outside [aʊt'saɪd] *n* εξωτερικό μέρος *nt* ♦ *adj* εξωτερικός ♦ *adv* έξω ♦ *prep* (= *not inside*) έξω από • (= *not included in*) εκτός +*gen* • (= *beyond: country, city*) έξω • **an ~ chance** μια ελάχιστη πιθανότητα • **~r** *n* (= *stranger*) τρίτος *m* • (*in race etc*) αουτσάιντερ *nt inv*

outskirts ['aʊtskɜːts] *npl* περίχωρα *ntpl*

outspoken [aut'spəʊkən] *adj* (*person*) ειλικρινής • (*statement*) ξεκάθαρος

outstanding [aut'stændɪŋ] *adj* (= *exceptional*) εξαιρετικός • (= *remaining*: *debt*, *work*) εκκρεμής

outward ['autwəd] *adj* εξωτερικός • ~ **journey** πηγαιμός

outweigh [aut'weɪ] *vt* υπερβαίνω

oval ['əʊvl] *adj* οβάλ *inv*

ovary ['əʊvərɪ] *n* ωοθήκη *f*

oven ['ʌvn] *n* φούρνος *m*

KEYWORD

over ['əʊvə'] *adv* (a) (= *across*) απέναντι • **to cross over to the other side of the road** περνάω στην άλλη μεριά του δρόμου • **over here/there** εδώ/εκεί

(b) (*fall*, *knock down etc*) κάτω

(c) (= *finished*) **to be over** τελείωσα

(d) (= *excessively*: *clever*, *rich*) **she's not over intelligent** δεν είναι ιδιαίτερα *or* υπερβολικά έξυπνη

(e) (= *remaining*) **to be over** (*money*, *food etc*) μένω • **there are 3 over** έχουν μείνει 3

(f) **all over** (= *everywhere*) σε όλο

(g) (= *again*) **over and over (again)** ξανά και ξανά

♦ *prep* (a) (= *on top of*) πάνω σε • (= *above*) πάνω από

(b) (= *on the other side of*) στην άλλη μεριά +*gen*

(c) (= *more than*) πάνω από

(d) (= *during*) **over the last few years/the winter** τα τελευταία χρόνια/το χειμώνα

overall *adj* ['əʊvərɔ:l] *adv* [əʊvər'ɔ:l] *adj* (= *total*) συνολικός • (= *general*) γενικός ♦ *adv* συνολικά
▸ **overalls** *npl* φόρμα *f* (της δουλειάς)

overboard ['əʊvəbɔ:d] *adv* (NAUT) στη θάλασσα (*από το πλοίο*) • **to go ~** (*fig*) το παρατραβάω

overcame [əʊvə'keɪm] *pt of* **overcome**

overcast ['əʊvəkɑ:st] *adj* συννεφιασμένος

overcoat ['əʊvəkəʊt] *n* παλτό *nt*

overcome [əʊvə'kʌm] (*irreg*) *vt* (*difficulty*, *problem*) ξεπερνάω ♦ *adj* (*emotionally*) κυριεύω

overcrowded [əʊvə'kraʊdɪd] *adj* (*room*, *prison*) ασφυκτικά γεμάτος • (*city*) υπερβολικά πυκνοκατοικημένος

overdose ['əʊvədəʊs] *n* υπερβολική δόση *f*

overdraft ['əʊvədrɑ:ft] *n* υπέρβαση *f* λογαριασμού

overdrawn [əʊvə'drɔ:n] *adj* (COMM: *person*) που έχει υπεραντλήσει λογαριασμό • (: *account*) ακάλυπτος

overdue [əʊvə'dju:] *adj* (= *late*) που έχει καθυστερήσει • (= *needed*: *change*, *reform etc*) που έπρεπε να είχε γίνει προ πολλού • (*bill*, *library book*) που έχει καθυστερήσει

overflow [əʊvə'fləʊ] *vi* ξεχειλίζω

overgrown [əʊvə'grəʊn] *adj* (*garden*) χορταριασμένος

overhaul *vb* [əʊvə'hɔ:l] *n* ['əʊvəhɔ:l] *vt* κάνω σέρβις σε ♦ *n* σέρβις *nt inv*

overhead *adv* [əʊvə'hed] *adj*, *n* ['əʊvəhed] *adv* από πάνω ♦ *adj* (*light*) κρεμαστός ♦ *n* (*US*) = **overheads**
▸ **overheads** ['əʊvəhedz] *npl* (*expenses*) πάγια έξοδα *ntpl*

overlap [əʊvə'læp] *vi* (*edges*, *figures*) συμπίπτω μερικά • (*fig*: *ideas*, *activities etc*) συμπίπτω

overleaf [əʊvə'li:f] *adv* όπισθεν (*fml*)

overload [əʊvə'ləʊd] *vt* (*vehicle*) υπερφορτώνω • (ELEC) υπερφορτίζω

overlook [əʊvə'lʊk] *vt* (= *have view over*) έχω θέα σε • (= *fail to notice*) παραβλέπω • (= *excuse*, *forgive*) παραβλέπω

overnight *adv* [əʊvə'naɪt] *adj* ['əʊvənaɪt] *adv* (= *during the whole night*) όλη τη νύχτα • (*fig*: = *suddenly*) από τη μια μέρα στην άλλη ♦ *adj* (*bag*, *clothes*) για το βράδυ • (*accommodation*, *stop*) για τη νύχτα

overpowering [əuvə'pauərɪŋ] adj (heat, stench) έντονος · (feeling, desire) απόλυτος

overrun [əuvə'rʌn] (irreg) vt (country, continent) κατακλύζω ♦ vi (meeting etc) κρατάω παραπάνω

overseas [əuvə'si:z] adv στο εξωτερικό ♦ adj (market, trade) εξωτερικός · (student, visitor) ξένος

oversee [əuvə'si:] (irreg) vt επιβλέπω

overshadow [əuvə'ʃædəu] vt επισκιάζω

oversight ['əuvəsaɪt] n αβλεψία f · due to an ~ εκ παραδρομής

overt [əu'vɜ:t] adj εκδήλως

overtake [əuvə'teɪk] (irreg) vt (AUT) προσπερνάω · (event, change: person, place) συμβαίνω σε ♦ vi προσπερνάω

overthrow [əuvə'θrəu] (irreg) vt ανατρέπω

overtime ['əuvətaɪm] n υπερωρίες fpl

overturn [əuvə'tɜ:n] vt (car, chair) αναποδογυρίζω · (fig) ανατρέπω ♦ vi ανατρέπομαι

overweight [əuvə'weɪt] adj υπέρβαρος

overwhelm [əuvə'welm] vt (opponent, enemy etc) περικυκλώνω · (feelings, emotions) κυριεύω · **~ing** adj (majority, advantage) συντριπτικός · (feeling, desire) ακατανίκητος

owe [əu] vt to ~ sb sth, to ~ sth to sb (money) χρωστάω κτ σε κν · (fig: gratitude, respect) χρωστάω · **owing to** prep εξαιτίας +gen

owl [aul] n κουκουβάγια f

own [əun] vt έχω (είμαι ιδιοκτήτης) ♦ adj δικός · **a room of my** ~ ένα δικό μου δωμάτιο · **to get one's** ~ **back** παίρνω το αίμα μου πίσω · **on one's** ~ μόνος μου · **~ up** vi ομολογώ

owner ['əunə] n ιδιοκτήτης/τρια m/f · **~ship** n ιδιοκτησία f

ox [ɒks] (pl **~en**) n βόδι nt

oxygen ['ɒksɪdʒən] n οξυγόνο nt

oyster ['ɔɪstə] n στρείδι nt

oz. abbr = **ounce**

ozone ['əuzəun] n όζον nt

P p

P, p [pi:] n το δέκατο έκτο γράμμα του αγγλικού αλφαβήτου

PA n abbr = **personal assistant**

pa [pɑ:] (inf) n μπαμπάς m

p.a. abbr = **per annum**

pace [peɪs] n βήμα nt ♦ vi to ~ **up and down** βηματίζω πάνω-κάτω · **to keep ~ with** (person) πηγαίνω δίπλα με · (events) συμβαδίζω · **~maker** n (MED) βηματοδότης m · (SPORT: = pacesetter) οδηγός m

Pacific [pə'sɪfɪk] n **the ~ (Ocean)** ο Ειρηνικός (Ωκεανός)

pacifier ['pæsɪfaɪə] (US) n πιπίλα f

pack [pæk] n πακέτο n · (US: of cigarettes) πακέτο nt · (of hounds) αγέλη f · (= back pack) σακίδιο nt · (of cards) τράπουλα f ♦ vt (clothes, belongings) μαζεύω · (= fill: suitcase, bag) φτιάχνω · (= press down) στοιβάζω ♦ vi φτιάχνω τις βαλίτσες μου · **to ~ into** (people, objects) στοιβάζομαι · **~ up** vi (BRIT: inf: machine) τα φτύνω · (: person) τα μαζεύω

package ['pækɪdʒ] n (= parcel) δέμα nt · (also = **deal**) πακέτο nt ♦ vt (goods) συσκευάζω · **~ holiday** (BRIT) n οργανωμένες διακοπές fpl

packaging n συσκευασία f

packed [pækt] adj (= crowded) ασφυκτικά γεμάτος

packet ['pækɪt] n (of cigarettes, crisps) πακέτο nt · (of washing powder etc) κουτί nt

packing ['pækɪŋ] n (act) πακετάρισμα nt · (paper, plastic etc) συσκευασία f

pact [pækt] n σύμφωνο nt

pad [pæd] n (paper) σημειωματάριο nt · (cotton wool) κομμάτι nt · (to *prevent friction*) προστατευτικό *nt* ♦ *vt* (*cushion, upholstery etc*) ντύνω

paddle ['pædl] *n* (*oar*) κουπί *nt* · (*US: for table tennis*) ρακέτα *f* ♦ *vt* τραβάω κουπί σε ♦ *vi* (*at seaside*) πλατσουρίζω

paddock ['pædək] *n* λιβάδι *nt*

paedophile (*US* **pedophile**) ['pi:dəufail] *n* παιδεραστής *m*

page [peidʒ] *n* (*of book, magazine*) σελίδα *f* · (*also* ~ **boy:** *in hotel*) γκρουμ *m inv* (*in hotel etc*) φωνάζω · ~**r** *n* τηλε-ειδοποίηση *f*

paid [peid] *pt, pp of* **pay** ♦ *adj* (*work*) μισθωτός · (*holiday, leave*) μετ'αποδοχών · (*staff, official*) έμμισθος · **to put** ~ **to** (*BRIT: = end, destroy*) κάνω χαλάστρα

pain [pein] *n* πόνος *m* · (*inf: = nuisance: person*) μπελάς *m* · (*object, situation*) πρόβλημα *nt* · **to be in** ~ πονάω · ~**ful** *adj* (*injury, fracture etc*) επώδυνος · (*back*) που πονάει · (*sight, memory*) οδυνηρός · ~**killer** *n* παυσίπονο *nt* · ~**staking** *adj* (*work, research*) προσεκτικός · (*person*) επιμελής

paint [peint] *n* μπογιά *f* ♦ *vt* (*wall, door*) βάφω · (*person, picture*) ζωγραφίζω · (*fig*) δίνω · ~**er** *n* (*artist*) ζωγράφος *m/f* · (*= decorator*) ελαιοχρωματιστής *m* (*fml*) · ~**ing** *n* (*activity: of artist*) ζωγραφική *f* · (*: of decorator*) βάψιμο *nt* · (*picture*) πίνακας *m* (*ζωγραφικής*)

pair [pεə] *n* ζευγάρι *nt* · **a** ~ **of scissors** ένα ψαλίδι · **a** ~ **of trousers** ένα παντελόνι

pajamas [pə'dʒɑ:məz] (*US*) *npl* πιτζάμες *fpl*

Pakistan [pɑ:kɪ'stɑːn] *n* Πακιστάν *nt inv* · ~**i** *adj* πακιστανικός ♦ *n* Πακιστανός/ή *m/f*

pal [pæl] (*inf*) *n* φιλαράκι *nt*

palace ['pæləs] *n* παλάτι *nt*

pale [peil] *adj* (*colour*) παλ · (*face*) χλωμός ♦ *n* **beyond the** ~ άνω

ποταμών ♦ *vi* χλωμιάζω

Palestine ['pælistain] *n* Παλαιστίνη *f*

palm [pɑːm] *n* (*also* ~ **tree**) φοίνικας *m* · (*of hand*) παλάμη *f* ♦ *vt* · **to** ~ **sth off on sb** (*inf*) πασάρω κτ σε κν

pamphlet ['pæmflət] *n* φυλλάδιο *nt*

pan [pæn] *n* (*CULIN: also* **sauce~**) κατσαρόλα *f* · (*also* **frying** ~) τηγάνι *nt* ♦ *vt* (*inf: book, film*) χτυπάω

Panama ['pænəmɑː] *n* Παναμάς *m*

pancake ['pænkeik] *n* κρέπα *f*

panda ['pændə] *n* πάντα *nt inv*

panel ['pænl] *n* (*wood, metal*) φύλλο *nt* · (*= group of judges, experts etc*) επιτροπή *f*

panic ['pænik] *n* πανικός *m* ♦ *vi* (*person*) με πιάνει πανικός · (*crowd*) πανικοβάλλομαι

panorama [pænə'rɑːmə] *n* πανόραμα *nt*

panther ['pænθə] *n* πάνθηρας *m*

panties ['pæntiz] *npl* κυλοτάκι *nt*

pantomime ['pæntəmaim] *n* χριστουγεννιάτικη παράσταση βασισμένη σε παραμύθια

pants [pænts] *npl* (*BRIT: underwear: woman's*) κυλόττα *f* · (*: man's*) σώβρακο *nt* · (*US: = trousers*) παντελόνι *nt*

paper ['peipə] *n* (*material*) χαρτί *nt* · (*also* **news~**) εφημερίδα *f* · (*= exam*) διαγώνισμα *nt* · (*= academic essay*) ανακοίνωση *f* · (*= document*) έγγραφο *nt* · (*= wallpaper*) ταπετσαρία *f* ♦ *adj* (*hat, plane etc*) χάρτινος ♦ *vt* (*room*) βάζω ταπετσαρία σε

▸ **papers** *npl* (*also* **identity ~s**) χαρτιά *ntpl* · ~**back** *n* χαρτόδετο βιβλίο *nt* · (*= small*) βιβλίο *nt* τσέπης · ~ **clip** *n* συνδετήρας *m* · ~**work** *n* γραφική εργασία *f*

par [pɑː] *n* (*GOLF*) παρ *nt inv* (*πρότυπο σκορ*) · **to be on a** ~ **with** είμαι ισάξιος με

parachute ['pærəʃuːt] *n* αλεξίπτωτο *nt*

parade [pə'reid] *n* παρέλαση *f* ·

(*inspection*) επιθεώρηση f ♦ vt (*troops etc*) παρελαύνω • (*wealth, knowledge etc*) επιδεικνύω ♦ vi (MIL) παρελαύνω

paradise ['pærədaɪs] n (*also fig*) παράδεισος m

paradox ['pærədɒks] n (*thing*) αντίφαση f • (*statement*) παραδοξολογία f

paragraph ['pærəgrɑːf] n παράγραφος f

Paraguay ['pærəgwaɪ] n Παραγουάη f

parallel ['pærəlel] adj παράλληλος ♦ n παραλληλισμός m

paralysis [pə'rælɪsɪs] (pl **paralyses**) n παράλυση f

paranoid ['pærənɔɪd] adj παρανοϊκός

parasite ['pærəsaɪt] n (*also fig*) παράσιτο nt

parcel ['pɑːsl] n δέμα nt ♦ vt (*also* ~ **up**: *purchases*) πακετάρω

pardon ['pɑːdn] n (JUR) χάρη f ♦ vt (*person, sin*) συγχωρώ • ~ **me!, I beg your** ~! (= *I'm sorry!*) με συγχωρείτε! • **I beg your**) ~?, (US) ~ **me?** (= *what did you say?*) ορίστε;

parent ['pεərənt] n γονιός m • ~**al** adj (*love, guidance etc*) των γονιών • (*control*) γονικός

parish ['pærɪʃ] n ενορία f

park [pɑːk] n πάρκο nt ♦ vt σταθμεύω ♦ vi είμαι σταθμευμένος

parking ['pɑːkɪŋ] n παρκάρισμα nt • "**no** ~" "απαγορεύεται η στάθμευση" • ~ **lot** (US) n πάρκινγκ nt inv

parkway ['pɑːkweɪ] (US) n δενδρόφυτη λεωφόρος f

parliament ['pɑːləmənt] (BRIT) n Κοινοβούλιο nt • ~**ary** adj κοινοβουλευτικός

Parmesan [pɑːmɪ'zæn] n (*also* ~ **cheese**) παρμεζάνα f

parole [pə'rəul] n αποφυλάκιση f με αναστολή

parrot ['pærət] n παπαγάλος m

parsley ['pɑːslɪ] n μαϊντανός m

parsnip ['pɑːsnɪp] n δαυκί nt

part [pɑːt] n (= *section, division*) μέρος nt • (*of machine, vehicle*) εξάρτημα nt • (THEAT, CINE etc: = *role*) ρόλος m • (US: in hair) χωρίστρα f ♦ adv • **partly** ♦ vt (= *separate: people*) αποχωρίζομαι • (*objects*) παραμερίζω • (*hair*) κάνω χωρίστρα ♦ vi (*people*) χωρίζω • (*crowd*) ανοίγω δρόμο • **to take** ~ **in** παίρνω μέρος σε • **on his** ~ εκ μέρους του • **for the most** ~ στο μεγαλύτερο μέρος του • ~ **with** vt fus (*possessions*) παραχωρώ • (*money*) καταβάλλω

partial ['pɑːʃl] adj (= *not complete: support*) μερικός • (= *unfinished: victory, solution*) ημιτελής • **to be** ~ **to** (= *like*) έχω ιδιαίτερη προτίμηση or αδυναμία σε

participant [pɑː'tɪsɪpənt] n αυτός που συμμετέχει or παίρνει μέρος σε

participate [pɑː'tɪsɪpeɪt] vi **to** ~ **in** συμμετέχω σε

particle ['pɑːtɪkl] n (*of dust*) μόριο nt • (*of metal*) ψήγμα nt • (*of food etc*) κομματάκι nt

particular [pə'tɪkjulə'] adj (= *distinct from others*) συγκεκριμένος • (= *special*) ιδιαίτερος • **in** ~ συγκεκριμένα • **to be very** ~ **about** είμαι πολύ απαιτητικός σε • **particulars** npl (= *details*) λεπτομέρειες fpl • (*name, address etc*) στοιχεία ntpl • ~**ly** adv ιδιαίτερα

parting ['pɑːtɪŋ] n (= *farewell*) χωρισμός m • (BRIT: in hair) χωρίστρα f ♦ adj αποχαιρετιστήριος

partition [pɑː'tɪʃən] n (*screen*) χώρισμα nt • (*wall*) μεσοτοιχία f • (POL: *of country*) διαμελισμός m ♦ vt (*room, office*) χωρίζω • (POL: *country*) διαμελίζω

partly ['pɑːtlɪ] adv εν μέρει

partner ['pɑːtnə'] n σύντροφος mf • (COMM) συνέταιρος mf • (SPORT: for cards, game etc) συμπαίκτης/τρια m/f • ~**ship** n (POL, COMM etc) συνεργασία f

partridge ['pɑ:trɪdʒ] n πέρδικα f

part–time ['pɑ:t'taɪm] adj (work, staff) μερικής απασχόλησης ♦ adv (work, study) με μερική απασχόληση

party ['pɑ:tɪ] n (POL) κόμμα nt • (social event) πάρτυ nt inv • (group of people) παρέα f • (JUR) διάδικος m ♦ cpd (POL) του κόμματος

pass [pɑ:s] vt (= spend: time) περνάω • (= hand over: salt etc) δίνω • (= go past: place, person) περνάω • (= overtake: car etc) προσπερνάω • (fig: = exceed) υπερβαίνω • (exam) περνάω ♦ vi περνάω ♦ n (= permit) άδεια f εισόδου • (SPORT) πάσα f ▸ **to ~ sth through sth** περνάω κτ μέσα από κτ • **~ away** vi πεθαίνω • **~ by** vi περνάω vt προσπερνάω • **~ down** vt (customs, inheritance) περνάω • **~ for** vt she could • **for 25** θα μπορούσε να περάσει για 25 • **~ on** vt (news, object) διαβιβάζω • (illness) μεταδίδω • (benefits, price rises) μεταβιβάζω • **~ out** vi λιποθυμώ • **~ over** vt υποσκελίζω • **~ up** vt (opportunity) αφήνω να μου ξεφύγει

passage ['pæsɪdʒ] n (also **~way:** indoors) διάδρομος m • (in book) απόσπασμα nt • (through crowd, undergrowth etc) δρόμος m • (ANAT) δίοδος f • (= act of passing) πέρασμα nt • (= journey: on boat) πέρασμα nt (με πλοίο)

passenger ['pæsɪndʒə'] n επιβάτης mf

passion ['pæʃən] n πάθος nt • **~ate** adj παθιασμένος

passive ['pæsɪv] adj (also LING) παθητικός ♦ n (LING) παθητική φωνή f

passport ['pɑ:spɔ:t] n (also fig) διαβατήριο nt • **~ control** n έλεγχος m διαβατηρίων

password ['pɑ:swə:d] n σύνθημα nt • (COMPUT) κωδικός m

past [pɑ:st] prep (= in front of) μπροστά από • (= beyond) πιο πέρα

από • (= later than) μετά από • (government, week) προηγούμενος ♦ n παρελθόν n ♦ adj (BRIT: inf: person) έχω ξεφλήσει ▸ **eight** οκτώ και δέκα/τέταρτο • **to be ~ it** (BRIT: inf: person) έχω ξεφλήσει

pasta ['pæstə] n ζυμαρικά ntpl

paste [peɪst] n (wet mixture) ζύμη f • (glue) αλευρόκολλα f • (CULIN) πολτός m ♦ vt (paper, label) κολλάω • (COMPUT) "~" προσάρτηση

pastel ['pæstl] adj απαλός

pastime ['pɑ:staɪm] n απασχόληση f

pastor ['pɑ:stə'] n πάστορας m

pastry ['peɪstrɪ] n (dough) ζύμη f • (cake) γλυκό nt με φύλλο or σφολιάτα

pasture ['pɑ:stʃə'] n βοσκότοπι nt

pat [pæt] vt (dog etc) χαϊδεύω • (someone's back etc) χτυπάω ελαφρά σε • **to give sb/o.s. a ~ on the back** (fig) λέω μπράβο σε κν

patch [pætʃ] n (piece of material) μπάλωμα nt • (also **eye ~**) καλύπτρα f • (= small area) κηλίδα f ♦ vt (clothes) μπαλώνω • **a bald ~** μια φαλακρίτσα • **to go through a bad ~** περνάω μια δύσκολη περίοδο • **~ up** vt (clothes etc) μπαλώνω • **to ~ up a quarrel** τα ξαναφτιάχνω • **~y** adj (colour) ακανόνιστος • (information, knowledge etc) ελλιπής

pâté ['pæteɪ] n πατέ nt inv

patent ['peɪtnt] n δίπλωμα nt ευρεσιτεχνίας ♦ vt αποκτώ δίπλωμα ευρεσιτεχνίας για ♦ adj ολοφάνερος

paternal [pə'tə:nl] adj (love, duty) πατρικός • (grandmother etc) από τον πατέρα

path [pɑ:θ] n (= trail, track) μονοπάτι nt • (of bullet, aircraft) πορεία f

pathetic [pə'θetɪk] adj (= pitiful: sight) αξιολύπητος • (= very bad) θλιβερός

pathway ['pɑ:θweɪ] n μονοπάτι nt

patience ['peɪʃns] n (= tolerance) υπομονή f • (BRIT: CARDS) πασιέντζα f

patient ['peɪʃnt] n ασθενής mf ♦

υπομονετικός

patio ['pætɪəʊ] n πλακόστρωτη αυλή f

patriotic [pætrɪ'ɒtɪk] adj (person) πατριώτης • (song, speech etc) πατριωτικός

patrol [pə'trəʊl] n περιπολία f ♦ vt περιπολώ σε

patron ['peɪtrən] n (= customer) πελάτης m • (= benefactor: of charity) ευεργέτης m

pattern ['pætən] n (= design) σχέδιο nt • (SEWING) πατρόν nt inv • **~ed** adj εμπριμέ inv

pause [pɔːz] n παύση f ♦ vi (= stop temporarily) κοντοστέκομαι • (= : while speaking) σταματώ για λίγο

pave [peɪv] vt στρώνω (με πλάκες κ.λπ.) • **to ~ the way for** (fig) προετοιμάζω το έδαφος για • **~ment** n (BRIT: for pedestrians) πεζοδρόμιο nt • (US: of street) οδόστρωμα nt

pavilion [pə'vɪlɪən] n (SPORT) αποδυτήρια ntpl (στην άκρη του γηπέδου)

paving ['peɪvɪŋ] n (material) πλάκες fpl

paw [pɔː] n πατούσα f

pawn [pɔːn] n (CHESS: also fig) πιόνι nt ♦ vt βάζω ενέχυρο

pay [peɪ] (pt, pp **paid**) n μισθός m ♦ vt πληρώνω ♦ vi (= be profitable) αποδίδω • (fig) βγάζω ή βγαίνω σε καλό • **to ~ the price for sth** (fig) πληρώνω το τίμημα για κτ • **to ~ the penalty for sth** υφίσταμαι τις συνέπειες για κτ • **to ~ sb a compliment** κάνω σε κν ένα κομπλιμέντο • **to ~ attention (to)** δίνω προσοχή (σε) • **to ~ sb a visit** κάνω επίσκεψη σε κν • **to ~ one's respects to sb** υποβάλλω τα σέβη μου σε κν • **~ back** vt ξεπληρώνω • (loan) αποπληρώνω • **~ for** vt fus πληρώνω (για) • **~ off** vt (debt, mortgage) εξοφλώ • (person) απολύω ♦ vi (scheme, decision) αποδίδω •

~ out vt πληρώνω • **~ up** vi πληρώνω • **~able** adj (tax, interest) καταβαλλόμενος • **~ment** n (act) πληρωμή f • (of bill) δόση f • (sum of money) εισφορά f • **~roll** n κατάσταση f μισθοδοσίας

PC n abbr = **personal computer** • (BRIT) = **police constable**

pc abbr = **per cent**

pea [piː] n μπιζέλι nt

peace [piːs] n (= not war) ειρήνη f • (= calm: of place, surroundings) ηρεμία f • **~ful** adj ήρεμος • (settlement, demonstration) ειρηνικός

peach [piːtʃ] n ροδάκινο nt

peacock ['piːkɒk] n παγόνι nt

peak [piːk] n (of mountain) κορυφή f • (of cap) γείσο nt • (fig) μέγιστο nt

peanut ['piːnʌt] n φυστίκι nt (αράπικο) • **~ butter** n φιστικοβούτυρο nt

pear [pɛəʳ] n αχλάδι nt

pearl [pɜːl] n μαργαριτάρι nt

peasant ['pɛznt] n χωρικός/ή m/f

peat [piːt] n τύρφη f

pebble ['pɛbl] n βότσαλο nt

peck [pɛk] vt (bird) τσιμπάω • (also **~ at**) τσιμπολογάω ♦ n (of bird) τσίμπημα nt • (kiss) φιλάκι nt

peculiar [pɪ'kjuːlɪəʳ] adj (= strange: taste, shape etc) παράξενος • (person) ιδιόρρυθμος • **to be ~ to** είμαι ιδιαίτερο ή χαρακτηριστικό γνώρισμα +gen

pedal ['pɛdl] n (on bicycle) πετάλι nt • (on car, piano) πεντάλ nt inv ♦ vi κάνω ποδήλατο

pedestal ['pɛdəstl] n βάθρο nt

pedestrian [pɪ'dɛstrɪən] n πεζός m ♦ adj των πεζών • (fig) πεζός • **~ crossing** (BRIT) n διάβαση f πεζών

pedigree ['pɛdɪgriː] n (of animal) ράτσα f • (fig: = background) ιστορικό nt ♦ cpd (dog) ράτσας

pee [piː] (inf) vi κατουράω

peek [piːk] vi ρίχνω μια κλεφτή ματιά ♦ n **to have** or **take a ~ (at)** ρίχνω μια γρήγορη ματιά (σε)

peel [pi:l] n φλούδα f ◆ vt καθαρίζω
◆ vi (paint) ξεφτίζω ◆ (wallpaper, skin)
ξεφλουδίζω

peep [pi:p] n (look) γρήγορη ματιά nt
◆ vi (= look) κρυφοκοιτάζω ◆ **out**
vi ξεπροβάλλω

peer [pɪəʳ] n (= noble) ευγενής mf ◆
(= contemporary) συνομήλικος/η m/f
◆ vi **to ~ at** περιεργάζομαι

peg [peg] n (for coat etc) κρεμάστρι
nt · (BRIT: also **clothes ~**) μανταλάκι
nt · **off the ~** απ'τα έτοιμα

pelican ['pelikən] n πελεκάνος m

pelvis ['pelvis] n λεκάνη f

pen [pen] n (for writing: also **fountain
~**) πέννα f · (also **ballpoint ~**) στυλό
nt inv · (enclosure: for sheep etc)
μαντρί nt

penalty ['penlti] n (punishment) ποινή
f · (= fine) πρόστιμο nt · (SPORT)
πέναλτυ nt inv

pence [pens] npl of **penny**

pencil ['pensl] n μολύβι nt ◆ vt **to
~ sb/sth in** σημειώνω (προσωρινά)
κν/κτ

pendant ['pendnt] n μενταγιόν nt inv

pending ['pendɪŋ] prep μέχρι ◆ adj
(business, lawsuit etc) που εκκρεμεί

penetrate ['penitreit] vt (person:
territory, forest etc) διεισδύω σε ·
(light, water) διαπερνάω

penguin ['pengwɪn] n πιγκουίνος m

penicillin [peni'silin] n πενικιλλίνη f

peninsula [pə'ninsjulə] n
χερσόνησος f

penis ['pi:nis] n πέος nt

penniless ['penilis] adj άφραγκος

penny ['peni] (pl **pennies** or BRIT
pence) n (after 1971: = one hundredth
of a pound) πέννα f · (US: cent) σεντς
nt inv

pen pal n φίλος/η m/f
δι'αλληλογραφίας

pension ['penʃən] n σύνταξη f · **off**
vt συνταξιοδοτώ · **~er** (BRIT) n
συνταξιούχος mf

pentagon ['pentəgən] (US) n **the
P ~** το Πεντάγωνο

penthouse ['penthaus] n ρετιρέ nt inv

penultimate [pe'nʌltimət] adj
προτελευταίος

people ['pi:pl] npl (= individuals)
άνθρωποι mpl · (in general) οι
άνθρωποι mpl ◆ n έθνος nt · **the
~** (POL) ο λαός · **say that ...** ο
κόσμος λέει ότι...

pepper ['pepəʳ] n πιπέρι nt ·
(vegetable) πιπεριά f ◆ vt **to ~ with**
(fig) ρίχνω · **~mint** (= sweet) μέντα f

per [pə:ʳ] prep (= for each) ανά ·
· **day/~son** την ημέρα/το άτομο
...**sixty miles/£10 ~ hour.** ...εξήντα
μίλια/10 λίρες την ώρα. · **~ annum**
το χρόνο ετ ετησίως

perceive [pə'si:v] vt (= see: sound,
light) διακρίνω · (= understand)
αντιλαμβάνομαι

per cent n τοις εκατό

percentage [pə'sentidʒ] n ποσοστό nt

perception [pə'sepʃən] n αντίληψη f ·
(= opinion, understanding) άποψη f

perch [pə:tʃ] n (for bird) κούρνια f ·
(fish) πέρκα f ◆ vi **to ~ (on)** (bird)
κάθομαι ψηλά (σε) · (person)
μαζεύομαι

percussion [pə'kʌʃən] n κρουστά ntpl

perfect adj, n ['pə:fikt] vb [pə'fekt]
adj (= faultless: person, behaviour etc)
τέλειος · (= ideal) ιδανικός · (= utter:
idiot etc) τέλειος ◆ vt τελειοποιώ
◆ n **the ~** (also **the ~ tense**) ο
παρακείμενος · **~ion** n τελειότητα
f · **~ly** adv (emph) απολύτως ·
(perform, do etc) τέλεια ·
(= completely: understand etc) απόλυτα

perform [pə'fɔ:m] vt (task etc)
εκτελώ · (operation) κάνω · (piece of
music) ερμηνεύω ◆ vi δίνω μια
παράσταση · **~ance** n (of actor,
singer etc) ερμηνεία f · (of play, show)
παράσταση f · (of car, engine)
απόδοση f · (of athlete) επίδοση f · (of
company, economy) απόδοση f · **~er**

(actor, dancer etc) καλλιτέχνης *mf*

perfume ['pə:fju:m] *n* άρωμα *nt*

perhaps [pə'hæps] *adv* ίσως • ~ **not** μπορεί και όχι

perimeter [pə'rimitə^r] *n* περίμετρος *f*

period ['piəriəd] *n* περίοδος *f* • (SCOL) μάθημα *nt* • *(esp US: = full stop)* τελεία *f* • *(MED: also* **menstrual** ~) περίοδος *f* ♦ *adj (costume, furniture)* εποχής • **~ic** *adj* περιοδικός • **~ical** *n* επιστημονικό περιοδικό *nt* • **~ically** *adv* περιοδικά

perish ['periʃ] *vi (= die)* πεθαίνω • *(rubber, leather etc)* χαλάω

perjury ['pə:dʒəri] *n* ψευδορκία *f*

perks [pə:ks] *(inf) npl* τυχερά *ntpl*

perm [pə:m] *n* περμανάντ *f inv* ♦ *vt* **to have one's hair** ~**ed** κάνω τα μαλλιά μου περμανάντ

permanent ['pə:mənənt] *adj* μόνιμος • **~ly** *adv (damage)* για πάντα • *(stay, live)* μόνιμα • *(locked, open)* διαρκώς

permission [pə'miʃən] *n* άδεια *f* • *(= official authorization)* έγκριση *f*

permit *n* ['pə:mit] *vt* άδεια *f* ♦ *vt (authorization)* άδεια *f* ♦ *vt* επιτρέπω • **to** ~ **sb to do sth** επιτρέπω σε κν να κάνει κτ

persecution [pə:si'kju:ʃən] *n* δίωξη *f*

persevere [pə:si'viə^r] *vi* δείχνω επιμονή

Persian ['pə:ʃən] *adj* the (~) Gulf ο Περσικός (Κόλπος)

persist [pə'sist] *vi* επιμένω • **to** ~ **in doing sth** εξακολουθώ να κάνω κτ • **~ent** *adj (person, noise)* επίμονος

person ['pə:sn] *n* άτομο *nt* • **in** ~ αυτοπροσώπως • **~al** *adj (belongings, bank account)* προσωπικός • *(life, habits etc)* ιδιωτικός • *(= rude)* αδιάκριτος • **~al assistant** *n* ιδιαίτερος/α γραμματέας *m/f* • **~al computer** *n* προσωπικός ηλεκτρονικός υπολογιστής *m* • **~ality** *n* προσωπικότητα *f* • **~ally** *adv (= for*

my part) προσωπικά • *(= in person)* με τον ίδιο • **to take sth** ~**ally** παίρνω κτ προσωπικά • **~al stereo** *n* γουόκμαν *nt inv*

personnel [pə:sə'nel] *n* προσωπικό *nt*

perspective [pə'spektiv] *n* (ARCHIT, ART) προοπτική *f* • *(= way of thinking)* άποψη *f*

perspiration [pə:spi'reiʃən] *n* εφίδρωση *f*

persuade [pə'sweid] *vt* **to** ~ **sb to do sth** πείθω κν να κάνει κτ

persuasion *n (act)* πειθώ *f*

persuasive *adj* πειστικός

Peru [pə'ru:] *n* Περού *nt inv*

perverse [pə'və:s] *adj (person)* στρυφνός • *(behaviour)* διεστραμμένος

pervert *n* ['pə:və:t] *vb* [pə'və:t] *n* διεστραμμένος *m/f* ♦ *vt (truth, custom)* διαστρέφω

pessimism ['pesimizəm] *n* απαισιοδοξία *f* • **pessimist** *n* απαισιόδοξος *m* • **pessimistic** *adj* απαισιόδοξος

pest [pest] *n* παράσιτο *nt* • *(fig)* ζιζάνιο *nt* • **~icide** *n* εντομοκτόνο *nt*

pet [pet] *n* κατοικίδιο ζώο *nt* ♦ *adj (theory etc)* προσφιλής ♦ *vt* χαϊδεύω

petal ['petl] *n* πέταλο *nt*

petite [pə'ti:t] *adj* λεπτοκαμωμένος

petition [pə'tiʃən] *n* ψήφισμα *nt*

petrified ['petrifaid] *adj (fig)* μαρμαρωμένος

petrol ['petrəl] *(BRIT) n* βενζίνη *f* • **two/four-star** ~ βενζίνη απλή/σούπερ • **unleaded** ~ αμόλυβδη βενζίνη

petroleum [pə'trəuliəm] *n* πετρέλαιο *nt*

petrol station *(BRIT) n* πρατήριο *nt* βενζίνης

petty ['peti] *adj (= small)* ασήμαντος • *(= small-minded)* μικροπρεπής

pew [pju:] *n* στασίδι *nt*

phantom ['fæntəm] *n* φάντασμα *nt*

pharmacist ['fɑ:məsist] *n* φαρμακοποιός *mf*

pharmacy ['fɑːməsɪ] n φαρμακείο n

phase [feɪz] n φάση f ♦ vt **to ~ sth in/out** εισάγω/αποσύρω σταδιακά

PhD n abbr (= Doctor of Philosophy) διδάκτορας mf Φιλοσοφίας

pheasant ['feznt] n φασιανός m

phenomenal [fə'nɒmɪnl] adj (increase) -ρεκόρ · (success) τεράστιος

phenomenon [fə'nɒmɪnən] (pl **phenomena**) n φαινόμενο nt

Philippines ['fɪlɪpiːnz] npl **the ~** οι Φιλιππίνες

philosopher [fɪ'lɒsəfəʳ] n φιλόσοφος mf

philosophical [fɪlə'sɒfɪkl] adj (ideas, discussion etc) φιλοσοφικός · (fig) φιλοσοφημένος

philosophy [fɪ'lɒsəfɪ] n (SCOL) Φιλοσοφία f · (of philosopher) θεωρία f · (of any person) θεωρία f

phobia ['fəʊbjə] n φοβία f ·

phone [fəʊn] n τηλέφωνο nt ♦ vt τηλεφωνώ σε · **~ back** vt ξανατηλεφωνώ σε ♦ vi ξανατηλεφωνώ σε · **~ up** vt τηλεφωνώ σε ♦ vi τηλεφωνώ σε · **~ book** n τηλεφωνικός κατάλογος m · **~ booth** n (in station, hotel etc) τηλεφωνικός θάλαμος m · **~ box** (BRIT) n τηλεφωνικός θάλαμος m · **~ call** n τηλεφώνημα nt · **~card** n τηλεκάρτα f · **~ number** n αριθμός m τηλεφώνου

phoney ['fəʊnɪ] adj (= false: address) ψεύτικος · (accent) επιτηδευμένος · (person) απατεώνας

photo ['fəʊtəʊ] n φωτογραφία f · **~copier** n φωτοτυπικό (μηχάνημα) nt · **~copy** n φωτοτυπία f ♦ vt φωτοτυπώ

photograph ['fəʊtəgræf] n φωτογραφία f ♦ vt φωτογραφίζω

photographer [fə'tɒgrəfəʳ] n φωτογράφος mf

photography [fə'tɒgrəfɪ] n φωτογραφία f

phrase [freɪz] n έκφραση f ♦ vt

διατυπώνω · **~ book** n βιβλιαράκι nt φράσεων (ξένης γλώσσας)

physical ['fɪzɪkl] adj σωματικός · **~ education** n σωματική αγωγή f · **~ly** adv (fit, attractive) σωματικά

physician [fɪ'zɪʃən] n γιατρός mf

physicist ['fɪzɪsɪst] n φυσικός mf

physics ['fɪzɪks] n Φυσική f

physiotherapist [fɪzɪəʊ'θerəpɪst] n φυσιοθεραπευτής/τρια mf

physiotherapy [fɪzɪəʊ'θerəpɪ] n φυσιοθεραπεία f

physique [fɪ'ziːk] n κατασκευή f

pianist ['piːənɪst] n πιανίστας/στρια m/f

piano [pɪ'ænəʊ] n πιάνο n

pick [pɪk] n (also **~axe**) σκαπάνη f ♦ vt (= select) διαλέγω · (= gather: fruit, flowers) μαζεύω · (= remove, take out) παίρνω · **take your ~** διάλεξε και πάρε · **the ~** οι ο καλύτερος · (people) η αφρόκρεμα · **to ~ one's nose/teeth** σκαλίζω τη μύτη/τα δόντια μου · **to ~ a quarrel (with sb)** στήνω καβγά (με κν) · **~ on** vt fus απαναίρνω · **~ out** vt ξεχωρίζω · (= select) διαλέγω · **~ up** vi καλυτερεύω ♦ vt παίρνω · (person) κάνω καμάκι σε · (language, skill etc) μαθαίνω · **to ~ up speed** αναπτύσσω ταχύτητα

pickle ['pɪkl] n (also **~s**) τουρσί nt ♦ vt (in vinegar) κάνω τουρσί · (in salt water) βάζω στην άλμη

pickpocket ['pɪkpɒkɪt] n πορτοφολάς/ού m/f

picnic ['pɪknɪk] n πικνίκ nt inv ♦ vi κάνω πικνίκ

picture ['pɪktʃəʳ] n (= painting) πίνακας m · (= photograph) φωτογραφία f · (TV) εικόνα f · (= film) ταινία f · (fig: = description) εικόνα f · (: = situation) κατάσταση f φαντάζομαι

picturesque [pɪktʃə'resk] adj γραφικός

pie [paɪ] n πίτ(τ)α f · **apple**

~ μηλόπιτα · **meat** ~ κρεατόπιτα

piece [piːs] n κομμάτι nt · **a ~ of clothing** ένα ρούχο · **a ~ of furniture** ένα έπιπλο · **a ~ of advice** μια συμβουλή · **a ~ of music** ένα (μουσικό) κομμάτι · **to take sth to ~s** διαλύω κτ · **in one ~** (object) άθικτος · (person) σώος και αβλαβής · **a 10p ~** (BRIT) ένα δεκάπενο · ~ **together** vt (information) συνδυάζω · (parts of a whole) κολλάω

pier [pɪəʳ] n μώλος m

pierce [pɪəs] vt τρυπάω

pig [pɪg] n γουρούνι nt · (pej: unkind person) γαϊδούρι nt · (: greedy person) φαταούλας m

pigeon ['pɪdʒən] n περιστέρι nt

pike [paɪk] n (fish) ζαργάνα f

pile [paɪl] n (= heap) σωρός m · (= stack) στοίβα f ♦ vt (also ~ **up:** objects) στοιβάζω · **to ~ into** (vehicle) στριμώχνομαι μέσα σε · **to ~ out of** (vehicle) βγαίνω σπρώχνοντας · ~ **up** vi (papers) στοιβάζομαι · (problems, work) μαζεύομαι · ~**s** npl αιμορροΐδες fpl · ~~**up** (AUT) καραμπόλα f

pilgrimage ['pɪlgrɪmɪdʒ] n προσκύνημα nt

pill [pɪl] n χάπι nt · **the ~** το αντισυλληπτικό χάπι

pillar ['pɪləʳ] n στύλος m

pillow ['pɪləʊ] n μαξιλάρι nt · ~**case** n μαξιλαροθήκη f

pilot ['paɪlət] n (AVIAT) πιλότος mf ♦ adj (scheme, study etc) πειραματικός m ♦ vt πιλοτάρω

PIN [pɪn] n abbr (= personal identification number) μυστικός αριθμός m λογαριασμού

pin [pɪn] n καρφίτσα f ♦ vt καρφιτσώνω · ~**s and needles** μούδιασμα · **to ~ sb against/to** κολλάω κν πάνω σε/σε · **to ~ sth on sb** (fig) ρίχνω κτ σε κν · ~ **down** vt (fig: person) αναγκάζω να δεσμευτεί

pinch [pɪntʃ] n (of salt etc) πρέζα f ♦ vt (person) τσιμπάω · (inf) κλέβω

pine [paɪn] n (also ~ **tree**) πεύκο nt ♦ vi **to ~ for** μαραζώνω για

pineapple ['paɪnæpl] n ανανάς m

ping [pɪŋ] n (noise) ντιν nt inv · ~~**pong**® n πινγκ-πονγκ nt inv

pink [pɪŋk] adj ροζ inv ♦ n ροζ nt inv

pinpoint ['pɪnpɔɪnt] vt (cause) προσδιορίζω · (position of sth) εντοπίζω

pint [paɪnt] n (BRIT: = 568 cc) πίντα f · (US: = 473 cc) πίντα f

pioneer [paɪə'nɪəʳ] n (of scheme, science) πρωτοπόρος mf · (= early settler) πρώτος/η οικιστής/τρια m/f ♦ vt είμαι πρωτοπόρος m

pious ['paɪəs] adj ευσεβής

pip [pɪp] n κουκούτσι nt ♦ vt **to be ~ped at the post** (BRIT: fig) χάνω την τελευταία στιγμή

pipe [paɪp] n (for water, gas) σωλήνας m · (for smoking) πίπα f ♦ vt διοχετεύω

► **pipes** npl (also **bag~s**) γκάιντα f · ~**line** n αγωγός m · **it's in the ~line** (fig) είναι καθ'οδόν · ~**r** n οργανοπαίχτης/τρια m/f γκάιντας

pirate ['paɪərət] n πειρατής m ♦ vt (COMM: video tape, cassette etc) αντιγράφω παράνομα

Pisces ['paɪsiːz] n Ιχθείς mpl

piss [pɪs] (inf!) vi κατουράω ♦ n κάτουρο nt · **to be ~ed off (with sb/ sth)** είμαι τσαντισμένος (με κν/κτ) · ~**ed** (inf!) adj τύφλα

pistol ['pɪstl] n πιστόλι nt

pit [pɪt] n λάκκος m · (in surface of road, face) λακκούβα f · (= coal mine) ανθρακωρυχείο nt ♦ vt **to ~ one's wits against sb** παραβγαίνω με κν · **to ~ sth against sb** βάζω κν να παραβγεί με κν

► **the pits** npl (inf) τα πιτς ntpl inv

pitch [pɪtʃ] n (BRIT: SPORT) γήπεδο nt · (MUS: of note) τόνος m · (fig: = level, degree) βαθμός m · (also **sales ~**)

ψηστήρι nt ♦ vt εκσφενδονίζω ♦ vi κατρακυλάω · **to ~ a tent** στήνω σκηνή or αντίσκηνο

pitiful ['pitiful] adj (appearance, sight) θλιβερός · (excuse, attempt) αξιοθρήνητος

pity ['piti] n οίκτος m ♦ vt λυπάμαι · **it is a ~ that you can't come** κρίμα που δεν μπορείτε να έρθετε · **to take ~ on sb** λυπάμαι κν

pizza ['pi:tsə] n πίτσα f

place [pleis] n μέρος nt · (= seat) θέση f · (= job, post etc) θέση f · (= role) θέση f · (= home) σπίτι nt ♦ vt (object) τοποθετώ · (person) αναγνωρίζω · **to take ~** συμβαίνω · **all over the ~** παντού · **in sb's ~** στη θέση κου · **in sb's ~** στη θέση κου · **in ~ of sth** στη θέση +gen · **to take sb's/sth's ~** παίρνω τη θέση +gen · **out of ~** άτοπος · **in the first ~** πρώτον · **to be ~d** (in race, exam) έρχομαι · **to change ~ with sb** αλλάζω τη θέση μου με κν · **~ment** n θέση f (προσωρινή ή υπό δοκιμήν)

placid ['plæsid] adj ατάραχος

plague [pleig] n πανούκλα f ♦ vt (fig: problems, difficulties) πλήττω

plaice [pleis] n inv πλατέσσα f (είδος ψαριού)

plain [plein] adj (= unpatterned) μονόχρωμος · (= simple: dress, food) απλός · (= clear) ξεκάθαρος · (= not beautiful) άχαρος · (= frank) απλός ♦ adv σκέτος · n πεδιάδα f · **~ly** adv ολοφάνερα · (hear, see) καθαρά

plaintiff ['pleintif] n ενάγων/ουσα m/f

plan [plæn] n (= scheme, project) σχέδιο nt · (of government, company etc: drawing) κάτοψη f ♦ vt σχεδιάζω ♦ vi προγραμματίζω · **to ~ to do** σκοπεύω να κάνω

plane [plein] n (AVIAT) αεροπλάνο nt · (MATH) επίπεδο nt · (fig) επίπεδο nt · (tool) πλάνη f · (also = tree) πλάτανος m

planet ['plænit] n πλανήτης m

plank [plænk] n σανίδα f

planning ['plænin] n προγραμματισμός m

plant [pla:nt] n φυτό nt · (= factory) εργοστάσιο nt ♦ vt (seed, plant) φυτεύω · (microphone, bomb etc) τοποθετώ (κρυφά) · (fig: object) βάζω · **~ation** n φυτεία f · (wood) δασύλλιο nt

plaque [plæk] n πλάκα f

plaster ['pla:stə'] n (for walls) σοβάς m · (also = ~ of Paris) γύψος m · (BRIT: also **sticking ~**) λευκοπλάστης m ♦ vt (wall, ceiling) σοβα(ν)τίζω · **to ~ with** καλύπτω

plastic ['plæstik] n πλαστικό nt ♦ adj πλαστικός · **~ bag** n πλαστική τσάντα f · **~ surgery** n πλαστική χειρουργική f

plate [pleit] n πιάτο nt · (of food, biscuits etc) πιατέλλα f · (on building, machinery) φύλλο nt (μετάλλου)

plateau ['plætəu] (pl **~s** or **~x**) n υψίπεδο nt · (fig) στασιμότητα f

platform ['plætfɔ:m] n βάθρο nt · (for loading on etc) αποβάθρα f · (RAIL) πλατφόρμα f · (POL) πρόγραμμα nt

platinum ['plætinəm] n πλατίνα f

platoon [plə'tu:n] n διμοιρία f

platter ['plætə'] n πιατέλλα f (για σερβίρισμα)

plausible ['plɔ:zibl] adj (theory, excuse) αληθοφανής · (rogue, liar) πειστικός

play [plei] n (THEAT, RADIO) θεατρικό έργο nt · (activity) παιχνίδι nt ♦ vt παίζω · (team, opponent) παίζω με · (in play, film etc) ερμηνεύω ♦ vi παίζω · **to ~ a trick on sb** κάνω φάρσα or πλάκα σε κν · **to ~ a part/role in sth** (fig) παίζω ρόλο σε κτ · **~ down** vt υποβαθμίζω τη σημασία · **~ up** vi (machine etc) κάνω νερά · (part of body) ενοχλώ · (children) κάνω σκανταλιές · **~er** n παίκτης m/f · (MUS) μουσικός m · **~ful** adj (person) παιχνιδιάρης · (gesture, animal) παιχνιδιάρικος · **~ground** n (in park) παιδική χαρά f · (in school) προαύλιο · **~ing field** n γήπεδο nt · **~wright** n θεατρικός/ συγγραφέας m/f

plc (BRIT) abbr (= public limited company) Α.Ε.

plea [pli:] n (= request) έκκληση f · (JUR) απολογία f

plead [pli:d] vt (JUR) υποστηρίζω · (ignorance, ill health etc) προφασίζομαι ♦ vi (JUR) υπερασπίζομαι · **to ~ with sb** ικετεύω κν

pleasant ['plɛznt] adj ευχάριστος

please [pli:z] excl παρακαλώ ♦ vt ικανοποιώ · **yes, ~** ναι, ευχαριστώ · **do as you ~** κάνετε ό, τι νομίζετε · **~ yourself!** (inf) όπως νομίζεις! ♦ adj ικανοποιημένος · **~d to meet you** χαίρω πολύ

pleasure ['plɛʒə*] n ευχαρίστηση f · (= fun) διασκέδαση f · **"it's a ~"** or **"my ~"** "Ευχαρίστησή μου"

pledge [plɛdʒ] n υπόσχεση f ♦ vt υπόσχομαι

plentiful ['plɛntɪful] adj άφθονος

plenty ['plɛntɪ] n αφθονία f · **~ of** αρκετός

plight [plaɪt] n συμφορά f

plot [plɔt] n (= secret plan) συνωμοσία f · (of story, play) πλοκή f · (of land) οικόπεδο nt ♦ vt (sb's downfall etc) μηχανορραφώ · (AVIAT, NAUT: position on chart) χαράσσω

plough [plau] (US **plow**) n άροτρο nt ♦ vt οργώνω · **to ~ money into** ρίχνω χρήματα σε · **~ into** vt fus πέφτω πάνω σε

ploy [plɔɪ] n στρατήγημα nt

pluck [plʌk] vt (fruit, flower) κόβω · (musical instrument) παίζω · (eyebrows) βγάζω · **to ~ up courage** βρίσκω το κουράγιο

plug [plʌg] n (ELEC) φις nt inv · (= stopper; in sink, bath) τάπα f · (AUT: also **spark(ing)**) μπουζί nt ♦ vt

(hole) βουλώνω · (inf: = advertise) διαφημίζω · **~ in** vt (ELEC) βάζω στην πρίζα

plum [plʌm] n (fruit) δαμάσκηνο nt

plumber ['plʌmə*] n υδραυλικός m

plumbing ['plʌmɪŋ] n (piping) υδραυλικά ntpl · (trade, work) υδραυλικές εργασίες fpl

plummet ['plʌmɪt] vi (bird, aircraft) πέφτω κατακόρυφα · (price, amount) πέφτω ραγδαία

plump [plʌmp] adj στρουμπουλός

plunge [plʌndʒ] n βουτιά f ♦ vt βυθίζω ♦ vi (= fall) κάνω βουτιά · (= dive: bird, person) βουτάω · (fig: prices, rates etc) πέφτω

plural ['pluərl] adj πληθυντικός ♦ n πληθυντικός m

plus [plʌs] n (also = **sign**) συν nt inv ♦ prep συν · **ten/twenty ~** δέκα/ είκοσι και πάνω · **it's a ~** (fig) είναι πλεονέκτημα

ply [plaɪ] vt (a trade) εξασκώ ♦ vi (ship) κάνω δρομολόγια · (of wool, rope) κλώνος m · **to ~ sb with drink** γεμίζω συνεχώς το ποτήρι κου · **~wood** n κοντραπλακέ nt inv

PM (BRIT) abbr = **Prime Minister**

p.m. adv abbr (= post meridiem) μ.μ.

PMS n abbr (= premenstrual syndrome) προεμμηνορρυσιακό σύνδρομο n

pneumonia [njuːˈməunɪə] n πνευμονία f

poached [pəutʃt] adj (egg) ποσέ inv

PO Box n abbr (= Post Office Box) Τ.Θ.

pocket ['pɔkɪt] n (on jacket, trousers) τσέπη f · (fig: = small area) θύλακας m ♦ vt (= put in one's pocket) βάζω στην τσέπη μου · (= steal) τσεπώνω · **~ money** n χαρτζιλίκι n

pod [pɔd] n λουβί nt

podium ['pəudɪəm] n βήμα nt

poem ['pəuɪm] n ποίημα nt

poet ['pəuɪt] n ποιητής/τρια m/f · **~ic** adj (also fig) ποιητικός · **~ry** n ποίηση f

poignant ['pɔɪnjənt] adj συγκινητικός

point [pɔɪnt] n (of needle, knife etc) μύτη f • (= purpose) λόγος m • (= significant part) ουσία f • (= subject, idea) θέμα nt • (= aspect) σημείο nt • (= position in space, stage in time) σημείο nt • (= moment) στιγμή f • (= score) βαθμός m • (ELEC: also **power** ~) πρίζα f • (also **decimal** ~) κόμμα nt ♦ vt (= show, mark) υποδεικνύω ♦ vi (with finger, stick etc) δείχνω • (RAIL) διακλάδωση f • **to ~ sth at sb** (gun) σημαδεύω κν με κτ • (finger) κουνάω κτ σε κν • **to be on the ~ of doing sth** είμαι έτοιμος να κάνω κτ • **to make a ~ of doing sth** δεν παραλείπω να κάνω κτ • **it is beside the ~** είναι άσχετο

▶ **points** npl (AUT) πλατίνες fpl • ~ **out** vt δείχνω • (in debate etc) επισημαίνω ♦ vi (= indicate) μαρτυρώ • ~-**blank** adv (say, ask) ορθά-κοφτά • (also at ~-**blank range**) εξ επαφής • ~**ed** adj μυτερός • ~**er** n (on chart, machine) βελόνα f • (fig: piece of information or advice) υπόδειξη f • ~**less** adj άσκοπος • ~ **of view** n σκοπιά f

poison ['pɔɪzn] n δηλητήριο nt ♦ vt δηλητηριάζω • ~**ous** adj δηλητηριώδης

poke [pəʊk] vt σπρώχνω ♦ vt χτυμπατάκι nt • **to ~ fun at sb** δουλεύω κν • ~ **out** vt προεξέχω • ~**r** n (metal bar) μασιά f • (CARDS) πόκερ nt inv

Poland ['pəʊlənd] n Πολωνία f

polar ['pəʊləʳ] adj πολικός • ~ **bear** n πολική αρκούδα f

Pole [pəʊl] n Πολωνός/ίδα or έζα m/f

pole [pəʊl] n (post, stick) πάσσαλος m • (GEO, ELEC) πόλος m • ~ **vault** n άλμα nt επί κοντώ

police [pə'liːs] npl (organization) αστυνομία f • (members) αστυνομικοί mpl ♦ vt αστυνομεύω • ~ **car** n

περιπολικό nt • ~ **constable** (BRIT) n αστυφύλακας mf • ~ **force** n αστυνομικές δυνάμεις fpl • ~-**man** (irreg) n αστυνομικός m • ~ **station** n αστυνομικό τμήμα nt • ~**woman** (irreg) n αστυνομικίνα f

policy ['pɔlɪsɪ] n πολιτική f • (also **insurance** ~) ασφάλεια f

polio ['pəʊlɪəʊ] n πολιομυελίτιδα f

Polish ['pəʊlɪʃ] adj πολωνικός ♦ n (LING) πολωνικά ntpl

polish ['pɔlɪʃ] n (for shoes) βερνίκι nt • (for furniture etc) λούστρο nt • (= shine: on shoes, furniture etc) λούστρο nt ♦ vt γυαλίζω • ~ **off** vt (food) καθαρίζω • ~**ed** adj (fig: person) ραφιναρισμένος • (style) εκλεπτυσμένος

polite [pə'laɪt] adj ευγενικός • ~**ness** n ευγένεια f

political [pə'lɪtɪkl] adj (relating to politics) πολιτικός • (person) πολιτικοποιημένος • ~**ly** adv πολιτικά

politician [pɔlɪ'tɪʃən] n πολιτικός mf

politics ['pɔlɪtɪks] n (activity) πολιτική f • (subject) πολιτικές επιστήμες fpl ♦ npl πολιτικές πεποιθήσεις fpl

poll [pəʊl] n (also **opinion** ~) δημοσκόπηση f • (= political election) εκλογές fpl • (in opinion poll) ρωτάω • (= number of votes) συγκεντρώνω

pollen ['pɔlən] n γύρη f

pollution [pə'luːʃən] n (process) μόλυνση f • (substances) ρύπανση f

polo ['pəʊləʊ] n πόλο nt inv

polyester [pɔlɪ'ɛstəʳ] n πολυέστερ nt inv

polythene ['pɔlɪθiːn] n πολυαιθυλένιο nt

pompous ['pɔmpəs] (pej) adj πομπώδης

pond [pɔnd] n λιμνούλα f

ponder ['pɔndəʳ] vt συλλογίζομαι ♦ vi συλλογίζομαι

pony ['pəʊnɪ] n πόνυ nt inv • ~**tail** n αλογοουρά f

poodle ['pu:dl] n κανίς nt inv

pool [pu:l] n (= pond) λιμνούλα f •
(also **swimming** ~) πισίνα f • (of
blood etc) λίμνη f • (of workers,
labour) απόθεμα nt ♦ vt
συγκεντρώνω • car ~ διαθέσιμα
αυτοκίνητα

▶ **pools** npl (football pools) = προ-πό

poor [puə'] adj (= not rich) φτωχός •
(= bad: quality, performance) κακός •
(= : eyesight, memory) αδύνατος
♦ npl the ~ οι φτωχοί • ~**ly** adj
αδιάθετος ♦ adv (furnished) φτωχά •
~**ly designed** κακοσχεδιασμένος •
~**ly paid** κακοπληρωμένος

pop [pɔp] n (MUS) ποπ f inv • (fizzy
drink) γκαζόζα f • (US: inf: = father)
μπαμπάς m • (sound) μπαμ nt inv ♦ vi
(balloon) σπάω • (cork) πετάγομαι
♦ vt to ~ **sth into/onto/on** etc
ρίχνω κτ (πάνω) σε κ.λπ. • ~ **in** vi
περνάω • ~ **out** vi πετάγομαι • ~ **up**
vi εμφανίζομαι • ~**corn** n ποπκόρν
nt inv

pope [pəup] n Πάπας m

poplar ['pɔplə'] n λεύκα f

poppy ['pɔpɪ] n παπαρούνα f

pop star n αστέρι nt της ποπ

popular ['pɔpjulə'] adj (= well-liked:
person, thing) δημοφιλής • (place)
κοσμικός • (= nonspecialist) λαϊκός •
(POL: movement, cause) λαοφιλής •
~**ity** n δημοτικότητα f

population [pɔpju'leɪʃən] n
πληθυσμός m

porcelain ['pɔ:slɪn] n πορσελάνη f

porch [pɔ:tʃ] n κατώφλι nt • (US)
βεράντα f

pore [pɔ:'] n ο πόρος m ♦ vi to ~ **over**
πέφτω με τα μούτρα σε

pork [pɔ:k] n χοιρινό nt

porn [pɔ:n] (inf) adj, n πορνό nt inv

pornographic [pɔ:nə'græfɪk] adj
πορνογραφικός

pornography [pɔ:'nɔgrəfɪ] n
πορνογραφία f

porridge ['pɔrɪdʒ] n πόριτζ nt inv

port [pɔ:t] n (= harbour) λιμάνι nt •
(NAUT: = left side) αριστερή πλευρά f •
(wine) πόρτο nt inv • (COMPUT) θύρα f

portable ['pɔ:təbl] adj φορητός

porter ['pɔ:tə'] n (for luggage)
αχθοφόρος m • (doorkeeper)
πορτιέρης m • (US: RAIL) αχθοφόρος
m

portfolio [pɔ:t'fəulɪəu] n (case)
χαρτοφύλακας m • (POL, FIN)
χαρτοφυλάκιο nt • (of artist) ντοσιέ
nt inv

portion ['pɔ:ʃən] n (= part) μέρος nt •
(= helping of food) μερίδα f

portrait ['pɔ:treɪt] n πορτρέτο nt

portray [pɔ:'treɪ] vt παρουσιάζω

Portugal ['pɔ:tjugl] n Πορταγαλία f

Portuguese [pɔ:tju'gi:z] adj
πορταγαλικός ♦ n inv Πορτογάλος/
ίδα m/f• (LING) πορταγαλικά ntpl

pose [pəuz] n (= posture) πόζα f ♦ vt
(question) θέτω • (problem, danger)
αποτελώ ♦ vi to ~ **as** παριστάνω
+acc • to ~ **for** (painting etc) ποζάρω
για

posh [pɔʃ] (inf) adj (hotel, restaurant
etc) πολυτελείας • (person, voice) της
υψηλής κοινωνίας

position [pə'zɪʃən] n θέση f • (of
person's body) στάση f ♦ vt τοποθετώ

positive ['pɔzɪtɪv] adj (= certain)
απόλυτα βέβαιος • (= hopeful,
confident) θετικός • (test, result)
θετικός • (MATH, ELEC) θετικός • ~**ly**
adv (emph: rude, stupid) τρομερά •
(= encouragingly) θετικά

possess [pə'zes] vt (car, watch) έχω
(στην κατοχή μου) • (quality, ability)
έχω • **like a man** ~**ed** σαν
δαιμονισμένος • ~**ion** n κατοχή f

▶ **possessions** npl (= belongings)
υπάρχοντα ntpl • ~**ive** adj ζηλιάρης •
(LING) κτητικός

possibility [pɔsɪ'bɪlɪtɪ] n (= chance)
πιθανότητα f • (= possible event)
δυνατότητα f

possible ['pɔsɪbl] adj (= feasible)

δυνατός · (= *likely*) πιθανός ·
(= *conceivable*) πιθανός · **possibly**
adv (= *perhaps*) μάλλον ·
(= *conceivably*) δυνατό

post [pəʊst] *n* (BRIT: *service, system*)
ταχυδρομείο *nt* · (: = *letters*)
γράμματα *ntpl* · (= *pole*) στύλος *m* ·
(= *job*: *also* MIL) θέση *f* · (*also* **goal**~)
δοκάρι *nt* ◆ *vt* (BRIT: *letter*)
ταχυδρομώ · (MIL) τοποθετώ · to
~ **sb to** (= *assign*) τοποθετώ κν σε ·
to keep sb ~**ed** κρατώ κν ενήμερο ·
~**age** *n* ταχυδρομικά τέλη *ntpl* · ~**al**
adj ταχυδρομικός · ~**box** (BRIT) *n*
ταχυδρομικό κουτί *nt* · ~**card** (BRIT)
n κάρτα *f* · ~**code** (BRIT) *n*
ταχυδρομικός κώδικας *m*

poster ['pəʊstər] *n* πόστερ *nt inv*

postgraduate ['pəʊst'grædjuət] *n*
μεταπτυχιακός/ή φοιτητής/τρια *m/f*

postman ['pəʊstmən] (*irreg*) (BRIT) *n*
ταχυδρόμος *m*

post office *n* (*building*) Ταχυδρομείο
nt · **the P**~ το Ταχυδρομείο
(*οργανισμός*) = ΕΛ.ΤΑ.

postpone [pəʊs'pəʊn] *vt* αναβάλλω

posture ['pɒstʃər] *n* στάση *f*

pot [pɒt] *n* (*for cooking*) κατσαρόλα *f* ·
(= *teapot*) τσαγιέρα *f* · (= *coffee pot*)
καφετιέρα *f* · (= *potful*) τσαγιερό *nt* ·
(*bowl, container: for paint etc*) δοχείο
nt · (= *flowerpot*) γλάστρα *f* · (*inf*: =
marijuana) φούντα *f* ◆ *vt* (*plant*)
φυτεύω σε γλάστρα

potato [pə'teɪtəʊ] (*pl* ~**es**) *n* πατάτα
f · ~ **chips** (US) *npl* = **potato**
crisps · ~ **crisps** (BRIT) *npl* πατατάκια *ntpl*

potent ['pəʊtnt] *adj* ισχυρός

potential [pə'tenʃl] *adj* πιθανός ◆ *n*
(= *talent, ability*) προδιάθεση *f* ·
(= *promise, possibilities*) δυνατότητες
fpl

potter ['pɒtər] *n* αγγειοπλάστης/τρια
m/f ◆ *vi* **to** ~ **around, ~ about**
(BRIT) υποαπασχολούμαι · ~**y** *n* (*pots*
etc) κεραμικά *ntpl* · (*work, hobby*)
κεραμική *f* · (*factory*) εργοστάσιο *nt*

κεραμικής

potty ['pɒtɪ] *adj* (*inf*) παλαβός ◆ *n*
γιογιό *nt inv*

pouch [paʊtʃ] *n* (*for tobacco*)
καπνοσακούλα *f* · (ZOOL) μάρσιπος *m*

poultry ['pəʊltrɪ] *n* πουλερικά *ntpl*

pounce [paʊns] *vi* **to** ~ **on** (*animal,*
person) ορμώ σε · (*fig: idea*) αρπάζω ·
(*mistake*) εντοπίζω αστραπιαία

pound [paʊnd] *n* (*unit of money*) λίρα
f (*στερλίνα*) · (*unit of weight*) λίμπρα *f*
(= 453, 6 γρ.) · (*for cars*) μάντρα *f*
◆ *vt* (*table, wall etc*) βροντάω · (*with*
guns) βομβαρδίζω ◆ *vi* (*heart, head*)
χτυπάω δυνατά

pour [pɔːr] *vt* βάζω ◆ *vi* τρέχω · **to**
~ **sb a drink** βάζω σε κν ένα ποτό ·
it's ~**ing with rain** βρέχει
καταρρακτωδώς · ~ **in** *vi* συρρέω ·
~ **out** *vi* ξεχύνομαι ◆ *vt* (*tea, wine*
etc) βάζω · (*fig*) αφήνω ελεύθερο

pout [paʊt] *vi* σουφρώνω τα χείλια

poverty ['pɒvətɪ] *n* φτώχεια *f*

powder ['paʊdər] *n* (*granules*) σκόνη
f · (= *face powder*) πούδρα *f* ◆ *vt* **to**
~ **one's face** πουδράρω το
πρόσωπό μου

power ['paʊər] *n* (= *control: over*
people, activities) εξουσία *f* ·
(= *ability*) ικανότητα *f* · (= *legal right*)
εξουσία *f* · (*of ideas, words*) δύναμη
f · (= *force: of explosion, energy*) ισχύς
f · (= *energy, strength*) δύναμη *f* ·
(= *electricity*) (ηλεκτρική) ενέργεια *f* ·
to be in ~ (POL etc) είμαι στην
εξουσία · ~**ful** *adj* ισχυρός · (*body,*
blow) δυνατός · ~**less** *adj*
αδύναμος · ~ **station** *n* σταθμός *m*
παραγωγής ηλεκτρικής ενέργειας

pp. *abbr* (= *pages*) σσ.

PR *n abbr* = **public relations**

practical ['præktɪkəl] *adj* πρακτικός ·
(: = *good with hands*) επιδέξιος · ~**ly**
adv (= *almost*) σχεδόν

practice ['præktɪs] *n* (= *custom*)
συνήθεια *f* · (= *not theory*) πράξη *f* ·
(*exercise, training*) εξάσκηση *f* ·

(business: MED) ιατρείο nt · (: JUR) δικηγορικό γραφείο nt ♦ vt, vi (US) practise · **to be out of** ~ δεν είμαι σε φόρμα · **to put sth into** ~ θέτω κτ σε εφαρμογή

practise ['præktɪs] (US **practice**) vt (sport etc) προπονούμαι σε · (musical instrument) μελετώ · (= carry out: activity etc) ασκώ · (custom) διατηρώ · (profession) ασκώ το επάγγελμα +gen ♦ vi (= train) προπονούμαι · (lawyer, doctor etc) ασκώ το επάγγελμα · **practising** adj (Christian etc) πιστός · (doctor, lawyer) εν ενεργεία

pragmatic [præg'mætɪk] adj (person) πραγματιστής · (reason etc) πρακτικός

prairie ['prɛərɪ] n λιβάδι nt

praise [preɪz] n έπαινος m ♦ vt επαινώ

pram [præm] (BRIT) n καροτσάκι nt (μωρού)

prank [præŋk] n φάρσα f

prawn [prɔːn] n γαρίδα f · ~ **cocktail** γαριδοσαλάτα

pray [preɪ] vi προσεύχομαι · ~**er** n προσευχή f

preach [priːtʃ] vi (REL) βγάζω κήρυγμα · (pej) κάνω κήρυγμα ♦ vt (sermon) βγάζω · (fig: = advocate) κηρύσσω · ~**er** n ιεροκήρυκας m

precarious [prɪ'kɛərɪəs] adj (also fig) επισφαλής

precaution [prɪ'kɔːʃən] n πρόληψη f · **to take** ~**s** παίρνω προφυλάξεις

precede [prɪ'siːd] vt (event) προηγούμαι +gen · (person) πηγαίνω μπροστά από

precedent ['presɪdənt] n (JUR) δικαστικό προηγούμενο nt · (= sth that has happened before) προηγούμενο nt

preceding [prɪ'siːdɪŋ] adj προηγούμενος

precinct ['priːsɪŋkt] n (US: = part of city) περιφέρεια f · **pedestrian** ~ (BRIT) πεζόδρομος · **shopping**

~ (BRIT) εμπορικό κέντρο
► **precincts** npl περίβολος m

precious ['prɛʃəs] adj (time, memories) πολύτιμος · (pej: person, writing) επιτηδευμένος ♦ adv (inf) · ~ **little/ few** ελάχιστος

precise [prɪ'saɪs] adj (= exact: time etc) ακριβής · (instructions, plans etc) λεπτομερής · ~**ly** adv ακριβώς · **precision** n ακρίβεια f

predator ['predətər] n αρπακτικό nt

predecessor ['priːdɪsesər] n προκάτοχος m

predicament [prɪ'dɪkəmənt] n δυσχέρεια f

predict [prɪ'dɪkt] vt προβλέπω · ~**able** adj προβλέψιμος · ~**ion** n πρόβλεψη f

predominantly [prɪ'dɔmɪnəntlɪ] adv κυρίως

preface ['prɛfəs] n πρόλογος m

prefer [prɪ'fɜː^r] vt προτιμώ · ~**able** adj προτιμότερος από · ~**ably** adv κατά προτίμηση · ~**ence** n το να έχει κάποιος προτίμηση · **to have a ~ence for** προτιμώ · **to give ~ence to** δίνω προτεραιότητα σε

pregnancy ['prɛgnənsɪ] n (of woman) εγκυμοσύνη f · (of female animal) κυοφορία f

pregnant ['prɛgnənt] adj (female) έγκυος · (fig: pause) φορτισμένος

prehistoric ['priːhɪs'tɔrɪk] adj προϊστορικός

prejudice ['prɛdʒudɪs] n (= bias against) προκατάληψη f · ~**d** adj (person) προκατειλημμένος

preliminary [prɪ'lɪmɪnərɪ] adj προκαταρκτικός

prelude ['prɛljuːd] n πρελούδιο nt · **a** ~ **to** (fig) ένα προοίμιο σε

premature ['prɛmətʃuər] adj πρόωρος

premier ['prɛmɪər] adj ο πρώτος ♦ n (POL) πρωθυπουργός mf

première ['prɛmɪɛər] n (of film, play) πρεμιέρα f

premium ['priːmɪəm] n (COMM) πριμ nt inv · (INSUR) ασφάλιστρο nt · **to be**

at a ~ έχω μεγάλη ζήτηση

preoccupied [priːˈɒkjʊpaɪd] adj (= worried) ανήσυχος • (= absorbed) απορροφημένος

preparation [prepəˈreɪʃən] n (activity) προετοιμασία f • (of food, medicine) παρασκεύασμα nt
▶ **preparations** npl προετοιμασίες fpl

preparatory school n (BRIT) ιδιωτικό Δημοτικό σχολείο nt • (US) ιδιωτική σχολή που προετοιμάζει για το κολλέγιο

prepare [prɪˈpɛəʳ] vt (plan, speech etc) προετοιμάζω • (room, food) ετοιμάζω ♦ vi **to ~ for** ετοιμάζομαι για • **~d** adj **~d to** έτοιμος or διατεθειμένος να • **~d for** έτοιμος για

prep school n = **preparatory school**

prerequisite [priːˈrɛkwɪzɪt] n προϋπόθεση f

preschool [ˈpriːskuːl] adj (age, education) προσχολικός • (child) προσχολικής ηλικίας

prescribe [prɪˈskraɪb] vt (MED) δίνω συνταγή για • (= demand) επιβάλλω

prescription [prɪˈskrɪpʃən] n (MED) συνταγή f

presence [ˈprɛzns] n (also fig) παρουσία f • **in sb's ~** μπροστά σε κν

present adj, n [ˈprɛznt] vb [prɪˈzɛnt] adj (= current) τωρινός • (= in attendance) παρών ♦ n **the ~** το παρόν • (= gift) δώρο nt • (LING: also **~ tense**) ενεστώτας m ♦ vt (information, view) παρουσιάζω • (= portray) εμφανίζω • (RADIO, TV) παρουσιάζω • (= formally introduce: person) συστήνω • **to ~ itself** (opportunity) παρουσιάζομαι • **at ~** προς το παρόν • **~ation** n (of plan, proposal) παρουσίαση f • (appearance) εμφάνιση f • **~-day** adj σύγχρονος • **~-er** n (TV) τηλεπαρουσιαστής/τρια m/f • (radio) εκφωνητής/τρια m/f • **~-ly** adv σε

λίγο • (= currently) αυτή τη στιγμή

preservation [prɛzəˈveɪʃən] n (of peace, standards etc) διατήρηση f • (of furniture, building) συντήρηση f

preserve [prɪˈzɜːv] vt (customs, independence) διατηρώ • (building, manuscript) συντηρώ • (food) βάζω συντηρητικά σε ♦ n (often pl: jam) μαρμελάδα f • (chutney etc) τουρσί nt

preside [prɪˈzaɪd] vi **to ~ over** προεδρεύω σε or +gen

president [ˈprɛzɪdənt] n ο πρόεδρος m/f • **~ial** adj (election, campaign etc) προεδρικός • (adviser, representative etc) του προέδρου

press [prɛs] n (also **the P~**) ο Τύπος m • (printing press) (τυπογραφικό) πιεστήριο nt ♦ vt πιέζω • (button, switch etc) πατάω • (clothes) σιδερώνω ♦ vi στριμώχνομαι • **to ~ for** αιτούμαι • **we are ~ed for time/ money** μας πιέζει ο χρόνος/το οικονομικό • **to ~ charges (against sb)** (JUR) υποβάλλω μήνυση (εναντίον κου) • **~ ahead** vi see **press on** • **~ on** vi συνεχίζω • **~ conference** n συνέντευξη f Τύπου • **~ing** adj επείγων • **~ release** n ανακοίνωση f Τύπου

pressure [ˈprɛʃəʳ] n (of air, gas) πίεση f • (fig) ώθηση f • **to be under ~** υφίσταμαι πίεση • **~ group** n ομάδα f πίεσης

prestige [prɛsˈtiːʒ] n γόητρο nt •
prestigious adj με κύρος

presumably [prɪˈzjuːməblɪ] adv κατά πάσα πιθανότητα

presume [prɪˈzjuːm] vt **to ~ (that)** υποθέτω ότι • **to ~ to do** τολμώ να κάνω • **I ~ so** υποθέτω (πως έτσι είναι)

pretence [prɪˈtɛns] (US **pretense**) n προσποίηση f

pretend [prɪˈtɛnd] vt προσποιούμαι ♦ vi προσποιούμαι • **I don't ~ to understand it** δεν ισχυρίζομαι ότι το καταλαβαίνω.

pretentious [pri'tenʃəs] adj **to be**
~ (person) είμαι φαντασμένος • (play,
film etc) πομπώδης

pretext ['pri:tekst] n πρόσχημα nt

pretty ['priti] adj (person, face)
χαριτωμένος • (garden, house)
όμορφος ♦ adv αρκετά

prevail [pri'veil] vi (custom, belief)
επικρατώ • **to** ~ **(up)on sb to do**
sth πείθω κν να κάνει κτ • **~ing** adj
(wind) που επικρατεί • (= dominant:
view etc) επικρατών • **prevalent** adj
που κυριαρχεί

prevent [pri'vent] vt προλαβαίνω • **to**
~ **sb from doing sth** εμποδίζω κν
να κάνει κτ • **to** ~ **sth from**
happening εμποδίζω να συμβεί κτ •
~ative adj = **preventive** • **~ion** n
πρόληψη f • **~ive** adj προληπτικός

preview ['pri:vju:] n (of film) προβολή
f πριν την πρεμιέρα

previous ['pri:viəs] adj
προηγούμενος • ~ **to** πριν (από) •
~ly adv (= before) πριν • (= formerly)
προηγουμένως

prey [prei] n λεία f • ~ **to sb/**
sth (fig) πέφτω θύμα +gen • ~ **on** vt
fus (animal) κυνηγώ (για την τροφή
μου) • **it was ~ing on his mind** του
βασάνιζε τη σκέψη

price [prais] n τιμή f • (fig) τίμημα nt
♦ vt (goods) κοστολογώ • **~less** adj
ανεκτίμητος

prick [prik] n τσίμπημα nt • (inf!:
penis) πούτσος m (inf!) ♦ vt τρυπώ •
to ~ **up one's ears** τεντώνω τα
αυτιά μου

prickly ['prikli] adj (plant) ακανθώδης
(fml) • (fabric) που τσιμπάει

pride [praid] n (satisfaction)
(υ)περηφάνεια f • (dignity)
αξιοπρέπεια f • (pej: arrogance)
εγωισμός f ♦ vt **to** ~ **o.s. on**
υπερηφανεύομαι για κτ

priest [pri:st] n ιερέας m

primarily ['praimərili] adv κυρίως

primary ['praiməri] adj κύριος •

(education) πρωτοβάθμιος •
~ **teacher** δάσκαλος ♦ n (US)
προκριματική εκλογή f • ~ **school**
(BRIT) n Δημοτικό σχολείο nt

prime [praim] adj (= most important)
πρωταρχικός • (= best quality)
πρώτης ποιότητας ♦ n **in the** ~ **of**
life στο άνθος της ηλικίας • **Prime**
Minister n πρωθυπουργός mf

primitive ['primitiv] adj (tribe, hut)
πρωτόγονος • (life form) αρχέγονος

primrose ['primrəuz] n δακράκι nt

prince [prins] n πρίγκηπας m

princess [prin'ses] n πριγκήπισσα f

principal ['prinsipl] adj (reason, aim
etc) κυριότερος • (character)
κεντρικός ♦ n (of school, college)
διευθυντής/τρια m/f • ~ **ly** adv κυρίως

principle ['prinsipl] n αρχή f • **in**
~ (= in theory) θεωρητικά • (= in
general) σε γενικές γραμμές • **on**
~ για λόγους αρχής

print [print] n (= type) εκτύπωση f •
(= typeface, characters) χαρακτήρες
mpl • (ART) γκραβούρα f • (PHOT)
φωτογραφία f • (fabric) εμπριμέ nt
inv ♦ vt (= produce: book, newspaper)
τυπώνω • (= publish: story, article etc)
δημοσιεύω • (cloth, pattern)
σταμπάρω • (= write in capitals)
γράφω με κεφαλαία • **out of** ~ που
έχει εξαντληθεί

▸ **prints** npl δακτυλικά αποτυπώματα
ntpl • ~ **er** n (person) τυπογράφος mf •
(COMPUT) εκτυπωτής m

prior ['praiə'] adj (knowledge, warning)
προηγούμενος • (claim, duty) που
προηγείται • ~ **to sth/doing sth**
πριν από κτ/να κάνω κτ

priority [prai'ɔriti] n προτεραιότητα f

▸ **priorities** npl προτεραιότητες fpl

prison ['prizn] n (institution) φυλακή
f • (= imprisonment) φυλάκιση f ♦ cpd
της φυλακής • ~ **er** n φυλακισμένος/
η m/f • (during war etc) αιχμάλωτος/η
m/f • ~ **er of war** n αιχμάλωτος/η m/f
πολέμου

pristine ['prɪstiːn] adj άθικτος

privacy ['prɪvəsɪ] n ησυχία f

private ['praɪvɪt] adj ιδιωτικός · (land) που ανήκει σε ιδιώτη · (= confidential: papers) προσωπικός · (= personal) προσωπικός ♦ n (MIL) φαντάρος m · **in ~** ιδιαίτερος · **~ly** adv (= in private) κατ'ιδίαν · (= secretly) μέσα μου · (owned) που ανήκει σε ιδιώτες

privilege ['prɪvɪlɪdʒ] n (advantage) προνόμιο nt · (= honour) τιμή f

prize [praɪz] n βραβείο nt ♦ adj εξαιρετικής ποιότητας ♦ vt εκτιμώ ιδιαίτερα

pro [prəʊ] n (SPORT) επαγγελματίας m ♦ prep υπέρ +gen · **the ~s and cons** τα υπέρ και τα κατά

probability [prɒbə'bɪlɪtɪ] n (= off/that πιθανότητα να · **in all ~** κατά πάσα πιθανότητα

probable ['prɒbəbl] adj πιθανός · **probably** adv πιθανόν

probation [prə'beɪʃən] n **on ~** με αναστολή · (employee) με δοκιμή

probe [prəʊb] n (MED) ανιχνευτήρας m · (SPACE) διαστημικό όχημα nt εξερευνήσεως · (enquiry) έλεγχος m ♦ vt (= investigate) κάνω έλεγχο σε · (= poke) σκαλίζω

problem ['prɒbləm] n πρόβλημα nt

procedure [prə'siːdʒə] n διαδικασία f

proceed [prə'siːd] vi προχωρώ · **to ~ to do sth** κάνω κάτι στη συνέχεια · **to ~ with** συνεχίζω · **~ings** npl (= organized events) διαδικασία f · (JUR) δικαστικά μέτρα ntpl

proceeds ['prəʊsiːdz] npl εισπράξεις fpl

process ['prəʊses] n διαδικασία f · (method) μέθοδος f ♦ vt επεξεργάζομαι · **to be in the ~ of doing sth** αυτή τη στιγμή κάνω κτ · **~ion** n πομπή f

proclaim [prə'kleɪm] vt διακηρύσσω

prod [prɒd] vt (with finger) τσιγκλάω ·

(stick, knife etc) σπρώχνω ♦ n (with elbow) σκούντημα nt

produce n ['prɒdjuːs] vb [prə'djuːs] n (AGR) προϊόν nt ♦ vt (effect, result etc) επιφέρω · (goods, commodity) παράγω · (= bring or take out) βγάζω · (play, film) παράγω · **~r** n (of film, play) παραγωγός mf

product ['prɒdʌkt] n προϊόν nt

production [prə'dʌkʃən] n παραγωγή f · (THEAT) ανέβασμα nt

productive [prə'dʌktɪv] adj (work force, industry) παραγωγικός · (fig) αποδοτικός · **productivity** n παραγωγικότητα f

Prof. [prɒf] n abbr (= professor) Καθ.

profession [prə'feʃən] n επάγγελμα nt · **~al** adj επαγγελματικός · (= not amateur) επαγγελματίας ♦ n (lawyer, player etc) επαγγελματίας mf · (doctor, teacher) λειτουργός mf

professor [prə'fesə] n (BRIT) καθηγητής/τρια m/f Πανεπιστημίου · (US, CANADA) καθηγητής/τρια m/f

profile ['prəʊfaɪl] n προφίλ nt inv · (fig) πορτραίτο nt

profit ['prɒfɪt] n (COMM) κέρδος nt ♦ vi **to ~ by** or **from** (fig) ωφελούμαι από · **~able** adj (business) επικερδής · (deal) συμφέρων

profound [prə'faʊnd] adj (differences) σημαντικός · (shock) ισχυρός · (idea, book) βαθυστόχαστος

program ['prəʊgræm] n (COMPUT) n πρόγραμμα nt

programme ['prəʊgræm] (US **program**) n πρόγραμμα nt (RADIO, TV) εκπομπή f · (machine, system) προγραμματίζω · **~r** (COMPUT) n προγραμματιστής/τρια m/f

progress n ['prəʊgres] vb [prə'gres] n πρόοδος f · (= development) εξέλιξη f ♦ vi (= advance) προχωρώ · (= continue) συνεχίζομαι · **in ~** σε εξέλιξη · **~ive** adj προοδευτικός

prohibit [prə'hɪbɪt] vt απαγορεύω · **to**

~ **sb from doing sth** εμποδίζω κν να κάνει κτ

project n ['prɒdʒɛkt] vb [prə'dʒɛkt] n σχέδιο nt ♦ vt προγραμματίζω (figure, amount) υπολογίζω ♦ vi (light, film) προβάλλω ♦ vi προεξέχω

projection [prə'dʒɛkʃən] n (= estimate) υπολογισμός m • (= overhang) προεξοχή f

projector [prə'dʒɛktə'] n προβολέας m

prolific [prə'lɪfɪk] adj (artist, composer) παραγωγικός • (writer) πολυγραφότατος

prolong [prə'lɒŋ] vt παρατείνω

prom [prɒm] n abbr = **promenade**

promenade [prɒmə'nɑːd] n προκυμαία f

prominent ['prɒmɪnənt] adj (= important) εξέχων • (= very noticeable) περίοπτος

promiscuous [prə'mɪskjuəs] adj ελευθερίων ηθών

promise ['prɒmɪs] n (= vow) υπόσχεση f • (hope) υπόσχεσεις fpl ♦ vt to ~ **sb sth**, ~ **sth to sb** υπόσχομαι κτ σε κν • it ~s to be lively προμηνύεται (ότι θα είναι) γεμάτο ζωντάνια • **promising** adj πολλά υποσχόμενος

promote [prə'məut] vt (employee) προάγω • (record, film) προωθώ • (understanding, peace) προωθώ

promotion [prə'məuʃən] n (at work) προαγωγή f • (of product, event) προώθηση f • (= publicity campaign) διαφημιστική εκστρατεία f

prompt [prɒmpt] adj άμεσος ♦ adv ακριβώς ♦ n (COMPUT) προτρεπτικό σήμα nt ♦ vt γίνομαι η αφορμή • (when talking) παροτρύνω • **~ly** adv (= immediately) αμέσως • (= exactly) ακριβώς

prone [prəun] adj μπρούμυτα • **I am/ she is ~ to** συχνά μεʼ/τ μ πιάνει

pronoun ['prəunaun] n αντωνυμία f

pronounce [prə'nauns] vt (word) προφέρω • (= declare) διαπιστώνω •

(= give verdict, opinion) αποφαίνομαι

pronunciation [prənʌnsɪ'eɪʃən] n προφορά f

proof [pruːf] n απόδειξη f • (TYP) (τυπογραφικό) δοκίμιο nt ♦ adj ~ **against** άτρωτος σε

prop [prɒp] n στήριγμα nt ♦ vt to ~ **sth against** στηρίζω κτ (πάνω) σε • ~ **up** vt fus (thing) στερεώνω • (fig) στηρίζω

propaganda [prɒpə'gændə] n προπαγάνδα f

propeller [prə'pɛlə'] n έλικας m

proper ['prɒpə'] adj (= genuine) κανονικός • (= correct) σωστός • (inf: = real) πραγματικός • **the town/city ~** η κυρίως πόλη • **~ly** adv (= adequate: eat) καλά • (= decently: behave) καθώς πρέπει

property ['prɒpətɪ] n (= possessions) ιδιοκτησία f • (= building and its land) κτήμα nt • (= quality: of substance, material etc) ιδιότητα f

prophecy ['prɒfɪsɪ] n προφητεία f

prophet ['prɒfɪt] n προφήτης m

proportion [prə'pɔːʃən] n ποσοστό nt • (= ratio) αναλογία f • **in ~ to** ανάλογα με • **~al** adj **~al to** ανάλογος με

proposal [prə'pəuzl] n πρόταση f

propose [prə'pəuz] vt προτείνω ♦ vi (= offer marriage) κάνω πρόταση γάμου • to ~ **to do** or **doing sth** προτίθεμαι να κάνω κτ

proposition n (statement) άποψη f • (offer) πρόταση f

proprietor [prə'praɪətə'] n ιδιοκτήτης/ τρια m/f

prose [prəuz] n πρόζα f

prosecute ['prɒsɪkjuːt] (JUR) vt ασκώ δίωξη σε • **prosecution** (JUR) n (action) ποινική δίωξη f • (= accusing side) Πολιτική Αγωγή f

prosecutor n μηνυτής m • (also **public ~**) δημόσιος κατήγορος m

prospect n ['prɒspɛkt] n (= likelihood) προοπτικές fpl • (thought)

ενδεχόμενο nt
▶ **prospects** npl προοπτική f για σταδιοδρομία ▸ **~ive** adj (candidate etc) επίδοξος

prospectus [prə'spektəs] n (of college, school) βιβλίο nt σπουδών

prosper ['prɒspə^r] vi ευημερώ· **~ity** n ευημερία f· **~ous** adj που ευημερεί

prostitute ['prɒstɪtjuːt] n (female) πόρνη f· (male) άνδρας m που εκδίδεται

protect [prə'tekt] vt προστατεύω από· **~ion** n προστασία f· **~ive** adj (clothing, layer etc) προστατευτικός· (person) to be **~ive** προστατεύω

protein ['prəʊtiːn] n πρωτεΐνη f

protest n ['prəʊtest] vb [prə'test] n διαμαρτυρία f ♦ vi to **~** about/ against/at διαμαρτύρομαι για/ εναντίον ♦ vt to **~** (that) επιμένω (ότι)

Protestant ['prɒtɪstənt] adj προτεσταντικός ♦ n Προτεστάντης/ ισσα m/f

protester [prə'testə^r] n διαδηλωτής/ τρια m/f

proud [praʊd] adj (happy: parents, owner) ευτυχής· (= dignified) περήφανος· (= arrogant) αλαζόνας

prove [pruːv] vt αποδεικνύω ♦ vi to **~ (to be) correct** etc αποδεικνύεται ότι είμαι σωστός κ.λπ.

proverb ['prɒvɜːb] n παροιμία f

provide [prə'vaɪd] vt (food, money) παρέχω· (answer, opportunity) δίνω· to **~ sb with sth** παρέχω κτ σε κν· **~ for** vt fus (person) παρέχω τα απαραίτητα σε· **~d (that)** conj με την προϋπόθεση ότι · **providing** conj **~ (that)** = provided (that)

province ['prɒvɪns] n επαρχία f· (of person) αρμοδιότητα f
▶ **the provinces** npl η επαρχία

provincial [prə'vɪnʃl] adj (town, etc) επαρχιακός· (pej) επαρχιώτης

provision [prə'vɪʒən] n (= supplying

παροχή f· (preparation) πρόνοια f· (of contract, agreement) όρος m
▶ **provisions** npl προμήθειες fpl· **~al** adj προσωρινός

provocative [prə'vɒkətɪv] adj προκλητικός

provoke [prə'vəʊk] vt προκαλώ

prowl [praʊl] vi (also: **~ about,** **~ around**) τριγυρίζω και παραμονεύω ♦ n **to go on the** **~** (fig: person) γυροφέρνω αθόρυβα

proximity [prɒk'sɪmɪtɪ] n γειτνίαση f (fml)

proxy ['prɒksɪ] n **by** **~** δι'αντιπροσώπου

prudent ['pruːdnt] adj φρόνιμος

prune [pruːn] n ξερό δαμάσκηνο nt ♦ vt κλαδεύω

PS abbr (= postscript) Υ.Γ.

pseudonym ['sjuːdənɪm] n ψευδώνυμο nt

psychiatric [saɪkɪ'ætrɪk] adj (problem) ψυχολογικός· (treatment) ψυχιατρικός· **~ hospital** Ψυχιατρείο

psychiatrist [saɪ'kaɪətrɪst] n ψυχίατρος m/f

psychic ['saɪkɪk] adj αυτός που έχει παραψυχολογικές ικανότητες ♦ n μέντιουμ nt

psychoanalysis [saɪkəʊə'nælɪsɪs] (pl **psychoanalyses** [-siːz]) n ψυχανάλυση f

psychological [saɪkə'lɒdʒɪkl] adj ψυχολογικός

psychologist [saɪ'kɒlədʒɪst] n ψυχολόγος mf

psychology [saɪ'kɒlədʒɪ] n (science) Ψυχολογία f· (= character) ψυχολογία f

psychotherapy [saɪkəʊ'θerəpɪ] n ψυχοθεραπεία f

pt abbr = pint · point

pub [pʌb] n = public house

puberty ['pjuːbətɪ] n εφηβεία f

public ['pʌblɪk] adj (= of people: opinion) κοινός· (support, interest) του κοινού· (= for people: building, service) δημόσιος· (meeting, *announcement)* δημόσιος ♦ *n* **the ~** το κοινό **· in ~** δημόσια **· the general ~** το ευρύ κοινό

publication [pʌblɪˈkeɪʃən] *n* έκδοση *f*

public company *n* ανώνυμη εταιρεία *f*

public holiday *n* αργία *f*

public house (BRIT) *n* παμπ *nt inv*

publicity [pʌbˈlɪsɪtɪ] *n* (*information*) δημόσιες σχέσεις *fpl* **·** (*attention*) δημοσιότητα *f*

public relations *n* δημόσιες σχέσεις *fpl*

public school *n* (BRIT) ιδιωτικό σχολείο *nt* (συνήθως με οικοτροφείο) **·** (US) δημόσιο σχολείο *nt*

public transport *n* δημόσιες συγκοινωνίες *fpl*

publish [ˈpʌblɪʃ] *vt* (*company*) εκδίδω **·** (*newspaper, magazine*) δημοσιεύω **· ~er** *n* εκδότης/τρια *m/f* **· ~ing** *n* εκδόσεις *fpl*

pudding [ˈpudɪŋ] *n* (= *cooked sweet food*) πουτίγκα *f* **·** (BRIT: = *dessert*) γλυκό *nt* (για επιδόρπιο)

puddle [ˈpʌdl] *n* λακκούβα *f* με νερό

Puerto Rico [ˈpwəːtəuˈriːkəu] *n* Πόρτο-Ρίκο *nt inv*

puff [pʌf] *n* (*of cigarette, pipe*) ρουφηξιά *f* **·** (= *gasp*) λαχάνιασμα *nt* **·** (*of smoke*) τούφα *f* ♦ *vi* **·** (*also* **~ on, ~ at**) τραβάω ρουφηξιά από ♦ *vi* ξεφυσάω **· ~ out** *vt* φουσκώνω

pull [pul] *vt* τραβάω **·** (*cart, carriage etc*) σέρνω ♦ *vi* τραβάω **·** (*n* = *tug*) **to give sth a ~** τραβάω κτ **·** (*of moon, magnet etc*) έλξη *f* **·** (*fig*) ορμή *f* **· to ~ a face** κάνω γκριμάτσες **· to ~ a muscle** παθαίνω νευροκαβαλίκεμα *or* τράβηγμα **· ~ apart** *vt* χωρίζω **· ~ back** *vi* υποχωρώ **·** (*fig*) κάνω πίσω **· ~ down** *vt* (*building*) κατεδαφίζω **· ~ in** *vi* (AUT) σταματάω στο σταθμό **· ~ off** *vt* (*fig*: *difficult thing*) καταφέρνω **· ~ out** *vi*

(AUT: *from kerb*) βγαίνω **·** (*: when overtaking*) αλλάζω λωρίδα **·** (= *withdraw*) αποσύρομαι ♦ *vt* βγάζω **· ~ over** *vi* (AUT) κάνω στην άκρη **· ~ through** *vi* (MED) γλυτώνω **· ~ up** *vi* (AUT, RAIL) σταματάω **· ~over** *nt* πουλόβερ *nt inv*

pulp [pʌlp] *n* (*of fruit*) σάρκα *f*

pulpit [ˈpulpɪt] *n* άμβωνας *m*

pulse [pʌls] *n* σφυγμός *m* **·** (*rhythm*) ρυθμός *m* ♦ *vi* χτυπάω δυνατά **· pulses** *npl* όσπρια *ntpl*

pump [pʌmp] *n* (*water, petrol etc*) αντλία *f* **·** (*for bicycle*) τρόμπα *f* ♦ *vt* (= *channel*) διοχετεύω **·** (= *extract*) τρομπάρω **· ~ up** *vt* φουσκώνω

pumpkin [ˈpʌmpkɪn] *n* κολοκύθα *f*

pun [pʌn] *n* λογοπαίγνιο *nt*

punch [pʌntʃ] *n* μπουνιά *f* **·** (*fig*) σφρίγος *nt* **·** (*tool*) τρυπητήρι *nt* **·** (*drink*) παντς *nt inv* ♦ *vt* δίνω γροθιά **· to ~ a hole in** ανοίγω τρύπα σε **· ~ up** (BRIT: *inf*) *n* μπουνίδι *nt*

punctuation [pʌŋktjuˈeɪʃən] *n* στίξη *f*

puncture [ˈpʌŋktʃəʳ] (AUT) *n* κλατάρισμα *nt* ♦ *vt* τρυπάω

punish [ˈpʌnɪʃ] *vt* τιμωρώ **· ~ment** *n* τιμωρία *f*

punk [pʌŋk] *n* (*also* = *rocker*) πανκ *nt inv* **·** (*also* = *rock*) πανκ *nt inv* **·** (US: *inf*) αλήτης/ισσα *m/f*

pup [pʌp] *n* κουτάβι *nt*

pupil [ˈpjuːpl] *n* (SCOL) μαθητής/τρια *m/f* **·** (*of eye*) κόρη *f*

puppet [ˈpʌpɪt] *n* κούκλα *f*

puppy [ˈpʌpɪ] *n* κουτάβι *nt*

purchase [ˈpəːtʃɪs] *n* αγορά *f* ♦ *vt* αγοράζω **· purchases** *npl* αγορές *fpl*

pure [pjuəʳ] *adj* (*silk*) καθαρός **·** (*wool*) παρθένος **·** (*gold*) ατόφιος **·** (*water, air etc*) καθαρός **·** (*woman, girl*) αγνός **·** (*chance*) καθαρός

puree [ˈpjuəreɪ] *n* πουρές *m*

purely [ˈpjuəlɪ] *adv* καθαρά

purity [ˈpjuərɪtɪ] *n* (*of gold, air*)

καθαρότητα *f* · (*of woman, girl*) αγνότητα *f*

purple ['pə:pl] *adj* βιολετί *inv*

purpose ['pə:pəs] *n* σκοπός *m* · **on ~** επίτηδες

purse [pə:s] *n* (BRIT) πορτοφόλι *nt* (*γυναικείο*) · (US: = *handbag*) τσάντα *f* (*γυναικεία*) ◆ *vt* (*lips*) σουφρώνω

pursue [pə'sju:] *vt* (*person, car etc*) κυνηγάω · (*fig: activity, interest*) ακολουθώ · (: *aim, objective*) επιδιώκω

pursuit [pə'sju:t] *n* (= *chase: of person, car etc*) καταδίωξη *f* · (*fig: of happiness, pleasure etc*) κυνήγι *nt* · (= *pastime*) ασχολία *f*

push [puʃ] *n* (*of button etc*) πάτημα *nt* · (*of car, door*) σπρώξιμο *nt* ◆ *vt* (*button*) πατάω · (*car, door*) σπρώχνω · (*fig: person*) πιέζω ◆ *vi* σπρώχνω · **to ~ for** ασκώ πιέσεις για · **to be ~ed for time** (*inf*) με πιέζει ο χρόνος · **~ around** *vt* έχω σήκω-απάνω κάτσε-κάτω · **~ in** *vi* χώνομαι μπροστά · **~ off** *vi* (*inf*) του δίνω · **~ on** *vi* προχωρώ · **~ over** *vt* **to ~ sb/sth over** σπρώχνω κτ/κν και πέφτει · **~ through** *vt* (*measure, scheme etc*) καταφέρνω να περάσω · **~chair** (BRIT) *n* καροτσάκι *nt* (*παιδικό*)

put [put] (*pt, pp* **~**) *vt* (*thing*) βάζω · (*person: in room, institution etc*) βάζω · (: *in state, situation*) φέρνω · (*idea, remark etc*) θέτω · (*case, view*) εκθέτω · (*question*) θέτω · (= *classify*) τοποθετώ · **to stay ~** μένω ακίνητος · **~ across** *vt* (*ideas etc*) κάνω κατανοητό · **~ aside** *vt* (*work*) αφήνω στην άκρη · (*idea, problem*) παραβλέπω · (*sum of money*) βάζω στην άκρη · **~ away** *vt* τακτοποιώ · **~ back** *vt* (= *replace*) βάζω πίσω · (= *postpone*) αναβάλλω · (= *delay*) πάω πίσω · **~ by** *vt* (*money, supplies etc*) βάζω στην άκρη · **~ down** *vt* (*on floor, table*) ακουμπάω κάτω · (*in writing*) βάζω · (*riot, rebellion*) καταπνίγω · (*animal*) θανατώνω · **~ forward** *vt* (*ideas, arguments*) εκθέτω · **~ off** *vt* (= *delay*) αναβάλλω · (= *discourage*) πτοώ · (= *distract*) αποσπώ την προσοχή κου · **~ on** *vt* (*clothes, glasses*) φοράω · (*make-up, ointment etc*) βάζω · (*light, TV etc*) ανάβω · (*play etc*) ανεβάζω · (AUT: *brake*) πατάω · (*CD, tape*) βάζω · (*look, behaviour etc*) χρησιμοποιώ · (*inf*) δουλεύω · **to ~ on weight** παχαίνω · **~ out** *vt* (*fire, candle*) σβύνω · (*electric light*) σβήνω · (*one's hand*) απλώνω · **~ through** *vt* (TEL) συνδέω · (*plan, agreement*) περνάω · **~ up** *vt* (*fence*) υψώνω · (*poster, sign etc*) τοποθετώ · (*price, cost*) ανεβάζω · (= *accommodate*) φιλοξενώ · (*resistance*) προβάλλω · **~ up with** *vt fus* ανέχομαι

puzzle ['pʌzl] *n* (*game*) σπαζοκεφαλιά *f* · (*toy*) παζλ *nt inv* · (= *mystery*) αίνιγμα *nt* ◆ *vt* μπερδεύω ◆ *vi* **to ~ over sth** παιδεύομαι να καταλάβω κτ · **puzzling** *adj* μυστηριώδης

pyjamas [pə'dʒa:məz] (US **pajamas**) *npl* πυτζάμες *fpl* · **a pair of ~** ένα ζευγάρι πυτζάμες

pyramid ['pɪrəmɪd] *n* πυραμίδα *f*

python ['paɪθən] *n* πύθωνας *m*

Q q

Q, q [kju:] *n το δέκατο έβδομο γράμμα του αγγλικού αλφαβήτου*

Qatar [kæ'ta:ʳ] *n* Κατάρ *nt inv*

quadruple [kwɔ'dru:pl] *vt* τετραπλασιάζω ◆ *vi* τετραπλασιάζομαι

quail [kweɪl] *n* (*bird*) ορτύκι *nt*

quaint [kweɪnt] *adj* (*house, village*) γραφικός · (*ideas, customs*) ιδιόρρυθμος

quake [kweɪk] *vi* τρέμω ◆ *n* = **earthquake**

qualification [ˌkwɔlɪfɪ'keɪʃən] n προσόν nt • (: = reservation) επιφύλαξη f

qualified ['kwɔlɪfaɪd] adj (doctor etc) πτυχιούχος • (engineer etc) διπλωματούχος • (= limited: agreement) υπό όρους • (= praise) συγκρατημένος

qualify ['kwɔlɪfaɪ] vt (= entitle) δίνω το δικαίωμα σε • (= modify) τροποποιώ ♦ vi παίρνω τον τίτλο • **to ~ for** (= be eligible) πληρώ τους όρους για • (in competition) προκρίνομαι σε • **to ~ as an engineer** παίρνω το δίπλωμα του μηχανικού

quality ['kwɔlɪtɪ] n (of work, product) ποιότητα f • (of person) χάρισμα nt • (of wood, stone etc) ιδιότητα f

quantity ['kwɔntɪtɪ] n ποσότητα f • **in ~** σε ποσότητες • **an unknown ~** (fig) ένα μυστήριο

quarantine ['kwɔrəntiːn] n καραντίνα f • **in ~** σε καραντίνα

quarrel ['kwɔrəl] n (= argument) καυγάς m ♦ vi μαλώνω

quarry ['kwɔrɪ] n (for stone) λατομείο nt • (= prey) θήραμα nt

quarter ['kwɔːtəʳ] n ο τέταρτο nt • (US: 25 cents) ένα τέταρτο του δολαρίου • (of year) τρίμηνο nt • (= district) συνοικία f ♦ vt χωρίζω στα τέσσερα • **a ~ of an hour** ένα τέταρτο • **it's (a) ~ to 3, (US) it's a ~ of 3** είναι τρεις παρά τέταρτο • **it's (a) ~ past 3, (US) it's a ~ after 3** είναι τρεις και τέταρτο

▸ **quarters** npl (MIL) στρατηγείο nt • (also **living ~s**) διαμονή f • **~ final** n προημιτελικός m • **~ly** adv τριμηνιαίος ♦ adv ανά τρίμηνο

quartet [kwɔː'tet] n κουαρτέτο nt

quartz [kwɔːts] n χαλαζίας m ♦ cpd χαλαζίας

quay [kiː] n προκυμαία f

queasy ['kwiːzɪ] adj (feeling) ναυτίας • **to feel ~** έχω ναυτία

queen [kwiːn] n βασίλισσα f • (CARDS) ντάμα f

queer [kwɪəʳ] adj (= strange) παράξενος

query ['kwɪərɪ] n ερώτημα nt ♦ vt διατυπώνω ερωτήσεις για

quest [kwest] n αναζήτηση f

question ['kwestʃən] n (= doubt) αμφιβολία f • (= issue) ζήτημα nt ♦ vt (= interrogate) κάνω ερωτήσεις σε • (: police) ανακρίνω • (= doubt) εκφράζω τις επιφυλάξεις μου για • **to be beyond ~** δεν επιδέχομαι αμφισβήτηση • **sth is out of the ~** κτ αποκλείεται • **~able** adj (= doubtful) αμφίβολος • **~ mark** n ερωτηματικό nt • **~naire** n ερωτηματολόγιο nt

queue [kjuː] (BRIT) n ουρά f ♦ vi (also **~ up**) περιμένω στην ουρά

quiche [kiːʃ] n κις nt inv

quick [kwɪk] adj γρήγορος • (mind) που παίρνει στροφές • (visit, reply) σύντομος ♦ adv γρήγορα • **to cut sb to the ~** (fig) πληγώνω βαθειά • **be ~!** κάνε γρήγορα! • **~ly** adv γρήγορα

quid [kwɪd] (BRIT: inf) n inv λίρα f

quiet ['kwaɪət] adj (voice, music) σιγανός • (place, person) ήσυχος • (engine, aircraft) αθόρυβος • (= silent) σιωπηλός • (= without fuss etc) απλός ♦ n ησυχία f • **keep or be ~!** σιωπή! • **~ly** adv (speak) χαμηλόφωνα • (play) σιγά • (= silently, calmly) ήσυχα

quilt [kwɪlt] n (also **continental ~**) πάπλωμα nt

quit [kwɪt] (pt, pp ~ or ~**ted**) vt (smoking, middle) παρατάω • (premises) απομακρύνομαι από ♦ vi (= give up) τα παρατάω • (= resign) παραιτούμαι • (COMPUT) εγκαταλείπω

quite [kwaɪt] adv (= rather) αρκετά • (= entirely) τελείως • (following a negative) **it's not ~ big enough** δεν είναι αρκετά μεγάλο • **I ~ like it** μου αρέσει αρκετά · **~ a few of them** αρκετοί απ' αυτούς

quits [kwɪts] adj **we're ~** είμαστε πάτσι · **let's call it ~** τώρα είμαστε πάτσι

quiz [kwɪz] n (game) παιχνίδι nt γνώσεων ♦ vt υποβάλλω ερωτήσεις σε

quota ['kwəʊtə] n ποσοστό nt

quotation [kwəʊ'teɪʃən] n (from book, play etc) απόσπασμα nt · (also COMM) προσφορά f · (STOCK EXCHANGE) τιμή f

quote [kwəʊt] n (from book, play etc) απόσπασμα nt · (= estimate) προσφορά f ♦ vt (sentence, proverb etc) αναφέρω · (politician, author etc) παραπέμπω σε · (= fact, example) αναφέρομαι σε

▸ **quotes** npl (= quotation marks) εισαγωγικά ntpl · **in ~s** σε εισαγωγικά

R r

R, r [ɑːʳ] n το δέκατο όγδοο γράμμα του αγγλικού αλφαβήτου

rabbi ['ræbaɪ] n ραββίνος m

rabbit ['ræbɪt] n κουνέλι nt

rabies ['reɪbiːz] n λύσσα f

race [reɪs] n (species) φυλή f · (competition) αγώνας m (δρόμου, κολύμβησης κ.τ.λ.) · (for power, control) κούρσα f ♦ vt (horse) έχω στον ιππόδρομο · (car etc) οδηγώ σε αγώνες · (person) παραβγαίνω στο τρέξιμο ♦ vi (compete) τρέχω · (= hurry) τρέχω βιαστικά · (pulse, heart) χοροπηδάω · (engine) μαράρωνω · **the human ~** η ανθρωπότητα · (ιπποδρόμιο) m · **~horse** n άλογο nt ιπποδρομιών m · **~track** n (for people) στίβος m · (for cars) πίστα f · (US) = **racecourse**

racial ['reɪʃl] adj φυλετικός

racing ['reɪsɪŋ] n (horse racing) ιπποδρομία f · **~ driver** (BRIT) n οδηγός mf αγώνων

racism ['reɪsɪzəm] n ρατσισμός nt

racist adj ρατσιστικός ♦ n (pej) ρατσιστής/τρια m/f

rack [ræk] n (for luggage) σχάρα f · (for dresses etc) κρεμάστρα f · (for dishes) πιατοθήκη f ♦ vt **to be ~ed by** βασανίζομαι από · **to ~ one's brains** στίβω το μυαλό μου

racket ['rækɪt] n (SPORT) ρακέτα f · (noise) φασαρία f · (= swindle) κομπίνα f

radar ['reɪdɑːʳ] n ραντάρ nt inv ♦ cpd (screen, system) ραντάρ

radiation ['reɪdi'eɪʃən] n (= radioactivity) ραδιενέργεια f

radiator ['reɪdieɪtəʳ] n καλοριφέρ nt inv · (AUT) ψυγείο nt

radical ['rædɪkl] adj (POL) ριζοσπαστικός · (change, reform) ριζικός ♦ n ριζοσπάστης/τρια m/f

radio ['reɪdiəʊ] n ραδιόφωνο nt · **on the ~** στο ραδιόφωνο · **~active** adj ραδιενεργός

radish ['rædɪʃ] n ραπανάκι nt

RAF (BRIT) n abbr (= Royal Air Force) η Βασιλική Αεροπορία

raffle ['ræfl] n λαχειοφόρος f · **~ ticket** λαχνός

raft [rɑːft] n λέμβος f · (also life ~) ναυαγοσωστική λέμβος f

rag [ræg] n (piece of cloth) πατσαβούρα f · (torn cloth) κουρέλια ntpl · (pej: newspaper) παλιοφυλλάδα f

▸ **rags** npl κουρέλια ntpl

rage [reɪdʒ] n οργή f ♦ vi (person) εξοργίζομαι · (storm, debate) μαίνομαι · **it's all the ~** είναι πολύ της μόδας

ragged ['rægɪd] adj (edge) ακανόνιστος · (clothes) κουρελιασμένος

raid [reɪd] n επιδρομή f · (by police) έφοδος f ♦ vt κάνω επιδρομή σε ·

(*police*) κάνω έφοδο σε

rail [reɪl] *n* κουπαστή *f* • **by ~** σιδηροδρομικώς

▶ **rails** *npl* (*for train*) γραμμές *fpl* •
~card (BRIT) *n* εκπτωτική κάρτα *f*
(σιδηροδρόμων) • **~ing(s)** *n(pl)*
κάγκελα *ntpl* • **~road** (US) *n* =
railway • **~way** (BRIT) *n* (*system*)
σιδηρόδρομος *m* • (*track*)
σιδηροδρομική γραμμή *f* • (*company*)
σιδηρόδρομοι *mpl* • **~way line**
(BRIT) σιδηροδρομική γραμμή *f* •
~way station (BRIT) *n*
σιδηροδρομικός σταθμός *m*

rain [reɪn] *n* βροχή *f* ♦ *vi* **it's ~ing**
βρέχει • **in the ~** στη βροχή • **~bow**
n ουράνιο τόξο *nt* • **~coat** *n*
αδιάβροχο *nt* • **~fall** *n* βροχόπτωση
f • **~forest** *n* τροπικό δάσος *nt* • **~y**
adj (*day*) βροχερός • (*season*) των
βροχών

raise [reɪz] *n* αύξηση *f* ♦ *vt* (= *lift*)
σηκώνω • (*salary, speed limit*)
αυξάνω • (*morale, standards*)
ανεβάζω • (*subject, question*)
αναφέρω • (*doubts, objection*)
εκφράζω • (*animals*) εκτρέφω •
(*children*) ανατρέφω • **to ~ one's
voice** υψώνω τη φωνή μου • **to ~
one's hopes** αναπτερώνω τις
ελπίδες του

raisin ['reɪzn] *n* σταφίδα *f*

rake [reɪk] *n* (*tool*) τσουγκράνα *f* ♦ *vt*
(*soil, lawn*) τσουγκρανίζω • (*leaves*)
μαζεύω με τσουγκράνα

rally ['rælɪ] *n* (POL *etc*) συλλαλητήριο
nt • (AUT) ράλλυ *nt inv* • (TENNIS *etc*)
ανταλλαγή *f* (χωρίς να σημειωθεί
πόντος) ♦ *vi* (*sick person*)
αναλαμβάνω • (*stock exchange*)
αναζωογονούμαι • **~ round** ♦ *vi*
συσπειρώνομαι ♦ *vt fus*
συσπειρώνομαι γύρω από

RAM [ræm] (COMPUT) *n abbr*
(= *random access memory*) μνήμη
f τυχαίας προσπέλασης

ram [ræm] *n* κριάρι *nt* ♦ *vt* (= *crash
into*) τρακάρω σε

rambler ['ræmblə^r] *n* (*walker*)
πεζοπόρος *mf* • (BOT) αναρριχητικό
φυτό *nt*

rambling ['ræmblɪŋ] *adj* (*speech,
letter*) ασυνάρτητος • (*house*)
πολυδαίδαλος

ramp [ræmp] *n* ράμπα *f* • **on/off
~** (US: AUT) είσοδος/έξοδος *f*
(αυτοκινητόδρομου)

rampage [ræm'peɪdʒ] *n* **to be/go on
the ~** αφηνιάζω

ran [ræn] *pt of* **run**

ranch [rɑːntʃ] *n* ράντσο *nt*

random ['rændəm] *adj* τυχαίος ♦ *n*
at ~ στην τύχη

rang [ræŋ] *pt of* **ring**

range [reɪndʒ] *n* (*of mountains*)
οροσειρά *f* • (*of missile*) εμβέλεια *f* •
(*of voice*) έκταση *f* • (*of subjects,
possibilities*) ποικιλία *f* • (*of products*)
γκάμα *f* • (MIL: *also* **rifle ~**)
σκοπευτήριο *nt* • (*also* **kitchen ~**)
στόφα *f* ♦ *vt* βάζω στη σειρά ♦ *vi* **to
~ over** καλύπτω • **to ~ from ... to ...**
κυμαίνομαι από ... σε ... • **~r** *n*
δασοφύλακας *mf*

rank [ræŋk] *n* (= *row*) σειρά *f* • (MIL)
βαθμός *m* • (= *social class*) στρώμα
nt • (BRIT: *also* **taxi ~**) πιάτσα *f* ♦ *vi*
to ~ as/among συγκαταλέγομαι
ανάμεσα σε ♦ *vt* **he is ~ed third in
the world** κατέχει την τρίτη θέση
στον κόσμο ♦ *adj* (= *sheer*) απόλυτος •
δύσοσμος • (= *stinking*) απόλυτος

▶ **the ranks** *npl* (MIL) οι απλοί
στρατιώτες *mpl*

ransom ['rænsəm] *n* λύτρα *ntpl* • **to
hold to ~** κρατώ αιχμάλωτο για
λύτρα • (*fig*) εκβιάζω

rant [rænt] *vi* **to ~ and rave** λέω
ασυναρτησίες

rap [ræp] *vi* χτυπάω (κοφτά) ♦ *n* (*at
door*) χτύπος *m* (κοφτός) • (*also*
music) ραπ *f inv*

rape [reɪp] *n* βιασμός *m* • (BOT) ράπη *f*
♦ *vt* βιάζω

rapid ['ræpɪd] *adj* (*growth, change*)

ραγδαίος • (*heartbeat, steps*) γρήγορος • **~ly** *adv* (*grow, change*) ραγδαία • (*walk, move*) γρήγορα • **~s** *npl* στρόβιλοι *mpl* (*ποταμού*)

rapist ['reipist] *n* βιαστής *m*

rapport [ræ'pɔː] *n* σχέση *f* επικοινωνίας

rare [reə'] *adj* σπάνιος • (*CULIN*) με αίμα. **~ly** *adv* σπάνια

rash [ræʃ] *adj* επιπόλαιος ♦ *n* (*MED*) αναφυλαξία *f* • **to come out in a ~** βγάζω σπυριά

raspberry ['rɑːzbərɪ] *n* (*BOT: fruit*) φραμπουάζ *nt inv* • (: *plant*) σμεουριά *f*

rat [ræt] *n* αρουραίος *m*

rate [reit] *n* (*of change, inflation*) ρυθμός *m* • (*of interest, taxation*) επιτόκιο *nt* • (= *ratio*) ποσοστό *nt* ♦ *vt* (= *value*) αξιολογώ • (*estimate*) κατατάσσω • **to ~ sb/sth as** θεωρώ κν/κτ (ως) • **pulse ~** παλμοί *m* • **at this/ that ~** με αυτόν το ρυθμό

▸ **rates** *npl* (*BRIT*) δημοτικά τέλη *ntpl* • (= *fees, prices*) τιμές *fpl*

rather ['rɑːðə'] *adv* (= *quite*) λίγο • (*very*) αρκετά • **there's ~ a lot** είναι μάλλον πολλά • **I would ~ go** καλύτερα να πηγαίνω • **~ than** παρά

rating ['reitɪŋ] *n* (*score*) θέση *f* • (*assessment*) αξιολόγηση *f*

▸ **ratings** *npl* (*RADIO, TV*) ακροαματικότητα *f*

ratio ['reɪʃɪəʊ] *n* αναλογία *f* • **a ~ of 5 to 1** μια αναλογία 5 προς 1

ration ['ræʃən] *n* δελτίο *nt* ♦ *vt* βάζω δελτίο σε

▸ **rations** *npl* (*MIL*) τρόφιμα *ntpl*

rational ['ræʃənl] *adj* λογικός

rattle ['rætl] *n* (*of car, window*) τρίξιμο *nt* • (*of train, car*) μουγκρητό *nt* • (*for baby*) κουδουνίστρα *f* ♦ *vi* τρίζω ♦ *vt* κάνω να χτυπάει • (*fig*) μπερδεύω

rave [reɪv] *adj* (*inf: review*) διθυραμβικός • (*scene, culture*) ρέιβ *inv* ♦ *n* ρέιβ *nt inv* ♦ *vi* **to ~ about** εκθειάζω

raven ['reɪvən] *n* κοράκι *nt*

ravine [rə'viːn] *n* χαράδρα *f*

raw [rɔː] *adj* (*meat, vegetables*) ωμός • (*cotton, sugar etc*) ακατέργαστος • (= *sore*) άγριος

ray [reɪ] *n* ακτίνα *f* • **of hope** σταγόνα ελπίδας

razor ['reɪzə'] *n* (*open razor*) ξυράφι *nt* • (*safety razor*) ξυραφάκι *nt* • (*electric razor*) ξυριστική μηχανή *f*

Rd *abbr* = **road**

RE *n abbr* (*BRIT*) (*SCOL*) (= *religious education*)

re [riː] *prep* σχετικά με

reach [riːtʃ] *n* (= *range*) εμβέλεια *f* ♦ *vt* φτάνω σε • (*conclusion, decision*) καταλήγω σε • (= *be able to touch*) φτάνω • (*by telephone*) βρίσκω ♦ *vi* απλώνω το χέρι (μου) • **within/out of ~** που απέχει/δεν μπορώ να φτάσω

▸ **reaches** *npl* (*of river*) εκτάσεις *fpl* • **~ out** *vt* (*hand*) απλώνω το χέρι • **to ~ out for sth** τεντώνομαι για να φτάσω κτ

react [riː'ækt] *vi* αντιδρώ • **~ion** *n* αντίδραση *f* • **~or** *n* (*also* **nuclear ~or**) αντιδραστήρας *m*

read¹ [riːd] (*pt, pp* **~**) *vi* (*person*) διαβάζω ♦ *vt* διαβάζω • (*mood, thoughts*) καταλαβαίνω • (= *study*) σπουδάζω • **to ~ sb's mind** διαβάζω τη σκέψη κου • **~ out** *vt* διαβάζω δυνατά • **~ up on** *vt* μελετάω

read² [red] *pt, pp* of **read¹**

reader ['riːdə'] *n* αναγνώστης/τρια *m/f*

readily ['redɪlɪ] *adv* (= *without hesitation*) με προθυμία • (= *easily*) εύκολα

reading ['riːdɪŋ] *n* (*of books, newspapers etc*) διάβασμα *nt* • (*SCOL*) ανάγνωση *f* • (*on meter, thermometer etc*) ένδειξη *f*

ready ['redɪ] *adj* έτοιμος • (= *willing*) πρόθυμος ♦ *n* **at the ~** (*MIL*) σε επιφυλακή • (*fig*) σε πλήρη ετοιμότητα • **to get** ~ ετοιμάζομαι ♦ *vt* ετοιμάζω • **~-made** *adj* έτοιμος

real [rɪəl] *adj* πραγματικός • (*leather, gold etc*) αληθινός ♦ *adv* (*US: inf*) πολύ • ~ **estate** *n* ακίνητη περιουσία *f* • ~ **estate agent** (*US*) *n* κτηματομεσίτης/τρια *m/f* • **~istic** *adj* (*sensible*) ρεαλιστής • (= *true to life*) ρεαλιστικός

~ity [rɪːˈælɪtɪ] *n* πραγματικότητα *f* • **in ~ity** στην πραγματικότητα

realization [rɪəlaɪˈzeɪʃən] *n* (*understanding*) συνειδητοποίηση *f* • (*fulfilment*) πραγματοποίηση *f* • (*FIN*) ρευστοποίηση *f*

realize [ˈrɪəlaɪz] *vt* (*understand*) καταλαβαίνω • (= *fulfil*) πραγματοποιώ • (*FIN*) αποφέρω

really [ˈrɪəlɪ] *adv* (*for emphasis*) ~ **good** πάρα πολύ καλός • (= *actually*) **what ~ happened** αυτό που πραγματικά συνέβη • ~? αλήθεια; • ~! (*indicating annoyance*) αδύνατον!

realm [rɛlm] *n* (*fig: = field*) πεδίο *nt* • (= *kingdom*) βασίλειο *nt*

reappear [rɪːəˈpɪəʳ] *vi* επανεμφανίζομαι

rearrange [rɪːəˈreɪndʒ] *vt* (*furniture*) αλλάζω θέση σε • (*meeting*) ξανακανονίζω

reason [ˈrɪːzn] *n* (= *cause*) αιτία *f* • (*rationality*) λογική *f* • (*common sense*) λογική *f* ♦ *vi* **to ~ with sb** πείθω με λογικά επιχειρήματα κν • **within** ~ μέσα στα όρια της λογικής • **~able** *adj* λογικός • (*number, amount*) σεβαστός • **~ably** *adv* (= *fairly*) αρκετά • (= *sensibly*) λογικά • **~ing** *n* λογική *f*

reassurance [rɪːəˈʃuərəns] *n* (*comfort*) σιγουριά *f* • (*guarantee*) εγγύηση *f*

reassure [rɪːəˈʃuəʳ] *vt* καθησυχάζω

rebate [ˈrɪːbeɪt] *n* επιστροφή *f*

rebel *n* [ˈrɛbl] *vb* [rɪˈbɛl] *n* (*POL*) επαναστάτης/τρια *m/f* ♦ *vi* (*against society, parents etc*) επαναστατώ • (*POL*) στασιάζω • (*against society, parents etc*) επαναστατώ • **~lion** *n* (*POL*) στάση *f* • (*against society, parents etc*) επανάσταση *f* • **~lious** *adj* (*child*) ατίθασος • (*behaviour*) επαναστατικός

rebuild [rɪːˈbɪld] (*irreg*) *vt* (*town, building etc*) ξανακτίζω • (*economy*) ανοικοδομώ • (*confidence*) ξαναδημιουργώ

recall *vb* [rɪˈkɔːl] *n* [ˈrɪːkɔl] *vt* (= *remember*) θυμάμαι • (*ambassador etc*) ανακαλώ • (*parliament*) επανασυγκαλώ ♦ *n* (*of memories*) επαναφορά *f* • (*of ambassador etc*) ανάκληση *f*

receipt [rɪˈsiːt] *n* (*for goods purchased*) απόδειξη *f* • (*for parcel etc*) απόδειξη *f* παραλαβής • (= *act of receiving*) παραλαβή *f*

▸ **receipts** *npl* (*COMM*) εισπράξεις *fpl*

receive [rɪˈsiːv] *vt* (*money, letter etc*) παίρνω • (*injury, treatment*) υφίσταμαι • (*criticism, visitor*) δέχομαι • **~r** *n* (*TEL*) ακουστικό *nt* • (*RADIO, TV*) δέκτης *m* • (*of stolen goods*) κλεπταποδόχος *mf* • (*COMM*) σύνδικος *m* πτωχεύσεως

recent [ˈrɪːsnt] *adj* πρόσφατος • **in ~ years** τα τελευταία χρόνια • **~ly** *adv* (= *not long ago*) πρόσφατα • (= *lately*) τελευταία • **as ~ly as** μόλις

reception [rɪˈsɛpʃən] *n* (*in office, hospital etc*) υποδοχή *f* • (*in hotel*) ρεσεψιόν *f inv* • (*party*) δεξίωση *f* • (= *welcome*) υποδοχή *f* • (*RADIO, TV*) λήψη *f* • **~ist** *n* (*in doctor's surgery etc*) γραμματέας *mf* (*υπάλληλος υποδοχής*) • (*in hotel*) ρεσεψιονίστ *mf inv*

recession [rɪˈsɛʃən] *n* (*ECON*) *n* ύφεση *f*

recharge [rɪːˈtʃɑːdʒ] *vt* (*επανα)φορτίζω*

recipe [ˈrɛsɪpɪ] *n* (*CULIN*) συνταγή *f* • **a**

~ **for disaster/success** συνταγή αποτυχίας/επιτυχίας

recipient [rɪ'sɪpɪənt] n (of letter) παραλήπτης/τρια m/f • (of payment etc) αποδέκτης/τρια m/f

recital [rɪ'saɪtl] n (of music) ρεσιτάλ nt inv

recite [rɪ'saɪt] vt (poem) απαγγέλλω

reckless ['rɛklɪs] adj απερίσκεπτος

reckon ['rɛkən] vt (= consider) πιστεύω • (= calculate) υπολογίζω • **I ~ that …** φαντάζομαι ότι … • **~ on** vt fus υπολογίζω

reclaim [rɪ'kleɪm] vt (tax) ζητώ την επιστροφή +gen • (land: from sea) αποξηραίνω • (: from forest) εκχερσώνω • (waste, materials) αξιοποιώ

recognition [rɛkəg'nɪʃən] n αναγνώριση f • **to change beyond ~** γίνομαι αγνώριστος

recognize ['rɛkəgnaɪz] vt αναγνωρίζω • (problem, need) αντιλαμβάνομαι

recollection [rɛkə'lɛkʃən] n (= memory) ανάμνηση f • (= remembering) μνήμη f

recommend [rɛkə'mɛnd] vt συνιστώ • **~ation** n (= act of recommending) συστάσεις fpl • (= suggestion) υπόδειξη f

reconcile ['rɛkənsaɪl] vt (two people) συμφιλιώνω • (two facts, beliefs) συμβιβάζω • **to ~ o.s. to sth** συμβιβάζομαι με κτ

reconsider [ri:kən'sɪdər] vt αναθεωρώ • vi αναθεωρώ

reconstruct [ri:kən'strʌkt] vt (building) ανοικοδομώ • (policy, system) τροποποιώ • (event, crime) κάνω αναπαράσταση +gen

record n ['rɛkɔ:d] vb [rɪ'kɔ:d] n (written account) αρχείο nt • (of meeting, decision) πρακτικό nt • (COMPUT) εγγραφή f • (file) αρχείο nt • (MUS: disk) δίσκος m • (= history) ιστορικό nt • (also **criminal ~**) φάκελος m • (SPORT) ρεκόρ nt inv

♦ vt (= write down) καταγράφω • (temperature, speed etc) δείχνω • (voice, conversation) μαγνητοφωνώ • (MUS: song etc) ηχογραφώ ♦ adj (sales, profits) -ρεκόρ • **in ~ time** σε χρόνο-ρεκόρ • **off the ~** adj (remark) ανεπίσημος ♦ adv (speak) ανεπίσημα • **~er** n (MUS) φλογέρα f • **~ing** n ηχογράφηση f

recount [rɪ'kaʊnt] vt εξιστορώ

recover [rɪ'kʌvər] vt (stolen goods, lost items etc) ξαναβρίσκω ♦ vi (from illness, operation) αναρρώνω • (from shock, experience) συνέρχομαι • (country, economy) ανακάμπτω • **~y** n (from illness, operation) ανάρρωση f • (in economy, finances) ανάκαμψη f • (of stolen goods, lost items) ανάκτηση f

recreate [ri:krɪ'eɪt] vt αναπλάθω

recreation [rɛkrɪ'eɪʃən] n αναψυχή f

recruit [rɪ'kru:t] n (MIL) νεοσύλλεκτος m • (in company) νέος/α υπάλληλος m/f • (in organization) νέο μέλος nt ♦ vt (also MIL) στρατολογώ • (staff) προσλαμβάνω • **~ment** n προσλήψεις fpl

rectangle ['rɛktæŋgl] n ορθογώνιο nt • **rectangular** adj ορθογώνιος

rectify ['rɛktɪfaɪ] vt (mistake) επανορθώνω • (situation) διορθώνω

rector ['rɛktər] n (REL) n εφημέριος m

recurring [rɪ'kə:rɪŋ] adj επαναλαμβανόμενος • (MATH) άρρητος

recycle [ri:'saɪkl] vt ανακυκλώνω ♦ vi ανακυκλώνομαι

red [rɛd] n κόκκινο nt • (pej: POL) κομμούνι nt ♦ adj κόκκινος • **to be in the ~** είμαι χρεωμένος • **Red Cross** n the R~ Cross ο Ερυθρός Σταυρός • **~currant** n βατόμουρο nt

redeem [rɪ'di:m] vt (situation, reputation) σώζω • (loan) εξοφλώ • (sth in pawn) παίρνω πίσω • (REL: person) λυτρώνω

redhead ['rɛdhɛd] n κοκκινομάλλης/α m/f

reduce [rɪ'dju:s] vt μειώνω · **to ~ sb to tears/silence** κάνω κν να κλάψει/ σωπάσει · **-d** adj που έχει μειωθεί τιμή · **reduction** n (in numbers) περιορισμός m · (in price) έκπτωση f

redundancy [rɪ'dʌndənsɪ] (BRIT) n (dismissal) απόλυση f · (unemployment) ανεργία f

redundant adj (BRIT: worker) υπεράριθμος · (detail, word) περιττός · **to be made ~** (worker) απολύομαι

reed [ri:d] n (BOT) καλάμι nt · (MUS) γλωσσίδα f

reef [ri:f] n ύφαλος m

reel [ri:l] n (of thread) μασούρι nt · (of string, of film) καρούλι nt · (CINE) μποΜπίνα f · (on fishing rod) ανέμη f · (dance) γρήγορος σκωτσέζικος χορός ♦ vi στριφογυρίζω

ref. (COMM) abbr (= with reference to) σχετικά με

refer [rɪ'fɜ:ʳ] vt · **to ~ sb to** παραπέμπω κν σε · **to ~ to** vt fus αναφέρομαι σε · (= consult) συμβουλεύομαι

referee [refə'ri:] n (SPORT) διαιτητής m · (BRIT: for job application) αυτός που δίνει συστατική επιστολή ♦ vt διαιτητεύω

reference ['refrəns] n (mention) αναφορά f · (in book, article) παραπομπή f · (for job application: letter) συστατική επιστολή f

refine [rɪ'faɪn] vt (sugar) καθαρίζω, κατεργάζομαι · (oil) διυλίζω · (theory, idea) τελειοποιώ · **-d** adj (person) ραφινάτος · (taste) εκλεπτυσμένος · (sugar) ραφιναρισμένος · (oil) καθαρός · **-ry** n (for oil) διυλιστήριο nt

reflect [rɪ'flekt] vt αντανακλώ ♦ vi (= think) συλλογίζομαι · **-ion** n (image) είδωλο nt · (of light, heat) αντανάκλαση f · (thought) σκέψη f · **on -ion** μετά από σκέψη

reflex ['ri:fleks] adj αντανακλαστικός

▸ **reflexes** npl αντανακλαστικά ntpl

reform [rɪ'fɔ:m] n (of law) αναμόρφωση f · (of system) μεταρρύθμιση f ♦ vt (law, system) αναμορφώνω ♦ vi (criminal) σωφρονίζομαι · (alcoholic) θεραπεύομαι

refrain [rɪ'freɪn] vi **to ~ from doing** αποφεύγω να κάνω ♦ n (of song) ρεφραίν nt inv

refresh [rɪ'freʃ] vt **to ~ sb's memory** φρεσκάρω τη μνήμη κου · **~ing** adj (drink, swim) δροσιστικός · (sleep) αναζωογονητικός · (fact, idea etc) ευχάριστος · **~ments** npl πρόχειρο φαγητό nt και αναψυκτικά

refrigerator [rɪ'frɪdʒəreɪtəʳ] n ψυγείο nt

refuge ['refju:dʒ] n καταφύγιο nt

refugee [refju'dʒi:] n πρόσφυγας mf

refund n ['ri:fʌnd] vt [rɪ'fʌnd] n επιστροφή f χρημάτων ♦ vt επιστρέφω

refusal [rɪ'fju:zəl] n απόρριψη f

refuse[1] [rɪ'fju:z] vt (request, offer) απορρίπτω · (invitation, gift) δεν δέχομαι · (permission, consent) αρνούμαι ♦ vi (= say no) αρνούμαι · **to ~ to do sth** αρνούμαι να κάνω κτ

refuse[2] ['refju:s] n απορρίμματα ntpl (fml)

regain [rɪ'geɪn] vt (power, control) επανακτώ · (health, confidence) ξαναβρίσκω

regard [rɪ'gɑ:d] n (= esteem) εκτίμηση f ♦ vt (= consider) θεωρώ · (= view) αντιμετωπίζω · **to give one's ~s to** δίνω τα χαιρετίσματά μου σε · **as ~s, with ~ to** όσον αφορά σε +acc · **~ing** prep σχετικά με · **~less** adv (carry on, continue) έτσι κι αλλιώς · **~less of** αδιαφορώντας για

regenerate [rɪ'dʒenəreɪt] vt αναπλάθω

reggae ['regeɪ] n ρέγγε f inv

regime [reɪ'ʒi:m] n καθεστώς nt · (diet, exercise) πρόγραμμα nt

regiment n ['redʒɪmənt] n (MIL.)

σύνταγμα nt

region ['ri:dʒən] n περιοχή f ·
(= administrative division) περιφέρεια
f · **in the ~ of** της τάξεως +gen ·
~al adj (authority) περιφερειακός ·
(accent, foods) τοπικός

register ['redʒistə'] n μητρώο nt ·
(also **electoral ~**) εκλογικός
κατάλογοι mpl · (SCOL) απουσιολόγιο
nt ♦ vt δηλώνω · (POST: letter) στέλνω
συστημένο ♦ vi (person: at hotel)
δίνω τα στοιχεία μου · (: at doctor's)
γράφομαι ως ασθενής · (: for a
course) εγγράφομαι · (= make
impression) γίνομαι κατανοητός ·
~ed adj (POST) συστημένος

registrar ['redʒistrɑ:'] n (in registry
office) ληξίαρχος mf

registration [redʒis'treiʃən] n (of
birth, death) ληξιαρχική πράξη f · (of
students) εγγραφή f

regret [ri'gret] n (sorrow) λύπη f ♦ vt
(decision, action) μετανιώνω για ·
(loss, death) λυπάμαι για · **with
~** μετά λύπης μου · **to ~ that**
λυπάμαι που · **~table** adj ατυχής

regular ['regjulə'] adj (= even)
κανονικός · (= evenly-spaced)
τακτικός · (= symmetrical)
κανονικός · (= frequent) τακτικός ·
(= usual) τακτικός · (LING: verb)
ομαλός · (COMM: size) κανονικός ♦ n
(client etc) τακτικός/ή πελάτης/ισσα
m/f · **~ly** adv (meet, happen) τακτικά ·
(= evenly: spaced) με κανονικά
διαστήματα

regulate ['regjuleit] vt ρυθμίζω ·
regulation n έλεγχος m · (= rule)
κανονισμός m

rehabilitation ['ri:əbili'teiʃən] n
επανένταξη f · (of invalid)
αποκατάσταση f

rehearsal [ri'hə:səl] n (THEAT) πρόβα
f · **dress ~** γενική δοκιμή

rehearse [ri'hə:s] vt κάνω πρόβα σε
♦ vi κάνω πρόβα

reign [rein] n βασιλεία f · (fig)

καθεστώς nt ♦ vi βασιλεύω

reimburse [ri:im'bə:s] vt αποζημιώνω

rein [rein] n (for horse) γκέμι nt

reincarnation [ri:inka:'neiʃən] n
(belief) μετεμψύχωση f

reindeer ['reindiə'] n inv τάρανδος m

reinforce [ri:in'fɔ:s] vt ενισχύω

reinstate [ri:in'steit] vt (employee)
επαναφέρω στην υπηρεσία · (tax,
law) επαναφέρω

reject n ['ri:dʒekt] vb [ri'dʒekt] n
(COMM) ακατάλληλο or σκάρτο
προϊόν nt ♦ vt (plan, candidate etc)
απορρίπτω · (offer of help) αρνούμαι ·
(goods, fruit etc) κρίνω ακατάλληλα ·
(MED) αποβάλλω · **~ion** (also MED)
απόρριψη f · (of offer of help) άρνηση
f

rejoice [ri'dʒɔis] vi **to ~ at** or **over**
αισθάνομαι αγαλλίαση για

relate [ri'leit] vt (= tell: story etc)
διηγούμαι · (connect) συνδέω ♦ vi **to
~ to** (person) κάνω σχέσεις με ·
(subject) συνδυάζομαι με · **~d** adj
(people) που συγγενεύει · (species,
languages) συγγενικός · (questions,
issues) συνδεδεμένος · **relating to**
prep σχετικά με

relation [ri'leiʃən] n (= member of
family) συγγενής mf · (connection)
σχέση f

▸ **relations** npl (= contact) σχέσεις
fpl · (= relatives) συγγενείς mpl ·
~ship n σχέση f · (between two
countries) σχέσεις fpl

relative ['relətiv] n συγγενής mf ♦ adj
(= comparative) σχετικός · **~ to**
σχετικά με · **~ly** adv σχετικά

relax [ri'læks] vi χαλαρώνω · (= calm
down) ηρεμώ ♦ vt χαλαρώνω ·
~ation n χαλάρωση f · **~ed** adj
ήρεμος · **~ing** adj (holiday) που σε
ξεκουράζει

relay n ['ri:lei] vb [ri'lei] n (race)
σκυταλοδρομία f ♦ vt (message,
news) μεταφέρω · (programme,
broadcast) αναμεταδίδω

release [rɪ'liːs] n (from prison)
αποφυλάκιση f· (from obligation,
situation) αποδέσμευση f· (of funds
etc) αποδέσμευση f· (of gas, water
etc) διαφυγή f· (COMM) κυκλοφορία f
♦ vt (from obligation, responsibility)
απαλλάσσω · (from wreckage, lift etc)
απεγκλωβίζω · (catch, spring etc)
ελευθερώνω · (AUT) αφήνω · (record,
film) βγάζω στην κυκλοφορία ·
(report, news) δίνω στη
δημοσιότητα · **new** ~ (film) νέα
ταινία f· (book) νέο βιβλίο nt ·
(record) νέος δίσκος m · **new
press release**

relentless [rɪ'lentlɪs] adj (heat) που
δεν υποχωρεί · (noise) επίμονος

relevant ['reləvənt] adj σχετικός ·
(area) ανάλογος

reliable [rɪ'laɪəbl] adj αξιόπιστος ·
(information) βάσιμος

relic ['relɪk] n (REL) λείψανο nt · (of the
past) απομεινάρι nt

relief [rɪ'liːf] n (from pain, anxiety etc)
ανακούφιση f· (= aid) βοήθεια f

relieve [rɪ'liːv] vt (pain) απαλύνω ·
(fear, worry) μετριάζω · (colleague,
guard) αντικαθιστώ · **to ~ sb of sth**
απαλλάσσω κν από κτ · **to ~ o.s.**
ανακουφίζομαι

religion [rɪ'lɪdʒən] n θρησκεία f·

religious adj θρησκευτικός ·
~ person άνθρωπος f/m της θρησκείας

relish ['relɪʃ] n (CULIN) καρύκευμα nt ·
(= enjoyment) χαρά f ♦ vt (challenge)
απολαμβάνω · (idea, thought etc)
χαίρομαι σε · **to ~ doing sth** κάνω
κτ με ευχαρίστηση

relocate [riː'ləʊkeɪt] vt μεταφέρω
♦ vi μεταφέρομαι

reluctance [rɪ'lʌktəns] n απροθυμία f

reluctant [rɪ'lʌktənt] adj απρόθυμος ·
to be ~ to do sth διστάζω να κάνω
κτ

reluctantly [rɪ'lʌktəntlɪ] adv
απρόθυμα

rely on [rɪ'laɪən] vt fus (= be dependent

on) βασίζομαι σε · (= trust) έχω
εμπιστοσύνη σε

remain [rɪ'meɪn] vi (= survive)
επιβιώνω · (= continue to be)
παραμένω · (= stay) παραμένω ·
~der n (= rest) υπόλοιπο nt · **~ing**
adj υπόλοιπος · **~s** npl (of meal)
αποφάγια ntpl · (of building etc)
ερείπια ntpl · (of body, corpse) οστά
ntpl

remand [rɪ'mɑːnd] n on ~ υπό
προσωρινή κράτηση ♦ vt **to be ~ed
in custody** προφυλακίζομαι

remark [rɪ'mɑːk] n παρατήρηση f ♦ vt
παρατηρώ · **to ~ on sth** σχολιάζω
κτ · **~able** adj αξιοσημείωτος

remedy ['remədɪ] n φάρμακο nt · (fig)
τρόπος m αντιμετώπισης ♦ vt
(situation, mistake) διορθώνω

remember [rɪ'membər] vt θυμάμαι

remind [rɪ'maɪnd] vt **to ~ sb to do
sth** θυμίζω σε κν να κάνει κτ · **to ~
sb of sth** υπενθυμίζω κτ σε κν ·
she ~s me of her mother μου
θυμίζει τη μητέρα της · **~er** n
υπενθύμιση f

reminiscent [remɪ'nɪsnt] adj **this is
~ of sth** αυτό θυμίζει κτ

remnant ['remnənt] n απομεινάρι nt ·
(COMM: of cloth) ρετάλι nt

remorse [rɪ'mɔːs] n τύψεις fpl

remote [rɪ'məʊt] adj (= distant)
μακρινός · (= aloof) απόμακρος ·
(= slight) ελάχιστος · **~ control** n
(TV) τηλεχειριστήριο nt · **~ly** adv
ελάχιστα

removal [rɪ'muːvəl] n (of object)
αφαίρεση f· (of stain) καθαρισμός
m · (of threat, suspicion)
απομάκρυνση f· (BRIT: from house)
μετακόμιση f· (MED) αφαίρεση f

remove [rɪ'muːv] vt (furniture, debris
etc) απομακρύνω · (clothing, bandage
etc) βγάζω · (stain) βγάζω · (from list)
σβήνω · (doubt, suspicion)
απαλλάσσω από · (MED) αφαιρώ

Renaissance [rɪ'neɪsɑːs] n **the ~** η

Αναγέννηση

render ['rɛndəʳ] vt (assistance, aid)
παρέχω · (harmless, useless) καθιστώ

rendezvous ['rɒndɪvuː] n (meeting)
ραντεβού nt inv · (place) τόπος m
συνάντησης

renew [rɪ'njuː] vt (attack, efforts)
επαναλαμβάνω με μεγαλύτερη
ένταση · (loan, contract etc) ανανεώνω

renovate ['rɛnəveɪt] vt ανακαινίζω

renowned [rɪ'naund] adj φημισμένος

rent [rɛnt] n νοίκι nt ♦ vt νοικιάζω ·
~al n μίσθωμα nt

reorganize [riː'ɔːɡənaɪz] vt
αναδιοργανώνω

rep [rɛp] n abbr (COMM) =
representative

repair [rɪ'pɛəʳ] n επισκευή f ♦ vt
(clothes) επιδιορθώνω · (car, engine)
φτιάχνω · (road, building) επισκευάζω

repay [rɪ'peɪ] (irreg) vt (money)
επιστρέφω · (person) εξοφλώ · (debt,
loan) εξοφλώ · (sb's efforts)
αποζημιώνω για · **~ment** n (of debt
etc) εξόφληση f · (of loan)
αποπληρωμή f

repeat [rɪ'piːt] n (RADIO, TV)
επανάληψη f ♦ vt επαναλαμβάνω ·
(SCOL) ξανακάνω ♦ vi
επαναλαμβάνω · **~edly** adv
επανειλημμένα

repellent [rɪ'pɛlənt] n insect
~ εντομοαπωθητικό

repetition [rɛpɪ'tɪʃən] n επανάληψη f ·
(COMM) ανανέωση f

repetitive [rɪ'pɛtɪtɪv] adj
επαναλαμβανόμενος · (work)
μονότονος

replace [rɪ'pleɪs] vt (= put back)
ξαναβάζω · (= take the place of)
αντικαθιστώ · to ~ sth with sth
else αντικαθιστώ κτ με κτ άλλο ·
~ment n (= substitution)
αντικατάσταση f · (= substitute)
αντικαταστάτης/τρια m/f

replay n ['riːpleɪ] vb [riː'pleɪ] n
επανάληψη f ♦ vt (SPORT)

επαναλαμβάνω · (track, song)
ξαναπαίζω

replica ['rɛplɪkə] n αντίγραφο nt

reply [rɪ'plaɪ] n απάντηση f ♦ vi
απαντώ

report [rɪ'pɔːt] n (account) αναφορά f ·
(PRESS etc) ρεπορτάζ nt inv · (BRIT:
also **school** ~) έλεγχος m ♦ vt
αναφέρω ♦ vi συντάσσω μια
έκθεση · **to ~ to sb** (= present o.s.
to) παρουσιάζομαι σε κν · (= be
responsible to) δίνω αναφορά σε ·
~edly adv she is ~edly living in
Spain λέγεται or λένε ότι μένει
στην Ισπανία · **~er** n δημοσιογράφος
mf · (on the spot) ρεπόρτερ mf inv

represent [rɛprɪ'zɛnt] vt (person,
nation) εκπροσωπώ · (view, belief)
αντιπροσωπεύω · (= constitute)
αποτελώ · **~ation** n εκπροσώπηση
f · **~ative** n (of person, nation)
αντιπρόσωπος mf · (COMM)
(εμπορικός) αντιπρόσωπος mf · (US:
POL) μέλος nt της βουλής των
Αντιπροσώπων ♦ adj
αντιπροσωπευτικός · **~ative of**
αντιπροσωπευτικός +gen

repression [rɪ'prɛʃən] n (of people,
country) καταπίεση f · (of feelings)
απώθηση f

reprimand ['rɛprɪmɑːnd] n επίπληξη f
♦ vt επιπλήττω

reproduce [riːprə'djuːs] vt (= copy)
αναδημοσιεύω ♦ vi (BIO)
αναπαράγομαι · **reproduction** n
(= copy) αναδημοσίευση f · (of
painting, furniture) αντίγραφο nt ·
(BIO) αναπαραγωγή f

reptile ['rɛptaɪl] n ερπετό nt

republic [rɪ'pʌblɪk] n δημοκρατία f ·
~an adj δημοκρατικός · (US: POL)
Republican ρεπουμπλικανικός ♦ n
(US: POL) **Republican**
ρεπουμπλικάνος/a m/f

reputable ['rɛpjʊtəbl] adj ονομαστός

reputation [rɛpjʊ'teɪʃən] n φήμη f · **to
have a ~ for** φημίζομαι για

request [rɪˈkwɛst] n (= polite demand) αίτηση f ・ (= formal demand) αίτημα nt ・ (RADIO) αφιέρωση f ♦ vt ζητάω

require [rɪˈkwaɪə*] vt (person) χρειάζομαι ・ (thing, situation) απαιτώ ・ (= demand) απαιτώ ・ **to ~ sb to do sth** απαιτώ από κν να κάνει κτ ・ **~ment** n (= need) ανάγκη f ・ (condition) προϋπόθεση f

rescue [ˈrɛskjuː] n σωτηρία f ・ (from drowning, accident) διάσωση f ♦ vt σώζω

research [rɪˈsəːtʃ] n έρευνα f ♦ vt κάνω έρευνα για

resemblance [rɪˈzɛmbləns] n ομοιότητα f

resemble [rɪˈzɛmbl] vt μοιάζω

resent [rɪˈzɛnt] vt (attitude, treatment) αισθάνομαι πικρία για ・ (person) κρατάω κακία σε ・ **~ful** adj (person) πικρόχολος ・ (attitude) γεμάτος πικρία ・ **~ment** n πικρία f

reservation [rɛzəˈveɪʃən] n (= booking) κράτηση f ・ (= doubt) επιφύλαξη f ・ **to make a ~** (in hotel) κλείνω δωμάτιο ・ (in restaurant) κλείνω τραπέζι ・ **with ~(s)** με κάποια επιφύλαξη

reserve [rɪˈzəːv] n απόθεμα nt ・ (fig) αποθέματα ntpl ・ (SPORT) αναπληρωματικός m/f ・ (= restraint) αυτοσυγκράτηση f ・ (also nature ~) εθνικός δρυμός m ・ (seat, table) κλείνω ・ **in ~** στην άκρη

▶ **reserves** npl (MIL) εφεδρεία f ・ **~d** adj (= restrained) συγκρατημένος ・ (seat) κλεισμένος

reservoir [ˈrɛzəvwɑː*] n (of water) δεξαμενή f

residence [ˈrɛzɪdəns] n (fml: = home) κατοικία f ・ (= length of stay) παραμονή f

resident [ˈrɛzɪdənt] n (of country, town) κάτοικος mf ・ (in hotel) πελάτης mf ♦ adj (living) **to be ~ in** είμαι κάτοικος +gen

residential [rɛzɪˈdɛnʃəl] adj (area) με κατοικίες ・ (staff) που μένει μέσα ・ (course) στον οποίο είσαι εσωτερικός

residue [ˈrɛzɪdjuː] n (CHEM: also fig) κατάλοιπο nt

resign [rɪˈzaɪn] vt παραιτούμαι από ♦ vi παραιτούμαι ・ **to ~ o.s. to** αναγκάζομαι να αποδεχθώ

resignation [rɛzɪɡˈneɪʃən] n (from post) παραίτηση f ・ (state of mind) καρτερία f

resin [ˈrɛzɪn] n ρετσίνι nt

resist [rɪˈzɪst] vt (change, demand) εναντιώνομαι σε ・ (enemy, attack) αντιστέκομαι σε ・ (temptation, urge) αντιστέκομαι σε ・ **~ance** n (to illness, infection) ανθεκτικότητα f

resolution [rɛzəˈluːʃən] n (decision) απόφαση f ・ (= determination) αποφασιστικότητα f ・ (of problem, difficulty) επίλυση f

resolve [rɪˈzɔlv] n αποφασιστικότητα f ♦ vt επιλύω ♦ vi **to ~ to do sth** παίρνω απόφαση να κάνω κτ

resort [rɪˈzɔːt] n (town) θέρετρο nt ・ (= recourse) προσφυγή f ♦ vi **to ~ to** καταφεύγω σε ・ **as a last ~, in the last ~** σε έσχατη περίπτωση

resource [rɪˈzɔːs] n πρώτη ύλη f

▶ **resources** npl (coal, iron) πόροι mpl ・ (money) οικονομικά fpl ・ **~ful** adj επινοητικός

respect [rɪsˈpɛkt] n σεβασμός m ♦ vt σέβομαι ・ **with ~ to** or **in ~ of** σχετικά με ・ **in this ~** σε αυτό το σημείο

▶ **respects** npl σέβη ntpl ・ **~able** adj (area, background) καθώς πρέπει inv ・ (person) αξιοπρεπής ・ (amount) σεβαστός ・ **~ful** adj (person) που έχει σεβασμό ・ (behaviour) που δείχνει σεβασμό

respective [rɪsˈpɛktɪv] adj αντίστοιχος ・ **~ly** adv αντίστοιχα

respite [ˈrɛspaɪt] n ανάπαυλα f

respond [rɪsˈpɔnd] vi (= answer)

απαντάω · (= react) ανταποκρίνομαι · (to treatment) αντιδρώ · **response** n (to question) απάντηση f · (to situation, event) αντίδραση f

responsibility [rɪspɒnsɪˈbɪlɪtɪ] n ευθύνη f

responsible [rɪsˈpɒnsɪbl] adj (person, job) υπεύθυνος · **to be ~ for sth** είμαι υπεύθυνος για κτ ·
responsibly adv υπεύθυνα

responsive [rɪsˈpɒnsɪv] adj (person) που δείχνει ανταπόκριση · (to sb's needs, interests etc) που ανταποκρίνομαι

rest [rest] n (= relaxation) ξεκούραση f · (= pause) διάλειμμα nt · (= remainder) **the ~** of οι υπόλοιποι
♦ vi ξεκουράζομαι ♦ vt (muscles) χαλαρώνω · (eyes, elbow) ακουμπάω · **to ~ sth on/against sth** ακουμπάω κτ σε κτ · **the ~ of them** οι υπόλοιποι

restaurant [ˈrɛstərɒn] n εστιατόριο nt

restless [ˈrɛstlɪs] adj ανήσυχος (από πλήξη)

restoration [rɛstəˈreɪʃən] n (of painting) συντήρηση f · (of church etc) αναπαλαίωση f · (HIST) **the R~** η Παλινόρθωση

restore [rɪˈstɔː] vt (painting) συντηρώ · (building) αναπαλαιώνω · (law and order, health) αποκαθιστώ · (to power, former state) επαναφέρω

restrain [rɪsˈtreɪn] vt (person) εμποδίζω · (feeling, growth) συγκρατώ · **~t** n (= restriction) περιορισμός m · (= moderation) αυτοσυγκράτηση f

restrict [rɪsˈtrɪkt] vt περιορίζω · **~ion** n περιορισμός m

rest room (US) n τουαλέτα f

restructure [riːˈstrʌktʃəʳ] vt αναδιοργανώνω

result [rɪˈzʌlt] n αποτέλεσμα nt ♦ vi (in education) έχω σαν αποτέλεσμα · **as a ~ of** ως συνέπεια +gen

resume [rɪˈzjuːm] vt (work, journey)

συνεχίζω ♦ vi ξαναρχίζω

résumé [ˈreɪzjuːmeɪ] n περίληψη f · (US: = curriculum vitae) βιογραφικό σημείωμα nt

retail [ˈriːteɪl] adj (department, shop) λιανικής πώλησης · (trade) λιανικός · (goods) σε λιανική ♦ adv λιανικά ♦ vt πουλάω σε λιανική ♦ vi **to ~ at** πωλούμαι σε λιανική · **~er** n έμπορος mf λιανικής

retain [rɪˈteɪn] vt (independence, humour) διατηρώ · (ticket, souvenir) κρατάω · (heat, moisture) συγκρατώ

retaliation [rɪtælɪˈeɪʃən] n αντίποινα ntpl

retarded [rɪˈtɑːdɪd] adj (pej) καθυστερημένος

retire [rɪˈtaɪəʳ] vi (= give up work) παίρνω σύνταξη · (= withdraw) αποσύρομαι · (= go to bed) πάω για ύπνο · **~d** adj (person) συνταξιούχος · (officer) απόστρατος · **~ment** n (state) γηρατειά ntpl · (act) σύνταξη f

retort [rɪˈtɔːt] vi αποκρίνομαι ♦ n απάντηση f

retreat [rɪˈtriːt] n (place) ησυχαστήριο nt · (MIL) οπισθοχώρηση f ♦ vi αποτραβιέμαι · (MIL) υποχωρώ

retrieve [rɪˈtriːv] vt (object) παίρνω (πίσω) · (situation, error) διορθώνω · (COMPUT) **"~"** "ανάκτηση"

retrospect [ˈrɛtrəspɛkt] n **in ~** εκ των υστέρων

return [rɪˈtɜːn] n επιστροφή f · (FIN) απόδοση f · (journey) της επιστροφής · (BRIT: ticket) με επιστροφή ♦ vi (person etc) επιστρέφω · (feelings, symptoms etc) επανέρχομαι ♦ vt (favour, greetings etc) ανταποδίδω · (sth borrowed, stolen etc) επιστρέφω · **in ~** για ανταλλαγμα · **in ~ for** ως αντάλλαγμα για · **many happy ~s (of the day)!** χρόνια πολλά! · ▸ **returns** npl (COMM) κέρδη ntpl · **~ to** vt fus (consciousness) ανακτώ (power) επιστρέφω σε

reunion [riː'juːnɪən] n (of family) συγκέντρωση f · (of people, school) συνάντηση f (μετά από καιρό)

reunite [riːjuː'naɪt] vt (people) ξανασμίγω με · (organization, country etc) ξαναενώνω

revamp [riː'væmp] vt ανανορφώνω

reveal [rɪ'viːl] vt αποκαλύπτω · **~ing** adj αποκαλυπτικός

revel ['revl] vi **to ~ in sth/in doing sth** απολαμβάνω κτ/να κάνω κτ

revelation [revəˈleɪʃən] n αποκάλυψη f

revenge [rɪ'vendʒ] n εκδίκηση f

revenue ['revənjuː] n έσοδα ntpl

Reverend ['revərənd] adj (in titles) αιδεσιμότατος · **the ~ John Smith** ο αιδεσιμότατος Τζων Σμιθ

reversal [rɪ'vɜːsl] n (of decision) αναίρεση f · (of policy, trend) μεταβολή f

reverse [rɪ'vɜːs] n (= opposite) αντίθετο nt · (of coin, medal) άλλη (πλευρά) f · (AUT: also ~ **gear**) όπισθεν f inv ◆ adj (side) άλλος · (process) αντίστροφος ◆ vt (order, position) αντιστρέφω · (direction) αλλάζω · (process) αντιστρέφω · (decision) αναιρώ · (trend) μεταβάλλω · (car) κάνω όπισθεν ◆ vi (BRIT: AUT) κάνω όπισθεν · **in ~ order** με αντίστροφη σειρά · **in ~** αντίστροφα

revert [rɪ'vɜːt] vi **to ~ to** ξαναγυρίζω σε · (JUR) επανέρχομαι σε

review [rɪ'vjuː] n (of book, film etc) κριτική f · (of situation etc) επανεξέταση f · (of policy) αναθεώρηση f ◆ vt (book, film etc) γράφω κριτική για · (situation) επανεξετάζω · (policy etc) αναθεωρώ

revise [rɪ'vaɪz] vt (manuscript) διορθώνω · (opinion, attitude) αναθεωρώ · (price) αναπροσαρμόζω ◆ vi (= study) κάνω επανάληψη

revision [rɪ'vɪʒən] n (of law, schedule etc) αναθεώρηση f · (of manuscript)

διόρθωση f · (for exam) επανάληψη f

revival [rɪ'vaɪvəl] n (= recovery) ανάκαμψη f · (of interest, faith) αναζωπύρωση f

revive [rɪ'vaɪv] vt (person) συνεφέρνω · (economy, industry) δίνω νέα ζωή σε · (custom, hope) ξαναζωντανεύω · (interest) ξυπνώ ◆ vi (person) συνέρχομαι · (activity) ανανεώνομαι · (economy) ανακάμπτω · (faith, hope) ανανεώνω

revolt [rɪ'vəʊlt] n εξέγερση f ◆ vi (= rebel) εξεγείρομαι ◆ vt αηδιάζω · **~ing** adj αηδιαστικός

revolution [revəˈluːʃən] n επανάσταση f · (= rotation) περιστροφή f · **~ary** adj επαναστατικός ◆ n επαναστάτης/ τρια m/f

revolve [rɪ'vɒlv] vi περιστρέφομαι · **to ~ (a)round** περιστρέφομαι γύρω από

revolver [rɪ'vɒlvəʳ] n περίστροφο nt

reward [rɪ'wɔːd] n (for service, work) ανταμοιβή f · (for capture of criminal, information) αμοιβή f · (= satisfaction) απολαβή f ◆ vt ανταμείβω · **~ing** adj που προσφέρει ικανοποίηση

rewind [riː'waɪnd] (irreg) vt γυρίζω πίσω

rewrite [riː'raɪt] (irreg) vt ξαναγράφω

rhinoceros [raɪ'nɒsərəs] n ρινόκερος m

rhubarb ['ruːbɑːb] n ραβέντι nt

rhyme [raɪm] n (of two words) ομοιοκαταληξία f · (verse) ρίμα f ◆ vi **to ~ (with)** έχω ομοιοκαταληξία (με)

rhythm ['rɪðm] n (MUS) ρυθμός m

rib [rɪb] n (ANAT) πλευρό nt ◆ vt δουλεύω

ribbon ['rɪbən] n (for hair, decoration) κορδέλλα f

rice [raɪs] n (grain) ρύζι nt

rich [rɪtʃ] adj πλούσιος · (food) βαρύς · (diet) πλήρης · (colour) έντονος ◆ npl **the ~** οι πλούσιοι

rid [rɪd] (pt, pp ~) vt **to ~ sb/sth of** απαλλάσσω κν/κτ από · **to get ~ of**

γλιτώνω από ∙ (*unwelcome guest, government etc*) ξεφορτώνομαι

riddle ['rɪdl] n (= *conundrum*) αίνιγμα nt ∙ (= *mystery*) μυστήριο nt ♦ vt to be ~d with (*doubts*) βασανίζομαι από ∙ (*corruption*) είμαι βουτηγμένος σε

ride [raɪd] (*pt* **rode**, *pp* **ridden**) n βόλτα f ∙ (*distance covered*) διαδρομή f ♦ vi (*as sport*) κάνω ιππασία ∙ (*go somewhere*) πηγαίνω ∙ (*travel*) ταξιδεύω ♦ vt (*horse*) ιππεύω ∙ (*bicycle*) κάνω ∙ (*motorcycle*) οδηγώ ∙ **to go for a** ~ πάω βόλτα ∙ **can you** ~ **a bike?** ξέρεις ποδήλατο; ∙ ~r n (*on horse*) ιππέας mf ∙ (*on bicycle*) ποδηλάτης/ισσα m/f ∙ (*on motorcycle*) μοτοσυκλετιστής/τρια m/f

ridge [rɪdʒ] n (*of hill*) ράχη f ∙ (*of roof*) σαμάρι nt

ridicule ['rɪdɪkjuːl] n χλευασμός m ♦ vt γελοιοποιώ

ridiculous [rɪ'dɪkjuləs] adj γελοίος

riding ['raɪdɪŋ] n (*sport*) ιππασία f

rife [raɪf] adj **to be** ~ είμαι εξαπλωμένος ∙ **to be** ~ **with** βρίθω +gen

rifle ['raɪfl] n τουφέκι nt ∙ ~ **through** vt fus ψάχνω στα γρήγορα

rift [rɪft] n (*fig*) ρήξη f

rig [rɪg] n (*also* **oil** ~: *at sea*) πλατφόρμα f (άντλησης πετρελαίου) ♦ vt νοθεύω ∙ ~ **up** vt στήνω πρόχειρα

right [raɪt] adj σωστός ∙ (= *fair, just*) δίκαιος ∙ (= *not left*) δεξιός ♦ n καλό nt ∙ (= *entitlement*) δικαίωμα nt ∙ (= *not left*) δεξιά f ♦ adv (*answer etc*) σωστά ∙ (*treat etc*) καλά ∙ (= *not on the left*) δεξιά ∙ (= *directly, exactly*) ακριβώς ♦ vt (*ship, car etc*) ισορροπώ ∙ (*fault, situation*) επανορθώνω ♦ excl ωραία ∙ **the R~** (*POL*) η Δεξιά ∙ **to be** ~ (= *person*) έχω δίκιο ∙ (*answer*) σωστά ∙ (*clock etc*) πάω καλά ∙ **to get sth** ~ κάνω κτ σωστά ∙ **to put sth** ~ (*mistake,*

injustice etc) επανορθώνω κτ ∙ ~ **now** αυτό τον καιρό ∙ ~ **before/ after** ακριβώς πριν/μετά ∙ ~ **ahead** ίσια μπροστά ∙ **by** ~**s** κανονικά ∙ ~ **away** τώρα αμέσως ∙ ~**ful** adj (*heir, owner*) νόμιμος ∙ ~**-hand drive** n δεξιοτίμονη οδήγηση f ♦ adj (*vehicle*) δεξιοτίμονης ∙ ~**-handed** adj (*person*) δεξιόχειρας ∙ ~**-hand side** n δεξιά πλευρά f ∙ ~**ly** adv (= *with reason*) δίκαια ∙ ~**-wing** (*POL*) adj (*government, person*) δεξιός

rigid ['rɪdʒɪd] adj άκαμπτος ∙ (*fig*) αδιάλακτος

rigorous ['rɪɡərəs] adj (*control, test*) εξονυχιστικός ∙ (*training*) σκληρός

rim [rɪm] n (*of glass, dish*) χείλος nt ∙ (*of spectacles*) σκελετός m ∙ (*of wheel*) ζάντα f

rind [raɪnd] n (*of bacon*) φέτα f ∙ (*of fruit*) φλούδα f ∙ (*of cheese*) κρούστα f

ring [rɪŋ] (*pt* **rang**, *pp* **rung**) n (*of metal*) κουδούνισμα nt ∙ (*on finger*) δαχτυλίδι nt ∙ (*also* **wedding** ~) βέρα f ∙ (*of people, objects*) κύκλος m ∙ (*for boxing*) ρινγκ nt inv ∙ (*of circus*) πίστα f ∙ (*bullring*) αρένα f ∙ (= *sound of bell*) κουδούνισμα nt ∙ (*on cooker*) εστία f ♦ vi (*TEL: person*) τηλεφωνώ ∙ (: *telephone*) χτυπάω ∙ (*bell, doorbell*) χτυπάω ∙ (*ears*) κουδουνίζω ♦ vt (*BRIT: TEL*) τηλεφωνώ σε ∙ (*bell, doorbell etc*) χτυπάω ∙ **to give sb a** ~ (*BRIT: TEL*) τηλεφωνώ σε κν ∙ ~ **back** (*BRIT: TEL*) παίρνω πάλι ♦ vi παίρνω πάλι ∙ ~ **up** (*BRIT: TEL*) τηλεφωνώ σε ∙ ~ **road** (*BRIT: AUT*) n περιφερειακός δρόμος m ∙ ~**tone** (*of mobile phone*) τόνος m κλήσης

rink [rɪŋk] n (*also* **ice** ~) παγοδρόμιο nt ∙ (*also* **roller skating** ~) πίστα f πατινάζ

rinse [rɪns] n ξέβγαλμα nt ∙ (= *hair dye*) βαφή f ♦ vt (*dishes*) ξεβγάζω ∙ (*hair, hands etc*) ξεπλένω ∙ (*also* ~ **out**) ξεπλένω

riot ['raɪət] n ταραχή f ♦ vi προκαλώ

ταραχές • **to run** ~ προκαλώ επεισόδια

rip [rɪp] n σκίσιμο nt ♦ vt σκίζω ♦ vi σκίζομαι. ~ **off** (inf: = swindle) υπέρνω • ~ **up** n κάνω κομμάτια

ripe [raɪp] adj γινωμένος

rip–off ['rɪpɒf] (inf) n **it's a ~!** σε υπέρνουν!

ripple ['rɪpl] n (wave) ελαφρός κυματισμός m • (of laughter, applause) κύμα nt ♦ vi (water) κυματίζω ελαφρά

rise [raɪz] (pt **rose**, pp **~n**) n (= incline) ύψωμα nt • (BRIT: = salary increase) αύξηση f • (in prices, temperature etc) αύξηση f • (fig: to power, fame etc) άνοδος f ♦ vi (prices, numbers) ανεβαίνω • (sun, moon) ανατέλλω • (wind) δυναμώνω • (person) σηκώνομαι • (sound, voice) υψώνομαι. **to ~ to power** αναρριχώμαι στην εξουσία

risen ['rɪzn] pp of **rise**

rising ['raɪzɪŋ] adj αυξανόμενος

risk [rɪsk] n (= danger) κίνδυνος m • (deliberate) ρίσκο nt • (= possibility, chance) πιθανότητα f ♦ vt (= endanger) διακινδυνεύω • (= chance) ρισκάρω • **to take a** ~ το διακινδυνεύω • **at** ~ σε κίνδυνο • **at one's own** ~ με δική μου ευθύνη • **~y** adj ριψοκίνδυνος

rite [raɪt] n ιεροτελεστία f. **last ~s** (REL) εξομολόγηση και μετάληψη σε ετοιμοθάνατο

ritual ['rɪtjuəl] adj τελετουργικός ♦ n ιεροτελεστία f

rival ['raɪvl] n (in competition etc) αντίπαλος m • (in business) ανταγωνιστής/τρια m/f ♦ adj αντίπαλος ♦ vt συναγωνίζομαι • **~ry** n άμιλλα f

river ['rɪvə] n ποταμός m

road [rəud] n (main) οδός f • (on signs etc) οδός f. **major/minor** ~ κύριος/δευτερεύων δρόμος • ~ **accident** τροχαίο ατύχημα • **~block** n μπλόκο

nt στο δρόμο. ~ **rage** n επιθετική οδική συμπεριφορά f • ~ **safety** n οδική ασφάλεια f • **~side** n κράσπεδο nt

roam [rəum] vi περιπλανιέμαι ♦ vt τριγυρίζω άσκοπα σε

roar [rɔː] n (of animal) βρυχηθμός m • (of crowd, vehicle) βουητό nt ♦ vi (animal) βρυχώμαι • (person, crowd) ουρλιάζω. **to ~ with laughter** ξεκαρδίζομαι στα γέλια

roast [rəust] n ψητό nt ♦ vt (meat, potatoes) ψήνω • (coffee) καβουρδίζω

rob [rɒb] vt ληστεύω. **to ~ sb of sth** αρπάζω κτ από κν • (fig: = deprive) στερώ κτ από κν • **~ber** n ληστής m • **~bery** n ληστεία f

robe [rəub] n (for ceremony etc) τήβεννος f • (also bath ~) μπουρνούζι nt • (US) φόρεμα f

robin ['rɒbɪn] n κοκκινολαίμης m

robot ['rəubɒt] n ρομπότ nt inv

robust [rəu'bʌst] adj (person) γεροδεμένος • (appetite) γερός • (economy) ανθηρός

rock [rɒk] n βράχος m • (US: = small stone) πέτρα f • (BRIT: sweet) σκληρή καραμέλα f • (MUS: also = music) (μουσική) ροκ f inv ♦ vt (= swing gently) κουνάω • (= shake) ταρακουνάω • (fig) συγκλονίζω ♦ vi (object) σείομαι. **on the ~s** (drink) με πάγο • (ship) που έχει εξωκείλει • (marriage etc) ναυαγισμένος. ~ **and roll** n ροκ-εντ-ρόλ nt inv

rocket ['rɒkɪt] n πύραυλος m • (firework) φωτοβολίδα f

rocky ['rɒki] adj βραχώδης • (fig) ετοιμόρροπος

rod [rɒd] n (pole) ραβδί nt • (also fishing ~) καλάμι nt

rode [rəud] pt of **ride**

rogue [rəug] n κατεργάρης/ισσα m/f

role [rəul] n ρόλος m • ~ **model** n πρότυπο nt προς μίμηση

roll [rəul] n (of paper etc) ρολό nt • (of cloth) τόπι nt • (of banknotes) μασούρι *nt* · (*also* **bread ~**) ψωμάκι *nt* · (*register, list*) κατάσταση *f* ♦ *vt* (*ball, stone etc*) κυλάω · (*dice*) ρίχνω · (*eyes*) στριφογυρίζω ♦ *vi* (*ball, stone etc*) κατρακυλάω · (*thunder*) βροντάω · (*tears, sweat*) κυλάω · **cheese/ham ~** ψωμάκι με τυρί/ζαμπόν · **~ about** *vi* κυλιέμαι · **~ around** *vi* roll about · **~ over** *vi* γυρνάω · **~ up** *vt* μαζεύω · **~er** *n* κύλινδρος *m* · (*for hair*) ρόλεϊ *nt inv* · **~er coaster** *n* (*at funfair*) ρόλερ κόστερ *nt inv* · **~er skates** *npl* πατίνια *ntpl*

ROM [rɔm] (*COMPUT*) *n abbr* (= *read only memory*) ROM *f inv*

Roman ['rəumən] *adj* ρωμαϊκός ♦ *n* Ρωμαίος/α *m/f* · **~ Catholic** *adj* ρωμαιοκαθολικός ♦ *n* καθολικός/ή *m/f*

romance [rə'mæns] *n* (= *love affair*) ειδύλλιο *nt* · (*novel*) ρομάντζο *nt*

Romania [rəu'meɪnɪə] *n* Ρουμανία *f* · **~n** *adj* ρουμανικός ♦ *n* Ρουμάνος/α *m/f* · (*LING*) ρουμάνικα *ntpl*

romantic [rə'mæntɪk] *adj* ρομαντικός

roof [ruːf] (*pl* **~s**) *n* σκεπή *f* ♦ *vt* σκεπάζω · **the ~ of the mouth** *n* ουρανίσκος · **~ rack** (*AUT*) *n* σχάρα *f*

room [ruːm] *n* (*in house, hotel etc*) δωμάτιο *nt* · (*in school etc*) αίθουσα *f* · (= *space*) χώρος *m* · **for improvement** *n* περιθώριο *nt* · **single/double** *n* μονόκλινο/δίκλινο δωμάτιο

▸ **rooms** *npl* (*lodging*) δωμάτια *ntpl* προς ενοικίαση · **"~s to let"**, (*US*) **"~s for rent"** ενοικιάζονται δωμάτια" · **~mate** *n* συγκάτοικος *m* (σε ενοικιαζόμενο δωμάτιο) · **~ service** *n* ρουμ-σέρβις *nt inv* · **~y** *adj* ευρύχωρος

rooster ['ruːstə'] (*esp US*) *n* κόκκορας *m*

root [ruːt] *n* ρίζα *f* · (*of problem, belief*) προέλευση *f*

▸ **roots** *npl* ρίζες *fpl* · **~ about** *vi* (*find*) ξετρυπώνω

rope [rəup] *n* σκοινί *nt* · (*also*

καραβόσκοινο *nt* ♦ *vt* (*also* **~ together**) δένω με σκοινί · **to know the ~s** (*fig*) ξέρω τα μυστικά της δουλειάς · **~ in** *vt* (*fig: person*) επιστρατεύω

rose [rauz] *pt of* **rise** ♦ *n* τριαντάφυλλο *nt* · (*also* **~bush**) τριανταφυλλιά *f*

rosemary ['rəuzmərɪ] *n* δεντρολίβανο *nt*

rosy ['rəuzɪ] *adj* (*face, cheeks*) ροδοκόκκινος · (*situation*) ρόδινος · **a ~ future** ένα μέλλον που διαγράφεται ρόδινο

rot [rɔt] *n* σήψη *f* · (*fig*) τρίχες *fpl* ♦ *vt* (*wood, fruit etc*) σαπίζω · (*teeth*) χαλάω ♦ *vi* (*wood, fruit etc*) σαπίζω · (*teeth*) χαλάω

rotate [rəu'teɪt] *vt* περιστρέφω · (*crops*) κάνω εναλλακτικές καλλιέργειες +*gen* ♦ *vi* περιστρέφομαι

rotten ['rɔtn] *adj* (*fruit, meat etc*) σάπιος · (*eggs*) κλούβιος · (*wood etc*) σάπιος · (*teeth*) χαλασμένος · (*inf: film, weather etc*) χάλια

rough [rʌf] *adj* (*skin*) άγριος · (*terrain, road*) ανώμαλος · (*person, manner*) αγαρμπος · (*town, area*) επικίνδυνος · (*handling, treatment*) βίαιος · (*sea*) φουρτουνιασμένος · (*outline, plan*) συνοπτικός · (*sketch, drawing*) πρόχειρος · (*estimate, guide*) κατά προσέγγιση ♦ *vt* · **to ~ it** περνάω δύσκολα ♦ *adv* **to sleep ~** (*BRIT*) κοιμάμαι έξω · **~ly** *adv* (*grab, push etc*) με δύναμη · (*handle*) απότομα · (*make, construct*) πρόχειρα · (= *approximately*) πάνω-κάτω

roulette [ruː'let] *n* ρουλέτα *f*

round [raund] *adj* στρογγυλός ♦ *n* (*of milkman*) διανομή *f* στο σπίτι · (*of doctor*) επίσκεψη *f* · (*in competition*) γύρος *m* · (*BOXING*) γύρος *m* · (*of golf*) παιχνίδι *nt* · (*of ammunition*) δεσμίδα *m* (σφαίρας) · (*of talks*) γύρος *m* · (*of drinks*) κέρασμα *nt* ♦ *vt* (*corner, bend*) παίρνω ♦ *prep* · **his neck/the table** γύρω στο λαιμό του/από το τραπέζι ♦ *adv* **all ~** γύρω-γύρω · **to**

sail ~ the world κάνω το γύρο του κόσμου με πλοίο • **to move ~ a room/house** κάνω βόλτες μέσα σε δωμάτιο/σπίτι • ~ **about 300** γύρω στους 300 • **the long way** ~ από γύρω-γύρω • **all (the) year** ~ όλο το χρόνο • **the wrong way** ~ το πίσω-μπρος • **it's just ~ the corner** (fig) είναι μόλις στρίψετε στη γωνία • **to go ~ to sb's (house)** περνάω από το σπίτι κου • **to go ~ the back** πηγαίνω από πίσω • **enough to go ~** αρκετός για όλους • ~ **the clock** όλο το εικοσιτετράωρο • **a ~ of applause** ένα χειροκρότημα • **a ~ of drinks** μια γύρα (ποτά) • **a ~ of sandwiches** ένα σάντουιτς • ~ **off** vt (evening etc) κλείνω • (meal) τελειώνω • ~ **up** vt (cattle, sheep) μαντρώνω • (people) μαζεύω • (price, figure) στρογγυλεύω • ~**about** (BRIT) n (AUT) κυκλικός κόμβος σε διασταύρωση • (at fair) αλογάκια ntpl ◆ adj (route) περιφερειακός • (way, means) πλάγιος • ~ **trip** n πηγαινέλα nt inv • ~**up** n (information) σύνοψη f • **a ~up of the latest news** μια περίληψη των τελευταίων ειδήσεων.

rouse [rauz] vt (= wake up) ξυπνάω • (= stir up) προκαλώ

route [ru:t] n (in country) δρόμος m • (of bus, train) δρομολόγιο nt • (of shipping) δρομολόγιο nt

routine [ru:'ti:n] adj (work, job) ρουτίνας • (check, inquiries) τυπικός ◆ n (habits) πρόγραμμα nt • (= drudgery) ρουτίνα f

row¹ [rau] n (also KNITTING) σειρά f ◆ vi (in boat) τραβάω κουπί • (as sport) κωπηλατώ • vt (boat) τραβάω κουπί σε • **in a ~** (fig) στη σειρά

row² [rau] n (= dispute) σαματάς m • (= quarrel) καυγάς m ◆ vi (= argue) καυγαδίζω

rowboat [ˈraubaut] (US) n βάρκα f με κουπί

rowing [ˈrauiŋ] n κωπηλασία f • ~ **boat** (BRIT) n βάρκα f με κουπί

royal [ˈrɔiəl] adj βασιλικός • **the ~ family** η βασιλική οικογένεια • ~**ty** (= royal persons) μέλη ntpl της βασιλικής οικογένειας • **royalties** npl (to author) συγγραφικά δικαιώματα ntpl

rub [rʌb] vt τρίβω ◆ n **to give sth a ~** γυαλίζω • **to ~ sb up** or (US) ~ **sb the wrong way** εκνευρίζω κν • ~ **out** vt σβήνω

rubber [ˈrʌbəʳ] n ελαστικό nt • (BRIT: = eraser) γόμα f • (US: inf: = condom) προφυλακτικό nt

rubbish [ˈrʌbiʃ] (BRIT) n σκουπίδια ntpl • (fig) σαβούρα f • (: pej) βλακείες fpl • ~ **bin** (BRIT) n σκουπιδοτενεκές m

rubble [ˈrʌbl] n χαλάσματα ntpl • (CONSTR) χαλίκι nt

ruby [ˈru:bi] n ρουμπίνι nt ◆ adj βαθυκόκκινος

rucksack [ˈrʌksæk] n σακίδιο nt

rudder [ˈrʌdəʳ] n (of ship) τιμόνι nt • (of plane) πηδάλιο nt

rude [ru:d] adj (= impolite) αγενής • (joke) άσεμνος • (story) αισχρός • (= unexpected: shock) ξαφνικός

rug [rʌg] n (on floor) χαλάκι nt • (BRIT: blanket) κουβέρτα f (για τα πόδια ή την πλάτη)

rugby [ˈrʌgbi] n (also ~ **football**) ράγκμπι nt inv

rugged [ˈrʌgid] adj (landscape) άγριος • (man) με αδρά χαρακτηριστικά • (features) αδρός

ruin [ˈru:in] n (= destruction: of building) ερείπωση f • (: of plans etc) καταστροφή f • (= downfall) καταστροφή f • (= bankruptcy) οικονομική καταστροφή f • (= remains) ερείπιο nt ◆ vt (= destroy: building) κάνω ερείπια • (: plans, prospects etc) καταστρέφω • (: hopes) γκρεμίζω • (: eyesight, health) καταστρέφω • (= bankrupt) καταστρέφω οικονομικά · (*clothes, carpet etc*) χαλάω

▶ **ruins** *npl* ερείπια *ntpl* · **in ~s** κατεστραμμένος

rule [ruːl] *n* (= *norm*) κανόνας *m* · (= *regulation*) κανονισμός *m* · (= *government*) διακυβέρνηση *f* · (= *ruler*) χάρακας *m* ♦ *vt* (*country, people*) κυβερνώ ♦ *vi* (*leader, monarch etc*) έχω υπό την εξουσία μου · **as a** ~ κατά κανόνα · ~ **out** *vt* αποκλείω · ~ **n** (*sovereign*) κυβερνήτης *mf* · (*for measuring*) χάρακας *m* · **ruling** *adj* (*party*) που κυβερνά · (*body*) που διοικεί ♦ *n* (*JUR*) απόφαση *f* · **the ~ class** η άρχουσα τάξη

rum [rʌm] *n* ρούμι *nt*

Rumania *etc* [ruːˈmeɪnɪə] *n* = **Romania** *etc*

rumble [ˈrʌmbl] *n* (*of thunder*) μπουμπουνητό *nt* · (*of traffic, guns*) βουή *f* · (*of voices*) βουητό *nt* ♦ *vi* (*stomach*) γουργουρίζω · (*traffic*) βουίζω · (*guns*) βροντάω

rumour [ˈruːmə] (*US* **rumor**) *n* φήμες *fpl* ♦ *vt* **it is ~ed that ...** φημολογείται ότι...

φυγή · **I'll ~ you to the station** θα σε πάω μέχρι το σταθμό · **the baby's nose was ~ning** η μύτη του μωρού έτρεχε · **it's very cheap to ~** δεν καίει πολύ · **to ~ for president** θέτω υποψηφιότητα για πρόεδρος · **to ~ a bath** γεμίζω τη μπανιέρα (με) νερό · ~ **after** *vt fus* κυνηγάω · ~ **away** *vi* (*from home*) το σκάω · (*from situation*) δραπετεύω · ~ **down** *vt* (*production*) μειώνω · (*factory*) μειώνω τη δραστηριότητα +gen · (*AUT: person*) χτυπάω · (= *criticize*) κριτικάρω · **to be ~ down** (*person*) είμαι εξαντλημένος · ~ **into** *vt fus* (*meet: person*) πέφτω επάνω · (: *trouble, problems*) συναντάω · (= *collide with*) πέφτω επάνω · **to ~ into debt** βρίσκομαι με χρέη · ~ **off** *vi* φεύγω τρέχοντας · ~ **out** *vi* (*time, money*) τελειώνω · (*luck*) αλλάζω (προς το χειρότερο) · (*lease, passport*) λήγω · ~ **out of** *vt fus* (*money, time*) μου τελειώνει · (*petrol*) μένω από · (*matches etc*) ξεμένω από · ~ **over** *vt* (*AUT*) πατάω · ~ **through** *vt fus* (*instructions*) ρίχνω μια ματιά σε · ~ **up** *vt* (*debt*) δημιουργώ · ~**away** *adj* (*truck, train*) ακυβέρνητος · (*child, slave*) που το έχει σκάσει · (*fig: inflation*) ανεξέλεγκτος · (*success*) σαρωτικός

rung [rʌŋ] *pp* of **ring** ♦ *n* σκαλί *nt* · (*fig*) βαθμίδα *f*

runner [ˈrʌnə] *n* (*in race: person*) δρομέας *mf* · (: *horse*) άλογο *nt* κούρσας · (*on drawer*) ράγα *f* · ~**up** *n* επιλαχών/ούσα *m/f*

running [ˈrʌnɪŋ] *n* (*sport*) τρέξιμο *nt* · (*of business, organization*) διοίκηση *f* · (*of machine etc*) λειτουργία *f* ♦ *adj* τρεχούμενος · **6 days ~** 6 συνεχείς μέρες

runny [ˈrʌnɪ] *adj* (*egg*) μελάτος · (*butter*) λυωμένος · (*nose, eyes*) που τρέχει

run–up [ˈrʌnʌp] *n* **the ~ to** η

run [rʌn] (*pt* **ran**, *pp* **run**) *n* (*as exercise*) τρέξιμο *nt* · (*sport*) αγώνας *m* δρόμου · (*in car*) βόλτα *f* · (*distance travelled*) διαδρομή *f* · ~ = *series*: *of victories, defeats etc*) σειρά *f* · (*in tights, stockings*) πόντος *m* ♦ *vt* (*race, distance*) τρέχω · (*business*) διευθύνω · (: *competition, course*) οργανώνω · (: *hotel, shop*) έχω · (*COMPUT: program*) τρέχω ♦ *vi* τρέχω · (= *flee*) το βάζω στα πόδια · (= *work*) **to be ~ning** είναι αναμμένος · (= *operate*) **the buses ~ every hour** έχει λεωφορείο κάθε μία ώρα · (*play, show etc*) συνεχίζομαι · (*contract*) ισχύω · (*river, tears*) τρέχω · (*colours, washing*) ξεβάφω · **to go for a ~** (*as exercise*) πάω για τρέξιμο · **in the long ~** μακροπρόθεσμα · **on the ~** σε προκαταρκτική περίοδος για · (*election etc*) η προεκλογική περίοδος

runway ['rʌnweɪ] (AVIAT) n διάδρομος m προσγείωσης

rupture ['rʌptʃə'] n ρήξη f

rural ['ruərl] adj (*area, economy*) αγροτικός · (*setting*) εξοχικός

rush [rʌʃ] n (= hurry) βιασύνη f · (COMM) ξαφνική ζήτηση f · (*of air, water*) ρεύμα nt · (*of feeling, emotion*) κύμα nt ◆ vt (*lunch*) τρώω στα γρήγορα · (*job*) κάνω στα γρήγορα · (*person: to hospital etc*) πηγαίνω επειγόντως · (*supplies: to person, place*) στέλνω επειγόντως ◆ vi (*person*) βιάζομαι · **I'm in a ~** (**to do sth**) βιάζομαι (να κάνω κτ)

► **rushes** npl (BOT) βούρλα ntpl · (*for chair, basket etc*) βούρλο nt · **~ through** vt επισπεύδω · **~ hour** n ώρα f αιχμής

Russia ['rʌʃə] n Ρωσία f · **~n** adj ρωσικός ◆ n Ρώσος/ίδα m/f · (LING) ρωσικά

rust [rʌst] n σκουριά f ◆ vi σκουριάζω · **~y** adj (*car*) σκουριασμένος · (*fig*) που έχει ατονήσει

ruthless ['ru:θlɪs] adj (*person*) αδίστακτος · (*determination*) άκαμπτος

rye [raɪ] n σίκαλη f

S s

S, s [es] n (*letter*) το δέκατο ένατο γράμμα του αγγλικού αλφαβήτου · (US: SCOL) = **satisfactory** "καλώς"

Sabbath ['sæbəθ] n (*Jewish*) Σάββατο nt · (*Christian*) Κυριακή f

sabotage ['sæbətɑːʒ] n σαμποτάζ nt inv ◆ vt κάνω σαμποτάζ σε

saccharin(e) ['sækərɪn] n ζαχαρίνη f

sack [sæk] n (*bag*) σακί nt ◆ vt (= dismiss) απολύω · **to get the ~** απολύομαι

sacred ['seɪkrɪd] adj (*music, history*) θρησκευτικός · (*animal, building*) ιερός

sacrifice ['sækrɪfaɪs] n θυσία f ◆ vt θυσιάζω

sad [sæd] adj (*person, look*) λυπημένος · (*story*) θλιβερός · (*state of affairs*) λυπηρός

saddle ['sædl] n σέλα f ◆ vt (*horse*) σελώνω · **to be ~d with** (inf) φορτώνομαι

sadistic [sə'dɪstɪk] adj (*person*) σαδιστικός · (*behaviour*) σαδιστικός

sadly ['sædlɪ] adv (= unhappily) λυπημένα · (= unfortunately) δυστυχώς · (= seriously) σοβαρά

sadness ['sædnɪs] n λύπη f

sae (BRIT) abbr (= stamped addressed envelope) see **stamp**

safari [sə'fɑːrɪ] n σαφάρι nt inv

safe [seɪf] adj ασφαλής · (= cautious) σίγουρος ◆ n χρηματοκιβώτιο nt · **~ and sound** σώος και αβλαβής · **~ly** adv (*assume, say*) με βεβαιότητα · (*drive, arrive*) προσεκτικά · **~ sex** n ασφαλής σεξουαλική συμπεριφορά f

safety ['seɪftɪ] n ασφάλεια f · **~ belt** n ζώνη f ασφαλείας

saffron ['sæfrən] n σαφράν nt (σκόνη κρόκου)

sag [sæg] vi κρεμάω · (*fig*) κάμπτομαι

sage [seɪdʒ] n (*plant*) φασκομηλιά f · (= herb leaf) φασκόμηλο nt

Sagittarius [sædʒɪ'tɛərɪəs] n Τοξότης m

said [sed] pt, pp of **say**

sail [seɪl] n πανί nt ◆ vt κυβερνάω ◆ vi (= travel: ship) πλέω · (*passenger*) ταξιδεύω (με πλοίο) · (*fig: ball etc*) πετάω · **to set ~** ανοίγω πανιά · **~ through** vt fus (fig) σκίζω σε · **~boat** (US) n ιστιοφόρο nt · **~ing** (SPORT) ιστιοπλοΐα f · **to go ~ing** κάνω ιστιοπλοΐα · **~ing boat** n ιστιοφόρο nt · **~or** n ναύτης m

saint [seɪnt] n άγιος m

sake [seɪk] n **for the ~ of** sb/sth *or* **for** sb's/sth's ~ (= out of consideration for) για κγ/κτ

salad [ˈsæləd] n σαλάτα f · **~ cream** (BRIT) n μαγιονέζα f (ελαφριά) · **~ dressing** n σάλτσα f σαλάτας

salami [səˈlɑːmɪ] n σαλάμι nt

salary [ˈsælərɪ] n μισθός m

sale [seɪl] n (= act of selling) πώληση f · (at reduced prices) έκπτωση f · (= auction) δημοπρασία f · **"for ~"** "πωλείται" · **on ~** για πούλημα
▸ **sales** (sales) npl πωλήσεις fpl · **~sman** (irreg) n (in shop) πωλητής m · (representative) αντιπρόσωπος m · **~swoman** (irreg) n (in shop) πωλήτρια f · (representative) αντιπρόσωπος f

saliva [səˈlaɪvə] n σάλιο nt

salmon [ˈsæmən] n inv σολομός m

salon [ˈsælɒn] n (hairdressing salon) κομμωτήριο nt · (beauty salon) ινστιτούτο nt αισθητικής

saloon [səˈluːn] n (US: bar) σαλούν nt inv · (BRIT: AUT) σεντάν nt inv

salt [sɔːlt] n αλάτι nt ♦ vt (= put salt on) αλατίζω · **to take sth with a pinch** *or* **grain of ~** (fig) δεν παίρνω κτ κατά γράμμα · **~water** adj θαλασσινός · **~y** adj αλατισμένος

salute [səˈluːt] n (MIL) χαιρετισμός m ♦ vt (MIL) χαιρετώ στρατιωτικά

salvage [ˈsælvɪdʒ] n (= saving) διάσωση f · (= things saved) ό, τι έχει διασωθεί ♦ vt διασώζω

Salvation Army n the ~ ο Στρατός της Σωτηρίας (φιλανθρωπική οργάνωση)

same [seɪm] adj ίδιος ♦ pron the ~ ίδιος · **at the ~ time** (= simultaneously) την ίδια στιγμή · (= yet) παρ' όλα αυτά · **all** *or* **just the ~** παρ' όλα α τα · **the ~ to you!** επίσης · **they're one and the ~** είναι ένας και ο αυτός

sample [ˈsɑːmpl] n δείγμα nt ♦ vt (food, wine) δοκιμάζω

sanction [ˈsæŋkʃən] n έγκριση f ♦ vt συναινώ σε
▸ **sanctions** npl (POL) κυρώσεις fpl

sanctuary [ˈsæŋktjuərɪ] n (for birds, animals) καταφύγιο nt · (= place of refuge) άσυλο nt

sand [sænd] n άμμος f *or* m · see also **sands**

sandal [ˈsændl] n σανδάλι nt

sands [sændz] npl αμμώδης έκταση f

sandstone [ˈsændstəʊn] n ψαμμίτης m

sandwich [ˈsændwɪtʃ] n σάντουιτς nt inv ♦ vt **to be ~ed between** είμαι ανάμεσα σε

sandy [ˈsændɪ] adj (beach) αμμώδης · (colour: hair) πυρόξανθος

sane [seɪn] adj (person) υγιής στο μυαλό · (action, system) λογικός

sang [sæŋ] pt of **sing**

sanitary towel (US **sanitary napkin**) n σερβιέτα f

sanity [ˈsænɪtɪ] n (of person) ψυχική υγεία f · (= common sense) λογική f

sank [sæŋk] pt of **sink**

Santa (Claus) [sæntəˈklɔːz] n ≈ Άγιος Βασίλης

sap [sæp] n χυμός m ♦ vt υποσκάπτω

sapphire [ˈsæfaɪə] n ζαφείρι nt

sarcasm [ˈsɑːkæzm] n σαρκασμός m · **sarcastic** adj σαρκαστικός · **to be ~** σαρκάζω

sardine [sɑːˈdiːn] n σαρδέλλα f

sat [sæt] pt, pp of **sit**

satellite [ˈsætəlaɪt] n (ASTR, TEL) δορυφόρος m · **~ dish** n δορυφορική κεραία f · **~ television** n δορυφορική τηλεόραση f

satin [ˈsætɪn] n inv σατέν ♦ adj από σατέν

satire [ˈsætaɪə] n σάτιρα f

satisfaction [sætɪsˈfækʃən] n ικανοποίηση f

satisfactory [sætɪsˈfæktərɪ] adj ικανοποιητικός

satisfied ['sætɪsfaɪd] *adj*
ικανοποιημένος

satisfy ['sætɪsfaɪ] *vt* (= please)
ικανοποιώ • (needs, demand)
ανταποκρίνομαι σε • (requirements,
conditions) πληρώ • **to ~ sb that ...**
πείθω κν ότι...

Saturday ['sætədɪ] *n* Σάββατο *nt* • *see
also* **Tuesday**

sauce [sɔ:s] *n* σάλτσα *f* • **~pan** *n*
κατσαρόλα *f*

saucer ['sɔ:sə'] *n* πιατάκι *nt*

Saudi Arabia [saʊdɪə'reɪbɪə] *n*
Σαουδική Αραβία *f*

sauna ['sɔ:nə] *n* σάουνα *f*

sausage ['sɔsɪdʒ] *n* λουκάνικο *nt*

savage ['sævɪdʒ] *adj* άγριος ♦ *vt*
επιτίθεμαι άγρια σε • (*fig*) κάνω
άγρια κριτική σε

save [seɪv] *vt* (= rescue) σώζω • (= put
by) αποταμιεύω • (= economize on)
εξοικονομώ • (= avoid) γλυτώνω •
(= keep) φυλάω • (COMPUT: file,
document) σώζω • (SPORT) σώζω ♦ *vi*
(also ~ **up**) αποταμιεύω (*fml*) ♦ *n*
(SPORT) απόκρουση *f*

saving ['seɪvɪŋ] *n* οικονομία *f*
▸ **savings** *npl* αποταμιεύσεις *fpl* (*fml*),
οικονομίες *fpl* • **~s account** *n*
λογαριασμός *m* ταμιευτηρίου

savoury ['seɪvərɪ] (US **savory**) *adj*
(food, dish) νόστιμος • (not sweet)
αλμυρός

saw [sɔ:] (*pt* **~ed**, *pp* **~ed** *or* **~n**) *vt*
πριονίζω ♦ *n* πριόνι *nt* ♦ *pt of* **see** •
~dust *n* πριονίδι *nt* • **~n** *pp of* **saw**

saxophone ['sæksəfəʊn] *n* σαξόφωνο
nt

say [seɪ] (*pt, pp* **said**) *vt* λέγ(γ)ω ♦ *n*
to have one's ~ λέω τη γνώμη
μου • **to have a** *or* **some ~ in sth**
μου πέφτει λόγος σε κτ • **could you
~ that again?** μπορείτε να το
ξανανείτε• **come for dinner at,**
8 o'clock έλα το βράδυ για φαγητό,
ας or να πούμε, κατά τις 8 • **that is
to ~** πάει να πει • **~ (that) ...** πέστε

(ότι) ... • **~ing** *n* ρητό *nt*

scaffolding ['skæfəldɪŋ] *n* σκαλωσιά *f*

scale [skeɪl] *n* κλίμακα *f* • (of fish)
λέπι *nt* • (= size) διαστάσεις *fpl* ♦ *vt*
(cliff, tree) σκαρφαλώνω σε • **pay**
~ μισθολογική κλίμακα • **on a large**
~ σε μεγάλη κλίμακα
▸ **scales** *npl* (for weighing) ζυγαριά *f* •
~ **down** *vt* μειώνω αναλογικά

scallop ['skɔləp] *n* (ZOOL) χτένι *nt*
(όστρακο) • (SEWING) φεστόνι *nt*

scalp [skælp] *n* τριχωτό *nt* της
κεφαλής

scalpel ['skælpl] *n* νυστέρι *nt*

scampi ['skæmpɪ] (BRIT) *npl*
τηγανητές γαρίδες *or* καραβίδες *fpl*

scan [skæn] *vt* (horizon, sky)
εξερευνώ • (newspaper, letter) ρίχνω
μια ματιά σε • (TV, RADAR) ανιχνεύω
♦ *n* (MED) τομογραφία *f*

scandal ['skændl] *n* (= shocking event)
σκάνδαλο *nt* • (= gossip)
κουτσομπολιά *ntpl*

Scandinavia [skændɪ'neɪvɪə] *n*
Σκανδιναβία *f* • **~n** *adj*
Σκανδιναβικός ♦ *n* Σκανδιναβός/ή *m/f*

scanner ['skænə'] *n* σκάνερ *m inv*

scapegoat ['skeɪpgəʊt] *n* εξιλαστήριο
θύμα *nt*

scar [ska:] *n* σημάδι *nt* ♦ *vt* (face,
hand) αφήνω σημάδι σε • (fig) αφήνω
σημάδια σε

scarce [skeəs] *adj* σπάνιος • **~ly** *adv*
(= hardly) σχεδόν καθόλου •
(= certainly not) δύσκολα

scare [skeə] *n* (= fright) τρομάρα *f* •
(= public fear) πανικός *f* ♦ *vt*
τρομάζω • **bomb** ~ απειλή για
βόμβα • ~ **away** *vt* (animal) τρομάζω
(και διώχνω) • (investor, buyer)
αποθαρρύνω • ~ **off** *vt* = **scare
away** • ~**d** *adj* τρομαγμένος • **to be
~d of doing sth** τρέμω μην κάνω κτ

scarf [ska:f] (*pl* ~**s** *or* **scarves**) *n*
(long) κασκόλ *nt inv* • (square:
headscarf) μαντήλι *nt*

scarlet ['ska:lɪt] *adj* πορφυρός

scarves [ska:vz] *npl of* **scarf**

scary ['skɛərɪ] (*inf*) *adj* τρομακτικός

scatter ['skætə'] *vt* (*seeds*) σπέρνω · (*papers*) σκορπίζω ◆ *vi* (*crowd*) σκορπίζω

scenario [sɪ'nɑːrɪəʊ] *n* σενάριο *nt*

scene [siːn] *n* σκηνή *f* · (*of crime, accident*) τόπος *m* · **~ry** *n* (*THEAT*) σκηνικά *ntpl* · (*landscape*) τοπίο *nt* ·
scenic *adj* γραφικός

scent [sɛnt] *n* (*fragrance*) άρωμα *nt* · (*track*) οσμή *f* · (*: fig*) ίχνη *ntpl*

sceptic ['skɛptɪk] (*US* **skeptic**) *n* δύσπιστος/η *m/f* · **~al** (*US* **skeptical**) *adj* to be **~al about sth** βλέπω με δυσπιστία κτ

schedule ['ʃɛdjuːl] *US* ['skɛdjuːl] *n* (*of trains, buses*) πίνακας *m* δρομολογίων · (*of events and times*) πρόγραμμα *nt* · (*of prices, details etc*) κατάλογος *m* ◆ *vt* προγραμματίζω · **on ~** στην ώρα του · **~d flight** *n* προγραμματισμένη πτήση *f*

scheme [skiːm] *n* (*personal plan*) σχέδιο *nt* · (*plot*) κόλπο *nt* · (*ADMIN*) πρόγραμμα *nt* ◆ *vi* δολοπλοκώ

schizophrenia [skɪtsə'friːnɪə] *n* σχιζοφρένεια *f* · **schizophrenic** *adj* σχιζοφρενικός ◆ *n* σχιζοφρενής *mf*

scholar ['skɒlə'] *n* (*learned person*) λόγιος/α *m/f* · (*pupil*) υπότροφος *mf* · **~ship** (*knowledge*) γνώση *f* · (*grant*) υποτροφία *f*

school [skuːl] *n* σχολείο *nt* · (*US: inf: = university*) Σχολή *f* ◆ *cpd* σχολικός · **~boy** *n* μαθητής *m* · **~children** *npl* μαθητές *mpl* · **~girl** *n* μαθήτρια *f* · **~ing** *n* σχολική εκπαίδευση *f* · **~teacher** *n* (*primary*) δάσκαλος/α *m/f* · (*secondary*) καθηγητής/τρια *m/f*

science ['saɪəns] *n* επιστήμη *f* · (*SCOL*) θετικά μαθήματα *ntpl* · **~ fiction** *n* επιστημονική φαντασία *f* ·
scientific *adj* επιστημονικός ·
scientist *n* επιστήμονας *mf*

sci-fi ['saɪfaɪ] (*inf*) *n abbr* = **science fiction**

scissors ['sɪzəz] *npl* ψαλίδι *nt* · **a pair of ~** ένα ψαλίδι

scoop [skuːp] *n* (*implement*) σέσουλα *f* · (*amount*) κούπα *f* · (*PRESS*) λαυράκι *nt* · **~ up** *vt* μαζεύω φτυαρίζοντας

scooter ['skuːtə'] *n* (*also* **motor~**) βέσπα *f* · (*toy*) πατίνι *nt*

scope [skəʊp] *n* (*= opportunity*) περιθώρια *ntpl* · (*of plan, undertaking*) πεδίο *nt* δράσης

scorching ['skɔːtʃɪŋ] *adj* (*day*) καυτός · **~ weather** καύσωνας *m*

score [skɔː'] *n* (*= total number of points etc*) σκορ *nt inv* · (*MUS*) παρτιτούρα *f* ◆ *vi* σημειώνω · (*in game*) παίρνω βαθμό *or* πόντο · (*FOOTBALL etc*) βάζω γκολ · (*= keep score*) καταγράφω *or* κρατάω το σκορ · **to settle an old ~ with sb** ξεκαθαρίζω παλιούς λογαριασμούς με κν · **~s of** αμέτρητοι +*acc* · **on that ~** για αυτό το θέμα · **~ out** *vt* διαγράφω · **~board** *n* πίνακας *m* βαθμολογίας · **~r** *n* (*FOOTBALL etc*) σκόρερ *m inv* · (*= person keeping score*) αυτός που καταγράφει το σκορ

scorn [skɔːn] *n* περιφρόνηση *f*

Scorpio ['skɔːpɪəʊ] *n* Σκορπιός *m*

Scot [skɒt] *n* Σκωτσέζος/α *m/f* · *see also* **Scots**

Scotch [skɒtʃ] *n* σκωτσέζικο ουίσκι *nt inv*

Scotland ['skɒtlənd] *n* Σκωτία *f*

Scots [skɒts] *adj* (*accent*) σκωτσέζικος · (*people*) οι Σκωτσέζοι

Scotsman ['skɒtsmən] (*irreg*) *n* Σκωτσέζος *m*

Scotswoman ['skɒtswʊmən] (*irreg*) *n* Σκωτσέζα *f*

Scottish ['skɒtɪʃ] *adj* σκωτσέζικος

scout [skaʊt] *n* (*MIL*) ανιχνευτής/τρια *m/f* · (*also* **boy ~**) πρόσκοπος *m* · **girl ~** (*US*) προσκοπίνα

scramble ['skræmbl] *n* (*climb*)

σκαρφάλωμα nt · (= rush)
τσαλαπάτημα nt ♦ vi to ~ up/over
σκαρφαλώνω σε · to ~ for
τσαλαπατιέμαι για · ~d eggs npl
χτυπητά αυγά ntpl

scrap [skræp] n (of paper, material)
κομματάκι nt · (fig: of truth) ίχνος nt ·
(fight) καυγάς m · (also = metal)
παλιοσίδερα ntpl · (machines etc)
δίνω τα παλιοσίδερα · (fig: plans etc)
πετάω στο καλάθι των αχρήστων
♦ vt καυγαδίζω
► scraps npl (of food) αποφάγια ntpl

scrape [skreɪp] n (mud, barrel) ξύνω ·
(hand, car) γδέρνω · ~ through vt
(exam etc) περνάω παρά τρίχα ·
~ together vt (money) μαζεύω με
κόπο

scratch [skrætʃ] n γρατζουνιά f ♦ vt
(one's nose etc) ξύνω · (paint, car etc)
χαράζω · (with claw, nail)
γρατζουνάω ♦ vi ξύνομαι · to start
from ~ αρχίζω από το μηδέν · to be
up to ~ είμαι ικανοποιητικός

scream [skri:m] n κραυγή f ♦ vi
ουρλιάζω

screen [skri:n] n οθόνη f · (movable
barrier) παραπέτασμα nt · (fig)
βιτρίνα f ♦ vt καλύπτω · (from the
wind etc) προστατεύω · (from film,
programme) προβάλλω · (candidates
etc) περνάω από έλεγχο · (for illness)
to ~ sb for sth εξετάζω κν για κτ ·
~ing n (MED) εξέταση f · (of film)
προβολή f · (for security)
εξονυχιστικός έλεγχος m · ~play n
σενάριο nt · ~ saver (COMPUT) n
προστασία οθόνης f

screw [skru:] n βίδα f ♦ vt βιδώνω ·
to ~ sth in βιδώνω κτ προς τα
μέσα · ~ up (paper etc)
τσαλακώνω · (inf) χαλάω · ~driver n
κατσαβίδι nt

script [skrɪpt] n (CINE etc) σενάριο nt ·
(= alphabet) γραφή f

scroll [skrəʊl] n πάπυρος m ♦ vi to
~ up/down κυλώ πάνω/κάτω

scrub [skrʌb] n (land) θαμνώδης

βλάστηση f · vt τρίβω (για να
καθαρίσω)

scruffy ['skrʌfi] adj (person,
appearance) ατημέλητος · (object)
βρώμικος

scrutiny ['skru:tini] n προσεκτική
εξέταση f

scuba diving n υποβρύχια
κατάδυση f

sculptor ['skʌlptə*] n γλύπτης/τρια m/f

sculpture ['skʌlptʃə*] n (art) γλυπτική
f · (object) γλυπτό nt

scum [skʌm] n (on liquid) βρώμικος
αφρός m · (pej: people) κάθαρμα nt

sea [si:] n θάλασσα f · by ~ με
πλοίο · a ~ of people μια
λαοθάλασσα or κοσμοπλημμύρα · to
be all at ~ (fig) τα'χω χαμένα ·
~food n θαλασσινά ntpl · ~front n
προκυμαία f · ~gull n γλάρος m

seal [si:l] n (animal) φώκια f ·
(= official stamp) σφραγίδα f · (in
machine etc) σφράγισμα nt ♦ vt
(opening, envelope) κλείνω · ~ off vt
αποκλείω

sea level n στάθμη f της θάλασσας

seam [si:m] n ραφή f · (where edges
meet) ένωση f

search [sɜ:tʃ] n (for person, thing)
ψάξιμο nt · (COMPUT) αναζήτηση f ·
(of sb's home) έρευνα f · (at place)
ερευνώ · (person, luggage) κάνω
έρευνα σε ♦ vi to ~ for sb/sth
ψάχνω για κν/κτ · in ~ of
ψάχνοντας · ~ through vt fus
ψάχνω προσεκτικά · ~ engine n
(COMPUT) μηχανή αναζήτησης f

seasick ['si:sɪk] adj to be ~ έχω
ναυτία

seaside ['si:saɪd] n παραλία f ·
~ resort n παραθαλάσσιο θέρετρο
nt

season ['si:zn] n (of year) εποχή f ·
(SPORT) περίοδος f · (of films etc)
σειρά f ♦ vt (food) ρίχνω
(αλατοπίπερο ή/και μπαχαρικά) ·
~al adj εποχιακός · ~ing n

μπαχαρικά ntpl • ~ **ticket** n (RAIL)
κάρτα f διαρκείας • (SPORT) εισιτήριο
nt διαρκείας • (THEAT) κάρτα f
συνδρομητή

seat [si:t] n (= chair) κάθισμα nt •
(place) θέση f• (in parliament) έδρα
f• (of trousers) καβάλος m ♦ vt (table,
theatre) χωράω • **to be ~ed** είμαι
καθισμένος • ~ **belt** (AUT) n ζώνη f
ασφαλείας

seaweed ['si:wi:d] n φύκι nt

sec. abbr = **second**

secluded [sɪ'klu:dɪd] adj (place)
απόμερος • (life, etc) απομονωμένος

second ['sekənd] adj δεύτερος ♦ adv
(in race etc) δεύτερος ♦ n
δευτερόλεπτο nt • (AUT: also = **gear**)
δεύτερα f ♦ vt (motion) υποστηρίζω •
~**ary** adj δευτερεύων • ~**ary
school** n (up to year 9) Γυμνάσιο
nt • (from year 10 upwards) Λύκειο nt •
~**-class** n (citizen, standard etc)
δεύτερης κατηγορίας • (POST: stamp,
letter) μικρότερης προτεραιότητας •
(RAIL: ticket, carriage) δεύτερης
θέσης ♦ adv (RAIL) δεύτερη θέση •
(POST) μικρότερης προτεραιότητας •
~**hand** adj μεταχειρισμένος • (buy)
από δεύτερο χέρι • **to hear
sth ~hand** μαθαίνω κτ από δεύτερο
χέρι • ~ **hand** n λεπτοδείκτης • ~**ly**
adv κατά δεύτερο λόγο •
Second World War n Δεύτερος
Παγκόσμιος Πόλεμος m

secrecy ['si:krəsɪ] n μυστικότητα f

secret ['si:krɪt] adj μυστικός •
(admirer) κρυφός • n μυστικό nt • **in
~** στα κρυφά

secretary ['sekrətərɪ] n (COMM etc)
γραμματέας mf

secretive ['si:krətɪv] adj
μυστικοπαθής

secret service n μυστική υπηρεσία f

sect [sekt] n (REL) αίρεση f

section ['sekʃən] n τμήμα nt • (of
document) μέρος m

sector ['sektər] n τομέας m

secular ['sekjulər] adj μη
θρησκευτικός

secure [sɪ'kjuər] adj (= safe)
σίγουρος • (= firmly fixed) στέρεος •
(= free from anxiety) σίγουρος ♦ vt
(shelf etc) στερεώνω καλά • (contract,
votes etc) εξασφαλίζω

security [sɪ'kjuərɪtɪ] n (protection)
μέτρα ntpl ασφαλείας • (= freedom
from anxiety) σιγουριά f • (FIN)
εγγύηση f
► **securities** npl (STOCK EXCHANGE)
χρεόγραφα ntpl

security guard n φρουρός mf
ασφαλείας

sedan [sə'dæn] (US: AUT) n αυτοκίνητο
nt τριών όγκων

sedate [sɪ'deɪt] adj (person)
νηφάλιος • (life) ήρεμος • (pace)
αργός ♦ vt δίνω ηρεμιστικά σε

seduce [sɪ'dju:s] vt δελεάζω •
(sexually) αποπλανώ

seductive [sɪ'dʌktɪv] adj
σαγηνευτικός • (fig) δελεαστικός

see [si:] (pt **saw**, pp ~**n**) vt βλέπω •
(= understand, notice) καταλαβαίνω
♦ vi βλέπω • **to ~ that** φροντίζω να •
to ~ sb to the door συνοδεύω σε
ως την πόρτα • **let me ~** για να δω •
I ~ καταλαβαίνω • **you ~** βλέπετε •
~ **you!** θα τα πούμε! • ~ **about** vt
fus φροντίζω • ~ **off** vt
ξεπροβοδίζω • ~ **through** vt
στέκομαι σε κν • ~ **to** vt fus
φροντίζω για

seed [si:d] n σπόρος m • **he was the
number two** (TENNIS) ήταν
νούμερο δύο στην κατάταξη

seeing ['si:ɪŋ] conj • ~ **as** or **that**
εφόσον

seek [si:k] (pt, pp **sought**) vt (shelter,
help) ζητάω • (truth) αναζητώ • (post,
job) ψάχνω για • ~ **out** vt ψάχνω να
βρω

seem [si:m] vi φαίνομαι • **there ~s**

to be ... φαίνεται να υπάρχει ... • **~ingly** adv φαινομενικά

seen [si:n] pp of **see**

segment ['segmənt] n τμήμα nt • (of orange) φέτα f

seize [si:z] vt αρπάζω • (power, control) καταλαμβάνω • **~ up** vi (engine) παθαίνω εμπλοκή • **~ (up)on** vt fus εκμεταλλεύομαι •

seizure n (MED: epileptic) κρίση f επιληψίας • (cardiac) καρδιακή προσβολή f • (of power) κατάληψη f

seldom ['seldəm] adv σπάνια

select [sɪ'lɛkt] adj (group) εκλεκτός • (area) προνομιούχος ♦ vt επιλέγω • **~ion** n επιλογή f • (COMM: = range) ποικιλία f • **~ive** adj (= careful in choosing) επιλεκτικός • (= not general) μερικός

self [sɛlf] (pl **selves**) n εαυτός m • **~-catering** adj (BRIT) (flat) με κουζίνα • (holiday) με χρήση κουζίνας • **~-centred** (US **~-centered**) adj εγωκεντρικός • **~-confidence** n αυτοπεποίθηση f • **~-confident** adj **a ~-confident person** που έχει αυτοπεποίθηση • **~-conscious** adj αμήχανος • **~-contained** (BRIT) adj (flat) ανεξάρτητος • **~-control** n αυτοκυριαρχία f • **~-defence** (US **~-defense**) n αυτοάμυνα f • **in ~-defence** σε νόμιμη άμυνα • **~-employed** adj αυτοαπασχολούμενος • **~-esteem** n αυτοεκτίμηση f • **~-indulgent** adj που υποκύπτει σε πειρασμούς • **~-interest** n ιδιοτέλεια f • **~-ish** adj (person) εγωιστικός • (behaviour, attitude) εγωιστικός • **~-pity** n μεμψιμοιρία f • **~-respect** n αυτοσεβασμός m • **~-service** adj (shop, restaurant) σελφ σέρβις inv

sell [sɛl] (pt, pp **sold**) vt πουλάω ♦ vi (goods) πουλιέται • **to ~ at or for £10** πωλείται 10 λίρες • **~ off** vt ξεπουλάω • **~ out** vi to ~ out (of sth)

ξεπουλάω κτ • **~ up** vi εκποιώ • **~er** n πωλητής/τρια m/f

selves [sɛlvz] pl of **self**

semester [sɪ'mɛstə⁎] (esp US) n εξάμηνο nt (διδακτικό)

semidetached (house) [semɪdɪ'tætʃt 'haus] (BRIT) n σπίτι που χωρίζεται από το διπλανό με μεσοτοιχία

semifinal [semɪ'faɪnl] n ημιτελικός (αγώνας) m

seminar ['semɪnɑ:⁎] n σεμινάριο nt

senate ['sɛnɪt] n Γερουσία f

senator ['sɛnɪtə⁎] (US etc: POL) n γερουσιαστής mf

send [sɛnd] (pt, pp **sent**) vt στέλνω • (= transmit) μεταδίδω • **to ~ sb to sleep** αποκοιμίζω κν • **~ away** vt διώχνω • **~ away for** vt fus παραγγέλνω • **~ back** vt επιστρέφω κτ • **~ for** vt fus φωνάζω • **in** vt υποβάλλω • **~ off** vt (goods, parcel) αποστέλλω • (BRIT: SPORT) αποβάλλω • **~ out** vt εκπέμπω • **~ round** vt διανέμω • **~ up** vt (price, blood pressure) ανεβάζω • **~er** n αποστολέας mf

Senegal [sɛnɪ'gɔ:l] n Σενεγάλη f

senior ['si:nɪə⁎] adj ανώτερος ♦ n **the ~s** οι τελειόφοιτοι • **P. Jones ~** P. ο πρεσβύτερος

sensation [sɛn'seɪʃən] n (= feeling) αίσθηση f • (= great success) θρίαμβος m • **~al** adj (= wonderful) εκπληκτικός • (= surprising) εντυπωσιακός • (headlines) πηχαίος

sense [sɛns] n (physical) αίσθηση f • (of guilt, shame etc) αίσθημα nt • (good sense) μυαλό nt • (meaning: of word) σημασία f ♦ vt αντιλαμβάνομαι • **it makes ~** (can be understood) βγάζει νόημα • (is sensible) είναι λογικό • **~less** adj (= pointless) άσκοπος • (= unconscious) αναίσθητος • **~ of humour** (US **~ of humor**) n αίσθηση f του χιούμορ

sensible ['sɛnsɪbl] adj λογικός

sensitive ['sɛnsɪtɪv] adj ευαίσθητος · (issue) λεπτός

sensual ['sɛnsjuəl] adj αισθησιακός

sensuous ['sɛnsjuəs] adj αισθησιακός

sent [sɛnt] pt, pp of **send**

sentence ['sɛntns] n (LING) πρόταση f · (JUR: judgement) ποινή f · (: punishment) καταδίκη f ◆ vt to ~ **sb to death/to 5 years in prison** καταδικάζω κν σε θάνατο/σε πενταετή φυλάκιση

sentiment ['sɛntɪmənt] n συναίσθημα nt · (also pl: = opinion) άποψη f · ~**al** adj συναισθηματικός

separate adj ['sɛprɪt] vb ['sɛpəreɪt] adj (piles, occasions) διαφορετικός · (ways, rooms) χωριστός ◆ vt (people, things) χωρίζω · (ideas) διαχωρίζω ◆ vi χωρίζομαι · (parents, couple) χωρίζω · ~**ly** adv χωριστά

separation n χωρισμός m

September [sɛp'tɛmbə] n Σεπτέμβριος m · see also **July**

sequel ['siːkwl] n συνέχεια f

sequence ['siːkwəns] n διαδοχή f · (film sequence) σκηνή f

Serb [səːb] adj, n = **Serbian**

Serbia ['səːbɪə] n Σερβία f · ~**n** adj σερβικός ◆ n Σέρβος/α m/f · (LING) σερβικά ntpl

sergeant ['sɑːdʒənt] n (MIL etc) λοχίας mf · (POLICE) ενωματάρχης mf

serial ['sɪərɪəl] n σήριαλ nt inv

series ['sɪərɪz] n inv σειρά f

serious ['sɪərɪəs] adj (person, manner) σοβαρός · (matter) σημαντικός · (illness, condition) κρίσιμος · ~**ly** adv σοβαρά · (inf: = extremely) φοβερά

sermon ['səːmən] n κήρυγμα nt

servant ['səːvənt] n υπηρέτης/τρια m/f

serve [səːv] vt (company, country) υπηρετώ · (in shop: customer) εξυπηρετώ · (purpose) εξυπηρετώ · (food, meal) σερβίρω · (person: with food, drink) σερβίρομαι · (prison term) εκτίω ◆ vi σερβίρω · (TENNIS) κάνω

σερβίς · (soldier etc) υπηρετώ ◆ n (TENNIS) σερβίς nt inv · to ~ **as/for sth** χρησιμεύω ως/για κτ · it ~ **s him right** του αξίζει · ~**r** n (COMPUT) εξυπηρετητής m

service ['səːvɪs] n υπηρεσία f · (in hotel, restaurant) εξυπηρέτηση f · (in business) παροχή f υπηρεσιών · (also train ~) δρομολόγια ntpl · (REL) λειτουργία f · (AUT) σέρβις nt inv ◆ vt συντηρώ · **military** or **national** ~ στρατιωτική θητεία · to be of ~ **to sb** εξυπηρετώ κν · dinner ~ σερβίτσιο φαγητού

▸ **the Services** npl οι Ένοπλες Δυνάμεις fpl · ~ **charge** (BRIT) n φιλοδώρημα nt · ~ **station** n βενζινάδικο nt

serviette [səːvɪˈɛt] (BRIT) n πετσέτα f φαγητού

session ['sɛʃən] n (= meeting) συνάντηση f · (= sitting) συνοδός f

set [sɛt] (pt, pp ~) n (group) σετ nt inv · (of cutlery, saucepans etc) σετ nt inv · (also TV ~) τηλεόραση f · (TENNIS) σετ nt inv · (group of people) κόσμος m · (THEAT) σκηνή f · (CINE) πλατώ nt inv · (rules, routine) καθορισμένος · (= ready) έτοιμος ◆ vt (table, place) στρώνω · (time, price) ορίζω · (alarm, watch) βάζω · (task, exam) βάζω ◆ vi (sun) δύω · (jam, jelly) πήζω · to be ~ **on doing sth** είμαι αποφασισμένος να κάνω κτ · a novel ~ **in Rome** ένα μυθιστόρημα που διαδραματίζεται στη Ρώμη · to ~ **a record** κάνω ρεκόρ · to ~ **sth on fire** βάζω φωτιά σε κτ · to ~ **free** αφήνω ελεύθερο · ~ **about** vt fus ~ **about doing sth** καταπιάνομαι με κτ · ~ **aside** vt (money etc) βάζω κατά μέρος · (time) εξοικονομώ · ~ **back** vt to ~ **sb back £5** κοστίζει 5 λίρες σε κν · to ~ **sb back** καθυστερώ κν · ~ **in** vi (bad weather) αρχίζω για τα καλά · (infection) εμφανίζομαι · ~ **off** vi ξεκινάω · ◆ vt (bomb) ρίχνω · (alarm) θέτω σε

setback λειτουργία · (chain of events) προκαλώ · ~ **out** vi ξεκινάω ♦ vt **to ~ out to do sth** ξεκινώ με σκοπό να κάνω κτ · ~ **up** vt οργανώνω · ~**back** n (= hitch) αναποδιά f · (serious) πλήγμα nt · ~ **menu** n καθορισμένο μενού nt inv

settee [se'ti:] n καναπές m

setting ['setɪŋ] n τοποθεσία f · (of controls) θέση f

settle ['setl] vt (argument, matter) διευθετώ · (affairs, business) τακτοποιώ ♦ vi (also = **down**) βολεύομαι · (sand, dust etc) κατακαθίζω · **to ~ down to sth** βολεύομαι και αρχίζω κτ · **that's ~d then!** κανονίστηκε λοιπόν! · ~ **for** vt fus συμβιβάζομαι · ~ **in** vi τακτοποιούμαι (σε καινούργιο σπίτι, δουλειά κλπ) · ~ **on** vt fus καταστάλαξω σε · ~ **up** vi ~ **up with sb** κανονίζω τους λογαριασμούς μου με εν κν · ~**ment** n (payment) διακανονισμός m · (agreement) συμφωνία f · (village etc) οικισμός m

setup ['setʌp] n (organization: private) επιχείρηση f · (: public) οργανισμός m · (situation) κατάσταση f

seven ['sevn] num επτά · ~**teen** num δεκαεπτά · ~**teenth** num δέκατος έβδομος · ~**th** num έβδομος · ~**ty** num εβδομήντα

sever ['sevə'] vt κόβω

several ['sevrəl] adj αρκετός ♦ pron αρκετός · ~ **of us** αρκετοί από μας

severe [sɪ'vɪə'] adj (pain) δυνατός · (damage, shortage) σοβαρός · (winter, climate) βαρύς · (person, expression) αυστηρός

sew [səu] (pt ~**ed**, pp ~**n**) vt ράβω ♦ vi ράβω · ~ **up** vt ράβω

sewage ['su:ɪdʒ] n απόβλητα ntpl

sewer ['su:ə'] n υπόνομος m

sewing ['səuɪŋ] n (activity) ραπτική f · (= items being sewn) ράψιμο nt

~ **machine** n ραπτομηχανή f

sewn [səun] pp of **sew**

sex [seks] n (gender) φύλο nt · (= lovemaking) σεξ nt inv · **to have ~ with sb** κάνω έρωτα or σεξ με εν κν · ~**ism** n σεξισμός m · ~**ist** (remark, advertising) σεξιστικός · (person) σεξιστής · ~**ual** adj σεξουαλικός · (equality) των φύλων · ~**ual intercourse** n σεξουαλικές σχέσεις fpl · ~**y** adj σέξυ inv

Seychelles [ser'ʃelz] npl **the** ~ οι Σεϋχέλλες

shabby ['ʃæbɪ] adj (person) κουρελιάρης · (clothes) φθαρμένος · (building) σε κακή κατάσταση

shack [ʃæk] n παράγκα f

shade [ʃeɪd] n σκιά f · (for lamp) αμπαζούρ nt inv · (of colour) απόχρωση f · (us: also **window** ~) στόρι nt ♦ vt σκιάζω · ~ **shades** npl (inf) γυαλιά ntpl ηλίου

shadow ['ʃædəu] n ίσκιος m · vt γίνομαι η σκιά κου · ~ **cabinet** (BRIT) n σκιώδης κυβέρνηση f

shady ['ʃeɪdɪ] adj (place, trees) σκιερός · (fig: person) ύποπτος · (deal) ύποπτος

shaft [ʃɑ:ft] n (of arrow, spear) λαβή f · (AUT, TECH) άξονας m · (of mine, lift) φρεάτιο nt · (of light) αχτίδα f

shake [ʃeɪk] (pt **shook**, pp **shaken**) vt κουνάω · (beliefs, resolve) κλονίζω · (= upset) συγκλονίζω ♦ vi τρέμω ♦ n κούνημα nt · **to ~ one's head** κουνάω το κεφάλι · **to ~ hands with sb** σφίγγω το χέρι κου · ~ **off** vt τινάζω · (fig: pursuer) ξεφεύγω από · ~ **up** vt (ingredients) ανακατώνω · (fig: person) αναστατώνω

shaky ['ʃeɪkɪ] adj (hand, voice) τρεμάμενος

shall [ʃæl] aux vb **I ~ go** θα πάω · **I ~ open the door?** να ανοίξω την πόρτα · **I'll get some, ~ I?** θα φέρω μερικά, εντάξει;

shallow ['ʃæləʊ] adj (water, dish) ρηχός · (fig) επιπόλαιος
▸ **the shallows** npl τα ρηχά ntpl

sham [ʃæm] n φάρσα f ♦ adj ψεύτικος

shambles ['ʃæmblz] n χάος nt

shame [ʃeɪm] n ντροπή f ♦ vt ντροπιάζω · **it is a ~ that/to do** είναι κρίμα που/να κάνω · **~ful** adj (= disgraceful) επαίσχυντος · **~less** adj (deception) αναίσχυντος

shampoo [ʃæm'puː] n σαμπουάν nt inv ♦ vt λούζω

shan't [ʃɑːnt] = **shall not**

shape [ʃeɪp] n σχήμα nt ♦ vt (= form) σχηματίζω · (= determine) διαμορφώνω · **to take ~** παίρνω μορφή · **to get (o.s.) into ~** = είμαι σε φόρμα · **~ up** vi (events) εξελίσσομαι · (person) προχωράω

share [ʃeəʳ] n μερίδιο n (COMM) μετοχή f ♦ vt (books, toys) μοιράζω · (room, bed) μοιράζομαι · (features, qualities etc) έχω κοινά · **~ out** vt μοιράζομαι · **~holder** n μέτοχος mf

shark [ʃɑːk] n καρχαρίας m

sharp [ʃɑːp] adj (razor, knife) κοφτερός · (point) αιχμηρός · (outline, picture) καθαρός · (curve, bend) απότομος · (increase) απότομος · (person) έξυπνος · n (MUS) δίεση f ♦ adv **at 2 o'clock ~** στις δύο ακριβώς · **turn ~ left!** στρίψε αμέσως αριστερά! · **~en** vt ακονίζω · **~ly** adv (turn, stop) απότομα · (stand out, contrast) έντονα

shatter ['ʃætəʳ] vt κάνω κομμάτια · (fig) συντρίβω ♦ vi γίνομαι κομμάτια · **~ed** adj (= grief-stricken) συντετριμμένος · (inf: = exhausted) εξαντλημένος

shave [ʃeɪv] vt ξυρίζω · vi ξυρίζομαι ♦ n **to have a ~** ξυρίζομαι

shawl [ʃɔːl] n σάλι nt

she [ʃiː] pron (no emph: usually not translated: emph) αυτή n · **there ~ is** νάτη (η)

sheath [ʃiːθ] n (of knife) θήκη f ·

(contraceptive) προφυλακτικό nt

shed [ʃed] n (pt, pp ~) n αποθήκη f ♦ vt (skin) αλλάζω · (tears) χύνω · (load) ρίχνω · **to ~ light on** ρίχνω φως σε

she'd [ʃiːd] = **she had · she would**

sheep [ʃiːp] n inv πρόβατο nt

sheer [ʃɪəʳ] adj (= utter) τέλειος · (= steep) απότομος · (= almost transparent) ημιδιαφανής ♦ adv κατακόρυφα

sheet [ʃiːt] n (on bed) σεντόνι nt · (of paper, glass) φύλλο nt · (of ice) στρώμα nt

sheik(h) [ʃeɪk] n σεΐχης m

shelf [ʃelf] (pl **shelves**) n ράφι nt

she'll [ʃiːl] = **she will · she shall**

shell [ʃel] n (on beach) όστρακο nt · (of egg, nut etc) τσόφλι nt · (explosive) βλήμα nt ♦ vt (peas) καθαρίζω · (MIL: = fire on) βομβαρδίζω · **~fish** n inv (crab etc) οστρακόδερμο ntpl · (scallop etc) θαλασσινά ntpl · (as food) θαλασσινά ntpl

shelter ['ʃeltəʳ] n καταφύγιο nt ♦ vt (= protect) προστατεύω · (= give lodging to) δίνω άσυλο σε ♦ vi προφυλάγομαι · **~ed** adj (life) καλά προστατευμένος · (spot) προστατευμένος

shelves [ʃelvz] npl of **shelf**

shelving ['ʃelvɪŋ] n ράφια ntpl

shepherd ['ʃepəd] n βοσκός m · **~'s pie** (BRIT) n πίτα με κιμά και πουρέ

sheriff ['ʃerɪf] (US) n σερίφης m

sherry ['ʃerɪ] n σέρρυ nt inv

she's [ʃiːz] = **she is · she has**

shield [ʃiːld] n (MIL) ασπίδα f · (fig) προστασία f ♦ vt **to ~ (from)** προστατεύω (από)

shift [ʃɪft] n (change) στροφή f · (of workers) βάρδια f ♦ vt (= move) μετακινώ · vi (remove: stain) βγάζω ♦ vi (wind, person) γυρνάω

shin [ʃɪn] n καλάμι nt (ποδιού)

shine [ʃaɪn] (pt, pp **shone**) n γυαλάδα f ♦ vi λάμπω ♦ vt (= polish: pt, pp **shined**) γυαλίζω · **to ~ on**

on sth ρίχνω το φακό πάνω σε κτ

shiny [ˈʃaɪnɪ] adj (coin, shoes) γυαλιστερός • (hair) που λάμπει

ship [ʃɪp] n πλοίο nt ♦ vt μεταφέρω or στέλνω με πλοίο • (= send: goods) στέλνω • **~ment** n φορτίο nt • **~ping** n (business) ναυτιλία f • (transport cost) ναύλα ntpl • (= ships) στόλος m • **~yard** n ναυπηγείο nt

shirt [ʃɜːt] n πουκάμισο nt

shit [ʃɪt] (inf!) excl γαμώτο!

shiver [ˈʃɪvəʳ] n ρίγος nt ♦ vi τουρτουρίζω

shock [ʃɒk] n σοκ nt inv • (also electric ~) ηλεκτροπληξία f ♦ vt (= upset) συγκλονίζω • (= offend) σοκάρω • **~ing** adj (= awful) αξιοθρήνητος • (= outrageous) σκανδαλώδης

shoe [ʃuː] n (for person) παπούτσι nt • (for horse) πέταλο nt

shone [ʃɒn] pt, pp of **shine**

shook [ʃʊk] pt of **shake**

shoot [ʃuːt] (pt, pp **shot**) n βλαστάρι nt ♦ vt (gun, arrow) ρίχνω • (= kill) πυροβολώ και σκοτώνω • (= wound) πυροβολώ • (film) γυρίζω ♦ vi to ~ (at) ρίχνω • (FOOTBALL) σουτάρω • to ~ past etc περνάω σαν αστραπή or σαν σίφουνας μπροστά από etc • ~ **up** vi (= increase) φτάνω στα ύψη • **~ing** n πυροβολισμοί mpl • (attack) πυροβολισμός m

shop [ʃɒp] n μαγαζί nt (workshop) εργαστήριο nt ♦ vi (also go ~ping) ψωνίζω • **~ around** vi κάνω μια βόλτα στα μαγαζιά • (fig) ψάχνω and δω κι εγώ • **~ assistant** (BRIT) n πωλητής/τρια m/f • **~keeper** n μαγαζάτορας m • **~lifting** n μικροκλοπή (σε κατάστημα) • **~ping** n ψώνια ntpl • to go ~ping πηγαίνω για ψώνια • **~ping centre** (US **~ping center**) n εμπορικό κέντρο nt • **~ping mall** n εμπορικό κέντρο nt (κλειστό) • **~ window** n βιτρίνα f

shore [ʃɔːʳ] n (of sea) ακτή f • (of lake) όχθη f ♦ vt to ~ (up) υποστυλώνω

short [ʃɔːt] adj (in length, height) μικρός • (in time) σύντομος • (person: = not tall) κοντός • (= curt) απότομος • (= scarce) λιγοστός • **to be ~ of** έχω έλλειψη +gen • in ~ εν συντομία • **~ of doing** εκτός από το να κάνω... • **Fred is ~ for Frederick** το Φρεντ είναι υποκοριστικό του Φρέντερικ • **to ~ make everything ~ of ...** τα πάντα εκτός από... • **to fall ~ of** δεν ανταποκρίνομαι σε • **he stopped ~ of doing** sth λίγο έλειψε να κάνει κτι • see also **shorts** • **~age** n **~age of** έλλειψη +gen • **~ cut** n συντομότερος δρόμος m • **~en** vt (visit etc) συντομεύω • (life) μικραίνω • **~fall** n έλλειμμα nt • **~hand** (BRIT) n στενογραφία f • **~ list** (BRIT) n (for job etc) λίστα f υποψηφίων • **~lived** adj (relief, support) που κρατά λίγο • (success) βραχύβιος • **~ly** adv σε λίγο καιρό • **~ly afterwards** λίγο αργότερα • **~s** npl σορτς nt inv • **a pair of ~s** ένα σορτς • **~sighted** (BRIT) adj μύωπας(fml) (fig) κοντόφθαλμος • **to be ~sighted** έχω μυωπία • **~ story** n διήγημα nt • **~term** adj (effect) βραχυπρόθεσμος

shot [ʃɒt] n, pp of **shoot** ♦ n (of gun) πυροβολισμός m • (FOOTBALL) σουτ nt inv • (= injection) ένεση f • (PHOT) φωτογραφία f • **to fire a ~ at sb/sth** πυροβολώ κν/κτ • **to have a ~ at (doing) sth** κάνω μια δοκιμή να (κάνω) κτ • **a good/poor** ένας καλός/κακός σκοπευτής • **~gun** n κυνηγετικό όπλο nt

should [ʃʊd] aux vb **I ~ go now** θα πρέπει να φεύγω • **he ~ be there now** θα'πρεπε να είναι εκεί τώρα • **I ~ go if I were you** θα πήγαινα αν ήμουν στη θέση σας • **I ~ like to** θα ήθελα να • **~ he phone ...** σε περίπτωση που πάρει τηλέφωνο...

shoulder ['ʃəuldəʳ] n ώμος m ♦ vt (responsibility) παίρνω · (blame) παίρνω επάνω μου

shouldn't ['ʃudnt] = **should not**

shout [ʃaut] n κραυγή f ♦ vt φωνάζω ♦ vi (also ~ **out**) βάζω φωνή · ~ **down** vt διακόπτω με γιουχαΐσματα

shove [ʃʌv] vt σπρώχνω (με δύναμη) ♦ n **to give sb/sth a ~** δίνω μια σπρωξιά σε κτ/κν · ~ **off** (inf) vi του δίνω

shovel ['ʃʌvl] n φτυάρι nt · (mechanical) εκσκαφέας m ♦ vt (snow, coal) φτυαρίζω · (earth) πετάω με το φτυάρι

show [ʃəu] (pt ~**ed**, pp ~**n**) n (of emotion) εκδήλωση f · (of strength, goodwill) επίδειξη f · (= semblance) προσποίηση f · (flower show etc) έκθεση f · (THEAT, TV) σόου nt inv ♦ vt (= indicate) δείχνω · (= exhibit) εκθέτω · (courage, ability etc) φανερώνω · (= illustrate) παρουσιάζω · vi φαίνομαι · **to ~ sb to his seat** οδηγώ κν στη θέση του · **for ~** για το θεαθήναι · **to be on ~** εκτίθεμαι · ~ **off** vi (pej) κάνω επίδειξη ♦ vt επιδεικνύω · ~ **up** vi ξεχωρίζω · (inf: = appear) εμφανίζομαι ♦ vt (imperfections etc) αποκαλύπτω · ~ **business** n κόσμος m του θεάματος

shower ['ʃauəʳ] n (of rain) μπόρα f · (for bathing in) ντους nt inv · (US: party) γιορτή f όπου συγκεντρώνονται δώρα για κάποιον ♦ vi βρέχω · (also ~) ντους nt ♦ vt **to ~ sb with** (gifts etc) γεμίζω κν με · (abuse etc) λούζω κν με

showing ['ʃəuɪŋ] n (of film) προβολή f

show jumping ['ʃəudʒʌmpɪŋ] n επίδειξη f ιππασίας (με εμπόδια)

shown [ʃəun] pp of **show**

show-off ['ʃəuɔf] (inf) n φιγουρατζής/ού m/f

showroom ['ʃəurum] n έκθεση f (χώρος)

shrank [ʃræŋk] pt of **shrink**

shred [ʃred] n (gen pl: of paper) κομμάτι nt · (of cloth) κουρέλι m ♦ vt κομματιάζω · (CULIN) ψιλοκόβω

shrewd [ʃru:d] adj έξυπνος

shriek [ʃri:k] n τσίριγμα nt ♦ vi τσιρίζω

shrimp [ʃrɪmp] n γαρίδα f

shrine [ʃraɪn] n (REL) σκήνωμα nt · (fig) ναός m

shrink [ʃrɪŋk] (pt **shrank**, pp **shrunk**) vi (cloth) μπαίνω · (profits, audiences) συρρικνώνομαι · (also ~ **away**) κάνω πίσω ♦ vt μπάζω ♦ n (inf: pej) ψυχίατρος mf

shroud [ʃraud] n σάβανο nt ♦ vt ~**ed in mystery** καλυμμένος με μυστήριο

shrub [ʃrʌb] n θάμνος m

shrug [ʃrʌg] n σηκώνω τους ώμους ♦ vi **to ~ one's shoulders** σηκώνω τους ώμους · ~ **off** vt παίρνω αψήφιστα

shrunk [ʃrʌŋk] pp of **shrink**

shudder ['ʃʌdəʳ] n ρίγος nt ♦ vi ανατριχιάζω · **I ~ to think of it** (fig) τρέμω και που το σκέφτομαι

shuffle ['ʃʌfl] vt (cards) ανακατεύω ♦ vi σέρνω τα πόδια μου · **to ~ (one's feet)** στριφογυρίζω

shun [ʃʌn] vt αποφεύγω

shut [ʃʌt] (pt, pp ~) vt κλείνω ♦ vi κλείνω · ~ **down** vt κλείνω ♦ vi κλείνω · ~ **off** vt (supply etc) σταματάω · ~ **out** vt (person, cold) εμποδίζω να μπει · (noise) απομονώνω · (view) εμποδίζω · ~ **up** vi (inf) βουλώνω ♦ vt κάνω να ησυχάσει · ~ **in** πατζούρι nt · (PHOT) φωτοφράκτης m

shuttle ['ʃʌtl] n πτήση f · (also **space ~**) διαστημικός σταθμός m · (also ~ **service**) τακτικό δρομολόγιο n ♦ vi **to ~** πηγαινοέρχομαι ♦ vt μεταφέρω

shy [ʃaɪ] adj ντροπαλός ♦ vi **to**

~ away from doing sth (*fig*)
αποφεύγω να κάνω κτ

Siberia [saɪˈbɪərɪə] n Σιβηρία f

sibling [ˈsɪblɪŋ] n (*male*) αδελφός m •
(*female*) αδελφή f • **~s** αδέλφια

Sicily [ˈsɪsɪlɪ] n Σικελία f

sick [sɪk] adj άρρωστος • (*humour*)
άνοστο • **to be ~** κάνω εμετό • **to
feel ~** ανακατώνομαι • **to be ~ of**
(*fig*) μπουχτίζω • **~ening** adj
αηδιαστικός • **~ly** adj φιλάσθενος •
~ness n (= *illness*) αρρώστια f •
(= *vomiting*) εμετός m

side [saɪd] n (*of object*) πλευρά f • (*of
body*) πλευρό nt • (*of lake, road*)
μεριά f • (*of paper*) πλευρά f • (*team*)
ομάδα f • (*in conflict etc*) παράταξη f • (*of hill*)
πλαγιά f • (*of door, entrance*)
πλαϊνός m ♦ vi **to ~ with sb** παίρνω
το μέρος κου • **by the ~ of** στο πλάι
+gen • **by ~ by ~** πλάι-πλάι • **to put sth
to one ~** βάζω κτ κατά μέρος •
from ~ to ~ απ'την μία πλευρά στην
άλλη • **to take ~s** (*with*) παίρνω
θέση • **~board** n μπουφές m
(έπιπλο) • **~line** n (SPORT) πλαϊνή
γραμμή f • (*fig*) συμπληρωματική
δουλειά f • **~walk** (*US*) n πεζοδρόμιο
nt • **~ways** adv λοξά

siege [siːdʒ] n πολιορκία f

Sierra Leone [sɪˈɛrəlɪˈəʊn] n Σιέρα
Λεόνε f inv

sieve [sɪv] n κόσκινο ♦ vt κοσκινίζω

sift [sɪft] vt (*flour, sand etc*) κοσκινίζω •
(*also ~ through*) περνάω από
κόσκινο

sigh [saɪ] n αναστεναγμός m ♦ vi
αναστενάζω

sight [saɪt] n (*faculty*) όραση f •
(= *spectacle*) θέαμα nt • (*monument
etc*) αξιοθέατο nt • **to be in ~**
φαίνομαι • **to be out of ~**
εξαφανίζομαι • **to catch ~ of sb/
sth** παίρνει το μάτι μου κν/κτ • **to
lose ~ of sth** (*fig*) χάνω απ'τα μάτια
μου κτ • **~seeing** n επίσκεψη f στα

αξιοθέατα • **to go ~seeing**
επισκέπτομαι τα αξιοθέατα

sign [saɪn] n (*notice*) επιγραφή f •
(*with hand*) σήμα nt • (*indication*)
σημάδι nt • (*evidence*) ένδειξη f • (*also
road ~*) πινακίδα f ♦ vt (*document*)
υπογράφω • (FOOTBALL *etc*: *player*)
υπογράφω συμβόλαιο για • **to ~
one's name** υπογράφω • **~ on** vi
(BRIT) υπογράφω για επίδομα
ανεργίας • **~ up** vi (MIL)
κατατάσσομαι • (*for course*)
εγγράφομαι ♦ vt (*player, recruit*)
προσλαμβάνω

signal [ˈsɪgnl] n σήμα nt • (RAIL)
σηματοδότης m ♦ vi (AUT) κάνω σήμα

signature [ˈsɪgnətʃə*r*] n υπογραφή f

significance [sɪgˈnɪfɪkəns] n σημασία f
• **significant** adj σημαντικός

signify [ˈsɪgnɪfaɪ] vt δηλώνω

sign language n νοηματική
γλώσσα f

signpost [ˈsaɪnpəʊst] n πινακίδα f

Sikh [siːk] n Σιχ mf ♦ adj των Σιχ

silence [ˈsaɪləns] n σιωπή f ♦ vt
αποστομώνω • **to do sth in ~** κάνω
κτ χωρίς να μιλάω

silent [ˈsaɪlənt] adj (*place*) ήσυχος •
(*person*) σιωπηλός • (*machine*)
αθόρυβος • (*film*) βωβός ♦ adj **to be/
remain ~** σωπαίνω

silhouette [sɪluːˈɛt] n περίγραμμα nt
♦ vt **~d against** διαγράφομαι σε

silk [sɪlk] n μετάξι nt ♦ adj μεταξωτός

silly [ˈsɪlɪ] adj ανόητος

silver [ˈsɪlvə*r*] n ασήμι nt • (*coins*)
μεγάλα κέρματα ntpl • (= *items made
of silver*) ασημικά ntpl ♦ adj (*colour*)
ασημί inv • (= *made of silver*)
ασημένιος

similar [ˈsɪmɪlə*r*] adj **~ (to)** όμοιος
(με) • **~ity** n ομοιότητα f • **~ly** adv
(= *in a similar way*) παρόμοια •
(= *likewise*) παρομοίως

simmer [ˈsɪmə*r*] vi σιγοβράζω

simple [ˈsɪmpl] adj απλός

simplicity [sɪmˈplɪsɪtɪ] n απλότητα f

simplify ['sɪmplɪfaɪ] *vt* απλοποιώ

simply ['sɪmplɪ] *adv* (= *just*) απλώς · (*live, talk*) απλά

simulate ['sɪmjuleɪt] *vt* προσποιούμαι

simultaneous [sɪmal'teɪnɪəs] *adj* ταυτόχρονος

sin [sɪn] *n* αμαρτία *f* ♦ *vi* αμαρτάνω

since [sɪns] *adv* από τότε · *prep* από ♦ *conj* (*time*) από τότε που · (= *because*) αφού · ~ **then, ever** ~ από τότε

sincere [sɪn'sɪə*ʳ*] *adj* ειλικρινής · **~ly** *adv* ειλικρινά · Yours **~ly** Μετά τιμής

sing [sɪŋ] (*pt* **sang**, *pp* **sung**) *vt* τραγουδώ · (*person*) τραγουδάω · (*bird*) κελαηδάω

Singapore [sɪŋgə'pɔ:ʳ] *n* Σιγκαπούρη *f*

singer ['sɪŋə*ʳ*] *n* τραγουδιστής/τρια *m/f*

singing ['sɪŋɪŋ] *n* τραγούδι *nt*

single ['sɪŋgl] *adj* (= *solitary*) μοναδικός · (= *individual*) μεμονωμένος · (= *unmarried*) ανύπαντρος · (= *not double*) μονός ♦ *n* (BRIT: *also* = **ticket**) απλό (εισιτήριο) *nt* · (*record*) σινγκλ *nt inv* · **~ out** *vt* (= *choose*) επιλέγω · (= *distinguish*) ξεχωρίζω · **~ bed** *n* μονό κρεβάτι *nt* · **~-handed** *adv* ολομόναχος · **~-minded** *adj* μονομανής · **~ room** *n* μονόκλινο *nt* · **~s** *npl* (TENNIS) απλό *nt*

singular ['sɪŋgjʊlə*ʳ*] *adj* (= *odd*) ιδιότυπος · (= *outstanding*) μοναδικός ♦ *n* (LING) ενικός *m*

sinister ['sɪnɪstə*ʳ*] *adj* (*event, implications*) δυσοίωνος · (*figure*) απειλητικός

sink [sɪŋk] (*pt* **sank**, *pp* **sunk**) *n* νεροχύτης *m* ♦ *vt* (*ship*) βυθίζω ♦ *vi* (*ship*) βυθίζομαι · (*ground*) υποχωρώ · (*also* = **sink in**) σφηνώνομαι · **to ~ sth into** (*teeth, claws etc*) βυθίζω · **~ in** *vi* (*fig: words*) γίνομαι αντιληπτός

sip [sɪp] *n* γουλιά *f* ♦ *vt* σιγοπίνω

siphon off (*liquid*) ρουφάω με

σιφόνι · (*money*) απορροφώ

sir [sə*ʳ*] *n* κύριος *m* · S~ John Smith ο Σερ Τζων Σμιθ · **yes,** ~ μάλιστα, κύριε

siren ['saɪərn] *n* σειρήνα *f*

sirloin ['sə:lɔɪn] *n* (*also* = **steak**) μοσχαρίσια μπριζόλα *f* (*από σπάλα*)

sister ['sɪstə*ʳ*] *n* (*relation*) αδερφή *f* · (*nun*) καλόγρια *f* · (BRIT: *nurse*) αδερφή νοσοκόμα *f* · **~-in-law** *n* (*spouse's sister*) κουνιάδα *f* · (*brother's wife*) νύφη *f*

sit [sɪt] (*pt, pp* **sat**) *vi* κάθομαι · (*assembly*) συνεδριάζω ♦ *vt* (*exam*) δίνω · **to ~ on a committee** είμαι μέλος επιτροπής · **~ about** *vi* κάθομαι · **~ around** *vi* = **sit about** · **~ back** *vi* κάθομαι αναπαυτικά · **~ down** *vi* κάθομαι · **to be ~ting down** είμαι καθισμένος · **~ in on** *vt fus* παρακολουθώ · **~ up** *vi* (*after lying*) ανακάθομαι

sitcom ['sɪtkɒm] (TV) *n abbr* (= *situation comedy*) κωμωδία *f* (*βασισμένη στην καθημερινή ζωή*)

site [saɪt] *n* τόπος *m* · (*also* = **building** ~) γιατί *nt* ♦ *vt* τοποθετώ

sitting ['sɪtɪŋ] *n* (*of assembly etc*) συνεδρίαση *f* · **at a single** ~ μονοκοπανιά · **~ room** *n* καθιστικό *nt*

situated ['sɪtjʊeɪtɪd] *adj* **to be** ~ βρίσκομαι

situation [sɪtjʊ'eɪʃən] *n* κατάσταση *f* · **"~s vacant"** (BRIT) "ζητούνται υπάλληλοι"

six [sɪks] *num* έξι · **~teen** *num* δεκαέξι · **~teenth** *num* δέκατος έκτος · (*n*) έκτος · **~th** *num* έκτος · **~ty** *num* εξήντα

size [saɪz] *n* μέγεθος *nt* · (*of project etc*) έκταση *f* · (*of clothing*) νούμερο *nt* · (*of shoes*) νούμερο *nt* · **~ up** *vt* (*person*) σχηματίζω γνώμη · (*situation*) ζυγίζω · **~able** *adj* σεβαστός

skate [skeɪt] *n* (= *ice skate*) παγοπέδιλο *nt* · (= *roller skate*) πατίνι

nt • (fish: pl inv) σαλάχι nt • vi
πατινάρω • **~board** n πατίνι nt • **~r** n
παγοδρόμος mf

skating ['skeitiŋ] n (on ice) πατινάζ nt
inv • (roller skating) πατίνι nt

skating rink n παγοδρόμιο nt

skeleton ['skεlɪtn] n σκελετός m

skeptic etc ['skεptɪk] (US) = **sceptic**
etc

sketch [skεtʃ] n (drawing) σκίτσο nt •
(= outline) σκιαγράφημα nt • (THEAT,
TV) σκετς nt inv • vt σχεδιάζω • (also
~ out: ideas) σκιαγραφώ

ski [ski:] n χιονοπέδιλο nt (fml) • vi
κάνω σκι • **~ boot** n μπότα f του σκι

skid [skɪd] n (AUT) σπινάρισμα nt • vi
γλιστρώ • (AUT) ντεραπάρω

skier ['ski:ə^r] n σκιέρ mf

skiing ['ski:iŋ] n σκι nt inv • **to go
~** πάω για σκι

skilful ['skɪlful] (US **skillful**) adj
επιδέξιος

ski lift n τελεφερίκ nt

skill [skɪl] n επιδεξιότητα f • (computer
skill etc) ειδικότητα f • **~ed** adj
ικανός • (work) ειδικευμένος • **~ful**
(US) adj = **skilful**

skim [skɪm] vt (also **~ off**)
αποβουτυρώνω • (= glide over)
περνάω ξυστά • vi • **to ~ through**
(book) διαβάζω στα πεταχτά

skin [skɪn] n δέρμα nt • (of fruit)
φλούδα f • (= complexion) επιδερμίδα
f • vt γδέρνω • **~head** n σκίνχεντ
mf inv • **~ny** adj (person)
κοκαλιάρης • (arms) κοκαλιάρικος

skip [skɪp] n χοροπήδημα nt • (BRIT:
container) μεταλλικός κάδος m • vi
χοροπηδάω • (with rope) παίζω
σχοινάκι • vt (boring parts) πηδάω •
(lunch) δεν τρώω

skipper ['skɪpə^r] n (NAUT) καπετάνιος
m • (inf: SPORT) αρχηγός m

skirt [skə:t] n φούστα f • vt (fig)
αποφεύγω

skull [skʌl] n κρανίο nt

sky [skaɪ] n ουρανός m • **~scraper**

ουρανοξύστης m

slab [slæb] n πλάκα f • (of wood)
σανίδα f • (of cake, cheese) μεγάλο
κομμάτι nt

slack [slæk] adj (rope) λάσκος •
(security, discipline) χαλαρός • (COMM:
market, business) πεσμένος

slam [slæm] vt (door) χτυπάω με
δύναμη • (= throw) βροντάω •
(= criticize) θάβω • vi (door) κλείνω
με πάταγο

slang [slæŋ] n αργκό f inv • (jargon)
διάλεκτος f

slant [slɑ:nt] n κλίση f • (fig) εκδοχή
f • vi έχω κλίση

slap [slæp] n χαστούκι nt • (child,
face) χαστουκίζω • adv (inf) ίσια
πάνω • **to ~ sth on sth** (paint etc)
περνάω ένα χέρι κτ σε κτ

slash [slæʃ] vt (= cut) κόβω • (fig:
prices) περικόβω

slate [sleɪt] n σχιστόλιθος m • (piece)
πλάκα f σχιστόλιθου f • vt (fig) θάβω

slaughter ['slɔ:tə^r] n (of animals)
σφαγή f • (of people) μακελειό nt • vt
(animals) σφάζω • (people) εξοντώνω

slave [sleɪv] n σκλάβος/α m/f • vi
(also **~ away**) δουλεύω σαν
σκλάβος • **~ry** n σκλαβιά f

sleazy ['sli:zi] adj άθλιος

sledge [slεdʒ] n έλκηθρο nt

sleek [sli:k] adj (hair) στιλπνός • (car,
boat etc) κομψός

sleep [sli:p] (pt, pp **slept**) n ύπνος m
• vi κοιμάμαι • (= spend night)
κοιμάμαι • vt **to ~ 4** χωράει να
κοιμηθούν 4 • **to ~** πάω για
ύπνο • **to ~ with sb** (euph) κοιμάμαι
με κν • **~ around** vi ξενοκοιμάμαι •
~er n (RAIL: train) κλινάμαξα f •
(BRIT: on track) τραβέρσα f • **I'm a
light ~er** κοιμάμαι ελαφριά • **~ing
bag** n αλληνηγκπαγκ nt inv • **~y** adj
(person) νυσταγμένος • (fig: village
etc) κοιμισμένος

sleet [sli:t] n χιονόνερο nt

sleeve [sli:v] n (of jacket etc) μανίκι nt •

slender ['slendə'] *adj* (*figure*) λεπτός · (*majority*) μικρός

slept [slept] *pt, pp of* **sleep**

slice [slaɪs] *n* (*of meat, bread*) φέτα *f* ♦ *vt* κόβω σε φέτες

slick [slɪk] *adj* (*performance*) άψογος · (*pej: salesman, answer*) επιτήδειος ♦ *n* (*also* **oil** ~) πετρελαιοκηλίδα *f*

slide [slaɪd] (*pt, pp* **slid**) *n* γλίστρημα *nt* · (*fig*) ολίσθημα *nt* · (*in playground*) τσουλήθρα *f* · (*PHOT*) σλάιτς *nt inv* · (*BRIT: also* **hair** ~) τσιμπιδάκι *nt* · (*also* **microscope** ~) αντικειμενοφόρος πλάκα *f* ♦ *vt* **to** ~ **sth into sth** χώνω κτ σε κτ ♦ *vi* (= *slip*) κυλάω · (= *glide*) γλιστράω

sliding *adj* συρόμενος

slight [slaɪt] *adj* (= *slim: figure*) μικροκαμωμένος · (*increase, difference*) μικρός · (*error, accent*) ανεπαίσθητος · **not in the** ~**est** ούτε στο ελάχιστο · ~**ly** *adv* ελάχιστα

slim [slɪm] *adj* (*figure*) λεπτός · (*chance*) αμυδρός ♦ *vi* κάνω δίαιτα · ~**ming** *n* αδυνάτισμα *nt*

slimy ['slaɪmɪ] *adj* (*pond*) λασπώδης · (= *covered with mud*) λασπωμένος

sling [slɪŋ] (*pt, pp* **slung**) *n* (*MED*) νάρθηκας *m* ♦ *vt* εκσφενδονίζω

slip [slɪp] *n* (*fall*) γλίστρημα *nt* · (= *mistake*) λάθος *nt* · (= *underskirt*) κομπινεζόν *nt inv* · (*of paper*) φύλλο *nt* ♦ *vt* χώνω ♦ *vi* (= *slide*) γλιστράω · (= *decline*) πέφτω · **to** ~ **into/out of** (*room etc*) πετάγομαι μέσα/έξω από · **to** ~ **sth on/off** φοράω/βγάζω · ~ **away** *vi* ξεγλιστράω · ~ **up** *vi* κάνω λάθος

slipper ['slɪpə'] *n* παντόφλα *f*

slippery ['slɪpərɪ] *adj* (*road*) ολισθηρός · (*fish*) γλιστερός

slit [slɪt] (*pt, pp* ~) *n* (*cut*) σχισμή *f* · (*opening*) χαραμάδα *f* ♦ *vt* σχίζω

slog [slɒg] (*BRIT*) *vi* δουλεύω σκληρά ♦ *n* **it was a hard** ~ ήταν βαριά δουλειά

slogan ['sləʊgən] *n* σλόγκαν *nt inv*

slope [sləʊp] *n* (*hill, mountain*) πλαγιά *f* · (*ski slope*) πλαγιά *f* για σκι · (= *slant*) κλίση *f* ♦ *vi* **to** ~ **down** γέρνω · **to** ~ **up** ανηφορίζω

sloping *adj* κεκλιμένος

sloppy ['slɒpɪ] *adj* άτσαλος

slot [slɒt] *n* (*in machine*) σχισμή *f* · (*fig*) διάστημα *nt* ♦ *vt* **to** ~ **sth in** ρίχνω μέσα ♦ *vi* **to** ~ **into** μπαίνω μέσα *or* εισχωρώ

Slovak ['sləʊvæk] *adj* σλοβάκικος ♦ *n* Σλοβάκος/α *m/f* · (*LING*) σλοβάκικα *ntpl* · **the** ~ **Republic** η Δημοκρατία της Σλοβακίας · ~**ia** *n* Σλοβακία *f*

Slovene ['sləʊviːn] *adj* σλοβένικος ♦ *n* Σλοβένος/α *m/f* · (*LING*) σλοβένικα *ntpl*

Slovenia [sləʊ'viːnɪə] *n* Σλοβενία *f* · ~**n** *adj, n* = **Slovene**

slow [sləʊ] *adj* (*music, journey*) αργός · (*person*) αργόστροφος ♦ *adv* αργά ♦ *vt* (*also* ~ **down**, ~ **up**) ελαττώνω ♦ *vi* (*also* ~ **down**, ~ **up**: *vehicle*) κόβω · (*business*) ελαττώνομαι · **to be** ~ (*watch*) πάω πίσω · ~**ly** *adv* (= *not quickly*) αργά · (= *gradually*) σιγά-σιγά · ~ **motion** *n* **in** ~ **motion** σε αργή κίνηση

slug [slʌg] *n* γυμνοσάλιαγκας *m*

sluggish ['slʌgɪʃ] *adj* (*stream, engine*) αργός · (*person*) νωθρός · (*COMM: trading*) πεσμένος

slum [slʌm] *n* φτωχόσπιτο *nt*

slump [slʌmp] *n* (*economic*) ύφεση *f* ♦ *vi* (*person*) σωριάζομαι · (*prices*) πέφτω

slung [slʌŋ] *pt, pp of* **sling**

slur [sləː'] *n* (*fig*) ~ (**on**) ύβρη (για) ♦ *vt* **to** ~ **one's words** τρώω τα λόγια μου

sly [slaɪ] *adj* πονηρός

smack [smæk] *n* ξυλιά *f* ♦ *vt* χτυπάω ♦ *vi* **to** ~ **of** μυρίζω

small [smɔːl] *adj* μικρός · (*mistake, problem*) μικρο- ♦ **the** ~ **of the back** η μέση

smart [smɑːt] *adj* (= *neat, tidy*)

κομψός · (= *fashionable*) σικ *inv* ·
(= *clever*) έξυπνος · (= *quick*) γοργός
♦ *vi* τσούζω

smash [smæʃ] *n* (*also* **~-up**)
σύγκρουση *f* · (*sound*) κρότος *m* ·
(*song*, *play*) μεγάλη επιτυχία *f* ·
(*TENNIS*) καρφί *nt* ♦ *vt* σπάω · (*car etc*)
χτυπάω · (*fig*: hopes, regime)
συντρίβω · (*SPORT*: record) συντρίβω
♦ *vi* γίνομαι θρύψαλλα · (*against
wall, into sth etc*) πέφτω · **~ing** (*inf*)
adj απίθανος

smear [smɪəᵣ] *n* (*trace*) λεκές *m* ·
(*insult*) λασπολογία *f* · (*MED*) Παπ τεστ
nt inv ♦ *vt* (= *spread*) πασαλείβω ·
(= *make dirty*) λερώνω

smell [smel] (*pt, pp* **smelt** *or* **~ed**) *n*
(= *odour*) μυρωδιά *f* · (*sense*)
όσφρηση *f* ♦ *vt* μυρίζω ♦ *vi* (*pej*)
βρωμάω · (*food etc*) μυρίζω · **to ~ of**
μυρίζω (από) · **~y** (*pej*) *adj* που
βρωμάει

smile [smaɪl] *n* χαμόγελο *nt* ♦ *vi*
χαμογελάω

smirk [sməːk] *n* μειδίαμα *nt*

smog [smɔg] *n* νέφος *nt*

smoke [sməuk] *n* καπνός *m* ♦ *vi*
(*person*) καπνίζω · (*chimney*) βγάζω
καπνό ♦ *vt* (*cigarettes*) καπνίζω · **~d**
adj (*bacon, salmon*) καπνιστός · **~r**
n καπνιστής/τρια *m/f* · **smoking**
n κάπνισμα *nt* · **"no
~"** "Απαγορεύεται το κάπνισμα" ·
smoky *adj* (*atmosphere, room*)
γεμάτος καπνούς · (*taste*) καπνιστός

smooth [smuːð] *adj* λείος · (*sauce*)
ομοιόμορφος · (*flavour, whisky*)
λεπτός · (*movement*) σταθερός ·
(*landing, takeoff*) ομαλός · (*pej*:
person) μελιστάλακτος · **~ out**
vt ισιώνω · (*fig*: difficulties) εξομαλύνω ·
~ over *vt* **to ~ things over** (*fig*)
εξομαλύνω τα πράγματα

smother [ˈsmʌðəᵣ] *vt* (*fire*) σβήνω ·
(*person*) προκαλώ ασφυξία

smug [smʌg] (*pej*) *adj* αυτάρεσκος

smuggle [ˈsmʌgl] *vt* περνάω
λαθραία · **smuggling** *n* (*traffic*)

λαθρεμπόριο *nt*

snack [snæk] *n* μεζές *m* · **~ bar** *n*
σνακ-μπαρ *nt inv*

snag [snæg] *n* πρόβλημα *nt*

snail [sneɪl] *n* σαλιγκάρι *nt*

snake [sneɪk] *n* φίδι *nt*

snap [snæp] *n* (*sound*) σπάσιμο *nt* ·
(*photograph*) φωτογραφία *f* ♦ *adj*
(*decision etc*) της στιγμής ♦ *vt* σπάω
(με κρότο) ♦ *vi* σπάω απότομα · (*fig*:
person) σπάω · **to ~ one's fingers**
παίζω τα δάχτυλά μου. · **~ at** *vt fus*
(*fig*: *person*) απαίρνομαι · **~ off**
vt σπάω · **~ up** *vt* (*bargains*) αρπάζω ·
~shot (*inf*) *n* φωτογραφία *f*

snarl [snaːl] *vi* (*animal*) γρυλλίζω ·
(*person*) βρυχιέμαι

snatch [snætʃ] *n* (*of conversation, song
etc*) απόσπασμα *nt* ♦ *vt* αρπάζω ·
(*handbag, child etc*) βουτάω · (*fig*:
opportunity, time etc) επωφελούμαι
+*gen*

sneak [sniːk] (*pt* (*US*) *also* **snuck**) *vi*
to ~ in/out ξεγλιστράω μέσα/έξω
♦ *vt* **to ~ a look at sth** ρίχνω μια
κλεφτή ματιά σε κτ · **~ up** *vi* **to
~ up on sb** μαρτυράω κν · **~ers** *npl*
(*US*) πάνινα αθλητικά παπούτσια *npl*

sneer [snɪəᵣ] *vi* καγχάζω

sneeze [sniːz] *n* φτέρνισμα *nt* ♦ *vi*
φτερνίζομαι

sniff [snɪf] *vi* ρουφάω τη μύτη μου
♦ *vt* μυρίζω · (*glue*) σνιφάρω

snip [snɪp] *n* (*cut*) ψαλιδιά *f* · (*BRIT*:
inf: = *bargain*) κελεπούρι *nt* ♦ *vt*
ψαλιδίζω

sniper [ˈsnaɪpəᵣ] *n* ελεύθερος
σκοπευτής *m*

snob [snɔb] *n* σνομπ *mf inv*

snooker [ˈsnuːkəᵣ] *n* αμερικάνικο
μπιλιάρδο *nt*

snoop [snuːp] *vi* **to ~ about**
παρακολουθώ κρυφά

snore [snɔːᵣ] *n* ροχαλητό *nt* ♦ *vi*
ροχαλίζω

snorkel [ˈsnɔːkl] *n* αναπνευστήρας *m*

snort [snɔːt] *n* **to give a ~** ξεφυσάω

snow ♦ vi (*animal*) ρουθουνίζω • (*person*) ξεφυσάω ♦ vt (*inf: cocaine*) σνιφάρω

snow [snəu] n χιόνι nt ♦ vi χιονίζω • **~ball** n χιονόμπαλα f ♦ vi (*fig*) αυξάνομαι

snub [snʌb] vt σνομπάρω ♦ n προσβολή f

snug [snʌg] adj (= *sheltered*) βολικός • (= *fitting well*) εφαρμοστός

KEYWORD

so [səu] adv (a) (= *thus, likewise*) while Mary was doing so, he ... ενώ η Μαίρη το έκανε αυτό, αυτός... • **if so** αν ναι • **so do I, so am I** etc κι εγώ (το ίδιο) • **I like swimming – so do I** μ'αρέσει το κολύμπι - κι εμένα • **I've got work to do – so has Paul** έχω να κάνω δουλειά - κι ο Πωλ το ίδιο • **it's 5 o'clock – so it is!** είναι πέντε η ώρα - πράγματι! • **I hope so** το ελπίζω • **I think so** (έτσι) νομίζω • **so far** μέχρι στιγμής

(b) (*in comparisons*) τόσο • **we were so worried** ανησυχήσαμε τόσο πολύ • **I'm so glad to hear it** χαίρομαι τόσο πολύ που το ακούω

(c) **so much**

♦ adj τόσος (πολύς)

♦ adv τόσο πολύ (a) **so many** τόσοι (πολλοί)

(b) (*phrases*) **10 or so** 10 πάνω-κάτω • **so long!** (*inf:* = *goodbye*) γεια χαρά

♦ conj (a) (*expressing purpose*) **so as** για να • **so (that)** για να

(b) (*expressing result*) έτσι • **he didn't arrive so I left** δεν ήρθε, κι έτσι έφυγα • **so I was right after all** ώστε or λοιπόν είχα δίκιο τελικά

soak [səuk] vt (= *drench*) ποτίζω • (= *steep in water*) μουσκεύω ♦ vi μουλιάζω • **~ up** vt απορροφώ • **~ing** adj μουσκεμένος

so-and-so ['səuənsəu] n (= *somebody*) τάδε nt inv • **the little**

~! (*pej*) ο αποτέτοιος!

soap [səup] n σαπούνι nt • (*TV: also* = **opera**) σαπουνόπερα f

soar [sɔː] vi (*on wings*) πετάω ψηλά • (*rocket*) εκτοξεύομαι • (*price, temperature etc*) φτάνω στα ύψη

sob [sɒb] n αναφιλλητό nt ♦ vi κλαίω με αναφυλλητά

sober ['səubə] adj (= *not drunk*) ξεμέθυστος • (= *serious*) νηφάλιος • (= *dull: colour*) μουντός • **~ up** vt, vi ξεμεθάω

soccer ['sɒkə] n ποδόσφαιρο nt

sociable ['səufəbl] adj κοινωνικός

social ['səufl] adj κοινωνικός • **~ life** κοινωνική ζωή • **~ism** n σοσιαλισμός m • **~ist** adj σοσιαλιστικός ♦ n σοσιαλιστής/τρια m/f • **~ly** adv κοινωνικά • **~ security** (*BRIT*) n κοινωνική ασφάλιση f • **~ services** npl κοινωνικές παροχές f • **~ worker** n κοινωνικός λειτουργός m/f

society [sə'saiəti] n κοινωνία f • (= *club*) σύλλογος m • (*also* **high ~**) υψηλή κοινωνία f

sociology [səusi'ɒlədʒi] n Κοινωνιολογία f

sock [sɒk] n κάλτσα f

socket ['sɒkit] n κοίλωμα nt • (*of eyes*) κόγχη f • (*BRIT: ELEC*) πρίζα f • (*for light bulb*) ντουί nt inv

soda ['səudə] n (*also* = **water**) σόδα f • (*US: also* = **pop**) γκαζόζα f

sodium ['səudiəm] n νάτριο nt

sofa ['səufə] n καναπές m

soft [sɒft] adj μαλακός • (= *not rough*) απαλός • (*voice, music*) απαλός • **~ drink** n αναψυκτικό nt • **~en** vt μαλακώνω • (*effect, blow*) μετριάζω ♦ vi μαλακώνω • **~ly** adv απαλά • **~ware** n λογισμικό nt

soggy ['sɒgi] adj (*ground*) λασπωμένος • (*sandwiches etc*) λασπιασμένος

soil [sɔil] n (= *earth*) χώμα nt ♦ vt (*clothes*) λερώνω

solar ['səʊləʳ] adj ηλιακός · (eclipse) ηλίου · **~ system** n ηλιακό σύστημα nt

sold [səʊld] pt, pp of **sell**

soldier ['səʊldʒəʳ] n στρατιωτικός mf ♦ vi **to ~ on** συνεχίζω αποφασιστικά

sold out adj (goods) που έχει πουληθεί · (tickets, concert etc) που έχει εξαντληθεί

sole [səʊl] n (also **~ of foot**) πατούσα f · (of shoe) σόλα f · (fish: pl inv) γλώσσα f ♦ adj μόνος · (= exclusive) αποκλειστικός · **~ly** adv αποκλειστικά

solemn ['sɒləm] adj σοβαρός

solicitor [sə'lɪsɪtəʳ] (BRIT) n (for wills etc) συμβολαιογράφος mf · (in court) δικηγόρος mf

solid ['sɒlɪd] adj (= not hollow) συμπαγής · (= not liquid) στερεός · (person) αξιόπιστος · (structure, foundations) γερός · (gold etc) ατόφιος · **I read for 2 hours** · διάβασα 2 ώρες συνεχώς.
▸ **solids** npl στερεές τροφές f

solitary ['sɒlɪtərɪ] adj μοναχικός · (= alone: person) μόνος

solitude ['sɒlɪtjuːd] n μοναξιά f

solo ['səʊləʊ] n σόλο nt inv ♦ adv σόλο inv · **~ist** n σολίστ mf inv

soluble ['sɒljʊbl] adj διαλυτός

solution [sə'luːʃən] n λύση f · (liquid) διάλυμα nt

solve [sɒlv] vt (problem, riddle) λύνω · (mystery, police case) διαλευκαίνω

solvent ['sɒlvənt] adj (COMM) αξιόχρεος ♦ n (CHEM) διαλύτης m

Somalia [sə'mɑːlɪə] n Σομαλία f

sombre ['sɒmbəʳ] (US **somber**) adj (place) σκοτεινός · (colour) σκούρος · (person) σκυθρωπός

KEYWORD

some [sʌm] adj (a) (= with singular Greek noun) λίγος
(b) (= with plural Greek noun) μερικοί es, α · **I've got some money, but**

not much έχω μερικά or κάποια λεφτά, αλλά όχι πολλά
(c) (= certain: in contrasts) μερικοί
(d) (unspecified) κάποιος · **some day** κάποια μέρα
♦ pron (a) (= a certain amount) λίγα
(b) (= a certain number) μερικοί · **I've got some** (books etc) έχω μερικά or λίγα · **some (of them) have been sold** μερικά (από αυτά) έχουν πουληθεί · **some went for a taxi and some walked** άλλοι πήγαν για ταξί και άλλοι περπάτησαν
♦ adv **some 10 people** κάπου 10 άτομα

somebody ['sʌmbədɪ] pron = **someone**

somehow ['sʌmhaʊ] adv (= in some way) με κάποιο τρόπο · (= for some reason) για κάποιο λόγο

someone ['sʌmwʌn] pron κάποιος

someplace ['sʌmpleɪs] (US) adv = **somewhere**

something ['sʌmθɪŋ] pron κάτι

sometime ['sʌmtaɪm] adv (in future) κάποια στιγμή · (in past) **~ last month** κάποια στιγμή τον προηγούμενο μήνα

sometimes ['sʌmtaɪmz] adv μερικές φορές

somewhat ['sʌmwɒt] adv κάπως

somewhere ['sʌmwɛəʳ] adv κάπου

son [sʌn] n γιος m

song [sɒŋ] n τραγούδι nt

son-in-law ['sʌnɪnlɔː] n γαμπρός m

soon [suːn] adv (= in short time) σε λίγο · (= a short time after) σύντομα · (= early) νωρίς · **~ afterwards** σε λίγο · see also **as** · **~ as** (time) νωρίτερα · (preference) **I would ~er do that** προτιμώ να κάνω αυτό · **~er or later** αργά ή γρήγορα

soothe [suːð] vt (person, animal) κατευνάζω · (pain) καταπραΰνω

sophisticated [sə'fɪstɪkeɪtɪd] adj (woman, lifestyle) σοφιστικέ inv ·

(*machinery*) τελειοποιημένος ·
(*arguments*) δεξιοτεχνικός

sophomore ['sɒfəmɔː*] *n* (*US: SCOL*) *n* δευτεροετής φοιτητής/τρια *m/f*

soprano [sə'prɑːnəu] *n* σοπράνο *mf inv*

sorbet ['sɔːbeɪ] *n* γρανίτα *f*

sordid ['sɔːdɪd] *adj* (*bedsit etc*) άθλιος *m* · (*story etc*) άσχημος

sore [sɔː*] *adj* (= *painful*) πονεμένος · (*esp US: offended*) χολωμένος ◆ *n* πληγή *f*

sorrow ['sɒrəu] *n* λύπη *f* ·
▸ **sorrows** *npl* στεναχώριες *fpl*

sorry ['sɒrɪ] *adj* (*person*) λυπημένος · (*condition, excuse*) αξιοθρήνητος · ~! συγγνώμη! · **to feel ~ for sb** λυπάμαι για κν

sort [sɔːt] *n* είδος *nt* · (= *make*) μάρκα *f* ◆ *vt* (*also* ~ **out**: *papers, belongings*) ταξινομώ · (*problems*) διευθετίζω ·
it's ~ of awkward (*inf*) είναι μάλλον άβολο

SOS *n abbr* Σ.Ο.Σ. *nt inv*

so–so ['səusəu] *adv* έτσι κι έτσι ◆ *adj* έτσι κι έτσι

sought [sɔːt] *pt, pp of* **seek**

soul [səul] *n* ψυχή *f* · (*person*) άνθρωπος *m* · (*MUS*) σόουλ *f inv*

sound [saund] *adj* (= *healthy*) υγιής · (= *safe, not damaged*) σε καλή κατάσταση · (= *reliable*) γερός · (= *valid*) ορθός ◆ *adv* · **to be ~ asleep** κοιμάμαι βαθιά *or* βαριά ◆ *n* (= *noise*) ήχος *m* · (= *volume*) ένταση *f* ◆ *vt* (*alarm*) σημαίνω · (*horn*) χτυπάω ◆ *vi* ακούγομαι · **to ~ like** μοιάζω σαν · **it ~s like French** μοιάζει με γαλλικά · **it ~s as if …** φαίνεται ότι ... · ~ **out** *vt* βολιδοσκοπώ · **~track** *n* σάουντρακ *nt inv*

soup [suːp] *n* σούπα *f*

sour ['sauə*] *adj* στυφός · (*milk*) ξινός · (*fig*) άγριος

source [sɔːs] *n* πηγή *f* · (*fig*) αιτία *f*

south [sauθ] *n* νότος *m* ◆ *adj* νότιος

◆ *adv* νότια · **South Africa** *n* Νότια Αφρική *f* · **South African** *adj* νοτιοαφρικανικός ◆ *n* Νοτιοαφρικανός/ή *m/f* · **South America** *n* Νότια Αμερική *f* · **South American** *adj* νοτιοαμερικανικός ◆ *n* Νοτιοαμερικάνος/α *m/f* · **~east** *n* νοτιοανατολικά *ntpl* · **~ern** *adj* νότιος · **South Korea** *n* Νότια Κορέα *f* · **South Pole** *n* the S~ Pole ο Νότιος Πόλος · **South Vietnam** *n* Νότιο Βιετνάμ *nt inv* · **~west** *n* νοτιοδυτικά *ntpl*

souvenir [suːvə'nɪə*] *n* ενθύμιο *nt*

sovereign ['sɒvrɪn] *n* μονάρχης *m*

sow [səu] (*pt* ~**ed**, *pp* ~**n**) *vt* (*seeds*) σπέρνω · (*fig: suspicion etc*) διασπείρω

soya ['sɔɪə] (*US* **soy**) *n* ~ **bean** σόγια *f*

spa [spɑː] *n* λουτρόπολη *f* · (*US: also* **health** ~) ιαματικά λουτρά *ntpl*

space [speɪs] *n* (= *gap*) κενό *nt* · (= *room*) χώρος *m* · (*beyond Earth*) διάστημα *nt* · (*length of time*) περίοδος *f* ◆ *vt* (*also* ~ **out**) αραιώνω · **~craft** *n* διαστημόπλοιο *nt* · **~ship** *n* = spacecraft

spacious ['speɪʃəs] *adj* ευρύχωρος

spade [speɪd] *n* φτυάρι *nt* · (*child's*) φτυαράκι *nt*

▸ **spades** *npl* (*CARDS*) μπαστούνια *ntpl*

spaghetti [spə'getɪ] *n* μακαρονάδα *f*

Spain [speɪn] *n* Ισπανία *f*

spam [spæm] (*COMPUT*) *n* μαζικό οχληρό μήνυμα *nt*

span [spæn] *n* (*of bird, plane etc*) άνοιγμα *nt* · (*in time*) χρονικό διάστημα *nt* · *vt* (*river*) διασχίζω · (*fig: time*) εκτείνομαι χρονικά

Spaniard ['spænjəd] *n* Ισπανός/ίδα *m/f*

Spanish ['spænɪʃ] *adj* ισπανικός ◆ *n* (*LING*) ισπανικά *ntpl*

▸ the **Spanish** *npl* οι Ισπανοί *mpl*

spanner ['spænə*] (*BRIT*) *n* γαλλικό κλειδί *nt*

spare [spɛə*] *adj* (= *free*) ελεύθερος ·

(= extra) επιπλέον ♦ n = **spare part**
♦ vt (= save: trouble etc) γλυτώνω ·
(= make available) διαθέτω · (= afford
to give) μπορώ να δώσω · **to be ~d**
(person, city etc) γλυτώνω · **to**
~ (time, money) για ξόδεμα · **~ part**
n (for car, machine etc) ανταλλακτικό
nt · **~ room** n δωμάτιο nt των
ξένων · **~ time** n ελεύθερος χρόνος
m · **~ wheel** n ρεζέρβα f

spark [spɑːk] n σπίθα f
sparkle ['spɑːkl] n λάμψη f ♦ vi
λάμπω · **sparkling** adj (wine)
αφρώδης · (water) μεταλλικός
sparrow ['spærəu] n σπουργίτι nt
sparse [spɑːs] adj αραιός
spasm ['spæzəm] n σπασμός m
spat [spæt] pt, pp of **spit**
spate [speɪt] n (fig) a **~** of μια
πλημμύρα από
speak [spiːk] (pt **spoke**, pp **spoken**)
vt (language) μιλάω · (truth) λέω ♦ vi
μιλάω · (= make a speech) βγάζω
λόγο · **to ~ to sb/of or about sth**
μιλάω σε κν για κτ · **~ up!** (μιλήστε)
πιο δυνατά! · **so to ~** που λέει ο
λόγος · **~ for** vt fus **to ~ for sb** μιλώ
για λογαριασμό κν · (in
public) ομιλητής/τρια m/f · (also
loud~er) ηχείο nt
spear [spɪə] n λόγχη f ♦ vt λογχίζω
special ['spɛʃl] adj ιδιαίτερος ·
(service, performance) έκτακτος ·
(adviser, permission) ειδικός ·
~ effects npl ειδικά εφφέ ntpl inv ·
~ist n ειδικός m/f · **~ity** n (dish)
σπεσιαλιτέ f inv · (= study)
ειδικότητα f · **~ize** n **to ~ize** (in)
ειδικεύομαι (σε) · **~ly** adv ειδικά ·
~ offer (COMM) n προσφορά f · **~ty**
n (esp US) = **speciality**
species ['spiːʃiːz] n inv είδος nt
specific [spə'sɪfɪk] adj (= fixed)
συγκεκριμένος · (= exact) σαφής ·
~ally adv (= specially) ειδικά ·
(= exactly) συγκεκριμένα
specify ['spɛsɪfaɪ] vt (time, place)

καθορίζω · (colour etc) προσδιορίζω
specimen ['spɛsɪmən] n δείγμα nt
speck [spɛk] n (of dust) κόκκος m ·
(of dirt) κηλίδα f
spectacle ['spɛktəkl] n (scene) θέαμα
nt · (grand event) υπερθέαμα nt
▸ **spectacles** npl γυαλιά ntpl
spectacular adj θεαματικός
spectator [spɛk'teɪtə] n θεατής mf
spectrum ['spɛktrəm] (pl **spectra**) n
φάσμα nt
speculate ['spɛkjuleɪt] vi (FIN) παίζω
στο Χρηματιστήριο · **to ~ about**
κάνω υποθέσεις για
sped [spɛd] pt, pp of **speed**
speech [spiːtʃ] n ομιλία f · (= formal
talk) λόγος m · **~less** adj άφωνος
speed [spiːd] (pt, pp **sped**) n (rate)
ρυθμός m · (= fast travel) ταχύτητα
f · (= haste) ταχύτητα f ♦ vi **to**
~ along/by etc τρέχω κατά μήκος/
μέσω κλπ. · (AUT) υπερβαίνω το όριο
ταχύτητας · **~ up** (pt, pp **~ed up**) vi
(in car etc) επιταχύνω ♦ vt
επιταχύνω · **~boat** n ταχύπλοο nt ·
~ing (AUT) n υπερβολική ταχύτητα
f · **~ limit** n όριο nt ταχύτητας · **~y**
adj γρήγορος · (reply) άμεσος
spell [spɛl] (pt, pp **spelt** (BRIT) or
~ed) n (also **magic ~**) ξόρκι nt ·
(= period of time) περίοδος f ♦ vt
γράφω ορθογραφημένα · (danger,
disaster) συνεπάγομαι · **~ing** n
(= word form) τρόπος m γραφής ·
(ability) ορθογραφία f
spend [spɛnd] (pt, pp **spent**) vt
(money) ξοδεύω · (time, life) περνάω ·
~ing n δαπάνες fpl
sperm [spəːm] n σπέρμα nt
sphere [sfɪə] n (also area)
σφαίρα f · (= area)
τομέας m
spice [spaɪs] n καρύκευμα n ♦ vt
καρυκεύω · **spicy** adj πικάντικος
spider ['spaɪdə] n αράχνη f
spike [spaɪk] n κάγκελο nt
spill [spɪl] (pt, pp **spilt** or **~ed**) vt
χύνω ♦ vi χύνομαι · **~ out** vi

spin (_people_) ξεχύνομαι · **~ over** _vi_ (_liquid_) ξεχειλίζω · (_fig: conflict_) επεκτείνομαι

spin [spɪn] (_pt_ **spun, span**, _pp_ **spun**) _n_ (_trip in car_) βόλτα _f_ με το αυτοκίνητο · (= _revolution of wheel_) περιστροφή _f_ · (_on ball_) φάλτσο _nt_ ♦ _vt_ (_wool etc_) γνέθω · (_ball_) σβουρίζω · (_wheel_) σπινάρω · (_BRIT: also_ **~dry**) στίβω ♦ _vi_ (= _make thread_) γνέθω · (_person_) στριφογυρίζω · (_head_) γυρίζω

spinach ['spɪnɪtʃ] _n_ σπανάκι _nt_

spinal ['spaɪnl] _adj_ στη σπονδυλική στήλη

spine [spaɪn] _n_ (_ANAT_) σπονδυλική στήλη _f_ · (_of plant, hedgehog etc_) αγκάθι _nt_

spiral ['spaɪərl] _n_ σπείρα _f_ ♦ _vi_ (_fig_) αυξάνομαι ραγδαία

spire [spaɪə^r] _n_ καμπαναριό _nt_

spirit ['spɪrɪt] _n_ (= _soul_) πνεύμα _nt_ · (_ghost_) πνεύμα _nt_ · (= _energy_) έμπνευση _f_ · (= _sense: of agreement etc_) πνεύμα _nt_ · (= _frame of mind_) διάθεση _f_

▸ **spirits** _npl_ (_drink_) οινοπνευματώδη _ntpl_ · **~ual** _adj_ πνευματικός

spit [spɪt] (_pt, pp_ **spat**) _n_ (_for roasting_) σούβλα _f_ · (= _saliva_) σάλιο _nt_ ♦ _vi_ φτύνω · (_inf: rain_) ψιχαλίζω

spite [spaɪt] _n_ κακία _f_ ♦ _vt_ πεισμώνω · **in ~ of** παρά +_acc_ · **~ful** _adj_ μοχθηρός

splash [splæʃ] _n_ (_sound_) παφλασμός _m_ · (_of colour_) πινελιά _f_ · εκεί πλατς ♦ _vt_ πετώ ♦ _vi_ (_also_ **~ about**) τσαλαβουτάω · (_water, rain_) χτυπάω

splendid ['splendɪd] _adj_ (= _excellent_) έξοχος · (= _impressive_) μεγαλοπρεπής

splinter ['splɪntə^r] _n_ (_of wood_) σκλήθρα _f_ · (_in finger_) αγκίδα _f_ · (_of bone, glass etc_) γύινιας κομμάτια · (_wood_) σκίζομαι

split [splɪt] (_pt, pp_ **~**) _n_ (= _crack, tear_) σκίσιμο _nt_ · (_fig: division_) διάσπαση _f_ · _vt_ χωρίζω · (_party_) διαιρώ · (_work, profits_) μοιράζω ♦ _vi_ (= _divide_)

χωρίζομαι · (= _crack, tear_) ανοίγω στη μέση · **~ up** _vi_ (_couple_) χωρίζω · (_group, meeting_) διαλύομαι

spoil [spɔɪl] (_pt, pp_ **~t** _or_ **~ed**) _vt_ χαλάω · (_child_) παραχαϊδεύω · **~t** _adj_ κακομαθημένος

spoke [spəuk] _pt of_ **speak** ♦ _n_ ακτίνα _f_

spoken ['spəukn] _pp of_ **speak**

spokesman ['spəuksmən] (_irreg_) _n_ εκπρόσωπος _m_

spokesperson ['spəukspə:sn] _n_ (_irreg_) εκπρόσωπος _mf_

spokeswoman ['spəukswumən] _n_ (_irreg_) εκπρόσωπος _f_

sponge [spʌndʒ] _n_ (_for washing with_) σφουγγάρι _nt_ · (_also_ **~ cake**) παντεσπάνι _nt_ ♦ _vi_ to **~ off** _or_ **on sb** ζω σε βάρος κου

sponsor ['spɒnsə^r] _n_ χορηγός _mf_ ♦ _vt_ (_player, event_) είμαι χορηγός σε · (= _fund-raiser_) δίνω χρήματα σε · **~ship** _n_ χορηγία _f_

spontaneous [spɒn'teɪnɪəs] _adj_ αυθόρμητος

spooky ['spu:kɪ] (_inf_) _adj_ (_place_) στοιχειωμένος · (_atmosphere_) ανατριχιαστικός

spoon [spu:n] _n_ κουτάλι _nt_ · **~ful** _n_ κουταλιά _f_

sport [spɔ:t] _n_ άθλημα _nt_ · (_also_ **good ~**: _person_) εντάξει τύπος _m_ (_inf_) · **~s car** _n_ σπορ αυτοκίνητο _nt_ · **~s centre** _n_ αθλητικό κέντρο _nt_ · **~sman** (_irreg_) αθλητής _m_ · **~swear** _n_ αθλητικά _ntpl_ (_ρούχα_) · **~swoman** (_irreg_) αθλήτρια _f_ · **~y** _adj_ που έχει καλές επιδόσεις

spot [spɒt] _n_ σημάδι _nt_ · (_mark_) στίγμα _nt_ · (= _dot: on pattern_) βούλα _f_ · (_on skin_) σπυρί _nt_ · (_place_) μέρος _nt_ · (= _small amount_) **a ~ of** μια σταλιά _nt_ τι διακρίνω · **on the ~** = επιτόπου · **~less** _adj_ πεντακάθαρος · **~light** _n_ προβολέας _m_ · (_in room_) σποτάκι _nt_

spouse [spaus] _n_ σύζυγος _mf_

sprang [spræŋ] *pt of* **spring**

sprawl [sprɔ:l] *vi* ξαπλώνομαι (φαρδύς-πλατύς)

spray [sprei] *n* σταγονίδια *ntpl* ·
(*container*) σπρέι *nt inv* ♦ *vt* ψεκάζω ·
(*crops*) ραντίζω

spread [spred] (*pt, pp* ~) *n* φάσμα *nt* ·
(*inf: food*) τσιμπούσι *nt* ♦ *vt* (*butter, jam etc*) αλείφω · (*wings, arms*)
ανοίγω · (*workload, wealth*) διανέμω ·
(= *scatter*) σκορπίζω · (*disease*)
μεταδίδω · (*rumour*) διαδίδω ♦ *vi*
(*disease*) εξαπλώνομαι · (*news*)
διαδίδομαι · (*stain*) απλώνομαι ·
~ **out** *vi* σκορπίζω

spree [spri:] *n* **to go on a**
~ ξεφαντώνω

spring [spriŋ] *n* (= *coiled metal*)
ελατήριο *nt* · (*season*) άνοιξη *f* · (*of water*) πηγή *f* ♦ *vi* (*pt* **sprang**, *pp* **sprung**) χύμαω · **to** ~ **from**
προέρχομαι· ~ **up** *vi* (*building, plant*)
ξεφυτρώνω

sprinkle ['spriŋkl] *vt* (*liquid*) ραντίζω ·
(*salt*) ρίχνω από πάνω λίγο · (*sugar*)
πασπαλίζω

sprint [sprint] *n* δρόμος *m* ταχύτητας
♦ *vi* (= *run fast*) τρέχω · (*SPORT*)
τρέχω σε δρόμο ταχύτητας

sprouts [sprauts] *npl* (*also* **Brussels**
~) λαχανάκια *ntpl* Βρυξελλών

sprung [sprʌŋ] *pp of* **spring**

spun [spʌn] *pt, pp of* **spin**

spur [spə:ʳ] *n* σπιρούνι *nt* · (*fig*)
κίνητρο *nt* ♦ *vt* (*also* ~ **on**)
παρακινώ · **on the** ~ **of the moment** στα καλά καθούμενα

spurt [spə:t] *n* (*of energy*) έκρηξη *f* ·
(*of water etc*) in ~ με διακοπές ♦ *vi*
αναβλύζω

spy [spai] *n* κατάσκοπος *mf* ♦ *vi* **to**
~ **on** κατασκοπεύω ♦ *vt* (= *see*)
διακρίνω ♦ *cpd* (*film, story*)
κατασκοπείας

sq. *abbr* = **square**

squabble ['skwɔbl] *vi* καυγαδίζω ♦ *n*
καυγαδάκι *nt*

squad [skwɔd] *n* (*MIL*) ουλαμός *m* ·
(*POLICE*) μονάδα *f* · (*SPORT*) ομάδα *f*

squadron ['skwɔdrən] *n* (*MIL*)
επιλαρχία *f* · (*AVIAT, NAUT*) μοίρα *f*

square [skwεəʳ] *n* (*shape*) τετράγωνο
nt · (*in town*) πλατεία *f* ♦ *adj*
τετράγωνος ♦ *vt* (= *arrange*)
ταχτοποιώ · (*MATH*) υψώνω στο
τετράγωνο · (= *reconcile*)
συμβιβάζω · **all** = ισόπαλος · **2
metres** ~ 2 επί 2 · **2** · **metres** 2
τετραγωνικά μέτρα

squash [skwɔʃ] *n* (*SPORT*) σκουός *nt
inv* · (*BRIT: drink*) lemon/orange
~ χυμός λεμόνι/πορτοκάλι · (*US: marrow etc*) κολοκύθι *nt* ♦ *vt*
συνθλίβω

squat [skwɔt] *adj* (*person*)
κοντόχοντρος · (*building*)
χοντροκομμένος ♦ *vi* (*also* ~ **down**)
κάθομαι στα πόδια μου · (*on property*) κάνω κατάληψη

squeak [skwi:k] *vi* (*door etc*) τρίζω ·
(*animal*) τσιρίζω ♦ *n* (*of hinge etc*)
τρίξιμο *nt* · (*of animal*) τσίριγμα *nt*

squeeze [skwi:z] *n* (*of hand etc*)
σφίξιμο *nt* · (*ECON*) περιορισμός *ntpl*
♦ *vt* στίβω · (*tube, bottle etc*) στύβω ·
(*hand, arm*) σφίγγω ♦ *vi* **to** ~ **past/
under sth** στριμώχνομαι και
περνάω μπροστά/κάτω από κτ

squid [skwid] *n* καλαμάρι *nt*

squirrel ['skwirəl] *n* σκίουρος *m*

Sr *abbr* (*in names*) = **senior**

Sri Lanka [sri'læŋkə] *n* Σρι Λάνκα *f inv*

St *abbr* = **saint** · **street**

stab [stæb] *n* (*with knife etc*) μαχαιριά
f · (*of pain*) σουβλιά *f* · (*inf: try*) **to
have a** ~ **at sth/doing sth** κάνω
μια δοκιμή σε κτ/να κάνω κτ ♦ *vt*
μαχαιρώνω

stability [stə'biliti] *n* σταθερότητα *f*

stable ['steibl] *adj* σταθερός ♦ *n*
στάβλος *m*

stack [stæk] *n* στοίβα *f* ♦ *vt* (*also*
~ **up**) στοιβάζω · **there's** ~**s of
time** (*BRIT: inf*) έχουμε πολύ χρόνο

stadium ['steɪdɪəm] (pl **stadia** or **~s**) n στάδιο nt

staff [stɑːf] n το προσωπικό nt ♦ vt επανδρώνομαι

stag [stæg] n αρσενικό ελάφι nt

stage [steɪdʒ] n (in theatre etc) σκηνή f • (platform) εξέδρα f • (= period) στάδιο nt ♦ vt (play) ανεβάζω • (demonstration) οργανώνω • **the ~** (THEAT) η σκηνή • **in ~s** σταδιακά

stagger ['stægə'] vi τρεκλίζω ♦ vt (= amaze) συγκλονίζω • (hours, holidays) κανονίζω σταδιακά or σπαστά • **~ing** adj συγκλονιστικός

stagnant ['stægnənt] adj (water) που λιμνάζει • (economy etc) στάσιμος

stain [steɪn] n (mark) κηλίδα f • (colouring) μπογιά f (για ξύλο) ♦ vt (= mark) λερώνω • (wood) βάφω • **~less steel** n ανοξείδωτο ατσάλι nt

stair [steə'] n σκαλοπάτι nt

▸ **stairs** npl σκάλα f • **~case** n σκάλα f • **~way** n = **staircase**

stake [steɪk] n (= post) πάσσαλος m • (COMM: interest) οικονομικό συμφέρον nt • (BETTING: gen pl) στοίχημα n (money) στοιχηματίζω • **to a claim (to sth)** εγείρω αξίωση (για κτ) • **to ~ my life/reputation on sth** κόβω το κεφάλι μου για κτ • **to be at ~** διακυβεύομαι

stale [steɪl] adj (bread, food) μπαγιάτικος • (smell) μούχλας • (air) που μυρίζει μούχλα or κλεισούρα

stalk [stɔːk] n (of flower) μίσχος m • (of fruit) κοτσάνι nt ♦ vi **to ~ out/off** περπατάω αγέρωχα

stall [stɔːl] n (BRIT: in street, market etc) πάγκος m • (in stable) παχνί nt ♦ vt (AUT) μπλοκάρω • (fig: person) καθυστερώ ♦ vi (AUT) σβήνω • (fig: person) χρονοτριβώ

stamina ['stæmɪnə] n σφρίγος nt

stammer ['stæmə'] n τραύλισμα nt ♦ vi τραυλίζω

stamp [stæmp] n (= postage stamp)

γραμματόσημο nt • (= rubber stamp: also fig) σφραγίδα f ♦ vi (also **~ one's foot**) χτυπάω τα πόδια κάτω ♦ vt (letter) βάζω γραμματόσημο σε • (with rubber stamp) σφραγίζω • **~ed addressed envelope** φάκελος με γραμματόσημο και τη διεύθυνση του παραλήπτη • **~ out** vt (fig: crime) καταπνίγω

stampede [stæm'piːd] n άτακτη φυγή f • (fig) συναγερμός m

stance [stæns] n στάση f

stand [stænd] (pt, pp **stood**) n (COMM: stall) πάγκος m • (: at exhibition) περίπτερο nt • (SPORT) κερκίδα f ♦ vi (= be on foot) στέκομαι • (also **~ up**) σηκώνομαι όρθιος • (= be placed: object, building) βρίσκομαι • (= remain: decision, offer) ισχύω • (= run: in election) κατεβαίνω ♦ vt (= place) στήνω • (= tolerate) αντέχω, ανέχομαι • **to take a ~ on sth** παίρνω θέση σε κτ • **to ~ to gain/lose sth** πρόκειται να κερδίσω/χάσω κτ • **to ~ to reason** είναι λογικό • **as things ~** όπως έχουν τα πράγματα • **I can't ~ him** δεν μπορώ να τον υποφέρω • **we don't ~ a chance** δεν έχουμε καμία πιθανότητα • **to ~ trial** δικάζομαι • **by** vi (= be ready) είμαι σε επιφυλακή • (= fail to help) κάθομαι και κοιτάω ♦ vt fus (opinion, decision) τηρώ • (person) υποστηρίζω • **~ down** vi παραιτούμαι • **~ for** vt fus (= signify) αντιπροσωπεύω • (= represent) σημαίνω • (= tolerate) ανέχομαι • **~ in for** vt fus αντικαθιστώ • **~ out** vi ξεχωρίζω • **~ up** vi σηκώνομαι όρθιος • **~ up for** vt fus υπερασπίζομαι • **~ up to** vt fus (person) αντιτάσσομαι σε

standard ['stændəd] n (level) επίπεδο nt • (norm, criterion) μέτρο nt σύγκρισης ♦ adj (= normal: size etc) κανονικός • (model, feature) στάνταρ inv

▸ **standards** npl (= morals) αξίες fpl · **~ of living** n βιοτικό επίπεδο nt

stand-by ['stændbaɪ] (**standby**) n εφεδρεία f · **to be on** ~ (doctor) εφημερεύω · (crew, firemen etc) είμαι σε ετοιμότητα · (passenger) είμαι στη λίστα αναμονής

standing ['stændɪŋ] n (= status) στάθμη f

standpoint ['stændpɔɪnt] n σκοπιά f

standstill ['stændstɪl] n · **at a** ~ μπλοκαρισμένος · (fig) σε τέλμα

stank [stæŋk] pt of **stink**

staple ['steɪpl] n (for papers) συνδετήρας m · (chief product) κύριο προϊόν nt ◆ adj (food etc) βασικός ◆ vt πιάνω με συνδετήρα · **~r** n συρραπτικό nt

star [stɑːʳ] n (in sky) αστέρι nt · (celebrity) αστέρας m ◆ vi (THEAT. CINE: actor) έχω για πρωταγωνιστή ◆ vi **to** ~ **in** πρωταγωνιστώ · **4-~ hotel** ξενοδοχείο τεσσάρων αστέρων

▸ **the stars** npl (= horoscope) ωροσκόπιο nt

starboard ['stɑːbɔːd] adj της δεξιάς πλευράς

starch [stɑːtʃ] n (for clothes) κόλλα f · (CULIN) άμυλο nt

stare [stɛəʳ] n βλέμμα nt ◆ vi **to** ~ **at** κοιτάζω (επίμονα)

stark [stɑːk] adj (= bleak) αυστηρός ◆ adv · **~ naked** ολόγυμνος

start [stɑːt] n (= beginning) αρχή f · (= departure) ξεκίνημα nt · (sudden movement) τίναγμα nt, προβάδισμα nt ◆ vt (= begin) αρχίζω · (= cause: fire) βάζω · (= found: business etc) ανοίγω · (engine) βάζω μπροστά ◆ vi (= begin) αρχίζω · (with fright) πετάγομαι · (engine etc) παίρνω μπροστά · **to ~ doing** or **to do sth** αρχίζω να κάνω κτ · **for a** ~ κατ' αρχήν · **~ off** vi (= begin) ξεκινώ · **~ out** vi · **start off** · **~ over** (US) ◆ vi

ξαναρχίζω · **~ up** vt (business etc) βάζω μπρος · (engine, car) βάζω μπροστά · **~er** n (BRIT: CULIN) ορεκτικό · **~ing point** n αφετηρία f

startling ['stɑːtlɪŋ] adj ανησυχητικός

starvation [stɑːˈveɪʃən] n ασιτία f

starve [stɑːv] vi (= be very hungry) πεθαίνω της πείνας · (to death) λιμοκτονώ · (person, animal) αφήνω νηστικό · **I'm starving** πεθαίνω της πείνας

state [steɪt] n (= condition) κατάσταση f · (= government) κράτος nt ◆ vt δηλώνω · **~ of mind** ψυχολογική κατάσταση · **~ment** n (= declaration) δήλωση f · (FIN) κατάσταση f κίνησης λογαριασμού · **~ school** n δημόσιο σχολείο nt · **~sman** (irreg) n πολιτικός

static ['stætɪk] n ◆ adj στατικός

station ['steɪʃən] n (RAIL) σταθμός m · (also bus ~) σταθμός m λεωφορείων · (also police ~) αστυνομικό τμήμα nt · (RADIO) σταθμός m ◆ vt τοποθετώ

stationary ['steɪʃnərɪ] adj ακίνητος

stationery ['steɪʃnərɪ] n γραφική ύλη f

statistic [stəˈtɪstɪk] n στατιστική f · **~s** n στατιστική f

statue ['stætjuː] n άγαλμα nt

stature ['stætʃəʳ] n ανάστημα nt · (fig) διαμέτρημα nt

status ['steɪtəs] n (position) θέση f · (= official classification) στάτους m inv · (= importance) κοινωνική κατάξιωση f · **the ~ quo** το στάτους κβο

statutory ['stætjutrɪ] adj (powers, rights etc) νόμιμος · (meeting, holidays) προβλεπόμενος

staunch [stɔːntʃ] adj αφοσιωμένος ◆ vt (flow) ανακόπτω · (blood) σταματάω

stay [steɪ] n παραμονή f ◆ vi (= remain) παραμένω · (in place, at home etc) μένω · **to ~ put** δεν κουνιέμαι · **~ behind** vi μένω πίσω · **~ in** vi μένω μέσα · **~ on** vi παραμένω · **~ up** vi μένω ξύπνιος

steadily ['stedɪlɪ] adv (= regularly) κανονικά · (= constantly) σταθερά · (= fixedly) επίμονα

steady ['stedɪ] adj σταθερός ♦ vt σταθεροποιώ · **to ~ one's nerves** ηρεμώ

steak [steɪk] n (beef, pork) μπριζόλα f · (fish etc) φιλέτο nt

steal [stiːl] (pt **stole**, pp **stolen**) vt κλέβω ♦ vi (= move secretly) κινούμαι κλεφτά · **to ~ out** βγαίνω κλεφτά

steam [stiːm] n ατμός m ♦ vt (CULIN) μαγειρεύω στον ατμό ♦ vi αχνίζω · **~ up** (window) θολώνω από ατμούς(nt · **~y** adj (room, window) θολός · (book, film) καυτός

steel [stiːl] n χάλυβας m ♦ adj χαλύβδινος

steep [stiːp] adj απότομος · (price, fees) ανεβασμένος ♦ vt (= soak) βουτάω · **to be ~ed in history** (fig: place) είμαι γεμάτος ιστορία

steeple ['stiːpl] n καμπαναριό nt

steer [stɪə] vt (vehicle) οδηγώ · (boat) κυβερνώ · (person) οδηγώ ♦ vi μανουβράρω · **to ~ clear of sb/sth** (fig) αποφεύγω κν/κτ · **~ing** (AUT) n κίνηση f · **~ing wheel** n τιμόνι nt

stem [stem] n (BOT: of plant) μίσχος m · (of leaf) κοτσάνι nt · (of glass) λαιμός m ♦ vt σταματάω · **~ from** vt fus προέρχομαι από

step [step] n βήμα nt · (of stairs) σκαλοπάτι nt ♦ vi **to ~ forward/back** πάω εμπρός/πίσω
▶ **steps** npl (BRIT) = **stepladder** · **~ down** vi (fig) αποσύρομαι · **~ in** vi (fig) παρεμβαίνω · **~ on** vt fus πατάω πάνω (σε) · **~brother** n ετεροθαλής αδελφός m · **~child** (irreg) n προγόνι nt · **~daughter** n προγονή f · **~father** n πατριός m · **~ladder** (BRIT) n πτυσσόμενη σκάλα f · **~mother** n μητριά f · **~sister** n

ετεροθαλής αδελφή f · **~son** n προγονός m

stereo ['stɛrɪəu] n στερεοφωνικό nt ♦ adj στερεοφωνικός

stereotype ['stɪərɪətaɪp] n στερεότυπο nt ♦ vt διαμορφώνω στερεότυπα για · **~d** στερεοτυπικός

sterile ['stɛraɪl] adj (= free from germs) αποστειρωμένος · (= barren) στείρος · (fig) στείρος

sterling ['stɜːlɪŋ] adj από καθαρό ασήμι · (fig: efforts, character) εξαιρετικός ♦ n (ECON) στερλίνα f · **one pound** = μία λίρα στερλίνα

stern [stɜːn] adj αυστηρός ♦ n πρύμνη f

steroid ['stɪərɔɪd] n στεροειδές nt

stew [stjuː] n ραγού nt inv ♦ vt (meat, vegetables) μαγειρεύω σε σιγανή φωτιά · (fruit) κάνω κομπόστα ♦ vi σιγοβράζω

steward ['stjuːəd] n (on ship, train) καμαρότος m · (on plane) αεροσυνοδός m · (in club etc) οικονόμος mf · **~ess** n αεροσυνοδός f

stick [stɪk] n (pt, pp **stuck**) n (of wood) κλαρί m · (of dynamite) ράβδος f · (of chalk etc) κομμάτι nt · (also **walking ~**) μπαστούνι n ♦ vt (with glue etc) κολλάω · (inf: = put) χώνω ♦ vi κολλάω · (in mind) σφηνώνομαι · **~ around** (inf) vi μένω εδώ · **~ to** vt fus (one's word, promise) μένω πιστός σε · (the truth, facts) περιορίζομαι σε · **~ up** (hair etc) υψώνομαι · **~ up for** vt fus υποστηρίζω · **~er** n αυτοκόλλητη ετικέτα f · **~y** adj (= messy) που κολλάει · (= adhesive) αυτοκόλλητος

stiff [stɪf] adj (brush) σκληρός · (paste, egg white) σφιχτός · (person) πιασμένος · (door, zip etc) σφιχτός · (manner, smile) ψυχρός · (competition) σκληρός · (drink, breeze) δυνατός ♦ adv (bored, worried) φοβερά

stifling ['staɪflɪŋ] *adj* (*heat*) αποπνικτικός

stigma ['stɪgmə] *n* στίγμα *nt*

still [stɪl] *adj* (= *motionless*) ακίνητος · (= *tranquil*) γαλήνιος · (BRIT: *drink*) χωρίς ανθρακικό ♦ *adv* ακόμη · (= *nonetheless*) ωστόσο ♦ *n* (CINE) φωτογραφία *f*

stimulate ['stɪmjuleɪt] *vt* διεγείρω · (*demand*) προκαλώ · (*person*) εμπνέω

stimulus ['stɪmjuləs] (*pl* **stimuli**) *n* ερέθισμα *nt*

sting [stɪŋ] (*pt*, *pp* **stung**) *n* τσίμπημα *nt* · (*organ*: *of wasp etc*) κεντρί *nt* ♦ *vt* τσιμπάω · (*fig*) πληγώνω ♦ *vi* (*insect*, *plant etc*) τσιμπάω · (*eyes*, *ointment etc*) τσούζω

stink [stɪŋk] (*pt* **stank**, *pp* **stunk**) *n* βρώμα *f* ♦ *vi* βρωμάω

stir [stəː] *n* (*fig*) αναταραχή *f* ♦ *vt* ανακατεύω · (*fig*) προκαλώ συγκίνηση σε ♦ *vi* (= *move slightly*) σαλεύω · ~ **up** *vt* (*trouble*) προκαλώ

stitch [stɪtʃ] *n* (SEWING) βελονιά *f* · (KNITTING) πόντος *m* · (MED) ράμμα *nt* ♦ *vt* ράβω

stock [stɔk] *n* (= *supply*) απόθεμα *nt* · (COMM) εμπόρευμα *nt* · (AGR) ζώα *ntpl* · (CULIN) ζωμός *m* · (= *origin*) καταγωγή *f* ♦ *adj* (*reply*, *excuse etc*) χιλιοειπωμένος ♦ *vt* έχω σε στοκ · **~s and shares** αξίες *fpl* Χρηματιστηρίου · **in/out of ~** που διατίθεται/εξαντλήθηκε (προσωρινά) · **to take ~ of** (*fig*) εκτιμώ · ~ **up** *vi* **to ~ up (with)** εφοδιάζομαι (με) · ~-**broker** *n* Χρηματιστής/τρια *m/f* · ~ **exchange** *n* Χρηματιστήριο *nt* (αξιών) · ~**holder** (*esp* US) *n* μέτοχος *mf*

stocking ['stɔkɪŋ] *n* κάλτσες *fpl*

stock market (BRIT) *n* Χρηματιστήριο *nt* αξιών

stole [stəʊl] *pt of* **steal**

stolen ['stəʊln] *pp of* **steal**

stomach ['stʌmək] *n* (ANAT) στομάχι *nt* · (*belly*) κοιλιά *f* ♦ *vt* (*fig*) χωνεύω

stone [stəʊn] *n* (= *rock*) πέτρα *f* · (= *gem*) πετράδι *nt* · (= *pebble*) βότσαλο *nt* · (BRIT: *in fruit*) κουκούτσι *nt* · (BRIT: *weight*) = 6, 35 κιλά ♦ *adj* από πολύ σκληρό πηλό ♦ *vt* (*person*) λιθοβολώ

stood [stʊd] *pt*, *pp of* **stand**

stool [stuːl] *n* σκαμνί *nt*

stoop [stuːp] *vi* (*also* ~ **down**) σκύβω · (= *walk with a stoop*) περπατάω σκυρτά · **to ~ to sth/ doing sth** (*fig*) πέφτω χαμηλά /για να κάνω κτ

stop [stɔp] *n* στάση *f* ♦ *vt* (= *cause to stop*) σταματάω · (= *block*; *pay*, *cheque*) ακυρώνω · (= *prevent*) αποτρέπω ♦ *vi* σταματάω · **to ~ doing sth** σταματάω να κάνω κτ · **by** *vi* περνάω · **~ off** *vi* σταματάω για λίγο · **~over** *n* στάση *f* · (AVIAT) ενδιάμεση στάση *f*

stoppage ['stɔpɪdʒ] *n* (= *strike*) στάση *f* εργασίας · (= *blockage*) διακοπή *f*

storage ['stɔːrɪdʒ] *n* (*also* COMPUT) αποθήκευση *f*

store [stɔː] *n* (= *stock*) απόθεμα *nt* · (= *depot*) αποθήκη *f* · (BRIT: *large shop*) πολυκατάστημα *nt* · (US: = *shop*) κατάστημα *nt* · (= *reserve*) απόθεμα *nt* ♦ *vt* αποθηκεύω · **in ~** αποθηκευμένος · ▸ **stores** *npl* (= *provisions*) εφόδια *ntpl* · ~ **up** *vt* συγκεντρώνω απόθεμα +*gen*

storey ['stɔːrɪ] (US **story**) *n* όροφος *m*

storm [stɔːm] *n* καταιγίδα *f* · (*fig*) θύελλα *f* ♦ *vi* (= *speak angrily*) θυμώνω ♦ *vt* (*place*) κάνω έφοδο σε · ~**y** *adj* θυελλώδης

story ['stɔːrɪ] *n* ιστορία *f* · (PRESS) άρθρο *nt* · (= *lie*) παραμύθι *nt* · (US) = **storey**

stout [staʊt] *adj* (*person*) γεματός · (*supporter*, *resistance*) ρωμαλέος

stove [stəʊv] *n* στόφα *f* · (*for heating*) σόμπα *f*

straight [streɪt] *adj* ευθύς · (*answer*)

ειλικρινής · (choice, fight) ξεκάθαρος
♦ adv (in time) κατ'ευθείαν · (in direction) ίσια · **to put** or **get sth ~** (= make clear) βάζω τα πράγματα στη θέση τους · **~ away**, **~ off** αμέσως · **~en** vi ισιώνω · **~en out** vt (fig) τακτοποιώ · **~forward** adj απλός, ευθύς

strain [streɪn] n (= pressure) πίεση f · (TECH) πίεση f · (MED: also **back ~**) τράβηγμα nt · (= tension) υπερέντασή f · (= breed) ποικιλία f
♦ vt (ankle) στραμπουλάω · (resources) εξαντλώ · (CULIN) στραγγίζω ♦ vi **to ~ to do sth** καταβάλλω μεγάλη προσπάθεια να κάνω κτ · **~ed** adj (back, muscle) τραβηγμένος · (laugh etc) βεβιασμένος · (relations) τεταμένος

strait [streɪt] n στενό nt · **to be in dire ~s** είμαι στριμωγμένος

strand [strænd] n (of thread, wire) κλωνός m · (of hair) μπούκλα f · (fig) ρεύμα nt

stranded ['strændɪd] adj (traveller etc) που έχει ξεμείνει

strange [streɪndʒ] adj (= unfamiliar) άγνωστος · (= odd) παράξενος · **~ly** adv παράξενα · see also **enough** · **~r** n (= unknown person) άγνωστος/η m/ f · (from another area) ξένος/η m/f

strangle ['stræŋgl] vt στραγγαλίζω

strap [stræp] n λουρί nt · (of dress etc) τιράντα f · ♦ vt **to ~ in** or **on** δένω με ζώνη

strategic [strə'tiːdʒɪk] adj στρατηγικός

strategy ['strætɪdʒɪ] n (plan) στρατηγική f · (MIL) τακτική f

straw [strɔː] n (no pl) άχυρο nt · (drinking straw) καλαμάκι nt

strawberry ['strɔːbərɪ] n φράουλα f

stray [streɪ] adj (animal) αδέσποτος · (= scattered) σκόρπιος · ♦ vi (children, animals) βρίσκομαι κατά λάθος · (thoughts) πλανιέμαι

streak [striːk] n λουρίδα f · (fig) ίχνος f · ♦ vi **to ~ past** περνάω σαν

αστραπή

stream [striːm] n (= small river) ρυάκι nt · (of people, vehicles) ρεύμα nt · (of questions, insults etc) χείμαρρος m · (SCOL) κατεύθυνση f ♦ vt (SCOL) κατατάσσω σε κατευθύνσεις ♦ vi (water, blood etc) τρέχω · **to ~ in/out** συρρέω/ ξεχύνομαι

strength [strɛŋθ] n (physical) δύναμη f · (of girder, knot etc) αντοχή f · (fig) δύναμη f · (of chemical solution) ισχύς f · **on the ~ of** επηρεασμένος από · **~en** vt ενισχύω

strenuous ['strɛnjuəs] adj (exercise, walk) έντονος · (efforts) επίπονος

stress [strɛs] n (= force) πίεση f · (= mental strain) άγχος nt · (LING) τόνος m · (= emphasis) έμφαση f ♦ vt τονίζω · **~ful** adj πιεστικός

stretch [strɛtʃ] n (of sand, water etc) έκταση f · (of time) περίοδος f ♦ vi (person, animal) τεντώνομαι · (land, area) εκτείνομαι ♦ vt (= pull) τεντώνω · (fig: job, task) ζορίζω · **~ out** vi ξαπλώνω ♦ vt απλώνω · **~er** n φορείο nt

strict [strɪkt] adj (person, rule) αυστηρός · (meaning) ακριβής · **~ly** adv (= severely) αυστηρά · (= exactly) ακριβώς · (= solely) αποκλειστικά και μόνο · **~ly speaking** μιλώντας κυριολεκτικά

stride [straɪd] n (pt **strode**, pp **stridden**) f δρασκελιά f ♦ vi περπατάω με δρασκελιές

strike [straɪk] n (pt, pp **struck**) n (of workers) απεργία f · (MIL: attack) επιδρομή f ♦ vt (= hit) χτυπάω · (fig: idea, thought) έρχομαι στο νου σε · (oil etc) βρίσκω · (bargain, deal) κλείνω ♦ vi χτυπάω · **to ~ go on strike**) απεργώ · **on ~** σε απεργία · **~ off** vi διαγράφω · **~ up** vt (conversation, friendship) πιάνω · **~r** n απεργός mf · (SPORT) επιθετικός m · **striking** adj εντυπωσιακός

string [strɪŋ] (pt, pp **strung**) n (thin rope) σπάγγος m • (of beads) σειρά f • (of disasters, excuses) σειρά f • (MUS) χορδή f ♦ vt **to ~ together** βάζω στη σειρά **to ~ out** απλώνω στη σειρά
▸ **the strings** npl (MUS) τα έγχορδα ntpl

strip [strɪp] n λωρίδα f • (SPORT) στολή f ♦ vt (= undress) γδύνω • (paint) βγάζω • (also **~ down**: machine) λύνω ♦ vi γδύνομαι

stripe [straɪp] n ρίγα f • **~d** adj με ρίγες

stripper ['strɪpə'] n (female) στριπτιζέζ f inv

strive [straɪv] (pt **strove**, pp **~n**) vi to **~ for sth/to do sth** παλεύω για κτ/να κάνω κτ

strode [strəud] pt of **stride**

stroke [strəuk] n (blow) χτύπημα nt • (SWIM: = style) στυλ nt inv • (MED) εγκεφαλικό nt • (of clock) χτύπος m • (of paintbrush) πινελιά f ♦ vt (= caress) χαϊδεύω • **at a ~** μια κι έξω • **a ~ of luck** μια ξαφνική εύνοια της τύχης

stroll [strəul] n περίπατος m ♦ vi πάω μια βόλτα • **~er** (US) n καροτσάκι nt

strong [strɔŋ] adj δυνατός • (object, material) γερός • (language) κακός • (taste, smell) έντονος ♦ adv **they are 50 ~** είναι 50 • **~hold** n (also fig) οχυρό nt • **~ly** adv (defend, argue) με σθένος • (feel) έντονα • (believe) ακράδαντα

strove [strəuv] pt of **strive**

struck [strʌk] pt, pp of **strike**

structure ['strʌktʃə'] n δομή f • (building) κατασκευή f

struggle ['strʌgl] n (fight) πάλη f • (POL etc) αγώνας m • (difficulty) αγώνας f ♦ vi (= try hard) αγωνίζομαι • (= fight) παλεύω

strung [strʌŋ] pt, pp of **string**

stubble ['stʌbl] n (AGR) καλαμιά f • (on chin) αξύριστα γένια ntpl

stubborn ['stʌbən] adj (child) πεισματάρικος • (determination) ατσάλινος (stain, illness etc) επίμονος

stuck [stʌk] pt, pp of **stick** ♦ adj (= jammed) που έχει κολλήσει or φρακάρει • (= unable to answer) **to be ~** κολλάω

stud [stʌd] n (on clothing etc) καρφάκι nt • (earring) μπίλια f • (on boot) καρφί nt • (also **~ farm**) ιπποτροφείο nt ♦ vt (fig) **~ded with** στολισμένος με

student ['stju:dənt] n (at university) φοιτητής/τρια m/f • (at school) μαθητής/τρια m/f • **~s' union** (BRIT) n (association) ένωση f φοιτητών • (building) φοιτητική λέσχη f

studio ['stju:dɪəu] n (TV etc) στούντιο nt inv • (sculptor's etc) εργαστήρι nt

study ['stʌdɪ] n (activity) μελέτη f • (room) βιβλιοθήκη f ♦ vt (subject) σπουδάζω • (face, evidence) εξετάζω (προσεκτικά) ♦ vi μελετάω
▸ **studies** npl σπουδές fpl

stuff [stʌf] n (= things) πράγματα ntpl • (= substance) πράγμα nt ♦ vt (soft toy) παραγεμίζω • (CULIN) γεμίζω • (inf: = push) χώνω • **~ing** n υλικό nt για παραγέμισμα • (CULIN) γέμιση f • **~y** adj (room) αποπνικτικός • (person, ideas) σκουριασμένος

stumble ['stʌmbl] vi σκοντάφτω • **to ~ across or on** (fig) πέφτω τυχαία πάνω σε

stump [stʌmp] n (of tree) κούτσουρο nt • (of limb) κολόβωμα nt ♦ vt **to be ~ed** βρίσκομαι σε αμηχανία

stun [stʌn] vt (news) αφήνω εμβρόντητο • (blow on head) ζαλίζω

stung [stʌŋ] pt, pp of **sting**

stunning ['stʌnɪŋ] adj εντυπωσιακός

stunt [stʌnt] n (in film) επικίνδυνη σκηνή f • (= publicity stunt) διαφημιστικό κόλπο nt

stupid ['stju:pɪd] adj (person) βλάκας · (question, idea) ανόητος · **~ity** n ανοησία f

sturdy ['stɜːdɪ] adj (person) γεροδεμένος · (thing) γερός

style [staɪl] n (way, attitude) πρότυπο nt · (= elegance) στυλ nt inv · (= design) σχέδιο nt · **stylish** adj στυλάτος · **stylist** n (hair stylist) κομμωτής/τρια m/f

sub... [sʌb] prefix υπο-

subconscious [sʌb'kɔnʃəs] adj υποσυνείδητος

subdued [səb'dju:d] adj (light) χαμηλός · (person) υποτονικός

subject n ['sʌbdʒɪkt] vb [səb'dʒɛkt] n (matter) θέμα nt · (SCOL) μάθημα nt · (GRAMMAR) υποκείμενο nt ♦ vt to ~ sb to sth υποβάλλω κν σε κτ · to be ~ to (law, tax) υπόκειμαι σε

subjective [səb'dʒɛktɪv] adj υποκειμενικός

subject matter n περιεχόμενο nt

submarine [sʌbmə'ri:n] n υποβρύχιο nt

submission [səb'mɪʃən] n (subjection) υποταγή f · (of plan, application) υποβολή f · (proposal) πρόταση f

submit [səb'mɪt] vt υποβάλλω ♦ vi to ~ to sth υποκύπτω σε κτ

subordinate [sə'bɔːdɪnət] n υφιστάμενος/η m/f ♦ adj (position) κατώτερος · (role) δευτερεύων

subscribe [səb'skraɪb] vi to ~ (opinion) συμφωνώ με · (magazine etc) είμαι συνδρομητής σε

subscription [səb'skrɪpʃən] n (to magazine etc) συνδρομή f · (= membership dues) εισφορά f

subsequent ['sʌbsɪkwənt] adj (events) που ακολουθεί · (research, investigations) μετέπειτα · **~ly** adv στη συνέχεια

subside [səb'saɪd] vi (feeling, pain) υποχωρώ · (flood) πέφτει η στάθμη · (earth) υποχωρώ

subsidiary [səb'sɪdɪərɪ] adj δευτερεύων ♦ n (also: ~ company) θυγατρική f

subsidy ['sʌbsɪdɪ] n επιδότηση f

substance ['sʌbstəns] n ουσία f

substantial [səb'stænʃl] adj γερός · (meal) πλούσιος

substitute ['sʌbstɪtju:t] n υποκατάστατο nt ♦ vt to ~ A for B αντικαθιστώ το Β με το Α · **substitution** n ~ of A for B αντικατάσταση του Β με το Α

subtitle ['sʌbtaɪtl] n (CINE) υπότιτλος m

subtle ['sʌtl] adj (= slight) ανεπαίσθητος · (= indirect: person) επιτήδειος

suburb ['sʌbə:b] n προάστειο nt · **~an** adj (train etc) των προαστείων · (lifestyle etc) μικροαστικός

subway ['sʌbweɪ] n (US: = railway) υπόγειος m · (BRIT: = underpass) υπόγεια διάβαση f

succeed [sək'si:d] vi πετυχαίνω · to ~ in doing sth επιτυγχάνω or πετυχαίνω να

success [sək'ses] n επιτυχία f · **~ful** adj (attempt, writer) πετυχημένος · (candidate) επιτυχών · **~fully** adv με επιτυχία

succession [sək'seʃən] n (series) σειρά f · (to throne etc) διαδοχή f

successive [sək'sesɪv] adj (governments) διαδοχικός · (years, attempts) συνεχόμενος

successor [sək'sesə?] n διάδοχος mf

succumb [sə'kʌm] vi to ~ (to) υποκύπτω

such [sʌtʃ] adj (emphasizing similarity) some · place ένα τέτοιο μέρος · (= of that kind) · ~ a book ένα τέτοιο βιβλίο · (= so much) · ~ courage τέτοιο or τόσο θάρρος ♦ adv τόσο · ~ a long trip τόσο μεγάλο ταξίδι · ~ a lot of τόσο πολύς · ~ as όπως +nom · as ~ αυτός καθαυτός · ~ and ~ adj ο τάδε

suck [sʌk] vt (ice lolly, sweet etc) γλείφω ♦ vi (baby) θηλάζω

Sudan [su:'dɑːn] n Σουδάν nt inv

sudden ['sʌdn] adj ξαφνικός • **all of a ~** ξαφνικά • **~ly** adv ξαφνικά

sue [su:] vt κάνω μήνυση or αγωγή σε ♦ vi κάνω μήνυση or αγωγή

suede [sweɪd] n καστόρι nt ♦ cpd καστόρινος

suffer ['sʌfə*] vt (hardship etc) υφίσταμαι • (pain) υποφέρω από ♦ vi (person) υποφέρω • (results etc) πάσχω • **to ~ from** υποφέρω από • **~ing** n πόνος m

suffice [sə'faɪs] vi this **~s** αρκεί

sufficient [sə'fɪʃənt] adj αρκετός

sugar ['ʃugə*] n ζάχαρη f

suggest [sə'dʒɛst] vt (= propose) προτείνω • (= indicate) δείχνω • **~ion** n (= proposal) πρόταση f • (= indication) ένδειξη f

suicide ['suːɪsaɪd] n αυτοκτονία f • (person) αυτόχειρας m • see also **commit**

suit [su:t] n (man's) κοστούμι nt • (woman's) ταγιέρ nt inv • (JUR) μήνυση f • (CARDS) χρώμα nt ♦ vt (= be convenient, appropriate) βολεύω • (colour, clothes) πηγαίνω • **to ~ sth to** προσαρμόζω κτ σε • **to be well ~ed** (couple) είμαι ταιριαστός • **~able** adj (time, moment) βολικός • (person, clothes etc) κατάλληλος

suitcase ['suːtkeɪs] n βαλίτσα f

suite [swiːt] n σουίτα f • **bedroom/ dining room ~** έπιπλα κρεβατοκάμαρας/τραπεζαρίας • see also **three-piece suite**

sulphur ['sʌlfə*] (US **sulfur**) n θείο nt

sultana [sʌl'tɑːnə] n ξανθή σταφίδα f

sum [sʌm] n (= calculation) πράξη f (αριθμητική) • (= amount) ποσό nt • **~ up** vt (= describe) περιγράφω • (= evaluate rapidly) κόβω ♦ vi (= summarize) συνοψίζω

summarize ['sʌməraɪz] vt συνοψίζω

summary ['sʌmərɪ] n περίληψη f

summer ['sʌmə*] n καλοκαίρι nt • **~time** n καλοκαίρι nt

summit ['sʌmɪt] n κορφή f • (also **~ conference/meeting**) συνάντηση f κορυφής

summon ['sʌmən] vt καλώ • (help) ζητάω • **~ up** vt επιστρατεύω

sun [sʌn] n ήλιος m • **in the ~** στον ήλιο • **to catch the ~** με αρπάζει ο ήλιος • **~bathe** vi κάνω ηλιοθεραπεία • **~burn** n κάψιμο nt απ'τον ήλιο • **~burnt** adj (= tanned) ηλιοκαμένος • (painfully) που έχει καεί απ'τον ήλιο

Sunday ['sʌndɪ] n Κυριακή f • see also **Tuesday**

sunflower ['sʌnflauə*] n ηλιοτρόπιο nt

sung [sʌŋ] pp of **sing**

sunglasses ['sʌnglɑːsɪz] npl γυαλιά ntpl ηλίου

sunk [sʌŋk] pp of **sink**

sunlight ['sʌnlaɪt] n φως nt του ήλιου

sunny ['sʌnɪ] adj (day, place) ηλιόλουστος • **it is ~** έχει ήλιο or λιακάδα

sunrise ['sʌnraɪz] n ανατολή f

sunset ['sʌnsɛt] n δύση f

sunshine ['sʌnʃaɪn] n λιακάδα f

super ['su:pə*] (inf) adj φανταστικός

superb [su:'pə:b] adj εξαιρετικός

superficial [su:pə'fɪʃəl] adj (wound) επιπόλαιος • (knowledge) επιφανειακός • (person) ρηχός

superintendent [su:pərɪn'tɛndənt] n (of place, activity) επόπτης m • (POLICE) αστυνομικός διευθυντής m

superior [su:'pɪərɪə*] adj (= better, more senior) ανώτερος • (= smug) υπεροπτικός ♦ n ανώτερος/η m/f

superlative [su:'pə:lətɪv] n (LING) υπερθετικός m • adj απαράμιλλος

supermarket ['su:pəmɑːkɪt] n σουπερμάρκετ nt inv

supernatural [su:pə'nætʃərəl] adj υπερφυσικός ♦ n **the ~** το υπερφυσικό

superpower ['suːpəpaʊəʳ] n υπερδύναμη f

superstition [suːpə'stɪʃən] n δεισιδαιμονία f

superstitious [suːpə'stɪʃəs] adj προληπτικός

supervise ['suːpəvaɪz] vt (person) επιβλέπω · (activity) εποπτεύω ·

supervision n επίβλεψη f ·

supervisor n (of workers) επιστάτης/τρια m/f

supper ['sʌpəʳ] n βραδινό (φαγητό) nt

supple ['sʌpl] adj λυγερός

supplement n ['sʌplɪmənt] vb [sʌplɪ'ment] n (of vitamins etc) συμπλήρωμα nt · (of newspaper, magazine) παράρτημα nt ◆ vt συμπληρώνω

supplier [sə'plaɪəʳ] n προμηθευτής/τρια m/f

supply [sə'plaɪ] vt (= provide) προμηθεύω · (COMM: = deliver) παραδίδω ◆ n (= stock) απόθεμα nt · (= supplying) παράδοση f · **to be in short** ~ σπανίζω

▸ **supplies** npl (food) προμήθειες fpl · (MIL) ανεφοδιασμός m

support [sə'pɔːt] n υποστήριξη f · (TECH) υποστήριγμα nt ◆ vt (policy, football team etc) υποστηρίζω · (family etc) συντηρώ · (= hold up) βαστάω · (= sustain: theory etc) στηρίζω · **~er** n (POL) υποστηρικτής/τρια m/f · (SPORT) οπαδός m/f

suppose [sə'pəuz] vt (= think likely) υποθέτω · (= imagine) φαντάζομαι · **to be ~d to do sth** κανονικά πρέπει να κάνω κτ · **~dly** adv που υποτίθεται ότι · **supposing** conj αν υποθέσουμε ότι

suppress [sə'pres] vt (revolt) καταστέλλω · (information) αποσιωπώ · (feelings) καταπνίγω

supreme [su'priːm] adj (in titles) ανώτατος · (effort, achievement) υπέρτατος

surcharge ['sɜːtʃɑːdʒ] n πρόσθετο

τέλος nt

sure [ʃuəʳ] adj σίγουρος · **to make ~ of sth/that** βεβαιώνομαι για κτ/ ότι · **~!** φυσικά · **~ly** adv (= certainly) σίγουρα

surf [sɜːf] n κύμα nt ◆ vt (COMPUT) σερφάρω

surface ['sɜːfɪs] n επιφάνεια f ◆ vt (road) ασφαλτοστρώνω ◆ vi (fish, diver) βγαίνω στην επιφάνεια · (feeling) έρχομαι στην επιφάνεια

surfboard ['sɜːfbɔːd] n σανίδα f σέρφινγκ

surfing ['sɜːfɪŋ] n (SPORT) σέρφινγκ nt inv

surge [sɜːdʒ] n (increase) κύμα nt · (fig: of emotion) ξέσπασμα nt · (ELEC) υπέρταση f ◆ vi (water) φουσκώνω · (people, vehicles) ξεχύνομαι

surgeon ['sɜːdʒən] n χειρουργός m/f

surgery ['sɜːdʒərɪ] n (treatment) εγχείρηση f · (BRIT: room) ιατρείο n

surname ['sɜːneɪm] n επώνυμο nt

surpass [sɜː'pɑːs] vt ξεπερνώ

surplus ['sɜːpləs] n πλεόνασμα nt ◆ adj περισσευούμενος

surprise [sə'praɪz] n έκπληξη f ◆ vt (= astonish) εκπλήσσω · (= catch unawares) αιφνιδιάζω

surprising [sə'praɪzɪŋ] adj εκπληκτικός · **~ly** adv (easy, helpful) εκπληκτικά · **(somewhat) ~ly, he agreed** προς έκπληξη όλων, συμφώνησε

surrender [sə'rendəʳ] n παράδοση f ◆ vi παραδίδομαι ◆ vt παραχωρώ

surround [sə'raund] vt (walls, hedge etc) περιστοιχίζω · (MIL, POLICE) περικυκλώνω · **~ing** adj τριγύρω · **~ings** npl περιβάλλον nt

surveillance [sɜː'veɪləns] n επιτήρηση f

survey n ['sɜːveɪ] vb [sɜː'veɪ] n (of land) τοπογραφία f · (of house) αξιολόγηση f (ακινήτων) · (of habits etc) έρευνα f ◆ vt (land) κάνω τοπογράφηση +gen (house) εκτιμώ (scene) παρατηρώ ~ **-or** n (of land) τοπογράφος m/f (of house) εκτιμητής/τρια m/f

survival [sə'vaɪvl] n επιβίωση f

survive [sə'vaɪv] vi (person, animal) επιζώ (custom etc) επιβιώνω ♦ vt (person) ζω παραπάνω από ~ **survivor** n επιζώνίασα m/f

suspect adj, n ['sʌspekt] vb [səs'pekt] adj ύποπτος ♦ n ύποπτος/η m/f υποπτεύομαι

suspend [səs'pend] vt (= hang) κρεμάω (= delay, stop) αναστέλλω (from employment) θέτω σε διαθεσιμότητα

suspense [səs'pens] n (uncertainty) αβεβαιότητα f (in film etc) αγωνία f

suspension [səs'penʃən] n (from job) διαθεσιμότητα f (from team) αποκλεισμός m (AUT) ανάρτηση f (of driving licence, payment) αναστολή f

suspicion [səs'pɪʃən] n υποψία f

suspicious [səs'pɪʃəs] adj (look, circumstances) ύποπτος ~ **to be ~ of** or **about sb/sth** βλέπω κν/κτ με καχυποψία

sustain [səs'teɪn] vt (interest etc) διατηρώ (injury) υφίσταμαι

swallow ['swɔləu] n (bird) χελιδόνι nt (of food etc) μπουκιά f (of drink) γουλιά f ♦ vt καταπίνω (fig: story) χάβω

swam [swæm] pt of swim

swamp [swɔmp] n έλος nt ♦ vt γεμίζω νερά (fig) κατακλύζομαι

swan [swɔn] n κύκνος m

swap [swɔp] n ανταλλαγή f ♦ vt **to ~ (for)** (exchange) ανταλλάσσω (με) (replace) αντικαθιστώ (με)

swarm [swɔːm] n σμήνος nt (of bees) σχηματίζω σμάρι (people) συρρέω κατά μάζες ~ **to be ~ing with** κατακλύζομαι από

sway [sweɪ] vi (person) τρεκλίζω (tree etc) κουνιέμαι ♦ vt (= influence)

παρασύρω

swear [sweər] (pt **swore**, pp **sworn**) vi (= curse) βρίζω ♦ vt (= promise) ορκίζομαι ~ **word** n βρισιά f

sweat [swet] n ιδρώτας m ♦ vi ιδρώνω

sweater ['swetər] n πουλόβερ nt inv

sweatshirt ['swetʃəːt] n κολεγιακό nt

sweaty ['sweti] adj ιδρωμένος

Swede [swiːd] n Σουηδός/έζα m/f

swede [swiːd] (BRIT) n ρουταμπάγκα f (είδος γουλιού)

Sweden ['swiːdn] n Σουηδία f

Swedish ['swiːdɪʃ] adj σουηδικός ♦ n (LING) σουηδικά ntpl

sweep [swiːp] (pt, pp **swept**) n (= act) σκούπισμα nt (= curve) καμπύλη f ♦ vt (with brush) σκουπίζω (with hand) ρίχνω (current) παρασύρομαι ♦ vi (wind) σαρώνω ~ **up** vi σκουπίζω

sweet [swiːt] n (= candy) καραμέλλα f (BRIT: = pudding) γλυκό nt ♦ adj γλυκός (= kind) τρυφερός ♦ adv **to smell ~** μυρίζω γλυκά ~ **-corn** n καλαμπόκι nt ~ **-heart** n αγάπη f

swell [swel] (pt **~ed**, pp **swollen** or **~ed**) n (of sea) φουσκοθαλασσιά f ♦ adj (US: inf: = excellent) φανταστικός ♦ vi (numbers) αυξάνομαι (sound, feeling) δυναμώνω (also = **up**) πρήζομαι ~ **-ing** n πρήξιμο nt

swept [swept] pt, pp of sweep

swift [swift] n (bird) πετροχελίδονο nt ♦ adj (recovery, response) άμεσος (glance) γρήγορος

swim [swim] (pt **swam**, pp **swum**) n (person, animal) κολυμπάω (head) γυρίζω vt (the Channel) διασχίζω κολυμπώντας (a length) κολυμπάω ♦ n **to go for a ~** πάω για μια βουτιά ~ **-mer** n κολυμβητής/τρια m/f ~ **-ming** n κολύμπι nt (sport) κολύμβηση f ~ **-ming pool** n πισίνα f ~ **-ming trunks** npl (ανδρικό) μαγιό nt inv ~ **-suit** n μαγιό nt inv

swing [swɪŋ] (*pt*, *pp* **swung**) *n* (*in playground*) κούνια *f* ▪ (*movement*) κούνημα *nt* ▪ (*change: in opinions etc*) μεταστροφή *f* ♦ *vt* (*arms, legs*) κουνάω ▪ (*also* ~ **round**) στρίβω απότομα ♦ *vi* (*also* ~ **round**) στριφογυρίζω

swirl [swɜːl] *vi* στροβιλίζομαι ♦ *n* στρόβιλος *m*

Swiss [swɪs] *adj* ελβετικός ♦ *inv* Ελβετός/ίδα *m/f*

switch [swɪtʃ] *n* (*for light, radio etc*) διακόπτης *m* ▪ (*change*) στροφή *f* ▪ (= *change, exchange*) αλλαγή ▪ **to** ~ (**round** *or* **over**) αλλάζω ▪ **+gen** ~ **off** *vt* κλείνω ▪ (*engine, machine*) σβήνω ▪ ~ **on** *vt* ανοίγω ▪ (*engine, machine*) ανάβω ▪ **~board** (*TEL*) *n* τηλεφωνικό κέντρο *nt*

Switzerland [ˈswɪtsələnd] *n* Ελβετία *f*

swivel [ˈswɪvl] *vi* (*also* ~ **round**) στριφογυρίζω

swollen [ˈswəʊlən] *pp of* **swell** ♦ *adj* (*ankle etc*) πρησμένος

swoop [swuːp] *n* (*by police etc*) έφοδος *f* ▪ (*of bird etc*) βουτιά *f* ♦ *vi* (*also* ~ **down**) βουτάω

swop [swɒp] = **swap**

sword [sɔːd] *n* σπαθί *nt* ▪ **~fish** *n* ξιφίας *m*

swore [swɔːʳ] *pt of* **swear**

sworn [swɔːn] *pp of* **swear** ♦ *adj* (*statement*) ένορκος ▪ (*enemy*) άσπονδος

swot [swɒt] *vi* προετοιμάζομαι εντατικά ♦ *n* (*pej*) σπασίκλας/α *m/f* ▪ ~ **up** *vi* **to** ~ **up (on)** σπάζομαι στο διάβασμα σε

swum [swʌm] *pp of* **swim**

swung [swʌŋ] *pt, pp of* **swing**

syllable [ˈsɪləbl] *n* συλλαβή *f*

syllabus [ˈsɪləbəs] *n* πρόγραμμα *nt* σπουδών

symbol [ˈsɪmbl] *n* σύμβολο *nt* ▪ **~ic(al)** *adj* συμβολικός

symmetrical [sɪˈmetrɪkl] *adj* συμμετρικός

symmetry [ˈsɪmɪtrɪ] *n* συμμετρία *f*

sympathetic [sɪmpəˈθetɪk] *adj* (= *understanding*) που δείχνει κατανόηση ▪ (= *likeable*) συμπαθητικός ▪ (= *supportive*) που είναι ευνοϊκά διατεθειμένος

sympathy [ˈsɪmpəθɪ] *n* συμπόνια *f* ▪ **sympathies** *npl* προτιμήσεις *fpl*

symphony [ˈsɪmfənɪ] *n* συμφωνία *f*

symptom [ˈsɪmptəm] *n* σύμπτωμα *nt*

synagogue [ˈsɪnəgɒg] *n* συναγωγή *f*

syndicate [ˈsɪndɪkɪt] *n* (*of people, businesses*) συνδικάτο *nt* ▪ (*of newspapers*) πρακτορείο *nt* Τύπου

syndrome [ˈsɪndrəʊm] *n* σύνδρομο *nt*

synthetic [sɪnˈθetɪk] *adj* συνθετικός

Syria [ˈsɪrɪə] *n* Συρία *f*

syringe [sɪˈrɪndʒ] *n* σύριγγα *f*

syrup [ˈsɪrəp] *n* (*also* **golden** ~) σιρόπι *nt*

system [ˈsɪstəm] *n* σύστημα *nt* ▪ **~atic** *adj* συστηματικός

T t

T, t [tiː] *n* το εικοστό γράμμα του αγγλικού αλφαβήτου

ta [taː] (*BRIT: inf*) *excl* ευχαριστώ!

table [ˈteɪbl] *n* τραπέζι *nt* ▪ (*MATH, CHEM etc*) πίνακας *m* ▪ (*BRIT: motion etc*) καταθέτω προς συζήτηση ▪ **~cloth** *n* τραπεζομάντηλο *nt* ▪ **~spoon** *n* κουτάλι *nt* της σούπας ▪ (*also* **~spoonful**: *measure*) κουταλιά *f* της σούπας

tablet [ˈtæblɪt] *n* (*MED*) δισκίο *nt* ▪ (*also HIST*) πλάκα *f*

table tennis *n* πινγκ-πονγκ *nt inv*

tabloid [ˈtæblɔɪd] *n* λαϊκή εφημερίδα *f* (*μικρού σχήματος*)

taboo [təˈbuː] *n* ταμπού *nt inv* ♦ *adj* απαγορευμένος

tack [tæk] *n* (*nail*) πρόκα *f* ♦ *vt* (= *nail*) καρφώνω (*με πρόκες*) ▪ (= *stitch*) τρυπώνω ♦ *vi* (*NAUT*)

tackle ['tækl] *n* (for fishing) σύνεργα *ntpl* · (for lifting) βίντσι *nt* · (FOOTBALL) τρίπλα *f* ◆ *vt* (difficulty) αντιμετωπίζω · (= challenge: person) τα βάζω με · (= attack) τα βάζω με · (FOOTBALL) τριπλάρω

tacky ['tækɪ] *adj* (= sticky: surface) που κολλάει · (pej) φτηνιάρικος

tact [tækt] *n* λεπτότητα *f* · **~ful** *adj* διακριτικός

tactics ['tæktɪks] *npl* τακτική *f*

tag [tæg] *n* ετικέτα *f* · **price/name ~** καρτελάκια με την τιμή/το όνομα

Tahiti [tɑː'hiːtɪ] *n* Ταϊτή *f*

tail [teɪl] *n* (of animal, plane) ουρά *f* · (of shirt) κάτω άκρη *f* ◆ *vt* (inf) παίρνω από πίσω *or* από κοντά

▸ **tails** *npl* φράκο *nt* · *see also* **head** · **~ off** (in size, quality etc) μειώνω σταδιακά

tailor ['teɪlə'] *n* ράφτης *m* ◆ *vt* **to ~ sth (to)** προσαρμόζω κτ (σε)

Taiwan [taɪ'wɑːn] *n* Ταϊβάν *f inv*

Tajikistan [tɑːdʒɪkɪ'stɑːn] *n* Τατζικιστάν *nt inv*

take [teɪk] (*pt* **took**, *pp* **~n**) *vt* (photo) τραβάω · (shower, holiday) κάνω · (notes) κρατάω · (decision) παίρνω · (sb's arm etc) πιάνω · (= steal) παίρνω · (= require: effort time) χρειάζομαι · (= tolerate: pain) αντέχω · (= accompany: person) πηγαίνω · (= carry, bring: object) παίρνω · (exam, test) δίνω · (drug, pill etc) παίρνω · **to ~ sth from** (drawer etc) παίρνω κτ από · **I ~ it (that)** υποθέτω (ότι) · **it won't ~ long** δε θα πάρει πολύ · **~ after** *vt fus* (in appearance) μοιάζω σε · (in character, behaviour) παίρνω από · **~ apart** *vt* λύνω · **~ away** *vt* παίρνω · (MATH) αφαιρώ ◆ *vi* **to ~ away from** μειώνω · **~ back** *vt* (goods) επιστρέφω · (one's words) παίρνω πίσω · **~ down** *vt* (letter, note etc)

καταγράφω · **~ in** *vt* (= deceive) εξαπατώ · (= understand: information) αντιλαμβάνομαι · (= include) συμπεριλαμβάνω · **~ off** *vi* (AVIAT) απογειώνομαι · (= go away) φεύγω (ξαφνικά) ◆ *vt* (clothes, glasses) βγάζω · (= imitate) μιμούμαι · **~ on** *vt* (work, responsibility) αναλαμβάνω · (employee) προσλαμβάνω · (= compete against) αντιμετωπίζω · **~ out** *vt* (invite) βγάζω έξω · (= remove) βγάζω · (licence) βγάζω · **~ over** *vt* (business) αναλαμβάνω · τον έλεγχο +*gen* · (country) αναλαμβάνω την εξουσία +*gen* ◆ *vi* **to ~ over from sb** διαδέχομαι κν · **~ to** *vt fus* (person, thing) συμπαθώ · (activity) επιδίδομαι σε · **~ up** *vt* (hobby, sport) αρχίζω να ασχολούμαι με · (job) αναλαμβάνω · (= pursue: idea, suggestion) δέχομαι · (= occupy: space) πιάνω · (= continue: task, story) συνεχίζω · **to ~ up one's time** απασχολώ κν · **to ~ sb up on sth** δέχομαι κτ (από κν) · **~away** (BRIT) *n* (shop, restaurant) κατάστημα *nt* που πουλάει φαγητό σε πακέτο · (food) φαγητό *nt* σε πακέτο · **~off** (AVIAT) *n* απογείωση *f* · **~out** (US) *n* = **takeaway · ~over** *n* (COMM) εξαγορά *f* · (of country) κατάληψη *f* · **takings** (COMM) *npl* εισπράξεις *fpl*

tale [teɪl] *n* ιστορία *f*

talent ['tælnt] *n* ταλέντο *nt* · **~ed** *adj* ταλαντούχος

talk [tɔːk] *n* ομιλία *f* · (= conversation) κουβέντα *f* · (= gossip) φήμη *f* · (= discussion) συζήτηση *f* ◆ *vi* μιλάω · (= gossip) λέω κουβέντες

▸ **talks** *npl* (POL etc) συνομιλίες *fpl* · **to ~ about sth** μιλάω για · **to ~ sb into doing sth** πείθω κν · **to ~ sb out of doing sth** αποτρέπω κν από το να κάνει κτ · **~ over** *vt* συζητάω · **~ show** (TV, RADIO) *n* τωκ-σόου *nt inv*

tall [tɔːl] *adj* ψηλός · **to be 2 metres ~** (person) είμαι δυο μέτρα

tame [teɪm] adj (animal, bird) ήμερος · (fig: story, party) ανιαρός

tampon ['tæmpən] n ταμπόν nt inv

tan [tæn] n (also **sun~**) μαύρισμα nt ◆ vi μαυρίζω ◆ adj (colour) μπρούτζινος

tandem ['tændəm] n in ~ παράλληλα

tangerine [tændʒə'riːn] n μανταρίνι nt

tangle ['tæŋɡl] n (of branches, knots) μπέρδεμα nt · to be/get in a ~ (also fig) μπερδεύομαι

tank [tæŋk] n (also **petrol ~**: AUT) ρεζερβουάρ nt inv · (also **fish ~**) ενυδρείο nt · (MIL) τεθωρακισμένο nt

tanker ['tæŋkəʳ] n (ship) δεξαμενόπλοιο nt · (for oil) πετρελαιοφόρο nt

tanned [tænd] adj μαυρισμένος

tantrum ['tæntrəm] n ξέσπασμα nt νεύρων

Tanzania [tænzə'nɪə] n Τανζανία f

tap [tæp] n βρύση f · (gas tap) στρόφιγγα f · (gentle blow) χτύπημα nt · vt (hit gently) χτυπάω ελαφρά · (exploit: resources, energy) εκμεταλλεύομαι · (telephone) παγιδεύω

tape [teɪp] n (also **magnetic ~**) (μαγνητο)ταινία f · (= cassette) κασέτα f · (also **sticky ~**) αυτοκόλλητη ταινία f · (for tying) κορδέλλα f ◆ vt (record) ηχογραφώ · (conversation) μαγνητοφωνώ · (= stick with tape) κολλάω · **~ recorder** n μαγνητόφωνο nt

tapestry ['tæpɪstrɪ] n (on wall) ταπισερί f inv · (fig) μωσαϊκό nt

tar [tɑː] n πίσσα f

target ['tɑːɡɪt] n (also fig) στόχος m · **to be on ~** (project, work) είμαι μέσα στους στόχους

tariff ['tærɪf] n δασμοί mpl · (BRIT: in hotels, restaurants) τιμή f

tarmac® ['tɑːmæk] n (BRIT: on road) άσφαλτος f ◆ vt (BRIT: drive, road etc) ασφαλτοστρώνω

tart [tɑːt] n (CULIN) τάρτα f · (: small

and open) ταρτάκι nt · (BRIT: inf: = prostitute) πουτάνα f (inf!) ◆ adj ξινός

tartan ['tɑːtn] n σκωτσέζικο ύφασμα nt ◆ adj σκωτσέζικος

tartar(e) sauce [tɑːtə'sɔːs] n σάλτσα f ταρτάρ

task [tɑːsk] n εργασία f · **to take sb to ~** επιπλήττω κν

taste [teɪst] n γεύση f · (sample: of food) μπουκιά f · (: of drink) γουλιά f · (fig) γεύση f ◆ vt (= get flavour of) καταλαβαίνω τη γεύση +gen · (= test) δοκιμάζω ◆ vi **to ~ of** · **like sth** έχω τη γεύση +gen · **to be in good/bad** (remark, joke) είμαι καλόγουστος/κακόγουστος · **~ful** adj καλόγουστος · **~less** adj (food) άνοστος · (remark, joke) κακόγουστος · **tasty** adj νόστιμος

tatters ['tætəz] npl **in ~** (clothes) είμαι κουρελιασμένος

tattoo [tə'tuː] n (on skin) τατουάζ nt inv ◆ vt **to ~ sth on sth** χαράζω τατουάζ nt πάνω σε κτ

taught [tɔːt] pt, pp of **teach**

Taurus ['tɔːrəs] n Ταύρος m

taut [tɔːt] adj τεντωμένος

tax [tæks] n φόρος m ◆ vt (earnings, goods etc) φορολογώ · (fig: memory, knowledge) θέτω σε δοκιμασία · (: patience, endurance) δοκιμάζω · **~-free** adj αφορολόγητος

taxi ['tæksɪ] n ταξί nt inv ◆ vi (AVIAT) τροχοδρομώ · **~ rank** (BRIT) πιάτσα f ταξί · **~ stand** n = **taxi rank**

taxpayer ['tækspeɪəʳ] n φορολογούμενος/η m/f

tea [tiː] n τσάι nt · (BRIT: = evening meal) βραδινό nt · **~ bag** n φακελλάκι nt τσάι

teach [tiːtʃ] (pt, pp **taught**) vt διδάσκω · **to ~ sb sth**, **~ sth to sb** μαθαίνω κν κτ, μαθαίνω κτ σε κν ◆ vi διδάσκω · **~er** n (in primary school) δάσκαλος/α m/f · (in secondary school) καθηγητής/τρια m/

f · **-ing** n διδασκαλία f

team [ti:m] n ομάδα f · **~ up** vi to **~ up (with)** συνεργάζομαι (με)

teapot ['ti:pɒt] n τσαγιέρα f

tear¹ [tɛəʳ] (pt **tore**, pp **torn**) n σκίσιμο nt ♦ vt σκίζω ♦ vi σκίζομαι · **~ along** vi τρέχω βιαστικά · **~ away** vi to ~ o.s. away (from sth) (fig) ξεκολλάω · **~ out** vt κόβω · **~ up** vt κάνω κομμάτια

tear² [tɪəʳ] n (in eye) δάκρυ nt · to be in ~s κλαίω · **~ful** adj κλαμμένος · **~ gas** n δακρυγόνα ntpl

tease [ti:z] vt πειράζω

teaspoon ['ti:spu:n] n κουτάλι nt (also **~ful**: measure) = κουταλιά nt του γλυκού

tea towel (BRIT) n πετσέτα f (για τα πιάτα)

technical ['tɛknɪkl] adj (advances) τεχνολογικός · (language, term) τεχνικός

technician [tɛk'nɪʃən] n τεχνικός mf

technique [tɛk'ni:k] n τεχνική f

technology [tɛk'nɔlədʒɪ] n τεχνολογία f

teddy (bear) ['tɛdɪ,bɛəʳ] n αρκουδάκι nt

tedious ['ti:dɪəs] adj ανιαρός

tee [ti:] (GOLF) n αφετηρία f · **~ off** vi ξεκινάω από την αφετηρία

teenage ['ti:neɪdʒ] adj (fashions etc) νεανικός · (children) στην εφηβεία · **~r** n έφηβος/η m/f

teens [ti:nz] npl to be in one's ~ είμαι στην εφηβεία μου

teeth [ti:θ] npl of **tooth**

telecommunications ['tɛlɪkəmju:nɪ'keɪʃənz] n τηλεπικοινωνίες fpl

telegram ['tɛlɪɡræm] n τηλεγράφημα nt

telephone ['tɛlɪfəun] n τηλέφωνο nt ♦ vt τηλεφωνώ σε ♦ vi τηλεφωνώ · **~ call** n τηλεφώνημα nt · **~ directory** n τηλεφωνικός κατάλογος m ·

αριθμός m τηλεφώνου

telesales ['tɛlɪseɪlz] npl πωλήσεις fpl μέσω τηλεφώνου

telescope ['tɛlɪskəup] n τηλεσκόπιο nt ♦ vi συντρίβομαι

television ['tɛlɪvɪʒən] n τηλεόραση f · **to be on ~** (programme) έχει η τηλεόραση · (person) βγαίνω στην τηλεόραση · **~ programme** n τηλεοπτικό πρόγραμμα nt

tell [tɛl] (pt, pp **told**) vt λέω · (= distinguish) **to ~ sth from** ξεχωρίζω κτ από ♦ vi έχω φανερή επίδραση σε · to ~ **sb to do sth** λέω σε κν να κάνει κτ · **to ~ the time** λέω την ώρα · **~ off** vt to ~ **sb off** μαλώνω κν · **~ on** vt fus μαρτυράω · **~er** n (in bank) ταμίας mf

telly ['tɛlɪ] (BRIT: inf) n abbr = **television**

temp [tɛmp] (BRIT: inf) n προσωρινός υπάλληλος m ♦ vi εργάζομαι προσωρινά

temper ['tɛmpəʳ] n (nature) χαρακτήρας m · (mood) διάθεση f · (fit of anger) θυμός m ♦ vt (= moderate) αμβλύνω · **to lose one's ~** χάνω την ψυχραιμία μου

temperament ['tɛmprəmənt] n ψυχοσύνθεση f · **~al** adj (person) ευέξαπτος

temperature ['tɛmprətʃəʳ] n θερμοκρασία f · **to have** or **run a ~** έχω πυρετό

temple ['tɛmpl] n (building) ναός m · (ANAT) κρόταφος m

temporary ['tɛmpərərɪ] adj (arrangement, job) προσωρινός · (worker) έκτακτος

tempt [tɛmpt] vt προσελκύω · **to ~ed to do sth** μπαίνω στον πειρασμό να κάνω κτ · **~ation** n πειρασμός m · **~ing** adj (offer) ελκυστικός · (food) που σε βάζει σε πειρασμό

ten [tɛn] num δέκα ♦ n **~s of thousands** δεκάδες χιλιάδες

tenant ['tenənt] n ενοικιαστής/στρια m/f

tend [tend] vt (sick person) περιποιούμαι ◆ vi to ~ to do sth έχω τη συνήθεια να κάνω κτ · **~ency** f τάση f

tender ['tendə'] adj (person, heart) τρυφερός · (= sore) ευαίσθητος · (meat) τρυφερός ◆ n (COMM: offer) προσφορά f · (money) to be legal ~ βρίσκομαι σε κυκλοφορία ◆ vt (offer) κάνω προσφορά · (resignation) υποβάλλω

tendon ['tendən] n τένοντας m

tenner ['tenə'] (BRIT: inf) n δεκάλιρο nt

tennis ['tenis] n τέννις nt inv · ~ **court** n γήπεδο nt τέννις · ~ **match** n παρτίδα f τέννις · ~ **player** n τεννίστας/τρια m/f · ~ **racket** n ρακέτα f για τέννις

tenor ['tenə'] n (MUS) τενόρος m

tenpin bowling [tenpin'bəulɪŋ] (BRIT) n μπόουλινγκ nt inv

tense [tens] adj (person) ανήσυχος · (period, situation) τεταμένος · (muscle) τεντωμένος · n (LING) χρόνος m ◆ vt (muscles) σφίγγω

tension ['tenʃən] n (nervousness) ένταση f · (between ropes etc) τέντωμα nt

tent [tent] n σκηνή f

tentative ['tentətɪv] adj διστακτικός · (plans) προσωρινός

tenth [tenθ] num δέκατος

tepid ['tepɪd] adj χλιαρός

term [tə:m] n (word, expression) όρος m · (period in power etc) θητεία f · (SCOL) τρίμηνο nt · f vt χαρακτηρίζω (ως) · **in ~s** of όσον αφορά (σε) +acc · **in the short/long** ~ βραχυπρόθεσμα/μακροπρόθεσμα το be on good ~s with sb τα πάω καλά με κν · **to come to ~s with** (problem) συμβιβάζομαι με · ~ **terms** npl όροι mpl

terminal ['tə:mɪnl] adj (disease) θανατηφόρος ◆ n (ELEC)

ακροδέκτης m · (COMPUT) τερματικό nt · (also **air** ~) αερολιμένας m

terminate ['tə:mɪneɪt] vt (discussion) τερματίζω · (contract) λύνω · (pregnancy) διακόπτω

terminology [tə:mɪ'nɔlədʒɪ] n ορολογία f

terrace ['terəs] n (BRIT: row of houses) σειρά ομοιόμορφων σπιτιών χτισμένα κολλητά · (= patio) αυλή f · (AGR) αναβαθμίδα f · ▶ **the terraces** fpl (BRIT: SPORT) θέσεις fpl ορθίων · **~d** adj (house) στη σειρά · (garden) σε διαφορετικά επίπεδα

terrain [te'reɪn] n έδαφος nt

terrible ['terɪbl] adj (accident, winter) τρομερός · (conditions) φοβερός · (inf: = awful) απαίσιος · **terribly** adv (= very) πάρα πολύ · (= very badly) απαίσια

terrific [tə'rɪfɪk] adj φοβερός

terrifying ['terɪfaɪɪŋ] adj τρομακτικός

territorial [ten'tɔ:rɪəl] adj (waters) χωρικός · (boundaries, dispute) εδαφικός

territory ['terɪtəri] n (= land) περιοχή f · (= domain: also fig) έδαφος nt

terror ['terə'] n τρόμος m · **~ism** n τρομοκρατία f · **~ist** n τρομοκράτης/ισσα m/f

test [test] n (trial, check) δοκιμή f · (MED) εξέταση f · (CHEM) ανάλυση f · (SCOL) διαγώνισμα nt · (also **driving** ~) εξετάσεις fpl για δίπλωμα οδήγησης ◆ vt (= try out) δοκιμάζω · (examine) εξετάζω · (MED, SCOL) εξετάζω

testify ['testɪfaɪ] vi (JUR) καταθέτω · **to ~ to sth** (= be sign of) μαρτυρώ κτ

testimony ['testɪmənɪ] n (JUR) κατάθεση f · (= clear proof) **to be (a)** ~ **to sth** αποτελώ μαρτυρία για

test match n διεθνής αγώνας m

test tube n δοκιμαστικός σωλήνας m

tetanus ['tetənəs] n τέτανος m

text [tekst] n κείμενο nt ◆ vt to ~ sb

(on mobile phone) στέλνω κειμενικό μήνυμα σε κν · **~book** n εγχειρίδιο nt

textiles ['tekstailz] npl (= fabrics) υφάσματα ntpl · (= textile industry) υφαντουργία f

text message n κειμενικό μήνυμα nt · **text messaging** n αποστολή f κειμενικού μηνύματος

texture ['tekstʃə'] n (of cloth) ύφανση f

Thailand ['tailænd] n Ταϊλάνδη f

KEYWORD

than [ðæn, ðən] conj (in comparisons) από · **she is older than you think** είναι μεγαλύτερη απ'όσο νομίζεις · **more than once** αρκετές φορές · **it's better to phone than to write** είναι καλύτερα να τηλεφωνήσεις από το να γράφεις

---

thank [θæŋk] vt ευχαριστώ · **~ you (very much)** ευχαριστώ (πάρα πολύ) · **~fully** adv με ανακούφιση · **~fully there were few victims** ευτυχώς τα θύματα ήταν λίγα · **~s** npl ευχαριστίες fpl ♦ excl (also **many ~s, ~s a lot**) χίλια ευχαριστώ, ευχαριστώ πολύ · **~s to** χάρη σε +acc · **Thanksgiving (Day)** (us) η Ημέρα f των Ευχαριστιών

KEYWORD

that [ðæt] (demonstrative adj, pron: pl **those**) adj (demonstrative) αυτός · **that man/woman/book** αυτός or εκείνος ο άνθρωπος/αυτή or εκείνη η γυναίκα/αυτό or εκείνο το βιβλίο · **leave those books on the table** άφησε αυτά τα βιβλία στο τραπέζι · **that one** αυτό ♦ pron (a) (demonstrative) αυτός · **who's that?** ποιος είναι αυτός · **what's that?** τι είναι αυτό; · **is that you?** εσύ είσαι; · **will you eat all that?** θα το φας όλο αυτό; · **that's my house** αυτό είναι το σπίτι μου ·

that's what he said αυτό είπε · **what happened after that?** τι έγινε μετά (απ' αυτό); · **that is (to say)** δηλαδή

(b) (relative) που · **the book (that) I read** το βιβλίο που διάβασα or το οποίο διάβασα · **the books that are in the library** τα βιβλία που είναι or τα οποία είναι στη βιβλιοθήκη · **all (that) I have** όλα όσα έχω · **the box (that) I put it in** το κουτί που το έβαλα or μέσα στο οποίο το έβαλα · **the people (that) I spoke to** οι άνθρωποι με τους οποίους μίλησα (c) (relative: of time) που · **the day (that) he came** την ημέρα που ήρθε ♦ conj (with indicative) ότι · (with subjunctive) να ♦ adv (demonstrative) τόσο · **I can't work that much** δεν μπορώ να δουλεύω τόσο πολύ

---

thatched [θætʃt] adj αχυρένιος

thaw [θɔ:] n ξεπάγωμα nt ♦ vi (ice) λιώνω · (food) ξεπαγώνω ♦ vt (food: also **~ out**) ξεπαγώνω

KEYWORD

the [ði:, ðə] def art (a) ο m (η f) (το nt) · **to play the piano/violin** παίζω πιάνο/βιολί · **I'm going to the butcher's/the cinema** πάω στο χασάπη/σινεμά

(b) (+ adjective to form noun) **the rich and the poor** οι πλούσιοι και οι φτωχοί · **to attempt the impossible** επιχειρώ το αδύνατο (c) (in titles) **Elizabeth the First** η Ελισάβετ η Α' · **Peter the Great** ο Μεγάλος Πέτρος (d) (in comparisons) **the more he works the more he earns** όσο πιο πολύ δουλεύει τόσο πιο πολλά κερδίζει

---

theatre ['θɪətə'] (us **theater**) n θέατρο nt · (med: also **operating ~**) χειρουργείο nt

theft [θeft] n κλοπή f

their [ðεəˈ] adj τους · **~s** pron δικός/ή/
ό τους · **it is ~s** είναι δικό τους · **a
friend of ~s** ένας φίλος τους · see
also **my, mine**¹

them [ðεm, ðəm] pron (direct) τους
(τις) (τα ·) (indirect) τους (τις) (τα ·)
(stressed, after prep) αυτούς (αυτές)
(αυτά ·) see also **me**

theme [θiːm] n θέμα nt · **~ park** n
= λούνα παρκ

themselves [ðəmˈsεlvz] pl pron
(reflexive: often not translated)
εαυτούς τους · (emph) οι ίδιο/ες (τα
ίδια) · (after prep) εαυτό τους ·
(alone) μόνο/ες/α τους · **between
~** μεταξύ τους

then [ðεn] adv (= at that time) τότε ·
(= next) (= later) τότε · (and
also) άλλωστε ◆ conj (= therefore)
λοιπόν ◆ adj **the ~ president** ο
τότε πρόεδρος · **by ~** (= past) στο
μεταξύ · (future) μέχρι τότε · **from
~ on** από τότε (και στο εξής)

theology [θiˈɔlədʒi] n Θεολογία f

theory [ˈθɪərɪ] n θεωρία f · **in
~** θεωρητικά

therapist [ˈθεrəpɪst] n ειδικός mf

therapy [ˈθεrəpɪ] n θεραπεία f

KEYWORD

there [ðεəˈ] adv (a) **there is, there
are** υπάρχουν · **there is someone
in the room** κάποιος είναι στο
δωμάτιο · **there was a book/there
were flowers on the table** πάνω
στο τραπέζι είχε ένα βιβλίο/
λουλούδια · **there has been an
accident** έγινε δυστύχημα · **there
will be a meeting tomorrow** θα
γίνει συνεδρίαση αύριο
(b) (referring to place) εκεί · **put it in/
down there** βάλ'το εκεί μέσα/κάτω ·
he went there on Friday πήγε την
Παρασκευή · **there he is!** νάτος!
(c) **there, there** (to child) έλα, έλα
‣ **things** npl πράγματα ntpl

thereafter [ðεərˈɑːftəˈ] adv κατόπι(ν)

thereby [ˈðεəbaɪ] adv κατά συνέπεια

therefore [ˈðεəfɔːˈ] adv επομένως

there's [ðεəz] = **there is · there
has**

thermal [ˈθɜːml] adj (springs)
θερμός · (underwear) θερμικός ·
(paper, printer) θερμικός

thermometer [θəˈmɔmɪtəˈ] n
θερμόμετρο nt

Thermos® [ˈθɜːməs] n (also ~ **flask**)
θερμός nt inv

these [ðiːz] pl adj αυτοί (αυτές)
(αυτά ·) (emphasizing: not "those")
αυτοί ◆ pl pron αυτοί

thesis [ˈθiːsɪs] (pl **theses**) n διατριβή f

they [ðeɪ] pl pron (subject,
non–emphatic: usually not translated:
emph) αυτοί · **~ say that ...** λένε
ότι...

they'd [ðeɪd] = **they had · they
would**

they'll [ðeɪl] = **they shall · they will**

they're [ðεəˈ] = **they are**

they've [ðeɪv] = **they have**

thick [θɪk] adj (slice, line)
χοντρός · (sauce, mud etc) πηχτός ·
(fog, forest) πυκνός · (inf: = stupid)
χοντροκέφαλος · **~ness** n (of rope,
wire) πάχος nt · (layer) στρώμα nt

thief [θiːf] (pl **thieves**) n κλέφτης/
τρα m/f

thigh [θaɪ] n μηρός m

thin [θɪn] adj (soup, sauce)
αραιός ◆ vi (also ~ **out**: crowd)
αραιώνω · **his hair is ~ning** του
πέφτουν τα μαλλιά

thing [θɪŋ] n πράγμα nt · (inf) **to
have a ~ about** (person) την έχω
πατήσει με · **first ~ (in the
morning)** πρώτο-πρώτο (το πρωί) ·
the ~ is ... το θέμα είναι... · **for
~** αν μη τι άλλο · **how are ~s?** πώς
πάει;
‣ **things** npl πράγματα ntpl

think [θɪŋk] (pt, pp **thought**) vi
σκέφτομαι ◆ vt (= be of the opinion)

πιστεύω · (believe) νομίζω · **to ~ of** (= reflect upon) σκέφτομαι · (= recall) θυμάμαι · (= show consideration) σκέφτομαι · (= conceive) σκέφτομαι · **what did you ~ of them?** τι γνώμη έχεις γι'αυτούς; · **to ~ about sth/sb** συλλογίζομαι κτ/κν · **I'll ~ about it** θα το σκεφτώ · **to ~ of doing sth** σκέφτομαι να κάνω κτ · **I ~ so/not** νομίζω/δεν νομίζω · **~ again!** για ξανασκέψου! · **~ over** vt σκέφτομαι καλά · **~ through** vt εξετάζω προσεκτικά · **~ up** vt καταστρώνω

third [θə:d] num τρίτος · **♦** n (fraction) τρίτο nt · (AUT) τρίτη f · **~ly** adv τρίτον · **Third World** n the **T~ World** ο Τρίτος Κόσμος **♦** adj τριτοκοσμικός

thirst [θə:st] n δίψα f · **~y** adj διψασμένος · **to be ~y** διψώ

thirteen [θə:'ti:n] num δεκατρία · **~th** num δέκατος τρίτος

thirty ['θə:ti] num τριάντα

KEYWORD

this [ðis] (pl **these**) adj (demonstrative) αυτός (ή) (ό) · **this one** αυτός **♦** pron (demonstrative) αυτός · **this is where I live** εδώ μένω · **this is what he said** αυτό or έτσι είπε · **this is Mr Brown** (in introductions) από εδώ ο κ. Μπράουν · (in photo) αυτός είναι ο κ. Μπράουν · (on telephone) (είμαι ο) κ. Μπράουν **♦** adv (demonstrative) τόσο · **this high/long** τόσο ψηλός/μακρύς· **we can't stop now we've gone this far** δεν γίνεται να σταματήσουμε τώρα που φτάσαμε ως εδώ

---

thistle ['θisl] n γαϊδουράγκαθο nt

thorn [θɔ:n] n αγκάθι nt

thorough ['θʌrə] adj (search) εξονυχιστικός · (knowledge, research) εμπεριστατωμένος · (person) επιμελής · **~ly** adv (examine, study) λεπτομερώς · (search) εξονυχιστικά

(= very) πάρα πολύ

those [ðəuz] pl adj εκείνοι (εκείνες) (εκείνα) · (emphasizing: not "these") εκείνοι **♦** pl pron εκείνοι

though [ðəu] conj παρ'όλο που **♦** adv όμως · **even ~** αν και

thought [θɔ:t] pt, pp of **think** · n σκέψη f · (= reflection) σκέψεις fpl **▶ thoughts** npl απόψεις fpl · **~ful** adj (= deep in thought) σκεπτικός · (= considerate) ευγενικός

thousand ['θauzənd] num χίλια · **two ~** δύο χιλιάδες · **~s of** χιλιάδες +gen or +acc · **~th** num χιλιοστός

thrash [θræʃ] vt (= beat) δέρνω · (= defeat) κατατροπώνω · **~ about** vi σπαρταρώ · **~ out** vt συζητώ διεξοδικά

thread [θred] n (yarn) κλωστή f · (of screw) βόλτα f **♦** vt (needle) περνάω · **to ~ one's way between** ανοίγω δρόμο ανάμεσα

threat [θret] n (also fig) απειλή f · **~en** vi (storm, danger) απειλώ **♦** vt **to ~en sb with sth** απειλώ κν με κτ · **to ~en to do sth** απειλώ να κάνω κτ · **~ening** adj απειλητικός

three [θri:] num τρία nt · **~-dimensional** adj τρισδιάστατος · **~-piece suite** n σαλόνι nt (καναπές και δύο πολυθρόνες) · **~-quarters** npl τρία τέταρτα ntpl · **~-quarters full** γεμάτος κατά τα τρία τέταρτα

threshold ['θreʃhəuld] n (lit) κατώφλι nt · **to be on the ~ of** (fig) βρίσκομαι στα πρόθυρα +gen

threw [θru:] pt of **throw**

thrill [θril] n (excitement) έντονη συγκίνηση f · (shudder) ρίγος nt **♦** vi ενθουσιάζομαι · vt συναρπάζω · **to be ~ed** (with gift etc) είμαι ενθουσιασμένος · **~er** n περιπέτεια f · **~ing** adj (ride, performance) συναρπαστικός · (news) συνταρακτικός

thriving ['θraiviŋ] adj (business) που

throat · (community) που ευημερεί

throat [θrəʊt] n λαιμός m

throb [θrɒb] n (of heart) χτύπος m · (of pain) σουβλιά f · (of engine) χτύπημα nt ♦ vi (heart) χτυπάω δυνατά · (head, arm: with pain) δίνω σουβλιές · (= vibrate: instrument) χτυπάω ρυθμικά · (engine) χτυπάω

throne [θrəʊn] n θρόνος m

through [θru:] prep (space) (μέσα) από · (time) κατά το διάστημα · (= by means of) με · (= owing to) από ♦ adj (ticket, train) κατευθείαν (χωρίς ενδιάμεσες στάσεις) ♦ adv κατευθείαν · **to be ~ with sb/sth** (on telephone) τελείωσα με κν/κτ · **~out** prep (place) σε ολόκληρο +acc · (time) σε όλο +acc ♦ adv (= everywhere) από τη μία άκρη στην άλλη · (= the whole time) συνεχώς

throw [θrəʊ] (pt threw, pp ~n) n βολή f ♦ vt (object) πετάω · (rider) ρίχνω · (fig: = confuse) πετάω σε θορύβιο · **to ~ a party** κάνω (ένα) πάρτυ · **~ away** vt πετάω · **~ out** vt (rubbish) πετάω · (person) πετάω έξω · **~ up** vi κάνω εμετό

thru [θru:] (US) prep = **through**

thrush [θrʌʃ] n (bird) τσίχλα f · (MED: BRIT) μυκητίαση f

thrust [θrʌst] (pt, pp ~) n (TECH) ώση f ♦ vt (object) χώνω · (person) σπρώχνω βίαια

thud [θʌd] n γδούπος m

thug [θʌg] n κακοποιός mf

thumb [θʌm] n αντίχειρας m ♦ vt: **to ~ a lift** κάνω ωτοστόπ · **~ through** vt fus ξεφυλλίζω

thump [θʌmp] n (blow) γροθιά f · (sound) γδούπος m ♦ vt χτυπάω με γροθιές ♦ vi (heart etc) χτυπώ δυνατά

thunder [ˈθʌndəʳ] n βροντή f · (METEO) μπουμπουνητό n ♦ vi (METEO) μπουμπουνίζει · **to ~ past** (train etc) περνάω με βροντή · **~storm** n καταιγίδα f

Thursday [ˈθɜːzdɪ] n Πέμπτη f · see

also **Tuesday**

thus [ðʌs] adv (= in this way) ως εξής · (= consequently) άρα

thwart [θwɔːt] vt (person) κόβω · (plans) ανατρέπω

thyme [taɪm] n θυμάρι nt

Tibet [tɪˈbɛt] n Θιβέτ nt inv

tick [tɪk] n (of clock) χτύπος m · (mark) σημάδι nt · (ZOOL) τσιμπούρι nt · (BRIT: inf) στιγμή f ♦ vi κάνω τικ-τακ ♦ vt τσεκάρω · **~ off** vt (item on list) τσεκάρω · (person) τα ψέλνω σε κν · **~ over** vi (engine) δουλεύω στο ρελαντί · (fig: business etc) υπολειτουργώ

ticket [ˈtɪkɪt] n (for public transport, theatre etc) εισιτήριο nt · (in shop: on goods) ετικέτα f · (US: POL) **to run on the Democratic ~** κατεβαίνω στις εκλογές με τους Δημοκρατικούς

tickle [ˈtɪkl] vt γαργαλάω · (fig) **to be ~d by** βρίσκω κτ διασκεδαστικό ♦ vi γαργαλάω

tide [taɪd] n παλίρροια f · (fig: of events) δίνη f · (: of opinion) ρεύμα nt

tidy [ˈtaɪdɪ] adj (room, desk) τακτοποιημένος · (person) νοικοκυρεμένος · (sum) σεβαστός ♦ vt (also ~ up) συγυρίζω

tie [taɪ] n (BRIT: also **neck~**) γραβάτα f · (string etc) σκοινί nt · (fig: = link) δεσμός m · (SPORT: match) παιχνίδι nt · (in competition: draw) ισοπαλία f ♦ vt δένω ♦ vi (SPORT etc) έρχομαι ισοπαλία · **to ~ sth in a bow** δένω κτ φιόγκο · **to ~ a knot in sth** δένω έναν κόμπο σε κτ · **~ down** vt (fig: person) δεσμεύω · **~ up** vt δένω · (arrangements) κλείνω · **to be ~d up** (= busy) έχω δουλειά

tier [tɪəʳ] n (of stadium etc) κερκίδα f · (of cake) όροφος m

tiger [ˈtaɪgəʳ] n τίγρη f

tight [taɪt] adj (screw, knot) σφιχτός · (grip) γερός · (shoes, clothes) στενός · (bend) κλειστός · (security,

schedule) αυστηρός • (*budget*) περιορισμένος • (*money*) λιγοστός • (*inf*: = *stingy*) σφιχτοχέρης ♦ *adv* (*hold*) σφιχτά • (*squeeze*) με δύναμη • (*shut*) καλά • ~**en** *vt* (*rope, strap*) σφίγγω • (*security*) εντείνω ♦ *vi* (*grip*) σφίγγομαι • (*rope etc*) τεντώνω • ~**ly** *adv* σφιχτά • ~**s** (*BRIT*) *npl* καλσόν *nt inv*

tile [taɪl] *n* (*on roof*) κεραμίδι *nt* • (*on floor, wall*) πλακάκι *nt* ♦ *vt* βάζω πλακάκια σε

till [tɪl] *n* ταμείο *nt* ♦ *vt* (*land*) καλλιεργώ ♦ *prep, conj* = **until**

tilt [tɪlt] *vt* γέρνω ♦ *vi* γέρνω ♦ *n* κλίση *f*

timber [ˈtɪmbəʳ] *n* ξυλεία *f*

time [taɪm] *n* χρόνος *m* • (*often pl*: = *epoch*) καιρός *m* • (*by clock*) ώρα *f* • (*period*) εποχή *f* • (= *moment*) ώρα *f* • (*MUS*) χρόνος *m* ♦ *vt* χρονομετρώ • (*visit etc*) προγραμματίζω • **a long ~** πολύς καιρός • **for the ~ being** προς το παρόν • **4 at a ~** τέσσερις-τέσσερις • **from ~ to ~** πότε-πότε • **after ~, and again** ξανά και ξανά • **at ~s** μερικές φορές • **in ~** (= *soon enough*) στην ώρα μου, με τον καιρό • (*MUS*) **to be in ~** είμαι συγχρονισμένος • **in a week's ~** σε μια εβδομάδα • **in no ~** στο άψε-σβήσε • **any ~** ό,τι ώρα • **on ~** στην ώρα μου • **5 ~s 5** 5 επί 5 • **to have a good ~** τα περνάω ωραία • ~ **limit** *n* χρονικό όριο *nt* • ~**ly** *adj* στην κατάλληλη στιγμή • ~**r** *n* (*time switch*) χρονοδιακόπτης *m* • (*on cooker*) ρολόι *m* • ~**table** *n* (*RAIL etc*) πίνακας *m* με τα δρομολόγια • (*SCOL etc*) ωρολόγιο πρόγραμμα *nt* • (*programme of events*) πρόγραμμα *nt*

timid [ˈtɪmɪd] *adj* δειλός

timing [ˈtaɪmɪŋ] *n* (*SPORT*) συγχρονισμός *m* στις κινήσεις • **the ~ of his resignation** η στιγμή που διάλεξε για να παραιτηθεί

tin [tɪn] *n* (*metal*) κασσίτερος *m* • (*also* ~ **plate**) τσίγκος *m* • (*container*)

κουτί *nt* • (: *for baking*) ταψί *nt* • (: *BRIT*: = *can*) κονσέρβα *f*

tingle [ˈtɪŋgl] *vi* τσούζω

tinned [tɪnd] (*BRIT*) *adj* σε κονσέρβα

tin opener [ˈtɪnəupnəʳ] (*BRIT*) *n* ανοιχτήρι *nt* (*για κονσέρβες*)

tinted [ˈtɪntɪd] *adj* (*spectacles, glass*) φυμέ *inv* • (*hair*) που έχει ανταύγειες

tiny [ˈtaɪnɪ] *adj* μικροσκοπικός

tip [tɪp] *n* (*end: of paintbrush etc*) άκρη *f* • (*gratuity*) φιλοδώρημα *nt* • (*BRIT: also rubbish* ~) σκουπιδότοπος *m* • (*advice*) συμβουλή *f* ♦ *vt* (*waiter*) δίνω φιλοδώρημα σε • (= *tilt*) γέρνω • (*also* ~ **over:** = *overturn*) αναποδογυρίζω • (*also* ~ **out:** = *empty*) αδειάζω • (= *predict: winner etc*) προβλέπω • ~ **off** *vt* προειδοποιώ

tire [ˈtaɪəʳ] *n* (*US*) = **tyre** ♦ *vt* κουράζω ♦ *vi* κουράζομαι • **to ~ of** κουράζομαι • ~**d** *adj* κουρασμένος • **to be ~d of sth/of doing sth** βαριέμαι κτ/να κάνω κτ • **tiring** *adj* κουραστικός

tissue [ˈtɪʃuː] *n* ιστός *m* • (= *paper handkerchief*) χαρτομάντηλο *nt*

tit [tɪt] *n* (*bird*) παπαδίτσα *f* • (*inf*: = *breast*) βυζί *nt* • **for tat** μία σου και μία μου

title [ˈtaɪtl] *n* τίτλος *m*

KEYWORD

to [tuː, tə] *prep* (a) (*direction*) σε • **to go to France/London/school/the station** πηγαίνω στη Γαλλία/στο Λονδίνο/στο σχολείο/στο σταθμό • **the road to Edinburgh** ο δρόμος για το Εδιμβούργο • **to the left/right** αριστερά/δεξιά
(b) (= *as far as*) μέχρι • **from 40 to 50 people** από 40 μέχρι 50 άτομα
(c) (*with expressions of time*) **a quarter to 5** 5 παρά τέταρτο
(d) (= *for, of*) **the key to the front door** το κλειδί της εξώπορτας • **she is secretary to the director** είναι γραμματέας του διευθυντή • **a letter**

to his wife ένα γράμμα στη γυναίκα
του
(e) (*expressing indirect object*) σε • **to
be a danger to sb/sth** είμαι
επικίνδυνος για κν/κτ
(f) (= *in relation to*) **30 miles to the
gallon** 30 μίλια το γαλόνι • **6 apples
to the kilo** 6 μήλα στο κιλό • **3
goals to 2** σκορ 3 - 2
(g) (*purpose, result*) **to come to sb's
aid** πάω να βοηθήσω κν • **to
sentence sb to death** καταδικάζω
κν σε θάνατο • **to my surprise**
προς μεγάλη μου έκπληξη
♦ *with vb* **(a)** (*simple infinitive*) **to go/
eat** πηγαίνω/τρώω
(b) (*following another vb*) να • **to
want/try/start to do** θέλω/
προσπαθώ/αρχίζω να κάνω
(c) (*with vb omitted*) **I don't want to**
δεν θέλω • **you ought to** πρέπει
(d) (*purpose*) για να • **I did it to help
you** το έκανα για να σε βοηθήσω •
he came to see you ήρθε για να
σε δει
(e) (*equivalent to relative clause*) να
(f) (*after adjective etc*) (για) να •
ready to go έτοιμος να φύγω • **too
old/young to ...** πολύ μεγάλος/
μικρός για να ... ♦ *adv* **to push/pull
the door to** μισοκλείνω/μισανοίγω
την πόρτα • **to and fro** μπρός - πίσω

toad [təud] *n* φρύνος *m*

toast [təust] *n* (*CULIN*) φρυγανισμένη
φέτα *f* ψωμί ♦ *vt* (*CULIN: bread etc*)
ψήνω • (= *drink to*) πίνω στην υγειά
+*gen* • **to propose a ~** κάνω (μια)
πρόποση • **~er** *n* φρυγανιέρα *f*

tobacco [tə'bækəu] *n* καπνός *m*

today [tə'deɪ] *adv* σήμερα ♦ *n inv* ♦ *n*
σήμερα *f*

toddler ['tɒdlə*] *n* παιδί *nt* που αρχίζει
να περπατάει

toe [təu] *n* (*of foot*) δάχτυλο *nt* του
ποδιού • (*of shoe*) μύτη *f* • **~nail** *n*
νύχι *nt* του ποδιού

toffee ['tɒfɪ] *n* καραμέλα *f* βουτύρου

together [tə'gɛðə*] *adv* μαζί • (= *at the
same time*) ταυτόχρονα • **~ with** μαζί
με

toilet ['tɔɪlət] *n* (*BRIT: room*) τουαλέτα
f • **~ paper** *n* χαρτί *nt* υγείας •
~ries *npl* είδη *ntpl* καλλωπισμού •
~ roll *n* χαρτί *nt* υγείας

token ['təukən] *n* (*sign*) δείγμα *nt* •
(*souvenir*) ενθύμιο *nt* • (= *substitute
coin*) μάρκα *f* ♦ *adj* (*strike, payment
etc*) συμβολικός • **by the same ~**
(*fig*) με την ίδια λογική • **book/gift
~** (*BRIT*) κουπόνι για βιβλία/δώρα

told [təuld] *pt, pp of* **tell**

tolerant ['tɒlərnt] *adj* ανεκτικός

tolerate ['tɒləreɪt] *vt* (*pain, noise*)
αντέχω • (*injustice*) ανέχομαι

toll [təul] *n* (*of casualties, deaths*)
αριθμός *m* • (*tax, charge*) διόδια *ntpl*
♦ *vi* (*bell*) χτυπάω πένθιμα

tomato [tə'mɑːtəu] (*pl* **~es**) *n*
ντομάτα *f*

tomb [tuːm] *n* τάφος *m*

tomorrow [tə'mɒrəu] *adv* αύριο ♦ *n*
αύριο *nt inv*

ton [tʌn] *n* τόννος *m* • **~s of** (*inf*)
τόννοι *+acc*

tone [təun] *n* τόνος *m* • (*TEL: also
dialling* **~**) σήμα *nt* κλήσης •
~ down *vt* (*criticism*) κατεβάζω τον
τόνο σε • (*demands*) μετριάζω • **~ up**
vt (*muscles*) δυναμώνω

tongue [tʌŋ] *n* γλώσσα *f* • **~ in
cheek** αστειευόμενος

tonic ['tɒnɪk] *n* (*MED*) τονωτικό *nt* •
(*fig*) κάτι που φτιάχνει τη διάθεση •
(*also* **~ (water)**) τόνικ *nt inv*

tonight [tə'naɪt] *adv* απόψε ♦ *n*
απόψε *nt* • *n* αποψινή/ή/ό *m/f/nt*

tonne [tʌn] (*BRIT*) *n* (*also* **metric ton**)
τόννος *m*

too [tuː] *adv* (= *excessively*) πολύ •
(= *also*) και • **~ much** (*adv*)
υπερβολικά • (*adj*) υπερβολικός •
~ many πάρα πολλοί • **~ bad!** τι να
σου κάνω!

took [tuk] *pt of* **take**

tool [tu:l] n (also COMPUT) εργαλείο nt

tooth [tu:θ] (pl **teeth**) n (ANAT, TECH) δόντι nt · **~ache** n πονόδοντος m · **~brush** n οδοντόβουρτσα f · **~paste** n οδοντόκρεμα f

top [tɔp] n (of mountain, tree) κορυφή f · (of page, cupboard) (επάνω μέρος nt · (of street) τέρμα nt · (lid) καπάκι nt · (DRESS) πάνω nt inv · (of pyjamas) πάνω f inv ♦ adj (= highest) ο πάνω · (= highest in rank) ανώτερος · (= maximum) ύψιστος ♦ vt (= be first in) έρχομαι πρώτος · (= exceed) ξεπερνάω · **on ~** of (= above) πάνω σε · (= in addition to) πέρα από · **from ~ to bottom** από πάνω μέχρι κάτω · **~ up** (US top off) vt (drink) (ξανα)γεμίζω · (salary) αυξάνω με επιδόματα · **~ floor** n τελευταίο πάτωμα nt

topic ['tɔpik] n θέμα nt · **~al** adj επίκαιρος

topless ['tɔpləs] adj γυμνόστηθος

topping ['tɔpiŋ] n γαρνιτούρα f

topple ['tɔpl] vt (government, leader) ρίχνω ♦ vi (person, object) αναποδογυρίζω

torch [tɔːtʃ] n (with flame) φανάρι nt · (BRIT: electric) φακός m

tore [tɔː] pt of **tear**

torment [n 'tɔːment vb tɔ'ment] n μαρτύριο nt ♦ vt (feelings, guilt etc) βασανίζω · (= annoy: person) παιδεύω

torn [tɔːn] pp of **tear**¹ ♦ adj **~ between** (fig) διχασμένος ανάμεσα

tornado [tɔː'neidəu] (pl **~es**) n ανεμοστρόβιλος m

torpedo [tɔː'piːdəu] (pl **~es**) n τορπίλη f

torrent ['tɔrnt] n (also fig) χείμαρρος m · **~ial** adj καταρρακτώδης

tortoise ['tɔːtəs] n χελώνα f (ξηράς)

torture ['tɔːtʃər] n (violence) βασανιστήρια ntpl · (fig) μαρτύριο nt ♦ vt βασανίζω

Tory ['tɔːri] (BRIT: POL) adj

Συντηρητικός ♦ n Τόρης mf

toss [tɔs] vt πετάω · (one's head) τινάζω · (salad) ανακατεύω ♦ n **with** a ~ of her head μ' ένα τίναγμα του κεφαλιού · **to ~ a coin** παίζω κορώνα-γράμματα · **to ~ up for sth** παίζω κτ κορώνα-γράμματα

total ['təutl] adj (number, workforce etc) συνολικός · (failure) πλήρης · (stranger) τελείως ♦ n σύνολο nt ♦ vt (= add up: numbers, objects) προσθέτω · (= add up to: X pounds/dollars) φτάνω (σε) · **~ly** adv (agree) απόλυτα · (disagree) ριζικά · (unprepared, new) τελείως

touch [tʌtʃ] n (= sense) αφή f · (contact) επαφή f (with hand, foot) αγγίζω · (= make contact with) ακουμπάω · (= move emotionally) συγκινώ ♦ vi ακουμπάω · **a ~ of** (fig: frost etc) ελαφρύς · **in ~ with** (person, group) σε επαφή με · **on ~ on** vt fus (topic) θίγω · **~ up** vt (paint) περνάω · **~down** n (of rocket) προσεδάφιση f · (US: FOOTBALL) γκολ nt inv · **~ed** adj συγκινημένος · **~ing** adj (scene, photograph etc) συγκινητικός · **~line** (SPORT) n γραμμή f επαναφοράς

tough [tʌf] adj (= strong: material) ανθεκτικός · (meat) σκληρός · (person, animal) δυνατός · (= difficult: task, problem) ζόρικος · (negotiations, policies) σκληρός

tour ['tuə] n (journey) ταξίδι nt · (of town, factory) ξενάγηση f · (by pop group etc) περιοδεία f ♦ vt (country, city) περιοδεύω σε

tourism ['tuərizm] n τουρισμός m

tourist ['tuərist] n τουρίστας/τρια m/f ♦ cpd τουριστικός · **~ office** n τουριστικό γραφείο nt

tournament ['tuənəmənt] n τουρνουά nt inv

tow [təu] vt ρυμουλκώ

toward(s) [tə'wɔːd(z)] prep προς · (purpose) για

towel ['tauəl] *n* πετσέτα *f*

tower ['tauə'] *n* πύργος *m* ♦ *vi* υψώνομαι

town [taun] *n* πόλη *f* ♦ (*small*) κωμόπολη *f* ♦ **to go to** ~ κατεβαίνω στο κέντρο (*της πόλης*) ♦ (*fig*) ξεπερνάω τον εαυτό μου ♦ ~ **centre** *n* κέντρο *nt* της πόλης ♦ ~ **hall** *n* δημαρχείο *nt*

toxic ['tɔksik] *adj* τοξικός

toy [tɔi] *n* παιχνίδι *nt* ♦ ~ **with** *vt fus* (*object, food*) παίζω μηχανικά με ♦ (*idea*) φλερτάρω με ♦ ~-**shop** *n* κατάστημα *nt* παιχνιδιών

trace [treis] *n* ίχνος *nt* ♦ *vt* (= *draw*) ξεπατικώνω ♦ (= *follow*) ανάγω σε ♦ (= *locate: person, letter*) εντοπίζω

track [træk] *n* μονοπάτι *nt* ♦ (*road*) χωματόδρομος *m* ♦ (*of bullet etc*) τροχιά *f* ♦ (*of suspect, animal*) ίχνος *nt* ♦ (*RAIL*) γραμμή *f* ♦ (*on tape, record*) κομμάτι *nt* ♦ (*SPORT*) στίβος *m* ♦ *vt* (*animal*) ακολουθώ τα χνάρια +*gen* ♦ (*person*) ακολουθώ τα ίχνη +*gen* ♦ **to keep** ~ **of** (*fig*) παρακολουθώ ♦ ~ **down** *vt* εντοπίζω ♦ ~**-suit** *n* αθλητική φόρμα *f*

tractor ['træktə'] *n* τρακτέρ *nt inv*

trade [treid] *n* (*activity*) εμπόριο *nt* ♦ (*skill, job*) τέχνη *f* ♦ *vi* έχω συναλλαγές ♦ *vt* **to ~ sth (for sth)** ανταλλάσσω κτ (για κτ) ♦ ~ **in** *vt* (*old car etc*) ανταλλάσσω (*παλιό με καινούργιο*) ♦ ~**-mark** *n* σήμα *nt* κατατεθέν ♦ ~**-r** *n* έμπορος *mf* ♦ ~ **union** *n* σωματείο *nt* ♦ **trading** *n* συναλλαγή *f*

tradition [trə'dɪʃən] *n* παράδοση *f* ♦ ~**al** *adj* παραδοσιακός

traffic ['træfik] *n* (*movement: of vehicles*) κίνηση *f* ♦ (*vehicles*) κυκλοφορία *f* ♦ (*in drugs etc*) διακίνηση *f* ♦ *vi* **to ~ in** (*liquor, drugs*) εισάγω παράνομα ♦ ~ **circle** (*US*) *n* κυκλική διασταύρωση *f* ♦ ~ **jam** *n* μποτιλιάρισμα *nt* ♦ ~ **lights** *npl* φανάρια *ntpl* ♦ ~ **warden** *n* τροχονόμος *mf*

tragedy ['trædʒədi] *n* τραγωδία *f*

tragic ['trædʒik] *adj* (*death*) τραγικός ♦ (*consequences*) δραματικός ♦ (*play, novel etc*) δραματικού περιεχομένου

trail [treil] *n* (*path*) μονοπάτι *nt* ♦ (*of footprints etc*) σειρά *f* ♦ *vt* (= *drag*) σέρνω ♦ (= *follow*) ακολουθώ τα ίχνη +*gen* ♦ *vi* (= *hang loosely*) σέρνομαι ♦ (*in game, contest*) ακολουθώ ♦ ~**er** *n* (*AUT*) ρυμούλκα *f* ♦ (*US*: = *caravan*) τροχόσπιτο *nt* ♦ (*CINE, TV*) προσεχώς *nt inv*

train [trein] *n* (*RAIL*) τρένο *nt* ♦ (*of dress*) ουρά *f* ♦ *vt* εκπαιδεύω ♦ (*athlete*) προπονώ ♦ (= *point*) **to ~ on** στρέφω προς ♦ *vi* εκπαιδεύομαι ♦ (*SPORT*) προπονούμαι ♦ **one's ~ of thought** ο ειρμός της σκέψης κου ♦ ~**ee** *n* μαθητευόμενη *m/f* ♦ ~**er** *n* (*SPORT: coach*) προπονητής/τρια *m/f* ♦ (: *shoe*) αθλητικό παπούτσι *nt* ♦ (*of animals*) εκπαιδευτής/τρια *m/f* ζώων ♦ ~**ing** *n* επιμόρφωση *f* ♦ (*SPORT*) προπόνηση *f* ♦ ~**ing course** *n* επιμορφωτικό σεμινάριο *nt*

trait [treit] *n* χαρακτηριστικό γνώρισμα *nt*

traitor ['treitə'] *n* προδότης *mf*

tram [træm] (*BRIT*) *n* (*also* ~**car**) τραμ *nt inv*

tramp [træmp] *n* (*person*) ζητιάνος/α *m/f* ♦ *vi* περπατάω αργά

trample ['træmpl] *vt* **to ~ (underfoot)** ποδοπατώ ♦ *vi* (*fig*) **to ~ on** (*sb's feelings*) ποδοπατώ ♦ (*sb's rights*) καταπατώ

trampoline ['træmpəli:n] *n* τραμπολίνο *nt*

trance [tra:ns] *n* έκσταση *f*

tranquil ['træŋkwil] *adj* ήρεμος ♦ (*place*) ήσυχος

transaction [træn'zækʃən] *n* συναλλαγή *f*

transatlantic ['trænzət'læntik] *adj* υπερατλαντικός

transcript ['trænskript] *n* αντίγραφο *nt* (*από απομαγνητοφώνηση ή από*) σημειώσεις)

transfer n ['trænsfə'] vb [træns'fə:'] n (of employees etc) μετάθεση f • (of money) μεταφορά f • (POL: of power) μεταβίβαση f • (SPORT) μεταγραφή f • (picture, design) χαλκομανία f ♦ vt (money etc) μεταφέρω • (employees) μεταθέτω • (power, ownership) μεταβιβάζω

transform [træns'fɔ:m] vt μεταμορφώνω • **~ation** n μετασχηματισμός m

transfusion [træns'fju:ʒən] n (also **blood ~**) μετάγγιση f

transit ['trænzɪt] n **in ~** στη μεταφορά

transition [træn'zɪʃən] n μετάβαση f

translate [trænz'leɪt] vt μεταφράζω • **translation** n μετάφραση f • **translator** n μεταφραστής/τρια m/f

transmission [trænz'mɪʃən] n (of information, disease) μετάδοση f • (TV) εκπομπή f • (AUT) κιβώτιο nt ταχυτήτων

transmit [trænz'mɪt] vt μεταδίδω • **~ter** (TV, RADIO) n πομπός m

transparent [træns'pærnt] adj (blouse) ση-θρού inv • (plastic) διαφανής • (fig) ολοφάνερος

transplant vb [træns'plɑ:nt] n ['trænsplɑ:nt] n (MED: organ) μεταμοσχεύω • (seedlings) μεταφυτεύω ♦ n μόσχευμα nt

transport n ['trænspɔ:t] vb [træns'pɔ:t] n (= moving people, goods) μεταφορά f • vt μεταφέρω • **~ation** n (moving) μεταφορά f • (means of transport) μεταφορικό μέσο nt

transvestite [trænz'vestaɪt] n τραβεστί m/f inv

trap [træp] n (snare, trick) παγίδα ♦ vt (animal) πιάνω σε παγίδες • (person: = trick) παγιδεύω • (confine) παγιδεύω • (= immobilize) παγιδεύω

trash [træʃ] n σκουπίδια ntpl • (pej: nonsense) βλακείες fpl • **~ can** (US) n σκουπιδοτενεκές m

trauma ['trɔ:mə] n τραυματική

εμπειρία f • (PSYCH) ψυχικό τραύμα nt • (MED) τραύμα nt • **~tic** adj οδυνηρός

travel ['trævl] n ταξίδι nt ♦ vi (person: = journey) ταξιδεύω • (: = move) πηγαίνω • (car, aeroplane) κινούμαι • (news) μεταδίδομαι ♦ vt (distance) διανύω

▸ **travels** npl ταξίδια ntpl • **~ agency** n ταξιδιωτικό πρακτορείο nt • **~ agent** n ταξιδιωτικός πράκτορας m/f • **~ler** (US **~er**) n ταξιδιώτης/ισσα m/f• **~ler's cheque** (US **~er's check**) n ταξιδιωτική επιταγή f • **~ling** (US **~ing**) n ταξίδια ntpl

tray [treɪ] n δίσκος m • (also **in~/out~**) δίσκος m εισερχομένων/ εξερχομένων

treacherous ['tretʃərəs] adj ύπουλος

tread [tred] (pt **trod**, pp **trodden**) n (of tyre) πέλμα nt ♦ vi βηματίζω • **~ on** vt fus τσαλαπατώ

treasure ['treʒə'] n (also fig) θησαυρός m ♦ vt (= value: object) φυλάω σαν θησαυρό • (: = memory, thought) κρατάω σαν θησαυρό • **~r** n ταμίας m/f (οργανισμού κ.λπ.)

treasury n the **T~**, (US) the **T~ Department** υπουργείο Οικονομικών

treat [tri:t] n (present) περιποίηση f ♦ vt (person, object) αντιμετωπίζω • (MED: patient, illness) θεραπεύω • (TECH: = coat) περνάω • **~ sb to sth** κερνάω κν κτ • **~ment** n μεταχείριση f • (MED) θεραπεία f

treaty [tri:tɪ] n συμφωνία f

treble ['trebl] adj τριπλός ♦ vt τριπλασιάζω • vi τριπλασιάζομαι

tree [tri:] n δέντρο nt

trek [trek] n (long journey) εκστρατεία f • (= walk) διαδρομή f ♦ vi (as holiday) κάνω πεζοπορία

tremble ['trembl] vi (voice) τρεμουλιάζω • (body, ground) τρέμω

tremendous [trɪ'mendəs] adj (= enormous) τεράστιος • (= excellent) φοβερός

trench [trɛntʃ] n χαντάκι nt

trend [trɛnd] n (tendency) τάση f · (of events) f · (= fashion) μόδα f · **~y** adj της μόδας

trespass ['trɛspəs] vi **to ~ on** μπαίνω παράνομα σε · "no ~ing" "Απαγορεύεται η είσοδος"

trial ['traɪəl] n (JUR) δίκη f · (test: of machine, drug etc) δοκιμή f · (worry) μπελάς m · **by ~ and error** με συνεχείς δοκιμές

▸ **trials** npl δοκιμασία f

triangle ['traɪæŋgl] n (MATH, MUS) τρίγωνο nt · **triangular** adj τριγωνικός

tribe [traɪb] n φυλή f

tribunal [traɪˈbjuːnl] n δικαστήριο nt (ειδικό)

tribute ['trɪbjuːt] n to pay ~ to αποτίω φόρο τιμής σε · to be a ~ to sth τιμώ ιδιαίτερα κτ

trick [trɪk] n κόλπο nt · (deception) τέχνασμα nt · (CARDS) παρτίδα f ◆ vt ξεγελάω

trickle ['trɪkl] n (of water etc) γραμμή f (νγρού) ◆ vi (water, rain etc) στάζω · (people) πηγαίνω λίγος-λίγος

tricky ['trɪkɪ] adj μπερδεμένος

trifle ['traɪfl] n φιλοπράγμα nt · (CULIN) γλυκό με σαβουαγιάρ, ζελέ και κρέμα ◆ adv **a ~ long** κάτι λίγο περισσότερο ◆ vi **to ~ with sb/sth** παίρνω στα ελαφρά κν/κτ

trigger ['trɪgə*] n σκανδάλη f · **~ off** vt fus πυροδοτώ

trim [trɪm] adj (house, garden) περιποιημένος · (figure, person) λεπτός ◆ n (haircut) **to have a ~** κόβω λίγο or αραιώνω τα μαλλιά μου · (decoration: on clothes) γαρνιτούρα f · (: on car) στολίδια ntpl ◆ vt (= cut: hair, beard) ψαλιδίζω · (= decorate) **to ~ (with)** στολίζω (με)

trio ['triːəu] n (also MUS) τρίο n inv

trip [trɪp] n (journey) ταξίδι nt ·

(outing) βόλτα f ◆ vi (= stumble) σκοντάφτω · (= go lightly) αλαφροπατάω · **~ over** vt fus σκοντάφτω σε · **~ up** vi σκοντάφτω ◆ vt βάζω τρικλοποδιά σε

triple ['trɪpl] adj τριπλός ◆ adv **~ the distance/the speed** τρεις φορές η απόσταση/η ταχύτητα

triplets ['trɪplɪts] npl τρίδυμα ntpl

tripod ['traɪpɔd] n τρίποδας m

triumph ['traɪʌmf] n θρίαμβος m ◆ vi θριαμβεύω · **~ant** adj θριαμβευτικός

trivial ['trɪvɪəl] adj ασήμαντος

trod [trɔd] pt of **tread** · **~den** pp of **tread**

trolley ['trɔlɪ] n καρότσι nt

troop [truːp] n (of people) ομάδα f ◆ vi **to ~ in/out** μπαίνω/βγαίνω κοπαδιαστά

▸ **troops** npl στρατεύματα ntpl

trophy ['trəufɪ] n έπαθλο nt

tropical ['trɔpɪkl] adj τροπικός

trot [trɔt] n (fast pace) τροχάδην nt inv · (of horse) τριποδισμός m ◆ vi (horse) τριποδίζω · (person) κάνω τροχάδην · **on the ~** (BRIT: fig) απανωτά

trouble ['trʌbl] n (difficulty) μπελάδες mpl · (= problem) πρόβλημα nt · (= bother, effort) φασαρία f · (= unrest) ταραχές fpl ◆ vt (worry) βασανίζω · (= disturb: person) ενοχλώ ◆ vi **to ~ to do sth** μπαίνω στον κόπο να κάνω κτ · **to be in ~** έχω μπλεξίματα · (ship, climber etc) έχω κάποιο πρόβλημα

▸ **troubles** npl (personal) προβλήματα ntpl · (POL) ταραχές fpl · **~d** adj (person) προβληματισμέν-ος · (country, life) προβληματικός · **~some** adj (child) που δημιουργεί προβλήματα · (cough etc) ενοχλητικός

trough [trɔf] n (also drinking ~) ποτίστρα f · (also feeding ~) ταΐστρα f · (channel) αυλάκι m · (= low point) κατώτερο σημείο nt

trousers ['trauzəz] npl παντελόνι nt ·

short = σορτς

trout [traʊt] *n inv* πέστροφα *f*

truce [tru:s] *n* ανακωχή *f*

truck [trʌk] *n* (= *lorry*) φορτηγό *nt* ·
(*RAIL*) βαγόνι *nt* μεταφοράς ·
~ **driver** (*US* = *er*) *n* φορτηγατζής/
ού *m/f*

true [tru:] *adj* (*story, account*)
αληθινός · (= *real: motive, feelings*)
πραγματικός · (= *accurate: likeness*)
πιστός · (= *genuine*) πραγματικός ·
(= *faithful: friend*) πιστός · **to come**
~ πραγματοποιούμαι

truly [tru:li] *adv* πραγματικά ·
(= *truthfully*) ειλικρινά · **Yours** ~ (*in
letter*) μετά τιμής

trumpet ['trʌmpɪt] *n* τρομπέτα *f*

trunk [trʌŋk] *n* (*of tree, person*)
κορμός *m* · (*of elephant*) προβοσκίδα
f · (*case*) μπαούλο *nt* · (*US: AUT*)
πορτ-μπαγκάζ *nt inv*

▸ **trunks** *npl* (*also* **swimming ~s**)
μαγιό *nt inv*

trust [trʌst] *n* εμπιστοσύνη *f* · (*COMM*)
ίδρυμα *nt* ♦ *vt* εμπιστεύομαι · **to**
~ **(that)** ελπίζω ότι *or* να · ~**worthy**
adj αξιόπιστος

truth [tru:θ] (*pl* ~s) *n* αλήθεια *f* · ~**-
ful** *adj* (*person*) φιλαλήθεις ·
(*answer, account*) ειλικρινής

try [traɪ] *n* δοκιμή *f* · (*RUGBY*) τέρμα *nt*
♦ *vt* δοκιμάζω · (*JUR: person*) δικάζω ·
(= *strain: patience*) βάζω σε
δοκιμασία ♦ *vi* προσπαθώ · ~ **on** *vt*
(*dress, hat*) προβάρω · ~ **out** *vt*
δοκιμάζω · ~**ing** *adj* κουραστικός

T-shirt ['ti:ʃəːt] *n* φανελάκι *nt*

tub [tʌb] *n* (*container*) κάδος *m* ·
(*bath*) μπανιέρα *f*

tube [tju:b] *n* σωλήνας *m* · (= *of
medicine, toothpaste etc*) σωληνάριο
nt · (*BRIT*: = *underground*) υπόγειος
m · (*US: inf*) ~ η τηλεόραση

tuberculosis [tjubə:kju'ləʊsɪs] *n*
φυματίωση *f*

tuck [tʌk] *vt* (= *put*) χώνω ♦ *n*
(*SEWING*) πιέτα *f* · ~ **away** *vt* (*money*)

καταχωνιάζω · **to be ~ed away**
(*building*) είμαι χωμένος · ~ **in** *vt*
(*clothing*) βάζω μέσα · (*child*)
σκεπάζω ♦ *vi* (= *eat*) ορμάω · ~ **up**
vt (*invalid, child*) σκεπάζω

Tuesday ['tju:zdɪ] *n* Τρίτη *f* · **it is
~ 23rd March** είναι Τρίτη 23
Μαρτίου · **on** ~ την Τρίτη · **on ~s**
κάθε Τρίτη · **every** ~ κάθε Τρίτη ·
every other ~ κάθε δεύτερη Τρίτη ·
last/next ~ την περασμένη/την
ερχόμενη Τρίτη · ~ **morning/
lunchtime/afternoon/evening**
Τρίτη πρωί/μεσημέρι/απόγευμα/βράδυ

tug [tʌg] *n* (*ship*) πιλοτίνα *f* ♦ *vt*
τραβάω απότομα

tuition [tju:'ɪʃən] *n* (*BRIT: instruction*)
μαθήματα *ntpl* · (*US*: = *school fees*)
δίδακτρα *ntpl*

tulip ['tju:lɪp] *n* τουλίπα *f*

tumble ['tʌmbl] *n* τούμπα *f* ♦ *vi*
κατρακυλάω

tummy ['tʌmɪ] (*inf*) *n* (= *stomach*)
στομάχι *nt* · (= *belly*) κοιλιά *f*

tumour ['tju:mə] (*US* **tumor**) *n*
όγκος *m*

tuna ['tju:nə] *n inv* (*also* ~ **fish**)
τόννος *m* (ψάρι)

tune [tju:n] *n* σκοπός *m* ♦ *vt* (*MUS*)
κουρδίζω · (*RADIO, TV*) ρυθμίζω · **to
be in/out of** ~ (*instrument*) είμαι
κουρδισμένος/ξεκούρδιστος ·
(*singer*) είμαι σωστός/φάλτσος · ~ **in**
vi (*RADIO, TV*) ~ **to** *vi* (*in* (*to*)
συντονίζομαι (σε) · ~ **up** *vi*
κουρδίζω τα όργανα

tunic ['tju:nɪk] *n* χιτώνας *m*

Tunisia [tju:'nɪzɪə] *n* Τυνησία *f*

tunnel ['tʌnl] *n* τούνελ *nt inv* ♦ *vi*
ανοίγω σήραγγα

turbulence ['tə:bjuləns] (*AVIAT*) *n*
κενό *nt* αέρος

turf [tə:f] *n* (*grass*) γρασίδι *nt* · (*piece
of grass*) κομμάτι *nt* χλοοτάπητα *m* ♦
vt στρώνω με γρασίδι · ~ **out** (*inf*)
πετάω έξω

Turk [tə:k] *n* Τούρκος/άλα *m/f*

Turkey ['tə:kɪ] n Τουρκία f

turkey ['tə:kɪ] n γαλοπούλα f

Turkish ['tə:kɪʃ] adj τουρκικός ♦ n (LING) τουρκικά ntpl

turmoil ['tə:mɔɪl] n αναταραχή f

turn [tə:n] n στροφή f ◆ (performance) νούμερο nt ◆ (: go) σειρά f ◆ vt γυρίζω ◆ vi (object) γυρίζω ◆ (person) στρίβω • **to ~ forty** σαραντάριζω • **a good ~** μια εξυπηρέτηση • **a ~ of events** μια τροπή των γεγονότων • **"no left ~"** (AUT) "απαγορεύεται η στροφή αριστερά" • **it's your ~** είναι η σειρά σας • **in ~** με τη σειρά • **to take ~s (at)** (κάνω) εναλλάξ • **at the ~ of the century/year** στις αρχές του αιώνα/χρόνου; **~ around** vi γυρνάω • **~ away** vi γυρνάω απ'την άλλη ♦ vt (applicants) απορρίπτω • (business) διώχνω; **~ back** vi γυρνάω πίσω ♦ vt γυρίζω πίσω; **~ down** vt (= refuse) αρνούμαι • (= reduce) χαμηλώνω • (= fold) σηκώνω; **~ in** vi (inf: = go to bed) πάω για ύπνο ♦ vt (to police) παραδίδω; **~ into** vt fus γίνομαι ♦ vt μετατρέπω; **~ off** vi (from road) στρίβω ♦ vt κλείνω • (engine) σβήνω; **~ on** vt (radio, tap etc) ανοίγω • (light) ανοίγω • (engine) ανάβω; **~ out** vt (light, gas) κλείνω ♦ vi (= appear, attend) προσέρχομαι • **to ~ out to be** αποδεικνύομαι ότι είμαι; **to ~ out well/badly** έχω καλή/άσχημη κατάληξη; **~ over** vi γυρίζω την πλάτη μου ♦ vt γυρίζω; **~ round** vi (person, vehicle) στρίβω • (= rotate) γυρίζω (γύρω-γύρω); **~ up** vi εμφανίζομαι ♦ vt (collar) ανασηκώνω • (radio) δυναμώνω • (heater etc) ανεβάζω; **~ing** n (in road) στροφή f; **~ing point** n (fig) κρίσιμη καμπή f

turnip ['tə:nɪp] n γογγύλι nt

turnout ['tə:naut] n (of voters etc) προσέλευση f

turnover ['tə:nəuvə'] n (COMM: amount of money) τζίρος m ◆ (: of staff)

αντικατάσταση f • (CULIN) ~ etc μηλοπιτάκι κ.λπ.

turquoise ['tə:kwɔɪz] adj τυρκουάζ inv

turtle ['tə:tl] n χελώνα f

tutor ['tju:tə'] n καθηγητής/τρια m/f; **~ial** n σεμινάριο σε συζήτηση σε μικρή ομάδα φοιτητών

tuxedo [tʌk'si:dəu] (US) n σμόκιν nt inv

TV [ti:'vi:] n abbr = **television**

tweed [twi:d] n τουίντ nt inv ◆ adj τουίντ inv

twelfth [twelfθ] num δωδέκατος

twelve [twelv] num δώδεκα • **at ~ (o'clock)** (midday) στις δώδεκα (το μεσημέρι) • (midnight) στις δώδεκα (τα μεσάνυχτα)

twentieth ['twentɪɪθ] num εικοστός

twenty ['twentɪ] num είκοσι

twice [twaɪs] adv δύο φορές • **~ as much** δύο φορές παραπάνω

twig [twɪg] n κλαράκι nt ♦ vi (BRIT: inf) μπαίνω

twilight ['twaɪlaɪt] n (evening) σούρουπο nt • (morning) χαραυγή nt

twin [twɪn] adj (sister, brother) δίδυμος (beds) δύο μονοί ♦ n δίδυμος/η m/f • (= room in hotel etc) δίκλινο ◆ vt (towns etc) αδελφοποιώ

twinkle ['twɪŋkl] vi τρεμοπαίζω ◆ n τρεμόπαιγμα nt

twist [twɪst] n (action) στρίψιμο nt • (in road, coil) στρίψιμο nt • (in story) περιπλοκή f ◆ vt (= turn) στρίβω • (injure: ankle etc) στραμπουλάω • (= twine) τυλίγω • (fig: meaning, words) διαστρεβλώνω ◆ vi (road, river) στριφογυρίζω

twitch [twɪtʃ] n τικ nt inv ◆ vi τινάζομαι

two [tu:] num δύο • **~ by ~, in ~s** δυο-δύο

type [taɪp] n (= category, model) τύπος m • (TYP) χαρακτήρες mpl ◆ vt δακτυλογραφώ • **~writer** n γραφομηχανή f

typhoid ['taɪfɔɪd] n τύφος m

typhoon [taɪˈfuːn] n τυφώνας m

typical [ˈtɪpɪkl] adj τυπικός · ~ **(of)**
= χαρακτηριστική περίπτωση +gen

typing [ˈtaɪpɪŋ] n δακτυλογραφία f

tyre [ˈtaɪə] (US **tire**) n λάστιχο nt

U u

U, u [juː] n το εικοστό πρώτο
γράμμα του αγγλικού αλφαβήτου

UFO n abbr (= unidentified flying
object) ούφο nt inv

Uganda [juːˈɡændə] n Ουγκάντα f

ugly [ˈʌɡlɪ] adj άσχημος

UK n abbr = **United Kingdom**

Ukraine [juːˈkreɪn] n Ουκρανία f

ulcer [ˈʌlsə] n (also **stomach** ~)
έλκος nt · (also **mouth** ~) άφθα f

ultimate [ˈʌltɪmət] adj (= final)
τελικός · (= greatest) απώτατος · **~ly**
adv (= in the end) εν τέλει
(= basically) σε τελική ανάλυση

ultimatum [ʌltɪˈmeɪtəm] (pl **~s** or
ultimata) n τελεσίγραφο nt

ultrasound [ˈʌltrəsaʊnd] n υπέρηχος
m

ultraviolet [ˈʌltrəˈvaɪəlɪt] adj
υπεριώδης

umbrella [ʌmˈbrelə] n (for rain, sun)
ομπρέλα f

umpire [ˈʌmpaɪə] n (TENNIS, CRICKET)
διαιτητής mf

UN n abbr = **United Nations**

unable [ʌnˈeɪbl] adj **to be ~ to do
sth** μου είναι αδύνατο να κάνω κτ

unacceptable [ʌnəkˈseptəbl] adj
απαράδεκτος

unanimous [juːˈnænɪməs] adj (voters)
που ψηφίζουν ομόφωνα

unarmed [ʌnˈɑːmd] adj άοπλος

unattended [ʌnəˈtendɪd] adj
ασυνόδευτος

unattractive [ʌnəˈtræktɪv] adj άχαρος

unavailable [ʌnəˈveɪləbl] adj (article,
book) εξαντλημένος · (room)

πιασμένος · (person) που δεν είναι
διαθέσιμος

unavoidable [ʌnəˈvɔɪdəbl] adj
αναπόφευκτος

unaware [ʌnəˈweə] adj **to be ~ of
sb/sth** δεν έχω αντιληφθεί κν/κτ

unbearable [ʌnˈbeərəbl] adj (heat,
pain) αφόρητος · (person)
ανυπόφορος

unbeatable [ʌnˈbiːtəbl] adj (team)
αήττητος · (price, quality)
ασυναγώνιστος

unbelievable [ʌnbɪˈliːvəbl] adj
(= implausible) απίθανος ·
(= amazing) απίστευτος

unborn [ʌnˈbɔːn] adj αγέννητος

uncanny [ʌnˈkænɪ] adj (resemblance,
knack) ανεξήγητος · (silence)
αλλόκοτος

uncertain [ʌnˈsəːtn] adj (person) που
δεν είναι βέβαιος or σίγουρος ·
(future, outcome) αβέβαιος · **~ty** n
αβεβαιότητα f

unchanged [ʌnˈtʃeɪndʒd] adj
αμετάβλητος

uncle [ˈʌŋkl] n θείος m

unclear [ʌnˈklɪə] adj (= uncertain)
ασαφής · (= unintelligible)
ακατανόητος

uncomfortable [ʌnˈkʌmfətəbl] adj
(physically: person) που δεν
βολεύεται · (: chair, room) άβολος ·
(= nervous) αμήχανος · (= unpleasant)
δυσάρεστος

uncommon [ʌnˈkɔmən] adj
ασυνήθιστος

unconditional [ʌnkənˈdɪʃənl] adj
(acceptance) χωρίς όρους

unconscious [ʌnˈkɔnʃəs] adj (in
faint) αναίσθητος · (= unaware) **to be
~ of** δεν έχω αντιληφθεί

uncontrollable [ʌnkənˈtrəʊləbl] adj
(temper, laughter)
ασυγκράτητος

unconventional [ʌnkənˈvenʃənl] adj
που ξεφεύγει από τα καθιερωμένα

uncover [ʌnˈkʌvə] vt ξεσκεπάζω

undecided [ʌndɪˈsaɪdɪd] adj (person) αναποφάσιστος · (issue) που δεν έχει κριθεί

undeniable [ʌndɪˈnaɪəbl] adj αδιάσειστος

under [ˈʌndəʳ] prep (= beneath) κάτω από · (in age) κάτω +gen · (in price) λιγότερος από · (law, agreement etc) σύμφωνα με · (sb's leadership) υπό ◆ adv (go, fly etc) κάτω · ~ discussion υπό συζήτηση · ~ the circumstances έτσι or κάτω από αυτές τις συνθήκες

undercover [ʌndəˈkʌvəʳ] adj μυστικός ◆ adv κρυφά

underestimate [ˈʌndərˈestɪmeɪt] vt υποτιμώ

undergo [ʌndəˈgəu] (irreg) vt (test, operation) υποβάλλομαι σε · (change) υφίσταμαι

undergraduate [ʌndəˈgrædjuɪt] n προπτυχιακός/ή φοιτητής/τρια m/f

underground [ˈʌndəgraund] n the ~ (BRIT: railway) το υπόγειος · (POL) η αντίσταση ◆ adj (car park) υπόγειος · (POL) παράνομος ◆ adv (work) κάτω από τη γη · (POL) βγαίνω στην παρανομία

undergrowth [ˈʌndəgrəuθ] n χαμηλή βλάστηση f

underline [ʌndəˈlaɪn] vt υπογραμμίζω · (fig) τονίζω

undermine [ʌndəˈmaɪn] vt υπονομεύω

underneath [ʌndəˈniːθ] adv από κάτω ◆ prep κάτω από

underpants [ˈʌndəpænts] npl σώβρακο nt

underpass [ˈʌndəpɑːs] (BRIT) n υπόγεια διάβαση f

underskirt [ˈʌndəskəːt] (BRIT) n κομπιναιζόν nt inv

understand [ʌndəˈstænd] (irreg) vt καταλαβαίνω · ~able adj που έχει or δείχνει κατανόηση ◆ n (knowledge) γνώση f · (sympathy) κατανόηση f

understatement [ˈʌndəsteɪtmənt] n επιφυλακτική διατύπωση f

understood [ʌndəˈstud] pt, pp of **understand** ◆ adj (= implied) αντιληπτικός · (= agreed) it is ~ that εννοείται ότι

undertake [ʌndəˈteɪk] (irreg) vt αναλαμβάνω ◆ vi to ~ to do sth αναλαμβάνω να κάνω κτ

undertaking [ˈʌndəteɪkɪŋ] n (job) εγχείρημα nt · (promise) δέσμευση f

underwater [ʌndəˈwɔːtəʳ] adv κάτω από τη θάλασσα ◆ adj υποβρύχιος

underwear [ˈʌndəwɛəʳ] n εσώρουχα ntpl

underwent [ʌndəˈwɛnt] pt of **undergo**

underworld [ˈʌndəwəːld] n (criminal) the ~ ο υπόκοσμος

undesirable [ʌndɪˈzaɪərəbl] adj (person) ανεπιθύμητος · (thing) απαράδεκτος

undisputed [ˈʌndɪsˈpjuːtɪd] adj (fact) αδιάσειστος · (champion etc) αδιαφιλονίκητος

undo [ʌnˈduː] (irreg) vt (= unfasten) λύνω · (= spoil) ξεκάνω · (COMPUT) "~" αναίρεση

undone [ʌnˈdʌn] pp of **undo** · to come ~ (shoelaces etc) ανοίγω

undoubtedly [ʌnˈdautɪdlɪ] adv αναμφίβητα

undress [ʌnˈdrɛs] vi γδύνω ◆ vt γδύνομαι

uneasy [ʌnˈiːzɪ] adj (person) ανήσυχος · (feeling) άσχημος

unemployed [ʌnɪmˈplɔɪd] adj άνεργος ◆ npl the ~ οι άνεργοι

unemployment [ʌnɪmˈplɔɪmənt] n ανεργία f

unequal [ʌnˈiːkwəl] adj άνισος · (in length etc) διαφορετικός

uneven [ʌnˈiːvn] adj (teeth) ακανόνιστος · (pattern) ανομοιόμορφος · (road etc) ανώμαλος

unexpected [ʌnɪksˈpɛktɪd] adj αναπάντεχος · ~ly adv (succeed etc) απροσδόκητα • (arrive) χωρίς προειδοποίηση

unfair [ʌnˈfɛə] adj (system) άδικος • (advantage) αθέμιτος

unfaithful [ʌnˈfeiθful] adj άπιστος

unfamiliar [ʌnfəˈmiliə] adj άγνωστος • **to be ~ with** δεν είμαι εξοικειωμένος με

unfashionable [ʌnˈfæʃnəbl] adj (clothes) ντεμοντέ inv

unfavourable [ʌnˈfeivrəbl] (US **unfavorable**) adj δυσμενής

unfinished [ʌnˈfiniʃt] adj ατελής

unfit [ʌnˈfit] adj (physically) που δεν είναι σε φόρμα • **to be ~ for/to do sth** είμαι ακατάλληλος για/για να κάνω κτ • **~ for work** ανίκανος για εργασία

unfold [ʌnˈfəuld] vt ξεδιπλώνω

unforgettable [ʌnfəˈgetəbl] adj αξέχαστος

unfortunate [ʌnˈfɔːtʃənət] adj (= unlucky) άτυχος • (accident) ατυχής • (event, remark) ατυχής • **~ly** adv δυστυχώς

unfriendly [ʌnˈfrendli] adj εχθρικός

unhappiness [ʌnˈhæpinis] n δυστυχία f

unhappy [ʌnˈhæpi] adj δυστυχισμένος • (accident, event) ατυχής

unhealthy [ʌnˈhelθi] adj (person) μη υγιής • (place) ανθυγιεινός • (fig) αρρωστημένος

unheard-of [ʌnˈhɜːdɔv] adj ανήκουστος

unhelpful [ʌnˈhelpful] adj (person) μη εξυπηρετικός • (advice) που δεν βοηθάει καθόλου

unhurt [ʌnˈhɜːt] adj σώος

uniform [ˈjuːnifɔːm] n στολή f ♦ adj ομοιόμορφος

unify [ˈjuːnifai] vt ενώνω

unimportant [ʌnimˈpɔːtənt] adj ασήμαντος

unintentional [ʌninˈtenʃənəl] adj ακούσιος

union [ˈjuːnjən] n (= unification) ένωση f • (also **trade ~**) συνδικάτο nt • **Union Jack** n η σημαία της Μεγάλης Βρετανίας

unique [juːˈniːk] adj (object etc) μοναδικός • (skill, performance) ξεχωριστός

unisex [ˈjuːniseks] adj (clothes) γιούνισεξ inv

unit [ˈjuːnit] n μονάδα f • (of furniture etc) κομμάτι nt

unite [juːˈnait] vt ενώνω ♦ vi ενώνομαι • **~d** adj ενωμένος • **United Arab Emirates** npl τα Ηνωμένα Αραβικά Εμιράτα • **United Kingdom** n το **U~d Kingdom** το Ηνωμένο Βασίλειο • **United Nations** n τα **U~d Nations** τα Ηνωμένα Έθνη • **United States (of America)** n το **U~d States** οι Ηνωμένες Πολιτείες

unity [ˈjuːniti] n ενότητα f

universal [juːniˈvɜːsl] adj παγκόσμιος

universe [ˈjuːnivɜːs] n σύμπαν nt

university [juːniˈvɜːsiti] n Πανεπιστήμιο nt

unjust [ʌnˈdʒʌst] adj άδικος

unkind [ʌnˈkaind] adj σκληρός

unknown [ʌnˈnəun] adj άγνωστος

unlawful [ʌnˈlɔːful] adj παράνομος

unleaded [ʌnˈledid] n (also **~ petrol**) αμόλυβδη (βενζίνη) f

unleash [ʌnˈliːʃ] vt (fig: feeling) απελευθερώνω

unless [ʌnˈles] conj παρά μόνο αν • **~ otherwise stated** εκτός από αντίθετη ένδειξη

unlike [ʌnˈlaik] adj διαφορετικός ♦ prep (= not like) αντίθετα από • (= different from) **to be ~ sb/sth** διαφέρω από κν/κτ

unlikely [ʌnˈlaikli] adj (= not likely) απίθανος • (= unexpected) απροσδόκητος

unlimited [ʌnˈlimitid] adj απεριόριστος

unload [ʌn'ləud] vt ξεφορτώνω

unlock [ʌn'lɔk] vt ξεκλειδώνω

unlucky [ʌn'lʌki] adj άτυχος

unmarried [ʌn'mærid] adj ανύπαντρος

unmistak(e)able [ʌnmis'teikəbl] adj (voice, sound) χαρακτηριστικός

unnatural [ʌn'nætʃrəl] adj αφύσικος

unnecessary [ʌn'nesəsri] adj περιττός

unofficial [ʌnə'fiʃl] adj (news) ανεπίσημος · (strike) χωρίς την έγκριση των σωματείων

unpack [ʌn'pæk] vi αδειάζω τη βαλίτσα ♦ vt αδειάζω

unpaid [ʌn'peid] adj (bill) απλήρωτος

unpleasant [ʌn'pleznt] adj δυσάρεστος

unplug [ʌn'plʌg] vt βγάζω από την πρίζα

unpopular [ʌn'pɔpjuləʳ] adj (person) αντιπαθής · (policy) αντιλαϊκός

unprecedented [ʌn'presidentid] adj που δεν έχει προηγούμενο

unpredictable [ʌnpri'diktəbl] adj απρόβλεπτος · (weather) άστατος

unqualified [ʌn'kwɔlifaid] adj (teacher) χωρίς πτυχίο · (nurse etc) πρακτικός · (success) απόλυτος

unravel [ʌn'rævl] vt (also fig) ξετυλίγω

unreal [ʌn'riəl] adj (= artificial) ψεύτικος · (= peculiar) περίεργος

unrealistic ['ʌnriə'listik] adj εξωπραγματικός

unreasonable [ʌn'riznəbl] adj παράλογος

unrelated [ʌnri'leitid] adj άσχετος · (family) που δεν έχει συγγένεια

unreliable [ʌnri'laiəbl] adj αναξιόπιστος

unrest [ʌn'rest] n αναταραχή f

unsafe [ʌn'seif] adj (= in danger) σε κίνδυνο · (journey, machine etc) επικίνδυνος

unsatisfactory ['ʌnsætis'fæktəri] adj μη ικανοποιητικός

unsettled [ʌn'setld] adj (person) αναστατωμένος · (future) αβέβαιος · (weather) άστατος

unsettling [ʌn'setliŋ] adj ανησυχητικός

unsightly [ʌn'saitli] adj αποκρουστικός

unskilled [ʌn'skild] adj ανειδίκευτος

unstable [ʌn'steibl] adj που κουνιέται · (government) ασταθής · (person: mentally) ανισόρροπος

unsteady [ʌn'stedi] adj (step) ασταθής · (voice) τρεμάμενος · (hands, legs) που τρέμει

unsuccessful [ʌnsək'sesful] adj αποτυχημένος · to be ~ (in doing sth) αποτυγχάνω (να κάνω κτ)

unsuitable [ʌn'su:təbl] adj ακατάλληλος

unsure [ʌn'ʃuəʳ] adj που δεν είναι σίγουρος · (future) αβέβαιος

untidy [ʌn'taidi] adj (room) ακατάστατος · (person, appearance) ατημέλητος

untie [ʌn'tai] vt λύνω · (prisoner) ελευθερώνω

until [ən'til] prep μέχρι · (after negative) πριν ♦ conj μέχρι να · ~ now μέχρι τώρα · ~ then μέχρι τότε

untrue [ʌn'tru:] adj αναληθής

unused [ʌn'ju:zd] adj (clothes etc) αχρησιμοποίητος

unusual [ʌn'ju:zuəl] adj ασυνήθιστος · ~ly adv ασυνήθιστα

unwanted [ʌn'wɔntid] adj άχρηστος · (child, pregnancy) ανεπιθύμητος

unwell [ʌn'wel] adj to feel ~ νιώθω άσχημα · to be ~ δεν είμαι καλά

unwilling [ʌn'wiliŋ] adj to be ~ to do sth δεν είμαι πρόθυμος να κάνω κτ

unwind [ʌn'waind] (irreg) vt (= undo) λύνω ♦ vi (= relax) χαλαρώνω

unwise [ʌn'waiz] adj απερίσκεπτος

unzip [ʌn'zip] vt ανοίγω το φερμουάρ +gen

up [ʌp] *prep* **he went up the stairs/ the hill** ανέβηκε τη σκάλα/το λόφο ·
the cat was up a tree η γάτα ήταν πάνω σε ένα δέντρο · **we walked/ climbed up the hill** ανεβήκαμε/ σκαρφαλώσαμε στο λόφο · **they live further up the street** μένουν παρακάτω σ' αυτό το δρόμο
♦ *adv* **(a)** (= *upwards, higher*) πάνω ·
up in the sky ψηλά στον ουρανό ·
up in the mountains πάνω στα βουνά · **up there** εκεί πάνω · **up above** πάνω ψηλά
(b) (*out of bed*) έχω σηκωθεί από το κρεβάτι · (*prices, level*) έχω ανεβεί
(c) up to (*as far as*) μέχρι · **the water came up to his knees** το νερό του έφτανε μέχρι τα γόνατα
(d) it's up to you από σένα εξαρτάται
(e) he isn't up to the job δεν είναι ικανός για την δουλειά · **he's not up to it** δεν είναι ικανός να το κάνει · **his work is not up to the required standard** η δουλειά του δεν ανταποκρίνεται στις απαιτήσεις
(f) to be up to (*inf*: = *be doing*) κάνω · **what is he up to?** τι μαγειρεύει αυτός;
♦ **n ups and downs** (*in life, career*) χαρές και πίκρες

up-and-coming [ʌpənd'kʌmɪŋ] *adj* ανερχόμενος

upbringing [ʌp'brɪŋɪŋ] *n* ανατροφή *f*

update [ʌp'deɪt] *vt* (*records*) ενημερώνω · (*information*) ανανεώνω

upgrade [ʌp'greɪd] *vt* (*employee*) προάγω · (*COMPUT*) αναβαθμίζω

upheaval [ʌp'hiːvl] *n* αναταραχή *f*

uphill [ʌp'hɪl] *adj* ανηφορικός · (*fig*) κοπιαστικός ♦ *adv* προς τα πάνω

upholstery [ʌp'həʊlstərɪ] *n* ταπετσαρία *f*

upmarket [ʌp'mɑːkɪt] *adj* (*product*) υψηλού επιπέδου · (*area*) που είναι για λίγους

upon [ə'pɒn] *prep* πάνω σε

upper [ʌpə'] *adj* πάνω · **~-class** *adj* αριστοκρατικός

upright [ʌp'raɪt] *adj* (*freezer*) όρθιος · (*fig*: = *honest*) έντιμος ♦ *adv* (*sit, stand*) ίσια

uprising [ʌp'raɪzɪŋ] *n* εξέγερση *f*

uproar [ʌprɔː'] *n* (*shouts*) οχλοβοή *f* · (*protest*) αναταραχή *f*

upset *vb, adj* [ʌp'set] *n* [ʌpset] (*irreg*) (*pt, pp* ~) *vt* (= *knock over*) αναποδογυρίζω · (= *offend, make unhappy*) αναστατώνω · (*plan, routine*) χαλάω ♦ *adj* (= *unhappy*) αναστατωμένος · (*stomach*) ανακατωμένος ♦ *n* **to have/get a stomach ~** (*BRIT*) το στομάχι μου είναι/γίνεται χάλια

upside down [ʌpsaɪd'daʊn] *adv* ανάποδα · **to turn a place ~** (*fig*) τα κάνω όλα άνω-κάτω

upstairs [ʌp'steəz] *adv* (ε)πάνω (στον επάνω όροφο) ♦ *adj* του (ε)πάνω ορόφου ♦ *n* (ε)πάνω όροφος *m*

up-to-date [ʌptə'deɪt] *adj* (= *modern*) σύγχρονος · (*with news etc*) ενημερωμένος

upward [ʌpwəd] *adj* προς τα επάνω · **~s** *adv* προς τα επάνω

uranium [juə'reɪnɪəm] *n* ουράνιο *nt*

Uranus [juə'reɪnəs] *n* Ουρανός *m*

urban [ɜːbən] *adj* αστικός

urge [ɜːdʒ] *n* παρόρμηση *f* ♦ *vt* **to ~ sb to do sth** παροτρύνω κν να κάνει κτ

urgency [ɜːdʒənsɪ] *n* (*importance*) επείγουσα ανάγκη *f* · (*of tone*) αδημονία *f*

urgent [ɜːdʒənt] *adj* (*letter, message*) επείγων · (*need*) πιεστικός

urinal [juərɪnl] *n* ουρητήριο *nt*

urine [juərɪn] *n* ούρα *ntpl*

Uruguay [juərəgwaɪ] *n* Ουρουγουάη *f*

US *n abbr* = **United States**

us [ʌs] *pron* εμάς/μας · *(after prep)*
εμάς/μας · *see also* **me**

USA *n abbr* = **United States of
America** ΗΠΑ *fpl inv*

use *n* [ju:s] *vb* [ju:z] *n* (= *using*)
χρήση *f* · (= *usefulness*) χρησιμότητα
f ◆ *vt* χρησιμοποιώ · **in** ~ σε χρήση ·
to be out of ~ βρίσκομαι σε
αχρηστία · **it's no** ~ *(pointless)* δεν
έχει νόημα · **she** ~d **to** it το
έκανε (συχνά) · **to be** ~d **to** το είμαι
συνηθισμένο να · **to get** ~d **to sth**
συνηθίζω σε κτ · ~ **up** *vt (food)*
αποτελειώνω · *(money)* ξοδεύω ·
~**d** *adj* μεταχειρισμένος · ~**ful** *adj*
χρήσιμος · ~**less** *adj* άχρηστος ·
(= *pointless*) μάταιος · ~**r** *n* χρήστης
mf · *(of petrol, gas etc)* καταναλωτής
m · ~**r-friendly** *adj* φιλικός προς
το χρήστη

usual ['ju:ʒuəl] *adj* συνηθισμένος · **as
~** ως συνήθως · ~**ly** *adv* συνήθως

utility [ju:'tılıtı] *n* χρησιμότητα *f* ·
(also **public ~**) έργο *nt* κοινής
ωφελείας

utilize ['ju:tılaız] *vt* αξιοποιώ

utmost ['ʌtməust] *adj* υπέρτατος ◆ *n*
to do one's ~ **(to do sth)** κάνω το
παν (για να κάνω κτ)

utter ['ʌtə'] *adj (amazement)*
απόλυτος · *(rubbish)* σκέτος ·
μεγάλος ◆ *vt* αρθρώνω · ~**ly** *adv*
τελείως

U-turn ['ju:'tə:n] *n (AUT: also fig)*
στροφή *f* 180 μοιρών

V v

V, v [vi:] *n* το εικοστό δεύτερο
γράμμα του αγγλικού αλφαβήτου

vacancy ['veıkənsı] *n (BRIT: job)* θέση
f · *(room in hotel etc)* ελεύθερο
δωμάτιο · **"no vacancies"** "πλήρες"

vacant ['veıkənt] *adj* ελεύθερος ·
(look, expression) αφηρημένος · *(job)*

κενός

vacation [və'keıʃən] *n* διακοπές *fpl*

vaccination [væksı'neıʃən] *n*
εμβολιασμός *m* · *(instance)* εμβόλιο *nt*

vaccine ['væksi:n] *n* εμβόλιο *nt*

vacuum ['vækjum] *n* κενό *nt* ·
~ **cleaner** *n* ηλεκτρική σκούπα *f*

vagina [və'dʒaınə] *n (ANAT)* ο κόλπος *m*

vague [veıg] *adj* (= *blurred*)
αμυδρός · (= *unclear*) ασαφής ·
(person: = *not precise*) μπερδεμένος ·
(= *evasive*) ασαφής

vain [veın] *adj* (= *conceited*)
ματαιόδοξος · (= *useless*) μάταιος · **in
~** = μάταια

valid ['vælıd] *adj* έγκυρος · *(argument,
reason)* που στέκει *or* ισχύει

valley ['vælı] *n* κοιλάδα *f*

valuable ['væljuəbl] *adj* πολύτιμος ·
~**s** *npl* τιμαλφή *ntpl*

value ['vælju:] *n* αξία *f* ◆ *vt* εκτιμώ ·
▸ **values** *npl* αξίες *fpl*

valve [vælv] *n (also MED)* βαλβίδα *f*

vampire ['væmpaıə'] *n (lit)*
βρικόλακας *m*

van [væn] *n (AUT)* φορτηγάκι *nt* · *(BRIT:
RAIL)* βαγόνι *nt*

vandal ['vændl] *n* βάνδαλος *m* ·
~**ism** *n* βανδαλισμός *m*

vanilla [və'nılə] *n* βανίλια *f*

vanish ['vænıʃ] *vi* εξαφανίζομαι

vanity ['vænıtı] *n* ματαιοδοξία *f*

vapour ['veıpə'] *(US* **vapor**) *n* ατμός
m

variable ['vεərıəbl] *adj (mood, quality)*
ευμετάβλητος · *(weather)* ασταθής ·
(temperature, height) μεταβλητός

variant ['vεərıənt] *n* παραλλαγή *f*

variation [vεərı'eıʃən] *n* μεταβολή *f* ·
(of plot etc) παραλλαγή *f*

varied ['vεərıd] *adj (opinions, reasons)*
διαφορετικός · *(career, work)* που
έχει ποικιλία

variety [və'raıətı] *n* ποικιλία *f*

various ['vεərıəs] *adj* διάφορος *m*

varnish ['vɑ:nıʃ] *n* βερνίκι *nt* ◆ *vt*

λουστράρω

vary ['vεərɪ] vt έχω ποικιλία σε ♦ vi διαφέρω

vase [vɑːz] n βάζο nt

vast [vɑːst] adj (knowledge) ευρύς· (= enormous) τεράστιος

VAT [væt] (BRIT) n abbr (= value added tax) Φ.Π.Α. m

vault [vɔːlt] n (of roof) θόλος m· (tomb) κρύπτη f· (in bank) θησαυροφυλάκιο nt ♦ vt (also ~ over) πηδάω πάνω από

VCR n abbr = **video cassette recorder**

veal [viːl] (CULIN) n μοσχάρι nt

vegan ['viːgən] n χορτοφάγος mf που δεν τρώει γαλακτοκομικά

vegetable ['vεdʒtəbl] n (plant) λαχανικό nt· (= plant life) φυτό nt ♦ cpd (oil etc) φυτικός· → **garden** or **plot** λαχανόκηπος

vegetarian [vεdʒɪ'tεərɪən] n χορτοφάγος mf ♦ adj (restaurant) για χορτοφάγους

vegetation [vεdʒɪ'teɪʃən] n βλάστηση f

veggieburger ['vεdʒɪbɜːgə°] n χάμπουργκερ nt inv για χορτοφάγους

vehicle ['viːɪkl] n όχημα nt· (fig) μέσο nt

veil [veɪl] n πέπλο nt· (mourning) βέλο m ♦ vt (fig) καλύπτω (κάτω από)

vein [veɪn] n (ANAT) φλέβα f

Velcro® ['vεlkrəu] n βέλκρο nt inv

velvet ['vεlvɪt] n βελούδο nt ♦ adj βελούδινος

vendor n πωλητής/τρια m/f· **street ~** μικροπωλητής/τρια

Venezuela [vεnε'zweɪlə] n Βενεζουέλα f

vengeance ['vεndʒəns] n εκδίκηση f· **with a ~** (fig) και με το παραπάνω

venison ['vεnɪsn] n κρέας nt ελαφιού

venom ['vεnəm] n δηλητήριο nt· (fig) δηκτικότητα f

vent [vεnt] n (also **air ~**) (αερ)αγωγός m ♦ vt (fig) ξεσπάω

ventilation [vεntɪ'leɪʃən] n εξαερισμός m

venture ['vεntʃə°] n εγχείρημα nt ♦ vt προτείνω ♦ vi ξανοίγομαι· **business ~** νέα επιχείρηση

venue ['vεnjuː] n αίθουσα f (εκδήλωσης)· (open air) χώρος m (εκδήλωσης)

Venus ['viːnəs] n Αφροδίτη f

verb [vɜːb] n ρήμα nt

verbal ['vɜːbl] adj (skills, attack) λεκτικός

verdict ['vɜːdɪkt] n (JUR) ετυμηγορία f· (fig) γνώμη f

verge [vɜːdʒ] n (BRIT: of road) άκρη f δρόμου (συνήθως με χορτάρι)· **to be on the ~ of doing sth** είμαι στα πρόθυρα +gen· **~ on** vt fus αγγίζω τα όρια +gen

verify ['vεrɪfaɪ] vt επαληθεύω

versatile ['vɜːsətaɪl] adj πολυμήχανος· (substance, machine etc) με πολλές χρήσεις

verse [vɜːs] n (= poetry) ποίηση f· (= stanza) στροφή f· (in bible) εδάφιο nt

version ['vɜːʃən] n έκδοση f· (of events, accident etc) εκδοχή f

versus ['vɜːsəs] prep εναντίον +gen

vertical ['vɜːtɪkl] adj κάθετος ♦ n κατακόρυφος f

very ['vεrɪ] adv (+adjective, adverb) πολύ ♦ adj **the ~ book which** αυτό ακριβώς το βιβλίο που· **at the ~ end** στο τέλος-τέλος· **the ~ last** το τελευταίο· **~ well** πολύ καλά· **~ much** πάρα πολύ

vessel ['vεsl] n (NAUT) σκάφος nt· (= container) σκεύος nt· (ANAT, BOT) αγγείο nt· see **blood**

vest [vεst] n (BRIT: underwear) φανέλλα f· (US: = waistcoat) γιλέκο nt

vet [vεt] (BRIT) n abbr = **veterinary surgeon**

veteran ['vεtərn] n (of war) παλαίμαχος mf

veterinarian [vεtrɪ'nεərɪən] (US)

κτηνίατρος mf

veterinary ['vetrɪnəri] adj
κτηνιατρικός · ~ **surgeon** (BRIT) n
χειρούργος κτηνίατρος mf

veto ['viːtəu] (pl **-es**) n βέτο nt inv
♦ vt ασκώ βέτο σε

via ['vaɪə] prep μέσω +gen

viable ['vaɪəbl] adj βιώσιμος

vibration [vaɪˈbreɪʃən] n δόνηση f

vicar ['vɪkə*] (REL) n εφημέριος m

vice [vaɪs] n ελάττωμα nt · (TECH)
μέγγενη f

vice–chairman [vaɪsˈtʃeəmən] (irreg)
n αντιπρόεδρος mf

vice versa ['vaɪsɪ'vɜːsə] adv το
αντίστροφο

vicinity [vɪˈsɪnɪti] n (area) **in the
~ (of)** στην περιοχή +gen

vicious ['vɪʃəs] adj (attack, blow)
σφοδρός · (words, look) σκληρός ·
(horse, dog) άγριος

victim ['vɪktɪm] n θύμα nt

victor ['vɪktə*] n νικητής/τρια m/f

Victorian [vɪkˈtɔːrɪən] adj βικτωριανός

victorious [vɪkˈtɔːrɪəs] adj (team)
νικητής · (shout) νικηφόρος

victory ['vɪktərɪ] n νίκη f

video ['vɪdɪəu] n (= video film)
βιντεοταινία f · (also ~ **cassette**)
βιντεοκασέτα f · (also ~ **cassette
recorder**) βίντεο nt inv (συσκευή) ·
~ **camera** n βιντεοκάμερα f ·
~ **game** n ηλεκτρονικό παιχνίδι nt

vie [vaɪ] vi **to ~ (with sb) (for sth)**
συναγωνίζομαι (με κν) (για κτ)

Vietnam, Viet Nam ['vjet'næm] n
Βιετνάμ nt inv

view [vjuː] n θέα f · (= outlook,
opinion) άποψη f ♦ vt (also fig)
εξετάζω · (house) βλέπω · **in full
~** μπροστά σε όλους · **in ~ of the
weather/the fact that** λαμβάνοντας
υπόψη τον καιρό/το γεγονός ότι · **in
my ~** κατά τη γνώμη μου · **~er** n
(= person) τηλεθεατής m · **~point**
n οπτική γωνία f

vigilant ['vɪdʒɪlənt] adj που

επαγρυπνεί

vigorous ['vɪgərəs] adj (action)
δυνατός · (campaign) δραστήριος

vile [vaɪl] adj (= evil) πρόστυχος ·
(= unpleasant) απαίσιος

villa ['vɪlə] n (country house) έπαυλη f ·
(suburban house) βίλλα f

village ['vɪlɪdʒ] n χωριό nt

villain ['vɪlən] n (= scoundrel)
παλιάνθρωπος m · (in novel etc)
κακός m

vine [vaɪn] (BOT) n κλήμα nt · (in
jungle) αναρριχητικό (φυτό) nt

vinegar ['vɪnɪgə*] n ξύδι nt

vineyard ['vɪnjɑːd] n αμπέλι nt

vintage ['vɪntɪdʒ] n (of wine) εσοδεία f

vinyl ['vaɪnl] n βινύλιο nt

viola [vɪˈəulə] n βιόλα f

violate ['vaɪəleɪt] vt (agreement)
παραβιάζω · (peace) διαταράσσω ·
violation (of agreement etc) n
παράβαση f

violence ['vaɪələns] n βία f

violent ['vaɪələnt] adj (= brutal)
βίαιος · (= intense) σφοδρός

violet ['vaɪələt] adj ιώδης ♦ n (colour)
βιολετί nt · (plant) βιολέττα f

violin [vaɪə'lɪn] n βιολί nt

VIP n abbr (= very important
person) βιπ m inv

virgin ['vɜːdʒɪn] n παρθένος/α m/f

Virgo ['vɜːgəu] n Παρθένος f

virtual ['vɜːtjuəl] adj (COMPUT, PHYS)
εικονικός · **-ly** adv σχεδόν · **it is ~ly
impossible** είναι πρακτικά
αδύνατο · **~ reality** n εικονική
πραγματικότητα f

virtue ['vɜːtjuː] n (= moral correctness)
ηθική f · (good quality) αρετή f ·
(advantage) πλεονέκτημα nt · **by ~
of** λόγω +gen

virus ['vaɪərəs] n (MED, COMPUT) ιός m

visa ['viːzə] n βίζα f

vise [vaɪs] (US: TECH) n = **vice**

visibility [vɪzɪ'bɪlɪti] n ορατότητα f

visible ['vɪzəbl] adj ορατός · (fig)

εμφανής

vision ['vɪʒən] n (= sight) όραση f •
(= foresight) διορατικότητα f

visit ['vɪzɪt] n επίσκεψη f ♦ vt
επισκέπτομαι • **-or** n επισκέπτης/
τρια m/f

visual ['vɪzjuəl] adj (image etc)
οπτικός • (arts) εικαστικός • **-ize** vt
(= picture, imagine) φέρνω στο νου

vital ['vaɪtl] adj ζωτικός • (= full of life)
γεμάτος ζωή • (= necessary for life)
ζωτικός • **-ity** n ζωτικότητα f

vitamin ['vɪtəmɪn] n βιταμίνη f • **pill**
n βιταμίνη (χάπι)

vivid ['vɪvɪd] adj (description, memory)
ζωντανός • (imagination) ζωηρός

vocabulary [vəu'kæbjuləri] n
λεξιλόγιο nt

vocal ['vəukl] adj φωνητικός •
(= articulate) που εκφράζεται

vocation [vəu'keɪʃən] n κλίση f • **-al**
adj επαγγελματικός

vodka ['vɔdkə] n βότκα f

vogue [vəug] n/f • n – της μόδας

voice [vɔɪs] n (also fig) φωνή f ♦ vt
εκφράζω • **mail** n φωνητικό
ταχυδρομείο nt

void [vɔɪd] n (also fig) κενό nt ♦ adj
(= invalid) άκυρος • **to be ~ of** sth
στερούμαι +gen

volatile ['vɔlətaɪl] adj (situation,
person) ασταθής • (liquid, substance)
πτητικός

volcano [vɔl'keɪnəu] (pl **~es**) n
ηφαίστειο nt

volleyball ['vɔlibɔ:l] n βόλλεϋ nt inv

voltage ['vəultɪdʒ] (ELEC) n τάση f

volume ['vɔlju:m] n όγκος m • (book)
τόμος m • (= sound level) ένταση f

voluntarily ['vɔləntrɪli] adv με τη
θέλησή του

voluntary ['vɔləntəri] adj εθελοντικός

volunteer [vɔlən'tɪə^r] n εθελοντής/
τρια m/f ♦ vt δίνω • (= offer) to
~ to do sth προσφέρομαι να κάνω
κτ

vomit ['vɔmɪt] n εμετός m ♦ vt, vi
κάνω εμετό

vote [vəut] n ψήφος f • (= votes cast)
ψήφοι fpl • (= right to vote) δικαίωμα
nt ψήφου ♦ vt **to be ~d chairman**
etc εκλέγομαι πρόεδρος κ.λπ. •
(propose) to ~ that προτείνω να ♦ vi
ψηφίζω • **to ~ to do sth** ψηφίζω
υπέρ +gen • **to ~ for** or **in favour of/
against** ψηφίζω υπέρ/κατά +gen • **to ~
Labour** etc ψηφίζω Εργατικούς
κ.λπ. • **-r** n ψηφοφόρος m/f • **voting**
n ψηφοφορία f

voucher ['vautʃə^r] n κουπόνι nt • **gift**
~ κουπόνι δώρου

vow [vau] n όρκος m ♦ vt **to ~ to do/
that** ορκίζομαι να κάνω/ότι

voyage ['vɔɪdʒ] n ταξίδι n

vulgar ['vʌlgə^r] adj (= rude) χυδαίος •
(= ostentatious) κακόγουστος

vulnerable ['vʌlnərəbl] adj τρωτός

vulture ['vʌltʃə^r] n (ZOOL) γύπας m •
(fig: pej) αρπακτικό nt

W w

W, w ['dʌblju:] n το εικοστό τρίτο
γράμμα του αγγλικού αλφαβήτου

waddle ['wɔdl] vi (duck) πάω
κουνιστός

wade [weɪd] vi **to ~ across** διασχίζω
με κόπο

wafer ['weɪfə^r] n γκοφρέτα f

waffle ['wɔfl] n (CULIN) βάφλα f ♦ vi
τσαμπουνάω

wag [wæg] vt κουνάω • vi (tail)
κουνιέμαι

wage [weɪdʒ] n (also **~s**) μισθός m

wail [weɪl] n ουρλιαχτό nt ♦ vi
ουρλιάζω

waist [weɪst] n μέση f • **-coat** (BRIT)
n γιλέκο nt

wait [weɪt] n αναμονή f ♦ vi
περιμένω • **I can't ~ to** ... (fig) δε
βλέπω την ώρα να ... • **to ~ for** sb/

sth περιμένω κν/κτ · ~ **a minute!** μια στιγμή! · ~ **on** vi fus σερβίρω · ~ **up** vi **don't ~ up for me** μην μείνετε ξύπνιοι για μένα · ~**er** n σερβιτόρος m · ~**er!** γκαρσόν! · ~**ing list** n λίστα f αναμονής · ~**ing room** n αίθουσα f αναμονής · ~**ress** n σερβιτόρα f

waive [weɪv] vt αντιπαρέρχομαι

wake [weɪk] (pt **woke**, ~**d**, pp **woken**, ~**d**) vt (also ~ **up**) ξυπνάω ♦ vi (also ~ **up**) ξυπνάω ♦ n (NAUT) απόνερα ntpl · (of dead person) ξενύχτι nt

Wales [weɪlz] n Ουαλία f · **the Prince of** ~ ο πρίγκηπας της Ουαλίας

walk [wɔ:k] n (hike) πεζοπορία f · (shorter) περίπατος m · (= gait) περπάτημα nt · (in park etc) διαδρομή f ♦ vi περπατάω · (for distance) περπατάω · (dog) βγάζω περίπατο · **it's 10 minutes' ~ from here** από εδώ είναι 10 λεπτά με τα πόδια · **to go for a** ~ πάω μια βόλτα or έναν περίπατο · ~ **out** vi (audience) φεύγω · (workers) απεργώ · ~**er** n πεζοπόρος mf · ~**ing** n πεζοπορία f · **it's within** ~**ing distance** μπορείς να πας με τα πόδια · ~**ing stick** n μπαστούνι nt

Walkman® n γιούκμαν nt inv · ~**way** n πέρασμα nt για πεζούς

wall [wɔ:l] n τοίχος m · (of tunnel, cave) τοίχωμα nt · (city wall etc) τείχος nt

wallet [ˈwɒlɪt] n πορτοφόλι nt

wallpaper [ˈwɔ:lpeɪpəʳ] n ταπετσαρία f ♦ vt βάζω ταπετσαρία σε

walnut [ˈwɔ:lnʌt] n (nut) καρύδι nt · (tree, wood) καρυδιά f

waltz [wɔ:lts] n βαλς nt inv ♦ vi χορεύω βαλς

wand [wɒnd] n (also **magic** ~) ραβδί nt

wander [ˈwɒndəʳ] vi (person) περιπλανιέμαι · (mind, thoughts) γυρίζω

want [wɒnt] vt (= wish for) θέλω · (= need, require) χρειάζομαι να ♦ n (= lack) **for** ~ **of** ελλείψει +gen · **to do sth** θέλω να κάνω κτ · **to ~ sb to do sth** θέλω (κς) να κάνει κτ

▶ **wants** npl (needs) ανάγκες fpl · ~**ed** adj (criminal etc) καταζητούμενος · **"cook** ~**ed"** "ζητείται μάγειρας"

war [wɔ:ʳ] n πόλεμος m · **to go to** ~ πάω στον πόλεμο · **to be at** ~ **(with)** είμαι σε εμπόλεμη κατάσταση (με)

ward [wɔ:d] n (in hospital) θάλαμος m · (POL) περιφέρεια f · ~ **off** vt (attack, enemy) αποκρούω

warden [ˈwɔ:dn] n (of park, game reserve) φύλακας mf · (of jail) διευθυντής/τρια mf

wardrobe [ˈwɔ:drəub] n (for clothes) ντουλάπα f · (collection of clothes) γκαρνταρόμπα f

warehouse [ˈwɛəhaus] n αποθήκη f (εμποργεύσεων)

warfare [ˈwɔ:fɛəʳ] n πόλεμος m

warhead [ˈwɔ:hed] n κεφαλή f (βλήματος)

warm [wɔ:m] adj ζεστός · (applause, welcome) θερμός · **it's** ~ κάνει ζέστη · **I'm** ~ ζεσταίνομαι · ~ **up** vi (weather) ζεσταίνω · (room, water) ζεσταίνομαι · (athlete) κάνω προθέρμανση ♦ vt (food, person) ζεσταίνω · ~**ly** adv εγκάρδια · (dress) ζεστά · ~**th** n ζεστασιά f

warn [wɔ:n] vt **to ~ sb that** προειδοποιώ κν ότι · **to ~ sb of/ against sth** προειδοποιώ κν για κτ · ~**ing** n προειδοποίηση f

warrant [ˈwɔrənt] n (JUR) ένταλμα nt (συλλήψεως) · (also **search** ~) ένταλμα nt (έρευνας) ♦ vt (= justify) δικαιολογώ · ~**y** n εγγύηση f · **to be under** ~**y** (COMM) καλύπτομαι από εγγύηση

warrior [ˈwɔrɪəʳ] n πολεμιστής m

warship [ˈwɔ:ʃɪp] n πολεμικό πλοίο m

wartime ['wɔːtaɪm] n **in ~** σε καιρό πολέμου

wary ['wɛərɪ] adj επιφυλακτικός

was [wɒz] pt of **be**

wash [wɒʃ] vt πλένω ◆ vt πλένω ▸ (hair) λούζω ◆ vi (person) πλένομαι ◆ (clothes etc) μπουγάδα f ◆ vi (person) πλένομαι ◆ (clothes etc) μπουγάδα f ◆ (clothes etc) μπουγάδα f απόνερα ntpl ▸ **to ~ one's face** πλένω το πρόσωπό μου ▸ **to have a ~** πλένομαι ▸ **~ off** vi ξεπλένομαι ◆ vt ξεπλένω ▸ **~ out** vt (stain) ξεβγάζω ▸ **~ up** vi (BRIT) πλένω τα πιάτα ▸ (US) πλένομαι ▸ **~basin** n νιπτήρας m ▸ **~ing** n (dirty) άπλυτα ntpl ▸ (clean) μπουγάδα f ▸ **~ing machine** n πλυντήριο nt ▸ **~ing powder** n (BRIT) απορρυπαντικό nt σε σκόνη ▸ **~ing-up** n to do the **~ing-up** πλένω τα πιάτα ▸ **~ing-up liquid** n (BRIT) n υγρό nt για τα πιάτα

wasn't ['wɒznt] = **was not**

wasp [wɒsp] n σφήκα f

waste [weɪst] n (of life, money) απώλεια f ▸ (of time) χάσιμο nt ▸ (rubbish) απόβλητα ntpl ◆ adj (paper etc) για πέταμα ◆ vt (time, life) χάνω ▸ (money, energy) σπαταλάω ▸ **it's a ~ of money** είναι πεταμένα λεφτά ▸ **wastes** npl χερσότοπος m ▸ **~ away** vi πέφτω και κόκαλο

watch [wɒtʃ] n (also **wrist-**) ρολόι nt (χειρός) ▸ (= surveillance) παρακολούθηση f ▸ (MIL) φρουρά f ▸ (NAUT) σκοπιά f ◆ vt (= look at) κοιτάζω ▸ (match, programme) παρακολουθώ ▸ (= spy on, guard) παρακολουθώ ▸ (= be careful of) προσέχω ◆ vi (= look) παρακολουθώ ▸ **~ out!** vi κοίτα! πρόσεχε! ▸ **~dog** n (dog) μαντρόσκυλο nt ▸ (fig: person) θεματοφύλακας m ▸ (: committee) όργανο nt επαγρύπνησης

water ['wɔːtə] n νερό nt ◆ vt ποτίζω ◆ vi (eyes) τρέχω ▸ **my mouth is ~ing** μου τρέχουν τα σάλια ▸

~ down vt αραιώνω ▸ (fig: story) μετριάζω ▸ **~colour** (US **~color**) n (picture) υδατογραφία f ▸ **~cress** n νεροκάρδαμο nt ▸ **~fall** n καταρράκτης m ▸ **~melon** n καρπούζι nt ▸ **~proof** adj αδιάβροχος ▸ **~~skiing** n θαλάσσιο σκι nt

watt [wɒt] n βατ nt inv

wave [weɪv] n κύμα nt ▸ (of hand) κούνημα nt ◆ vi χαιρετώ ▸ (branches, grass) ντ κουνάω ▸ (gun, stick) κραδαίνω ▸ **to ~ goodbye to sb** γνέφω με το χέρι αντίο ▸ **short/medium/long ~** (RADIO) βραχέα/μεσαία/μακρά (κύματα) ▸ **~length** n μήκος nt κύματος ▸ **on the same ~length** (fig) στο ίδιο μήκος κύματος

wavy ['weɪvɪ] adj (line) κυματιστός ▸ (hair) σπαστός

wax [wæks] n κερί nt ▸ (for sealing) βουλοκέρι nt ▸ (in ear) κυψελίδα f ▸ (of floor) παρκετέρω ◆ vt (car) γυαλίζω με κερί ▸ (ski) κερώνω

way [weɪ] n (= route) δρόμος m ▸ (= path, access) πέρασμα nt ▸ (= distance) απόσταση f ▸ (= direction) δρόμος m ▸ (= manner, method) τρόπος m ▸ (= habit) συνήθεια f ▸ **which ~?** **- this -** από πού; **- this -** από δω▸ **on the ~** πηγαίνοντας ▸ **to keep out of sb's ~** αποφεύγω κv ▸ **to go out of one's ~ to do sth** κάνω ιδιαίτερη προσπάθεια or τα πάντα για να κάνω κτ ▸ **to be in the ~** είμαι στη μέση ▸ **to lose one's ~** χάνω το δρόμο μου ▸ **under ~** (project etc) σε εξέλιξη ▸ **to get one's own ~** κάνω το δικό μου ▸ **no ~!** (inf) με τίποτα! ▸ **by the ~ ...** αλήθεια... ▸ **"give ~"** (BRIT: AUT) "δώστε προτεραιότητα" ▸ **~ of life** τρόπος ζωής

WC (BRIT) n abbr = **water closet**

we [wiː] pl pron (non emph: usually not translated; emph) εμείς ▸ **here ~ are**

weak [wi:k] *adj* αδύναμος • (*excuse, argument*) ανίσχυρος • (*tea, coffee*) ελαφρύς • (*light, sound etc*) αδύνατος • **~en** *vi* εξασθενώ • (*resolve*) χάνω ♦ *vt* εξασθενίζω • (*government, institution*) αποδυναμώνω • **~ness** *n* (= *frailty*) αδυναμία *f* • (*of system, method*) αδύνατο σημείο *nt* • **to have a ~ness for** έχω αδυναμία σε

wealth [welθ] *n* πλούτος *m* • **~y** *adj* εύπορος • (*country*) πλούσιος

weapon [ˈwɛpən] *n* όπλο *nt*

wear [weəʳ] (*pt* **wore**, *pp* **worn**) *n* (*use*) χρήση *f* • (= *damage through use*) φθορά *f* ♦ *vt* φοράω • (*beard etc*) έχω ♦ *vi* (= *last*) έχω αντοχή • (*carpet, shoes*) παλιώνω • **~ down** *vt* (*person, strength*) καταβάλλω • **~ off** *vi* (*pain etc*) περνάω • **~ out** *vt* (*shoes, clothing*) χαλάω • (*person, strength*) εξαντλώ

weary [ˈwɪərɪ] *adj* (= *tired*) εξουθενωμένος • (= *dispirited*) πληκτικός ♦ *vi* **to ~ of sb/sth** βαριέμαι κν/κτ

weasel [ˈwiːzl] *n* νυφίτσα *f*

weather [ˈwɛðəʳ] *n* καιρός *m* ♦ *vt* (*storm, crisis*) ξεπερνάω • **what's the ~ like?** πώς είναι ο καιρός • **under the ~** αδιάθετος

weave [wi:v] (*pt* **wove**, *pp* **woven**) *vt* (*cloth*) υφαίνω • (*basket*) πλέκω

web [web] *n* (*of spider*) ιστός *m* • (*on duck's foot*) νηκτική μεμβράνη *f* • (*fig*) πλέγμα *nt* • **the (World Wide) W~** ο (Παγκόσμιος) Ιστός *m* • **~ page** *n* (*COMPUT*) ιστοσελίδα *f* • **~site** *n* (δια)δικτυακή τοποθεσία *f*

wed [wed] (*pt*, *pp* **~ded**) *vt* παντρεύομαι *m* ♦ *vi* παντρεύομαι • **the newly~s** οι νεόνυμφοι *mpl*

we'd [wi:d] = **we had • we would**

wedding [ˈwɛdɪŋ] *n* γάμος *m* • **silver/ golden ~** αργυροί/χρυσοί γάμοι • **~ day** *n* ημέρα *f* του γάμου •

~ **dress** *n* νυφικό *nt* • ~ **ring** *n* βέρα *f*

wedge [wedʒ] *n* (*of wood*) σφήνα *f* • (*of cake*) κομμάτι *nt* ♦ *vt* σφηνώνω

Wednesday [ˈwɛnzdɪ] *n* Τετάρτη *f* • *see also* **Tuesday**

wee [wi:] (*SCOTTISH*) *adj* μικρός • (*usually translated by diminutive form*)

weed [wi:d] *n* ζιζάνιο *nt* • (*pej: person*) τσίρος *m* ♦ *vt* ξεχορταριάζω

week [wi:k] *n* εβδομάδα *f* • **a ~ today/ on Friday** μια (ε)βδομάδα από σήμερα/την Παρασκευή • ~ **day** *n* καθημερινή *f* • (*COMM*) εργάσιμη *f* • **on ~days** τις καθημερινές • **~end** *n* σαββατοκύριακο *nt* • **this/next/last ~end** αυτό το/το επόμενο/το προηγούμενο σαββατοκύριακο • **~ly** *adv* κάθε εβδομάδα ♦ *adj* εβδομαδιαίος ♦ *n* (*magazine*) εβδομαδιαίο περιοδικό *nt*

weep [wi:p] (*pt*, *pp* **wept**) *vi* (*person*) κλαίω • (*wound*) τρέχω

weigh [weɪ] *vt* ζυγίζω • (*fig*) σταθμίζω ♦ *vi* ζυγίζω • **~ down** *vt* βαραίνω • **~ up** *vt* ζυγιάζω

weight [weɪt] *n* (*metal object*) βαρίδι *nt* • (= *heaviness*) φορτίο *nt* • **to lose/ put on ~** χάνω/παίρνω βάρος • **~lifter** *n* αραιβαρίστας/α *m/f*

weir [wɪəʳ] *n* (*in river*) φράγμα *nt*

weird [wɪəd] *adj* αλλόκοτος • (*person*) περίεργος

welcome [ˈwɛlkəm] *adj* (*visitor, suggestion*) ευπρόσδεκτος • (*news, change*) ευχάριστος • *n* υποδοχή *f* ♦ *vt* (= *bid welcome to*) καλωσορίζω • (= *be glad of*) δέχομαι με ικανοποίηση • **thank you – you're ~!** ευχαριστώ – παρακαλώ!

weld [weld] *n* οξυγονοκόλληση *f* ♦ *vt* οξυγονοκολλώ

welfare [ˈwɛlfɛəʳ] *n* (*wellbeing*) ευημερία *f* • (*US: social aid*) κοινωνική πρόνοια *f* • ~ **state** *n* κράτος *nt* πρόνοιας

we'll [wi:l] = **we will • we shall**

well [wel] n (for water) πηγάδι nt · (oil well) πετρελαιοπηγή ♦ adv καλά · (for emphasis with adv, adj or phrase) πολύ ♦ adj to be ~ (person) είμαι καλά ♦ excl μμ! · **I don't feel ~** δεν αισθάνομαι καλά · **as ~** επίσης · **as ~ as** όπως και · **~ done!** μπράβο! · **get ~ soon!** περαστικά! · **to do ~** (person) πηγαίνω μπροστά · (business) πηγαίνω καλά · **~ up** vi αναβλύζω · **~-behaved** adj (child) που έχει καλούς τρόπους · (dog) φρόνιμος · **~-dressed** adj καλοντυμένος · **~-known** adj γνωστός · **~-off** adj ευκατάστατος

Welsh [welʃ] adj ουαλικός ♦ n (LING) ουαλικά ntpl
▶ **the Welsh** npl οι Ουαλοί mpl · **~man** (irreg) n Ουαλός m · **~woman** (irreg) n Ουαλίδα f

went [went] pt of **go**

wept [wept] pt, pp of **weep**

we're [wɪəʳ] = **we are**

were [wɜːʳ] pt of **be**

weren't [wɜːnt] = **were not**

west [west] n (= direction) δύση f · (of country, town) δυτικά ntpl ♦ adj δυτικός ♦ adv δυτικά · **the ~ of Ireland** η δυτική Ιρλανδία · **to the ~** δυτικά · **the W~** (also POL) η Δύση · **~ern** adj (also POL) δυτικός ♦ n (CINE) γουέστερν nt inv · **West Indies** npl the W~ Indies οι Δυτικές Ινδίες

wet [wet] adj (= damp) νωπός · (= soaked) υγρός · (= rainy) βροχερός · **to get ~** βρέχομαι · **~ suit** n στολή f για καταδύσεις

we've [wiːv] = **we have**

whack [wæk] vt χτυπάω

whale [weɪl] n φάλαινα f

wharf [wɔːf] (pl **wharves**) n αποβάθρα f

KEYWORD

what [wɔt] adj (a) (in direct/indirect questions) τι

(b) (in exclamations) τι · **what a mess!** τι μπέρδεμα κι αυτό! · **what a fool I am!** τι βλάκας που είμαι!
♦ pron (a) (interrogative) τι · **what are you talking about?** για τι είναι αυτά που λες; · **what is it called?** πώς το λένε; · **what about me?** κι εγώ; · **what about...?** τι θα λέγατε να...;

(b) (relative) τι · **is that what happened?** αυτό έγινε; · **what you say is wrong** αυτά που λες είναι λάθος

♦ excl (disbelieving) τι!

whatever [wɔtevəʳ] adj · **~ book** όποιο or οποιοδήποτε βιβλίο ♦ pron **do ~ is necessary/you want** κάντε ό, τι είναι απαραίτητο/ θέλετε · **~ happens** ό, τι κι αν συμβεί · **nothing ~** or **whatsoever** απολύτως τίποτα

wheat [wiːt] n σιτάρι nt

wheel [wiːl] n (of vehicle etc) ρόδα f · (also steering ~) τιμόνι nt ♦ vt (pram etc) τσουλάω ♦ vi (also **~ round**: person) γυρνάω απότομα · **~chair** n αναπηρική πολυθρόνα f

KEYWORD

when [wen] adv πότε
♦ conj (a) (= at, during) όταν · **that was when I needed you** τότε σε χρειαζόμουν
(b) (= on, at which) που
(c) (= whereas) ενώ

whenever [wenevəʳ] adv οπότε
♦ conj (= any time that) όποτε ·
(= every time that) κάθε φορά που

where [wɛəʳ] adv (place, direction) πού ♦ conj πού · **this is ~ I live/it happened** εδώ μένω/έγινε · **~ are you from?** από πού είστε;
~abouts adv πού κοντά or περίπου ♦ n **nobody knows his ~abouts** κανείς δεν ξέρει πού βρίσκεται ·
~as conj ενώ · **~by** (fml) adv μέσω

του οποίου · **~ver** conj (= no matter where) όπου · (= not knowing where) όπου κι αν ♦ adv (interrogative) πού τελοσπάντων · **sit ~ver you like** καθήστε όπου σας αρέσει

whether [ˈwɛðəʳ] conj αν · **I don't know ~ to accept or not** δεν ξέρω αν θα πρέπει να δεχτώ ή όχι

KEYWORD

which [wɪtʃ] adj (a) (interrogative: direct, indirect) ποιος; ποιος; · **which one?** ποιος;
(b) **in which case** οπότε · **by which time** οπότε
♦ pron (a) (interrogative) ποιος; · **I don't mind which** όποιο να 'ναι
(b) (relative) που · **the apple which you ate** το μήλο που or το οποίο έφαγες · **the apple which is on the table** το μήλο που or το οποίο είναι πάνω στο τραπέζι · **the meeting (which) we attended** η συνεδρίαση που or στην οποία πήγαμε · **the chair on which you are sitting** η καρέκλα στην οποία or που κάθεσαι · **the book of which you spoke** το βιβλίο για το οποίο έλεγες · **he said he knew, which is true** είπε πως το ήξερε, πράγμα που είναι αλήθεια · **after which** οπότε

whichever [wɪtʃˈɛvəʳ] adj take ~ **book you prefer** πάρτε όποιο βιβλίο προτιμάτε · **book you take** όποιο βιβλίο κι αν πάρετε

while [waɪl] n (period of time: long) καιρός m · (short) ώρα f ♦ conj (= at the same moment as) τη στιγμή που · (= during the time that) όσο · (= although) αν και · **for a ~** για λίγο · **in a ~** σε λίγο · **~ away** vt (time) περνάω

whilst [waɪlst] conj = while

whim [wɪm] n καπρίτσιο nt

whine [waɪn] n (of siren) ουρλιαχτό nt · (of engine) τρίξιμο nt ♦ vi

(person) βογγάω · (animal, siren) ουρλιάζω · (engine) στριγγλίζω · (fig: = complain) παραπονιέμαι

whip [wɪp] n (= lash) μαστίγιο nt · (riding whip) καμουτσίκι nt ♦ vt (person, animal) μαστιγώνω · (cream, eggs) χτυπάω

whirl [wɜːl] vt (also = round) στριφογυρίζω ♦ vi στροβιλίζομαι ♦ n στρόβιλος m

whisk [wɪsk] n (CULIN) χτυπητήρι nt ♦ vt χτυπάω · **to ~ sb away or off** μεταφέρω or στέλνω κν άρον-άρον

whiskers [ˈwɪskəz] npl (of animal) μουστάκια npl · (of man) μουστάκι nt

whisky [ˈwɪskɪ] (US, IRISH **whiskey**) n ουίσκι nt inv

whisper [ˈwɪspəʳ] n (low voice) ψίθυρος m ♦ vi ψιθυρίζω ♦ vt μουρμουρίζω

whistle [ˈwɪsl] n (sound) σφύριγμα nt · (object) σφυρίχτρα f ♦ vi σφυρίζω ♦ vt **to ~ a tune** σφυρίζω ένα σκοπό

white [waɪt] adj λευκός · (with fear) κάτασπρος ♦ n (colour) λευκό nt · (person) λευκός/ή m/f · (of egg) ασπράδι nt · **to go ~** (person, hair) ασπρίζω · **~wash** n (paint) ασβέστης m · (inf: SPORT) συντριβή f ♦ vt (building) ασπρίζω

whiting [ˈwaɪtɪŋ] n inv (fish) μέρλαγγος m (είδος μπακαλιάρου)

whittle [ˈwɪtl] vt **to ~ away or down** (costs) περικόπτω

whizz [wɪz] vi **to ~ past or by** περνάω σαν σίφουνας

KEYWORD

who [huː] pron (a) (interrogative) ποιος
(b) (relative) που · **those who can swim** αυτοί που or όσοι ξέρουν κολύμπι

whoever [huːˈɛvəʳ] pron ~ **finds it** όποιος το βρει · **ask ~ you like** ρωτήστε όποιον θέλετε · **~ he**

marries όποια κι αν *or* οποιαδήποτε παντρευτεί · **~ told you that?** ποιος σας το είπε αυτό;

whole [həʊl] *adj* (= *entire*) όλος · (= *not broken*) ακέραιος ♦ *n* σύνολο *nt* · **the ~ of** όλος · **villages were destroyed** ολόκληρα χωριά καταστράφηκαν · **the ~ of the town** όλη η πόλη · **on the ~** γενικά · **~food(s)** *n(pl)* υγιεινές τροφές *f* · **~heartedly** *adv* ολόψυχα · **~meal** (*BRIT*) *adj* (*bread*) ολικής αλέσεως · (*flour*) σκληρός · **~sale** *n* χονδρική (πώληση) *f* ♦ *adj* (*price*) χονδρικός · (*destruction etc*) ομαδικός ♦ *adv* χονδρικώς

wholly [ˈhəʊlɪ] *adv* πλήρως

KEYWORD

whom [huːm] *pron* (a) (*interrogative*) ποιον
(b) (*relative*) που · **the man whom I saw** αυτός που είδα/με το οποίο μίλησα · **the man to whom I spoke** αυτός με τον οποίο μίλησα · **the lady with whom I was talking** η κυρία με την οποία μιλούσα

---

whore [hɔːʳ] (*inf, pej*) *n* πόρνη *f*

KEYWORD

whose [huːz] *adj* (a) (*interrogative*) τίνος
(b) (*relative*) του οποίου · **the man whose son you rescued** ο άνθρωπος που του έσωσες το γιο · **the girl whose sister you were speaking to** η κοπέλα, με την αδερφή της οποίας μιλούσες · **the woman whose car was stolen** η γυναίκα που της έκλεψαν το αυτοκίνητο
♦ *pron* τίνος

KEYWORD

why [waɪ] *adv* γιατί · **I'm not coming – why not?** δεν έρχομαι – γιατί (όχι); · **fancy a drink? – why not?**

είσαι για ένα ποτό; – γιατί όχι; · **why not do it now?** γιατί να μην *or* δεν το κάνουμε τώρα;
♦ *conj* γιατί · **that's not why I'm here** δεν είμαι εδώ για αυτό · **that's not the reason why I'm here** δεν είναι αυτός ο λόγος που είμαι εδώ
♦ *excl* (*expressing surprise, annoyance*) μπα · (*explaining*) μα · **I don't understand – why, it's obvious!** δεν καταλαβαίνω – μα είναι φανερό!

wicked [ˈwɪkɪd] *adj* απαίσιος · (*inf: prices, weather*) φοβερός

wicket [ˈwɪkɪt] (*CRICKET*) *n* (= *stumps*) φράχτης *m*

wide [waɪd] *adj* (*bed*) φαρδύς · (*field, grin*) πλατύς · (*area, choice*) μεγάλος · (*publicity, knowledge*) ευρύς ♦ *adv* **to open** (*window etc*) ανοίγω διάπλατα · **it is 3 metres ~** είναι 3 μέτρα (στο) πλάτος · **~ly** *adv* (*differ, vary*) πολύ · (*spaced*) αραιά · (*believed, known*) ευρέως · **~n** *vt* (*road*) διαπλατύνω · (*river*) πλαταίνω · (*one's experience*) διευρύνω · *vi* πλαταίνω · **~spread** *adj* (*belief etc*) ευρέως διαδεδομένος

widow [ˈwɪdəʊ] *n* χήρα *f* · **~er** *n* χήρος *m*

width [wɪdθ] *n* πλάτος *nt*

wield [wiːld] *vt* (*sword*) χειρίζομαι · (*power*) ασκώ

wife [waɪf] (*pl* **wives**) *n* γυναίκα *f*

wig [wɪg] *n* περούκα *f*

wild [waɪld] *adj* (*animal, plant*) άγριος · (*weather*) άσχημος · (*person, behaviour*) τρελός *or* που παραληρεί από ενθουσιασμό · (*idea*) παράτολμος ♦ *n* **the ~** η φύση *f* · **the wilds** *npl* η ερημιά *f*

wilderness [ˈwɪldənɪs] *n* ερημιά *f*

wildlife [ˈwaɪldlaɪf] *n* άγρια ζώα *ntpl* και φυτά *ntpl*

wildly [ˈwaɪldlɪ] *adv* (*behave*) έξαλλα · (*move, shake*) μανιασμένα

KEYWORD

will [wɪl] (pt, pp **willed**) n (= volition) θέληση f, διαθέση f ▸ **he did it against his will** το έκανε παρά τη θέλησή του
◆ aux vb (a) (forming future tense) θα
(b) (in conjectures, predictions) θα
(c) (in commands, requests) θα
(d) (insistence) **I won't put up with it!** δεν θα το ανεχτώ αυτό!
◆ vt **to will sb to do sth** εύχομαι (μέσα μου) κης να κάνει κτ ▸ **he willed himself to go on** πίεσε τον εαυτό του να συνεχίσει

willing [ˈwɪlɪŋ] adj πρόθυμος ▸ **he's ~ to do it** είναι πρόθυμος or έχει τη διάθεση να το κάνει ▸ **~ly** adv εκούσια

willow [ˈwɪləu] n ιτιά f

willpower [ˈwɪlˈpauəʳ] n δύναμη f της θέλησης

wilt [wɪlt] vi μαραίνομαι

win [wɪn] (pt, pp **won**) n νίκη f ◆ vt κερδίζω ▸ (prize, medal) παίρνω ◆ vi νικώ ▸ **~ over** vt κερδίζω με το μέρος μου ▸ **~ round** (BRIT) ◆ vt = **win over**

wince [wɪns] vi σκιρτώ

wind[1] [wɪnd] n (air) άνεμος m ▸ (MED) τυμπανισμός m ▸ (= breath) αναπνοή f ◆ vt κόβω την αναπνοή or ανάσα σε

wind[2] [waɪnd] (pt, pp **wound**) vt (thread, rope) τυλίγω ▸ (clock, toy) κουρδίζω ◆ vi (road, river) ξετυλίγομαι

windfall [ˈwɪndfɔːl] n (money) απρόσμενο κέρδος nt ▸ (apple) πεσμένος καρπός m

winding [ˈwaɪndɪŋ] adj (road) με στροφές ▸ (staircase) στριφογυριστός

windmill [ˈwɪndmɪl] n ανεμόμυλος m

window [ˈwɪndəu] n (also COMPUT) παράθυρο nt ▸ (in shop etc) βιτρίνα f ▸ (also ~ **pane**) τζάμι nt

windscreen [ˈwɪndskriːn] n παρμπρίζ nt inv

windshield [ˈwɪndʃiːld] (US) n = **windscreen**

windsurfing [ˈwɪndsəːfɪŋ] n γουιντ-σέρφινγκ nt inv

windy [ˈwɪndɪ] adj με πολύ άνεμο ▸ **it's ~** φυσάει

wine [waɪn] n κρασί nt ▸ **~ bar** n γουάιν μπαρ nt inv ▸ **~ list** n κατάλογος m κρασιών

wing [wɪŋ] n (of bird, insect) φτερούγα f ▸ (of building) πτέρυγα f ▸ (of car, plane) φτερό nt
▸ **the wings** npl (THEAT) τα παρασκήνια ntpl

wink [wɪŋk] n (of eye) κλείσιμο nt του ματιού ◆ vi (with eye) κλείνω το μάτι

winner [ˈwɪnəʳ] n νικητής/τρια m/f ▸ (of prize) κάτοχος mf

winning [ˈwɪnɪŋ] adj νικηφόρος ▸ (shot, goal) νικητήριος ▸ (smile) που σε κερδίζει

winter [ˈwɪntəʳ] n χειμώνας m ▸ **in ~** το χειμώνα ▸ **~ sports** npl χειμερινά σπορ nt inv ▸ **~time** n χειμώνας m

wipe [waɪp] vt (= dry, clean) σκουπίζω ▸ **to ~ one's nose** σκουπίζω τη μύτη μου ◆ n to give sth a ~ σκουπίζω κτ με ένα πανί ▸ **~ off** vt καθαρίζω ▸ **~ out** vt εξολοθρεύω ▸ **~ up** vt καθαρίζω

wire [waɪəʳ] n (metal etc) σύρμα nt ▸ (ELEC) καλώδιο nt ▸ (= telegram) τηλεγράφημα nt ◆ vt (US: person) τηλεγραφώ ▸ (also ~ **up**) συνδέω

wiring [ˈwaɪərɪŋ] n ηλεκτρολογική εγκατάσταση f

wisdom [ˈwɪzdəm] n (of person) σοφία f ▸ (of action, remark) ορθότητα f

wise [waɪz] adj (person) σοφός ▸ (action, remark) φρόνιμος

wish [wɪʃ] n (desire) επιθυμία f ▸ (specific) ευχή f ◆ vt (= want) εύχομαι ▸ **best ~es** θερμές ευχές ▸

with best **~es** (in letter) θερμούς χαιρετισμούς · **give her my best ~s** δώστε της τις καλύτερες ευχές μου · **to ~ sb goodbye** λέω αντίο σε κν · **to ~ to do sth** επιθυμώ or θέλω να κάνω κτ · **to ~ for** εύχομαι για

wistful ['wɪstful] adj μελαγχολικός

wit [wɪt] n (= wittiness) πνεύμα nt · (also **~s**: intelligence) μυαλό nt · (= presence of mind) μυαλό nt

witch [wɪtʃ] n μάγισσα f

with [wɪð, wɪθ] prep
(a) (= accompanying, in the company of) με · **I was with him** ήμουν μαζί του or μ'αυτόν · **we stayed with friends** μείναμε σε φίλους · **we'll take the children with us** θα πάρουμε μαζί μας τα παιδιά · **I'll be with you in a minute** θα είμαι στη διάθεσή σας σε ένα λεπτό · **I'm with you** (= I understand) σε παρακολουθώ
(b) (descriptive) με · **a room with a view** ένα δωμάτιο με θέα · **the man with the grey hat/blue eyes** ο άνθρωπος με το γκρίζο καπέλο/τα γαλανά μάτια
(c) (indicating manner, means) με
(d) (indicating cause) από

withdraw [wɪð'drɔː] (irreg) vt (object) τραβάω · (offer) αποσύρω · (remark) ανακαλώ ♦ vi (troops, person) αποσύρομαι · **to ~ money** κάνω μια ανάληψη · **~al** n (of remark) ανάκληση f · (of offer, troops) απόσυρση f · (of money) ανάληψη f · **~n** pp of **withdraw** ♦ adj (person) συνεσταλμένος

withdrew [wɪð'druː] pt of **withdraw**

wither ['wɪðə'] vi μαραίνομαι

withhold [wɪθ'həuld] (irreg) vt (money) κρατάω · (payment) παρακρατώ · (information) αποκρύπτω

within [wɪð'ɪn] prep (place, time) μέσα

σε · (distance) σε ♦ adv από μέσα · **reach** σε μικρή απόσταση · **it is ~ sight (of)** είναι ορατό (από κν) · **~ a mile of** μέσα σ'ένα μίλι από · **~ an hour of** μέσα σε μια ώρα από

without [wɪð'aut] prep χωρίς · **~ speaking** αμίλητος · **it goes ~ saying** είναι αυτονόητο ότι

withstand [wɪθ'stænd] (irreg) vt (winds, pressure) αντέχω σε · (attack) αντιστέκομαι

witness ['wɪtnɪs] n (person) μάρτυρας mf ♦ vt (event) είμαι παρών σε · (as αυτόπτης μάρτυρας)

witty ['wɪtɪ] adj πνευματώδης

wives [waivz] npl of **wife**

wizard ['wɪzəd] n μάγος m

wobble ['wɔbl] vi (legs, jelly) τρέμω · (chair) κουνιέμαι

woe [wəu] n (= sorrow) οδύνη f · (= misfortune) συμφορά f

woke [wəuk] pt of **wake** · **~n** pp of **wake**

wolf [wulf] (pl **wolves**) n λύκος m

woman ['wumən] (pl **women**) n γυναίκα f · **young ~** νέα (γυναίκα)

womb [wuːm] n μήτρα f

women ['wɪmɪn] npl of **woman**

won [wʌn] pt, pp of **win**

wonder ['wʌndə'] n (miracle) θαύμα nt · (= awe) απορία f ♦ vi **to ~ whether/why** etc αναρωτιέμαι αν/ γιατί · **to ~ about** αναρωτιέμαι για · **I ~ if you could help me** μήπως θα μπορούσατε να με βοηθήσετε · **~ful** adj (= excellent) εκπληκτικός · (= miraculous) θαυμάσιος

won't [wəunt] = **will not**

wood [wud] n (= timber) ξύλο nt · (= forest) δάσος nt · cpd ξύλου · **~en** adj ξύλινος · (fig) αφύσικος · **~work** n (skill) ξυλουργική f

wool [wul] n μαλλί nt · **to pull the ~ over sb's eyes** (fig) ρίχνω στάχτη στα μάτια κου · **~len** (US **~en**) (hat μάλλινο · **~ly** (US **~y**) adj μάλλινος · (fig) ασαφής

word [wəːd] n λέξη f · (= promise)
λόγος m · (= news) είδηση f ♦ vt
(letter, message) διατυπώνω · **~ for
~** (= verbatim) επί λέξει · (in
translation) κατά λέξη · **in other ~s**
με άλλα λόγια · **to break/keep
one's ~** αθετώ/κρατώ το λόγο μου ·
to have a ~ with sb κουβεντιάζω
με κν · **~ing** n διατύπωση f ·
~ processing n επεξεργασία f
κειμένου · **~ processor** n
επεξεργαστής m κειμένου

wore [wɔːʳ] pt of **wear**

work [wəːk] n δουλειά f · (ART, LIT)
έργο nt ♦ vi (person) δουλεύω ·
(mechanism) δουλεύω · (medicine etc)
ενεργώ ♦ vt (wood, clay etc) δουλεύω ·
(mine, land etc) δουλεύω
σε · (machine) χειρίζομαι · **to go to
~** πάω για or στη δουλειά · **to be
out of ~** είμαι άνεργος · **to be in
~** vi δουλεύω · (plans etc)
πηγαίνω · (SPORT) γυμνάζομαι ♦ vt
(problem) λύνω · (plan) επινοώ ·
~ up vt **to get ~ed up** εξάπτομαι ·
~er n εργαζόμενος/η m/f · (manual)
εργάτης/τρια m/f · **office ~er**
υπάλληλος · **~force** n εργατικό
δυναμικό nt · **~ing-class** adj της
εργατικής τάξης · **~ing week** n
εργάσιμη εβδομάδα f · **~man** (irreg)
n μάστορας m · **~out** n προπόνηση
f · **~ permit** n άδεια f εργασίας · **~s**
(BRIT) n (= factory) εργοστάσιο nt ·
~shop n εργαστήρι m

world [wəːld] n κόσμος m ♦ cpd
παγκόσμιος · (tour) του κόσμου · **all
over the ~** σ'όλο τον κόσμο · **to
think the ~ of sb** εκτιμώ ιδιαίτερα
κν · (FOOTBALL) το Παγκόσμιο Κύπελλο ·
the W~ Cup n το Παγκόσμιο Κύπελλο ·
~-wide adj παγκόσμιος ♦ adv σε
όλο τον κόσμο · **World Wide
Web** n (Παγκόσμιος) Ιστός m

worm [wəːm] n (also **earth~**)
σκουλήκι nt

worn [wɔːn] pp of **wear** ♦ adj (carpet)

φθαρμένος · (shoe) φαγωμένος ·
~-out adj (object) φθαρμένος ·
(person) καταβεβλημένος

worried ['wʌrɪd] adj (= anxious)
ανήσυχος · **to be ~ about sth**
ανησυχώ για κτ

worry ['wʌrɪ] n (anxiety) ανησυχία f ·
(stronger) στενοχώρια f ♦ vt (person)
ανησυχώ ♦ vi (person) ανησυχώ ·
(stronger) στενοχωριέμαι · **~ing** adj
ανησυχητικός

worse [wəːs] adj χειρότερος ♦ adv
χειρότερα ♦ n το χειρότερο nt · **to
get ~** χειροτερεύω · **a change for
the ~** μια αλλαγή προς το
χειρότερο · **~n** vt χειροτερεύω ♦ vi
χειροτερεύω · **~ off** adj (also fig)
φτωχότερος

worship ['wəːʃɪp] n λατρεία f ♦ vt
λατρεύω

worst [wəːst] adj χειρότερος ♦ adv
χειρότερα ♦ n χειρότερο nt · **at ~**
στη χειρότερη περίπτωση

worth [wəːθ] n αξία f ♦ adj **to be
~** αξίζω · **how much is it ~?** πόσο
αξίζει · **it's ~ it** το αξίζει · **~less** adj
(person) ανάξιος · (thing) άχρηστος ·
~while adj που αξίζει τον κόπο

worthy [wəːðɪ] adj (person) άξιος ·
(motive) υψηλός · **to be ~ of sth**
αξίζω κτ

KEYWORD

would [wud] aux vb (a) (conditional
tense) **if you asked him he would
do it** αν του το ζητούσα θα το
έκανε · **if he had asked him he
would have done it** αν του το
είχες ζητήσει θα το είχε κάνει
(b) (in offers, invitations) **would you
like a biscuit?** θέλετε ένα
μπισκότο · **would you ask him to
come in?** του λέτε να έρθει μέσα; ·
**would you open the window
please?** ανοίγετε το παράθυρο,
σας παρακαλώ;
(c) (in indirect speech) **I said I would
do it** είπα πως θα το έκανα · **he**

asked me if I would go with him
με ρώτησε αν θα πήγαινα μαζί του
(d) *(emph)* **it WOULD have to
snow today!** σήμερα βρήκε να
χιονίσει! • **you WOULD say that,
wouldn't you!** ε βέβαια, εσύ τι θα
έλεγες!
(e) *(insistence)* **she wouldn't
behave** δεν εννοούσε να καθήσει
φρόνιμα
(f) *(conjecture)* **it would have been
midnight** πρέπει να ήταν
μεσάνυχτα • **it would seem so** έτσι
φαίνεται
(g) *(indicating habit)* **he would go
there on Mondays** πήγαινε κάθε
Δευτέρα • **he would spend every
day on the beach** πέρναγε όλες
τις ημέρες στην παραλία

wouldn't ['wudnt] = **would not**
wound[1] [waund] *pt, pp* of **wind**[2]
wound[2] [wu:nd] *n* τραύμα *nt* ♦ *vt*
τραυματίζω
wove [wəuv] *pt* of **weave** • **~n** *pp* of
weave
wrap [ræp] *n (shawl)* σάλι *nt •* *(cape)*
μπέρτα *f* ♦ *vt (= cover)* σκεπάζω •
(also **~ up)** τυλίγω
wreath [ri:θ] *(pl* **~s)** *n* στεφάνι *nt*
wreck [rɛk] *n (vehicle)* συντρίμμια
ntpl • *(ship)* ναυάγιο *nt •* *(pej: person)*
ερείπιο *nt* ♦ *vt (car etc)* διαλύω •
(chances) σβήνω• **~age** *n*
συντρίμμια *ntpl •* *(of building)* ερείπια
ntpl
wren [rɛn] *(ZOOL)* *n* τρυποφράχτης *m*
wrench [rɛntʃ] *n (TECH)* κλειδί *nt •*
(tug) απότομη στροφή *f •* *(fig)* πόνος
m του αποχωρισμού ♦ *vt (pull)*
τραβάω απότομα • **to ~ sth from sb**
αρπάζω τι από κν
wrestle ['rɛsl] *vi* **to ~ (with sb)**
παλεύω (με κν) • **to ~ with a
problem** καταπιάνομαι με ένα
πρόβλημα • **~r** *n* παλαιστής *m*
wrestling *n* πάλη *f •* *(also* **all-in ~)**
ελευθέρα πάλη *f*

wretched ['rɛtʃid] *adj* άθλιος • *(inf: =
damned)* παλιο-
wriggle ['rigl] *vi (also ~* **about:**
person) στριφογυρίζω ♦ *n*
στριφογύρισμα *nt*
wrinkle ['riŋkl] *n (on skin)* ρυτίδα *f •*
(on paper etc) ζάρα *f* ♦ *vt* ρυτιδώνω
♦ *vi* ζαρώνω
wrist [rist] *n* καρπός *m* (χεριού)
write [rait] *(pt* **wrote,** *pp* **written)** *vt*
γράφω • *(cheque, receipt)* κόβω ♦ *vi*
γράφω • **~ down** *vt (= note)*
σημειώνω • *(= put in writing)* γράφω •
~ off *vt (debt, plan)* ξεγράφω •
(= wreck) κάνω σμπαράλια • **~ up** *vt*
(cheque, receipt) κόβω • **~ out** *vt*
(cheque, receipt) κόβω • **~ up** *vt*
γράφω αναλυτικά • **~-off** *n*
σμπαράλια *ntpl •* **~r** *n (= author)*
συγγραφέας *mf •* *(of report, document
etc)* συντάκτης/τρια *m/f*

writing ['raitiŋ] *n (= words written,
handwriting)* γράμματα *ntpl •*
(= occupation) γράψιμο *nt •* **in ~**
γραπτώς
written ['ritn] *pp* of **write**
wrong [rɔŋ] *adj* λάθος • *(= unfair)*
άδικος ♦ *adv* λάθος *n (injustice)*
σφάλμα *nt •* *(evil)* λάθος *nt •* *vt*
αδικώ • **to be ~** κάνω λάθος • **you
are ~** το be ίτ είναι λάθος *or*
σφάλμα σας που το κάνετε • **it's ~
to steal, stealing is ~** είναι κακό
να κλέβεις • **to be in the ~** έχω
άδικο • **what's ~?** τι τρέχει; •
there's nothing ~ δεν τρέχει
τίποτα • **to go ~** *(person)* κάνω
λάθος, πάω στραβά • *(machine)* δεν
δουλεύω καλά • **~ly** *adv*
(= incorrectly) λανθασμένα •
(= unjustly) άδικα • *(= unsuitably)*
ακατάλληλα
wrote [rəut] *pt* of **write**

X x Y y Z z

X, x [εks] n το εικοστό τέταρτο γράμμα του αγγλικού αλφαβήτου

Xmas ['eksmǝs, 'krɪsmǝs] n abbr = **Christmas**

X-ray ['eksreɪ] n (ray) ακτίνα f X · (photo) ακτινογραφία f ◆ vt βγάζω ακτινογραφία σε

Y, y [waɪ] n το εικοστό πέμπτο γράμμα του αγγλικού αλφαβήτου

yacht [jɔt] n γιωτ nt inv · (with sails) ιστιοφόρο nt · (luxury motor yacht) θαλαμηγός f

yard [jɑːd] n (of house etc) αυλή f · (US: = garden) κήπος m · (measure) γυάρδα f (= 91, 44 εκ.)

yarn [jɑːn] n κλωστή f · (wool) νήμα nt · (tale) φανταστική ιστορία f

yawn [jɔːn] n χασμουρητό nt ◆ vi χασμουριέμαι

yd n abbr = **yard**

yeah [jeǝ] (inf) adv ναι

year [jɪǝʳ] n έτος nt (fml) · (SCOL) έτος nt · (referring to harvest, wine etc) χρονιά f · **every** ~ κάθε χρόνο · **this** ~ φέτος · **last** ~ πέρσι · **a** ~ per ~ το χρόνο · **to be 8 ~s old** είμαι 8 ετών or χρονών · **an eight-~-old boy** ένας οκτάχρονος · **~ly** adj ετήσιος ◆ adv ετησίως (fml) · **twice ~ly** δύο φορές το χρόνο

yearn [jǝːn] vi **to ~ for sth** λαχταρώ κτ · **to ~ to do sth** λαχταρώ να κάνω κτ

yeast [jiːst] n μαγιά f

yell [jel] n κραυγή f ◆ vi ουρλιάζω

yellow ['jelǝʊ] adj κίτρινος ◆ n κίτρινο nt · **Yellow Pages**® npl ≈ Χρυσός Οδηγός

Yemen ['jemǝn] n Υεμένη f

yes [jes] adv (gen) ναι ◆ n ναι nt inv · **to say/answer** ~ λέω ναι

yesterday ['jestǝdɪ] adv χθες ◆ n

χθες nt inv · ~ **morning/evening** χθες το πρωί/βράδυ · **the day before** ~ προχθές · **all day** ~ όλη την ημέρα χθες

yet [jet] adv ακόμα ◆ conj και να · **it is not finished** ~ δεν έχει τελειώσει ακόμα · **the best** ~ το καλύτερο μέχρι τώρα · **as** ~ ως τώρα · ~ **again** και πάλι

yew [juː] n ήμερο έλατο nt

Yiddish ['jɪdɪʃ] n Γίντις ntpl (γερμανοεβραϊκά)

yield [jiːld] n (AGR) σοδιά f · (COMM) απόδοση f ◆ vt (= surrender: control) παραχωρώ · (responsibility) εκχωρώ · (= produce: results) αποφέρω · (profit) αποδίδω ◆ vi (= surrender) υποκύπτω · (US: AUT) δίνω προτεραιότητα · **a** ~ **of 5%** μια απόδοση 5%

yoga ['jǝʊɡǝ] n γιόγκα f inv

yog(h)ourt ['jɒɡǝt] n γιαούρτι nt

yog(h)urt ['jɒɡǝt] n = yog(h)ourt

yolk [jǝʊk] n (of egg) κρόκος m

KEYWORD

you [juː] pron (a) (subject usually not translated: singular) εσύ · (plural, polite form) εσείς · **you are very kind** είσαι/είστε πολύ καλός · **you and I will go** εσύ κι εγώ θα πάμε (b) (singular: direct object) σε · (singular: indirect object) σου · (plural, polite form: direct) σας (c) (stressed) (object) εσένα · (plural, polite form) εσάς · **I told YOU to do it** σε σένα/εσάς είπα να το κάνεις/κάνετε (d) (after prep, in comparisons) (ε)σένα · (plural, polite form) εσάς (e) (impersonal: = one) **you never know** ποτέ δεν ξέρεις · **you can't do that!** δεν γίνεται αυτό το πράγμα!

---

you'd [juːd] = **you had, you would**

you'll [juːl] = **you will, you shall**

young [jʌŋ] adj (person, plant) νέος ·

(*animal, child*) μικρός · (*people*) νέοι *mpl* · a ~ man ένας νέος · a ~ lady μια νέα

▸ the young *npl* (*of animal*) τα νεογνά *ntpl* · ~ster *n* νεαρός/ή *m/f* · (*of bird*) νεοσσός *m*

your [jɔːʳ] *adj* δικός *m* σου (δική *f* σου) (δικό *nt* σου·) *see also* **my**

you're [juaʳ] = **you are**

yours [jɔːz] *pron* δικός/ή/ό σου · (*plural, polite form*) δικός/ή/ό σας · a friend of ~ ένας φίλος σου · is it ~? είναι δικό σας; · Y~ sincerely/ faithfully μετά τιμής· *see also* **mine**¹

yourself [jɔːˈself] *pron* (*reflexive: often not translated*) εαυτός σου · (: *polite form*) εαυτός σας · (*complement*) εαυτός σου · (: *polite form*) (ε)σένα · (: *polite form*) (ε)σάς · (*emph*) μόνος/η/ ο σου · (*polite form*) μόνος σας

yourselves [jɔːˈselvz] *pl pron* (*reflexive: often not translated*) εαυτός σας · (*complement*) εαυτός σους · (*after prep*) εσάς · (*emph*) μόνοι/ες/α σας

youth [juːθ] *n* (= *young days*) νεότητα *f* · (= *young man*) νέος *m* · in my ~ στα νιάτα μου · ~ club *n* λέσχη *f* νεότητας · ~-ful *adj* (*person*) νέος · (*looks, air*) νεανικός · ~ hostel *n* ξενώνας *m* νεότητας

you've [juːv] = **you have**

Yugoslavia [ˈjuːgəuˈslɑːvɪə] *n* (*HIST*) Γιουγκοσλαβία *f*

Z, z [zed] *US* [ziː] *n* το τελευταίο γράμμα του αγγλικού αλφαβήτου

Zambia [ˈzæmbɪə] *n* Ζάμπια *f*

zeal [ziːl] *n* ζήλος *m* · (*religious*) φανατισμός *m*

zebra [ˈziːbrə] *n* ζέβρα *f* · ~ crossing (*BRIT*) *n* διάβαση *f* πεζών

zero [ˈzɪərəu] *n* μηδέν *nt*

zest [zest] *n* όρεξη *f* · (*CULIN*) φλούδα *f*

Zimbabwe [zɪmˈbɑːbwɪ] *n* Ζιμπάμπουε *f inv*

zinc [zɪŋk] *n* ψευδάργυρος *m*

zip [zɪp] *n* (*also* ~ fastener) φερμουάρ *nt inv* ♦ *vt* (*also* ~ up) ανεβάζω το φερμουάρ σε · ~ code (*US*) *n* ταχυδρομικός κώδικας *m* · ~per (*US*) *n* = **zip**

zodiac [ˈzəudɪæk] *n* ζωδιακός κύκλος *m*

zone [zəun] *n* ζώνη *f*

zoo [zuː] *n* ζωολογικός κήπος *m*

zoom [zuːm] *vi* to ~ past περνάω σαν σίφουνας · to ~ in (on sth/sb) (*PHOT, CINE*) κάνω ζουμ (σε κτ/κν)

zucchini [zuːˈkiːnɪ] (*US*) *n(pl)* κολοκυθάκια *ntpl*

ΑΝΩΜΑΛΑ ΡΗΜΑΤΑ

present	pt	pp	present	pt	pp
arise	arose	arisen	**cast**	cast	cast
awake	awoke	awoken	**catch**	caught	caught
be (am,	was,	been	**choose**	chose	chosen
is, are;	were		**cling**	clung	clung
being)			**come**	came	come
bear	bore	born(e)	**cost**	cost	cost
beat	beat	beaten	**cost**	costed	costed
become	became	become	*(work out*		
befall	befell	befallen	*price of)*		
begin	began	begun	**creep**	crept	crept
behold	beheld	beheld	**cut**	cut	cut
bend	bent	bent	**deal**	dealt	dealt
beset	beset	beset	**dig**	dug	dug
bet	bet,	bet,	**do** *(3rd*	did	done
	betted	betted	*person:*		
bid *(at*	bid	bid	*he/she/*		
auction,			*it does)*		
cards)			**draw**	drew	drawn
bid *(say)*	bade	bidden	**dream**	dreamed,	dreamed,
bind	bound	bound		dreamt	dreamt
bite	bit	bitten	**drink**	drank	drunk
bleed	bled	bled	**drive**	drove	driven
blow	blew	blown	**dwell**	dwelt	dwelt
break	broke	broken	**eat**	ate	eaten
breed	bred	bred	**fall**	fell	fallen
bring	brought	brought	**feed**	fed	fed
build	built	built	**feel**	felt	felt
burn	burnt,	burnt,	**fight**	fought	fought
	burned	burned	**find**	found	found
burst	burst	burst	**flee**	fled	fled
buy	bought	bought	**fling**	flung	flung
can	could	(been	**fly**	flew	flown
		able)	**forbid**	forbad(e)	forbidden

686

present	pt	pp	present	pt	pp
forecast	forecast	forecast	let	let	let
forget	forgot	forgotten	lie	lay	lain
forgive	forgave	forgiven	(lying)		
forsake	forsook	forsaken	light	lit,	lit,
freeze	froze	frozen		lighted	lighted
get	got	got, *(us)*	lose	lost	lost
		gotten	make	made	made
give	gave	given	may	might	–
go	went	gone	mean	meant	meant
(goes)			meet	met	met
grind	ground	ground	mistake	mistook	mistaken
grow	grew	grown	mow	mowed	mown,
hang	hung	hung			mowed
hang	hanged	hanged	must	(had to)	(had to)
(execute)			pay	paid	paid
have	had	had	put	put	put
hear	heard	heard	quit	quit,	quit,
hide	hid	hidden		quitted	quitted
hit	hit	hit			
hold	held	held	read	read	read
hurt	hurt	hurt	rid	rid	rid
keep	kept	kept	ride	rode	ridden
kneel	knelt,	knelt,	ring	rang	rung
	kneeled	kneeled	rise	rose	risen
			run	ran	run
know	knew	known	saw	sawed	sawed,
lay	laid	laid			sawn
lead	led	led	say	said	said
lean	leant,	leant,	see	saw	seen
	leaned	leaned	seek	sought	sought
leap	leapt,	leapt,	sell	sold	sold
	leaped	leaped	send	sent	sent
learnt	learnt,	learnt,	set	set	set
	learned	learned	sew	sewed	sewn
leave	left	left	shake	shook	shaken
lend	lent	lent	shear	sheared	shorn,
					sheared

present	pt	pp	present	pt	pp
shed	shed	shed	**sting**	stung	stung
shine	shone	shone	**stink**	stank	stunk
shoot	shot	shot	**stride**	strode	stridden
show	showed	shown	**strike**	struck	struck
shrink	shrank	shrunk	**strive**	strove	striven
shut	shut	shut	**swear**	swore	sworn
sing	sang	sung	**sweep**	swept	swept
sink	sank	sunk	**swell**	swelled	swollen,
sit	sat	sat			swelled
slay	slew	slain	**swim**	swam	swum
sleep	slept	slept	**swing**	swung	swung
slide	slid	slid	**take**	took	taken
sling	slung	slung	**teach**	taught	taught
slit	slit	slit	**tear**	tore	torn
smell	smelt,	smelt,	**tell**	told	told
	smelled	smelled	**think**	thought	thought
sow	sowed	sown,	**throw**	threw	thrown
		sowed	**thrust**	thrust	thrust
speak	spoke	spoken	**tread**	trod	trodden
speed	sped,	sped,	**wake**	woke,	woken,
	speeded	speeded		waked	waked
spell	spelt,	spelt,			
	spelled	spelled	**wear**	wore	worn
spend	spent	spent	**weave**	wove	woven
spill	spilt,	spilt,	**weave**	weaved	weaved
	spilled	spilled	*(wind)*		
spin	spun	spun	**wed**	wedded,	wedded,
spit	spat	spat		wed	wed
spoil	spoiled,	spoiled,	**weep**	wept	wept
	spoilt	spoilt	**win**	won	won
spread	spread	spread	**wind**	wound	wound
spring	sprang	sprung	**wring**	wrung	wrung
stand	stood	stood	**write**	wrote	written
steal	stole	stolen			
stick	stuck	stuck			

ΑΡΙΘΜΟΙ

ΑΠΟΛΥΤΑ		CARDINAL NUMBERS
μηδέν	0	zero
ένας, μία (μια), ένα	1	one
δύο	2	two
τρεις, τρία	3	three
τέσσερις, τέσσερα	4	four
πέντε	5	five
έξι	6	six
επτά (εφτά)	7	seven
οκτώ (οχτώ)	8	eight
εννέα (εννιά)	9	nine
δέκα	10	ten
ένδεκα (έντεκα)	11	eleven
δώδεκα	12	twelve
δεκατρείς, δεκατρία	13	thirteen
δεκατέσσερις, δεκατέσσερα	14	fourteen
δεκαπέντε	15	fifteen
δεκαέξι	16	sixteen
δεκαεπτά (δεκαεφτά)	17	seventeen
δεκαοκτώ (δεκαοχτώ)	18	eighteen
δεκαεννέα (δεκαεννιά)	19	nineteen
είκοσι	20	twenty
είκοσι ένας, μία, ένα	21	twenty-one
είκοσι δύο	22	twenty-two
είκοσι τρεις, τρία	23	twenty-three
τριάντα	30	thirty
σαράντα	40	forty
πενήντα	50	fifty
εξήντα	60	sixty
εβδομήντα	70	seventy
ογδόντα	80	eighty
ενενήντα	90	ninety
εκατό	100	one hundred
εκατόν ένας, εκατό μία, εκατόν ένα	101	one hundred and one
εκατόν πενήντα έξι	156	one hundred and fifty-six
διακόσιοι, ες, α	200	two hundred
τριακόσιοι, ες, α	300	three hundred
τετρακόσιοι, ες, α	400	four hundred
πεντακόσιοι, ες, α	500	five hundred
εξακόσιοι, ες, α	600	six hundred
επτακόσιοι, ες, α (εφτακόσιοι, ες, α)	700	seven hundred
οκτακόσιοι, ες, α (οχτακόσιοι, ες, α)	800	eight hundred
εννιακόσιοι, ες, α	900	nine hundred
χίλιοι, χίλιες, χίλια	1,000	one thousand
δύο χιλιάδες	2,000	two thousand
τρεις χιλιάδες	3,000	three thousand
ένα εκατομμύριο	1,000,000	one million
ένα δισεκατομμύριο	1,000,000,000	one billion

ΑΡΙΘΜΟΙ

NUMBERS

ΤΑΚΤΙΚΑ		ORDINAL NUMBERS
πρώτος, πρώτη, πρώτο	1st	first
δεύτερος	2nd	second
τρίτος	3rd	third
τέταρτος	4th	fourth
πέμπτος	5th	fifth
έκτος	6th	sixth
έβδομος	7th	seventh
όγδοος	8th	eighth
ένατος	9th	ninth
δέκατος	10th	tenth
ενδέκατος	11th	eleventh
δωδέκατος	12th	twelfth
δέκατος τρίτος	13th	thirteenth
δέκατος τέταρτος	14th	fourteenth
δέκατος πέμπτος	15th	fifteenth
δέκατος έκτος	16th	sixteenth
δέκατος έβδομος	17th	seventeenth
δέκατος όγδοος	18th	eighteenth
δέκατος ένατος	19th	nineteenth
εικοστός	20th	twentieth
εικοστός πρώτος	21st	twenty-first
εικοστός δεύτερος	22nd	twenty-second
εικοστός τρίτος	23rd	twenty-third
τριακοστός	30th	thirtieth
τεσσαρακοστός	40th	fortieth
πεντηκοστός	50th	fiftieth
εξηκοστός	60th	sixtieth
εβδομηκοστός	70th	seventieth
ογδοηκοστός	80th	eightieth
ενενηκοστός	90th	ninetieth
εκατοστός	100th	(one) hundredth
διακοσιοστός	200th	two hundredth
τριακοσιοστός	300th	three hundredth
τετρακοσιοστός	400th	four hundredth
πεντακοσιοστός	500th	five hundredth
εξακοσιοστός	600th	six hundredth
επτακοσιοστός (εφτακοσιοστός)	700th	seven hundredth
οκτακοσιοστός (οχτακοσιοστός)	800th	eight hundredth
εννιακοσιοστός	900th	nine hundredth
χιλιοστός	1,000th	(one) thousandth
εκατομμυριοστός	1,000,000th	millionth
δισεκατομμυριοστός	1,000,000,000th	billionth

Η ΩΡΑ ΚΑΙ Η ΗΜΕΡΟΜΗΝΙΑ	THE TIME AND DATE

Τι ώρα είναι; Είναι...

What time is it? It's...

μία η ώρα	one o'clock
μία και δέκα	ten past one
μία και τέταρτο	quarter past one
μία και μισή	half past one
δύο παρά είκοσι	twenty to two
δύο παρά τέταρτο	quarter to two

Τι ώρα;

At what time?

τα μεσάνυχτα	at midnight
το μεσημέρι	at midday *or* noon
στη μία (το μεσημέρι)	at one (p.m. *or* in the afternoon)
στη μία (το βράδυ)	at one (a.m. *or* in the morning)
στις έντεκα και τέταρτο το πρωί	at 11.15 in the morning
στις εννιά παρά τέταρτο	at quarter to nine *or* 8.45

Οι ημέρες της εβδομάδας

Days of the week

Δευτέρα	Monday
Τρίτη	Tuesday
Τετάρτη	Wednesday
Πέμπτη	Thursday
Παρασκευή	Friday
Σάββατο	Saturday
Κυριακή	Sunday

Πότε;

When?

τη Δευτέρα	on Monday
τις Δευτέρες	on Mondays
κάθε Δευτέρα	every Monday
την περασμένη Τρίτη	last Tuesday
την επόμενη Παρασκευή	next Friday
σε μία εβδομάδα το Σάββατο	a week on Saturday, Saturday week
σε δύο εβδομάδες το Σάββατο	a fortnight on Saturday, Saturday fortnight

Οι μήνες του χρόνου

Months of the year

Ιανουάριος	January
Φεβρουάριος	February
Μάρτιος	March
Απρίλιος	April
Μάιος	May

Ιούνιος	June
Ιούλιος	July
Αύγουστος	August
Σεπτέμβριος	September
Οκτώβριος	October
Νοέμβριος	November
Δεκέμβριος	December

Πότε;	**When?**
τον Φεβρουάριο	in February
την 1η Δεκεμβρίου	on December 1st
την πρώτη Δεκεμβρίου	on December first
το 1997	in 1997
το χίλια εννιακόσια ενενήντα	in nineteen
εφτά	ninety-seven

Λεξιλόγιο — **Useful vocabulary**

Πότε;	**When?**
σήμερα	today
σήμερα το πρωί	this morning
σήμερα το απόγευμα	this afternoon
σήμερα το βράδυ	this evening

Πόσο συχνά;	**How often?**
κάθε μέρα	every day
κάθε δεύτερη μέρα	every other day
μια φορά την εβδομάδα	once a week
δυο φορές την εβδομάδα	twice a week
μια φορά το μήνα	once a month

Πότε συνέβη;	**When did it happen?**
το πρωί	in the morning
το απόγευμα	in the evening
χτες	yesterday
χτες το βράδυ	yesterday evening
προχτές	the day before yesterday
πριν μία εβδομάδα	a week ago
δύο εβδομάδες πριν	two weeks ago
πέρυσι	last year

Πότε θα συμβεί;	**When is it going to happen?**
αύριο	tomorrow
αύριο το πρωί	tomorrow morning
μεθαύριο	the day after tomorrow
σε δύο μέρες	in two days
σε μία εβδομάδα	in a week
σε δύο εβδομάδες	in two weeks
τον επόμενο μήνα	next month
του χρόνου	next year

692